AF577922

Florian Simeth

WordPress – Plugins, Themes und Blöcke entwickeln

Liebe Leserin, lieber Leser,

Sie müssen sich nicht zwingend mit der Entwicklung befassen, um eine schöne, moderne und funktionale Website mit WordPress zu erstellen. Aber oft genug reichen die vorgegebenen Funktionen und Layouts nicht aus, um das gewünschte Ergebnis zu erzielen. Mit Themes, Plugins und Blöcken können Sie Ihren WordPress-Auftritt ganz leicht selbst gestalten.

Plugins erweitern die Website um Funktionalitäten. Themes bestimmen das Aussehen einer Website: Farben, Layout und Bedienelemente werden durch sie vorgegeben. Sie bestimmen teils auch Funktionen, die eine Website haben kann, z. B. anpassbare Sidebars oder Kommentarfunktionen. Blöcke sind als Teil des Projekts »Gutenberg« zusammen mit dem Block-Editor in WordPress integriert worden. Sie sind quasi Container, in denen Inhalte innerhalb des WordPress-Editors platziert und verschoben werden können. Sie haben verschiedene Funktionen: Es gibt Inhalts-Blöcke, mit denen Texte, Bilder, Videos usw. eingefügt werden, formatierende Blöcke, die Tabellen oder Trennlinien erzeugen und Blöcke, die Funktionen bereitstellen, z. B. Buttons oder Kalender.

Bei alle diesen Themen unterstützt Sie das neue Buch von Florian Simeth. Sie lernen, wie Sie bestehende Plugins anpassen oder erweitern können. Oder Layouts umfärben und Blöcke für einen speziellen Zweck neu erstellen können. Mit vielen spannenden Beispielprojekten, die Sie direkt übernehmen können. Und vielen Hintergrundinformationen zu Webdesign oder Webentwicklungsthemen wie CSS, JavaScript und dem React-Framework.

Dieses Buch wurde mit großer Sorgfalt lektoriert und produziert. Sollten Sie dennoch Fehler finden oder inhaltliche Anregungen haben, scheuen Sie sich nicht, mit mir Kontakt aufzunehmen. Ihre Fragen und Änderungswünsche sind jederzeit willkommen.

Ich wünsche Ihnen viel Spaß und Erfolg!

Ihre Patricia Schiewald
Lektorat Rheinwerk Computing

patricia.schiewald@rheinwerk-verlag.de
www.rheinwerk-verlag.de
Rheinwerk Verlag · Rheinwerkallee 4 · 53227 Bonn

Auf einen Blick

TEIL I Die Entwicklungsumgebung kennenlernen ... 27

1 Erste Schritte im Entwicklungsprozess ... 29
2 Bewährte Konzepte bei der Entwicklung mit WordPress ... 57
3 Überall alles verändern: Die Hooks als Grundkonzept in WordPress ... 93

TEIL II Plugins, Themes und Blöcke entwickeln ... 127

4 Ein Plugin erstellen ... 129
5 Ein Theme erstellen ... 175
6 Einstellungsseiten generieren und das Dashboard erweitern ... 335
7 Performance und Sicherheit ... 379
8 CSS und JavaScript in WordPress ... 429
9 Einen Block erstellen ... 495
10 Internationalisierung ... 555
11 Fehler finden und beheben: Das Debugging ... 581

TEIL III Ihr Projekt erweitern und individualisieren ... 611

12 Schöne URLs mit der Rewrite-API ... 613
13 Mit eigenen Inhaltstypen arbeiten ... 641
14 Externe Daten nachladen mit der HTTP-API ... 697
15 Die Schnittstelle zur Außenwelt: Die REST-API ... 719
16 Benutzer- und Rechtemanagement ... 785
17 Zugriff auf die Datenbank ... 825
18 Dateien auf dem Laufwerk manipulieren ... 873
19 Zeitgesteuerte Aufgaben (Cronjobs) ... 897
20 WordPress auf der Kommandozeile: Die WP-CLI ... 911
21 Mehrere Websites in einer Installation: Die Multisite-Umgebung ... 937
22 Inhalte dynamisch einfügen mit der Shortcode-API ... 961
23 Alles gesund? Die Site-Health-API ... 971

Wir hoffen, dass Sie Freude an diesem Buch haben und sich Ihre Erwartungen erfüllen. Ihre Anregungen und Kommentare sind uns jederzeit willkommen. Bitte bewerten Sie doch das Buch auf unserer Website unter **www.rheinwerk-verlag.de/feedback**.

An diesem Buch haben viele mitgewirkt, insbesondere:

Lektorat Patricia Schiewald
Fachgutachten Frank Bültge, Bergisch Gladbach
Korrektorat Friederike Daenecke, Zülpich
Herstellung Denis Schaal
Typografie und Layout Vera Brauner
Einbandgestaltung Bastian Illerhaus
Coverbild istock: 1182745546 © AleksandarGeorgiev
Satz SatzPro, Krefeld
Druck Beltz Grafische Betriebe, Bad Langensalza

Dieses Buch wurde gesetzt aus der TheAntiquaB (9,35/13,7 pt) in FrameMaker.

Gedruckt wurde es mit mineralölfreien Farben auf chlorfrei gebleichtem, FSC®-zertifiziertem Offsetpapier (90 g/m²).

Hergestellt in Deutschland.

Bibliografische Information der Deutschen Nationalbibliothek:
Die Deutsche Nationalbibliothek verzeichnet diese Publikation in der Deutschen Nationalbibliografie; detaillierte bibliografische Daten sind im Internet über *http://dnb.dnb.de* abrufbar.

ISBN 978-3-8362-8998-6

1. Auflage 2022

Informationen zu unserem Verlag und Kontaktmöglichkeiten finden Sie auf unserer Verlagswebsite **www.rheinwerk-verlag.de**. Dort können Sie sich auch umfassend über unser aktuelles Programm informieren und unsere Bücher und E-Books bestellen.

Inhalt

Materialien zum Buch 20
Vorwort 21

TEIL I Die Entwicklungsumgebung kennenlernen

1 Erste Schritte im Entwicklungsprozess 29

1.1 WordPress installieren 31
1.1.1 WordPress downloaden 32
1.1.2 Der Upload zum Webhosting-Anbieter 33
1.1.3 Den Datenbank-Zugang einrichten 33
1.1.4 Die 5-Minuten-Installation 34

1.2 Lokale Laufzeitumgebungen 42
1.2.1 Die lokale Laufzeitumgebung einrichten 43

1.3 Entwickeln mit dem Texteditor? 45

1.4 Software-Entwicklungstools einrichten 47
1.4.1 PhpStorm einrichten 48
1.4.2 Visual Studio Code einrichten 52

2 Bewährte Konzepte bei der Entwicklung mit WordPress 57

2.1 Der Slug: Den Namen für das Projekt richtig wählen 57

2.2 Den richtigen Lizenzvertrag wählen 59

2.3 Coding-Standards: Welche sollten verwendet werden? 62
2.3.1 Accessibility Coding Standards 64
2.3.2 CSS Coding Standards 65
2.3.3 HTML Coding Standards 67
2.3.4 JavaScript Coding Standards 69
2.3.5 PHP Coding Standards 72
2.3.6 Quellcode automatisch ausrichten 74

2.4 Dokumentationsstandards: Welche sollten verwendet werden? 77
2.4.1 Die PHP-Dokumentationsstandards 77
2.4.2 Die JavaScript-Dokumentationsstandards 80
2.4.3 Dokumentationen automatisch erstellen lassen 82

2.5 Präfixe und Namespaces 83

2.6 Objektorientierung in WordPress 85

2.7 Empfohlene Datei- und Verzeichnisstrukturen 85
2.7.1 Minimal nötige Dateien 86
2.7.2 Empfohlene Verzeichnisstruktur 86

2.8 Online-Nachschlagewerke für die WordPress-Entwicklung 88
2.8.1 Offizielle Dokumentation 89
2.8.2 Am WordPress-Kern mitentwickeln 89
2.8.3 Neuigkeiten 90
2.8.4 Chats und Foren 91

3 Überall alles verändern: Die Hooks als Grundkonzept in WordPress 93

3.1 Was sind Actions und Filter? 94
3.1.1 Actions 94
3.1.2 Filter 99
3.1.3 Alternative Hook-Funktionen 102
3.1.4 Besondere Hooks 103

3.2 Häufig genutzte Actions und Filter in WordPress 104
3.2.1 the_content 104
3.2.2 the_title 105
3.2.3 init 106

3.3 Filter und Actions finden 107
3.3.1 Die Suchfunktion des Entwicklungstools 108
3.3.2 Offizielle Referenzen 109
3.3.3 Inoffizielle Quellen 109
3.3.4 Plugin »Query Monitor« 110

3.4 Arbeiten mit Filtern und Actions 111
3.4.1 Die Art der Übergabe von Funktionen 111
3.4.2 Filter- und Action-Funktionen entfernen 113
3.4.3 Variable Hooks 119
3.4.4 Schnellrückgabe-Funktionen 120

3.4.5 Habe ich oder habe ich nicht? 121
3.4.6 Wurde der Hook schon aufgerufen? 122
3.4.7 Wenn die falschen Hooks benutzt wurden 124

TEIL II Plugins, Themes und Blöcke entwickeln

4 Ein Plugin erstellen 129

4.1 Grundwissen zu Plugins 129
4.1.1 Was ist ein WordPress-Plugin? 129
4.1.2 Die Vorteile von Plugins 130
4.1.3 Wo Plugins zu finden sind 132
4.1.4 Wie Plugins installiert und aktiviert werden 134
4.1.5 APIs: So interagieren Plugins mit dem WordPress-Kern 135
4.1.6 Die verschiedenen Plugin-Typen 142

4.2 Das erste eigene Plugin 144
4.2.1 Das Grundgerüst eines Plugins 145
4.2.2 Die Aktivierungs- und Deaktivierungsfunktionen nutzen 150
4.2.3 Einen Cronjob durchführen 154
4.2.4 Keine Spuren hinterlassen: Die Deinstallationsroutine 156
4.2.5 Inhalte anzeigen 159

4.3 Pfadangaben 162
4.3.1 Der Pfad zum Plugin-Verzeichnis 163
4.3.2 Die URL zum Plugin-Verzeichnis 164
4.3.3 Die Basisbezeichnung 165
4.3.4 Weitere nützliche Pfadangaben 166

5 Ein Theme erstellen 175

5.1 Grundwissen zu Themes 175
5.1.1 Was ist ein Theme? 175
5.1.2 Abgrenzung zu Plugins 179
5.1.3 Abgrenzung zu Blöcken 181
5.1.4 Wo Themes zu finden sind 183
5.1.5 Häufig heruntergeladene Themes bei w.org 185
5.1.6 Wie Themes installiert und aktiviert werden 186

5.2 Crashkurs: Gutes Webdesign ... 188
5.2.1 Was muss eine Website können? ... 188
5.2.2 Wahrnehmungsprinzipien und deren Einsatz im Webdesign ... 189
5.2.3 Allgegenwärtige Definitionen und Normen ... 193
5.2.4 Die richtigen Farben wählen ... 195
5.2.5 Die richtigen Schriften wählen ... 199
5.2.6 Kommunizieren mit Bildern, Videos und Icons ... 204
5.2.7 Zusammenfassung ... 207

5.3 Ein Classic-Theme erstellen ... 208
5.3.1 Die Datei style.css ... 209
5.3.2 Theme-Funktionen festlegen: functions.php ... 214
5.3.3 Design und Layout festlegen: theme.json ... 216
5.3.4 Einstellungen für Themes festlegen ... 222
5.3.5 Das WordPress-Template-System ... 235
5.3.6 Erforderliche Templates erfassen und erstellen ... 239
5.3.7 Funktionen für Templates und der Loop ... 240
5.3.8 Konditionale Abfragen ... 267

5.4 CSS für Themes ... 269
5.4.1 Pfadangaben für Themes ... 269
5.4.2 CSS-Dateien in das Theme einbinden ... 272

5.5 Seitenleisten und Widgets erstellen ... 286
5.5.1 Seitenleisten registrieren ... 287
5.5.2 Widgets zu Seitenleisten hinzufügen ... 289
5.5.3 Sidebar im Theme anzeigen ... 290
5.5.4 Ein eigenes Widget erstellen ... 294

5.6 Menüs erstellen ... 301
5.6.1 Menüpositionen registrieren ... 301
5.6.2 Ein Menü im Frontend ausgeben ... 302
5.6.3 Beispiel-Theme mit CSS ergänzen ... 303

5.7 Wenn Themes Kinder bekommen: Child-Themes ... 306
5.7.1 style.css: Die Verbindung zum Eltern-Theme ... 307
5.7.2 Die functions.php eines Child-Themes ... 307
5.7.3 Pfadangaben für Child-Themes ... 307
5.7.4 Die Template-Dateien des Child-Themes ... 307

5.8 Ein Block-Theme entwickeln ... 308
5.8.1 Was ist ein Block-Theme? ... 308
5.8.2 Hauptkonfiguration mit der theme.json ... 311
5.8.3 Template-Editor und Template-Übersicht ... 317
5.8.4 Full-Site-Editing ... 319

5.8.5 CSS in Block-Themes 324
5.8.6 Style-Variationen 328
5.8.7 Block-Vorlagendateien 329

5.9 Themes testen 329
5.9.1 HTML und CSS validieren 330
5.9.2 Visuelles testen 332

5.10 Zusammenfassung 333

6 Einstellungsseiten generieren und das Dashboard erweitern 335

6.1 Haupt- und Untermenüs erstellen 335
6.1.1 Ein Hauptmenü erstellen 336
6.1.2 Ein Untermenü erstellen 340

6.2 Konsistenz im Layout: Die WordPress-UI nutzen 342
6.2.1 Integrierte Icons: Inhalte aufpeppen mit den Dashicons 342
6.2.2 Schickes Box-Design mit der Metabox-API 343
6.2.3 Richtig, falsch oder Warnung: Hinweisnachrichten in WordPress 350
6.2.4 Das Layout von Überschriften, Buttons, Formularfeldern, Tabs und Tabellen 352

6.3 Einstellungsfelder generieren 358
6.3.1 Werte speichern und abrufen mit der Options-API 358
6.3.2 Einstellungsfelder generieren mit der Settings-API 362
6.3.3 Fehlermeldungen ausgeben 371

6.4 Dashboard-Widgets erstellen 373
6.4.1 Registrieren eines Dashboard-Widgets 373
6.4.2 Konfigurieren eines Dashboard-Widgets 376

7 Performance und Sicherheit 379

7.1 WordPress-Projekte absichern 379
7.1.1 Was bedeutet Sicherheit? 379
7.1.2 Benutzerrechte überprüfen 381
7.1.3 Cross-Site Request Forgery Protection (CSRF) 384
7.1.4 Datei-Uploads validieren 389
7.1.5 Benutzereingaben neutralisieren 393

7.1.6 Deserialisierung der vom Benutzer bereitgestellten Eingaben 398
7.1.7 Sichere SQL-Abfragen erzeugen 400
7.1.8 Verwendung bestimmter PHP-Funktionen mit benutzerdefinierten Eingaben 403
7.1.9 Offenlegung sensibler Informationen 405
7.1.10 Schwachstellen bei Dateizugriff und -nutzung 406
7.1.11 Weitere Risiken 409
7.1.12 Das Security-Mindset schulen 410

7.2 Den Turbo aktivieren: Mehr Performance in WordPress-Projekten 411
7.2.1 Daten zwischenspeichern mit der Cache-API 413
7.2.2 Temporären Speicher von WordPress nutzen: die Transient-API 420

8 CSS und JavaScript in WordPress 429

8.1 Skripte registrieren, einhängen und entfernen 431
8.1.1 Skriptdateien registrieren 432
8.1.2 Skriptdateien einbinden 435
8.1.3 Skripte aushängen und entfernen 438
8.1.4 Inline-JS und -CSS: Skripte direkt in HTML einbetten 438
8.1.5 Zusatzdaten für JavaScript- und Styles-Dateien 440

8.2 Integrierte JS- und CSS-Dateien in WordPress 441
8.2.1 Integrierte JavaScript-Dateien in WordPress 441
8.2.2 Integrierte CSS-Dateien in WordPress 443

8.3 Backbone und Underscore 445

8.4 Crashkurs jQuery 446
8.4.1 Was ist jQuery und wofür wird es benötigt? 446
8.4.2 Einbinden von jQuery in WordPress-Projekte 447
8.4.3 Das jQuery-Objekt 450
8.4.4 Einsatzbereitschaft 450
8.4.5 Arbeiten mit Selektionen 452
8.4.6 Ajax 453
8.4.7 Hilfsmethoden 458
8.4.8 Verkettung 459
8.4.9 Tree-Traversing in jQuery 460

8.5 Crashkurs React 460
8.5.1 Was ist React und wofür wird es benötigt? 461
8.5.2 Einbinden von React in WordPress-Projekte 462
8.5.3 JavaScript Syntax Extension 465

8.5.4 Funktions- und Klassenkomponenten ... 467
8.5.5 Die Props ... 467
8.5.6 Der State ... 468
8.5.7 Der Lifecycle ... 469
8.5.8 Ajax in React ... 471
8.5.9 Events ... 477
8.5.10 React Developer Tools ... 483

8.6 Internationalisierung ... 485
8.6.1 Der alte Weg zur Internationalisierung ... 485
8.6.2 Der neue Weg zur Internationalisierung ... 487
8.6.3 Strings in JavaScripte übersetzen ... 488

8.7 Hintergrundaktivitäten mit der Heartbeat-API ... 489
8.7.1 Daten an den Server senden ... 490
8.7.2 Daten auf dem Server verarbeiten ... 490
8.7.3 Zurückgesendete Daten im Browser empfangen ... 491

9 Einen Block erstellen 495

9.1 Grundwissen zu Blöcken ... 496
9.1.1 Vergleich: Classic- und Block-Editor ... 497
9.1.2 Blöcke sind WordPress-Plugins ... 499
9.1.3 Der Technologie-Stack bei Block-Plugins ... 500

9.2 Einen Block erstellen ... 501
9.2.1 Die Entwicklungsumgebung einrichten ... 501
9.2.2 Einen Block registrieren ... 502
9.2.3 Die block.json-Datei ... 505
9.2.4 Der Build-Vorgang ... 507
9.2.5 Der Einstieg in JavaScript ... 511
9.2.6 Den Block clientseitig registrieren ... 511
9.2.7 Block-Attribute ... 513
9.2.8 Einstellungsfelder generieren ... 518
9.2.9 Einstellungen speichern ... 520
9.2.10 Speichern der HTML-Repräsentation ... 523
9.2.11 Dynamischer Block-Inhalt ... 526
9.2.12 Dynamischen Inhalt in den Block-Editor laden ... 527
9.2.13 Arbeiten mit zusätzlichen Paketen ... 530
9.2.14 Arbeiten mit CSS-Styles von Blöcken ... 531
9.2.15 Styles vom Block-Editor übernehmen ... 532
9.2.16 Eigene Styles definieren ... 535

9.2.17 Noch mehr Design mit Block-Variationen ... 538
9.2.18 Veraltete statische Blöcke ... 542
9.2.19 Blöcke in Seitenleisten ... 546

9.3 Block-Vorlagen erstellen ... 546
9.3.1 Eine Block-Vorlage registrieren ... 547
9.3.2 Kategorien für Blockvorlagen ... 550
9.3.3 Vorlagen im Theme ... 552
9.3.4 Vorlagen und Kategorien entfernen ... 553

10 Internationalisierung 555

10.1 Grundwissen ... 556

10.2 Übersetzungsdateien und Gettext ... 557

10.3 Ein Plugin zur Übersetzung vorbereiten ... 557
10.3.1 Übersetzung von MU-Plugins ... 559

10.4 Ein Theme zur Übersetzung vorbereiten ... 560

10.5 Übersetzungsfunktionen ... 561
10.5.1 Zeichenketten übersetzen und zurückgeben ... 562
10.5.2 Mehrdeutige Zeichenketten übersetzen ... 563
10.5.3 Zeichenketten mit Pluralisierung übersetzen ... 563
10.5.4 Zeichenketten übersetzen und ausgeben ... 564
10.5.5 Zeichenketten übersetzen und escapen ... 565

10.6 JavaScript-Inhalte (und Blöcke) übersetzen ... 567

10.7 Eine Übersetzungsdatei erstellen ... 569
10.7.1 Software zum Übersetzen ... 569
10.7.2 Ein Plugin mit Poedit übersetzen ... 569
10.7.3 Ein Theme mit Poedit übersetzen ... 574
10.7.4 Einen Block übersetzen ... 574

11 Fehler finden und beheben: Das Debugging 581

11.1 Kompatibilität ... 582
11.1.1 Kompatibilität zu vergangenen WordPress-Versionen ... 582
11.1.2 Kompatibilität zu anderen Projekten ... 584
11.1.3 Kompatibilität zu PHP-Versionen ... 585
11.1.4 Auf dem Laufenden bleiben ... 588

11.2 Error-Logging in WordPress 588
11.2.1 Das Error-Logging aktivieren 589
11.2.2 Fehlermeldungen in eine Datei umleiten 590
11.2.3 Bedeutung von Fehlermeldungen 593

11.3 Debugging aktivieren und Skripte analysieren 597
11.3.1 Xdebug in der lokalen Entwicklungsumgebung aktivieren 597
11.3.2 Xdebug mit Local und PhpStorm verbinden 598
11.3.3 Xdebug mit Local und Visual Studio Code verbinden 601

11.4 Ein WordPress-Plugin zum Debuggen 605
11.4.1 Datenbank-Abfragen prüfen 606
11.4.2 Variablen loggen 606
11.4.3 Konditionale Abfragen 606
11.4.4 Weitere nützliche Helfer 607

11.5 JavaScript debuggen 607

TEIL III Ihr Projekt erweitern und individualisieren

12 Schöne URLs mit der Rewrite-API 613

12.1 Warum »schöne« URLs? 613

12.2 Was ist ein Permalink in WordPress? 614
12.2.1 Konfiguration der Permalinkstruktur 614
12.2.2 Permalink definieren 615

12.3 Wie WordPress schöne URLs auflöst 616
12.3.1 Apache-Rewrite-Regeln 617
12.3.2 Nginx-Rewrite-Regeln 619
12.3.3 WordPress-Rewrite-Regeln 620

12.4 Eigene Permalink-Strukturen anlegen 624
12.4.1 Entwickeln des regulären Ausdrucks 625
12.4.2 Eine Rewrite-Regel erstellen 627
12.4.3 Eine Abfrage-Variable ergänzen 630
12.4.4 Arbeiten mit eigenen Templates 631
12.4.5 Bereits vorhandene Templates nutzen 633

12.5 Ein alternativer Weg zu neuen Permalink-Strukturen 636

13 Mit eigenen Inhaltstypen arbeiten 641

13.1 Benutzerdefinierte Artikeltypen 641
- 13.1.1 Einen Artikeltyp registrieren 642
- 13.1.2 Rewrite-Regeln bei Custom Post Types 657
- 13.1.3 Helferfunktionen für Custom Post Types 659

13.2 Benutzerdefinierte Taxonomien 660
- 13.2.1 Eine Taxonomie registrieren 661
- 13.2.2 Helferfunktionen für Taxonomien 668

13.3 Das Kind braucht einen Namen: Terme für Taxonomien erstellen 670
- 13.3.1 Einen Term erstellen und aktualisieren 670
- 13.3.2 Terme löschen 672
- 13.3.3 Term-Verbindungen 673
- 13.3.4 Arbeiten mit Termen im Frontend 674

13.4 Zusätzliche Daten zu Inhalten speichern mit der Metadaten-API 674
- 13.4.1 Die Hauptfunktionen der API 675
- 13.4.2 Ungeschützte Metadaten 679
- 13.4.3 Geschützte Metadaten 685

13.5 Mit Inhaltstypen im Frontend arbeiten 686
- 13.5.1 Templating im Classic-Theme 686
- 13.5.2 Templating im Block-Theme 690
- 13.5.3 Templating im Plugin 695

14 Externe Daten nachladen mit der HTTP-API 697

14.1 Was ist eine HTTP-Abfrage? 698
- 14.1.1 Anfrage senden 699
- 14.1.2 Antwort erhalten 701

14.2 HTTP-Abfragen mit WordPress 702
- 14.2.1 HTTP-Abfragen mit prozeduralem Code 702
- 14.2.2 HTTP-Abfragen mit objektorientiertem Code 708
- 14.2.3 Performance und Sicherheit 711
- 14.2.4 Dateidownloads 716

15 Die Schnittstelle zur Außenwelt: Die REST-API 719

15.1 Was bedeutet »REST«? 719

15.2 Abgrenzung zu HTTP 720

15.3 Schlüsselkonzepte der REST-API 721

15.3.1 Routen und Endpunkte 722
15.3.2 Schema 724
15.3.3 Request und Response 725
15.3.4 Controller-Klassen 725

15.4 Mit Endpunkten arbeiten 725

15.4.1 REST-API-Tools 726
15.4.2 API-Discovery 727
15.4.3 Extension-Discovery 728
15.4.4 Authentifizierung 729
15.4.5 Arbeiten mit JSONP 733
15.4.6 Anfrage-Methode überschreiben 734
15.4.7 Richtige Daten zurückliefern 735
15.4.8 Anfragen einsparen 736
15.4.9 Rückgabe einschränken 737
15.4.10 Paginierung 738
15.4.11 Sortierung 739
15.4.12 Links folgen 740
15.4.13 Datenübermittlung 742
15.4.14 Interne Abfragen 743

15.5 Die REST-API mit eigenen Routen erweitern 744

15.5.1 Eine Route registrieren 744
15.5.2 Endpunkte registrieren 747
15.5.3 Endpunkt-Parameter 748
15.5.4 Pfadvariablen 760
15.5.5 Die Antwort-Callback-Funktion 762
15.5.6 Das Antwort-Schema 765

15.6 Controller-Klassen nutzen 766

15.7 Mit Metadaten und REST-Feldern arbeiten 768

15.7.1 Optionen für die Seitenleiste 768
15.7.2 Meta-Felder registrieren 776
15.7.3 REST-Felder registrieren 781

16 Benutzer- und Rechtemanagement 785

16.1 Arbeiten mit Benutzern 786
- 16.1.1 Ein Hook in den Login-Screen 787
- 16.1.2 Die API vorbereiten 791
- 16.1.3 Der Nutzer-Login 792
- 16.1.4 Einen Benutzer aus der Datenbank lesen 795
- 16.1.5 Benutzer erstellen, aktualisieren, löschen 796

16.2 Rollenverteilung: Rollen und Benutzer-Befugnisse (Capabilities) 801
- 16.2.1 Befugnisse (Capabilities) 802
- 16.2.2 Rollen 807
- 16.2.3 Komplexere Befugnisse 812
- 16.2.4 Eigene Befugnisse erstellen und prüfen 816
- 16.2.5 Rechte-Checks 817

16.3 Daten zu Benutzern speichern: Die Metadata-API 819

17 Zugriff auf die Datenbank 825

17.1 Eigene Datenbank-Verbindungen 825
- 17.1.1 Eine Datenbank-Verbindung aufbauen 825
- 17.1.2 Eine Datenbank auswählen 826
- 17.1.3 Verbindung schließen oder neu aufbauen 827

17.2 Benutzerdefinierte Tabellen 827
- 17.2.1 Lieber nachfragen: Eine Datenbank-Tabelle installieren 827
- 17.2.2 Eine einzelne Variable lesen 832
- 17.2.3 Daten schreiben 834
- 17.2.4 Daten lesen 841
- 17.2.5 Daten löschen 845
- 17.2.6 Individuelle Abfragen 847

17.3 Die wichtigsten Datenbank-Klassen in WordPress 849
- 17.3.1 Mit WP_Query arbeiten 849
- 17.3.2 Date-Query 855
- 17.3.3 Tax- und Term-Query 857
- 17.3.4 Meta-Query 860
- 17.3.5 User-Query 864
- 17.3.6 Comment-Query 867
- 17.3.7 Site-(und Network-)Query 871

18 Dateien auf dem Laufwerk manipulieren 873

18.1 Was ist die Filesystem-API? 873

18.2 Mögliche Einsatzzwecke 873

18.3 Lokale Daten manipulieren 875

18.3.1 Avatar-Auswahl erweitern 876

18.3.2 Upload-Formular 878

18.3.3 Datei hochladen und verarbeiten 881

18.3.4 Avatar hochladen und anzeigen 888

18.3.5 Weitere Dateisystem-Funktionen 892

18.4 Entfernte Daten manipulieren 893

19 Zeitgesteuerte Aufgaben (Cronjobs) 897

19.1 Was ist ein Cronjob? 897

19.1.1 Pseudo-Cronjobs 897

19.1.2 Echte Cronjobs 898

19.2 Planung von Cron-Ereignissen 900

19.2.1 Einen Cronjob registrieren 900

19.2.2 Eine Callback-Funktion registrieren 902

19.2.3 Einen Cronjob löschen 903

19.2.4 Prüfen, ob ein Event bereits besteht 904

19.3 Eigene Intervalle erstellen 905

19.4 Einen Cronjob neu planen 906

19.5 Ein einzelnes Event planen 907

20 WordPress auf der Kommandozeile: Die WP-CLI 911

20.1 Was ist die WP-CLI und wofür braucht man sie? 911

20.2 WP-CLI installieren und konfigurieren 913

20.2.1 Die Bevorzugte installationsweise 913

20.2.2 Alternative Installationsmöglichkeiten 914

20.3 WP-CLI-Befehle auf der Kommandozeile nutzen 915

20.3.1 Ein Kommando finden und ausführen 915

20.3.2 Kommandos kombinieren 917

20.3.3 Globale Parameter ... 918
20.3.4 Konfigurationsdateien ... 919

20.4 Eigene CLI-Befehle programmieren ... 920
20.4.1 WP-CLI via Composer installieren ... 921
20.4.2 Plugin-Scaffolding ... 921
20.4.3 Code bei der WP-CLI-Initialisierung ausführen ... 922
20.4.4 CLI-Kommandos erstellen ... 922
20.4.5 Initiale FTP-Prüfungen ... 928
20.4.6 Verbindung herstellen ... 929
20.4.7 Medien abrufen ... 930
20.4.8 Dateien hochladen ... 932
20.4.9 Den Befehl ausführen ... 933
20.4.10 Weitere Informationen ausgeben ... 933
20.4.11 Weiterführende WP-CLI-Anwendungsmöglichkeiten ... 935

21 Mehrere Websites in einer Installation: Die Multisite-Umgebung 937

21.1 Eine Multisite-Installation durchführen ... 939
21.1.1 Multisite von Anfang an ... 940
21.1.2 Auf Multisite umsteigen ... 941
21.1.3 Die Netzwerkverwaltung ... 943
21.1.4 Die Theme-Verwaltung ... 944
21.1.5 Die Plugin-Verwaltung ... 945
21.1.6 Die Benutzerverwaltung ... 945

21.2 Datenbanken ... 945

21.3 Multisite-Funktionen ... 946
21.3.1 Auf Multisite prüfen ... 946
21.3.2 Websites abrufen ... 947
21.3.3 Aktuelle Site-ID ... 948
21.3.4 Site Switching ... 950
21.3.5 Netzwerke miteinbeziehen ... 951
21.3.6 Funktionen zur Verwaltung von Netzwerken und Websites ... 953
21.3.7 Netzwerkweite Abfragen ... 957

21.4 Benutzer in Multisite-Umgebungen verwalten ... 957
21.4.1 Benutzerprüfungen ... 958
21.4.2 Benutzer zur Website hinzufügen ... 958

22 Inhalte dynamisch einfügen mit der Shortcode-API 961

22.1 Was sind Shortcodes? 961

22.2 Eigene Shortcodes registrieren 964

22.2.1 Zusätzlicher Inhalt 966

22.2.2 Arbeiten mit Parametern 968

22.3 Shortcode-Funktionen 969

23 Alles gesund? Die Site-Health-API 971

23.1 Der Website-Status 971

23.1.1 Eigene Status-Tests 972

23.2 Website-Bericht 975

23.2.1 Eigene Felder im Website-Bericht 975

Schlusswort 979

Index 981

Materialien zum Buch

Auf der Webseite zu diesem Buch stehen folgende Materialien für Sie zum Download bereit:

- **alle Beispielprogramme**

Gehen Sie auf *www.rheinwerk-verlag.de/5524*. Klicken Sie auf den Reiter MATERIALIEN. Sie sehen die herunterladbaren Dateien samt einer Kurzbeschreibung des Dateiinhalts. Klicken Sie auf den Button HERUNTERLADEN, um den Download zu starten. Je nach Größe der Datei (und Ihrer Internetverbindung) kann es einige Zeit dauern, bis der Download abgeschlossen ist.

Vorwort

WordPress ist ein Wunderkind. Kein anderes *Content-Management-System* (CMS) ist in den letzten Jahren so stark gewachsen. Anfang 2022 wird WordPress von knapp 43 % aller Websites verwendet, die von *W3Techs*[1] ausgewertet werden. Das entspricht derzeit einem Marktanteil von 64 %[2]. Und dem kann man ruhig Glauben schenken, wenn man bedenkt, dass mittlerweile Größen wie das Lifestylemagazin Vogue, Sony Music oder die Blogs der Frankfurter Allgemeinen Zeitung auf WordPress setzen.[3]

Seit 2004 steht *WP*, wie WordPress oft kurz genannt wird, nun schon zum Download bereit. Im Januar 2004 gab Matt Mullenweg, einer der Gründer, WordPress für die globale Verwendung frei.

Ursprünglich entstand WordPress aus dem Weblogsystem *b2/cafelog*, das zur damaligen Zeit nicht mehr weiterentwickelt wurde. Nun könnte man meinen, dass WordPress lediglich ein Blogging-System sei. Über die letzten fast 20 Jahre hat es sich aber sehr umfangreich weiterentwickelt, was letztlich auch dazu beitrug, dass es so stark wachsen konnte. Dabei hat es andere beliebte Systeme wie Drupal und Joomla weit hinter sich gelassen. (Drupal und Joomla! haben nur noch einen Marktanteil von nicht einmal 2 %.

Was macht WordPress so beliebt? Zum einen ist es als Open-Source-Software kostenlos verfügbar. Seit jeher können nicht nur Unternehmen, sondern auch Individualisten eine Website erstellen und bearbeiten. Ganz easy. Letztlich war genau das die Intention von Matt: Eine Website soll von jedem sehr einfach und ohne großes technisches Know-how erstellt und verwaltet werden können.[4] Und genau das hat die Community schlicht richtig gemacht. Durch die berühmte *5-Minuten-Installation* kann jeder ohne Programmierkenntnisse in genau dieser Zeit loslegen. Erstellen einer Datenbank? Konfiguration von PHP-Dateien? Bei der Nutzung der 5-Minuten-Installation ist die Konfiguration von PHP-Dateien nicht notwendig. Viele namhafte Webhoster gehen inzwischen aber noch weiter. Die *1-Klick-Installation* ist mittlerweile Standard. Das heißt: Die Einrichtung erfolgt vollautomatisch.

Nicht zuletzt die Webhoster waren es, die die konstante Weiterentwicklung des WordPress-Kerns maßgeblich vorangetrieben haben. Viele der auf WordPress spezia-

1 W3Techs ist eine Website, die für sich in Anspruch nimmt, die zuverlässigste und umfangreichste Informationsquelle für solche Nutzungsdaten zu sein. *https://w3techs.com*

2 W3Techs, Usage statistics of content management systems. *https://w3techs.com/technologies/overview/content_management*. Abgerufen am 10.05.2022.

3 Weitere Beispiele unter *https://wordpress.org/showcase/*.

4 WordPress.org, About Us: Our Mission, *https://wordpress.org/about/*. Abgerufen am 10.05.2022.

lisierten Unternehmen machen beispielsweise beim *Five for the Future*-Programm[5] mit. Dabei sind alle dazu aufgefordert, 5 % ihrer Ressourcen für die WordPress-Entwicklung zur Verfügung zu stellen. Oft werden extra Arbeitnehmer angestellt, um diese freiwillige Vorgabe zu erfüllen. So können einige Personen Vollzeit am WordPress-Kern, den Übersetzungen, an Dokumentationen, im Bereich Design und in vielen weiteren Teilbereichen arbeiten. Denn WordPress besteht aus mehr als nur aus dem Code.

Die konstante Weiterentwicklung, die sehr starke Verbreitung und nicht zuletzt die Unterstützung der gesamten Community haben dazu geführt, dass aus WordPress nicht mehr nur ein umfangreiches Content-Management-System, sondern mittlerweile eine »Web-Plattform« geworden ist. Würde man heute eine solche Plattform entwickeln wollen, würde es 151 Jahre dauern.[6]

Es war noch nie sinnvoll, das Rad neu zu erfinden. Sie werden in diesem Buch sehen, wie einfach es ist, WordPress in kürzester Zeit aufzusetzen und so eine Plattform mit funktionsfähiger Benutzerverwaltung einzurichten, die sich auch noch von außen über eine REST-Schnittstelle[7] steuern lässt. Projekte lassen sich auf diese Weise sehr schnell umsetzen, ohne dass Sie sich im Detail mit diversen Thematiken auseinandersetzen müssen.

WordPress macht es Ihnen einfach, Erweiterungen zu entwickeln. Doch auch nach so vielen Jahren gibt es ein großes Problem: Die Dokumentation ist noch immer unvollständig und auf Deutsch nicht verfügbar. Inhalte lassen sich zwar kostenlos im Netz finden. Diese sind jedoch oft weit verstreut, in kleine Code-Schnipsel zerteilt und nicht selten einfach so alt, dass sie in einem neuen Projekt gar nicht mehr funktionieren würden. Deshalb möchte ich Ihnen mit diesem Buch einen umfangreichen Einblick in die WordPress-Entwicklung geben.

Für wen ist dieses Buch?

Der Schwerpunkt des Buches liegt darauf, Ihnen zu zeigen, wie Sie mit WordPress professionelle Plugins, Themes und Blöcke entwickeln können.

Dabei richtet es sich in erster Linie an Entwickler und Entwicklerinnen, die bereits Programmiererfahrung haben, sich schnell einarbeiten können und sich nicht erst durch unzählige Blogeinträge und Tutorials arbeiten möchten. Der Umfang dieses Buches ist sehr groß. Nicht zuletzt, weil WordPress mittlerweile sehr mächtig gewor-

5 WordPress.org, Five for the Future. *https://wordpress.org/five-for-the-future/*. Abgerufen am 25.11.2021.

6 Maddy Osman, Wilde und Interessante WordPress Statistiken und Fakten (2022). *https://kinsta.com/de/blog/wordpress-statistiken/*. Abgerufen am 17.06.2022.

7 REST = Representational State Transfer. Mehr dazu lesen Sie in Kapitel 15.

den ist. Dazu kommt, dass in typischen Webprojekten viele Frameworks zum Einsatz kommen können. Diese möchte ich in diesem Buch ebenfalls mit Crashkurs-Kapiteln anführen. Somit ist mein Buch ideal, wenn Sie mit WordPress neu starten, oder aber auch für Programmiererinnen und Programmierer, die etwas nachschlagen wollen.

Ich selbst bin seit mehr als 20 Jahren Webentwickler und beschäftige mich seit 15 Jahren mit WordPress. Lange gab es keine vollständig deutschsprachige Anleitung, die sich mit der WordPress-Entwicklung eingehend befasste. Dadurch entstand meine Website *wp-plugin-erstellen.de*, die sich als eine Art deutsche Funktionsreferenz versteht. Aber der Kern von WordPress verändert und erweitert sich ständig. Das stellte ich nicht zuletzt während meiner Recherchearbeiten für meinen monatlichen Newsletter (*https://revue.florian-simeth.de*) fest. Es war an der Zeit für etwas Umfangreicheres und eine Darstellung der Zusammenhänge und Grundlagen. Etwas, das den Einstieg erleichtert, aber auch einen guten Überblick über die die professionelle Entwicklung mit WordPress gibt. Etwas, das Sie immer wieder zur Hand nehmen können, wenn ein neues Projekt ansteht. Und genau das soll das Ziel dieses Buchs sein. Wenn Sie es gelesen haben, haben Sie die Kernkonzepte der Plattform verstanden, können Entwurfsmuster erkennen und anwenden und wissen, welche Möglichkeiten Ihnen für einen professionellen Entwicklungsprozess mit WordPress zur Verfügung stehen.

Der Aufbau des Buches

Nun stellt sich die Frage: Wie soll ein umfassendes Handbuch für die WordPress-Entwicklung aufgebaut sein? Dazu habe ich mir persönlich meinen Workflow angesehen, hier am Beispiel eines Plugins.

In der Regel beginnt mein Workflow mit der Einrichtung der Entwicklungsumgebung. Danach setze ich das Plugin initial auf und richte es ein. Dazu gehört das Erstellen von JavaScript-, CSS- sowie von Übersetzungsdateien. Meist steht fest, welche Einstellungsmöglichkeiten ein Plugin haben soll. Die Einstellungsseiten lege ich in diesem zweiten Schritt meist schon an. Zwar entsteht hier bereits Code, aber das eigentliche »Befüllen« des Plugins mit Inhalt erfolgt erst im dritten Schritt. Und der ist ganz individuell und der geschriebene Code richtet sich danach, was das Plugin können muss.

Wird der obige Workflow zugrunde gelegt, ist ein Basis-Kapitel unumgänglich. Im ersten Teil beginnt das Buch daher mit einer umfassenden Beschreibung der Entwicklungsumgebung. Hier werden Sie lernen, wie WordPress lokal installiert wird und wie es optimal mit einem Entwicklungstool verbunden wird. Danach beschreibe ich einige Konzepte, die sich in der WordPress-Entwicklung bewährt haben. Am Ende des ersten Teils geht es dann schon ans Eingemachte. Sie werden lernen, was *Actions* (dt. »Aktionen«) und *Filter* sind. Das Verständnis dieser sogenannten *Hooks* ist unerlässlich für alle nachfolgenden Kapitel. Denn damit lässt sich, wie die englische Bezeichnung vielleicht schon erkennen lässt, eigener Code in WordPress »einhaken«.

Im Hauptteil des Buches (Teil 2) beschäftigen wir uns dann eingehend mit der Entwicklung von Plugins, Themes und Blöcken. Zu jedem dieser Themen gibt es eine Einleitung mit anschließenden Codebeispielen. Dazu benötigen die meisten Webprojekte an diversen Stellen Einstellungsmöglichkeiten sowie CSS- und JavaScript-Code. Auch dies werde ich im zweiten Teil eingehend erläutern.

Das Buch ist zwar für den deutschsprachigen Raum geschrieben, nichtsdestotrotz werden viele Projekte in der realen Wirtschaft nicht um Internationalisierung und Mehrsprachigkeit umhinkommen. Deswegen habe ich diese Themen ebenso wie das Kapitel über Sicherheit und Privatsphäre noch mit in den zweiten Teil aufgenommen. Zu guter Letzt existiert auch ein Kapitel zum Thema Debugging im zweiten Teil. Denn ein Projekt wird bereits während der Umsetzungsphase permanent getestet.

Wie oben angedeutet, geht es dann im dritten Teil um die Aufgabe, die ein Plugin, ein Theme oder ein Block übernehmen soll. Da dies individuell sein kann, ist der letzte Teil des Buches den *APIs*, also den Schnittstellen, von WordPress gewidmet. Hier picken Sie sich die Dinge heraus, mit denen Sie arbeiten wollen. Soll das eigene Plugin beispielsweise mit der Außenwelt verbunden werden, sind Sie im Kapitel zur REST-API bestens aufgehoben. Möchten Sie externe Daten nachladen, sollten Sie sich das Kapitel zur HTTP-API ansehen.

Hinweise zu Code-Beispielen

Mir persönlich geht es beim Lesen von Büchern für Entwickler häufig so, dass lange Codebeispiele es oft unnötig erschweren, den Kern der Sache zu verstehen. (Auch, wenn ich sie gerne lese.) Aus diesem Grund habe ich die meisten Codebeispiele in diesem Buch bewusst kurz gehalten. Meiner Meinung nach ist es so, dass sich die meisten Aspekte recht einfach, übersichtlich und anhand kurzer Codebeispiele ebenso gut verdeutlichen lassen. Trotzdem komme ich nicht umhin, hier und da ein größeres Beispiel zu zeigen, damit Sie den Gesamtzusammenhang begreifen können. Den Großteil der Codebeispiele aus dem Buch finden Sie übrigens unter *www.rheinwerk-verlag.de/5524*. So können Sie sie getrost noch mal vollumfänglich ansehen und testen.

Wichtige Hinweise zur Sicherheit

Seien Sie sich bitte darüber im Klaren, dass viele der Beispiele nur zu Anschauungszwecken dienen. Sie sind oft kurz und knapp gehalten, damit sie übersichtlich bleiben. Daher sehen alle Code-Beispiele bis Kapitel 7, »Performance und Sicherheit«, meist keine zusätzlichen Sicherheitschecks vor. Ich empfehle Ihnen deshalb ausdrücklich, zumindest den zweiten Teil des Buches Kapitel für Kapitel durchzuarbeiten, damit Sie sich ein gewisses Grundverständnis von der Art und Weise aneignen können, wie Plugins, Themes und Blöcke in WordPress erstellt werden.

Danksagung

Am allermeisten möchte ich mich bei meiner Frau bedanken. Und zwar für ihre Geduld, ihre Unterstützung und den Rückhalt, den sie mir gibt. Immer. Nicht nur während der Zeit, die ich an diesem Buch geschrieben habe.

Das Buch ist meinem Sohn Finn gewidmet, der mich in jeder Minute, die ich mit ihm verbringen darf, daran erinnert, im Hier und Jetzt zu leben, immer zuversichtlich und wissbegierig zu bleiben.

Außerdem möchte ich mich bei meiner Lektorin Patricia Schiewald für ihre konstruktiven Vorschläge und ihre Unterstützung schon während der Vorarbeiten zu diesem Buch bedanken sowie beim gesamten beteiligten Team im Rheinwerk Verlag. Auch Frank Bültge gilt mein Dank für das wertvolle Fachgutachten und die nützlichen Hinweise, die das Buch nur noch besser machen.

Mein Dank gilt ebenfalls allen Ehrenamtlichen, die WordPress zu dem gemacht haben, was es heute ist. Denn ohne WordPress hätte ich dieses Buch nie geschrieben.

Zu guter Letzt danke ich Ihnen – nicht nur für den Kauf dieses Buches, sondern auch für die Zeit, die Sie mit dem Lesen und Durcharbeiten verbringen. Ich hoffe, Sie haben viel Vergnügen beim Lesen und viel Erfolg bei der Umsetzung Ihrer Ideen. Darüber hinaus würde ich mich sehr über Ihr Feedback freuen und stehe Ihnen unter *wordpressbuch@florian-simeth.de* auch gerne für Fragen und Anregungen zur Verfügung.

Florian Simeth
Kirchberg, im schönen Bayerischen Wald

TEIL I

Die Entwicklungsumgebung kennenlernen

Kapitel 1
Erste Schritte im Entwicklungsprozess

WordPress ist mittlerweile das beliebteste Content-Management-System der Welt, nachdem es lange als einfache oder gar unsaubere Blogging-Software abgetan wurde, mit der nicht wirklich ernsthafte Webprojekte umgesetzt werden können.

Dass WordPress nicht nur ein Blogging-System ist, beweist die Tatsache, dass viele namhafte Größen WordPress einsetzen. Im Vorwort hatte ich das Lifestylemagazin *Vogue* erwähnt. Dort kommt WordPress *headless* (dt. »kopflos«) zum Einsatz. Das heißt, die Kontrolle läuft zwar über WordPress, die Ausgabe des Inhalts aber über ein anderes System. Bei Vogue wurde das WordPress-Frontend durch eine Web-App mit *ReactJS* ersetzt,[1] die sich die darzustellenden Daten über eine REST-Schnittstelle von WordPress holt.

Es gibt also viele Einsatzzwecke für WordPress. Viele davon werde ich in diesem Buch ansprechen. Aber so komplex soll es jetzt erst einmal nicht werden. Wir fangen zunächst damit an, WordPress von Grund auf kennenzulernen. Und zwar aus Sicht eines Entwicklers bzw. einer Entwicklerin.

Modernes PHP in WordPress?

Wenn ich mit anderen Entwicklern spreche, höre ich sehr oft, dass PHP keine richtige Programmiersprache sei. Dementsprechend sei WordPress (WP) ein einziges Desaster. Es stimmt, dass WP in den alljährlichen Entwickler-Umfragen der Website *Stack Overflow* regelmäßig zur unbeliebtesten Plattform gewählt wurde. Das lag nicht zuletzt daran, dass PHP selbst in der Rangliste der unbeliebtesten Sprachen immer weiter nach oben kletterte.

Die Unbeliebtheit kommt aber aus einer anderen Ecke. In einem Beitrag des PHP-Magazins schrieb ich schon 2019, dass im Internet immer wieder dieselbe Aussage zu lesen ist: *»Dadurch, dass PHP so einfach zu erlernen sei (die Einstiegshürden sollen*

1 WordPress Website Showcase. Vogue. *https://wordpress.org/showcase/vogue*. Abgerufen am 28.11.2021.

eher gering sein), sorge es dafür, dass es viele User gibt, die nur Halbwissen darüber haben. Das wiederum sorge dafür, dass halbgarer Code im Internet verstreut werde. Und das wiederum sorge dafür, dass dieser Code oft geteilt werde«.[2] Natürlich ist das viel zu kurz gedacht.

Fakt ist, dass immer noch PHP-Code im Umlauf ist, der sehr alt ist. Dieser Code ist zumeist prozedural geschrieben. Es ist allgemein bekannt, dass speziell langer prozeduraler Code meistens schwieriger zu lesen, zu verstehen und zu pflegen ist als objektorientierter Code. WordPress ist aber genauso aufgebaut. *»Wir haben im Kern fast ausschließlich prozedural programmierten Code, der im Laufe der Zeit durch ein paar Klassen ergänzt wurde. Entstanden ist also genau das, was Entwickler nicht wollen (...). Eine Mischung aus funktionellem und objektorientiertem Code, der schwer zu erlernen ist, weil die Codebasis riesig ist.«*, schrieb ich im Artikel weiter.

PHP bekam 2015 aber einen Entwicklungsschub. Durch Version 7.0 erhielt die Programmiersprache nicht nur deutlich mehr Performance. Diese Version ebnete ebenso den Weg, der besseren objektorientierten Code erlaubt. PHP 8.0 und höher kann nun fast alles, was eine moderne Programmiersprache können muss. Das macht alle glücklicher, die heute Websites entwickeln. Und dass es mit der Beliebtheit nun auch wieder bergauf geht, zeigt auch der Aufwärtstrend in Abbildung 1.1.

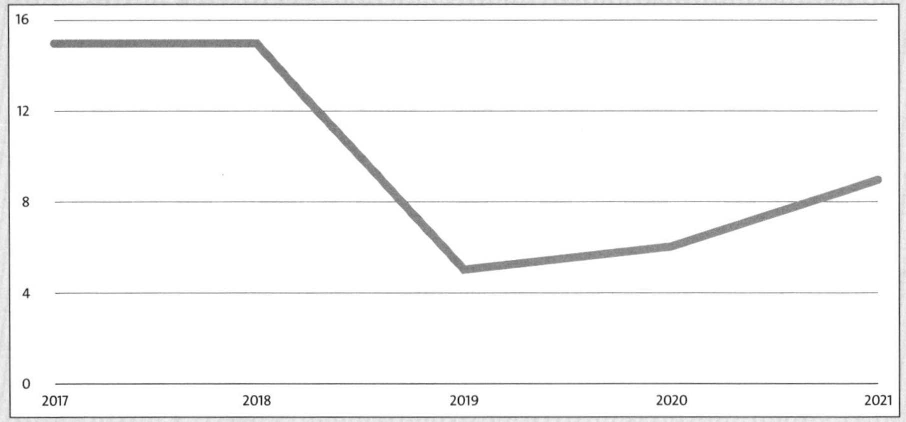

Abbildung 1.1 Der Rang von PHP in der Liste der unbeliebtesten Sprachen. Je niedriger die Position ist, desto unbeliebter ist die Sprache.[3]

2 Vgl. Simeth, Florian: WordPress 2024: Ein Blick in die Zukunft, in PHPMagazin, Nr 5, 2019, S. 66.

3 Quellen: Developer Survey Results 2017 – 2021. *https://insights.stackoverflow.com/survey/2017. https://insights.stackoverflow.com/survey/2018/. https://insights.stackoverflow.com/survey/2019. https://insights.stackoverflow.com/survey/2020. https://insights.stackoverflow.com/survey/2021.* Abgerufen am 01.12.2021.

Nun ist es jedoch so, dass WordPress eben WordPress bleibt. Und im Kern ändert sich vorerst nur wenig, weil der Fokus unter anderem auf dem neuen Block-Editor sowie der Mehrsprachigkeit liegt. Zumindest bis 2022. Was darüber hinaus folgt, ist zu diesem Zeitpunkt noch nicht bekannt.

Es lässt sich jedoch beobachten, dass sich ganz langsam etwas tut. Mit Version 5.2 von WordPress wurde zumindest die minimale PHP-Version auf 5.6.20 angehoben. Empfohlen wird bereits Version 7.4. Für Außenstehende ist das nur ein kleiner Schritt. Bedenkt man jedoch, dass WordPress über mehr als ein Jahrzehnt hinweg immer abwärtskompatibel war, dann ist das schon beachtlich. Vergessen Sie dabei nicht, dass wir von einem riesigen Marktanteil von ungefähr 820 Millionen WordPress-Installationen reden![4] Aktualisierungen herauszubringen, ohne zu wissen, dass auf dem Server überhaupt eine neuere Version von PHP vorliegt, funktioniert da einfach nicht. Am Ende ist das auch ein Problem aufseiten der Webhoster, eher weniger ein Problem der WordPress-Community.

Zwar hatte ich in meinem Artikel gehofft, dass die minimale PHP-Version schon 2019 auf 7.0 aktualisiert werden könnte. Dem war aber leider nicht so. Dennoch gibt es in WordPress interessante Bewegungen. Ein Feature namens *PHP Error Protection* schützt beispielsweise seit Version 5.2 vor Totalausfällen durch einen *PHP Fatal Error*, der möglicherweise durch ein Plugin oder ein Theme verursacht wurde. Es geht also in die richtige Richtung – auch wenn die Mühlen bei WordPress, speziell wenn es um die eingesetzte PHP-Version geht, etwas langsamer mahlen.

1.1 WordPress installieren

Wie ich bereits angeführt habe, ist die Installation getreu dem Leitspruch von WordPress »Democratize Publishing«[5] sogar für den Laien einfach. In der Regel übernimmt der Webhoster die Installation vollautomatisch über ein von ihm hinterlegtes Skript. Dieses Skript legt eine Datenbank mit entsprechenden Zugangsdaten an, holt sich die aktuelle Version von WordPress und hinterlegt diese auf einem Webserver. Die nötigen Einstellungen lassen sich in der Datei *wp_config.php* ebenfalls automatisch befüllen. Und ehe Sie sich versehen, sind Sie mit der Installation durch. Manchmal werden sogar noch ein erster Benutzer angelegt sowie ein Passwort festgelegt. Der Laie muss sich dann nur noch anmelden und kann sofort loslegen. Wie aber funktioniert das Ganze Schritt für Schritt? Das sehen wir uns im Folgenden an.

---

4 Als Ausgangswert der Berechnung diente der angezeigte Wert von *www.internetlivestats.com* mit Stand vom 1.12.2021 und einem WordPress-Marktanteil von 43 %.

5 Zu Deutsch sinngemäß in etwa »Das Publizieren allgemein einfacher machen«.

1.1.1 WordPress downloaden

Die jeweils aktuelle Version von WordPress ist unter *wordpress.org/download* erhältlich. Auf der Seite müssen Sie etwas nach unten scrollen, bis schließlich der Button mit der Beschriftung DOWNLOAD WORDPRESS X.X.X sichtbar wird. Das X.X.X steht dabei für die jeweils aktuelle Versionsnummer. Ein Klick darauf lädt die ZIP-Datei auf den heimischen Rechner.

Der Unterschied zwischen wordpress.com und wordpress.org

Eine immer wiederkehrende Diskussion innerhalb der WordPress-Community ist der nicht richtig erkennbare Unterschied zwischen *wordpress.com* und *wordpress.org*.

Der bereits erwähnte Mitgründer von WordPress, Matt Mullenweg, ist Geschäftsführer der *Automattic Incorporated*, eines Unternehmens, das sich auf WordPress-Hosting spezialisiert hat. Automattic darf als einziges Unternehmen weltweit das Wort »WordPress« für unternehmerische Zwecke nutzen und schaltet auch gerne TV-Werbespots im US-amerikanischen Fernsehen. Es liegt also nahe, dass es die Domain *wordpress.com* nutzt, um seine Dienste anzubieten. Das stößt der Community von Zeit zu Zeit sauer auf.[6] Denn oft wird Automattic als das Unternehmen bezeichnet, das *»die digitale Veröffentlichungsplattform WordPress betreibt«*. So stand es in einem Artikel der New York Times, der später berichtigt wurde.[7] Richtig ist, dass die Community die Software aufgebaut hat und auch weiterhin pflegt. Automattic vertreibt sie nur weiter.

Kontrovers ist, dass Automattic einer der größten Spendengeber für das WordPress-Projekt ist. Durch das bereits erwähnte *Five for the Future*-Programm stellt Automattic über 3.600 Arbeitsstunden pro Woche für das WordPress.org-Projekt zur Verfügung.[8]

Die Website *wpisnotwp.com* erklärt auf Englisch noch einmal den Unterschied im Detail.

Die ZIP-Datei lässt sich mit den üblichen Programmen entpacken. Sie erhalten eine Liste mit Dateien, wie in Abbildung 1.2 zu sehen ist.

6 Siehe dazu auch den Beitrag von Gooding Sarah, Automattic Updates Press Page to Clarify Distinction between WordPress.org and WordPress.com, in: WPTavern, 2020, *https://wptavern.com/automattic-updates-press-page-to-clarify-distinction-between-wordpress-org-and-wordpress-com* (abgerufen am 01.12.2021).

7 Caspar Hübinger (ein Community-Mitglied) hatte auf die Ungenauigkeit in dem von der New York Times veröffentlichten Artikel hingewiesen. In dem Artikel ging es aber nicht direkt um WordPress, sondern um Matt Mullenweg als starken Befürworter der Remote-Arbeit. Der Link zum Artikel: *https://www.nytimes.com/2020/07/12/business/matt-mullenweg-automattic-corner-office.html*

8 WordPress.org: Pledges (sorted by total hours), in WordPress, 2021, *https://wordpress.org/five-for-the-future/pledges/?order=hours* (abgerufen am 01.12.2021).

wordpress

wordpress | assets

Name	Art	Größe	Änderungsdatum
index.php	PHP Script	405 Byte	06.02.2020, 07:33
license.txt	Reiner Text	20 KB	01.01.2021, 01:19
readme.html	HTML-Text	7 KB	06.07.2021, 14:23
wp-activate.php	PHP Script	7 KB	21.01.2021, 02:37
wp-admin	Ordner	--	10.11.2021, 18:24
wp-blog-header.php	PHP Script	351 Byte	06.02.2020, 07:33
wp-comments-post.php	PHP Script	2 KB	17.02.2021, 14:08
wp-config-sample.php	PHP Script	3 KB	21.05.2021, 12:40
wp-content	Ordner	--	10.11.2021, 18:24
wp-cron.php	PHP Script	4 KB	30.07.2020, 21:14
wp-includes	Ordner	--	10.11.2021, 18:24
wp-links-opml.php	PHP Script	2 KB	06.02.2020, 07:33
wp-load.php	PHP Script	4 KB	15.05.2021, 19:38
wp-login.php	PHP Script	45 KB	06.04.2021, 20:39
wp-mail.php	PHP Script	9 KB	14.04.2020, 13:32
wp-settings.php	PHP Script	22 KB	02.06.2021, 01:09
wp-signup.php	PHP Script	32 KB	07.05.2021, 22:16
wp-trackback.php	PHP Script	5 KB	08.10.2020, 23:15
xmlrpc.php	PHP Script	3 KB	08.06.2020, 21:55

19 Objekte, 104,08 GB verfügbar

Abbildung 1.2 Die Liste der Dateien und Verzeichnisse einer WordPress-Installation

1.1.2 Der Upload zum Webhosting-Anbieter

Die gesamte Palette an Dateien, die Sie nun vorliegen haben, müssen Sie (zum Beispiel per FTP) auf einen Server des Webhosting-Anbieters hochladen. Ich werde hier nicht anführen, wie das im Einzelnen funktioniert, da sich der Vorgang von Anbieter zu Anbieter unterscheidet. Nehmen Sie gegebenenfalls Kontakt mit dem jeweiligen Anbieter auf, um die nötigen Schritte in Erfahrung zu bringen.

1.1.3 Den Datenbank-Zugang einrichten

Vom Webhoster erhalten Sie ebenfalls die nötigen Zugangsdaten für die Datenbank. Oft lassen sich neue Datenbanken aber auch über die Weboberfläche des Anbieters einrichten. Sie benötigen folgende Informationen:

- Datenbank-Benutzername
- Datenbank-Passwort
- Datenbank-Name
- Server/Hostname
- Portnummer

WordPress empfiehlt derzeit MySQL in der Version 5.6 oder MariaDB 10.1 oder höher.

1.1.4 Die 5-Minuten-Installation

Die oben genannten Informationen lassen sich sicher innerhalb weniger Minuten zusammentragen. Was nun noch fehlt, ist der Aufruf der Domain, die vom Webhoster zugewiesen (oder die bestellt) wurde. Ich benutze hier als Beispiel die Domain *mein-wp.test*.

Im Browser geben Sie die URL *mein-wp.test* ein. Sie werden sofort bemerken, dass Sie zur Datei */wp-admin/setup-config.php* umgeleitet werden. Der erste Schritt der Installation beginnt mit der Auswahl der Sprache.

Da WordPress ohne Sprachpakete in Umlauf gebracht wird, müssen diese nachgeladen werden. Dies geschieht vollautomatisch im Hintergrund, wenn Sie die entsprechende Sprache (Deutsch) auswählen und auf FORTFAHREN klicken (siehe Abbildung 1.3).

Abbildung 1.3 Erster Schritt in der WordPress-Installation: Die Auswahl der Sprache.

Welche Sprache soll ich wählen?

Allein für Deutsch haben Sie fünf verschiedene Auswahlmöglichkeiten:

- Deutsch (Österreich)
- Deutsch (Schweiz, Du)
- Deutsch (Schweiz)
- Deutsch
- Deutsch (Sie)

Die Hauptsprache in WordPress ist Englisch. Das bedeutet, dass zum Beispiel alle Plugins im Plugin-Verzeichnis von WordPress mindestens auf Englisch verfügbar sind. Alle anderen Sprachen müssen von den Übersetzern gesondert eingepflegt werden. In der Regel wird dann zuerst in Standard-Deutsch übersetzt. Meiner Erfahrung nach wird selten ein Plugin in Deutsch mit Höflichkeitsform (oder in andere Sprachformen) übersetzt. Warum ist das ein Problem?

Nehmen wir an, Sie wählen die Übersetzung in Höflichkeitsform (also mit der Anrede Sie) und installieren dazu ein Plugin, das keine Übersetzung dafür hat. Dann wird WordPress die Textinhalte des Plugins in englischer Sprache anzeigen – und das, obwohl es eine deutsche Standard-Übersetzung gibt. WordPress hat nämlich keinen internen Mechanismus, mit dem eine Fallback-Sprache (oder eine Ersatzsprache) definiert werden könnte.

Glücklicherweise gibt es für fast jedes Problem eine Lösung in Form eines Plugins. So auch in diesem Fall. Gleich zwei Plugins, die sich dieses Themas angenommen haben, sind:

- *Language Fallback* von Bernhard Kau (*https://de.wordpress.org/plugins/language-fallback*)
- *Preferred Languages* von Pascal Birchler (*https://de.wordpress.org/plugins/preferred-languages*)

Im zweiten Schritt weist WordPress Sie darauf hin, dass Sie sich die Zugangsdaten für die Datenbank zurechtlegen sollten (siehe Abbildung 1.4).

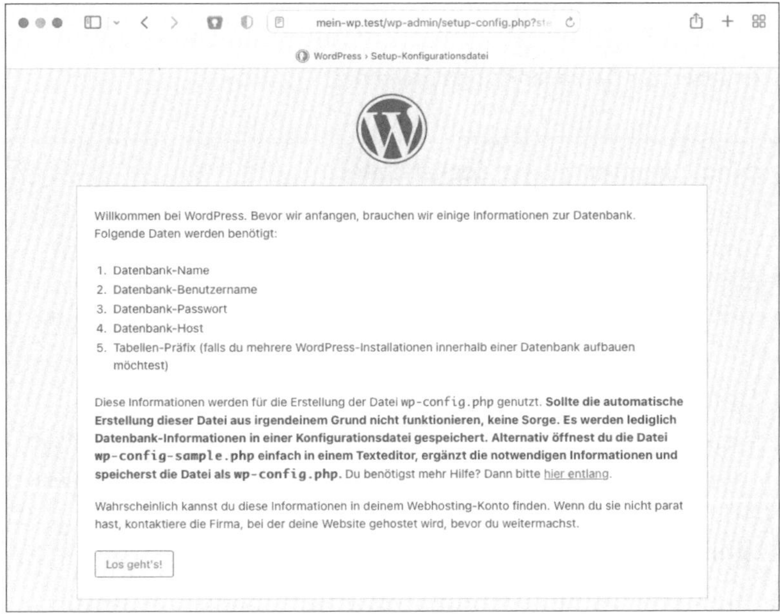

Abbildung 1.4 Allgemeine Hinweise auf die bevorstehende Datenbank-Installation

Die Installationsroutine betont (in fetter Schrift), dass sie die Datei *wp-config.php* aktualisieren wird. Denn die Datenbank-Zugangsdaten müssen an einer Stelle gespeichert werden. Im nächsten Bildschirm werden genau diese Daten abgefragt (siehe Abbildung 1.5).

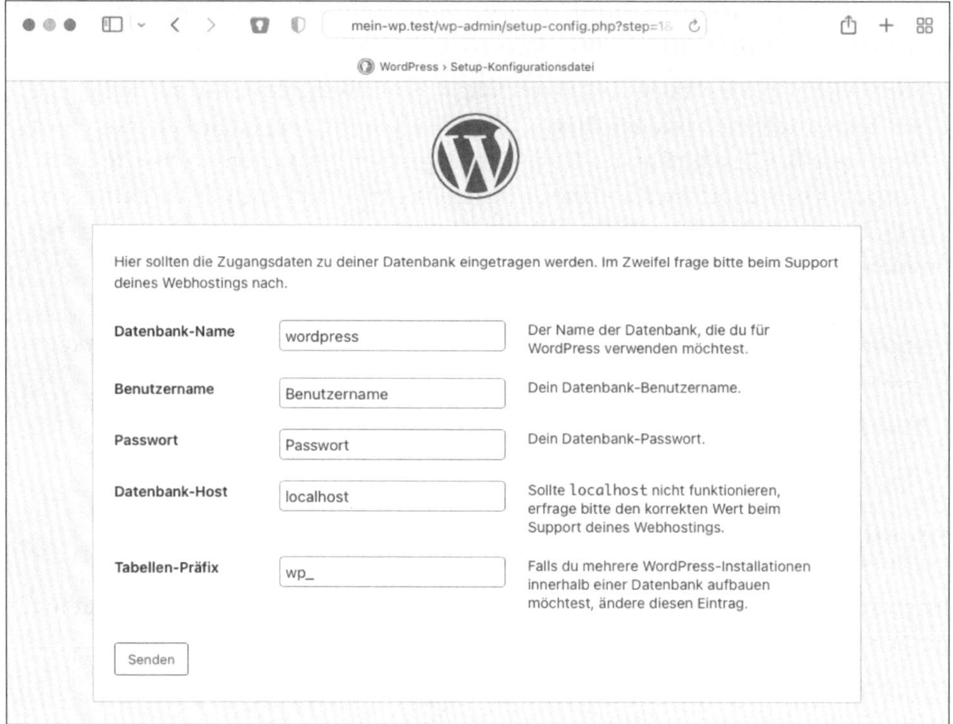

Abbildung 1.5 Die Angaben zur Datenbank sind notwendig.

Datenbank-Verbindung mithilfe einer Socket-Datei

In den meisten Fällen lautet der Datenbank-Hostname *localhost*. Dies ist aber nicht immer der Fall: Es kommt darauf an, wie die Datenbank konfiguriert wurde. Deswegen kann es vorkommen, dass Sie einen Pfad zu einer Socket-Datei anstatt eines Hostnamens vom Webhoster bekommen. Sie erkennen das daran, dass die Angabe einer Pfadangabe ähnelt, zum Beispiel wie folgt:

/var/run/mysqld.sock

Ist dies der Fall, müssen Sie im Formularfeld DATENBANK-HOST ein `localhost`, gefolgt von einem Doppelpunkt, voranstellen. Auf diese Weise versteht WordPress, dass es sich um eine Socket-Verbindung handelt.

localhost:/var/run/mysqld.sock

Ändern der Datenbank-Portnummer

WordPress nimmt an, dass die Standard-Portnummer 3306 zu verwenden ist. Hat der Webhoster aber einen anderen Datenbank-Port gewählt, können Sie im Formularfeld DATENBANK-HOST die Portnummer durch einen Doppelpunkt getrennt angeben. Beispiele sind:

localhost:3309

datenbank.mein-wp.test:6619

Das Tabellenpräfix richtig wählen

Die WordPress-Datenbank ist so etwas wie das Gehirn der gesamten WordPress-Website. Jede einzelne Information ist dort gespeichert. Das macht diese Datenbank zu einem bevorzugten Ziel von Hackern. Diese führen automatisierte Codes für sogenannte *SQL-Injektionen* aus (ich gehe in Abschnitt 7.1.7, »Sichere SQL-Abfragen erzeugen«, noch detaillierter darauf ein). Wird das Standardpräfix nicht geändert, macht es das den Hackern leichter, Massenangriffe zu planen, weil sie auf das Standardpräfix `wp_` zielen können. Der beste Weg, Ihre Datenbank zu schützen, besteht also darin, das Datenbankpräfix zu ändern. Das ist während der Installationsroutine sehr einfach zu bewerkstelligen.

Nach dem Klick auf SENDEN erscheint im Erfolgsfall die Information, dass WordPress mit der Datenbank kommunizieren kann (siehe Abbildung 1.6). Im Hintergrund wurde die Datei *wp-config.php* entsprechend aktualisiert. Wie die Datei dann aussieht, zeige ich im nächsten Schritt.

Abbildung 1.6 Die Datenbank-Zugangsdaten waren korrekt.

Im Fehlerfall zeigt WordPress an, dass die Datenbank-Verbindung fehlschlug (siehe Abbildung 1.7). In diesem Fall gelangen Sie über den Button ERNEUT VERSUCHEN zurück zum vorherigen Bildschirm.

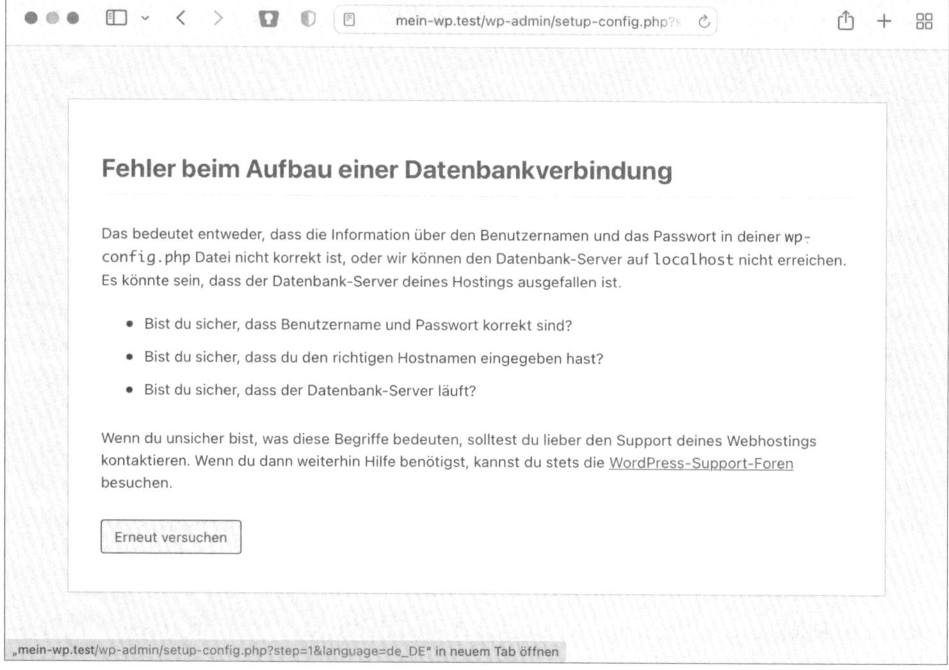

Abbildung 1.7 Fehler in der Datenbankverbindung.

Wenn Sie die Verbindung partout nicht einrichten können, fragen Sie beim Webhoster nach den korrekten Zugangsdaten und der entsprechenden Konfiguration.

Können Sie die Konfigurationsdatei nicht speichern?

Es ist möglich, dass WordPress Sie nach der Eingabe der Datenbank-Zugangsdaten darauf hinweist, dass die *wp-config.php*-Datei nicht auf dem Server abgespeichert werden kann (siehe Abbildung 1.8). Dies liegt möglicherweise daran, dass die Rechte im Dateisystem nicht entsprechend eingestellt wurden. Sie sollten daher bereits vorab gewährleisten, dass der Webserver oder gegebenenfalls PHP in das Verzeichnis schreiben darf, in dem WordPress installiert werden soll.. WordPress bietet Ihnen an, mit der Installation fortzufahren, indem der Inhalt (Abbildung 1.18) von Ihnen in eine Datei kopiert und manuell hochgeladen wird. Später werden Sie aber vor dem gleichen Problem stehen – genauer gesagt dann, wenn Sie Medien in die Medienbibliothek hochladen wollen. Diese werden nämlich ebenfalls im Dateisystem abgelegt, können aber nicht beschrieben werden.

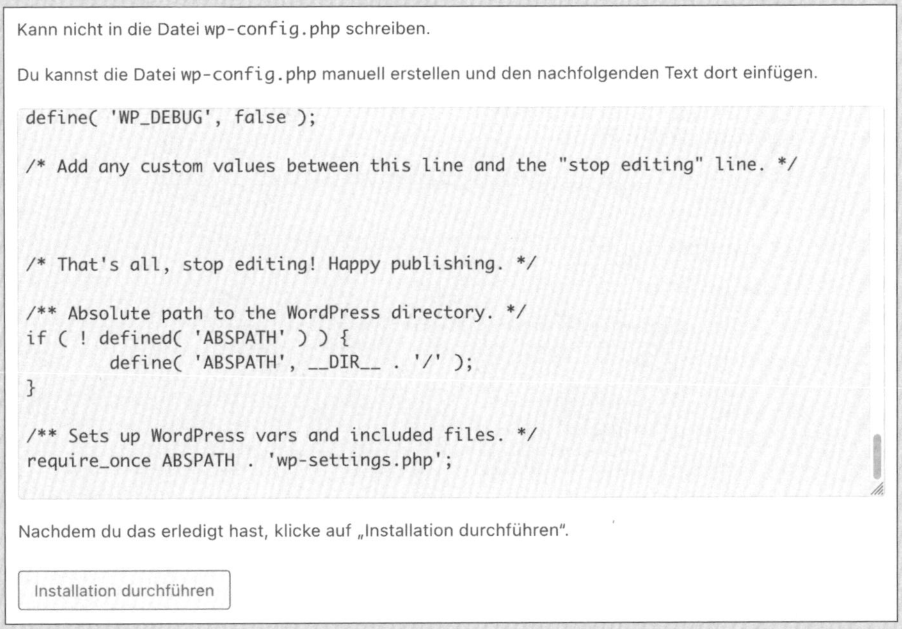

Kann nicht in die Datei wp-config.php schreiben.

Du kannst die Datei wp-config.php manuell erstellen und den nachfolgenden Text dort einfügen.

```
define( 'WP_DEBUG', false );

/* Add any custom values between this line and the "stop editing" line. */



/* That's all, stop editing! Happy publishing. */

/** Absolute path to the WordPress directory. */
if ( ! defined( 'ABSPATH' ) ) {
	define( 'ABSPATH', __DIR__ . '/' );
}

/** Sets up WordPress vars and included files. */
require_once ABSPATH . 'wp-settings.php';
```

Nachdem du das erledigt hast, klicke auf „Installation durchführen".

Installation durchführen

Abbildung 1.8 Der Inhalt der »wp-config.php«-Datei wird angezeigt und kann manuell kopiert werden.

Ich gehe davon aus, dass die Datenbank-Verbindung funktioniert hat und Sie deswegen mit dem Button INSTALLATION DURCHFÜHREN aus Abbildung 1.6 fortfahren können. Sie gelangen danach zum Begrüßungsbildschirm. In der Tat ist die Installation schon fast vorbei, aber WordPress scheut sich nicht, Sie an dieser Stelle noch mal zur 5-Minuten-Installation zu begrüßen.

Das Formular aus Abbildung 1.9 zeigt nur die allernötigsten Einstellungen, die zur Erstinstallation notwendig sind. Alles, was hier eingegeben wird, kann jederzeit nachträglich verändert werden.

Mit einem Klick auf WORDPRESS INSTALLIEREN wird die Datenbank installiert und der Benutzer mit den angegebenen Daten erstellt.

In der Regel bekommen Sie dann die Nachricht INSTALLATION ERFOLGREICH! angezeigt. Mit einem Klick auf ANMELDEN gelangen Sie dann zur Login-Maske.

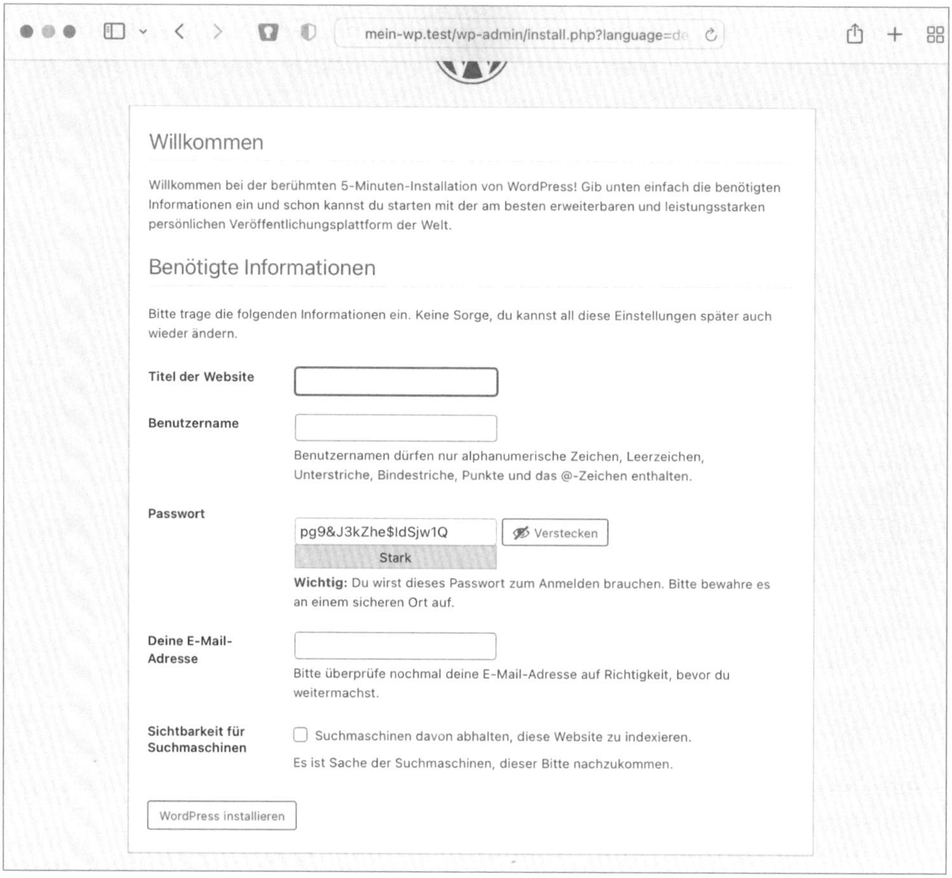

Abbildung 1.9 Begrüßungsbildschirm zur 5-Minuten-Installation

Nun werfen wir noch einen kurzen Blick in die *wp-config.php*, die automatisch erstellt wurde:

```
<?php
define( 'DB_NAME', 'local' );
define( 'DB_USER', 'root' );
define( 'DB_PASSWORD', 'root' );
define( 'DB_HOST', 'localhost' );
define( 'DB_CHARSET', 'utf8mb4' );
define( 'DB_COLLATE', '' );

define( 'AUTH_KEY', '2*dz#[/yRp>!+...' );
define( 'SECURE_AUTH_KEY', '^?bet,4L1@!,]df...' );
define( 'LOGGED_IN_KEY', 'wcyadU@>pv?/AucsQHP%...' );
define( 'NONCE_KEY', 'w<_~x2vb9vV1...' );
define( 'AUTH_SALT', '>{wRo*UtHtXK;xR5ZgcIlO...' );
```

```
define( 'SECURE_AUTH_SALT', 'L%.BO]%k3(mz~uT-is3}OIJprh)...' );
define( 'LOGGED_IN_SALT', 'MVZfe/Nh(]OBvKG=..Abx...' );
define( 'NONCE_SALT', '1;b05__^*o7~J1?krdFy7...' );

$table_prefix = 'mywpi_';

define( 'WP_DEBUG', false );

/* Add any custom values between this line and the "stop editing" line. */

/* That's all, stop editing! Happy publishing . */

if ( ! defined( 'ABSPATH' ) ) {
    define( 'ABSPATH', __DIR__ . '/' );
}

require_once ABSPATH . 'wp-settings.php';
```

Listing 1.1 Die Datei »wp-config.php« (Einige Zeilen wurden gekürzt und Kommentare teilweise entfernt.)

Im ersten Teil sehen Sie, dass die Zugangsdaten für die Datenbank in PHP-Konstanten hinterlegt worden sind. So kann jederzeit darauf zugegriffen werden.

Während der Installationsroutine wurden ein paar eindeutige Authentifizierungsschlüssel und sogenannte *Salts* angelegt. In der Regel werden diese von der Website *https://api.wordpress.org/secret-key/1.1/salt* abgerufen und eingebunden. In der Kryptografie dienen diese Salts dazu, die Entropie der Eingabe zu erhöhen, also um Passwörter und sonstige geheime Daten sicher in der Datenbank zu speichern.

Darunter finden Sie schließlich das Tabellenpräfix in der Variablen `$table_prefix` und eine Konstante `WP_DEBUG`, auf die ich in Abschnitt 11.2.1, »Das Error-Logging aktivieren«, noch eingehen werde.

Zwischen den zwei Kommentaren, die ich stehen gelassen habe, haben Sie Platz für eigene Variablen, die Sie seitenweit zur Verfügung stellen können. Vermeiden Sie tunlichst, hier PHP-Code einzufügen, der nicht zu Konfigurationszwecken verwendet wird. Wie schon erwähnt, handelt es sich hier um die Konfigurationsdatei. Diese sollte nicht zweckentfremdet werden.

Sind der Authentifizierungsschlüssel und die Salts leer?

Wie oben angesprochen, werden die entsprechenden Schlüssel von einer API abgerufen, die bei *wordpress.org* liegt. Erfahrungsgemäß ist die Website 99,9 % der Zeit erreichbar. Ist sie das nicht, werden die Schlüssel lokal erstellt. Das gilt jedoch nur, wenn die offizielle 5-Minuten-Installation durchlaufen wird. Ist das nicht der Fall (z. B. aufgrund einer schlecht konfigurierten 1-Klick-Installation eines Webhosters), sind die entsprechenden Schlüssel und »Salze« leer. In der Praxis habe ich das schon ein paarmal erlebt. Sie tun also gut daran, einmal einen Blick in die *wp-config.php* zu werfen – egal, ob es sich dabei um eine neue oder eine alte Installation handelt.

1.2 Lokale Laufzeitumgebungen

Wenn Sie WordPress auf dem heimischen Rechner zum Laufen bringen wollen, benötigen Sie drei Dinge: eine Datenbank (MySQL oder MariaDB), PHP und einen Webserver (in der Regel Apache oder *nginx*). Im Grunde könnte sich jeder diese drei Softwarepakete auf dem Rechner installieren oder Tools wie *Docker* oder *Vagrant* nutzen und entsprechend konfigurieren. Wer sich damit nicht befassen will, greift auf Softwarepakete zurück, die eine lokale Serverumgebung erstellen. So sind WordPress-Installationen innerhalb kürzester Zeit aufgesetzt und einsatzbereit.

Einige robuste Softwarepakete, die sich in der Vergangenheit bewährt haben, liste ich in Tabelle 1.1 auf. Möglicherweise nutzen Sie bereits eine der nachfolgend genannten oder eine ähnliche Software. Ist Letzteres der Fall, dann bleiben Sie bitte dabei. Sie müssen das Rad nicht neu erfinden, um WordPress in Betrieb nehmen zu können. Sie können WP wie in Abschnitt 1.1 beschrieben installieren.

	Mac	Win	Linux	
Local	+	+	+	*localwp.com*
MAMP	+	+	–	*www.mamp.info*
DevKinsta	+	+	+	*kinsta.com/devkinsta*
XAMPP	+	+	+	*www.apachefriends.org*
WAMP	–	+	–	*www.wampserver.com*
DesktopServer	+	+	–	*serverpress.com*

Tabelle 1.1 Eine Auswahl an Softwarepaketen, die in kürzester Zeit eine lokale Softwareumgebung einrichten können

Natürlich haben alle Tools ihre Vor- und Nachteile. Das fängt schon bei den Kosten an. Von den meisten Tools gibt es eine kostenfreie sowie eine kostenpflichtige Version. MAMP erlaubt beispielsweise nur die Installation von zwei PHP-Versionen, während die PRO-Version unlimitiert ist. Wenn Sie also mit mehreren verschiedenen

PHP-Versionen testen müssen, werden Sie mit der PRO-Version oder einem anderen Softwarepaket glücklicher. Hier müssen Sie nach Ihren persönlichen Präferenzen und den jeweiligen Anforderungen entscheiden.

Mein Favorit ist seit Jahren das Tool *Local*. Es hieß früher *Pressmatic*. Dann wurde es vom Webhoster Flywheel (und dieser wiederum von WPEngine) gekauft, umbenannt und zum kostenlosen Download angeboten.

Während alteingesessene Tools wie MAMP, XAMPP und WAMP keinen direkten WordPress-Support hatten, wurde *Local* von Anfang an auf die WordPress-Entwicklung ausgelegt. Es enthält beispielsweise die vorinstallierte und vorkonfigurierte *WP-CLI* (also das Kommandozeilentool von WordPress, siehe Kapitel 20). Mit ein paar Klicks wird WordPress auf einer lokalen Domain (zum Beispiel *mein-wp.test*) installiert. Kurz danach können Sie loslegen.

Aber auch erstgenannte Tools holen mittlerweile auf. So beherrscht *MAMP PRO* ebenso die 1-Klick-Installation. Diese Installationsvariante ist etwas, das Sie sicherlich schnell kennen und lieben lernen werden. Vor allem, wenn Sie viele Projekte betreuen. Auch das schnelle Wechseln von PHP-Versionen, der rasche Einsatz der WP-CLI und die Unterstützung des Software-Tools *PhpStorm* eröffnen Möglichkeiten, die ich persönlich nicht mehr missen möchte.

1.2.1 Die lokale Laufzeitumgebung einrichten

In diesem Abschnitt lernen Sie, wie Sie das Tool *Local* und wie Sie mit ihm umgehen. Sie werden merken, dass die anderen Programme ähnlich funktionieren.

Als Erstes können Sie das Tool unter *https://localwp.com/releases/* für das Betriebssystem Ihrer Wahl herunterladen. Die Installation selbst sollte selbsterklärend sein. Sie funktioniert genauso, wie Sie auch andere Programme installieren.

Nach der Installation und dem Öffnen der Applikation können Sie über das große +-Zeichen (siehe Punkt ❽ in Abbildung 1.10) eine neue Seite anlegen. Im sich dann öffnenden Fenster reicht es im Grunde, wenn Sie einen Namen eingeben und dann zweimal auf CONTINUE klicken. Danach werden Sie aufgefordert, einen Benutzernamen und ein Passwort zu vergeben. Ein Klick auf ADD SITE wird die entsprechende Seite erstellen.

Ist eine Passwort-Eingabe nötig?

Möglicherweise werden Sie in den unterschiedlichen Betriebssystemen aufgefordert, Ihr Passwort einzugeben. Das ist nötig, weil die verschiedenen Server-Dienste (Webserver, Datenbank, PHP) im Hintergrund laufen und dazu bestimmte Ports geöffnet werden. Unter Windows müssen Sie womöglich die Firewall-Einstellungen anpassen, indem Sie die entsprechende Meldung des Windows Defenders durch Klick auf ZUGRIFF GEWÄHREN (oder ähnlich) akzeptieren. Unter macOS wird das Passwort abgefragt, weil die */etc/hosts*-Datei angepasst wird. Damit wird dem Betriebssystem mitgeteilt, wo es die Domain findet, die Sie im Browser aufrufen. Es handelt sich also um eine Art Umleitung vom Browser hin zur *Local*-App.

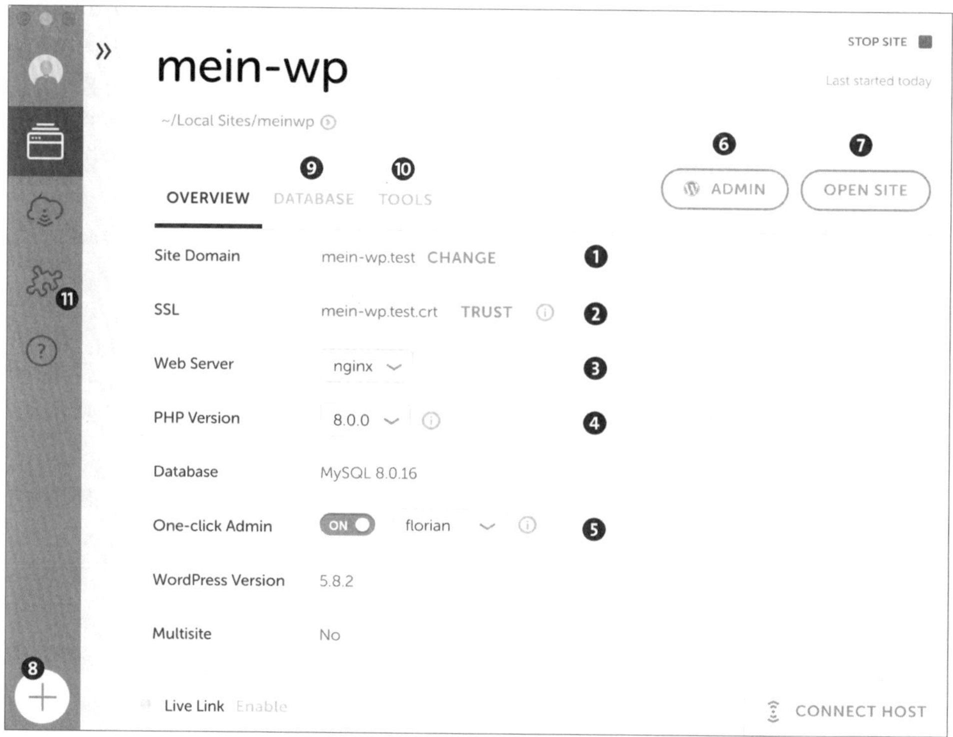

Abbildung 1.10 »Local« zeigt die erstellte Webseite.

Im Tab OVERVIEW gibt es eine Menge Einstellmöglichkeiten. Da wäre zum einen die Domain ❶, mit der Sie die lokal installierte WordPress-Seite aufrufen können. Mit jeder Website wird auch ein SSL-Zertifikat ❷ erstellt, das sich durch einen Klick auf TRUST installieren lässt. Damit umgehen Sie die Fehlermeldung im Browser, die darauf hinweist, dass die Verbindung unsicher ist .

In der jüngsten Vergangenheit wurde die Option zur Wahl des Webservers zur *Local*-App hinzugefügt ❸. Sie haben aktuell die Wahl zwischen *nginx* und *Apache*.

Die Einstellung zur PHP-Version ❹ dürfte selbsterklärend sein. *Local* reicht neue PHP-Versionen zeitnah nach, also nach dem Erscheinen einer neuen Version. Schließlich lässt sich noch der sogenannte *One-Click-Admin*-Zugang ❺ einrichten. Damit können Sie sich automatisch in WordPress anmelden lassen, wenn Sie den

Button ADMIN ❻ anklicken. Der Button OPEN SITE ❼ führt Sie schließlich zum Frontend der Installation, damit Sie sich die Website ansehen können.

Im Tab DATABASE ❾ finden Sie einen weiteren Helfer, der Ihnen das Entwickeln deutlich einfacher machen kann. Die Entwickler von *Local* haben nämlich das PHP-Skript *Adminer* in das Projekt eingebunden. Es ist ein Tool zur Verwaltung der SQL-Datenbanken im Browser. Wenn Sie also einmal einen Blick in eine der Datenbank-Tabellen werfen müssen, können Sie das hier tun.

Unter TOOLS ❿ finden Sie noch *MailHog*. Es fängt alle E-Mails von WordPress ab und zeigt sie dann in der Browseroberfläche an, die Sie bequem per Klick öffnen können.

Natürlich kann *Local* noch viel mehr. Über Plugins ⓫ lässt sich der Funktionsumfang weiter ausbauen. Eine Erweiterung, die standardmäßig aktiv ist, nennt sich *Xdebug + PhpStorm*. Sie integriert automatisch die sogenannte *Run-Konfiguration* in PhpStorm. Mehr dazu lesen Sie in Abschnitt 11.3.2, »Xdebug mit Local und PhpStorm verbinden«.

1.3 Entwickeln mit dem Texteditor?

Gut, dass es Programmierung nicht erst seit gestern gibt. Dementsprechend groß ist die Auswahl an Editoren. Für jede Programmiersprache gibt es Dutzende Tools. Das Schöne daran ist: Man muss nicht immer Geld ausgeben, um einzusteigen. Denn es gibt auch kostenlose Programme oder Open-Source-Projekte, auf die Sie zurückgreifen können.

Neben *NotePad* unter Windows oder *TextEdit* unter macOS gibt es mittlerweile deutlich leistungsfähigere Tools, die Ihnen das Entwickeln erleichtern. Mit Betriebssystem-Bordmitteln lassen sich zwar ebenfalls umfangreiche Programme schreiben, wirklich komfortabel ist es nicht. Meines Erachtens dienen diese übersichtlichen Tools eher dazu, mal schnell ein paar Zeilen Code zu ergänzen, anstatt große Plugins, Themes oder gar Blöcke zu entwickeln.

Deswegen möchte ich in einem ersten Schritt einige Programme auflisten, die sich zur Arbeit mit PHP, HTML sowie CSS und JavaScript eignen. Denn all diese Programmier- und Auszeichnungssprachen sind für ein WordPress-Projekt vonnöten.

Im folgenden Abschnitt 1.4 stelle ich dann zwei sehr populäre Programme vor (PhpStorm und Visual Studio Code), die in der WordPress-Welt häufig verwendet werden und zu denen Sie daher viele Informationen im Internet finden. Das hilft, wenn Sie sich später tiefer in die Thematik einarbeiten wollen. Denn die Tools werden mittlerweile immer umfangreicher und ausgeklügelter. Es lohnt sich also, ein wenig tiefer einzusteigen, denn Sie können Funktionen entdecken, die Ihnen viel Arbeit ersparen. Einige davon werde ich später vorstellen.

Name	Website	Lizenz	Kosten	B*
PhpStorm	*jetbrains.com/phpstorm*	Proprietär, Abo	199 € im ersten, 159 € im zweiten, 110 € jedes weitere Jahr.	MWL
Eclipse PDT	*eclipse.org/pdt*	OpenSource, EPL v2	Kostenlos	MWL
Visual Studio Code	*code.visualstudio.com*	OpenSource, MIT	Kostenlos	MWL
NetBeans	*netbeans.apache.org*	OpenSource, Apache v2	Kostenlos	MWL
Sublime Text	*sublimetext.com*	Proprietär	99 $ für drei Jahre	MWL
Atom	*atom.io*	OpenSource, MIT	Kostenlos	MWL
Notepad++	*notepad-plus-plus.org*	OpenSource, GPL v2	Kostenlos	W
TextMate	*macromates.com*	Proprietär	Kostenlos, 59 $ für den vollen Funktionsumfang	M
Vim	*vim.org*	OpenSource, GPL-kompatibel	kostenlos	MWL
UltraEdit	*ultraedit.com*	Proprietär, Abo	99 $ pro Jahr	MWL
Nova	*nova.app*	Proprietär, Abo	99 $, Updates für ein Jahr	M
Brackets	*Brackets.io*	OpenSource, eigene	kostenlos	MWL

Tabelle 1.2 Übersicht über verschiedene Editoren (* Betriebssystem: M = macOS, W = Windows, L = Linux)

Sicherlich ist die Liste in Tabelle 1.2 nicht vollständig. Ich habe diejenigen Editoren herausgesucht, die derzeit aktiv weiterentwickelt werden. Es gibt noch viele weitere

Editoren, die interessant sind – auch reine Cloud-Lösungen, also Entwicklungsumgebungen, die nur im Browser laufen. Sicherlich werden Sie Ihren Lieblingseditor finden. Mein persönlicher kostenloser Favorit wäre *Visual Studio Code*.

Was ist eine IDE?

Bei einigen der Programme aus Tabelle 1.2 handelt es sich um sogenannte *IDE*-Programme, also um integrierte Entwicklungsumgebungen. Eine IDE ist eine Sammlung von Programmen, vereint in einem einzigen Software-Tool. Sie enthält umfangreiche und hilfreiche Werkzeuge, die Sie bei täglichen und oft wiederkehrenden Aufgaben unterstützen. *PhpStorm* hat zum Beispiel einen eingebauten FTP-Client mit dem sich Daten auf einen Server (vollautomatisch) hochladen lassen. Auch lässt sich Code direkt in dem Programm per *SVN* (Subversion) oder *Git* versionieren. Theoretisch könnten Sie Ihren ganzen Arbeitstag nur in dem Programm verbringen, ohne es ein einziges Mal verlassen zu müssen. Denn alle Tools, die Sie für das tägliche Arbeiten benötigen, finden Sie dort.

Ein großer Nachteil ist, dass man von solchen Programmen buchstäblich erdrückt wird, wenn man sie zum ersten Mal öffnet. Eine schier unendliche Anzahl von Konfigurationsmöglichkeiten und Schaltflächen wirkt zunächst überfordernd. Eine gewisse Einarbeitungszeit ist also nötig, während Sie mit Texteditoren wie *SublimeText* schnell loslegen können, weil sie so einfach strukturiert sind, dass die Handhabung sofort klar ist.

Visual Studio Code versucht hier die Brücke zu schlagen. Es startet als überschaubares Editor-Programm mit der Möglichkeit, es durch Plugins zu erweitern. Das hat den Vorteil, dass die Einarbeitung leicht ist. Falls Sie eine entsprechende Funktion benötigen, ergänzen Sie diese durch eine Erweiterung. Erst danach können Sie sich mit der Konfiguration beschäftigen. Die Lernkurve ist also deutlich flacher als bei den großen IDEs. Nicht umsonst ist Visual Studio Code das beliebteste Tool im Bereich der Webentwicklung.[9]

1.4 Software-Entwicklungstools einrichten

Ich möchte mit *PhpStorm* beginnen, meinem Tool der Wahl, das seit Jahren mein treuer Begleiter ist. Ich gehe davon aus, dass ein Webserver lokal auf Ihrem Rechner läuft (siehe Abschnitt 1.2) und dass Sie WordPress installiert haben (siehe dazu Abschnitt 1.1).

Wenn Sie eine App wie *Local* benutzen, haben Sie beim Erstellen einer neuen Testseite den Speicherort der Website bestimmt. Falls Sie ihn nicht angegeben haben

9 Zum Beispiel laut der StackOverflow-Umfrage von 2019: *https://insights.stackoverflow.com/survey/2019#development-environments-and-tools*

oder nicht wissen, wo die Dateien liegen, haben Sie in den meisten Programmen die Möglichkeit, sich die Dateien im Finder (bzw. im Explorer unter Windows) anzeigen zu lassen. In *Local* auf dem Mac geht das zum Beispiel über den Eintrag REVEAL IN FINDER (siehe Abbildung 1.11). Sie finden es im aufklappenden Menü, wenn Sie einen Rechtsklick auf der jeweiligen Seite durchführen. Merken Sie sich, wo die Dateien liegen. Denn Sie benötigen den Pfad beim Einrichten der nachfolgend genannten Programme.

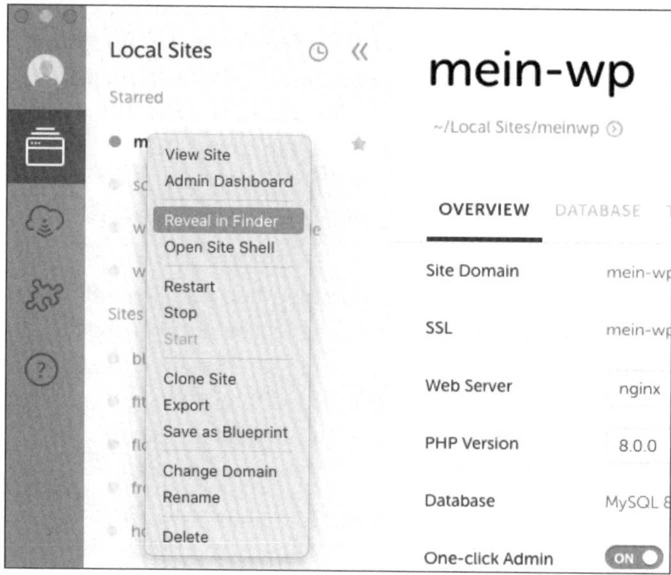

Abbildung 1.11 Ein Klick auf »Reveal in Finder« bringt Sie zu den WordPress-Dateien auf dem Laufwerk.

1.4.1 PhpStorm einrichten

Bei PhpStorm handelt es sich um eine IDE, also um eine integrierte Entwicklungsumgebung. Der Funktionsumfang ist sehr hoch. Das Programm lässt sich also nicht nur zum Schreiben von Code einsetzen. Sie können PHP-Programme debuggen, Code versionieren und vieles mehr. Aber am besten ist es, wenn Sie sich das einmal live ansehen.

Alle Screenshots entstanden in der Version 2021.2.3. Es ist davon auszugehen, dass neuere Versionen ähnlich aufgebaut sein werden. Erfahrungsgemäß ändert sich an der optischen Aufmachung von PhpStorm eher wenig.

PhpStorm herunterladen

Sie können das Programm unter *https://www.jetbrains.com/de-de/phpstorm/download* kostenfrei herunterladen und für 30 Tage ausgiebig testen. Die Installation erfolgt so, wie Sie auch andere Programme unter Ihrem Betriebssystem installieren. Die oben genannte Website hält jedoch auch Informationen zur Installation bereit.

Projekt öffnen

Nach dem Öffnen des Programms öffnet sich ein kleines Fenster mit dem Titel WELCOME TO PHPSTORM. Dort können Sie auf den Button OPEN klicken (siehe Punkt ❶ in Abbildung 1.12). Alternativ gelangen Sie über das Menü unter FILE • OPEN... zum gleichen Kommando. Wählen Sie dann das Verzeichnis auf Ihrem Laufwerk aus, in dem Sie Ihre WordPress-Installation finden. Das ist das Verzeichnis, in dem auch die *wp-config.php* zu finden ist. In Falle von Local ist das der Unterordner */app/public*.

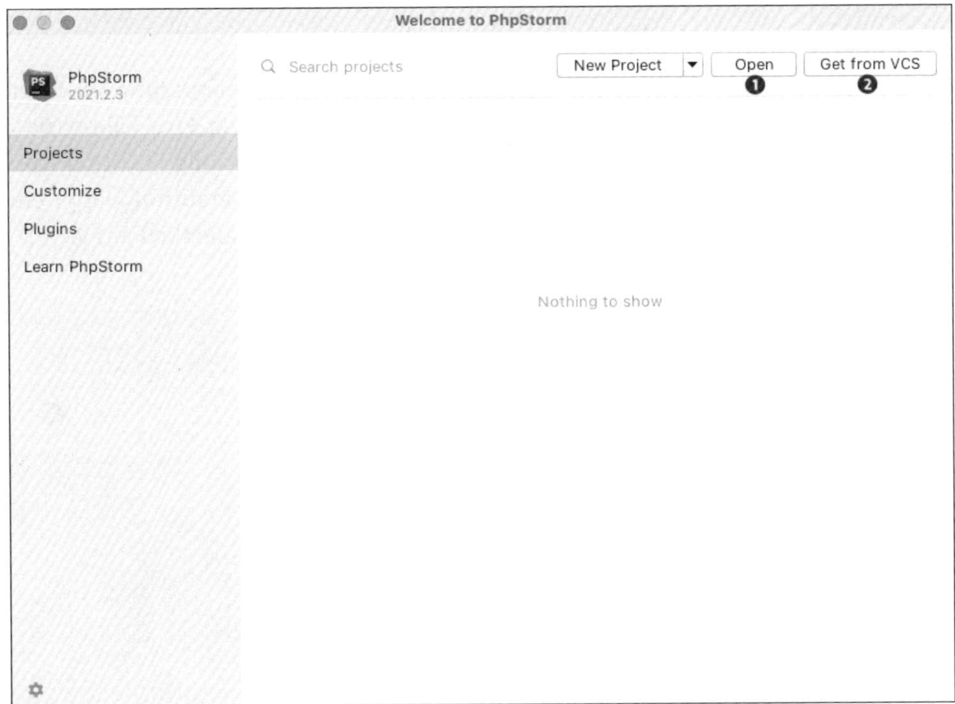

Abbildung 1.12 Das Willkommensfenster von PhpStorm

Selbstverständlich können Sie auch jederzeit ein Projekt aus einem *VCS* (Version-Control-System), also einem Versionierungssystem, auschecken ❷.

Erstmaliges Öffnen von PhpStorm

Erst jetzt öffnet sich das Hauptfenster von PhpStorm. Zuallererst wird es die Dateien im Verzeichnis indexieren. Das kann, je nach Größe des Projekts, etwas dauern. Bei einer neuen WordPress-Installation geschieht dies aber innerhalb von Sekunden.

Der EVENT LOG (in der Regel rechts unten im Bild) wird Sie über einige Dinge informieren, die PhpStorm automatisch eingestellt hat (dass die PHP-Version zum Beispiel auf 7.1 gestellt wurde). Das geschieht, weil die Software nach der Indexierung intelligent erkennt, dass sich PHP-Code in den Dateien befindet, der ausschließlich in dieser Version vorkommen kann. Das heißt nicht, dass Sie sich auch daran halten müssen. Im Grunde können Sie diese Meldungen erst einmal getrost ignorieren. Wir werden die Anwendung nämlich im nächsten Schritt manuell einrichten.

Der Aufbau der Anwendung ist relativ einfach. Am linken Bildschirmrand sehen Sie die Dateien und Verzeichnisse des Projekts, während Sie rechts die jeweilige geöffnete Datei mit deren Inhalt sehen.

PhpStorm für WordPress vorbereiten

Das Geniale an PhpStorm ist, dass es eine direkte WordPress-Unterstützung hat. Über den Menüeintrag PHPSTORM • PREFERENCES auf dem Mac (oder FILE • SETTINGS unter Windows) gelangen Sie zum Einstellungsfenster aus Abbildung 1.13. Im linken Menüeintrag klicken Sie auf den kleinen Pfeil neben PHP ❶. Daraufhin klappt ein Menü aus. Dort wählen Sie FRAMEWORKS ❷ aus und klicken schließlich auf WORDPRESS ❸.

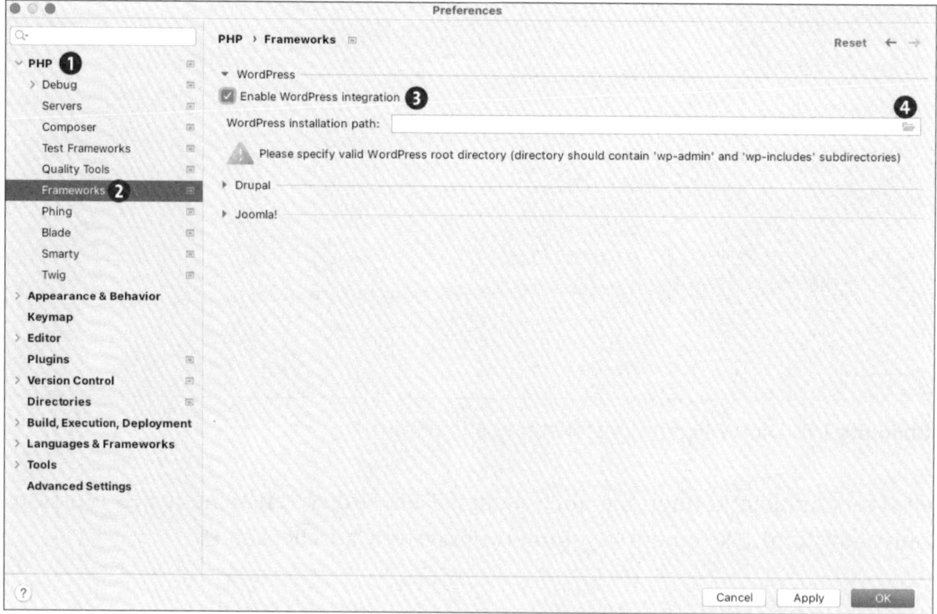

Abbildung 1.13 PhpStorm bietet eine direkte Unterstützung von WordPress.

Über das kleine Ordner-Symbol ❹ wählen Sie schließlich das Verzeichnis der aktuellen WordPress-Installation aus. Ein Klick auf OK schließt das Fenster. PhpStorm wird daraufhin die Dateien noch einmal mit diesen neuen Entstellungen indexieren.

Von nun an bietet PhpStorm Ihnen eine umfassende Programmierunterstützung für die Entwicklung von WordPress:

- Code-Vervollständigung
- Suche nach Hook-Registrierungen (siehe dazu Kapitel 3)
- Suche nach Funktionen, die als Parameter für die Hook-Registrierung angegeben werden
- Navigation zwischen Hook-Registrierungen und Hook-Aufrufen
- die Möglichkeit, den Codierungsstil in Übereinstimmung mit den WordPress-Coding-Standards zu konfigurieren
- Anzeige der offiziellen WordPress-Dokumentation direkt aus der Anwendung und so weiter

Abbildung 1.14 bis Abbildung 1.16 zeigen einige dieser Funktionen in Aktion.

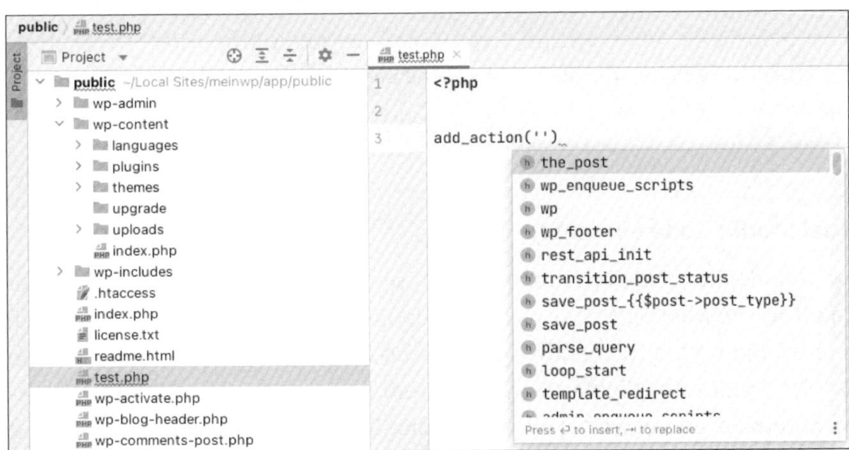

Abbildung 1.14 Die Code-Vervollständigung in Aktion: PhpStorm schlägt Hooks vor.

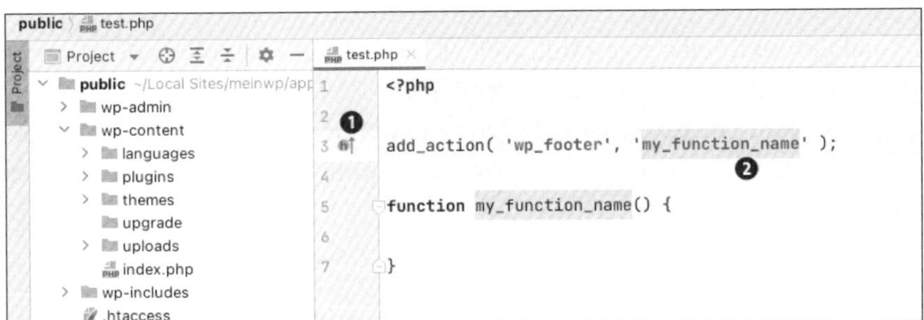

Abbildung 1.15 Durch einen Klick auf den blauen Kreis mit dem Pfeil ❶ springen Sie in den Quellcode von WordPress an die Stelle, an der der Hook definiert wurde. Die farbige Hervorhebung in ❷ zeigt, dass WordPress die Verbindung zwischen dem String und der Funktionsdefinition kennt.

```
test.php × general-template.php ×
<?php

add_action( 'wp_footer', 'my_function_name' );
    FunctionReferenceImpl: add_action( 'wp_footer', ... bool|true|void
funct
    Source: .../test.php
    `add_action( 'wp_footer', 'my_function_name' )` on
    developer.wordpress.org ↗
}
```

Abbildung 1.16 Lassen Sie den Mauszeiger etwas länger über den WordPress-Funktionen verweilen, öffnet sich eine kleine Funktionsreferenz mit der Möglichkeit, eine Suche bei »developer.wordpress.org« auszulösen.

Tipp

Wenn Sie Interesse an weiterführenden Themen in Zusammenhang mit PhpStorm haben, besuchen Sie die Adresse *https://wp-typ.de/buch/phpstorm-artikel*. Dort habe ich einige Artikel aufgelistet, die beschreiben, wie Sie mit der Software umgehen und wie Sie sie mit anderer Software verbinden.

1.4.2 Visual Studio Code einrichten

Visual Studio Code, kurz *VS Code*, versteht sich nicht als IDE. Es ist ein kostenloser Quelltext-Editor von Microsoft, der aber Grundzüge einer IDE aufweist, weil er sich durch Erweiterungen entsprechend konfigurieren lässt. Bis auf die Ähnlichkeit im Namen hat das Programm nichts mit *Visual Studio* gemeinsam. In VS Code gibt es keine Projektdateien wie etwa bei Visual Studio. Deswegen arbeitet Letzteres mit sogenannten *Workspaces*. Das sind Arbeitsumgebungen, in denen der Bearbeitungszustand und die Reihenfolge der geöffneten Dateien bis zum nächsten Öffnen gespeichert werden – ganz ähnlich wie bei PhpStorm.

Ich habe Visual Studio Code ausgewählt, weil es zum einen kostenlos erhältlich ist und weil es sich zum anderen immer größerer Beliebtheit erfreut. Aus der StackOverflow-Umfrage aus dem Jahre 2021 ging hervor, dass 71,06 % der Befragten das Programm nutzen.[10] Das ist schon ein gewaltiger Marktanteil, wenn man bedenkt, dass es über 80.000 Teilnehmer gab.

VS Code herunterladen

Sie können VS Code unter *https://code.visualstudio.com/* kostenlos herunterladen. Die Installation erfolgt so, wie Sie jedes andere Programm auch unter Ihrem Betriebs-

10 Vgl. StackOverflow: 2021 Developer Survey, in: StackOverflow, 2021, *https://insights.stackoverflow.com/survey/2021#integrated-development-environment* (abgerufen am 07.12.2021).

system aufsetzen. Unter *https://code.visualstudio.com/docs/setup/setup-overview* finden Sie weitere Unterstützung, sollten Sie bei der Installation nicht weiterkommen.

Ein Projekt öffnen

Nach dem Öffnen des Programms werden Sie vom GET STARTED-Bildschirm begrüßt (siehe Abbildung 1.17). Hier können Sie unter anderem auswählen, welches Theme Sie nutzen möchten (hell, dunkel, hoher Kontrast) ❶. Darüber hinaus folgen mit weiteren Klicks auf NEXT SECTION mehr Einstellmöglichkeiten (❷, ❸ usw.).

Nachdem SieVS Code zum ersten Mal geöffnet haben, bietet das Tool Ihnen an, ein Sprachpaket zu installieren ❹. Das ist ein kleiner Vorteil gegenüber PhpStorm, das nur auf Englisch verfügbar ist. Ich werde das deutsche Sprachpaket installieren und nachfolgend die deutschen Begriffe nutzen, falls das möglich ist.

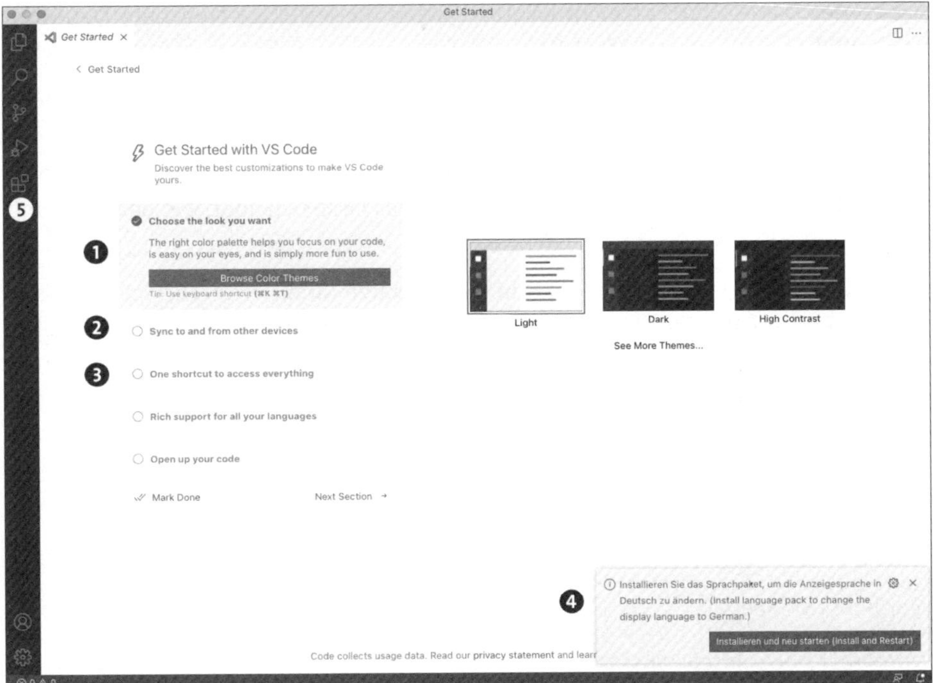

Abbildung 1.17 Der Welcome-Screen von VS Code

Im letzten Abschnitt in der Einstellungsliste (OPEN UP YOUR CODE) lässt sich über den blauen Button ein Verzeichnis auswählen. Alternativ gelangen Sie über FILE • OPEN zum gleichen Kommando. Wählen Sie dann das Verzeichnis auf Ihrem Laufwerk aus, in dem Ihre WordPress-Installation liegt. Das ist das Verzeichnis, in dem auch die *wp-config.php* zu finden ist. In Falle von *Local* ist das der Unterordner */app/public*.

Telemetriedaten

Ich möchte noch darauf hinweisen, dass Visual Studio Code standardmäßig Telemetriedaten an Microsoft übermittelt. Diese Funktion ist automatisch aktiv, kann aber über den Menüpunkt DATEI • EINSTELLUNGEN • TELEMETRIEEINSTELLUNGEN abgeschaltet werden.

Erstmaliges Öffnen von VS Code

Nun öffnet sich das Hauptfenster von VS Code. Auch dieses Programm wird die Dateien im WordPress-Verzeichnis indexieren, damit Sie diese durchsuchen können. Im Gegensatz zu PhpStorm bringt VS Code aber keine weiteren Meldungen, weist Sie also nicht auf etwaige PHP-Versionen oder Ähnliches hin.

Aufgebaut ist VS Code (wie wahrscheinlich jede App dieser Art) wie folgt: Links befindet sich der Datei- und Verzeichnisbaum, rechts die jeweilige geöffnete Datei mit ihrem Inhalt.

VS Code für WordPress vorbereiten

VS Code wirkt im Vergleich zu PhpStorm recht schlank. Es hat daher keine eingebauten WordPress- oder gar PHP-Funktionen. Das alles lässt sich aber, wie bereits mehrfach erwähnt, mit Erweiterungen nachrüsten.

In Abbildung 1.17 sehen Sie links im Bild die schwarze Menüleiste. Das letzte Icon in der oberen Hälfte ❺ ist der Menüpunkt für die Erweiterungen. Nach einem Klick öffnet sich ein Reiter mit einem Suchfeld. Dort können Sie die in Tabelle 1.3 gelisteten Pakete suchen und installieren. In Abbildung 1.18 und Abbildung 1.19 sehen Sie, dass die Funktionen denen in PhpStorm ähneln.

Erweiterungspaket	Beschreibung
PHP Intelephense*	Code-Vervollständigung, Symbolnavigation etc.
WordPress Snippets**	Code-Vervollständigung für den WordPress-Kern
WordPress Hooks IntelliSense***	Vervollständigung für WordPress-Hooks

* Zum Download unter: *https://marketplace.visualstudio.com/items?itemName=bmewburn.vscode-intelephense-client* oder mit der ID `wordpresstoolbox.wordpress-toolbox`

** Zum Download unter: *https://marketplace.visualstudio.com/items?itemName=wordpresstoolbox.wordpress-toolbox* oder mit der ID `bmewburn.vscode-intelephense-client`

*** Zum Download unter: *https://marketplace.visualstudio.com/items?itemName=johnbillion.vscode-wordpress-hooks* oder mit der ID `johnbillion.vscode-wordpress-hooks`

Tabelle 1.3 Erweiterungen für VS Code

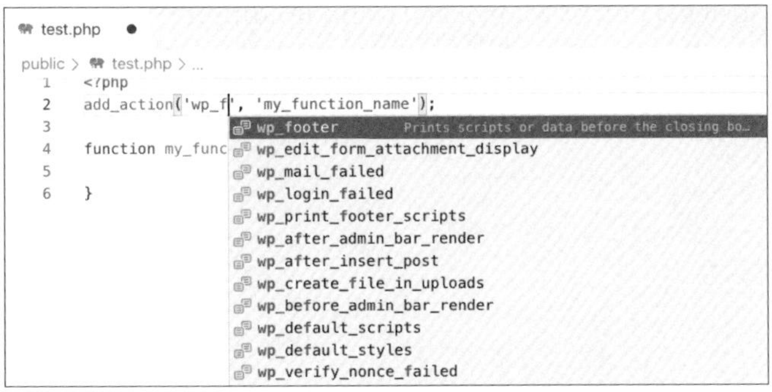

Abbildung 1.18 Code-Vervollständigung für WordPress-Hooks

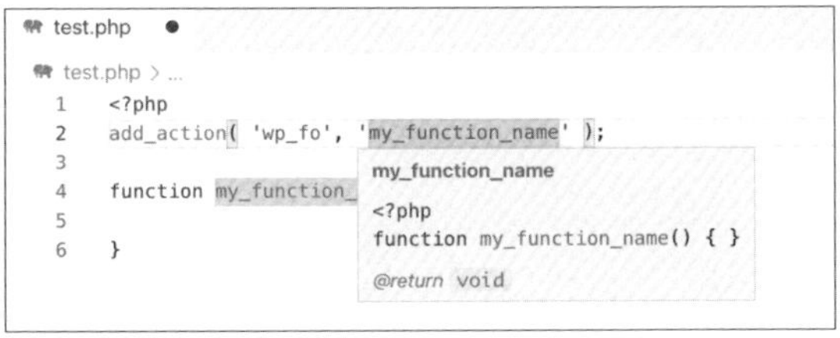

Abbildung 1.19 Quellcode-Navigation: VS Code erkennt den String als Funktionsverweis. Mit einem Klick auf den String gelangen Sie direkt zur Funktionsdefinition.

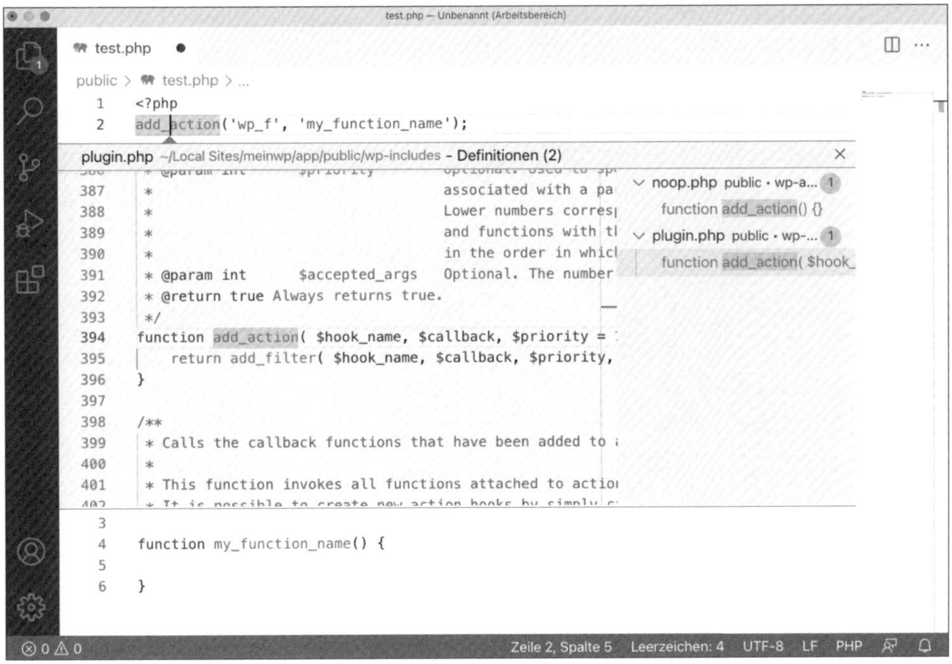

Abbildung 1.20 VS Code zeigt die vom WordPress-Kern definierte Funktion in einer separaten Box an.

Jetzt können wir eigentlich loslegen, nicht wahr? Fast. Denn im unmittelbar folgenden Kapitel 2 möchte ich Ihnen die bewährten Konzepte der WordPress-Entwicklung vorstellen.

Kapitel 2
Bewährte Konzepte bei der Entwicklung mit WordPress

Das Rad nicht neu erfinden: Das ist, was ich in diesem Kapitel vermitteln möchte. Es gibt Best Practices, die nicht nur ich, sondern viele andere Entwickler und Entwicklerinnen in der WordPress-Community über die Jahre erarbeitet haben und die wir Ihnen gern näherbringen möchten.

Vorweg möchte ich erwähnen, dass alle Best Practices, die ich Ihnen vorstellen werde, als Richtschnur dienen sollen. Sie sind keinesfalls in Stein gemeißelt. Die Vergangenheit hat aber gezeigt, dass sie nicht ganz unnütz sind. An vielen Stellen versuche ich meine eigene Erfahrung als WordPress-Entwickler einzubringen und quasi ein bisschen aus dem Nähkästchen zu plaudern. Das könnte Ihnen unter Umständen einiges an Frust ersparen. Dieses Kapitel dient also nicht dazu, Ihnen Vorschriften zu machen. Ganz im Gegenteil ist es mein Ziel, Ihnen meine Erfahrung mit auf den Weg zu geben, sodass Sie eben nicht das Rad immer neu erfinden müssen.

2.1 Der Slug: Den Namen für das Projekt richtig wählen

Auf den Begriff *Slug* werden Sie in der WordPress-Welt sehr häufig stoßen. Sage und schreibe 460-mal kommt das Wort als String-Konstante innerhalb des WordPress-6.0-Quellcodes vor. Und zwar nur in den PHP-Dateien! Und trotzdem lässt sich der Begriff nicht wirklich übersetzen. Mir ist auch nicht bewusst, wo dieser Begriff innerhalb der WP-Community seinen Ursprung hat. Schlägt man in einem Wörterbuch nach, so findet man Bedeutungen von *Nacktschnecke* über *jemanden abzocken* bis zu *Kugel*. Eine Google-Suche spuckt gar Dutzende Bilder von Nacktschnecken aus. Damit dürfte die Verwirrung komplett sein.

Wirklich Sinn ergibt eine Übersetzung also nicht. Dabei ist der Begriff sehr leicht zu verstehen: Ein *Slug* ist nichts anders als eine *eindeutige Bezeichnung*. Punkt. Mangels einer deutschen Alternative nutze ich in diesem Buch ebenfalls den Begriff Slug.

Dazu einige Beispiele:

- Ein Post-Permalink (siehe Abschnitt 12.2, »Was ist ein Permalink in WordPress?«) hat immer einen Slug in der URL. Das heißt, dass jeder Beitrag, jede Seite und jeder benutzerdefinierte Artikeltyp einen individuellen Slug hat. Es würde auch nicht anders funktionieren. URLs im Internet haben *immer* eine eindeutige Bezeichnung.
- Gleiches gilt für *Taxonomien* (also beispielsweise Kategorien und Schlagwörter, siehe dazu auch Abschnitt 13.2, »Benutzerdefinierte Taxonomien«).
- Alle Plugins, Blöcke und Themes haben eine eindeutige Bezeichnung. Das folgt automatisch aus der Erkenntnis, dass jedes dieser individuellen Programme, wenn es denn in die jeweiligen Verzeichnisse bei *wordpress.org* hochgeladen wurde, auch dort eine individuelle URL und damit einen eigenen Slug hat.

Vorsicht ist geboten, wenn Sie beispielsweise ein Plugin entwickeln, das ausschließlich bei einem Kunden oder vielleicht sogar nur lokal zum Einsatz kommen soll. Wird ein Slug gewählt, der im WordPress-Verzeichnis bereits existiert, so laufen Sie Gefahr, dass das Plugin von WordPress überschrieben wird. Das ist alles schon dagewesen und vielleicht gar nicht so abwegig bei derzeit knapp 60.000 Plugins.[1]

Wieso ist das der Fall? WordPress prüft von Zeit zu Zeit, ob für die installierten Plugins ein Update vorliegt. Ist das der Fall, so wird dem Administrator ein Update-Hinweis im WordPress-Dashboard angezeigt. Wird der Update-Mechanismus dann angestoßen (oder sind gar automatische Updates aktiv), so wird das Plugin überschrieben. Natürlich folgt vorher noch ein Abgleich der Versionsnummern. Da die Versionsnummer einer Neuentwicklung normalerweise niedrig angesetzt wird, ist die Wahrscheinlichkeit hoch, dass das Plugin plötzlich ersetzt wird. Dieser Vorgang lässt sich mit WordPress 5.8 zwar mittlerweile umgehen (siehe den Update-URI-Parameter im Abschnitt 4.2.1, »Das Grundgerüst eines Plugins«). Doch als unerfahrener WordPress-Entwickler haben Sie dieses Wissen nicht. Oft stoßen Sie erst auf das Problem, wenn es bereits zu spät ist.

Gleiches gilt zum Beispiel für den Fall, dass zwei unterschiedliche Plugin-Versionen existieren, eine kostenfreie und eine kostenpflichtige. Sie sollten den Slug für beide Versionen unterschiedlich wählen.

Wie soll ein Slug und damit der Name dann eigentlich gewählt werden? Ich persönlich bin dafür, dass das Kind beim Namen genannt wird. In der Praxis hat es sich als nützlich erweisen, ein Projekt so zu benennen, dass sofort erkannt wird, was es tut. In Tabelle 2.1 sehen Sie einige Beispiele:

1 Stand Februar 2022. Quelle: *https://wordpress.org/plugins/*

Projektname	Beschreibung
Redirect if not logged in	Automatisches Weiterleiten, wenn ein Benutzer nicht angemeldet ist
Brute Force Login Protection	Soll Brute-Force-Attacken abwehren.
WP-Super-Cache	Ein Cache-Plugin

Tabelle 2.1 Beispiele für den Slug

Negativbeispiele wären:

- Locus
- HayyaBuild
- Powerkit

Ich habe bewusst darauf verzichtet zu erklären, was diese Plugins tun. Sie können gerne selbst im WordPress-Plugin-Verzeichnis nach ihnen suchen. Aber vermutlich verstehen Sie bereits, worauf ich hinauswill. Entwickler tendieren bedauerlicherweise dazu, aufregende Namen für ihre Projekte zu vergeben. Leider ist das Auffinden solcher Plugins dann später umso schwieriger.

Nutzen Sie das WordPress-Plugin- und das WordPress-Theme-Verzeichnis, um Ideen für das eigene Projekt zu bekommen. Eine gute Herangehensweise ist dabei, sich zu fragen, was Sie selbst in eine Suche eingeben würden, um das eigene Plugin, den Block oder das Theme zu finden.

Darüber hinaus hat sich Folgendes bewährt:

- Nutzen Sie weder im Verzeichnis- noch im Dateinamen Sonderzeichen Leerzeichen oder Umlaute.
- Wir sind zwar schon im Jahr 2022, die Groß- und Kleinschreibung bereitet aber durchaus immer noch Probleme. Sie tun gut daran, Verzeichnis- und Dateinamen kleinzuschreiben.

2.2 Den richtigen Lizenzvertrag wählen

Schon vor dem Projektstart sollten Sie sich mit Lizenzverträgen auseinandersetzen, um später keine bösen Überraschungen zu erleben. Die Lizenz unter der die WordPress-Software veröffentlicht wird, ist die *GPLv2* (oder höher) von der Free Software Foundation. Ein Duplikat der Lizenz ist in jeder Kopie von WordPress enthalten.

Ein Teil dieser Lizenz beschreibt die Anforderungen an »abgeleitete Werke«, wie z. B. Plugins oder Themes. Ableitungen von WordPress-Code erben dabei die GPL-Lizenz.

Es gibt eine rechtliche Grauzone bezüglich der Frage, was als »abgeleitetes Werk« zu betrachten ist. WordPress ist der Meinung, dass Plugins und Themes abgeleitete Werke sind und daher unter die GPL-Lizenz fallen.[2] Wer damit nicht einverstanden ist und stattdessen eine andere (sprich: nicht-GPL-konforme) Lizenz wählen will, den bittet WordPress darum, direkt auf eine andere Plattform auszuweichen. Das mag für viele etwas harsch erscheinen. Aber der Community, allen voran ihrem Mitgründer Matt Mullenweg, ist viel daran gelegen, dass diese Regel eingehalten wird.

Die Krux mit der GPL-Lizenz

In der Vergangenheit lieferte Matt Mullenweg sich eine Auseinandersetzung mit Envato. Envato betreibt unter anderem die Seiten *CodeCanyon.net* und *ThemeForest.net*. Dort können Autoren WordPress-Plugins und -Themes verkaufen. Das Unternehmen verkaufte die Produkte unter einer Split-Lizenz weiter. Darauf hatten die Autoren jedoch lange keinen Einfluss. Die eigentlichen PHP-Dateien waren dabei unter die GPL gestellt, während alle weiteren *Assets* (wie Bilder, JavaScript- und CSS-Dateien) proprietär waren. Envato hatte aber nur das Gute im Sinn. So schrieb *Collis Ta'eed*, damaliger CEO von Envato, dass er immer wieder von größeren Hosting-Unternehmen angesprochen wurde, die die schier unendliche Zahl an Plugins und Themes in ihren eigenen Marktplatz lizenzieren möchten. Seiner *»Meinung nach machte es keinen Sinn, dass eine reguläre Lizenz, die auf ThemeForest verkauft wird, einem solchen Käufer das Recht gibt, das Werk eines Urhebers in diesem Umfang weiterzuverkaufen – und sei es nur aus dem einfachen Grund, dass der Weiterverkauf in großem Umfang die Nachfrage nach dem Originalwerk erheblich verringern kann.«*[3]

Ausschlaggebend für seinen Kommentar (und seine Rechtfertigung) war ein Blogartikel von Jake Caputo, einem Theme-Autor bei ThemeForest. Darin schrieb dieser, dass er schon öfter auf *WordCamps* (das sind WordPress-Community-Treffen) gesprochen habe, er aber das nächste Event nicht mehr besuchen dürfe.[4] Kontaktiert wurde er dabei von einer Mitarbeiterin von Automattic (also dem Unternehmen, das hinter wordpress.com steckt, siehe Abschnitt 1.1.1). Sie wies darauf hin, dass Jake gegen die WordCamp-Guidelines verstoßen hatte. Darin war festgelegt, dass alle Vortragenden die WordPress-Lizenz annehmen und akzeptieren müssen. Dem konnte er aber nicht nachkommen, weil es zu diesem Zeitpunkt für ihn gar keine Möglichkeit gab, die Lizenzart auf den Envato-Marktplätzen frei zu wählen.

2 Vgl. WordPress.org: GNU Public License, in WordPress.org, o. D., *https://wordpress.org/about/license/* (abgerufen am 09.12.2021).

3 Vlg. Torque: A Response: ThemeForest Authors and WordCamps, in Torque, 2013, *https://torquemag.io/2013/01/themeforest-wordcamps/* (abgerufen am 09.12.2021).

4 Vgl. Caputo, Jakje: Automatically Blackballed, in designcrumbs, 2013, *http://web.archive.org/web/20130205011511/https://www.designcrumbs.com/automatically-blackballed* (abgerufen am 09.12.2021).

Das Ende vom Lied war, dass Envato es den Autoren nun überlässt, ob sie ihre Produkte zu 100 % unter die GPL stellen wollen oder nicht. Und leider ist es nach wie vor so, dass Mitarbeiter von Envato noch immer nicht auf WordCamps sprechen dürfen. Diese Information habe ich von Envato-Mitarbeitern auf deren *Envato Worldwide Meetup* in Berlin 2019 erhalten.

Um es also auf den Punkt zu bringen: Es gibt eine Grauzone die nicht genau definiert ist. Wenn Sie die WordPress-Community wohlgesinnt hinter sich wissen möchten, sollten Sie auf die GPL- oder eine ähnliche Lizenz bauen, die mit der GPL kompatibel ist.[5] Andernfalls kommen Sie nicht umhin, sich rechtlich beraten zu lassen.

WordPress teilt die Ansichten von Drupal, was die Grauzone betrifft. Deswegen möchte ich die dringendsten Fragen aus deren FAQ-Bereich hier publizieren, da diese sodann auch für WordPress gelten sollten:[6]

GPL Version 2 oder höher?

WordPress steht aktuell unter der GPL Version 2. In der *license.txt*, die mit WordPress ausgeliefert wird, steht, dass bei einer Weitergabe und/oder Veränderung auch eine höhere Version genutzt werden kann. Dementsprechend ist in der nachfolgenden Auflistung immer »Version 2 oder höher« gemeint, wenn »GPL« genannt wird.

1. Kann Code, der unter »GPL-kompatiblen« Lizenzen lizenziert wurde, in WordPress-Projekte eingebunden werden? – Ja. Möglicherweise wird alles unter GPLv2 oder höher neu lizenziert, sofern es über wordpress.org vertrieben wird.
2. Können WordPress-Projekte GPL-inkompatible Nicht-Code-Assets enthalten (z. B. Schriftarten, Icons etc.)? – Ja, sofern natürlich der Urheber dies gestattet.
3. Dürfen WordPress-Projekte von GPL-inkompatiblem Code abhängen oder darauf verweisen (Bibliotheken von Drittanbietern, APIs etc.)? – Ja, weil die GPL die Verwendung von Code unter inkompatiblen Lizenzen nicht einschränkt. WordPress wird solche Projekte jedoch nicht hosten.
4. Die GPL verlangt, dass alle Empfänger eines Programms dessen Quellcode erhalten. Was bedeutet das für eine Webanwendung?
   - PHP-Code muss für sich stehen, ohne Komprimierung oder *Obfuskation* (eine Art Verschleierung des Codes).
   - Dasselbe gilt für JavaScript- und CSS-Dateien.
   - Bei Bilddateien ist der »Source Code« sozusagen die von Menschen bearbeitbare Datei, also zum Beispiel die Photoshop-Datei, falls eine solche existiert.

5 Eine Liste mit freien Softwarelizenzen, die mit der GNU GPL vereinbar sind, finden Sie unter *https://www.gnu.org/licenses/license-list.html#GPLCompatibleLicense*.

6 Alle Angaben ohne Gewähr. Vgl. Drupal, Licensing, in Drupal, o. D., *https://www.drupal.org/about/licensing* (abgerufen am 09.12.2019).

5. Wenn ich ein Plugin oder ein Theme entwickle, muss ich es dann unter der GPL lizenzieren? – Ja. Und zwar, weil angenommen wird, dass diese Derivate von WordPress sind (siehe dazu ebenfalls die Aussagen zur Grauzone weiter oben). Dies gilt auch für alle JavaScripte, sofern sie mit WordPress interagieren. Möchten Sie Ihr Projekt bei wordpress.org hochladen, müssen ausnahmslos alle Dateien unter GPL-Lizenz stehen.
6. Wenn ich ein Plugin oder ein Theme schreibe, muss ich es dann an alle weitergeben? – Nein. Die GPL schreibt vor, dass, wenn man ein von WordPress abgeleitetes Werk erstellt und es an jemand anderen weitergibt, dieser Person der Quellcode unter den Bedingungen der GPL zur Verfügung gestellt werden muss, damit diese Person ihn ebenfalls unter den Bedingungen der GPL verändern und weitergeben kann. Die Weitergabe des Codes ist allerdings nicht verpflichtend.
7. Kann ich Plugins oder Themes verkaufen? – Ja. Jedoch muss das Projekt unter der GPL verkauft werden (siehe Kasten »Die Krux mit der GPL-Lizenz« in diesem Abschnitt).

2.3 Coding-Standards: Welche sollten verwendet werden?

Groß- und Kleinschreibung, Anzahl der Leerzeichen oder sollen es doch lieber Tab-Einschübe sein? Genau das sind die Fragen, mit denen man sich bei den *Coding-Standards*, also einem konkreten Programmierstil, beschäftigen muss. Es geht um bestimmte Regeln, an die Sie sich halten, damit Code immer die gleiche visuelle Ausgabe in einem Quellcode-Editor erzeugt. Dabei spielt es keine Rolle, was ein Quellcode leistet. Es geht allein um die *formale und strukturelle Gestaltung des Quelltextes* an sich.

Um es gleich zu Beginn zu sagen: Coding-Standards sind und werden immer individuell sein. Jeder Mensch ist nun einmal anders, und da sind Entwickler und Entwicklerinnen keine Ausnahme. Nicht selten gibt es hitzige Diskussionen zu diesem Thema. Der eine mag eher dies, die andere lieber das. Und das ist in Ordnung. Wichtig ist nur, dass Sie sich innerhalb eines Projekts auf einen bestimmten Stil einigen. Sonst schaffen Sie irgendwann eine Codebasis, die von niemandem mehr vernünftig gelesen werden kann. Wer will zum Beispiel die Entwicklung eines Plugins weiterführen, in dessen Quellcode schon hundert andere Menschen gearbeitet haben, ohne auf den Programmierstil zu achten? Sie bemerken, worauf ich hinauswill. Es geht um *Softwarequalität, Verständlichkeit und Wartbarkeit von Software*. Ein weiterer großer Vorteil ist, dass bei einheitlichem Code jeder von jedem lernen kann. Der einleitende Satz von Rick Waldron »Principles of Writing Consistent, Ideomatic JavaScript«[7] bringt es auf den Punkt:

7 Zu Deutsch: Grundsätze für das Schreiben von konsequentem und idiomatischem JavaScript.

»Code sollte grundsätzlich so aussehen, als wäre er von einer einzigen Person geschrieben worden, völlig egal, wie viele letztlich daran gearbeitet haben.«[8]

Auch WordPress hat seinen Programmierstil und beschreibt im *Coding Standards Handbook*, dass es sie gibt, um *»häufige Kodierungsfehler zu vermeiden, die Lesbarkeit des Codes zu verbessern und Änderungen zu vereinfachen«*.[9]

Zwar beschreibt die Website auch, dass die Regeln als Basis für die Zusammenarbeit und Überprüfung innerhalb des WordPress-Open-Source-Projekts, also auch für Plugins und Themes, genutzt werden sollten. Dabei handelt es sich jedoch nur um Empfehlungen. Das heißt, ein Plugin, ein Theme oder aber auch ein Block kann andere Coding-Standards nutzen. Denn es ist als alleinstehendes Projekt anzusehen.

Wer allerdings aktiv am WordPress-Kern oder sonstigen Community-Projekten (z. B. dem alljährlich erscheinenden Standard-Theme) mitwirken will, ist gezwungen, sich an die WordPress-Coding-Standards zu halten. Denn ohne den entsprechenden Programmierstil kann der Code nicht in den Kern oder in andere Projekte einfließen.

Im weiteren Verlauf des Buches werde ich mich an die WordPress-Coding-Standards halten. Beachten Sie aber den Hinweis im Kasten »Leerzeichen statt Tabulatoren« in diesem Abschnitt. Fühlen Sie sich bitte frei, andere Programmierstile für Ihren Code zu nutzen, wenn Sie möchten.

Die Coding-Standards unterteilen sich in fünf Teilbereiche:

- Accessibility Coding Standards
- CSS Coding Standards
- HTML Coding Standards
- JavaScript Coding Standards
- PHP Coding Standards

Dazu gibt es noch einen separat geführten Bereich für die *Inline Documentation Standards*, siehe dazu auch den nächsten Abschnitt 2.4, »Dokumentationsstandards: Welche sollten verwendet werden?«.

Im Folgenden möchte ich die wichtigsten Beispiele für jeden der einzelnen Standards anführen. Die meisten stammen aus der offiziellen Coding-Standards-Dokumentation, da sie sehr anschaulich sind.

---

8 Vgl. Waldron, Rich / Bynens, Mathias / Neethling Schalk: Grundsätze für das Schreiben von konsequentem und idiomatischem JavaScript, in GitHub, o. D., *https://github.com/rwaldron/idiomatic.js/tree/master/translations/de_DE* (abgerufen am 11.12.2021).

9 Vgl. WordPress Coding Standards, o. D., in WordPress Developer Resources. *https://developer.wordpress.org/coding-standards/wordpress-coding-standards* (abgerufen am 10.12.2021)

Es ist nicht notwendig, jede einzelne Regel zu kennen, weil die meisten Programme (speziell die hier im Buch vorgestellten PhpStorm- und Visual-Studio-Code-Beispiele) den Programmierstil mit einer Tastenkombination anpassen können.

Hinweis: Leerzeichen statt Tabulatoren

Sie werden sehen, dass die Coding-Standards die Einrückung durch Tabulatoren verlangen. Aus technischen Gründen erfolgt in diesem Buch die Einrückung mit Leerzeichen. Darüber hinaus kann es sein, dass die Coding-Standards an diversen Stellen verletzt werden, wenn es der besseren Lesbarkeit im Buch dient.

2.3.1 Accessibility Coding Standards

Accessibility bedeutet auf Deutsch *Barrierefreiheit*. Von Code in einem WordPress-Projekt (inklusive der Website und der offiziellen Plugins) wird erwartet, dass er den *Web Content Accessibility Guidelines* (WCAG), Version 2.1, auf Stufe AA entspricht.[10] Das sind Richtlinien für barrierefreie Webinhalte, sodass Websites für Menschen mit sensorischen und motorischen (und in gewissem Rahmen mentalen) Einschränkungen trotzdem zugänglich sind. Das bedeutet auch, dass diese Menschen die angebotenen Informationen erfassen und notwendige Eingaben tätigen können.

Das WordPress Accessibility-Team ist dabei, eine Sammlung von Mustern zu entwickeln, die dann für die WordPress-Projekte greifen sollen. Dabei werden die vier Grundprinzipien der WCAG aufgegriffen: Wahrnehmbarkeit, Bedienbarkeit, Verständlichkeit und Robustheit.

- Unter *Wahrnehmbarkeit* fällt beispielsweise die Unterscheidbarkeit, dass also etwa der Vorder- und der Hintergrund genügend voneinander getrennt sind.
- Unter *Bedienbarkeit* fällt unter anderem, dass alle Funktionalitäten per Tastatur zugänglich sind.
- Unter *Verständlichkeit* versteht man, dass Inhalte lesbar und verständlich sind.
- Und *Robustheit* bedeutet Kompatibilität mit aktuellen und zukünftigen Benutzer-Agenten, einschließlich assistiver Techniken.

Sie werden schnell feststellen, dass das Thema sehr umfangreich und komplex ist. Mit ihm lassen sich ganze Bücher füllen. Deswegen sei an dieser Stelle auf die offiziellen Dokumente des W3C (*World Wide Web Consortium*) verwiesen. Sie definieren die Leitlinien, die sich in zwei Gruppen einteilen lassen: *normative* und *informative Dokumente*. Erstere sind diejenigen Dokumente, die die Norm festlegen. Letztere

10 Die Recommendation des W3C zu den Web Content Accessibility Guidlines (WCAG) 2.1. finden Sie hier: *https://www.w3.org/TR/WCAG21/*

dienen nur informativen Zwecken und bieten Hilfe bei der Interpretation der Richtlinien:

Normative Dokumente:

- W3C WCAG 2.1 (*https://www.w3.org/TR/WCAG21*)
- W3C ATAG 2.0 (*https://www.w3.org/TR/ATAG20/*)
- W3C WAI ARIA 1.1 (*https://www.w3.org/TR/wai-aria/*)

Informative Dokumente:

- W3C Understanding WCAG 2.1 (*https://www.w3.org/WAI/WCAG21/Understanding*)
- W3C Using ARIA (*https://www.w3.org/TR/using-aria*)
- W3C WAI-ARIA Authoring Practices 1.1 (accessible design patterns) (*https://www.w3.org/TR/wai-aria-practices-1.1*)
- W3C Introduction to ATAG (*https://www.w3.org/WAI/standards-guidelines/atag*)

Auch wenn in diesem Buch nicht alle Aspekte der Barrierefreiheit ausführlich erklärt werden können, möchte ich zumindest ein kurzes Beispiel zeigen.

Die meisten Websites kommen nicht ohne Benutzereingaben, also ein Formular, aus. Die fünfte Regel von ARIA besagt, dass alle interaktiven Elemente eine barrierefreie Kennzeichnung haben müssen. Was eine barrierefreie Bezeichnung ist, wird in den oben genannten Dokumenten ebenfalls genauestens definiert. Ein HTML-Input-Feld wäre so ein interaktives Element. Es muss um die `aria-label`-Eigenschaft erweitert werden (siehe Listing 2.1, Zeile 1), falls es nicht anderweitig mit einem Label versehen wurde. Ein Screenreader würde dann etwa »Eingabefeld Benutzername« vorlesen. Verzichten Sie jedoch auf die Eigenschaft, wenn Sie das Input-Feld mit einem `label`-HTML-Element umhüllen (siehe Listing 2.1, Zeile 2).

```
<input type="text" aria-label="Benutzername">
<label>Benutzername: <input type="text"></label>
```

Listing 2.1 Ein Input-Feld muss eine barrierefreie Bezeichnung haben.

2.3.2 CSS Coding Standards

Da viele der Bestimmungen erst spät definiert und veröffentlicht wurden, sind viele Teile der CSS-Dateien im WordPress-Kern inkonsistent formatiert. Das Team bemüht sich, diese historischen Probleme zu beseitigen und sich selbst an die Regeln zu halten, wenn neuer Code hinzukommt oder älterer Code überarbeitet wird.

Bei CSS-Dateien geht es der Community vor allem um Lesbarkeit:

- Um CSS-Eigenschaften einzurücken, werden Tabulatoren und keine Leerzeichen benutzt.

- Zwischen den einzelnen Style-Abschnitten befindet sich immer eine Leerzeile.
- Jeder Selektor steht in einer eigenen Zeile.
- Eigenschaften sind eingerückt und enden immer mit einem Semikolon.
- Alle Eigenschaften eines Style-Abschnitts werden von geschweiften Klammern umhüllt, wobei diese linksbündig ausgerichtet sind.

Korrekt wäre demnach Folgendes:

```
#selector-1,
#selector-2,
#selector-3 {
    background-color: #fff;
    color: #000;
}
```

Und Folgendes wäre nicht korrekt:

```
#selector-1, #selector-2, #selector-3 {
    background-color: #fff;
    color: #000;
    }

#selector-1 { background-color: #fff; color: #000; }
```

Selektoren

Sie werden sehen, dass die *CSS Coding Standards* sich sehr an den Standards für PHP orientieren. Dementsprechend sollen Selektor-Bezeichnungen kleingeschrieben werden und einzelne Wörter durch einen Bindestrich voneinander getrennt sein. Unterstriche sowie die sogenannte *camelCase*-Variante (bei der Namen durch Groß- und Kleinschreibung optisch voneinander getrennt werden) soll vermieden werden. Falls möglich, sollten Sie immer eine Selektor-Bezeichnung wählen, die widerspiegelt, welche Elemente betroffen sind. Es versteht sich hoffentlich von selbst, dass Sie nichts komplizierter machen als nötig. Korrekt wäre demnach:

```
#text-box {
    margin: 1em 0;
}
```

Nicht korrekt wäre:

```
#textBox { /* camelCase vermeiden! */
    margin: 0;
}
```

```
#text_box { /* Unterstriche vermeiden! */
    margin: 0;
}

div#text_box { /* Das voranstehende div ist möglicherweise unnötig. */
    margin: 0;
}
```

Eigenschaften

Im Grunde gilt: Weniger ist mehr! Wenn Sie zu viele Style-Angaben machen, obwohl diese nicht nötig wären, verliert das gesamte Design an Flexibilität. Dementsprechend sind Sie aufgefordert, die jeweils kürzeren CSS-Anweisungen[11] zu nutzen.

Korrekt wäre:

```
#selector-1 {
    background: #fff;
    display: block;
    margin: 20px 0;
}
```

Nicht korrekt wäre:

```
#selector-1 {
    background: #ffffff; /* Der Wert #fff hat den gleichen Effekt. */
    display: BLOCK; /* Kleinschreibung nutzen! */
    margin-top: 20px; /* Kürzere Schreibweise nutzen! */
    margin-left: 30px;
}
```

Weitere Standards

Die ganze Liste an Coding-Standards finden Sie unter *https://developer.wordpress.org/coding-standards/wordpress-coding-standards/css/*.

2.3.3 HTML Coding Standards

Alle HTML-Seiten sollten mit einem Validator (z. B. mit dem des W3C)[12] validiert werden. Da das allein noch nicht von gutem Code zeugt, hat WordPress weitere Regeln festgelegt.

---

11 Beispiele unter *https://codex.wordpress.org/CSS_Shorthand*

12 Zu finden auf *https://validator.w3.org/*

Elemente abschließen

Alle HTML-Elemente müssen abgeschlossen sein. Auf ein Leerzeichen folgt der Schrägstrich sowie die geschlossene, spitze Klammer.

Korrekt ist:

```
<br />
```

Nicht korrekt ist:

```
<br>
<br/>
```

Attribute und Tags

Alle HTML-Tags und deren Attribute werden kleingeschrieben. Das gilt im Speziellen, wenn Daten nur von Maschinen, jedoch nicht von Menschen gelesen werden sollen.

Für Maschinen:

```
<meta name="viewport" content="width=device-width, initial-scale=1">
```

Für Menschen dürfen Werte auch großgeschrieben werden:

```
<a href="http://meinwp.test/" title="Beschreibung">meinwp.test</a>
```

Anführungszeichen

WordPress hält sich an die Standards des W3C. Dementsprechend hat die Spezifikation für XHTML[13] ihre Gültigkeit. Das bedeutet, dass alle Attribute einen Wert haben und dass diese entweder in einfachen oder doppelten Anführungszeichen stehen müssen.

Korrekt ist:

```
<input type="email" name="email" disabled="disabled" />
<input type='email' name='email' disabled='disabled' />
```

Nicht korrekt wäre:

```
<input type=email name=email disabled>
```

Einrückung

Auch hier sind, wie bei CSS, Tabulatoren gefragt. Keine Leerzeichen. Falls PHP und HTML vermischt werden, sollten die PHP-Blöcke so eingerückt werden, dass sie mit dem umgebenden HTML-Code übereinstimmen.

---

13 Siehe dazu auch die vollständige Referenz unter *https://www.w3.org/TR/xhtml1/*

Korrekt wäre:

```
<?php if ( ! have_posts() ) : ?>

<div id="post-1"
    <h1 class="entry-title">Not Found</h1>
    <div class="entry-content">
        <p>No results were found.</p>

        <?php get_search_form(); ?>

    </div>
</div>

<?php endif; ?>
```

Nicht korrekt wäre:

```
<?php if ( ! have_posts() ) : ?>

<div id="post-0">
<h1 class="entry-title">Not Found</h1>
<div class="entry-content">
<p>No results were found.</p>

<?php get_search_form(); ?>

</div>
</div>

<?php endif; ?>
```

Weitere Standards

Die restlichen *HTML Coding Standards* finden Sie auf der Website *https://developer.wordpress.org/coding-standards/wordpress-coding-standards/html/*.

2.3.4 JavaScript Coding Standards

JavaScript wird immer populärer, auch in WordPress-Projekten. So wurde der neue Block-Editor (intern »Gutenberg« getauft) fast ausschließlich in ReactJS und damit in JavaScript entwickelt. Aber nicht nur beim Entwickeln von Blöcken ist JavaScript unumgänglich. In den meisten Plugins und Themes steckt heute mindestens ein kleiner Teil JavaScript. Folgerichtig braucht es auch Coding-Standards, um die gleiche Code-Konsistenz zu gewährleisten, wie sie die WordPress-Standards für PHP, HTML und CSS bieten.

Größtenteils hält sich der JavaScript Coding Standard an den *jQuery JavaScript Style Guide*.[14] Dieser geht sehr in die Tiefe. Deswegen möchte ich hier nur die Unterschiede anführen.

Anführungszeichen

WordPress benutzt, in Gegensatz zu jQuery, einfache Anführungsstriche zur Auszeichnung von Strings.

Korrekt ist also:

```
var single = 'I am wrapped in single quotes';
```

Nicht korrekt ist:

```
var single = "I am wrapped in double quotes";
```

Case-Anweisungen

Case-Anweisungen werden in Switch-Blöcken eingerückt.

Korrekt ist:

```
switch (key_code) {
    case 'ENTER':
    case 'SPACE':
        x();
        break;
    case 'ESCAPE':
        y();
        break;
    default:
        z();
}
```

Nicht korrekt ist:

```
switch (key_code) {
case 'ENTER':
case 'SPACE':
    x();
    break;
case 'ESCAPE':
    y();
    break;
```

14 Siehe *http://contribute.jquery.org/style-guide/js/*

```
default:
    z();
}
```

Funktionen

Der Inhalt von Funktionen wird eingerückt – auch dann, wenn der Inhalt der gesamten Datei innerhalb einer Funktion steht.

Korrekt ist:

```
( function ( $ ) {
   var test = 1;
} )( jQuery );
```

Nicht korrekt ist (so macht es jQuery):

```
( function ( $ ) {
var test = 1;
} )( jQuery );
```

Leerzeichenregeln

Einige Leerzeichen werden anders gehandhabt als in jQuery. Sie wurden an die PHP-Coding-Standards von WordPress angepasst, um hier eine gewisse Konsistenz zu wahren.

Ich zeige das am Beispiel einer `while`-Schleife.

Korrekt ist:

```
while ( ! condition ) {
    iterating++;
}
```

Nicht korrekt wäre (so macht es jQuery):

```
while ( !condition ) {
    iterating++;
}
```

Beachten Sie das fehlende Leerzeichen nach dem Negierungsoperator (dem Ausrufezeichen).

Maximale Zeichenlänge

jQuery gibt eine maximale Länge von 100 Zeichen pro Zeile vor. Ausnahmen gibt es nur für Kommentarblöcke, in denen sich URLs befinden. Die WordPress-Coding-Standards empfehlen dies zwar, es wird aber nicht so streng durchgesetzt.

Weitere Coding-Standards

Die restlichen Coding-Standards werden mit vielen Beispielen auf folgender Website aufgeführt:

https://developer.wordpress.org/coding-standards/wordpress-coding-standards/javascript/

2.3.5 PHP Coding Standards

Einige Teil des WordPress-Kerns sind zugegebenermaßen in ihrem Stil uneinheitlich. Das ist vermutlich bei jedem Community-Projekt dieses Alters so. In die Dokumentation zu den JavaScript-Style-Guides ist ein Zitat von einem der leitenden Entwickler von WordPress, Andrew Nacin, integriert. Er schrieb einmal:

> *»Code-Refactoring sollte nicht durchgeführt werden, nur weil man es kann.«*[15]

Damit meinte er nicht, dass Coding-Standards unwichtig seien. Vielmehr ging es ihm darum, dass die Arbeiten an anderen Dingen oft wichtiger sind als die Anpassung älterer Dateien an die Style-Guides. Aus diesem Grund werden auch keine Patches angenommen, bei denen nur die Leerzeichen angepasst wurden.

Aber zurück zum eigentlichen Thema: zu den *PHP Coding Standards*. Diese wurden an die *Pear-Standards*[16] angelehnt, unterscheiden sich aber in manchen Teilen deutlich. Sehen wir uns einen kleinen Auszug an.

Einschübe

Wie bei JavaScript sollten Einschübe einer logischen Struktur folgen. Im Gegensatz zu den Pear-Standards nutzt WordPress Tabs statt Leerzeichen. Es existieren aber auch Ausnahmen. Wenn es zum Beispiel einen Codeblock gibt, der besser lesbar wäre, wenn er ausgerichtet werden würde, können Sie auch Leerzeichen verwenden.

Richtig wäre:

```
$a     = 'somevalue';
$ab    = 'somevalue2';
$abc12 = 'somevalue3';
$de    = 'somevalue4';
```

15 Aus dem Englischen übersetzt. Vgl. Nacin, Andrew: Code refactoring should not be done just because..., in Make WordPress Core, 2011, *https://make.wordpress.org/core/2011/03/23/code-refactoring/* (abgerufen am 13.12.2021)

16 Zu finden unter *https://pear.php.net/manual/en/standards.php*

Nicht falsch, aber schwieriger zu lesen wäre Folgendes:

```
$a = 'somevalue';
$ab = 'somevalue2';
$abc12 = 'somevalue3';
$de = 'somevalue4';
```

Geschweifte Klammern

Geschweifte Klammern sollten Sie immer nutzen. Auch dann, wenn PHP etwas anderes erlauben würde.

Korrekt wäre:

```
if ( $a ) {
   b1();
}
```

Nicht korrekt wäre:

```
if ( $a ) b1();
```

Namenskonventionen

In Variablen-, Hook- und Funktionsnamen sollten Sie ausschließlich Kleinbuchstaben benutzen. Also kein *camelCase*. Dementsprechend müssen einzelne Wörter durch Unterstrich getrennt sein. Darüber hinaus sollten Sie Variablen nicht unnötig abkürzen, um den Code möglichst eindeutig erscheinen zu lassen. Nur so ist er zum größten Teil selbsterklärend.

Korrekt wäre:

```
function fetch_datbase_data( $attributes ) {
   $attributes = wp_parse_args( $attributes, [
      'value1' => 'test1',
      'value2' => 'test2',
   ] );
}
```

Nicht korrekt wäre:

```
function fetchDbData( $attr ) {
   $attr = wp_parse_args( $attr, [
      'val1' => 'test1',
      'val2' => 'test2',
   ] );
}
```

Weitere Coding-Standards

Die weiteren Vorgaben finden Sie unter *https://developer.wordpress.org/coding-standards/wordpress-coding-standards/php/*.

2.3.6 Quellcode automatisch ausrichten

»Das Rad nicht neu erfinden« – das war der einleitende Satz im Anleser dieses Kapitels. Aus diesem Grund habe ich auch nicht alle Code-Styles genannt. Denn Sie müssen nicht alle kennen. Es gibt mittlerweile Tools, die Ihnen dabei helfen, Fehler in den Code-Styles zu finden, oder ungenügend ausgerichteten Code sogar selbst automatisch anpassen.

Wenn Sie ein Programm wie PhpStorm oder Visual Studio Code nutzen, dann können Sie sich durch eine Tastenkombination sehr viel Arbeit sparen.

Code in PhpStorm neu ausrichten

In einem geöffneten Projekt öffnen Sie das Einstellungsfenster unter PHPSTORM • PREFERENCES (oder FILE • SETTINGS unter Windows). Im linken Menü ❶ finden Sie unter EDITOR den Punkt CODE STYLE (siehe Abbildung 2.1). Dort wählen Sie PHP aus. Rechts im Fenster klicken Sie danach auf den Link SET FROM ❷. Danach öffnet sich ein Pop-up-Menü, in dem Sie schließlich WORDPRESS auswählen ❸. Ein Klick auf OK schließt das Fenster und wendet die Änderungen an.

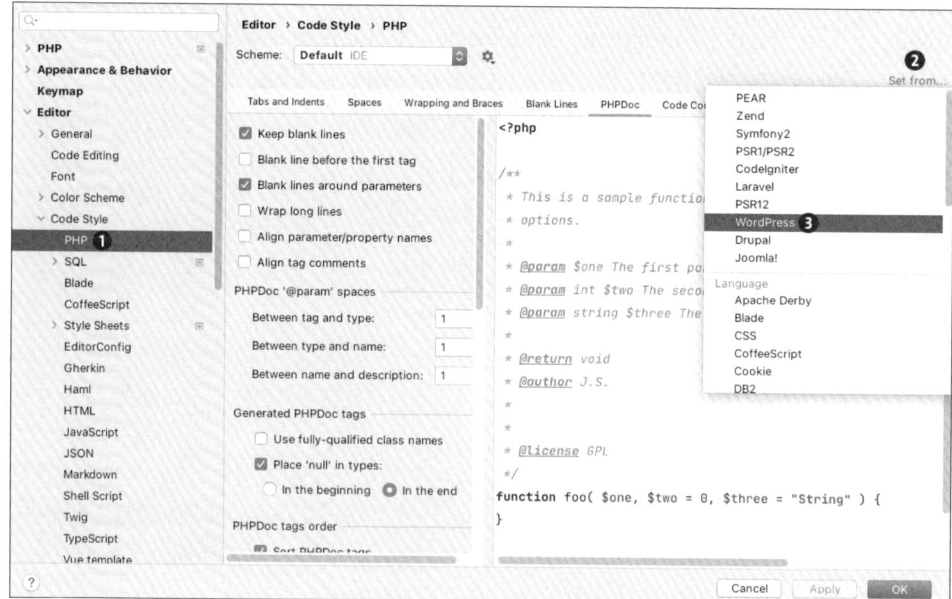

Abbildung 2.1 WordPress-Coding-Standards in PhpStorm einstellen

Nun kommt der Clou: Die Tastenkombination [cmd]+[⇧]+[L] auf dem Mac (oder [Strg]+[Alt]+[⇧]+[L] unter Windows) richtet die komplette Datei neu aus, und zwar so, dass sie den *PHP Coding Standards* von WordPress entspricht. Alternativ funktioniert das auch über das Menü CODE • REFORMAT FILE.

Ähnlich geht es auch mit anderen Programmier- oder Auszeichnungssprachen. Im Einstellungsfenster von PhpStorm wählen Sie anstatt PHP einfach STYLE SHEETS • CSS, JAVASCRIPT oder HTML aus. Danach lässt sich sehr granular definieren, wie PhpStorm den Code neu ausrichten soll. Leider gibt es für die restlichen Sprachen kein vorgefertigtes Schema, das Sie importieren könnten.

Tastenkombinationen

In fast allen Programmieranwendungen haben Sie die Möglichkeit, Tastenkombinationen selbst festzulegen. In PhpStorm lässt sich sogar einstellen, unter welchen Voraussetzungen Sie arbeiten wollen. So können Sie konfigurieren, dass Tastenkombinationen, die unter Windows gängig sind, genutzt werden, obwohl Sie möglicherweise mit dem Betriebssystem macOS arbeiten. Um es kurz zu machen: Sie sollten darauf eingestellt sein, dass Tastenkombinationen unterschiedlich sein können, selbst dann, wenn Sie die gleichen Tools wie im Buch nutzen.

Code in Visual Studio Code neu ausrichten

In Visual Studio Code ist die gleiche Funktion zwar enthalten, aber schwieriger einzurichten. Zuallererst benötigen Sie einen *Dependency Manager* namens *Composer*.

Die Installation von Composer

Den Composer können Sie unter *https://getcomposer.org/download* herunterladen. Wie das Tool installiert wird, lesen Sie am besten in der dortigen Dokumentation nach (siehe Tabelle 2.2).

Linux, Unix, macOS	*https://getcomposer.org/doc/00-intro.md#installation-linux-unix-macos*
Windows	*https://getcomposer.org/doc/00-intro.md#installation-windows*

Tabelle 2.2 Composer laden Sie für Ihr jeweiliges Betriebssystem herunter.

In Visual Studio Code wählen Sie dazu im Menü TERMINAL • NEUES TERMINAL aus. Danach werden Sie gefragt, welches Verzeichnis Sie im Terminal öffnen möchten. Hier wählen Sie das WordPress-Hauptverzeichnis, in dem auch die *wp-config.php* liegt. Danach installieren Sie die Pakete *PHPCodeSniffer* (PHPCS) und *WP Coding Standards*:

```
composer require --dev squizlabs/php_codesniffer wp-coding-standards/wpcs
```

Nun muss PHPCS noch mitgeteilt werden, dass es die neuen Coding-Standards auch berücksichtigen soll:

```
vendor/bin/phpcs --config-set installed_paths ~/Local\ Sites/meinwp/app/public/
vendor/wp-coding-standards/wpcs
```

Wichtig ist hier, dass der komplette Pfad zum Coding-Standards-Verzeichnis angegeben wird. Bei mir ist das der Pfad zu den WordPress-Installationen von der Local-App (siehe dazu Abschnitt 1.2.1). Der folgende Befehl sollte dann auch die WordPress-Coding-Standards ausgeben (siehe Listing 2.2):

```
% vendor/bin/phpcs -i
The installed coding standards are PEAR, Zend, PSR2, MySource, Squiz, PSR1,
PSR12, WordPress, WordPress-Extra, WordPress-Docs and WordPress-Core
```

Listing 2.2 Terminal-Eingaben zur Installation des PHPCodeSniffers

Zum Schluss benötigen Sie noch die *PHP Sniffer & Beautifier*-Erweiterung für Visual Studio Code. Mit dem Suchbegriff *ValeryanM.vscode-phpsab* finden Sie die richtige Erweiterung im Nu und können diese so installieren, wie im Abschnitt »VS Code für WordPress vorbereiten« in Abschnitt 1.4.2 angegeben ist.

Nun öffnen Sie die Einstellungen unter CODE • EINSTELLUNGEN • EINSTELLUNGEN (unter Windows unter DATEI • EINSTELLUNGEN • EINSTELLUNGEN) und wählen im Menü links schließlich ERWEITERUNGEN • PHP SNIFFER & FIXER CONFIGURATION OPTIONS aus. Dort klicken Sie auf den Link IN SETTINGS.JSON BEARBEITEN. In der *settings.json*-Datei ergänzen Sie die Zeilen so, wie in Listing 2.3 dargestellt ist. Wird eine PHP-Datei gespeichert, so wird sie automatisch neu formatiert.

```
{
    "phpsab.executablePathCBF": "vendor/bin/phpcbf",
    "phpsab.debug": true,
    "phpsab.composerJsonPath": "composer.json"
}
```

Listing 2.3 Konfiguration des Plugins »setting.json«

Wie Sie sehen, ist die Konfiguration von VS Code deutlich aufwendiger. Bei meinen Recherchen zum Buch fand ich sehr viele Erweiterungen, die nicht mehr aktualisiert wurden und daher nicht mehr richtig funktionierten.

2.4 Dokumentationsstandards: Welche sollten verwendet werden?

Für alles gibt es Standards. So auch für die Dokumentation des Codes. Und nichts ist in meinen Augen wichtiger. Eine Dokumentation hat nicht nur den Vorteil, dass man als Drittperson vom Code des jeweils anderen lernen kann, weil dieser den Code richtig beschrieben (und erklärt) hat. In großen und kleinen Projekten ist es auch sinnvoll, weitere Details über den Code in Erfahrung bringen zu können – zum Beispiel, in welcher Version eines Plugins eine bestimmte Funktion umbenannt wurde.

Natürlich wäre es besser, wenn der Code ebenso übersichtlich wie sauber wäre. Damit bräuchte es keine Dokumentation. Aber es dürfte wohl jedem klar sein, dass das nicht immer funktioniert.

Wem ist es nicht schon einmal so ergangen: Nach Wochen, Monaten oder Jahren weiß man nicht mehr genau, welchen Code man da geschrieben hat. Und das ist okay. Denn jeder entwickelt sich weiter. Mit dem Lesen dieses Buchs erweitern Sie Ihren Horizont. Und mit jeder Seite lernen Sie etwas Neues. Ihr Code wird danach ein anderer sein. In fünf Jahren schreiben Sie Code erneut in einer anderen Weise. Code zu dokumentieren, ist also nicht nur etwas für andere, sondern auch für Ihr zukünftiges Selbst. Sie haben schon viel gewonnen, wenn Sie in Zukunft Zeit sparen können, weil Sie in der Vergangenheit etwas präzise dokumentiert haben.

WordPress gibt Ihnen zwei Standards an die Hand:

- die PHP-Dokumentationsstandards
- die JavaScript-Dokumentationsstandards

2.4.1 Die PHP-Dokumentationsstandards

Bei diesen Richtlinien greift WordPress zum größten Teil auf das *PHPDoc*-Schema zurück. Das ist ein Standard für die Dokumentation von PHP-Code, der von *phpDocumentor*[17] gepflegt wird. Einige Teile wurden zusätzlich von den PSR-5-Empfehlungen abgeleitet.

Was bedeutet PSR?

Die *PHP-FIG*[18] ist eine Gruppe von derzeit etwa zwanzig Menschen, die sich vorgenommen haben, gemeinsame Standards für die PHP-Entwicklung zu finden. *FIG* steht dabei für *Framework Interoperability Group*. Im Laufe der Zeit entwickelte das

17 Siehe *https://phpdoc.org*

18 Siehe *https://www.php-fig.org*

Team etwa zwanzig sogenannte PSRs. *PSR* steht für *PHP Standard Recommendation*. Es handelt sich also um reine Empfehlungen oder eher Vorschläge, wie PHP-Code auszusehen hat.

Was sollte dokumentiert werden?

In den WordPress-PHP-Dokumentationsstandards ist genau definiert, was dokumentiert werden muss. Das sind im Einzelnen:

- Funktionen und Klassenmethoden
- Klassen
- Klassenmitglieder (einschließlich Eigenschaften und Konstanten)
- Requires und Includes
- Hooks (Aktionen und Filter)
- Inline-Kommentare
- Dateikopfzeilen
- Konstanten

Auch hier möchte ich nicht alle Regeln auflisten. Das liegt daran, dass die Mehrzahl der Entwicklerwerkzeuge die meisten Daten selbst ergänzen können.

Funktionen und Klassenmethoden

Laut Standard sollten Funktionen und Klassenmethoden wie in Listing 2.4 dargestellt formatiert werden:

```
/**
 * Kurze Zusammenfassung.
 *
 * (Lange) Beschreibung.
 *
 * @param typ $var1 Beschreibung.
 * @param typ $var2 Optional. Beschreibung. Standardwert.
 *
 * @return typ Beschreibung.
 * @global typ $varname Description.
 * @global typ $varname Description.
 *
 * @since x.x.x
 *
```

```
 * @see  Funktion/Methode/Klasse, auf die die Funktion angewiesen ist.
 * @link URL
 */
```

Listing 2.4 PHP-DocBlock für Funktionen und Klassenmethoden

Klassen

Bei Klassen ist der gesamte sogenannte *DocBlock* etwas übersichtlicher (Listing 2.5):

```
/**
 * Kurze Zusammenfassung.
 *
 * (Lange) Beschreibung.
 *
 * @since x.x.x
 *
 * [@see Super_Class] - falls es sich um eine abgeleitete Klasse handelt.
 */
```

Listing 2.5 DocBlock für Klassen

Inline-Kommentare

Bei einzeiligen Kommentaren reichen zwei Schrägstriche am Anfang (wie in der ersten Zeile von Listing 2.6). Mehrzeilige Kommentare sehen Sie in den Zeilen darunter.

```
// Dies ist der Kommentar.
/*
 * Fusce dapibus, tellus ac cursus commodo, tortor mauris condimentum
 * nibh, ut fermentum massa justo sit amet risus. Nulla vitae elit libero,
 * a pharetra augue. Cum sociis natoque penatibus et magnis dis parturient
 * montes, nascetur ridiculus mus.
 */
```

Listing 2.6 Die Auszeichnung von ein- und mehrzeiligen Kommentaren

Weitere Standards

Viele Beispiele und weitere Informationen zu den restlichen PHP-Dokumentationsstandards erhalten Sie unter *https://developer.wordpress.org/coding-standards/inline-documentation-standards/php*.

2.4.2 Die JavaScript-Dokumentationsstandards

Ähnlich wie bei den PHP-Dokumentationsstandards greift WordPress auch hier auf ein bereits bestehendes Schema zurück, nämlich auf den *JSDoc 3 Standard*.[19]

Was sollte dokumentiert werden?

Folgende Aspekte sollten Sie dokumentieren:

- Funktionen und Klassenmethoden
- Objekte
- Closures
- Objekt-Eigenschaften
- Requires
- Ereignisse
- Dateikopfzeilen

Funktionen

Sie werden erstaunt sein, was sich im Bereich Funktionen alles auszeichnen lässt. Der Kommentar-Block für JavaScript-Funktionen ist deutlich größer als bei PHP-Funktionen oder -Methoden (siehe Listing 2.7):

```
/**
 * Zusammenfassung.
 *
 * (Lange) Beschreibung.
 *
 * @since      x.x.x
 * @deprecated x.x.x Benutze stattdessen neuer_functionsname()
 * @access     private
 *
 * @class
 * @augments parent
 * @mixes    mixin
 *
 * @alias    realerName
 * @memberof namespace
 *
 * @see  Funktion/Klasse, auf die die Funktion angewiesen ist.
 * @link URL
```

19 Siehe *https://jsdoc.app*

```
 * @global
 *
 * @fires   eventName
 * @fires   className#eventName
 * @listens event:eventName
 * @listens className~event:eventName
 *
 * @param {type}   var            Beschreibung.
 * @param {type}   [var]          Beschreibung einer optionalen Variablen.
 * @param {type}   [var=default]  Beschreibung einer optionalen
                                  Variablen mit Standardwert.
 * @param {Object} objectVar      Beschreibung.
 * @param {type}   objectVar.key  Beschreibung eines Schlüssels
                                  in einem Objekt.
 *
 * @yield {type} Beschreibung des erzielten Wertes.
 *
 * @return {type} Beschreibung des Rückgabewertes.
 */
```

Listing 2.7 DocBlock für Funktionen

Nicht alles ist selbsterklärend. Deswegen möchte ich noch einige Werte erläutern:

- `@since`: Sollte eine dreistellige Nummer sein. Wenn es signifikante Änderungen gab, können weitere `@since`-Tags vergeben werden. Dann sollten Sie auch eine Beschreibung angeben, um eine Art Änderungsprotokoll zur Übersicht zu haben.
- `@augments`: Diesen Wert nutzen Sie für Klassenkonstruktoren, um Elternklassen aufzulisten.
- `@mixes`: Liste der Mixins, die in das Objekt gemischt werden
- `@alias`: Alternativer Name, falls die Funktion zunächst einer temporären Variablen zugewiesen wird
- `@memberof`: Der Namespace, zu dem diese Funktion gehört
- `@link`: Eine URL, unter der weitere Informationen zur Verfügung stehen
- `@global`: Markiert die Funktion für den globalen Namespace.
- `@fires`: Mögliche Events, die die Funktion ausführt
- `@listens`: Events, auf die diese Funktion reagiert
- `@yield`: Bei Generatorfunktionen eine Beschreibung der Werte, die von dieser Funktion erwartet werden

Dateikopfzeilen

Jede Datei sollte eine einleitende Kopfzeile erhalten. Diese soll eine Struktur wie in Listing 2.8 aufweisen:

```
/**
 * Zusammenfassung.
 *
 * Beschreibung.
 *
 * @link   URL
 * @file   Beschreibung der Datei.
 * @author Autorenname.
 * @since  x.x.x
 */
```

Listing 2.8 DocBlock für den Anfang einer Datei

2.4.3 Dokumentationen automatisch erstellen lassen

Die Programme PhpStorm und Visual Studio Code sind nicht umsonst so beliebt. Mit ihnen lässt sich allerhand anstellen und automatisieren – eben auch die Erstellung der DocBlocks.

DocBlocks in PhpStorm

Um in PhpStorm einen DocBlock zu erstellen, setzen Sie den Cursor an den Anfang einer Funktion und tippen folgende Zeichen ein: /**. Danach drücken Sie auf der Tastatur [↵], und PhpStorm erzeugt den gesamten DocBlock mit den meisten Tags, die Sie benötigen. Einige Teile können vielleicht nicht automatisch erkannt werden, zum Beispiel das `@since`-Tag. Diese müssen dann manuell ergänzt werden.

DocBlocks in Visual Studio Code

Für Visual Studio Code gibt es mehrere Erweiterungen, die DocBlocks automatisch erstellen können. Meine Auswahl fiel auf die Erweiterung mit dem Namen *PHP DocBlocker*.[20] Denn sie funktioniert genauso wie bei PhpStorm auch: Setzen Sie den Text-Cursor an den Anfang der Funktion, und tun Sie so, als würden Sie den Kommentarbereich selbst schreiben wollen. Nach den ersten Zeichen /** klappt ein kleines Menü auf, in dem PHP DOCBLOCKER steht. Mit [↵] wird der komplette Kommentarbereich automatisch erzeugt (Abbildung 2.2 zeigt die Gegenüberstellung). Auch hier ist es so, dass nicht alle Elemente erkannt werden können. Diese müssen Sie dann manuell ergänzen.

20 Suchen Sie im Bereich der Erweiterungen nach dem Code »neilbrayfield.php-docblocker«, um die richtige Erweiterung zu finden.

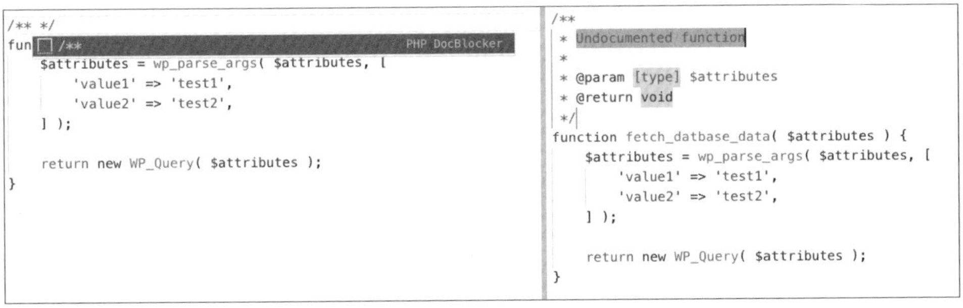

```
/** */
fun /**                                  PHP DocBlocker
    $attributes = wp_parse_args( $attributes, [
        'value1' => 'test1',
        'value2' => 'test2',
    ] );

    return new WP_Query( $attributes );
}
```

```
/**
 * Undocumented function
 *
 * @param [type] $attributes
 * @return void
 */
function fetch_datbase_data( $attributes ) {
    $attributes = wp_parse_args( $attributes, [
        'value1' => 'test1',
        'value2' => 'test2',
    ] );

    return new WP_Query( $attributes );
}
```

Abbildung 2.2 Links: Sie beginnen mit dem Schreiben und bekommen die Auswahlbox angezeigt. Rechts: Ansicht nach der Ausführung des DocBlockers.

2.5 Präfixe und Namespaces

Alle, die schon etwas länger mit PHP arbeiten, wissen, dass ein *Fatal Error* erzeugt wird, wenn eine Funktion zweimal deklariert wurde. Wenn Sie also beispielsweise eine Funktion namens `get_posts()` in einem Plugin definieren, so wird Ihre gesamte Webanwendung nicht mehr funktionieren. Der Grund ist, dass eine solche Funktion in WordPress schon existiert. Es kann Ihnen aber auch passieren, dass Sie einen Funktionsnamen wählen, der von einem der derzeit 60.000 Plugins im Plugin-Verzeichnis bereits »belegt« ist. Die Wahrscheinlichkeit ist hoch, dass das wirklich passiert. Doch was lässt sich dagegen tun?

Noch bei Version 5.1 von WordPress lautete die Empfehlung, dass alle Funktionen mit einem Präfix zu versehen sind. Die gängige Praxis war, dass hierfür die Slug-Bezeichnung des Projekts genutzt wurde. Aus der Funktion mit dem Namen `get_posts()` wurde also `meinslug_get_posts()`. Sie können sich vorstellen, dass daraus lange Funktionsnamen entstanden sind.

Mit Version 5.2 von WordPress wurde aber auch die minimal unterstützte PHP-Version von 5.2 auf 5.6 angehoben. Damit ist nun der Weg frei, auch PHP-Namensräume (*Namespaces*) zu nutzen, die in Version 5.3.0 von PHP eingeführt wurden. So können Sie sichergehen, weiterhin guten Code zu schreiben, ohne sich sorgen zu müssen, dass Ihr eigener Quellcode mit dem anderer Entwickler kollidiert.

Die *PHP Coding Standards* von WordPress (siehe Abschnitt 2.3.5) machen derzeit keine Angaben, wie mit Namespaces umgegangen werden soll. Dementsprechend können Sie den Namen frei gestalten oder sich an andere Standards halten, zum Beispiel an die zuvor genannten PSR-Regeln der PHP-FIG. Achten Sie hier speziell auf Empfehlung 3 der PSR-1. Dort wurde festgelegt, dass der Namespace in sogenannten *StudlyCaps* deklariert werden soll. Das bedeutet: Anfangsbuchstabe groß, alle weiteren Wörter direkt angehängt und auch in Großschreibweise.

In der Praxis hat es sich bewährt, den eigenen Namen oder den Namen des Unternehmens, für das gearbeitet wird, an den Namespace anzufügen und dann den Slug des Projekts in StudlyCaps anzuhängen. Bei einem Plugin mit dem Namen »PowerForms« könnte der Namespace also wie folgt aussehen:

```
<?php
namespace FlorianSimeth\PowerForms;
```

Beachten Sie, dass der Namespace sofort hinter den einleitenden PHP-Tags (`<?php`) definiert werden muss. Alles andere führt zu einem PHP-Fehler. Einzig ein Kommentarbereich (oder ein DocBlock) dürfen sich dazwischen befinden. Der Code mit der Funktion könnte also wie folgt aussehen:

```
<?php
namespace FlorianSimeth\PowerForms;
function get_posts(){
    ...
}
```

Präfixe werden aber dennoch benötigt. Dann nämlich, wenn der PHP-Namespace nicht greifen kann. Ein solcher Fall läge vor, wenn Sie Daten in die Optionen-Datenbanktabelle speichern (siehe Abschnitt 6.3.1) oder wenn Sie CSS- oder JavaScript-Dateien einhängen (siehe Kapitel 8). Auch hier hat es sich bewährt, den Slug des Projekts an den Anfang zu setzen.

Welche Schreibweise sollten Sie nun verwenden?

Nun haben Sie schon *camelCase* und *StudlyCaps* kennengelernt. Leider wird es noch undurchsichtiger. In WordPress kommen nämlich auch noch der *snake_case* und der *kebap-case* vor.

Immer wenn eine Funktion einen sogenannten *Handle* fordert, sollten Sie den dazugehörigen String in kebap-case auszeichnen. In allen anderen Fällen sollten Sie snake_case nutzen (zum Beispiel für die zuvor genannte Optionen-Datenbanktabelle). Tabelle 2.3 liefert eine Auflistung mit Beispielen:

Schreibweise	Beispiel
camelCase	anfangKleinAllesAndereGroß
StudlyCaps	AnfangGroßAllesAndereAuchGroß
snake_case	alles_klein_aber_mit_unterstrichen_verbunden
kebap-case	alles-klein-aber-mit-bindestrichen-verbunden

Tabelle 2.3 Übersicht über die verschiedenen Schreibweisen

Zweifellos gilt auch hier: Diese Vorgehensweise ist eher nebensächlich, wenn Sie an Ihren eigenen Projekten arbeiten. Wichtig ist sie nur, wenn Sie Code zum WordPress-Kern beitragen wollen. Im Fehlerfall wird die Community Sie aber freundlich darauf hinweisen.

2.6 Objektorientierung in WordPress

Zu Beginn von Kapitel 1 hatte ich im Kasten »Modernes PHP in WordPress?« bereits geschrieben, dass Entwickler, die neu zu WordPress hinzukommen, vielleicht nicht so ganz glücklich damit sein könnten. Das ist gerade dann der Fall, wenn sie vorher Frameworks wie *Laravel*[21] nutzten. Laravel arbeitet von Grund auf objektorientiert. Das lässt sich von WordPress nicht behaupten.

Diese Unzufriedenheit spiegeln auch die Umfragen wider. Schließlich liegt ein nunmehr fast zwanzig Jahre altes System vor, dessen Codebasis riesig und leider zum Teil veraltet ist. Immerhin gibt WordPress den Programmierstil für eigene Projekte nicht vor. So lassen sich Plugins, Themes und Blöcke gut und gerne auch objektorientiert entwickeln. In WordPress ist das aber gar nicht so einfach. Denn mit objektorientierter Programmierung (*OOP*) hat WordPress, wie gesagt, nicht viel am Hut. Es gibt zwar immer mehr Teile, die einen Hauch von Objektorientierung enthalten. Das ändert aber nichts daran, dass der Großteil eben nicht objektorientiert ist. Auf der anderen Seite darf dieser Zustand auch nicht ganz verteufelt werden. Prozeduraler Code ist nicht von Grund auf schlecht. Gerade dann, wenn ein WordPress-Plugin überschaubar ist, ist es nicht sinnvoll, objektorientiert zu programmieren. Hier reicht möglicherweise nur eine einzelne Datei aus. Das KISS-Prinzip besagt: *»Keep it short and simple!«* Das heißt, Sie sollten ein unnötiges Aufblähen des Codes vermeiden.

Nichtsdestotrotz wollen und sollen PHP-Entwickler auch Programmierparadigmen nutzen, die sie aus anderen Programmiersprachen kennen. Die PHP-Versionen 7.0 und höher bieten hier durchaus Möglichkeiten.

2.7 Empfohlene Datei- und Verzeichnisstrukturen

Wie bei jedem Entwicklungsprojekt sollten Sie sich im Vorfeld Gedanken dazu machen, wie die Dateien organisiert werden sollen. Sicherlich lässt sich vieles im Nachhinein verändern, aber das Arbeitsvolumen steigt mit der Komplexität der Anwendung.

21 *https://laravel.com*

Für Themes und Plugins gibt es einige Dateien, die obligatorisch sind. Bei Plugins ist das nur eine einzige Datei, die in der Regel den Slug im Dateinamen haben sollte. Zum Beispiel: *power-forms.php* für ein Plugin mit dem Namen *PowerForms*. Wenn Sie zusätzliche Dateien benötigen (was so ziemlich immer der Fall sein dürfte), erstellen Sie einen Ordner, der ebenso benannt ist. Die Hauptdatei befindet sich dann also in *power-forms/power-forms.php*. Allerdings ist dies kein Muss. Sie können die Datei im Ordner auch anders benennen. WordPress wird das Verzeichnis scannen, um die Hauptdatei zu finden. Mehr dazu finden Sie auch in Abschnitt 4.2.1, »Das Grundgerüst eines Plugins«.

2.7.1 Minimal nötige Dateien

Bei Themes benötigen Sie mindestens die Dateien *index.php* und *style.css* in einem Unterverzeichnis, das nach dem Theme benannt ist.

Blöcke sind technisch gesehen auch Plugins. Dementsprechend haben Sie hier nur eine Einstiegsdatei, die Sie frei benennen können.

Wenn Sie in das WordPress-Plugin-Verzeichnis blicken, werden Sie Tausende Möglichkeiten entdecken, wie eine Verzeichnisstruktur aufgebaut werden könnte. In der modernen Entwicklung werden aber höchstwahrscheinlich JavaScript- und CSS-Build-Tools genauso zum Einsatz kommen wie jede Menge Konfigurationsdateien, die im Stammverzeichnis abgelegt werden müssen. Wenn also alle möglichen Dateien in lediglich einem Verzeichnis ablegt werden, wird das Chaos schnell perfekt. Am besten bewährt hat sich, wenn nur die primäre Plugin-Datei im Unterverzeichnis abgelegt wird. Eine Ausnahme bildet hier nur die *uninstall.php*-Datei (siehe Abschnitt 4.2.4, »Keine Spuren hinterlassen: Die Deinstallationsroutine«).

2.7.2 Empfohlene Verzeichnisstruktur

In einer professionellen Entwicklungsumgebung ist es wichtig, eine Verzeichnisstruktur zu erstellen, die einheitlich ist. Und zwar für alle im Team arbeitenden Mitglieder. Wie bei den Coding-Standards ist es auch hier wichtig, dass jeder weiß, wie die Dateistruktur eines Plugins, eines Themes und eines Blocks auszusehen hat. Natürlich ist auch meine Empfehlung nur genau das: eine Empfehlung für moderne Entwicklungsumgebungen.

Des Öfteren werden Sie sehen, dass Entwickler den eigentlichen Quellcode in Verzeichnissen mit den Namen */inc*, */includes* oder */src* unterbringen. Für weitere Dateien wird oft ein Verzeichnis mit dem Namen */assets* oder */dist* verwendet. Dazu kommt noch die Aufteilung zwischen Quell- und Output-Dateien von Build-Tools oder Task-Runnern wie *webpack*, *Babel*, *Grunt* und so weiter. Falls diese Tools in Ihre Entwicklung Einzug halten, empfiehlt sich eine Aufteilung.

Verzeichnisstruktur eines Plugins

Im Tabelle 2.4 sehen Sie ein Beispiel einer Dateistruktur für ein Plugin oder einen Block.

Datei		Beschreibung
plugin.php		(oder z. B. *power-forms.php*): die Hauptdatei
uninstall.php		(die Datei für die Deinstallationsroutine)
/includes		PHP-Dateien
/languages		Sprachdateien
/css		CSS-Entwicklungsdateien
/js		JavaScript-Entwicklungsdateien
/public		Produktionsdateien für alle Assets
	/css	CSS-Produktionsdateien
	/js	JavaScript-Produktionsdateien
	/images	Bilddateien
	/fonts	Schriftart-Dateien
	usw.	

Tabelle 2.4 Mögliche Dateistruktur eines Plugins (oder eines Block-Plugins)

Verzeichnisstruktur eines Themes

Für ein Theme würde ich die Struktur wie in Tabelle 2.5 vorschlagen. Die Verzeichnis- und Dateinamen mit einem Sternchen werden von WordPress vorgegeben und können nicht verändert werden.

index.php	*	die Haupt-Template-Datei
style.css	*	die Haupt-Stylesheet-Datei mit Theme-Metadaten
functions.php	*	Konfigurationsdatei für Blöcke und Block-Themes
/includes		PHP-Dateien
/css		CSS-Entwicklungsdateien
/js		JavaScript-Entwicklungsdateien

Tabelle 2.5 Mögliche Dateistruktur eines Themes.

▯/page-templates	*	Für Seiten-Templates (siehe Abschnitt 5.3.5, »Das WordPress-Template-System«)
/template-parts		Für eigene Template-Einzelteile eines Classic-Themes
/templates	*	Template-Dateien bei Block-Themes
/block-templates	*	Bei reinen Block-Themes die Template-Teile für einzelne Blöcke
/block-template-parts	*	Wiederverwendbare Teile für Blöcke
/parts	*	Bei Block-Themes wiederverwendbare Templates, wie *header.html*, *footer.html* etc.
/styles	*	Style-Variationen
/patterns	*	Block-Vorlagen
/fonts		Für etwaige Webfont-Dateien
/public		Produktionsdateien für alle Assets
/css		CSS-Produktionsdateien
/js		JavaScript-Produktionsdateien
/images		Bilddateien
/fonts		Schriftart-Dateien
usw.		
screenshot.png	*	Ein Vorschaubild, das unter DESIGN • THEMES angezeigt wird. Die Endungen *gif*, *jpg*, *jpeg* oder *webp* sind ebenfalls möglich.
Weitere Template-Dateien	*	(siehe Abschnitt 5.3.5, »Das WordPress-Template-System«)

Tabelle 2.5 Mögliche Dateistruktur eines Themes. (Forts.)

2.8 Online-Nachschlagewerke für die WordPress-Entwicklung

WordPress ist in ständiger Bewegung. Es ist zwar sehr stark rückwärtskompatibel, was bedeutet, dass selten Funktionen entfernt werden. Aber mit jeder neuen Version kommen neue Funktionen hinzu. In diesem Abschnitt möchte ich Ihnen Quellen aufzeigen, die mir und sicherlich der Community gute Dienste geleistet haben – und sei es nur, um schnell mal eben nachzuschauen, was eine Funktion genau tut.

2.8.1 Offizielle Dokumentation

Alle Inhalte sind derzeit ausschließlich auf Englisch verfügbar.

Code Reference	*https://developer.wordpress.org/reference/*
Eine Übersicht über alle Funktionen, Methoden, Dateien etc.	
Coding Standards	*https://developer.wordpress.org/coding-standards/*
Enthält alle Informationen zu den WordPress-Coding- sowie zu den Inline-Dokumentationsstandards.	
Common APIs	*https://developer.wordpress.org/apis/*
Eine Auflistung aller APIs in WordPress	
Plugin Handbook	*https://developer.wordpress.org/plugins/*
Ein Handbuch zum Thema Plugin-Entwicklung	
Theme Handbook	*https://developer.wordpress.org/themes/*
Ein Handbuch zum Thema Theme-Entwicklung	
Block Editor Handbook	*https://developer.wordpress.org/block-editor/*
Der *Gutenberg* getaufte Block-Editor ist immer noch in Entwicklung. Deswegen ist das Handbuch zwar umfangreich, aber oft auch lückenhaft.	
REST-API Handbook	*https://developer.wordpress.org/rest-api/*
Auch für die REST-API gibt es ein eigenes Handbuch. Mit der REST-API lassen sich Daten durch JSON-Objekte austauschen.	
WP-CLI Handbook	*https://make.wordpress.org/cli/handbook/*
Die WP-CLI ist ein Kommandozeilen-Werkzeug für WordPress.	

Tabelle 2.6 Linksammlung zu den offiziellen Dokumentationsquellen

2.8.2 Am WordPress-Kern mitentwickeln

Wenn Sie gerne direkt am WordPress-Kern mitentwickeln wollen, könnten die folgenden Quellen interessant sein. Alle Inhalte sind derzeit fast ausschließlich auf Englisch verfügbar.

<table>
<tr><td>Core Contributor Handbook</td><td>https://make.wordpress.org/core/handbook/</td></tr>
<tr><td colspan="2">Im Core Contributor Handbook erfahren Sie mehr darüber, wie Sie sich in der Entwicklergemeinschaft engagieren können. Hier lässt sich vieles über das Beta-Testen, Benutzertests, Bug-Reporting und mehr in Erfahrung bringen.</td></tr>
<tr><td>Offizielle Tutorials</td><td>https://make.wordpress.org/core/handbook/tutorials/</td></tr>
<tr><td colspan="2">Zwar gehören die Tutorials auch zum Core Contributor Handbook, aber ich möchte sie trotzdem getrennt auflisten. In den Tutorials können Sie vieles über die folgenden Themen lernen:
▸ WordPress lokal installieren
▸ einen lokalen Server installieren
▸ ein Version-Control-System (VCS) installieren
▸ Arbeiten mit Trac (siehe unten)
▸ und vieles mehr</td></tr>
<tr><td>WordPress Trac</td><td>https://core.trac.wordpress.org/</td></tr>
<tr><td colspan="2">Trac ist eine Open-Source-Software zur Softwareentwicklung. Sie hat eine Anbindung an das WordPress-Versionierungssystem Subversion (SVN) und wird letztlich als Bugtracker genutzt.</td></tr>
<tr><td>WordPress auf GitHub</td><td>https://github.com/WordPress/wordpress-develop</td></tr>
<tr><td colspan="2">Zwar wird WordPress offiziell nur mit Subversion verwaltet, aber die Community stellt gespiegelte Versionen auch auf GitHub zur Verfügung.</td></tr>
</table>

Tabelle 2.7 Eine Link-Sammlung für all jene, die am WordPress-Kern mitwirken möchten

2.8.3 Neuigkeiten

Tabelle 2.8 zeigt einige Quellen, bei denen Sie sich über die Neuigkeiten zu WordPress informieren können.

<table>
<tr><td>Make WordPress</td><td>https://make.wordpress.org/</td></tr>
<tr><td colspan="2">Eine Übersicht über alle Teams und deren Blogposts, in denen zum Beispiel Vorschläge eingebracht, Bugs aufgedeckt und Anmerkungen für Entwickler veröffentlicht werden</td></tr>
</table>

Tabelle 2.8 News-Websites zum Thema WordPress

WordPress News Deutsch	*https://de.wordpress.org/news/*
Das deutsche Team übersetzt alle Inhalte von der englischen Website zeitnah.	
WordPress News	*https://wordpress.org/news/*
Die offizielle Anlaufstelle für Neuigkeiten rund um das WordPress-System und deren Community	
WPTavern	*https://wptavern.com*
Eine inoffizielle News-Website, betrieben von Automattic. Die Seite berichtet teilweise auch etwas kritischer und außerdem über Themen außerhalb von WordPress, zum Beispiel über Sicherheitslücken in Plugins.	
WP Revue	*https://revue.florian-simeth.de*
Mein monatlicher WordPress-Newsletter für Entwickler und Nicht-Entwickler	
WP Letter	*https://wpletter.de*
Ein Newsletter-Projekt von Simon Kraft und einem Team aus Publishern, die in unregelmäßigen Zeitabständen veröffentlichen	

Tabelle 2.8 News-Websites zum Thema WordPress (Forts.)

2.8.4 Chats und Foren

In Tabelle 2.9 finden Sie einige Chats und Foren, in denen Sie sich zum Thema WordPress austauschen können.

WordPress Slack	*https://make.wordpress.org/chat/*
Das WordPress-Projekt verwendet *Slack* als wichtigste Echtzeit-Kommunikationsplattform und ersetzt damit frühere Kommunikationsplattformen wie IRC. Dort gibt es allerdings keinen Support. Den gibt es nur im Forum.	
WordPress Forum	*https://wordpress.org/support/*
Fragen zu WordPress? Dann ist das Forum die Anlaufstelle Nummer 1.	
WordPress Forum Deutsch	*https://de.wordpress.org/support/*
Das deutsche WordPress-Team hat in der Vergangenheit besonders viel Arbeit in die Seite gesteckt. Hier finden Sie sehr viele übersetzte Inhalte, z. B. eine Dokumentation, und natürlich ein Forum.	

Tabelle 2.9 Chats und Foren zum Thema WordPress

Post Status	*https://poststatus.com/*
Post Status sieht sich selbst als »Membership Community for WordPress Professionals«. Die Seite existiert seit 2013 und hat einen großen News-, Podcast-, aber auch Community-Bereich. Nicht alles ist kostenlos. Der Club-Bereich für weitere Inhalte kostet knapp 200 $ pro Jahr.	

Tabelle 2.9 Chats und Foren zum Thema WordPress (Forts.)

Nun, da Sie die grundlegenden Konzepte kennengelernt haben, freue ich mich, dass ich Sie in das »Herz« von WordPress mitnehmen kann: zu den sogenannten Hooks!

Kapitel 3
Überall alles verändern: Die Hooks als Grundkonzept in WordPress

Captain Hook spielt in diesem Kapitel leider keine Rolle. Ein Vergleich wäre zwar schön, aber der Haken des Captains hat nichts mit den sogenannten WordPress-Hooks zu tun.

Wie könnte man Hook am besten übersetzen? Das Wörterbuch sagt »Haken«. Beim Cricket wäre es ein »Schlag«. Und in der Informatik ist und bleibt es eben ein Hook. Aus diesem Grunde möchte ich auch bei dieser Bezeichnung bleiben.

Hooks habe ich in diesem Buch schon ein paarmal angesprochen. Nun will ich sie genauer erklären. Denn sie sind das wichtigste Grundkonzept in WordPress. Sie erlauben es, in den Arbeitsablauf von WordPress einzugreifen, ohne den Quellcode von WordPress selbst verändern zu müssen. Insofern passt der übersetzte Begriff »einhaken« oder eher »einhängen« sehr gut.

Ein Plugin, ein Theme oder einen Block ohne die Verwendung von Hooks gibt es meines Wissens nicht. Wenn Sie erst einmal begriffen haben, wie Hooks funktionieren, werden Sie verstehen, warum WordPress eben nicht nur mehr die Blogging-Software von gestern ist, sondern sich in eine leistungsstarke Plattform verwandelt hat.

Wenn heute jemand gefragt wird, warum er WordPress nutzt, so ist die Antwort oft lapidar: »Es gibt für fast alles ein Plugin.« Dass diese Aussage heute überhaupt so getroffen werden kann, ist auf die Einführung des Hook-Konzepts zurückzuführen. Tatsächlich gibt es Hooks schon seit Version 2.1 von WordPress. Nicht zuletzt ihre frühe Einführung hat dazu geführt, dass WordPress so schnell wachsen konnte. Nun hatten Drittentwickler die nötigen Mittel, um Plugins, aber auch Themes zu entwickeln, ohne den Kern von WordPress verändern zu müssen.

Zusammenfassend lassen sich daraus mehrere Vorteile ableiten:

- Die Standardinstallation von WordPress verändert sich nicht, da der Quellcode nicht verändert werden muss.
- Dadurch bleibt WordPress selbst immer update-fähig – ein riesiger Pluspunkt auch hinsichtlich der Sicherheit. Sicherheitsupdates können automatisch eingespielt werden.

- Letzteres ist auch ein großer Vorteil für uns Entwicklerinnen und Entwickler. Da der Kern von WordPress nicht verändert wird, lässt sich WordPress auf die neueste Version aktualisieren, ohne dass die Änderungen verloren gehen, die wir an unseren Plugins vorgenommen haben.
- Themes und Plugins (und dadurch auch Blöcke) können ohne Programmierkenntnisse bequem über das dafür vorgesehene Menü im WordPress-Dashboard mit einem Klick aktiviert und deaktiviert werden.

3.1 Was sind Actions und Filter?

WordPress unterscheidet zwischen zwei primären Typen von Hooks: Es gibt die sogenannten *Actions* (dt. *Aktionen*) und die *Filter*. Auch hier werde ich im weiteren Verlauf die englischen Begriffe benutzen.

- **Actions** erlauben es, eine Funktion (also eine Aktion) an einem bestimmten Punkt im Programmablauf auszuführen.
- **Filter** ermöglichen es wiederum, Daten zu manipulieren (also zu filtern).

3.1.1 Actions

Actions erlauben es, eine eigens (zum Beispiel in einem Plugin oder Theme) definierte Funktion an einem genau bestimmten Ort im WordPress-Kern auszuführen.

Wenn Sie viel in JavaScript entwickeln, werden Sie eine Ähnlichkeit zu Events erkennen. In JavaScript ist es auch möglich, eine Action ausführen zu lassen, wenn ein konkretes Event eintritt, zum Beispiel ein Mausklick auf ein bestimmtes HTML-Element.

Das Gegenstück zu den Events in JavaScript ist bei WordPress die `do_action()`-Funktion (siehe Listing 3.1), die an bestimmten Stellen im WordPress-Kern verankert ist:

```
<?php
function do_action (
   string $hook_name,
   mixed ...$arg
): void {
   ...
}
```

Listing 3.1 Funktionsbeschreibung von »do_action()«

Die Funktion ist *variadisch*, kann also mindestens einen oder theoretisch unendlich viele Parameter entgegennehmen:

3

- `$hook_name` dürfte selbsterklärend sein: Es ist eine eindeutige Bezeichnung des Action-Hooks.
- `...$arg`: Werte oder Variablen, die an registrierte Hooks übergeben werden. Der sogenannte *Splash-Operator* (die drei vorangestellten Punkte) macht es möglich, dass Sie theoretisch unendlich viele Werte oder Variablen an die Funktion anhängen können. Das ist seit PHP 4 möglich. Seit Version 5.6 lässt sich das Ganze über den Splash-Operator leichter darstellen. Mehr dazu finden Sie in der PHP-Dokumentation.[1]

Zur Veranschaulichung sehen Sie in Listing 3.2 einen Auszug aus der `wp_insert_post()`-Funktion von WordPress:

```
<?php
function wp_insert_post(
   $postarr,
   $wp_error = false,
   $fire_after_hooks = true
) {
    ...
    do_action( 'save_post', $post_ID, $post, $update );
   ...
}
```

Listing 3.2 Auszug aus der »wp_insert_post()«-Funktion von WordPress

Dazwischen taucht an einer gewissen Stelle die Funktion `do_action()` auf. In Listing 3.2 wird sie mit vier Parametern aufgerufen. Der `save_post`-Action-Hook dient dazu, Code auszuführen, sobald ein neuer Beitrag gespeichert wurde.

Selbstverständlich ist es oft wichtig zu wissen, welcher Artikel betroffen ist. Deswegen werden die ID, das Beitragsobjekt und ein boolescher Wert übergeben, der anzeigt, ob es sich um einen neu erstellten oder bestehenden Beitrag handelt. Wie erkennen Sie, welche Daten genau übergeben werden? Das erfahren Sie im Kasten »Wie kann ich erkennen, welche Parameter möglich sind?« in diesem Abschnitt.

WordPress prüft an dieser Stelle, ob eine oder mehrere Actions registriert wurden. Falls ja, werden diese nach einer bestimmten Reihenfolge ausgeführt. Das Registrieren von Actions erfolgt mit der `add_action()`-Funktion. Doch dazu komme ich gleich.

Zuvor sei noch auf Folgendes hingewiesen: Im WordPress-Kern gibt es durchaus Action-Hooks, die keine Funktionsparameter haben. Beispiele sind in Listing 3.3 dargestellt:

1 *http://www.php.net/manual/de/functions.arguments.php#functions.variable-arg-list*

```
<?php
do_action( 'wp_head' );
do_action( 'wp_footer' );
do_action( 'wp_body_open' );
```

Listing 3.3 Beispiele möglicher »do_action()«-Aufrufe

Zur Erklärung:

- `wp_head` kann genutzt werden, um Code im Frontend zwischen `<head>` und `</head>` auszugeben.
- `wp_footer` ist das Gegenstück dazu. Hier kann eigener Code eingehängt werden, bevor im Theme `</body>` ausgegeben wird.
- `wp_body_open` wiederum ist die Ergänzung zu `wp_footer`. Hier haben Sie die Möglichkeit, eigenen Code ausführen zu lassen, nachdem das `<body>`-HTML-Tag im Template ausgegeben wurde.

Wie kann ich erkennen, welche Parameter möglich sind?

Sie sehen dazu entweder in der offiziellen Dokumentation nach oder – schneller – direkt im Quellcode. In PhpStorm können Sie dazu den kleinen Pfeil anklicken, der erscheint, wenn die `add_action()`-Funktion ausgeschrieben und der `$hook_name` angegeben wurde (siehe dazu Nummer ❶ in der Abbildung 1.15 im Abschnitt 1.4.1, »PhpStorm einrichten«.

In Visual Studio Code genügt es, wenn Sie den Mauszeiger über den `$hook_name` halten. Dann wird ein kleines Fenster mit den Parametern angezeigt (siehe Abbildung 3.1).

```
<?php
add_action( 'save_post', 'my_function_name' );
```

Fires once a post has been saved.

View on developer.wordpress.org →

@param int $post_ID
Post ID.

@param \WP_Post $post
Post object.

@param bool $update
Whether this is an existing post being updated.

@since 1.5.0

Abbildung 3.1 Ein Mouseover blendet in VS Code die möglichen Parameter des Hooks ein.

Eigene Action-Hooks

Natürlich ist es auch möglich, die `do_action()`-Funktion in den eigenen Projekten zu verwenden. So erlauben Sie es wiederum anderen Entwicklern, Actions in Ihrem Plugin, Theme oder Block auszuführen. Achten Sie hier darauf, den Hook-Namen eindeutig zu wählen (siehe dazu auch noch einmal Abschnitt 2.5, »Präfixe und Namespaces«). Es hat sich bewährt, bei der Namensvergabe den PHP-Namespace zu nutzen, allerdings mit einem normalen Slash anstatt des Backslashs. Beispiel:

```
do_action( 'floriansimeth/myplugin/hook-name', $arguments );
```

Wie eben angesprochen, wird noch das Gegenstück zu `do_action()` benötigt. Denn natürlich müssen Sie WordPress mitteilen, *welche* Aufgaben ausgeführt werden sollen. Und dazu wurde die Funktion `add_action()` (siehe Listing 3.4) geschaffen:

```
<?php
function add_action(
    string $hook_name,
    callable $callback,
    int $priority = 10,
    int $accepted_args = 1
): bool {
    ...
}
```

Listing 3.4 Funktionsbeschreibung von »add_action()«

Mit `add_action()` lassen sich Funktionen oder Klassenmethoden beim Action-Hook registrieren. Die Funktion erlaubt die Angabe von bis zu vier Parametern:

- `$hook_name`: Der Name des Action-Hooks, an den eine Funktion angehängt werden soll
- `$callback`: Eine von PHP aufrufbare Funktion oder Klassenmethode, die während des Hooks ausgeführt werden soll
- `$priority`: Dient zur Angabe der Reihenfolge, in der die mit einer bestimmten Aktion registrierten Funktionen ausgeführt werden. Niedrigere Nummern entsprechen einer zeitlich früheren Ausführung, wobei auch negative Zahlen erlaubt sind. Der Standardwert ist `10`.
- `$accepted_args`: Die Anzahl der Parameter, die die Funktion in `$callback` annehmen kann. Standardmäßig wird nur der erste Parameter übergeben, falls dieser existiert.

Wichtig zu verstehen ist, dass Ihr Plugin, das Plugin eines anderen Entwicklers, ein Theme oder aber auch WordPress selbst Funktionen zu den gleichen Action-Hooks registrieren können. Es ist auch möglich, dass diese unterschiedlichsten Projekte höhere oder niedrigere Prioritätsnummern für die registrierten Funktionen vergeben. Dadurch werden sie später oder eben früher ausgeführt. Sie sollten im Hinterkopf behalten, dass nie genau klar ist, ob und wann welche Funktionen in einem Hook ausgeführt werden. Denn jede Website hat mitunter andere Plugins und Themes installiert.

Sehen wir uns ein Beispiel dazu an, um das Ganze zu verdeutlichen. In Listing 3.5 sehen Sie, wie ein Post-Meta-Wert in die Datenbank gelegt wird, falls ein Beitrag gespeichert wird:

```
<?php
add_action( 'save_post', 'meinwp_save_post' );

function meinwp_save_post( $post_ID ){
    add_post_meta( $post_ID, 'meinwp_post_meta_wert', 5 );
}
```

Listing 3.5 Erstellen eines Post-Meta-Wertes beim Speichern eines Beitrags

Was passiert hier genau?

1. In der ersten Zeile wird die Funktion `meinwp_save_post` beim Action-Hook `save_post` registriert.
2. Nun weiß WordPress, dass es diese Funktion ausführen muss, falls der Action-Hook mit `do_action( 'save_post' )` getriggert wird.
3. Es wird nur ein Parameter (Standardwert) weitergegeben. Nämlich die Post-ID.

Beachten Sie, dass es in PHP keine Rolle spielt, ob die Funktion vor oder nach `add_action()` deklariert wird.

Wer Zugriff auf die restlichen Parameter benötigt, muss die Funktion wie in Listing 3.6 registrieren:

```
<?php
add_action( 'save_post', 'meinwp_save_post', 20, 3 );

function meinwp_save_post( $post_ID, $post, $update ) {
   if ( ! $update ) {
      add_post_meta( $post_ID, 'meinwp_post_meta_wert', 5 );
   }
}
```

Listing 3.6 Mehrere Funktionsparameter werden übergeben.

Die Unterschiede zum ersten Beispiel sind:

1. Die Funktion wird durch `add_action()` mit drei Parametern registriert. Dadurch muss der Funktionskopf auch drei Parameter annehmen können.
2. Die Funktion `meinwp_save_post` wird mit der Priorität von 20 ausgeführt, also später als zum Beispiel eine Funktion, der eine Priorität von 5 zugewiesen wurde. Ein hoher Wert ist also nicht gleichzusetzen mit einer hohen Priorität. Es hängt immer davon ab, welche Callback-Funktionen zusätzlich deklariert wurden und wie die Prioritäten dort definiert wurden.
3. `add_post_meta()` wird nur dann ausgeführt, wenn ein Beitrag neu erstellt wird. Bei einer Aktualisierung passiert nichts.

Mehrfache Ausführungen sind möglich!

Beachten Sie, dass Hooks mitunter mehrfach ausgeführt werden können. Das bedeutet, dass die von Ihnen registrierte Funktion möglicherweise auch öfter als nur einmal aufgerufen wird. Wenn Sie das verhindern möchten, gibt es die Möglichkeit, Hooks nachträglich wieder zu entfernen (siehe dazu Abschnitt 3.4, »Arbeiten mit Filtern und Actions«).

3.1.2 Filter

Der zweite Typ von Hooks nennt sich *Filter*. Filter sind den Action-Hooks sehr ähnlich. Der einzige Unterschied ist, dass die registrierten Funktionen einen Wert zurückgeben *müssen*. Das tun Actions nicht. Wie gesagt sind Actions eher mit Events bei JavaScript zu vergleichen, während Filter dazu genutzt werden können, bestimmte Werte während der Laufzeit zu *verändern*.

Die WordPress-Plugin-API stellt für die Anwendung von Filtern ebenfalls eine eigene Funktion zur Verfügung, nämlich `apply_filters()` (siehe Listing 3.7):

```
<?php
function apply_filters (
    string $hook_name,
    mixed $value,
    mixed ...$args
): mixed {
    ...
    return $value;
}
```

Listing 3.7 Funktionsbeschreibung von »apply_filters()«

Die Funktion ist, wie do_action(), ebenfalls variadisch und akzeptiert zwei oder mehr Parameter:

- $hook_name dürfte wohl auch hier selbsterklärend sein.
- $value ist der zu filternde Wert.
- Darüber hinaus können der Funktion weitere, theoretisch unendlich viele Parameter angehängt werden.

Zurückgegeben wird $value, falls keine Funktion registriert wurde und sozusagen nichts gefiltert werden kann. Ansonsten wird der gefilterte Wert zurückgegeben.

Im WordPress-Kern kommt die apply_filters()-Funktion knapp 2000-mal vor. Wie ich schon öfter erwähnt habe, ist WordPress nicht umsonst so anpassungsfähig. Listing 3.8 zeigt ein Beispiel:

```
<?php
function get_the_title( $post = 0 ) {
    ...
    return apply_filters( 'the_title', $title, $id );
}
```

Listing 3.8 Ein Filter in der »get_the_title()«-Funktion von WordPress

get_the_title() ist eine Template-Funktion aus dem WordPress-Kern (siehe dazu auch Abschnitt 5.3.7, »Funktionen für Templates und der Loop«). Sie gibt, wie ihr Name schon vermuten lässt, die Überschrift eines Beitrags aus. Wie Sie sehen, hat die Community hier einen Filter eingebaut, der es erlaubt, den Titel zu verändern.

Die apply_filters()-Funktion prüft an dieser Stelle, ob ein Plugin, ein Theme oder gar WordPress selbst eine oder mehrere Funktionen zu diesem Filter mit der Bezeichnung the_title registriert hat. Falls ja, werden diese ausgeführt und der möglicherweise veränderte Wert zurückgegeben. Findet die Funktion keine registrierten Funktionen, so wird der Wert ungefiltert zurückgegeben.

Natürlich muss es nicht immer nur Text sein, der gefiltert wird. apply_filters() nimmt alle möglichen Daten an. So lässt sich die Funktion auch perfekt in eigenen Plugins, Themes und Blöcken nutzen. Das erlaubt es anderen Entwicklern, bestimmte Werte im eigenen Projekt zu modifizieren, ohne den Ursprungsquellcode verändern zu müssen.

Actions und Filter haben denselben Unterbau

Dass sich Actions und Filter nicht so unähnlich sind, zeigt ein Blick in den Quellcode von WordPress. Dort ruft die Funktion add_action() nämlich add_filter() auf. Das bedeutet: Actions sind, technisch betrachtet, nichts anderes als Filter. Nur mit dem Unterschied, dass sie keine Rückgabewerte haben.

Damit ein Wert gefiltert werden kann, muss eine Funktion dazu registriert werden. Bewerkstelligt wird das mit `add_filter()` aus Listing 3.9:

```
<?php
function add_filter(
    string $hook_name,
    callable $callback,
    int $priority = 10,
    int $accepted_args = 1
): bool {
    ...
}
```

Listing 3.9 Funktionsbeschreibung von »add_filter()«

Die Funktion akzeptiert mindestens zwei und höchstens vier Parameter:

- `$hook_name`: Der Name des Filter-Hooks, an den eine Funktion angehängt werden soll
- `$callback`: Eine von PHP aufrufbare Funktion oder Klassenmethode, die während des Hooks ausgeführt werden soll
- `$priority`: Dient zur Angabe der Reihenfolge, in der die mit einer bestimmten Aktion registrierten Funktionen ausgeführt werden. Niedrigere Nummern entsprechen einer zeitlich früheren Ausführung, wobei auch negative Zahlen erlaubt sind. Der Standardwert ist `10`.
- `$accepted_args`: Die Anzahl der Parameter, die die Funktion in `$callback` annehmen kann.

Auch hier muss ich darauf hinweisen, dass andere Plugins und Themes eigene Funktionen zu den gleichen Filter-Hooks registrieren können, und zwar theoretisch unendlich viele. Die Funktionen werden dann der Reihe nach ausgeführt, das heißt nach Priorität. Die Callback-Funktion mit dem geringsten Prioritätswert wird zuerst getriggert. Teilen sich zwei oder mehrere Funktionen dieselbe Priorität, so werden sie in der Reihenfolge aufgerufen, in der sie mit `add_filter()` hinzugefügt wurden.

Jede Funktion kann Daten auf jede beliebige Weise manipulieren. Nur der letzte Wert wird dabei zurückgegeben. Wenn ein Titel eines Beitrags zum Beispiel »Der neue Notebook-Test ist da« lautet und die erste Filterfunktion ein »Wichtig:« und die zweite Filterfunktion ein Ausrufezeichen anhängt, so erhält man am Ende den String: »Wichtig: Der neue Notebook-Test ist da!«

Beachten Sie auch, dass jeder Filter einen bestimmten Datentyp zurückgeben muss. Dies ist im dazugehörigen Kommentar bei der Funktion (dem sogenannten *DocBlock*, siehe Abschnitt 2.4.1, »Die PHP-Dokumentationsstandards«) angegeben. Es versteht sich von selbst, dass eine Filterfunktion für den `the_title`-Filter nicht plötzlich ein Array zurückgeben darf, obwohl ein String erwartet wird.

Registrieren wir zur Veranschaulichung eine eigene Filterfunktion für den `the_title`-Filter (siehe Listing 3.10). Das einfache Beispiel zeigt, wie die Überschrift angepasst wird, falls der Filter für den Beitrag mit der ID 1234 aufgerufen wird:

```
<?php
add_filter( 'the_title', 'meinwp_change_title', 10, 2 );

function meinwp_change_title( $title, $post_id ) {
   if ( 1234 === (int) $post_id ) {
      return 'Wichtig: ' . $title;
   }

   return $title;
}
```

Listing 3.10 Eine Filterfunktion ändert den Titel eines Beitrags.

3.1.3 Alternative Hook-Funktionen

Sie haben nun gelernt, dass Action- und Filter-Hooks mit den `add_*`-Funktionen registriert und mit den `do_*`-Funktionen aufgerufen werden können. Zwar werden diese zwei Funktionen am häufigsten genutzt, aber es gibt noch zwei Alternativen, die wir nun näher betrachten: `do_action_ref_array()` und `apply_filters_ref_array()` (siehe Listing 3.11):

```
<?php
function do_action_ref_array
    string $hook_name,
    array $args
): void {
    ...
}

function apply_filters_ref_array
    string $hook_name,
    array $args
): mixed {
    ...
}
```

Listing 3.11 Funktionsbeschreibung von »do_action_ref_array()« und »apply_filters_ref_array()«

Der Unterschied zwischen den anderen ausführenden Hook-Funktionen ist, dass die einzelnen optionalen Parameter als Array übergeben werden. In Zeiten von PHP 4 ergab sich daraus ein entscheidender Vorteil: Variablen konnten ordnungsgemäß als Referenz übergeben werden. Somit konnten in einer registrierten Action-Funktion Variablen verändert werden, obwohl diese nicht (wie bei einem Filter) zurückgegeben wurden. In neueren PHP-Versionen spielt dies aber keine Rolle mehr.

Seit PHP 5 werden *alle* Objekte automatisch als Referenz übergeben. Deswegen wollte die Community im Jahr 2011 überprüfen, ob die beiden Funktionen nicht abgeschafft werden sollten.[2] Das Trac-Ticket wurde allerdings geschlossen. So benutzt WordPress noch heute die beiden Funktionen an diversen Stellen. Die inoffizielle Empfehlung lautet allerdings, `do_action_ref_array()` und `apply_filters_ref_array()` nicht mehr zu nutzen. Sie sollten sie jedoch kennen, um den Code im WordPress-Kern zu verstehen.

3.1.4 Besondere Hooks

Zusätzlich gibt es drei spezielle »Hooks«, die später noch Erwähnung finden werden. In Anführungszeichen steht der Begriff hier deswegen, weil es sich nicht direkt um Hooks, sondern um Funktionen handelt:

- `register_activation_hook()`
- `register_deactivation_hook()`
- `register_uninstall_hook()`

`register_activation_hook()` erlaubt die Registrierung einer Funktion, die ausgeführt wird, wenn ein Plugin aktiviert wird; `register_deactivation_hook()` nutzen Sie, wenn ein Plugin deaktiviert werden soll, und `register_uninstall_hook()`, wenn es deinstalliert werden muss. Technisch sind sie also keine richtigen Hooks in dem Sinne, wie WordPress sie definiert hat. Sie erlauben aber auch die Registrierung von Callback-Funktionen und sind daher den Hooks sehr ähnlich. Sie sind eher als Helfer-Funktionen anzusehen. Denn tatsächlich ist es so, dass sie im Hintergrund das Hook-System nutzen und eine Action registrieren.

In Abschnitt 4.2.2, »Die Aktivierungs- und Deaktivierungsfunktionen nutzen«, und in Abschnitt 4.2.3, »Einen Cronjob durchführen«, erfahren Sie mehr zu diesem Thema.

2 Vgl. scribu (Benutzername): Review use of apply_filters_ref_array() and do_action_ref_array(), in: Make WordPress Core Trac Ticket, 2011, *https://core.trac.wordpress.org/ticket/16661* (abgerufen am 17.12.2021).

3.2 Häufig genutzte Actions und Filter in WordPress

Über die Jahre wurde das Hook-System in WordPress massiv ausgebaut. Wie bereits erwähnt, existieren Tausende Hooks. Und mit jeder Version kommen neue hinzu. Sie lassen sich dazu nutzen, zusätzliche Daten auszugeben oder diese zu manipulieren. Es gibt fast nichts, was sich nicht anpassen lässt. Tatsächlich habe ich im vergangenen Jahrzehnt nur zwei bis dreimal einen Hook benötigt, den es nicht gab. Für alle anderen Fälle gab es immer eine Lösung. Dieses Buch kann nicht alle Hooks auflisten. Deswegen finden Sie in diesem Abschnitt einen Überblick über einige der gängigsten Hooks.

Wir wollen eine Art »Vorbereitungsplugin« schreiben. Ich nenne es so, weil solche Plugins oft zum Einsatz kommen, wenn mit neuen Webprojekten begonnen wird. Sie dienen dazu, bestimmte Verhaltensweisen in WordPress zu verändern oder zu entfernen, während sich eine Seite im Entwicklungsstadium befindet. Hooks sind dabei ein elementarer Bestandteil.

Sie lernen erst im nächsten Kapitel, wie Plugins funktionieren. Deswegen greife ich im folgenden Code ein wenig vorweg. Listing 3.12 zeigt, wie die Datei *prep-plugin.php*, die Sie in das Verzeichnis */wp-content/plugins/* legen müssen, grundsätzlich beginnt. Nach dem Kommentar fügen wir den PHP-Code aus den folgenden Abschnitten ein.

```
<?php
/**
 * Plugin Name:  Prep Plugin
 */
# Hier fügen wir den späteren Code aus dem Abschnitt ein.
```

Listing 3.12 So beginnt ein sehr einfaches Plugin.

3.2.1 the_content

Es gibt den einen Filter-Hook, der wohl mehr als jeder andere verwendet wird. Und das ist der `the_content`-Filter-Hook. Warum ist das so? Weil er es Ihnen ermöglicht, Inhalte nach, vor oder im Beitrag einzufügen oder sogar den kompletten Inhalt eines Beitrags zu manipulieren. Listing 3.13 zeigt, wie ein Link zum Newsletter-Service an jeden Beitrag angehängt werden kann. Das ist damit der erste Code in unserem Beispiel-Plugin. Abbildung 3.2 zeigt einen Screenshot vom Frontend, wenn ein Beitrag angezeigt wird. Deutlich zu erkennen sind die Linie (das `<hr />`-Element) sowie der Link.

```
<?php
add_filter( 'the_content', 'meinwp_add_newsletter_link' );

function meinwp_add_newsletter_link( $content ) {
```

```
    return $content
           . '<hr />'
           . '<p><a href="https://link-zum.nl/service">'
           . 'Melde dich zu meinem Newsletter an!</a></p>';
}
```

Listing 3.13 »the_content«-Hook-Beispiel

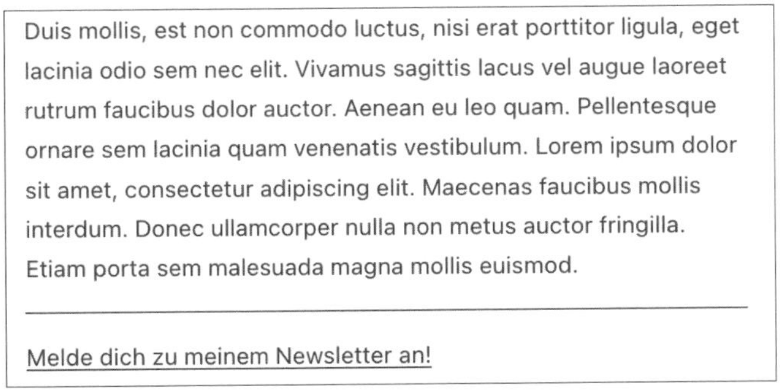

Duis mollis, est non commodo luctus, nisi erat porttitor ligula, eget lacinia odio sem nec elit. Vivamus sagittis lacus vel augue laoreet rutrum faucibus dolor auctor. Aenean eu leo quam. Pellentesque ornare sem lacinia quam venenatis vestibulum. Lorem ipsum dolor sit amet, consectetur adipiscing elit. Maecenas faucibus mollis interdum. Donec ullamcorper nulla non metus auctor fringilla. Etiam porta sem malesuada magna mollis euismod.

Melde dich zu meinem Newsletter an!

Abbildung 3.2 Durch einen Filter wird ein Link an jeden Beitrag angehängt.

3.2.2 the_title

Jeder Beitrag hat einen Titel. Und auch dieser lässt sich mit einem Filter verändern. Listing 3.14 zeigt, wie das Wort »Gefunden:« an den Titel angehängt werden kann (siehe Abbildung 3.3), und zwar nur auf Suchseiten:

```
<?php
add_filter( 'the_title', 'meinwp_search_title' );

function meinwp_search_title( $title ) {

    if ( is_search() && in_the_loop() ) {
        return 'Gefunden: ' . $title;
    }

    return $title;
}
```

Listing 3.14 »the_title«-Hook-Beispiel

Die zusätzliche Überprüfung auf `in_the_loop()` ist notwendig, weil der `the_title`-Hook öfter ausgeführt wird, etwa in Navigationsmenüs. Im oben gezeigten Beispiel ist aber nicht erwünscht, dass ein zusätzliches Wort im Menü erscheint.

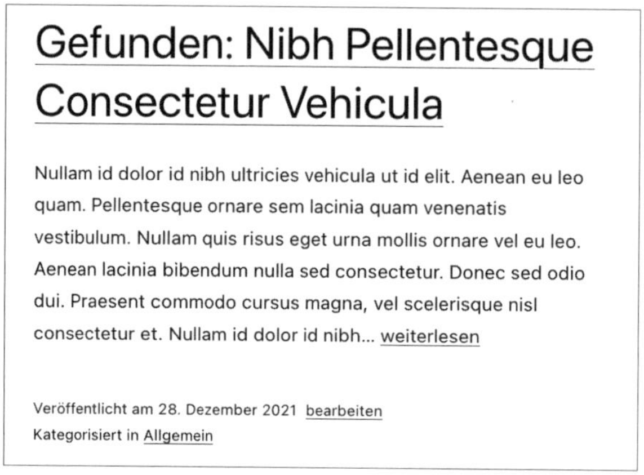

Gefunden: Nibh Pellentesque Consectetur Vehicula

Nullam id dolor id nibh ultricies vehicula ut id elit. Aenean eu leo quam. Pellentesque ornare sem lacinia quam venenatis vestibulum. Nullam quis risus eget urna mollis ornare vel eu leo. Aenean lacinia bibendum nulla sed consectetur. Donec sed odio dui. Praesent commodo cursus magna, vel scelerisque nisl consectetur et. Nullam id dolor id nibh... weiterlesen

Veröffentlicht am 28. Dezember 2021 bearbeiten
Kategorisiert in Allgemein

Abbildung 3.3 Im Titel wurde das Wort »Gefunden« ergänzt.

Der Loop

Der *Loop* ist, vereinfacht ausgedrückt, eine PHP-Schleife, die durchlaufen wird, wenn mehrere Artikel auf einer Seite dargestellt werden. Im aktuellen Beispiel ist das also die Suchtreffer-Seite, die durchaus mehr als nur einen Beitrag auflisten kann. Mehr zum Loop erfahren Sie in Abschnitt 5.3.7, »Funktionen für Templates und der Loop«. Beachten Sie, dass `in_the_loop()` im Beispiel aus Listing 3.14 bei reinen Block-Themes möglicherweise `false` zurückgeben kann und das Wort deswegen nicht angehängt wird.

3.2.3 init

Der `init`-Hook dürfte der meistgenutzte Action-Hook sein. Er wird getriggert, wenn WordPress fast vollkommen geladen wurde, aber noch bevor die HTTP-Header zurückgegeben (und eventuell an den Browser übermittelt) wurden. Außerdem wurde zu diesem Zeitpunkt der Benutzer, falls er angemeldet ist, authentifiziert. Das bedeutet, dass der Hook zum Beispiel für Weiterleitungen aber auch für alle anderen benutzerdefinierten Dinge verwendet werden kann. Viele Plugins nutzen diesen Hook, um sich selbst zu initialisieren zum Beispiel, weil sie Zugriff auf den aktuellen Benutzer brauchen. Alternativ kann eine Initialisierung auch früher oder später erfolgen, beispielsweise mit den Hooks `plugins_loaded` oder `wp_loaded`.

```
<?php
add_action( 'init', 'meinwp_redirect_if_not_logged_in' );

function meinwp_redirect_if_not_logged_in() {
   if ( ! is_user_logged_in() && ! meinwp_is_login_screen() ) {
      wp_redirect( wp_login_url() );
```

```
      die();
   }
}

function meinwp_is_login_screen() {
   global $pagenow;
   if ( ! isset( $pagenow ) ) {
      return false;
   }

   return 'wp-login.php' === $pagenow;
}
```

Listing 3.15 »init«-Hook-Beispiel

Listing 3.15 zeigt, wie auf die Login-Seite umgeleitet wird, falls der Benutzer nicht angemeldet ist. Somit lässt sich in unserem Plugin eine Website von außen unerreichbar machen, bis der Kunde die Freigabe erteilt. Die Funktion `meinwp_is_login_screen()` ist nötig, um die Login-Seite von der Weiterleitung auszunehmen. Ansonsten würde man eine Art endlose Weiterleitung ohne richtiges Ziel erzeugen.

Globale Variablen

Wie in Listing 3.15 zu sehen ist, kommt dort eine globale Variable `$pagenow` zum Einsatz. Mit globalen Variablen zu arbeiten ist immer unschön, weil sie jederzeit und überall bearbeitet und verändert werden können. Leider ist es derzeit nicht möglich, die Anmeldeseite anders zu bestimmen. Im Admin-Bereich könnten Sie `get_current_screen()` zur Bestimmung der Seite benutzen. Diese Funktion liefert ein `WP_Screen`-Objekt mit allen nötigen Daten zum derzeitigen Bildschirm zurück. In `wp-login.php` ist sie jedoch nicht eingebunden. Auch das nachträgliche Einbinden der Datei, in der sie deklariert wurde, hilft nichts, denn sie würde nur `null` zurückgeben.

3.3 Filter und Actions finden

Nun haben Sie gesehen, wie mächtig das Hook-System in WordPress ist. Sie werden sich aber nun die berechtigte Frage stellen: Woher weiß ich denn, welche Filter oder Actions es gibt und ob ich sie in meinem Projekt benötige?

Und das ist die größere Herausforderung bei der Arbeit mit WordPress. Wie Sie gleich sehen werden, gibt es ein paar nützliche Tools, Funktionen in Entwicklerwerkzeugen oder Websites. Aber sie alle können Ihnen nicht die eine Arbeit abnehmen: sich mit der Software vertraut zu machen, um effizienter mit ihr arbeiten zu können.

3.3.1 Die Suchfunktion des Entwicklungstools

Immer noch der beste Weg ist, die Suchfunktion des verwendeten Entwicklungstools zu nutzen. Zumindest haben Sie dort die Möglichkeit, vorab näher einzuschränken, was Sie suchen. Wenn Sie einen Hook benötigen, der wahrscheinlich nur im Admin-Bereich von WordPress ausgeführt wird, können Sie das Unterverzeichnis */wp-admin/* nach Hooks durchsuchen.

In PhpStorm klicken Sie dazu das Verzeichnis an und öffnen das Suchfenster mit der Tastenkombination `cmd`+`⇧`+`F` (oder `Strg`+`⇧`+`F` unter Windows). In Visual Studio Code funktioniert es auf die gleiche Weise. Vergessen Sie nicht auszuwählen, welche Dateien und Ordner Sie von der Suche ein- oder ausschließen möchten.

In das Suchfeld geben Sie eine der folgenden Phrasen ein:

- `do_action`
- `apply_filters`

Da es mehrere Tausend Suchtreffer geben kann, fühlen Sie sich möglicherweise schnell von dieser Fülle erschlagen (siehe Abbildung 3.4). Nehmen Sie sich trotzdem die Zeit, und sehen Sie sich die gefundenen Stellen genauer an. Sie verstehen nun, wie Hooks funktionieren. Sie müssen nur noch herausfinden, was der jeweilige Hook bewirkt.

Abbildung 3.4 PhpStorm zeigt viele Fundstellen an.

3.3.2 Offizielle Referenzen

Natürlich hat *wordpress.org* ebenfalls eine offizielle Referenz für Filter-, aber auch Action-Hooks. Sie ist zu finden unter:

- *https://codex.wordpress.org/Plugin_API/Action_Reference*
- *https://codex.wordpress.org/Plugin_API/Filter_Reference*

Die zwei genannten Seiten haben jeweils einen Vor- und einen Nachteil. Der Nachteil zuerst: Die Listen sind unvollständig und werden nur sehr unregelmäßig aktualisiert. Der Vorteil: Es befinden sich darin die am häufigsten genutzten Hooks, die inhaltlich in einen Zusammenhang gebracht werden. Damit haben Sie schon einmal eine schnelle Fundstelle, wenn Sie beispielsweise nach Filtern für Datenbank-Zugriffe suchen müssen.

Die Seite *https://developer.wordpress.org/reference/hooks/* ist deutlich aktueller. Die Daten werden für jede WordPress-Version aus dem Quelltext gelesen und automatisch auf die Website gestellt. Ihr Nachteil ist, dass es hier keine Gruppierung der Hooks nach Themen wie auf den beiden zuvor genannten Seiten gibt. Da die Daten direkt aus dem Quelltext kommen, finden Sie dort nichts, was Sie also nicht auch selbst im WordPress-Kern nachschlagen könnten. In einem professionellen Entwicklungstool haben Sie zudem die Möglichkeit, zwischen den Funktionen zu navigieren. Das klappt auf der Hook-Code-Reference-Seite nicht.

3.3.3 Inoffizielle Quellen

Neben den offiziellen Quellen gibt es eine Handvoll Seiten, die sich mit der Aufbereitung der Hooks beschäftigen. Die älteste und bekannteste ist die Hook-Unterseite von Adam R. Brown, die Sie unter *https://adambrown.info/p/wp_hooks/hook* finden.

Leider ist diese Liste nicht sehr aktuell. Im Februar 2022 konnte man dort immer noch nicht die Hooks der WordPress-Version 5.9 nachschlagen. Sprich: Die Website listete nur die Hooks von Version 5.7 auf. Positiv fällt allerdings auf, dass die Seite auch ältere Hooks auflistet und diese recht deutlich mit einem *DEPRECATED* auszeichnet.

Besser macht es die Seite *WP-Kama.com*, in deren Hook-Datenbank (*https://wp-kama.com/hooks/hooks-db*) zeitnah die aktuellen Informationen erscheinen. Besonders empfehlenswert ist die Unterseite »Execution Order« (*https://wp-kama.com/hooks/actions-order*), die auflistet, welche Hooks bei typischen WordPress-Seitenaufrufen nacheinander getriggert werden.

Ein weiteres ambitioniertes Projekt stammt von *wpseek.com*. Unter *https://de.wpseek.com/browse/* lassen sich nicht nur Hooks, sondern auch Konstanten und Funktionen durchsuchen. Darüber hinaus ist die Seite zum Teil auf Deutsch und wird permanent aktualisiert.

Viel interessanter, weil ebenfalls immer aktuell, ist aber die nachfolgende Methode: Hooks über ein Plugin auslesen.

3.3.4 Plugin »Query Monitor«

Es gibt auch ein Plugin, das sich der Sache angenommen hat, nämlich das Tool *Query Monitor*[3]. Ist es aktiv, lässt sich über die *Admin-Bar* ❶ (das ist der schwarze Navigationsbalken im oberen Bereich des Dashboards) anzeigen, welche Hooks auf der Seite aufgerufen wurden, auf der Sie sich gerade befinden (siehe Abbildung 3.5). Das ist sehr praktisch, eben weil nicht immer alle Hooks auf einmal getriggert werden.

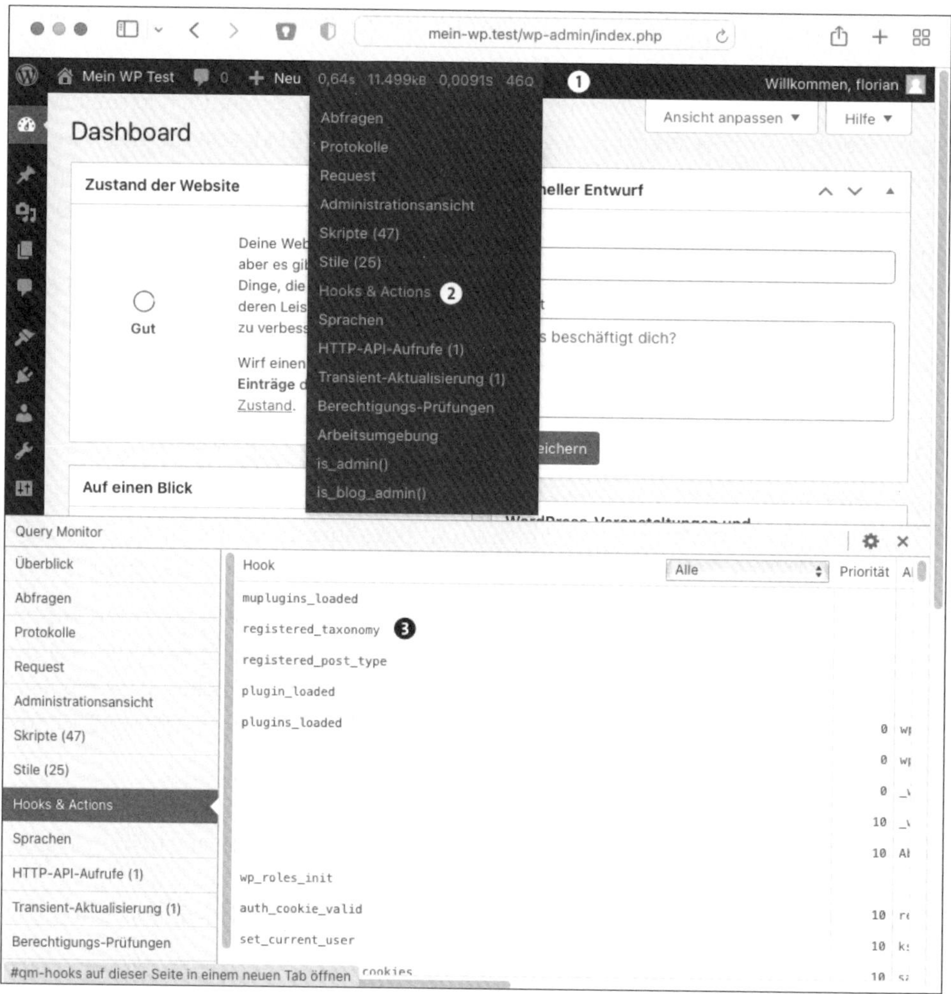

Abbildung 3.5 In der Admin-Bar ❶ klicken Sie auf »Hooks & Actions« ❷, wodurch sich das Fenster ❸ mit der Auflistung der Hooks öffnet.

3 Zum kostenlosen Download unter: *https://de.wordpress.org/plugins/query-monitor/*

Die Nachteile sind zum einen, dass das Tool bei manchen Aufrufen naturgemäß nichts anzeigen kann, zum Beispiel bei Ajax- oder REST-API-Abfragen. Denn da gibt es keine Admin-Bar. Und zum anderen zeigt es keine Hooks an, bei denen keine Funktion hinterlegt bzw. registriert wurden, obwohl diese zur Laufzeit aufgerufen wurden. Schön ist aber, dass das Plugin auch anzeigen kann, ob der Hook aus dem WordPress-Kern oder aus einem Plugin oder Theme kam.

3.4 Arbeiten mit Filtern und Actions

Nun haben Sie gelernt, was der Unterschied zwischen Actions und Filtern ist. Sie haben ein paar bekannte Hooks kennengelernt und wissen auch, wie Sie Hooks selbst im Quellcode aufspüren.

Es existieren noch weitere Funktionen im Rahmen der Plugin-API. Sie alle dienen dazu, Ihnen die Arbeit mit Hooks zu vereinfachen. Und genau darum soll es in diesem Abschnitt gehen.

3.4.1 Die Art der Übergabe von Funktionen

Zuallererst wollen wir uns ansehen, wie die Callback-Funktion eines Hooks aufgerufen wird. `add_action()` und `add_filter()` erwarten als zweiten Parameter eine Callback-Funktion. Diese lässt sich als String übergeben, so wie es in den Beispielen der Einfachheit halber bereits gezeigt wurde (siehe Listing 3.16):

```
<?php
add_action( 'save_post', 'meinwp_save_post' );

function meinwp_save_post( $post_ID ){
   add_post_meta( $post_ID, 'meinwp_post_meta_wert', 5 );
}
```

Listing 3.16 Die Funktion wird als String übergeben.

In professionellen Projekten werden Sie aber sicherlich PHP-Namespaces und Klassen verwenden wollen. Ist Ersteres der Fall, so muss der Namespace im Aufruf mit angegeben werden (siehe Listing 3.17):

```
<?php

namespace floriansimeth\meinwp;

add_action( 'save_post', '\floriansimeth\meinwp\save_post' );
```

```
function save_post( $post_ID ) {
   add_post_meta( $post_ID, 'meinwp_post_meta_wert', 5 );
}
```

Listing 3.17 Die Funktion wird als String inklusive Namespace übergeben.

Klassenmethoden können Sie mithilfe von Arrays übergeben (siehe Listing 3.18):

```
<?php

class Meinwp_Plugin {
   public static function save_post( $post_ID ) {
      add_post_meta( $post_ID, 'meinwp_post_meta_wert', 5 );
   }
}

add_action( 'save_post', [ 'Meinwp_Plugin', 'save_post' ] );
# Alternativ klappt auch:
add_action( 'save_post', 'Meinwp_Plugin::save_post' );
```

Listing 3.18 Die Methode einer Klasse wird als Array übergeben.

Beachten Sie, dass die Methode `save_post` in diesem Fall mit `static` deklariert werden muss. Das Ganze funktioniert aber auch ohne diese Deklaration. Dann nämlich, wenn mit Objektinstanzen gearbeitet wird (siehe Listing 3.19):

```
<?php

class Meinwp_Plugin {
   public function save_post( $post_ID ) {
      add_post_meta( $post_ID, 'meinwp_post_meta_wert', 5 );
   }
}

$meinwp_plugin_instance = new Meinwp_Plugin();
add_action( 'save_post', [ $meinwp_plugin_instance, 'save_post' ] );
```

Listing 3.19 Die Methode einer Klasseninstanz wird als Array übergeben.

Bei dieser Übergabeart wird das Entfernen eines Filters unter Umständen schwierig, weil ein eventuell vorhandenes Dritthersteller-Plugin (oder -Theme) Zugriff auf die Objektvariable `$meinwp_plugin_instance` braucht. Lesen Sie dazu bitte die Informationen in Abschnitt 3.4.2, »Filter- und Action-Funktionen entfernen«. Innerhalb von Klassen sieht es ähnlich aus (siehe Listing 3.20):

```
<?php

class Meinwp_Plugin {
   public function __construct() {
      add_action( 'save_post', [ $this, 'save_post' ] );
   }

   public function save_post( $post_ID ) {
      add_post_meta( $post_ID, 'meinwp_post_meta_wert', 5 );
   }
}

new Meinwp_Plugin();
```

Listing 3.20 Innerhalb von Klassen lässt sich ein Hook nicht mehr entfernen.

Die Nutzung von `static` oder das Einfügen der `add_action()`- oder `add_filter()`-Funktionen in die Konstruktorfunktion einer Klasse ist im Allgemeinen eine schlechte Praxis, da die Konstruktorfunktion in der Regel dafür genutzt werden soll, einen Anfangszustand eines Objekts festzulegen. Darüber hinaus ist auch im letzten Beispiel das Entfernen des Hooks durch `remove_action()` (siehe Abschnitt 3.4.2) unmöglich, weil kein Plugin- oder Theme jemals Zugriff auf `$this` bekommen kann. Gleiches gilt für anonyme Funktionen: Sie können nie mehr entfernt werden (siehe Listing 3.21).

```
<?php

add_action( 'save_post', function ( $post_Id ) {
   add_post_meta( $post_ID, 'meinwp_post_meta_wert', 5 );
} );

# Ab PHP 7.4 ließen sich auch Pfeilfunktionen nutzen:
add_action( 'save_post', fn( $post_ID ) => add_post_meta(
   $post_ID,
   'meinwp_post_meta_wert',
   5 )
);
```

Listing 3.21 Anonyme Funktionen lassen sich nicht mehr entfernen.

3.4.2 Filter- und Action-Funktionen entfernen

Da WordPress das Hook-System intern außerordentlich oft nutzt, lassen sich bestimmte Funktionen, die zuvor eingefügt wurden, mit `remove_action()` respektive `remove_filter()` rückgängig machen. Möglicherweise wollen Sie auch einmal eine Action oder einen Filter aus einem Plugin oder Theme entfernen. Das klappt mit den Funktionen aus Listing 3.22:

```
<?php
function remove_action(
    string $hook_name,
    callable $callback,
    int $priority = 10
): bool {
    ...
}

function remove_filter(
    string $hook_name,
    callable $callback,
    int $priority = 10
): bool {
    ...
}
```

Listing 3.22 Funktionsbeschreibung von »remove_action()« und »remove_filter()«

Es gilt jeweils:

- `$hook_name`: Der Name des Filter- oder Actions-Hooks
- `$callback`: Die von PHP aufrufbare Funktion oder Klassenmethode
- `$priority`: Optional die Prioritätsnummer

Zurückgegeben wird ein boolescher Wert, der Aufschluss darüber gibt, ob der Hook entfernt wurde oder nicht.

WordPress fügt im `<head>`-Bereich jeder Seite ein Generator-Tag ein (siehe Abbildung 3.6). Das ist ein nicht sichtbares Meta-Tag, das verrät, welche WordPress-Version eine Website im Moment nutzt. Aus Sicherheitsgründen wird dieses HTML-Tag oft einfach entfernt. Das wäre damit die nächste Funktion, die wir im Vorbereitungs-Plugin angeben (siehe Listing 3.23).

Wichtig ist hier, dass jeder einzelne Parameter genau mit den Parametern übereinstimmen muss, die bei der Registrierung angegeben wurden. Andernfalls kann WordPress den Hook nicht entfernen, da dieser nicht gefunden wird. Listing 3.24 zeigt, wie es *nicht* klappt: `$was_removed` gibt `false` zurück, weil die Priorität von der Standardpriorität `10` abweicht.

```
<?php
remove_action( 'wp_head', 'wp_generator' );
```

Listing 3.23 Beispiel zum Entfernen von Hooks

```
<?php
add_action( 'wp_head', 'wp_generator' );
$was_removed = remove_action(
   'wp_head',
   'wp_generator',
   11
); // = false
```

Listing 3.24 Der Action-Hook wird nicht entfernt, weil die angegebene Priorität von der Standardpriorität abweicht.

```
<link rel="https://api.w.org/" href="http://mein-wp.test/wp-
json/" /><link rel="alternate" type="application/json"
href="http://mein-wp.test/wp-json/wp/v2/pages/26" /><link
rel="EditURI" type="application/rsd+xml" title="RSD"
href="http://mein-wp.test/xmlrpc.php?rsd" />
<link rel="wlwmanifest" type="application/wlwmanifest+xml"
href="http://mein-wp.test/wp-includes/wlwmanifest.xml" />
<meta name="generator" content="WordPress 5.9.1" />
<link rel="canonical" href="http://mein-wp.test/" />
<link rel='shortlink' href='http://mein-wp.test/' />
```

Abbildung 3.6 Das Generator-Meta-Tag

Tipp!

Beachten Sie, dass ein Aufruf von `remove_action()` oder `remove_filter()` wirkungslos sein kann. Dann nämlich, wenn die Funktionen aufgerufen werden, bevor eine Action oder ein Filter über `add_action()` respektive `add_filter()` zum Hook-System hinzugefügt wurde.

Folgendes Beispiel funktioniert einwandfrei:

```
<?php
add_filter( 'the_title', 'meinwp_important_title' );
remove_filter( 'the_title', 'meinwp_important_title' );
```

Das hingegen klappt nicht:

```
<?php
remove_filter( 'the_title', 'meinwp_important_title' );
add_filter( 'the_title', 'meinwp_important_title' );
```

Merke: Das Entfernen funktioniert nur, wenn vorher die Funktion registriert wurde.

`remove_action()` und `remove_filter()` lassen sich auch auf alle Funktionen anwenden, die von einem Theme oder einem Plugin registriert wurden. Neben der zuvor genannten Hook-Definition zum Einfügen eines Generator-Meta-Tags befinden sich in der PHP-Datei */wp-includes/default-filters.php* weitere Hook-Angaben von WordPress. Listing 3.25 zeigt ein weiteres Beispiel:

```
<?php
foreach ( array( 'the_content', 'the_title', 'wp_title', 'document_title' ) as
$filter ) {
   add_filter( $filter, 'capital_P_dangit', 11 );
}
```

Listing 3.25 Auszug aus der »default-filters.php«-Datei von WordPress

`capital_P_dangit()` ist eine lustige Funktion, die dafür sorgt, dass »WordPress« immer korrekt geschrieben wird.

Möchten Sie die oben gezeigten Hooks entfernen, geht dies ganz praktisch, wie Listing 3.26 zeigt. Auch diesen Code ergänzen wir im Beispiel-Plugin. Abbildung 3.7 belegt, dass das Wort nun nicht mehr umgeschrieben wird.

```
<?php
foreach ( [ 'the_content', 'the_title', 'wp_title', 'document_title' ] as
$filter ) {
   remove_filter( $filter, 'capital_P_dangit', 11 );
}
```

Listing 3.26 Einige Hooks werden entfernt.

Cras mattis consectetur purus sit amet fermentum. Vestibulum id ligula porta felis euismod semper. Donec id elit non mi porta gravida at eget metus. **Wordpress** curabitur blandit tempus porttitor. Cras mattis consectetur purus sit amet fermentum. Cum sociis natoque penatibus et magnis dis parturient montes, nascetur ridiculus mus.

Abbildung 3.7 Falsch und richtig: WordPress ist zwar falsch geschrieben, aber im Beispiel ist gewollt, dass das Wort nicht verändert wird.

Verdammt noch mal!

Bei WordPress gibt es einige Stilblüten im Quelltext. Die Funktion `capital_P_dangit()` ist eine davon. Sie wurde in Version 3.0 von WordPress von Matt Mullenweg höchstpersönlich eingebaut. Sie verstößt (wie sogar dem dazugehörigen DocBlock zu entnehmen ist) nicht nur gegen die aktuell geltenden Coding-Standards, sondern wurde von Matt ohne jegliche Zustimmung oder Diskussion mit der Community eingefügt.[4]

Die Funktion ersetzt alle Vorkommen von *Wordpress* durch *WordPress*. Es wird also das kleine *p* durch ein großes ersetzt. Das ist alles.

Ob es moralisch vertretbar ist, wenn eine Software wie WordPress Inhalte eines Blogs automatisch anpasst, ist eine Frage, die jeder selbst beantworten muss. Technisch gab es Probleme, die diese Funktion mit sich brachte. Zum Beispiel wurden auch URLs (die oft klein geschrieben sind) verändert. Immerhin lässt sich das Vorgehen durch `remove_filter()` abschalten.

Verwaiste Hooks

Problematisch wird das Entfernen von Funktionen, auf die Sie keinen Zugriff haben. Sehen Sie sich dazu bitte noch einmal Listing 3.19 bis Listing 3.21 aus Abschnitt 3.4.1 an. Anonyme Funktionen lassen sich praktisch nicht mehr entfernen. Dasselbe gilt für Projekte, deren Hooks innerhalb von Klassen definiert wurden oder die eine Objektinstanz einer Klasse nutzen. Hier sollten Sie eine kleine »Hintertür« für Drittentwickler geöffnet lassen. Müssen Sie dennoch einmal einen nicht erreichbaren Callback entfernen, existieren Tools wie zum Beispiel der *Object Hooks Remover*[5]. Er versucht, die entsprechenden registrierten Callback-Funktionen oder -Methoden zu finden und zu entfernen.

Eine Möglichkeit wäre, dass die Hauptinstanz eines Plugins in eine *Singleton*-Klasse verpackt wird. Damit wird sichergestellt, dass es immer nur eine Instanz des Objekts geben kann. Das Singleton-Muster (siehe Listing 3.27) wird im Allgemeinen jedoch als *Anti-Pattern* bezeichnet, weil es eine globale Variable schafft, die von jeder Stelle im Code verwendet, aber auch geändert werden kann. In einigen Fällen ist die Verwendung aber gerechtfertigt. Dann nämlich, wenn die Anzahl der Instanzen begrenzt werden soll. Durch ein Dritt-Plugin lässt sich die registrierte Funktion so wie in Listing 3.28 entfernen.

```
<?php
class Meinwp_Plugin {

   protected static $_instance = null;

   public static function get_instance() {
      if ( null === self::$_instance ) {
```

4 Vgl. Asif, Sudais: The capital_P_dangit() function in WordPress, in Sudais Asif – Read, Write, Repeat, 2017, *https://sudaisasif.com/capital_p_dangit/* (abgerufen am 17.12.2021).

5 Zum Download hier: *https://github.com/inpsyde/objects-hooks-remover*

```
         self::$_instance = new self;
      }

      return self::$_instance;
   }

   protected function __clone() {
   }

   private function __construct() {
      add_action( 'save_post', [ $this, 'save_post' ] );
   }

   public function save_post( $post_ID ) {
      add_post_meta( $post_ID, 'meinwp_post_meta_wert', 5 );
   }
}

Meinwp_Plugin::get_instance();
```

Listing 3.27 Singleton-Muster

```
<?php
remove_action(
   'save_post',
    [ Meinwp_Plugin::get_instance(), 'save_post' ]
);
```

Listing 3.28 Entfernen einer bereits registrierten Funktion

Alle registrierten Hook-Funktionen entfernen

Mir ist es zwar noch nie in den Sinn gekommen, aber es soll ihn geben: den Fall, in dem alle registrierten Filter- und Action-Funktionen auf einen Schlag entfernt werden müssen. Dafür stellt WordPress die Funktionen `remove_all_actions()` und `remove_all_filters()` zur Verfügung. Sie sparen sich also mitunter mehrere `remove_action()`- respektive `remove_filter()`-Aufrufe (siehe Listing 3.29).

```
<?php
function remove_all_actions
    string $hook_name,
    int|bool $priority = false
): bool {
    ...
```

```
}

function remove_all_filters(
    string $hook_name,
    int|bool $priority = false
): bool {
    ...
}
```

Listing 3.29 Funktionsbeschreibung von »remove_all_actions()« und »remove_all_filters()«

Es reicht die Angabe von `$hook_name`, um alle registrierten Funktionen zu entfernen. Wird zusätzlich der Parameter `$priority` angegeben, so werden nur die Funktionen entfernt, die mit dieser speziellen Priorität hinzugefügt wurden.

Tipp!

Setzen Sie bitte diese `remove_all_*()`-Funktionen behutsam ein. Es kann sein, dass andere Plugins- oder Themes auf etwaige Hooks angewiesen sind. Dies kann zu unvorhergesehenen Ergebnissen führen.

Außerdem möchte ich noch darauf hinweisen, dass das Entfernen *aller* registrierten Funktionen nicht unbedingt bedeutet, dass wirklich alle entfernt werden. Denn es kann sein, dass Plugins oder Themes zu einem späteren Zeitpunkt im Programmablauf Funktionen registrieren, die dann nicht zusätzlich gelöscht werden.

3.4.3 Variable Hooks

In WordPress existieren sogenannte *variable Hooks*. Ein gutes Beispiel ist der Hook aus Listing 3.30. Sie finden ihn in der Datei */wp-includes/post.php*.

```
<?php
do_action( "save_post_{$post->post_type}", $post_ID, $post, $update );
```

Listing 3.30 Variabler Filter-Hook aus dem WordPress-Kern

Variabel ist er deswegen, weil sich, wie sein Name schon vermuten lässt, eine Variable in ihm befindet. Da es möglich ist, eigene Inhaltstypen (siehe den Kasten »Was sind Inhaltstypen?« in diesem Abschnitt) in WordPress zu registrieren, wird die oben genannte Action für jeden einzelnen dieser Typen aufgerufen. Das kann sehr nützlich sein, wenn Code nur für einen bestimmten Inhaltstyp ausgeführt werden soll. So wird aus Listing 3.31 der kürzere Code aus Listing 3.32.

```
<?php
add_action( 'save_post',
   function ( $post_ID, $post, $update ) {
      /**
       * @var WP_Post $post
       */
      if ( 'page' === $post->post_type ) {
         // mache etwas
      }
   },
   10,
   3
);
```

Listing 3.31 Code wird nur ausgeführt, wenn der Inhaltstyp vom Typ »page« ist.

```
<?php
add_action( 'save_post_page',
   function ( $post_ID ) {
      // mache etwas
   }
);
```

Listing 3.32 Ein »if« gespart: Der variable Hook führt die Funktion nur dann aus, wenn der Inhaltstyp übereinstimmt.

Was sind Inhaltstypen?

In der Grundinstallation bietet WordPress drei verschiedene Inhaltstypen (im Code als *Post Types* bezeichnet): Beiträge, Seiten und Medien (also hochgeladene Bilder). Unter der Haube werden aber noch weitere Inhaltstypen registriert, die nicht sofort sichtbar sind: Revisionen, Navigationsmenüs und viele mehr. Mehr dazu finden Sie in Kapitel 13, »Mit eigenen Inhaltstypen arbeiten«.

3.4.4 Schnellrückgabe-Funktionen

Wenn Sie einfache Werte an einen Filter übergeben möchten, können Sie die sogenannten Shortcut- oder Quick-Return-Funktionen von WordPress nutzen:

- `__return_true()` gibt den booleschen Wert `true` zurück.
- `__return_false()` gibt den booleschen Wert `false` zurück.
- `__return_zero()` gibt den Integerwert `0` zurück.
- `__return_empty_array()` gibt ein leeres Array zurück.

- `__return_null()` gibt `null` zurück.
- `__return_empty_string()` gibt einen leeren String zurück.

Die Funktionen existieren also nur zu dem einen Zweck: um einen simplen Wert zurückzugeben. So lassen sich beispielsweise schlichte Ein/Aus-Hooks von WordPress schnell ansteuern. Listing 3.33 zeigt den langen Code, der in diesem Beispiel Passwortfelder auf Benutzerprofilseiten versteckt. Mit den Schnellrückgabe-Funktionen ersparen Sie sich ein paar Zeilen Code, wie Listing 3.34 zeigt. Zusätzlich sehen Sie dort noch, wie die XMLRPC-Schnittstelle von WordPress deaktiviert wird. Beides können wir in unser Beispiel-Plugin aufnehmen.

```
<?php
namespace floriansimeth\meinwp;

add_filter( 'wp_lazy_loading_enabled',
    'floriansimeth\meinwp\deactivate_lazy_loading' );

function deactivate_lazy_loading() {
   return false;
}
```

Listing 3.33 So verstecken Sie Passwortfelder auf Benutzerprofilseiten.

```
<?php
add_filter( 'wp_lazy_loading_enabled', '__return_false' );
add_filter( 'option_enable_xmlrpc', '__return_false' );
```

Listing 3.34 Kürzer, aber funktioniert genauso.

3.4.5 Habe ich oder habe ich nicht?

Wurde nun eine Funktion schon zu einem Hook registriert oder nicht? Diese Frage beantworten die Funktionen `has_action()` und `has_filter()` aus Listing 3.35.

Wie bei `remove_action()` oder `remove_filter()`, die weiter oben in diesem Abschnitt beschrieben wurden, funktioniert der Check nur, wenn eine Funktion registriert wurde, bevor die Prüfung durch `has_action()` respektive `has_filter()` erfolgt.

```
<?php
function has_action(
    string $hook_name,
    callable|bool $callback = false
): bool|int {
    ...
}
```

```
function has_filter(
    string $hook_name,
    callable|bool $callback = false
): bool|int {
    ...
}
```

Listing 3.35 Funktionsbeschreibung von »has_action()« und »has_filter()«

Wie bei den meisten anderen Funktionen muss auch hier als erster Parameter der Name des Hooks in der Variablen `$hook_name` übergeben werden. Wird kein weiterer Parameter gesetzt, wird geprüft, ob überhaupt eine Funktion registriert wurde. Wird der optionale Parameter `$callback` angegeben, so wird geprüft, ob eine spezielle Funktion oder Klassenmethode registriert wurde.

Wenn `$callback` weggelassen wird, wird ein boolescher Wert zurückgegeben, der angibt, ob bei dem Hook etwas registriert wurde. Wird der Parameter hingegen angegeben, gibt die Funktion entweder `false` (was für »nichts gefunden« steht) oder aber die Priorität der gefundenen registrierten Funktion als Integer zurück.

Mithilfe von `has_action()` und `has_filter()` lässt sich also feststellen, ob eine Hook-Funktion entfernt wurde. Sehen wir uns ein Beispiel an.

Security-Plugins entfernen oft das HTML-Generator-Tag (siehe Abbildung 3.6). Wie in Abschnitt 3.4.2 beschrieben, geschieht dies durch einen Aufruf wie in Listing 3.23 gezeigt. Möchten Sie anschließend überprüfen, ob der Hook wirklich entfernt wurde, könnte Ihr Code dafür wie in Listing 3.36 aussehen:

```
<?php
$priority = has_action( 'wp_head', 'wp_generator' );

if ( $priority !== false ) {
   // Generator-Hook ist noch eingehängt!
}
```

Listing 3.36 So überprüfen Sie, ob der Hook entfernt wurde.

3.4.6 Wurde der Hook schon aufgerufen?

Es gibt mehrere Funktionen, um herauszufinden, ob ein Hook schon getriggert wurde, wie oft er ausgeführt wurde oder ob er just in diesem Moment ausgeführt wird.

Fangen wir mit `did_action()` an (siehe Listing 3.37). Wenn Sie damit herausfinden wollen, ob eine bestimmte registrierte Funktion abgerufen wurde, liegen Sie leider falsch. Denn diese Funktion überprüft nur, wie oft ein Hook insgesamt aufgerufen wurde:

```
<?php
function did_action( string $hook_name ): int {
    ...
}
```

Listing 3.37 Funktionsbeschreibung von »did_action()«

Der `$hook_name` ist hier wieder die Bezeichnung des jeweiligen Action-Hooks. Zurückgegeben wird ein ganzzahliger Wert, der anzeigt, wie oft eine Action aufgerufen wurde. Wenn ein Action-Hook noch nicht getriggert wurde, erhalten Sie also den Wert `0`.

Ein Pendant zur oben genannten Funktion gibt es nicht. Für einen Filter lässt sich also derzeit nicht prüfen, wie oft er getriggert wurde. Sie können aber prüfen, ob er gerade im Moment ausgeführt wird. Das funktioniert so, wie in Listing 3.38 zu sehen ist:

```
<?php
function doing_action( string $hook_name = null ): bool {
    ...
}

function doing_filter( string $hook_name = null ): bool {
    ...
}
```

Listing 3.38 Funktionsbeschreibung von »doing_action()« und »doing_filter()«

Als Eingangsparameter wird wieder ein Hook-Name gefordert. Zurückgegeben wird ein boolescher Wert, der Aufschluss darüber gibt, ob eine Action oder ein Filter gerade in Bearbeitung ist. Zum Vergleich schauen wir uns direkt noch zwei weitere Funktionen an (siehe Listing 3.39):

```
<?php
function current_action(): string {
    ...
}

function current_filter(): string {
    ...
}
```

Listing 3.39 Funktionsbeschreibung von »current_action()« und »current_filter()«

Hier wird kein Parameter gefordert. Denn zurückgegeben wird der Name des Hooks, in dem Sie sich gerade befinden. Listing 3.40 zeigt ein kleines Beispiel mit den jeweiligen Variablenwerten:

```
<?php
add_action( 'wp_footer', function ( $content ) {
   $current = current_action(); // = 'wp_footer'

   $doing_wp_footer = doing_action( 'wp_footer' ); // = true

   do_action( 'meinwp/test-action' );
} );

add_action( 'meinwp/test-action', function () {

   $current = current_action(); // = meinwp/test-action

   $is_doing_wp_footer = doing_action( 'wp_footer' ); // = true

   $doing_test_action = doing_action( 'meinwp/test-action' ); // = true
} );
```

Listing 3.40 Beispielaufrufe von »doing_action()«

3.4.7 Wenn die falschen Hooks benutzt wurden

Es ist klar, dass Sie als Newcomer viele Hooks noch nicht kennen. Das Wissen kommt erst, je mehr Sie mit WordPress arbeiten und je öfter Sie einen Blick in den Code werfen. Möglicherweise wenden Sie den einen oder anderen Hook auch einmal falsch an. Oder Sie nutzen einen Hook, obwohl es eine bessere Alternative gäbe.

Ich bin sehr froh, dass WordPress so eine strikte Open-Source-Kultur pflegt. Allein mit den weit mehr als 60.000 Plugins haben Sie eine riesige Codebasis, von der Sie lernen können. Deswegen schadet es nicht, ebenfalls einen Blick in den Code anderer Entwickler und Entwicklerinnen zu werfen. Denn auch von ihnen können Sie lernen. Die Website *https://wpdirectory.net* lässt sich beispielsweise nutzen, um bestimmten Code in Plugins und Themes zu finden, die auf *wordpress.org* gehostet werden.

Ein häufiger Fehler ist, dass der `wp_head`-Action-Hook dazu benutzt wird, eigene JavaScript- und CSS-Dateien ins Frontend zu bringen. Ja, das funktioniert. Aber es erzeugt mehrere Probleme:

1. Die angehängten Dateien lassen sich durch Dritt-Plugins oder -Themes eventuell nicht entfernen. Genau das kann aber manchmal nötig sein.

2. Möglicherweise fügen mehrere Plugins auf diesem Weg dieselben JavaScript-Bibliotheken (z. B. jQuery ein). Diese Redundanz ist nicht nur schlecht für die Ladezeit einer Website, sondern verursacht Laufzeitprobleme im Browser, da sich die Skripte gegenseitig stören können.
3. WordPress hat eine *Dependency-API* (siehe Abschnitt 8.1, »Skripte registrieren, einhängen und entfernen«), mit der sich JavaScript- und CSS-Dateien in Abhängigkeit von anderen Dateien einbinden lassen. Durch die Verwendung des falschen Hooks wird diese sehr nützliche API umgangen.
4. Und schließlich ist es so, dass bestimmte JavaScript-Dateien bereits mit WordPress ausgeliefert werden (siehe dazu auch Abschnitt 8.2, »Integrierte JS- und CSS-Dateien in WordPress«). Sie können sich viele Zeilen Code sparen, wenn Sie die mitgelieferten JavaScripte für Ihre eigenen Projekte nutzen.

Nachdem Sie nun das das Hauptkonzept von Hooks kennengelernt haben, können wir uns ins Abenteuer Plugin-Entwicklung stürzen.

TEIL II

Plugins, Themes und Blöcke entwickeln

Kapitel 4
Ein Plugin erstellen

Ein Plugin in WordPress »einzuhängen« ist so einfach, wie einen Stecker in die Steckdose zu stecken. Das geht mit einem Klick. Vielleicht wurde das Menü-Icon für Plugins im WordPress-Dashboard deshalb so gewählt. Es zeigt nämlich einen Netzstecker.

Die meisten Menschen können ihre Geräte zwar in die Steckdose stecken, aber sie wissen nicht, wie das alles funktioniert: Woher kommt der Strom? Wie gelangt er in die Steckdose und wie funktioniert das Gerät, das man da angeschlossen hat?

Wir leben in einer Welt, in der vieles genutzt wird, das von den meisten nicht (mehr) im Detail erklärt werden kann. Das Schöne daran ist: Wir haben komplexe Dinge so sehr vereinfacht, dass vieles genutzt werden kann, ohne dass ein großes Hintergrundwissen dafür notwendig wäre. Und so verhalten sich auch die Plugins bei WordPress. Die meisten Benutzer wissen nicht, wie sie funktionieren. Sie können mit den kleinen und großen Erweiterungen aber problemlos umgehen. Das Hintergrundwissen benötigt lediglich der Entwickler, der sich damit beschäftigt. Und genau darum geht es in diesem Kapitel.

4.1 Grundwissen zu Plugins

Hintergrundwissen ist dabei ein gutes Stichwort. Wenn Sie nämlich Plugins entwickeln möchten, müssen Sie erst einmal verstehen, was ein WordPress-Plugin ist und was es eben nicht ist. Sie müssen wissen, welche Vorteile es hat, wenn beispielsweise Funktionen nicht in ein Theme, sondern in ein Plugin integriert werden; und vor allem müssen Sie wissen, wie Plugins mit WordPress interagieren. Dieses Wissen ist Voraussetzung, um in Abschnitt 4.2, »Das erste eigene Plugin«, richtig durchstarten zu können.

4.1.1 Was ist ein WordPress-Plugin?

Im einfachsten Fall ist ein Plugin nichts anders als ein einzelnes *PHP-Script*. In ihm befinden sich Codezeilen, die in der Regel Action- und Filter-Hooks von WordPress oder anderen Plugins und Themes nutzen, um diese Plugins und Themes zu *erweitern* oder zu *verändern*. Den Möglichkeiten sind dabei fast keine Grenzen gesetzt. Wie Sie in Kapitel 3, »Überall alles verändern: Die Hooks als Grundkonzept in WordPress«, gelernt haben, wurde WordPress in den letzten Jahrzehnten um eine schier unendliche Anzahl von Hooks erweitert. Diese Hooks können Sie dazu nutzen, das System anzupassen. Wenn Sie das Kapitel zu den Hooks nicht gelesen haben, möchte ich Sie auffordern, dies jetzt nachzuholen. Denn das Konzept der Hooks verstanden zu haben ist die Grundvoraussetzung für dieses und alle folgenden Kapitel.

4.1.2 Die Vorteile von Plugins

Einen der größten Vorzüge habe ich am Anfang von Kapitel 3 bereits aufgeführt. Aber ein Plugin zu entwickeln hat weitere Vorteile:

1. **Der WordPress-Kern wird nicht verändert:** Plugins machen regen Gebrauch von Hooks. Diese erlauben es, WordPress so zu verändern, dass man mitunter nicht mehr erkennt, dass es sich dabei um WordPress handelt. Das wiederum schafft so viele Möglichkeiten, dass aus einem ursprünglich einheitlichen System etwas ganz Individuelles wird. Und das ist letztlich die DNA jeder Internetseite und jedes Projekts: Einzigartigkeit. Jedes Projekt, jede Website hat ihr gewisses Etwas, hat eigene Funktionen und Erweiterungen. Das Schöne dabei ist: Die Plugins lassen sich per Mausklick aktivieren und deaktivieren. Sie verändern nur das Verhalten von WordPress, nicht aber dessen ursprünglichen Code, weshalb der Kern weiterhin update-fähig bleibt.
2. **Trennung von Design und Code:** In PHP gibt es ein Programmierparadigma, das sich *MVC* nennt. Dabei werden das Datenmodell (**M**odel) und das Design (**V**iew) vom verarbeitenden Code (**C**ontroller) getrennt. Somit kann ein Designer sein Design entwickeln, während die Entwicklerin den ausführenden Teil programmiert. Ein weiterer großer Vorteil ist, dass die einzelnen Elemente später besonders einfach austauschbar sind. Ein zweiter Designer kann das Design des ersteren sehr leicht austauschen, ohne den ausführenden Code kennen zu müssen. WordPress arbeitet ähnlich: Wer ein Plugin entwickelt, muss in der Regel nicht wissen, welches Theme zum Einsatz kommt. Umgekehrt gilt dasselbe. Das wiederum bedeutet auch: Plugins sind keine Themes!
3. **Das Rad nicht neu erfinden:** Wie Sie im weiteren Verlauf des zweiten und insbesondere im dritten Teil des Buches noch sehen werden, bringt WordPress sehr viele Schnittstellen mit, die Sie ausnahmslos verwenden können. Ist Ihr Plugin zum Beispiel darauf angewiesen, Daten zwischen Servern auszutauschen? Dann können Sie Ihren Code auf der HTTP-API (siehe Kapitel 14) und der REST-API (siehe Kapitel 15) aufbauen.

4. **Einfacher Start:** Wie ich bereits erwähnt habe, reicht im einfachsten Fall eine einzelne Datei aus und das Plugin steht. Umfangreichere Plugins werden etwas größer, das ist klar. Dennoch haben Sie mit WordPress auch so etwas wie eine Sandbox-Umgebung an der Hand. Produziert ein Plugin einen *PHP-Fatal-Error*, so wird es vom System – zumindest im Dashboard – deaktiviert. All das erleichtert die Entwicklung ungemein. WordPress verschickt bei solchen Pannen mittlerweile sogar eine E-Mail mit dem Hinweis, wo der Fehler auftrat.
5. **Updates auf einen Klick:** WordPress hat mehrere Update-Mechanismen integriert. Es spielt Sicherheitsupdates automatisch ein. Größere, sogenannte *Major-Versionen*, müssen vom Benutzer angestoßen werden. Das funktioniert jedoch auch sehr leicht über einen Klick. Plugins und Themes (die bei *wordpress.org* hinterlegt sind), erhalten kritische Sicherheitsupdates ebenfalls automatisch. Ein Update muss manuell angestoßen werden, sofern automatische Plugin- und Theme-Updates nicht aktiviert sind. Letzteres lässt sich für jedes einzelne Plugin und Theme separat einstellen.
6. **Hilfsbereite Community:** Oft wird behauptet: »Das Beste an WordPress ist die Community.« Und ich kann nur sagen: Das stimmt! In den letzten Jahrzehnten haben sich immer mehr Menschen mit WordPress beschäftigt. Darunter nicht nur Entwickler und Entwicklerinnen. Viele betreiben ihren eigenen Blog oder tauschen sich auf Plattformen wie StackExchange (*https://wordpress.stackexchange.com*) aus. Fundstellen gibt es also zuhauf. Damit bringt eine kurze Websuche oft schnell die gewünschte Lösung. Ob diese dann auch die passende ist, gilt es herausfinden. Nicht zuletzt lesen Sie das vorliegende Buch, um eine fundierte Entscheidung fällen zu können.
7. **Einfaches Teilen!** So bequem, wie ein Plugin installiert werden kann, so einfach kann es auch geteilt werden. Versuchen Sie einmal, einem Laien zu erklären, dass er Code-Zeilen in einer bestimmten Datei anpassen muss. Das scheitert oft schon daran, dass er nicht weiß, wie er an die Datei herankommt oder mit welchem Programm er diese bearbeiten soll. Deutlich einfacher ist es, eine Datei zu versenden, die der Benutzer dann installiert. Fertig.
8. **Beliebtheit treibt Innovationen an:** Dadurch, dass WordPress mittlerweile so populär ist, existieren allerlei schöne Helfer, die das Herz eines Entwicklers höherschlagen lassen. Mit der WP-CLI (siehe Kapitel 20) lassen sich beispielsweise bestimmte Schritte vollautomatisch auf der Kommandozeile ausführen. Die CLI ist mittlerweile bei den meisten größeren Webhosting-Providern vorinstalliert. Darüber hinaus bieten manche Provider auch sogenannte *Staging-Umgebungen* an. Damit lässt sich innerhalb von Sekunden ein Klon einer Live-Seite anfertigen, der dann zu Testzwecken genutzt werden kann. Läuft alles rund, lassen sich die Änderungen mit ein paar Klicks auf eine Live-Seite einspielen.

Plugins sind keine Themes! Themes sind keine Plugins!

Sollen Plugins Aufgaben von Themes übernehmen? Oder Themes die Aufgaben von Plugins? Die kurze Antwort dazu ist: *Nein*. Das steht zwar in keiner offiziellen Dokumentation, und in der Vergangenheit wurde diese ungeschriebene Regel mehr als nur einmal gebrochen. Aber Plugins sind dazu gedacht, Funktionen unabhängig vom Theme zu WordPress hinzuzufügen. Ähnlich wie beim oben genannten MVC-Programmiermuster schafft dies eine Trennung zwischen dem Design und der gänzlichen Funktionalität Ihrer Website. Stellen Sie sich vor, die gesamte Funktionalität wäre im Theme. Möchten Sie es wechseln, so gingen auch sämtliche Funktionen verloren.

4.1.3 Wo Plugins zu finden sind

Plugins lassen sich überall im Internet finden. Viele sind kostenlos, andere wiederum kostenpflichtig. Wenn Sie sich ein Plugin herunterladen, sollten Sie sich vorher fragen, ob Sie der Quelle vertrauen können. In der Vergangenheit ist es immer wieder passiert, dass speziell kostenpflichtige, aber populäre Plugins kostenfrei zum Download angeboten wurden, deren Kern jedoch derart verändert worden war, dass sie ganze WordPress-Installationen zerstörten oder sensible Daten ausspionierten. Oft werden solche Plugins auch dazu genutzt, *Blackhat-SEO* zu betreiben. Mit diesem Begriff werden Methoden bezeichnet, die gegen die Regeln von Suchmaschinen verstoßen. Dazu gehören zum Beispiel das Ausspielen von Texten und das Einfügen von Backlinks.

Die beliebteste Anlaufstelle zum Download von Plugins dürfte das offizielle Plugin-Verzeichnis von WordPress sein. Sie finden es unter *https://wordpress.org/plugins/*. Wie schon öfter in diesem Buch erwähnt, umfasst es mehrere Zehntausend kostenlose Plugins, die alle beim initialen Upload von einem Community-Mitglied gesichtet wurden. Das bedeutet aber nicht, dass Sie Inhalten aus dem offiziellen Plugin-Verzeichnis blind vertrauen können. Plugin-Updates werden von den jeweiligen Autoren selbstständig vorgenommen. Diese Updates gelangen ungeprüft in das Verzeichnis. Verstöße fallen erst dann auf, wenn jemand sie entdeckt und meldet. Zumindest können Sie davon ausgehen, dass die Plugins zu 100 % unter der GPL-Lizenz stehen. Dementsprechend lassen sie sich gut für eigene Projekte verwenden, um ihren Code zu studieren oder zu erweitern.

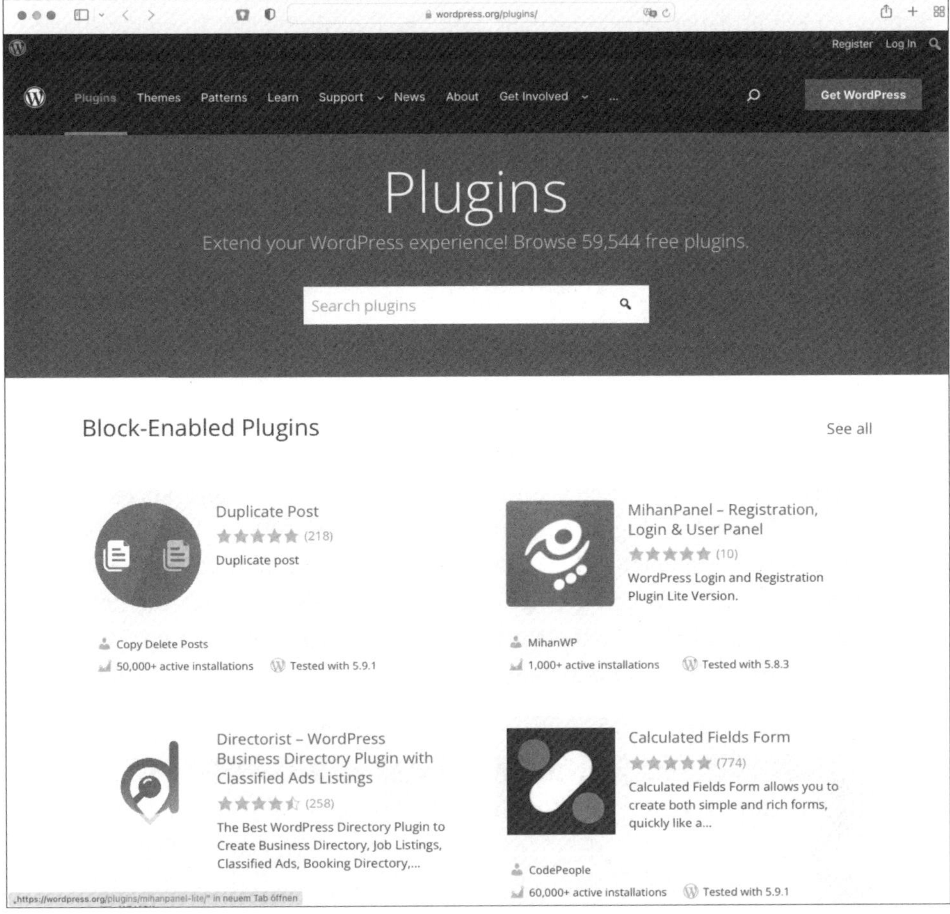

Abbildung 4.1 Das Plugin-Verzeichnis von »wordpress.org«

Stagnation im Plugin-Verzeichnis?

Corvin Schwarzer hat in seiner Studienarbeit 2020 herausgefunden[1], dass 50 % aller Plugins leider nicht mehr aktiv betreut werden. Das ist vermutlich so, weil zwischen 20 und 50 % aller Plugins von ehrenamtlichen Entwicklern erstellt werden. Nicht selten fehlt diesen die Zeit, ein Plugin auf dem aktuellen Stand zu halten. Glücklicherweise funktionieren viele dieser »alten« Plugins nach wie vor einwandfrei. Das liegt nicht zuletzt an den strengen Regeln zur Rückwärtskompatibilität.

1 Vgl. Schwarzer, Corvin: Was lernen wir aus 55.000 Erweiterungen? Datenanalyse des WordPress Plugin-Verzeichnisses, Bachelorarbeit, Wirtschaftsinformatik, 2020, [online] *https://wp-typ.de/wp-content/uploads/2021/07/was-lernen-wir-aus-55k-plugins-corvin-schwarzer.pdf*, S. 47f.

Schwarzer hat in seiner Arbeit ebenfalls aufgezeigt, dass es einen Trend zur zunehmenden Professionalisierung gibt. Dieser zieht einen intensiven Wettbewerb um hohe Platzierungen in den Suchergebnissen nach sich.

Ein weiteres, sehr großes Portal für den Download von WordPress-Plugins ist *CodeCanyon*. Kostenlose Plugins gibt es dort nicht, da der Betreiber wirtschaftliche Interessen verfolgt. Da auf *CodeCanyon* nicht nur WordPress-Plugins zum Kauf angeboten werden, findet man diese in einem Unterverzeichnis unter *https://codecanyon.net/category/wordpress*.

4.1.4 Wie Plugins installiert und aktiviert werden

In WordPress gibt es drei Wege, wie sich Plugins installieren lassen. Da jede WordPress-Installation die Möglichkeit mitbringt, das offizielle Plugin-Verzeichnis zu durchsuchen, können Sie Plugins auch direkt von dort installieren. Und zwar mit nur einem Klick. Dazu besuchen Sie die Seite PLUGINS • INSTALLIEREN (❶ auf Abbildung 4.2), nachdem Sie sich in Ihrer WP-Seite angemeldet haben. Über das Suchfeld ❷ lassen sich bestimmte Plugins suchen und über den Button JETZT INSTALLIEREN ❸ automatisch herunterladen und installieren.

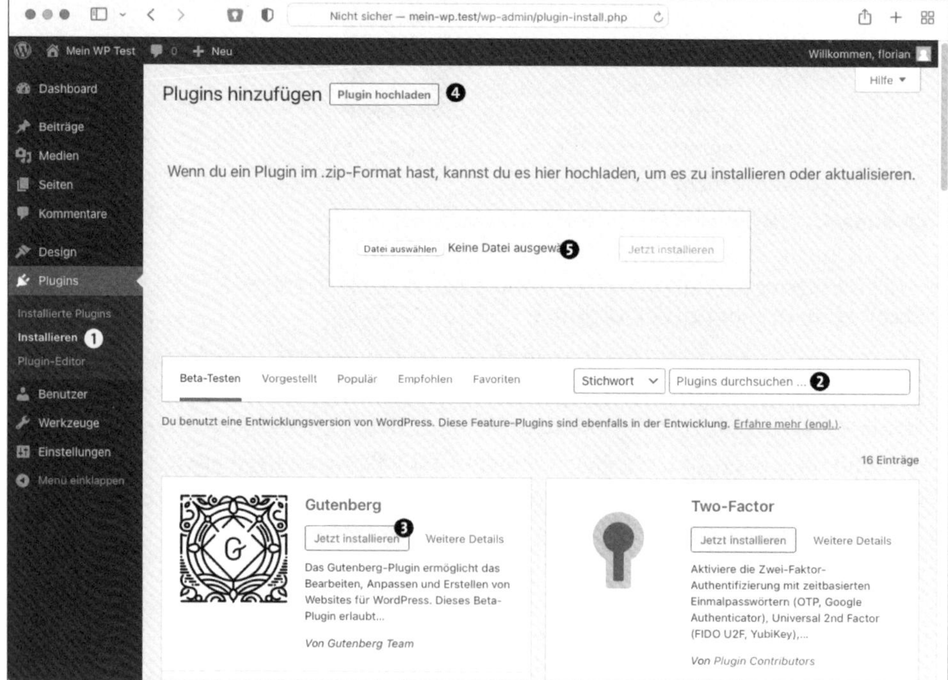

Abbildung 4.2 Plugins installieren

Die zweite Möglichkeit ist, ein Plugin hochzuladen. WordPress stellt Ihnen dafür ein Upload-Formular zur Verfügung. Sie finden es ebenfalls im Menü unter PLUGINS • INSTALLIEREN ❶ und dann über den Button im Kopfbereich, der mit PLUGIN HOCHLADEN ❹ beschriftet ist. Wählen Sie danach eine ZIP-Datei auf Ihrem Laufwerk aus, in dem das Plugin zu finden ist. Über den Button JETZT INSTALLIEREN ❺ wird das Archiv hochgeladen, entpackt und installiert.

Die dritte und letzte Methode ist, das Plugin per FTP (oder SSH) auf den Server zu laden, auf dem WordPress installiert wurde. Etwaige Plugins, die sich in einem ZIP-Archiv befinden, müssen zuvor auf dem heimischen Rechner entpackt werden. Danach laden Sie das Plugin, das zumeist aus einem Verzeichnis voller Dateien besteht, mit einem FTP-Programm Ihrer Wahl in das Verzeichnis */wp-content/plugins/*. Wurde es erfolgreich hochgeladen, wird das Plugin im Dashboard unter PLUGINS • INSTALLIERTE PLUGINS angezeigt.

Bevor Sie ein Plugin nutzen können, müssen Sie es aktivieren. Erst nach der Aktivierung wird der Quellcode ausgeführt. Dies funktioniert, wie eben beschrieben, auf der Seite PLUGINS • INSTALLIERTE PLUGINS. Von dort lassen sich die einzelnen Plugins auch wieder löschen. Der Löschvorgang löst dann die Deinstallationsroutine aus (siehe Abschnitt 4.2.4, »Keine Spuren hinterlassen: Die Deinstallationsroutine«).

Plugins über den eingebauten Editor bearbeiten

WordPress hat einen eingebauten Plugin-Editor, den Sie im Menü unter WERKZEUGE • PLUGIN-DATEI-EDITOR finden können. Der Editor erlaubt es tatsächlich, den Quelltext der einzelnen Dateien zu bearbeiten. Allerdings funktioniert das nur, wenn der Webserver die entsprechenden Rechte hat, damit diese Dateien beschrieben werden können. Ich werde nicht näher auf den Editor eingehen, denn er ist weder für die professionelle Entwicklung noch zum schnellen Beseitigen von Fehlern im Code geeignet. Es dürfte klar sein, dass eine kurze Unaufmerksamkeit einen PHP-Fatal-Error auslösen könnte, der die Website unbenutzbar macht. Ein Zurück gibt es nicht. Den Fehler müssen Sie dann manuell per FTP/SSH rückgängig machen.

Aus Sicherheitsgründen sollten Sie den Editor komplett deaktivieren. Sollte je ein Dritter Zugang zu Ihrer Administrationsoberfläche erlangen, erschweren Sie ihm damit das Bearbeiten von Dateien. Dazu müssen Sie lediglich folgende Zeile in der *wp-config.php* ergänzen:

```
define( 'DISALLOW_FILE_EDIT', true );
```

4.1.5 APIs: So interagieren Plugins mit dem WordPress-Kern

Sie haben bereits gelernt, dass Hooks es Ihnen ermöglichen, fast alles in WordPress anzupassen oder das System zu ergänzen. Was Plugins (aber auch Themes) noch viel mächtiger macht, ist, dass sie Zugriff auf alle Funktionen und Klassen haben, die WordPress mitliefert.

Diese Klassen und Funktionen sind zu sogenannten APIs (*Application Programming Interfaces*) zusammengefasst. Unter einer API versteht man in der Regel »ein Programmteil, der von einem Softwaresystem anderen Programmen zur Anbindung an das System zur Verfügung gestellt wird«[2]. Viele der Funktionen und Klassen dienen aber nicht nur dazu, ein Plugin mit WordPress zu verbinden. Zum Beispiel erlaubt die HTTP-API den Abruf von externen Daten. Und diese müssen nicht aus WordPress stammen. Ich nehme an, dass die Community die Sammlung einzelner Funktionen und Klassen, die einen bestimmten Zweck verfolgen, der Einfachheit halber und zusammenfassend als API bezeichnet hat. Im weiteren Verlauf gebrauche ich also ebenso diesen Begriff. Nachfolgend finden Sie eine Liste mit APIs, die WordPress selbst benutzt, die Plugins und Themes ebenfalls nutzen können und die fast alle in diesem Buch erklärt werden.

Die Plugin-API

Diesem Thema habe ich bereits ein komplettes Kapitel gewidmet (Kapitel 3, »Überall alles verändern: Die Hooks als Grundkonzept in WordPress«). Die mächtigste aller APIs ermöglicht es Ihnen, über Hooks eigenen Code innerhalb von WordPress auszuführen.

Die Dashboard-Widget.API

Die Startseite im WordPress-Backend wird als *Dashboard* bezeichnet. Diese Seite bekommen Sie immer dann präsentiert, nachdem Sie sich angemeldet haben. Auf diesem Bildschirm befinden sich sogenannte *Widgets* (siehe Abbildung 4.3). Das sind große oder kleine Informationsbereiche, wie z. B. in ❶ dargestellt. Oft werden sie dazu genutzt, Neuigkeiten ❹ oder Statistiken ❷ anzuzeigen. Aber ein Widget lässt sich auch zweckentfremden, damit Sie von dort sofort eine Aktion auslösen können, zum Beispiel einen schnellen Entwurf eines Beitrags erstellen ❸. Mit der *Dashboard-Widget-API* lassen sich solche Widgets erstellen, die dann von den Benutzern eingeblendet werden können. Dies geht über den Button ANSICHT ANPASSEN ❺ im oberen rechten Bereich. Mehr zu diesem Thema lesen Sie in Abschnitt 6.4, »Dashboard-Widgets erstellen«.

2 Seite »Programmierschnittstelle«. In: Wikipedia – Die freie Enzyklopädie. Bearbeitungsstand: 28. September 2021, 10:11 UTC. URL: *https://de.wikipedia.org/w/index.php?title=Programmierschnittstelle&oldid=215955723* (abgerufen am 21. Dezember 2021, 10:24 UTC)

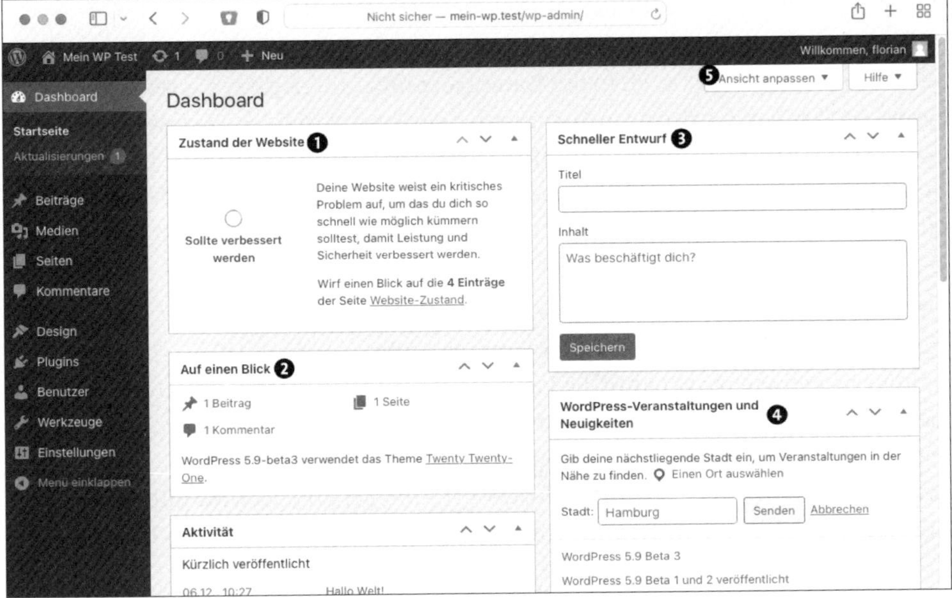

Abbildung 4.3 Die Dashboard-Widget-API ermöglicht es, Widgets im Startbildschirm des WordPress-Backends zu erstellen.

Die File-Header-API

WordPress erkennt Plugins im */wp-content/plugins/*-Verzeichnis am Kommentar-Block im Kopfbereich der Plugin-Datei. Die dort befindlichen Metadaten lassen sich mit der File-Header-API auslesen. Im einfachsten Fall sieht der Header-Bereich so aus wie in Listing 4.1, das WordPress den Namen des Plugins liefert. Mehr dazu erfahren Sie in Abschnitt 4.2.1, »Das Grundgerüst eines Plugins«.

```
<?php
/*
Plugin Name: Mein Testplugin
*/
```

Listing 4.1 Einfacher Plugin-Header

Die Options-API

Die Options-API ähnelt der Metadata-API (siehe unten) insofern, als dass sie das Speichern von Daten in der Datenbank erleichtert. Das ist vor allem dann wichtig, wenn ein Plugin dauerhaft bestimmte Daten speichern muss (in der Regel also Einstellungen). Dazu lesen Sie mehr in Abschnitt 6.3.1, »Werte speichern und abrufen mit der Options-API«.

Die Settings-API

Verwechseln Sie die Settings-API nicht mit der Options-API: Während die Options-API bei der Ablage von Daten in der Datenbank hilft, unterstützt die Settings-API Sie beim *Erstellen* der zugehörigen Formulare und Formularfelder. Da fast jedes Plugin eine Einstellungsseite benötigt, kommen Sie weder um die Settings-API noch um die Options-API herum. Beide werde ich im Abschnitt 6.3.2, »Einstellungsfelder generieren mit der Settings-API«, genauestens erklären.

Die Rewrite-API

Zur Suchmaschinenoptimierung gehören seit jeher »schöne URLs«. In WordPress werden sie *Permalinks* genannt. So kann aus der URL *https://mein-wp.test/?post=543* die ansehnlichere URL *https://mein-wp.test/justo-ristique-dapibus/* werden. WordPress muss jedoch wissen, zu welchem Objekt (also zum Beispiel zu welchem Beitrag) der letzte Teil (ohne Domain) der URL gehört. Und genau dies wird mit der Rewrite-API eingestellt. Mehr dazu lesen Sie in Kapitel 12, »Schöne URLs mit der Rewrite-API«.

Die Metadata-API

Zu fast allen Objekten lassen sich Metadaten speichern und abrufen. Zum Beispiel ist der Link zu einem Social-Media-Profil eines Benutzers ein solcher Datensatz, der sich mit `get_metadata()` abrufen lässt. Mehr dazu erfahren Sie in Abschnitt 13.4, »Zusätzliche Daten zu Inhalten speichern mit der Metadaten-API«, und Abschnitt 16.3 »Daten zu Benutzern speichern: Die Metadata-API«.

Die HTTP-API

Wie schon öfter angesprochen, wird die HTTP-API genutzt, um Daten von externen (oder internen) Seiten abzurufen. Lesen Sie dazu Kapitel 14, »Externe Daten nachladen mit der HTTP-API«.

Die Theme-Customization-API

Unglücklicherweise sind die Namen der APIs nicht immer günstig gewählt. Der Unterschied zwischen der *Theme-Customization-API* (oder auch *Theme-Customize-API*) und der nachfolgend genannten *Theme-Modification-API* ist, dass mit der zuerst genannten Einstellungsfelder angelegt werden, während mit Letzterer die Daten gespeichert werden. Es verhält sich also ähnlich wie mit der Settings-API und der Options-API.

Die Theme-Modification-API

Die Theme-Modification-API ist eine Sammlung von Funktionen, aber auch von Hooks, die es Themes erlaubt, bestimmte Werte von Themes, die zuvor mit der *Theme-Customization-API* registriert wurden, abzurufen oder aber auch anzulegen.

Die Theme-API

Beide zuvor genannten APIs gehören zusammengefasst zu den Funktionen, die in der Regel nur von Themes genutzt werden. Darüber hinaus existieren weitere Funktionen, die ausschließlich für Themes bestimmt sind. Trotzdem haben Plugins auch Zugriff zu diesen Funktionen, sollen aber dort nur in Ausnahmefällen zum Einsatz kommen.

Die Widgets-API

Die Widgets-API ist meiner Meinung nach ein Auslaufmodell. Sie gibt Ihnen die Möglichkeit, kleine »Programme« zu registrieren, die dann unter DESIGN • WIDGETS im WordPress-Backend per Drag-and-drop in eine Seitenleiste gezogen werden können. Voraussetzung ist natürlich, dass ein Theme überhaupt eine Seitenleiste zur Verfügung stellt. Denn ansonsten ist der Menüpunkt erst gar nicht sichtbar. Ein Beispiel für ein solches Widget wäre ein PHP-Skript, das ein Inhaltsverzeichnis für einen Beitrag in einer Seitenleiste anzeigt. In Zukunft werden Widgets durch Blöcke ersetzt werden. Mehr zu Widgets lernen Sie in Abschnitt 5.5, »Seitenleisten und Widgets erstellen«.

Die Transient-API

Mit *Transient* wird ein flüchtiger Speicher bezeichnet. Zum Einsatz kommt die API zum Beispiel dann, wenn mit der HTTP-API Daten abgerufen werden. Meist wird davon ausgegangen, dass sich die abgerufenen Daten nicht allzu schnell verändern, weshalb sie sich zwischenspeichern lassen. Lesen Sie dazu auch Abschnitt 7.2.2, »Temporären Speicher von WordPress nutzen: die Transient-API«.

Die Dependency-API

Wer eigene JavaScript- oder CSS-Dateien in WordPress einbetten will, kommt an der *Dependency-API* nicht vorbei. Sie erlaubt es, Abhängigkeiten zu erzeugen, damit im Frontend klar ist, welche Datei zuerst eingebunden werden muss (siehe auch Kapitel 8, »CSS und JavaScript in WordPress«).

Die Block- oder Block-Editor-API

Mit dem neuartigen Block-Editor (*Gutenberg*) wurde die Art und Weise neu gedacht, wie Inhalte in WordPress einfügt werden. Er baut fast vollständig auf *ReactJS* auf und hat selbst wieder mehrere Anbindungsmöglichkeiten: Blöcke erstellen, Metaboxen, Datenaustausch. Das alles ist beschrieben in Kapitel 9, »Einen Block erstellen«.

Die REST-API

Die REST-API befindet sich erst seit Version 4.4 im WordPress-Kern. Diverse Endpunkte wurden bis Version 4.7 nachgetragen. Entwickler haben also die Möglichkeit, die WordPress-Installation von außen über das JSON-Format anzusteuern. *JSON* ist ein standardisiertes und von Menschen gut lesbares Format und eignet sich daher sehr gut zum Austausch von Daten. Mehr dazu finden Sie in Kapitel 15, »Die Schnittstelle zur Außenwelt: Die REST-API«.

Die Database-API

Sie ist keine wirkliche API, aber eine Sammlung von Funktionen, die das Arbeiten mit der Datenbank erleichtert und Funktionen so abstrahiert, dass die zugrunde liegende Datenbank jederzeit ausgetauscht werden könnte. Zur Database-API gehört die Options-API ebenso wie die Transient-API und die Metadata-API. Sie alle benötigen direkten Datenbankzugriff. Ich würde behaupten, dass die Klasse `WP_Query` und diverse Theme-Funktionen zum Auflisten von Beiträgen ebenso dazu zählen. Mehr dazu lesen Sie in Kapitel 17, »Zugriff auf die Datenbank«.

Die Site-Health-API

Die Site-Health-API ist erst seit Version 5.8 im Kern von WordPress. Sie erlaubt es, die Seite unter WERKZEUGE • WEBSITE-ZUSTAND im WordPress-Backend zu erweitern. Wenn Ihr Plugin zum Beispiel eine bestimmte PHP-Version oder bestimmte PHP-Einstellungen voraussetzt, kann dies dort angezeigt werden. Lesen Sie zu diesem Thema mehr in Kapitel 23, »Alles gesund? Die Site-Health-API«.

Die Filesystem-API

Da WordPress durch automatische Updates Daten auf dem Laufwerk verändern muss, wurde in Version 2.6 die *Dateisystem-API* eingeführt. Sie erleichtert das Schreiben und Lesen lokaler Dateien durch Abstraktion der verschiedenen Zugriffsmöglichkeiten auf diversen Hosts. Mehr dazu folgt in Kapitel 18, »Dateien auf dem Laufwerk manipulieren«.

Die WP-CLI

Die WP-CLI ist ein eigenständiges Tool zum Steuern von WordPress über die Kommandozeile. Trotzdem möchte ich es hier auflisten, weil es ebenfalls eine API hat, die es erlaubt, eigene Funktionen für die Kommandozeile zu schreiben (siehe Kapitel 20, »WordPress auf der Kommandozeile: Die WP-CLI«).

Die Shortcode-API

Mit dem langsamen Verschwinden des Classic-Editors gerät auch die *Shortcode-API* immer mehr in den Hintergrund. Aus diesem Grund finden Sie weitere Informationen zu ihr am Ende des Buches in Kapitel 22, »Inhalte dynamisch einfügen mit der Shortcode-API«. Da kein JavaScript notwendig ist, lassen sich Shortcodes zwar schneller als Blöcke entwickeln, aber in den kommenden Jahren werden sie wohl vollständig von Blöcken ersetzt werden. Die API erlaubt es, sogenannten *Macro-Code* im Editor zu verwenden. Ein Beispiel wäre der Shortcode `[gallery]`, der im Frontend eine Bildergalerie anzeigt. Ein Shortcode ist also immer dann nützlich, wenn komplexer oder dynamischer HTML-Code in den Inhaltsbereich (des Classic-Editors) eingefügt werden soll.

Die XML-RPC-API

Der Begriff *XML-RPC* steht für *Extensible Markup Language Remote Procedure Call* und bezeichnet einen Funktionsaufruf, der von einer anderen (entfernten) Stelle aus erfolgt. Es ist also eine Schnittstelle, die dazu benutzt werden kann, Daten von der eigenen WordPress-Installation zu lesen, aber auch zu schreiben.

Ich wundere mich, dass diese API nicht längst aus WordPress verschwunden ist. Immerhin gibt es mittlerweile die REST-API, mit der das Gleiche erreicht werden kann. Ein großes Problem war und ist, dass die XML-RPC-API häufig für *Brute-Force-Attacken* genutzt wird. Mit nur einem Aufruf lassen sich Hunderte Passwörter testen.[3] Die vollständige Automatisierung solcher Angriffe ist ein großes Problem. Dasselbe gilt für die *Pingback-Funktion*, die ebenfalls diese Schnittstelle nutzt. Sie kann dazu missbraucht werden, ganze Websites lahmzulegen, weil eine massive Anzahl an Pingpacks eine Website überfordern kann. Heutzutage wird die XML-RPC-API deshalb oft von Webhostern deaktiviert.

> **Was ist ein Pingback?**
>
> Nehmen wir an, Sie schreiben einen Artikel, der unzählige Links zu anderen Internetseiten enthält. WordPress versucht dann, diese Websites zu kontaktieren, um ihnen mitzuteilen, dass sie von Ihrem Artikel verlinkt wurden. Hat die jeweilige Gegenstelle Pingbacks aktiviert, so wird dort automatisch ein Kommentar erzeugt. Das Ganze funktioniert auch in umgekehrter Richtung: Wird einer Ihrer Artikel verlinkt, so wird Ihre WordPress-Installation über die XML-RPC-Schnittstelle darüber informiert. Ist unter EINSTELLUNGEN • DISKUSSION der Haken bei LINK-BENACHRICHTIGUNGEN VON ANDEREN BLOGS (PINGBACKS UND TRACKBACKS) ZU NEUEN BEITRÄGEN ERLAUBEN gesetzt, so wird in Ihrem Artikel ein Kommentar mit einen Auszugtext erzeugt.

3 Vgl. W., Kevin: What Is Xmlrpc.php in WordPress and Why You Should Disable It, in: Hosting-Tutorials, 2021, *https://www.hostinger.com/tutorials/xmlrpc-wordpress* (abgerufen am 22.12.2021)

4.1.6 Die verschiedenen Plugin-Typen

Neben den »normalen« Plugins, die im Dashboard unter Plugins • Installierte Plugins aufgelistet werden, gibt es noch zwei weitere Plugin-Typen: Must-Use-Plugins und Drop-In-Plugins.

Must-Use-Plugins (MU-Plugins) sind Erweiterungen, die, wie der Name schon vermuten lässt, automatisch eingebunden werden und daher immer aktiv sind. Das bedeutet auch, dass sie nicht über das Dashboard deaktiviert werden können. MU-Plugins befinden sich in einem anderen Verzeichnis, nämlich unter */wp-content/mu-plugins/*. Dieses Verzeichnis wird bei der Installationsroutine nicht erstellt. Sie müssen es also manuell erstellen, damit Sie es nutzen können. Darüber hinaus gibt es ein paar markante Unterschiede zu normalen Plugins. Lesen Sie dazu den Kasten »Hinweise bei der Arbeit mit MU-Plugins« am Ende dieses Abschnitts.

Der zweite Typ nennt sich *Drop-In-Plugins*. Damit lassen sich Kernfunktionen von WordPress komplett ersetzen, zusätzliche Skripte ausführen oder individuelle Fehlermeldungen anzeigen. Abgelegt werden die Dateien im Verzeichnis */wp-content/*. Wird eine der in Tabelle 4.1 genannten Dateien erkannt, werden sie automatisch in WordPress integriert und tauschen damit andere Dateien oder Funktionen aus.

Dateiname/Zweck	**Wird geladen …**
advanced-cache.php Erweiterter oder alternativer Cache	wenn `define( 'WP_CACHE', true );` in der *wp-config.php* gesetzt wurde.
db.php Erlaubt die Definition einer eigenen Datenbank-Klasse.	wenn WordPress geladen wird.
db-error.php Definition eigener Datenbankfehlermeldungen	im Fehlerfall.
install.php Für eigene Installationsskripte	nachdem die WordPress-Installationsroutine ausgeführt wurde.
maintenance.php Für individuelle Nachrichten im Wartungsbildschirm	wenn sich WordPress im Wartungsmodus befindet, zum Beispiel während Plugin- oder WordPress-Updates.

Tabelle 4.1 Mögliche Drop-In-Dateien in WordPress

Dateiname/Zweck	Wird geladen ...
object-cache.php Einbinden eines externen Object-Caches (z. B. Redis)	wenn WordPress geladen wird.
sunrise.php Wird genutzt für das Domain-Mapping bei der Nutzung unterschiedlicher Domains in einer Multisite-Umgebung.	in Multisite-Umgebungen.
blog-deleted.php Für eine benutzerdefinierte Meldung	in Multisite-Umgebungen, wenn ein Blog aufgerufen wird, der gelöscht wurde.
blog-inactive.php Für eine benutzerdefinierte Meldung	in Multisite-Umgebungen, wenn ein Blog aufgerufen wird, der deaktiviert wurde.
blog-suspended.php Für eine benutzerdefinierte Meldung	in Multisite-Umgebungen, wenn ein Blog aufgerufen wird, der vorübergehend nicht erreichbar ist.
/languages/{$language}.php Zur besseren Handhabung besonderer Sprachmerkmale	nachdem die Sprachdateien geladen wurden. `$language` muss dabei durch den Sprachschlüssel (z. B. `de_DE`) ersetzt werden.

Tabelle 4.1 Mögliche Drop-In-Dateien in WordPress (Forts.)

In den meisten Fällen werden Sie ein Standard-WordPress-Plugin erstellen. Diese Plugins sind mächtig genug, um die meisten Dinge in WordPress zu regeln. Es ist vielmehr die Ausnahme, dass ein Drop-In-Plugin benötigt wird. Denn der Austausch einer kompletten Datenbank-Klasse ist selten erforderlich. Für Webhosting-Provider ist die Nutzung von *install.php* eher sinnvoll. Durch die im Vorwort bereits angesprochene *1-Klick-Installation* haben sie die Möglichkeit, weitere Plugins zu installieren oder bestimmte Konfigurationen vorzunehmen, bevor ein Benutzer sich zum ersten Mal anmeldet.

Hinweise zur Arbeit mit MU-Plugins

Für Must-Use-Plugins gibt es keine Installationsoberfläche wie bei Standard-Plugins.[4] Die Installation erfolgt also ausschließlich manuell, indem ein etwaiges Plugin per FTP/SSH in das entsprechende Verzeichnis hochgeladen wird. Besonders erwähnenswert ist, dass Plugins, die sich dort im Verzeichnis befinden, nicht gefunden werden, wenn sie in einem Unterverzeichnis liegen. Das ist bei Standard-Plugins nicht der Fall. WordPress erkennt ein Plugin dort automatisch, wenn es in einem Unterverzeichnis liegt. Bei Dateien im MU-Verzeichnis funktioniert das hingegen nicht.

Überdies sind MU-Plugins auch automatisch auf allen Unterseiten in einem Multisite-Netzwerk aktiv. Mehr dazu lesen Sie in Kapitel 21, »Mehrere Websites in einer Installation: Die Multisite-Umgebung«.

4.2 Das erste eigene Plugin

Bis hierher haben Sie schon sehr viel gelernt:

- Sie haben ein Entwicklertool, mit dem Sie programmieren können,
- Sie haben WordPress lokal installiert,
- Sie kennen die bewährten Konzepte der Entwicklung,
- Sie wissen, was Hooks sind und wie diese funktionieren und
- Sie verfügen über Grundwissen zum Thema Plugins.

Damit haben Sie fast das komplette Handwerkszeug, um ein Plugin zu entwickeln. Es fehlen Details, zum Beispiel der Dateiheader eines Plugins. Um genau diese Wissenslücken geht es in diesem Kapitel.

Zusätzlich werden wir gemeinsam ein Plugin entwickeln. Es zeigt einen möglichen Aufbau eines einfachen WordPress-Plugins, den Einsatz der Registrierungs-Hooks sowie den Einsatz einer Deinstallationsroutine. Gleichermaßen zeigt es, wie der Plugin-Header aufgebaut ist und wie die einzelnen Dokumentationsstandards angewendet werden. Nicht zuletzt wird auch dargestellt, wie mit dem Hook-System umzugehen ist. Alles andere »dazwischen« ist eigener Code und stark davon abhängig, welchen Zweck ein Plugin erfüllen soll. Wir werden einen Teil des Codes aus dem Beispiel-Plugin dieses Abschnitts noch einmal benötigen, und zwar in Kapitel 19, »Zeitgesteuerte Aufgaben (Cronjobs)«. Dort werden wir das Wetter-Plugin aus

4 Doch WordPress wäre nicht WordPress, wenn es nicht auch dafür ein Plugin gäbe, das diese Funktionalität nachrüstet. Ein Beispiel ist der »Must Use Loader«, der leider nicht auf wordpress.org, sondern nur auf GitHub zu finden ist: *https://github.com/bueltge/must-use-loader*.

Abschnitt 7.2 mit dem folgenden Code zusammenführen. Die vollständigen Beispiele finden Sie in den Download-Materialien.

4.2.1 Das Grundgerüst eines Plugins

Beginnen wir mit dem Grundgerüst eines Plugins. Dabei handelt es sich im Wesentlichen um zwei Bereiche: um den Header-Bereich und um die Lizenzangabe.

Die Kopfzeilen der Stammdatei

Die *File-Header-API* wird von WordPress benutzt, um bestimmte Kommentare aus PHP-Dateien zu lesen. Wenn es um Plugins geht, versucht WordPress mit dieser API herauszufinden, welche Datei in einem Verzeichnis die Stammdatei des Plugins ist, also welche der Dateien für die Initialisierung notwendig ist. Darüber hinaus werden die Metadaten, die darin gespeichert sind, genutzt, um sie im WordPress-Backend anzuzeigen oder um weitere Operationen durchzuführen.

In Abschnitt 2.7 ging es um mögliche Datei- und Verzeichnisstrukturen. Diese Empfehlung wollen wir hier nutzen. Allerdings werden viele der Dateien zunächst nicht benötigt. Denn so komplex soll es vorerst nicht werden.

Als Beispiel legen wir einen neuen Ordner im Verzeichnis */wp-content/plugins/* an. Nennen Sie ihn *hello-options*. Damit haben Sie bereits einen Slug vergeben (siehe Abschnitt 2.1, »Der Slug: Den Namen für das Projekt richtig wählen«). Die Stammdatei nennen Sie genauso. Im Entwicklertool Ihrer Wahl legen Sie also im Verzeichnis */wp-content/plugins/hello-options/* die Datei *hello-options.php* an.

Der Inhalt sieht folgendermaßen aus:

```
<?php
/**
 * Plugin Name: Hello Options
*/
```

Listing 4.2 Einfacher Plugin-Header

Und damit ist das Plugin auch schon erstellt. Wenn Sie sich nun im WordPress-Backend anmelden und die Seite PLUGINS • INSTALLIERTE PLUGINS besuchen, so wird Ihr Plugin dort aufgelistet (siehe Abbildung 4.4).

Wie Sie sehen, zeigt WordPress noch keine Beschreibung an. Diese können Sie zusammen mit weiteren Daten ergänzen (siehe Listing 4.3). Bis auf den Namen sind diese Daten ausnahmslos optional. Damit verändert sich auch die Ansicht, wie in Abbildung 4.5 zu sehen ist.

Plugins Installieren
Alle (1) | Inaktiv (1) | Automatische Aktualisierung deaktiviert (1)
Ansicht anpassen ▼ Hilfe ▼
Installierte Plugins durchsuchen ...
Mehrfachaktionen Übernehmen 1 Eintrag
Plugin Beschreibung Automatische Aktualisierungen
Hello Options
Aktivieren | Löschen
Plugin Beschreibung Automatische Aktualisierungen
Mehrfachaktionen Übernehmen 1 Eintrag

Abbildung 4.4 Das Plugin wird im Backend aufgelistet.

```
<?php
/**
 * Plugin Name: Hello Options
 * Plugin URI: https://wp-plugin-erstellen.de/plugins/hello-options
 * Description: A Hello World example for WordPress.
 * Version: 0.1.0
 * Author: Florian Simeth
 * Author URI: https://florian-simeth.de
 * Requires at least: 6.0.0
 * Requires PHP: 7.4.0
 * License: GNUGPLv3
 * License URI: https://www.gnu.org/licenses/gpl-3.0
 */
```

Listing 4.3 Ein Plugin-Header mit einigen wichtigen Angaben

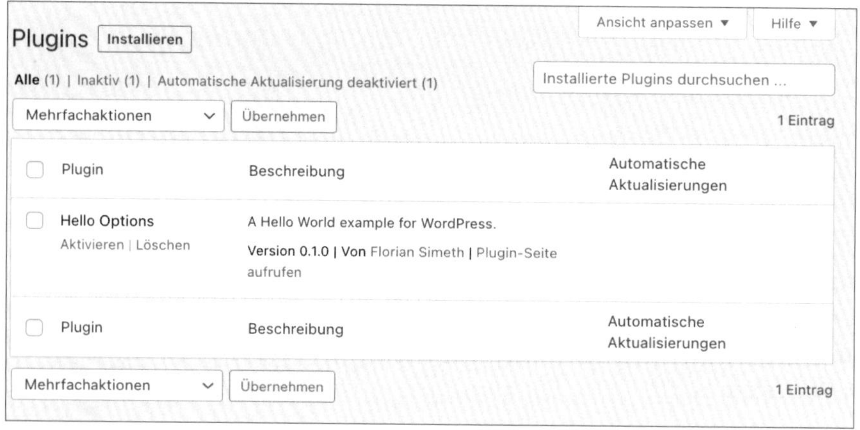

Abbildung 4.5 Die aktualisierte Ausgabe mit zusätzlichen Angaben

Im Folgenden lernen Sie, welche Metadaten möglich sind und was sie bedeuten.

Plugin Name

Hier geben Sie den vollständigen Namen des Plugins an.

Plugin URI

Das ist der direkte Link zur Plugin-Seite. Oft wird hier die URL zur Plugin-Seite bei wordpress.org angegeben, also zum Beispiel *https://wordpress.org/plugins/hello-options/*. Die Dokumentation verbietet jedoch die Verlinkung auf das WordPress-Verzeichnis.[5] Sie sollten deshalb eine URL auf Ihrer eigenen Website angeben.

Description

Eine Kurzbeschreibung des Plugins. Sie wird in der Übersichtsseite (siehe Abbildung 4.5) angezeigt. Das offizielle Handbuch empfiehlt, hier nicht mehr als 140 Zeichen zu verwenden.

Version

Die aktuelle Versionsnummer des Plugins. WordPress macht von dieser Nummer Gebrauch, um sie mit der Version im *Repository* (also dem Verzeichnis auf wordpress.org) abzugleichen, um später ein Update anbieten zu können. Wichtig zu wissen ist, dass WordPress intern die PHP-Funktion `version_compare()` nutzt, um die Versionen zu vergleichen. Bevor Sie also eine neue Version des Plugins veröffentlichen, sollten Sie sicherstellen, dass die PHP-Funktion sie auch als »größer« betrachtet.

Author

Der Urheber des Plugins. Bei mehreren Autoren können die Namen durch je ein Komma getrennt werden. Es ist auch möglich, Benutzernamen von wordpress.org anzugeben. Auf der Plugin-Seite werden Sie dann als Contributor mit Profilbild und Link zum Profil gelistet.

Author URI

Unter `Author URI` haben Sie die Möglichkeit, einen Link zur persönlichen Website des Autors anzugeben.

Requires at least

Hier geben Sie die niedrigste WordPress-Version an, mit der das Plugin noch funktioniert.

5 Vgl. WordPress: Header Requirements, in: WordPress.org Plugin Handbook, o. D., *https://developer.wordpress.org/plugins/plugin-basics/header-requirements/* (abgerufen am 23.12.2021)

Requires PHP

Hier geben Sie die minimale PHP-Version an, mit der das Plugin noch funktioniert. Das Plugin lässt sich mit einer inkompatiblen Version nicht aktivieren (siehe Abbildung 4.6).

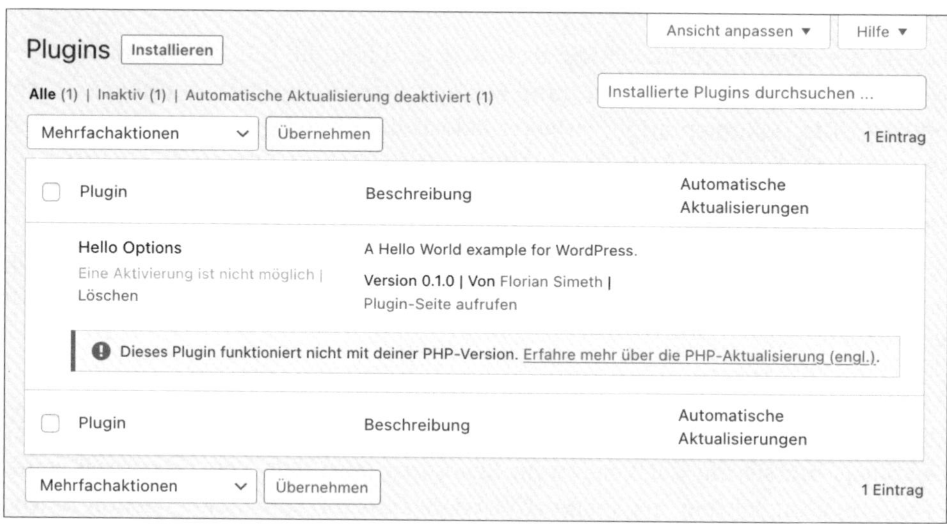

Abbildung 4.6 Eine Fehlermeldung bei einer inkompatiblen PHP-Version

License

Die Kurzform (Slug) der Lizenz die für das Plugin verwendet wurde. Beachten Sie dazu bitte die Hinweise aus Abschnitt 2.2, »Den richtigen Lizenzvertrag wählen«.

License URI

Die URL auf die Seite, auf der der komplette Lizenztext gelesen werden kann.

Text Domain

Ein einzigartiger Bezeichner, der für Übersetzungen benutzt wird. In der Regel ist das der Plugin-Slug. Mehr dazu lesen Sie in Kapitel 10, »Internationalisierung«.

Domain Path

Ein Verzeichnis, in dem die Übersetzungsdateien liegen. Wird es nicht angegeben, so wird im Plugin-Verzeichnis nach den Dateien gesucht. Der Dateiname wird anhand des in `Text Domain` angegebenen Wertes gebildet. Mehr dazu erfahren Sie ebenfalls in Kapitel 10, »Internationalisierung«.

Network

Ausschließlich für Multisite-Installationen wichtig. Wird der Parameter auf `true` gesetzt, so kann das Plugin nur netzwerkweit aktiviert werden (siehe Kapitel 21, »Mehrere Websites in einer Installation: Die Multisite-Umgebung«).

Update URI

Dieser Parameter ist erst seit Version 5.8 von WordPress verfügbar. Er vermeidet, dass ein Plugin durch einen Update-Prozess überschrieben wird, falls ein Plugin mit dem gleichen Slug-Bezeichner bereits im wordpress.org-Plugin-Verzeichnis existiert (siehe dazu auch meine Anmerkungen in Abschnitt 2.1, »Der Slug: Den Namen für das Projekt richtig wählen«).

Eine URL muss nicht zwingend übergeben werden. Um den Update-Prozess für dieses Plugin zu stoppen, reicht es, einen Wert einzugeben, der weder `w.org/plugin/{$slug}` noch `https://wordpress.org/plugins/{$slug}` lautet. Wenn Sie Updates allerdings über den eigenen Server bereitstellen wollen, müssen Sie hier eine individuelle URL eingeben. Falls das Plugin bei *wordpress.org* hochgeladen wird, so wird der Parameter nicht benötigt.

Inline-Lizenzangaben

Zusätzlich zu den Metafeldern empfiehlt es sich, einen kurzen Lizenzhinweis anzufügen – und zwar immer dann, wenn Sie das Plugin an Dritte weitergeben. Die GPLv3 empfiehlt, die Zeilen aus Listing 4.4 in *jede* Quelldatei einzufügen.[6] Etabliert hat sich jedoch, den Text nur in die Stammdatei zu integrieren. Sie müssen darin noch die Jahreszahl und die Angabe zum Autor anpassen.

```
<?php
/**
 * Plugin Name: Hello Options
 * ...
 */

/**
 * Copyright (C) 2022  Florian Simeth
 * This program is free software: you can redistribute it and/or modify
 * it under the terms of the GNU General Public License as published by
 * the Free Software Foundation, either version 3 of the License, or
 * (at your option) any later version.
 *
 * This program is distributed in the hope that it will be useful,
 * but WITHOUT ANY WARRANTY; without even the implied warranty of
 * MERCHANTABILITY or FITNESS FOR A PARTICULAR PURPOSE. See the
 * GNU General Public License for more details.
 *
```

6 Siehe *https://www.gnu.org/licenses/gpl-3.0#howto*

```
 * You should have received a copy of the GNU General Public License
 * along with this program.  If not, see https://www.gnu.org/licenses/.
 */
```

Listing 4.4 Ein beispielhafter Lizenzhinweis

4.2.2 Die Aktivierungs- und Deaktivierungsfunktionen nutzen

Nachdem die Stammdatei erstellt wurde, haben Sie bereits ein funktionsfähiges Plugin. Es führt nur noch keine Befehle aus. Bevor Sie dazu übergehen, eigenen ausführbaren Code zum Plugin hinzuzufügen, sollten Sie sich darüber Gedanken machen, ob es eine Art Initialisierung und Deinitialisierung des Plugins geben soll. Vorstellbar ist beispielsweise, dass ein Plugin neue Datenbank-Tabellen anlegen muss, bevor es genutzt werden kann. Oder das Registrieren und Entfernen von Cronjobs, wie Sie gleich sehen werden.

Vieles ist denkbar. Und deswegen stellt WordPress zwei Funktionen zur Verfügung, die sich der Angelegenheit annehmen.

Schreiben in die Datenbank während des Aktivierungsvorgangs

Obwohl es bei einigen Entwicklern gängige Praxis ist, während des Aktivierungsvorgangs Daten in die Datenbank zu schreiben, sollten Sie das nach Möglichkeit vermeiden. Es ist vorstellbar, dass ein WordPress-Nutzer ein Plugin aktiviert, um es kurz danach wieder zu deaktivieren, ohne dass es aktiv genutzt wurde. In diesem Fall bleiben ungenutzte Daten in der Datenbank zurück. Standardwerte für etwaige Einstellungen müssen ebenfalls nicht definiert werden, weil WordPress eine solche Funktion schon mitbringt (siehe dazu auch Abschnitt 6.3.1, »Werte speichern und abrufen mit der Options-API«).

Sie könnten mir jetzt entgegnen, dass es auch eine Deaktivierungsfunktion gibt, mit der diese Änderungen rückgängig gemacht werden können. Das ist zwar richtig, jedoch ist es nicht immer gewollt, dass alle Einstellungen eines Plugins verloren gehen, nur weil es deaktiviert wird. Für solche Situationen gibt es zwar noch die Möglichkeit der Deinstallationsroutine (siehe Abschnitt 4.2.4, »Keine Spuren hinterlassen: Die Deinstallationsroutine«), aber auch sie wird nicht immer ausgeführt. Nicht selten werden Plugins nach der Installation nie mehr gelöscht. Oder noch schlimmer: Das Plugin wird per FTP/SSH gelöscht. Dann wird die Deinstallationsroutine gar nicht erst ausgeführt.

Insofern ist es die bessere Möglichkeit, den Benutzer vorher darüber zu informieren, dass neue Daten in der Datenbank landen und dass diese über eine entsprechende Routine entfernt werden können.

Die Aktivierungsfunktion

Es mag etwas irritierend sein, denn die Bezeichnung *Hook* befindet sich im Funktionsnamen von `register_activation_hook()`. Tatsächlich handelt es sich dabei nicht um einen Hook im Sinne der Definition (siehe Kapitel 3) als vielmehr um eine Standard-PHP-Funktion. Aber sie arbeitet vergleichbar. Denn mit ihr lässt sich – ähnlich wie bei Action- und Filter-Hooks – eine Callback-Funktion registrieren. Im Unterbau verwendet WordPress letztlich wieder die `add_action()`-Funktion, wie der Auszug in Listing 4.5 verdeutlicht:

```
<?php
function register_activation_hook(
    string $file,
    callable $callback
): void {
    $file = plugin_basename( $file );
    add_action( 'activate_' . $file, $callback );
}
```

Listing 4.5 Funktionsaufbau von »register_activation_hook()«

Als Parameter müssen übergeben werden:

- `$file`: Ein absoluter Pfad zur Stammdatei des Plugins
- `$callback`: Die von PHP ausführbare Funktion, die ausgeführt wird, sobald das Plugin aktiviert wurde

In unserem Beispiel registrieren wir eine Aktivierungsfunktion, wie in Listing 4.6 dargestellt. Da sie sich in der Klasse `Plugin_Helpers` befindet (siehe Listing 4.7), müssen wir noch die Datei */includes/plugin-helpers.php* erstellen. Ist die Funktion registriert, wird sie *einmalig* ausgeführt, nachdem der Benutzer den AKTIVIEREN-Link bei einem Plugin auf der Seite PLUGIN • INSTALLIERTE PLUGINS (siehe Abbildung 4.5) angeklickt hat. Im Beispiel wird ein Cronjob registriert. Dabei handelt es sich um eine stets wiederkehrende Aufgabe, die WordPress für uns ausführen soll. Näheres zu Cronjobs erfahren Sie in Kapitel 19, »Zeitgesteuerte Aufgaben (Cronjobs)«. In diesem Beispiel genügt es zu wissen, dass der Hook `hello_options/weekly_cron` einmal wöchentlich ausgeführt werden soll. Beide Informationen sind in Listing 4.7 fett dargestellt.

```
<?php
/**
 * Plugin Name: Hello Options
 * ...
 */

/**
```

```
 * Copyright (C) 2022  Florian Simeth
 * ...
 */

namespace floriansimeth\hello_option;

define( 'FS_HELLO_OPTION_FILE', __FILE__ );

require_once __DIR__ . '/includes/plugin-helpers.php';

register_activation_hook(
    FS_HELLO_OPTION_FILE,
    [ 'floriansimeth\hello_option\Plugin_Helpers', 'activate' ]
);
```

Listing 4.6 Plugin-Datei mit Aktivierungs-Hook

```
<?php

namespace floriansimeth\hello_option;

/**
 * A collection of helper functions.
 *
 * This class contains a collection of static class methods that can be
 * used for different purposes.
 *
 * @since 0.1.0
 */
class Plugin_Helpers {

   /**
    * Plugin activation hook.
    *
    * Responsible for all things that need to be done before activation.
    *
    * @return void
    * @since 0.1.0
    */
   public static function activate(): void {
      wp_schedule_event(
         time() - DAY_IN_SECONDS,
         'weekly',
```

```
            'hello_option/weekly_cron'
        );
    }
}
```

Listing 4.7 Die Klasse »Plugin_Helpers«

Die Deaktivierungsfunktion

Ähnlich wie die `register_activation_hook()`-Funktion arbeitet auch `register_deactivation_hook()`, wie Sie in Listing 4.8 sehen:

```
<?php
function register_deactivation_hook(
    string $file,
    callable $callback
): void {
    $file = plugin_basename( $file );
    add_action( 'deactivate_' . $file, $callback );
}
```

Listing 4.8 Funktionsbeschreibung von »register_deactivation_hook()«

Wie Sie sehen, nutzt auch sie intern das Hook-System von WordPress und registriert die übergebene Funktion als Action. Auch hier gilt:

- `$file` ist der absolute Pfad zur Stammdatei des Plugins.
- `$callback` ist die PHP-Funktion, die ausgeführt wird, sobald das Plugin deaktiviert wird.

Einen Rückgabewert gibt es nicht.

Im Kasten »Schreiben in die Datenbank während des Aktivierungsvorgangs« am Anfang dieses Abschnitts habe ich bereits auf Folgendes hingewiesen: Die Deaktivierungsroutine soll nicht dafür benutzt werden, alle Daten eines Plugins zu löschen. Ein Plugin zu deaktivieren, heißt nicht, dass es gelöscht wird.

Es ist möglich, dass Sie als WordPress-Benutzer ein Plugin kurzzeitig deaktivieren müssen. Die Gründe dafür können unterschiedlich sein. Es wäre schade, wenn Sie nach der Reaktivierung plötzlich feststellen müssten, dass alle Daten des Plugins gelöscht wurden. Kurzum: Weder die Aktivierungs- noch die Deaktivierungsfunktion ist dafür geeignet, Daten in die Datenbank zu schreiben oder dort zu löschen.

In unserem Beispiel jedoch benötigen wir die Funktion, um den registrierten Cronjob aus der Liste der Cronjobs zu löschen (siehe Listing 4.9). Die Klasse `Plugin_Helpers` wird um die Methode `deactivate()` ergänzt, und diese wird dann in die Stammdatei integriert (siehe Listing 4.10).

```
<?php

namespace floriansimeth\hello_option;

class Plugin_Helpers {

   ...

   /**
    * Plugin deactivation hook.
    *
    * Responsible for all things that need to be done before deactivation.
    *
    * @return void
    * @since 0.1.0
    */
   public static function deactivate(): void {
      wp_unschedule_hook( 'hello_option/weekly_cron' );
   }
}
```

Listing 4.9 Integration des Deaktivierung-Hooks

```
<?php
register_deactivation_hook(
   FS_HELLO_OPTION_FILE,
   [ 'floriansimeth\hello_option\Plugin_Helpers', 'deactivate' ]
);
```

Listing 4.10 Die Stammdatei des Plugins wurde um die »register_deactivation_hook()«-Funktion ergänzt.

4.2.3 Einen Cronjob durchführen

Da der Cronjob nun registriert wurde, muss eine Funktion hinterlegt werden, die zum ausgewählten Zeitpunkt ausgeführt wird. Da die Funktion `wp_schedule_event()` aus Listing 4.7 die Angabe eines Hook-Namens erforderte, können wir diese nun nutzen. Wir ergänzen in der Stammdatei den Code aus Listing 4.11. Damit wird dem Hook-System mitgeteilt, dass der Hook `hello_option/weekly_cron` die Methode `fetch_popular_php_version()` der Klasse `WordPress_Api` aufrufen soll, sobald er (vom Cronjob-System) getriggert wird. Diese Klasse ist in Listing 4.12 dargestellt. Die genannte Methode nutzt die HTTP-API von WordPress zum Abruf der aktuell beliebtesten PHP-Version (mehr dazu finden Sie in Kapitel 14, »Externe Daten nachladen mit der HTTP-API«). Zum Verständnis sind jedoch nur die fett gedruckten Zeilen wichtig. Dort wird die Options-API dazu benutzt, den heruntergeladenen Wert in die Datenbank zu speichern.

```
<?php
require_once __DIR__ . '/includes/wordpress.php';

add_action(
   'hello_option/weekly_cron',
   [ 'floriansimeth\hello_option\WordPress_Api', 'fetch_popular_php_version' ]
);
```

Listing 4.11 Der Action-Hook »hello_option/weekly_cron« führt die Methode »fetch_popular_php_version()« aus.

```
<?php

namespace floriansimeth\hello_option;

/**
 * Access to the WordPress.org APIs.
 *
 * A collections of methods to fetch data from w.org APIs.
 *
 * @since 0.1.0
 */g
class WordPress_Api {

   /**
    * Get the most popular PHP version.
    *
    * Fetches the most popular PHP version used by the community.
    *
    * @return void
    * @since 0.1.0
    */
   public static function fetch_popular_php_version(): void {
      $data = wp_remote_get( 'https://api.wordpress.org/stats/php/1.0/' );

      if ( is_wp_error( $data ) ) {
         return;
      }
```

```
        $body = wp_remote_retrieve_body( $data );

        $versions = (array) json_decode( $body, true );

        arsort( $versions );

        $most_popular_version = (float) array_key_first( $versions );

        update_option(
            'hello_option_popular_php_version',
            $most_popular_version,
            false
        );
    }
}
```

Listing 4.12 Der abgerufene Wert wird mit »update_option()« in der Datenbank abgelegt.

4.2.4 Keine Spuren hinterlassen: Die Deinstallationsroutine

Wenn Sie eine neue Wohnung beziehen, dann erhoffen Sie sich, dass sie sauber ist und dass sie einen neuen Anstrich erhalten hat. Sonst werden Sie zunächst nicht einziehen wollen. Die Verantwortlichkeit, dass die Wohnung sauber übergeben wird, obliegt meist dem Vormieter.

Ähnlich ist es in der Plugin- und Theme-Entwicklung. Wer ein professionelles Plugin oder Theme programmiert, muss sich damit beschäftigen, wie der Ursprungszustand des Systems wiederhergestellt werden kann. Wenn Sie also Daten in die Datenbank speichern oder neue Dateien im Dateisystem ablegen, die nach einer möglichen Deinstallation nie wieder benötigt werden, dann löschen Sie diese bitte. Die Prozedur ist mit ein wenig Mehraufwand Ihrerseits verbunden, aber das Ganze stellt sicher, dass die Benutzer darauf vertrauen können, dass nach der Nutzung des Plugins keine unnötigen Daten hinterlassen werden.

Sicherlich gibt es Ausnahmen. Insbesondere dann, wenn vom Benutzer erstellte Inhalte erhalten bleiben sollen oder müssen. Das wäre zum Beispiel der Fall, wenn das Plugin eigene Inhaltstypen (sogenannte *Post Types*) registriert (siehe dazu Abschnitt 12.4, »Eigene Permalink-Strukturen anlegen«). Der Zugriff auf die Inhalte wäre nach der Deaktivierung des Plugins zwar nicht mehr möglich, die Daten bleiben aber erhalten. Mit einem Dritt-Plugin könnten Sie diese abermals sichtbar machen, ohne dass das ursprüngliche Plugin wieder aktiviert werden muss. Sie sollten deshalb auf alle Möglichkeiten vorbereitet sein. Fragen Sie im Zweifelsfall beim Benutzer um Erlaubnis, bevor Inhalte gelöscht werden.

Kommen wir nun aber zum eigentlichen Thema: zur Deinstallationsroutine. Hier gibt es zwei Möglichkeiten: die Deinstallation über die *uninstall.php*-Datei oder die Deinstallation über den Uninstall-Hook.

Die Datei uninstall.php

Wenn Sie eine Datei namens *uninstall.php* in das eigene Plugin-Verzeichnis legen, so wird WordPress diese Datei ausführen, wenn ein Benutzer auf den LÖSCHEN-Link in der Plugin-Liste klickt (siehe Abbildung 4.6).

WordPress wird aber nicht alle Daten und Dateien, die Sie mit Ihrem Plugin angelegt haben, automatisch löschen. Denn es hat keine Kenntnis darüber, was Sie an einer WordPress-Installation verändert haben. Sie müssen also selbst dafür sorgen, dass die nötigen Daten entfernt werden. In Listing 4.13 sehen Sie, wie die Datei in unserem Beispiel aussieht:

```
<?php

if ( ! defined( 'WP_UNINSTALL_PLUGIN' ) ) {
    exit();
}

if ( ! WP_UNINSTALL_PLUGIN ) {
    exit();
}

delete_option( 'hello_option_popular_php_version' );
```

Listing 4.13 Beispiel einer »uninstall.php«-Datei

Bevor Sie Code schreiben, müssen Sie prüfen, ob die PHP-Konstante `WP_UNINSTALL_PLUGIN` auf `true` gesetzt wurde. Das verhindert, dass der Code ausgeführt wird, wenn die *uninstall.php*-Datei einzeln aufgerufen wird. Die Konstante wird von WordPress gesetzt, sobald die Deinstallationsroutine gestartet wird, jedoch nicht während der Ausführung des Uninstall-Hooks.

Wie ich schon erwähnt habe, gibt es zwar noch die Möglichkeit, die Deinstallation über einen Hook zu lösen, die Nutzung der *uninstall.php* ist aber die bevorzugte Methode, wie Daten und Dateien eines Plugins gelöscht werden. Der Grund ist, dass der in der *uninstall.php* befindliche Code isoliert vom Rest des Plugins ausgeführt wird. Somit ist sichergestellt, dass kein Plugin-Code mehr läuft, der wieder neue Daten anlegen könnte, obwohl sie zuvor von der Deinstallationsroutine bereits gelöscht wurden.

Im vorliegenden Beispiel wird also verhindert, dass der Cronjob noch einmal läuft, nachdem die Deinstallationsroutine komplett ausgeführt wurde. Das ist vollkommen richtig, denn wir wollen nicht, dass der Wert in der Datenbank erneut geschrieben wird, nachdem er durch die Funktion `delete_option()` (in Listing 4.13 fett dargestellt) bereits gelöscht wurde.

Der Uninstall-Hook

Der Code in der *uninstall.php*-Datei wird isoliert ausgeführt. Im Umkehrschluss bedeutet das auch, dass Sie in der Datei keinen Zugriff auf Funktionen und Klassen des Plugins haben. Es wird nämlich während der Deinstallation erst gar nicht geladen. Um dies zu umgehen, existiert die Funktion `register_uninstall_hook()` (siehe Listing 4.14). Zwar haben Sie damit Zugriff auf die eigenen Funktionen und Klassen. Genau das könnte unter Umständen jedoch zum Problem werden. Denn Sie müssen sicherstellen, dass das Plugin den Deinstallationsprozess nicht behindert. Falls das nicht möglich ist, sollten Sie lieber auf die Möglichkeit der *uninstall.php* zurückgreifen.

```
<?php
function register_uninstall_hook(
   string $file,
   callable $callback
): void {
   ...
}
```

Listing 4.14 Funktionsbeschreibung von »register_uninstall_hook()«

Die Funktion ähnelt den Funktionen `register_activation_hook()` und `register_deactivation_hook()`. Auch sie registriert eine von PHP ausführbare Funktion (`$callback`) mit dem absoluten Pfad der Stammdatei eines Plugins (`$file`). Wie bereits erwähnt, ist eine Prüfung auf die Konstante `WP_UNINSTALL_PLUGIN` hier nicht notwendig. Interessant dürfte für viele sein, dass der Hook nur einmalig registriert wird (siehe Listing 4.15), und zwar während der Aktivierung. `register_uninstall_hook()` speichert den Callback nämlich in der Datenbank ab. Ausschließlich so kann sichergestellt werden, dass der Hook ausgeführt wird, auch wenn das Plugin nicht mehr aktiv ist. Das ist der Grund, warum die Funktion nur einmal ausgeführt werden muss.

```
<?php
/**
 * Plugin Name: Mein Plugin mit Uninstall-Hook
 * ...
 */
```

```
namespace floriansimeth\mein_wp_plugin;

register_activation_hook(
   __FILE__,
   'floriansimeth\mein_wp_plugin\on_activation'
);

function on_activation() {
   register_uninstall_hook(
      __FILE__,
      'floriansimeth\mein_wp_plugin\on_uninstall'
   );
}

function on_uninstall() {
   # Und hier beginnt der Uninstall-Prozess.
}
```

Listing 4.15 Integration der Funktion »register_uninstall_hook()« in ein Plugin

Der Uninstall-Hook wird nicht ausgeführt?

Für das Testen des Uninstall-Hooks möchte ich Sie auf Folgendes hinweisen: Die Deinstallationsroutine wird nicht aufgerufen, wenn das Plugin zuvor noch nie aktiviert wurde.

4.2.5 Inhalte anzeigen

In unserem Beispiel haben wir nun einen funktionierenden Cronjob erstellt. Leider wird noch nichts angezeigt. Wir benötigen noch eine Einstellungsseite im Backend von WordPress. In der Stammdatei ergänzen wir die Zeilen aus Listing 4.16. Sie können sehen, dass die Methode `init()` der Klasse `Settings` ausgeführt wird. Listing 4.17 zeigt, wie die Datei */includes/settings.php* aussieht.

In der zweiten fett gedruckten Zeile geben wir anderen Plugin- und Theme-Entwicklern die Möglichkeit, sich in unser Plugin zu »hooken«. Damit wird es möglich, dass der Hook `admin_menu` (erste fett gedruckte Zeile) wieder entfernt wird, falls nötig. Die restlichen Code-Zeilen erzeugen eine Einstellungsseite im WordPress-Backend: EINSTELLUNGEN • HELLO OPTIONS. Wenn Sie diese Seite besuchen (siehe Abbildung 4.7), sehen Sie dort, was der Cronjob in die Datenbank geschrieben hat. In Listing 4.17 sehen Sie in der letzten fettgedruckten Zeile, dass der Wert von der Datenbank gelesen wird.

Um den gesamten Code optimal zu verstehen, lesen Sie bitte in den folgenden Kapiteln und Abschnitten weiter:

- Kapitel 19, »Zeitgesteuerte Aufgaben (Cronjobs)«
- Kapitel 14, »Externe Daten nachladen mit der HTTP-API«
- Abschnitt 6.1, »Haupt- und Untermenüs erstellen«
- Abschnitt 6.3.1, »Werte speichern und abrufen mit der Options-API«

```
<?php
require_once __DIR__ . '/includes/settings.php';

( new Settings )->init();
```

Listing 4.16 Die Stammdatei wird erweitert, und die »init()«-Methode wird aufgerufen.

```
<?php

namespace floriansimeth\hello_option;

/**
 * The Settings and Options class.
 *
 * A collections of methods for integrating the settings pages and options.
 *
 * @since 0.1.0
 */
class Settings {

   /**
    * Init Settings function.
    *
    * Responsible for setting up settings pages and options.
    *
    * @return void
    * @since 0.1.0
    */
   public function init() {

      add_action( 'admin_menu', [ $this, 'admin_menu' ] );

      /**
       * Settings Init Hook.
       *
       * Allows other plugins to hook into the init process of the class.
```

```
     *
     * @param Settings $this The settings object instance.
     *
     * @since 0.1.0
     */
    do_action( 'hello-option/settings/init', $this );
}

/**
 * Admin Menu setup.
 *
 * Creates admin menu pages.
 *
 * @return void
 * @since 0.1.0
 */
public function admin_menu() {
    add_submenu_page(
        'options-general.php',
        'Hello Options',
        'Hello Options',
        'manage_options',
        'hello-options',
        [ $this, 'render_hello_options_page' ]
    );
}

/**
 * Options Page.
 *
 * Outputs the settings page HTML code.
 *
 * @return void
 * @since 0.1.0
 */
function render_hello_options_page() {
    printf(
        '<h1>%s</h1>',
        get_admin_page_title()
    );

    $most_popular_php_version = (float) get_option(
        'hello_option_popular_php_version',
```

```
            0.0
        );

        printf(
            '<p>Die populärste Version von PHP der Community ist derzeit:'
            .' <strong>%s</strong>.</p>',
            $most_popular_php_version > 0
                ? $most_popular_php_version
                : 'unbekannt'
        );
    }
}
```

Listing 4.17 Die »Settings«-Klasse

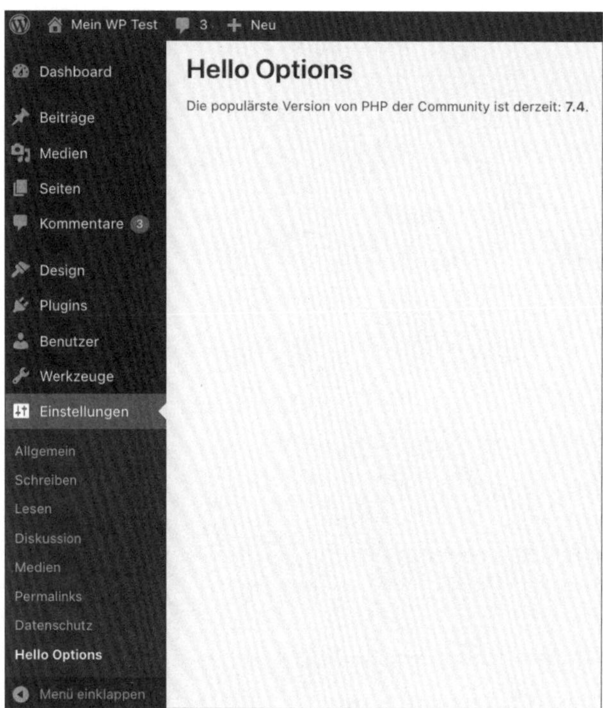

Abbildung 4.7 Unter den Einstellungen wird der Output ausgegeben.

4.3 Pfadangaben

Weil Pfadangaben immer wieder nötig sein werden, möchte ich ein bisschen vorgreifen und Ihnen ein paar Funktionen vorstellen, die Ihnen zum Beispiel später beim Registrieren von JavaScript-, CSS- oder Sprachdateien helfen werden.

Es lassen sich zwei Typen von Pfadangaben unterscheiden:

- **der absolute Pfad auf dem Server:** Das ist der Pfad zu einer einzelnen Datei im Dateisystem.
- **der URL-Pfad:** Das ist der Pfad, der im Browser eingegeben werden muss, um dort eine Datei abzurufen.

Da Sie keine Kontrolle darüber haben, wie eine WordPress-Installation genau eingerichtet ist, können Sie sich nicht auf ein bestimmtes Muster verlassen. Es ist zum Beispiel möglich, dass jemand Ihr Plugin unter */wp-content/plugins/meinwpplugin/* installiert, obwohl das von Ihnen gar nicht vorgesehen war. Sie können also nicht davon ausgehen, dass es unter dem von Ihnen festgelegten Verzeichnisnamen */mein-wp-plugin/* installiert wird. Das ist häufig der Fall bei Plugins, die bei Plattformen wie *CodeCanyon* gekauft und heruntergeladen werden. Diese erhalten eine zusätzliche Nummer an den Verzeichnisnamen angehängt.

4.3.1 Der Pfad zum Plugin-Verzeichnis

In Listing 4.18 sehen Sie, dass bei der Pfadangabe nur einziger Parameter `$file` erwartet wird:

```
<?php
function plugin_dir_path( string $file ): string {
    ...
}
```

Listing 4.18 Funktionsbeschreibung von »plugin_dir_path()«

In der Regel kommt hier die magische Konstante `__FILE__` von PHP zum Einsatz. Sie enthält die Pfadangabe zur aktuellen PHP-Datei.

Der Beispielcode aus Listing 4.19 gibt in meiner lokalen Installation über die *Local*-App `/Users/floriansimeth/Local Sites/meinwp/app/public/wp-content/plugins/mein-wp-plugin` aus.

```
<?php
echo plugin_dir_path( __FILE__ );
```

Listing 4.19 Beispielaufruf von »plugin_dir_path()«

Nützlich ist `plugin_dir_path()` vor allem in Verbindung mit einem `include` oder einem `require`.

Hinweis

`plugin_dir_path()` wird nicht immer den absoluten Pfad des Stammverzeichnisses von Ihrem Plugin zurückgeben. Speziell dann nicht, wenn Sie ausnahmslos mit der magischen Konstante `__FILE__` arbeiten. Stattdessen gibt die Funktion immer den Pfad zurück, in dem sich die Datei in Ihrem Plugin befindet. Bei der Übergabe aus einem Unterordner Ihres Plugins wird der Pfad zum Unterordner Ihres Plugins zurückgegeben.

Aus diesem Grund behelfen sich viele Entwickler mit einem Trick: Sie definieren eine eigene Konstante, die fortan verwendet wird. Diese enthält immer den Wert von `__FILE__` der Stammdatei. Das erlaubt einen schnellen Zugriff auf den Pfad zum Stammverzeichnis des Plugins:

```
<?php define( 'MEIN_WP_PLUGIN_FILE', __FILE__ ); ?>
```

4.3.2 Die URL zum Plugin-Verzeichnis

Um die URL zum Plugin-Verzeichnis zu erhalten, können Sie die Funktion `plugins_url()` nutzen (Listing 4.20):

```
<?php
function plugins_url(
   string $path = '',
   string $plugin = ''
): string {
   ...
}
```

Listing 4.20 Funktionsbeschreibung von »plugins_url()«

- `$path` ist eine zusätzlicher Pfadangabe, falls nötig.
- `$plugin` ist wieder die volle Pfadangabe zur Stammdatei des Plugins. Falls hier kein Wert angegeben wird, so wird die URL vom Plugin-Verzeichnis zurückgegeben.

Beispiele sind in Tabelle 4.2 gelistet.

Aufruf	Mögliche Ausgabe
`echo plugins_url();`	*http://mein-wp.test/wp-content/plugins/*
Aufgerufen in der Stammdatei des Plugins.	

Tabelle 4.2 Beispielausgaben von »plugins_url()«-Aufrufen

Aufruf	Mögliche Ausgabe
`echo plugins_url( 'public/images' );` Aufgerufen in der Stammdatei des Plugins.	*http://mein-wp.test/wp-content/plugins/public/images*
`echo plugins_url( 'public/images', __FILE__ );` Aufgerufen in der Stammdatei des Plugins.	*http://mein-wp.test/wp-content/plugins/public/mein-wp-plugin/public/images*
`echo plugins_url( 'public/images', __FILE__ );` Aufgerufen aus einer Datei im Unterverzeichnis */includes/*.	*http://mein-wp.test/wp-content/plugins/mein-wp-plugin/includes/public/images*

Tabelle 4.2 Beispielausgaben von »plugins_url()«-Aufrufen (Forts.)

Tipps

- Für `plugins_url( '', $file )` gibt es noch einen abkürzenden Funktionsaufruf, nämlich `plugin_dir_url( $file )`.
- Manche Funktionen geben einen Pfad mit oder ohne endenden *Slash* (eng. *trailing slash*) zurück. Leider ist das in WordPress nicht einheitlich gelöst worden. Sie können aber zwei Funktionen nutzen, um den Slash am Ende anzuhängen oder zu entfernen: `trailingslashit( string $string )` und `untrailingslashit ( string $string )`.

4.3.3 Die Basisbezeichnung

Für jeden Zweck gibt es eine nützliche Funktion, wie die nachfolgenden Code-Beispiele zeigen sollen. Ich beginne mit `plugin_basename()` aus Listing 4.21:

```
<?php
function plugin_basename( string $file ): string {
    ...
}
```

Listing 4.21 Funktionsbeschreibung von »plugin_basename()«

Auch hier wird der Pfad zum Plugin erwartet, also in der Regel die magische Konstante `__FILE__` von PHP als Repräsentation der Stammdatei des Plugins. Zurückgegeben wird die sogenannte *Basisbezeichnung*. Das ist der letzte Teil der Pfadangabe mit dem Plugin-Ordner (falls sich das Plugin in einem separaten Verzeichnis befindet):

```
<?php
$basename = plugin_basename( __FILE__ );
// $basename = mein-wp-plugin/mein-wp-plugin.php
```

4.3.4 Weitere nützliche Pfadangaben

Folgende Funktionen sind nicht auf Plugins beschränkt, sondern können auch in Themes und Blöcken zum Einsatz kommen. Sie dienen dazu, URLs auf eine bestimmte Seite oder ein bestimmtes Verzeichnis innerhalb von WordPress zu ermitteln. Denn Sie können nie wissen, wie eine WordPress-Konfiguration genau aussieht und ob zum Beispiel die Verzeichnisnamen immer die gleichen sind. Deswegen ist es zu empfehlen, niemals eine URL oder eine Pfadangabe manuell zu erstellen. Denn in der Regel gibt es für alles, was konfiguriert werden kann, auch eine entsprechende Funktion, die dafür sorgt, dass immer die richtigen Pfade und URLs zurückgegeben werden.

Die Admin-URL

Die Funktion aus Listing 4.22 gibt die URL zum Admin-Bereich in WordPress zurück, alternativ mit angehängtem Pfad zu einem Verzeichnis oder einer Datei:

```
<?php
function admin_url(
   string $path = '',
   string|null $scheme = 'admin'
): string {
   ...
}
```

Listing 4.22 Funktionsbeschreibung von »admin_url()«

Der zweite Parameter (`$scheme`) dient dazu, das Schema zu definieren. Folgende Werte erzeugen dabei die Ausgabe der URL mit angehängtem `https://` (falls eine sichere Verbindung für die Domain möglich ist): `admin`, `login`, `login_post`, `rpc`, `https`. `http` hingegen fügt das Präfix `http://` hinzu. Möglich ist auch noch `relative`, was zur Folge hat, dass nur der Pfad ohne Domainangabe ausgegeben wird, wie Listing 4.23 zeigt:

```
<?php
$admin_url = admin_url();
// $admin_url = http://mein-wp.test/wp-admin/

$options_url = admin_url( 'options.php' );
// $options_url = http://mein-wp.test/wp-admin/options.php

$options_relative = admin_url( 'options.php', 'relative' );
// $options_relative = /wp-admin/options.php
```

Listing 4.23 Beispielaufrufe von »admin_url()«

Die Website-URL

Die nächste Funktion arbeitet ähnlich wie die vorherige. Der Unterschied ist, dass nicht die URL zum WordPress-Admin-Bereich zurückgegeben wird, sondern die URL zum Frontend der WordPress-Installation:

```
<?php
function site_url( $path = '', $scheme = null ): string {
    ...
}
```

Listing 4.24 Funktionsbeschreibung von »site_url()«

Die Parameter für die Funktion aus Listing 4.24, `$path` und `$scheme`, funktionieren wie bei `admin_url()`, wie die Beispiele aus Listing 4.25 zeigen:

```
<?php
$site_url = site_url();
// $site_url = http://mein-wp.test

$xmlrpc_url = site_url( 'xmlrpc.php' );
// $xmlrpc_url = http://mein-wp.test/xmlrpc.php

$xmlrpc_relative = site_url( 'xmlrpc.php', 'relative' );
// $xmlrpc_relative = /xmlrpc.php
```

Listing 4.25 Beispielaufrufe von »site_url()«

Die Home-URL

Ähnlich wie `site_url()` funktioniert auch `home_url()`. Der Unterschied ist, dass Letzteres die URL der aktuellen Multisite zurückgibt. Interessant ist die Funktion daher nur in Multisite-Installationsumgebungen (siehe Abschnitt 21.3.6, »Funktionen zur

Verwaltung von Netzwerken und Websites«). Kommt die Multisite-Option nicht zum Einsatz, hat sie die gleiche Funktion wie auch `site_url()`, wie Listing 4.26 zeigt:

```
<?php
function home_url( $path = '', $scheme = null ): string {
   ...
}
```

Listing 4.26 Funktionsbeschreibung von »home_url()«

Der Home-Pfad

Den absoluten Dateisystempfad zum Stammverzeichnis der WordPress-Installation können Sie mit der Funktion aus Listing 4.27 ermitteln. Parameter hat die Funktion keine. Zurückgegeben wird der absolute Pfad. Listing 4.28 zeigt, wie das bei mir aussieht:

```
<?php
function get_home_path(): string {
   ...
}
```

Listing 4.27 Funktionsbeschreibung von »get_home_path()«

```
<?php
require_once ABSPATH . '/wp-admin/includes/file.php';
$home_path = get_home_path();
// $home_path = /Users/floriansimeth/Local Sites/meinwp/app/public/
```

Listing 4.28 Beispielaufruf für »get_home_path()«

Von WordPress nimmt an, dass `get_home_path()` nicht oft benötigt wird. Aus diesem Grund wird die Datei, in der sich die Funktion befindet, normalerweise nicht geladen. Daher muss im Beispiel die Datei *file.php* zuerst noch eingebunden werden.

Nicht alle Funktionen sind immer vorhanden

Wie Sie in Listing 4.28 gesehen haben, sind nicht alle Funktionen, die Sie beim Durchsuchen des Quellcodes von WordPress finden, immer sofort verfügbar. Sie können aber jederzeit eingebunden werden. PHP bietet dazu auch eine Funktion an, um zu überprüfen, ob die fragliche Funktion existiert, nämlich `function function_exists( string $function ): bool {}`. Für Klassenmethoden oder ganze Klassen existieren Äquivalente:

```
function method_exists( $object_or_class, string $method  ): bool {}
function class_exists( string $class, bool $autoload = true): bool {}
```

Die Content-URL

Benötigen Sie die URL zum */wp-content/*-Verzeichnis von WordPress, so lässt sich die Funktion aus Listing 4.29 nutzen. `$path` definiert eine zusätzliche Pfadangabe. Zurückgegeben wird die vollständige URL, wie Listing 4.30 zeigt.

```
<?php
function content_url( string $path = '' ): string {
    ...
}
```

Listing 4.29 Funktionsbeschreibung von »content_url()«

```
<?php
$content_url = content_url();
// $content_url = http://mein-wp.test/wp-content

$languages_url = content_url( 'languages' );
// $languages_url = http://mein-wp.test/wp-content/languages
```

Listing 4.30 Beispielaufrufe für »content_url()«

Der Upload-Dateipfad

Die URL zum Upload-Verzeichnis erhalten Sie mit der Funktion aus Listing 4.31:

```
<?php
function wp_upload_dir(
    string|null $time = null,
    bool $create_dir = true,
    bool $refresh_cache = false
): array {
    ...
}
```

Listing 4.31 Funktionsbeschreibung für »wp_upload_dir()«

Wider Erwarten wird nicht etwa ein String mit der URL zurückgegeben, sondern ein Array, das auch die URL enthält. Die Parameter bedeuten Folgendes:

- `$time` erwartet einen String im Format `yyyy/mm`. Dabei steht `yyyy` für das gegenwärtige Jahr (also z. B. `2022`) und `mm` für den aktuellen Monat mit führender Null (also z. B. `01` für Januar). Wurde `$time` gesetzt, so wird der entsprechende Verzeichnisname in der Ausgabe angehängt (siehe dazu die Beispiele in Listing 4.32 und Listing 4.33 sowie im Kasten »Das Upload-Verzeichnis« in diesem Abschnitt).

- `$create_dir` sollte auf `true` gesetzt werden, wenn der unter `$time` angegebene Ordner erstellt werden soll.
- Da das Testen und Anlegen von Verzeichnissen auf dem Dateisystem Zeit in Anspruch nimmt, wird ein interner Cache angelegt. Dieser kann mit `$refresh_cache` umgangen werden, wenn der Parameter auf `false` gesetzt wird.

`print_r( wp_upload_dir() );` erzeugt beispielsweise die Ausgabe, die Sie in Listing 4.32 sehen:

```
Array
(
    [path] => /Users/.../meinwp/app/public/wp-content/uploads/2021/12
    [url] => http://mein-wp.test/wp-content/uploads/2021/12
    [subdir] => /2021/12
    [basedir] => /Users/.../meinwp/app/public/wp-content/uploads
    [baseurl] => http://mein-wp.test/wp-content/uploads
    [error] =>
)
```

Listing 4.32 Mögliche Werte von »wp_upload_dir()« (gekürzt)

`print_r( wp_upload_dir( '2054/01', false ) );` erzeugt hingegen die Ausgabe aus Listing 4.33. Die Unterschiede sind hervorgehoben.

```
Array
(
    [path] => /Users/.../meinwp/app/public/wp-content/uploads/2054/01
    [url] => http://mein-wp.test/wp-content/uploads/2054/01
    [subdir] => /2054/01
    [basedir] => /Users/.../meinwp/app/public/wp-content/uploads
    [baseurl] => http://mein-wp.test/wp-content/uploads
    [error] =>
)
```

Listing 4.33 Mögliche Werte bei zusätzlicher Angabe der Parameter von »wp_upload_dir()«

Das Upload-Verzeichnis

Das Upload-Verzeichnis von WordPress befindet sich unter */wp-content/uploads/*. Dateien und Bilder, die im Backend unter MEDIEN • DATEI HINZUFÜGEN hochgeladen werden, landen alle dort, und zwar in einem Unterordner, dessen Name den Monat des Hochladens widerspiegelt. Wurde eine Datei im Januar 2022 hochgeladen, so wurde sie ins Verzeichnis */wp-content/uploads/2022/01/* verschoben.

Der Includes-Pfad

Wenn Sie die Pfadangabe zum */wp-includes/*-Verzeichnis benötigen, nutzen Sie die Funktion aus Listing 4.34:

```
<?php
function includes_url(
    string $path = '',
    string|null $scheme = null
): string {
    ...
}
```

Listing 4.34 Funktionsbeschreibung von »includes_url«

Auch hier ist die Parameterliste die gleiche wie bei den oben genannten Funktionen. Zurückgegeben wird die URL, wie Listing 4.35 zeigt:

```
<?php
$includes_url = includes_url();
// $includes_url = http://mein-wp.test/wp-includes/

$dashicons_url = includes_url( 'css/dashicons.min.css' );
// $dashicons_url = http://mein-wp.test/wp-includes/css/dashicons.min.css

$dashicons_relative = includes_url( 'css/dashicons.min.css', 'relative' );
// $dashicons_relative = /wp-includes/css/dashicons.min.css
```

Listing 4.35 Beispiele für die Includes-URL

Die REST-URL

Zwar widme ich der REST-API noch ein gesondertes Kapitel (nämlich Kapitel 15), ich möchte aber an dieser Stelle bereits darauf hinweisen, dass auch für sie eine Funktion zur Ermittlung der URL existiert (siehe Listing 4.36). Diese funktioniert wie `site_url()` oder `home_url()`, nur dass als `$scheme` noch zusätzlich `rest` angegeben werden kann. Das weist darauf hin, dass es sich um eine REST-URL handelt. Listing 4.37 zeigt Beispiele.

```
<?php
function rest_url( $path = '', $scheme = 'rest' ): string {
    ...
}
```

Listing 4.36 Funktionsbeschreibung von »rest_url()«

```
<?php
$rest_url =  rest_url();
// $rest_url = http://mein-wp.test/wp-json/

$rest_post_url = rest_url( 'wp/v2/types/post' );
// $rest_post_url = http://mein-wp.test/wp-json/wp/v2/types/post
```

Listing 4.37 Mögliche Rückgabewerte von »rest_ur()«

URLs auf Feeds

Die Funktion `get_bloginfo( string $show ): string` gibt neben bestimmten Einstellungen weitere URLs zurück. Das ist insbesondere für Feeds wichtig. `$show` kann dabei die Werte aus Tabelle 4.3 annehmen.

Wert	Beschreibung
`name`	Seitentitel (festgelegt unter EINSTELLUNGEN • ALLGEMEIN)
`description`	Website-Tagline (festgelegt unter EINSTELLUNGEN • ALLGEMEIN)
`wpurl`	Die WordPress-Adresse (URL) (eingestellt unter EINSTELLUNGEN • ALLGEMEIN)
`url`	Die Adresse der Website (URL) (eingestellt unter EINSTELLUNGEN • ALLGEMEIN)
`admin_email`	Die Admin-E-Mail (festgelegt unter EINSTELLUNGEN • ALLGEMEIN)
`charset`	Die Zeichenkodierung für Seiten und Feeds (eingestellt unter EINSTELLUNGEN • LESEN)
`version`	Die aktuelle WordPress-Version.
`html_type`	Der Inhaltstyp (Standard: `text/html`). Themes und Plugins können den Standardwert mit dem Filter `pre_option_html_type` außer Kraft setzen.
`text_direction`	Die Textrichtung wird durch die Sprache der Website bestimmt.
`language`	Der Sprachcode für die aktuelle Site
`stylesheet_url`	Die URL zum Stylesheet für das aktive Theme. Ein aktives Child-Theme hat Vorrang vor diesem Wert.

Tabelle 4.3 Zugelassene Werte für »get_bloginfo()«

Wert	Beschreibung
stylesheet_directory	Der Verzeichnispfad für das aktive Theme. Ein aktives Child-Theme hat Vorrang vor diesem Wert.
template_url / template_directory	Die URL des Verzeichnisses des aktiven Themes. Ein aktives untergeordnetes Theme hat *keinen* Vorrang vor diesem Wert.
pingback_url	Die URL der Pingback-XML-RPC-Datei (*xmlrpc.php*)
atom_url	Die URL des Atom-Feeds (*/feed/atom*)
rdf_url	Die URL des RDF/RSS-1.0-Feeds (*/feed/rdf*)
rss_url	Die URL des RSS-0.92-Feeds (*/feed/rss*)
rss2_url	Die URL des RSS-2.0-Feeds (*/feed*)
comments_atom_url	Die URL des Kommentar-Atom-Feeds (*/comments/feed*)
comments_rss2_url	Die URL des RSS-2.0-Feeds für Kommentare (*/comments/feed*)

Tabelle 4.3 Zugelassene Werte für »get_bloginfo()« (Forts.)

Template-Funktionen für Theme-Pfade und -URLs

Für Themes existieren ebenfalls solche Pfad- und URL-Funktionen, die ich in Abschnitt 5.4.1 näher beschreibe.

Netzwerkfunktionen für Pfade und URLs

Speziell für Multisite-Installationen gibt es sogenannte Netzwerkfunktionen, die Sie nutzen können, um Pfade und URLs zu generieren. Näheres dazu finden Sie in Abschnitt 21.3.6.

Anpassung von Verzeichnissen

Bis auf das */wp-content/wp-admin/*-Verzeichnis lassen sich fast alle Verzeichnisse im Dateisystem umbenennen. Falls diese umbenannt wurden, muss das WordPress mitgeteilt werden. Dies geschieht mit einer PHP-Konstante in der *wp-config.php*. Die »oberste« Pfadkonstante, von der alles ausgeht, ist ABSPATH. Sie ist ebenfalls in der *wp-config.php* definiert, und zwar weit unten in der Datei. Weitere Konstanten lassen sich dort ebenfalls aufnehmen. Welche Möglichkeiten es gibt, können Sie der Datei */wp-includes/default-constants.php* entnehmen. Das Nachlesen ist auch deswegen empfohlen, weil nie klar ist, ob Verzeichnisse mit oder ohne Slash am Ende definiert werden. Sie sollten sich deshalb absichern und nachprüfen, wie bestimmte Konstanten ursprünglich ausgezeichnet wurden.

Wollen Sie beispielsweise das Verzeichnis */wp-content/* in */meine-inhalte/* umbenennen, so nehmen Sie folgende Zeile in die Konfigurationsdatei auf:

```
<?php
define( 'WP_CONTENT_DIR', ABSPATH . 'meine-inhalte' );
```

Und? Ist es für Sie nun so einfach, Plugins zu entwickeln, wie einen Stecker in die Steckdose zu stecken? Vermutlich noch nicht, denn Sie fangen gerade erst an. Übung macht bekanntlich den Meister. Bei Plugins ist aber noch lange nicht Schluss. Im nächsten Kapitel werden Sie lernen, wie Sie ein Theme erstellen.

Kapitel 5
Ein Theme erstellen

Zu einem neuen Theme zu wechseln ist, als würde man ein Zimmer neu streichen. Und manchmal so, als würde das komplette Haus umgebaut. Warum das so ist, erfahren Sie in diesem Kapitel.

Ein paar Eimer Farbe, ein Gerüst und Pinsel. Dann kann es schon losgehen mit dem neuen Anstrich. Tatsächlich ist es jedoch nicht immer so einfach, wie sich das anhört. Was ist, wenn sich plötzlich der Putz an den Wänden löst? Dann hat man auf einmal eine komplett andere Baustelle und ist gezwungen, sich damit zu beschäftigen, weil die Farbe sonst nicht hält.

5.1 Grundwissen zu Themes

Ein altes Theme lässt sich zwar mit einem Klick deaktivieren und ebenso einfach aktivieren Sie ein neues. Aber so leicht das auch klingen mag, so aufwendig ist manchmal das Nacharbeiten – erst recht, wenn Theme-Autoren Plugin-ähnliche Funktionen in das Theme integriert haben. Wie kommt man an die Daten, die jetzt plötzlich verschwunden sind, wieder ran? Wie finde ich Ersatz für etwaige Theme-Funktionen? Das sind sehr viele Fragen, die sich nicht stellen, wenn ein Theme sauber von den eigentlichen Funktionen getrennt wurde. Dazu muss jedoch erst einmal genauer definiert werden, was ein Theme ist und was es nicht ist.

5.1.1 Was ist ein Theme?

Das Wort *Theme* lässt sich aus dem Englischen mit den Begriffen *Thema* oder *Motto* übersetzen. Und beide passen ganz gut. Denn ein WordPress-Theme ist für das Design und das Layout einer Internetseite zuständig. Wird das Theme verändert, ändert sich auch das Aussehen der Website im *Frontend*. Dies bezieht sich darauf, was ein Besucher sieht, wenn er eine Webpräsenz betrachtet.

WordPress-Themes sind unglaublich leistungsfähig. Sie lassen sich aufblähen wie einen Ballon, und Plugin-Funktionen lassen sich integrieren – einmal abgesehen davon, dass Sie das nicht tun sollten (siehe Abschnitt 5.1.2, »Abgrenzung zu Plugins«).

Darüber hinaus können unterschiedliche Layouts, Typografien und Farben eingesetzt sowie Videos und Bilder eingebunden werden, um den Webauftritt schön aussehen zu lassen. Wer ein Theme entwickelt, muss also am Anfang entscheiden, wie alles aussehen und angezeigt werden soll.

Und genau hier fängt die Krux an: Themes sollen heutzutage nicht nur schön sein, sondern auch die Interaktion der Besucher mit den Inhalten verbessern.

Das Wundervolle an WordPress-Themes ist, dass sie sich (wenn sie denn nicht so aufgebläht sind, wie eben beschrieben) jederzeit mit wenig Aufwand ersetzen lassen. Denn ein Theme nutzt nur die Inhalte, die in WordPress gespeichert sind. Es verändert diese nicht.

Mittlerweile gibt es zwei Arten von Themes. Ursprünglich wurde mit sogenannten *Template-Dateien* gearbeitet. Das sind Teile einer Website, die einzeln eingebunden werden. Sehr einfach ausgedrückt, wären das zum Beispiel Teile aus Tabelle 5.1. Abbildung 5.1 zeigt einen typischen Aufbau.

Name des Bereichs	Erklärung
Header	Kopfbereich
Content	Inhaltsbereich
Footer	Fußbereich
Sidebars	Seitenleisten
Comments	Kommentarbereiche

Tabelle 5.1 Mögliche Template-Bereiche

Seit Einführung des Block-Editors (genannt *Gutenberg*) bewegt sich das WordPress-Projekt immer weiter weg von der klassischen Theme-Entwicklung. Das lässt sich nur durch die Vergangenheit erklären: Themes gibt es zwar wie Sand am Meer, aber es gibt vereinzelte Projekte, die schon früh (etwa um das Jahr 2014) damit begonnen haben, ihre eigenen sogenannten *Page-Builder* zu entwickeln. Damit ließen sich erstmals dynamische Inhalte ohne Programmierkenntnisse in eine WordPress-Seite integrieren, und diese ließ sich fast bis ins kleinste Detail *stylen*, also nicht nur textlich, sondern auch farblich individuell anpassen, mit alternativen Schriftarten versehen und vieles mehr. Ausdrücke wie *Divi-Builder*, *Visual Composer* und *Elementor* sind jedem in der Community ein Begriff. Das sind wohl die bekanntesten Page-Builder in der WordPress-Welt, wobei es mittlerweile aber deutlich mehr gibt. Abbildung 5.2 zeigt den Divi-Builder im Einsatz.

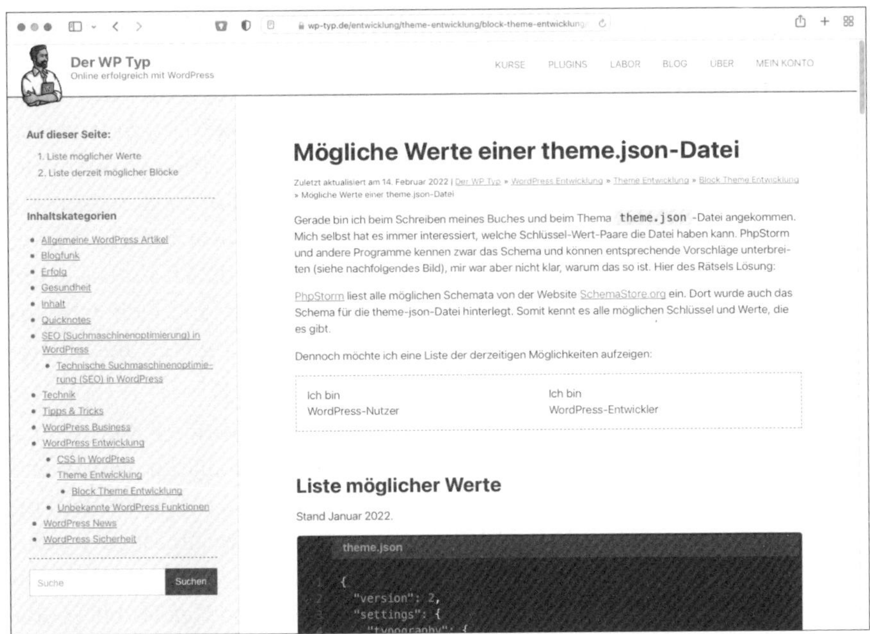

Abbildung 5.1 Typischer Aufbau von Webseiten: Header mit Menü und Logo oben, links die Seitenleiste und rechts der Inhaltsbereich

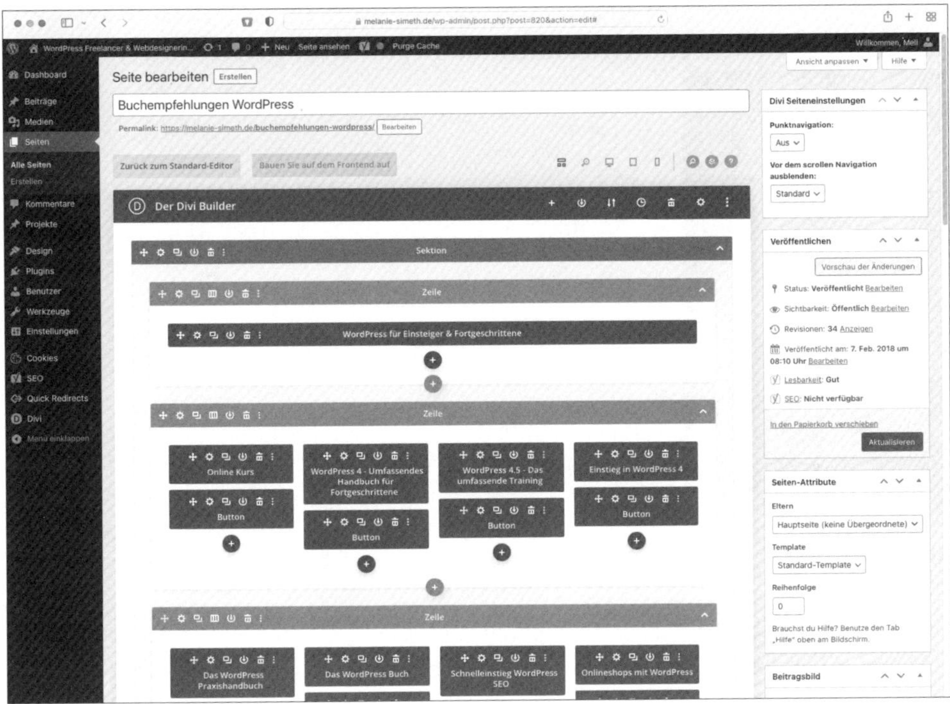

Abbildung 5.2 Der Divi-Builder im Einsatz

Vor den Page-Buildern gab es eine Vielzahl von Themes, die manchmal sehr überladen waren (siehe dazu auch Abschnitt 5.1.2). Erst im Dezember 2016 verkündete Matt Mullenweg auf der alljährlichen *State oft the Word* (siehe den Kasten »The State of the Word« in diesem Abschnitt), dass nun alles anders werden würde. *Design leads the way*, hieß es damals. Matt erkannte, wohin die Reise gehen würde. Page-Builder wurden immer beliebter, und WordPress verlor den Anschluss. Die Entwicklung musste also aufgeholt werden. Der Startschuss für den neuen Block-Editor fiel. Mit WordPress 6.0 und umgerechnet sechs Jahren Entwicklungszeit würde ich ihn als stabil und umfangreich bezeichnen. Ich war Nutzer der ersten Stunde, und viele taten es mir gleich. So kommt der Block-Editor schließlich bei vielen WordPress-Installationen schon zum Einsatz.

Democratize Publishing ist der Leitspruch von WordPress. Im Grunde ließe sich das mit »alles wird immer einfacher« übersetzen. Die 5-Minuten-Installation wurde später durch die 1-Klick-Installation ersetzt. Warum sollte man bei so etwas wie dem Installationsvorgang aufhören? Die Welt dreht sich weiter, und deswegen ist auch beim Editor nicht Schluss. Mit Erscheinen dieses Buches wurde das *Full-Site-Editing* in WordPress integriert. Damit lässt sich die komplette Website von Header bis Footer im Block-Editor direkt aus dem WordPress-Backend stylen (siehe Abbildung 5.3). Nötig ist dazu ein sogenanntes *Block-Theme*. Vereinfacht gesagt ist das nichts anderes als ein Theme mit minimalen Vorgaben. Näheres dazu lesen Sie in Abschnitt 5.8, »Ein Block-Theme entwickeln«.

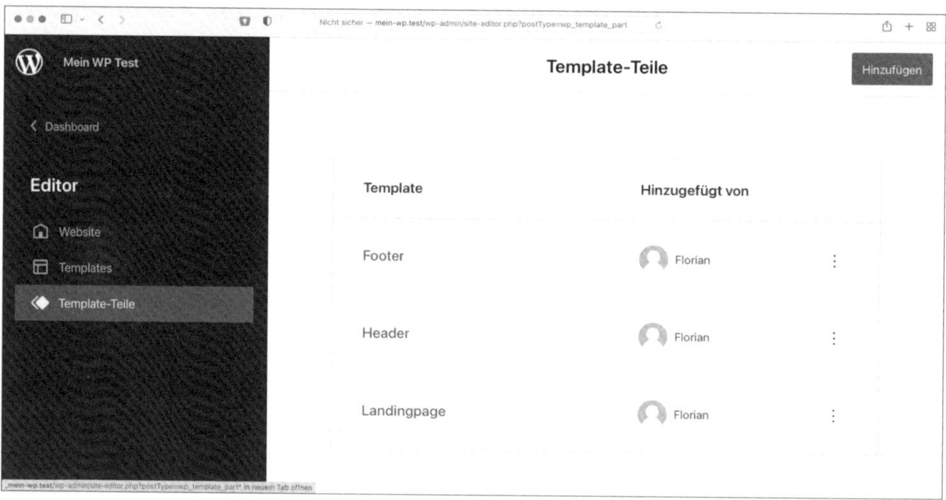

Abbildung 5.3 Der Site-Editor mit einer Auswahl an Templates

Das bedeutet aber nicht, dass die sogenannten *Classic-Themes* in nächster Zeit verschwinden werden. Denn noch lässt sich mit reinen Block-Themes nicht alles umsetzen, was mit Classic-Themes möglich ist. Aber Sie sehen, wohin die Reise führt. Es kann sein, dass diese Themes über die nächsten Jahre immer mehr an Bedeutung verlieren werden.

The State of the Word

Die *State of the Word* ist ein alljährlicher Vortrag von Matt Mullenweg (dem Mitgründer von WordPress). Dabei handelt es sich um eine Art Jahresrückblick mit Aussicht auf die Zukunft. Matt zeigt also, was im vergangenen Jahr im WordPress-Projekt passiert ist und gibt vor, wohin die Reise im jeweils nächsten Jahr (und darüber hinaus) gehen wird. Veröffentlicht wird die *State of the Word* auf *https://wordpress.tv*.

5.1.2 Abgrenzung zu Plugins

Am Ende von Abschnitt 4.1.2 bin ich im Kasten »Plugins sind keine Themes! Themes sind keine Plugins!« bereits auf die Abgrenzung zwischen den beiden Begriffen eingegangen. Die Frage lautete: Sollen Plugins die Aufgaben von Themes übernehmen? Und andersherum: Sollen Themes die Aufgaben von Plugins übernehmen? Die Antwort lautete kurz und knapp: Nein.

Nicht nur Entwickler trennen ausführbaren von darstellendem Code. Diese ungeschriebene Regel ist gleichermaßen etwas für WordPress-Seitenbetreiber. Sie sind zwar keine Entwickler, aber auch ihnen muss verständlich gemacht werden, dass die Trennung einige Vorteile mit sich bringt. Betrachten wir ein Beispiel.

Nehmen wir an, jemand installiert ein Theme, das speziell für Rezept-Websites erstellt wurde. Es hat auch eine Bewertungsfunktion integriert. Diese Funktion erlaubt es den Besuchern, Ihre Artikel zu bewerten. Darüber hinaus erstellt sie sogenannte *strukturierte Daten*, die von Suchmaschinen gelesen werden können (siehe den Kasten »Strukturierte Daten« in diesem Abschnitt). Diese Daten werden ausgewertet und können dazu führen, dass in den Suchtreffern kleine Sterne auftauchen (siehe Abbildung 5.4). Solche Aufwertungen werden *Rich Snippets* genannt.

Recipe for Donuts - SNIP DEMO
https://rich-snippets.io › Recipes › Breads ▾
★★★★★ Rating: 4,7 - 50 reviews - 8 hrs 3 mins - 248 cal

Oct 2, 2018 - Ingredients. 1 and 1/8 cup whole milk, warm. 1/4 cup sugar. 2 1/4 teaspoons (one package) Instant Or Active Dry Yeast. 2 whole large eggs, lightly beaten. 1 and 1/4 stick unsalted butter (10 tablespoons), melted. 4 cups all-purpose flour. 1/2 teaspoon salt. Shortening/oil for frying.

Abbildung 5.4 »Rich Snippets« sind zusätzliche Daten in den Suchtreffern auf Suchmaschinen.

Der Betreiber der Seite ist mit dem Theme richtig glücklich, und alles funktioniert jahrelang sehr gut. Dann aber passiert eines von mehreren Dingen:

- Die Autoren des Themes stellen keine Updates mehr bereit. Unter Umständen gibt es aber eine Sicherheitslücke, von der der Betreiber erfahren hat.
- Das Theme wird nicht mehr weiterentwickelt.
- Das Design kommt in die Jahre, und der Betreiber möchte gern einen neuen frischen Look auf seine Website bringen.

Die Möglichkeiten sind vielfältig. Der Betreiber weiß, dass ein Theme in WordPress mit nur ein paar wenigen Klicks ausgetauscht werden kann (siehe Abschnitt 5.1.6, »Wie Themes installiert und aktiviert werden«). Was passiert aber, wenn das bestehende Theme deaktiviert und das neue aktiviert wird? Die Rezept- und damit genauso die Bewertungsfunktion sind verschwunden. Und damit sind auch die strukturierten Daten verloren. Das wiederum führt dazu, dass Google und Co. die Sterne aus der Suchtrefferliste für Ihre Website entfernen. Da solche strukturierten Daten dafür sorgen können, dass eine Seite öfter besucht wird, ist das schon ein großer Rückschritt, der beim Wechseln des Themes erst einmal nicht auffällt.

Strukturierte Daten

Strukturierte Daten lassen sich über speziellen JSON+LD-Code im Quellcode der Website verankern. Dieser Code ist für den Besucher nicht sichtbar. Suchmaschinen können diesen (für Maschinen gefertigten) Code jedoch lesen und auswerten. Das kann zu sogenannten *Rich Snippets* führen. Das sind Suchtreffer, die mit gewissen Extras ausgestattet sind und damit mehr Aufmerksamkeit erzeugen können. In Abbildung 5.4 sind das die Sterne und die zusätzlichen Angaben zum Rezept (Zubereitungszeit, Kalorienangaben etc.). Abbildung 5.5 zeigt den Suchtreffer ohne Rich Snippets.

Erst nachdem die Suchmaschinen die Website neu indexiert haben, fällt auf, dass die *Click-Through-Rate* (CTR) abfällt und Rezeptseiten nicht mehr so viel Aufmerksamkeit erhalten.

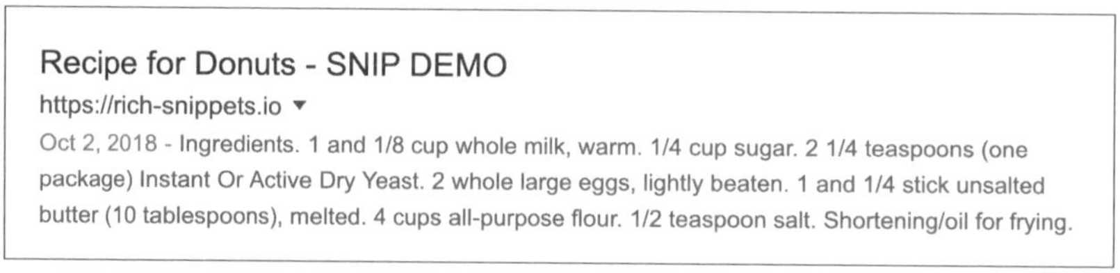

Recipe for Donuts - SNIP DEMO
https://rich-snippets.io ▾
Oct 2, 2018 - Ingredients. 1 and 1/8 cup whole milk, warm. 1/4 cup sugar. 2 1/4 teaspoons (one package) Instant Or Active Dry Yeast. 2 whole large eggs, lightly beaten. 1 and 1/4 stick unsalted butter (10 tablespoons), melted. 4 cups all-purpose flour. 1/2 teaspoon salt. Shortening/oil for frying.

Abbildung 5.5 Suchtreffer ohne Rich-Snippets

Die große Suche nach der Ursache beginnt. Der Laie kennt sich mit den technischen Details nicht sonderlich gut aus und weiß nicht, wo er mit den Nachforschungen beginnen soll. Schlimmstenfalls geht das Chaos aber noch weiter. Wird das ursprüngliche Theme deaktiviert, verbleiben alte Daten in der Datenbank, die komplett ungenutzt sind. Das sind in meinem Beispiel also die Angaben zu den Rezepten und die Bewertungen. Im ungünstigsten Fall hat der Betreiber eine Deinstallationsroutine ausgeführt und damit alle Daten gelöscht. Somit sind nicht nur alle Rezepte, sondern auch die angesammelten Bewertungen verloren. Die letzte Hoffnung ist dann ein Backup, wenn der Betreiber überhaupt eines gemacht hat.

Sie sehen also: Ein vermeintlicher Wechsel eines Themes kann ungeahnte Probleme nach sich ziehen. Und dies sind nicht einmal erfundene Szenarien. Tatsächlich erlebte ich das unzählige Male in den vergangenen Jahren während meiner täglichen Arbeit als WordPress-Entwickler.

Was wäre die bessere Alternative gewesen? Der Theme-Autor hätte zusätzlich zum Theme ein Plugin mit der Rezept- und Bewertungsfunktion zur Verfügung stellen müssen. Es spricht nichts dagegen, dass beides miteinander verknüpft ist, also dass das Theme allein dann richtig funktioniert, wenn konkrete Plugins aktiviert sind oder dass das Bewertungs-Plugin nur dann schön aussieht, wenn es mit einem bestimmten Theme benutzt wird. Es ist zwar bedauerlich, wenn manche Plugins dadurch nicht genutzt werden können, aber es ist immer noch besser, als alle Daten mit einem Theme-Wechsel zu verlieren.

Ich verstehe aber ebenso die Diskrepanz. Über die Jahre habe ich Dutzende Plugins entwickelt, darunter auch ein Rating-Plugin. Der Support-Aufwand nach der Entwicklung ist immens, wenn das Plugin im Frontend etwas integriert, was danach auch noch gut aussehen soll. Es gibt Tausende verschiedene Themes, die CSS-Regeln überschreiben können. Es ist ein Ding der Unmöglichkeit, ein Plugin im Frontend mit allen Themes kompatibel zu machen. Daher verstehe ich, dass die Theme-Autoren die Plugins lieber gleich in das Theme integrieren, obwohl es falsch ist. So entgehen sie zumindest einem hohen Supportaufwand.

Dennoch gilt:

- Themes kümmern sich um das Layout, um Farben und Schriften.
- Themes haben keine zusätzlichen Funktionen. Und wenn, dann nur in seltenen Ausnahmefällen.
- Versuchen Sie deshalb, alle Zusatzfunktionen in separate Plugins auszulagern.
- Als einfache Regel gilt: Wenn eine Funktion zusätzliche Daten in die Datenbank speichert, sollte sie in ein Plugin ausgegliedert werden.

5.1.3 Abgrenzung zu Blöcken

Der neue Editor mit dem Codenamen *Gutenberg* wurde mit einer Redewendung im Kopf entwickelt. Und diese lautet: *»Alles ist ein Block.«* Was Blöcke im Detail sind, erfahren Sie in Kapitel 9, »Einen Block erstellen«. An dieser Stelle sei nur erwähnt, dass jedes Teil im neuen Editor, also ein Absatz oder ein Bild, als einzelner Block verstanden werden muss. Diese Blöcke können dynamisch oder statisch sein. Dynamische Blöcke generieren im Frontend eine veränderte Ausgabe, während statische Blöcke HTML-Code erzeugen und für sich stehen können.

Da Ihnen bei Themes im Grunde die gleichen Möglichkeiten zur Verfügung stehen wie bei Plugins, könnten Blöcke auch in Themes integriert werden. Das Problem ist dann aber das gleiche wie bei Themes, in die Plugins integriert wurden: Wird das Theme deaktiviert, so stehen auch die Blöcke nicht mehr zur Verfügung. Verschärft wird die Situation dadurch, dass diese Blöcke vielleicht zahlreich im System hinterlegt worden sind. Stellen Sie sich eine News-Website vor, auf der täglich mehrere Dutzend Beiträge erscheinen. Wird in jedem Artikel ein spezieller, im Theme hinterlegter Block genutzt, so steht der Betreiber vor einem großen Problem, wenn er nach jahrelanger Nutzung sein Theme austauschen möchte.

In der Datenbank liegen dann Inhalte von Blöcken, die es nicht mehr gibt. Das ist grundsätzlich kein Problem per se. Wenigstens nicht bei statischen Blöcken, die nur reinen HTML-Code erzeugt haben. Der Block wird zwar vom Editor nicht mehr erkannt (siehe Abbildung 5.6), aber er kann zumindest in einen HTML-Block umgewandelt und weiterverwendet werden. Ein Entwickler muss damit beauftragt werden, das Styling im Frontend zu ergänzen. Damit wäre alles beim Alten.

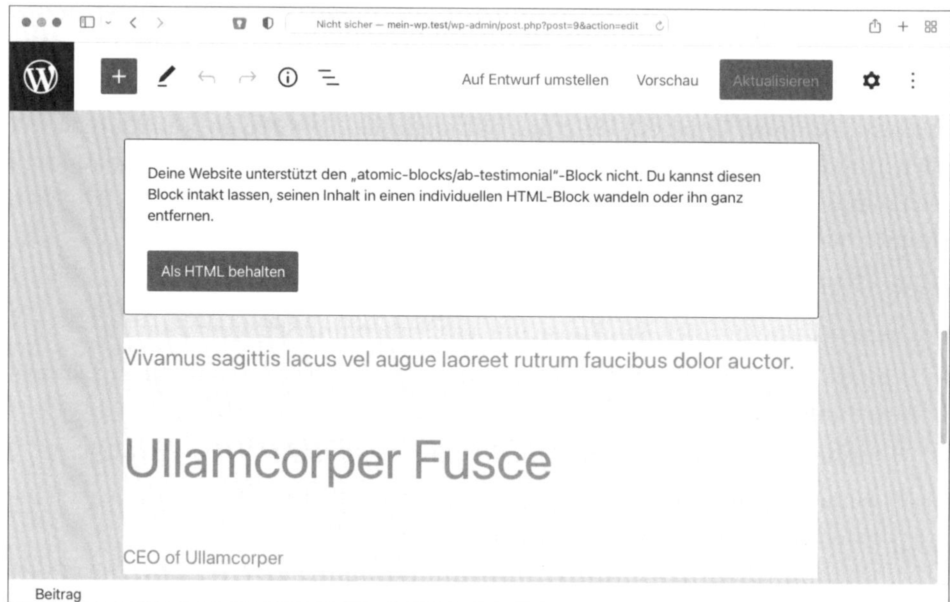

Abbildung 5.6 Ein Warnhinweis zeigt, dass ein Block nicht mehr zur Verfügung steht.

Bei dynamischen Blöcken sieht dies anders aus. Ein solcher Block ist zwar ebenfalls noch in der Datenbank vorhanden (und wird nicht mehr erkannt), die Ausgabe fehlt aber gänzlich. Denn der zugrunde liegende Code (in PHP geschrieben) wird mit der Deaktivierung des Themes entfernt.

Es gilt also Folgendes: Auch Blöcke sollten für sich stehen und unabhängig von Themes betrieben werden können, um spätere Konflikte zu vermeiden.

5.1.4 Wo Themes zu finden sind

Analog zu den Plugins gibt es im Internet eine Vielzahl von Themes. Auch hier gibt es schwarze Schafe. Nicht selten werden hochpreisige Themes auf dubiosen Plattformen zum kostenlosen Download angeboten. Dadurch, dass der Quellcode von Themes (wie auch von Plugins) offengelegt sein muss, ist es für Hacker ein Leichtes, etwaige Freischaltmechanismen zu umgehen. Dieser Vorgang wird *nullen* genannt. Wenn etwas kostenlos angeboten wird, sollten Sie ohnehin sehr aufmerksam und skeptisch sein – nicht nur bei WordPress-Plugins und -Themes, sondern bei allen Arten von Software, die aus dem Internet geladen wird.

Auch im Theme-Umfeld dürfte das offizielle Verzeichnis von wordpress.org die größte Anlaufstelle sein. Unter *https://wordpress.org/themes/* finden Sie derzeit ca. 9100 Themes zum kostenfreien Download.[1] Zwar sind viele der Themes nicht immer so umfangreich wie zum Beispiel die Themes von *ThemeForest.net*. Aber das kann auch ein großer Vorteil sein, wie ich in den vorangegangenen Kapiteln bereits aufzeigen konnte.

https://themeforest.net dürfte die bekannteste Quelle an Bezahl-Themes sein. Aktuell befinden sich dort ca. 2600 Themes, was ungefähr einem Viertel der Themes im WordPress-Theme-Verzeichnisses entspricht. Obwohl es mittlerweile fast zum guten Ton gehört, sind nicht alle Themes immer zu 100 % GPL-kompatibel (siehe dazu auch noch einmal die Geschichte im Kasten »Die Krux mit der GPL-Lizenz« in Abschnitt 2.2).

Mit *TemplateMonster* gibt es noch einen weiteren Konkurrenten im Kampf um den größten Theme-Marktplatz. Unter *https://www.templatemonster.com/wordpress-themes.php* findet man derzeit ca. 3000 Themes zum Kauf.

Neben den großen Portalen gibt es unzählige Unternehmen, die sich auf die WordPress-Theme-Entwicklung spezialisiert haben. Das Theme-Geschäft war in der Vergangenheit sehr lukrativ. Der Machtkampf war und ist stets groß. Das hat dazu geführt, dass Themes mit immer mehr Features ausgestattet wurden. Das blähte sie so

1 Es wird aber nur die Hälfte angezeigt. Der Grund ist, dass Themes ausgefiltert werden, die seit mehr als zwei Jahren nicht mehr aktualisiert wurden – auch in der dazugehörigen API. Quelle: *https://wordpress.slack.com/archives/C02QB8GMM/p1640774708496400* (abgerufen am 30.12.2021)

sehr auf, dass sie eine Art Abhängigkeit erzeugten. Meiner Erfahrung nach ist eine Migration zu einem anderen Theme häufig nur mit viel Zeitaufwand möglich. Dadurch entstehen Kosten, die viele kleine Unternehmen schlicht nicht tragen können.

Um einen Eindruck vom Markt zu bekommen, sehen Sie in Tabelle 5.2 eine unvollständige Liste bekannter Themes, die nicht in einem der oben genannten Verzeichnisse gelistet werden.

Name und Website	Anmerkungen
Divi von ElegantThemes	Enthält einen eigenen Page-Builder.
https://www.elegantthemes.com/gallery/divi	
Ultra von Themify	Enthält einen eigenen Page-Builder.
https://themify.me/themes/ultra	
Astra	Setzt auf den Block-Editor, unterstützt aber auch Beaver-Builder und einen eigenen Header-Footer-Builder.
https://wpastra.com	
Genesis von StudioPress	Setzt auf den Block-Editor.
https://www.studiopress.com	

Tabelle 5.2 Unvollständige Liste bekannter Themes

Es gibt auch deutschsprachige Hersteller. Diese sind meist nicht so bekannt, vor allem, weil sie sich (wie z. B. *WPCasa*) eher in Nischen aufhalten. Sie sind aber nicht weniger erwähnenswert (siehe Tabelle 5.3).

Name und Website	Anmerkungen
MarketPress	Spezialisiert auf WooCommerce (Themes).
https://marketpress.de	
Mehrere Themes von WPCasa	Spezialisiert auf Themes für Makler.
https://wpcasa.com	
ElmaStudio	Circa 20 Themes eines deutschsprachigen Entwickler-Duos mit Sitz in Neuseeland
https://www.elmastudio.de	

Tabelle 5.3 Deutschsprachige Theme-Hersteller

5.1.5 Häufig heruntergeladene Themes bei w.org

Welches nun das meistgenutzte Theme in der WordPress-Welt ist, lässt sich schwer belegen. *ElegantThemes* ist ein Hersteller, den ich seit Beginn meiner »WordPress-Zeit« kenne und der mich, besonders durch den anfangs sehr günstigen Preis, mit vielen Themes für meine Kundenprojekte versorgt hat. Wie hoch die Downloadzahlen dort sind, kann niemand sagen. Das Unternehmen selbst spricht von aktuell ca. 800.000 Kunden. Das Theme *Avada* ist mit derzeit 760.000 Verkäufen ähnlich beliebt. Höhere Zahlen haben hier nur die mit WordPress mitgelieferten und nach Jahren benannten Themes (siehe den Kasten »Jahreszahl als Theme-Bezeichnung«).

Tabelle 5.4 enthält eine Auflistung der Themes, die derzeit am häufigsten installiert sind.[2]

#	Name	Installationen
1	Astra *https://wordpress.org/themes/astra/*	> 1 Million
2	Hello Elementor *https://wordpress.org/themes/astra/*	> 1 Million
3	Twenty Twenty-One *https://wordpress.org/themes/twentytwentyone/*	> 1 Million
4	Twenty Twenty *https://wordpress.org/themes/twentytwenty/*	900.000
5	Twenty Seventeen *https://wordpress.org/themes/twentyseventeen/*	900.000
6	OceanWP *https://wordpress.org/themes/oceanwp/*	700.000
7	Twenty Nineteen *https://wordpress.org/themes/twentynineteen/*	400.000

Tabelle 5.4 Häufig bei »wordpress.org« heruntergeladene Themes

2 Offizielle Zahlen aus der WordPress.org-API, abgerufen am 29.12.2021 mit folgendem Aufruf. Die Anzahl aller Themes lag bei 4593. *https://api.wordpress.org/themes/info/1.1/?action=query_themes&request[page]=1&request[per_page]=1000&request[fields][active_installs]=true&request[fields][downloaded]=true*

#	Name	Installationen
8	GeneratePress	400.000
	https://wordpress.org/themes/generatepress/	
9	Neve	300.000
	https://wordpress.org/themes/neve/	
10	Storefront	200.000
	https://wordpress.org/themes/storefront/	

Tabelle 5.4 Häufig bei »wordpress.org« heruntergeladene Themes (Forts.)

Jahreszahl als Theme-Bezeichnung

Die WordPress-Community bringt jedes Jahr ein neues Theme an den Start. Dieses Theme wird mit jeder WordPress-Installation ausgeliefert. Benannt werden sie nach den jeweiligen Jahreszahlen. Los ging es mit dem namenlosen *Default* und dem *Classic*-Theme. Ab 2010 begann dann die Entwicklung der alljährlichen Themes und der Benennung nach Jahreszahlen: *Twenty Ten*, *Twenty Eleven*, *Twenty Twelve* und so weiter. 2021 gab es schließlich das erste Mal zwei Themes: *Twenty Twenty-One* (TT1) und das sogenannte *TT1 Blocks*. Letzteres funktioniert ausschließlich zusammen mit dem Block-Editor.

5.1.6 Wie Themes installiert und aktiviert werden

Exakt wie bei der Installation von Plugins gibt es auch hier drei Wege, wie sich Themes installieren lassen. Durch die integrierte Theme-Suche (❸ auf Abbildung 5.8) lässt sich das wordpress.org-Theme-Verzeichnis nach geeigneten Themes durchstöbern. Sie finden sie unter DESIGN • THEMES (❶ auf Abbildung 5.7) mit anschließendem Klick auf den Button THEME HINZUFÜGEN ❷ im Kopfbereich der sich öffnenden Seite. Wird die Maus über ein Theme geführt, so wird der Button INSTALLIEREN (❹ auf Abbildung 5.8) sichtbar. Durch einen Klick wird das Theme installiert.

Die zweite Möglichkeit, ein Theme zu installieren, besteht darin, dieses als ZIP-Archiv hochzuladen. Besuchen Sie dazu die Seite DESIGN • THEMES ❶ im WordPress-Backend, und klicken Sie dann auf THEME HINZUFÜGEN ❷ im Kopfbereich der sich öffnenden Seite. Der anschließende Klick auf den Button THEME HOCHLADEN ❺ bringt ein Formular ❻ zum Vorschein, mit dem Sie eine lokale ZIP-Datei von Ihrem Rechner auswählen und hochladen können.

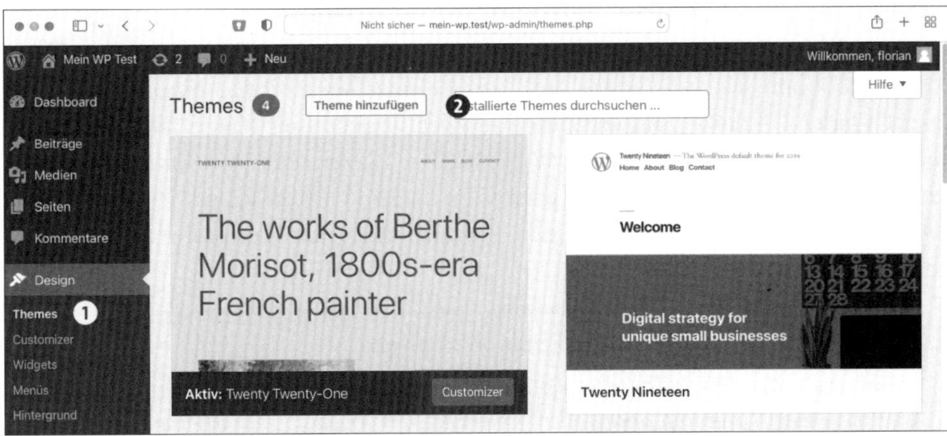

Abbildung 5.7 Die Theme-Übersicht im WordPress-Backend

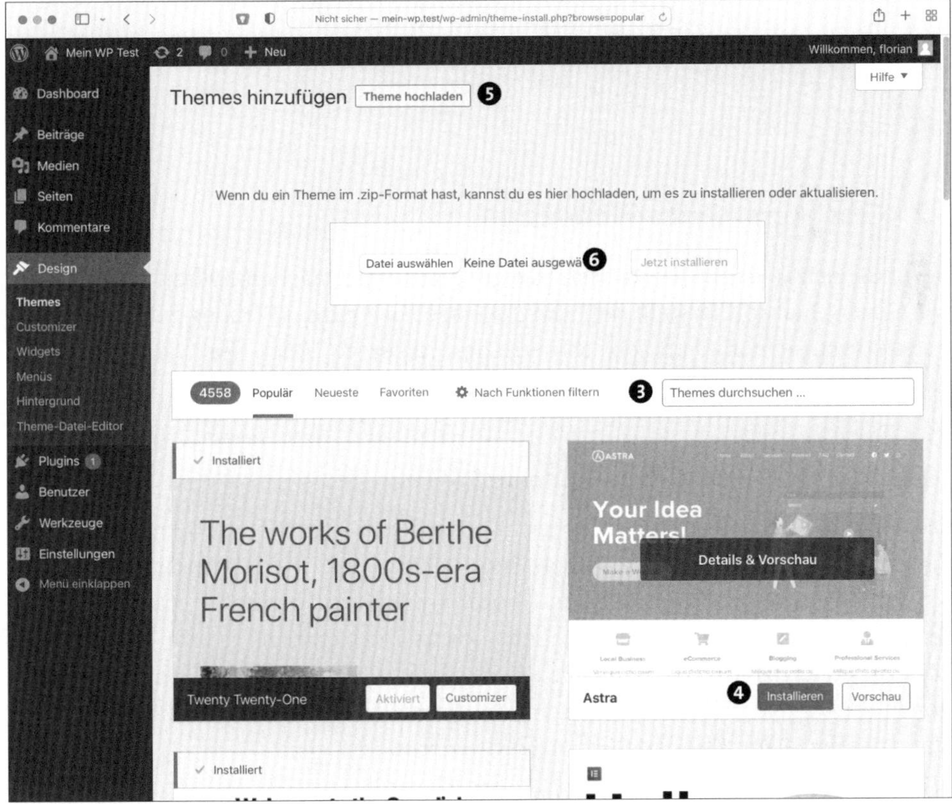

Abbildung 5.8 Bildschirm zur Installation eines Themes vom WordPress.org-Theme-Verzeichnis

Die dritte und letzte Methode ist, das Theme per FTP (oder SSH) auf den Server zu laden, auf dem WordPress installiert wurde. Etwaige Themes, die sich in einem ZIP-Archiv befinden, müssen zuvor auf dem heimischen Rechner entpackt werden. Danach laden Sie das Plugin, das zumeist aus einem Ordner voller Dateien besteht, mit einem FTP-Programm Ihrer Wahl in das Verzeichnis */wp-content/themes/*. Wurde es erfolgreich hochgeladen, wird es im Backend unter DESIGN • THEMES gelistet und kann von dort aktiviert werden. Erst nach der Aktivierung wird dessen Quellcode ausgeführt.

Themes über den eingebauten Editor bearbeiten

WordPress nutzt den Editor, den ich bereits im Kasten »Plugins über den eingebauten Editor bearbeiten« in Abschnitt 4.1.4 erwähnt habe, auch für Themes. Sie finden ihn im Menü unter WERKZEUGE • THEME-DATEI-EDITOR. Auch hier lässt er sich nutzen, um den Quelltext der einzelnen Theme-Dateien zu bearbeiten. Aus Gründen, die ich im genannten Kasten bereits angeführt habe, empfehle ich Ihnen, den Editor zu deaktivieren. Dazu müssen Sie lediglich folgende Zeile in der *wp-config.php* ergänzen:

```
define( 'DISALLOW_FILE_EDIT', true );
```

5.2 Crashkurs: Gutes Webdesign

Bevor Sie sich an das Entwickeln eines eigenen Themes machen, sollten Sie festlegen, wie es aussehen soll. Es stellt sich also die Frage nach gutem Webdesign. Und das orientiert sich nicht nur an rein ästhetischen Aspekten. Auch die Wahrnehmungspsychologie spielt eine Rolle.

5.2.1 Was muss eine Website können?

Die meisten Internetseiten werden nicht aus einem Hobby heraus betrieben. Hinter dem größten Teil der Website stehen Unternehmen oder Selbstständige. Sie begreifen ihre Website als Marketing- und Kommunikationsinstrument. Das ultimative Endziel ist, dem Kunden weiterzuhelfen – so gut und so schnell es geht. Die Anliegen können jedoch sehr unterschiedlich sein. Es geht nicht immer nur um den Verkauf von Produkten oder Dienstleistungen, sondern auch um die Darstellung des eigenen Unternehmens, um Kunden-Support und vieles mehr.

Sie müssen sich in Ihre Zielgruppe *und* in deren Vorhaben hineinversetzen können. Eine einzelne Seite muss anders aufgebaut sein, wenn ein potenzieller Neukunde ein Produkt (online) kaufen soll als wenn ein bereits bestehender Kunde Hilfe zum Produkt benötigt. Die schönste und prachtvollste Internetseite nützt nichts, wenn sie wenig intuitiv und kompliziert in der Bedienung ist. Das bedeutet nicht, dass eine Internetseite nicht attraktiv sein soll. Im Gegenteil: Eine attraktive *und* funktionale Website ist am wirksamsten.

5.2.2 Wahrnehmungsprinzipien und deren Einsatz im Webdesign

In diesem Abschnitt geht es vor allem darum, wie Sie die Aufmerksamkeit Ihrer Besucher gezielt lenken, sodass bestimmte Erfolge erzielt werden. Das hat erst einmal nichts mit Design an sich zu tun. Es geht vielmehr um die Mustererkennung und die visuelle Wahrnehmung. Denn unser Gehirn versucht in allem Strukturen und Ordnungsprinzipien zu erkennen. So lässt sich beispielsweise steuern, dass ein Besucher bestimmten Elementen mehr Wichtigkeit beimisst. Die meisten Prinzipien sind auch bekannt als *Gestaltprinzipien, Gestaltgesetze* oder *Objektextraktion*.

Dabei geht es nicht nur darum, dass einzelne Komponenten oder eine Website als Ganzes hübsch anzusehen sind. Wesentlich wichtiger sind die Relationen zwischen den Elementen. Es sollte unmissverständlich klar sein, was wozu gehört oder wozu nicht. Andersherum geht es allerdings auch: Durch gezieltes Brechen der Regeln wird Aufmerksamkeit erzeugt.

Prägnanz

Bei der Prägnanz handelt es sich um das Prinzip der Gleichheit oder Ähnlichkeit. Die menschliche Wahrnehmung sucht in einem ersten Schritt immer die einfachste Form eines Objekts. Wenn Sie also komplexe Objekte in Ihr Layout einbauen, kann es möglicherweise nicht von jedem Menschen verstanden werden. Oder aber es wird gar nicht erst erkannt. Im Englischen gibt es eine Redewendung, die hier ganz gut passt: *Keep it small and simple*. Halten Sie Ihr Webdesign so einfach wie möglich.

Nähe

Dinge, die näher beieinanderliegen, werden als zusammengehörig interpretiert. Anders gesagt, zusammenliegende Elemente werden als Gruppe oder sogar als Ganzes angesehen. In WordPress gibt es die Blog-Seite. Dort werden alle Beiträge nach Datum sortiert aufgelistet. Wie diese Auflistung aussieht, können Sie selbst entscheiden. Sie sollte aber so gewählt sein, dass der Benutzer erkennen kann, welche Elemente zusammengehören. Abbildung 5.9 zeigt ein Negativbeispiel. Hier kann nicht erkannt werden, welche Überschrift zu welchem Anrisstext gehört. Abbildung 5.10 ist stimmiger. Durch die leicht gestrichelte Linie und die größeren Abstände wird optisch eine Trennung erwirkt.

Ich hatte geraden den (sehr ungewöhnlichen) Fall, dass auf einem Webserver die SSH-Konfiguration standardmäßig nicht die benutzerdefinierte SSH-Datei (in der Regel unter ~/.ssh /config zu finden) nicht geladen wird. Wer diese Konfigurationsdatei allerdings benötigt, weil man z.B. Zugangdaten (oder -schlüssel) angeben muss, weil man mit git auf der Kommandozeile arbeitet, benötigt Abhilfe. Hier steht, wie das geht.

Für mehr Privatsphäre: Matomo Logging aus NGINX mit Logtail

Es kommt mehr und mehr: Die Abkehr von Google Analytics und Co. Der Grund dürfte nicht nur DSGVO sein sondern auch die zunehmenden Cookie-Fenster. Das nervt. Nicht die DSGVO sondern die Cookie-Fenster. Sie wollen uns fragen, ob wir einem Tracking zustimmen. Und das für jede einzelne Website, die wir besuchen. Warum das Cookie-Fenster nicht einfach weglassen? Das geht, wenn man eben kein krasses Tracking betreibt. Analytics-Daten kann man deswegen trotzdem sammeln. Wie das mit Matomo und NGINX geht, steht in diesem Artikel.

Was lernen wir aus 55.000 WordPress Plugins? Eine Datenanalyse.

Ich war sehr erfreut, als mich Corvin Schwarzer Anfang Mai 2021 kontaktierte. In seiner ersten E-Mail befand sich im Anhang sofort seine fertig abgeschlossene Bachelorarbeit zum Thema "Was lernen wir aus 55.000 Erweiterungen?". In seine Arbeit, die übrigens die Bestnote 1,0 erhielt, erarbeitete er sehr viele Details heraus, die für die WordPress Plugin Erstellung durchaus von Interesse sind.

Synchronisierung der Namensfelder bei BuddyPress 8.0 und höher

Ein Kunde von mir hat vor kurzem auf BuddyPress Version 8.0 aktualisiert. Nach dem Update wurde vorgeschlagen, das Plugin BP xProfile WordPress User Sync zu deaktivieren, weil die Funktion nun in BuddyPress integriert sei. Blöd nur, dass die Synchronisierung nicht mehr funktioniert hat. Hier steht, wie man dieses Problem löst.

Abbildung 5.9 Welche Überschrift gehört zu welchem Text?

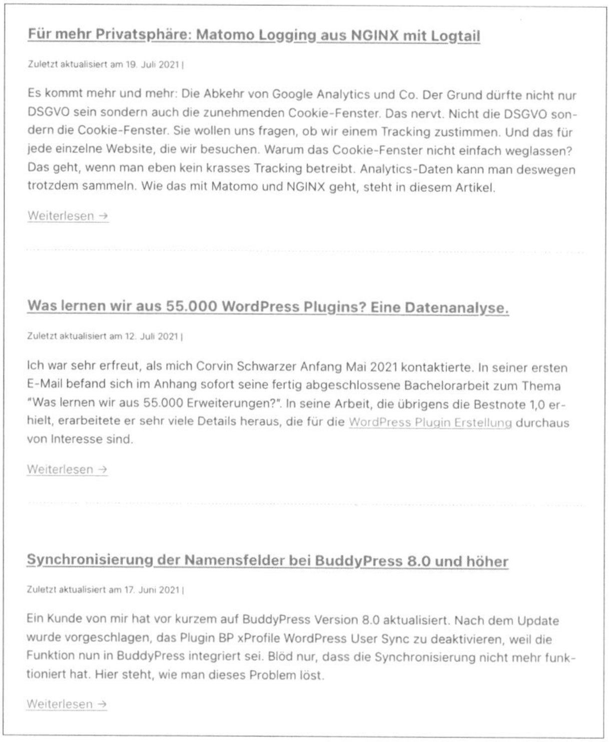

Für mehr Privatsphäre: Matomo Logging aus NGINX mit Logtail

Zuletzt aktualisiert am 19. Juli 2021 |

Es kommt mehr und mehr: Die Abkehr von Google Analytics und Co. Der Grund dürfte nicht nur DSGVO sein sondern auch die zunehmenden Cookie-Fenster. Das nervt. Nicht die DSGVO sondern die Cookie-Fenster. Sie wollen uns fragen, ob wir einem Tracking zustimmen. Und das für jede einzelne Website, die wir besuchen. Warum das Cookie-Fenster nicht einfach weglassen? Das geht, wenn man eben kein krasses Tracking betreibt. Analytics-Daten kann man deswegen trotzdem sammeln. Wie das mit Matomo und NGINX geht, steht in diesem Artikel.

Weiterlesen →

Was lernen wir aus 55.000 WordPress Plugins? Eine Datenanalyse.

Zuletzt aktualisiert am 12. Juli 2021 |

Ich war sehr erfreut, als mich Corvin Schwarzer Anfang Mai 2021 kontaktierte. In seiner ersten E-Mail befand sich im Anhang sofort seine fertig abgeschlossene Bachelorarbeit zum Thema "Was lernen wir aus 55.000 Erweiterungen?". In seine Arbeit, die übrigens die Bestnote 1,0 erhielt, erarbeitete er sehr viele Details heraus, die für die WordPress Plugin Erstellung durchaus von Interesse sind.

Weiterlesen →

Synchronisierung der Namensfelder bei BuddyPress 8.0 und höher

Zuletzt aktualisiert am 17. Juni 2021 |

Ein Kunde von mir hat vor kurzem auf BuddyPress Version 8.0 aktualisiert. Nach dem Update wurde vorgeschlagen, das Plugin BP xProfile WordPress User Sync zu deaktivieren, weil die Funktion nun in BuddyPress integriert sei. Blöd nur, dass die Synchronisierung nicht mehr funktioniert hat. Hier steht, wie man dieses Problem löst.

Weiterlesen →

Abbildung 5.10 Das Gesetz der Nähe im Einsatz: Es ist klar, was zusammengehört.

Ähnlichkeit

Objekte, die gleich aussehen, die also die gleiche Farbe, Form, Textur, Größe oder Bewegungsrichtung aufweisen, werden vom Menschen als zusammengehörig interpretiert. Im Webdesign können Sie das nutzen, indem Sie Elemente, die eine gleichartige Funktion zu erfüllen haben, auch ähnlich ausarbeiten. Das heißt, alle Links und Buttons sollten in Farbe, Größe und Form gleich gestaltet sein. Allerdings gilt auch der umgekehrte Fall: Elemente, die nichts miteinander zu tun haben, sollten unterschiedlich designt werden. Achten Sie darauf, dass eine Relation womöglich nicht erfasst wird, wenn Elemente zu wenig ähnlich sind, obwohl sie zueinanderpassen. Oder andersherum: Bei schlechtem Design wird eine Zusammengehörigkeit erkannt, obwohl Elemente nicht zusammengehören sollen. Dies geschieht dadurch, dass sie sich zu sehr ähneln.

Symmetrie

Auch bei der Symmetrie geht es um Zusammengehörigkeit. Da der Mensch Symmetrie bevorzugt, werden symmetrisch angeordnete Dinge als zusammengehörig erkannt. Das ist auch der Grund, warum zwei Elemente immer den gleichen Abstand aufweisen sollen. In Abbildung 5.10 sehen Sie genau das: Die Distanz zwischen den Beiträgen, der Abstand zum Link WEITERLESEN und viele weitere Abstände sind immer gleich. Das ist auch der Grund, warum wir symmetrische Gesichter von Menschen besonders ästhetisch finden. Aber es muss nicht immer komplett symmetrisch sein; es reicht schon der Eindruck von Symmetrie. Ein *optisches Gleichgewicht* herrscht auch dann, wenn gewichtige Elemente auf der Website verteilt werden. In Abbildung 5.11 wurde das Bild von mir sehr weit rechts angeordnet. Es ist dadurch der sogenannte *Eyecatcher*, also der Blickfang. Trotzdem wirkt die Website nicht unsymmetrisch, da der Text links als »Gegengewicht« platziert wurde.

Abbildung 5.11 Optisches Gleichgewicht schafft eine Art Symmetrie.

Kontinuität

Auch bei der Kontinuität handelt es sich um ein Prinzip der Zusammengehörigkeit. Wir merken insbesondere in folgenden Fällen, dass der Mensch Kontinuität bevorzugt: beispielsweise, wenn wir in einem Gespräch plötzlich gestört werden oder wenn in einer spannenden Szene eines Films der Live-Stream jäh ins Stocken gerät. Das hat aber genauso Vorteile. Wenn der Live-Stream stoppt, versuchen wir sofort darüber nachzudenken, wie es weitergeht. In Abbildung 5.12 sehen Sie, dass das Bild links auch als Kreis erkannt wird, obwohl er abgeschnitten ist. Auch der Text rechts ist leicht beschnitten, aber trotzdem lesbar.

Abbildung 5.12 Das Prinzip der Kontinuität (mit freundlicher Genehmigung von »stellenanzeigenspezialist.de«)

Geschlossenheit

Das Prinzip der Geschlossenheit ist im Grunde die Fortsetzung des Prinzips der Kontinuität. Es besagt, dass Menschen geschlossene Objekte bevorzugen. Für das Gehirn wäre es schöner, wenn das Kreisbild und der Text aus Abbildung 5.12 komplett sichtbar wären. Unsere Vorliebe für Geschlossenheit erzeugt die Fähigkeit, eventuelle Lücken selbstständig zu ergänzen. Umgekehrt besagt das Prinzip, dass Menschen die Abgrenzung lieben. Deswegen wird im Webdesign eine Liste von Elementen oft im Kachel-Layout dargestellt. Auch der Kopf-, der Fuß- und der Inhaltsbereich wird jeweils als in sich geschlossener Bereich empfunden.

Gemeinsames Schicksal

Dieses Prinzip hört sich hochtrabend an, ist jedoch einfach zu erklären: Elemente, die sich gemeinsam bewegen, werden als zusammengehörig erkannt. Dies lässt sich auch auf Benutzeraktionen ausweiten. Wenn ein Besucher zum Beispiel durch einen Klick ein Produkt in den Warenkorb legt und sich gleichzeitig das Warenkorbsymbol an einer anderen Stelle auf der Website bewegt, weiß er, dass die beiden Animationen zusammengehören. Denn auch der Klick auf einen Button wird oft animiert, zum Beispiel durch eine Farbänderung.

Verbundene Elemente

Bei diesem Prinzip werden verbundene Elemente als ein Objekt wahrgenommen. Anders gesagt, das Gehirn versucht unbekannte Elemente in bereits bekannte Formen zu überführen. Der Mensch mag es also einfach, um möglichst wenig Energie für die Wahrnehmung aufwenden zu müssen. Das bekannteste Beispiel sind Wolken. Ein Blick in den Himmel löst einen Vorgang im Kopf aus, der versucht, Formen zu erkennen (siehe Abbildung 5.13).

Übertragen auf das Webdesign bedeutet es, dass unnötiger kognitiver Aufwand vermieden werden sollte. Wenn Sie den Navigationsbereich in den Fußbereich integrieren, verwirrt das die meisten Besucher. Denn sie sind es gewohnt, dass sich die Navigation eher im oberen Bereich befindet.

Abbildung 5.13 Erkennen Sie einen fliegenden Fisch am Himmel?[3]

5.2.3 Allgegenwärtige Definitionen und Normen

Aus den bisherigen Wahrnehmungsprinzipien lassen sich einige Faustregeln ableiten, wie Sie der folgenden Liste entnehmen können:

- Gestalten Sie Ihre Website so einfach wie möglich. Prägnantes sollte hervorstechen.
- Seien Sie konsistent in der Gestaltung. Halten Sie zum Beispiel die richtigen Abstände ein, und sorgen Sie für Symmetrie. Wählen Sie für jede Funktion eine zuvor bestimmte Farbe, Größe und Form.

3 »Clouds forming a ... flying fish?« von Salim Shadid ist lizenziert unter CC BY 2.0. *https://www.flickr.com/photos/21348276@N00/10080642775*

- Nicht zusammenhängende Elemente sollten optisch voneinander getrennt sein.
- Schreien Sie nicht herum! Das passiert, wenn Schrift, Farbe und Hintergrund uneinheitlich sind. Das wirkt, als würden Sie alles Wichtige in die Welt posaunen wollen. Lesen Sie dazu Abschnitt 5.2.4 und Abschnitt 5.2.5.
- Nutzen Sie die Wahrnehmungsprinzipien, und brechen Sie die Regeln an gewissen Stellen, um Aufmerksamkeit zu erzeugen (*Disruption*).
- Vermeiden Sie unnötige Animationen. Das bewegte Bild ist eines der besten *Eyecatcher*, die es gibt. Dementsprechend sollte es in Maßen eingesetzt werden.
- Sorgen Sie für optisches Gleichgewicht. Wenn Sie Ihre Website betrachten, sollte das Gesamtbild nicht unausgeglichen aussehen.
- Versuchen Sie immer, eine Relation herzustellen, indem Sie Elemente, die zusammengehören, auch weiter zusammenstellen. In Abbildung 5.11 sehen Sie, dass sich die Buttons auf meiner Website alle an einer gewissen Stelle am Bildschirm befinden.

Seien Sie sich darüber im Klaren, dass es neben den Wahrnehmungsprinzipien auch einige Phänomene gibt, die sich nicht mit diesen Prinzipien erklären lassen:

- Neben den bereits genannten Animationen und Bewegtbildern zählen menschliche Gesichter zu den *Eyecatchern*. Evolutionsbedingt ziehen sie automatisch mehr Aufmerksamkeit auf sich als alles andere. Eyetracking-Studien haben ergeben, dass hübsche Frauen und Babys die Blicke aller Besucher am längsten halten können.[4]
- Kürzer ist besser: Und damit sind die Längen gemeint, die ein Mauszeiger (oder auf Mobiltelefonen ein Finger) von einem Element bis zum nächsten zurücklegen muss. Die Zufriedenheit eines Besuchers kann ebenfalls gesteigert werden, wenn Bedienelemente groß genug sind, damit sie sicher getroffen werden.[5]
- Da wir schon seit Jahrzehnten mit Werbung im Internet überflutet werden, hat sich eine Art *Banner-Blindness* eingestellt. Das bedeutet, dass bestimmte Elemente an festgelegten Orten von uns nicht mehr richtig wahrgenommen werden. Das betrifft alles, was abnormal groß und farbig ist oder gar blinkt. Im Grunde alles, was übermäßig ablenkt. Dazu gehören auch Banner über dem Kopfbereich und in der rechten Seitenleiste. Wichtige Informationen sollten dort nicht »versteckt« werden.

4 Vgl. Pateil, Neil: 7 Marketing-Lektionen aus Eye-Tracking-Studien, in: NeilPatel, 2020, *https://neilpatel.com/de/blog/eye-tracking-studien/* (abgerufen am 07.02.2022)

5 Vgl. Erlhofer, Sebastian; Brenner, Dorothea: Website-Konzeption und Relaunch, 2. Aufl., Bonn, Deutschland: Rheinwerk, 2019, eBook, S. 376

- Studien haben ergeben, dass die meisten Menschen Websites und Suchergebnisse in einer Art *F-Muster* betrachten.[6] Wichtiges sollte also weit oben links platziert werden, Unwichtigeres unten rechts.
- Das Motto »Weniger ist mehr« gilt auch auf Websites. Kennen Sie Ihre Zielgruppe! Ausschließlich dann kann ihr genau das angeboten werden, was sie benötigt. Auf der Startseite meiner Website habe ich deshalb nur wenige Buttons platziert (siehe Abbildung 5.11). Zuvor hatte ich dort ausschließlich eine Telefonnummer und einen einzigen Button, der zum Formular führte. Es ist klar: Wer einen WordPress-Entwickler sucht, will mit mir kommunizieren und einen Auftrag vergeben. Nicht mehr und nicht weniger. Das Ganze ist bekannt als *Hick-Hyman-Gesetz*: Wer weniger Wahlmöglichkeitenhat, kommt schneller ans Ziel.
- Es ist mittlerweile bekannt, dass Entscheidungen fast nie rein rational getroffen werden. Der eigene Webauftritt sollte deshalb so gestaltet sein, dass er emotional zur Zielgruppe passt. Wer ein Seniorenheim betreibt, benötigt keine Website, die nach Party aussieht. Hier passt eher eine Gestaltung, die Ruhe suggeriert. Gepaart mit entsprechenden Bildern lässt sich dazu Geborgenheit im Kopf der Besucher erzeugen.
- Der Grund, warum Smartphones einen solchen Hype erlebt haben, ist, dass sich ihre Software benutzen lässt wie physische Gegenstände. Von einem zum nächsten Bild zu *swipen* ähnelt sehr dem Umblättern in einem Katalog. Sogar Kinder, die noch nicht sprechen, können Mobiltelefone bedienen. Vor allem im mobilen Bereich ist es also hilfreich, bestimmte Elemente so zu animieren, dass sie reale Interaktionen imitieren.

5.2.4 Die richtigen Farben wählen

Farbe und Farbwirkung spielen eine nicht unwesentliche Rolle im Webdesign. Nicht nur lassen sich mithilfe von Farbe und Helligkeit Elemente markieren und hervorheben, auch Emotionen können erzeugt werden. Und diese können je nach Kultur unterschiedlich sein. Ein sehr komplexes Thema also. Trotzdem ist die Frage nach den richtigen Farben oft die erste, die man stellt, wenn ein neues Webdesign-Projekt begonnen wird. Werden die Farben bereits vorgegeben (dies geschieht meist durch ein *Corporate Design* (CD), in dem außer Farben auch weitere Gestaltungsschemata wie Typografie festgelegt sind), hat man wenig bis keinen Spielraum, was die Auswahl anbelangt. In kleineren, mittelständischen Unternehmen existiert oft kein CD, aber dennoch ein grobes Farbkonzept in den Köpfen der Verantwortlichen.

6 Vgl. Erlhofer/Brenner, 2019, S. 376

Farbhierarchien und -wirkung

Tatsache ist, dass bestimmte Farben oder Farbkombinationen die Aufmerksamkeit stärker anziehen als andere.[7] Tabelle 5.5 zeigt, wie sich dieser Effekt insbesondere zur Aufmerksamkeitslenkung nutzen lässt.

<table>
<tr><td>Eine Farbe</td><td rowspan="6">ist aufmerksamkeits-stärker als</td><td>Graustufen.</td></tr>
<tr><td>Eine reine Farbe</td><td>eine Mischfarbe.</td></tr>
<tr><td>Eine gesättigte Farbe</td><td>eine weniger gesättigte Farbe.</td></tr>
<tr><td>Eine warme Farbe</td><td>eine kalte Farbe.</td></tr>
<tr><td>Eine Kontrastfarbe</td><td>eine harmonische Farbe.</td></tr>
<tr><td>Buntheit</td><td>eine einzelne Farbe.</td></tr>
</table>

Tabelle 5.5 Aufmerksamkeitswirkung von Farben und Farbkombinationen

Die Farbwirkung lässt sich aber weiter beeinflussen. So existieren Farben, die von einem großen Teil der Menschen innerhalb einer Kultur als schön oder unschön empfunden werden. Oft werden Farben mit bestimmten Gegenständen verbunden. Wenn Sie einen gelben Bus fahren sehen, denken Sie bestimmt sofort an die Post. Das funktioniert so leider nur in Deutschland. In Australien nutzt die Post nämlich die Farbe Rot. Der Himmel ist hingegen allgemeingültig blau (zumindest, wenn er nicht von Wolken bedeckt ist). Dass ein Großteil der Menschen eine bestimmte Assoziation zu einer Farbe hat, bedeutet also nicht, dass diese auch universell gültig sind. Tabelle 5.6 zeigt einige dieser Farbwirkungen im westlichen Raum.

Um Farbwirkungen zu verdeutlichen, habe ich in Abbildung 5.14 die Startseite der Hard-Rock-Band ACDC und in Abbildung 5.15 die Website eines Seniorenzentrums in München gegenübergestellt.

Farbe	Wirkung
Rot	Keine andere Farbe ist so präsent und intensiv wie Rot. Sie hat Signalwirkung und steht oft für Gefahr, aber auch für Leidenschaft und Liebe.
Gelb	Gelb ist die hellste Farbe. Sie steht für Heiterkeit und Freude.
Blau	Blau ist die typische Business-Farbe. Blau steht für Sachlichkeit, Vertrauen und Harmonie.

Tabelle 5.6 Farbwirkungen verschiedener Farben

7 Vgl. Erlhofer/Brenner, 2019, S. 370

Farbe	Wirkung
Orange	Orange ist die Mischfarbe aus Rot und Gelb. Sie wirkt wie ein helles, glühendes Rot oder wie ein abgedunkeltes Gelb. Sie steht für Kraft und Fröhlichkeit.
Grün	Grün ist die Farbe der Pflanzen und der Natur. Sie steht für Leben, Wachstum und Hoffnung.
Weiß	Weiß repräsentiert die Summe aller Farben. Sie steht für Reinheit, Freundlichkeit und Unschuld.
Schwarz	Die Farbwirkung von Schwarz ist sehr unterschiedlich. Sie steht für Eleganz, Seriosität und Dominanz genauso wie für Unreinheit und Düsternis.
Violett	Die Mischung aus Rot und Blau wirkt manchmal kühl und manchmal warm, steht aber auch für Stabilität und Energie.
Grau	Wird Schwarz und Weiß vermischt, entsteht Grau. Es steht oft für Emotionslosigkeit und Nüchternheit.
Braun	Die natürlichste Farbe ist Braun. Sie steht für Zuverlässigkeit und Bodenständigkeit und wird oft mit Bäumen assoziiert.

Tabelle 5.6 Farbwirkungen verschiedener Farben (Forts.)

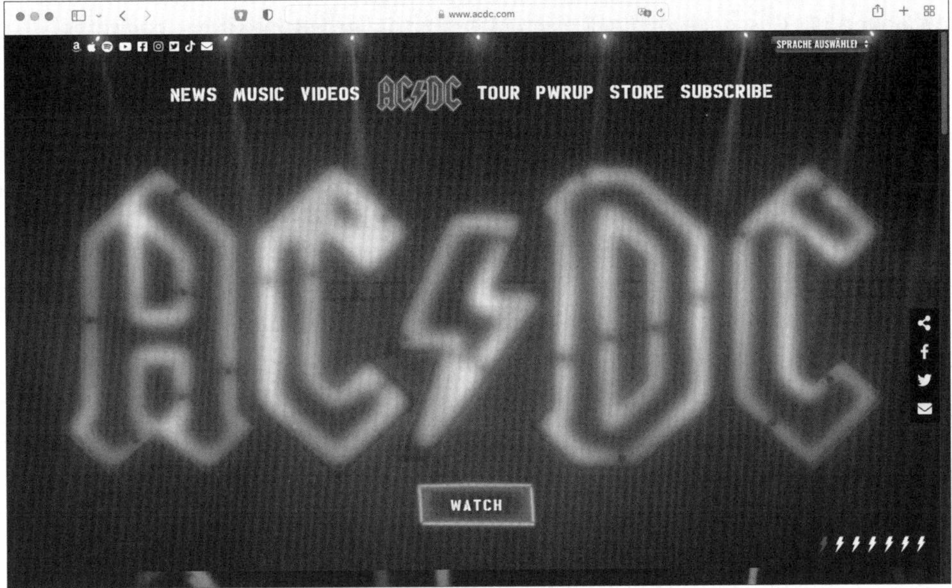

Abbildung 5.14 Schwarz, rot und grell: Hier wird laut geschrien.

Abbildung 5.15 Geschrien wird hier nicht: Man setzt auf gediegene Farben und Fotos mit Menschen.

Farben richtig einsetzen

Hier gilt: Weniger ist mehr! Farben sollten sparsam eingesetzt werden. Bei mehr als drei Farben wird eine Website als zu bunt empfunden. Durch die einzelnen Farben kann dann keine Aufmerksamkeit mehr erzeugt werden. Besser ist es, mit einer Primär- und einer Sekundärfarbe zu arbeiten. Für diese beiden Farben sollten Sie kräftige (aber nicht voll gesättigte) Farben wählen. Abbildung 5.15 liefert ein gutes Beispiel hierfür (Türkis gemischt mit einem dunklen Rot).

Die Primärfarbe ist als die grundsätzliche Hauptfarbe einer Website anzusehen, während die Sekundärfarbe diejenige Farbe ist, mit der Sie gezielt Akzente setzen. Daher wird Letztere für Schlüsselelemente wie Links und Buttons benutzt und manchmal auch für Überschriften. Das allerdings nur, wenn sie nicht zu auffällig ist. Besser ist, unterschiedliche Abstufungen der Primär- und Akzentfarbe zu verwenden. So können Sie kräftigere und leuchtende Farben gezielter zur Aufmerksamkeitserzeugung nutzen als die dunkleren Farben.

Das Zusammenspiel von Text und Hintergrund

Besondere Beachtung sollten Sie dem Zusammenspiel von Text und Hintergrundfarbe schenken. Damit die Schrift gut lesbar ist, müssen die beiden Farben so gewählt werden, dass ein möglichst hoher Kontrast entsteht. Eine dunkelgrüne Schrift auf hellgrünem Hintergrund lässt sich nur schwer lesen.

Vermeiden Sie hochgesättigte Farben

Sie sollten extreme Farbkontraste mit hochgesättigten Farben generell vermeiden. Diese sind für die Augen unangenehm. Sie kennen das von Fernseh- oder Radiogeräten, die die Programmnummer in grellem Blau auf schwarzem Grund anzeigen. Die Zahlen verschwimmen förmlich. Als Hintergrund für Text sollten, wenn überhaupt, leichte Pastelltöne verwendet werden. Zumindest aber nicht voll gesättigte Farben.

5.2.5 Die richtigen Schriften wählen

Tatsächlich ist mir Folgendes schon einmal passiert: Ein Neukunde von einem Verlag rief bei mir an. Er wollte mir einen Webdesign-Auftrag erteilen. Diesen gab er mir jedoch nur, weil ihm die Wahl der Typografie auf meiner eigenen Website so sehr gefiel, dass nur ich für ihn aus einer Vielzahl von WordPress-Entwicklern in Betracht kam. »Wer ein Auge für Typografie hat, den kann ich gebrauchen«, sagte er damals.

Als Verleger fiel ihm sofort auf, was andere Besucher nicht benennen können, weil sie schlicht das Hintergrundwissen nicht haben. Gerade wenn jemand eine Dienstleistung sucht, ist davon auszugehen, dass er kein adäquates Bewusstsein für ein gewisses Thema hat. Sonst würde er ja auch keinen entsprechenden Dienstleister benötigen.

Wie aber wählt man die Schriftarten so aus, dass sie möglichst einladend auf den Besucher wirken? Ein Patentrezept dazu gibt es leider nicht. Die Lösung hängt von einer Vielzahl von Faktoren ab, unter anderem von der Zielgruppe. Eine Rockband hat hier andere Ansprüche als das zuvor genannte Seniorenheim. Trotzdem gibt es einige Variablen, an denen Sie sich orientieren können. Diese liste ich im Folgenden auf. Beginnen wir mit der offensichtlichen: der Schriftgröße.

Die Schriftgröße

Es dürfte jedem klar sein, dass die Schrift nicht zu mickrig sein sollte. Je kleiner die Schrift ist, desto unleserlicher ist sie. Auf dem Smartphone ist es noch ein wenig einfacher: Sie zoomen mit zwei Fingern in den Text. Das Zoomen klappt zwar auch am heimischen Rechner; wie viele Nutzer machen aber davon überhaupt Gebrauch? Viele dürften diese Funktion im Browser gar nicht kennen. Wer zoomt, muss einen zusätzlichen Schritt machen. Das ist nervig, denn der Mensch will es möglichst einfach haben (siehe auch Abschnitt 5.2.3, »Allgegenwärtige Definitionen und Normen«). Und zoomen zu müssen trägt dazu nicht wirklich bei. Abbildung 5.16 zeigt das Forum des Unternehmens Synology. Auf mobilen Endgeräten ist die Website nicht gut zu bedienen.

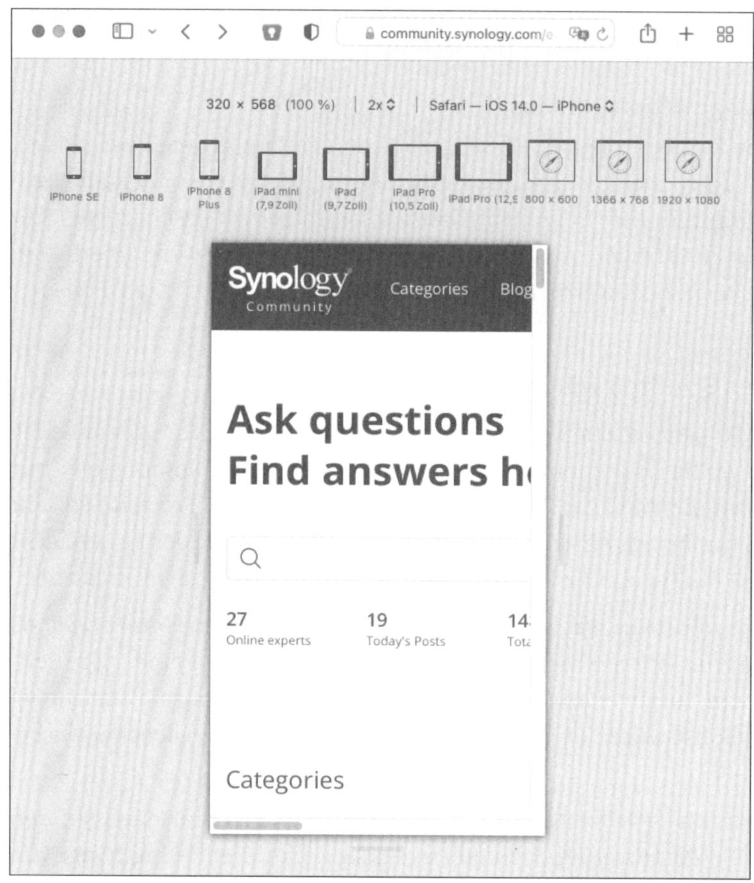

Abbildung 5.16 Das Forum des Unternehmens Synology passt sich dem Smartphone nicht an und ist dadurch schwierig zu bedienen.

Da die Schriftgröße von Webprojekt zu Webprojekt unterschiedlich ist, sollten Sie als Theme-Entwickler zumindest eine Einstellmöglichkeit vorsehen, damit die Schriftgröße der einzelnen Elemente vom Websitebetreiber angepasst werden kann.

Die Standardschriftgröße ist in den Browsern auf 16 Pixel (*px*) eingestellt. Davon ausgehend, können Sie auch mit relativen statt absoluten Werten arbeiten. Dies erlaubt zum Beispiel die Einheit *rem*. Sie entspricht, prozentual gesehen, immer dem Wert des Root-HTML-Elements. Ein Wert von 1 rem entspricht also 100 % von 16 px. Ein Wert von 0,75 rem würde einem Pixel-Wert von 12 px entsprechen.

12 px ist gemeinhin auch die Größe, die im Web noch als lesbar gilt. Alles darunter ist nicht mehr akzeptabel. Im Gegensatz dazu gilt ein Wert von mehr als 24 px (1,5 rem)

als übertrieben groß. Zumindest für einen Fließtext. Natürlich gibt es Ausnahmen, zum Beispiel bei Websites, die speziell für Menschen mit Sehbehinderung erstellt werden. Für Überschriften können auch deutlich größere Werte zum Einsatz kommen.

Da heutzutage sehr viele Menschen mit einem Mobilgerät im Internet surfen, ist es klar, dass hohe Werte bei der Schriftgröße für Fließtext tabu sind. Das bedeutet, dass nur noch ein paar Wörter pro Zeile sichtbar sind, was das Lesen deutlich erschwert. Aus diesem Grund wird häufig mit relativen Größenangaben gearbeitet. Da sich der 1-rem-Wert auf das Root-HTML-Element bezieht, lässt sich dieser Wert jederzeit überschreiben, wodurch sich auch der 1-rem-Wert verändert. Ein Beispiel sehen Sie in Listing 5.1. Mit einer *Media-Query* (also einer eigenschaftsspezifischen Stylesheet-Angabe) wird die Schriftgröße bei Bildschirmbreiten bis zu 640 px auf 20 px erhöht. Dadurch wird die Schrift im p-Element ebenfalls auf 20 px gesetzt.

```
<style>
    @media (max-width: 640px) {
        html {
            font-size: 20px;
        }
    }

    p {
        font-size: 1rem;
    }
</style>
<p>Morbi leo risus, porta ac consectetur ac, vestibulum at eros.</p>
```

Listing 5.1 Die Schriftgröße passt sich mit der Bildschirmbreite an.

Wie viele Zeichen pro Zeile?

Beim Thema Smartphone müssen Sie sich die Frage stellen, wie viel Text lesbar sein soll, ohne dass die Schrift zu klein wird. Die Antwort hängt auch davon ab, wie viele Zeichen pro Zeile (engl. *Characters per Line*, CPL) angezeigt werden sollen. Dazu existieren verschiedene Behauptungen. Von 50 bis 80 Zeichen pro Zeile ist alles dabei. Manchmal ist auch die Rede von Wörtern pro Zeile. Die Website *Marketing United* hat sich einmal die Mühe gemacht und größere Nachrichtenwebsites analysiert. Meist wurden 80 Zeichen pro Zeile ausgemacht.[8] Richtige Werte erstrecken sich also zwischen 50 und 80. Sie sollten die Schriftgröße so wählen, dass in allen Bildschirmgrößen die CPL im optimalen Bereich liegt.

8 Vgl. Herrmann, Christian; Seidner-Britting Stefan: Zeichen pro Zeile, in: Marketing United, 2020, *https://marketingunited.org/wiki/Zeichen_pro_Zeile* (abgerufen am 07.02.2022)

Die Zeilenlänge

Neben dem CPL-Wert ist auch die Zeilenlänge wichtig. Auf einem 24-Zoll-Display sollte der Inhaltsbereich nicht auf die maximale Breite ausgedehnt werden. Der Text wird dadurch unleserlich, weil der Mensch am Ende der Zeile den Anfang der neuen Zeile nicht mehr richtig orten kann. Wenn man die maximale Zeichenzahl pro Zeile und eine gut leserliche Schriftgröße zugrunde legt, erhält man eine Inhaltsbreite zwischen 500 und 800 Pixel. Je größer aber die Schrift ist, desto länger kann die Zeile werden. Damit die Buchstaben am Anfang und am Ende nicht am Rande des Browsers »kleben«, wird dort Weißraum eingefügt. Sie werden das in Abschnitt 5.3, »Ein Classic-Theme erstellen«, noch im Detail sehen, wenn wir zusammen ein Theme entwickeln. Die Inhaltsbreite werden wir dort auf 750 px beschränken.

Der Zeilenabstand

Im Textverarbeitungs-Unterricht habe ich damals gelernt, dass immer eine Zeilenhöhe von 1,5 der Schriftgröße zu wählen ist. Das galt damals zwar nur für gedruckte Dokumente, aber dasselbe hat sich im Internet etabliert. In CSS gibt es den Befehl `line-height`, der sich ganz einfach auf `1.5` setzen lässt. Der Browser errechnet dann automatisch den Zeilenabstand in Relation zur Schriftgröße.

Die Schriftart

Und damit kommen wir zum wichtigsten Thema in diesem Abschnitt: zur richtigen Schriftart (engl. *Font*). Im Grunde wird zwischen zwei Schrifttypen unterschieden: *Serifenschriften* und *serifenlosen Schriften*. Abbildung 5.17 zeigt rechts eine Serifenschrift. Solche Schriften werden für den Druck verwendet, da die kleinen Striche (Serifen) oben und unten an den einzelnen Buchstaben wie eine Lesehilfe wirken.

Integer posuere erat a ante venenatis dapibus posuere velit aliquet.	Integer posuere erat a ante venenatis dapibus posuere velit aliquet.

Abbildung 5.17 Links: serifenlose Schrift; rechts: Serifenschrift

In der Vergangenheit hatten Bildschirme immer eine geringere Auflösung als Papier. Das führte dazu, dass die Serifen im wahrsten Sinne des Wortes vom Bildschirm »verschluckt« wurden und Serifenschriften dadurch unklar aussahen. Erst die technische Entwicklung der letzten Jahre hat eine neue Generation von Displays entstehen lassen. Die Pixeldichte ist nun so beträchtlich, dass die Displays mittlerweile gestochen scharfe Bilder hervorbringen, sodass Serifen problemlos angezeigt werden können. Leider nutzt die Mehrheit der Anwender weiterhin nicht so hoch aufgelöste Bildschirme. Sie können sich also nie sicher sein, welcher Bildschirm mit welcher Auflösung zum Einsatz kommt. Zwar ist es per CSS grundsätzlich möglich, die Pixeldichte zu erkennen, das erfordert aber einen Mehraufwand.

Listing 5.2 zeigt eine CSS-Media-Query, die darauf ausgelegt ist, höhere Pixeldichten im Safari-Browser zu erkennen. Bedauerlicherweise ist die CSS-Syntax noch kein Standard, weshalb sie in jedem Browser unterschiedlich zu handhaben ist. Die Möglichkeit, Serifenschriften einzubinden, gibt es also. Wenn Sie den Mehraufwand scheuen, sollten Sie auf serifenlose Schriften für den Fließtext zurückgreifen.


```
@media (-webkit-min-device-pixel-ratio: 2) {
    p {
        font-family: "Times New Roman";
    }
}
```

Listing 5.2 Media-Query zum Erkennen hochauflösender Bildschirme

Bei der Wahl der Schrift gibt es zwei Möglichkeiten: Entweder nutzen Sie auf dem Rechner vorinstallierte Schriften oder Sie binden sogenannte *Webfonts* ein. Passiert Ersteres, muss ich Sie darauf hinweisen, dass nicht auf jedem Computer auf dieser Welt die gleichen Schriftarten installiert sind. Wenn Sie also eine unbekannte Schriftart installiert haben und diese auf Ihrer Website einbinden, sehen nur Sie die richtige Schrift. Es gibt jedoch einige Schriftarten, die fast überall installiert sind. Tabelle 5.7 zeigt einige von ihnen. Eine aktuellere Liste erhalten Sie, wenn Sie eine Websuche nach »*web safe fonts list*« anstoßen.

Arial	Comic Sans
Courier New	Georgia
Impact	Palatino
Tahoma	Times New Roman
Trebuchet	Verdana

Tabelle 5.7 Gängige Schriftarten, die auf den meisten Systemen installiert sein dürften

Weil sich niemand sicher sein kann, dass eine Schriftart auch wirklich installiert ist, wird heutzutage häufig auf *Webfonts* zurückgegriffen. Dabei handelt es sich um Schriften, die sich per CSS nachladen lassen. Es gibt einige lizenzfreie, aber auch lizenzpflichtige Angebote im Web. *Google Fonts* (*https://fonts.google.com*) gehört zu den lizenzfreien Angeboten. Dort erhalten Sie einen CSS-Code, den Sie auf Ihrer Website einbinden müssen. Danach können Sie die jeweilige Schriftart per CSS nutzen.

Damit dürfte Ihnen eine sehr große Auswahl an Webfonts zur Verfügung stehen. Welche Schriftart Sie auswählen, wird entweder von CD-Guidelines vorgegeben oder ist Design- und Geschmacksache.

Die Textausrichtung

In den Kulturen, in denen von links nach rechts gelesen wird, wird auch von links nach rechts gescannt. Das zuvor genannte F-Muster (siehe Abschnitt 5.2.3) kommt also nicht von ungefähr. In anderen Kulturen kann dies anders sein. Da in unserem Kulturraum jeder weiß, dass Fließtext immer links beginnt, sucht das Auge den Zeilenanfang zum Weiterlesen auch links. Das gelingt mit rechts oder mittig ausgerichteten Texten nicht sehr gut. Auch wenn moderne CMS-Systeme wie WordPress Ihnen alle Möglichkeiten geben, sollten Sie Text immer links ausrichten. Das gilt speziell für längere und wichtigere Texte. Kürzere Texte können problemlos anderweitig ausgerichtet werden.

Der Kontrast

Zum Zusammenspiel von Text und Hintergrund habe ich in Abschnitt 5.2.4 schon einiges geschrieben. Insbesondere der Kontrast sollte stark genug sein, damit der Besucher keine Schwierigkeiten beim Lesen hat. Nutzen Sie das Tool *Contrast Checker* von WebAIM, wenn Sie sich unsicher sind. Sie finden es unter *https://webaim.org/resources/contrastchecker*.

5.2.6 Kommunizieren mit Bildern, Videos und Icons

Kommunikation besteht nicht nur aus Farben oder Schriften. Auch Grafiken, Videos und Bilder gehören dazu. Insbesondere visuell geprägte Menschen legen viel Wert auf den Einsatz unterschiedlicher Medien. Sie kennen sicher den Moment, wenn Sie etwas ganz besonders Schönes sehen. Einen Himmel bei Sonnenuntergang zum Beispiel. Sie versuchen, den Augenblick mit der Kamera einzufangen, aber selbst mit einem Foto lässt sich die Schönheit des Moments nicht immer richtig zum Ausdruck bringen. Deswegen ist es so wichtig, dass eine Website möglichst unterschiedliche Medien nutzt. Wir können zwar beschreiben, wie sich ein Moment angefühlt hat, ihn zu betrachten gelingt aber nur mit einem Bild oder einem Video.

Schlüsselbilder

Fast jeder Blog nutzt heutzutage ein großflächiges Bild am Anfang eines Beitrags. Zum Einstimmen in den Artikel schafft es bestimmte Emotionen. Auch auf Startseiten kommen solch große Bilder (dann *Hero Images* genannt) oder Videos zum Einsatz, um einen *Wow-Effekt* zu erzeugen (siehe zum Beispiel Abbildung 5.11 aus Abschnitt 5.2.2). Stellen Sie sich immer die Frage, welche Emotion Sie erzeugen möchten. Passenderweise sollte ein Bild oder ein Video so gewählt werden, dass die Emotion zur Zielgruppe und zum Image des Unternehmens passt.

Medien in Inhaltsbereichen

Nicht bloß am Anfang von Blogbeiträgen, sondern ebenso im Inneren des Inhaltsbereiches werden fast immer Bilder und Grafiken eingebunden. Hier dienen sie aber zumeist nicht (nur) der Emotions-, sondern auch der Informationsbildung. Das bedeutet, dass komplexe Sachverhalte durch Diagramme oder andere Grafiken einfacher beschrieben werden können.

Handelt es sich bei der Seite nicht um einen Blogbeitrag, dann bestimmt um eine andere Art: eine Produktseite, eine Eventseite oder Ähnliches. Auch hier sind Bilder wichtig. Insbesondere deren Aufnahmequalität kann ausschlaggebend für einen späteren Kauf des Besuchers sein. Durch die sich stets verbessernde Kameraqualität in Smartphones sind Menschen mittlerweile gewohnt, Fotos guter Qualität zu erzeugen und zu sehen. Dementsprechend können sie gute von schlechten Fotos unterscheiden. Der Kaufwunsch beispielsweise kann dramatisch nachlassen, wenn das Produktfoto unscharf ist.

Die Bildkomposition

Wann ist ein Bild besonders ästhetisch? Das ist die Frage, die sich jeder einmal stellt. Oft können wir dies gar nicht richtig beantworten. Wir merken aber, wenn wir ein besonders schönes Bild vor Augen haben. Das liegt zumeist am sogenannten *Goldenen Schnitt*. Dabei handelt es sich um das Teilungsverhältnis von 61,8 % zu 38,2 %.

Ein Foto wird immer dann als besonders schön betrachtet, wenn es dieses Verhältnis aufweist. Ein bekanntes Beispiel ist die Aufnahme eines Sonnenuntergangs am Meer. Abbildung 5.18 zeigt rechts das Bild im Goldenen Schnitt. Es wird allgemein als ästhetischer angesehen, da der Horizont bei etwa 38 % von unten liegt. Tatsächlich spielt es keine Rolle, ob das Verhältnis genau passt. Die Wirkung entfaltet sich bereits, wenn es ungefähr stimmt. Deswegen reicht es, wenn Sie sich das Verhältnis 2:3 merken.

Abbildung 5.18 Rechts die Aufnahme im Goldenen Schnitt[9]

9 Bild von Solène Desjardins auf Pixabay. *https://pixabay.com/de/photos/meer-himmel-wolken-sonnenuntergang-6553205/*

Bildgröße und -format

Es gibt verschiedene Bildformate. Das gängigste ist das *JPEG*-Format (*Joint Photographic Experts Group*). Das *WebP*-Format ist weiter auf dem Vormarsch. WordPress bekam in Version 5.8 Unterstützung für dieses Format. Das spricht sehr dafür, dass WebP sich als neuer Standard durchsetzen könnte. WebP kann von ca. 96 % der Browser korrekt verarbeitet werden. Nur ältere Versionen des Internet-Explorers erkennen den neuen Standard nicht.[10]

WebP ist ein Abkömmling eines Video-Codecs. Das bedeutet, dass es auch für Animationen genutzt werden kann. Das geht im JPEG-Format so nicht. Ein weiterer Unterschied ist, dass es eine bessere Bildqualität bei höherer Komprimierung erreicht. Dadurch werden die Dateien kleiner, was sich positiv auf die Ladezeit auswirkt. Bei JPEG wird oft eine Kompressionsrate von 80 % gewählt. Damit erscheinen die Fotos trotz hoher Kompression noch einigermaßen detailgetreu. Alles darunter lässt das Bild stets »verschwimmen«. Das bedeutet, dass die Kompression immer deutlicher zum Vorschein tritt.

Da Sie nicht davon ausgehen können, dass jeder eine schnelle Internetverbindung hat, sollte jedes Bild optimal für seinen Verwendungszweck komprimiert werden. Fotos, die Emotionen wecken sollen, werden im Allgemeinen weniger stark komprimiert. Achten Sie darauf, dass WordPress nach dem Hochladen aus dem Originalbild (das nicht weiter komprimiert wird) zusätzlich auch kleinere (komprimierte) Versionen anlegt. Wie viele Kopien das sind, hängt davon ab, welche Größen im Theme Verwendung finden und was unter EINSTELLUNGEN • MEDIEN eingestellt ist. Überdies können weitere Größenformate registriert werden (siehe dazu Listing 5.32 im Abschnitt 5.3.7). All dies geschieht, damit die Bilder keine Ladezeitverzögerung verursachen, auch wenn nur ein Ausschnitt angezeigt wird. Hier müssen Sie jedoch beim Einbinden von Bildern in den Editor darauf achten, die richtige Kopie (sprich: die richtige Größe) zu wählen – insbesondere dann, wenn ein Bild emotionale Wirkung erzeugen soll und deswegen gestochen scharf bleiben soll.

Neben den gängigen Programmen wie Adobe Photoshop, Affinity Photo oder GIMP können Sie auch Online-Dienste wie *compressjpeg.com*, *img2go.com* oder *imageresizer.com* benutzen, um Bilder entsprechend zu komprimieren. Auf dem Mac nutze ich seit Jahren die kostenlose Software *ImageOptim*[11]. Für Windows-Nutzer könnte die Lösung *Pinga*[12] interessant sein.

10 Vgl. WebP image format in: Can I use, o. D., *https://caniuse.com/webp* (abgerufen am 08.02.2022)

11 ImageOptim kann hier heruntergeladen werden: *https://imageoptim.com/mac*

12 Pinga gibt's zum Download hier: *https://css-ig.net/pinga*

Icons

Icons dienen dazu, Besuchern ein schnelleres Erkennen wichtiger Elemente auf der Website zu ermöglichen. Jeder kennt die allseits beliebten Icons für den Warenkorb, die Lupe für die Suchfunktion oder das Brief-Icon für E-Mails. Sie sollten sich an diese Konventionenhalten. Alles andere verwirrt die Website-Besucher nur.

Aber auch zur Präsentation wichtiger Features werden Icons gerne eingesetzt (siehe Abbildung 5.19). Im WordPress-Plugin-Verzeichnis gibt es eine Reihe von Plugins, mit denen Sie solche Icons beispielsweise in den Block-Editor einbinden können.

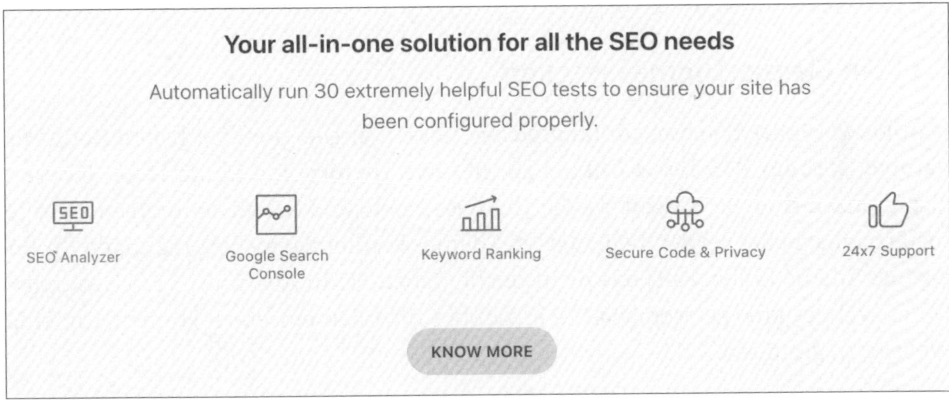

Abbildung 5.19 Icons zur Präsentation wichtiger Features[13]

Animationen

Es ist zwar möglich, durch Videos und andere Formate bewegte Bilder in die Website zu integrieren. Aber es geht auch anders, und zwar durch gezielte CSS-Animationen. Effekte wie ein Farbwechsel lassen sich zum Beispiel bei einem Mouseover realisieren. Für komplexere Animationen kommen spezielle JavaScript-Frameworks wie jQuery-UI (*https://jqueryui.com*) zum Einsatz.

5.2.7 Zusammenfassung

In diesem Abschnitt haben Sie vieles gelernt, was funktioniert (oder auch was nicht funktioniert). Zusammenfassend lässt sich Folgendes festhalten:

- Halten Sie sich bei der Gestaltung Ihres Themes an die üblichen Konventionen (siehe Abschnitt 5.2.3). Diese stellen sicher, dass ein Besucher nicht viel nachdenken muss und sofort das findet, was er sucht.
- Benutzen Sie, wenn möglich, lediglich zwei Hauptfarben (Primär- und Sekundärfarbe) und nur wenige Schriftarten.

13 Screenshot von *https://rankmath.com*

- Schriften sollten möglichst leserlich sein. Dazu trägt auch ein guter Kontrast zwischen Text- und Hintergrundfarbe bei.
- Gehen Sie davon aus, dass die meisten Besucher über ein Smartphone auf Ihre Website kommen werden. Es gilt der Leitsatz: *Mobile first!* Das heißt, dass sich das Layout an alle möglichen Endgeräte und Displaygrößen anpassen können muss (*Responsiveness*).
- Bauen Sie, wo es geht, weitere Medien (Bilder, Icons, Videos, Animationen) ein, um den inhaltlichen Text zu ergänzen oder um Emotionen zu erzeugen.

5.3 Ein Classic-Theme erstellen

Nun haben Sie sich schon umfangreiches Wissen angeeignet. Sie haben Kenntnis darüber, was ein WordPress-Theme ist und wie Themes von Plugins und Blöcken abzugrenzen sind. Sie wissen, wo Sie Themes finden, und haben dadurch eine große Inspirationsquelle. Bei den beliebtesten Themes können Sie sich Anregungen für Ihr eigenes Theme holen. Falls das nicht reicht, haben Sie in Abschnitt 5.2, »Crashkurs: Gutes Webdesign«, gelesen, wie Sie erprobte Prinzipien einsetzen können, um eine Website zu gestalten.

In diesem Abschnitt geht es an die technische Umsetzung, also an das Schreiben von Code für HTML-, CSS- und PHP-Dateien. Ich lege die empfohlene Verzeichnisstruktur aus Abschnitt 2.7.2 zugrunde. Die zwei wichtigsten Dateien sind dabei

- *index.php* und
- *style.css*.

Denn sie sind die einzigen Dateien, die in einem WordPress-Theme unbedingt erforderlich sind. Ohne die *index.php* kann WordPress nichts anzeigen. Es lässt sich gar nicht erst aktivieren. Und ohne die *style.css* weiß WordPress nicht, um welches Theme es sich handelt.

In Ihrer Entwicklungsumgebung der Wahl legen Sie also ein neues Verzeichnis unter */wp-content/themes/* an und erstellen die zwei oben genannten Dateien. In meinem Beispiel sähe das so wie in Abbildung 5.20 aus.

Download des Beispiel-Themes

Das Classic-Theme mit allen Beispielen bis zu Abschnitt 5.6 finden Sie in den Download-Materialien zum Buch.

Abbildung 5.20 Meine Theme-Dateien im »themes«-Verzeichnis von WordPress

5.3.1 Die Datei style.css

Meiner Meinung nach ist es etwas unglücklich gelöst, dass ausgerechnet eine Stylesheet-Datei so ziemlich die wichtigste Datei eines Themes ist. Zwar existiert das JSON-Format schon seit 1997, aber selbst im Jahr 2003 kam niemand auf die Idee, das Format zur Konfiguration von Webprojekten zu benutzen. Als Entschuldigung dient vielleicht, dass die Funktion `json_decode()` erst im Jahr 2006 Einzug in PHP hielt. Dementsprechend war es technisch und ohne größeren Aufwand nicht möglich, eine solche Datei zu *parsen* (also zu zerlegen und entsprechend einzulesen). Die *theme.json*-Datei hielt erst 2021 Einzug in WordPress. Und zwar mit dem Voranschreiten der Entwicklung des Block-Editors (siehe Abschnitt 5.3.3, »Design und Layout festlegen: theme.json«).

Wir müssen es also hinnehmen, dass die Metadaten eines Themes (trotz *theme.json*) wohl oder übel in einer CSS-Datei angegeben werden. Deswegen muss diese sich auch zwingend im Stammverzeichnis eines Themes befinden. Die Datei dient zwar auch zur Angabe von individuellem CSS, aber dazu gleich mehr.

Theme-Metadaten

Ähnlich wie bei einem Plugin muss sich im Kopfbereich der *style.css* ein Kommentar-Block befinden, der bestimmte Daten über das Theme enthält. Im einfachsten Fall sähe das so wie in Listing 5.3 aus:

```
/*
Theme Name: Mein WP Theme
*/
```

Listing 5.3 Die einfachste Variante von Theme-Metadaten

Wurden die zwei Dateien (*index.php* und *style.css*) erstellt und die *style.css* mit diesem Inhalt befüllt, wird das Theme im WordPress-Backend unter DESIGN • THEMES gelistet und steht zur Aktivierung bereit. Ein Bild wird dort allerdings noch nicht angezeigt. Das können Sie jedoch nachholen, indem Sie eine Datei mit den Namen *screenshot.png*, *.jpg*, *.jpeg*, *.gif* oder *.webp* in das Stammverzeichnis des Themes laden. Die Größe sollte dabei 1200 × 900 px nicht überschreiten. Da es derzeit noch kein ansehnliches Layout gibt, hinterlege ich statt eines Screenshots eine einfache Grafik (siehe Abbildung 5.21).

Nun kann die Style-Datei noch um weitere Metadaten ergänzt werden. Die folgenden Angaben stimmen mit denen bei Plugins überein (siehe Abschnitt 4.2.1 und dort unter der Überschrift »Die Kopfzeilen der Stammdatei«) und können deswegen ebenfalls verwendet werden:

`Description`	`Requires PHP`
`Version`	`License`
`Author`	`License URI`
`Author URI`	`Text Domain`
`Requires at least`	`Domain Path`

Die zwei Angaben `Network` und `Update URI` hingegen funktionieren bei Themes nicht. Darüber hinaus gibt es noch drei weitere Meta-Angaben, die so nur bei Themes, jedoch nicht bei Plugins zum Einsatz kommen können:

Tested up to

Gibt die letzte WordPress-Hauptversion an, bis zu der das Theme getestet wurde.

Tags

Wörter oder Ausdrücke, die es Nutzern ermöglichen, das Theme mithilfe des Tag-Filters zu finden. Eine vollständige Liste der Tags listet das *Theme Review Handbuch* unter *https://make.wordpress.org/themes/handbook/review/required/theme-tags/* auf.

Template

Falls es sich bei dem Theme um ein sogenanntes Child-Theme handelt, muss hier der Slug des Eltern-Themes angegeben werden. Mehr dazu lesen Sie in Abschnitt 5.7, »Wenn Themes Kinder bekommen: Child-Themes«.

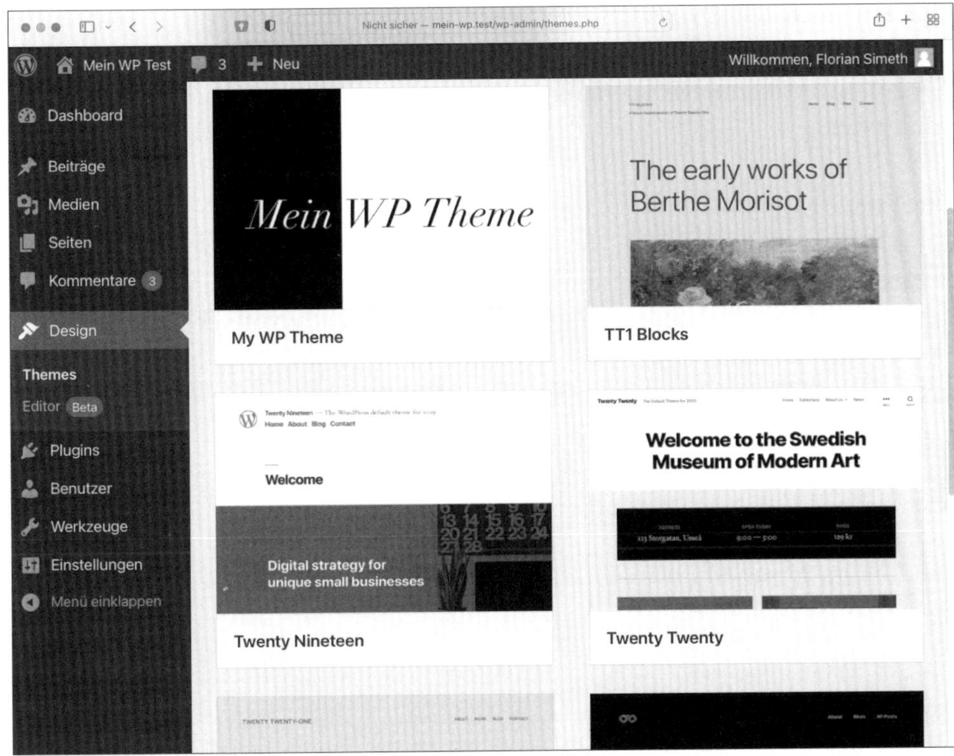

Abbildung 5.21 »Mein WP Theme« wird angezeigt.

Inkonsistenzen zwischen Theme- und Plugin-Meta-Informationen

Der Meta-Wert `Tested up to` existiert bei Plugins nicht. Zumindest nicht in der Stammdatei. Er existiert aber sehr wohl in der *readme.txt*-Datei[14], die jedem Plugin beigelegt werden muss, wenn es bei wordpress.org hochgeladen wird.

Mir ist nicht bekannt, warum es diese Inkonsistenz gibt. Ein Grund könnte sein, dass beispielsweise der Wert `Tested up to` im WordPress-Kern nicht vorkommt. Tatsächlich wird nicht geprüft, ob das vorliegende Theme mit der aktuellen WordPress-Version kompatibel ist oder nicht. Es wird jedoch ein Hinweis angezeigt, der angibt, dass ein Theme (oder ein Plugin) mit der derzeit genutzten WordPress-Version nicht getestet wurde oder nicht funktioniert. Und zwar erscheint er, kurz bevor ein Theme oder ein Plugin installiert wird. Insofern kommt der Wert zur Anwendung, aber nicht im Kern, sondern seitens der wordpress.org-API[15].

14 Siehe *https://developer.wordpress.org/plugins/wordpress-org/how-your-readme-txt-works/*

15 Siehe *https://codex.wordpress.org/WordPress.org_API*

Lizenzangaben

Wie bei Plugins sollte auch bei Themes eine Lizenzangabe nicht fehlen. Weitere Informationen dazu finden Sie unter der Überschrift »Inline-Lizenzangaben« in Abschnitt 4.2.1.

Eine Beispiel-style.css-Datei

Ein vollständiger Kopfbereich einer *style.css* könnte also aussehen wie in unserem Beispiel aus Listing 5.4. Die meisten Angaben sehen Sie, wenn Sie im WordPress-Backend unter DESIGN • THEMES Ihr Theme anklicken. Daraufhin öffnet sich das Pop-up-Fenster aus Abbildung 5.22.

```
/**
Theme Name: Mein WP Theme
Theme URI: https://wp-typ.de/themes/mein-wp-theme/
Description: A Starter-Theme for WordPress.
Version: 1.0.0
Requires at least: 5.0.0
Tested up to: 5.4.0
Requires PHP: 7.0.0
Author: floriansimeth
Author URI: https://florian-simeth.de
Tags: blog, one-column, custom-background, custom-colors, custom-logo,
custom-menu, editor-style, featured-images, ...
Text Domain: mein-wp-theme
License: GNUGPLv3
License URI: https://www.gnu.org/licenses/gpl-3.0.html

/**
 * Copyright (C) 2022  Florian Simeth
 * This program is free software: you can redistribute it and/or modify
 * it under the terms of the GNU General Public License as published by
 * the Free Software Foundation, either version 3 of the License, or
 * (at your option) any later version.
 *
 * This program is distributed in the hope that it will be useful,
 * but WITHOUT ANY WARRANTY; without even the implied warranty of
 * MERCHANTABILITY or FITNESS FOR A PARTICULAR PURPOSE.  See the
 * GNU General Public License for more details.
 *
 * You should have received a copy of the GNU General Public License
 * along with this program.  If not, see https://www.gnu.org/licenses/.
 */
```

Listing 5.4 »style.css«-Header mit Lizenzangaben

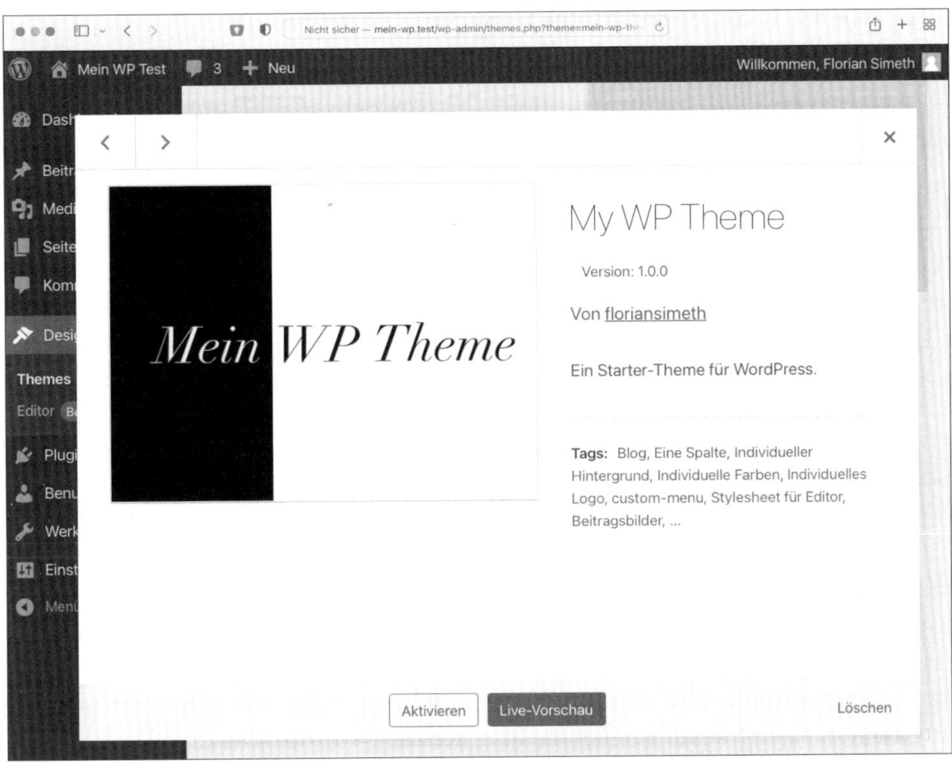

Abbildung 5.22 Theme-Details werden angezeigt, wenn auf sie geklickt wird.

Individuelle Styles

Neben der Angabe der Metadaten zu einem Theme erfüllt die *style.css* natürlich noch eine weitere Aufgabe: Sie dient zum Styling des Themes durch CSS-Styles.

Normalerweise müsste eine Stylesheet-Datei mit `wp_enqueue_style()` eingebunden werden, so wie es in Kapitel 8, »CSS und JavaScript in WordPress«, beschrieben ist. In heutigen Entwicklungsumgebungen kommen allerdings immer öfter alternative Stylesheet-Sprachen wie *Sass* und *SCSS* zum Einsatz. Diese erlauben das Arbeiten mit Variablen, Schleifen und vielen anderen Funktionen, die CSS nicht mitbringt. Die Ausgabe erfolgt dabei über einen *CSS-Präprozessor* in eine separate oder mehrere einzelne Dateien. Den entstandenen Code lässt man in der Regel nicht in die *style.css* schreiben, sondern legt ihn in einem Build-Verzeichnis ab. Letztlich würde Ersteres auch den Kopfbereich der *style.css* überschreiben, und das Theme von WordPress würde nicht mehr erkannt. Aus diesen oder anderen Gründen kann sie (bis auf den Kopfbereich) leer sein. Wir werden später noch sehen, wie weitere CSS-Dateien zum Einsatz kommen, die genutzt werden, um bestimmte Teile des Beispiel-Themes entsprechend zu designen (siehe Abschnitt 5.4, »CSS für Themes«).

5.3.2 Theme-Funktionen festlegen: functions.php

Die *functions.php* ist eine optionale Datei, die im Stammverzeichnis eines Themes abgelegt werden kann. Sie dient dazu, dem Theme individuelle Funktionen hinzuzufügen.

Im Großen und Ganzen verhält sich die Datei wie ein WordPress-Plugin mit dem Unterschied, dass es dort keine Kopfzeilen gibt. Denn diese werden stattdessen in der *style.css* angegeben (siehe Abschnitt 5.3.1).

> **Tipp!**
> Auch hier wieder der Hinweis: Wenn Sie neue Funktionen erstellen, die unabhängig vom Aussehen der Website verfügbar sein sollen, empfiehlt es sich, diese stattdessen in ein Plugin zu integrieren. Denn nur dann bleiben die Funktionen auch nach der Deaktivierung des Themes vorhanden.

Was muss in die functions.php?

Es stellt sich also die Frage, wofür eine *functions.php* benötigt wird. Und die Antwort ist ganz einfach: Es gibt unzählige Hooks für Themes. Ein Beispiel wäre `excerpt_length`. Dieser Hook filtert die maximale Anzahl von Wörtern in einem Beitragsauszug. Der Code dafür sollte nicht in ein Plugin, sondern in das Theme.

Außerdem benötigt fast jedes Theme eine bestimmte Grundkonfiguration, die sich mit einer Setup-Funktion festlegen lässt. Sie wird über den Action-Hook `after_setup_theme` getriggert. Dort werden beispielsweise Übersetzungsdateien geladen. Darüber hinaus wird mit der Funktion `add_theme_support()` festgelegt, welchen Funktionsumfang ein Theme haben soll. Vieles stellt WordPress schon direkt ohne zusätzlichen Programmieraufwand zur Verfügung. Vorstellen kann man sich die Funktion deshalb als Ein- oder Ausschaltknopf für bestimmte Eigenschaften. Sie erfahren mehr dazu in Abschnitt 5.3.4 unter »Theme-Funktionen aktivieren und deaktivieren«.

Was gehört also in die *functions.php*?

- das Laden von Übersetzungsdateien für das Theme
- das Ein-/Ausschalten bestimmter Features mittels `add_theme_support()`
- die Registrierung von Navigationsmenüs
- das Einstellen der Inhaltsbreite des Editors
- das Registrieren von sogenannten *Sidebars* (Seitenleisten, siehe Abschnitt 5.4, »CSS für Themes«).
- Funktionen für Hooks, die das Theme betreffen
- weitere eigene PHP-Funktionen, falls notwendig

Legen wir gemeinsam nun die Datei *functions.php* im Stammverzeichnis des Themes an. Bei mir heißt die Datei also */wp-content/themes/mein-wp-theme/functions.php*. Als Erstes definiere ich eine Setup-Funktion wie in Listing 5.5 angegeben:

```
<?php
namespace floriansimeth\mein_wp_theme;

function setup_theme() {
   $GLOBALS['content_width'] = 750;

   add_theme_support( 'title-tag' );
   add_theme_support( 'post-thumbnails' );

   register_nav_menus(
      [
         'primary' => 'Hauptmenü',
         'footer'  => 'Fußzeilenmenü',
      ]
   );
}

add_action( 'after_setup_theme', 'floriansimeth\mein_wp_theme\setup_theme' );
```

Listing 5.5 Die »functions.php« des Beispiel-Themes

Zur Variable `$content_width` habe ich ein paar Hinweise im Kasten »Überbleibsel aus alten Zeiten: Die globale Variable `$content_width`« in diesem Abschnitt zusammengefasst.

Wie erwähnt wird durch `add_theme_support()` jeweils ein Schalter umgelegt. `title-tag` bedeutet, dass WordPress das `<title>`-Tag im HTML-Quellcode des Frontends selbstständig erstellen soll. Sie müssen sich also nicht mehr damit beschäftigen. Ähnliches gilt für `post-thumbnails`. Es schaltet die Möglichkeit frei, dass ein Artikelbild mit einem Beitrag und mit einer Seite verknüpft werden kann. Eine Liste von Schaltern finden Sie in Tabelle 5.8 weiter unten in Abschnitt 5.3.4.

Die Funktion `register_nav_menus()` registriert schließlich zwei Menüs, die später in den Template-Dateien Anwendung finden werden (siehe dazu Abschnitt 5.6, »Menüs erstellen«).

Wir werden die *functions.php*-Datei gleich noch einmal benötigen. Zuvor möchte ich Ihnen aber zeigen, wie Sie das Design und Layout bestimmter Elemente festlegen können.

Überbleibsel aus alten Zeiten: Die globale Variable $content_width

Seit Version 2.6 von WordPress existiert die globale Variable `$content_width`, die an diversen Stellen im WordPress-Kern genutzt wird. Damit lässt sich die maximale Breite für bestimmte Inhalte im Theme festlegen, zum Beispiel für oEmbeds und Bilder, die zu Beiträgen hinzugefügt werden. Da der Wert noch immer Anwendung findet, kann er nicht einfach ignoriert werden. Immerhin wird er für den neuen Block-Editor nicht mehr genutzt und verschwindet daher irgendwann aus dem Kern.

5.3.3 Design und Layout festlegen: theme.json

Die *theme.json*-Datei ist eine Konfigurationsdatei für Theme- und Block-Styles. Damit gehen wir immer weiter in Richtung Block-Editor. Die Möglichkeit, eine solche Datei erstellen zu können, gibt es erst seit Version 5.8 von WordPress. In älteren WP-Versionen wird die Datei schlicht ignoriert. Es sei denn, das Gutenberg-Plugin wird installiert (siehe dazu die Informationen im Kasten »Gutenberg und der Block-Editor« in diesem Abschnitt).

Die Datei ist nur dann wichtig, wenn der Einsatz des Block-Editors explizit erwünscht ist. Denn mit ihr lassen sich viele Einstellungen und das Styling einzelner Blöcke einstellen. Wird der Classic-Editor[16] oder ein Page-Builder eines Drittherstellers benutzt, wird die Datei jedoch nicht benötigt. Ich gehe in diesem Beispiel davon aus, dass der Block-Editor genutzt wird. Immerhin ist er mittlerweile der Standard.

Obwohl eine *theme.json*-Datei für ein Classic-Theme nicht unbedingt benötigt wird, können Sie trotzdem damit arbeiten. Achten Sie nur darauf, dass keine doppelten CSS-Regeln erzeugt werden. Denn aus der Konfiguration der Datei entstehen automatisch CSS-Regeln, wie Sie in Abschnitt 5.8.2, »Hauptkonfiguration mit der theme.json«, noch sehen werden.

Darüber hinaus sollten Sie sich bewusst sein, dass einige der Konfigurationsmöglichkeiten der Datei möglicherweise einen oder mehrere Aufrufe von `add_theme_support()` ersetzen. Zum Beispiel lässt sich in der Datei eine Farbpalette hinterlegen, die den Aufruf von `add_theme_support( 'editor-color-palette', ... )` ersetzt. Im Fall, dass beide vorhanden sind, erhält die Konfiguration aus der *theme.json*-Datei den Vorrang.

Gutenberg und der Block-Editor

Gutenberg ist der interne Codename für den Block-Editor. Da gegenwärtig sehr intensiv an ihm gearbeitet wird, gibt es ein Plugin dazu. Sie finden es unter *https://*

16 Zum Download unter: *https://wordpress.org/plugins/classic-editor/*

wordpress.org/plugins/gutenberg/. Zwar ist der Editor bereits im Kern von WordPress integriert, aber mit dem Plugin erhalten Sie stets die aktuellen Features, die allerdings nicht immer final sind. Es kann also sein, dass das Plugin Funktionen enthält, die später wieder entfernt werden. Das kann beim integrierten Block-Editor nicht passieren. Das Plugin ist also nichts anderes als ein Test-Plugin, das immer den aktuellen Stand der Entwicklung bereithält.

Es gibt derzeit fünf Bereiche, in die die Datei, die nur Schlüssel-Wert-Paare enthalten kann, unterteilt ist. Die zwei Bereiche, mit denen wir uns im Folgenden beschäftigen werden, sind `settings` und `styles`. Zusätzlich muss eine Versionsnummer angegeben werden. Aktuell befinden wir uns in Version 2. Der initiale Code einer *theme.json* sieht also so aus wie in Listing 5.6:

```
{
  "version": 2,
  "templateParts": [],
  "patterns": [],
  "customTemplates": [],
  "settings": {},
  "styles": {}
}
```

Listing 5.6 »theme.json«-Datei

Die Angaben zu `customTemplates` und `templateParts` ermöglichen die Konfiguration von Template-Dateien für reine Block-Themes. `patterns` dient dazu, Block-Vorlagen aus dem Block-Verzeichnis von wordpress.org hinzuzufügen (siehe »Vorlagen (Patterns)« in Abschnitt 5.8.2).

Innerhalb von `settings` und `styles` gibt es zahlreiche Möglichkeiten, wie sich bestimmte Dinge des Themes steuern und stylen lassen. wordpress.org stellt dafür eine JSON-Schema-Datei zur Verfügung, die sich in die meisten Entwickler-Tools (wie PhpStorm und Visual Studio Code) laden lässt. Oft geschieht dies vollautomatisch, weil die Programme die Schemas von der Website *https://SchemaStore.org* herunterladen.[17] Das ist sehr praktisch, weil Sie sich in den Programmen dann Vorschläge machen lassen können (siehe Abbildung 5.23).

Die Schema-Datei beschreibt, welche Einstellmöglichkeiten es gibt. Die jeweils aktuelle Fassung finden Sie unter *https://schemas.wp.org/trunk/theme.json*.

17 Das passiert bei PhpStorm automatisch. Für Visual Studio Code gibt es hier eine Anleitung: *https://make.wordpress.org/themes/2021/11/30/theme-json-schema/*

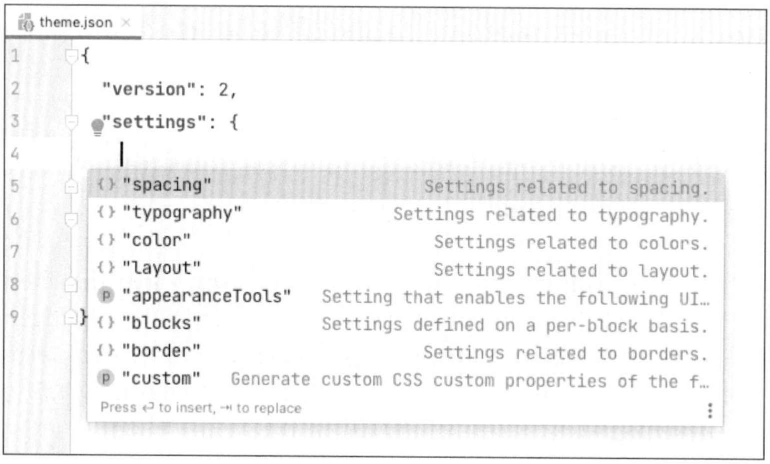

Abbildung 5.23 PhpStorm zeigt mögliche Werte für die »theme.json«-Datei

Listing 5.7 zeigt einen Ausschnitt der derzeit potenziellen Werte der *theme.json*-Datei. Ein vollständiges Beispiel mit allen möglichen Blöcken finden Sie bei den Download-Materialien zu diesem Abschnitt. Wie die Datei konfiguriert wird, erfahren Sie in Abschnitt 5.8.2, »Hauptkonfiguration mit der theme.json«. In Listing 5.8 ist ein kleiner Ausschnitt der Konfiguration für das Beispiel-Theme zu sehen. Abbildung 5.24 zeigt vorweggegriffen einen Screenshot von einem Beitrag, der zu diesem Zeitpunkt nicht funktioniert, weil dafür noch kein Template existiert. Ich werde in den folgenden Abschnitten noch genauer darauf eingehen. Nichtsdestotrotz sind beispielhaft die verschiedenen Schriftgrößen zu sehen, so wie ich sie in der *theme.json* konfiguriert habe.

```
{
  "version": 2,
  "settings": {
    "typography": {
    },
    "color": {
    },
    "border": {
    },
    "spacing": {
    },
    "blocks": {
      "core/paragraph": {
```

```
      },
      "core/separator": {
      }
      ...
    },
    "layout": {
    },
    "appearanceTools": false,
    "custom": true
  },
  "styles": {
    "blocks": {
      "core/paragraph": {
      },
      "core/separator": {
      }
      ...
    },
    "spacing": {
    },
    "border": {
    },
    "color": {
    },
    "typography": {
    },
    "elements": {
      "link": {
      },
      "h1": {
      },
      ...
      "h6": {
      }
    }
  },
  "customTemplates": [
    {
      "postTypes": [],
      "name": "",
```

```
      "title": ""
    }
  ],
  "templateParts": [
    {
      "title": "",
      "name": "",
      "area": ""
    }
  ]
}
```

Listing 5.7 Mögliche Werte einer »theme.json«-Datei

```
{
  "version": 2,
  "settings": {
    "typography": {
      "fontSizes": [
        {
          "slug": "default",
          "name": "Standard",
          "size": "1rem"
        },
        {
          "slug": "big",
          "name": "Groß",
          "size": "2rem"
        }
      ]
    },
    "layout": {
      "contentSize": "750px",
      "wideSize": "1000px"
    }
  },
  "styles": {
    "spacing": {
      "padding": {
        "left": "2rem",
        "right": "2rem"
```

```
      }
    },
    "elements": {
      "link": {
        "color": {
          "text": "#FCA311"
        }
      },
      "h1": {
        "spacing": {
          "margin": {
            "bottom": "2rem"
          }
        },
        "color": {
          "text": "#14213D"
        },
        "typography": {
          "fontSize": "3rem"
        }
      },
      "h2": {
        "spacing": {
          "margin": {
            "bottom": "2rem",
            "top": "4rem"
          }
        },
        "color": {
          "text": "#14213D"
        },
        "typography": {
          "fontSize": "1.8rem"
        }
      }
    }
  }
}
```

Listing 5.8 Ausschnitt aus der »theme.json«-Datei des Beispiel-Themes

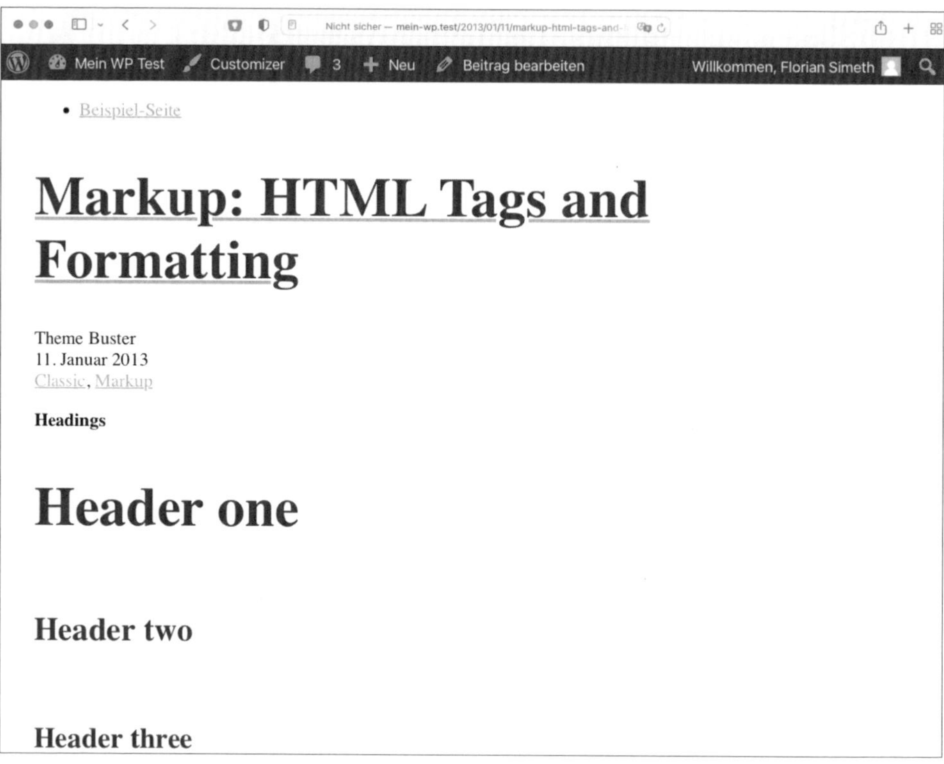

Abbildung 5.24 Gut zu erkennen: die einzelnen Schriftgrößen, wie sie in der »theme.json« angegeben wurden

5.3.4 Einstellungen für Themes festlegen

Nun kommen wir zur Themes-API. Wie bei fast allen APIs in WordPress handelt es sich nicht um eine direkte Schnittstelle, sondern vielmehr um eine Sammlung von Funktionen. Tatsächlich existiert nicht einmal der Begriff *Themes-API*. Aber ich habe sie so genannt, um alle Funktionen zusammenzufassen, die für die Theme-Entwicklung relevant sind. Meines Erachtens spaltet sie sich in drei Teile auf:

- in die *Theme-Customize-API*,
- in die *Theme-Modification-API* (beide existieren in WordPress) und
- in weitere Funktionen, wie z. B. die zuvor oft erwähnte Funktion `add_theme_support()`

All diese Funktionen werden dazu verwendet, Daten innerhalb des Themes zu verwalten oder Einstellungen zu aktivieren und zu deaktivieren, während weitere Funktionen existieren, die rein für das Frontend (also für die Anzeige von Daten) zuständig sind. Hier wären unter anderem folgende Themen genannt, denen ich einzelne Abschnitte gewidmet habe:

- Abschnitt 5.3.7, »Funktionen für Templates und der Loop«
- Abschnitt 5.3.8, »Konditionale Abfragen«
- Abschnitt 5.5, »Seitenleisten und Widgets erstellen«
- Abschnitt 5.6, »Menüs erstellen«

Theme-Optionen speichern: Die Theme-Modification-API

Die älteste API für Theme-Einstellungen ist die Theme-Modification-API. Sie kann von Theme-Autoren verwendet werden, um Änderungen an Themes als WordPress-Optionen zu speichern und abzurufen. Sie ist relativ einfach gestrickt, denn sie besteht aus lediglich zwei praktischen Funktionen (siehe Listing 5.9):

```
<?php
function set_theme_mod( string $name, mixed $value ): bool {
    ...
}
function get_theme_mod( string $name, mixed $default = false ): mixed {
    ...
}
```

Listing 5.9 Funktionen zum Speichern und Lesen von Theme-Einstellungen

Beide nutzen die Options-API in WordPress (siehe Abschnitt 6.3.1), weswegen sie ähnlich aufgebaut sind. Sie erwarten jeweils zwei Parameter und haben einen Rückgabewert:

`set_theme_mod()`:

- `$name`: Eindeutiger Name der Einstellung
- `$value`: Ein Wert, der gespeichert werden soll
- Gibt einen booleschen Wert zurück, der angibt, ob die Einstellung ordnungsgemäß in der Datenbank gespeichert werden konnte.

`get_theme_mod()`:

- `$name`: Wieder der eindeutige Name
- `$default`: Ein Standardwert, falls kein Wert in der Datenbank hinterlegt ist
- Zurückgegeben wird der zuvor gespeicherte Wert.

Aufgrund der Ähnlichkeit zur Options-API gehe ich nicht näher darauf ein, da diese in Abschnitt 6.3.1, »Werte speichern und abrufen mit der Options-API«, noch ausführlich behandelt wird. Sie können die dort gezeigten Beispiele nehmen und statt `get_option()` und `set_option()` die jeweilige `..._theme_mod()`-Funktion nutzen.

Der Customizer: Ein Theme vom Benutzer anpassen lassen

Die Customize-API ist ein Framework für die Live-Vorschau aller Umgestaltungen an WordPress. Auch sie speichert Änderungen in die Datenbank, erlaubt aber auch die Anpassung verschiedener Aspekte eines Themes und der Website – von Farben und Layouts bis hin zu Widgets, Menüs und mehr.

Der Customizer ist der klassische Weg, um Optionen zu einem Theme hinzuzufügen, obwohl auch diese API immer mehr vom Block-Editor und seinen Zusatzfunktionen verdrängt werden wird.

Im WordPress-Backend unter dem Menü DESIGN • CUSTOMIZER lässt sich der Customizer öffnen. Nach dem Klick wird die Startseite der Website angezeigt (❷ in Abbildung 5.25). Am linken Rand befindet sich eine Seitenleiste ❶ und darin der Customizer mit all seinen Einstellmöglichkeiten ❹. Freilich variiert die Menge an Einstellungen je nach Theme. Über das Stift-Symbol ❺ gelangen Sie direkt zur entsprechenden Einstellmöglichkeit im Customizer.

Verändern Sie eine Einstellung, so wird diese live im rechten Teil des Bildschirms angezeigt. Die Änderungen werden allerdings erst nach einem Klick auf VERÖFFENTLICHEN ❸ übernommen und sind dann für alle Nutzer der Website sichtbar.

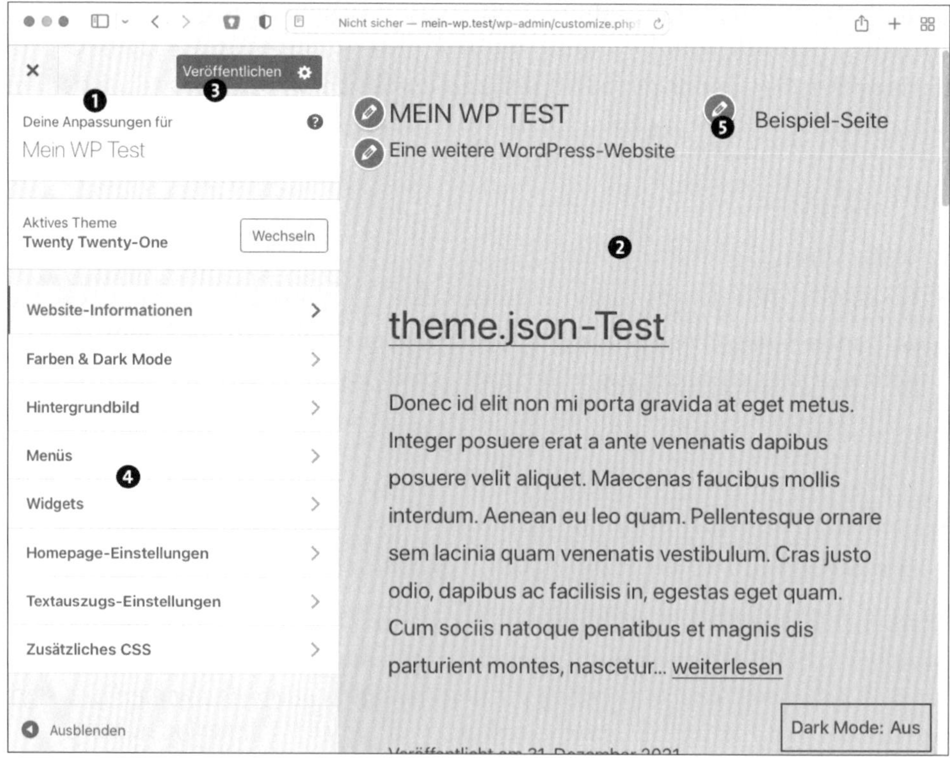

Abbildung 5.25 Geöffneter Customizer

Interessant ist, dass sich über das Einstellungsrad ❸ beim Button eine Änderung terminieren, aber auch teilen lässt. Sie erhalten dazu einen Link zur entsprechenden Unterseite, die gerade geöffnet ist. Jemand mit dem Link kann sich die Änderungen dann anzeigen lassen, obwohl sie noch nicht final veröffentlicht wurden. Möglich ist dies, weil die API die Zustände in sogenannten *Customizer Objects* speichert. Diese sind PHP-Objekte und funktionieren, weil die API objektorientiert entwickelt wurde. Abbildung 5.26 zeigt, dass es vier Haupttypen von Customizer-Objekten gibt:

1. Panels,
2. Sections,
3. Settings und
4. Controls.

Settings assoziieren UI-Elemente (*Controls*) mit Einstellungen, die in der Datenbank gespeichert werden. *Sections* sind UI-Container für Controls, um deren Organisation zu verbessern. *Panels* sind Container, in denen mehrere Sections gruppiert werden können. Abbildung 5.26 zeigt auch das Zusammenspiel von PHP im Backend und JavaScript im Frontend.

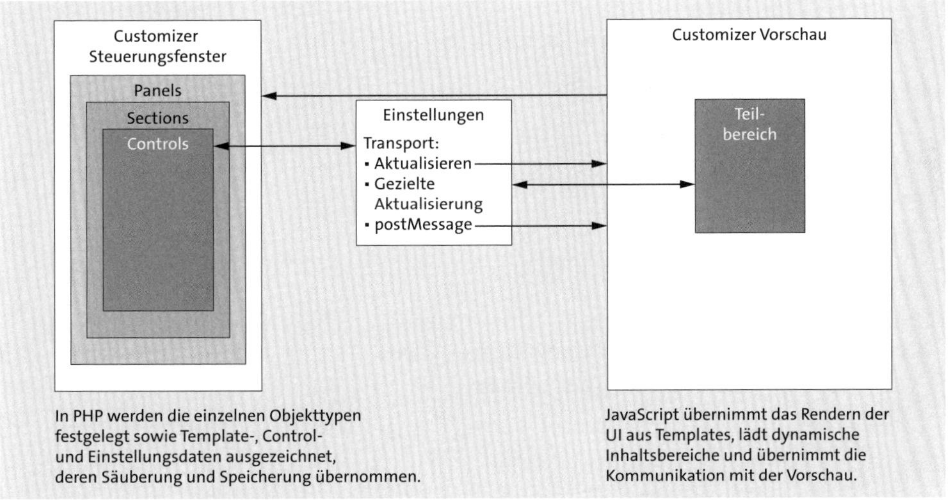

Abbildung 5.26 Zusammenstellung der einzelnen Objekte in der Customizer-API[18]

Im Folgenden zeige ich an einem Beispiel, wie Sie eine Einstellung zum Customizer hinzufügen können. Dazu wird eine neue Datei im Theme-Verzeichnis erstellt: */includes/customizer.php*. Die Datei wird, wie in Listing 5.10 gezeigt, in der *functions.php* eingebunden. Den Inhalt der *customizer.php*-Datei sehen Sie in Listing 5.11.

18 Quelle: Customize-Object-Hierarchy-Graphic von WordPress.org, lizensiert unter GPLv2. *https://developer.wordpress.org/themes/customize-api/customizer-objects* Übersetzung.

```
<?php
require_once __DIR__ . '/includes/customizer.php';
```

Listing 5.10 Auszug aus der Datei »functions.php«

```
<?php
namespace floriansimeth\mein_wp_theme;

add_action( 'customize_register', 'floriansimeth\mein_wp_theme\custom_
customizer_settings' );

function custom_customizer_settings( \WP_Customize_Manager $manager ) {
   $my_panel = $manager->add_panel(
      'mwp',
      [
         'title'       => 'Mein WP Theme Einstellungen',
         'description' => 'Optionen für Beiträge',
      ]
   );

   $my_section = $manager->add_section(
      'mwp_post_settings',
      [
         'panel'       => $my_panel->id,
         'title'       => 'Beitragseinstellungen',
         'description' => 'Optionen für Beiträge',
      ]
   );

   $my_setting = $manager->add_setting(
      'mwp_post_settings_display_author',
      [
         'default'           => false,
         'sanitize_callback' => function ( $value, $setting ) {
            return (bool) $value;
         },
      ]
   );

    $my_control = $manager->add_control(
      $my_setting->id,
      [
         'type'               => 'checkbox',
```

```
        'section'         => $my_section->id,
        'label'           => 'Autor anzeigen?',
        'description'     => 'Autor bei den Beiträgen anzeigen?',
        'active_callback' => function () {
            return is_single();
        }
    ] );
}
```

Listing 5.11 Die »customizer.php«-Datei

Über den Hook `customize_register` wird eine Funktion registriert. Sie ist danach zuständig für das Hinzufügen des Panels, der Section, der Settings und schließlich des Controls. Das geschieht nacheinander durch den Aufruf der entsprechenden Methoden der Klasse `WP_Customize_Manager`, deren Objektinstanz mit dem Hook zurückgegeben wird. Am Ende sieht der Customizer so aus wie in Abbildung 5.27 gezeigt. Dort ist von links nach rechts abgebildet, wie der Benutzer über den Menüpunkt MEIN WP THEME EINSTELLUNGEN • BEITRAGSEINSTELLUNGEN • OPTIONEN FÜR BEITRÄGE zur Option AUTOR ANZEIGEN? gelangt.

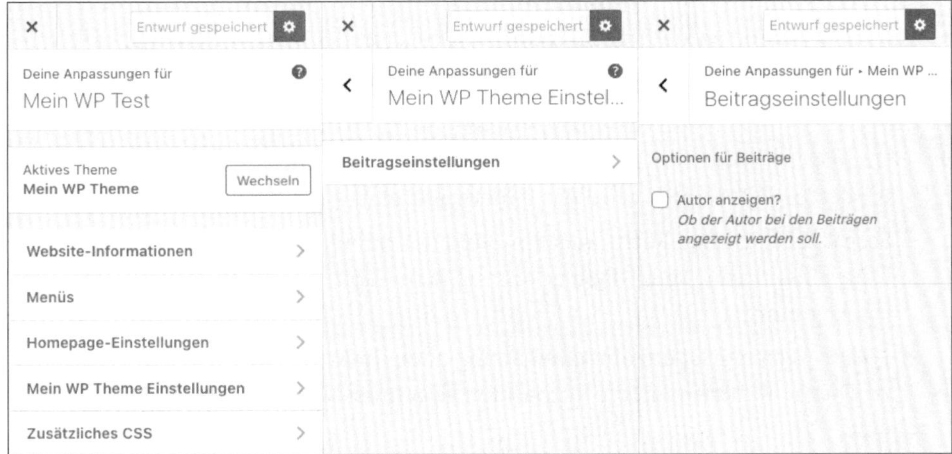

Abbildung 5.27 Von links nach rechts sehen Sie hier die einzelnen Fenster bis hin zur eigentlichen Option.

> **Hinweis**
>
> Das neue Panel ist erst sichtbar, wenn Sie sich auf einer Beitragsseite befinden (siehe die folgenden Erklärungen). Wenn im Customizer die Startseite angezeigt wird, wechseln Sie am besten von dort zu einem einzelnen Beitrag, um sie zu sehen.

Mit der Methode add_panel() (siehe Listing 5.12) wird als Erstes das Panel zum Customizer hinzugefügt:

```
<?php
public function add_panel(
   WP_Customize_Panel|string $id,
   array $args = array(
      int $priority = 160,
      string $capability = 'edit_theme_options',
      string|string[] $theme_supports,
      string $title,
      string $description,
      string $type,
      callable $active_callback
   )
): WP_Customize_Panel {
   ...
}
```

Listing 5.12 Funktionsbeschreibung von »add_panel()«

- Mit $id wird eine eindeutige ID erwartet. Das ist in der Regel ein String, kann aber auch ein WP_Customize_Panel-Objekt sein.
- $args ist ein Array mit zusätzlichen Angaben:
  - $priority ist eine Ganzzahl, die die Sortierung bestimmt. Je höher die Nummer ist, desto weiter unten wird das Panel angezeigt.
  - $capability ist das Recht, das ein Benutzer haben muss, damit er die Einstellung sehen kann. Mehr dazu erfahren Sie in Kapitel 16, »Benutzer- und Rechtemanagement«.
  - $theme_supports ist ein einzelner String oder ein Array von Strings mit Angaben zu Theme-Funktionen, die vorhanden sein müssen, damit das Panel angezeigt wird.
  - $title ist der Panel-Titel.
  - $description ist eine Beschreibung des Panels. Der Text wird angezeigt, wenn auf das Fragezeichen geklickt wird.
  - $type ist der Typ des Panels. Er muss nur angegeben werden, wenn eine eigene Subklasse eines Panels erstellt werden soll.
  - $active_callback gibt die Funktion an, die überprüft, wann das Panel sichtbar sein soll. Wird nichts angegeben, ist das Panel immer sichtbar (siehe dazu auch Abschnitt 5.3.8, »Konditionale Abfragen«).

Eine Section wird mit der Methode add_section() erstellt (siehe Listing 5.13):

```
<?php
public function add_section(
   WP_Customize_Section|string $id,
   array $args = array(
      int $priority = 160,
      string $panel = '',
      string $capability = 'edit_theme_options',
      string|string[] $theme_supports,
      string $title,
      string $description,
      string $type,
      callable $active_callback,
      bool $description_hidden = false
   )
): WP_Customize_Section {
...
}
```

Listing 5.13 Funktionsbeschreibung von »add_section()«

Sie erwartet ebenfalls eine eindeutige ID als ersten Parameter. Als zweiter wird ein Array mit weiteren Argumenten übergeben. Die Liste ist fast identisch mit der aus der Methode add_panel(). Jedoch gibt es noch zwei zusätzliche Argumente:

- $panel erwartet die ID des Panels, zu dem die Section hinzugefügt werden soll. Es kann die ID des eigenen oder eines bereits bestehenden Panels angegeben werden.
- Wird $description_hidden auf true gesetzt, so wird die Beschreibung hinter einem Fragezeichen-Symbol versteckt. Ein Klick darauf gibt sie dann frei. Bei false wird sie sofort angezeigt.
- Nun benötigen wir noch eine Einstellung (siehe Listing 5.14):

```
<?php
public function add_setting(
   WP_Customize_Setting|string $id,
   array $args = array(
      string $type = 'theme_mod',
      string $capability = 'edit_theme_options',
      string|string[] $theme_supports,
      string $default = '',
      string $transport = 'refresh',
      callable $validate_callback,
```

```
        callable $sanitize_callback,
        callable $sanitize_js_callaback,
        bool $dirty
    )
): WP_Customize_Setting {
    ...
}
```

Listing 5.14 Funktionsbeschreibung von »add_setting()«

Ebenso wie bei den vorangegangenen Methoden wird hier zuerst eine eindeutige ID benötigt. Danach folgt die Argumentenliste. Einige Argumente sind ähnlich wie bei den zuvor genannten Methoden. Ich liste sie daher nicht mehr separat auf.

- `$type` gibt den Speicherort an. Wählen Sie zwischen `theme_mod` oder `option` (siehe dazu auch den Abschnitt »Theme-Optionen speichern: Die Theme-Modification-API« weiter oben).
- `$default` ist der Standardwert der Einstellung.
- `$transport` ist eine Option für die Darstellung der Live-Vorschau von Änderungen im Customizer. Die Verwendung von `refresh` macht sie sichtbar, indem die gesamte Vorschau neu geladen wird. Mit `postMessage` kann ein benutzerdefiniertes JavaScript das Laden umgehen.
- `$validate_callback` und `$sanitize_callback` sind Sicherheitsfunktionen. Sie stellen sicher, dass nur bestimmte Werte angenommen werden und in die Datenbank gelangen (lesen Sie dazu auch Abschnitt 7.1, »WordPress-Projekte absichern«).
- `$sanitize_js_callback` erwartet eine Callback-Funktion, die zur Konvertierung eines PHP-Einstellungswerts dient, falls dieser nicht in das JSON-Format umgewandelt werden kann.
- `$dirty` wird verwendet, um sicherzustellen, dass eine Einstellung beim Laden des Customizers vom Einstellungskasten an die Vorschau gesendet wird. Normalerweise wird sie nur dann mit der Vorschau synchronisiert, wenn sie geändert wurde. Mit `$dirty = true` wird die Einstellung von Anfang an übertragen.

Zum Schluss benötigt die Einstellung noch ein Formularfeld. Dies gelingt mit der Methode `add_control()` aus Listing 5.15:

```
<?php
public function add_control(
    WP_Customize_Control|string $id,
    array $args = array(
        int $instance_number,
        WP_Customize_Manager $manager,
```

```
        string $setting = 'default',
        array $settings,
        string $section = '',
        string $type = 'text',
        string $label = '',
        array $choices = [],
        array $input_attrs = [],
        bool $allow_addition = false,
        callable $active_callback,
        string $description = '',
        string $capability,
        int $priority = 10
    )
): WP_Customize_Control {
    ...
}
```

Listing 5.15 Funktionsbeschreibung von »add_control()«

Es gilt:

- `$id` ist die eindeutige ID des Feldes. Falls die gleiche ID wie bei `add_setting()` benutzt wird, so kann der Wert automatisch abgerufen werden.
- `$args` sind weitere Parameter:
  - `$instance_number` ist die Reihenfolge, in der diese Instanz im Verhältnis zu anderen Instanzen erstellt wurde.
  - `$manager` ist die `WP_Customize_Manager`-Instanz. Sie wird benötigt, weil der Wert der Settings ausgelesen werden muss. Sie muss nicht angegeben werden, wenn `$id` die gleiche ID hat wie bei `add_setting()`.
  - `$setting` ist die ID, die bei `add_setting()` verwendet wurde und die zu diesem Control gehört. Damit wird dann der Wert aus der Datenbank gelesen.
  - Benötigt das Control mehrere Werte von der Datenbank, lässt sich ein Array mit Setting-Ids übergeben, nämlich das Argument `$settings`.
  - Mit `$section` wird festgelegt, zu welcher Section das Control gehört.
  - `$type` ist der HTML-Typ des Formulars. Er kann die Werte `text`, `checkbox`, `textarea`, `radio`, `select` und `dropdown-pages` annehmen. Feldtypen wie `email`, `url`, `number`, `hidden` und `date` werden implizit unterstützt.
  - `$label` ist das HTML-Label zum Formular-Element, das erzeugt wird.
  - `$choices` ist ein Array mit möglichen Werten, die für die HTML-Elemente `radio` und `select` benötigt werden. Dabei ist der Schlüssel des Arrays der Wert und der Wert des Arrays das Label für das erzeugte HTML-Element.

- `$input_attrs` ist ein Array für benutzerdefinierte HTML-Attribute der Formularfelder. Es findet keine Anwendung, wenn bei `$type` einer der folgenden Werte angegeben wurde: `checkbox`, `radio`, `select`, `textarea` oder `dropdown-pages`.
- Falls unter `$type` der Wert `dropdown-pages` angegeben wurde, so können Sie mit `$allow_addition = true` festlegen, ob weitere Inhalte hinzugefügt werden dürfen.
- `$capability`, `$priority`, `$description` und `$active_callback` sollten selbsterklärend sein (Sie finden die Beschreibungen weiter oben).

Nun können Sie den Customizer eigenständig mit Einstellungen befüllen, die von Ihrem Theme benötigt werden. Abgerufen werden die Werte dann je nach dem Namen, den Sie während `add_setting()` gewählt haben. Wurde dort das Argument `$type` wie im Beispiel auf `theme_mod` gesetzt, so erfolgt der Abruf wie in Listing 5.16 dargestellt. Wurde stattdessen `option` gewählt, so erfolgt der Abruf wie in Listing 5.17. Wie das im Beispiel funktioniert, erfahren Sie in Abschnitt 5.3.7 und dort unter der Überschrift »Meta-Angaben«.

```
<?php
$display_author = get_theme_mod(
   'mwp_post_settings_display_author',
   false
);
```

Listing 5.16 Auslesen einer Theme-Einstellung

```
<?php
$display_author = get_option(
   'mwp_post_settings_display_author',
   false
);
```

Listing 5.17 Auslesen einer Option

Wie Sie sehen, ist der Customizer ein sehr mächtiges Werkzeug und ging bei seiner Einführung schon ein klein wenig in Richtung *Full-Site-Editing*. So richtig gelang dieser Schritt aber erst mit dem Block-Editor, weshalb der Customizer in Zukunft an Bedeutung verlieren wird.

Theme-Funktionen aktivieren und deaktivieren

Nun kommen wir zum letzten Teil der Themes-API, und zwar zur Funktion `add_theme_support()`. Diese schon mehrfach erwähnte Funktion dient während der Initialisierungsphase dazu, WordPress mitzuteilen, welche Funktionen das Theme unterstützt. Sehen Sie sich dazu noch einmal Listing 5.5 aus Abschnitt 5.3.2, »Theme-

Funktionen festlegen: functions.php«, an. In WordPress sind sehr viele Funktionen eingebaut, die das Theme sofort verwenden kann. Im Beispiel nutzten wir lediglich zwei von ihnen.

```
<?php
function add_theme_support( string $feature, mixed ...$args ): void|bool {
    ...
}
```

Listing 5.18 Funktionsbeschreibung von »add_theme_support()«

In Listing 5.18 ist `$feature` der Name der zu unterstützenden Funktion und `$args` ist ein Platzhalter für weitere Argumente. WordPress prüft mit `get_theme_support()`, ob der Schalter umgelegt wurde und damit eine Funktion unterstützt wird. Mögliche Werte sind in Tabelle 5.8 dargestellt.

admin-bar	align-wide	automatic-feed-links
core-block-patterns	custom-background	custom-header
custom-line-height	custom-logo	customize-selective-refresh-widgets
custom-spacing	custom-units	dark-editor-style
disable-custom-colors	disable-custom-font-sizes	editor-color-palette
editor-gradient-presets	editor-font-sizes	editor-styles
featured-content	html5	menus
post-formats	post-thumbnails	responsive-embeds
starter-content	title-tag	wp-block-styles
widgets	widgets-block-editor	

Tabelle 5.8 Mögliche Werte von »add_theme_support()«

Wenn Sie wissen möchten, was jedes einzelne dieser Features im Detail macht, empfehle ich Ihnen eine Suche im WordPress-Kern. Für den Wert `custom-header` können beispielsweise mehrere Argumente übergeben werden, wie Listing 5.19 zeigt. Der Abruf der Textfarbe erfolgt mit der Funktion `get_header_textcolor()` (siehe Listing 5.20). Beachten Sie, dass einige dieser Schalter Einstellungsfelder im Customizer aktivieren. Abbildung 5.28 zeigt blau hervorgehoben die Option zum Verwalten des Headerbildes. Im Menüpunkt FARBEN gibt es dann zusätzlich die Möglichkeit, die Textfarbe im Header anzupassen.

In Abschnitt 5.3.7 und dort unter »Der Header« sehen Sie im Detail, wie mit dem Custom-Header gearbeitet wird.

```
<?php
$args = array(
    'default-image'      => get_template_directory_uri()
                            . 'public/images/default-background.jpg',
    'default-text-color' => '000',
    'width'              => 1000,
    'height'             => 250,
    'flex-width'         => true,
    'flex-height'        => true,
);
add_theme_support( 'custom-header', $args );
```

Listing 5.19 Zusatzargumente für einen individuellen Kopfbereich

```
<?php
function get_header_textcolor() {
    return get_theme_mod(
        'header_textcolor',
        get_theme_support( 'custom-header', 'default-text-color' )
    );
}
```

Listing 5.20 Beispiel aus dem WordPress-Kern

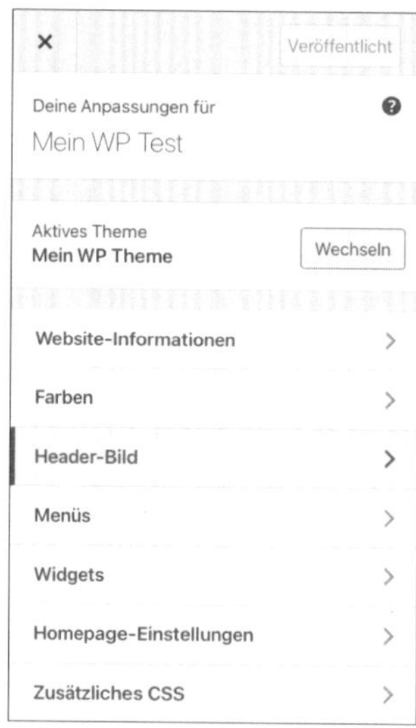

Abbildung 5.28 Wird die Custom-Header-Funktion aktiviert, so gibt es eine neue Option »Header-Bild« im Customizer.

5.3.5 Das WordPress-Template-System

Sie haben jetzt gelernt, wie Sie Theme-Metadaten angeben, und Sie wissen, was in eine *functions.php*-Datei gehört, und können Daten des Themes verändern. Letzteres geschieht mit dem Customizer oder der *theme.json*-Datei. In diesem Abschnitt geht es nun darum, mit diesen Daten zu arbeiten. Wir sehen uns das Template-System in WordPress an, und Sie lernen, wie und wo welche Inhalte angezeigt werden.

Durch den Einblick, den ich bereits geben konnte, wissen Sie, dass ein Theme aus mindestens zwei Dateien bestehen muss: aus der *style.css* und aus einer *index.php*. Ansonsten lässt es sich nicht aktivieren. Sie werden aber rasch feststellen, dass es mit diesen zwei Dateien nicht getan ist. Denn WordPress wird Sie über eine PHP-Warnung (siehe Kapitel 11, »Fehler finden und beheben: Das Debugging«) schnell darauf hinweisen, dass weitere Dateien fehlen – etwa eine *header.php* und eine *footer.php*. Darüber hinaus existieren noch weitere Template-Dateien, die wir uns im Folgenden näher ansehen.

Was sind Template-Dateien?

Bevor Sie die einzelnen Template-Dateien kennenlernen, möchte ich noch die Frage beantworten, was Template-Dateien sind. Das ist schnell erklärt: Es sind PHP-Dateien, die eine Mischung aus HTML, Template-Tags (siehe Abschnitt 5.3.7, »Funktionen für Templates und der Loop«) und PHP-Code enthalten. Sie bilden damit Vorlagendateien, um das Layout und Design verschiedener Teile einer Website zu beeinflussen. Wenn jemand eine Seite auf einer Website besucht, lädt WordPress eine Template-Datei auf der Grundlage der Anfrage. Die Template-Hierarchie (siehe Abbildung 5.29) beschreibt, welche Template-Datei betroffen ist. Der Server führt dann den PHP-Code in der Vorlage aus und gibt das daraus entstandene HTML an den Browser des Besuchers zurück.

Inhaltstypen

WordPress bietet Ihnen mehrere unterschiedliche Inhaltstypen. Die zwei offensichtlichen sind *Beiträge* und *Seiten*. Über spezielle Funktionen lassen sich weitere Inhaltstypen hinzufügen (siehe Kapitel 13, »Mit eigenen Inhaltstypen arbeiten«). Im Englischen spricht man von *Post Types*. Der Begriff *Post* ist der Oberbegriff für einen einzelnen Beitrag, eine Seite oder einen Artikel eines eigenen Inhaltstyps. Im weiteren Verlauf werde ich der Einfachheit halber ebenfalls den Begriff *Post* verwenden.

Der Unterschied zwischen Beiträgen und Seiten ist, dass Beiträge eine chronologische Reihenfolge haben. Sie dienen also zum Schreiben von Blogbeiträgen oder News, während Seiten eher statisch sind. Zum Beispiel werden sie fast immer für Landingpages[19], Kontaktseiten oder das Impressum verwendet.

19 Eine Landingpage ist eine Zielseite, die ein spezielles Ziel verfolgt, den Verkauf eines Produkts zum Beispiel. Sie ist daher meist für eine bestimmte Zielgruppe optimiert.

Welche Inhaltstypen sind noch in WordPress integriert?

Weitere integrierte Inhaltstypen sind *Medien*, *Revisionen* und *Navigationsmenüs*. Revisionen sind im WordPress-Backend erst einmal nicht sichtbar. Erst wenn ein Post verändert und aktualisiert wird, entsteht eine Revision. So ist es möglich, alle Änderungen nachzuvollziehen und zu einem späteren Zeitpunkt zu einer bestimmten Version zurückzukehren.

Beiträge können verschlagwortet und kategorisiert werden. Jedes Schlagwort und jede Kategorie erzeugt eine eigene Unterseite. Diese werden zusammengefasst als *Archive* bezeichnet.

Da der Inhaltstyp Beiträge also deutlich mehr Arten von Seiten erzeugen kann als der Inhaltstyp Seiten, dreht sich in der Template-Hierarchie fast alles um Beiträge.

Die Template-Hierarchie

Die *index.php*-Datei ist bei der Template-Hierarchie so etwas wie eine *Auffangvorlage*. Sie wird immer dann aufgerufen, wenn für die Anfrage keine spezifische Template-Datei existiert. In der Regel wird ein Entwickler aber die meisten Dateien nutzen, um eine individuelle Gestaltung hinterlegen zu können.

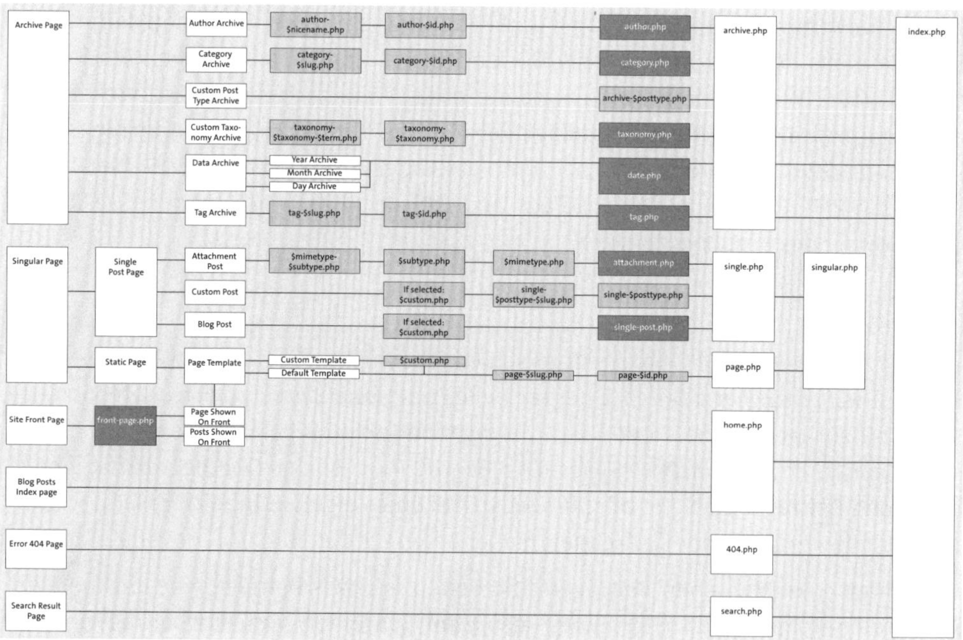

Abbildung 5.29 Die komplette Template-Hierarchie[20]

20 Quelle: Screenshot der Website *https://wphierarchy.com*. Übersetzung. Abgerufen am 03.01.2022.

Abbildung 5.29 zeigt einen Screenshot von der Website *https://wphierarchy.com*. Dort können Sie mit der Karte sehr leicht interagieren. Die komplette Template-Hierarchie in WordPress wird ebendort abgebildet. Ganz links ist die Einstiegsseite zu sehen. Je nach Anfrage landet der Besucher also auf einer der in Tabelle 5.9 dargestellten Seiten mit den entsprechenden Template-Dateien.

Seite	Template-Datei	Beschreibung
Archive Page	*archive.php*	Eine Archivseite ist eine Seite, die mehrere Beiträge anzeigt.
Singular Page	*singular.php*	Ein einzelner Beitrag, eine Seite oder ein Post eines anderen Inhaltstyps
Site Front Page	*front-page.php*	Die Startseite
Blog Posts Index Page	*home.php*	Seite mit der chronologischen Reihenfolge aller Beiträge
Error 404 Page	*404.php*	Eine Fehlerseite, die erscheint, falls nichts gefunden werden konnte.
Search Result Page	*search.php*	Listet alle Suchtreffer auf.

Tabelle 5.9 Trefferseite mit den zugehörigen Template-Dateien

Eine Anfrage endet jedoch nicht bei diesen Templates. WordPress checkt vorher, ob noch spezifischere Template-Dateien existieren. Landet ein Besucher auf einer Archivseite, wird geprüft, um welche es sich handelt. Handelt es sich um eine Kategorieseite, so wird geprüft, ob die Datei *category.php* vorhanden ist. Falls ja, wird sie genutzt und eingebunden. Das geschieht jedoch erst, wenn nicht noch etwas Spezifischeres existiert. Laut Abbildung 5.29 wäre das die Datei *category-$id.php*, wobei `$id` für die Datenbank-ID steht, die WordPress für diese Kategorie vergeben hat. Somit erlaubt das Template-System, für jedes einzelne Objekt im System ein Template anzulegen. Ob das sinnvoll ist, muss jedoch jeder für sich selbst entscheiden. Da Sie nur selten jede einzelne Kategorie umgestalten werden, genügt in den meisten Fällen die Nutzung der *category.php* oder der *archive.php*.

Seiten-Templates

Es gibt noch ein weiteres Template-System in WordPress, nämlich Seiten-Templates. Der Name ist wieder etwas ungünstig gewählt, weil damit nicht unbedingt der Inhaltstyp *Seiten* gemeint ist. Vielmehr können alle Inhaltstypen, die eine entsprechende Freischaltung erhalten haben, Seiten-Templates nutzen. WordPress durchsucht dazu das Unterverzeichnis */page-templates/* im Theme und stellt sie als Auswahl zur Verfügung.

Seiten-Templates haben eine Besonderheit: Sie benötigen eine Meta-Angabe in Form eines DocBlocks. Als Beispiel erstelle ich die Datei */page-templates/full-width.php* mit dem Inhalt aus Listing 5.21:

```
<?php
/**
 * Template Name: Full Width
 */
```

Listing 5.21 Anfänglicher DocBlock einer Seiten-Template-Datei

Anhand dieser Meta-Angabe wird das Seiten-Template erkannt und kann anschließend im Block-Editor ❶ angezeigt und ausgewählt werden (siehe auch Abbildung 5.30).

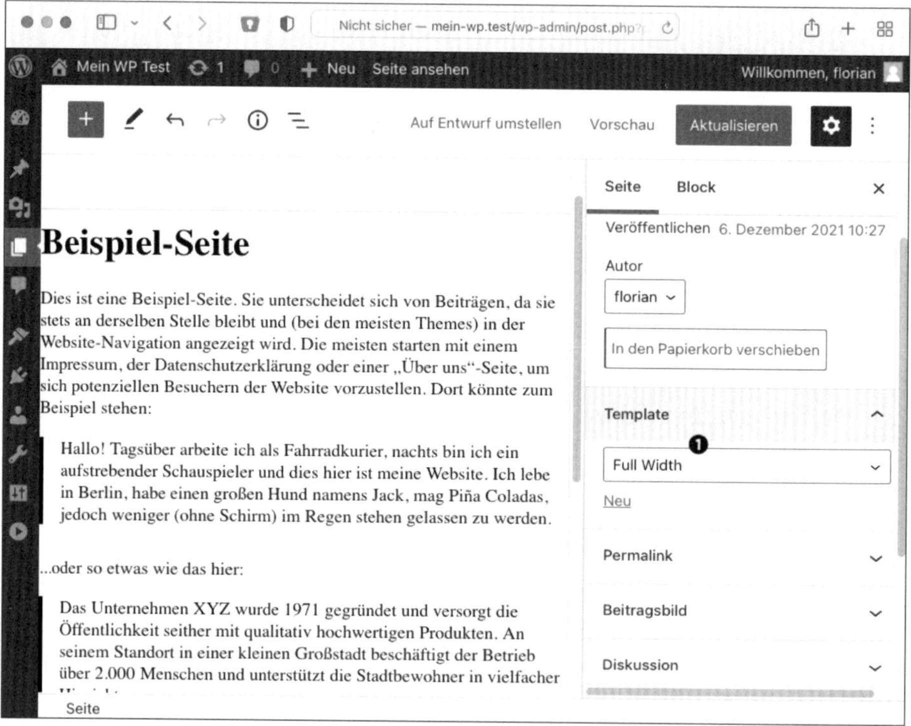

Abbildung 5.30 Auswahlmenü des Seiten-Templates

> **Tipp**
>
> Seiten-Templates müssen nicht zwingend im Verzeichnis */page-templates/* abgelegt werden. Sie können sie auch im Stammverzeichnis des eigenen Themes speichern. Dann aber benötigt der Dateiname das Präfix *page-*. In meinem Fall müsste ich die Datei also *page-full-width.php* nennen.

Wenn Sie ein Seiten-Template nur für spezifische Inhaltstypen zulassen möchten, können Sie eine weitere Meta-Angabe hinzufügen, die in Listing 5.22 fett dargestellt ist. Mehrere Inhaltstypen können durch Komma getrennt angegeben werden.

```
<?php
/**
 * Template Name: Full Width
 * Template Post Type: recipe
 */
```

Listing 5.22 Header eines Seiten-Templates für einen speziellen Inhaltstyp

5.3.6 Erforderliche Templates erfassen und erstellen

Nun stellt sich die Frage, welche Template-Dateien man benötigt. Dies ist je nach Projekt unterschiedlich. Vor der Entwicklung müssen Sie sich also Gedanken darüber machen, welche Art von Website Sie gestalten wollen. Handelt es sich um einen reinen Blog, benötigen Sie Template-Dateien zur Anzeige mehrerer Blog-Postings auf einer Seite (*Archive*, *Blog Post Index* etc.). Wollen Sie nicht mit dem Inhaltstyp *Beiträge*, sondern ausschließlich mit *Seiten* arbeiten, können Sie auf diese Template-Dateien komplett verzichten.

Die Erfahrung hat gezeigt, dass die meisten Websites mit beidem arbeiten. Oft kommen noch weitere Inhaltstypen hinzu, zum Beispiel für Rezepte, wenn es sich um eine Rezepte-Website handelt, oder für Produktseiten bei einem Online-Shop.

Im folgenden Beispiel gehe ich von folgendem Szenario aus:

- Ich möchte sowohl mit Beiträgen als auch mit Seiten arbeiten. Die Beiträge nutze ich als Blog, die Seiten für statische Inhalte (beispielsweise für »Über mich« und das Impressum).
- Die Hauptaufgabe der Website ist es, einen Blog bereitzustellen. Ich möchte also regelmäßig bloggen und Inhalte veröffentlichen.
- Alle Archivseiten (zum Beispiel Schlagwort- und Kategorieseiten) sollen gleich aussehen, weil sie nur meine Beiträge anzeigen.
- Seiten und Beiträge sollen ein geringfügig anderes Layout haben. Zum Beispiel soll ein Beitrag den Autor und das Veröffentlichungsdatum anzeigen. Seiten sollen dies allerdings nicht.

Folgende Dateien werden also benötigt:

- *index.php*
- *single.php* (für Beiträge)
- *page.php* (für Seiten)

- *404.php* (für »nichts gefunden«)
- *search.php* (für Suchtreffer)

Dazu kommen noch zwei Dateien, die in jede Template-Datei eingebunden werden müssen:

- *header.php*
- *footer.php*

Im nächsten Abschnitt sehen wir uns an, wie die einzelnen Dateien mit Inhalt befüllt werden.

5.3.7 Funktionen für Templates und der Loop

Nun erstellen wir die einzelnen Dateien und füllen sie Schritt für Schritt mit Inhalten. Dabei werden Sie eine Fülle neuer Funktionen kennenlernen.

Der Header

Den Anfang macht dabei die *header.php* aus Listing 5.23:

```
<?php
/**
 * The header file.
 *
 * This is the template that displays all of the <head>
 * section and everything up until main.
 *
 * @since      0.1.0
 * @package    Mein_WP_Theme
 */
?>
<!doctype html>
<html <?php language_attributes(); ?>>
<head>
    <meta charset="<?php bloginfo( 'charset' ); ?>"/>
    <meta name="viewport" content="width=device-width, initial-scale=1"/>
   <?php wp_head(); ?>
</head>

<body <?php body_class(); ?>>
<?php wp_body_open(); ?>

<header>
   <?php
```

```
    the_custom_header_markup();

    wp_nav_menu( [
        'theme_location'  => 'primary',
        'container'       => 'nav',
        'container_class' => 'primary-menu',
    ] );
    ?>
</header>
<main>
```

Listing 5.23 Die »header.php«-Datei

Hier bekommen wir es schon mit sehr vielen neuen Funktionen zu tun, die ich im Folgenden kurz erklären möchte:

- `language_attributes()` ruft die Sprachattribute für das `<html>`-Tag ab. Da WordPress in alle möglichen Sprachen übersetzt werden kann, liegt es nahe, dass dieser dynamische Inhalt über eine Funktion automatisch eingefügt wird.
- Die Funktion `bloginfo()` habe ich in Abschnitt 4.3.4 unter »URLs auf Feeds« bereits beschrieben. Hier wird sie dazu genutzt, die Zeichencodierung auszugeben.
- `wp_head()` ist eine Abkürzung für `do_action( 'wp_head' )` und führt damit einen Hook aus, den andere Themes und Plugins nutzen können. Unter anderem fügt WordPress hier JavaScript- und CSS-Dateien ein. Geben Sie deshalb im `<head>`-Bereich niemals selbst ein `<style>`- oder `<script>`-Tag an! Sie lernen in Kapitel 8, wie CSS- und JavaScript-Dateien korrekt eingebunden werden.
- `body_class()` gibt eine Reihe von CSS-Klassen aus. Diese können je nach Template unterschiedlich sein.
- `wp_body_open()` ist eine Abkürzung für den `wp_body_open`-Action-Hook.
- `the_custom_header_markup()` gibt ein Bild aus, falls ein solches im Customizer definiert wurde. Zurückgegeben wird nur dann etwas, wenn `add_theme_support ( 'custom-header', ... )` in der `functions.php` angegeben wurde (siehe Listing 5.24). Beachten Sie dazu auch die Erläuterungen in »Theme-Funktionen aktivieren und deaktivieren« in Abschnitt 5.3.4.
- Auf Menüs gehe ich noch gesondert ein. Die Funktion `wp_nav_menu()` ist dementsprechend in Abschnitt 5.6, »Menüs erstellen«, beschrieben.
- Die Datei endet mit einem offenen HTML-Tag: `<main>`. Das liegt daran, dass nach dem Header die entsprechende Template-Datei eingebunden wird, die je nach Anfrage unterschiedlich sein kann. Dazu folgt gleich mehr. Kommen wir zuerst zum Footer.

```
<?php
namespace floriansimeth\mein_wp_theme;
function setup_theme() {
    $GLOBALS['content_width'] = 750;
    ...
    add_theme_support( 'custom-header', [
        'width'                => 1000,
        'height'               => 250,
        'default-text-color' => '#000'
    ] );
}
add_action( 'after_setup_theme', 'floriansimeth\mein_wp_theme\setup_theme' );
```

Listing 5.24 Ausschnitt aus der »setup_theme()«-Funktion der Datei »functions.php«

Direkte Ausgabe oder lieber als Variable?

Die meisten Template-Funktionen in WordPress existieren doppelt. Die Regel ist, dass eine Funktion *ohne* das Präfix `get_` im Namen die Inhalte direkt an den Webserver zurückliefert, während alle Funktionen *mit* dem Präfix die Rückgabe in eine Variable erlauben. Für die zuvor genannten Funktionen gibt es also immer auch ein Pendant:

- `get_language_attributes()`
- `get_bloginfo()`
- `get_body_class()`
- usw.

Der Footer

Der Inhalt der *footer.php*-Datei fällt knapp aus, denn sie dient aktuell nur dazu, das `<main>`-HTML-Tag zu schließen. In Listing 5.25 nutzen wir derzeit lediglich die Funktion `wp_footer()` als Abkürzung für den `wp_footer`-Action-Hook. Damit erlauben wir einem Child-Theme oder einem Plugin, eigenen Code dort auszuführen.

```
<?php
/**
 * The footer.
 *
 * Contains the closing of the <main> and all content after.
 *
 * @since      0.1.0
 * @package    Mein_WP_Theme
 */
```

```
?>
</main>

<?php wp_footer(); ?>

</body>
</html>
```

Listing 5.25 Die »footer.php«-Datei

Der Index

Nun können wir das erste Template, und zwar die *index.php*-Datei, erstellen (siehe Listing 5.26) und binden Header und Footer ein. Dies geschieht mit `get_header()` respektive `get_footer()`:

```
<?php
/**
 * The index template.
 *
 * Lists all found posts.
 *
 * @since       0.1.0
 * @package     Mein_WP_Theme
 */

get_header(); ?>

<?php
if ( have_posts() ) {
   while ( have_posts() ) {
      the_post();
      get_template_part( 'template-parts/post' );
   }
} else {
   printf(
      '<p>%s</p>',
      'Keine Beiträge vorhanden.'
   );
}

get_footer();
```

Listing 5.26 Die »index.php«-Datei

Dazwischen wird mit `have_posts()` geprüft, ob die aktuelle Abfrage Beiträge zurückgeliefert hat. Falls nicht, wird im `else`-Block schlicht der Text »Keine Beiträge vorhanden« ausgegeben.

Anschließend leiten wir mit der `while`-Schleife den sogenannten Loop ein. Das ist nötig, weil die *index.php*-Datei sozusagen die Fallback-Template-Datei ist. Sie wird immer dann aufgerufen, wenn kein anderes passendes Template gefunden wurde. Und auf dieser Seite kann mehr als nur ein Post gelistet werden.

Mit Abbildung 5.31 sehen wir uns das bisher Erreichte einmal näher an. Das Bild zeigt einen Screenshot der Startseite bis zum jetzigen Zeitpunkt. Das Header-Image wurde über den Customizer hinzugefügt. Ansonsten ist der Bereich leer. Rein technisch wird der Loop durchlaufen, aber die Template-Datei, die mit `get_template_part()` eingebunden werden soll, existiert noch nicht.

Abbildung 5.31 Unsere Startseite zum jetzigen Zeitpunkt

Der Loop

Mit jeder Anfrage prüft WordPress, welche Daten aus der Datenbank angezeigt werden sollen. Zum Abruf dieser Daten werden dabei die Datenbank-Klassen `wpdb` (siehe Kapitel 17, »Zugriff auf die Datenbank«) und `WP_Query` genutzt. Der Loop benötigt die Daten von der Datenbank und läuft von Post zu Post. Er lässt sich mit einer `while`-Schleife initialisieren. Innerhalb der Schleife erfolgt als Erstes der Aufruf von `the_post()`. Die Funktion richtet den jeweils nächsten Post ein. Intern geschieht dies durch die Funktion `setup_postdata()`. Damit wird sichergestellt, dass die in Tabelle 5.10 gezeigten Template-Funktionen genutzt werden können. Denn sie beziehen sich immer ausschließlich auf einen einzelnen Post. Sie werden gleich sehen, wie das Ganze funktioniert. Vorher möchte ich aber noch auf die `get_template_part()`-Funktion eingehen.

Funktion	Beschreibung
the_title(), get_the_title(), the_title_attribute()	Der Titel eines Posts
the_content(), get_the_content()	Der Inhalt eines Posts
the_excerpt(), get_the_excerpt()	Der Auszugtext
has_excerpt()	Überprüft, ob ein Auszugtext existiert.
has_post_parent()	Überprüft, ob ein übergeordneter Post existiert.
the_attachment_link(), wp_get_attachment_link()	Zeigt einen Link zu einer Anhangseite mit einem Bild oder Symbol an.
the_ID(), get_the_ID()	Die ID des aktuellen Posts
the_guid(), get_the_guid()	Der *Post Global Unique Identifier* des Posts.
the_meta()	Zeigt eine Liste der benutzerdefinierten Felder für Beiträge an.
get_the_password_form()	Das Passwort-Formular, falls ein Post mit einem Passwort geschützt wurde.
is_page_template()	Prüft auf ein bestimmtes Seiten-Template (siehe »Seiten-Templates« in Abschnitt 5.3.5).
post_custom(), get_post_custom()	Ruft ein individuelles Metadatenfeld für einen Beitrag ab.
post_password_required()	Gibt an, ob ein Passwort für einen Post benötigt wird.
the_permalink(), get_the_permalink(), get_permalink()	Link zum Post
post_class(), get_the_post_class()	CSS-Klassen für ein etwaiges Post-HTML-Element

Tabelle 5.10 Eine Auswahl von Template-Funktionen. Viele davon können auch außerhalb des Loops genutzt werden, benötigen dann aber die Angabe einer Post-ID.

Der Loop außerhalb der Hauptabfrage

Mit jedem Seitenaufruf startet WordPress eine Datenbank-Abfrage. Sie wird *Main Query* genannt und in der globalen Variablen `$wp_query` gespeichert. Ausgeführt wird die Abfrage von der Funktion `query_posts()`, die Sie für eigene Zwecke nicht benutzen sollten, weil sie ineffizient arbeitet.[21]

Mit der Funktion `is_main_query()` lässt sich überprüfen, ob sich in der globalen Variable im Moment die Hauptabfrage befindet. Denn natürlich ist es möglich, diese jederzeit zu überschreiben, und zwar mit einem Objekt der Klasse `WP_Query`. Der Loop lässt sich auch auf die darin enthaltenen Abfrageelemente anwenden. Mehr dazu lesen Sie in Abschnitt 17.3.1, »Mit WP_Query arbeiten«.

Auch die Funktion `get_posts()` kann genutzt werden, um einen Loop zu erzeugen. `setup_postdata()` muss dann jedoch manuell aufgerufen werden.

Template-Parts

Sie müssen nicht Ihren gesamten PHP- und HTML-Code innerhalb von nur einer Datei definieren. Sie können Teile in separate Dateien auslagern, um sie später leichter wiederverwenden zu können – ähnlich, wie WordPress das mit dem Header- und dem Footer-Template macht. Das funktioniert mit der in Listing 5.27 gezeigten Funktion:

```
<?php
function get_template_part(
   string $slug,
   string|null $name = null,
   array $args = []
): void|false {
   ...
}
```

Listing 5.27 Funktionsbeschreibung von »get_template_part()«

Dabei erwartet die Funktion die Angabe von mindestens einem, maximal drei Parametern:

- `$slug` ist der Slug-Name für die generische Vorlage.
- `$name` ist der Name der spezialisierten Vorlage.
- `$args` kann zusätzliche Argumente enthalten, die an die Vorlage übergeben werden.

21 Vgl. Savchenko, Andrey: When should you use WP_Query vs query_posts() vs get_posts()?, in: StackExchange WordPress Development, 2010, *https://wordpress.stackexchange.com/a/1755* (abgerufen am 17.05.2022)

Zurückgegeben wird im Fehlerfall der boolesche Werte `false`, was dazu führt, dass kein Template eingebunden werden kann und nichts angezeigt wird. Das haben Sie in der letzten Abbildung gesehen.

Die beiden Werte `$slug` und `$name` werden wie folgt zusammengesetzt:

```
"{$slug}-{$name}.php"
```

Wird `$name` nicht angegeben, so wird nach einer Datei `"{$slug}.php"` gesucht. In unserem Beispiel aus Listing 5.26 wird also die Datei *template-parts/post.php* eingebunden. Diese müssen wir noch erstellen. Im einfachsten Fall könnte sie so aussehen wie in Listing 5.28 gezeigt:

```
<?php
/**
 * The post.
 *
 * Displays a single post content.
 *
 * @since      0.1.0
 * @package    Mein_WP_Theme
 */
namespace floriansimeth\mein_wp_theme;
?>
<article id="post-<?php \the_ID(); ?>" <?php \post_class(); ?>>
    <header>
        <a href="<?php \the_permalink(); ?>">
         <?php \the_title( '<h1>', '</h1>' ); ?>
        </a>
    </header>

    <div class="the-content">
      <?php \the_content(); ?>
    </div>
</article>
```

Listing 5.28 Die »post.php«-Datei innerhalb des »/template-parts/«-Verzeichnisses

Abbildung 5.32 zeigt, wie die Startseite jetzt aussieht. Das Ganze sieht immer noch ziemlich unattraktiv aus. Außerdem fehlen ein paar Funktionen:

- Möglicherweise möchten Sie auf einer Index-Seite nicht den kompletten Text, sondern nur einen Auszug anzeigen lassen.
- Es fehlt ein Veröffentlichungsdatum.

- Dem Customizer haben wir in Abschnitt 5.3.4 unter »Der Customizer: Ein Theme vom Benutzer anpassen lassen« eine Einstellung hinzugefügt, die einem Nutzer erlaubt, den Autor auszublenden.

All das müssen wir nun berücksichtigen.

Abbildung 5.32 Die Startseite zeigt nun die aktuellen Beiträge.

Meta-Angaben

Die Template-Datei */template-parts/post.php* soll mehrfach genutzt werden können, und zwar auf der Index-Seite, auf der Suchseite und auf den Einzelseiten, wie Sie im Folgenden noch sehen werden. Unter Umständen möchten Sie dort bestimmte Meta-Angaben anzeigen, zum Beispiel den Autor des Beitrags und das Datum der Veröffentlichung. Wie das geht, zeigt Listing 5.29. Fett dargestellt ist, was ergänzt wurde. Listing 5.30 zeigt die Definition von `the_author()`, die ich in der *functions.php* des Themes angefügt habe. In der Funktion wird der Autor nur dann angegeben, wenn es sich um eine Beitragsseite handelt (`is_single()`, siehe Abschnitt 5.3.8, »Konditionale Abfragen«) und wenn im Customizer die entsprechende Checkbox angehakt wurde.

```
<?php
namespace floriansimeth\mein_wp_theme;
?>
<article id="post-<?php \the_ID(); ?>" <?php \post_class(); ?>>

    <header>
        <a href="<?php \the_permalink(); ?>">

            <?php \the_title( '<h1>', '</h1>' ); ?>

        </a>
    </header>
    <aside>
        <?php the_author(); ?>
        <div class="date">

            <?php \the_date(); ?>

        </div>
        <div class="categories">

            <?php \the_category( ', ' ); ?>

        </div>
        <div class="tags">

            <?php \get_the_tag_list( ', ' ); ?>

        </div>
    </aside>
    <div class="tumbnail">

        <?php \the_post_thumbnail( 'medium' ); ?>

    </div>
    <div class="the-content">

        <?php the_content(); ?>

    </div>
    <div class="comments">
```

```
        <?php
        if ( \comments_open() || \get_comments_number() ) {
            \comments_template();
        }
        ?>

    </div>

    <div class="pagination">

        <?php \wp_link_pages(); ?>

    </div>
</article>
```

Listing 5.29 Ergänzung des Inhaltsbereichs um zusätzliche Meta-Angaben

```
<?php
namespace floriansimeth\mein_wp_theme;
...
function the_author() {
    if ( is_singular()
         && get_theme_mod( 'mwp_post_settings_display_author', false )
    ) {
        printf(
            '<div class="author">%s</div>',
            get_the_author_link()
        );
    }
}
```

Listing 5.30 Auszug aus der »functions.php«, ergänzt um die »the_author()«-Funktion

Autorenangaben

Tabelle 5.11 zeigt Funktionen, die zur Ausgabe von Informationen zu einem Autor dienen. Ich habe in meinem Template the_author_link() gewählt.

Funktion	Beschreibung
the_author_link(), get_the_author_link()	Erstellt einen HTML-Link zur Website des Autors. Hat der Autor keinen Link im Profil angegeben, so wird nur der Name des Autors zurückgegeben.

Tabelle 5.11 Funktionen zur Ausgabe des Autors

Funktion	Beschreibung
the_author(), get_the_author()	Gibt den Namen des Autors aus.
the_author_meta(), get_the_author_meta()	Gibt einen einzelnen Wert aus, der zu einem Benutzer gespeichert ist (siehe auch Abschnitt 16.3, »Daten zu Benutzern speichern: Die Metadata-API«).
the_author_posts(), get_the_author_posts()	Die Anzahl der insgesamt von diesem Autor veröffentlichten Beiträge
the_author_posts_link(), get_the_author_posts_link()	Gibt einen HTML-Link zur Autorenseite zurück. Die Autorenseite listet alle Beiträge eines Benutzers auf.
the_modified_author(), get_the_modified_author()	Ruft den Autor ab, der den aktuellen Beitrag zuletzt bearbeitet hat.
wp_list_authors()	Listet alle Autoren einer Website auf. Diverse Argumente sind möglich (siehe Quellcode: *https://wp-typ.de/buch/wp-list-authors*).

Tabelle 5.11 Funktionen zur Ausgabe des Autors (Forts.)

Datumsangaben

Listing 5.29 zeigt, dass ich die Funktion `the_date()` für das Template gewählt habe. Es gibt aber weitere Möglichkeiten, um das Datum einzubinden, wie Tabelle 5.12 zeigt.

Funktion	Beschreibung
the_date(), get_the_date()	Gibt das Veröffentlichungsdatum des Posts aus.
the_time(), get_the_time(), get_post_time()	Gibt die Uhrzeit am Veröffentlichungstag aus.
the_modified_date(), get_the_modified_date()	Gibt das Datum der letzten Bearbeitung aus.
the_modified_time(), get_the_modified_time(), get_post_modified_time()	Gibt die Uhrzeit am Tag der letzten Änderung aus.
the_weekday_date()	Gibt den Wochentag am Veröffentlichungstag aus.

Tabelle 5.12 Funktionen zur Ausgabe von Datum und Zeit

Funktion	Beschreibung
get_post_datetime()	Liefert die Veröffentlichungs- oder Änderungszeit eines Beitrags als DateTime-Immutable-Objektinstanz.
get_post_timestamp()	Ruft die Veröffentlichungs- oder Änderungszeit eines Beitrags als Unix-Zeitstempel ab.

Tabelle 5.12 Funktionen zur Ausgabe von Datum und Zeit (Forts.)

Kategorien und Schlagwörter

Standardmäßig können Beiträgen in WordPress Kategorien und Schlagwörter zugeordnet werden. Auch diese möchte ich im Template ausgeben und nutze dafür `the_category()` sowie `get_the_tag_list()`. Es gibt aber auch hier weitere Funktionen (siehe Tabelle 5.13), auf die Sie zurückgreifen können.

Funktion	Beschreibung
the_category(), get_the_category_list()	Zeigt die Kategorieliste für einen Beitrag entweder als HTML-Liste oder in einem benutzerdefinierten Format an.
the_tags(), get_the_tag_list()	Zeigt die Schlagwörter für einen Beitrag an.
category_description()	Gibt die Kategorie-Beschreibung zurück.
tag_description()	Gibt die Schlagwort-Beschreibung zurück.
get_category_link()	Ruft die URL des Kategorie-Links ab.
get_tag_link()	Ruft den Link zum Schlagwort ab.
get_category_parents()	Ruft die übergeordneten Kategorien mit Trennzeichen ab.
get_the_category()	Ruft Beitragskategorien ab.
get_the_tags()	Ruft die Schlagwörter für einen Beitrag ab.
get_the_category_by_ID	Ruft den Kategorienamen auf Grundlage der Kategorie-ID ab.

Tabelle 5.13 Funktionen zur Ausgabe von Schlagwörtern und Kategorien

Funktion	Beschreibung
wp_tag_cloud(), wp_generate_tag_coud()	Zeigt eine Schlagwortwolke an.
wp_dropdown_categories()	Zeigt die HTML-Dropdown-Liste der Kategorien an oder ruft sie ab.
wp_list_categories()	Zeigt eine HTML-Liste der Kategorien an oder ruft sie ab.

Tabelle 5.13 Funktionen zur Ausgabe von Schlagwörtern und Kategorien (Forts.)

Beitragsbild

Es ist recht weit verbreitet, dass Beiträgen in einem Blog oder einem News-Bereich ein Bild zugewiesen wird. Das Bild wird oft im Kopfbereich ober- oder unterhalb des Titels dargestellt. In unserem Beispiel nutze ich die Funktion `the_post_thumbnail()`, die das Bild in der gewünschten Größe direkt ausgibt. Das funktioniert allerdings erst, wenn während der Setup-Phase des Themes `add_theme_support( 'post-thumbnails' )` angegeben wurde. Weitere mögliche Funktionen sind in Tabelle 5.14 gelistet.

Funktion	Beschreibung
the_post_thumbnail(), get_the_post_thumbnail()	Liefert das Beitragsbild oder zeigt es an.
the_post_thumbnail_caption(), get_the_post_thumbnail_caption()	Zeigt die Beschriftung des Beitragsbilds an.
the_post_thumbnail_url(), get_the_post_thumbnail_url()	Liefert die URL zum Beitragsbild.
get_post_thumbnail_id()	Liefert die Medien-(Attachment-)ID des Beitragsbildes.

Tabelle 5.14 Funktionen zur Ausgabe eines Beitragsbildes

Die in der Tabelle genannten Funktionen erwarten eine Größenangabe. Diese kann in Form eines Arrays (Breite × Höhe) oder durch einen String erfolgen. Listing 5.31 zeigt ein Beispiel:

```
<?php
function the_post_thumbnail(
   int[]|string $size = 'post-thumbnail',
   array|string $attr = ''
```

```
): string|array {
    ...
}
```

Listing 5.31 Funktionsbeschreibung von »the_post_thumbnail()«

`$size` ist dabei das besagte Array mit den Größenangaben oder ein String mit einer zuvor registrierten Größe (siehe unten). `$attr` ist entweder ein *Query-String* (siehe den folgenden Kasten) oder ein Array mit zusätzlichen Bildattributen.

Standardmäßig gibt es in WordPress drei verschiedene Größen, die im Backend unter EINSTELLUNGEN • MEDIEN eingestellt werden können:

- `thumbnail`
- `medium`
- `large`

Die Größe `medium_large` existiert zusätzlich, kann aber nicht über das Einstellungsmenü angepasst werden. Weitere Größen lassen sich mit der Funktion `add_image_size()` (siehe Listing 5.32) registrieren.

```
<?php
function add_image_size(
    string $name,
    int $width = 0,
    int $height = 0,
    bool|string[] $crop = false
): bool|array {
    ...
}
```

Listing 5.32 Funktionsbeschreibung von »add_image_size()«

Dabei ist `$name` die Bezeichnung der Bildgröße, `$width` und `$height` enthalten die Breiten- und Höhenangabe. Wird `$crop` auf `false` gesetzt, wird das Bild beim Verkleinern entsprechend skaliert. Bei `true` wird das Bild ausgehend von einer Mittelposition zugeschnitten. Wird ein Array angegeben, so ist der erste Wert die x-Zuschnitt-Position und der zweite Wert die y-Zuschnitt-Position. Als x-Positionsangabe dienen die Werte `left`, `center` oder `right`. Für die y-Positionsangabe dient `top`, `center` oder `bottom`.

Wenn Sie wissen möchten, welche Größen bereits registriert wurden, können Sie die Funktion `get_intermediate_image_sizes()` abfragen.

Was ist ein Query-String?

Bei manchen Funktionen in WordPress ist es möglich, statt eines Arrays auch einen Query-String anzugeben, zum Beispiel `alt=Lorem+ipsum&data-lightbox=1`. Das Problem dabei ist, dass ein Query-String immer speziell formatiert sein muss. Im Beispiel wird das Leerzeichen als Pluszeichen dargestellt.

Zwischenbilanz: So sieht's aus

Nun haben Sie eine Menge Template-Dateien erstellt: Header, Footer und Index. Sie haben gelernt, was der Loop ist, und haben eine Template-Part-Datei eingebunden. Auch Meta-Angaben wurden ergänzt, wie Abbildung 5.33 zeigt. Im Bild sehen Sie den geöffneten Customizer mit aktivierter Autor-Einstellung. In der Vorschau wird mein Name beim Beitrag angezeigt – genau so, wie es sein soll.

Fertig sind wir an dieser Stelle allerdings noch nicht. Es fehlen noch einige Templates, die wir in Abschnitt 5.3.6 erfasst hatten.

Abbildung 5.33 Ein einzelner Beitrag im Customizer

Single und Page

Mit dem Begriff *Single* bezeichnet WordPress einen einzelnen Post, der keine Seite ist. Es kann sich also um einen Beitrag oder aber auch um einen Post aus einem benutzerdefinierten Inhaltstyp handeln (siehe Kapitel 13, »Mit eigenen Inhaltstypen arbeiten«). Im einfachsten Fall sähe die Datei *single.php* so aus wie in Listing 5.33:

```
<?php
/**
 * The single post template.
 *
 * Displays one single post.
 *
 * @since      0.1.0
 * @package    Mein_WP_Theme
 */

get_header();

the_post();

get_template_part( 'template-parts/post' );

get_footer();
```

Listing 5.33 Die »single.php«-Datei

Auch hier greifen wir wieder auf die Datei */template-parts/post.php* zurück. Denn sie beinhaltet bereits die nötigen Funktionen zur Anzeige eines Titels und des Inhalts. Auf einer einzigen Seite wird kein Loop benötigt. Nichtsdestotrotz muss die Funktion `the_post()` ausgeführt werden, damit die Template-Funktionen richtig arbeiten können.

Da eine Seite derzeit gleich aussieht, kopieren wir den Inhalt der *single.php* in die Datei *page.php*. Im Kern verändert sich nichts. Ein einzelner Post sieht nach der Erstellung dieser Dateien noch genauso aus wie in Abbildung 5.33. Zwar sind die zwei Dateien momentan gleich, ich bearbeite sie aber deswegen getrennt, weil wir in Abschnitt 5.4, »CSS für Themes«, noch eine Seitenleiste in der *single.php* ergänzen werden.

Tipp!

Wenn Sie keinen Unterschied zwischen Single und Post machen wollen, können Sie stattdessen die Datei *singular.php* nutzen. Das ist die Template-Datei, die für Seiten und Beiträge gleichermaßen gilt.

Die 404-Fehlerseite

Die 404-Fehlerseite (*404.php*) ist ebenfalls einfach gestrickt. Sie enthält keine Daten aus der Datenbank. Die meisten Themes zeigen dort das Suchformular an, wie in Listing 5.34 zu sehen ist. Einen 404-Fehler können Sie manuell erzeugen, indem Sie einen zufälligen String an die URL Ihrer Website anhängen, zum Beispiel *http://mein-wp.test/abcdef*. Abbildung 5.34 zeigt, wie die Seite im Frontend gerendert wird:

```
<?php
/**
 * 404 pages (not found).
 *
 * Shows an error if a post or page could not be found.
 *
 * @since      0.1.0
 * @package    Mein_WP_Theme
 */

get_header();
?>

    <header>
        <h1>Nichts gefunden!</h1>
    </header>

    <div class="the-content">
        <p>Es wurde leider nichts gefunden. Willst du die Suche nutzen?</p>
        <?php get_search_form(); ?>
    </div>

<?php
get_footer();
```

Listing 5.34 Die »404.php«-Datei

Abbildung 5.34 Die 404-Seite in Aktion

Die Suchtreffer-Seite

Nun fehlt nur noch das Template für die Suchtreffer-Seite. In der Überschrift lassen wir die Anzahl der Treffer mit dem Suchwort ausgeben. Eine schnelle Suche können Sie auslösen, indem Sie den `s`-Parameter an die URL Ihrer Seite anhängen, zum Beispiel *http://mein-wp.test?s=lorem+ipsum*. Abbildung 5.35 zeigt im Folgenden, wie das aussieht.

```
<?php
/**
 * Search Template.
 *
 * The template for displaying search results pages.
 *
 * @since
 * @package
 */
get_header();
?>
    <header>
        <h1>
            <?php
            printf( '%d Suchtreffer für %s',
                (int) $wp_query->found_posts,
                esc_html( get_search_query() )
            );
            ?>
        </h1>
    </header>
    <div class="the-search-content">
        <?php get_search_form(); ?>
    </div>
<?php
if ( have_posts() ) {
    ?>
    <?php
    while ( have_posts() ) {
        the_post();
        get_template_part( 'template-parts/post' );
    }
}
get_footer();
```

Listing 5.35 Die »search.php«-Datei

Listing 5.35 zeigt, dass auch hier der Loop benötigt wird, um alle Suchtreffer nacheinander anzeigen zu können. Als Template nutzen wir vorerst die Datei *template-parts/post.php*. Um die Überschrift generieren zu können, greifen wir auf die Funktion `get_search_query()` zurück. Sie enthält den Suchstring.

Abbildung 5.35 Die Suchtrefferseite

Einen PHP-Namespace habe ich für die Template-Dateien nicht gewählt. Dadurch erhalte ich Zugriff auf die Variable `$wp_query`, da diese sich im globalen Namensraum befindet.

Die zuvor genannte get_search_form() bindet wieder das Suchformular ein. Sie wurde so definiert, wie in Listing 5.36 gezeigt:

```
<?php
function get_search_form(
   array $args = [
      bool $echo = true,
      string $aria_label = ''
   ]
): void|string {
   ...
}
```

Listing 5.36 Funktionsbeschreibung von »get_search_form()«

Als Parameter kann die Funktion ein Array mit Argumenten annehmen. `$echo = true` bedeutet, dass das Formular sofort ausgegeben wird, während der Wert `false` dafür sorgt, dass der HTML-Code zurückgegeben wird.

Mit `$aria_label` lässt sich ein ARIA-Label angeben, welches beispielsweise von Screenreadern vorgelesen wird. Dies dient der Barrierefreiheit (siehe dazu auch Abschnitt 2.3.1, »Accessibility Coding Standards«).

Wenn Sie auch das Suchformular selbst gestalten wollen, können Sie eine Template-Datei *searchform.php* im Theme-Stammverzeichnis ablegen. Sie wird dann beim Aufruf der Funktion automatisch eingebunden.

Tipp!

Es ist möglich, dass das Suchformular auf einer Seite mehrfach vorkommt. Deswegen sollten Sie den `id`-Parameter des Formulars (`<form id="meine-id">`) dynamisch wählen. WordPress unterstützt Sie dabei mit der Funktion `wp_unique_id( 'meine-id-' )` und erzeugt ein eindeutiges Suffix.

Archivseiten

Eine *archive.php* existiert in meinem Beispiel zwar nicht, trotzdem möchte ich Ihnen die dafür vorgesehenen Funktionen aus Tabelle 5.15 nicht vorenthalten. Im Grunde zeigt das Template eine Liste von Posts an. Archivseiten gibt es in WordPress mehrere:

- die **Indexseite** eines individuellen Inhaltstyps
- die **Autorenseite**: Sie zeigt alle aktuellen Beiträge eines einzelnen Autors an.

- **Datumsarchiv Seiten**: Darunter fällt jeweils eine Seite für ein tägliches, ein monatliches und ein jährliches Archiv.
- **Term-Seiten**: Darunter fallen Kategorie- und Schlagwortseiten genauso wie individuelle Term-Seiten.

Funktion	Beschreibung
`the_archive_title()`, `get_the_archive_title()`	Anzeige des Archivtitels auf der Grundlage des abgefragten Objekts
`the_archive_description()`, `get_the_archive_description()`	Anzeige der Kategorie-, Schlagwort-, Term- oder Autorenbeschreibung
`post_type_archive_title()`	Anzeigen oder Abrufen des Titels für ein Archiv des Beitragstyps
`single_cat_title()`	Anzeige oder Abruf des Seitentitels für das Kategoriearchiv
`single_term_title()`	Anzeige oder Abruf des Seitentitels für das Schlagwortarchiv
`single_month_title()`	Anzeige oder Abruf des Seitentitels für das Beitragsarchiv basierend auf dem Datum
`single_tag_title()`	Anzeige oder Abruf des Seitentitels für das Schlagwort-Beitragsarchiv
`get_archives_link()`	Abrufen von Archivlink-Inhalten auf der Grundlage von vordefiniertem oder benutzerdefiniertem Code
`wp_get_archives()`	Anzeige von Archivlinks nach Typ und Format

Tabelle 5.15 Funktionen für Archivseiten

Front-Page und Home-Page

Die *front-page.php* ist eine besondere Datei. Sie erlaubt die individuelle Gestaltung der Startseite einer Website. Wie ich bereits beschrieben habe, zeigt WordPress dort standardmäßig die neuesten Beiträge in umgekehrter chronologischer Reihenfolge an. Da WordPress mittlerweile jedoch nicht nur als Blog-, sondern ebenso als Content-Management-System für alle möglichen Arten von Websites zum Einsatz kommt, verwundert es nicht, dass die Startseite meist sehr individuell gestaltet ist.

Zwar werden dort oft auch die aktuellen Beiträge angezeigt, darüber hinaus aber noch weitere Informationen, die je nach Intention anders sind.

Die *home.php*-Datei hingegen lässt sich nutzen, um die Blog-Index-Seite zu gestalten. Das ist die Seite, die die aktuellen Beiträge anzeigt.

Vorsicht, Verwechslungsgefahr!

Sie können im WordPress-Backend unter EINSTELLUNGEN • LESEN einstellen, ob die Startseite die aktuellen Beiträge oder aber eine statische Seite anzeigen soll. Die *home.php*-Datei wird jedoch nur eingebunden, wenn Sie in den Einstellungen eine statische Seite für die Beitragsseite gewählt haben. Und sie wird dann auch nur für diese ausgewählte Seite eingebunden, nicht etwa für die Startseite.

Merke: Als *Front-Page* wird immer die Startseite bezeichnet, egal was sie zeigt. Als *Home-Page* wird die Seite bezeichnet, die die aktuellen Beiträge anzeigt.

Seitennummerierungen

Manche Templates benötigen eine sogenannte *Paginierung*, also eine Seitennummerierung, damit Seite für Seite durchgeklickt werden kann. Bei Archivseiten werden durch die Paginierung die Links zu älteren oder aktuelleren Beiträgen angezeigt. Auch Seiten können im Block-Editor durch den Seitenumbruch-Block auf mehrere Einzelseiten aufgeteilt werden. Tabelle 5.16 zeigt eine Liste möglicher Funktionen.

Funktion	Beschreibung
`the_posts_navigation()`, `get_the_posts_navigation()`	Zeigt eine Seitennavigation zu den nächsten/vorherigen Posts an, falls es welche gibt.
`the_post_navigation()`, `get_the_post_navigation()`	Zeigt die Navigation zum nächsten/vorherigen Beitrag an, falls ein solcher existiert.
`the_posts_pagination()`, `get_ the_posts_pagination()`	Zeigt eine seitenweise Navigation zum nächsten/vorherigen Beitrag an, falls ein solcher existiert.
`the_comments_navigation()`, `get_the_comments_navigation`,	Zeigt eine Seitennavigation zu den nächsten/vorherigen Kommentaren an, falls welche existieren.

Tabelle 5.16 Funktionen zur Paginierung

Funktion	Beschreibung
the_comments_pagination(), get_the_comments_pagination()	Zeigt eine seitenweise Navigation zu den nächsten/vorherigen Kommentaren an, falls existent.
wp_link_pages()	Zeigt Seitenlinks für paginierte Posts an (falls diese also den Seitenumbruch-Block enthalten).

Tabelle 5.16 Funktionen zur Paginierung (Forts.)

Der Unterschied zwischen einer Navigation und einer Paginierung ist, dass eine Navigation nur zwei Links anzeigt: »Ältere Beiträge« und »Neuere Beiträge«, während eine Paginierung eine Liste von verlinkten Nummern zu den einzelnen Seiten ausgibt. Das sieht zum Beispiel so aus:

```
Vorherige  1  2  3  4  5  6  7  Nächste
```

Unter EINSTELLUNGEN • LESEN lässt sich im WordPress-Backend einstellen, wie viele Seiten auf Blog- und Archivseiten angezeigt werden dürfen. Der Wert steht normalerweise auf 10.

Praktisch bedeutet das, dass wir die Datei */template-parts/post.php* noch um die Zeilen aus Listing 5.37 ergänzen müssen:

```
<div class="pagination">

   <?php wp_link_pages(); ?>

</div>
```

Listing 5.37 Paginierung für eine Beitragsseite

Die Dateien *search.php, index.php* sowie alle weiteren Archiv-Templates müssen ebenfalls die Funktionen the_posts_navigation() oder the_posts_pagination() enthalten. Ansonsten kann dort nicht vor- und zurücknavigiert werden.

Kommentare

Die Funktion the_comments_navigation() benötigen wir ebenfalls noch im Post-Template – allerdings nur, wenn der Inhaltstyp die Kommentarfunktion von WordPress nutzt. Aber der Reihe nach.

Wenn Sie Kommentare anzeigen lassen wollen, benötigen Sie erst einmal ein eigenes Template, nämlich die Datei *comments.php*. Eingebunden wird sie mit der Funktion `comments_template()`. In der Datei */template-parts/post.php* müssen die Zeilen aus Listing 5.38 ergänzt werden:

```
<div class="comments">

    <?php comments_template(); ?>

</div>
```

Listing 5.38 Einbinden des Kommentar-Templates

In der *comments.php* können wir anschließend hinzufügen, was noch fehlt, und zwar ein Kommentar-Formular, die Liste aller Kommentare sowie die Kommentar-Navigation (siehe Listing 5.39). Abbildung 5.36 zeigt, wie der Bereich aussieht. Stören Sie sich bitte nicht an der Gestaltung. Darum kümmern wir uns im Anschluss (in Abschnitt 5.4, »CSS für Themes«).

```
<?php

/** * The comments template.
 *
 * Displays comments and pingbacks.
 *
 * @since      0.1.0
 * @package    Mein_WP_Theme
 */
?>
<div class="comment-form">
    <?php comment_form(); ?>
</div>
<ul class="comment-list">
    <?php wp_list_comments(); ?>
</ul>
<div class="comment-pagination">
    <?php the_comments_pagination(); ?>
</div>
```

Listing 5.39 Aktualisierte »comments.php«-Datei

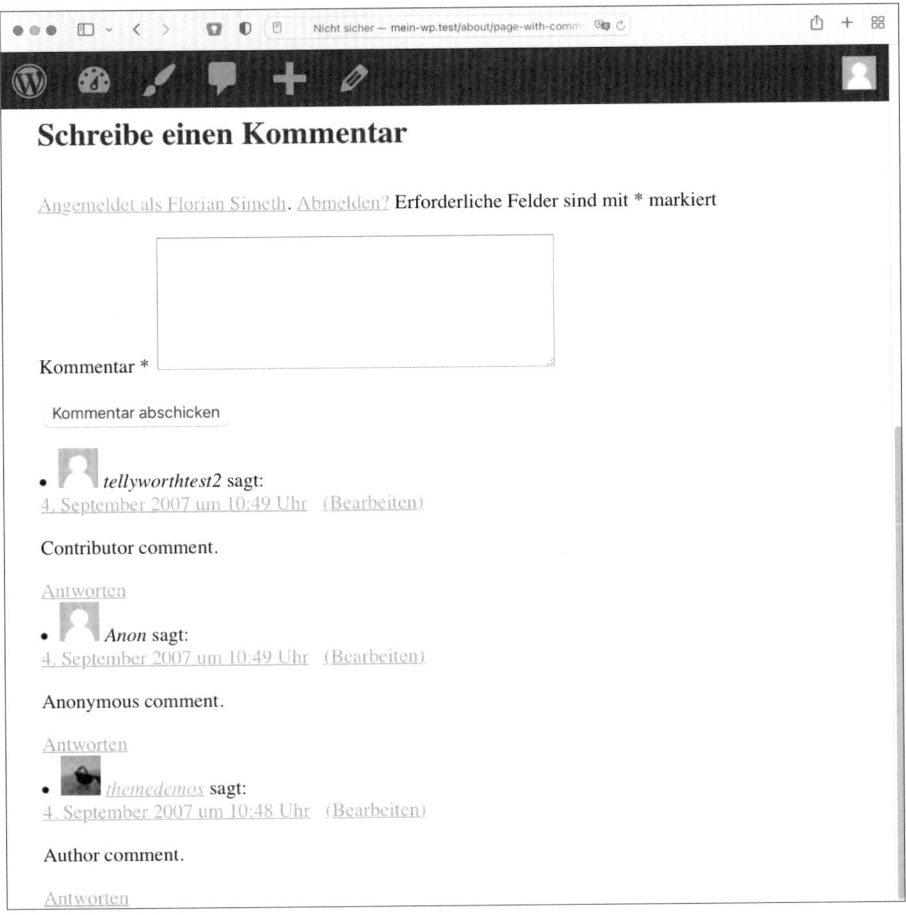

Abbildung 5.36 Der Kommentarbereich eines Posts

Falls Sie nicht auf `wp_list_comments()` zurückgreifen und diese Liste selbst gestalten wollen, können Sie auch hier die Loop-Funktion nutzen und durch jeden einzelnen Kommentar laufen. Alternativ lässt sich also der Code aus Listing 5.40 anwenden:

```
<div class="comment-list">

<?php
    while ( have_comments() ) {
        the_comment();
        printf(
            '<div id="%d">Von %s: %s</div>',
            get_comment_ID(),
            get_comment_author(),
            get_comment_text()
        );
```

```
    }
    ?>
</div>
```

Listing 5.40 Der Loop für Kommentare

Zum Entwickeln der eigenen Kommentar-Vorlage benötigen Sie einige der in Tabelle 5.17 genannten Funktionen.

Funktion	Beschreibung
comment_author(), get_comment_author()	Zeigt den Autor des aktuellen Kommentars an.
comment_author_email(), get_comment_author_email()	Zeigt die E-Mail-Adresse des Autors an.
comment_author_email_link(), get_comment_author_email_link()	Zeigt den HTML-E-Mail-Link zum Autor des aktuellen Kommentars an.
comment_author_IP(), get_comment_author_IP()	Zeigt die IP-Adresse des Verfassers des aktuellen Kommentars an.
comment_author_link(), get_comment_author_link()	Zeigt den HTML-Link zur URL des Autors des aktuellen Kommentars an.
comment_author_url(), get_comment_author_url()	Zeigt die URL des Autors des aktuellen Kommentars an, allerdings nicht verlinkt.
comment_author_url_link(), get_comment_author_url_link()	Zeigt den HTML-Link der URL des Autors des aktuellen Kommentars an.
comment_class(), get_comment_class()	Erzeugt semantische CSS-Klassennamen für jedes Kommentarelement.
comment_date(), get_comment_date()	Zeigt das Kommentar-Datum des aktuellen Kommentars an.
comment_excerpt(), get_comment_excerpt()	Zeigt einen Auszug des aktuellen Kommentartextes an.
comment_ID(), get_comment_ID()	Zeigt die ID des Kommentars an.
comment_id_fields(), get_comment_id_fields()	Gibt versteckte HTML-Felder für die Beantwortungsfunktion bei Kommentaren aus.

Tabelle 5.17 Funktionen zur Ausgabe von Kommentarinhalten

Funktion	Beschreibung
`comment_reply_link()`, `get_comment_reply_link()`	Erzeugt den HTML-Code für den Antwort-Link.
`comment_text()`, `get_comment_text()`	Zeigt den Text des Kommentars an.
`comment_time()`, `get_comment_time()`	Zeigt die Uhrzeit des Kommentars an.
`comment_type()`, `get_comment_type()`	Zeigt die Bezeichnung des Kommentartyps an (Pingback, Trackback, Kommentar).
`comments_link()`, `get_comments_link()`	Zeigt den Link zu den aktuellen Beitragskommentaren an.
`comments_number()`, `get_comments_number_text()`	Gibt die Anzahl der Kommentare für den aktuellen Beitrag in der jeweiligen Sprache zurück.
`comments_open()`	Ermittelt, ob Kommentare im aktuellen Beitrag erlaubt sind.
`comments_popup_link()`	Zeigt den Link zum Kommentar-Formular an.
`get_cancel_comment_reply_link()`	Ruft den HTML-Inhalt für den Link zum Abbrechen der Kommentarantwort ab.
`post_reply_link()`, `get_post_reply_link()`	Zeigt den HTML-Inhalt für den Link zum Antworten auf einen Beitrag an.

Tabelle 5.17 Funktionen zur Ausgabe von Kommentarinhalten (Forts.)

5.3.8 Konditionale Abfragen

Mit den Template-Dateien sind wir größtenteils durch. Doch was, wenn bestimmte Teile des Templates nicht (immer) angezeigt werden sollen? Dafür gibt es in WordPress jede Menge sogenannte *konditionale Abfragen*. Sehen wir uns einige Beispiele an.

Passwortgeschützte Seite

WordPress bietet die Möglichkeit, einen Post mit Passwort zu schützen. Zwar wird der Inhalt dann automatisch ausgeblendet, wer aber weitreichendere Einschränkungen braucht, tut gut daran, die in Listing 5.41 genannten Zeilen in der Datei */template-parts/post.php* einzufügen. Dadurch findet keine Ausgabe statt: Weder Titel noch Autor noch Text wird angezeigt.

```
<?php
if ( post_password_required() ) {
   return;
}
```

Listing 5.41 Wird ein Passwort benötigt, wir der Rest des Templates nicht ausgeführt.

Kommentare anzeigen oder nicht?

Der Kommentarbereich könnte direkt ausgeblendet werden, wenn die Funktion für einen Post nicht aktiviert wurde. In */template-parts/post.php* sollten wir also die Zeilen aus Listing 5.42 ergänzen:

```
<div class="comments">
    <?php
    if ( comments_open() || get_comments_number() ) {
        comments_template();
    }
    ?>
</div>
```

Listing 5.42 Kommentare werden nur angezeigt, wenn dies notwendig ist.

Inhalte nur für bestimmte Post-Typen anzeigen

Im gleichen Template *template-parts/post.php* binden wir eine weitere `if`-Anweisung ein (siehe Listing 5.43) und nutzen `is_single()`, um die Liste der Kategorien, Schlagwörter und den Namen des Autors auf allen Post-Typen auszublenden. Das Datum lassen wir jedoch immer anzeigen.

```
<article id="post-<?php \the_ID(); ?>" <?php \post_class(); ?%php_end%>
    ...
    <aside>
        <div class="date">
            <?php \the_date(); ?>
        </div>
        <?php
        if ( is_single() ):
            the_author();
            ?>
            <div class="categories">
                <?php \the_category( ', ' ); ?>
            </div>
            <div class="tags">
                <?php \get_the_tag_list( ', ' ); ?>
            </div>
```

```
        <?php endif; ?>
    </aside>
    ...
</article>
```

Listing 5.43 Ausschnitt aus der »/template-parts/post.php« mit konditionaler Abfrage

Liste konditionaler Abfragen

Es gibt sehr viele Szenarien, bei denen konditionale Abfragen sinnvoll sind. Eine komplette Liste finden Sie unter *https://codex.wordpress.org/Conditional_Tags*.

5.4 CSS für Themes

Das bisherige Beispiel sieht noch recht unschön aus. Ihm fehlt das Styling mit CSS. Zwar haben Sie in Abschnitt 5.3.3 gesehen, dass einige Dinge, aber auch bestimmte Blöcke durch die *theme.json*-Datei farblich angepasst werden können, das Grundlayout selbst muss jedoch althergebracht per CSS designt werden.

In diesem Abschnitt muss ich ein wenig vorgreifen. In Kapitel 8 werden Sie dann im Detail lernen, wie CSS (aber auch JavaScript) in WordPress korrekt eingehängt wird. Zuvor machen wir einen kleinen Ausflug in das Thema »Pfadangaben für Themes«, weil wir sie gleich im Anschluss benötigen werden.

5.4.1 Pfadangaben für Themes

Im nächsten Schritt werden wir die CSS-Dateien für das Beispiel-Theme registrieren. Dazu benötigen wir die URL- und Pfadangabe zur Datei auf dem Server. Sie sollten das *Hardcoding* von URLs und Pfaden vermeiden. Das bedeutet, dass solche Strings niemals manuell im Quellcode hinterlegt werden sollen, da diese auf den unterschiedlichen WP-Installationen anders lauten können. Nutzen Sie stattdessen die Funktionen, die ich nachfolgend vorstellen werde.

URL zu den Theme-Verzeichnissen

Für die Einbindung von URLs existieren vier wichtige Funktionen, die in Listing 5.44 dargestellt sind:

```
<?php
function get_template_directory_uri(): string {}
function get_stylesheet_directory_uri(): string {}
function get_stylesheet_uri(): string {}
function get_theme_root_uri(
```

```
    string $stylesheet_or_template = '',
    string $theme_root = ''
): string {}
```

Listing 5.44 Funktionen zum Zugriff auf Theme-URLs

Nur die letzte Funktion kann optional zwei Parameter aufnehmen:

- `$stylesheet_or_template`: Das ist die Slug-Bezeichnung des aktuell genutzten Themes oder Child-Themes.
- `$theme_root`: Das Stammverzeichnis des Themes, auf dem die Berechnung zur Auswahl des Verzeichnisses basieren soll. Der Standardwert ist `/themes`.

Listing 5.45 zeigt, welche Werte man erhält, wenn die Funktionen nacheinander in der `functions.php` aufgerufen werden:

```
<?php
$uri1 = get_template_directory_uri();
// $uri1 = http://mein-wp.test/wp-content/themes/mein-wp-theme

$uri2 = get_stylesheet_directory_uri();
// $uri2 = http://mein-wp.test/wp-content/themes/mein-wp-theme

$uri3 = get_stylesheet_uri();
// $uri3 = http://mein-wp.test/wp-content/themes/mein-wp-theme/style.css

$uri4 = get_theme_root_uri();
// $uri4 = http://mein-wp.test/wp-content/themes
```

Listing 5.45 Zurückgegebene Werte für die einzelnen Funktionen

Sie fragen sich sicherlich, warum die ersten zwei Variablen denselben Wert erzeugen. Der Grund ist, dass der obige Code aufgerufen wird, während ein (Haupt-)Theme aktiv ist – und nicht etwa ein *Child-Theme*. Mit einem Child-Theme können Sie kleine Änderungen am Erscheinungsbild der Website vornehmen und dennoch das Aussehen und die Funktionalität des Haupt-Themes beibehalten. Mehr dazu lesen Sie in Abschnitt 5.7, »Wenn Themes Kinder bekommen: Child-Themes«. An dieser Stelle ist nur wichtig zu verstehen, dass WordPress bei den Funktionen, die mit `get_stylesheet...` anfangen, ein Child-Theme meint. Mit allen Funktionen, die mit `get_template...` beginnen, ist das Haupt- oder Eltern-Theme gemeint. Dementsprechend erhalten Sie eine andere Ausgabe, wenn der Code aus Listing 5.45 aufgerufen wird, während ein Child-Theme aktiv ist (siehe Listing 5.46).

```
<?php
// $uri1 = http://mein-wp.test/wp-content/themes/mein-wp-theme
// $uri2 = http://mein-wp.test/wp-content/themes/mein-wp-child-theme
// $uri3 = http://mein-wp.test/wp-content/themes/mein-wp-child-theme/style.css
// $uri4 = http://mein-wp.test/wp-content/themes
```

Listing 5.46 Bei aktivem Child-Theme werden andere Werte zurückgegeben.

Pfadangaben zu den Theme-Verzeichnissen

Die Pendants zu den obigen Funktionen sind in Listing 5.47 dargestellt:

```
<?php
function get_template_directory(): string {}
function get_stylesheet_directory(): string {}
function get_theme_roots(): array|string {
function get_theme_root( string $stylesheet_or_template = '' ): string {}
```

Listing 5.47 Funktionen zum Zugriff auf Theme-Pfadangaben

Für die letzte Funktion gilt: `$stylesheet_or_template` ist der Slug des gerade verwendeten (Child-)Themes.

Falls ein Child-Theme aktiv ist, ergeben sich die Ausgaben, wie in Listing 5.48 dargestellt. Beachten Sie, dass `$path1` und `$path2` die gleichen Rückgabewerte erhalten, wenn kein Child-Theme aktiv ist.

```
<?php
$path1 = get_template_directory();
// $path1 = /Users/floriansimeth/Local Sites/meinwp/app/public/wp-content/
themes/mein-wp-theme

$path2 = get_stylesheet_directory();
// $path2 = /Users/floriansimeth/Local Sites/meinwp/app/public/wp-content/
themes/mein-wp-child-theme

$path3 = get_theme_root();
// $path3 = /Users/floriansimeth/Local Sites/meinwp/app/public/wp-content/
themes

$path4 = get_theme_roots();
// $path4 = /themes
```

Listing 5.48 Rückgabewerte für die einzelnen Funktionen, während ein Child-Theme aktiv ist.

Weitere Pfadangaben

Für weitere Pfadangaben gibt es die gleichen Möglichkeiten wie bei Plugins. Lesen Sie dazu auch Abschnitt 4.3.4, »Weitere nützliche Pfadangaben«.

5.4.2 CSS-Dateien in das Theme einbinden

Am Ende von Abschnitt 5.3.1 habe ich bereits erwähnt, dass Theme-Autoren heutzutage die *style.css*, die ebenfalls die Meta-Angaben zum Theme enthält, nicht mehr für das Styling verwenden. In vielen Fällen kommt SASS oder SCSS zum Einsatz, um bequemer mit CSS-Dateien arbeiten zu können. Aus Gründen der Übersichtlichkeit verzichte ich jedoch auf diesen Build-Prozess, um das Beispiel-Plugin nicht zu sehr zu überfrachten.

Trotzdem möchte ich nicht die *style.css* zum Styling verwenden. Denn es hat immer einen entscheidenden Nachteil, wenn der gesamte CSS-Text in nur einer Datei steht: Der Browser muss sie komplett analysieren und die CSS-Regeln auf die HTML-Tags anwenden. Wenn aber beispielsweise CSS-Regeln für den Kommentarbereich angegeben wurden, der Inhaltstyp jedoch keine Kommentare unterstützt, macht sich der Browser unnötige Arbeit. In der heutigen Zeit, in der der Ladezeit eine sehr wichtige Rolle zukommt, ist das nicht notwendig.

Zudem existieren im WordPress-Kern sehr viele konditionale Abfragen (siehe Abschnitt 5.3.8), die es erlauben, CSS-Dateien nur dann einzubinden, wenn sie gebraucht werden.

Mobile First

Der Ausdruck *Mobile First* bedeutet, dass Ihre Website zuallererst für mobile Endgeräte entwickelt werden soll, erst danach für größere Bildschirme. Der Grund ist, dass auf kleinen Geräten nicht sonderlich viel Platz ist. Diese werden zwar immer größer, aber sie werden vorerst noch nicht so gigantisch wie der heimische 27-Zoll-Bildschirm. Dies erkannte schon Luke Wroblewski, der den Begriff im Jahr 2009 prägte.[22] Seit 2019 indexiert Google alle Websites nach dem Ansatz *Mobile First*.[23] Dies beruht auf der Tatsache, dass die Suchmaschine festgestellt hat, dass immer mehr Menschen mit mobilen Geräten (insbesondere Smartphones) im Internet surfen. Es kommt zwar auf die Zielgruppe an, aber im Grunde können Sie davon ausgehen, dass die meisten Besucher Ihre Website nur auf kleineren Bildschirmen zu sehen bekommen.

---

22 Vgl. Foundations: in: Learn PWA!, o. D., *https://web.dev/learn/pwa/foundations/#everything-first* (abgerufen am 09.03.2022)

23 Vgl. Best Practices für Mobile First-Indexierung: in: SEO für Fortgeschrittene, o. D., *https://developers.google.com/search/mobile-sites/mobile-first-indexing* (abgerufen am 09.03.2022)

Im Folgenden werden wir mehrere CSS-Dateien entwickeln, die abhängig von der Bildschirmgröße eingebunden werden. Damit sind wir beim nächsten Stichwort, nämlich *Responsive Design*. Damit ist gemeint, dass eine Website auf die Veränderung des Browserfensters reagiert. Tatsächlich ist das bei fast allen Websites heutzutage der Fall. Probieren Sie es aus, indem Sie auf einer Website Ihrer Wahl die Fenstergröße verringern oder erhöhen. Sie werden sehen, wie das Layout sich daran anpasst.

Alle Browser verfügen heutzutage über spezielle Funktionen, die eine Website in unterschiedlichen Größen anzeigen. In Safari geht das zum Beispiel über das Menü ENTWICKLER • IN MODUS »RESPONSIVE DESIGN« WECHSELN. Ist das Menü ENTWICKLER für Sie nicht sichtbar, können Sie es unter SAFARI • EINSTELLUNGEN • ERWEITERT • MENÜ »ENTWICKLER« IN DER MENÜLEISTE ANZEIGEN aktivieren.

In Firefox können Sie die Funktion mit der Tastenkombination `cmd`+`alt`+`M` öffnen (bzw. mit `Strg`+`⇧`+`M` unter Windows). In Chrome klappt es mit `cmd`+`⇧`+`M` (bzw. mit `Strg`+`⇧`+`M` unter Windows). Abbildung 5.37 weiter unten zeigt, wie der Responsive-Test-Modus im Safari-Browser aussieht.

CSS-Variablen

Zunächst erweitern wir die *theme.json* um ein paar Zeilen. Sie werden in Abschnitt 5.8.2 noch lernen, dass aus der Datei CSS-Variablen erzeugt werden. Dies nutzen wir jetzt aus, um eine Farbpalette zu bestimmen. Am Ende von Listing 5.49 legen wir noch die Standardschrift fest. Sie sehen, dass dort mehrere Schriftarten angegeben werden. Der sogenannte *Font Stack* definiert mehrere ähnliche Schriften. Der Browser probiert sie der Reihe nach aus – so lange, bis schließlich eine Schriftart gefunden wurde, die auf dem Betriebssystem installiert ist. So können Sie sich das Einbinden eines separaten Webfonts sparen. Aber auch das Einbinden von Webfonts klappt ganz einfach. Mehr dazu lesen Sie unten im Kasten »Webfonts einbinden«.

```
{
  "version": 2,
  "settings": {
    "color": {
      "palette": [
        {
          "slug": "gray",
          "name": "Gray",
          "color": "#E5E5E5"
        },
        {
          "slug": "orange",
          "name": "Orange",
```

```
          "color": "#FCA311"
        },
        {
          "slug": "darkblue",
          "name": "Dark Blue",
          "color": "#14213D"
        }
      ]
    },
    ...
  },
  "styles": {
    ...
    "typography": {
      "fontFamily": "Inter, Fira Sans, Lato, system-ui, -apple-system,
          BlinkMacSystemFont, Avenir Next, Avenir, Segoe UI, Helvetica Neue,
          Helvetica, Ubuntu, Roboto, Noto, Cantarell, Arial, sans-serif",
      "lineHeight": "1.5"
    },
    ...
  }
}
```

Listing 5.49 Auszug aus der »theme.json« mit definierter Farbpalette und Standardschriftart

Webfonts einbinden

Seit Version 6.0 von WordPress ist es auch möglich, Webfonts einzubinden. Dazu können Sie das neue Objekt namens `fontFamilies` in der *theme.json*-Datei angeben, wie Listing 5.50 zeigt.

Die entsprechenden Dateien legen Sie, wie im Code zu sehen ist, im Ordner */fonts* des Theme-Verzeichnisses ab. Eine beliebte Anlaufstelle für Webfonts ist die Website *https://fonts.google.com*. Von dort können Sie die einzelnen Schriftdateien herunterladen, nachdem Sie eine Schriftart ausgewählt haben.

```
{
  "version": 2,
  "settings": {
    "fontFamilies": [
      {
        "fontFamily": "ABeeZee, serif",
        "name": "ABeeZee",
        "slug": "abeezee",
```

```
      "fontFace": [
        {
          "fontFamily": "ABeeZee",
          "fontWeight": "400",
          "fontStyle": "normal",
          "fontStretch": "normal",
          "src": [
            "file:./fonts/abeezee-v22-latin-regular.eot",
            "file:./fonts/abeezee-v22-latin-regular.woff2",
            "file:./fonts/abeezee-v22-latin-regular.woff",
            "file:./fonts/abeezee-v22-latin-regular.ttf",
            "file:./fonts/abeezee-v22-latin-regular.svg#ABeeZee"
          ]
        },
        {
          "fontFamily": "ABeeZee",
          "fontWeight": "400",
          "fontStyle": "italic",
          "fontStretch": "normal",
          "src": [
            "file:./fonts/abeezee-v22-latin-italic.eot",
            "file:./fonts/abeezee-v22-latin-italic.eot?#iefix",
            "file:./fonts/abeezee-v22-latin-italic.woff2",
            "file:./fonts/abeezee-v22-latin-italic.woff",
            "file:./fonts/abeezee-v22-latin-italic.ttf",
            "file:./fonts/abeezee-v22-latin-italic.svg#ABeeZee"
          ]
        }
      ]
    }
  ]
 }
}
```

Listing 5.50 Registrierung von Webfonts

Grundlayout und Meta-Angaben

Für das Grundlayout lege ich die Dateien */public/css/layout.css* und */public/css/layout-tablet.css* an. Letztere beinhaltet die CSS-Regeln für Bildschirme, die breiter als 1000 px sind. Registriert und eingehängt werden sie über den Action-Hook `wp_enqueue_scripts`, wie Listing 5.51 zeigt. Dort benötigen wir nun die URL zum Theme-Verzeichnis aus dem vorherigen Abschnitt. Nähere Informationen zum Registrieren und Einbinden von CSS-Dateien finden Sie in Abschnitt 8.1, »Skripte registrieren, einhängen und entfernen«.

Die letzte fett gedruckte Zeile zeigt die sogenannte *Media Query*.[24] Die Angabe definiert Regeln, die erfüllt sein müssen, damit der Browser sie berücksichtigt. In diesem Fall besagt `screen`, dass es sich um einen Computerbildschirm (und nicht etwa einen Drucker) handeln muss, und `min-width` legt die Mindestbreite des Browserfensters fest. Ist beides erfüllt, bindet der Browser die CSS-Datei ein.

Listing 5.52 zeigt den Inhalt der CSS-Datei ohne Kommentare. Das vollständige Beispiel aus dem Download-Material enthält zusätzliche Hinweise.

An dieser Stelle sind lediglich die fett gedruckten Zeilen wichtig. Das sind die CSS-Variablen, von denen weiter oben die Rede war. Neben den CSS-Variablen, die durch die *theme.json*-Datei entstehen, gibt WordPress noch weitere aus. Abbildung 5.37 zeigt im unteren Teil die sogenannte *Developer Console*. Wählt man unter ELEMENTE das `<body>`-Element aus, werden im rechten Teil die CSS-Variablen angezeigt, die WordPress erstellt hat. Diese lassen sich jederzeit in den eigenen CSS-Dateien verwenden, wie Sie in den Codebeispielen hier gesehen haben.

Die Developer Console

Die Developer Console lässt sich in den verschiedenen Browsern wie folgt öffnen:

Browser	Tastenkombination am Mac	Tastenkombination unter Windows
Safari	cmd + alt + I	–
Chrome	cmd + alt + I	Strg + ⇧ + I
Firefox	cmd + alt + I	Strg + ⇧ + I
Edge	–	F12

```
<?php
namespace floriansimeth\mein_wp_theme;

add_action(
    'wp_enqueue_scripts',
    'floriansimeth\mein_wp_theme\enqueue_styles'
);
```

24 Eine sehr ausführliche Erklärung zu CSS-Media-Queries finden Sie zum Beispiel unter *https://wiki.selfhtml.org/wiki/CSS/Media_Queries/Medientypen*.

```
function enqueue_styles() {
    wp_register_style(
        'mwpt-layout',
        trailingslashit( get_template_directory_uri() )
            . 'public/css/layout.css',
        [],
        '0.1.0'
    );

    wp_register_style(
        'mwpt-layout-tablet',
        trailingslashit( get_template_directory_uri() )
            . 'public/css/layout-tablet.css',
        [ 'mwpt-layout' ],
        '0.1.0',
        'screen and (min-width: 1000px)'
    );

    wp_enqueue_style( 'mwpt-layout-tablet' );
}
```

Listing 5.51 Auszug aus der »functions.php« mit dem Hook zum Einhängen der CSS-Dateien

```
* {
    box-sizing: border-box;
}

body {
    --mwpt--contentSize: 750px;
    --mwpt--wideSize: 1000px;
}

header,
main {
    margin: 0 auto;
    width: 100%;
    max-width: var(--mwpt--wideSize);
}

#wp-custom-header {
    margin: 0 -1rem; /* Even out the outer paddings */
}
```

```
article {
    width: 100%;
    margin-bottom: 2rem;
    padding-bottom: 2rem;
    border-bottom: 1px dotted var(--wp--preset--color--darkblue);
}

article aside {
    display: flex;
    flex-direction: column;
    gap: 1rem;
    background-color: var(--wp--preset--color--gray);
    font-size: var(--wp--preset--font-size--small);
    padding: 1em;
}

article aside a {
    color: var(--wp--preset--color--black);
}

article .tumbnail img {
    margin: 0 auto;
    padding: 1rem 0;
    display: block;
    max-width: 100%;
}
```

Listing 5.52 Die »layout.css«-Datei mit den CSS-Variablen

Die Datei */public/css/layout-tablet.css* enthält derzeit nur einen CSS-Befehl (siehe Listing 5.53). Damit sieht die Website im Frontend zwar ansehnlich aus, es fehlen aber weitere CSS-Anweisungen für die einzelnen Template-Teile.

```
article aside {
    flex-direction: row;
    flex-wrap: wrap;
}
```

Listing 5.53 Die »layout-tablet.css«-Datei kümmert sich derzeit nur um die optimale Anzeige der Meta-Daten eines Posts.

Abbildung 5.37 Der Responsive-Modus im Safari-Browser.
In der Developer Console sind die CSS-Variablen dargestellt.

Header

Einen Custom-Header haben wir zwar bereits eingebunden. Jedoch fehlt uns ein entscheidendes Teil: ein Logo oder alternativ der Titel der Website. Das wollen wir nun nachrüsten. In der Setup-Funktion der *functions.php* ergänzen wir die folgende Zeile:

```
add_theme_support( 'custom-logo' );
```

Das erlaubt uns, ein Logo über den Customizer festzulegen. In der *header.php*-Template-Datei ergänzen wir den Code aus Listing 5.54. Abbildung 5.38 zeigt links den Customizer mit dem definierten Logo und rechts, wie das Layout mit dem CSS-Code umgesetzt wurde.

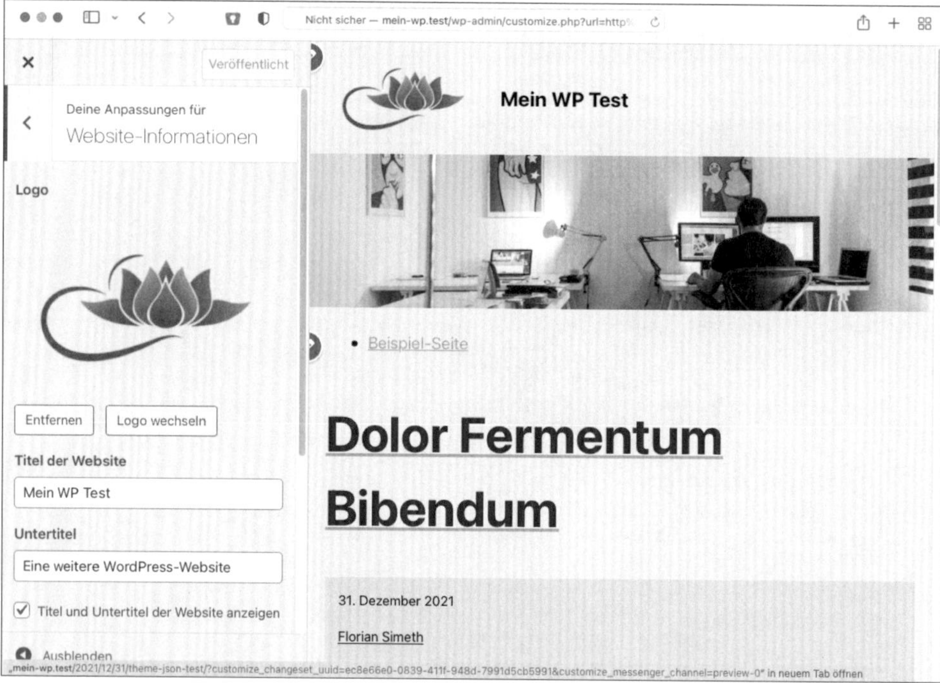

Abbildung 5.38 Der Customizer (links) zeigt das eingebundene Logo. Rechts sehen Sie die Umsetzung auf der Website.

```
<header>
    <div class="site-identity">

<?php
        if ( has_custom_logo() ) {
            printf(
                '<div class="site-logo">%s</div>',
                get_custom_logo()
            );
```

```
        }

        printf(
            '<h1 class="site-title"><a href="%s">%s</a></h1>',
            esc_url( site_url() ),
            get_bloginfo( 'name', 'display' )
        );

        ?>
    </div>
    ...
</header>
```

Listing 5.54 Ausschnitt aus der »header.php«-Datei mit Angaben zum Titel und Logo

Archivseiten und Navigationslinks

Mit Archivseiten meine ich alle Seiten, die mehrere Posts anzeigen, also beispielsweise auch die Suchtreffer-Seite. Im jetzigen Zustand erscheint bei jedem Post der vollständige Inhalt, was unschön sein kann – insbesondere dann, wenn stets mit längeren Beiträgen gearbeitet wird. Wir wollen dies verändern, indem wir die Datei */template-parts/post.php* anpassen (siehe Listing 5.55).

Die Funktion `the_excerpt()` macht genau das, was wir vorhaben: Sie nutzt den Wert, den ein Autor im Feld TEXTAUSZUG eingegeben hat. Falls dort nichts angegeben wurde, wird WordPress den Originaltext auf maximal 55 Wörter kürzen. Dieser Wert kann jederzeit mit dem Filter `excerpt_length` angepasst werden. Darüber hinaus habe ich einen READ MORE-Link ergänzt. Wie Sie sehen, wird der Code von einer `if`-Abfrage und der Funktion `is_singular()` begleitet. Wie Sie bereits wissen, können Sie damit einzelne Beiträge von anderen Seiten (in diesem Fall: Archivseiten) trennen.

```
<?php
namespace floriansimeth\mein_wp_theme;
...
<article id="post-<?php \the_ID(); ?>" <?php \post_class(); ?>>
...
<div class="the-content">
    <?php
    if ( is_singular() ) {
        the_content();
    } else {
        the_excerpt();
        printf(
            '<p><a href="%s">Read more</a></p>',
```

```
            get_the_permalink()
        );
    }
    ?>
</div>
...
</article>
```

Listing 5.55 Auszug aus der »/template-parts/post.php«-Datei mit der Erweiterung um den Auszugtext

In der Datei *index.php* ergänze ich im oberen Teil den Code aus Listing 5.56. Die Funktion `the_archive_title()` ergänzt den Titel, während `the_archive_description()` den dazugehörigen Beschreibungstext ausgibt, falls ein solcher erfasst wurde. (Auf Autorenseiten sind das die biografischen Angaben.)

```
<?php
get_header();

if ( is_archive() ): ?>
    <header>
        <h1><?php the_archive_title(); ?></h1>
    </header>
    <section>
        <?php the_archive_description(); ?>
    </section>
<?php
endif;

if ( have_posts() ) {
    ...
}
```

Listing 5.56 Auszug aus der »index.php« mit eingefügter Überschrift

Danach ergänzen wir die Zeilen aus Listing 5.57 in der *functions.php*-Datei. `enqeue_styles()` wird nur dann ausgeführt, wenn eine Archivseite angezeigt wird. Auf den Inhalt der */public/css/archive.css* verzichte ich an dieser Stelle. Darin wurde lediglich die Größe der Überschriften der einzelnen Artikel angepasst, wie Abbildung 5.39 zeigt. Darüber hinaus wurden die Navigationslinks, die am Ende einer Seite erscheinen, nebeneinander ausgerichtet (Abbildung 5.40).

Abbildung 5.39 Archivseite im Responsive-Modus

Ältere Beiträge   Neuere Beiträge

Abbildung 5.40 Die Posts-Navigation

```
<?php
namespace floriansimeth\mein_wp_theme;
...
function enqueue_styles() {
    ...

    wp_register_style(
        'mwpt-archives',
        trailingslashit( get_template_directory_uri() )
            . 'public/css/archives.css',
        [ 'mwpt-layout-tablet' ],
        '0.1.0'
    );

    wp_enqueue_style( 'mwpt-layout-tablet' );

    if ( is_archive() ) {
        wp_enqueue_style( 'mwpt-archives' );
    }
}
```

Listing 5.57 Ausschnitt aus der »enqueue_styles()«-Funktion der »functions.php« mit ergänzter CSS-Datei

Kommentarbereiche

Zum Schluss kommen wir noch zum Kommentarbereich. Auch hier stellt WordPress die nötigen konditionalen Abfragen bereit, die Sie schon in der Template-Datei */template-parts/post.php* kennengelernt haben. Listing 5.58 zeigt die Ergänzung der Funktion `enqueue_styles()` aus der *functions.php*. Den Inhalt der CSS-Dateien können Sie dem Download-Material entnehmen. Abbildung 5.41 zeigt das Kommentar-Formular.

```
<?php
namespace floriansimeth\mein_wp_theme;
...
function enqueue_styles() {
    ...

    wp_register_style(
        'mwpt-comments',
        trailingslashit( get_template_directory_uri() )
            . 'public/css/comments.css',
        [ 'mwpt-layout-tablet' ],
```

```
        '0.1.0'
    );

    wp_register_style(
        'mwpt-comments-tablet',
        trailingslashit( get_template_directory_uri() )
            . 'public/css/comments-tablet.css',
        [ 'mwpt-comments' ],
        '0.1.0',
        'screen and (min-width: 1000px)'
    );

    if ( \comments_open() || \get_comments_number() ) {
        wp_enqueue_style( 'mwpt-comments-tablet' );
    }
}
```

Listing 5.58 Ausschnitt aus der »enqueue_styles()«-Funktion mit Ergänzung um die neue »comments.css«-Datei

Abbildung 5.41 Das gelayoutete Kommentar-Formular

Edge-Cases

Das Layout der gesamten Website ist zu diesem Zeitpunkt noch nicht ganz fertig, auch wenn das Grundlayout bereits steht. Wir werden im folgenden Abschnitt 5.5 eine Seitenleiste ergänzen und in Abschnitt 5.6 die Hauptnavigation näher beleuchten. Außerdem existieren sogenannte *Edge-Cases*. Das sind Spezialfälle, die bei der Bedienung von WordPress auftreten können. Beispiele sind:

- Ein Benutzer gibt keinen Titel für einen Beitrag ein.
- Der Titel ist ungewöhnlich lang und wird nicht automatisch umbrochen.
- Einem Beitrag werden ungewöhnlich viele Kategorien zugeordnet.
- Ein Beitragsbild ist außerordentlich klein oder groß.

Natürlich gibt es viele weitere Edge-Cases, die unter anderem auch Blöcke betreffen können. Das alles würde jedoch den Rahmen in diesem Kapitel sprengen. Deswegen verweise ich Sie an dieser Stelle auf Abschnitt 5.9, »Themes testen«. Dort werden Sie lernen, wie Sie das Theme durch und durch testen, Grenzfälle entlarven und nichts vergessen.

5.5 Seitenleisten und Widgets erstellen

Eine Seitenleiste (engl. *Sidebar*) ist ein mit Widgets ausgestatteter Bereich des Themes. Widget-Bereiche sind Stellen im Theme, an denen Benutzer eigene Widgets hinzufügen können.

Da WordPress früher ausschließlich als Blogging-Tool eingesetzt wurde, gab es nur eine Seitenleiste, entweder am linken oder am rechten Bildschirmrand. Von daher stammt auch die Bezeichnung »Seitenleiste«. Eine Pflicht für eine Seitenleiste gibt es nicht. Ein Theme kann gar keine oder aber viele Seitenleisten anzeigen.

Da sich die Seitenleisten über ihren ursprünglichen Namen hinausentwickelt haben, können sie überall auf einer Website eingefügt werden. Es muss sich dabei also nicht unbedingt um eine Leiste handeln, die sich am Rand befindet. Sie kann auch im Header-, im Footer- oder aber im Inhaltsbereich vorkommen. Früher wurde sie zudem auf individuellen Startseiten eingesetzt.

Nun stellt sich die Frage, was Widgets sind. Dabei handelt es sich um PHP-Programme, die Inhalte und Funktionen zu einer Sidebar hinzufügen können. Ein Widget kann öfter als nur einmal in derselben Seitenleiste und zusätzlich in andere Seitenleisten eingebunden werden.

Angepasst werden Seitenleisten unter DESIGN • WIDGETS oder im Customizer unter DESIGN • CUSTOMIZER • WIDGETS. Die Menüpunkte sind jedoch erst dann sichtbar, wenn das Theme Unterstützung für mindestens eine Seitenleiste hat. Und da kommen wir schon zum ersten Punkt: zum Registrieren einer Seitenleiste.

5.5.1 Seitenleisten registrieren

Seitenleisten lassen sich durch die folgende Funktion registrieren. Erst danach hat ein Benutzer des Themes die Möglichkeit, die Widget-Funktion in WordPress zu nutzen.


```
<?php
function register_sidebar(
   array $args = [
      string $name = 'Sidebar $instance',
      string $id 'sidebar-$instance',
      string $description = '',
      string $class = '',
      string $before_widget = '<li id="%1$s" class="widget %2$s">',
      string $after_widget = "</li>\n",
      string $before_title = '<h2 class="widgettitle">',
      string $after_title = "</h2>\n",
      string $before_sidebar = '',
      string $after_sidebar = '',
      string $show_in_rest = false
   ]
): string {
   ...
}
```

Listing 5.59 Die Funktion zum Registrieren einer Seitenleiste

Die Funktion aus Listing 5.59 hat nur einen Parameter, nämlich `$args`, der ein Array mit Konfigurationsmöglichkeiten erwartet. Die Möglichkeiten sind:

- `$name` ist der Titel der Seitenleiste, wie er unter DESIGN • WIDGETS angezeigt wird.
- `$id` ist eine eindeutige ID für diese Seitenleiste.
- `$description` ist eine Beschreibung der Seitenleiste. Hier geben Sie zum Beispiel an, wo diese sich befindet und welchen Zweck sie hat.
- `$class` enthält zusätzliche CSS-Klassen, die der Seitenleiste hinzugefügt werden.
- `$before_widget` ist der HTML-Code, der jedem Widget vorangestellt wird. `%1$s` ist dabei der Platzhalter für die ID des Widgets und `%2$s` der Platzhalter für dessen CSS-Klasse.
- `$after_widget` ist der schließende HTML-Code nach dem Widget.
- `$before_title` ist der HTML-Code, der dem Titel der Seitenleiste vorangestellt wird.
- `$after_title` ist dementsprechend der schließende HTML-Code nach dem Titel.

- Mit $before_sidebar und $after_sidebar lässt sich ebenfalls HTML-Code um die eigentliche Seitenleiste definieren.
- $show_in_rest ist schließlich ein boolescher Wert, der definiert, ob die Seitenleiste auch über die REST-API bearbeiten werden darf.

Zurückgegeben wird die ID der Seitenleiste.

Ausgeführt werden muss die Funktion innerhalb der Setup-Funktion des Themes. Listing 5.60 zeigt das Beispiel dazu:

```
<?php
namespace floriansimeth\mein_wp_theme;

function setup_theme() {
    register_sidebar( [
        'name' => 'Right Sidebar',
        'id'   => 'right',
    ] );
}

add_action( 'after_setup_theme', 'floriansimeth\mein_wp_theme\setup_theme' );
```

Listing 5.60 Eine Seitenleiste wird zu einem Theme hinzugefügt.

Mehrere Seitenleisten lassen sich mit der Funktion register_sidebars() (siehe Listing 5.61) schnell registrieren:

```
<?php
function register_sidebars(
     string $number = 1,
     array| string $args = [
          string $id,
          string $name,
          ...
     ]
): void {
     ...
}
```

Listing 5.61 Funktionsbeschreibung von »register_sidebars()«

Dabei ist $number die Anzahl an Seitenleisten, die erstellt werden sollen. $args erlaubt alle Parameter, die in Listing 5.59 angegeben sind. Dabei hat $name einen besonderen

Stellenwert: Wird ein Name gesetzt, so muss der Platzhalter %s darin vorkommen. An dieser Stelle wird dann die Nummer des aktuellen Durchlaufs angegeben. Im Beispiel aus Listing 5.62 würden zwei Seitenleisten mit den Namen *Seitenleiste 1* und *Seitenleiste 2* erstellt werden:

```
<?php
register_sidebars( 2, [ 'name' => 'Seitenleiste %s' ] );
```

Listing 5.62 Mehrere Seitenleisten gleichzeitig erstellen

Vorsicht bei den IDs!

Normalerweise würde man davon ausgehen, dass die zwei Seitenleisten mit den IDs `sidebar-1` und `sidebar-2` registriert werden. Das ist jedoch nicht der Fall. WordPress macht die angehängte Zahl abhängig von der Anzahl der bereits registrierten Seitenleisten. Somit kann die ID `sidebar-3` für die erste Seitenleiste generiert werden.

5.5.2 Widgets zu Seitenleisten hinzufügen

Wir befinden uns im Umbruch. Wie ich schon mehrfach erwähnt habe, wurde der Classic-Editor durch den Block-Editor ersetzt. Ersterer steht dabei für eine gewisse Zeit zum Download als Plugin bereit – so lange, bis er nicht mehr weiterentwickelt wird.

Ähnlich ist es bei den Seitenleisten: Der Mechanismus, wie früher Widgets dort hinzugefügt wurden, ist verschwunden. Unter DESIGN • WIDGETS wird seit Version 5.8 von WordPress ebenfalls eine Abwandlung des Block-Editors verwendet. Das bedeutet, dass statt klassischen Widgets Blöcke zum Einsatz kommen.

Die klassische Ansicht lässt sich auch hier zurückholen, und zwar mit dem *Classic Widgets Plugin*, das noch bis mindestens Ende 2022 von der Community gepflegt wird. Sie können es unter *https://wordpress.org/plugins/classic-widgets/* herunterladen.

Das Hinzufügen von Widgets ist in beiden Versionen einfach. In der klassischen Ansicht finden Sie links die Widgets und rechts die Seitenleisten. Mit der Maus ziehen Sie ein Element von links nach rechts an die gewünschte Stelle. Danach lässt es sich dort konfigurieren.

Im Block-Editor klicken Sie auf das +-Zeichen und wählen sodann einen Block aus, um ihn hinzuzufügen. Am rechten Rand erscheinen dann die Einstellungsmöglichkeiten für den jeweils ausgewählten Block.

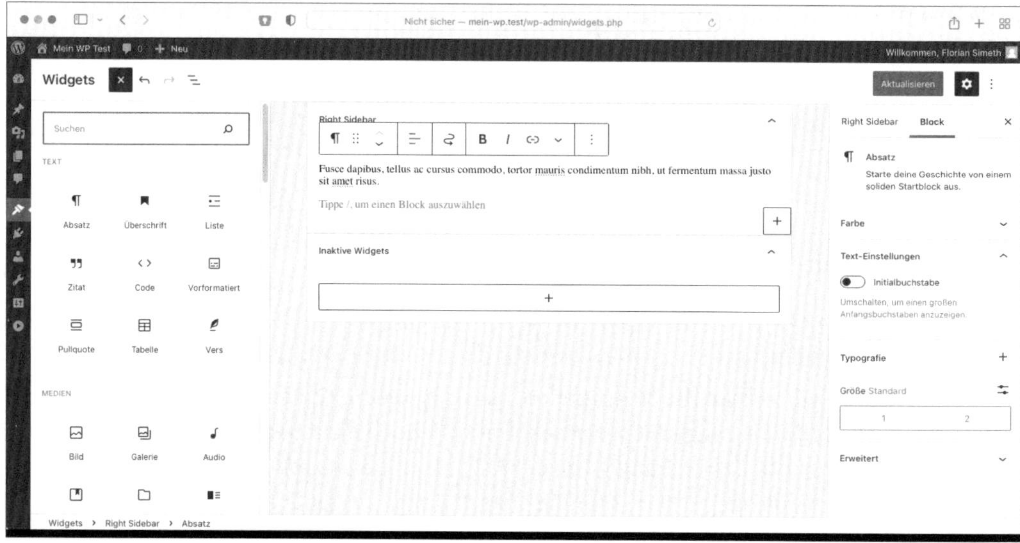

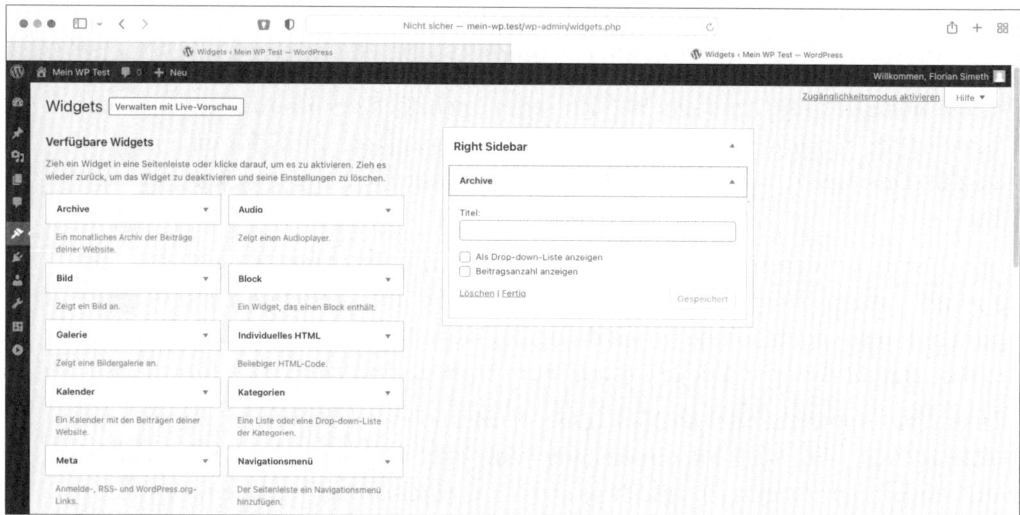

Abbildung 5.42 Oben: Widgets einfügen mit dem Block-Editor; unten: Der Classic-Widgets-Bildschirm

5.5.3 Sidebar im Theme anzeigen

Da wir nun eine Seitenleiste registriert und Widgets hinzugefügt haben, müssen sie noch im Frontend ausgegeben werden. Dazu verwenden wir die Funktion `dynamic_sidebar()`. Wir ergänzen in der *single.php* die Zeilen aus Listing 5.63 an der Stelle, an der die Seitenleiste angezeigt werden soll. Beachten Sie, dass die Funktion die einzelnen Widgets in einem `<li>`-Element umrahmt, weswegen ein äußerliches `<ul>`-Element nicht fehlen darf.

```
<?php
if ( ! is_active_sidebar( 'right-sidebar' ) ) {
    ?>
    <aside class="sidebar-right">
        <ul>
            <?php dynamic_sidebar( 'right-sidebar' ); ?>
        </ul>
    </aside>
    <?php
}
```

Listing 5.63 Einbinden einer Seitenleiste im Frontend

Als einziger Parameter wird die ID der Seitenleiste erwartet, so wie sie beim Registrieren angegeben wurde. Mit `is_active_sidebar()` lässt sich überprüfen, ob Widgets hinterlegt wurden. Falls nicht, wird der Code innerhalb des `if`-Blocks nicht ausgeführt.

Falls Sie das Design der Seitenleiste anpassen wollen, lässt sich die Template-Datei *sidebar.php* nutzen. Der in Listing 5.63 genannte Code wird dann in diese Datei ausgelagert. In der *single.php* wird stattdessen die Funktion `get_sidebar( 'right' )` benötigt, um die Template-Datei einzubinden. Kommen mehrere verschiedene Seitenleisten zum Einsatz, so erkennt WordPress auch die Datei *sidebar-{$id}.php*, wobei `$id` die ID ist, mit der die Leiste registriert wurde.

Auf großen Bildschirmen wird die Seitenleiste unterhalb des Inhaltsbereichs angezeigt, was nicht gewollt ist. Immerhin haben wir in den vorherigen Abschnitten Platz freigelassen. Ergo muss das Layout per CSS entsprechend aktualisiert werden. Dazu passen wir die `enqueue_styles()`-Funktion der *functions.php* erneut an und ergänzen zwei neue Dateien: *singular.css* und *singular-tablet.css*. In Listing 5.64 können Sie erkennen, dass die Dateien nur auf einzelnen Beitragsseiten eingebunden werden, denn die Sidebar ist einzig und allein dort sichtbar.

Listing 5.65 und Listing 5.66 zeigen den Inhalt der zwei Dateien. Listing 5.65 kümmert sich um eine schöne Darstellung der einzelnen Widgets, die (wie oben angemerkt) sich alle innerhalb des `<ul>`-Bereichs befinden. Listing 5.66 richtet die Seitenleiste auf Geräten über 1000 px Breite rechts aus. Abbildung 5.43 zeigt schließlich den derzeitigen Stand des Beispiel-Themes mit aktivierter Seitenleiste, in die der Block »Schlagwörter-Wolke« integriert wurde.

```
<?php
namespace floriansimeth\mein_wp_theme;
...
function enqueue_styles() {
```

```
    ...

    wp_register_style(
        'mwpt-singular',
        trailingslashit( get_template_directory_uri() )
            . 'public/css/singular.css',
        [ 'mwpt-layout-tablet' ],
        '0.1.0'
    );

    wp_register_style(
        'mwpt-singular-tablet',
        trailingslashit( get_template_directory_uri() )
            . 'public/css/singular-tablet.css',
        [ 'mwpt-singular' ],
        '0.1.0',
        'screen and (min-width: 1000px)'
    );

    ...

    if ( is_singular() ) {
        wp_enqueue_style( 'mwpt-singular-tablet' );
    }
}
```

Listing 5.64 Ausschnitt aus der »enqueue_style()«-Funktion mit der Registrierung weiterer CSS-Dateien

```
.sidebar-right > ul {
    list-style: none;
    padding: 0;
    margin: 0;
}

.sidebar-right .widget {
    margin-bottom: 2rem;
    padding-bottom: 2rem;
    border-bottom: 1px dotted var(--wp--preset--color--darkblue);
}
```

Listing 5.65 Die Datei »singular.css«

```
main {
    display: flex;
    gap: 1rem;
}

article {
    flex: 1 0 var(--mwpt--contentSize);
}

.sidebar-right {
    padding-left: 1rem;
    border-left: 1px dotted var(--wp--preset--color--darkblue);
}
```

Listing 5.66 Die Datei »singular-tablet.css«

Abbildung 5.43 Das Layout der Seite mit Seitenleiste

5.5.4 Ein eigenes Widget erstellen

Wie ich bereits erklärt habe, handelt es sich bei Widgets um PHP-Programme, die zusätzlich etwas anzeigen. Wo ein Widget eingebunden wird, hängt immer auch vom Platz der Seitenleiste im Theme ab. In meinem Beispiel habe ich mich dafür entschieden, eine rechte Sidebar bei den einzelnen Beiträgen anzeigen zu lassen. Deswegen habe ich die Seitenleiste in der *single.php* eingebunden.

Ich habe bereits erwähnt, dass seit WordPress 5.8 der Block-Editor zum Editieren von Seitenleisten und Widgets benutzt wird. Das bedeutet, dass es nun zwei Wege gibt, wie sich Widgets erstellen lassen: als Block-Widgets und als Classic-Widgets.

Block-Widgets

Der Block-Editor kennt nur Blöcke. Dort gibt es keinen Unterschied zwischen Widget und Block. Dementsprechend folgen Sie bitte der Anleitung zum Erstellen von Blöcken in Kapitel 9, um einen Block zu erstellen. Jeder Block kann auch in eine Seitenleiste integriert werden. Dies ist der derzeit empfohlene Weg, um ein Widget zu erstellen. Es gibt zwar einen sogenannten *Legacy-Widget-Block*, der Widgets anzeigen kann, die auf dem herkömmlichen Weg entwickelt wurden. Sie sollten sich aber nicht darauf verlassen, dass das einwandfrei funktioniert. Ebenfalls ist es nicht möglich, klassische Widgets im Block-Editor eines Beitrags oder einer Seite einzubinden.

Classic-Widgets

Durch das *Classic-Widgets-Plugin* lässt sich die klassische Ansicht zum Editieren von Seitenleisten zurückholen. Sie können es von *https://wordpress.org/plugins/classic-widgets/* herunterladen.

Durch die Angabe von `remove_theme_support( 'widgets-block-editor' )` in der Setup-Phase des Themes wird das gleiche Verhalten erreicht. Sie sollten das nur tun, wenn Sie auf ein bestehendes Widget zurückgreifen müssen, das ausschließlich in klassischer Weise funktioniert. Bevorzugen Sie die Entwicklung eines Blocks.

Nichtsdestotrotz möchte ich zeigen, wie ein klassisches Widget erstellt wird. Während der Übergangsphase vom Classic- hin zum Block-Editor werden Sie den folgenden Code sicher noch öfter zu sehen bekommen.

Tipp: Widgets in Plugins auslagern

Wenn möglich, sollten Sie für jedes Widget ein separates Plugin erstellen. Nur so ist sichergestellt, dass die Funktion beim Theme-Wechsel nicht verloren geht.

Ein Widget registrieren

Ähnlich wie beim Registrieren einer Seitenleiste lässt sich auch ein Widget registrieren. Die Funktion dafür ist in Listing 5.67 zu sehen:

```
<?php
register_widget( string | WP_Widget $widget ):void
```

Listing 5.67 Funktionsbeschreibung von »register_widget()«

Sie muss innerhalb des Action-Hooks `widgets_init` ausgeführt werden. Der einzige Parameter benötigt entweder den Namen einer von `WP_Widget` abgeleiteten PHP-Klasse oder aber eine Instanz dieser Klasse. In der Hauptdatei meines Plugins füge ich den Code aus Listing 5.68 ein:

```
<?php
namespace floriansimeth\birthday_calculator;

add_action( 'widgets_init', function () {
    require_once __DIR__ . '/includes/widgets/birthday-calculator.php';
    register_widget(
        '\floriansimeth\birthday_calculator\Birthday_Calculator_Widget' );
} );
```

Listing 5.68 Registrierung eines Widgets

Widget-Einstellungen

Die Datei */includes/birthday-calculator.php* sieht wie in Listing 5.69 angegeben aus. Das Widget soll die Tage bis zum nächsten Geburtstag berechnen.

```
<?php

namespace floriansimeth\birthday_calculator;

/**
 * Birthday Widget Class.
 * @since 0.1.0
 */
class Birthday_Calculator_Widget extends \WP_Widget {

    /**
     * Constructor.
     * @since 0.1.0
     */
    public function __construct() {
```

```
    parent::__construct(
        'birthday-calculator',
        'Birthday Calculator'
    );
}

/**
 * Setting up the form for the birthday widget.
 *
 * @param array $settings
 *
 * @return string|void
 */
public function form( $settings ) {
    $birthday = $settings['birthday'] ?? '';
    ?>
    <p>
        <?php
        printf(
            '<label for="%s">Birthday</label>',
            $this->get_field_id( 'birthday' )
        );
        printf(
            '<input type="date" id="%s" name="%s" value="%s" required '
            . 'placeholder="DD.MM.YYYY" pattern="\d{2}-\d{2}-\d{4}" />',
            $this->get_field_id( 'birthday' ),
            $this->get_field_name( 'birthday' ),
            $birthday
        );
        ?>
    </p>
    <?php
}

/**
 * Save data into the database.
 *
 * @param array $new_settings
 * @param array $old_settings
 *
 * @return array
 * @since 0.1.0
 */
```

```
    public function update( $new_settings, $old_settings ) {
        // Sanitization and Escaping
        return $new_settings;
    }
}
```

Listing 5.69 Beispiel für ein Classic-Widget

Es werden mindestens die Konstruktor- sowie die `form`-Methode benötigt, damit das Widget funktionieren kann. Der Konstruktor der abgeleiteten Klasse (siehe Listing 5.70) hat folgende Parameter:

```
<?php
public function __construct(
    string $id_base,
    string $name,
    array $widget_options = [
        string $classname,
        string $description,
        bool $show_instance_in_rest
    ],
    array $control_options = [
        int $width = 250,
        int|string $id_base
    ]
): void {
    ...
}
```

Listing 5.70 Der Konstruktors der »WP_Widget«-Klasse

Für die Parameter gilt Folgendes:

- `$id_base` enthält eine eindeutige ID des Widgets.
- `$name` ist der angezeigte Titel des Widgets.
- `$widget_options` ist ein Array mit weiteren optionalen Werten.
  - `$classname` ist eine CSS-Klasse für den HTML-Container des Widgets.
  - `$description` ist eine Beschreibung für das Widget, die im Einstellungsbereich angezeigt wird.
  - `$show_instance_in_rest` gibt an, ob die Werte der einzelnen Widget-Instanzen in der REST-API abgerufen werden können.
- `$control_options` ist ebenfalls ein Array mit optionalen Werten:

- `$width` gibt an, wie breit das Widget ist, wenn es zum Bearbeiten aufgeklappt wird.
- `$id_base` wird benötigt, falls das Widget mehrfach eingesetzt werden soll.

Über die Methode `form()` wird ein Formular ausgegeben. Im Beispiel benötigen wir zumindest die Angabe eines Geburtstags. Da das Widget mehrfach eingesetzt werden soll, müssen die Geburtsdaten jeweils separat abgespeichert werden können. Diese Aufgabe übernimmt WordPress, wenn wir die Methode `get_field_name()` nutzen. Sie gibt einen individuellen Namen für das `input`-Feld zurück. `get_field_name()` kann parallel dazu benutzt werden, um ein einzigartiges ID-Feld zu generieren (siehe Listing 5.69). Abbildung 5.44 zeigt, wie das Widget im Backend unter DESIGN • WIDGETS aussieht, wenn das *Classic-Widgets-Plugin* aktiv ist und das Geburtstags-Widget in die Seitenleiste gezogen wurde.

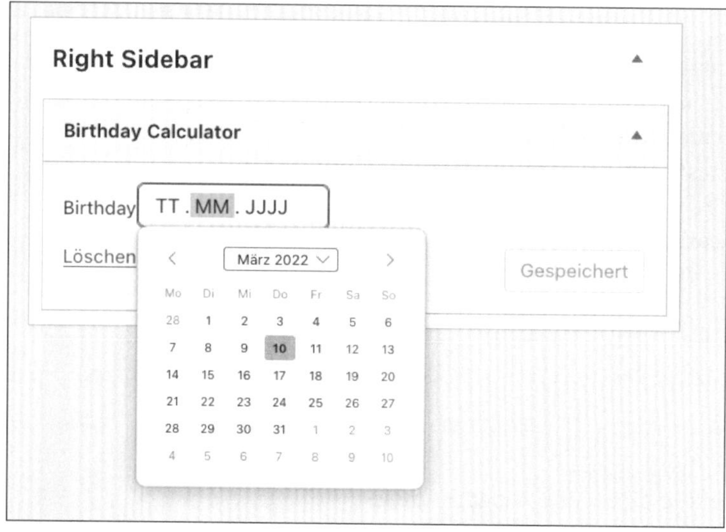

Abbildung 5.44 Das Widget-Formular

Die Methode `update()` ist in diesem kurzen Beispiel zwar nicht nötig, ich möchte aber auf darauf hinweisen, dass hier eine mögliche Säuberung der Eingabe erfolgen sollte. Mehr dazu erfahren Sie in Abschnitt 7.1, »WordPress-Projekte absichern«.

Die Widget-Ausgabe

Was nun noch fehlt, ist die Ausgabe des Widgets im Frontend. Dies erfolgt über die Methode `widget()`, die in Listing 5.69 noch nicht vorhanden ist. In Listing 5.71 wird sie ergänzt:

```
<?php
/**
 * Show the widget in the frontend.
```

```
 *
 * @param array $args
 * @param array $instance
 *
 * @return void
 * @since 0.1.0
 */
public function widget( $args, $instance ) {
    $birthday = $instance['birthday'] ?? 0;
    $birthday = strtotime( $birthday );

    if ( false === $birthday ) {
        $birthday = 'Datum konnte nicht aufgelöst werden.';
    } else {
        $birthday_object = date_create( '@' . $birthday );
        $birthday_object->setTimezone( wp_timezone() );

        $current_datetime = current_datetime();
        while ( $birthday_object < $current_datetime ) {
            $birthday_object->modify( '+1 year' );
        }

        $difference = $current_datetime->diff( $birthday_object );
        $birthday   = $difference->format( '%a' );
    }

    printf(
        '%sTage bis zum Geburtstag: %s%s',
        $args['before_widget'],
        $birthday,
        $args['after_widget']
    );
}
```

Listing 5.71 Methode zur Ausgabe des Widget-Inhalts im Frontend

Der Parameter $args enthält zahlreiche Informationen zum Widget und zu der Seitenleiste, in die das Widget eingebunden wurde (siehe Listing 5.72):

```
(
    [name] => Right Sidebar
    [id] => right
    [description] =>
    [class] =>
```

```
    [before_widget] => <li id="birthday-calculator-5"
                           class="widget widget_birthday-calculator">
    [after_widget] => </li>
    [before_title] => <h2 class="widgettitle">
    [after_title] => </h2>
    [before_sidebar] =>
    [after_sidebar] =>
    [show_in_rest] =>
    [widget_id] => birthday-calculator-5
    [widget_name] => Birthday Calculator
)
```

Listing 5.72 Beispiel für den Inhalt des »$args«-Parameters

Da sich das Geburtstags-Widget an die Vorgaben der Seitenleisten halten sollte, müssen die Werte in `before_widget`, `after_widget` usw. in die Ausgabe einbezogen werden. In Listing 5.71 ist dies fett dargestellt.

`$instance` (siehe Listing 5.71) ist ein Array mit Werten. Im vorliegenden Fall gibt es nur einen Schlüssel darin, und das ist `birthday`. Mit diesem Wert wird nun gearbeitet, um die Tage bis zum nächsten Geburtstag auszurechnen und auszugeben.

Damit wäre das Widget fertig. Sie können das Plugin aktivieren, das Widget zu einer Seitenleiste hinzufügen und es dann im Frontend testen. Abbildung 5.45 zeigt, wie es in das zuvor entwickelte Classic-Theme eingebunden wurde.

Abbildung 5.45 Ganz rechts sehen Sie das Geburtstags-Widget.

5.6 Menüs erstellen

Wenn Sie lieber mit der *Full-Site-Editing*-Funktion von WordPress arbeiten, können Sie diesen Abschnitt überspringen oder gleich in Abschnitt 5.8 weiterlesen. Wollen Sie hingegen an bestimmten Stellen eines Classic-Themes ein Menü integrieren, kommen Sie um die Funktion `register_nav_menus()` nicht herum. In der *header.php* (siehe Listing 5.5) unseres Beispiel-Themes wurde die Funktion bereits eingefügt.

5.6.1 Menüpositionen registrieren

`register_nav_menus()` (siehe Listing 5.73) wird benutzt, um Navigationsmenü-Positionen im System zu registrieren. Nur dann können im Backend unter DESIGN • MENÜS neue Menüs angelegt werden. Ein Menü wird dadurch jedoch noch nicht im Frontend angezeigt. Dies geschieht erst, wenn ihm eine Position zugeteilt und die entsprechende Template-Funktion (aus dem nächsten Abschnitt) integriert wurde. Die Position weisen Sie entweder zu, während Sie ein Menü bearbeiten, oder im Tab POSITIONEN VERWALTEN (siehe Abbildung 5.46).

```
<?php
function register_nav_menus( string[] $locations = [] ): string[] {
    ...
}
```

Listing 5.73 Funktionsbeschreibung von »register_nav_menus()«

Als einziger Parameter wird `$locations` erwartet, ein Array mit Positionsbezeichnungen. In Listing 5.5 waren das `primary` und `footer`.

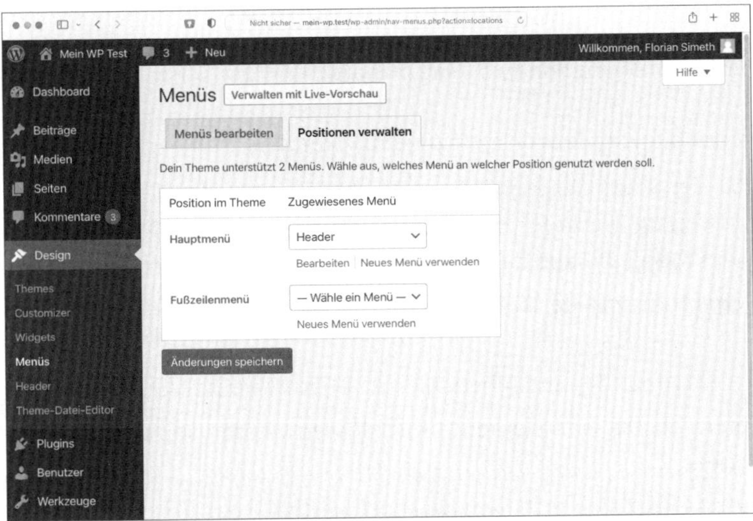

Abbildung 5.46 Menü-Positionen verwalten

5.6.2 Ein Menü im Frontend ausgeben

Für die Ausgabe im Frontend kommt schließlich wp_nav_menu() zum Einsatz (siehe Listing 5.74). Die Funktion erlaubt die Angabe einiger Parameter, um die Ausgabe weiter zu individualisieren:

```
<?php
function wp_nav_menu( array $args = [
    int|string|WP_Term $menu = '',
    string $menu_class = 'menu',
    string $menu_id = $slug-$i,
    string $container = 'div',
    string $container_class = 'menu-{menu slug}-container',
    string $container_id = '',
    string $container_aria_label = '',
    callable|false $fallback_cb = 'wp_page_menu',
    string $before = '',
    string $after = '',
    string $link_before = '',
    string $link_after = '',
    bool $echo = true,
    int $depth = 0,
    object $walker = '',
    string $theme_location,
    string $items_wrap = '<ul id="%1$s" class="%2$s">%3$s</ul>',
    string $item_spacing = 'preserve'
] ): void|string|false {
    ...
}
```

Listing 5.74 Funktionsbeschreibung von »wp_nav_menu()«

Zum Array $args können folgende Werte hinzugefügt werden:

- $menu kann die ID, der Slug oder ein WP_Term-Objekt mit dem Menü sein. Die Angabe ist nicht notwendig, wenn $theme_location angegeben wird. Dann nämlich wird WordPress das Menü anhand der zugewiesenen Position finden.
- $menu_class ist eine individuelle CSS-Klasse für das entstehende <ul>-HTML-Element.
- $menu_id ist das ID-Attribut des entstehenden <ul>-HTML-Elements.
- $container definiert, ob das <ul>-Element umschlossen werden soll und mit welchem HTML-Element.
- Mit $container_class lässt sich festlegen, welche CSS-Klasse das unter $container angegebene HTML-Element bekommen soll.

- `$container_id` ist das HTML-ID-Attribut für das umschließende Element.
- Natürlich gibt es ebenso ein ARIA-Label, das mit `$container_aria_label` festgelegt werden kann (siehe dazu auch noch einmal Abschnitt 2.3.1, »Accessibility Coding Standards«).
- Durch `$fallback_cb` lässt sich eine Funktion hinterlegen, die ausgeführt wird, falls kein Menü zugewiesen wurde. Wenn der Benutzer der Position im Theme kein Menü zugewiesen hat, wird standardmäßig `wp_page_menu()` aufgerufen, was zu Folge hat, dass alle Seiten angezeigt werden.
- Falls Inhalte vor und nach einem Link-Element (`<a>`) eingefügt werden sollen, gibt man die Werte `$before` und `$after` an.
- `$link_before` und `$link_after` dienen hingegen dazu, Inhalte vor und nach dem Link-Text einzufügen.
- `$echo` akzeptiert einen booleschen Wert. Bei `true` wird das Menü direkt ausgegeben, während `false` eine Variable mit dem HTML-Inhalt zurückgibt.
- `$depth` ist die maximale Tiefe eines Menüs. Ein Menü-Element kann mehrere Untermenüpunkte aufweisen. Und diese können selbst weitere Menüpunkte haben. Eine Tiefe von `0` besagt, dass alle Menüelemente (egal welcher Tiefe) zurückgegeben werden sollen. `1` bedeutet hingegen, dass nur die Hauptmenüpunkte abgerufen werden sollen.
- `$walker` ist die optionale Instanz einer PHP-Klasse, die dafür sorgt, dass das Menü dargestellt werden kann. Intern macht WordPress von der Klasse `Walker_Nav_Menu` Gebrauch. Wer mit der Ausgabe nicht zufrieden ist, kann eine eigene oder eine von `Walker_Nav_Menu` abgeleitete Klasse nutzen.
- Durch `$items_wrap` lässt sich angeben, wie die Liste der einzelnen Menüpunkte umschlossen werden soll. Standardmäßig ist das eine `<ul>`-Liste. `%1$s` ist dabei der Platzhalter für die ID aus `$menu_id`, und `%2$s` ist der Platzhalter für `$menu_class`.
- Ob Leerzeichen im HTML-Code des Menüs erhalten bleiben sollen, wird mit `$item_spacing` definiert. `preserve` bedeutet *erhalten*, `discard` bedeutet *verwerfen*.

Die Funktion wp_nav_menu() gibt `false` zurück, wenn kein Menü oder keine Menüelemente existieren. Ansonsten hängt der Rückgabewert von `$echo` ab. Ist dieser `false`, so wird der HTML-Code des Menüs als Variable zurückgegeben. In der *header.php* des Beispiel-Themes (siehe Listing 5.23) sehen Sie die Funktion in Aktion.

5.6.3 Beispiel-Theme mit CSS ergänzen

In den vorherigen Abbildungen haben Sie gesehen, dass das Menü nur einen Menüpunkt enthielt und nicht sonderlich schön aussah. Dies wollen wir nun ändern, indem wir dem Beispiel-Theme die dafür nötigen Styles spendieren. In der *header.php* füge ich ein SVG-Menü-Icon ein, das von einem `<label>`-Element umrandet wird (siehe Listing 5.75).

Was bedeutet SVG?

SVG steht für *Scalable Vector Graphics* und ist ein Vektorgrafik-Format, welches auf *XML* (Extensible Markup Language) basiert. Der wesentliche Vorteil des Formats ist die Skalierbarkeit ohne Qualitätsverlust. Dies ist möglich, weil die grafischen Elemente nicht aus Pixel, sondern aus mathematischen Beschreibungen bestehen. Eine Linie wird beispielsweise dadurch definiert, indem ein Anfangs- und ein Endpunkt im Koordinatensystem angegeben wird. Gezeichnet wird sie schließlich vom Browser, was wiederum die Dateigröße sehr klein hält.

Dieses Label steuert die darunterliegende Checkbox, die wir in den nachfolgenden CSS-Dateien ausblenden werden. Sie dient zur Klick-Erkennung und öffnet bzw. schließt das Menü auf mobilen Endgeräten. In der CSS-Datei */public/css/layout.css* ergänzen wir den Code aus Listing 5.76, und in der Datei *layout-tablet.css* wird der Code aus Listing 5.77 ergänzt. Abbildung 5.47 zeigt das ausgeklappte Menü.

Abbildung 5.47 Ausgeklapptes Menü auf kleineren Bildschirmen

```
<header>
    ...
    <?php
    the_custom_header_markup();
    ?>
```

```
    <label for="menu_opener">
        <svg class="menu-icon" width="30" height="30"
             viewBox="0 0 400 401" xmlns="http://www.w3.org/2000/svg">
            <rect class="menu-icon-rect-top" width="400"
                  height="90"></rect>
            <rect class="menu-icon-rect-bottom" x="0"
                  y="155" width="400" height="90"></rect>
            <path class="menu-icon-text" d="M8.5 ..." fill="#111"></path>
        </svg>
    </label>
    <input type="checkbox" id="menu_opener"/>
    <?php
    wp_nav_menu( [
        'theme_location'  => 'primary',
        'container'       => 'nav',
        'container_class' => 'primary-menu',
        'depth'           => 1,
    ] );
    ?>
</header>
```

Listing 5.75 Ausschnitt aus der »header.php« mit SVG-Menü-Icon und Checkbox

```
.menu-icon {
    margin: 2rem auto;
    display: block;
    cursor: pointer;
}

nav.primary-menu,
#menu_opener {
    display: none;
}

#menu_opener:checked + nav.primary-menu {
    display: block;
}

nav.primary-menu ul {
    margin: 0;
    padding: 0;
    list-style: none;
}
```

```
nav.primary-menu a {
    text-align: center;
    display: block;
    padding: .5rem;
}
```

Listing 5.76 Ausschnitt aus der »/public/css/layout.css« mit Style-Ergänzungen für das Menü

```
nav.primary-menu ul {
    display: flex;
}

.menu-icon {
    display: none;
}

nav.primary-menu {
    display: block;
}

nav.primary-menu a {
    padding: 1rem 2rem 1rem 0;
}
```

Listing 5.77 Ausschnitt aus der »/public/css/layout-tablet.css« mit Style-Ergänzungen für das Tablet-Layout

5.7 Wenn Themes Kinder bekommen: Child-Themes

Ein Child-Theme ermöglicht es, kleine Aspekte des Themes abzuwandeln, ohne dabei das Eltern-Theme (oder Haupt-Theme) verändern zu müssen. Oft wird das gemacht, damit das Eltern-Theme update-fähig bleibt.

Um zu begreifen, wie Child-Themes funktionieren, ist es zunächst wichtig, die Beziehung zwischen Eltern- und Child-Theme zu verstehen. Dazu gehört die Klärung der Frage, was ein *Eltern-Theme* ist.

Ein Eltern-Theme ist laut WordPress ein *vollständiges* Theme, das alle erforderlichen Template-Dateien enthält, damit es aktiviert werden kann und schließlich funktionsfähig ist. Ein klassisches Theme, wie es in Abschnitt 5.3 beschrieben wurde, kann also immer auch ein Eltern-Theme sein.

5.7.1 style.css: Die Verbindung zum Eltern-Theme

Ein Child-Theme besteht aus mindestens einer Datei in einem eigenen Verzeichnis im */wp-content/theme/*-Ordner, nämlich aus der *style.css*. Im Header dieser Datei muss die Meta-Angabe `Template` stehen. Als Wert muss der Verzeichnisname des Eltern-Themes angegeben werden, um die Verbindung herzustellen. Im einfachsten Fall sieht der Code so aus wie in Listing 5.78:

5

```
/**
Theme Name: Mein WP Child Theme
Template: mein-wp-theme
*/
```

Listing 5.78 »style.css« eines Child-Themes

Selbstverständlich kann die *style.css* eines Child-Themes auch alle anderen Meta-Angaben enthalten, die in Abschnitt 5.3.1 vorgestellt wurden.

5.7.2 Die functions.php eines Child-Themes

Nachdem die Datei *style.css* erstellt wurde, lässt sich das Child-Theme bereits aktivieren. Wie beim Eltern-Theme wird die *style.css* aber nicht automatisch geladen. Und deswegen ist die *functions.php* die zweite Datei, die zwangsläufig für ein Child-Theme benötigt wird, falls Sie Style-Angaben in der *style.css* gemacht haben. Ansonsten kann die Datei wegfallen. Eingebunden wird sie mit der Funktion `wp_enqueue_style()` im Action-Hook `wp_enqueue_scripts` (siehe Abschnitt 5.4 oder detaillierter in Kapitel 8, »CSS und JavaScript in WordPress«). Beachten Sie, dass die *functions.php* des Child-Themes die *functions.php* des Eltern-Themes *nicht* überschreibt. Stattdessen wird sie zusätzlich geladen, und zwar noch *vor* der Eltern-*functions.php*.

5.7.3 Pfadangaben für Child-Themes

Lesen Sie zu den Pfadangaben für Child-Themes bitte Abschnitt 5.4.1, »Pfadangaben für Themes«. Er enthält auch die Funktionen, die Sie für Child-Theme-Pfadangaben und -URLs benötigen.

5.7.4 Die Template-Dateien des Child-Themes

Anders als die *functions.php* (siehe Abschnitt 5.7.2) überschreibt jede Template-Datei, die Sie Ihrem Child-Theme hinzufügen, die gleiche Datei im Eltern-Theme. Wenn Sie dem Child-Theme also beispielsweise eine *single.php* hinzufügen, so wird die *single.php* des Eltern-Themes übergangen. Deshalb wird häufig eine Theme-Datei des Eltern-Themes direkt in das Child-Theme kopiert und dann editiert. Es ist aber auch möglich, neue Template-Dateien zu erstellen, die im Eltern-Theme nicht vorkommen.

Das minimale Child-Theme finden Sie in den Download-Materialien zum Buch.

5.8 Ein Block-Theme entwickeln

Im Abschnitt 5.3.3 bin ich schon kurz auf die *theme.json*-Datei eingegangen. Dort habe ich darauf hingewiesen, dass sie nur dann notwendig ist, wenn ein Classic-Theme beabsichtigt, den Block-Editor (Gutenberg) zu nutzen. Bei Block-Themes ist die Datei Dreh- und Angelpunkt und daher sehr wichtig. Dazu sollten wir uns aber erst einmal anschauen, was denn ein Block-Theme überhaupt ist.

5.8.1 Was ist ein Block-Theme?

Ein Block-Theme ist ein WordPress-Theme, dessen Templates vollständig aus Blöcken bestehen. Es werden also nicht nur die Inhalte der verschiedenen Beitragstypen (Seiten, Beiträge usw.), sondern auch alle anderen Bereiche der Website mit dem neuen Editor bearbeitet: Header, Footer, Seitenleisten und so fort.

Im einfachsten Fall reicht ein neuer Ordner im Theme-Verzeichnis, zum Beispiel */wp-content/themes/mein-block-theme/*. Dort legen Sie als Erstes eine *index.php*-Datei an, falls WordPress 5.9 oder früher zum Einsatz kommt. Aus historischen Gründen muss sie vorhanden sein, da das Theme sich sonst nicht aktivieren lässt. In Version 6.0 muss stattdessen die Datei */templates/index.html* innerhalb des Theme-Verzeichnisses existieren.

Anschließend erstellen Sie die *style.css*- und *theme.json*-Datei, um das Block-Theme funktionsfähig zu machen. Beide haben Sie schon kennengelernt (siehe Abschnitt 5.3.1, »Die Datei style.css«, und Abschnitt 5.3.3, »Design und Layout festlegen: theme.json«). Einen Unterschied zu oder spezielle Meta-Angaben für Block-Themes gibt es derzeit nicht. Deswegen verzichte ich an dieser Stelle auf den Quelltext der Dateien. Sie können sie sich aus dem Download-Material herunterladen und ansehen.

Ich ergänze noch eine *screenshot.png*-Datei, um im Backend unter DESIGN • THEMES ein Vorschaubild zu bekommen (siehe Abbildung 5.48).

Sie können weitere Dateien und Verzeichnisse ergänzen, jedoch keine Classic-Theme-Template-Dateien (wie z. B. *single.php*, *header.php* usw.). Denn diese werden stets ignoriert.

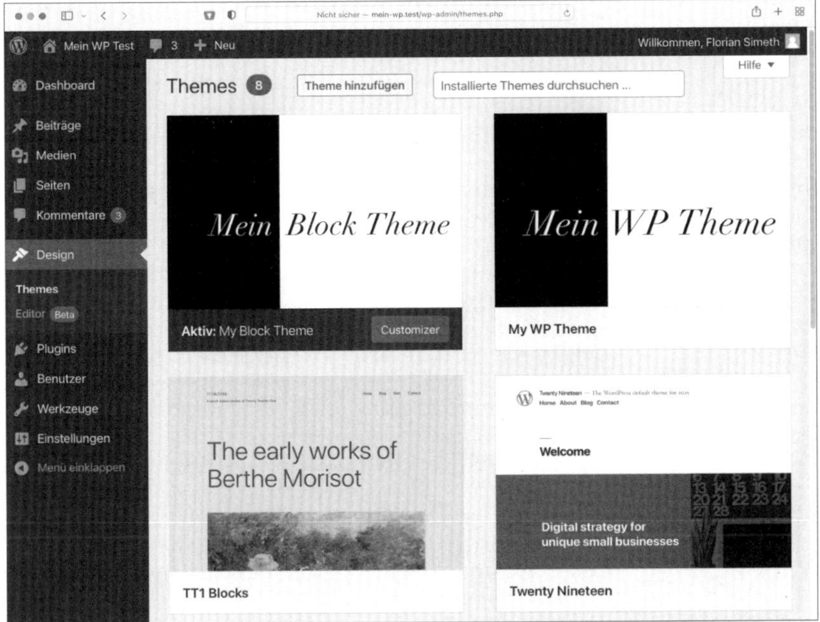

Abbildung 5.48 Theme-Auswahl mit dem Block-Theme

Wenn alle Dateien angegeben würden, so sähe das Verzeichnis des eigenen Block-Themes so aus wie in Tabelle 5.18. Ein Sternchen bedeutet dort, dass die Datei zwingend erforderlich ist, da das Theme sonst nicht einsatzfähig ist.

style.css	*	CSS-Styles und Theme-Metadaten
theme.json	*	Konfiguration von Blöcken, Theme-Bereichen, Template-Teilen und Vorlagen
functions.php		Eigener PHP-Code, falls nötig
index.php	(*)	In WP 5.9 und kleiner wird immer eine *index.php* benötigt, obwohl sie keinen Inhalt hat. Ab Version 6.0 ist */templates/index.html* notwendig.
/templates		Verzeichnis für eigene Template-Dateien
index.html	*	Zeigt Beiträge an. Ab Version 6.0 ist die Datei Pflicht.
home.html		Zeigt die Startseite der Website an oder die Seite Beiträge, wenn keine statische Startseite festgelegt ist.
archive.html		Zeigt Beitragskategorien, Schlagwörter und andere Archivseiten an.

Tabelle 5.18 Alle Dateien, die Sie zu einem Block-Theme hinzufügen können

	front-page.html	Zeigt die Startseite an.
	404.html	Wird angezeigt, wenn nichts gefunden wurde.
	page.html	Zeigt eine einzelne Seite an.
	single.html	Zeigt einen einzelnen Beitrag oder eine Seite an.
	singular.html	Zeigt einen einzelnen Beitrag an.
	search.html	Suchtreffer-Seite
	author.html	Zeigt die jeweils aktuellen Beiträge eines Autors an.
	category.html	Zeigt die Beiträge einer einzelnen Kategorie an.
	taxonomy.html	Zeigt die Beiträge einer einzelnen Taxonomie an.
	date.html	Zeigt Beiträge von einem bestimmten Datum an.
	tag.html	Zeigt Beiträge mit einem einzelnen Schlagwort an.
	attachment.html	Zeigt einzelne Medienelemente oder Anhänge an.
	privacy-policy.html	Zeigt die Seite mit den Datenschutzrichtlinien an.
	...	Weitere Templates sind möglich (siehe dazu »Die Template-Hierarchie« in Abschnitt 5.3.5; insbesondere Abbildung 5.29).
/parts		Verzeichnis für Template-Teile
	header.html	Individueller Kopfbereich
	footer.html	Individueller Fußzeilenbereich einer Website
	{$ihr-name}.html	Weitere, eigene Template-Dateien. Diese können in der *theme.json* entsprechend konfiguriert werden.
/block-templates		Alte Bezeichnung für das */templates*-Verzeichnis (siehe den Kasten »Mit oder ohne »Block«?«)
/block-template-parts		Alte Bezeichnung für das */parts*-Verzeichnis (siehe den Kasten »Mit oder ohne »Block«?«)
/styles		Verzeichnis für Style-Variationen (siehe Abschnitt 5.8.6)
/patterns		Vorkonfigurierte Block-Vorlagen (siehe Abschnitt 5.8.7)

Tabelle 5.18 Alle Dateien, die Sie zu einem Block-Theme hinzufügen können (Forts.)

Mit oder ohne »Block«?

In WordPress 5.9 bzw. Gutenberg 12.1 wurden die Verzeichnisnamen vereinfacht. Die Template-Dateien sind jetzt in */templates* und die Template-Teile in */parts* zu finden. Die Verzeichnisse */block-templates* und */block-template-parts* funktionieren weiterhin, sollten jedoch nicht mehr genutzt werden.

5.8.2 Hauptkonfiguration mit der theme.json

Wie schon erwähnt, werden in der *theme.json*-Datei Styles und Einstellungen eingestellt. Nachfolgend kopieren wir die Datei aus dem Classic-Theme-Beispiel in das */wp-content/themes/mein-block-theme/*-Verzeichnis und ergänzen sie.

Individuelle Schalter

Innerhalb des `settings`-Objekts lassen sich mit `true` und `false` spezifische Funktionen des Block-Editors an- oder ausschalten. Listing 5.79 zeigt dies zum Beispiel für die Kategorie »Typografie und Spacing« (siehe auch Tabelle 5.19 für weitere Werte). Wird alles auf `true` gesetzt, ergeben sich im Block-Editor neue Möglichkeiten, wie Abbildung 5.49 beispielhaft für die Typografie-Einstellungen zeigt.

```
{
  "version": 2,
  "settings": {
    "typography": {
      "fontWeight": true,
      "textTransform": true,
      "fontStyle": true,
      "customFontSize": true,
      "dropCap": true,
      "letterSpacing": true,
      "lineHeight": true,
      "textDecoration": true
    },
    "spacing": {
      "padding": true,
      "margin": true,
      "blockGap": true
    }
  }
}
```

Listing 5.79 Typografie-Einstellungen über die »theme.json«-Datei (Ausschnitt)

Funktion	Beschreibung
`fontWeight`	Ermöglicht es Benutzern, benutzerdefinierte Schriftschnitte festzulegen.
`textTransform`	Erlaubt den Benutzern, benutzerdefinierte Texttransformationen festzulegen.
`fontStyle`	Erlaubt den Benutzern, eigene Schriftstile festzulegen.
`customFontSize`	Erlaubt den Benutzern, eigene Schriftgrößen einzustellen.
`dropCap`	*DropCap* bedeutet, dass ein einzelner Buchstabe am Anfang ganz groß dargestellt wird.
`letterSpacing`	Erlaubt den Benutzern, eigene Buchstabenabstände festzulegen.
`lineHeight`	Erlaubt den Benutzern, eine eigene Zeilenhöhe festzulegen.
`textDecoration`	Erlaubt den Benutzern, eigene Textdekorationen festzulegen.
`fontFamilies`	Siehe den Kasten »Webfonts einbinden« in Abschnitt 5.4.2.
`fontSizes`	Erlaubt den Benutzern, verschiedene Fontgrößen festzulegen.

Tabelle 5.19 Mögliche Typografie-Einstellungen in der »theme.json«

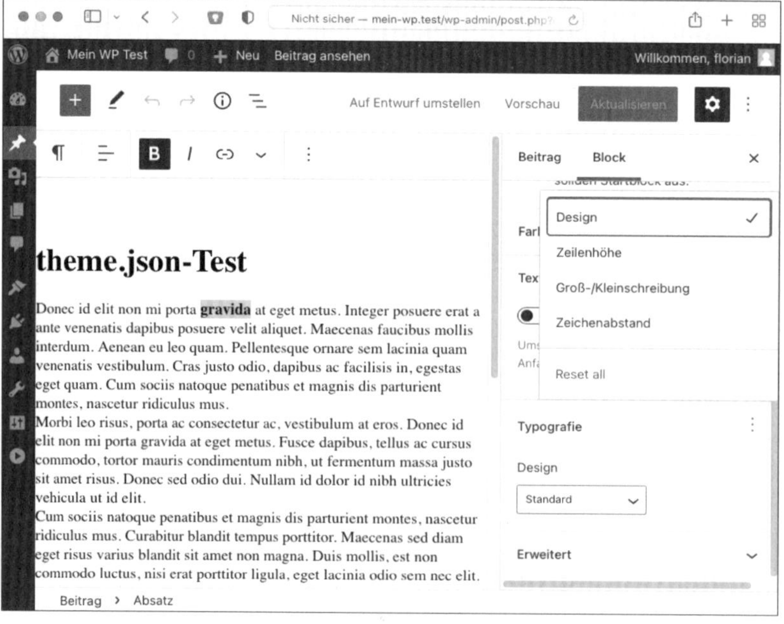

Abbildung 5.49 Am rechten Rand zu erkennen: die Typografieeinstellungen

All dies gilt auch für einzelne Blöcke. So lässt sich die Einstellung für `fontStyle` allgemein auf `true` setzen, während sie für den Absatz-Block ausgeschaltet wird (siehe Listing 5.80):

```
{
  "version": 2,
  "settings": {
    "typography": {
      "fontStyle": true
    },
    "blocks": {
      "core/paragraph": {
        "typography": {
          "fontStyle": false
        }
      }
    }
  }
}
```

Listing 5.80 Auch Blöcke lassen sich individuell konfigurieren.

Individuelle Gestaltung

Mit dem `style`-Objekt können Sie Ihrer Kreativität freien Lauf lassen. Hier wird nicht etwas an- oder ausgeschaltet, sondern es werden Farben, Hintergründe und vieles mehr definiert. Listing 5.81 setzt die Zeilenhöhe auf `1.5`, den Hintergrund auf Weiß und die Textfarbe auf Schwarz.

```
{
  "version": 2,
  "styles": {
    "color": {
      "background": "#fff",
      "text": "#000"
    },
    "typography": {
      "lineHeight": "1.5em"
    }
  }
}
```

Listing 5.81 Individuelle Einstellung von Farben und Schriften über die »theme.json«-Datei

Auch hier können Sie auf Block-Ebene arbeiten und einzelne HTML-Elemente ansteuern, wie Listing 5.82 zeigt:

```
{
  "version": 2,
  "styles": {
    "color": {
      "background": "black",
      "text": "white"
    },
    "typography": {
      "lineHeight": "1.5em"
    },
    "blocks": {
      "core/code": {
        "typography": {
          "lineHeight": "1.2"
        }
      }
    },
    "elements": {
      "h1": {
        "typography": {
          "lineHeight": "1.5"
        }
      }
    }
  }
}
```

Listing 5.82 Individuelle Gestaltung einzelner Blöcke oder HTML-Elemente

In dem Teil aus Abschnitt 5.4.2, wo es um CSS-Variablen ging, haben Sie gesehen, wie dort auch eine Farbpalette angelegt wurde (siehe Listing 5.49).

CSS-Variablen

Einige der Einstellungen generieren CSS-Variablen im Front- und Backend von WordPress, sodass die Werte dort in eigenen CSS-Dateien weiterverwendet werden können. Aus dem Code in Listing 5.83 wird der CSS-Code in Listing 5.84 erzeugt. Welche Variablen gebildet werden, können Sie in der Developer Console Ihres Browsers sehen. (Nähere Informationen dazu finden Sie in Abschnitt 5.4.2, insbesondere in Abbildung 5.37.)

```
{
  "version": 2,
  "settings": {
    "typography": {
      "fontSizes": [
        {
          "slug": "default",
          "name": "Standard",
          "size": "1rem"
        },
        {
          "slug": "big",
          "name": "Groß",
          "size": "2rem"
        }
      ]
    }
  }
}
```

Listing 5.83 CSS-Variablen entstehen beispielsweise durch die Angabe verschiedener Schriftgrößen.

```
body {
  --wp--preset--font-size--big: 2rem;
}

.has-big-font-size {
  font-size: var(--wp--preset--font-size--big) !important;
}
```

Listing 5.84 Automatisch erstellte CSS-Regeln und -Variablen

Mit der *theme.json*-Datei lässt sich so allerhand einstellen. Sie sparen auf diese Weise viel Arbeit und viel Code für die Konfiguration des Block-Editors, der einzelnen Blöcke und für das Schreiben von CSS. Wenn die Website nicht allzu individuell werden soll, haben Sie hier die Möglichkeit, schnell zu einem ansehnlichen Ergebnis zu kommen.

Template-Teile konfigurieren

Wenn Sie an dieser Stelle einen Beitrag oder eine Seite im Frontend aufrufen, bekommen Sie lediglich eine Fehlermeldung angezeigt (siehe Abbildung 5.50). Das liegt daran, dass noch keine Templates definiert wurden. Bevor wir diese in einem nächsten Schritt anlegen, möchte ich kurz auf die Template-Teile eingehen.

Abbildung 5.50 Im Frontend wird nichts angezeigt, weil kein Template erstellt wurde.

Im Verzeichnis */parts/* können Sie, wie in Tabelle 5.18 angegeben, individuelle Template-Dateien ablegen. Über den Wert `templateParts` in der *theme.json* lassen sie sich einzeln konfigurieren. Nutzen Sie beispielsweise die Datei */parts/landingpage.html*, so kann in der JSON-Datei der Code aus Listing 5.85 angeführt werden:

```
{
  "version": 2,
  "templateParts": [
    {
      "title": "Landingpage",
      "name": "landingpage",
      "area": "uncategorized"
    }
  ]
}
```

Listing 5.85 Konfiguration eines Template-Einzelteils

`title` ist dabei der String, der in der Übersicht angezeigt wird. `name` ist der Dateiname ohne das *.html* am Ende, und `area` ist der Bereich, für den der Vorlagenteil verwendet wird. Es gibt Blockvarianten für die Werte `header` und `footer`, die verwendet werden, wenn der Bereich auf einen dieser Werte eingestellt ist. `uncategorized` lässt sich schreiben, wenn das Template keinen dieser zwei Bereiche betrifft.

Vorlagen (Patterns)

Seit WordPress 6.0 gibt es noch eine weitere Einstellmöglichkeit. Über das `patterns`-Objekt lassen sich Vorlagen aus dem *Pattern Directory* über die *theme.json* registrieren. Das Vorlagenverzeichnis finden Sie unter *https://de.wordpress.org/patterns/*. Listing 5.86 zeigt, wie Sie dem Objekt ein Array von Slug-Bezeichnungen übergeben können. Der Nutzer, der später die Inhalte erstellt, findet diese Vorlagen dann im Block-Inserter unter VORLAGEN. (Mehr dazu lesen Sie in Abschnitt 9.3, »Block-Vorlagen erstellen«.)

```
{
  "version": 2,
  "patterns": [
    "short-text-surrounded-by-round-images",
    "partner-logos"
  ]
}
```


Listing 5.86 Übergabe von Block-Vorlagen

5.8.3 Template-Editor und Template-Übersicht

Bei Block-Themes wird zwingend das *Full-Site-Editing*-Feature von WordPress benötigt. Es nennt sich *Template*- oder oft auch *Site-Editor*. Den Zugriff erhalten Sie, wenn mindestens eine der folgenden Dateien vorliegt:

- */templates/index.html*
- */block-templates/index.html* (veralteter Verzeichnisname)

Ist das der Fall, so taucht im WordPress-Backend ein neuer Menüpunkt DESIGN • EDITOR auf. Der Editor (siehe Abbildung 5.51) ermöglicht es Ihnen, im oberen Bereich ❶ ein Template auszuwählen. Klicken Sie auf STARTSEITE und anschließend auf ALLE TEMPLATES DURCHSUCHEN ❷, so gelangen Sie zur Template-Übersicht, die alle Templates aus den oben genannten Verzeichnissen anzeigt (siehe ❻ in Abbildung 5.52). Dort können Sie auch zwischen den Templates ❹ und den Template-Teilen ❺ wechseln.

Über den Button HINZUFÜGEN rechts oben (nicht im Bild), lassen sich weitere Templates anlegen. Die Übersicht zeigt also nicht nur die hinterlegten Dateien, sondern auch die Templates, die ausschließlich in der Datenbank liegen.

In der Spalte HINZUGEFÜGT VON in Abbildung 5.52 lässt sich erkennen, ob das Template in der Datenbank liegt oder ob dazu auch eine Datei im Theme existiert. Der Inhalt der Theme-Dateien lässt sich jederzeit durch die Templates in der Datenbank ersetzen. WordPress gibt Ihnen dann die Möglichkeit, die Anpassungen rückgängig zu machen (Punkt ❼). Daraus ergibt sich, dass die Template-Dateien des Themes nicht über den Editor überschrieben werden können. Für diesen Zweck existiert eine Exportfunktion ❸ (siehe Abbildung 5.51). Die nötigen Dateien können dort heruntergeladen und dann in das Theme integriert werden. Doch dazu gleich mehr.

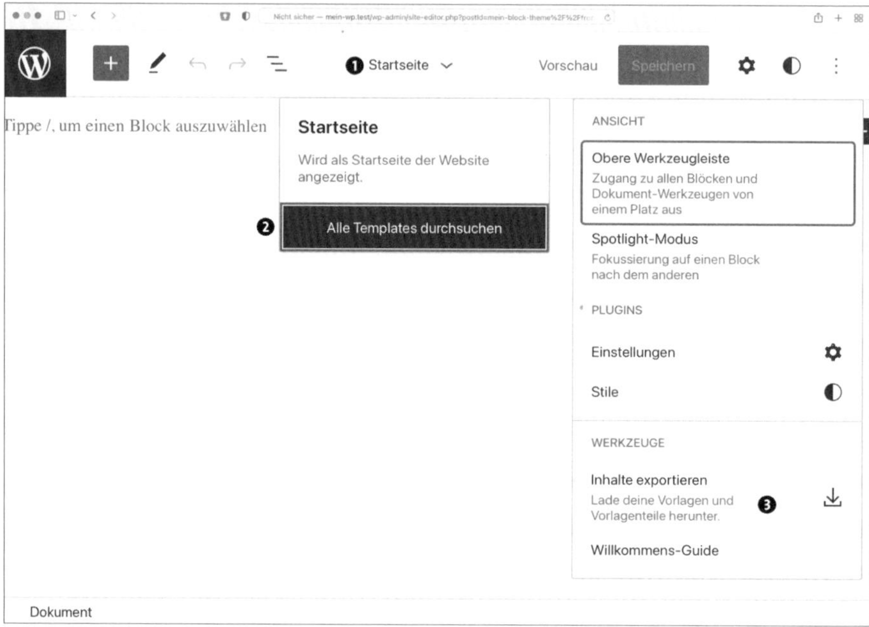

Abbildung 5.51 Der Template-Editor – hier noch ohne Inhalt

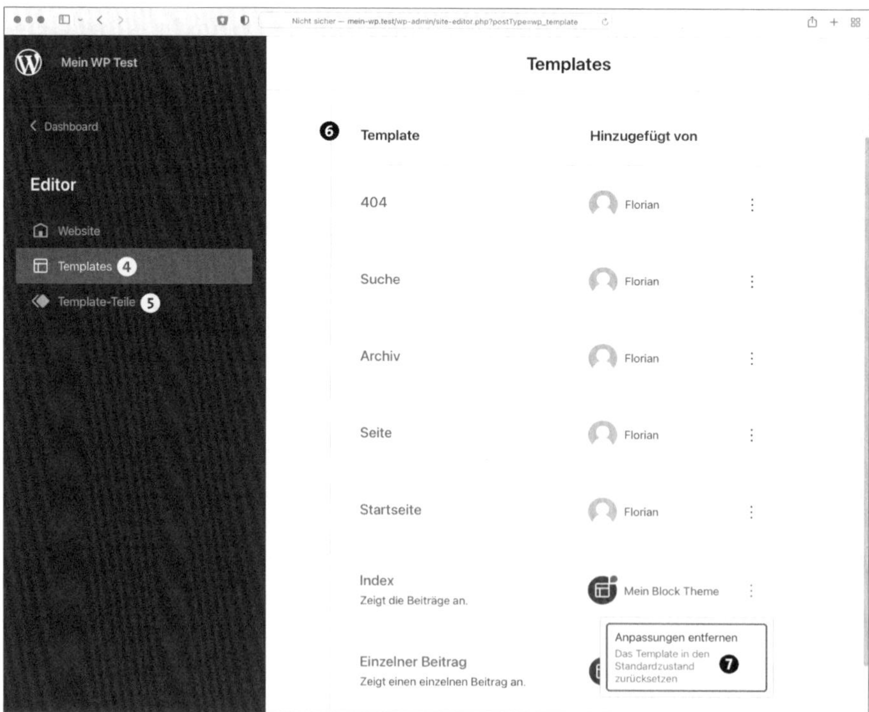

Abbildung 5.52 Übersicht der Template-Dateien

Der Template-Editor in Classic-Themes

Auch Classic-Themes können den Template-Editor nutzen. Der Zugriff erfolgt dann aber ausschließlich über den Block-Editor beim Bearbeiten eines Beitrags oder einer Seite.

Bei Beiträgen funktioniert der Zugriff wie folgt: Erstellen Sie einen neuen Beitrag, oder öffnen Sie einen bestehenden. Klicken Sie in der rechten Seitenleiste auf BEITRAG und dann im Bereich TEMPLATE auf NEU. Alternativ wählen Sie dort ein Template aus. WordPress erstellt aus Ihrem Beitrag dann eine Vorlage (also ein wiederverwendbares Template).

5.8.4 Full-Site-Editing

Um optimal mit dem Site-Editor arbeiten zu können, stellt WordPress viele Blöcke zur Verfügung, die ausschließlich dort zum Einsatz kommen können. Das sind unter anderem:

- Website-Logo
- Website-Titel und -Untertitel
- Abfrage-Loop
- Liste der Beiträge und so weiter

Einzelne Blöcke lassen sich über den blauen Button mit dem Plus-Zeichen links oben hinzufügen (siehe Abbildung 5.51). Ein Klick darauf fügt den betreffenden Block in den Editor ein. In der rechten Seitenleiste erhalten Sie weitere Einstellungsmöglichkeiten, die je nach Block unterschiedlich ausfallen können. Im Endeffekt funktioniert fast alles so wie mit dem »normalen« Editor, mit dem Sie auch Beiträge und Seiten bearbeiten. Der Unterschied ist, dass Sie Zugriff auf weitere Blöcke haben und statt eines einzelnen Beitrags die gesamte Template-Datei gestalten können.

Den Template-Teil erstellen

Nun wollen wir das Template für den Header erstellen. Dazu klicken Sie in der Template-Übersicht (siehe Abbildung 5.52) auf TEMPLATE-TEILE und anschließend auf den Button HINZUFÜGEN am oberen rechten Rand. Daraufhin öffnet sich ein Pop up (siehe Abbildung 5.53), in dem Sie HEADER auswählen. Als Name gebe ich hier »Kopfbereich« ein. Ein Klick auf ERSTELLEN bringt Sie schließlich zum Block-Editor.

Da ich das Layout des Block-Themes an das Classic-Theme aus Abschnitt 5.3 angleichen möchte, erstelle ich den Header dort genauso mit den Blöcken: Spalten, Website-Logo, Website-Titel, Cover-Block und eine Navigation. Abbildung 5.54 zeigt, wie das aussieht. Danach wird es gespeichert.

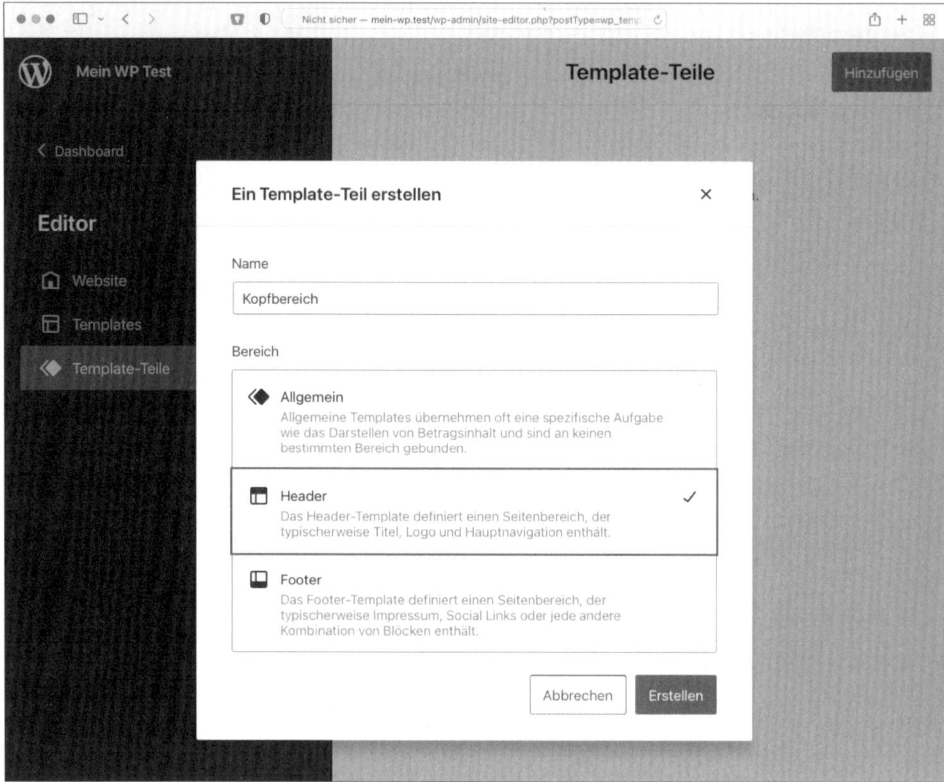

Abbildung 5.53 Ein neues Template-Teil wird hinzugefügt.

Abbildung 5.54 Header-Template, nachgebaut mit Blöcken

Ein Template für den Index erstellen

Nun geht es zurück zur Übersicht. Dort angekommen, wechseln Sie zum Menüpunkt TEMPLATES und klicken auf INDEX. Sie befinden sich wieder im Block-Editor und fügen den gerade erstellten Header-Block ein.

Der Header-Block ist ein Subtyp des Blocks, der mit TEMPLATE-BEREICH betitelt wurde. Damit lassen sich bestehende Template-Dateien einbinden, wodurch Sie sich einige Arbeit ersparen. Achten Sie besonders darauf, dass in den Block-Einstellungen des Template-Blocks unter ERWEITERT • HTML-ELEMENT der richtige HTML-Code ausgewählt ist. Wollen Sie beispielsweise das Template für den Header einbinden, so müssen Sie dort `<header>` auswählen. Für den Header- und Footer-Block ist dies bereits korrekt voreingestellt. In unserem Fall müssen wir also nichts weiter tun.

Da das Index-Template die aktuellen Beiträge anzeigt, benötigen wir zusätzlich den Block LISTE DER BEITRÄGE. Im Block-Inserter wird er nach dem Einfügen mit ABFRAGE-LOOP bezeichnet und enthält ein Beitrags-Template. In den Block-Einstellungen aktivieren Sie den Schalter ABFRAGE VOM TEMPLATE ÜBERNEHMEN. Das führt dazu, dass die Query, die von Haus aus auf der Startseite ausgeführt wird, zum Durchlaufen des Loops benutzt wird. Dies erspart Ihnen eine zusätzliche Datenbank-Abfrage. Abbildung 5.55 zeigt all diese Einstellungen.

Abbildung 5.55 Komplexer werdende Templates

Ein Template für die Seitenleiste

Gehen Sie zurück zu den Template-Teilen, und legen Sie wieder ein neues Template über den Button HINZUFÜGEN an. Im Pop-up aus Abbildung 5.53 wählen Sie diesmal jedoch ALLGEMEIN aus. Als Name können Sie »Seitenleiste« eingeben. Im sich öffnenden Block-Editor können Sie nun die Blöcke hinzufügen, die Sie gerne in der Seitenleiste haben möchten. Als Beispiel füge ich den Block SCHLAGWÖRTER-WOLKE ein.

Schließlich öffnen Sie das Template, in das Sie die Seitenleiste einfügen wollen, und fügen in der rechten Spalte den Block TEMPLATE-TEIL ein. Klicken Sie danach auf VORHANDENEN AUSWÄHLEN, und wählen Sie anschließend SEITENLEISTE aus.

In Abbildung 5.56 sehen Sie etwas vorweggegriffen die Beitragsseite mit ihrer Seitenleiste. Zwar passt das Design noch nicht zu 100 %, Sie können aber bestimmt eine leichte Tendenz erkennen. Wir nähern uns langsam dem Layout des Classic-Themes an.

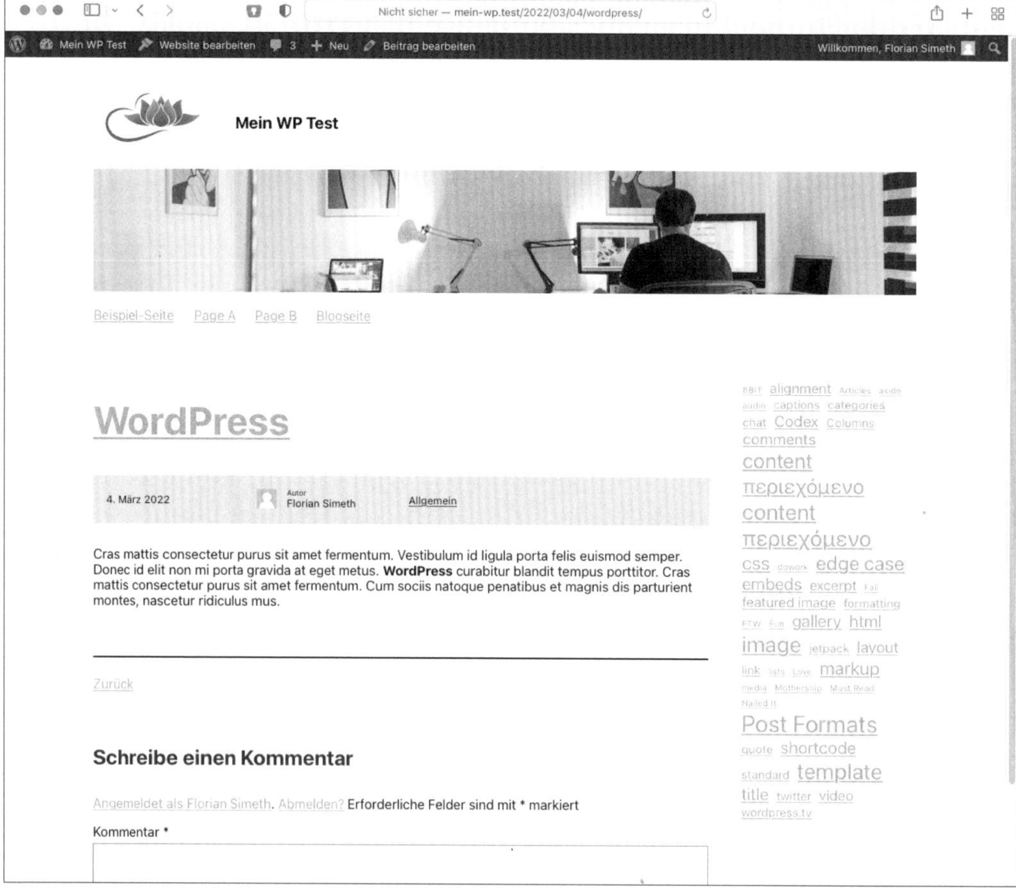

Abbildung 5.56 Der Ist-Zustand unserer Startseite mit Sidebar

Weitere Templates

Sie können nun alle weiteren Templates nach derselben Vorgehensweise anlegen. Gehen Sie zurück zur Übersicht, und wählen Sie TEMPLATES aus. Über den Button HINZUFÜGEN bietet WordPress Ihnen viele Möglichkeiten (siehe Abbildung 5.57). Sicherlich ist Ihnen aufgefallen, dass die Liste im Ausklappmenü nicht alle Templates enthält, die in Tabelle 5.18 aufgelistet sind. Der Grund: Templates werden nach und nach ergänzt, wobei es jederzeit möglich ist, die entsprechenden Dateien anzulegen, die dann in der Liste auftauchen (siehe dazu den folgenden Abschnitt »Template-Dateien speichern«).

Ich verzichte der Übersichtlichkeit halber auf die Beschreibung jedes einzelnen Templates, denn es handelt sich dabei, vereinfacht ausgedrückt, nur um das Zusammenklicken von Blöcken. Im Block-Theme aus den Download-Materialien finden Sie die restlichen Template-Dateien. Denn es ist auch möglich, das, was Sie gerade erstellt haben, in eine Datei zu speichern.

Abbildung 5.57 Eine Auswahl an Templates

Template-Dateien speichern

Im Grunde können Sie alle Templates, die nur in der Datenbank abgelegt werden, auch als Datei speichern. Dies ist wichtig, wenn Sie das fertige Design in einem Block-Theme weitergeben möchten.

Ich hatte bereits erwähnt, dass der Template-Editor eine Export-Funktion mitbringt. Diese wollen wir nun nutzen. Öffnen Sie noch einmal das Index-Template. Im Editor klicken Sie ganz rechts oben auf den Button mit den drei Punkten (siehe Abbildung 5.58) und anschließend auf EXPORTIEREN. Der Browser wird Ihnen kurz danach eine ZIP-Datei zum Download anbieten. Wenn Sie sie am Rechner entpacken, befinden sich darin neben allen anderen Theme-Dateien auch die einzelnen Template-Dateien, die Sie soeben erstellt haben.

Jedoch sind wir damit nicht am Ende. Denn wie Sie in Abbildung 5.56 gesehen haben, benötigt das Theme noch ein klein wenig CSS.

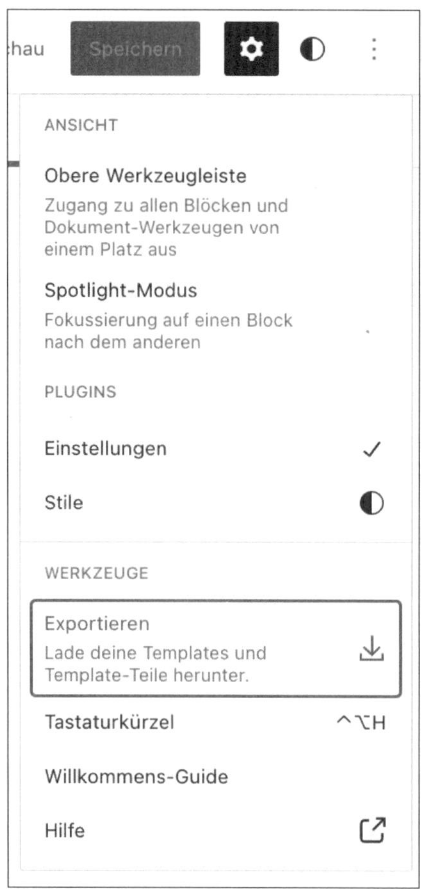

Abbildung 5.58 Das Menü zum Exportieren von Templates

5.8.5 CSS in Block-Themes

Die Gestaltung erfolgt zu einem großen Teil mit der *theme.json*-Datei, wie in Abschnitt 5.8.2 beschrieben. Falls Ihnen die Möglichkeiten dort zu begrenzt sind, können Sie jederzeit die *style.css* oder weitere CSS-Dateien einbinden und nutzen.

Listing 5.87 zeigt einen Ausschnitt aus der *functions.php* des Beispiel-Block-Themes. Es werden lediglich zwei CSS-Dateien benötigt. In Listing 5.88 sehen Sie, wie wenig Style-Angaben die *layout.css*-Datei im Gegensatz zur gleichen Datei im Classic-Theme-Beispiel enthält. Die zweite CSS-Datei weist nur eine Zeile Code auf, weswegen ich auf den Abdruck hier verzichte. Die restlichen CSS-Dateien (für Kommentare etc.) entfallen, da WordPress die für das Beispiel passenden Styles mitliefert.

Abbildung 5.59 zeigt die Gegenüberstellung von Classic-Theme und Block-Theme, nachdem ich alle Templates angelegt und fertig gestaltet habe.

Auch die *theme.json*-Datei wurde weiter angepasst. Wie Sie sehen, ergeben sich ein paar kleine Unterschiede. Im Block-Theme

- hat die Überschrift keinen farbigen Unterstrich.
- sind die Meta-Angaben durch den Spalten-Block nicht so nahe beieinander.
- ist das Header-Bild kleiner, damit es auf Smartphones ebenso kleiner wirkt. Hier habe ich mit dem Cover-Block gearbeitet.

Natürlich können Sie diese Feinheiten mit eigenem CSS ausgleichen. Ich habe aber explizit darauf verzichtet, damit Sie einen Vergleich haben und sehen können, wie weit man ausschließlich mit den Blöcken kommt, wenn fast kein eigenes CSS geschrieben wird.

Den vollständigen Code finden Sie, wie immer, bei den Download-Materialien.

```
<?php
namespace floriansimeth\mein_block_theme;

add_action(
    'wp_enqueue_scripts',
    'floriansimeth\mein_block_theme\enqueue_styles'
);

function enqueue_styles() {
    wp_register_style(
        'mwpt-layout',
        trailingslashit( get_template_directory_uri() )
            . 'public/css/layout.css',
        [],
        '0.1.0'
    );

    wp_register_style(
        'mwpt-archives',
        trailingslashit( get_template_directory_uri() )
            . 'public/css/archives.css',
        [ 'mwpt-layout' ],
        '0.1.0'
    );
```

```
    wp_enqueue_style( 'mwpt-layout' );

    if ( is_archive() ) {
        wp_enqueue_style( 'mwpt-archives' );
    }
}
```

Listing 5.87 Ausschnitt aus der »functions.php«

```
* {
    box-sizing: border-box;
}

body {
    --mwpt--contentSize: 750px;
    --mwpt--wideSize: 1000px;
}

header,
.main {
    margin: 0 auto;
    width: 100%;
    max-width: var(--mwpt--wideSize);
}

.wp-block-separator {
    border: 0 none;
    border-top: 1px dotted var(--wp--preset--color--darkblue);
}

.sidebar {
    border-left: 1px dotted var(--wp--preset--color--darkblue);
    padding-left: 1rem;
}

.primary-menu > button {
    margin: 0 auto;
}
```

Listing 5.88 Die »/public/css/layout.css«-Datei

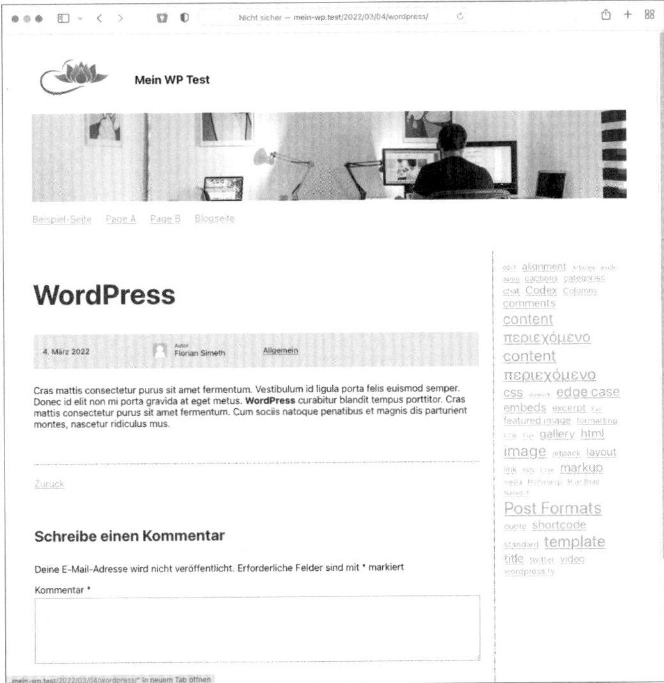

Abbildung 5.59 Gegenüberstellung: oben das Classic-Theme, unten das Block-Theme

5.8.6 Style-Variationen

Seit der Version 6.0 von WordPress ist es möglich, mehrere *theme.json*-Dateien im Verzeichnis */styles* des Theme-Ordners abzulegen. Dies klappt für Classic- wie auch für Block-Themes gleichermaßen, wenngleich es bei Block-Themes sinnvoller ist.

Die einzelnen Dateien sind genauso aufgebaut wie jede andere *theme.json*-Datei. Der Unterschied ist einzig der Dateiname. Dieser wird als Bezeichnung der Variation in der Benutzeroberfläche verwendet. Alternativ können Sie mit dem `title`-Attribut einen Titel angeben. Listing 5.89 zeigt, wie die Farbpalette überschrieben wird.

Derzeit werden nur Einstellungen auf oberster Ebene unterstützt; und die detailliertere Möglichkeit, Einstellungen (wie zum Beispiel Schriftarten) pro Block zu definieren, ist derzeit nicht verfügbar. Es ist jedoch davon auszugehen, dass dies mit den kommenden Versionen nachgeholt wird.

Abbildung 5.60 zeigt, wie Sie im Template-Editor über den Halbmond-Button zwischen den Stilen wechseln können.

```
{
  "version": 2,
  "title": "Kobi",
  "settings": {
    "spacing": {
      "padding": true,
      "margin": true,
      "blockGap": true
    },
    "color": {
      "palette": [
        {
          "slug": "gray",
          "name": "Gray",
          "color": "#DBCDC6"
        },
        {
          "slug": "kobi",
          "name": "Kobi",
          "color": "#DD99BB"
        },
        {
          "slug": "darkpurple",
          "name": "Dark Purple",
          "color": "#1F1A38"
        }
```

```
      ]
    }
  }
}
```

Listing 5.89 Die Datei »/styles/kobi.json« überschreibt die ursprüngliche Farbpalette des Themes.

Abbildung 5.60 Über den Button »Stile« lässt sich eine andere Stilkombination auswählen.

5.8.7 Block-Vorlagendateien

Ebenfalls neu in Version 6.0 ist, dass Block-Vorlagen über den Ordner */patterns* des Themes hinzugefügt werden können. Sie werden in Abschnitt 9.3, »Block-Vorlagen erstellen«, im Detail lernen, was Block-Patterns sind und wie Sie selbst welche erstellen können. In Abschnitt 9.3.3, »Vorlagen im Theme«, erkläre ich dann, wie sich Vorlagen im Theme fast ohne Programmieraufwand hinterlegen lassen.

5.9 Themes testen

Nun, da Sie entweder ein Classic-Theme oder ein Block-Theme entwickelt haben, fehlen schließlich die Detailarbeiten – also die weitere Gestaltung der Blöcke und Inhaltstypen, die Sie in Ihrem Theme verwenden wollen. Vielleicht müssen Sie noch eigenes HTML zusätzlich ergänzen, um das Styling perfekt zu machen.

Damit ist es aber noch nicht getan. Sie müssen das Theme ausführlich testen. Und damit meine ich nicht nur das Debugging von PHP-Code, wie in Kapitel 11 beschrieben, sondern unter anderem auch die in Abschnitt 5.4.2 erwähnten Edge-Cases sowie die generelle Validierung des gesamten Codes.

5.9.1 HTML und CSS validieren

Bei der Validierung des Markups eines Themes soll sichergestellt werden, dass die Webseiten den von verschiedenen Organisationen festgelegten Webstandards entsprechen. Diese Standards sorgen dafür, dass eine Website mit dem Theme von allen Browsern interpretiert werden kann. Es gibt im Web einige *Validatoren*, also Tools, die prüfen, ob der HTML-Code und die CSS-Stile gültig sind. Das bedeutet, dass Code und Stile Standards erfüllen, die von Organisationen wie dem W3C festgelegt wurden.

Nicht alle Tools begutachten die gleichen Dinge. Einige prüfen nur CSS, andere ausschließlich XHTML und wieder andere testen die Barrierefreiheit. Sie kommen also nicht umhin, mehrere dieser Validatoren zu nutzen. Das *World Wide Web Consortium* (W3C) legt die Standards fest und ist ebenfalls Anbieter einer Reihe von Webseiten-Validatoren.

Folgendes Vorgehen hat sich bewährt:

1. Validieren Sie Ihr HTML, CSS und auch Ihre Feeds mit den verschiedenen Tools (siehe Tabelle 5.20).
2. Testen Sie mit verschiedenen Browsern.
3. Nehmen Sie eventuell Anpassungen vor.
4. Beginnen Sie von vorn (wieder validieren).

Tabelle 5.20 enthält Empfehlungen für Validatoren. Abbildung 5.61 zeigt die mögliche Ausgabe des *Nu Html Checker*. Wie Sie sehen, beschwert er sich über die `type`-Attribute, die nicht notwendig wären. Es ist zwar schön, wenn diese Warnungen nicht erscheinen würden, unbedingt ausmerzen müssen Sie diese aber nicht. Achten Sie stattdessen auf rote Warnmeldungen.

Validator	Link
Der Markup Validation Service prüft den HTML-Code einer Seite.	*http://validator.w3.org*
Der Nu Html Checker ist eine Alternative zum HTML-Validator.	*https://validator.w3.org/nu/*
CSS Validation Service	*https://jigsaw.w3.org/css-validator/*

Tabelle 5.20 Liste von Online-Validierern des W3C

Validator	Link
Der Feed Validation Service prüft die Syntax von RSS- und Atom-Feeds	*https://validator.w3.org/feed/*
Unicorn kann HTML, CSS, Links und weitere Dinge auf einmal testen.	*https://validator.w3.org/unicorn/*

Tabelle 5.20 Liste von Online-Validierern des W3C (Forts.)

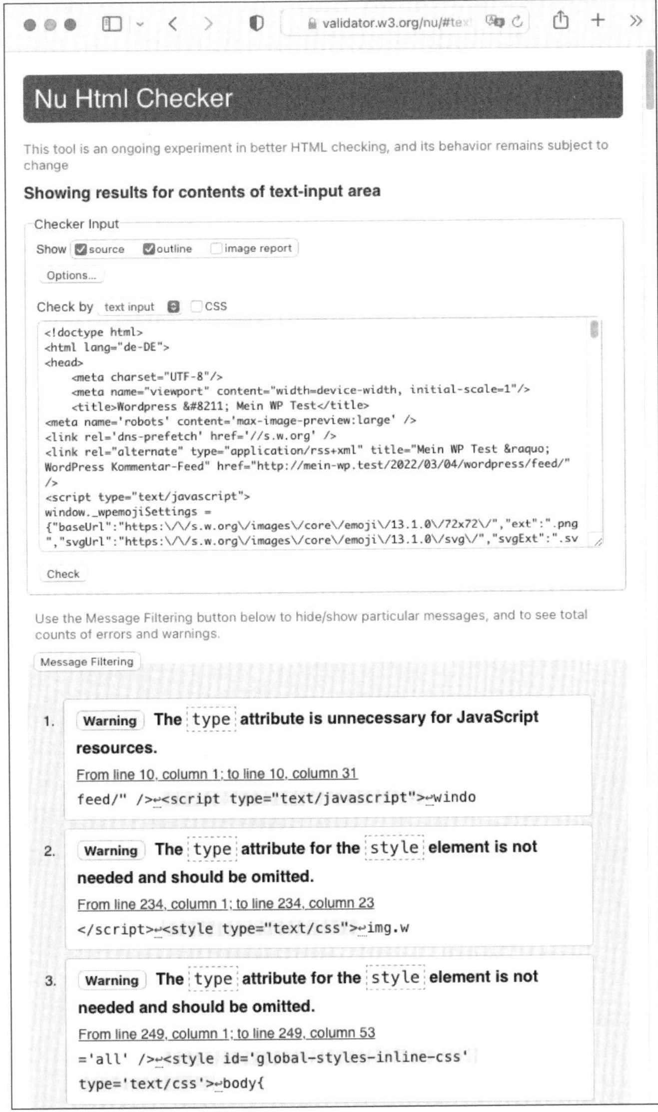

Abbildung 5.61 Mögliche Ausgabe des »Nu Html Checker«

5.9.2 Visuelles testen

Was versteht man unter *visuellen Tests*? Damit sind Grenzfälle gemeint, die durch Benutzereingaben entstehen können. Weiter oben hatte ich sie auch *Edge-Cases* genannt. Beispiele sind:

- Was passiert, wenn ein sehr langer Titel angegeben wird?
- Was ist, wenn das Logo zu groß hochgeladen wird?
- Was ist, wenn ein Beitragsbild zu klein ist?

All das (und viel mehr) kann Ihr komplettes Layout demolieren oder zumindest so verunstalten, dass eine Seite nicht mehr attraktiv auf den Besucher wirkt. Für solche Fälle hat die Community die sogenannten *Theme-Unit-Tests* entwickelt. Dabei handelt es sich um eine Import-Datei, die Sie von der folgenden URL herunterladen und über die Funktion WERKZEUGE • DATEN IMPORTIEREN wieder hochladen können:

https://github.com/WPTT/theme-test-data/blob/master/themeunittestdata.wordpress.xml

Hinweis: Unit-Tests importieren

WordPress kann per se keine Daten importieren. Dazu benötigt es ein Plugin. Auf der Seite WERKZEUGE • DATEN IMPORTIEREN erhalten Sie also zunächst eine Übersicht von Blogsystemen, von denen Sie importieren wollen. Für die Theme-Unit-Testdatei wählen Sie JETZT INSTALLIEREN unter WORDPRESS aus. Ein Klick installiert das *WordPress-Importer Plugin*. Durch einen weiteren Klick auf IMPORTER AUSFÜHREN wird Ihnen dann ein Formular mit der Hochladefunktion angezeigt.

Nach dem Hochladen der Datei aktivieren Sie die Checkbox bei DATEIANHÄNGE HERUNTERLADEN UND IMPORTIEREN und lassen die restlichen Einstellungen so, wie sie sind. Mit SENDEN führen Sie den Import-Vorgang schließlich aus.

Der Import-Vorgang legt jede Menge Beiträge, Seiten, Medienseiten, Kategorien und Schlagwörter an. Alle haben unterschiedliche Einstellungen. Sie können nun Schritt für Schritt alle Seiten durchgehen. Die zuvor genannten *Edge Cases* befinden sich in der gleichnamigen Kategorie, nachdem die Testdaten importiert wurden. In Abbildung 5.62 ist zu sehen, dass der extrem lange Titel eines Beitrags Probleme auf mobilen Endgeräten verursacht (der horizontale Scrollbalken wird eingeblendet).

Am besten folgen Sie der unten genannten Website. Sie listet alle Fälle präzise nacheinander auf. Damit können Sie sicherstellen, dass Sie nichts vergessen.

https://make.wordpress.org/themes/handbook/review/theme-unit-test

Abbildung 5.62 Ein Edge-Case: Der lange Titel verursacht Probleme auf mobilen Enderäten.

5.10 Zusammenfassung

In diesem Kapitel haben Sie eine Menge gelernt: was Themes sind, wie Sie ein Classic- und ein Block-Theme anfertigen, und sogar ein kleiner Crashkurs über das Webdesign war mit dabei. Darüber hinaus können Sie nun Menüs, Seitenleisten und Widgets erstellen. Auch das Einbinden von CSS-Dateien haben wir kurz angerissen. Nun ist es an der Zeit, Ihr Theme selbstständig zu erweitern. Mitunter sind dafür bestimmte Einstellungsseiten vonnöten. Wie Sie diese erstellen, lernen Sie im nächsten Kapitel.

Kapitel 6
Einstellungsseiten generieren und das Dashboard erweitern

Unser gesamtes Leben besteht aus Einstellungen. Ob bei der Kaffeemaschine im Büro oder beim Fernseher im heimischen Wohnzimmer – alles kann individuell angepasst werden. Plugins, Themes und Blöcke bilden da keine Ausnahme. Große und kleine Projekte benötigen deshalb immer Einstellungsmöglichkeiten. Von ihnen handelt dieses Kapitel.

Wenn Sie ein Plugin, ein Theme oder einen Block programmieren, benötigen Sie eine bestimmte Anzahl von Einstellungsmöglichkeiten. Bei Themes habe ich in Abschnitt 5.3.4, »Einstellungen für Themes festlegen«, gezeigt, wie Sie Einstellungen im Customizer integrieren, damit die Änderung direkt im Theme mitverfolgt werden kann. Sie haben auch gesehen, dass mit `set_theme_mod()` und `get_theme_mod()` zwei Funktionen existieren, die das Speichern von Inhalten in die Datenbank erlauben. Ich bin nicht näher auf diese Funktionen eingegangen, weil sie intern die sogenannte *Options-API* nutzen.

Daten zu speichern und abzurufen, ist die eine Sache. Was dazu gehört, sind HTML-Felder wie Textboxen, Auswahlfelder und vieles mehr, um diese Einstellungen auch korrekt festlegen zu können. Und genau hier kommt die sogenannte *Settings-API* ins Spiel. Sie hilft Ihnen, die nötigen Einstellungsfelder zu generieren, automatisch zu speichern und gleichzeitig das Layout von WordPress zu nutzen, damit möglichst wenig Designaufwand entsteht.

> **Kapitelbeispiel**
> Den gesamten Code aus diesem Beispiel finden Sie in den Download-Materialien zum Buch.

6.1 Haupt- und Untermenüs erstellen

Gehen wir aber noch einmal einen Schritt zurück. Bevor ein Benutzer die Einstellungen verändern kann, muss er erst einmal auf die entsprechende Seite gelangen können. Das ist in der Regel eine Seite im Backend von WordPress. Für das Anlegen eines einzelnen Menüpunktes existiert ein Hook namens `create_menu`. Er wird benutzt, um eine der folgenden Funktionen aufzurufen:

- `add_menu_page()`
- `add_submenu_page()`

Sicherlich lässt sich am Funktionsnamen schon erkennen, wofür die Funktionen stehen: Mit ihnen erstellen Sie einen Haupt- und einen Untermenüpunkt.

6.1.1 Ein Hauptmenü erstellen

Beginnen wir mit der Erstellung eines Hauptmenüpunktes (Listing 6.1):

```
<?php
function add_menu_page(
    string $page_title,
    string $menu_title,
    string $capability,
    string $menu_slug,
    callable $callback = '',
    string $icon_url = '',
    int|float $position = null
): string {
    ...
}
```

Listing 6.1 Funktionsbeschreibung von »add_menu_page()«

Es gilt:

- `$page_title` ist der Text, der in den Titel-Tags (zwischen `<title>` und `</title>`) der jeweiligen Seite angezeigt werden soll, wenn das Menü ausgewählt ist.
- `$menu_title` ist der Text, der für den Menüpunkt selbst angezeigt wird.
- `$capability` ist die Rechteeigenschaft, die ein Benutzer benötigt, um das Menü und die Seite sehen zu können.
- Der Slug-Name `$menu_slug`, mit dem auf dieses Menü verwiesen wird, sollte für die jeweilige Menüseite eindeutig sein und nur alphanumerische Zeichen in Kleinbuchstaben, Bindestriche und Unterstriche enthalten.
- `$callback` beschreibt eine Funktion, die für die Darstellung des Inhalts der Menüseite zuständig ist.

- Bei `$icon_url` sind mehrere Eingaben möglich, um ein Icon oder ein Bild für den Menüpunkt anzuzeigen. Denn alle Hauptmenüpunkte haben in WordPress ein eigenes Icon. Als Eingabe kommen infrage:
  - eine URL zum Icon
  - ein SVG-Bild als base64-kodierter String: Das Einbinden als String hat den Vorteil, dass das Icon mit dem entsprechendem Farbschema eingefärbt werden kann, falls unter BENUTZER • PROFIL ein anderes Farbschema eingestellt wurde. Der String sollte mit `data:image/svg+xml;base64,` beginnen.
  - Da WordPress ein eigenes Icon-Paket mitliefert, können Sie die dortigen Icons benutzen. Dazu geben Sie die jeweilige CSS-Klasse an (siehe dazu Abschnitt 6.2.1, »Integrierte Icons: Inhalte aufpeppen mit den Dashicons«).
  - Eine Angabe von `none` bedeutet, dass das `div.wp-menu-image`-HTML-Element leer gelassen wird, damit durch eigenes CSS ein Icon angefügt werden kann.
- `$position` ist optional und ist ein Wert, der die Position im Menü beschreibt. Sie sehen in Tabelle 6.1, welche Positionsnummerierung WordPress aktuell verwendet.

Zurückgegeben wird ein String, das sogenannte *Hook-Suffix*. Es kann zum Beispiel im dynamischen Hook `add_action( $page_hook )` genutzt werden – oder aber zum Einhängen von Untermenüs (siehe Abschnitt 6.1.2).

Position	Menüpunkt	Position	Menüpunkt
2	Dashboard	60	Design
4	Separator	65	Plugins
5	Beiträge	70	Benutzer
10	Medien	75	Werkzeuge
20	Seiten	80	Einstellungen
25	Kommentare	99	Separator
59	Separator		

Tabelle 6.1 Menüpositionierung der WordPress-Menüpunkte

Sie werden im Folgenden ein kleines Plugin entwickeln, das die Funktionen des gesamten Kapitels beinhaltet. Den Anfang macht die Datei */dashboard-weather/dashboard-weather.php*, die in Listing 6.2 zu sehen ist. Sie bindet die Datei */includes/settings.php* (siehe Listing 6.3) ein und ruft die darin enthaltene Klasse auf.

```
<?php
/**
```

```
 * Plugin Name: Dashboard Weather
 * Description: A plugin that shows a dashboard weather widget.
 * Version: 0.1.0
 * Author: Florian Simeth
 */

namespace floriansimeth\dashboard_weather;

require_once __DIR__ . '/includes/settings.php';

new Settings();
```

Listing 6.2 Die Datei »dashboard-weather.php«

```
<?php

namespace floriansimeth\dashboard_weather;

/**
 * The Settings and Options class.
 *
 * A collections of methods for integrating the settings pages and options.
 *
 * @since 0.1.0
 */
class Settings {
    public function __construct() {
        add_action( 'admin_menu', [ $this, 'create_menu' ] );

        do_action( 'fs/dashboard_weather/settings/init', $this );
    }

    /**
     * Registers a menu.
     *
     * @return void
     * @since 0.1.0
     */
    public function create_menu() {
        $hook_suffix = add_menu_page(
            'Dashboard Weather Settings',
            'Dashboard Weather',
            'install_plugins',
            'fs-dw-settings',
```

```
                [ $this, 'render_settings' ],
                'dashicons-cloud'
            );
    }

    /**
     * Renders the settings page.
     *
     * @return void
     * @since 0.1.0
     */
    public function render_settings() {
        ?>
        <div class="wrap">
            <h1><?php echo get_admin_page_title(); ?></h1>
        </div>
        <?php
    }
}
```

Listing 6.3 Die »/includes/settings.php«-Datei mit der entsprechenden Einstellungsklasse

Wenn Sie das Plugin nun aktivieren, werden Sie sehen (Abbildung 6.1), dass das Hauptmenü um einen Menüpunkt angewachsen ist ❸. Der Parameter `$page_title` wird unter ❶ im Browser angezeigt. Die Funktion `get_admin_page()` aus Listing 6.3 kümmert sich um die Darstellung desselben Parameters in der Überschrift ❷.

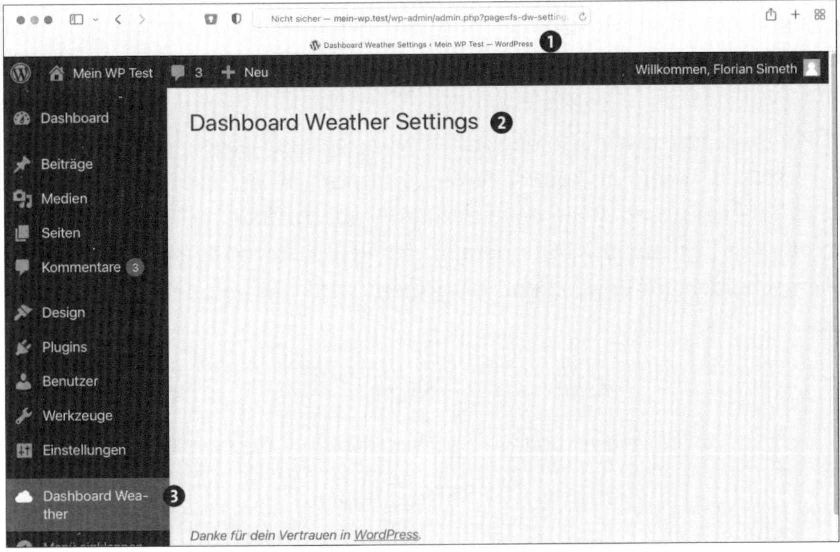

Abbildung 6.1 Die Einstellungsseite mit dem Menü

6.1.2 Ein Untermenü erstellen

Ein Untermenü ist ein Menüpunkt, der unterhalb eines Hauptmenüpunktes erscheint, und zwar entweder dann, wenn der Benutzer mit der Maus über dem Hauptmenü verweilt, oder aber, wenn das Hauptmenü oder eine der Untermenüseiten angezeigt wird. Dann nämlich ist das Menü permanent ausgeklappt, sodass alle Punkte zu sehen sind. Benutzt wird hier die Funktion `add_submenu_page()` aus Listing 6.4:

```
<?php
function add_submenu_page(
    string $parent_slug,
    string $page_title,
    string $menu_title,
    string $capability,
    string $menu_slug,
    callable $callback = '',
    int|float $position = null
): string|bool {
    ...
}
```

Listing 6.4 Funktionsbeschreibung von »add_submenu_page()«

Bis auf `$parent_slug` sind die Parameter die gleichen wie bei `add_menu_page()` (siehe Abschnitt 6.1.1). Beim genannten Parameter handelt es sich um das *Hook-Suffix* des Hauptmenüs. Nur so kann WordPress wissen, zu welchem Hauptmenü der neu zu erstellende Untermenüpunkt gehören soll.

Die Funktion gibt das Hook-Suffix des Untermenüpunkts zurück oder `false`, wenn der aktuelle Benutzer nicht das Recht hat, den Untermenüeintrag angezeigt zu bekommen.

Im Beispiel-Plugin könnten wir also den Aufruf von `add_menu_page()` durch `add_submenu_page()` ersetzen, wenn Sie kein separates Hauptmenü erstellen wollen (siehe Listing 6.5). In Tabelle 6.2 sehen Sie die einzelnen Hook-Suffixe der Hauptmenüs in WordPress, die letztlich nur die Dateinamen der PHP-Datei widerspiegeln. Damit können Sie entscheiden, unter welchem Hauptmenüpunkt Sie den neuen Link einfügen möchten.

Slug	Menü	Slug	Menü
index.php	Dashboard	*themes.php*	Design
edit.php	Beiträge	*plugins.php*	Plugins

Tabelle 6.2 Parent-Slugs für Hauptmenüs in WordPress

Slug	Menü	Slug	Menü
upload.php	Medien	*users.php*	Benutzer
edit.php?post_type=page	Seiten	*tools.php*	Werkzeuge
edit-comments.php	Kommentare	*options-general.php*	Einstellungen

Tabelle 6.2 Parent-Slugs für Hauptmenüs in WordPress (Forts.)


```
<?php
class Settings {
    ...
    public function create_menu() {
        $hook_suffix = add_submenu_page(
            'options-general.php',
            'Dashboard Weather Settings',
            'Dashboard Weather',
            'install_plugins',
            'fs-dw-settings',
            [ $this, 'render_settings' ]
        );
    }
}
```

Listing 6.5 Einbinden eines Untermenüs unter den Menüpunkt »Einstellungen«

Hauptmenü oder Untermenü?

Natürlich ist es Ihr Entschluss, ob Ihr Projekt einen Hauptmenü- oder aber einen Untermenüpunkt einfügt. Die Entscheidung steht und fällt mit der Frage, ob das Projekt überhaupt Untermenüpunkte braucht. Sie sollten keinen Hauptmenüpunkt anlegen, wenn Sie nicht beabsichtigen, weitere Untermenüpunkte hinzuzufügen.

Sie werden in Abschnitt 6.2, »Konsistenz im Layout: Die WordPress-UI nutzen«, noch weitere Möglichkeiten kennenlernen, wie sich Einstellungsseiten optisch aufpeppen lassen, ohne mehrere Unterseiten anlegen zu müssen.

Shortcut-Funktionen für Untermenüpunkte

Im WordPress-Kern existieren noch weitere Funktionen, die Sie als Abkürzung für `add_submenu_page()` nutzen können. In Tabelle 6.3 sehen Sie links die Funktion und rechts das Hauptmenü, unter dem ein Menüpunkt mit der angegebenen Funktion eingefügt wird. Alle Funktionen sind gleich aufgebaut. Im Gegensatz zu `add_submenu_` page() fehlt der erste Parameter ($parent_slug), weil klar ist, um welchen Hauptmenüpunkt es sich handelt.

Funktion	Menü
add_dashboard_page()	Dashboard
add_posts_page()	Beiträge
add_media_page()	Medien
add_pages_page()	Seiten
add_comments_page()	Kommentare
add_theme_page()	Design
add_plugins_page()	Plugins
add_users_page()	Benutzer
add_management_page()	Werkzeuge
add_options_page()	Einstellungen

Tabelle 6.3 Shortcut-Funktionen zum Hinzufügen von Untermenüpunkten zu den jeweiligen Hauptmenüs

6.2 Konsistenz im Layout: Die WordPress-UI nutzen

Es kommt selten vor, dass man ein Projekt von Grund auf neu entwickeln muss. Sie werden immer auf die bestehenden APIs in WordPress zurückgreifen. Diese wurden über Jahre hinweg getestet, sind robust, und nicht zuletzt sparen Sie sich jede Menge Arbeit. So ist es auch beim Layout. Warum etwas Neues designen, wenn das Bestehende funktioniert? Im Folgenden werden Sie einige *UI*-Elemente (*User-Interface*) kennenlernen, die WordPress standardmäßig mitbringt und auf die Sie zurückgreifen können.

6.2.1 Integrierte Icons: Inhalte aufpeppen mit den Dashicons

Icons erfreuen sich einer großen Beliebtheit. Natürlich kommt auch WordPress nicht ohne sie aus. Ob im Block-Editor oder im Menü, es gibt immer eine Möglichkeit, ein ausagekräftiges Icon einzubinden. Im WP-Projekt wird deshalb ein *Iconset*, also eine Sammlung von Icons, mitgeliefert: die *Dashicons*. Dabei handelt es sich um eine Schriftart, in die die Icons eingebettet wurden. Eine Übersicht über alle Dashicons finden Sie unter *https://developer.wordpress.org/resource/dashicons/*. Auf der Website lässt sich der HTML-, CSS- oder Glyph-Code jedes einzelnen Icons mit einem Klick kopieren. Das ist recht praktisch, wenn Sie schnell ein Icon auswählen und es in den eigenen Code integrieren wollen.

Die CSS- und die Schriftdatei werden automatisch im Backend eingebunden und stehen jederzeit zur Verfügung. Durch den HTML-Code `<span class="dashicons dashicons-cloud"></span>` lässt sich ein Icon in eine Seite einbinden. Dabei ersetzen Sie `dashicons-cloud` durch den Namen des jeweiligen Icons, das Sie einbinden wollen.

Dashicons lassen sich auch im Frontend nutzen. Dort werden sie allerdings nicht automatisch eingebunden. Sie müssen sie mit dem Funktionsaufruf `wp_enqueue_style( 'dashicons' )` manuell integrieren. Mehr dazu folgt in Abschnitt 8.1. »Skripte registrieren, einhängen und entfernen«.

6.2.2 Schickes Box-Design mit der Metabox-API

Metaboxen sind Teilbereiche einer Seite, die zusätzliche Informationen (Metadaten) enthalten können. Werfen Sie noch einmal einen Blick in das WordPress-Dashboard. Dort landen Sie in der Regel nach dem Login im Backend und sehen dann die einzelnen Metaboxen. Diese werden auf der Dashboard-Seite zwar automatisch erstellt (siehe Abschnitt 6.4 »Dashboard-Widgets erstellen«), jedoch gibt es auch die Möglichkeit, diese mit Bordmitteln selbst zu erzeugen.

Metabox registrieren

Mit der Funktion `add_meta_box()` aus Listing 6.6 lassen sich Metaboxen registrieren und danach automatisch generieren:

```
<?php
function add_meta_box(
   string $id,
   stirng $title,
   callable $callback,
   string|callable|WP_Screen $screen = null,
   string $context = 'advanced',
   string $priority = 'default',
   array $callback_args = null
): void {
   ...
}
```

Listing 6.6 Funktionsbeschreibung von »add_meta_box()«

Dabei gilt:

- `$id` ist eine eindeutige Kennzeichnung der Metabox, die auch für das `id`-HTML-Attribut verwendet wird.
- `$title` dient zur Ausgabe einer Überschrift der Metabox.
- `$callback` ist eine PHP-Funktion, die für die Ausgabe des Inhaltsbereichs sorgt.
- `$screen` ist das Hook-Suffix, das Sie erhalten, wenn Sie einen Menüpunkt mit `add_menu_page()` oder einer ähnlichen Funktion hinzufügen. Somit weiß die Metabox, zu welcher Seite sie gehört.
- `$context` ist der Kontext innerhalb der Seite, in dem die Metabox angezeigt werden soll. Die verfügbaren Kontexte variieren von Seite zu Seite. WordPress verwendet intern gerne `normal`, `side` und `advanced`. Es spricht nichts dagegen, eigene Namen zu wählen, wenn Sie die Ausgabe kontrollieren (was nicht immer der Fall ist, zum Beispiel, wenn Sie ein Widget für das Dashboard erstellt haben, siehe Abschnitt 6.4).
- Mit `$priority` geben Sie die Priorität) einer Metabox an. Akzeptiert werden die Werte `high`, `core`, `default` und `low`. Sie werden in genau dieser Reihenfolge sortiert.
- `$callback_args` ist schließlich ein Array mit zusätzlichen Werten, die an die in `$callback` angegebene Funktion übergeben werden, um darin weiterarbeiten zu können.

Hinweis zu den Parametern $context und $priority

Persönlich arbeite ich bei Verwendung von Metaboxen gerne mit Seitenleisten. Dementsprechend wähle ich als `$context`-Parameter `side`, wenn die Metabox dort erscheinen soll. WordPress verwendet für die Werte `normal` und `advanced` die Hauptspalte (also nicht die Seitenleiste). Mit dem Parameter `$priority` wird schließlich die Reihenfolge innerhalb einer Spalte definiert. Zu beachten ist, dass Metaboxen innerhalb eines Bereiches vom Anwender verschoben werden können. Die Positionierung wird pro Benutzer abgespeichert und kann beim nächsten Laden der Seite anders sein, als im Quelltext hinterlegt wurde.

Im Plugin können wir nun drei Metaboxen registrieren: eine zur Definition der Ortschaft, von der das Wetter abgerufen werden soll, eine für allgemeine Darstellungsoptionen und eine zur Anzeige der aktuellen Beiträge. Die entsprechenden `add_meta_box()`-Funktionsaufrufe finden Sie in der Methode `register_metaboxes()` (siehe Listing 6.7). Sie sehen dort auch, dass das Hook-Suffix in der `add_action()`-Funktion genutzt wurde, um die Metaboxen zu registrieren – und zwar nur auf der Seite, in der sie letztlich benötigt werden. Deshalb können wir beim Aufruf von `add_meta_box()` für den `$screen`-Parameter die Funktion `get_current_screen()` verwenden. Erfolgt die

Registrierung nicht auf der aktuellen Seite, so müsste dort etwas anderes eingegeben werden. Es hat sich bewährt, hier ebenfalls das Hook-Suffix zu verwenden.

```
<?php
namespace floriansimeth\dashboard_weather;

class Settings {

    public function create_menu() {
        $hook_suffix = add_submenu_page(
            'options-general.php',
            'Dashboard Weather Settings',
            'Dashboard Weather',
            'install_plugins',
            'fs-dw-settings',
            [ $this, 'render_settings' ]
        );

        add_action(
            'load-' . $hook_suffix,
            [ $this, 'register_metaboxes' ]
        );
    }

    public function register_metaboxes() {
        add_meta_box(
            'fs-dw-locality',
            'Ortschaft',
            [ $this, 'render_locality_settings' ],
            get_current_screen(),
            'advanced'
        );

        add_meta_box(
            'fs-dw-display-settings',
            'Darstellungsoptionen',
            [ $this, 'render_display_settings' ],
            get_current_screen(),
            'side'
        );

        add_meta_box(
            'fs-dw-news',
```

```
            'News',
            [ $this, 'render_news' ],
            get_current_screen(),
            'side'
        );
    }

    public function render_locality_settings( $object, array $args ) {
    }

    public function render_display_settings( $object, array $args ) {
    }

    public function render_news( $object, array $args ) {
    }
}
```

Listing 6.7 Ausschnitt aus der »Settings«-Klasse mit enthaltenen »add_meta_box()«-Aufrufen

Metaboxen anzeigen

Nun müssen die Metaboxen nur noch angezeigt werden. Dazu fügen wir den entsprechenden Inhalt in die Methode `render_settings()` ein. Die Funktion `do_meta_boxes()` aus Listing 6.8 wird dann für den weiteren Code genutzt (siehe Listing 6.9).

```
<?php
function do_meta_boxes(
    string|WP_Screen $screen,
    string $context,
    mixed $object
): int {
    ...
}
```

Listing 6.8 Funktionsdefinition von »do_meta_boxes()«

Es gilt hier:

- `$screen` ist die Seite, in die `do_meta_boxes()` eingebunden wird.
- Der Kontext (`$context`) ist entweder `normal`, `side`, `advanced` oder eine eigene Bezeichnung, die Sie zur Registrierung einer Metabox angegeben haben.
- `$object` wird schließlich als erster Parameter an die Rendering-Funktion übergeben. (In unserem Beispiel ist das `render_locality_settings()` oder `render_display_settings()`.)

Zurückgegeben wird die Anzahl an Metaboxen in diesem Bereich.

Hinweis zum Hook-Suffix und zum $screen-Parameter

WordPress filtert das Hook-Suffix und den `$screen`-Parameter mit der Funktion `sanitize_key()`. Das hat zur Folge, dass nur noch die folgenden Zeichen erhalten bleiben: alphanumerische Zeichen, der Unterstrich, der Punkt, das Minuszeichen, das Leerzeichen sowie das @-Zeichen. Sie sollten das im Hinterkopf behalten, weil bei einer manuellen Eingabe und einer falschen Bezeichnung nichts angezeigt werden kann.


```
<?php

namespace floriansimeth\dashboard_weather;

class Settings {

    public function render_settings() {
        ?>
        <div class="wrap">
        <h1>
            <?php echo get_admin_page_title(); ?>
        </h1>
        <div id="poststuff" class="metabox-holder has-right-sidebar">
            <div id="side-info-column" class="inner-sidebar">
                <?php
                do_meta_boxes( get_current_screen(), 'side', null );
                ?>
            </div>

            <div id="post-body" class="has-sidebar">
                <div id="post-body-content" class="has-sidebar-content">
                    <?php
                    do_meta_boxes( get_current_screen(), 'advanced', null );
                    ?>
                </div>
            </div>
        </div>
        <br class="clear"/>
        <?php
```

```
    }
}
```

Listing 6.9 Ausschnitt aus der »Settings«-Klasse: die »render_settings()«-Methode mit der Anzeige der Metaboxen durch die Funktion »do_meta_boxes()«

Wenn Sie die Einstellungsseite (nun unter EINSTELLUNGEN • DASHBOARD WEATHER) aktualisieren, sehen Sie die drei Metaboxen an den zugewiesenen Stellen wie in Abbildung 6.2.

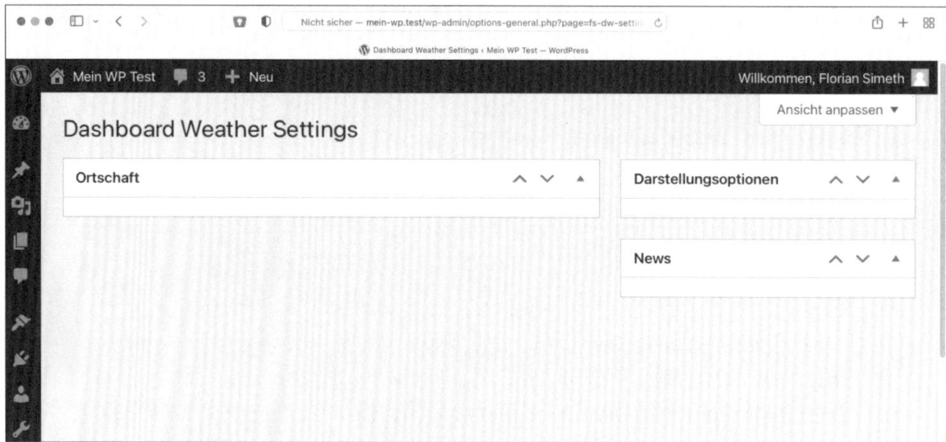

Abbildung 6.2 Die drei Metaboxen erscheinen an den zugewiesenen Stellen.

Metaboxen öffnen, schließen und verschieben

Wie Sie in Abbildung 6.2 ebenfalls erkennen können, hat jede Metabox Pfeile zum Verschieben und zum Öffnen/Schließen. Im jetzigen Zustand ist noch keine Funktionalität hinterlegt. Es wird noch eine JavaScript-Datei benötigt, die WordPress ebenfalls mitliefert. Wie Sie JavaScripte einbinden, lernen Sie ausführlich in Kapitel 8, »CSS und JavaScript in WordPress«. Im Moment genügt es zu wissen, dass diese eingebunden werden müssen. Wie das geht, sehen Sie in der Methode `load_js()` in Listing 6.10.

WordPress bietet zudem die Möglichkeit, den Zustand der Metaboxen zu speichern, also deren Reihenfolge und ob sie geöffnet oder geschlossen sind. Damit dies funktioniert, müssen sogenannte *Nonce*-Felder integriert werden. Nur damit kann der nötige Ajax-Befehl via JavaScript abgesendet werden. Diese Felder sehen Sie ebenfalls in Listing 6.10, und zwar in der Methode `render_settings()`. Nonces werden noch einmal ausführlich in Abschnitt 7.1.3, »Cross-Site Request Forgery Protection (CSRF)«, behandelt.

```
<?php

namespace floriansimeth\dashboard_weather;

class Settings {
    public function create_menu() {
        $hook_suffix = add_submenu_page( ... );

        add_action(
            'load-' . $hook_suffix,
            [ $this, 'load_js' ]
        );
    }

    public function load_js() {
        add_action( 'admin_enqueue_scripts', function () {
            wp_enqueue_script( 'postbox' );
            wp_add_inline_script(
                'postbox',
                sprintf(
                    'window.postboxes.add_postbox_toggles( "%s" );',
                    get_current_screen()->id
                )
            );
        } );
    }

    public function render_settings() {
        ?>
        <div class="wrap">
        <h1>
            <?php echo get_admin_page_title(); ?>
        </h1>
        <?php
        wp_nonce_field( 'closedpostboxes', 'closedpostboxesnonce', false );
        wp_nonce_field( 'meta-box-order', 'meta-box-order-nonce', false );
        ?>
        <div id="poststuff" class="metabox-holder has-right-sidebar">
            <div id="side-info-column" class="inner-sidebar">
                <?php
                do_meta_boxes( get_current_screen(), 'side', null );
                ?>
            </div>
```

```
            <div id="post-body" class="has-sidebar">
                <div id="post-body-content" class="has-sidebar-content">
                    <?php
                    do_meta_boxes( get_current_screen(), 'advanced', null );
                    ?>
                </div>
            </div>
        </div>
        <br class="clear"/>
        <?php
    }
}
```

Listing 6.10 Ausschnitt der »Settings«-Klasse mit eingebundenem JavaScript und Nonce-Feldern

6.2.3 Richtig, falsch oder Warnung: Hinweisnachrichten in WordPress

Im Beispiel-Plugin fehlen noch die Einstellungsfelder. Sie erfahren mehr über sie in Abschnitt 6.3. Vorerst möchte ich noch auf weitere UI-Elemente in WordPress eingehen, nämlich auf Hinweisnachrichten. Denn diese werden später noch benötigt, zum Beispiel zur Ausgabe einer Fehlermeldung, wenn das Speichern der Einstellungen nicht funktionierte. In Listing 6.11 sehen Sie, wie eine solche Meldung aufgebaut sein kann. In Abbildung 6.3 lässt sich erkennen, welchen HTML-Code die einzelnen Meldungen erzeugen.

```
<div class="notice">
    <h2 class="notice-title">Der Titel (optional).</h2>
    <p>Ihre Nachricht.</p>
</div>
```

Listing 6.11 Aufbau einer Hinweisnachricht

Achtung: Automatische Verschiebung!

WordPress verschiebt die Hinweisnachrichten immer automatisch unter die erste Überschrift, die mit `<h1>` umgeben wurde. Um das zu vermeiden, geben Sie als zusätzliche CSS-Klasse `inline` an:

```
<div class="notice notice-dismiss inline">
    <p>Ihre Nachricht.</p>
</div>
```

Abbildung 6.3 Hinweisnachrichten in WordPress. Das Icon bei »updating-message« dreht sich konstant.

6.2.4 Das Layout von Überschriften, Buttons, Formularfeldern, Tabs und Tabellen

Und damit kommen wir zum letzten Abschnitt der UI-Elemente, nämlich zu den Überschriften, Buttons, Formularfeldern, Tabs und Tabellen. Im Allgemeinen handelt es sich dabei um HTML-Elemente des »täglichen Bedarfs«.

Überschriften

WordPress folgt der schematischen Formulierung der Überschriften. Das heißt, nach `h1` folgt `h2`, nach `h2` folgt `h3` und so weiter. Dementsprechend ist die erste Überschrift einer Seite immer `h1`. Wie diese Überschriften dargestellt werden, hängt vom Layout ab (siehe den folgenden Abschnitt).

Seitenlayout

Als Entwickler haben Sie mehrere Möglichkeiten, eine Seite zu layouten. In Listing 6.10 (und durch Benutzung der Methode `render_settings()`) habe ich Ihnen gezeigt, dass eine Seite immer von `<div class="wrap"></div>` umgeben ist. Das `class`-Attribut lässt sich noch erweitern.

Da WordPress die *About-Seite*[1] anders layoutet, lassen sich diese Stile auch in jeder weiteren Seite des Backends nutzen. Es reicht die Angabe `<div class="wrap about-wrap"></div>`, um einen sichtbaren Unterschied zu erzeugen. Manche Plugin-Autoren nutzen dieses Layout für eine eigene Willkommensseite.

Durch die CSS-Klassen `is-wide` oder `full-width-layout` wird die Seite noch breiter, um Platz für weitere Inhalte zu schaffen.

Gefolgt von der ersten Überschrift lässt sich ein etwas größerer Text einblenden, wie in Listing 6.12 zu sehen ist. Schick wirkt das Ganze erst recht in Verbindung mit einem sogenannten *Badge*, also einer Grafik am rechten Rand der Seite. WordPress blendet zwar standardmäßig das eigene Logo ein, aber das lässt sich jederzeit mit eigenem CSS verändern.

```
<div class="wrap about-wrap">
    <h1>
        <?php echo get_admin_page_title(); ?>
    </h1>
    <p class="about-text">Settings options for the
       Dashboard weather widget.</p>
    <div class="wp-badge">Version 0.1.0</div>
```

1 Abrufbar, wenn man */wp-admin/about.php* an die eigene Domain anhängt, zum Beispiel so: *http://mein-wp.test/wp-admin/about.php*

```
    <hr />
</div>
```

Listing 6.12 Seitenlayout mit About-Text und Badge

Innerhalb des HTMLs mit der CSS-Klasse `about-wrap` gibt es weitere Layout-Möglichkeiten, wie Tabelle 6.4 zeigt.

CSS-Klasse	Möglichkeit

`.has-1-columns,`
`.has-2-columns,`
`.has-3-columns,`
`.has-4-columns`
	Spalten erzeugen. Die Zahl gibt die Anzahl der Spalten an.

`.column`	Angabe für das HTML-Element, das eine Spalte erzeugen soll

`.aligncenter,`
`.alignleft,`
`.alignright`
	Richtet ein Element zentriert, links oder rechts aus.

`.is-vertically-aligned-top,`
`.is-vertically-aligned-center,`
`.is-vertically-aligned-bottom`
	Richtet den Inhalt eines Elements vertikal oben, mittig oder unten aus.

`.nav-tab-wrapper,` `.nav-tab`	Erzeugt einzelne Tabs (siehe den Abschnitt »Tabs« unten).

Tabelle 6.4 CSS-Klassen für das erste Seitenlayout

Da es stets Änderungen und Erweiterungen der *About*-Seite gibt, kommen immer mehr Layouts hinzu. Werfen Sie einen Blick in die CSS-Datei */wp-admin/css/about.css*, um die Möglichkeiten zu erkunden. Das HTML-Konstrukt `<div class="wrap about__container"></div>` richtet den Inhalt in den neueren WordPress-Versionen beispielsweise zentriert aus. Auch hier gibt es die gleichen Möglichkeiten, wie in Tabelle 6.4 dargestellt. Zusätzlich finden Sie aber noch weitere Elemente, die Tabelle 6.5 zusammenfasst.

CSS	Möglichkeit
`.has-accent-background-color`	Fügt eine Akzentfarbe für den Hintergrund ein.
`.has-accent-color`	Färbt die Schrift in der Akzentfarbe.

Tabelle 6.5 Mögliche CSS-Klassen für das zweite Seitenlayout

CSS	Möglichkeit
`.is-larger-heading`, `.is-smaller-heading`	Macht Überschriften größer respektive kleiner.
`p.is-subheading`	Macht aus einem Absatz eine Art Teilüberschrift.
`hr.is-small`, `hr.is-large`	Verkleinert oder vergrößert den Abstand eines <hr>-Elements.
`.about__section`	Beschreibt einzelne Abschnitte innerhalb eines Containers.
`.has-gutters`	Erzeugt Zwischenräume.
`.is-wider-left`, `.is-wider-right`	Sorgt dafür, dass die linke respektive rechte Seite einer Spalte breiter wird.
`.is-edge-to-edge`	Entfernt den Rahmenabstand (`padding`).
`.has-border`	Erzeugt einen sichtbaren Rahmen um ein Element.
`.has-subtle-background-color`	Erzeugt eine Hintergrundfarbe im Element, die etwas abgeschwächter ist als die Akzentfarbe.
`.has-overlap-style`, `.column.is-top-layer`	Richtet `.column`-Elemente innerhalb eines Abschnitts nebeneinander aus, wobei der Teil mit `.is-top-layer` oben liegt.

Tabelle 6.5 Mögliche CSS-Klassen für das zweite Seitenlayout (Forts.)

Tabs

Auch einzelne Tabs sind möglich, wie Listing 6.13 zeigt. Sie sind schnell erzeugt. Die Funktion, dass der Inhalt dynamisch wechselt, muss allerdings selbst programmiert werden. Denn WordPress nutzt die Tabs als Links und benötigt die Funktion so nicht, da die Seite ohnehin gewechselt wird. Wie das aussieht, sehen Sie in Abbildung 6.4.

```
<div class="nav-tab-wrapper">
    <div class="nav-tab">Tab 1</div>
    <div class="nav-tab nav-tab-active">Tab 2</div>
</div>
```

Listing 6.13 Tabs im WordPress-Backend erzeugen

Abbildung 6.4 Tabs in WordPress

Buttons

Schaltflächen sind allgegenwärtig. Sie werden nicht nur zum Absenden eines Formulars, sondern für viele weitere Vorgänge benötigt. Listing 6.14 zeigt einige Beispiele, was mit den vorgefertigten CSS-Anweisungen von WordPress möglichst ist. Abbildung 6.5 zeigt, wie das aussieht.

```
<input type="submit" class="button" value="Standard-Button"/>
<input type="submit" class="button active" value="Aktiver Button"/>
<input type="submit" class="button button-primary" value="Primary Button"/>
<input type="submit" class="button button-large" value="Großer Button"/>
<input type="submit" class="button button-small" value="Kleiner Button"/>
<input type="submit" class="button button-hero" value="Hero Button"/>
<input type="submit" class="button button-hero button-primary" value="Hero
Button Primary"/>
<input type="submit" class="button" disabled="disabled" value="Deaktivierter
Button"/>
<a href="" class="button-link-delete">Lösch-Button</a>
<div class="button-group">
    <a href="#" class="button">Button 1</a>
    <a href="#" class="button button-primary">Button 2</a>
    <a href="#" class="button">Button 3</a>
</div>
```

Listing 6.14 Beispiele für unterschiedliche Schaltflächenformate

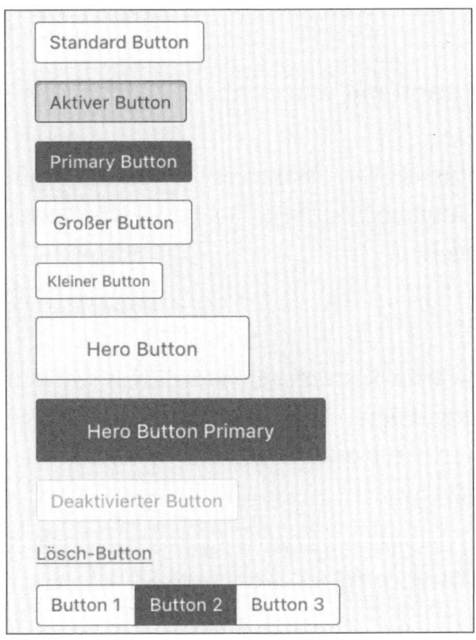

Abbildung 6.5 Unterschiedliche Button-Layouts im WordPress-Backend

Für den Submit-Button gibt es in WordPress sogar eine eigene Funktion. Listing 6.15 zeigt die Funktionsbeschreibung von `submit_button()`. Ihr Pendant `get_submit_button()` hat die gleichen Parameter, gibt den HTML-Code jedoch zurück, anstatt ihn auszugeben.

```
<?php
function submit_button(
    string $text = null,
    string $type = 'primary',
    string $name = 'submit',
    bool $wrap = true,
    array $other_attributes = null
) {
    ...
}
```

Listing 6.15 Funktionsbeschreibung von »submit_button()«

Es gilt:

- Mit `$text` wird der Button beschriftet. Wenn `null` gewählt wird, wird automatisch *Save Changes* (oder die entsprechende Übersetzung) ausgegeben.
- Durch den Parameter `$type` lassen sich weitere CSS-Klassen angeben. (Siehe dazu auch noch einmal Listing 6.14).
- `$name`: Der HTML-Name des Submit-Buttons. Der Standardwert ist `submit`. Wenn kein `id`-Attribut in `$other_attributes` angegeben wird, wird `$name` als ID des Buttons verwendet.
- Wird `$wrap` auf `true` gesetzt, so wird der Button mit einem Absatz-Element umrahmt ausgegeben.
- `$other_attributes` kann ein Array von Schlüssel-Wert-Paaren enthalten, die dann in HTML-Attribute umgesetzt werden. Die Angabe `[ 'data-id' => 1234 ]` würde beispielsweise `<button data-id="1234" ...` ausgeben.

Formularfelder und Tabellen

Wie gerade erwähnt, sind Formulare allgegenwärtig. Systeme wie WordPress sind auf Benutzereingaben angewiesen. Dementsprechend liefert WordPress auch einige CSS-Klassen für Formulare mit. Tabelle 6.6 zeigt, was damit alles angestellt werden kann.

CSS-Klasse	Möglichkeit
`.form-table`	Für `<table>`-Elemente, die Formularfelder enthalten

Tabelle 6.6 CSS-Klassen für Tabellen und Formulare

CSS-Klasse	Möglichkeit
.widefat	Für breite Tabellen
.regular-text	Für <input>-Elemente, die reinen Text enthalten
.small-text, .large-text, .tiny-text	Anpassung der Breite von Input-Feldern
.code	Für <input>- oder <textarea>-Elemente, die Code enthalten

Tabelle 6.6 CSS-Klassen für Tabellen und Formulare (Forts.)

Ajax-Ladeanimation (Spinner)

Zu guter Letzt lernen Sie den sogenannten *Spinner* kennen. Dabei handelt es sich um eine Ladeanimation, die sich für das dynamische Nachladen von Inhalten nutzen lässt. In den Code eingefügt wird er zum Beispiel durch `<span class="spinner is-active"></span>`. Zur Deaktivierung muss lediglich die CSS-Klasse `is-active` entfernt werden.

Accordions

Auch eine Faltfunktion (*Accordion*) ist in WordPress vorhanden. Accordions sind aufklappbare HTML-Bereiche. Dazu wird allerdings das JavaScript `accordion` benötigt. Den HTML-Code dafür sehen Sie in Listing 6.16:

```
<div class="accordion-container">
    <div class="accordion-section open">
        <h3 class="accordion-section-title"></h3>
        <div class="accordion-section-content">
        </div>
    </div>
    <div class="accordion-section">
        <h3 class="accordion-section-title"></h3>
        <div class="accordion-section-content">
        </div>
    </div>
    <div class="accordion-section">
        <h3 class="accordion-section-title"></h3>
        <div class="accordion-section-content">
        </div>
    </div>
</div>
```

Listing 6.16 Accordions lassen sich durch diesen HTML-Code und ein JavaScript erzeugen.

6.3 Einstellungsfelder generieren

Nun haben Sie gelernt, wie Menüs erstellt werden und wie sich Seiten layouten lassen. Damit haben Sie das Basiswissen, um schließlich die nötigen Einstellungsfelder für ein Projekt zu erstellen. In diesem Abschnitt werfen wir deshalb einen Blick auf die *Options-API* und die *Settings-API*. Option und Setting werden beide gleich übersetzt, nämlich mit *Einstellung*. Umso schwieriger ist es für deutschsprachige Entwickler, den Unterschied zu erkennen. WordPress nutzt die beiden APIs in einem unterschiedlichen Kontext: Mit *Settings* werden die Einstellungsfelder bezeichnet, während mit *Options* die eigentlichen Werte (in der Datenbank) gemeint sind.

6.3.1 Werte speichern und abrufen mit der Options-API

Oft (aber nicht immer) wird die Options-API zusammen mit der Settings-API verwendet. Der Grund ist, dass Letztere die Options-API verwendet, um die Werte der Einstellungsfelder zu speichern. Deswegen müssen Sie sich bei Verwendung dieser API nicht um das Speichern der Werte kümmern. Aber der Reihe nach. Wir wollen uns zuerst anschauen, wie Werte gespeichert werden. Und hier hat WordPress einige Funktionen vorbereitet.

Werte anlegen

Initial angelegt werden Werte mit der Funktion `add_option()`. Listing 6.17 zeigt den Funktionsaufbau. Dabei ist `$option` der Name, mit dem der Wert in der Datenbank gespeichert wird. `$value` ist der dazugehörige Wert. `$autoload` weist WordPress an, den Wert mit jedem Seitenaufruf zu laden. Standardmäßig steht dieser Wert auf `yes` (was zu `true` ausgewertet wird). Sie sollten aber sehr vorsichtig mit dieser Einstellung umgehen, weil nicht jeder Wert auf jeder Seite geladen werden muss. (Lesen Sie dazu den Kasten »Autoloading für Optionen« in diesem Abschnitt.) Zurückgegeben wird `true`, wenn die Daten gespeichert wurden, ansonsten `false`.

```
<?php
function add_option(
    string $option,
    mixed $value = '',
    string $deprecated = '',
    bool $autoload = 'yes'
): bool {
    ...
}
```

Listing 6.17 Funktionsbeschreibung von »add_option()«

Beachten Sie, dass Sie mit `add_option()` kein Update durchführen können. Die Funktion prüft, ob ein Datensatz mit dem angegebenen Namen bereits existiert. Falls dies der Fall ist, bricht sie mit dem Rückgabewert `false` ab.

Autoloading für Optionen

In WordPress werden beim Laden einer Seite alle Optionen, bei denen der `$autoloading`-Parameter auf `true` gesetzt wurde, in einer einzigen SQL-Abfrage geladen und dann in den Zwischenspeicher gelegt. Das spart zwar Zeit, weil nicht alle Daten einzeln vom Datenbank-Server geladen werden müssen. Es hat aber auch einen Nachteil: Der Cache-Speicher läuft schnell voll, je mehr Plugins und Themes das Autoloading nutzen. Stellen Sie sich also immer die Frage, wie oft eine Option benötigt wird: Mit jedem Seitenaufruf (zum Beispiel im Frontend)? Wenn ja, dann sollten Sie `$autoload` auf `true` setzen. Wird die Option nur im Admin-Bereich benötigt, sollten Sie sie möglicherweise auf `false` setzen. Denn WordPress unterscheidet beim Laden der Optionen nicht zwischen Front- und Backend. Das heißt, dass Optionen, die nur im Backend benötigt werden, dann auch im Frontend zur Verfügung stehen. Das ist in den meisten Fällen jedoch nicht nötig.

Deprecated = veraltet

In diesem Buch habe immer wieder die starke Rückwärtskompatibilität von WordPress erwähnt. Sie spiegelt sich im Quellcode wider. Immer wieder werden Sie daher auf das Wort *deprecated* stoßen. Auf Deutsch bedeutet es *veraltet*. Solche Parameter (Funktionen oder Methoden) können zwar, sollten aber nicht länger verwendet werden. In den DocBlock-Angaben werden sie nicht mehr beschrieben. In Listing 6.17 ist so ein Beispiel dargestellt. Verwendet man einen veralteten Parameter, eine veraltete Konstruktorfunktion, Datei, Funktion oder einen veralteten Hook, so wird eine PHP-Warnung von WordPress ausgegeben. Diese Warnungen werden durch die folgenden Funktionen erzeugt, die Sie selbst in Ihren Projekten verwenden können, um veraltete Entwicklungsstände zu kennzeichnen:

- `_deprecated_argument()`
- `_deprecated_constructor()`
- `_deprecated_file()`
- `_deprecated_function()`
- `_deprecated_hook()`

Werden bestimmte Funktionen oder Programmteile falsch aufgerufen, nutzt WordPress die Funktion `_doing_it_wrong()`. Auch diese Funktion können Sie nutzen, um in eigenen Projekten auf falsche eine Anwendung durch den Entwickler hinzuweisen.

Werte aktualisieren

Wurden Werte schon einmal angelegt, lassen sich diese durch die Funktion `update_option()` aktualisieren. Listing 6.18 zeigt die Funktion. Gleichermaßen gibt sie `true` oder `false` je nach Speicherstatus zurück. Auch hier werden der Name (`$option`) und der Wert (`$value`) benötigt. `$autoload` wird nur verwendet, wenn eine Option in der Datenbank noch nicht existiert (wenn also `add_option()` zuvor nicht aufgerufen wurde). Vor dem Update findet ein Vergleich des alten und des neuen Wertes statt. Sind beide Werte gleich, findet kein Update statt. Dementsprechend wird `$autoload` auch nur dann verändert, wenn die Werte unterschiedlich sind.

```
<?php
function update_option(
    string $option,
    mixed $value,
    bool $autoload = null
): bool {
    ...
}
```

Listing 6.18 Funktionsbeschreibung von »update_option()«

> **Achtung, Serialisierung!**
>
> Damit Daten wie Arrays und PHP-Objekte in die Datenbank gespeichert werden können, serialisiert WordPress sie vorher. Die Prüfung erfolgt durch die Funktion `maybe_serialize()`. Das anschließende *Serialisieren* erfolgt durch die PHP-Funktion `serialize()`.
>
> Falls Sie überprüfen müssen, ob Daten zuvor serialisiert wurden, können Sie `is_serialized()` nutzen. In der Regel kann die manuelle Überprüfung jedoch wegfallen, da in den meisten Fällen automatisch geprüft wird. Sie müssen sich also nicht darüber Gedanken machen, ob Daten serialisiert oder deserialisiert werden müssen.

Werte löschen

Wenn Werte angelegt werden, sollten diese auch irgendwann gelöscht werden – zumindest dann, wenn die Daten nicht länger benötigt werden, zum Beispiel in der Deinstallationsroutine eines Plugins (siehe Abschnitt 4.2.4, »Keine Spuren hinterlassen: Die Deinstallationsroutine«).

```
<?php
function delete_option( string $option ): bool {}
```

Listing 6.19 Funktionsbeschreibung von »delete_option()«

Angegeben werden muss nur der Name (`$option`). Zurückgegeben wird `true`, wenn der Datenbankeintrag gelöscht wurde.

Tipps

- Es ist wichtig, dass Sie den Namen einer Option eindeutig und selbsterklärend gestalten. Am besten nutzen Sie Ihren eigenen Slug als Präfix für jede Option. Nur so können Sie sicherstellen, dass die Bezeichnungen nicht in Konflikt mit den Einstellungswerten von WordPress selbst oder von anderen Plugins oder Themes geraten.
- Das Speichern von Plugin-Optionen in einem Array und nicht in einzelnen Datensätzen kann einen großen Einfluss auf die Ladezeit haben. In der Regel sind es die SQL-Abfragen, die das Nadelöhr darstellen. Fassen Sie daher, wenn möglich, mehrere Einstellungen zu einem Array zusammen.

Werte auslesen

Zum Schluss sehen wir uns noch die Funktion an, die zum Auslesen der gespeicherten Werte genutzt wird: `get_option()`. Wie in Listing 6.20 zu sehen ist, wird auch hier der Name (`$option`) der Einstellung benötigt. Als zweiten Parameter können Sie optional einen Wert angeben, der zurückgegeben wird, falls kein Wert in der Datenbank gefunden wird. Im Kasten »Schreiben in die Datenbank während des Aktivierungsvorgangs« in Abschnitt 4.2.2 habe ich bereits darauf hingewiesen, warum das Arbeiten mit Standardwerten (also mit dem Parameter `$default`) wichtig ist.

```
<?php
function get_option( string $option, mixed $default = false ): mixed {}
```

Listing 6.20 Funktionsbeschreibung von »get_option()«

Besonders auf den Rückgabewert sollten Sie achten. Da die Daten aus der Datenbank stammen, könnten dort hinterlegte skalare Werte als String zurückgegeben werden. Aus dem Integer-Wert `255` wird also `'255'`. Aus `null` wird `'null'`. Aus den booleschen Werten `true` und `false` werden möglicherweise `'0'` und `'1'`. Wenn Sie wissen, welcher Typ zurückgegeben wird, sollten Sie den Rückgabewert vorher *casten*, wie in Listing 6.21 dargestellt:

```
<?php
$display_map = (bool) get_option( 'fs_dw_display_map', false );
```

Listing 6.21 Beispiel für das Type-Casting

Existiert ein Datenbankeintrag nicht, wird der boolesche Wert `false` zurückgegeben.

Hinweis zu Rückgabewerten

Weil es so wichtig ist, hier noch einmal der Hinweis: Wird ein Wert wie folgt abgespeichert, wird der boolesche Wert `false` zurückgegeben:

```
update_option( 'fs_dw_display_map', false )
get_option( 'fs_dw_display_map' ) // = bool(false)
```

Wird hingegen `true` hinterlegt, so wird nicht unbedingt auch dieser boolesche Wert zurückgegeben:

```
update_option( 'fs_dw_display_map', true )
get_option( 'fs_dw_display_map' ) // = string (1) "1"
```

Das Speichern der Werte in ein Array, wie es im Kasten »Tipps« erörtert wurde, ist insofern sinnvoll, als die Typen der Werte innerhalb eines Arrays gleich bleiben und von der Datenbank oder von PHP nicht verändert werden, wie folgendes Beispiel zeigt:

```
update_option( 'fs_dw', [ 'display_map' => true ] );
var_dump( get_option( 'fs_dw' ) );
// array (size=1) 'display_map' => boolean true
```

6.3.2 Einstellungsfelder generieren mit der Settings-API

Nun, da Sie wissen, wie Werte in der Datenbank gespeichert werden, machen wir uns daran, die Einstellungsfelder zu generieren. Und zwar mit der angekündigten Settings-API. Diese kann für Sie folgende Aufgaben übernehmen:

- Einstellungen (Settings) registrieren
- Formulare in Bereiche (Sections) unterteilen
- Fehlermeldungen erfassen
- Fehlermeldungen ausgeben
- Formularfelder validieren
- Formularfelder in die Datenbank speichern
- Formulare in einer Tabelle ausgeben (rendern).

Was die API allerdings nicht kann, ist, die einzelnen Felder (`input`, `select` etc.) zu generieren.

Ein Formular integrieren

Als Erstes wird das `<form>`-Element benötigt. Die Methode `render_settings()` aus unserem Kapitelbeispiel (Listing 6.10 und frühere) wird ergänzt, wie in Listing 6.22 zu sehen ist. Die Funktion `settings_fields()` erzeugt mehrere versteckte Input-Felder.

Sie sind notwendig, damit WordPress die abgesendeten Daten später zuordnen kann. Ausgegeben werden auch Felder zur Sicherheit (unter anderem mit einem Nonce, siehe Abschnitt 7.1.3, »Cross-Site Request Forgery Protection (CSRF)«). Zu sehen ist auch die zuvor genannte `submit_button()`-Funktion, die einen ÄNDERUNGEN SPEICHERN-Button erzeugt.

```
<form action="<?php echo admin_url( 'options.php' ); ?>" method="post">
    <?php
    settings_fields( 'fs_dw_settings' );
    do_settings_sections( get_current_screen()->id );
    wp_nonce_field( 'closedpostboxes', 'closedpostboxesnonce', false );
    wp_nonce_field( 'meta-box-order', 'meta-box-order-nonce', false );
    ?>
    <div id="poststuff" class="metabox-holder has-right-sidebar">
        <div id="side-info-column" class="inner-sidebar">
            <?php
            do_meta_boxes( get_current_screen(), 'side', null );
            ?>
        </div>

        <div id="post-body" class="has-sidebar">
            <div id="post-body-content" class="has-sidebar-content">
                <?php
                do_meta_boxes( get_current_screen(), 'advanced', null );
                ?>
            </div>
        </div>
    </div>
    <?php submit_button(); ?>
</form>
```

Listing 6.22 Erweiterung der Methode um das <form>-Element

Die Daten werden an die Datei */wp-admin/options.php* gesendet. Sie ist für die Verarbeitung der Formularfelder zuständig. Das Ganze funktioniert aber noch nicht: Beim Absenden erhalten Sie die Fehlermeldung, dass die Option `fs_df_settings` nicht in der Liste der erlaubten Optionen gefunden wurde. Das werden wir gleich nachholen.

Rendern der Einstellungsbereiche (Sections)

Bevor wir die einzelnen Einstellungen registrieren, muss WordPress mitgeteilt werden, wo diese ausgegeben werden sollen. Dazu steht die Funktion `do_settings_sections( string $page )` zur Verfügung. Als einzigen Parameter erwartet die Funktion den Namen des Einstellungsbereichs. Im Kapitelbeispiel haben wir bereits mit Metaboxen gearbeitet. In deren Rendermethoden bauen wir diesen Code dann ein (siehe Listing 6.23):

```
<?php
class Settings {

    public function render_locality_settings( $object, array $args ) {
        do_settings_sections( get_current_screen()->id . '-locality' );
    }

    public function render_display_settings( $object, array $args ) {
        do_settings_sections( get_current_screen()->id . '-display' );
    }
}
```

Listing 6.23 Ausschnitt aus der »Settings«-Klasse mit eingebundenen »do_settings_sections()«-Funktionen

> **$page-Parameter**
>
> Die Beschreibung des Parameters `$page` ist ein bisschen irreführend. Sie vermuten sicher, dass der Slug-Name, der mit `add_submenu_page()` oder einer ihrer Subfunktionen (wie `add_theme_page()` oder `add_plugins_page()`) erstellt wurde, angegeben werden müsste. Tatsächlich wird kein Page-Hook benötigt. Jede etwaige Bezeichnung, die vorher durch `sanitize_key()` geschleust wird, ist möglich.

Einen Einstellungsbereich (Section) registrieren

Einzelne Einstellungsfelder (siehe den nächsten Abschnitt) lassen sich zu Bereichen zusammenfassen. Das lässt sich mit der Funktion `add_settings_section()` bewerkstelligen, deren Beschreibung in Listing 6.24 zu finden ist:

```
<?php
function add_settings_section(
    string $id,
    string $title,
    callable $callback,
    string $page
): void {
    ...
}
```

Listing 6.24 Funktionsbeschreibung von »add_settings_section()«

Es gilt:

- `$id` ist eine eindeutige Bezeichnung des Bereichs. Der Parameter wird auch für das `id`-Attribut des umrahmenden HTML-Elements benutzt.
- `$title` ist die Überschrift, die über dem Einstellungsbereich angezeigt wird.
- In `$callback` kann eine Funktion angegeben werden, die zusätzlichen Inhalt zwischen der Überschrift und den eigentlichen Feldern ausgibt.
- `$page` ist schließlich die Seite, auf der der Einstellungsbereich angezeigt werden soll. Gültig ist jedes *Hook-Suffix*, das durch `add_settings_page()` (oder ähnlich) entstanden ist, oder aber ein von WordPress definierter Wert. Wenn Sie einen zusätzlichen Einstellungsbereich in den WordPress-eigenen Einstellungsseiten hinzufügen wollen, geben Sie `general`, `reading`, `writing`, `discussion`, `media` oder `permalinks` ein.[2]

In den meisten Tutorials wird vorgeschlagen, die Einstellungsbereiche (aber auch die Einstellungen selbst) mit dem `admin_init`-Hook zu registrieren. Ich halte das für den falschen Weg. Denn so wird der Code auf jeder Admin-Seite aufgerufen, was nicht nötig ist. Stattdessen sollten Sie immer überlegen, auf welchen Seiten der Code wirksam sein soll. Im Beispiel für dieses Kapitel sind das die Einstellungsseite selbst und die Seite *options.php*, also die Seite, die am Ende das Speichern der Inhalte übernimmt. Sie muss die Einstellungen kennen, ansonsten kann nichts abgespeichert werden. Wie Sie in Listing 6.25 sehen, wird die Methode `register_settings()` daher zweimal durch einen Hook aufgerufen:

```
<?php
class Settings {
    ...
    public function create_menu() {
        ...
        add_action(
            'load-' . $hook_suffix,
            [ $this, 'register_settings' ]
        );

        add_action(
            'load-options.php',
            [ $this, 'register_settings' ]
        );
    }
```

2 Eine Übersicht über alle Administrationsseiten in WordPress finden Sie hier: *https://wordpress.org/support/article/administration-screens/*

```
    public function register_settings() {
        add_settings_section(
            'fs-dw-settings-locality',
            '',
            '__return_empty_string',
            'settings_page_fs-dw-settings-locality'
        );
    }

}
```

Listing 6.25 Auszug aus der »Settings«-Klasse mit der »register_settings()«-Methode

Einstellungen registrieren

Als Nächstes muss die Einstellung selbst registriert werden. Das klappt mit `register_setting()`, wie Listing 6.26 zeigt:

```
<?php
function register_setting(
    string $option_group,
    string $option_name,
    array $args = [
        string $type = 'string',
        string $description = '',
        callable $sanitize_callback = null,
        bool|array $show_in_rest = false,
        mixed $default
    ]
): void {
    ...
}
```

Listing 6.26 Funktionsbeschreibung von »register_setting()«

Es gilt:

- `$option_group` ist eine Gruppenbezeichnung, zu der die Einstellung hinzugefügt werden soll. Wenn Sie Einstellungen zu den bereits vorhandenen WordPress-Einstellungsseiten hinzufügen wollen, so geben Sie `general`, `discussion`, `media`, `reading`, `writing` oder `options` an. Ansonsten geben Sie den Wert an, den Sie auch beim Aufruf von `settings_fields()` festgelegt haben (siehe Listing 6.22).
- `$option_name` ist der Name, mit dem der Wert in der Datenbank gespeichert werden soll.

- $args sind schließlich weitere Parameter:
  - $type kann folgende Werte annehmen: string, boolean, integer, number, array und object. Die Angabe ist nur dann wichtig, wenn $show_in_rest gesetzt wird. Denn die REST-API überprüft, ob die richtigen Werte übergeben wurden (siehe dazu Abschnitt 15.5.3, »Endpunkt-Parameter«).
  - $description ist die Beschreibung der Einstellung. Sie ist ebenfalls nur in der Anzeige der REST-API interessant.
  - $sanitize_callback ist eine Funktion, die die Eingabe säubert (siehe dazu auch die Informationen in Kapitel 7, »Performance und Sicherheit«).
  - $show_in_rest legt fest, ob die Einstellung auch in der REST-API angezeigt werden soll. Das ist beispielsweise dann sinnvoll, wenn Sie die Einstellung außerhalb von WordPress ansteuern möchten.
  - $default ist schließlich der Standardwert, wie er auch bei get_option() verwendet wird (siehe auch in Abschnitt 6.3.1 den Unterpunkt »Werte auslesen«).

In Listing 6.27 sehen Sie, dass die Methode register_settings() mit der Funktion register_setting() erweitert wurde:

```
public function register_settings() {
    register_setting(
        'fs_dw_settings',
        'fs_dw_locality',
        [
            'description'       => 'The locality for fetching '
                .'the weather. Go to yr.no to find the right place.',
            'sanitize_callback' => 'sanitize_text_field',
            'show_in_rest'      => false,
            'default'           => 'Germany/Bavaria/Munich'
        ]
    );
}
```

Listing 6.27 Die »register_settings()«-Methode der Settings-Klasse

Einstellungsfelder mit Einstellungsbereichen verbinden

Sie haben also einen Einstellungsbereich (*Section*) erstellt und eine Einstellung registriert. Jetzt müssen beide miteinander verknüpft werden. Denn WordPress weiß noch nicht, dass sie zusammengehören. Das klappt mit der Funktion add_settings_field(), die in Listing 6.28 dargestellt ist. Darüber hinaus ist die Funktion dafür zuständig, alle Parameter entgegenzunehmen, die dann zur Darstellung nötig sind.

```
<?php
function add_settings_field(
    string $id,
    string $title,
    callable $callback,
    string $page,
    string $section = 'default',
    array $args = [
        string $label_for,
        string $class
    ]
): void {
    ...
}
```

Listing 6.28 Funktionsbeschreibung von add_settings_field().

Hier gilt:

- `$id` ist eine eindeutige ID des Feldes.
- Der Text in `$title` wird innerhalb von `<label></label>` ausgegeben. Der Titel beschreibt das Feld mit einem Wort.
- `$callback` ist die Funktion, die das HTML-Feld generiert.
- `$page` ist auch hier wieder etwas irreführend. Die Funktion erwartet entweder die Angabe einer WP-Einstellungsseite (`general`, `discussion`, `media`, `reading`, `writing` oder `options`) oder aber den gleichen Wert, der bei `do_settings_sections()` als `$page`-Parameter angegeben wurde (siehe dazu auch Listing 6.23).
- `$section` ist der Wert, der beim Aufruf von `add_settings_section()` als `$id`-Parameter angegeben wurde.

`$args` ist schließlich ein Array mit Werten, die an die unter `$callback` angegebene Funktion übergeben werden. Vordefiniert wurden `label_for` und `class` (für eigene CSS-Klassen). Aber auch eigene Werte sind möglich, wie Sie in Listing 6.28 sehen können:

```
<?php
class Settings {

    public function register_settings() {
        add_settings_section(
            'fs-dw-settings-locality',
            '',
            '__return_empty_string',
```

```
            'settings_page_fs-dw-settings-locality'
        );

        register_setting(
            'fs_df_settings',
            'fs_dw_locality',
            [
                'sanitize_callback' => 'sanitize_text_field',
                'show_in_rest'      => false,
                'default'           => 'Germany/Bavaria/Munich'
            ]
        );

        add_settings_field(
            'fs_dw_locality',
            'Locality',
            [ $this, 'render_input' ],
            'settings_page_fs-dw-settings-locality',
            'fs-dw-settings-locality',
            [
                'option_name' => 'fs_dw_locality',
                'label_for'   => 'fs_dw_locality',
                'default'     => 'Germany/Bavaria/Munich',
            ]
        );

    }

    public function render_input( $args ) {
        $args = wp_parse_args( $args, [
            'option_name' => '',
            'default'     => '',
            'label_for'   => '',
            'type'        => 'text',
            'class'       => '',
        ] );
        extract( $args );

        $value = get_option( $option_name, $default );

        printf(
            '<input type="%s" value="%s" name="%s" id="%s" class="%s" />',
            $type,
```

```
            $value,
            $option_name,
            $label_for,
            $class
        );
    }
}
```

Listing 6.29 Auszug aus der »Settings«-Klasse mit »register_settings()«- und »render_input()«-Methode

Damit wäre unsere Einstellungsseite fertig. Im kompletten Beispiel habe ich die restlichen Methoden noch ergänzt. Die Seite im Backend unter EINSTELLUNGEN • DASHBOARD WEATHER sieht dann so aus wie in Abbildung 6.6.

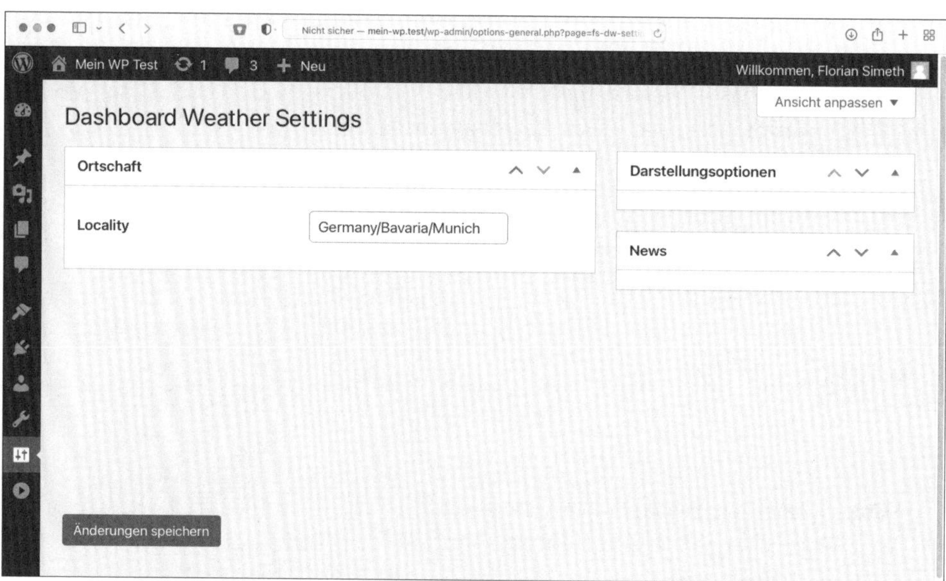

Abbildung 6.6 Die Einstellungsseite des Plugins

Argumente vorhanden oder nicht?

In der Methode `render_input()` von Listing 6.29 sehen Sie, dass die Funktion `wp_parse_args( array $args, array $defaults = [] ): array` zum Einsatz kam. Falls Sie recht neu in WordPress sind, kennen Sie diese Funktion möglicherweise nicht. Deshalb möchte ich sie hier kurz beschreiben, denn sie kann im Entwickleralltag sehr hilfreich sein.

Die Funktion hat zwei Eingangsparameter: `$args` und `$defaults`. Der erste Parameter ist ein Array mit Werten, die Sie beispielsweise aus der Datenbank gelesen haben.

Im zweiten Parameter werden die Standardwerte übergeben. Nach der Ausführung der Funktion wird ein neues Array mit allen Werten von `$defaults` zurückgegeben, sofern sie nicht bereits in `$args` vorhanden waren. Somit können Sie sichergehen, dass immer alle Parameter in einem Array verfügbar sind, die Sie sich wünschen. WordPress nutzt diese Funktionen sehr häufig im eigenen Quellcode.

Einstellungsfelder löschen

Zum Schluss sei noch die Funktion `unregister_setting( string $option_group, string $option_name ): void` erwähnt. Sie dient dazu, entsprechende Felder aus Einstellungsbereichen zu entfernen. Die Parameter sind hier die gleichen wie bei Listing 6.26.

6.3.3 Fehlermeldungen ausgeben

Falls ein Benutzer eine falsche Eingabe getätigt hat, so sollte er darauf hingewiesen werden. Auch dazu hat WordPress eine Lösung, nämlich die Funktionen `settings_errors()`, `get_settings_errors()` und `add_settings_error()`, die ich im Folgenden vorstellen will. Ein funktionierendes Beispiel finden Sie in Kapitel 7, und zwar in Abschnitt 7.2.2, »Temporären Speicher von WordPress nutzen: die Transient-API«.

Fehlermeldungen erzeugen

Fehlermeldungen erzeugen Sie mit `add_settings_error()`. Die Funktion ist in Listing 6.30 dargestellt:

```
<?php
function add_settings_error(
    string $setting,
    string $code,
    string $message,
    string $type = 'error'
): void {
    ...
}
```

Listing 6.30 Funktionsbeschreibung von »add_settings_error()«

Für die Parameter gilt:

- `$setting`: Der Slug-Titel der Einstellung, auf die sich dieser Fehler bezieht.
- `$code`: Der Slug-Name zur Identifizierung des Fehlers.
- `$message`: Der formatierte Nachrichtentext, der dem Benutzer angezeigt werden soll. (Er wird innerhalb von gestylten `<div>`- und `<p>`-Tags angezeigt.)

- `$type`: Der Nachrichtentyp zur Steuerung der CSS-Klasse. Mögliche Werte sind: `error`, `warning`, `info` oder `success` (siehe dazu Abschnitt 6.2.3).

Einen Rückgabewert hat die Funktion nicht, da die Fehlermeldung nur in eine globale Variable geschrieben wird, um sie später mit `settings_errors()` (siehe Listing 6.31) auszugeben.

Fehlermeldungen ausgeben

Die Funktion `settings_errors()` wird ohne Parameter automatisch aufgerufen, nachdem eine auf der Settings-API basierende Einstellungsseite abgesendet wurde.

```
<?php
function settings_errors(
    string $setting = '',
    bool $sanitize = false,
    bool $hide_on_update = false
): void {
    ...
}
```

Listing 6.31 Funktionsbeschreibung von »settings_errors()«

Wird sie auf eigenen Einstellungsseiten (ohne Settings-API) genutzt, so lassen sich durch die Angaben diverser Parameter weitere Einsatzmöglichkeiten schaffen:

- `$setting`: Möchten Sie nur Fehler für eine bestimmte Einstellung ausgeben, so geben Sie deren ID hier an.
- `$sanitize` gibt an, ob der Einstellungswert vor der Rückgabe von Fehlern neutralisiert werden soll, also ob die Sanitize-Callback-Funktion erneut aufgerufen werden soll.
- Der Parameter `$hide_on_update` bewirkt, dass Fehler nur dann angezeigt werden, wenn die Einstellungsseite zum ersten Mal geladen wird. Wenn der Anwender bereits neue Werte gespeichert hat, werden diese ausgeblendet, um zu vermeiden, dass Meldungen wiederholt werden, die bereits in der Standardfehlermeldung nach dem Absenden angezeigt werden.

Ein Rückgabewert existiert nicht, denn die Funktion gibt die Fehler direkt auf dem Bildschirm aus. Dabei entsteht der HTML-Code aus Listing 6.11.

Die Funktion `get_settings_errors()` (siehe Listing 6.32) funktioniert ähnlich. Der Unterschied ist, dass die Fehler nicht ausgegeben, sondern als Array zurückgegeben werden. Eine einzelne Fehlermeldung besteht aus vier Teilen, wie Listing 6.33 zu entnehmen ist.

```
<?php
 function get_settings_errors(
    string $setting = '',
    bool $sanitize = false
): array {
    ...
}
```

Listing 6.32 Funktionsbeschreibung von »get_settings_errors()«

```
array (size=1)
  0 =>
    array (size=4)
      'setting' => string 'fs_dw_locality_lat'
      'code' => string 'fs_dw_locality_lat-shortened'
      'message' => string 'Attention: The field fs_dw_locality_
lat has been shortened.'
      'type' => string 'error'
```

Listing 6.33 Ein Dump von »get_settings_errors()«

6.4 Dashboard-Widgets erstellen

Nachdem Sie nun einen Haupt- oder Untermenüpunkt im Admin-Menü von WordPress erstellt, Metaboxen integriert und Einstellungsfelder generiert haben, geht es noch darum, das Beispiel-Plugin aus dem Kapitel als Dashboard-Widget zu registrieren.

6.4.1 Registrieren eines Dashboard-Widgets

Die die dafür nötige Funktion lautet `wp_add_dashboard_widget()`; sie ist in Listing 6.34 beschrieben. Sie sollte innerhalb des `wp_dashboard_setup`-Action-Hooks ausgeführt werden.

```
<?php
function wp_add_dashboard_widget(
    string $widget_id,
    string $widget_name,
    callable $callback,
    callable $control_callback = null,
    array|null $callback_args = null,
    string $context = 'normal',
    string $priority = 'core'
```

```
): void {
    ...
}
```

Listing 6.34 Funktionsbeschreibung von »wp_add_dashboard_widget()«

Für einen etwaigen Funktionsaufruf gilt Folgendes:

- `$widget_id` ist eine eindeutige ID für das Widget.
- `$widget_name` ist der Titel, der in der dazugehörigen Metabox angezeigt wird.
- `$callback` ist eine Funktion, die den Inhalt der Metabox ausgibt.
- `$control_callback` ist eine Funktion, die ein Formular für das Widget ausgibt, wenn es konfiguriert wird. Dazu müssen Sie die Maus über das Widget führen und dann auf KONFIGURIEREN klicken. Zum besseren Verständnis lesen Sie Abschnitt 6.4.2.
- `$callback_args` ist ein Array mit Werten, die an die in `$callback` hinterlegte Funktion durchgereicht werden sollen.
- `$context` ist der Kontext innerhalb des Bildschirms, in dem die Metabox angezeigt werden soll. Neben `normal` sind folgende Werte erlaubt: `side`, `column3` oder `column4`.
- Die Priorität (`$priority`) innerhalb des Kontextes. Möglich sind: `high`, `core`, `default` oder `low`.

Nehmen wir das Kapitelbeispiel, und ergänzen wir in der Hauptdatei *dashboard-weather.php* die Zeilen so, wie es in Listing 6.35 zu sehen ist. In Listing 6.35 entsteht eine neue Klasse (Datei */includes/dashboard-widget.php*). In diese fügt die Methode `render_widget_content()` lediglich einen iFrame mit den Wetterdaten des Wetterdienstes des norwegischen meteorologischen Instituts und der NRK[3] ein. Dies ist optisch nicht sehr schön, soll aber für diesen Moment genügen. Sie werden in Kapitel 19, »Zeitgesteuerte Aufgaben (Cronjobs)«, lernen, wie Sie deren API nutzen, um das Wetter ohne iFrame abzurufen.

```
<?php
add_action(
    'wp_dashboard_setup',
    'floriansimeth\dashboard_weather\register_dashboard_widgets'
);

function register_dashboard_widgets() {
```

3 NRK steht für *Norsk rikskringkasting*, zu deutsch: Norwegischer Rundfunk.

```
    require_once __DIR__ . '/includes/dashboard-widget.php';
    new Dashboard_Widget();
}
```

Listing 6.35 Ergänzungen in der »dashboard-weather.php«-Datei

```
<?php

namespace floriansimeth\dashboard_weather;

class Dashboard_Widget {

    public function __construct() {
        $this->register_widgets();
        do_action( 'fs/dashboard_weather/dashboard-widget/init', $this );
    }

    public function register_widgets() {
        wp_add_dashboard_widget(
            'fs-dw',
            'Current Weather',
            [ $this, 'render_widget_content' ],
            null,
            null,
            'side'
        );
    }

    public function render_widget_content( $object, $box_data ) {
        $locality = get_option( 'fs_dw_locality', 'Germany/Bavaria/Munich' );

        if ( empty( $locality ) ) {
            printf( '<p>%s</p>', 'No location was defined.' );

            return;
        }

        printf(
            '<iframe src="https://www.yr.no/sted/%s/ekstern_boks_
liten.html" scrolling="no" width="425" height="350">',
            $locality
        );
```

```
    }
}
```

Listing 6.36 Die Klasse »Dashboard_Widget«

Abbildung 6.7 zeigt, wie das Widget im Dashboard schließlich aussieht.

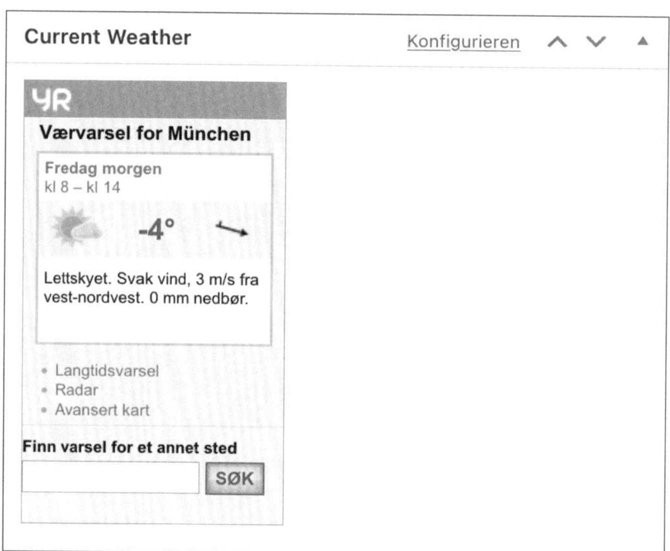

Abbildung 6.7 Dashboard-Widget mit den Wetterdaten

6.4.2 Konfigurieren eines Dashboard-Widgets

Mit dem Parameter `$control_callback` (siehe Listing 6.34) lässt sich eine Funktion hinterlegen, die ein Formular und die Logik zum Speichern einer etwaigen Konfiguration beinhaltet. Abbildung 6.7 zeigt den Link KONFIGURIEREN neben der Überschrift. Dieser Link erscheint nur, wenn Sie die Maus über den Überschriftenbereich schieben. Ein Klick darauf öffnet das Widget zum Bearbeiten, und die in `$control_callback` hinterlegte Funktion wird ausgeführt. In Listing 6.37 sehen Sie, wie eine solche Funktion aussehen könnte: Mit `get_option()` wird zuerst der gespeicherte Wert aus der Einstellungsseite abgerufen und dann in ein `<input>`-Feld geladen. Beim Konfigurieren des Widgets wird es mit einem `<form>`-Element umgeben, weswegen keine weiteren Angaben erforderlich sind. Nach dem Absenden des Formulars wird die Callback-Funktion noch einmal aufgerufen, weswegen die `if`-Anweisung nötig ist. Der Code darin kümmert sich um das Speichern des neuen Wertes.

```
<?php
public function render_widget_controls( $empty, $args ) {
    $locality = get_option( 'fs_dw_locality', 'Germany/Bavaria/Munich' );
```

```
    if ( isset( $_POST['widget_id'] )
         && $_POST['widget_id'] === $args['id'] ) {
        update_option(
            'fs_dw_locality',
            sanitize_text_field( $_POST['locality'] )
        );
    }

    printf(
        '<input type="text" placeholder="Locality"
            name="locality" value="%s"/>',
        $locality
    );
}
```

Listing 6.37 Der Ausschnitt aus der »Dashboard_Widget«-Klasse zeigt die »render_widget_controls()«-Methode.

Wir sind schon sehr weit gekommen. In diesem Kapitel haben Sie nicht nur gelernt, wie Sie Einstellungsseiten aufbauen, sondern auch, wie sich deren Einstellungen speichern lassen. Darüber hinaus haben wir ein Dashboard-Widget erstellt. Damit haben Sie ein großartiges Toolkit für Ihr erstes eigenes Plugin oder Theme an der Hand. Was aber, wenn Sie CSS- und JavaScript-Dateien einbinden wollen? Das bringe ich Ihnen gerne im übernächsten Kapitel bei. Zuerst möchte ich Ihnen noch zeigen, was Sicherheit im Rahmen von WordPress bedeutet. Gleichzeitig machen wir einen Ausflug zum Thema Performance.

Kapitel 7
Performance und Sicherheit

Kommen wir noch einmal auf die Kaffeemaschine aus den Anleser zu Kapitel 6 zurück. Wenn Sie sie bedienen wollen, gibt es dort unter Umständen einen Drehknopf, mit dem Sie die Kaffeemenge einstellen können. Dieser ist mechanisch begrenzt. Die Kaffeemenge kann also nicht bis ins Unendliche »hochgedreht« werden. Bei Softwareprojekten gibt es solche Begrenzungen nicht. Deswegen müssen Sie in Ihren Projekten sicherstellen, dass niemand etwas Falsches eingibt. Unter anderem genau darum geht es in diesem Kapitel.

Softwareprojekte müssen gegenüber unliebsamen Benutzereingaben gesichert werden, damit kein Schaden entsteht. Aus diesem Grund werden wir im ersten Teil des Kapitels das große Thema Sicherheit näher beleuchten und uns ansehen, was Sicherheit für Ihr WordPress-Projekt genau bedeutet. Im zweiten Teil geht es dann darum, wie Daten validiert und gesäubert werden, sodass keine unliebsamen Überraschungen entstehen. Zum Schluss bewegen wir uns weg von der Sicherheit hin zu mehr Performance. Insbesondere die verschiedenen Caching-Mechanismen werden dort vorgestellt.

7.1 WordPress-Projekte absichern

Was heißt »absichern«? Damit meine ich nicht, dass Ihre Website gegen alle möglichen Attacken geschützt ist. Vielmehr geht es um *Ihr* Projekt, also um das Plugin, den Block oder das Theme und darum, dass es geschützt ist gegen Angriffe von außen, die dazu führen könnten, dass ein Hacker Inhalte stiehlt, Daten verändert oder gar die komplette Installation übernimmt.

7.1.1 Was bedeutet Sicherheit?

Die Frage in der Überschrift ist berechtigt, aber auch sehr schwierig zu beantworten. Im Zweifel müssen sich Gerichte damit auseinandersetzen. Zwar leidet die Sicherheit immer auch, wenn jemand unvertretbaren Risiken ausgesetzt ist. Die Frage, speziell im Online-Bereich ist, wann der Zustand der Risikofreiheit oder des Nicht-bedroht-Seins eintrifft oder eingetroffen ist. Was ist also zum Beispiel, wenn ein Dritter unrechtmäßig Zugang zu einer WordPress-Seite erhält und dann alle Benutzerdaten auslesen kann? Ist der betroffene Benutzer dann einem Risiko ausgesetzt? Das hängt mit großer Wahrscheinlichkeit auch damit zusammen, was ein potenzieller Angreifer mit den neu gewonnenen Daten anstellt. Vielleicht erhält man durch einen solchen *Security-Breach* vermehrt Spam-Mails. Was ist, wenn jemand auf eine Spam-Mail hereinfällt und dadurch Geld verliert? Hier führt also das eine zum anderen. Und wie Sie sehen, ist das Thema Sicherheit eine sehr komplexe Angelegenheit.

Der Halbjahresbericht 2021 zur WordPress-Sicherheit, der zusammen von *WPScan* und *Wordfence* herausgegeben wurde, zeigt, dass Plugins und Themes oft die Schwachstelle von WordPress sind. So wurden zwischen Januar und Juni 2021 602 Sicherheitslücken (engl. *vulnerabilities*) aufgezeichnet. Allerdings stammen nur drei davon vom WordPress-Kern selbst.[1] Abbildung 7.1 zeigt eine Gegenüberstellung.

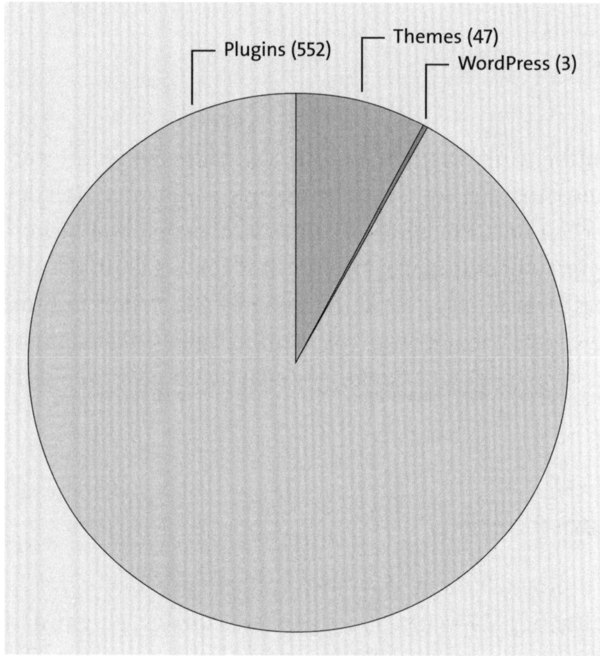

Abbildung 7.1 Anzahl an Sicherheitslücken im ersten Halbjahr 2021

Ein weiteres Dokument von *Wordfence* versucht zu erklären, warum speziell Themes und Plugins betroffen sind. Die Autorin schreibt (aus dem Englischen frei übersetzt):

> *»Jeder Entwickler kann ein Plugin oder Theme im WordPress-Repository veröffentlichen und jeder Benutzer kann diese auf der eigenen WordPress-Website*

1 Vgl. Dewhurst, Ryan; Chamberland, Chloe: 2021 Mid-Year WordPress Security Report, in: WPScan, 2021, *https://wpscan.com/2021-Mid-Year-WordPress-Security-Report.pdf* (abgerufen am 21.01.2022), S. 5

installieren. Diese Vielfältigkeit ist ein Teil dessen, was WordPress so attraktiv und einfach zu verwenden macht. Allerdings erhöht dieselbe Diversität auch die Wahrscheinlichkeit, dass Schwachstellen in WordPress-Websites eingeführt werden.«[2]

WordPress-Benutzer haben oft keine andere Wahl, als darauf zu vertrauen, dass die Entwickler von Plugins und Themes gängige Sicherheitspraktiken in ihre Anwendungen integrieren. Aber natürlich sind auch Entwickler Menschen mit Schwächen. Eine einhundertprozentige Sicherheit gibt es nie. Weder bei Softwareprojekten noch bei anderen Dingen im Leben. Wir können nur versuchen, Fehler so gut es geht zu vermeiden. Und dazu sollen die Abschnitte in diesem Kapitel beitragen. Denn die WordPress-Community hat sich Gedanken darüber gemacht, wie Entwickler und Entwicklerinnen ihre Projekte sicher gestalten können.

XSS, *CSRF* und *XSA*: Was sich wie kryptische Kürzel anhört, steht in Wahrheit für jeweils ein Angriffsszenario. Sicherlich haben viele Entwickler einige der Begriffe schon einmal gehört. Da es sehr viele davon gibt und nicht jeder Entwickler auch gleich ein Sicherheitsexperte ist, möchte ich im Folgenden die gängigsten Sicherheitsrisiken darstellen.

7.1.2 Benutzerrechte überprüfen

Die häufigste Problematik ist, dass vor einer Operation nicht überprüft wird, ob ein Benutzer bestimmte Rechte besitzt. Den meisten nachfolgend genannten kritischen Sicherheitslücken geht meist eine fehlende Benutzerrechteprüfung voraus – beispielsweise ein ungewollter Dateiupload, der genutzt werden kann, um externe Daten und Dateien nachzuladen. Das bedeutet, dass oft nicht eine einzige Sicherheitslücke das Problem ist, sondern eine Kaskade davon.

Was ist das Sicherheitsproblem?

Die Website CWE (*Common Weakness Enumeration*)[3] unterhält eine von der Community des MITRE[4] gepflegte Liste von Soft- und Hardwareschwächen. Dort lässt sich für jedes mögliche Sicherheitsproblem nachlesen, wie es definiert ist. Bei einem fehlenden Check zu den nötigen Benutzerrechten spricht die CWE von *Missing Authorization*. Konkret steht auf der Website geschrieben (ebenfalls frei übersetzt):

2 Vgl. Chamberland, Chloe: Common WordPress Vulnerabilities and Prevention Through Secure Coding Best Practices, in: Wordfence, 2021, *https://www.wordfence.com/wp-content/uploads/2021/07/Common-WordPress-Vulnerabilities-and-Prevention-Through-Secure-Coding-Best-Practices.pdf* (abgerufen am 21.01.2022), S. 4

3 Zu finden unter: *https://cwe.mitre.org/index.html*

4 Die MITRE ist eine amerikanische gemeinnützige Organisation, die staatlich geförderte Forschungs- und Entwicklungszentren verwaltet. Website: *https://www.mitre.org*

»Die Software führt keine Berechtigungsprüfung durch, wenn ein Akteur versucht, auf eine Ressource zuzugreifen oder eine Aktion durchzuführen.«[5]

Wie wird die Schwachstelle aufgespürt?

Wenn wir von *Aktionen* sprechen, sind im WordPress-Umfeld Action- (aber auch Filter-)Hooks gemeint. Sie sind die zentrale Anlaufstelle für solche Schwachstellen und immer gleich aufgebaut, wie Listing 7.1 zeigt. Links steht der Name des Hooks, rechts die Funktion oder Methode, die aufgerufen wird, um einen Action- oder Filter-Hook auszuführen. Es ist oft nicht zu erkennen, ob WordPress schon einen Rechte-Check vorgenommen hat, wenn eine eigene Funktion in die genannten Hooks eingeschleust wird. Dementsprechend ist immer davon auszugehen, dass *kein* solcher Check vorgenommen wurde. Und in der Tat trifft das bei den meisten Hooks zu.

```
<?php
add_action( 'init', 'name_der_funktion');
add_filter( 'pre_update_option', 'name_der_funktion');
```

Listing 7.1 Action- und Filter-Hooks

Darüber hinaus ist es möglich, dass ein Backend-Hook getriggert wird, ohne dass ein Benutzer angemeldet ist, wie das Beispiel aus Listing 7.2 zeigt.[6] Das *WP Database Reset*-Plugin ermöglicht es dem Benutzer, alle Datenbank-Tabellen auf den Stand einer neuen WordPress-Installation zurückzusetzen. Der `admin_init`-Hook suggeriert, dass die `reset()`-Funktion nur im Backend aufgerufen wird – möglicherweise, wenn ein Benutzer angemeldet ist. Das ist leider nicht der Fall: Ohne die Benutzerprüfung konnte (bevor diese Sicherheitslücke entdeckt wurde) ein Datenbank-Reset von *jedem* unangemeldeten Benutzer getriggert werden.

```
<?php
public function run() {
    add_action( 'admin_init', array( $this, 'reset' ) );
}

public function reset( array $tables ) {
    if ( in_array( 'users', $tables ) ) {
        $this->reset_users = true;
    }

    $this->validate_selected( $tables );
```

5 Vgl. MITRE: CWE-862: Missing Authorization, in: MITRE, 2011, *https://cwe.mitre.org/data/definitions/862.html* (abgerufen am 22.01.2022)

6 Chamberland, 2021, S. 6f., hat herausgefunden, dass Angriffe auf Hooks im Zusammenhang mit Ajax die große Mehrheit der Schwachstellen ausmachten.

```
    $this->set_backup();
    $this->reinstall();
    $this->restore_backup();
}
```

Listing 7.2 Auszug aus dem Quellcode des »WP Database Reset«-Plugins[7]

Wie wird die Schwachstelle vermieden?

Hier hilft die Funktion `current_user_can()`, die in Listing 7.3 dargestellt ist. Gibt sie `false` zurück, darf ein Benutzer eine entsprechende Handlung nicht ausführen.


```
<?php
function current_user_can(
    string $capability,
    mixed ...$args
): bool {
    ...
}
```

Listing 7.3 Funktionsbeschreibung von »current_user_can()«

Als ersten Parameter erwartet die Funktion den sogenannten *Capability*-Namen, zu Deutsch etwa *Fähigkeits-* oder *Befugnisbezeichnung*. Danach können weitere Argumente übergeben werden. Oft ist dies eine Objekt-ID (also zum Beispiel eine Post-ID), um zu prüfen, ob ein Autor Zugriff auf den entsprechenden Beitrag hat.

Da in WordPress Anwendern verschiedene Rollen zugeordnet werden können und die Arbeit mit Rollen oft verständlicher ist, möchte ich auf Abschnitt 16.2, »Rollenverteilung: Rollen und Benutzer-Befugnisse (Capabilities)«, speziell aber auf Tabelle 16.4 verweisen. Dort ist ersichtlich, welche Fähigkeiten ein Benutzer mit einer bestimmten Rolle hat und welche nicht.

Listing 7.4 zeigt, wie die Lücke des *WP Database Reset*-Plugins geschlossen wurde. Nämlich durch die oben erwähnte Funktion `current_user_can()` und zusätzlich durch `wp_verify_nonce()`, die Sie in Abschnitt 7.1.3 noch kennenlernen werden. Ohne die entsprechenden Rechte ist eine Ausführung nun nicht mehr möglich.

```
<?php
public function reset( array $tables ) {
    if ( wp_verify_nonce(
            @$_REQUEST['submit_reset_form'],
            'reset_nounce' )
```

7 Vgl. Chamberland, Chloe: Easily Exploitable Vulnerabilities Patched in WP Database Reset Plugin, 2020, *https://www.wordfence.com/blog/2020/01/easily-exploitable-vulnerabilities-patched-in-wp-database-reset-plugin/* (abgerufen am 15.03.2022)

```
        && current_user_can( 'administrator' ) ) {

        if ( in_array( 'users', $tables ) ) {
            $this->reset_users = true;
        }

        $this->validate_selected( $tables );
        $this->set_backup();
        $this->reinstall();
        $this->restore_backup();
    }
}
```

Listing 7.4 So wurde die Lücke geschlossen.

Integrierte Rechte-Checks

Es ist aber möglich, dass WordPress schon im Vorfeld auf bestimmte Rechte prüft. In Abschnitt 6.1.1 und Abschnitt 6.1.2 haben Sie gesehen, dass die dort vorgestellten Funktionen ebenfalls einen Parameter `$capability` besitzen. Den Parameter nutzt WordPress für den Zugriff auf die Seite, die angezeigt werden soll, oder auf die Funktion, die ausgeführt werden soll. Liegt das entsprechende Recht nicht vor, so wird die Anzeige und Ausführung blockiert.

Als weiteres Beispiel sei die REST-API genannt. Bei der Registrierung eines neuen Endpunkts muss seit WordPress 5.5 auch eine Capability-Callback-Funktion angegeben werden. Ansonsten erhalten Sie eine PHP-Warnmeldung. Eine solche Meldung wird jedoch nicht immer ausgegeben. Es obliegt Ihnen, zu prüfen, ob WordPress die erforderlichen Prüfungen durchführt. Ist das nicht der Fall, sollten Sie sicherheitshalber eigene Testroutinen einbauen.

7.1.3 Cross-Site Request Forgery Protection (CSRF)

Manche Attacken glücken nur dann, wenn ein Anwender angemeldet ist. Erreicht ein Angreifer jedoch das Ziel, einen am System angemeldeten Benutzer dazu zu bringen, einen Link anzuklicken, so nimmt der *CSRF-* (oder *XSRF-*)Angriff seinen Lauf.

Der Klick auf den Link gaukelt dem System vor, dass die Anfrage von einem legitimen Gerät kommt. Der Link ist aber möglicherweise durch einen Angreifer manipuliert worden. Die deutsche Übersetzung von CSRF passt dazu ganz gut: *website-übergreifende Anfragenfälschung*.

Was ist das Sicherheitsproblem?

Auch hier besteht das große Problem, dass es zum einen keine richtige Prüfung auf ein Benutzerrecht gibt. Und dass zum anderen nicht geprüft wird, ob es überhaupt möglich ist, dass ein Benutzer zu einem bestimmten Zeitpunkt eine gewisse Abfrage an den Webserver (oder WordPress) senden darf. Die CWE beschreibt das Problem etwas konkreter:

> *»Die Webanwendung prüft nicht oder kann nicht ausreichend prüfen, ob eine ordnungsgemäß geformte, gültige und konsistente Anfrage absichtlich von dem Benutzer gesendet wurde, der die Anfrage gestellt hat.«*[8]

WordPress hat auf der eigenen Website[9] ein sehr gutes Beispiel dazu: Wenn ein Dritter den Code wie in Listing 7.5 auf einer Website einbindet, die Sie häufig besuchen, und Sie zufällig auf Ihrer WordPress-Installation angemeldet sind, wird (ungewollt) ein Löschvorgang ausgeführt, falls ein Beitrag mit der entsprechenden ID existiert. Für Sie ist nicht feststellbar, dass der Vorgang stattgefunden hat. Abbildung 7.2 zeigt überspitzt, dass das eingebundene Bild nicht geladen werden kann, weil es sich auch nicht um ein Bild handelt. Benutzer sind es mitunter sogar gewohnt, dass manche Bilder auf Websites nicht geladen werden, und denken sich nichts weiter dabei.

```
<img src="https://mein-wp.test/wp-admin/post.php?post=123&action=trash" />
```

Listing 7.5 Ein möglicher CSRF-Angriff

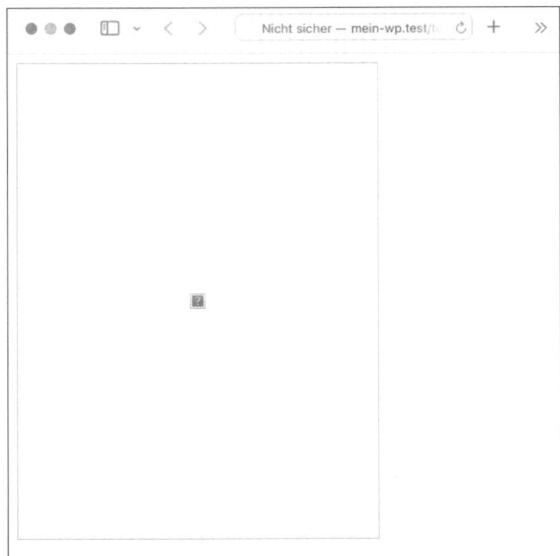

Abbildung 7.2 Das Bild wird nicht geladen, weil es gar kein Bild ist.

8 Vgl. MITRE: CWE-352: Cross-Site Request Forgery (CSRF), in: MITRE, 2006, *https://cwe.mitre.org/data/definitions/352.html* (abgerufen am 22.01.2022)

9 Siehe *https://codex.wordpress.org/WordPress_Nonces#Why_use_a_nonce.3F*

Wie wird die Schwachstelle aufgespürt?

Da die Angriffe aussehen, als kämen sie von ordentlich angemeldeten Anwendern, ist es schwierig, solche Schwachstellen mit sogenannten WAFs (*Web Application Firewalls*) aufzuspüren. So muss auch hier im Code nach entsprechenden Stellen gesucht oder beim Entwickeln schon darauf geachtet werden, dass alle Aktionen, die von Benutzern ausgeführt werden, durch Nonces geschützt sind.

Der Begriff *Nonce* wird in der WordPress-Welt als *number used once* definiert. Per Definition ist eine Nonce also eine Zahlenfolge, die nicht mehr als einmal gültig ist. In den Nonces, die WordPress erstellt, kommen jedoch auch Buchstaben vor, und sie sind länger als nur einmal gültig. Deswegen passt die Übersetzung von *for the nonce* besser. Der Term wird übersetzt mit *für den Übergang* oder *übergangsweise*. Eine Nonce ist also ein Hash-Wert, der für einen Benutzer und eine Aktion einzigartig ist. Und zwar nur so lange, bis er abläuft. Dadurch, dass die Nonces länger gültig sind, bieten sie zwar Schutz vor herkömmlichen CSRF-, jedoch nicht vor *Replay-Angriffen*. Das heißt: Abgefangene HTTP-Anfragen können innerhalb der Ablaufzeit nachgebildet und erneut übermittelt werden.

Beim Aufspüren möglicher Sicherheitslücken muss jede PHP-Funktion oder -Methode, die eine Benutzeraktion durchführt, genau analysiert werden. Also zum Beispiel das Löschen eines Beitrags. Wenn Sie in der PHP-Funktion nicht eine der in Listing 7.6 genannten Funktionen finden, ist die Wahrscheinlichkeit hoch, dass Sie nicht gegen einen CSRF-Angriff geschützt sind.

```
<?php
function wp_verify_nonce(
    string $nonce,
    string|int $action = -1
): int|bool {}

function check_ajax_referer(
    int|string $action = -1,
    false|string $query_arg = false,
    bool $die = true
): int|bool {}

function check_admin_referer(
    int|string $action = -1,
    string $query_arg = '_wpnonce'
): int|bool {}
```

Listing 7.6 Funktionen zur Überprüfung der Gültigkeit von Nonces

Sie werden gleich noch lernen, wie sich Nonces erstellen lassen. Im Moment reicht es zu wissen, dass der erstellte Nonce-Wert vorliegen muss, bevor eine entsprechende Benutzeraktion durchgeführt werden soll. Aus diesem Grund erwarten alle in Listing 7.6 genannten Funktionen den Namen der Aktion (Parameter `$action`) und die Nonce selbst.

`check_ajax_referer()` und `check_admin_referer()` haben jedoch keinen Parameter zur Entgegennahme des Nonce-Wertes (`$nonce`). Stattdessen ist mit `$query_arg` der Name der Variablen erforderlich, die dem aktuellen Skript mit der HTTP-POST- oder -GET-Methode übergeben wurde. Bei `check_ajax_referer()` ist zusätzlich noch die Angabe von `$die` möglich. Wird der Wert auf `true` gesetzt, so bricht die Funktion die weitere Skriptausführung sofort ab, sollte die Nonce nicht mehr gültig sein. Darüber hinaus wird der sogenannte *Referer* geprüft. Das ist die URL der Seite, von der die ursprüngliche Anfrage kam. Gehörte sie nicht zum Admin-Bereich (innerhalb des Verzeichnisses */wp-admin/*), liefern die Funktionen `false` zurück.

Zurückgegeben wird von allen Funktionen der boolesche Wert `false`, wenn die Nonce nicht mehr gültig ist oder sie mit der Aktion nicht übereinstimmt. Die Zahl `1` wird zurückgegeben, wenn die Nonce vor 12 Stunden oder weniger erstellt wurde. Die Zahl `2` bedeutet, dass die Nonce vor 24 Stunden oder früher erstellt wurde.

Im vorigen Abschnitt (siehe Listing 7.4) haben Sie gesehen, wie `wp_verify_nonce()` zum Einsatz kam, um das Plugin vor einem CSRF-Angriff zu schützen.

Wie wird die Schwachstelle vermieden?

Sie wissen nun, dass Nonces sich überprüfen lassen. WordPress stellt darüber hinaus Funktionen bereit, um Nonces zu erstellen. Den Anfang macht `wp_create_nonce()` in Listing 7.7. Dort sehen Sie noch weitere Funktionen, die Sie nutzen können.

```
<?php
function wp_create_nonce( string $action = -1 ): string {}

function wp_nonce_field(
    int|string $action = -1,
    string $name = '_wpnonce',
    bool $referer = true,
    bool $echo = true
): string {}

function wp_nonce_url(
    string $actionurl,
```

```
    string|int $action = -1,
    string $name = '_wpnonce'
): string {}
```

Listing 7.7 Funktionen zum Erstellen von Nonces

Der Parameter $action beschreibt immer die Aktion, die durchgeführt werden soll. Beispielsweise nutzt WordPress zum Löschen von Beiträgen den Namen delete-post_{$post_id} (siehe Listing 7.8). Zurückgegeben wird bei wp_create_nonce() die Nonce, also der Hash-Wert, der an die Seite übergeben werden muss, die den Löschvorgang letztlich durchführt.

wp_nonce_url() erlaubt es, dass einer bestehenden URL ($actionurl) ein Hash-Wert mitgegeben wird. Der $name-Parameter dient zur Definition des Namens. So wird aus der URL */wp-admin/post.php?post=123&action=trash* schließlich */wp-admin/post.php?post=123&action=trash&***_wpnonce= 2a3967de4b**.

Listing 7.8 zeigt den (für den Druck gekürzten) Ausschnitt des WordPress-Quellcodes, der den Löschlink erstellt:

```
<?php
$actions['delete'] = sprintf(
    '<a href="%s" class="submitdelete "%s aria-label="%s">%s</a>',
    wp_nonce_url(
        "post.php?action=delete&post=$post->ID",
        'delete-post_' . $post->ID
    ),
    $delete_ays,
    sprintf( __( 'Delete &#8220;%s&#8221; permanently' ), $att_title ),
    __( 'Delete Permanently' )
);
```

Listing 7.8 Gekürzte Fassung des Teils, der den Löschlink erstellt

wp_nonce_field() gibt ein verstecktes HTML-Input-Feld aus ($echo=true) oder gibt dessen HTML-Code zurück ($echo=false). Wird $referer auf true gesetzt, so wird zusätzlich ein weiteres verstecktes Input-Feld ausgegeben, das den Pfad zur aktuellen URL enthält. Die Funktion check_admin_referer() aus Listing 7.6 prüft zusätzlich, ob die Anfrage von einer zu WordPress gehörenden Admin-Seite stammt. Und dazu ist die Angabe des Referers zwingend erforderlich.

Gegenüber Angriffen, wie in Listing 7.5 dargestellt, sind Sie nun geschützt. Denn ein Angreifer müsste mit Ihrem Account Zugang zum Administrationsbereich von WordPress erlangen, um die nötige Nonce herauszufinden. Ist das der Fall, so macht ein solcher Angriff kaum mehr Sinn.

7.1.4 Datei-Uploads validieren

Eine Datei-Upload-Funktion gehört heute zu jeder Website. Sei es, weil Sie es den Besuchern erlauben wollen, Dateien an Sie zu übermitteln, oder einfach, damit diese ein eigenes Profilbild hochladen können. Nicht zu prüfen, ob die hochgeladenen Dateien valide sind, kann in einem großen Desaster enden. Im schlimmsten Fall öffnet das Tür und Tor zur sogenannten *Remote-Code-Execution* (RCE) oder *Arbitrary-Code-Execution* (ACE), also zur Ausführung von Code über ein Netzwerk. Das kann schließlich zum Kontrollverlust und zu einer vollständigen Übernahme der eigenen Website führen. Solche Angriffe sind in der WordPress-Welt zwar selten, jedoch sehr gefährlich.

Listing 7.9 zeigt einen Ausschnitt aus dem *Quiz and Survey Master*-Plugin (QSM). Dem Nutzer wird die Möglichkeit gegeben, während eines Rätsels Dateien hochzuladen (siehe Abbildung 7.3). Die Funktion wird durch den `wp_ajax_nopriv_`-Hook getriggert. Dieser Hook wird auch bei nicht angemeldeten Benutzern ausgelöst.

```
<?php
add_action(
    'wp_ajax_nopriv_qsm_upload_image_fd_question',
    array( $this, 'qsm_upload_image_fd_question' )
);

public function qsm_upload_image_fd_question() {
    ...

    if ( $file_upload_type ) {
        $file_type_exp = explode( ',', $file_upload_type );
        foreach ( $file_type_exp as $value ) {
            if ( $value == 'image' ) {
                $mimes[] = 'image/jpeg';
                $mimes[] = 'image/png';
                $mimes[] = 'image/x-icon';
                $mimes[] = 'image/gif';
            } else if ( $value == 'doc' ) {
                $mimes[] = 'application/msword';
                $mimes[] = 'application/vnd.openxmlformats-'
                    'officedocument.wordprocessingml.document';
            } else if ( $value == 'excel' ) {
                $mimes[] = 'application/excel, application/vnd.ms-excel';
                $mimes[] = 'application/vnd.openxmlformats-officedocument';
            } else {
                $mimes[] = $value;
            }
```

7

```
        }
    }
    $json = array();
    if ( in_array( $_FILES['file']['type'], $mimes ) ) {
        ...
    }
}
```

Listing 7.9 Ausschnitt aus dem Quellcodes des »Quiz and Survey Master«-Plugins[10]

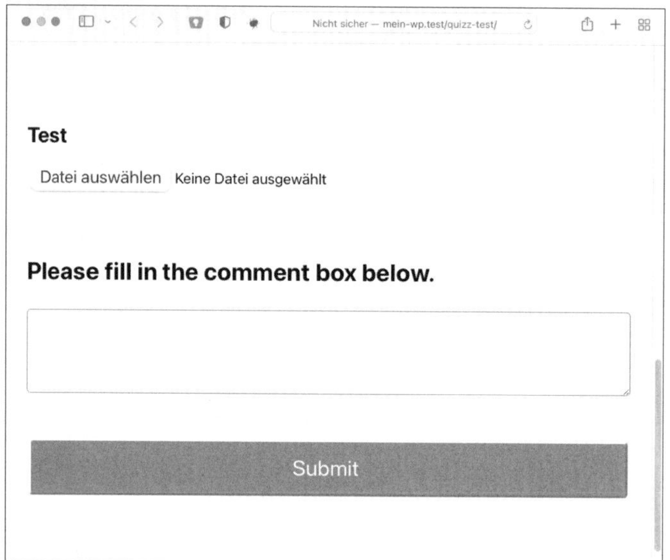

Abbildung 7.3 Formular zum Hochladen von Dateien

Was ist das Sicherheitsproblem?

WordPress ist nur mit PHP lauffähig. Das bedeutet auch, dass alle PHP-Dateien, die innerhalb von WordPress hochgeladen werden, ausführbar sind. Wenn ein Angreifer es also schafft, eine PHP-Datei hochzuladen und diese auszuführen, ist es möglich, das gesamte System zu übernehmen, da jeder beliebige Code ausgeführt werden kann. Werden auf dem Server weitere Sicherheitslücken gefunden, so können diese ausgenutzt werden, um sogar Zugriff auf das darunterliegende System (also das Betriebssystem) zu erlangen. Wenn sich auf dem Server mehrere Websites befinden, so sind diese möglicherweise ebenfalls betroffen. Eine einfache Hochladefunktion kann so also zum Super-GAU eines jeden Webhosters werden.

10 Vgl. Chamberland, Chloe: Critical Vulnerabilities Patched in Quiz and Survey Master Plugin, in: Wordfence, 2020, *https://www.wordfence.com/blog/2020/08/critical-vulnerabilities-patched-in-quiz-and-survey-master-plugin/* (abgerufen am 15.03.2022)

Im Beispiel aus Listing 7.9 wird dem Inhalt von `$_FILES['file']['type']` vertraut, ohne ihn korrekt zu überprüfen. Die Daten können jedoch leicht gefälscht werden. Die sogenannte *Unauthenticated Arbitrary File Upload*-Lücke hat sich aufgetan denn es ist nun jedem *unangemeldeten* Benutzer möglich, Dateien mit anderem Content-Type hochzuladen, wenn ein Rätsel entsprechend konfiguriert wird.

Wie wird die Schwachstelle aufgespürt?

Um diese Frage beantworten zu können, müssen Sie verstehen, wie eine solche Schwachstelle definiert ist. Die CWE beschreibt im Dokument *Uneingeschränkter Upload einer Datei mit gefährlichem Typ* das Szenario so:

> *»Die Software ermöglicht es dem Angreifer, gefährliche Dateien hochzuladen oder zu übertragen, die in der Softwareumgebung des Produkts automatisch verarbeitet werden können.«*[11]

Im Grunde gibt es eine sehr einfache Methode, um Code zu finden, der hochgeladene Dateien verarbeitet. Und zwar muss lediglich der Quellcode nach der superglobalen Variable `$_FILES` durchsucht werden. Dabei handelt es sich um ein assoziatives Array, das alle Informationen enthält, die benötigt werden, um eine hochgeladene Datei zu verarbeiten. Darüber hinaus existieren noch weitere PHP-Funktionen, die zwar nicht zum Hochladen, wohl aber zur Weiterverarbeitung hochgeladener Dateien dienen: `file_put_contents()`, `fopen()`, `fwrite()`, `fputs()` und `move_uploaded_file()`. Immer wenn Sie eine dieser Funktionen nutzen, sollten Sie im Hinterkopf haben, dass Dateien möglicherweise Schadcode enthalten könnten.

Wie wird die Schwachstelle vermieden?

Wenn möglich, sollten Sie die WordPress-Funktion `wp_handle_upload()` nutzen. Sie korrigiert Dateinamen, vergleicht die Dateiendung mit dem *MIME-Type* der Datei und verschiebt die hochgeladene Datei schließlich in das entsprechende Verzeichnis im Uploads-Ordner.

Was ist der MIME-Typ?

Der *Internet Media Type*, kurz *MIME-Typ*, besteht aus zwei Teilen: aus einer Angabe des Medientyps und aus einer Angabe des Subtyps. Beide werden mit einem Schrägstrich voneinander getrennt. Als Beispiel dient der allseits bekannte MIME-Typ `image/jpeg`. Durch sogenanntes *MIME-Sniffing* werden die ersten Bytes (der Header) einer Datei gelesen, um herauszufinden, ob der MIME-Typ mit der Dateiendung übereinstimmt. Dieser Vorgang ist aber nicht immer von Erfolg gekrönt, weshalb als letztes Mittel (wieder) die Dateiendung herangezogen wird.

---

11 Vgl. MITRE: CWE-434: Unrestricted Upload of File with Dangerous Type, in: MITRE, 2006, *https://cwe.mitre.org/data/definitions/434.html* (abgerufen am 22.01.2022)

Falls die Funktion nicht genutzt werden kann, stellt WordPress weitere Möglichkeiten zur Verfügung, um den Upload einer gefährlichen Datei zu stoppen. `wp_check_filetype()` prüft, ob die Dateiendung angenommen werden darf. `wp_check_filetype_and_ext()` versucht zusätzlich den echten Datentyp einer Datei zu ermitteln. Denn es ist möglich, dass die Dateiendung so gewählt wurde, dass solche Sicherheitsprüfungen umgangen werden. In Listing 7.10 sehen Sie, dass die Funktion `wp_check_filetype()` einen Dateinamen (`$filename`) und die Angabe eines Arrays mit MIME-Typen verlangt. Wird Letzteres auf `null` gesetzt, so nutzt WordPress eine eigene Zusammenstellung von Typen. Die Liste finden Sie in der Funktion `wp_get_mime_types()`. Durch den Filter `mime_types` kann sie problemlos erweitert werden. Neben den Dateinamen verlangt die Funktion `wp_check_filetype_and_ext()` noch die Angabe des vollen Pfades der Datei (`$file`). Nur so kann sie mit entsprechenden Mechanismen durchsucht werden, um den echten Datentyp herauszufinden. Listing 7.11 zeigt schließlich, wie die Lücke aus dem QSM-Plugin geschlossen wurde.

```
<?php
function wp_check_filetype(
    string $filename,
    string[] $mimes = null
): array {}

function wp_check_filetype_and_ext(
    string $file,
    string $filename,
    string[] $mimes = null
): array {}
```

Listing 7.10 Funktionen zur Prüfung von Dateien

```
<?php
function qsm_upload_image_fd_question() {
    ...
    $json          = array();
    $file_name     = sanitize_file_name( $_FILES["file"]["name"] );
    $validate_file = wp_check_filetype( $file_name );
    if ( isset( $validate_file['type'] )
        && in_array( $validate_file['type'], $mimes ) ) {
        ...
    }
}
```

Listing 7.11 Die Lücke im QSM-Plugin wurde durch die hier gezeigten Funktionen geschlossen.

7.1.5 Benutzereingaben neutralisieren

Da es fast kein Plugin oder Theme gibt, das nicht ohne Benutzereingaben auskommt, liegt es nahe, dass dadurch Sicherheitslücken entstehen können. Die häufigste Schwachstelle wird *Cross-Site-Scripting* (XSS) genannt.

Was ist das Sicherheitsproblem?

Bei der XSS-Schwachstelle wird ausgenutzt, dass ein Angreifer HTML-Tags sowie einfache und/oder doppelte Anführungszeichen in Eingabefelder schreiben kann. Werden solche Zeichen nicht entsprechend gefiltert, kann möglicherweise schädlicher Code in Form von JavaScript in eine Seite eingeschleust und ausgeführt werden. Sehen Sie sich dazu Listing 7.12 an. Die Variable `$_REQUEST['first_name']` wird ungefiltert an das HTML-Eingabefeld übergeben:

```
<input type="text" name="first_name" value="<?php echo $_REQUEST['first_
name'] ?>"/>
```

Listing 7.12 Ungefilterte PHP-Variablen werden an das Formularfeld übergeben.

Wird die URL wie in Listing 7.13, Zeile 1, übergeben, so führt das dazu, dass ein möglicherweise schädliches JavaScript eingebunden und im Browser ausgeführt wird. Ein Laie erkennt beim Aufruf eines solchen Links die Tragweite des Problems möglicherweise nicht. Erst beim Decodieren (Zeile 2) der URL ist sichtbar, dass hier zusätzlicher Code ausgeführt werden soll. Und selbst das ist dem Laien sicher nicht bewusst.

```
https://mein-wp.test/kontaktformular/?first_name=
%22%2F%3E%3Cscript%20src%3D%22https%3A%2F%2Fmy-attacker.site%2Fvulnerable-
script.js%20%2F%3E%22

https://mein-wp.test/kontaktformular/?first_name=%"/><script src="https://my-
attacker.site/vulnerable-script.js />"
```

Listing 7.13 Aufruf einer URL: oben URL-encodiert, unten URL-dekodiert

Wie wird die Schwachstelle aufgespürt?

Die CWE beschreibt das Cross-Site-Scripting im Dokument *Unsachgemäße Neutralisierung von Eingaben bei der Erstellung von Webseiten* wie folgt:

> *»Die Software neutralisiert die vom Benutzer kontrollierbaren Eingaben nicht oder falsch, bevor sie zur Ausgabe an andere Benutzer in Form einer Webseite verwendet werden.«*[12]

12 Vgl. MITRE: WE-79: Improper Neutralization of Input During Web Page Generation ('Cross-site Scripting'), in: MITRE, 2006, *https://cwe.mitre.org/data/definitions/79.html* (abgerufen am 24.01.2022)

Im Grunde sind alle Daten, die per Formular gesendet werden, potenzielle Angriffsstellen. Aber damit noch nicht genug: Auch Variablen in PHP können vom Angreifer manipulierte Daten enthalten. Dazu gehören unter anderem folgende globalen Variablen:

- `$_REQUEST`, `$_POST` und `$_GET`
- `$_SERVER`
- `$_COOKIE`
- `$_FILES`

Zu den potenziellen Angriffspunkten zählen ebenso die PHP-Funktionen `filter_input()` und `filter_input_array()`, falls kein adäquater Filter angegeben wurde. Im Quellcode sollten Sie also nach solchen Variablen und Funktionen Ausschau halten, um mögliche Schwachstellen aufzuspüren. Fehlt dabei die Angabe einer Funktion, die zur Neutralisierung schädlichen Codes genutzt wird, so ist die Wahrscheinlichkeit hoch, dass ein XSS-Angriff möglich ist.

Wie wird die Schwachstelle vermieden?

Es ist schon immer eine gute Idee gewesen, alle Benutzereingaben erst einmal als ungültig anzusehen. Es kann nicht davon ausgegangen werden, dass ein Benutzer eine korrekte Eingabe macht. WordPress (aber auch PHP selbst) stellt viele Funktionen bereit, um Benutzereingaben zu neutralisieren. In WP wird zwischen drei Typen von Neutralisierung oder Filterung unterschieden:

1. Mit *Säuberung* (engl. *sanitization*) ist gemeint, dass Daten so verändert werden, dass die Bedingungen der Validierung erfüllt sind.
2. Bei der *Validierung* (engl. *validation*) wird geprüft, ob die vorliegende Variable Daten enthält, die gewisse Bedingungen erfüllen, beispielsweise ob sich darin ein @-Zeichen befindet, wenn es sich beim Inhalt der Variable um eine E-Mail-Adresse handeln soll.
3. Vom *Escapen* spricht man, wenn unerwünschte Daten (z. B. fehlerhafte HTML- oder Skript-Tags) entfernt werden, um zu verhindern, dass diese Daten als Code erkannt werden.

Das eine kann jedoch ohne das andere nicht existieren. Sie können zum Beispiel durch Säuberung in einen String kein @-Zeichen einbauen, wenn dort keines existiert. Sie wissen ja nicht, an welcher Stelle es eingefügt werden soll. Durch Säuberung können also immer nur Daten entfernt, jedoch nicht hinzugefügt werden. Eine Validierung sollte daher erst nach dem Sanitization-Prozess durchgeführt werden. Das Escapen von Benutzereingaben erfolgt zum Schluss zusammen mit der Ausgabe auf dem Bildschirm.

Tabelle 7.1 können Sie entnehmen, welche PHP- und WordPress-Funktionen es gibt, um Variablen zu säubern, zu validieren und zu escapen.

Säubern von Zahlen		
`intval()`	PHP	Umwandlung in einen Ganzahlwert
`abs()`	PHP	Absolutwert einer Zahl
`absint()`	WP	Absoluter Integer einer Zahl
`floatval()`, `doubleval()`	PHP	Umwandlung in einen Fließkommawert
`is_numeric()`	PHP	Prüft, ob eine Variable eine Zahl oder ein numerischer String ist.
Säubern von Texten		
`sanitize_text_field()`	WP	Entfernt ungültige UTF-8-Zeichen, HTML-Tags, Zeilenumbrüche, Tabulatoren, Leerraum und wandelt < und > um.
`sanitize_email()`	WP	Filtert alle Zeichen, die in einer E-Mail-Adresse nicht vorkommen dürfen.
`sanitize_key()`	WP	Entfernt alles außer alphanumerischen Zeichen (in Kleinbuchstaben), Bindestriche und Unterstriche.
`sanitize_file_name()`	WP	Entfernt Zeichen, die für Dateinamen ungültig sind.
`sanitize_user()`	WP	Entfernt Zeichen, die für Benutzernamen ungültig sind.
`sanitize_title()`	WP	Reinigt eine Zeichenkette und macht daraus einen Slug, der in URLs oder HTML-Attributen verwendet werden kann.
`sanitize_title_for_query()`	WP	Säubert einen Titel, damit er in einer Datenbank-Abfrage benutzt werden kann.
`sanitize_title_with_dashes()`	WP	Neutralisiert einen Titel, indem Leerzeichen und einige andere Zeichen durch Bindestriche ersetzt werden.

Tabelle 7.1 Mögliche Funktionen zum Säubern, Validieren und Escapen unterschiedlicher Werte. (PHP/WP = Von PHP oder WordPress zur Verfügung gestellte Funktion)

Säubern von Texten		
`sanitize_sql_orderby()`	WP	Stellt sicher, dass eine Zeichenkette eine gültige SQL-`order by`-Klausel ist.
`sanitize_html_class()`	WP	Bereinigt einen HTML-Klassennamen, um sicherzustellen, dass er nur gültige Zeichen enthält.
`sanitize_url()`	WP	Führt `esc_url()` für eine Datenbank- oder Redirect-Verwendung aus.
`sanitize_textarea_field()`	WP	Bereinigt eine mehrzeilige Zeichenkette aus Benutzereingaben oder aus der Datenbank.
`sanitize_mime_type()`	WP	Bereinigt einen MIME-Typ.
`sanitize_hex_color()`, `sanitize_hex_color_no_hash()`	WP	Bereinigt einen Farbwert, der als Hexadezimalwert angegeben wurde. Die Rückgabe erfolgt, je nach Funktion, mit oder ohne Hashzeichen am Anfang.
Säubern von booleschen Werten		
`bool_from_yn()`	WP	Gibt `true` zurück, wenn `y` (was für *yes* steht) angegeben wurde. Andernfalls `false`.
`wp_validate_boolean()`	WP	Alternative zu: `filter_var( $var, FILTER_VALIDATE_BOOLEAN )`
`boolval()`	PHP	Umwandlung in booleschen Wert
Säubern von HTML-Zeichenketten		
`wp_kses()`	WP	Filtert Textinhalte und entfernt unzulässiges HTML. Dabei kann über einen Parameter gesteuert werden, welche HTML-Elemente zulässig sind.
`wp_kses_post()`, `wp_filter_post_kses()`	WP	Beschränkt den Inhalt auf erlaubte HTML-Tags für den Post-Inhalt.
`wp_filter_nohtml_kses()`	WP	Entfernt sämtliches HTML aus einem Textstring.
`wp_filter_post_kses()`	WP	Beschränkt den Inhalt auf erlaubte HTML-Tags für den Post-Inhalt.

Tabelle 7.1 Mögliche Funktionen zum Säubern, Validieren und Escapen unterschiedlicher Werte. (PHP/WP = Von PHP oder WordPress zur Verfügung gestellte Funktion) (Forts.)

Validieren von Zahlen		
`ctype_digit()`	PHP	Prüft auf Ziffern.
`is_int()`, `is_integer()`, `is_long()`	PHP	Prüft auf Ganzzahlen.
`is_countable()`	PHP	Prüft, ob der Inhalt einer Variablen zählbar ist.
`is_float()`, `is_double()`	PHP	Prüft auf Fließkommawerte.
`is_iterable()`	PHP	Prüft, ob sich die Werte in der Variablen wiederholen.
Validieren von Texten		
`ctype_alpha()`, `ctype_alnum()`	PHP	Überprüft auf Buchstaben oder alphanumerische Zeichen.
`is_email()`	WP	Prüft auf eine valide E-Mail-Adresse. (Prüft aber nicht, ob eine E-Mail-Adresse existiert.)
Validieren von booleschen Werten		
`is_bool()`	PHP	Prüft, ob eine Variable vom Typ boolean ist.
Validieren von Daten		
`strtotime()`	PHP	Gibt `false` zurück, wenn der angegebene String kein Datum ist.
Ausgaben escapen		
`esc_html()`	WP	Escapt HTML-Code.
`esc_js()`		Entfernt einfache Anführungszeichen, Zeichen mit spezieller Bedeutung in HTML wie " < > & und korrigiert Zeilenenden.
`esc_attr()`	WP	Escapt HTML-Attribute.
`esc_url()`	WP	Prüft und säubert eine URL.
`esc_url_raw()`	WP	Wie `esc_url()`, jedoch für Datenbank-Abfragen und Weiterleitungen gedacht.
`esc_textarea()`	WP	Gibt HTML-`textarea`-Felder aus.
`esc_xml()`	WP	Escapt XML-Blöcke.

Tabelle 7.1 Mögliche Funktionen zum Säubern, Validieren und Escapen unterschiedlicher Werte. (PHP/WP = Von PHP oder WordPress zur Verfügung gestellte Funktion) (Forts.)

Ausgaben escapen		
esc_*()-Funktionen	WP	Es gibt eine Reihe von Escape-Funktionen, die bei einer Übersetzung helfen. (Siehe dazu auch Abschnitt 10.5.5, »Zeichenketten übersetzen und escapen«.)
Escapen von Datenbank-Eingaben		
esc_like()	WP	Escapt eine LIKE-Anweisung.
esc_sql()	WP	Escapt Daten zur Verwendung in einer MySQL-Abfrage.
(Mehr zum Thema »Sicherheit bei Datenbank-Zugriffen« lesen Sie in Abschnitt 7.1.7, »Sichere SQL-Abfragen erzeugen«.)		

Tabelle 7.1 Mögliche Funktionen zum Säubern, Validieren und Escapen unterschiedlicher Werte. (PHP/WP = Von PHP oder WordPress zur Verfügung gestellte Funktion) (Forts.)

Weitere interessante Funktionen, die nicht in einen der oben genannten Bereiche passen, sind:

- `sanitize_option()`: Bereinigt verschiedene Optionswerte auf der Grundlage der Art der Option. Werfen Sie einen Blick in die Funktion, um zu sehen, welche Werte gesäubert werden können.
- `filter_input()`, `filter_input_array()`, `filter_var()`, `filter_var_array()`: Diese Funktionen erlauben die Angabe eines Filters oder mehrerer Filter, die genau beschreiben, was neutralisiert oder ob nur etwas validiert werden soll. Eine Liste möglicher Angaben finden Sie unter *https://www.php.net/manual/de/filter.filters.php*.

Hinweis: Manchmal ist ungefilterter HTML-Code notwendig

Ob ein Benutzer die Befugnis hat, HTML-Text ungefiltert zu übermitteln, lässt sich mit dem Recht `unfiltered_html` prüfen. Manche Projekte sind darauf angewiesen, dass ungefilterter HTML-Code in die Datenbank gelangt. Natürlich muss auch hier sichergestellt werden, dass es zu keinem Missbrauch kommt. In solchen Fällen darf eine Säuberung jedoch nur eingeschränkt durchgeführt werden.

7.1.6 Deserialisierung der vom Benutzer bereitgestellten Eingaben

PHP ist eine objektorientierte Programmiersprache und erlaubt durch die `serialize()`-Funktion, dass Objekte als String zum Beispiel in eine Datenbank gespeichert werden können. Das birgt Gefahren beim Deserialisieren, und zwar dadurch, dass magische Methoden der Objektklasse durch einen Angreifer getriggert werden.

Was ist das Sicherheitsproblem?

Sogenannte *PHP Object Injection*-Schwachstellen sind für sich nicht besonders kritisch. Gepaart mit einer vollständigen POP-Kette kann die Schwachstelle aber zur vollständigen Übernahme einer Website führen. Eine *POP-Kette* entsteht, wenn mehrere *magische Methoden* aneinandergereiht werden, um Objekte in Klassen auszuführen. Die geläufigsten magischen Methoden eines Objekts sind `__wakeup()` und `__descruct()`, denn sie werden automatisch nach einer Deserialisierung aufgerufen.

Die Website OWASP liefert dazu ein gutes Beispiel[13], siehe Listing 7.14. Ausgenutzt werden kann die Schwachstelle durch einen sogenannten *Path-Traversal*-Angriff durch Aufruf der folgenden URL: *http://testsite.com/vuln.php?data=O:8:"Example1":1:{s:10:"cache_file";s:15:"../../index.php";}*.

Ein Path-Traversal-Angriff (auch bekannt als *Directory-Traversal*) zielt darauf ab, auf Dateien und Verzeichnisse zuzugreifen, die außerhalb des Stammverzeichnisses liegen, in dem die WordPress-Dateien abgelegt sind. Durch die Manipulation von Variablen, die auf Dateien mit `../`-Abfolgen zugreifen, oder durch die Verwendung absoluter Dateipfade kann es möglich sein, beliebige Dateien und Verzeichnisse zu manipulieren. Dabei könnten Konfigurationsdateien mit Passwörtern oder systemkritische Dateien gelesen oder beschrieben werden.[14]

```
<?php
class Example1 {
    public $cache_file;

    function __construct() {
        // some PHP code...
    }

    function __destruct() {
        $file = "/var/www/cache/tmp/{$this->cache_file}";
        if ( file_exists( $file ) ) {
            @unlink( $file );
        }
    }
}
```

13 Vgl. Edigido, Romano: PHP Object Injection, in: OWASP, o. D., *https://owasp.org/www-community/vulnerabilities/PHP_Object_Injection* (abgerufen am 24.01.2022)

14 Vgl. MITRE: CWE-22: Improper Limitation of a Pathname to a Restricted Directory ('Path Traversal'), in: MITRE, 2006, *https://cwe.mitre.org/data/definitions/22.html* (abgerufen am 25.01.2022)

```
// some PHP code...

$user_data = unserialize( $_GET['data'] );

// some PHP code..
```

Listing 7.14 Eine leicht ausnutzbare »__desctruct()«-Methode

Wie wird die Schwachstelle aufgespürt?

Die CWE beschreibt die Schwachstelle *Deserialisierung von nicht vertrauenswürdigen Daten* wie folgt:

> *»Die Anwendung deserialisiert nicht vertrauenswürdige Daten, ohne ausreichend zu überprüfen, ob die resultierenden Daten gültig sind.«*[15]

Der Code wird nach Vorkommnissen der PHP-Funktion `unserialize()` durchsucht. WordPress stellt dazu zusätzlich die Funktion `maybe_unserialize()` zur Verfügung. Sie wird immer dann benötigt, wenn nicht klar ist, ob Daten serialisiert vorliegen. Überprüft wird dies mit der Funktion `is_serialized()`.

Wird eine solche Funktion gefunden, so sollten Sie prüfen, ob die Daten nach der Deserialisierung mit den in Tabelle 7.1 genannten Funktionen neutralisiert wurden, falls es sich dabei um Benutzereingaben handelt.

Wie wird die Schwachstelle vermieden?

Die einfachste Lösung ist, die Daten in einem anderen Format (zum Beispiel JSON) zu speichern. Somit wird zwar nicht das Objekt selbst abgespeichert, aber der Zustand kann mit etwas Zusatzaufwand später genauso wiederhergestellt werden.

7.1.7 Sichere SQL-Abfragen erzeugen

Fast alle Daten in WordPress werden in der Datenbank abgespeichert. Ausgenommen sind beispielsweise nur Mediendateien, die auf dem Dateisystem Platz finden. Zum Abrufen von Daten wird die Sprache SQL (*Structured Query Language*) genutzt.

Falls vom Benutzer eingegebene Daten in eine solche Abfrage fließen, müssen diese neutralisiert werden, bevor der gesamte Befehl an die Datenbank übermittelt wird. Sonst könnte einen Angreifer entweder zusätzliche Daten aus der Datenbank lesen oder sogar die in der Datenbank gespeicherten Daten manipulieren. So eine Lücke wird gemeinhin *SQL-Injection-Schwachstelle* genannt.

15 Vgl. MITRE: CWE-502: Deserialization of Untrusted Data, in: MITRE, 2006, *https://cwe.mitre.org/data/definitions/502.html* (abgerufen am 24.01.2022)

Was ist das Sicherheitsproblem?

Es gibt verschiedene Angriffsmethoden, auf die ich in diesem Buch jedoch nicht näher eingehen will, da dies den Rahmen sprengen würde. Die Hauptproblematik ist und bleibt immer die gleiche: Daten, die nicht ausgelesen werden sollen, werden zurückgegeben und geben dann Einblick in möglicherweise zu schützende Daten.

Die CWE schreibt im Dokument *Unsachgemäße Neutralisierung spezieller Elemente, die in einem SQL-Befehl verwendet werden ('SQL Injection')* Folgendes:

> *»Die Software konstruiert einen SQL-Befehl ganz oder teilweise unter Verwendung extern beeinflusster Eingaben von einer Upstream-Komponente, neutralisiert aber spezielle Elemente nicht oder falsch, die den beabsichtigten SQL-Befehl verändern könnten, wenn er an eine Downstream-Komponente gesendet wird.«*[16]

Im schlimmsten Fall fließt eine ungefilterte Variable also in eine SQL-Abfrage ein, wie Listing 7.15 zeigt. Ein Aufruf der nötigen Seite durch die URL mit dem Parameter `script.php?user_id=;truncate table wp_users` würde reichen, um den Inhalt einer Datenbank-Tabelle zu löschen.

```
<?php
global $wpdb;
$wpdb->get_results( "SELECT * FROM {$wpdb->usermeta} WHERE user_id =
{$_REQUEST['user_id']}" );
```

Listing 7.15 Ungefilterte Benutzereingaben fließen in eine SQL-Abfrage ein.

In Listing 7.16 sehen Sie einen Ausschnitt des Plugins *Tutor LMS*, eines Lernmanagementsystems. Auch hier wird eine Abfrage per Ajax getriggert. Der `wp_ajax_`-Hook kann von allen angemeldeten Benutzern ausgelöst werden, zum Beispiel den Studierenden. Im Code ist zu sehen, dass die Variable `$question_id` zwar durch `sanitize_text_field()` gesäubert, jedoch nicht für die SQL-Abfrage aufbereitet wird:

```
<?php
add_action(
    'wp_ajax_tutor_quiz_builder',
    'tutor_quiz_builder_get_question_form'
);

function tutor_quiz_builder_get_question_form() {
    global $wpdb;
    $quiz_id     = sanitize_text_field( $_POST['quiz_id'] );
    $question_id = sanitize_text_field(
```

16 Vgl. MITRE: CWE-89: Improper Neutralization of Special Elements used in an SQL Command ('SQL Injection'), in: MITRE, 2006, *https://cwe.mitre.org/data/definitions/89.html* (abgerufen am 24.01.2022)

```
        tutor_utils()->avalue_dot( 'question_id', $_POST )
    );

    ...

    $question = $wpdb->get_row(
        "SELECT * FROM {$wpdb->prefix}tutor_quiz_questions
          where question_id = {$question_id}"
    );

    ob_start();
    include tutor()->path . 'views/modal/question_form.php';
    $output = ob_get_clean();

    wp_send_json_success( array( 'output' => $output ) );
}
```

Listing 7.16 Ausschnitt aus dem Quellcode des »Tutor LMS«-Plugins[17]

Wie wird die Schwachstelle aufgespürt?

Da alle SQL-Abfragen von der globalen Variablen `$wpdb` ausgehen, können Sie im Code nach deren Vorkommen suchen. Alternativ suchen Sie nach den Begriffen `$GLOBALS['wpdb']` oder `$GLOBALS["wpdb"]`. Die Variable enthält ein Objekt der Klasse `wpdb`. In der Klasse gibt es mehrere Methoden, die für Datenbank-Abfragen genutzt werden können. Dazu zählen zum Beispiel `get_col()`, `get_results()`, `get_row()`, `get_var()`, `prepare()` und so weiter. Am besten ist, Sie machen sich mit der Klasse (siehe Kapitel 17, »Zugriff auf die Datenbank«) näher vertraut.

Darüber hinaus können Sie nach Vorkommnissen der vertrauten SQL-Befehle (`SELECT`, `UPDATE`, `INSERT` etc.) suchen. Denn es ist nicht erforderlich, dass ein Plugin oder Theme die Datenbank-Klasse von WordPress nutzt.

Ergibt die Suche eine Fundstelle, prüfen Sie, ob Benutzerdaten in die Datenbank-Abfrage einfließen und ob diese sorgfältig neutralisiert wurden.

Wie wird die Schwachstelle vermieden?

Zur Vermeidung solcher Schwachstellen gibt es eine sehr einfach nutzbare Funktion in WordPress, nämlich die Methode `prepare()` der Klasse `wpdb` (siehe Listing 7.17). Als `$query`-Parameter wird die SQL-Abfrage mit Platzhaltern angegeben. Alle weiteren Parameter (`...$args`) werden dazu verwendet, die Platzhalter in der Abfrage zu füllen.

17 Vgl. Chamberland, Chloe: Several Vulnerabilities Patched in Tutor LMS Plugin, in: Wordfence, 2021, *https://www.wordfence.com/blog/2021/03/several-vulnerabilities-patched-in-tutor-lms-plugin/* (abgerufen am 15.03.2022)

Alternativ dazu können auch die in Tabelle 7.1 dargestellten Funktionen zum Escapen von Datenbank-Abfragen genutzt werden.

Wenn Sie lieber auf die integrierten Methoden zurückgreifen wollen, z. B. auf `wpdb::insert()`, empfehle ich Ihnen, den Parameter `$format` der Methode zu nutzen, um Benutzereingaben entsprechend zu neutralisieren. Näheres zu den einzelnen Funktionen erfahren Sie in Kapitel 17, »Zugriff auf die Datenbank«.

In Listing 7.18 sehen Sie, wie die Autoren von Tutor LMS die Lücke schließlich geschlossen haben. Der *Spezifizierer* (Platzhalter) `%d` beschreibt, dass der Parameter `$question_id` als Ganzzahl behandelt wird. Weitere Informationen dazu finden Sie in der Tabelle »Spezifizierer« auf der Seite von *php.net* unter *https://php.net/manual/de/function.sprintf.php*.


```
<?php
public function prepare( $query, ...$args ) {...}
```

Listing 7.17 Methodenbeschreibung von »prepare()« der Klasse »wpdb«

```
<?php
$question = $wpdb->get_row(
    $wpdb->prepare(
        "SELECT * FROM {$wpdb->prefix}tutor_quiz_questions
            where question_id = %d",
        $question_id
    )
);
```

Listing 7.18 »Tutor LMS« hat die Lücke mit der »prepare()«-Methode geschlossen.

7.1.8 Verwendung bestimmter PHP-Funktionen mit benutzerdefinierten Eingaben

Nicht nur WordPress (oder Plugins oder Themes) sind Ursachen von Schwachstellen. Auch mit PHP selbst kann bei unsachgemäßer Nutzung Sicherheitslücken verursachen. Speziell all die Funktionen, die zum Ausführen von Code aus der Ferne genutzt werden, sind gefährlich – besonders dann, wenn sich individuelle Benutzereingaben dazugesellen.

Was ist das Sicherheitsproblem?

Funktionen wie beispielsweise `exec()` ermöglichen es, Code auf der Kommandozeile auszuführen. Grundsätzlich kann hier jedes beliebige Kommando abgesetzt werden, zum Beispiel das Nachladen von externen Skripten. Sie können sich ausmalen, welch weitreichende Folgen das haben kann. In schlimmsten Fall löscht ein Kommando nicht nur die Website, sondern weite Teile des Servers.

```
<?php
$options = file_get_contents(
    add_query_arg(
        [ 'a' => 'ein-wert' ],
        $_GET['my_url']
    )
);
eval( $options );
```

Listing 7.19 »OS Command Injection«-Beispiel

In Listing 7.19 sehen Sie, wie ein URL-Parameter (`$_GET['my_url']`) dazu genutzt wird, externe Daten abzurufen, die dann in `eval()` ausgeführt werden.

Wie wird die Schwachstelle aufgespürt?

Im Grunde sind es die folgenden PHP-Funktionen, auf die Sie einen genauen Blick werfen sollten:

- `exec()`
- `shell_exec()`
- `proc_open()`
- `system()`
- `passthru()`
- `eval()`

Denn sie sind die Ursache, was die CWE im Dokument *Unsachgemäße Neutralisierung spezieller Elemente, die in einem Betriebssystembefehl verwendet werden (»OS Command Injection«)* wie folgt beschreibt:

> *»Die Software konstruiert einen OS-Befehl ganz oder teilweise unter Verwendung extern beeinflusster Eingaben von einer vorgelagerten Komponente, neutralisiert aber spezielle Elemente nicht oder falsch, die den beabsichtigten OS-Befehl verändern könnten, wenn er an eine nachgelagerte Komponente gesendet wird.«*[18]

18 Vgl. MITRE: CWE-78: Improper Neutralization of Special Elements used in an OS Command ('OS Command Injection'), in: MITRE, 2006, *https://cwe.mitre.org/data/definitions/78.html* (abgerufen am 25.01.2022)

Wie wird die Schwachstelle vermieden?

Tatsächlich ist es sehr einfach, diese Schwachstelle zu beheben: Vermeiden Sie den Aufruf oben genannter Funktionen – speziell dann, wenn individuelle Benutzereingaben in den Befehl einfließen sollen. Falls es trotzdem notwendig ist, prüfen Sie, dass die Benutzereingabe neutralisiert wurde, sodass keine schädlichen Befehle abgesetzt werden können.

7.1.9 Offenlegung sensibler Informationen

Nicht zuletzt seit den Enthüllungen um Edward Snowden und der Einführung der *DSGVO* (Datenschutz-Grundverordnung) sind wir sensibilisiert, was das Thema Datenschutz angeht. Keiner sieht es gerne, wenn seine privaten Daten im Internet zum Download (oder gar zum Verkauf) angeboten werden.

Was ist das Sicherheitsproblem?

Die CWE beschreibt die Schwachstelle wie folgt:

> *»Das Projekt gibt sensible Informationen an einen Akteur weiter, der nicht ausdrücklich zum Zugriff auf diese Informationen berechtigt ist.«*[19]

Es handelt sich also um den Fall, dass Benutzer ohne besondere Rechte Zugang zu Informationen erhalten können. Im Grunde führt es uns zurück zu Abschnitt 7.1.2, »Benutzerrechte überprüfen«.

Wie wird die Schwachstelle aufgespürt?

Solche Schwachstellen sind schwierig zu finden, weil Sie den Quellcode des Projekts durchgängig verstehen müssen. Zum einen geht es darum, zu begreifen, was die sensiblen Daten innerhalb eines Plugins oder Themes sind. Und zum anderen müssen Sie sich jeden Hook ansehen, der »für alle« ohne große Rechteprüfung ausgegeben wird. Das eingangs erwähnte Dokument führt dazu ein gutes Beispiel an.[20] In Listing 7.20 sehen Sie, wie im Footer eines Plugins ein *Connection-Key* ausgegeben wird. Wie erwähnt, muss zuerst klar sein, wofür ein solcher Connection-Key steht. Im vorliegenden Fall dient er dazu, ein Plugin zu aktivieren. Jeder, der Zugang zum Admin-Bereich hat, wäre also imstande, den Code zu sehen und diesen abzugreifen (siehe Abbildung 7.4): Es reicht aus, sich den Quelltext im Browser anzeigen zu lassen.

```
<?php
add_action( 'admin_footer', 'wpc_modal_dialog' );
```

19 Vgl. MITRE: CWE-200: Exposure of Sensitive Information to an Unauthorized Actor, in: MITRE, 2006, *https://cwe.mitre.org/data/definitions/200.html* (abgerufen am 25.01.2022)

20 Chamberland, 2021. S. 49

```
function wpc_modal_dialog() {
    $mdialog = '
    <div style="...">' . wpc_get_connection_key() . '</div>';
    print( $mdialog );
}
```

Listing 7.20 Das Beispiel zeigt, wie möglicherweise sensible Informationen offengelegt werden.

```
<div id="wpfooter" role="contentinfo">
        <p id="footer-left" class="alignleft">
        <span id="footer-thankyou">Danke für dein Vertrauen in <a
href="https://de.wordpress.org/">WordPress</a>.</span>  </p>
    <p id="footer-upgrade" class="alignright">
        Version 5.9.2   </p>
    <div class="clear"></div>
</div>

    <div style="display: none;">098F6BCD4621D373CADE4E832627B4F6</div><script
type='text/javascript'>list_args = {"class":"WP_Comments_List_Table","screen":
{"id":"dashboard","base":"dashboard"}};</script>
<script type='text/javascript'>list_args =
{"class":"WP_Comments_List_Table","screen":{"id":"dashboard","base":"dashboard"}};
</script>
    <div id="wp-auth-check-wrap" class="hidden">
    <div id="wp-auth-check-bg"></div>
    <div id="wp-auth-check">
```

Abbildung 7.4 Ein möglicherweise sensibler Hashwert steht für jeden lesbar im Quelltext der Seite.

Wie wird die Schwachstelle vermieden?

Solche Schwachstellen sind zwar schwierig zu finden, aber leicht zu beheben. Nutzen Sie die Funktion `current_user_can()`, wie in Listing 7.3 beschrieben (siehe Abschnitt 7.1.2). Der Parameter `$capability` sollte so gewählt sein, dass nur die Benutzer mit den entsprechenden Rechten die Information sehen dürfen.

7.1.10 Schwachstellen bei Dateizugriff und -nutzung

Relativ unbekannt sind Schwachstellen, die bei einem Dateizugriff ausgenutzt werden können. Sie ermöglichen es einem Angreifer, Dateien auf dem Dateisystem zu lesen oder zu löschen. Kommen wir noch einmal auf das *Quiz and Survey Master*-Plugin aus Abschnitt 7.1.4 zurück. Das Team von Wordfence fand im August 2020 gleich mehrere Sicherheitsprobleme in dem Plugin. Listing 7.21 zeigt, wie die Variable `$_POST['file_url']` dazu benutzt wird, eine Datei auf dem System zu löschen. Es wurde nicht geprüft, ob diese Datei ursprünglich durch ein Quiz-Formular hochgeladen wurde. So konnte prinzipiell jeder nicht registrierte User Dateien löschen, weil die Funktion über den `wp_ajax_nopriv_`-Hook getriggert wurde. Und dieser ist, wie Sie nun wissen, ohne Anmeldung bei WordPress aufrufbar.

```
<?php
add_action(
    'wp_ajax_nopriv_qsm_remove_file_fd_question',
    array( $this, 'qsm_remove_file_fd_question' )
);

public function qsm_remove_file_fd_question() {
    $file_url = isset( $_POST['file_url'] )
        ? sanitize_text_field( $_POST['file_url'] )
        : '';
    if ( $file_url ) {
        wp_delete_file( $file_url );
        $json['type']    = 'success';
        $json['message'] = 'File removed successfully';
        echo json_encode( $json );
        exit;
    }
    $json['type']    = 'error';
    $json['message'] = 'File not removed';
    echo json_encode( $json );
    exit;
}
```

Listing 7.21 Ausschnitt aus dem Quellcode des QSM-Plugins[21]

Was ist das Sicherheitsproblem?

Es ist davon auszugehen, dass in jedem WordPress-Projekt Dateien nachgeladen werden müssen – sei es, weil durch `require()` eine PHP- oder durch `include()` eine Template-Datei inkludiert wird. Eine Datei, die so eingebunden wird, wird automatisch ausgeführt. Nicht zum Projekt gehörende Dateien können großen Schaden anrichten. Zum Beispiel kann die *wp-config.php*-Datei gelesen werden, die nicht nur die Zugangsdaten zur Datenbank, sondern weitere sensible Daten enthält. Aber nicht nur das Inkludieren ist ein Problem. Eine Schwachstelle kann auch geöffnet werden, wenn Dateiinhalte gelesen oder gelöscht werden, wie das Beispiel aus Listing 7.21 zeigt.

Es ist leicht zu erkennen, dass Schwachstellen in Verbindung mit Dateien zu allen möglichen Problemen führen können. Die CWE listet zum Beispiel Folgendes auf:

CWE-98: PHP Remote File Inclusion:

21 Vgl. Chamberland, 2020

> *»Die PHP-Anwendung empfängt Eingaben von einer vorgelagerten Komponente, schränkt diese aber nicht oder falsch ein, bevor sie in ›require‹, ›include‹ oder ähnlichen Funktionen verwendet werden.«*[22]

CWE-73: Externe Kontrolle von Dateinamen oder Pfad:

> *»Die Software ermöglicht Benutzereingaben zur Kontrolle oder Beeinflussung von Pfaden oder Dateinamen, die bei Dateisystemoperationen verwendet werden.«*[23]

Wie wird die Schwachstelle aufgespürt?

Suchen Sie im Quellcode nach den Funktionen `include()`, `include_once()`, `require()` und `require_once()`, um aufzuspüren, wo Inhalte eingelesen und ausgeführt werden. Sonstige Dateien werden mit `file_get_contents()`, `fread()` oder `fopen()` gelesen. Gelöscht werden Dateien mit `unlink()` oder mit der WordPress-Funktion `wp_delete_file()`. Fehlt eine Prüfung des Pfades oder der Datei, kann das auf eine Schwachstelle hindeuten.

Wie wird die Schwachstelle vermieden?

Beim Zusammensetzen des Pfades sollten Sie auf Benutzereingaben verzichten. Falls das nicht möglich ist, sollten Dateioperationen auf bestimmte Pfade beschränkt werden, zum Beispiel auf das */wp-content/uploads/*-Verzeichnis in WordPress. Es gibt zahlreiche Funktionen, mit denen Sie sich die korrekten Pfade ausgeben lassen können. Diese lassen sich zur Überprüfung nutzen. Lesen Sie dazu Abschnitt 4.3, »Pfadangaben«, und die Texte zu »Pfadangaben« in Abschnitt 5.4.1.

Greifen Sie zudem auf die Neutralisierungsfunktionen wie beispielsweise `sanitize_file_name()` (siehe Tabelle 7.1) zurück, um eine *Tree-Traversal*-Lücke auszuschließen.

Listing 7.22 zeigt schließlich, wie die Autoren des QSM-Plugins die Sicherheitslücke geschlossen haben. Fett hervorgehoben ist zu sehen, wie vorab geprüft wird, ob die Datei in einem spezifischen Verzeichnis liegt.

```
<?php
public function qsm_remove_file_fd_question() {
    $file_url      = isset( $_POST['file_url'] )
        ? sanitize_text_field( $_POST['file_url'] )
        : '';
    $upload_dir    = wp_upload_dir();
```

22 Vgl. MITRE: CWE-98: Improper Control of Filename for Include/Require Statement in PHP Program ('PHP Remote File Inclusion'), in: MITRE, 2006, *https://cwe.mitre.org/data/definitions/98.html* (abgerufen am 25.01.2022)

23 Vgl. MITRE: CWE-73: External Control of File Name or Path, in: MITRE, 2006, *https://cwe.mitre.org/data/definitions/73.html* (abgerufen am 25.01.2022)

```
    $uploaded_path = $upload_dir['path'];

    if ( $file_url
         && stristr( $file_url, 'gsmfileupload' )
         && file_exists( $uploaded_path . '/' . $file_url )
    ) {
        $attachment_url = $upload_dir['url'] . '/' . $file_url;
        $attachment_id  = $this->qsm_get_attachment_id_from_url(
           $attachment_url
        );
        wp_delete_file( $uploaded_path . '/' . $file_url );
        wp_delete_attachment( $attachment_id );
        $json['type']    = 'success';
        $json['message'] = 'File removed successfully';
        echo json_encode( $json );
        exit;
    }
    $json['type']    = 'error';
    $json['message'] = 'File not removed';
    echo json_encode( $json );
    exit;
}
```

Listing 7.22 So sieht der Fix des QSM-Plugins aus.

7.1.11 Weitere Risiken

Neben den zuvor genannten Schwachstellen gibt es mehrere andere Lücken, die zwar weniger häufig auftreten, aber dennoch ein erhebliches Risiko für WordPress-Websites darstellen.

Beliebige Optionen- und user_meta-Update-Schwachstellen

Eine Schwachstelle, die auf das Aktualisieren von Benutzerdaten und Optionen abzielt, ermöglicht es einem Angreifer, bestimmte Daten so zu verändern, dass er sich beispielsweise als Administrator registrieren kann. Dazu muss es ihm nur gelingen, die Standardrolle zu verändern, die normalerweise unter EINSTELLUNGEN • ALLGEMEIN gesetzt wird. Durch das Abändern der Option `{$table_prefix}_capabilities` in der `{$table_prefix}_usermeta`-Datenbank-Tabelle erreicht er dasselbe.

Um solche Schwachstellen von vornherein zu umgehen, sollten Sie darauf achten, dass bei der Nutzung von `update_option()` oder `update_meta()` (und deren Derivaten wie beispielsweise `update_user_meta()`, `update_post_meta()` etc.) auch nur die Einstellungen aktualisiert werden können, die nötig sind.

Umleitungsschwachstellen

Persönlich habe ich es schon sehr oft gesehen, dass in einer Spam-E-Mail auf eine WordPress-Website verlinkt ist. Die verlinkte Seite dient jedoch nur zur Weiterleitung auf eine weitere, meist potenziell gefährliche Website. Typischerweise wird eine solche Schwachstelle durch die falsche Nutzung von `wp_redirect()` initiiert – insbesondere dann, wenn Benutzereingaben einfließen.

Umgangen werden kann eine solche Schwachstelle durch Nutzung der Funktion `wp_safe_redirect()`. Sie überprüft, ob das Ziel einen erlaubten Hostnamen verwendet. Ist das nicht der Fall, so leitet die Funktion standardmäßig auf */wp-admin/* um. Durch den Filter `allowed_redirect_hosts` lässt sich die Liste der erlaubten Hosts ergänzen.

7.1.12 Das Security-Mindset schulen

Sie sollten sich generell eine Art *Security-Mindset* aneignen, also ein gesundes Misstrauen gegenüber allem, was Ihre Projekte betrifft.

Gesundes Misstrauen

- Vertrauen Sie keinen Daten, egal woher sie stammen. Es besteht immer die Möglichkeit, dass ein Benutzer Schwachstellen sucht und findet. Darüber hinaus ist es möglich, dass Daten von Drittanbietern (zum Beispiel von einer API) plötzlich nicht mehr vertrauenswürdig sind, weil deren Websites gehackt wurden.
- Überprüfen Sie immer, ob ein Benutzer das Recht hat, bestimmte Aktionen durchzuführen.
- Vergewissern Sie sich stets, dass Sie die Eingaben validieren und säubern und die Daten vor der Verwendung oder Ausgabe escapen.
- Erfinden Sie das Rad nicht neu, sondern greifen Sie, wenn möglich, auf die Funktionen zurück, die WordPress bereithält. Schlagen Sie dazu auch in Abschnitt 4.1.5, »APIs: So interagieren Plugins mit dem WordPress-Kern«, nach.
- Aktualisieren Sie stets alle Plugins, Themes und auch WordPress selbst, damit Ihnen keine Sicherheitsupdates entgehen.
- Versuchen Sie auch einmal, Ihren eigenen Code zu hacken.

Weiterbildung

Es gibt gute Möglichkeiten, wie Sie sich weiterbilden können. Die folgende Liste zeigt einige davon auf:

- Die OWASP gibt mit den *Top 10 Web Application Security Risks* regelmäßig ein Standarddokument zur Sensibilisierung von Entwicklern und zur Sicherheit von Webanwendungen heraus. Dieses Dokument stellt einen breiten Konsens über die wichtigsten Sicherheitsrisiken für Webanwendungen dar. Unter *https://owasp.org/www-project-top-ten* können Sie sich die Liste, die sich ständig verändert, ansehen und entsprechend reagieren.

- Google hat eine eigene *Bug Hunter University* ins Leben gerufen. Sie finden sie unter *https://bughunters.google.com/learn*. Dort lassen sich bestimmte Hackerangriffe im Browser sogar ausprobieren.
- Auch der Rheinwerk Verlag hat zwei interessante Bücher zum Thema im Programm: *Hacking & Security – Das umfassende Handbuch* von Michael Kofler et al. und *You've been hacked!* von Carsten Eilers.
- Im Support-Bereich von wordpress.org gibt es einen sehr ausführlichen Artikel mit dem Titel *Hardening WordPress*[24], der aktualisiert wird, wenn sich Standards ändern. Lesen Sie ihn, wenn Sie mehr darüber erfahren wollen, wie sich WordPress noch besser abschotten lässt (unter anderem durch den Einsatz von Firewalls, Logging und Monitoring).
- Für PhpStorm gibt es einige Erweiterungen, die den Code statisch analysieren und automatisch auf Sicherheitslücken hinweisen können. Auch dadurch wird der Lerneffekt direkt beim Coden erhöht:
- Php Inspections (*https://plugins.jetbrains.com/plugin/7622-php-inspections-ea-extended-*)
- Snyk Security (kostenpflichtig) (*https://plugins.jetbrains.com/plugin/10972-snyk-security--code-open-source-container-iac-configurations/*)
- SonarLint (*https://plugins.jetbrains.com/plugin/7973-sonarlint*)

7.2 Den Turbo aktivieren: Mehr Performance in WordPress-Projekten

Nachdem wir nun einen umfassenden Blick auf die Sicherheit geworfen haben, geht es in diesem Abschnitt um die Schnelligkeit. Nicht zuletzt, seit Google angekündigt hat, dass die Seitengeschwindigkeit als *Ranking-Faktor* herangezogen wird, ist es umso wichtiger geworden, die Ladezeit einer Website im Auge zu behalten. Wer höhere Platzierungen in Suchmaschinen erreichen will, benötigt also eine möglichst schnelle Website. Nun gehört zur Schnelligkeit deutlich mehr als das, was Sie in den folgenden Abschnitten lernen werden. Abbildung 7.5 zeigt Googles *PageSpeed Insights*-Tool, das nicht nur die reine Ladezeit (genannt *Time to Interactive*), sondern viele weitere Messwerte anzeigt. Sie finden es unter *https://pagespeed.web.dev*.

24 Zu finden hier: *https://wordpress.org/support/article/hardening-wordpress/*

Wir beschränken uns auf die Möglichkeiten, die WordPress intern bietet. Das meiste bezieht sich auf die Ausführgeschwindigkeit von PHP durch diverse Caching-Mechanismen. *Caching* ist, wenn Daten für eine gewisse Zeit zwischengespeichert werden.

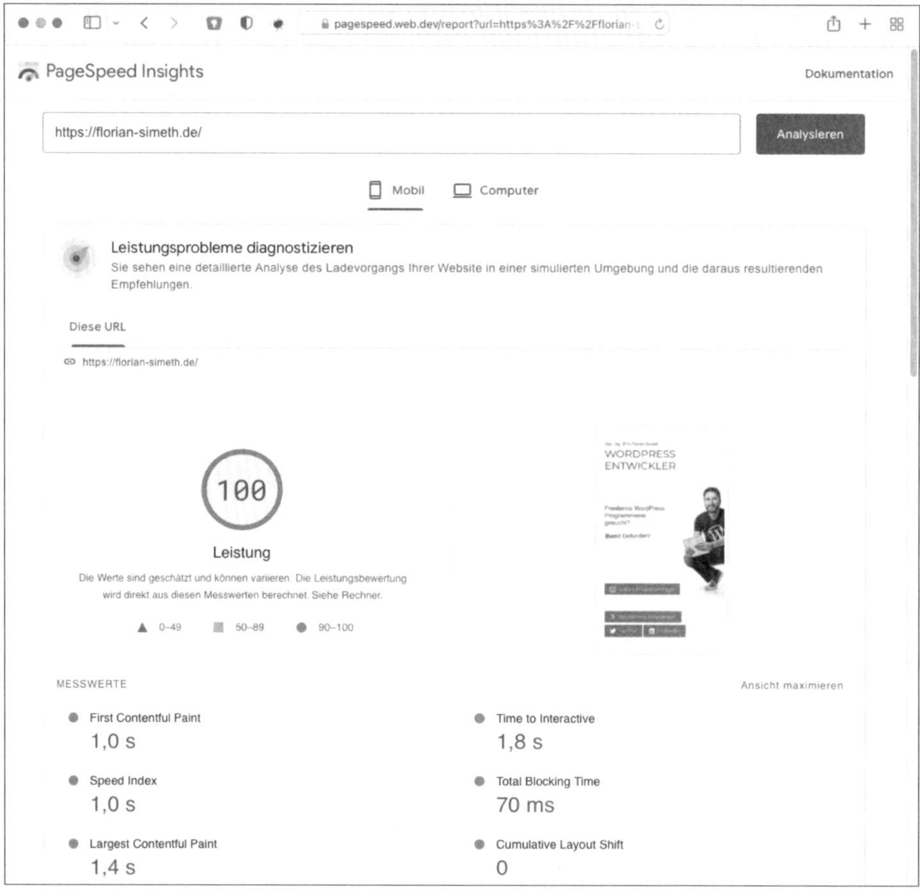

Abbildung 7.5 Googles »PageSpeed Insights«

Performance Team

Ende 2021 schlug *Ari Stathopoulos* vor, ein neues Team in WordPress zu etablieren. Es soll die Koordinierung von Aktivitäten zur Steigerung der Leistung (Geschwindigkeit) von WordPress übernehmen.[25] Wenig später nahm das Team die Arbeit auf. Es ist also zu erwarten, dass sich in den kommenden WordPress-Versionen hinsichtlich der Performance deutlich mehr tut.

25 Vgl. Stathopoulos, Ari: Proposal for a Performance team, in: Make WordPress Core, 2020, *https://make.wordpress.org/core/2021/10/12/proposal-for-a-performance-team/* (abgerufen am 25.01.2022)

Der Beispielcode im Abschnitt

In diesem Abschnitt wird das Dashboard-Widget-Plugin aus Kapitel 6 überarbeitet. Es werden aber nur Auszüge des Quelltextes im Buch zu finden sein. Das gesamte überarbeitete Plugin finden Sie in den Download-Materialien.

7.2.1 Daten zwischenspeichern mit der Cache-API

Die Cache-API erlaubt das kurze Zwischenspeichern von Daten. Im Wesentlichen ist die Klasse `WP_Object_Cache` dafür verantwortlich, dass Daten in den Zwischenspeicher gelangen oder von dort gelesen werden. Der von WordPress integrierte Cache ist sehr flüchtig. Daten bleiben nur während der Laufzeit des aktuellen Skripts bestehen und verfallen danach wieder. Aus diesem Grund hat man sich dazu entschieden, ein Set von Funktionen um die Klasse zur Verfügung zu stellen, sodass der Caching-Mechanismus jederzeit ausgetauscht werden kann.

Eigener Cache-Mechanismus

In Tabelle 4.1 von Abschnitt 4.1.6. kam schon einmal zur Sprache, dass über die Datei *object-cache.php*, die im Verzeichnis */wp-content/* liegen muss, ein eigener Object-Cache hinterlegt werden kann. In der Regel wird diese Datei durch Object-Cache-Plugins automatisch erstellt. Sie muss alle Funktionen beinhalten, die die hauseigene Cache-Datei ebenfalls enthält. (Sie finden diese Cache-Datei unter */wp-includes/cache.php*.) Zahlreiche Plugins und Themes greifen auf die nachfolgend genannten Funktionen zurück.

Als Beispiel sei das *Redis*-Plugin (*https://de.wordpress.org/plugins/redis-cache*) genannt (siehe Abbildung 7.6). Es verbindet die gleichnamige Software mit WordPress. Die sogenannte *In-Memory-Datenbank* ist schlicht aufgebaut. Ähnlich wie das JSON-Format speichert sie nur Schlüssel-Wert-Paare in einer Datenbank ab, die im Arbeitsspeicher des Servers liegt. Die einfache Struktur eignet sich daher eher weniger für komplexe Datenstrukturen, weshalb sie als schneller Cache-Speicher zum Einsatz kommt.

Redis bietet *Persistenz* durch automatisiertes, regelmäßiges Abspeichern der Daten auf die Festplatte. Das bedeutet, dass der Zustand der Daten auch über einen längeren Zeitraum aufrechterhalten werden kann. Sie müssen jedoch davon ausgehen, dass die Daten plötzlich nicht mehr zur Verfügung stehen können, zum Beispiel weil ein Datensatz seine Gültigkeit verloren hat und abgelaufen ist.

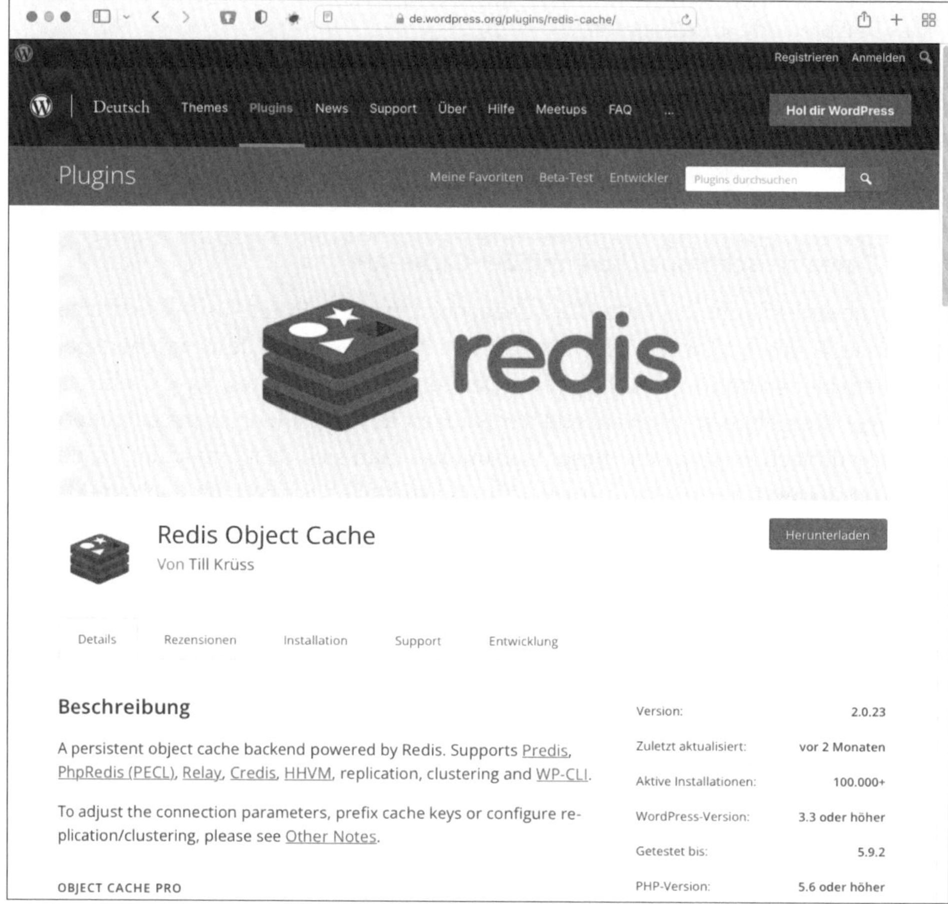

Abbildung 7.6 Das Redis-Plugin bei wordpress.org

Daten in den Cache-Speicher schreiben

Zum Schreiben von Daten in den Cache-Speicher dient die Funktion `wp_cache_add()`. Listing 7.23 zeigt sie:

```
function wp_cache_add(
    int|string $key,
    mixed $data,
    string $group = '',
    int $expire = 0
): bool {
    ...
}
```

Listing 7.23 Funktionsbeschreibung von »wp_cache_add()«

Es gilt:

- $key ist die Schlüsselbezeichnung für den Wert, der in den flüchtigen Speicher geschrieben werden soll.
- $data sind die Daten, die zwischengespeichert werden sollen.
- $group ist eine optionale Angabe, mit der sich Schlüssel zuweisen lassen. Hier ist eine gute Möglichkeit, den Slug des eigenen Plugins oder Themes anzugeben.
- $expire erwartet die Anzahl an Sekunden, in denen der Cache-Wert seine Geltungsdauer verliert. Der Wert 0 (was der Standardwert ist) bedeutet, dass die Gültigkeit nie ablaufen soll.

Zurückgegeben wird der boolesche Wert true, wenn das Schreiben in den Cache erfolgreich vonstattenging. false wird zurückgegeben, wenn das Schreiben nicht erfolgreich war *oder* wenn ein Wert im Cache schon bestand.

Überschreiben lässt sich ein Wert mit wp_cache_add() *nicht*. Hier wird stattdessen wp_cache_set() (siehe Listing 7.24) benötigt:

```
function wp_cache_set(
    int|string $key,
    mixed $data,
    string $group = '',
    int $expire = 0
): bool {
    ...
}
```

Listing 7.24 Funktionsbeschreibung von »wp_cache_set()«

Wie Sie sehen, hat die Funktion die gleichen Parameter. Der Unterschied ist, dass der Wert gesetzt wird, unabhängig davon, ob er bereits im Cache liegt. Im Grunde gibt sie immer true zurück. Es sei denn, das Schreiben in den Cache schlug fehl.

Die Funktion wp_cache_replace() existiert zusätzlich. Wie Sie in Listing 7.25 sehen können, hat sie ebenfalls die gleichen Parameter. Auch hier unterscheidet sie sich allein durch den Rückgabewert: true wird nur zurückgegeben, wenn der Wert im Cache bereits gespeichert war. Es wird also vorausgesetzt, dass vorher wp_cache_add() aufgerufen wurde.

```
function wp_cache_replace(
    int|string $key,
    mixed $data,
    string $group = '',
    int $expire = 0
```

```
): bool {
    ...
}
```

Listing 7.25 Funktionsbeschreibung von »wp_cache_replace()«

Ein Plugin, das auf die Cache-API zurückgreift, ist *WP-PostRatings*[26]. Es erlaubt den Besuchern, Artikel zu bewerten. In Abbildung 7.7 sind vor dem Text die Sterne zu sehen, die vom Besucher angeklickt werden können. Listing 7.26 zeigt einen Ausschnitt aus dessen Quellcode. Die Funktion `get_most_rated()` gibt die meistbewerteten Seiten und Beiträge zurück. Das Listing verdeutlicht sehr gut, wie und warum die Funktion `wp_cache_add()` zum Einsatz kommt. Fett gedruckt sind die relevanten Zeilen. In der ersten sehen Sie eine sehr lange, komplexe SQL-Abfrage, die im Beispiel gekürzt wurde. Es ist sinnvoll, das Resultat der Abfrage in den Cache zu laden.

Abbildung 7.7 Das »WP-PostRatings«-Plugin zeigt Sterne an, die sich anklicken lassen.

```
<?php
function get_most_rated( ... ) {
    ...
```

26 Zu finden unter: *https://de.wordpress.org/plugins/wp-postratings/*

```
    $sql  = $wpdb->prepare(
        "SELECT DISTINCT $wpdb->posts.ID, (t1.meta_value+0.00) ...",
        $min_votes,
        $limit
    );

    $cache_key  = 'get_most_rated_' . md5( $sql );
    $most_rated = wp_cache_get(
        $cache_key,
        $cache_group = 'wp-postratings'
    );

    if ( false === ( $most_rated ) ) {
        $most_rated = $wpdb->get_results( $sql, ARRAY_A );
        wp_cache_add(
            $cache_key,
            $most_rated,
            $cache_group,
            HOUR_IN_SECONDS
        );
    }
    _prime_post_caches( wp_list_pluck( $most_rated, 'ID' ) );
}
```

Listing 7.26 Auszug aus dem Quellcode des »WP-PostRatings«-Plugins

Relativ unbekannte WordPress-Funktionen

In Listing 7.26 haben Sie gesehen, dass dort die Funktion mit dem Namen `wp_list_pluck()` zum Einsatz kam (letzte Zeile). Das ist eine der sehr nützlichen, aber doch eher unbekannten Funktionen von WordPress, auf die Sie jederzeit zurückgreifen können. Listing 7.27 zeigt den Funktionsrumpf. Der Parameter `$list` erwartet ein Array mit Arrays oder Objekten. `$field` ist das Feld, das gefiltert werden soll. Zurückgegeben wird ein neues Array ausschließlich mit den Werten von `$field`, wobei optional auch der unter `$index_key` angegebene Wert als Schlüssel für das neue Array herangezogen werden kann.

```
<?php
function wp_list_pluck(
    array $list,
    int|string $field,
    int|string $index_key = null
): array {
```

```
    ...
}
```

Listing 7.27 Funktionsbeschreibung von »wp_list_pluck()«

Das alles klingt komplexer, als es ist. Schauen wir uns deshalb ein Beispiel an. Nehmen wir an, es liegt ein Array wie in Listing 7.28 vor. Der Aufruf von `wp_list_pluck( $list, 'id' );` würde ein Array wie in Listing 7.29 erzeugen.

```
<?php
$list = [
    [
        'id'    => 789,
        'title' => 'Erster Post'
    ],
    [
        'id'    => 1009,
        'title' => 'Zweiter Post'
    ],
    [
        'id'    => 2765,
        'title' => 'Dritter Post'
    ],
];
```

Listing 7.28 Array mit drei Unter-Arrays

```
<?php
$list_plucked = [
    0 => 789,
    1 => 1009,
    2 => 2765
];
```

Listing 7.29 Ausgabe 1

Der Aufruf `wp_list_pluck( $list, 'title', 'id' );` hingegen würde ein Rückgabe-Array wie in Listing 7.30 erzeugen:

```
<?php
$list_plucked = [
    789  => 'Erster Post',
    1009 => 'Zweiter Post',
    2765 => 'Dritter Post'
];
```

Listing 7.30 Ausgabe 2

Ein sehr großes Array kann durch diese Funktion also deutlich verkleinert werden. Darüber hinaus werden nur die Werte gefiltert, die wirklich benötigt werden.

Daten aus dem Cache lesen

Zum Lesen von Daten aus dem Cache gibt es glücklicherweise nur eine einzige Funktion (siehe Listing 7.31):

7

```
<?php
function wp_cache_get(
    int|string $key,
    string $group = '',
    bool $force = false,
    &$found = null
): mixed|bool {
    ...
}
```

Listing 7.31 Funktionsbeschreibung von »wp_cache_get()«

Hier gilt:

- `$key` ist der Schlüssel, mit dem der Wert in den Cache gespeichert wurde.
- `$group` ist die dazugehörende optionale Gruppenbezeichnung.
- `$force` beschreibt, ob eine Aktualisierung des lokalen Caches aus dem persistenten Cache erzwungen werden soll (siehe den Kasten »False ist nicht gleich false!«).
- Mit `$found` wird eine Variable benötigt, deren Inhalt innerhalb der Funktion mit `true` oder `false` überschrieben wird, und zwar je nachdem, ob das Lesen funktionierte oder aber fehlschlug (siehe den Kasten »May the Force be with you!«).

Zurückgegeben werden die im Cache befindlichen Daten oder aber `false` im Fehlerfall. Beachten Sie auch hier die Hinweise im Kasten. In Listing 7.26 ist auch die Funktion `wp_cache_get()` abgedruckt. Wie Sie dort sehen können, wird der Aufruf `$wpdb->get_results(...)` übergangen, wenn ein Wert zurückgeliefert wurde.

False ist nicht gleich false!

Der Parameter `$found` existiert, weil es durchaus möglich ist, dass der boolesche Wert `false` vom Cache zurückgegeben wird (dass also dieser Wert zuvor abgespeichert wurde). Wenn `false` zurückgegeben wird, heißt das folglich nicht, dass der Wert nicht gelesen werden konnte (weil beispielsweise keine Verbindung zum Cache-Server besteht).

May the Force be with you!

Ein Wort zum Parameter `$force` der `wp_cache_get()`-Funktion: In der WordPress-eigenen `WP_Object_Cache`-Klasse ist der Parameter ungenutzt. Jedoch kommt er in Plugins wie dem zuvor genannten *Redis*-Plugin zum Einsatz. Dort werden alle bereits geladenen Daten in einen lokalen PHP-Speicher geschrieben (also in eine Variable gespeichert). Ein zwischengespeicherter Wert wird von der Variablen abgerufen, falls er denn schon von der Redis-Datenbank geladen wurde. Falls nicht, wird die Datenbank befragt.

Mit `$force = true` lässt sich der lokale Speicher so umgehen, dass der Wert immer von der Redis-Datenbank geladen werden muss.

Daten aus dem Cache löschen

Wenn Sie Daten aus dem Cache löschen wollen, nutzen Sie `wp_cache_delete()` (siehe Listing 7.32). Angegeben werden muss wieder der Schlüssel (`$key`) sowie die zugehörige Gruppe (`$group`). Zurückgegeben wird `true`, wenn der Wert gelöscht werden konnte.

```
<?php
function wp_cache_delete( int|string $key, string $group = '' ): bool {}
```

Listing 7.32 Funktionsbeschreibung von »wp_cache_delete()«

Mehrere Daten gleichzeitig aus dem Cache lesen

Zu den oben genannten Funktionen gesellen sich noch weitere:

- `wp_cache_get_multiple()`
- `wp_cache_set_multiple()`
- `wp_cache_add_multiple()`
- `wp_cache_delete_multiple()`

Aufgebaut sind sie genauso wie deren Pendants. Der Unterschied ist, dass der erste Parameter ein Array von Schlüsseln (und deren Werten) erwartet. Zurückgegeben wird ein Array mit Werten, die in Gruppen organisiert sind.

7.2.2 Temporären Speicher von WordPress nutzen: die Transient-API

Und damit kommen wir zu einer weiteren Möglichkeit, Daten zwischenzuspeichern: zu den sogenannten Transienten. Der Begriff *Transient* kommt aus dem Englischen und steht für *vorübergehend*, *flüchtig* oder *vergänglich*. Es handelt sich also auch um eine Art Cache.

Die Transient-API ist ähnlich aufgebaut wie die Options-API. Daher befindet sie sich auch in derselben Datei. Es gibt eine `set_transient()`- genauso wie eine `get_transient()`-Funktion. Der Unterschied zur Options-API ist, dass eine Ablaufzeit übergeben werden muss. Im Gegensatz zur *Cache-API* kann die Transient-API Daten dauerhaft speichern. Standardmäßig wird dafür die `wp_options`-Datenbank-Tabelle genutzt. Bei der Cache-API funktioniert das hingegen nur mit zusätzlichen Plugins. Ist allerdings ein Cache-Plugin wie das zuvor genannte Redis-Plugin installiert und aktiviert, so nutzt auch die Transient-API die Cache-API zum Speichern der Daten.

Cache-API oder Transient-API?

Stellt sich noch die Frage: Wann soll man die Transient-API benutzen und wann die Cache-API? Die Antwort ist, wie so oft, nicht einfach und hängt von der Serverumgebung ab. Sie können die Transient-API immer dann nutzen, wenn Daten dauerhaft gespeichert bleiben sollen. Denn es kann nicht davon ausgegangen werden, dass jede WordPress-Installation mit einem Cache-Plugin ausgestattet wurde. Die Cache-API ist in den meisten Fällen also nur als sehr flüchtiger Speicher anzusehen, da die Daten nur in einem statischen Array gespeichert werden, wenn kein persistenter Cache vorhanden ist.

Wenn Sie allerdings vorher wissen, dass ein persistenter Cache (wie Redis) auf dem Server vorhanden ist, sollten Sie lieber auf die Cache-API zurückgreifen. Das hat zugleich folgende Vorteile:

- Es landen keine Daten in der Datenbank von WordPress.
- In-Memory-Datenbanken wie Redis sind deutlich schneller, als die `wp_options`-Tabelle jemals sein kann. (Erfahrungsgemäß landen dort oft viele, teilweise verlorene Daten, was die Tabelle für Anfragen langsam macht.) Die wp_options-Tabelle ist schließlich auch nicht für das Caching optimiert.

Stellen Sie sich vor, Sie wollen die Anzahl der Facebook-Likes zu einem Beitrag anzeigen. Dazu müssen Sie die Graph-API von Facebook kontaktieren. Das funktioniert zwar mit der HTTP-API von WordPress (siehe Kapitel 14, »Externe Daten nachladen mit der HTTP-API«), aber ein Verbindungsaufbau, der Abruf der Daten und deren Auswertung benötigt Zeit. Zeit, die man nicht hat. Denn wie Sie bereits erfahren haben, fließt die Geschwindigkeit einer Website in das Ranking bei Suchmaschinen mit ein.

Die Transient-API schafft hier Abhilfe, indem eine solche Operation nur einmalig ausgeführt werden muss. Erst nach Ablauf einer bestimmten Zeit ist der Transient-Wert ungültig und die Abfrage zur Facebook-Graph-API muss erneut erfolgen. Damit umgeht man zumindest für eine gewisse Zeit, dass fast jede *Page Impression* (Seitenaufruf) einen HTTP-Abruf erzeugt und somit das Rendering der Seite blockiert. Denn PHP gibt erst dann den vollen HTML-Code zurück, wenn die HTTP-Abfrage erfolgreich war oder diese aber nach einer gewissen Zeit abgebrochen wurde. Das kann unter Umständen mehrere Sekunden dauern.

Wenn Sie jetzt behaupten, dass das auch keine richtige Lösung sei, haben Sie recht! Die optimale Lösung wäre, solche Abfragen erst gar nicht durch eine Page Impression auszulösen, sondern zum Beispiel über einen Cronjob (siehe Kapitel 19, »Zeitgesteuerte Aufgaben (Cronjobs)«) oder über die WP-CLI (siehe Kapitel 20 »WordPress auf der Kommandozeile: Die WP-CLI«).

Speichern von Daten mit Verfallszeit

Die `set_transient()`-Funktion hat einen einfachen Aufbau. Listing 7.33 zeigt, dass ein Name (`$transient`), ein Wert (`$value`) sowie eine Ablaufzeit (`$expiration`) notwendig sind. Die Ablaufzeit ist ein Integer-Wert in Sekunden. Ein Wert von `0` bedeutet, dass der Wert dauerhaft aufbewahrt werden soll. Zurückgegeben wird `true`, wenn die Daten gespeichert wurden, ansonsten `false`.

```
<?php
function set_transient(
    string $transient,
    mixed $value,
    int $expiration = 0
): bool {
    ...
}
```

Listing 7.33 Funktionsbeschreibung von »set_transient()«

Das Dashboard-Widget-Beispiel aus Kapitel 6 kann so abgewandelt werden, dass es statt eines iFrames die Daten von einer API abholt. Dadurch, dass die API des *Wetterdienstes des norwegischen meteorologischen Instituts und der NRK* Geo-Koordinaten und nicht einen Städtenamen benötigt, müssen auch die Einstellungsfelder entsprechend verändert werden. Abbildung 7.8 zeigt diese nach erfolgtem Umbau. Wie Sie sehen, werden nun Geo-Koordinaten anstatt eines Städtenamens erwartet. Listing 7.34 zeigt den Ausschnitt, der aktuell interessant ist. Sie finden das komplette Beispiel-Plugin in den Download-Materialien.

```
<?php
private function get_weather_data() {
    $weather_data = $this->fetch_weather();

    if ( is_wp_error( $weather_data ) ) {
        return $weather_data;
    }
```

```
    set_transient(
        'fs_dw_weather_data',
        $weather_data,
        $midnight->format( 'U' ) - time()
    );

    return $weather_data;
}
```

Listing 7.34 Auszug aus der »Dashboard_Widget«-Klasse des Beispiels aus dem vorigen Kapitel

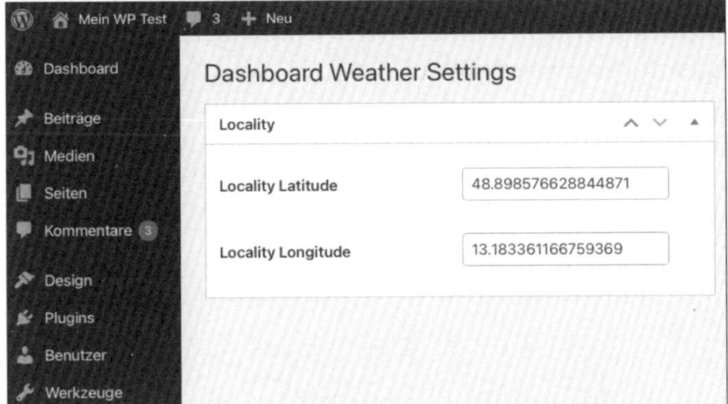

Abbildung 7.8 Umbau des Wetter-Widgets: Es benötigt nun die Koordinaten anstatt eines Städtenamens.

Daten mit Verfallszeit lesen

Listing 7.35 zeigt nun die noch fehlenden Zeilen für die Methode `get_weather_data()`. Die Funktion `get_transient()` kommt erstmals zum Einsatz. Sie hat nur einen Parameter, nämlich den Namen des Transienten, mit dem die Daten zuvor abgespeichert wurden. Zurückgegeben werden die Daten im Zwischenspeicher oder aber der boolesche Wert `false`. Vorsicht ist auch hier geboten: Wenn Sie den booleschen Wert `false` zwischenspeichern, kann beim Abruf nicht festgestellt werden, ob der Wert tatsächlich aus dem Cache kam.

```
<?php
private function get_weather_data() {
    $cached_weather = get_transient( 'fs_dw_weather_data' );

    if ( is_object( $cached_weather ) ) {
        return $cached_weather;
    }
```

```
    $weather_data = $this->fetch_weather();

    ...
}
```

Listing 7.35 Abruf des Wertes mit »get_transient()«

Die Methode `fetch_weather()` nimmt jetzt nur dann eine Verbindung zur API auf, wenn nicht bereits zwischengespeicherte Daten vorliegen. Der Parameter `$expiration` wird so berechnet, dass der Transient zur Mitternachtszeit ausläuft. So werden am nächsten Tag wieder frische Wetterdaten zurückgeliefert.

Die Methode `render_widget_content()` lässt sich abändern, wie in Listing 7.36 zu sehen ist. Rufen Sie das Dashboard-Widget auf, so sehen Sie die Tabelle mit den Temperaturangaben des heutigen Tages (siehe Abbildung 7.9).

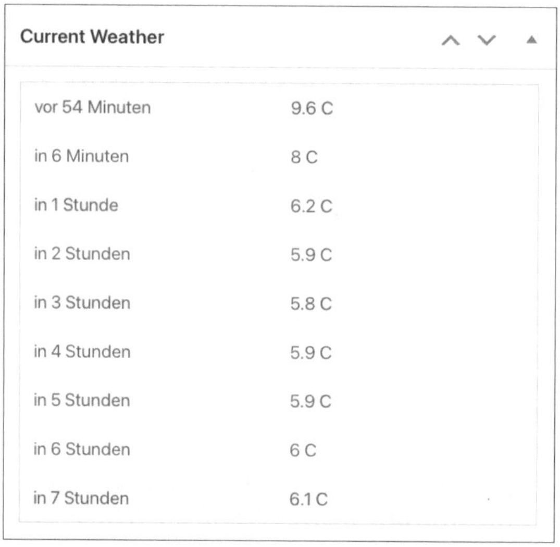

Current Weather

vor 54 Minuten	9.6 C
in 6 Minuten	8 C
in 1 Stunde	6.2 C
in 2 Stunden	5.9 C
in 3 Stunden	5.8 C
in 4 Stunden	5.9 C
in 5 Stunden	5.9 C
in 6 Stunden	6 C
in 7 Stunden	6.1 C

Abbildung 7.9 Die neuen Wetterdaten im Widget

```
<?php
public function render_widget_content( $object, $box_data ) {

    $weather_data = $this->get_weather_data();

    if ( is_wp_error( $weather_data ) ) {
        printf(
            'Could not fetch weather. Got error: %s',
            $weather_data->get_error_message()
        );
```

```
        return;
    }

    $midnight = new \DateTime( 'tomorrow' );

    echo '<table class="wp-list-table widefat ... table-view-list">';
    foreach ( $weather_data->properties->timeseries as $timeseries ) {

        $timestamp = strtotime( $timeseries->time );

        if ( $timestamp > $midnight->format( 'U' ) ) {
            break;
        }

        printf(
            '<tr><td>%s %s</td><td>%s %s</td></tr>',
            $timestamp < time() ? 'vor' : 'in',
            human_time_diff( $timestamp ),
            $timeseries->data->instant->details->air_temperature,
            $weather_data->properties->meta->units->air_temperature
        );
    }
    echo '</table>';
}
```

Listing 7.36 Ausgabe der Wetterdaten als Tabelle

Von Menschen lesbare Zeitintervalle

In Listing 7.36 kommt eine weitere eher unbekannte Funktion von WordPress zum Einsatz, nämlich `human_time_diff( int $from, int $to = time() ): string`. Sie berechnet die Zeitdifferenz zwischen zwei Unix-Zeitstempeln und gibt dann einen vom Menschen mühelos abzulesenden Text zurück (siehe Abbildung 7.9). Allerdings wird die Angabe mit zunehmender Differenz ungenauer. Listing 7.37 zeigt einige Beispiele:

```
<?php
echo human_time_diff( time() + HOUR_IN_SECONDS ); # 1 Stunde
echo human_time_diff( time() + DAY_IN_SECONDS ); # 1 Tag
echo human_time_diff( time() + HOUR_IN_SECONDS + 5 * 60 ); # 1 Stunde
echo human_time_diff( time() + HOUR_IN_SECONDS - 5 * 60 ); # 55 Minuten
```

Listing 7.37 Beispiel-Rückgabewerte von »human_time_diff()«

Transienten löschen

Natürlich lassen sich die Daten eines Transienten löschen. WordPress stellt dazu die Funktion `delete_transient( string $transient ): bool` zur Verfügung. Sie erwartet nur einen einzigen Parameter, nämlich die Angabe eines Namens. Zurückgegeben wird ein boolescher Wert, der angibt, ob der Wert gelöscht wurde. Im Beispiel-Plugin könnte der Wert des Transienten gelöscht werden, sobald die Geo-Koordinaten verändert werden. Dazu werden im Konstruktor der `Settings`-Klasse zwei neue `add_filter()`-Befehle ergänzt (siehe Listing 7.38). Den Inhalt der Methode `delete_transients()` entnehmen Sie dem Listing 7.39.

```
<?php
public function __construct() {
    ...

    add_filter(
        'pre_update_option_fs_dw_locality_lat',
        [ $this, 'delete_transients' ],
        10,
        2
    );

    add_filter(
        'pre_update_option_fs_dw_locality_lon',
        [ $this, 'delete_transients' ],
        10,
        2
    );

    ...
}
```

Listing 7.38 Zwei neue Hooks werden ergänzt.

```
<?php
public function delete_transients( $new_value, $old_value ) {

    if ( $old_value !== $new_value ) {
        delete_transient( 'fs_dw_weather_data' );
    }

    return $new_value;
}
```

Listing 7.39 Ein Transient wird gelöscht, sobald sich die Geo-Koordinaten verändern.

Wie Transienten intern funktionieren

Wird kein Cache-Plugin verwendet, so nutzt die Transient-API intern die Options-API zum Speichern der Daten. Das bedeutet, dass alle Daten in der Datenbank-Tabelle `{$prefix}_options` landen. Der Name der Option lautet dann `_transient_{$transient_name}`. Der Name erhält also ein Präfix.

Wird ein Transient-Wert abgespeichert und zusätzlich eine Verfallszeit angegeben, so entsteht in der Datenbank ein zweiter Eintrag mit der Bezeichnung `_transient_timeout_{$transient_name}`. Dort wird der Zeitstempel der Verfallszeit hinterlegt.

Die Spalte `option_name` in der Datenbank hat eine maximale Länge von gerade einmal 191 Zeichen. Das bedeutet, dass der Name eines Transienten in der Länge beschränkt werden muss. Wird eine Verfallszeit angegeben, so schrumpft die maximale Länge der Bezeichnung auf 172 (191 minus der Länge des Präfixes `_transient_timeout_`). Ist der Name des Transienten länger, so findet WordPress den Timeout-Wert nicht mehr, da er von der Datenbank abgeschnitten wird. Sie sollten das im Kopf behalten, falls Sie lange Transient-Namen wie beispielsweise URLs speichern wollen.

Bereits abgelaufene Transienten löschen

Seit WordPress 4.9.0 werden abgelaufene Transienten über einen Cronjob automatisch gelöscht. Arbeiten Sie mit einer der älteren Versionen, müssen Sie sicherstellen, dass die Transienten beispielsweise beim Deaktivieren und Löschen eines Plugins von der Datenbank entfernt werden.

Auch in diesem Kapitel haben Sie wieder viel Neues kennengelernt. Performance ist genauso wie die Sicherheit ein großes Thema, nicht nur in WordPress-Projekten. Auch dann, wenn Sie sich an vieles bald nicht mehr erinnern werden, ist es doch wichtig, diese Inhalte einmal angeschnitten zu haben. Immerhin wissen Sie nun, wo Sie nachschlagen können.

Und nun entführe ich Sie ins nächste Kapitel. Dort werden wir uns näher mit CSS- und JavaScript-Dateien beschäftigen.

Kapitel 8
CSS und JavaScript in WordPress

»Learn JavaScript, deeply.« – Das war die Aussage von Matt Mullenweg auf der State of the Word 2015.[1] *Und er bekam dafür sehr viel Beifall. Schon damals wusste er, wohin die Reise geht.*

PHP als Skriptsprache wird uns weiterhin begleiten. PHP ist nicht tot und ist nach wie vor eine der weitverbreiteten Sprachen im Web, nicht zuletzt, weil WordPress so bekannt ist. Was wollte Matt Mullenweg uns nun mit seiner Aussage zu JavaScript mitteilen? Sieht man sich die IEEE-Rankings von JavaScript der vergangenen Kalenderjahre an, so lässt sich ein sehr großer Sprung ausmachen. Über Platz 8 in 2018[2] schaffte es diese Programmiersprache im Jahre 2019 schon auf Platz 6[3], um nur zwei Jahre später auf Platz 5[4] vorzurücken (siehe Abbildung 8.1). Werden alle Nicht-Web-Skriptsprachen ausgeklammert, so befindet sich JavaScript auf Platz 3, gleich hinter Python und Java. Betrachtet man die Projekte, die in den letzten Jahren entstanden sind, ist dies verständlich.

V8, die JavaScript-Implementierung von Google, führte dazu, dass JavaScript unabhängig vom Browser ausgeführt werden konnte. Dadurch entstand zum Beispiel das *Node.js*-Projekt. Dabei handelt es sich um eine plattformübergreifende Open-Source-Laufzeitumgebung, die es erlaubt, JavaScript serverseitig auszuführen. Plötzlich benötigte ein JavaScript-Entwickler im Web-Bereich keine zweite Programmiersprache für serverseitigen Code mehr.

Etwa vier Jahre nach dem Erscheinen von Node.js entstand *React.js* (kurz *React*). Das ist eine JavaScript-Softwarebibliothek die ursprünglich von Facebook für eigene Zwe-

1 Das volle Video ist hier zu finden: *https://wordpress.tv/2015/12/07/matt-mullenweg-state-of-the-word-2015*

2 Vgl. Cass, Stephen: The 2018 Top Programming Languages – Python stays on top, and Assembly enters the Top Ten, in: IEEE Spectrum, 2018, *https://spectrum.ieee.org/the-2018-top-programming-languages* (abgerufen am 27.01.2022)

3 Vgl. Cass, Stephen: The Top Programming Languages 2019 – Python remains the big kahuna, but specialist languages hold their own, in: IEEE Spectrum, 2019, *https://spectrum.ieee.org/the-top-programming-languages-2019* (abgerufen am 27.01.2022)

4 Vgl. Cass, Stephen: Top Programming Languages 2021 – Python dominates as the de facto platform for new technologies, in: IEEE Spectrum, 2021, *https://spectrum.ieee.org/top-programming-languages-2021* (abgerufen am 27.01.2022)

cke entwickelt wurde. Das Modell von React verspricht den einfachen, aber trotzdem performanten Aufbau komplexer Anwendungen (siehe Abschnitt 8.5, »Crashkurs React«). Mittlerweile gibt es sehr viele solcher Web-Frameworks. Alle haben ihre Stärken und Schwächen. Angular, Vue.js, Preact und EmberJS sind nur einige von ihnen.

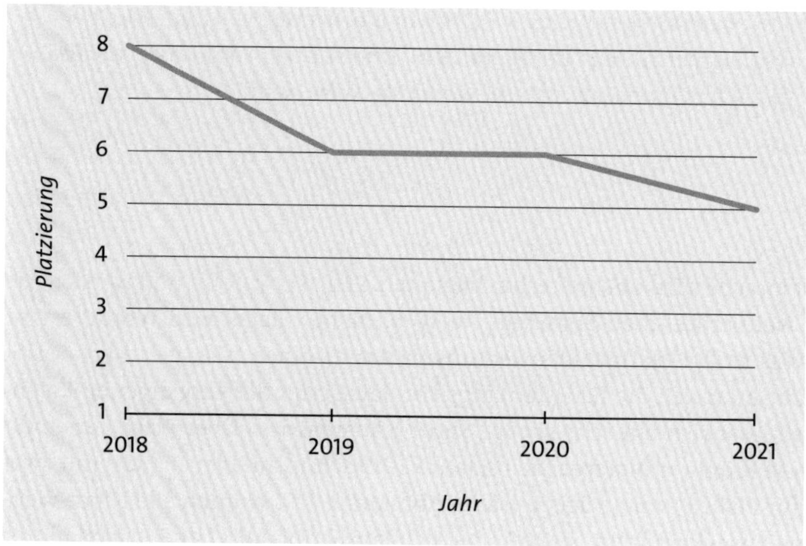

Abbildung 8.1 Platzierung von JavaScript über die Jahre

JavaScript hat eine lange Tradition in WordPress. Schon sehr früh wurde die JavaScript-Bibliothek jQuery mit WordPress ausgeliefert und kam dort zum Einsatz. Die Verwendung von jQuery hatte den großen Vorteil, dass es mit wenigen Zeilen von Code möglich war, in allen gängigen Browsern das gleiche Ziel zu erreichen, z. B. das Absenden oder Abrufen von Daten durch XHR (*XMLHttpRequest*). Mittlerweile haben sich die Browser-Hersteller auf viele Standards geeinigt. Eine Bibliothek wie jQuery ist deshalb nur noch selten notwendig. Mit React.js sieht es da schon etwas anders aus. Denn wie Sie mit nur einem Blick auf den Block-Editor erkennen können, werden die Projekte immer komplexer (siehe Abbildung 8.2). React hält zunehmend Einzug in WordPress. Mittlerweile besteht nicht mehr nur der Editor aus JavaScript-Dateien, die mit React entwickelt wurden, sondern auch der Widget-Bereich sowie sämtliche Full-Site-Editing-Funktionen. Worauf Matt also hinaus wollte, ist: Die zunehmende Popularität von JavaScript und die Einführung von React in WordPress führen unweigerlich dazu, dass immer mehr JavaScript zur Anwendung kommen wird.

Zu jQuery und React kommen wir später noch. In einem ersten Schritt soll es erst einmal darum gehen, wie mit JavaScripten und auch CSS-Dateien in WordPress verfahren wird.

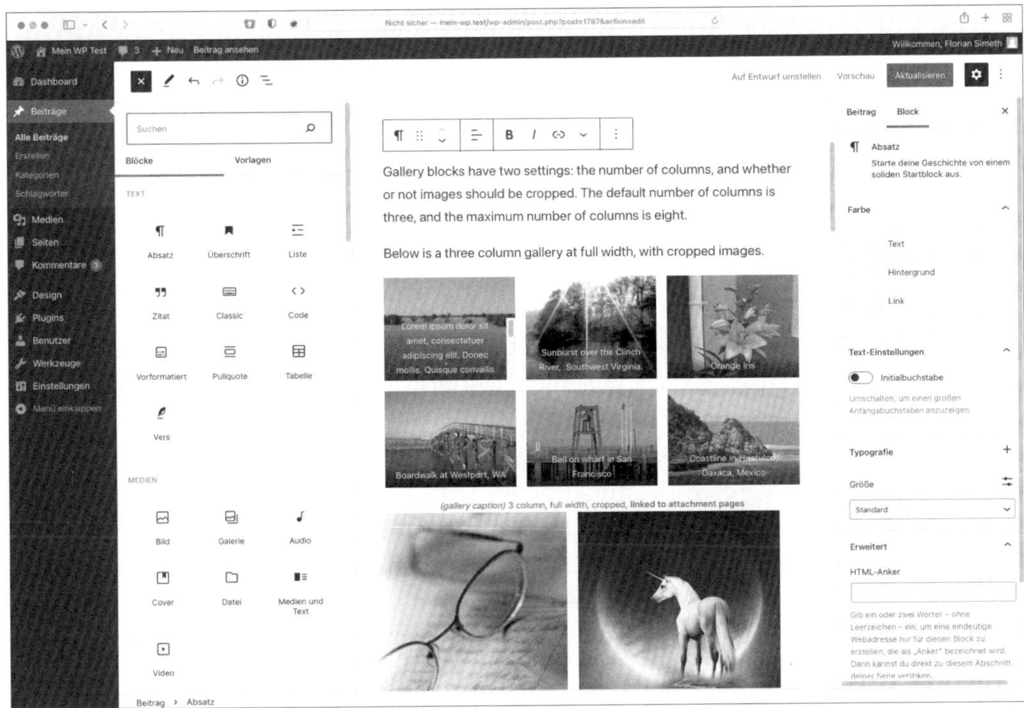

Abbildung 8.2 Der neue Block-Editor ist eine komplexe Webanwendung.

8.1 Skripte registrieren, einhängen und entfernen

In WordPress müssen grundsätzlich alle JavaScript- aber ebenso alle CSS-Dateien einen Registrierungsprozess durchlaufen. Zwar ist es auch möglich, über einen Action-Hook wie `wp_head` eine Datei auf herkömmliche Weise einzubinden (siehe Listing 8.1), jedoch birgt dies einige Gefahren:

- Mit WordPress werden bereits viele bekannte Projekte (und damit deren JavaScript- und CSS-Dateien) mitgeliefert. Sie müssen also nicht eine eigene Version integrieren.
- Das Einbinden mehrerer möglicherweise verschiedener Versionen des gleichen Projekts verursacht Probleme.
- Cache-Plugins können die einzelnen Dateien nicht oder nur mit großem Aufwand zusammenfassen. Dies schränkt die Möglichkeit ein, die Website schneller zu machen.

```
<?php
add_action( 'wp_head', function () {
    printf(
```

```
        '<script src="%s/public/js/meinscript.min.js"></script>',
        untrailingslashit( plugins_url( __FILE__ ) )
    );
} );
```

Listing 8.1 Der falsche Weg: Einbinden einer JavaScript-Datei über einen Hook in den Head-Bereich des Frontends

8.1.1 Skriptdateien registrieren

Wie ich bereits erwähnt habe, ist es nicht nötig, ein Skript durch den Registrierungsprozess laufen zu lassen. Ich rate Ihnen dennoch, ausnahmslos alle Dateien in Ihrem Projekt zu registrieren. Denn nur dann ist es möglich, dass andere Entwickler diese wieder abmelden, falls dies notwendig ist. Darüber hinaus können auch Abhängigkeiten erzeugt werden. Das funktioniert jedoch nur, wenn eine Datei ordnungsgemäß registriert wurde. Die Funktionen, die dafür benötigt werden, nennen sich `wp_register_script()` und `wp_register_style()` (siehe Listing 8.2). Erstere registriert eine JavaScript-Datei, Letztere eine CSS-Datei.

```
<?php
function wp_register_script(
    string $handle,
    string|bool $src,
    string[] $deps = [],
    string|bool|null $ver = false,
    bool $in_footer = false
): bool {
    ...
}

function wp_register_style(
    string $handle,
    string|bool $src,
    string[] $deps = [],
    string|bool|null $ver = false,
    string $media = 'all'
): bool {
    ...
}
```

Listing 8.2 Funktionsbeschreibung von »wp_register_script()« und »wp_register_style()«

Wie Sie sehen, sind die Parameter bis auf den jeweils letzten gleich. Es gilt:

- `$handle` sollte ein einzigartiger Name (ein Slug) für die Datei sein.
- `$src` ist die volle URL zur Datei, alternativ ein Pfad relativ zum WordPress-Stammverzeichnis. Wird der Wert auf `false` gesetzt, so lassen sich Sammlungen oder Gruppen mehrerer abhängiger Dateien erzeugen (siehe den Parameter `$deps`).
- `$deps` ist die Kurzform von *dependencies* und erwartet ein Array von registrierten Dateien, von denen die neu registrierte Datei abhängig ist.
- `$ver` erwartet die Angabe einer Versionsnummer. WordPress hängt sie als Query-Argument an die URL an. Wird der Wert auf `false` gesetzt, so wird die aktuelle Versionsnummer von WordPress angefügt. Wird er auf `null` gesetzt, so wird keine angehängt.
- Beim Registrieren eines JavaScriptes gibt es zusätzlich den Parameter `$in_footer`, der angibt, ob das JavaScript im Fußbereich der Website eingebunden werden soll oder nicht.
- Beim Registrieren von CSS-Dateien lässt sich durch die Angabe `$media` festlegen, dass ein Stylesheet nur dann verarbeitet werden soll, wenn das Dokument von einem bestimmten Ausgabemedium ausgegeben wird. Möglich sind beispielsweise `print`, `screen` oder Media-Queries[5] wie `(max-width: 640px)`.

Zurückgegeben wird der boolesche Wert `true`, wenn die Datei registriert werden konnte, ansonsten `false`. In Abschnitt 5.4.2, »CSS-Dateien in das Theme einbinden«, wurde gezeigt, wie CSS-Dateien eingebunden werden können. Listing 8.3 zeigt noch einmal den Ausschnitt aus der *functions.php* des Classic-Themes, das wir dort erstellt hatten. Über den Hook `wp_enqeueu_scripts` wird eine Funktion `enqueue_styles()` ausgeführt, die dann die entsprechenden Stylesheet-Dateien registriert. Die erste fett gedruckte Zeile demonstriert, wie das Skript mit dem Slug `mwpt-layout-tablet` vom Skript `mwpt-layout` abhängig ist. Die letzte hervorgehobene Stelle zeigt den Wert des Parameters `$media`. Die Datei wird vom Browser nur dann ausgewertet, wenn die Breite des Browserfensters größer ist als 1000 px.

```
<?php
namespace floriansimeth\mein_wp_theme;

add_action(
    'wp_enqueue_scripts',
    'floriansimeth\mein_wp_theme\enqueue_styles'
);
```

5 Durch Media Queries lässt sich die Darstellung eines Dokuments für verschiedene Ausgabemedien festlegen. Mehr zu den Abfragen finden Sie hier: *https://wiki.selfhtml.org/wiki/CSS/Media_Queries*

```
function enqueue_styles() {
    wp_register_style(
        'mwpt-layout',
        trailingslashit( get_template_directory_uri() )
            . 'public/css/layout.css',
        [],
        '0.1.0'
    );

    wp_register_style(
        'mwpt-layout-tablet',
        trailingslashit( get_template_directory_uri() )
            . 'public/css/layout-tablet.css',
        [ 'mwpt-layout' ],
        '0.1.0',
        'screen and (min-width: 1000px)'
    );

    ...
}
```

Listing 8.3 Ausschnitt aus der »functions.php« des Classic-Theme-Beispiels

Beim Einbinden von Skriptdateien hat sich folgende Vorgehensweise bewährt:

- Registrieren Sie Ihre Dateien möglichst früh, zum Beispiel innerhalb des `init`-Hooks. Nur so können andere Entwickler davon profitieren und die gleichen Skripte nutzen, falls möglich.
- Registrieren Sie alle Dateien einzeln. Vermeiden Sie nach Möglichkeit den `@import`-Ansatz von JavaScript und CSS. Eine Sammlung von Dateien ist so besser organisiert.
- Vermeiden Sie möglichst die Ausgabe von sogenanntem *Inline-JavaScript* und *-CSS*, also die direkte Integration von Code in HTML. Es gibt jedoch noch einen Weg, wie sich Inline-Code ergänzen lässt. Lesen Sie dazu Abschnitt 8.1.4 und Abschnitt 8.1.5.

Wie Sie JavaScripte registrieren, zeigt das Beispiel in Abschnitt 8.4, »Crashkurs jQuery«.

Den Browser-Cache beachten!

Ohne die Angabe einer Versionsnummer (`$ver`) erhalten Besucher der Website die Version, die ihr Browser im Cache gespeichert hat. Dies ist, je nach Cache-Einstellungen, möglicherweise auch der Fall, wenn sich der Inhalt der Datei geändert hat.

8.1.2 Skriptdateien einbinden

Dass Skriptdateien registriert sind, bedeutet nicht, dass diese auch eingebunden (englisch *enqueued*) werden. Dies geschieht erst durch den Aufruf der Funktionen `wp_enqueue_script()` und `wp_enqueue_style()` (siehe Listing 8.4).

Ausgeführt werden diese Funktionen in den Hooks `wp_enqueue_scripts` (im Frontend) oder `admin_enqueue_scripts` (im Backend). Es gibt aber auch Ausnahmen, wie Sie Tabelle 8.1 entnehmen können.

Wie Sie sehen, haben die Funktionen dieselben Parameter wie deren Pendants zum Registrieren. Das liegt daran, dass durch die `wp_enqueue_*()`-Funktionen eine Datei gleichzeitig registriert werden kann, falls dies noch nicht geschehen ist. Das sollte aber aus den in Abschnitt 8.1.1 aufgeführten Gründen vermieden werden.


```
<?php
function wp_enqueue_script(
    string $handle,
    string|bool $src,
    string[] $deps = [],
    string|bool|null $ver = false,
    bool $in_footer = false
): bool {
    ...
}

function wp_enqueue_style(
    string $handle,
    string|bool $src,
    string[] $deps = array(),
    string|bool|null $ver = false,
    string $media = 'all'
): bool {
    ...
}
```

Listing 8.4 Funktionsbeschreibung von »wp_enqueue_script()« und »wp_enqeueue_style()«

Die Dependency-API

Dadurch, dass beim Registrieren von JS- und CSS-Dateien angegeben werden kann, von welchen Dateien sie abhängig sind, wird die Sammlung von JS- und CSS-Funktionen in WordPress auch *Dependency-API* genannt. Tatsächlich werkelt im Inneren der

Funktionen die Klasse WP_Dependencies, die sich um die komplexe Aufgabe kümmert, Dateien in die richtige Reihenfolge zu bringen.

Zusätzlich sollten Sie innerhalb der Hook-Funktion festlegen, auf welchen Seiten eine Datei eingebunden werden soll. Meine Erfahrung hat gezeigt, dass Entwickler immer wieder JS- und CSS-Dateien auf *allen* Seiten im Front-, aber auch im Backend einbinden, ohne zu prüfen, ob diese dort überhaupt notwendig sind.

Tabelle 8.1 listet deshalb diverse Hooks auf, die Sie alternativ zum Einbinden von JS- und CSS-Dateien nutzen können. Aber natürlich funktionieren auch if-Abfragen, wie Listing 8.5 veranschaulicht. In Abschnitt 5.3.8, »Konditionale Abfragen«, finden Sie weitere Helferfunktionen. Im Classic-Theme-Beispiel aus Abschnitt 5.4 habe ich beschrieben, wie CSS-Dateien registriert und eingebunden werden. Das gerade angesprochene Listing 8.5 zeigt noch einmal den relevanten Teil aus der *functions.php*. Die letzten fett gedruckten Zeilen legen dar, wie die konditionale Abfrage is_archive() dazu benutzt wurde, eine CSS-Datei nur dann einzubinden, wenn es sich bei der aktuellen Seite um eine Archivseite handelt. Zudem ist zu erkennen, wie die Abhängigkeiten aufgebaut sind. Wird *archives.css* eingebunden, so wird auch *layout-tablet.css* eingebunden, weil es davon abhängig ist. *layout.css* wird ebenfalls eingebunden, weil *layout-tablet.css* wiederum davon abhängig ist.

```
<?php
namespace floriansimeth\mein_wp_theme;

add_action(
    'wp_enqueue_scripts',
    'floriansimeth\mein_wp_theme\enqueue_styles'
);

function enqueue_styles() {

    wp_register_style(
        'mwpt-layout',
        trailingslashit( get_template_directory_uri() )
            . 'public/css/layout.css',
        [],
        '0.1.0'
    );

    wp_register_style(
        'mwpt-layout-tablet',
        trailingslashit( get_template_directory_uri() )
```

```
            . 'public/css/layout-tablet.css',
        [ 'mwpt-layout' ],
        '0.1.0',
        'screen and (min-width: 1000px)'
    );

    wp_register_style(
        'mwpt-archives',
        trailingslashit( get_template_directory_uri() )
            . 'public/css/archives.css',
        [ 'mwpt-layout-tablet' ],
        '0.1.0'
    );

    ...

    if ( is_archive() ) {
        wp_enqueue_style( 'mwpt-archives' );
    }

    ...
}
```

Listing 8.5 Ausschnitt aus der »functions.php« des Classic-Theme-Beispiels

Hook	Einbinden von Dateien ...
wp_enqueue_scripts	im Frontend
admin_enqueue_scripts	im Backend
customize_controls_enqueue_scripts	für den Theme-Customizer
login_enqueue_scripts	beim Login-Bildschirm
wp_enqueue_code_editor	wenn der Code-Editor eingebunden wird
wp_enqueue_editor	wenn der Text-Editor eingebunden wird
wp_enqueue_media	wenn das Media-Modulfenster angezeigt wird
load_{$page_hook} in Verbindung mit admin_enqueue_scripts	auf bestimmten Einstellungsseiten (siehe dazu auch Listing 8.8)

Tabelle 8.1 Mögliche Hooks zum Einbinden von JS- und CSS-Dateien

Wie Sie JavaScripte einbinden, zeigt das Beispiel in Abschnitt 8.4, »Crashkurs jQuery«.

Mehrfaches Einbinden

Es ist möglich, dass `wp_enqueue_script()` oder `-style()` mehrfach mit dem gleichen `$handle` aufgerufen wird. Für jeden Handle ist jedoch nur der erste Aufruf relevant. Weitere werden ignoriert.

Reihenfolge des Einbindens

Der Abhängigkeitsparameter `$deps` der Funktionen beeinflusst die Reihenfolge des Ladens im Frontend. Da JS- und CSS-Dateien durch Hooks eingebunden werden, sind sie mit dessen Priorität verknüpft. Der Standardwert liegt bei 10. Beachten Sie, dass Aktionen und Filter mit den gleichen Prioritäten in der Reihenfolge ausgeführt werden, in der deren Quellcode geladen wurde. Das kann sich auch auf die Lade-Reihenfolge der Skripte auswirken.

8.1.3 Skripte aushängen und entfernen

Freilich lassen sich einmal registrierte und eingehängte Dateien wieder entfernen. Das gelingt mit den Funktionen aus Listing 8.6. Erwartet wird jeweils nur der Name (`$handle`), der bei der Registrierung respektive durch den Einhängevorgang angegeben wurde.

```
<?php
function wp_dequeue_script( string $handle ): void { ... }
function wp_dequeue_style( string $handle ): void { ... }
function wp_deregister_script( string $handle ): void { ... }
function wp_deregister_style( string $handle ): void { ... }
```

Listing 8.6 Funktionen zum Aushängen (dequeue) und Entfernen (deregister) von JS- und CSS-Dateien

8.1.4 Inline-JS und -CSS: Skripte direkt in HTML einbetten

Manchmal kommt man nicht umhin, Skripte direkt in HTML einzubetten. Es ist aber eine ungünstige Idee, diese einzubinden, ohne dass WordPress davon weiß und ohne dass eine Abhängigkeit erzeugt wurde. Für diesen Zweck existieren zwei Funktionen, wie Listing 8.7 zeigt. Als erster Parameter (`$handle`) wird das abhängige JavaScript oder das Stylesheet erwartet und als zweiter die Daten (`$data`). `wp_add_inline_script()` hat zudem noch einen dritten Parameter (`$position`), der die Ausgabe der Daten vor oder nach der abhängigen Datei erlaubt. Zurückgegeben wird `true` oder `false`, je nachdem ob die die Daten angehängt werden konnten.

```
<?php
function wp_add_inline_script(
    string $handle,
    string $data,
    string $position = 'after'
): bool {
    ...
}

function wp_add_inline_style(
    string $handle,
    string $data
): bool {
    ...
}
```

Listing 8.7 Funktionsbeschreibung der »wp_add_inline_*()«-Funktionen

Listing 8.8 zeigt einen Ausschnitt aus dem *Dashboard-Weather*-Beispiel-Plugin aus Kapitel 6. Dort kam die Funktion bereits zum Einsatz, und zwar in der Methode `load_js()`. Das JavaScript `postbox` wurde eingebunden, und mithilfe von `wp_add_inline_script()` wurde der JavaScript-Befehl angegeben, der die Metaboxen initialisiert. »Initialisieren« bedeutet hier, dass einzelne Metaboxen die Möglichkeit erhalten, verschoben (siehe Abbildung 8.3), geöffnet und geschlossen werden zu können.

```
<?php
namespace floriansimeth\dashboard_weather;

class Settings {
    public function load_js() {
        add_action( 'admin_enqueue_scripts', function () {
            wp_enqueue_script( 'postbox' );
            wp_add_inline_script(
                'postbox',
                sprintf(
                    'window.postboxes.add_postbox_toggles( "%s" );',
                    get_current_screen()->id
                )
            );
        } );
    }
}
```

Listing 8.8 Ausschnitt aus der »Settings«-Klasse des Wetter-Plugins

Abbildung 8.3 Die Metabox wird per Drag-and-drop verschoben.

8.1.5 Zusatzdaten für JavaScript- und Styles-Dateien

Wenn Sie Metadaten zu einer Skript- oder einer Stylesheet-Anweisung ergänzen wollen, kommen Sie um die Funktionen aus Listing 8.9 nicht herum. Ähnlich wie bei den `wp_add_inline_*()`-Funktionen wird als Erstes der Name des abhängigen Skripts erwartet (`$handle`), danach ein Schlüssel (`$key`) und schließlich ein Wert (`$value`).

```
<?php
function wp_script_add_data(
    string $handle,
    string $key,
    mixed $value
): bool {
    ...
}

function wp_style_add_data(
    string $handle,
    string $key,
    mixed $value
): bool {
    ...
}
```

Listing 8.9 Funktionsbeschreibungen von »wp_*_add_data()«

Das Theme *TwentyTwenty* macht vor, wie `wp_script_add_data()` zu benutzen ist. Listing 8.10 zeigt einen Ausschnitt aus der Funktion `twentytwenty_register_scripts()`. Darunter sehen Sie den HTML-Code, der ausgegeben wird. Hervorgehoben ist, was hinzugefügt wurde.

```
<?php
wp_enqueue_script(
    'twentytwenty-js',
```

```
    get_template_directory_uri() . '/assets/js/index.js',
    array(),
    $theme_version,
    false );

wp_script_add_data( 'twentytwenty-js', 'async', true );
?>

<script src='http://mein-wp.test/wp-content/themes/twentytwenty/assets/js/
index.js?ver=1.9' id='twentytwenty-js-js' async></script>
```

Listing 8.10 Asynchrones Laden von JavaScript-Dateien

8.2 Integrierte JS- und CSS-Dateien in WordPress

WordPress bringt eine Reihe von JavaScript-Dateien mit, die Sie problemlos in Ihren Projekten nutzen können. Tabelle 8.2 zeigt die wichtigsten Skripte, die bei Veröffentlichung dieses Buches in WordPress integriert waren. In Tabelle 8.3 sind die entsprechenden CSS-Dateien aufgelistet. Die vollständige Tabelle mit allen Beschreibungen finden Sie im Download-Material. Bereits als veraltet markierte Dateien wurden ausgesondert.

Wie den Tabellen zu entnehmen ist, sind nicht alle JavaScript- und CSS-Dateien für den weiteren Gebrauch interessant. Im Entwickler-Alltag kommt es immer wieder vor, dass man einen Blick in eine Datei werfen muss, um zu verstehen, was dort passiert oder wofür sie nützlich ist oder sein könnte.

8.2.1 Integrierte JavaScript-Dateien in WordPress

In Tabelle 8.2 sehen Sie links den Namen, mit dem das Skript registriert wurde. Wie Sie Abhängigkeiten von diesen Dateien erzeugen, lernen Sie beispielsweise im Crashkurs zu jQuery (siehe Abschnitt 8.4) oder im Crashkurs zu React (siehe Abschnitt 8.5).

$handle	**Hinweise/URL**
`wp-sanitize`	Hilfsfunktionen zum Bereinigen von Zeichenketten
`colorpicker`	Einfacher Farbwähler
`clipboard`	Tool zum einfachen Kopieren von Inhalten in die Zwischenablage
`wp-api-request`	Schlanker `jQuery.ajax`-Wrapper für REST-API-Anfragen

Tabelle 8.2 Einige in WordPress integrierte JavaScript-Dateien

$handle	**Hinweise/URL**
`wp-pointer`	Pointer sind kleine Fenster, die nacheinander erscheinen, um die Möglichkeiten im Bildschirm zu erklären.
`autosave`	Funktionen zum Aktivieren des automatischen Speicherns von Beiträgen
`heartbeat`	Einfache Server-Polling-API, die von Zeit zu Zeit XHR-Anfragen an den Server sendet und beim Empfang von Daten Ereignisse auslöst (siehe Abschnitt 8.7)
`prototype`	Framework für Ajax-Abfragen (mehr unter *http://prototypejs.org*)
`cropper`	JavaScript-Bibliothek zum Zuschneiden von Bildern (siehe *https://defusion.org.uk/code/javascript-image-cropper-ui-using-prototype-scriptaculous/*)
`jquery-core`	jQuery-Kern (siehe *https://jquery.com*)
`jquery-migrate`	jQuery-Migrations-Tool (siehe *https://github.com/jquery/jquery-migrate*)
`jquery`	Bindet gleichzeitig `jquery-core` und `jquery-migrate` ein.
`jquery-ui-core`	jQuery-UI-Kern (siehe *https://jqueryui.com*)
`imagesloaded`	Masonry-Skript für Grid-Layouts. Benötigt `imagesloaded` (siehe *https://masonry.desandro.com/*).
`masonry`	
`masonry-jquery`	Wie `masonry`, jedoch eine ältere (von jQuery abhängige) Version
`thickbox`	Die *ThickBox* ist ein Modalfenster, welches sich an einigen Stellen im WordPress-Admin über das Browserfenster legt (siehe *https://codex.wordpress.org/Javascript_Reference/ThickBox*).
`comment-reply`	Funktionen für Kommentare und Kommentarformulare
`underscore`	Underscore (kurz _) ist eine JavaScript-Bibliothek, die eine ganze Reihe nützlicher Hilfsmittel für die funktionale Programmierung bereitstellt (siehe *http://underscorejs.org*).

Tabelle 8.2 Einige in WordPress integrierte JavaScript-Dateien (Forts.)

$handle	Hinweise/URL
wp-color-picker	WordPress-Farbwähler, der auf iris basiert
react	React (siehe *https://reactjs.org*)
react-dom	DOM-spezifische Methoden von ReactJS (siehe *https://reactjs.org/docs/react-dom.html*)
regenerator-runtime	Source-Transformation-Tool (siehe: *https://github.com/facebook/regenerator*)
lodash	JavaScript-Bibliothek mit Hilfsfunktionen für gängige Programmieraufgaben (siehe *https://lodash.com*).
wp-polyfill-fetch	Verschiedene Polyfills. Ein *Polyfill* ist Code, der dazu dient, moderne Funktionen in älteren Browsern bereitzustellen, die diese von Haus aus nicht unterstützen.
wp-polyfill-formdata	
wp-polyfill-node-contains	
wp-polyfill-url	
wp-polyfill-dom-rect	
wp-polyfill-element-closest	
wp-polyfill-object-fit	
wp-polyfill	
wp-block-library	Die Block-Bibliothek für den Block-Editor
Block-Editor-Pakete	Diverse Pakete, in der Regel für den Block-Editor. Sie finden sie im Verzeichnis */wp-includes/js/dist/* (siehe auch hier: *https://github.com/WordPress/gutenberg/tree/trunk/packages#readme*).

Tabelle 8.2 Einige in WordPress integrierte JavaScript-Dateien (Forts.)

8.2.2 Integrierte CSS-Dateien in WordPress

Tabelle 8.3 listet die CSS-Dateien auf, die in WordPress enthalten sind. Die Spalte links zeigt deren Namen, die bei der Registrierung verwendet wurden. Speziell im Admin-Bereich werden viele davon automatisch eingefügt. Nichtsdestotrotz lassen sich Abhängigkeiten davon erzeugen oder separat einbinden, wie zum Beispiel der Abschnitt 6.2.4 gezeigt hat.

$handle	Hinweis/URL
colors	Ein Stylesheet für das ausgewählte Admin-Farbschema
common	Diverse Stylesheet-Dateien für das WordPress-Backend und Unterseiten
forms	
admin-menu	
dashboard	
list-tables	
edit	
revisions	
media	
themes	
about	
nav-menus	
widgets	
site-icon	
l10n	
code-editor	
site-health	
wp-admin	Ein Kürzel, welches die folgenden CSS-Dateien gleichzeitig einbindet: dashicons, common, forms, admin-menu, dashboard, list-tables, edit, revisions, media, themes, about, nav-menus, widgets, site-icon, l10n.
wp-color-picker	CSS für den Farbwähler
buttons	Style-Angaben für Buttons (siehe Abschnitt 6.2.4)
dashicons	Die Dashicons (siehe Abschnitt 6.2.4)
thickbox	Styles für Modalboxen

Tabelle 8.3 Einige in WordPress integrierte CSS-Dateien. Für fast alle CSS-Dateien gibt es auch eine RTL-(Right-to-left-)Version.

$handle	Hinweis/URL
wp-codemirror	Stylesheets für den Texteditor *CodeMirror*
wp-editor-font	Schriftart für den Editor. Aktuell *Noto Serif* (siehe *https://fonts.google.com/noto/specimen/Noto+Serif*).
wp-block-library-theme	Standard-Layout für diverse Blöcke
wp-edit-blocks	Die Block Styles des Block-Editors.
block-editor	Styles der einzelnen Block-Editor-Komponenten.
block-library	
block-directory	
components	
edit-post	
editor	
format-library	
list-reusable-blocks	
reusable-blocks	
nux	
widgets	
edit-widgets	
customize-widgets	
edit-site	

Tabelle 8.3 Einige in WordPress integrierte CSS-Dateien. Für fast alle CSS-Dateien gibt es auch eine RTL-(Right-to-left-)Version. (Forts.)

8.3 Backbone und Underscore

Backbone.JS (*https://backbonejs.org*) ist ein MVC-Framework (*Model-View-Controller*). Das Projekt an sich wird zwar aktiv weiterentwickelt und fast der gesamte Medienbereich sowie der Customizer bestehen in WordPress überwiegend aus Backbone.JS-Code, jedoch wird dessen Benutzung nicht länger empfohlen. Der Grund ist die Einführung von ReactJS in WordPress. Diese Softwarebibliothek gilt allgemein als modernerer Ansatz und sollte deswegen bevorzugt genutzt werden.

Gleiches gilt für Underscore.Js (*https://underscorejs.org*). Die JavaScript-Bibliothek stellt alle möglichen Helfer-Funktionen zur Verfügung. Lodash (*https://lodash.com*) ist mittlerweile aber auch Bestandteil von WordPress und wird für die moderne Entwicklung bevorzugt verwendet. Sie sollten die Websites von Backbone.JS und Underscore.Js besuchen, um mehr über die Projekte zu erfahren. Ein tiefergehendes Wissen zu diesen Werkzeugen benötigen Sie aber nur, wenn Sie vorhaben, die Medienbibliothek oder den Customizer mit eigenem Code zu erweitern und wenn dies nicht mit den bereits bestehenden APIs abgedeckt werden kann (siehe zum Beispiel Abschnitt 5.3.4 und darin »Der Customizer: Ein Theme vom Benutzer anpassen lassen«).

8.4 Crashkurs jQuery

jQuery ist die weltweit meistgenutzte JavaScript-Bibliothek. Es ist auf fast allen der Top-10.000-, Top-100.000- und Top-1.000.000-Websites installiert.[6] Zwar gibt es einen leichten Rückgang, der ungefähr im Jahr 2021 einsetzte, aber es ist nicht zu erwarten, dass jQuery in den kommenden Jahren Hals über Kopf verschwinden wird. Neue Technologien und einheitliche Browserstandards machen es aber immer entbehrlicher. Ein enormer Teil von WordPress baut weiterhin auf jQuery auf. Sie können nicht damit rechnen, dass größere Teile von WordPress mit dem ReactJS-Framework umgeschrieben werden. Ältere Programmteile werden deshalb noch eine Zeit lang bestehen bleiben.

In diesem Abschnitt geht es nicht darum, jQuery innerhalb weniger Minuten zu lernen. Vielmehr möchte ich Ihnen das Grundverständnis beibringen, das nötig ist, damit Sie sich selbstständig und tiefer einlesen können.

8.4.1 Was ist jQuery und wofür wird es benötigt?

Wie bereits erwähnt, handelt es sich um eine JavaScript-Bibliothek, die viele Dinge im Entwickleralltag erleichtert. Der größte Vorteil ist, dass es mit allen gängigen Browsern kompatibel ist. Umfangreiches Programmieren und Testen entfällt in der Regel.

Darüber hinaus ist der Syntax recht einfach aufgebaut, zu lesen und zu verstehen. HTML-Objekte im DOM (*Document Object Model*, die Repräsentation eines HTML-Dokuments) werden beispielsweise angesprochen wie in CSS. Eine etwaige asynchrone Datenübertragung (*Ajax*) ist einfach umzusetzen, und Sie müssen sich nicht mit JSON- oder XML-Daten herumschlagen.

Des Weiteren ist jQuery durch Plugins erweiterbar und durch die weite Verbreitung finden Sie an allen Ecken und Enden hilfreiche Beiträge im Internet. Aber auch die

6 Vgl. Trends BuiltWith: jQuery Usage Statistics, in: BuiltWith, o. D., *https://trends.builtwith.com/javascript/jQuery* (abgerufen am 31.01.2022)

hauseigene Dokumentation[7] ist sehr ausführlich gestaltet. Nicht zu vergessen sind die zahlreichen Animationen, die damit möglich sind.

Natürlich offerieren auch andere Bibliotheken solche Features. Dadurch, dass jQuery aber bereits in WordPress integriert ist, bietet es sich für eigene Projekte an.

Beispiel-Plugin

Auf den folgenden Seiten ergänzen wir das erweiterte *Dashboard-Weather*-Plugin aus Abschnitt 7.2 um einen jQuery-Timer. Das vollständige Plugin finden Sie in den Download-Materialien zum Buch.

8.4.2 Einbinden von jQuery in WordPress-Projekte

Wie Sie längst in den vorangehenden Abschnitten beobachtet haben, ist es recht einfach, ein bereits in WordPress integriertes JavaScript einzufügen. Im *Dashboard-Weather*-Plugin (Listing 8.11) sehen Sie, dass `wp_enqueue_script()` und `add_inline_script()` bereits zur Anwendung kamen. Nähere Informationen dazu finden Sie noch einmal in Abschnitt 6.2.2, »Schickes Box-Design mit der Metabox-API«.

```
<?php
class Settings {
    ...
    public function load_js() {
        add_action( 'admin_enqueue_scripts', function () {
            wp_enqueue_script( 'postbox' );
            wp_add_inline_script(
                'postbox',
                sprintf(
                    'window.postboxes.add_postbox_toggles( "%s" );',
                    get_current_screen()->id
                )
            );
        } );
    }
}
```

Listing 8.11 Ausschnitt aus der »/includes/settings.php«-Datei des Dashboard-Weather-Widget-Plugins

An dieser Stelle habe ich das Plugin so erweitert, dass eine weitere Metabox unter EINSTELLUNGEN • DASHBOARD WEATHER angezeigt wird. Abbildung 8.4 zeigt sie

7 Die jQuery-Dokumentation ist zu finden unter: *https://learn.jquery.com*

(TIME TO NEXT UPDATE). Dort soll in diesem Abschnitt ein Timer anzeigen, wann das Wetter das nächste Mal geladen wird. In der Metabox wurde schlicht ein derzeit nicht sichtbares div-Element ausgegeben (siehe Listing 8.12):

```
<?php
public function render_timer( $object, array $args ) {
    echo '<div class="fs-dw-timer"></div>';
}
```

Listing 8.12 Die Methode »render_timer()« gibt nur ein »div«-Element aus.

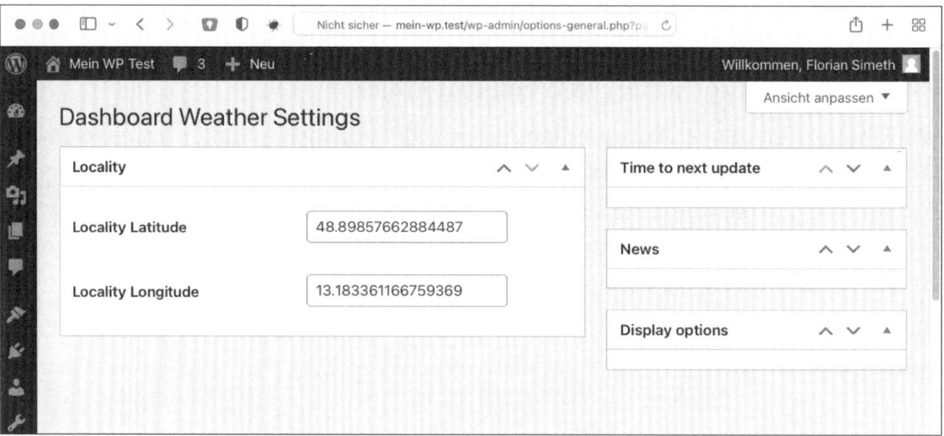

Abbildung 8.4 Eine weitere Metabox ist hinzugekommen: »Time to next update«

Als Nächstes öffnen Sie die Stammdatei des Plugins (*dashboard-weather.php*) und ergänzen die hervorgehobene Zeile aus Listing 8.13. Sie ist nötig, weil wir den Wert aus `__FILE__` gleich noch benötigen werden.

```
<?php
/**
 * Plugin Name: Dashboard Weather (jQuery Timer)
 * ...
 */
namespace floriansimeth\dashboard_weather;
define( 'FS_DW_FILE', __FILE__ );
...
```

Listing 8.13 Stammdatei des Dashboard-Weather-Plugins

Danach erstellen wir eine neue Datei unter */public/js/timer.js* des Theme-Verzeichnisses. Die JavaScript-Datei wird dann wie in Listing 8.14 registriert. Wichtig sind die fett gedruckten Zeilen, die nacheinander aufzeigen, was passiert:

1. Eine neue Methode `register_scripts()` wird zum Action-Hook `init` registriert.
2. Darin wird die Datei *timer.js* registriert. `FS_DW_FILE` wird benötigt, um die URL zur Datei zu generieren.
3. `load_js()` bindet das Skript durch den Aufruf von `wp_enqueue_script()` schließlich auf der Einstellungsseite ein.

Wie Sie sehen, muss jQuery dabei nicht selbst eingehängt werden. Das geschieht automatisch durch die Dependency-API, weil die Abhängigkeit im Funktionsaufruf `wp_register_script()` explizit deklariert wurde. In der eigentlichen JavaScript-Datei steht Ihnen dann das jQuery-Objekt (siehe den folgenden Abschnitt) zur Verfügung.


```
<?php
class Settings {
    public function __construct() {
        ...

        add_action( 'init', [ $this, 'register_scripts' ] );

        do_action( 'fs/dashboard_weather/settings/init', $this );
    }

    public function register_scripts() {
        wp_register_script(
            'fs-dw-timer',
            trailingslashit( plugin_dir_url( FS_DW_FILE ) )
                . 'public/js/timer.js',
            [ 'jquery' ],
            '0.3.0'
        );
    }

    public function load_js() {
        add_action( 'admin_enqueue_scripts', function () {
            wp_enqueue_script( 'postbox' );
            wp_add_inline_script(
                'postbox',
                sprintf(
                    'window.postboxes.add_postbox_toggles( "%s" );',
                    get_current_screen()->id
                )
            );
            wp_enqueue_script( 'fs-dw-timer' );
        } );
```

```
    }
}
```

Listing 8.14 Ausschnitt aus der »/includes/settings.php«-Datei mit ergänzender JavaScript-Datei

8.4.3 Das jQuery-Objekt

Listing 8.15 zeigt den Unterschied zwischen sogenanntem *Vanilla-Script* (Code ohne den Einsatz von Bibliotheken) und jQuery. Beide Zeilen haben das gleiche Endresultat: Sie wählen das HTML-Element mit der CSS-Klasse `fs-dw-timer` aus, also das `div`-Element, das sich innerhalb der zuvor erstellten Metabox befindet. Innerhalb der Klammern des `jQuery`-Objekts steht der Code, der ein oder mehrere HTML-Elemente selektiert. jQuery unterstützt die meisten CSS3- sowie einige nicht standardisierte Selektoren. Eine Übersicht finden Sie unter *https://api.jquery.com/category/selectors/*.

```
var timer_div = document.querySelector( '.fs-dw-timer' );
var timer_div = jQuery( '.fs-dw-timer' );
```

Listing 8.15 Vanilla-JS (oben) und jQuery (unten)

Skripte mit Vanille

Die Website *https://youmightnotneedjquery.com* versucht, jQuery-Methoden und deren Vanilla-Script-Alternativen gegenüberzustellen. Denn wer nur eine Handvoll Methoden aus jQuery nutzt, kann möglicherweise ganz darauf verzichten, wenn stattdessen reines Vanilla-JS zum Einsatz kommt.

8.4.4 Einsatzbereitschaft

Leider kann es vorkommen, dass der Code aus Listing 8.15 nicht richtig funktioniert, dass also weder jQuery noch das Vanilla-Script das HTML-Element richtig selektieren kann. Das liegt daran, dass der Browser mit der Ausführung von JavaScript bereits beginnt, obwohl vielleicht kein oder nur wenig HTML-Code vorliegt, da dieser noch nicht vollständig vom Browser geladen wurde. Dies lässt sich durch die `ready()`-Methode von jQuery umgehen. Sie erkennt den Bereitschaftszustand und führt eine Callback-Funktion aus, wenn der Browser den DOM-Baum erstellt hat. Listing 8.16 zeigt die ergänzenden Zeilen der *timer.js*-Datei. Abbildung 8.5 stellt die Ausgabe »Document ready« über die Funktion `console.log()` in der Browser-Konsole zusammen mit dem Inhalt der `timer_div`-Variable dar.

```
jQuery( document ).ready( function () {
   var timer_div = jQuery( '.fs-dw-timer' );
   console.log( "Document ready!", timer_div );
} );
```

Listing 8.16 »timer.js«-Datei mit »ready()«-Methode

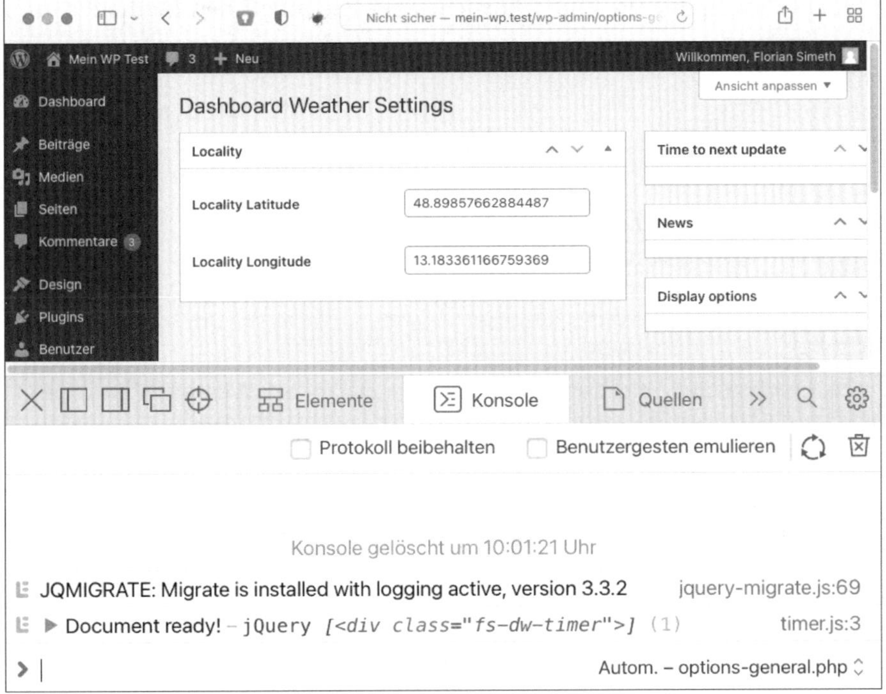

Abbildung 8.5 Das Dokument ist bereit! Das zeigt die Ausgabe in der Browser-Konsole.

Die Browser-Konsole öffnen

Tabelle 8.4 zeigt, wie Sie in den verschiedenen gängigen Browsern die Konsole öffnen.

<table>
<tr><th>Browser</th><th>Tastenkombination am Mac</th><th>Tastenkombination unter Windows</th></tr>
<tr><td>Safari</td><td rowspan="3">cmd + alt + I</td><td>–</td></tr>
<tr><td>Chrome</td><td rowspan="2">Strg + ⇧ + I</td></tr>
<tr><td>Firefox</td></tr>
<tr><td>Edge</td><td>–</td><td>F12</td></tr>
</table>

Tabelle 8.4 Tastenkombinationen zum Öffnen der »Developer Console« in den verschiedenen Browsern

8.4.5 Arbeiten mit Selektionen

Die meisten jQuery-Methoden können doppelt verwendet werden: zum Setzen und zum Abrufen von Werten. Ersteres wird auch *Getter*-Methode genannt, Letzteres *Setter*-Methode. Listing 8.17 zeigt, wie das funktioniert. Zeile 1 liest den Text des zuvor erstellten div-Elements aus der Metabox. Die zweite Zeile schreibt mit der gleichen Methode einen neuen Text in das Element. So lassen sich also einmal selektierte DOM-Elemente manipulieren. Eine Übersicht über alle möglichen Methoden zum Verändern des DOM-Baumes finden Sie unter *https://api.jquery.com/category/manipulation/*.

```
var time = jQuery( '.fs-dw-timer' ).text();
jQuery( 'fs-dw-timer' ).text( '6 seconds' );
```

Listing 8.17 Die gleiche Methode wird zum Abruf eines Wertes sowie zum Setzen (unten) genutzt.

Vorsicht bei Live-Änderungen!

Beachten Sie, dass eine Selektion sich nicht »live« verändert. Wenn sich beispielsweise 20 Absätze (<p>-Elemente) im Dokument befinden, so werden diese durch die Zeile in Listing 8.18 selektiert. Verändert sich die Anzahl der Absätze nach der Selektion dynamisch, so wird das jQuery-Objekt diese zusätzlichen <p>-Elemente *nicht* in die Liste aufnehmen. Ein weiterer Aufruf der Zeile aus Listing 8.18 wäre notwendig:

```
var paragraphs = jQuery( '.content-area > p' );
```

Listing 8.18 Selektion mehrerer <p>-Elemente innerhalb eines Bereiches

In unserem JavaScript ergänzen wir nun die Timer-Funktion aus Listing 8.19. Zu Anschauungszwecken genügt es im Moment, wenn wir den Timer auf 60 Sekunden in der Zukunft setzen (letzte hervorgehobene Zeile). Date.now() gibt den aktuellen Unix-Zeitstempel in Millisekunden zurück. In der ersten fett gedruckten Zeile wird die Zeit in das div-Element geschrieben. Abbildung 8.6 zeigt schließlich die Metabox mit aktivem Timer.

```
function fs_dw_start_timer( final_date_time ) {
  var fs_dw_timer = setInterval( function () {

    /* Restliche Zeit in Sekunden berechnen */
    var rest_time = parseInt( ( final_date_time - Date.now() ) / 1000 );

    /* Zahl in das div-Element schreiben. */
    jQuery( '.fs-dw-timer' ).text( rest_time-- + ' seconds' );
```

```
        if ( rest_time <= 0 ) {
            /* Timeout-Meldung */
            jQuery( '.fs-dw-timer' ).text( 'Timed out!' );
            clearInterval( fs_dw_timer );
        }
    }, 1000 );
}

jQuery( document ).ready( function () {
    fs_dw_start_timer(
        Date.now() + 60000
    );
} );
```

Listing 8.19 Derzeitiger Stand der »timer.js«-Datei

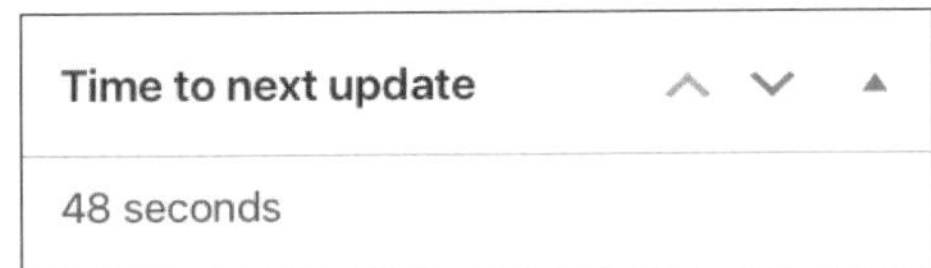

Abbildung 8.6 Metabox mit aktivem Timer

8.4.6 Ajax

Ajax ist ein Konzept, bei dem Daten dynamisch nachgeladen werden können, ohne dass die komplette Seite aktualisiert werden muss. Im Beispiel wollen wir den Transient-Timestamp auslesen und nach dem Laden des Wertes den Timer starten.

Ajax steht ausgeschrieben für *Asynchronous JavaScript and XML*. XML ist mittlerweile jedoch nicht mehr notwendig. Heutzutage werden die meisten Daten über das JSON-Format ausgetauscht. Ajax besteht immer aus zwei Teilen: aus einem clientseitigen JavaScript-Teil (der im Browser läuft) und aus einem serverseitigen Teil, der in allen möglichen Programmiersprachen entwickelt werden kann. Im Falle von WordPress ist das PHP.

Listing 8.20 legt dar, wie ein Ajax-Befehl auf herkömmliche Weise (in Vanilla-Script) aussieht. Listing 8.21 zeigt, wie das mit jQuery in unserem Plugin funktioniert.

jQuery ist für Ajax-Abfragen zwar nicht zwangsläufig nötig, weil die Browser mittlerweile alle auf dem gleichen Stand sind, trotzdem können Sie sich einige Zeilen Code sparen – natürlich unter der Prämisse, dass eine komplette Bibliothek geladen werden muss. Eine Übersicht über alle Ajax-Funktionen finden Sie auf der Website von jQuery: *https://api.jquery.com/category/ajax/*.

```
var request = new XMLHttpRequest();
request.open( 'GET', 'https://mein-wp.test/wp-admin/admin-ajax.php', true );

request.onload = function () {
   if ( this.status >= 200 && this.status < 400 ) {
      // Erfolg!
      var data = JSON.parse( this.response );
   } else {
      // Fehler!
   }
};

request.onerror = function () {
   // Noch ein Fehler!
};

request.send();
```

Listing 8.20 Ajax-Abfrage mit Vanilla-JS

```
jQuery.get( 'https://mein-wp.test/.../admin-ajax.php', function ( data ) {
   // Erfolg!
} ).fail( function () {
   // Fehler!
} );
```

Listing 8.21 Ajax-Abfrage mit jQuery (URL gekürzt)

In Listing 8.21 fehlen noch einige wichtige Code-Teile, insbesondere der PHP-Code. Zuallererst erweitern wir aber die *timer.js*-Datei wie in Listing 8.22. Die Funktion `fs_dw_start_timer()` bleibt bis auf Weiteres gleich und ist deshalb nicht dargestellt. Als Nächstes benötigen wir die Variable `FS_DW_AJAXURL` (fett gedruckt). Dazu erweitern wir die Methode `register_scripts()` der `Settings`-Klasse so, wie in Listing 8.23 dargestellt. Die fett hervorgehobenen Zeilen bedeuten Folgendes:

1. Mit `add_query_arg()` wird an die URL, die durch `admin_url()` entsteht, ein Action-Parameter angehängt. Sie werden gleich erfahren, wofür das nötig ist.
2. Anschließend wird an die URL eine Nonce angehängt. Mehr zum Thema Nonces finden Sie in Abschnitt 7.1.3, »Cross-Site Request Forgery Protection (CSRF)«.
3. Am Ende wird schließlich mit `wp_add_inline_script()` die Variable mit der URL erzeugt.

```
function fs_dw_fetch_time() {
   jQuery.get(
```

```
        FS_DW_AJAXURL.replace( "&", "&" ),
        function ( response ) {
            fs_dw_start_timer( response.data.timeout );
    } ).fail( function () {
        jQuery( '.fs-dw-timer' ).text( 'Error on fetching timestamp.' );
    } );
}

jQuery( document ).ready( function () {
    fs_dw_fetch_time();
} );
```

Listing 8.22 Ausschnitt aus der »timer.js«-Datei mit Erweiterung einer Ajax-Funktion

```
<?php
public function register_scripts() {
    wp_register_script(
        'fs-dw-timer',
        trailingslashit( plugin_dir_url( FS_DW_FILE ) )
        . 'public/js/timer.js',
        [ 'jquery' ],
        '0.3.0'
    );

    $ajax_url = add_query_arg(
        [ 'action' => 'fs_dw_fetch_timeout' ],
        admin_url( 'admin-ajax.php' )
    );

    $ajax_url = wp_nonce_url(
        $ajax_url,
        'fs_dw_fetch_timeout'
    );

    wp_add_inline_script(
        'fs-dw-timer',
        sprintf(
            'var FS_DW_AJAXURL = "%s";',
            esc_attr( esc_url_raw( $ajax_url ) )
        )
    );
}
```

Listing 8.23 Ausschnitt aus der »Settings«-Klasse

Wenn Sie die Einstellungsseite des Plugins im Backend neu laden, werden Sie den Fehler in der Browser-Konsole bemerken (siehe Abbildung 8.7). Das liegt daran, dass in WordPress noch kein PHP-Code hinterlegt wurde, der die Anfrage entgegennehmen würde. Dies holen wir mit dem Code aus Listing 8.24 nach. Im Konstruktor der `Settings`-Klasse ergänzen wir die fett gedruckte Zeile. Bei `wp_ajax_{$action}` handelt es sich um einen variablen Hook. Er wird dynamisch zusammengesetzt, und zwar mit dem Parameter, den wir an die Variable `$ajax_url` in Listing 8.23 angehängt haben. Im Beispiel wäre das also der Wert `fs_dw_fetch_timeout`. Der vollständige Hook-Name lautet demnach `wp_ajax_fs_dw_fetch_timeout`, wie im Code zu sehen.

```
<?php
public function __construct() {
    ...

    add_action( 'init', [ $this, 'register_scripts' ] );

    add_action(
        'wp_ajax_fs_dw_fetch_timeout',
        [ $this, 'fetch_timeout' ]
   );

    do_action( 'fs/dashboard_weather/settings/init', $this );
}
```

Listing 8.24 Ausschnitt aus dem Konstruktor der »Settings«-Klasse

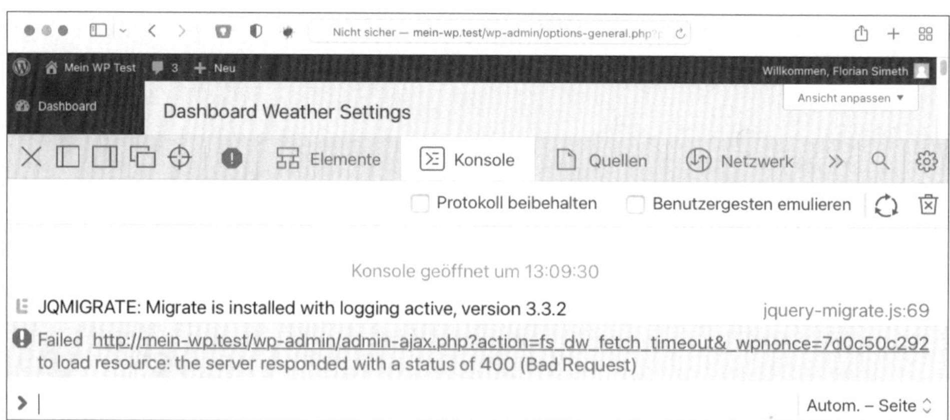

Abbildung 8.7 Die Ajax-Anfrage erzeugt einen Fehler.

Jetzt fehlt noch die eigentliche PHP-Methode, die den Timeout-Wert zurückliefert. Sehen wir sie uns wieder der Reihe nach an:

1. Darf der Nutzer die Aktion überhaupt durchführen? Das wird mit `check_ajax_referer()` geprüft. Falls nicht, wird eine Fehlermeldung mit `wp_send_json_error()` ausgegeben. Die Funktion hat maximal drei Parameter: die eigentliche Fehlermeldung, den Fehlercode[8] und weitere Optionen (genannt *Flags*)[9], die an die PHP-Funktion `json_encode()` übergeben werden. Die `wp_send_json_*()`-Funktionen sind praktisch, weil sie den HTTP-Header für die Rückgabe des JSON-Codes korrekt setzen und weil die weitere Ausführung von PHP automatisch abbricht.
2. Danach wird überprüft, ob ein externer Object-Cache zum Einsatz kommt. Ist das der Fall, kann der Timeout-Wert nicht gelesen werden. Eine Fehlermeldung wird ausgegeben.
3. Anschließend wird der Zeitstempel des Transienten gelesen. Wie Sie aus Abschnitt 7.2.2, »Temporären Speicher von WordPress nutzen: die Transient-API«, wissen, wird zu jedem Transienten auch ein Timeout-Wert gespeichert.
4. Ist der Zeitstempel bereits abgelaufen, so wird ebenfalls eine Fehlermeldung ausgegeben.
5. `wp_send_json_success()` ist schließlich die Funktion, die den Zeitstempel zurückgibt.

```
<?php
public function fetch_timeout() {
    // Schritt 1
    if ( ! check_ajax_referer(
        'fs_dw_fetch_timeout',
        false,
        false
    ) ) {
        wp_send_json_error(
            'It seems that you are not allowed to do this.',
            401
        );
    }

    // Schritt 2
    if ( wp_using_ext_object_cache() ) {
        wp_send_json_error(
            'The timestamp cannot be determined.',
            500
```

8 Eine Liste von http-Statuscodes finden Sie unter: *.de.wikipedia.org/wiki/http-Statuscode#Liste_der_HTTP-Statuscodes*

9 Eine Liste von Flags finden Sie auf der PHP-Website unter: *https://www.php.net/manual/de/function.json-encode.php*

```
        );
    }

    // Schritt 3
    $transient_timeout = '_transient_timeout_fs_dw_weather_data';
    $timeout = (int) get_option( $transient_timeout );

    // Schritt 4
    if ( $timeout <= time() ) {
        wp_send_json_error(
            'No timestamp has been set',
            500
        );
    }

    // Schritt 5
    wp_send_json_success(
        compact( 'timeout' ),
        200,
        JSON_FORCE_OBJECT
    );
}
```

Listing 8.25 Die »fetch_timeout()«-Methode der »Settings«-Klasse

8.4.7 Hilfsmethoden

Ich hoffe, Sie waren aufmerksam! Im Beispiel hat sich ein kleiner Fehler eingeschlichen. Wenn Sie die Einstellungsseite des Plugins ein weiteres Mal laden, werden Sie merken, dass in der Metabox immer »Timed out!« angezeigt wird (siehe Abbildung 8.8). Das liegt daran, dass die Variable `rest_time` jede Sekunde neu berechnet wird. Ihr fehlt der am Anfang übergebene Wert `final_date_time`.

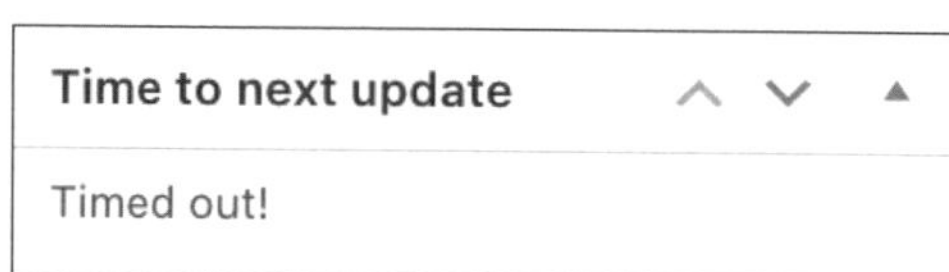

Abbildung 8.8 Das JavaScript funktioniert noch nicht richtig und zeigt immer dieselbe Meldung an.

Wir schaffen Abhilfe mit einer hilfreichen Methode aus der jQuery- Bibliothek. Im Englischen werden solche Methoden *Utility Methods* genannt. Eine komplette Auflistung finden Sie unter *https://api.jquery.com/category/utilities/*. Listing 8.26 zeigt, wie in der JavaScript-Funktion `fs_dw_fetch_time()` die Hilfsfunktion `jQuery.data()`[10] zum Einsatz kommt. Sie speichert die Zeit der restlichen Sekunden im HTML-Element ab. Erst nach dieser Zeile wird der Timer gestartet. Der Fehler besteht jedoch weiterhin. Die Funktion `fs_dw_start_timer()` muss entsprechend angepasst werden, damit der Timer den abgespeicherten Wert nutzt.

```
function fs_dw_fetch_time() {
   jQuery.get(
      FS_DW_AJAXURL.replace( "&", "&" ),
      function ( response ) {

         var div = jQuery( '.fs-dw-timer' )[ 0 ];

         jQuery.data(
            div,
            'timeout',
            ( response.data.timeout - Date.now() / 1000 )
         );

         fs_dw_start_timer();

      } ).fail( function () {
      jQuery( '.fs-dw-timer' ).text( 'Error on fetching timestamp.' );
   } );
}
```

Listing 8.26 Einige Utility-Methoden, die jQuery zur Verfügung stellt

8.4.8 Verkettung

In Listing 8.27 wird die Variable `final_date_time` nicht mehr benötigt, denn der berechnete Wert liegt bereits im `div`-Element vor. In der fett gedruckten Zeile sehen Sie, wie mehrere Dinge nacheinander passieren: Die restliche Zeit wird mit `.text()` ausgegeben und gleich danach gespeichert. Das Aneinanderreihen von mehreren einzelnen Methoden wird Verketten (engl. *chaining*) genannt.

Nun ist das JavaScript so umgebaut, dass es per Ajax den Timeout-Wert des Transienten laden kann.

```
function fs_dw_start_timer() {
   var fs_dw_timer = setInterval( function () {
      var div = jQuery( '.fs-dw-timer' )[ 0 ];
```

10 Mehr zu dieser Funktion finden Sie hier: *https://api.jquery.com/jQuery.data/*

```
      var rest_time = parseInt( jQuery.data( div, 'timeout' ) );

      jQuery( '.fs-dw-timer' )
         .text( rest_time-- + ' seconds' )
         .data( 'timeout', rest_time );

      ...
   }, 1000 );
}
```

Listing 8.27 Ausschnitt aus der »fs_dw_start_timer()«-Funktion

8.4.9 Tree-Traversing in jQuery

Am Ende des Abschnitts über jQuery möchte ich noch auf die sogenannten *Traversing*-Methoden eingehen. Manchmal ist es notwendig, nicht ein bestimmtes HTML-Element wie im Beispiel oben zu selektieren, sondern alle darunterliegenden. Das Traversieren ist ein Prozess, bei dem alle Knoten eines Baumes angesteuert und gegebenenfalls auch deren Werte eingelesen werden. Unter *https://api.jquery.com/category/traversing/* finden Sie alle Methoden, mit denen sich ein DOM-Baum durchlaufen lässt. Listing 8.28 zeigt zusätzlich ein paar praktische Beispiele.

```
/* Liest alle Kindelemente innerhalb eines HTML-Bereichs aus. */
var children = jQuery( '.content-area' ).children();

/* Wie oben, aber zusätzlich mit dem .content-area-Element. */
var children = jQuery( '.content-area' ).children().addBack();

/* Sucht ein bestimmtes Element innerhalb eines anderen Elements. */
var children = jQuery( '.content-area' ).find( 'p.first' );
```

Listing 8.28 Verschiedene Methoden des Tree Traversings in jQuery

8.5 Crashkurs React

Das React-Projekt beschreibt sich selbst als eine JavaScript-Bibliothek zur Erstellung von Benutzeroberflächen. Und tatsächlich hat es die JavaScript-Welt ein bisschen auf den Kopf gestellt. React wurde schon 2011 bei Facebook entwickelt und kam kurze Zeit darauf bei Instagram zum Einsatz. Facebook war etwas in Zugzwang, denn die Codebasis bestand zu einem exorbitanten Teil aus PHP-Skripten, was letztlich zu kompliziert wurde. Im April schrieb ein User bei Reddit, dass Facebook.com über

20.000 React-Komponenten im Einsatz hatte.[11] Diese schier unglaubliche Anzahl demonstriert nicht nur, dass Facebook wirklich komplex ist, sondern dass React durchaus dazu verwendet werden kann, solch bemerkenswerte Websites und Webanwendungen aufzubauen. Ein großer Pluspunkt ist, dass React permanent weiterentwickelt wird und aufgrund dessen wohl seit mehreren Jahren keine Marktanteile an andere Frontend-Frameworks verloren hat, wie Abbildung 8.9 zeigt.

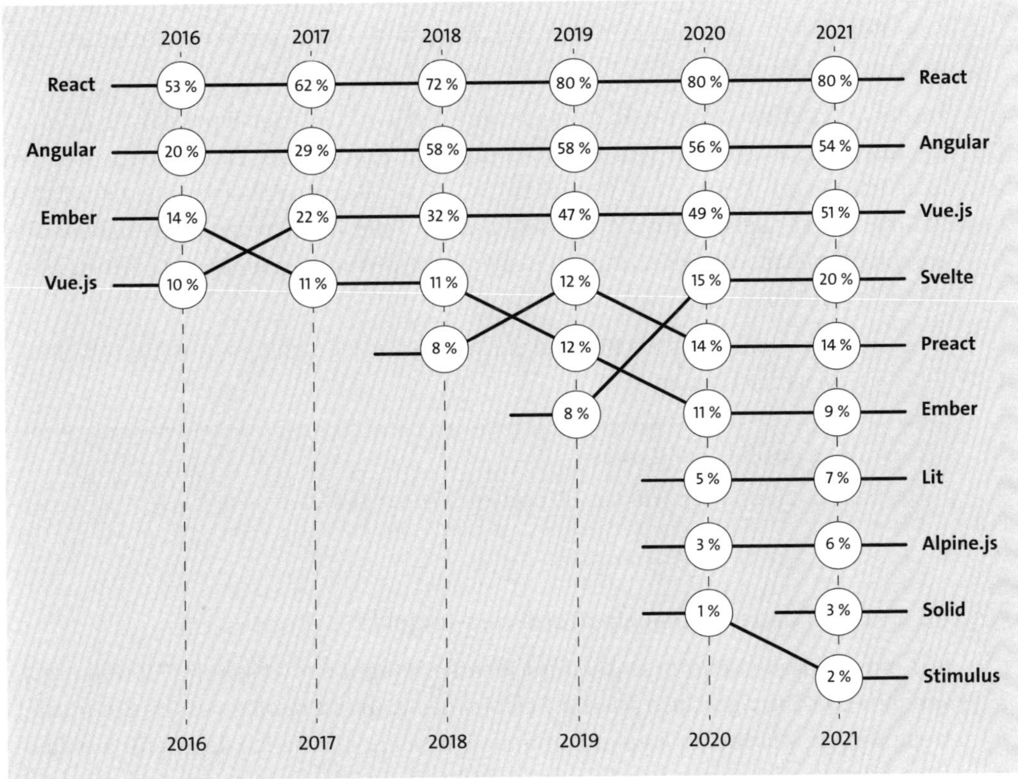

Abbildung 8.9 Einstufung des Benutzungsgrades einzelner Frontend-Frameworks von 2016 bis 2021 (Screenshot von stateofjs.com[12])

8.5.1 Was ist React und wofür wird es benötigt?

Nun könnten Sie behaupten, dass React nur nötig sei, weil WordPress es im Projekt Gutenberg (dem Block-Editor) nutzt. Das stimmt. Es hat aber noch einen großen Vor-

11 Vgl. TheIncredibleWalrus: Does Facebook use react on Facebook.com?, in: reddit, 2016, *https://www.reddit.com/r/reactjs/comments/4edsvi/comment/d1zdsgu/* (abgerufen am 01.02.2022)

12 Vgl. The State of JS: Front-end Frameworks, in: The State of JS, 2021, *https://2021.stateofjs.com/de-DE/libraries/front-end-frameworks*. Nachbau (abgerufen am 17.03.2022)

teil: In sogenannten Komponenten wird alles definiert, was man braucht – vom Layout bis hin zum verarbeitenden Code. Dazu kommt, dass die Komponenten einfach austausch- und wiederverwendbar sind. Es ist also immer sofort ersichtlich, was eine Komponente genau kann, welche Funktionen sie hat und wo die Styles definiert sind. Darüber hinaus kümmert sich React um die Wechselwirkungen zwischen den einzelnen Komponenten. So ist es auch möglich, dass durch Callback-Funktionen, die an eine Komponente übergeben werden, übergeordnete Komponenten verändert werden. Das erspart komplexes Event-Handling, wie es bei größeren Projekten mit jQuery oft vorkommt.

Ferner arbeitet React mit dem sogenannten *Virtual DOM*. Dabei passen die Komponenten beim Verändern von HTML-Code nicht den reellen DOM-Baum, sondern lediglich dessen Kopie (den virtuellen DOM) an. React vergleicht die zwei DOM-Bäume und aktualisiert im realen DOM nur die Teile, die sich verändert haben. Dies geschieht, weil die Veränderung des (realen) DOM-Baums in der Praxis performanceintensiv sein kann.

Im Folgenden wollen wir das Beispiel aus dem jQuery-Crashkurs (Abschnitt 8.4) mithilfe von React nachbauen.

Download des Beispiel-Codes

Das vollständige Beispiel finden Sie bei den Download-Materialien.

8.5.2 Einbinden von React in WordPress-Projekte

Wir nutzen das erweiterte *Dashboard-Weather*-Plugin aus Abschnitt 7.2 und ergänzen eine Metabox genauso wie im Beispiel des jQuery-Crashkurses. Da Sie mittlerweile wissen, wie Metaboxen eingebunden werden, drucke ich den dafür zuständigen Code hier nicht erneut ab. Lediglich die Funktion, die die Metabox darstellt, ist an dieser Stelle wichtig. Listing 8.29 zeigt, dass nur ein `div`-Element mit einer ID ausgegeben wird. In Abbildung 8.10 ist die Metabox oben rechts zu sehen.

```
<?php
public function render_timer( $object, array $args ) {
    echo '<div id="fs_dw_timer"></div>';
}
```

Listing 8.29 Die Render-Methode aus der »Settings«-Klasse

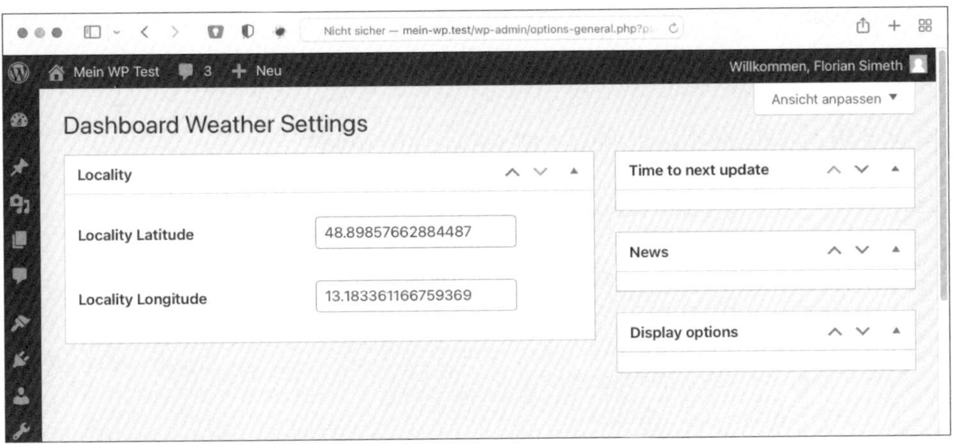

Abbildung 8.10 Die Metabox »Time to next update« wurde ergänzt.

8

Das Einbinden von React funktioniert genauso wie in Abschnitt 8.4.2 dargelegt:

1. Sie ergänzen in der Stammdatei die Variable `FS_DW_File` (siehe Listing 8.13).
2. Danach registrieren Sie das Skript in der Methode `register_scripts()`, die Sie neu erstellen, und binden das JavaScript in die bestehende Methode `load_js()` ein (siehe Listing 8.14).
3. Statt von `jquery` machen Sie das Skript von `react-dom` abhängig (siehe Listing 8.30). Dadurch, dass Sie die Abhängigkeit von `react-dom` erzeugen, wird WordPress automatisch auch das `react`-Skript sowie sämtliche Polyfill-Skripte einbinden. Ein *Polyfill* ist Code, der dazu dient, moderne Funktionalitäten in älteren Browsern nachzuahmen, die diese von Haus aus nicht mitbringen. Achten Sie darauf, dass das Skript im Footer eingebunden wird (letzte fett gedruckte Zeile in Listing 8.30), da die anschließenden Beispiele ansonsten nicht funktionieren werden.

In der */public/js/timer.js*-Datei ergänzen Sie nun den Code aus Listing 8.31. Es wird ein einzelnes HTML-Element mit einer ID (hier `fs_dw_timer`) benötigt, in dem dann die React-Komponenten gerendert werden. In diesem Fall existiert nur eine Komponente, nämlich die Klasse `Timer`. Abbildung 8.11 zeigt, wie es aussieht, wenn Sie die Einstellungsseite des Dashboard-Weather-Plugins aktualisieren.

```
<?php
public function register_scripts() {
    wp_register_script(
        'fs-dw-timer',
        trailingslashit( plugin_dir_url( FS_DW_FILE ) )
        . 'public/js/timer.js',
        [ 'react-dom' ],
        '0.3.0',
```

```
        true
    );
}
```

Listing 8.30 Eine Abhängigkeit von »react-dom« wird erzeugt.

```
class Timer extends React.Component {
    render() {
        return React.createElement(
            "div",
            { 'class': 'expiration' },
            "Time to next update in ",
            this.props.expiration
        );
    }
}

ReactDOM.render(
    React.createElement( Timer, { expiration: 999999 } ),
    document.getElementById( 'fs_dw_timer' )
);
```

Listing 8.31 Die Timer-React-App

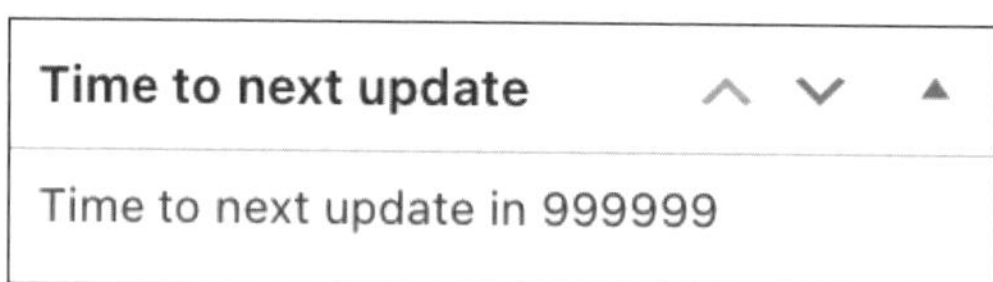

Abbildung 8.11 Der Timer. Er zählt noch nicht.

Modernes JavaScript

In Listing 8.31 ist zu sehen, dass das Schlüsselwort `class` im Code (fett dargestellt) vorkommt. Die Definition von JavaScript-Klassen funktioniert erst seit *ECMAScript 6* (kurz ES6). Zwar erschien die Version schon 2015, es gibt jedoch immer noch ältere Browser, die die Syntax nicht kennen. Insbesondere der Internet-Explorer bis einschließlich Version 11 ist hier zu nennen. Sind Sie auf solche Browser-Versionen angewiesen, arbeiten Sie am besten mit Polyfills, die, wie oben bereits beschrieben, durch WordPress automatisch eingebunden werden, sofern React zum Einsatz kommt. Die React-Website (*https://de.reactjs.org*) arbeitet mit Babel. Das ist ein JavaScript-Transcompiler, der hauptsächlich dazu dient, *ECMAScript 2015+*-(ES6+)-Code in eine abwärtskompatible Version von JavaScript zu konvertieren. Mehr dazu lesen Sie unter *https://babeljs.io*.

8.5.3 JavaScript Syntax Extension

Das Beispiel aus Listing 8.31 lässt sich noch einmal deutlich vereinfachen, indem eine React-Erweiterung genutzt wird: die *JavaScript Syntax Extension* oder kurz *JSX*. Diese Erweiterung bietet die Möglichkeit, die Darstellung von Komponenten mit einer Syntax zu strukturieren, die vielen Entwicklern vertraut ist. Das Erscheinungsbild ist dann ähnlich wie bei HTML.

Listing 8.32 zeigt die gleiche Timer-App wie in Listing 8.31, jedoch mit JSX. Sie werden sofort sehen, dass der Code dadurch deutlich einfacher zu lesen ist, da viele Methodenaufrufe (`React.createElement()`) wegfallen. Im Browser kann JSX nicht direkt genutzt werden. Sie benötigen das zuvor erwähnte Babel, das die Übersetzung des JSX-Codes vornimmt (siehe dazu die wichtigen Informationen im Kasten »Babel JS«). Ohne den Code im Kasten sind die nachfolgenden Beispiele nicht funktionsfähig.

JSX ist näher an JavaScript als an HTML, daher gibt es einige wichtige Unterschiede, die beim Schreiben zu beachten sind:

- Statt `class` muss `className` genutzt werden, um eine CSS-Klasse zu definieren. Sie sehen das fett gedruckt im Listing 8.32.
- Eigenschaften und Methoden werden in camelCase notiert. Würde man in HTML beispielsweise `<a onclick="">` schreiben, so muss es in JSX `<a onClick="">` lauten.
- Wie auch in XHTML üblich, müssen alle HTML-Elemente in sich geschlossen sein. Aus `<img>` muss also `<img />` werden.
- Innerhalb des JSX-Codes lassen sich JavaScript-Ausdrücke wie Variablen, Funktionen und Eigenschaften mit geschweiften Klammern einbetten. In Listing 8.32 ist das ebenfalls fett dargestellt.

```
class Timer extends React.Component {
   render() {
      return (
         <div className="expiration">
            Time to next update in { this.props.expiration }
         </div>
      );
   }
}

ReactDOM.render(
   <Timer expiration={ 999999 } />,
   document.getElementById( 'fs_dw_timer' )
);
```

Listing 8.32 Die Timer-React-App mit JSX

BabelJS

Damit alle folgenden Beispiele funktionieren, müssen wir die Datei *timer.js* abhängig von BabelJS machen. Dies liegt daran, dass JSX so im Browser nicht funktionsfähig ist. Es benötigt Babel als Transcompiler, um daraus ausführbaren JavaScript-Code zu machen. Dieser Schritt entfällt, wenn Sie (wie beispielsweise in Kapitel 9, »Einen Block erstellen«, gezeigt) einen Build-Prozess verwenden.

Listing 8.33 zeigt drei Dinge:

1. Das BabelJS-Skript wird registriert.
2. Danach wird die Datei *timer.js* von diesem neuen Skript abhängig gemacht.
3. Und am Ende wird durch einen Filter `type="text/babel"` im `<script>`-Tag des ausgegebenen HTML-Codes ergänzt.

```
<?php
public function register_scripts() {
    // Registrieren von Babel
    wp_register_script(
        'fs-dw-babel',
        'https://unpkg.com/@babel/'
            .'standalone@7.17.7/babel.min.js',
        [],
        '7.17.7',
        true
    );

    // Abhängigkeit zu Babel setzen
    wp_register_script(
        'fs-dw-timer',
        trailingslashit( plugin_dir_url( FS_DW_FILE ) )
        . 'public/js/timer.js',
        [ 'react-dom', 'fs-dw-babel' ],
        '0.3.0',
        true
    );

    /// type="text/babel" setzen
    add_filter( 'script_loader_tag', function ( $tag, $handle ) {
        if ( 'fs-dw-timer' === $handle ) {
            return str_replace(
                '<script',
                '<script type="text/babel"',
                $tag
            );
```

```
        }

        return $tag;
    }, 10, 2 );
}
```

Listing 8.33 Die Methode »register_scripts()« der »Settings«-Klasse wird erweitert.

8.5.4 Funktions- und Klassenkomponenten

Die beiden vorangegangenen Beispiele zeigten, dass eine Komponente eine JavaScript-Klasse ist, die von `React.Component` abgeleitet ist. Eine solche Klasse ist jedoch nicht immer notwendig. Es geht auch einfacher. In React wird eine solche Komponente dann schlicht *Simple Component* oder *Funktionskomponente* genannt. Sie ist nichts anderes als eine anonyme JavaScript-Funktion, wie Listing 8.34 zeigt. Da es seit ES6 auch möglich ist, Funktionen in Kurzform (durch sogenannte *Arrow Functions*) zu deklarieren, lässt diese sich nicht nur schnell definieren, sondern der gesamte Code wirkt insgesamt aufgeräumter.

```
const Timer = (props) => {
      return <div className="expiration">
         Time to next update in { props.expiration }
      </div>
}

ReactDOM.render(
   <Timer expiration={ 999999 }/>,
   document.getElementById( 'fs_dw_timer' )
);
```

Listing 8.34 Dasselbe Beispiel, einfache Komponente (Simple Component)

Aus Sicht von React sind Funktionskomponenten mit Klassenkomponenten identisch. Beide müssen ein JSX-Element zurückgeben. Die Funktionskomponente tut das direkt und die Klassenkomponente über die `return()`-Methode. Einen kleinen Unterschied gibt es jedoch: Funktionskomponenten haben keinen eigenen State. Dazu erfahren Sie mehr in Abschnitt 8.5.6, »Der State«.

8.5.5 Die Props

An Funktions- und Klassenkomponenten können Parameter übergeben werden. Sie werden in React *Props* genannt. Wie das funktioniert, haben Sie in Listing 8.34 bereits gesehen. Über `<Timer expiration={ 999999 }/>` wurde dem Prop `expiration` ein benutzerdefinierter Wert übergeben. Innerhalb der Komponente lässt sich mit `this.props.expiration` (in Listing 8.32 fett dargestellt) darauf zugreifen. Auf einfache Komponenten erhält man Zugriff über den Funktionsparameter `props`.

Wichtig zu wissen ist, dass Props nur read-only sind. Das bedeutet, dass eine solche Variable innerhalb einer Komponente nicht verändert werden darf. React bezeichnet Funktionen, die Eingabeparameter abändern, als *impure functions*. Funktionen, die die Eingabeparameter *nicht* verändern, nennt man *pure functions*. Ausnahmslos alle Komponenten müssen sich in Bezug auf ihre Props als *pure functions* verhalten, dürfen sie also während der Laufzeit nicht überschreiben.

8.5.6 Der State

Werden Variablen benötigt, die sich verändern können, so lässt sich in React ein Mechanismus namens *State* nutzen. Der State ähnelt dem Prinzip von Props. Er ist aber privat und kann daher nur *innerhalb* einer Klasse definiert werden. Wir müssen also mit dem Beispiel aus Listing 8.32 weiterarbeiten, wenn wir den State nutzen wollen. Wir sind sogar dazu gezwungen, weil die Ablaufzeit (`expiration`) sich jede Sekunde verändert.

Listing 8.35 zeigt die Erweiterung des Beispiels mit der Konstruktor-Methode. Innerhalb von diesem Konstruktor muss die Klasseneigenschaft `this.state` mit Standardwerten initialisiert werden (obere fett gekennzeichnete Zeilen). Dies kann mit einem Wert aus `this.props` geschehen, wie das Beispiel ebenfalls zeigt. Hier sehen Sie also, dass Props-Variablen im Gegensatz zu State-Variablen immer von außerhalb einer Komponente kommen.

In der `return()`-Funktion können wir dann statt `this.props.expiration` `this.state.expiration` verwenden (zweite Hervorhebung). Ein Reload im Browser wird zeigen, dass die Ausgabe immer noch genauso aussieht wie in Abbildung 8.11.

```
class Timer extends React.Component {
   constructor( props ) {
      super( props );
      this.state = {
         expiration: parseInt( props.expiration )
      };
   }

   render() {
      return (
         <div className="expiration">
            Time to next update in { this.state.expiration }
```

```
         </div>
      );
   }
}

ReactDOM.render(
   <Timer expiration={ 999999 }/>,
   document.getElementById( 'fs_dw_timer' )
);
```

Listing 8.35 Die Timer-App in React

Alles super?

In Listing 8.35 sehen Sie, dass in der Konstruktor-Methode der Befehl `super( props )` ausgeführt wurde. Diese Zeile ist immer dann notwendig, wenn innerhalb des Konstruktors der Zugriff auf `this` möglich sein soll. Das liegt nicht an React, sondern wurde in JavaScript so definiert. `super()` übergibt die Props an die Elternklasse. Danach lässt sich auch innerhalb des Konstruktors der abgeleiteten Klassen `this` nutzen. Im Beispiel ist das nötig, weil `this.state` sonst nicht gesetzt werden kann. Der Konstruktor der Elternklasse initialisiert die Props so:

`this.props = props`

Wenn Sie einen Konstruktor in der abgeleiteten Klasse verwenden, aber keinen Zugriff auf `this` benötigen, müssen Sie `super()` nicht ausführen. React kümmert sich in einem Zwischenschritt darum. Dann nämlich, wenn die Instanz der abgeleiteten Klasse generiert wird und nachdem der Konstruktor der abgeleiteten Klasse ausgeführt wurde.

Ich empfehle Ihnen, `super( props )` nach jeder Konstruktordefinition auszuführen. Sie ersparen sich dadurch eine eventuell aufwendige Fehlersuche.

8.5.7 Der Lifecycle

Das Beispiel aus Listing 8.35 ist derzeit unvollständig. Da es sich um eine Timer-App handelt, fehlt noch eine Funktion, die den Timer startet. Und hier kommen die sogenannten *Lifecycle*-Methoden zum Einsatz. Im Grunde lassen sie sich in drei Gruppen einteilen: in Methoden zum Hinzufügen, Aktualisieren und Entfernen von Komponenten.

Abbildung 8.12 zeigt einen Screenshot der Website *https://projects.wojtekmaj.pl/react-lifecycle-methods-diagram/*. Dort hat der Entwickler versucht, eine interaktive Karte zu anzufertigen, die den Lifecycle einer Komponente abbildet. Sie werden feststellen, dass die `render()`-Methode immer dann ausgeführt wird, wenn `setState()` aufgerufen wird oder wenn sich ein Wert in Props verändert.

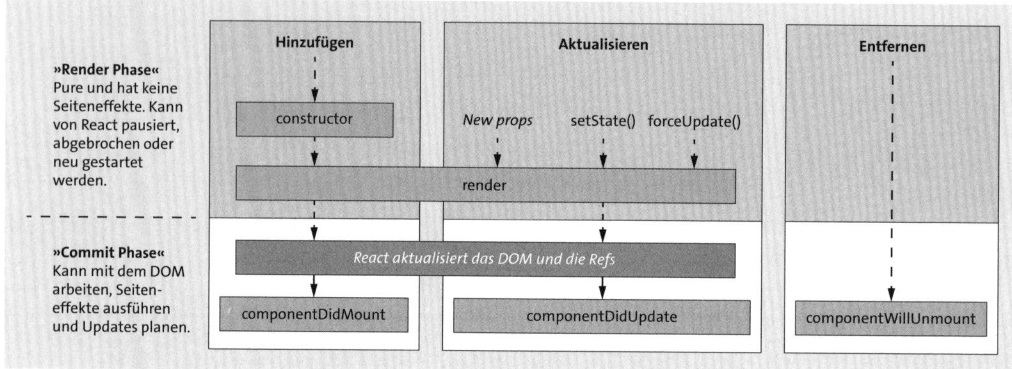

Abbildung 8.12 Der Lifecycle einer Komponente in React[13]

Im vorliegenden Beispiel lässt sich die Methode `componentDidMount()` sowie `componentWillUnmount()` nutzen, um den Timer zu starten und abzubrechen. Listing 8.36 zeigt, wie das geht:

1. Beim Einhängen in den DOM wird `componentDidMount()` aufgerufen. Die Funktion startet den Timer.
2. Der Timer ruft die Methode `tick()` einmal pro Sekunde auf. Diese berechnet den neuen Wert und setzt die Variable `this.state.expiration` mit `setState()`.
3. Das Setzen des State verursacht, dass die `render()`-Methode ausgeführt wird. Der neue Wert wird im Browser angezeigt.
4. Läuft der Timer aus, wird das JavaScript-Interval gelöscht.
5. Dasselbe gilt, wenn der Timer aus dem DOM entfernt wird. Dann wird `componentWillUnmount()` aufgerufen, der Timer gestoppt und das Intervall gelöscht.

```
class Timer extends React.Component {
   constructor( props ) {
      super( props );
      this.state = {
         expiration: parseInt( props.expiration )
      };
   }

   /* Schritt 1: Die Timer-App wird erstellt */
   componentDidMount() {
```

13 Eigene Darstellung nach dem Screenshot der Website *https://projects.wojtekmaj.pl/react-lifecycle-methods-diagram*. Entwickelt von Wojciech Maj.

```
    this.timerID = setInterval( () => this.tick(), 1000 );
  }

  /* Schritt 2: Jede Sekunde ein Tick */
  tick() {
    this.setState( { expiration: this.state.expiration - 1 } );

    if ( this.state.expiration <= 0 ) {
      this.stopTimer();
    }
  }

  /* Schritt 5: Die Timer-App wird aus dem DOM gelöscht */
  componentWillUnmount() {
    this.stopTimer();
  }

  /* Schritt 4: Timer am Ende stoppen */
  stopTimer() {
    clearInterval( this.timerID );
  }

  /* Schritt 3: Rendern der neuen Zeit */
  render() {
    return (
      <div className="expiration">
        Time to next update in { this.state.expiration }
      </div>
    );
  }
}
```

Listing 8.36 Vollständige Komponente der Timer-App

8.5.8 Ajax in React

Um das Beispiel zu vervollständigen, muss noch die richtige Zeit angegeben werden. Denn im Moment haben wir nur die Zahl `999999` übergeben, die dann rückwärtsläuft. Die Ablaufzeit wollen wir, wie schon im jQuery-Crashkurs, per Ajax nachladen. Wir benutzen dafür jedoch nicht den `wp_ajax_{$action}`-Hook, sondern die modernere Variante: die REST-API. Ich werde nicht näher auf die Funktion zur Generierung der REST-Route eingehen, denn der REST-API habe ich ein eigenes Kapitel gewidmet (Kapitel 15).

Als Erstes passen wir die *timer.js*-Datei, wie in Listing 8.37 gezeigt, an. Die Änderungen sind fett hervorgehoben:

- Im Konstruktor wird der initiale Wert auf `-1` gesetzt. Denn von außen wird keiner mehr vorgegeben. Wir wollen ihn per Ajax laden.
- Die Methode `componentDidMount()` ruft nun `fetchExpiration()` auf, anstatt den Timer direkt zu starten.
- `render()` gibt nun *»Loading expiration time ...«* aus, wenn der Wert kleiner als `0` ist, was anfangs der Fall ist.

```
class Timer extends React.Component {
    constructor( props ) {
        super( props );
        this.state = {
            expiration: -1
        };
    }

    componentDidMount() {
        this.fetchExpiration ();
    }

    fetchExpiration () {
    }

    ...

    render() {
        return (
            <div className="expiration">
                { this.state.expiration < 0
                    ? 'Loading expiration time ...'
                    : 'Time to next update in ' + this.state.expiration
                }
            </div>
        );
    }
}

ReactDOM.render(
    <Timer/>,
```

```
    document.getElementById( 'fs_dw_timer' )
);
```

Listing 8.37 Ausschnitt aus der »timer.js«-Datei

Nun fehlt uns der Inhalt von `fetchExpiration()`. Hier wollen wir auf die Komponente `wp-api-fetch`[14] zurückgreifen, ein Werkzeug, um in WordPress schnell und unkompliziert REST-API-Anfragen zu erstellen. Dabei handelt es sich um einen Wrapper, der um die vom Browser mitgelieferte `window.fetch`-Funktion entwickelt wurde. Das WP-Paket bringt einige Vorteile mit sich, wie Sie gleich noch sehen werden. In der `Settings`-Klasse machen wir das Timer-Skript abhängig von der JavaScript-Komponente (in Listing 8.38 fett dargestellt). Nun können wir die Funktion ergänzen (siehe Listing 8.39). Dort geschieht Folgendes:

1. In einem ersten Schritt fügen wir die Funktion `wp.apiFetch()` hinzu. Sie ruft den REST-API-Endpunkt `/dashboard_weather/v1/weather/get_expiration` auf. War die Abfrage erfolgreich, so wird in `.then()` die Ablaufzeit mit `setSate()` gesetzt. Im Fehlerfall geben wir schlicht einen Fehler in der Browser-Konsole aus.
2. Als Nächstes ergänzen wir in `componentDidMount()` die Fetch-Funktion. Wir stellen also sicher, dass die REST-API-Abfrage dann startet, wenn die React-Komponente in den DOM integriert wird.
3. In Schritt 3 erstellen wir den AbortController `this.controller`.
4. Er dient dazu, die Abfrage abzubrechen, sobald der Timer aus dem DOM-Baum gelöscht wird, während der Netzwerkverkehr jedoch noch nicht abgeschlossen ist.

```
<?php
public function register_scripts() {
    ...

    wp_register_script(
        'fs-dw-timer',
        trailingslashit( plugin_dir_url( FS_DW_FILE ) )
        . 'public/js/timer.js',
        [ 'react-dom', 'fs-dw-babel', 'wp-api-fetch' ],
        '0.3.0',
        true
    );
```

14 Weitere Informationen zur Komponente finden Sie hier: *https://developer.wordpress.org/block-editor/reference-guides/packages/packages-api-fetch/*

```
    ...
}
```

Listing 8.38 Auszug aus der »Settings«-Klasse: Das Timer-Skript ist nun abhängig von »wp-api-fetch«.

```
class Timer extends React.Component {
    constructor( props ) {
        super( props );
        this.state = {
            expiration: -1
        };

        /* Schritt 3 */
        this.controller = typeof AbortController === 'undefined'
            ? undefined
            : new AbortController();
    }

    componentDidMount() {
        /* Schritt 2 */
        this.fetchExpiration();
    }

    fetchExpiration() {
        /* Schritt 1 */
        wp.apiFetch( {
            'path': 'dashboard_weather/v1/weather/get_expiration',
            'method': 'GET',
            'signal': this.controller?.signal
        } )
            .then( ( response ) => {
                this.setState( { 'expiration': response.expiration } );
                this.timerID = setInterval( () => this.tick(), 1000 );
            } )
            .catch( ( error ) => {
                console.error( error );
            } );
    }

    ...

    componentWillUnmount() {
```

```
        this.stopTimer();
        /* Schritt 4 */
        this.controller?.abort();
    }

    ...
}
```

Listing 8.39 Die »fetchExpiration()«-Methode aus der »Timer«-JavaScript-Klasse

Zum Schluss fehlt noch der PHP-Code zum Abrufen der Ablaufzeit. In Listing 8.40 finden Sie den aktualisierten Teil aus der */includes/settings.php*. Dort wird im Konstruktor die Methode `register_rest_routes()` zum Hook `rest_api_init` registriert. Durch `register_rest_route()` wird der REST-API-Endpunkt erstellt (Näheres dazu finden Sie in Kapitel 15). Im Wert `callback` ist die Methode hinterlegt, die aufgerufen wird. Die Methode `rest_get_expiration()` gibt schließlich die berechnete Ablaufzeit zurück. Sie ist sehr ähnlich aufgebaut wie die Methode `fetch_timeout()` aus dem jQuery-Crashkurs (siehe Listing 8.25 aus Abschnitt 8.4.6). Die Unterschiede sind:

- Auf eine Nonce-Prüfung kann verzichtet werden, weil die REST-API die Prüfung selbstständig vornimmt.
- Der Nonce wird erstellt und automatisch durch die `wp-api-fetch`-Komponente gesendet. Abbildung 8.14 zeigt die Kopfzeilen der Netzwerkanfrage über die REST-API. Dort sehen Sie ganz unten, blau hervorgehoben, den Nonce-Wert.

Beachten Sie, dass durch den Funktionsaufruf `sleep( 3 )` eine Verzögerung von drei Sekunden entsteht. Dies dient lediglich Anschauungszwecken, damit Sie sehen, dass die Timer-App anfänglich den Text *»Loading expiration time ...«* ausgibt, bis die Netzwerkanfrage beendet und der Timer gestartet wird (siehe Abbildung 8.13).

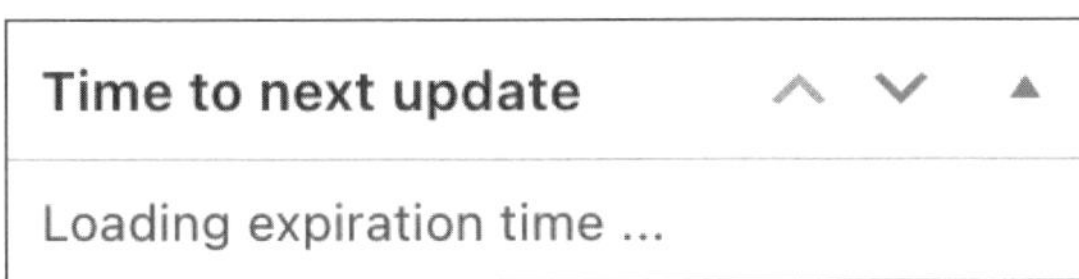

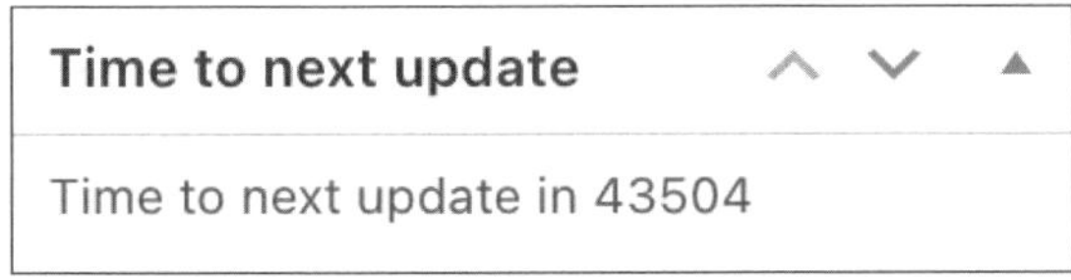

Abbildung 8.13 Der erste State zeigt die »Loading«-Meldung. Danach wird der Timer gesetzt.

Abbildung 8.14 Die Nonce wird im Header der Anfrage gesendet.

```
<?php

namespace floriansimeth\dashboard_weather;

class Settings {

    public function __construct() {
        ...

        add_action( 'rest_api_init', [ $this, 'register_rest_routes' ] );

        do_action( 'fs/dashboard_weather/settings/init', $this );
    }


    public function register_rest_routes() {
        register_rest_route(
            'dashboard_weather/v1',
            '/weather/get_expiration',
            [
                'methods'             => \WP_REST_Server::READABLE,
                'callback'            => [ $this, 'rest_get_expiration' ],
                'permission_callback' => function () {
                    return is_user_logged_in();
                }
```

```
            ]
        );
    }

    public function rest_get_expiration( \WP_REST_Request $request ) {

        sleep( 3 );

        $transient_timeout = '_transient_timeout_fs_dw_weather_data';
        $timeout           = (int) get_option( $transient_timeout );
        $expiration        = $timeout - time();

        if ( wp_using_ext_object_cache() ) {
            return new \WP_Error(
                'fs_dw/rest/get_expiration/object-cache-in-use',
                'The timestamp cannot be determined.'
            );
        }

        if ( $timeout <= time() ) {
            return new \WP_Error(
                'fs_dw/rest/get_expiration/no-timeout',
                'No timestamp has been set.'
            );
        }
        return rest_ensure_response( compact( 'expiration' ) );
    }

}
```

Listing 8.40 Auszug aus der »Settings«-Klasse mit der Logik, die die Restlaufzeit des Timers zurückgibt

8.5.9 Events

Events sind Funktionen, die ausgeführt werden, wenn bestimmte Trigger sie auslösen. In jQuery würde dazu die `on()`-Methode ausreichen, wie Listing 8.41 zeigt:

```
jQuery( document).on( 'click', function(){
   /* Tu etwas */
} );
```

Listing 8.41 OnClick-Event in jQuery

In React funktioniert es sehr ähnlich. Es gibt jedoch ein paar Unterschiede, die in Listing 8.42 zu sehen sind. Dort wurde die Timer-App in der `render()`-Methode um einen Button erweitert.

- Wie bereits erwähnt, werden Events in camelCase geschrieben und nicht als String übergeben.
- Der Wert `false` kann nicht zurückgegeben werden, um zu erreichen, dass ein etwaiges Standardverhalten unterdrückt wird. Im Beispiel wäre das, dass der Browser dem Link folgt. Stattdessen muss zwingend `e.preventDefault()` genutzt werden.
- Die Bedeutung von `this` ist innerhalb der Callback-Funktionen etwas anders als zum Beispiel in PHP. `this` muss explizit gebunden werden, da dies in JavaScript nicht Standard ist (siehe die erste fett dargestellte Zeile). Ohne das Binden von `this` wäre innerhalb der `fetchWeather()`-Methode beispielsweise der Aufruf `this.setSate( ... )` nicht möglich.

```
class Timer extends React.Component {
    constructor( props ) {
        ...

        this.fetchWeather = this.fetchWeather.bind( this );
    }


    fetchWeather( e ) {
        e.preventDefault();
    }

    render() {
        let buttonClasses = [ 'button' ];

        if ( this.state.isLoadingWeather ) {
            buttonClasses.push( 'updating-message' )
        }

        return (
            <>
                <div className="expiration">
                    { this.state.expiration < 0
                        ? 'Loading expiration time ...'
                        : 'Time to next update in ' + this.state.expiration
                    }
                </div>
```

```
            <p><a href="#" className="button"
                onClick={ this.fetchWeather }
                >Reload weather now</a></p>
        </>
    );
  }
}
```

Listing 8.42 Erweiterung der Timer-App (ein Ausschnitt)

Was ist denn <></>?

In Listing 8.42 ist zu sehen, dass der Rückgabewert der `render()`-Methode von zwei ungewöhnlichen HTML-Tags umrahmt ist, nämlich von dem öffnenden Tag `<>` und dem schließenden Tag `</>`. In React nennt man dies ein *Fragment*.

Die `render()`-Methode darf nur *ein* Element zurückgeben. Wenn man jedoch mehrere hat (wie im Beispiel zu sehen), lassen sich diese mit dem Fragment-Tag zusammenfassen. Natürlich wäre beispielsweise auch ein `<div>`-Element möglich. Das würde dem DOM-Baum jedoch ein weiteres HTML-Element hinzufügen, was ein Fragment nicht tut.

Da das Binden von `this` oft vergessen wird, empfiehlt es sich, die gesamte Methode anders zu definieren. Das Binden entfällt, wenn Sie die `fetchWeather()`-Methode aus dem Beispiel als Arrow-Funktion deklarieren (siehe Listing 8.43). Denn Arrow-Funktionen haben keine eigenen Bindungen.

```
class Timer extends React.Component {
    constructor( props ) {
        super( props );
        ...
    }

    ...

    fetchWeather = ( e ) => {
        e.preventDefault();
    }

    ...
}
```

Listing 8.43 »this« muss nicht gebunden werden, wenn die Callback-Funktion als Arrow-Funktion definiert wurde.

Nun müssen wir noch den Teil entwickeln, der das Wetter neu abruft. Dazu ergänzen wir in der `Settings`-Klasse der */includes/settings.php*-Datei den Code aus Listing 8.44:

- Als Erstes fügen wir eine neue REST-Route hinzu. Sie ruft die Methode `rest_update_weather()` auf, wenn die Route getriggert wird.
- Die Methode `rest_update_weather()` ruft die Methode `fetch_weather()` der Klasse `Dashboard_Widget` auf.

In der Datei */includes/dashboard-widget.php* deklarieren wir `fetch_weather()` als statische Methode, also als `public static function fetch_weather() {...}` anstatt als `private function fetch_weather() {...}`. Ansonsten ist ein Zugriff nicht möglich.

```
<?php

namespace floriansimeth\dashboard_weather;

class Settings {

    public function register_rest_routes() {
        ...

        register_rest_route(
            'dashboard_weather/v1',
            '/weather/update',
            [
                'methods'             => \WP_REST_Server::EDITABLE,
                'callback'            => [ $this, 'rest_update_weather' ],
                'permission_callback' => function () {
                    return is_user_logged_in();
                }
            ]
        );
    }

    public function rest_update_weather( \WP_REST_Request $request ) {

        require_once trailingslashit( dirname( FS_DW_FILE ) )
            . 'includes/dashboard-widget.php';

        $data = Dashboard_Widget::fetch_weather();

        if ( is_wp_error( $data ) ) {
            return $data;
```

```
        }

        return rest_ensure_response( 'ok' );
    }

    ...
}
```

Listing 8.44 Auszug aus der »Settings«-Klasse mit Ergänzung um eine neue REST-Route

Schließlich komplettieren wir die *timer.js* mit den Zeilen aus Listing 8.45. Hier folgt, was Schritt für Schritt ergänzt wurde:

1. Im ersten Schritt habe ich einen neuen State-Wert (`isLoadingWeather`) ergänzt. Er dient zur Erkennung, ob eine Ajax-Anfrage just in dem Moment ausgeführt wird.
2. Kurz bevor die eigentliche Ajax-Abfrage stattfindet, wird `isLoadingWeather` auf `true` gesetzt. Dies führt dazu, dass der Button eine neue CSS-Klasse erhält (Schritt 6) und im Browser dadurch eine Loading-Animation angezeigt wird (siehe Abbildung 8.15).
3. Wenn die Ajax-Abfrage erfolgreich beendet wurde, wird der Wert wieder auf `false` und stattdessen die Variable `expiration` auf `-1` gesetzt. Dies führt dazu, dass der Text *»Loading expiration time …«* erneut angezeigt wird, weil kurz danach `fetchExpiration()` getriggert wird. Dies signalisiert dem Nutzer, dass nun die aktuelle Restlaufzeit berechnet und geladen wird.
4. Natürlich muss wieder ein `AbortController` erstellt werden, …
5. damit der Ajax-Abruf in `componentWillUnmount()` abgebrochen werden kann, falls nötig.
6. Im letzten Schritt sehen Sie, wie die CSS-Klasse `updating-message` hinzugefügt wird, während die neue Wettermeldung geladen wird. Dies führt, wie bereits erwähnt, zu einer Ladeanimation im Button.

```
class Timer extends React.Component {
    constructor( props ) {
        super( props );
        this.state = {
            expiration: -1,
            isLoadingWeather: false, /* Schritt 1 */
        };

        ...
```

```
        /* Schritt 4 */
        this.fetchWeatherController = typeof AbortController
            === 'undefined'
            ? undefined
            : new AbortController();
    }

    ...

    componentWillUnmount() {
        ...
        /* Schritt 5 */
        this.fetchWeatherController?.abort();
    }

    ...

    fetchWeather = ( e ) => {
        e.preventDefault();

        /* Schritt 2 */
        this.setState( { 'isLoadingWeather': true } );

        wp.apiFetch( {
            'path': 'dashboard_weather/v1/weather/update',
            'method': 'PUT',
            'signal': this.fetchWeatherController?.signal
        } )
            .then( ( response ) => {
                /* Schritt 3 */
                this.setState( {
                    'isLoadingWeather': false,
                    'expiration': -1
                } );
                this.fetchExpiration();
            } )
            .catch( ( error ) => {
                console.error( error );
            } );
    }

    render() {
        let buttonClasses = [ 'button' ];
```

```
        /* Schritt 6 */
        if ( this.state.isLoadingWeather ) {
            buttonClasses.push( 'updating-message' )
        }

        return (
            <>
                <div className="expiration">
                    { this.state.expiration < 0
                        ? 'Loading expiration time ...'
                        : 'Time to next update in ' + this.state.expiration
                    }
                </div>
                <p><a href="#" className={ buttonClasses.join( ' ' ) }
                      onClick={ this.fetchWeather }
                      >Reload weather now</a></p>
            </>
        );
    }
}
```

Listing 8.45 Ausschnitt aus der »timer.js«-Datei mit ergänzenden Funktionen zum Laden des Wetters

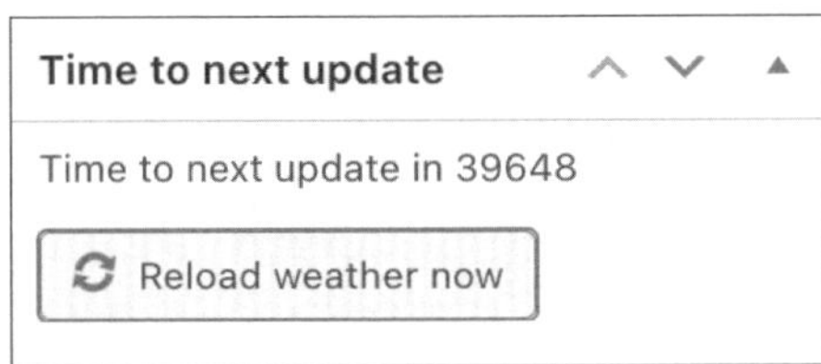

Abbildung 8.15 Die Ladeanimation wird angezeigt.

8.5.10 React Developer Tools

Der Browser rendert die Komponenten als HTML-Code. Wenn Sie die einzelnen React-Komponenten als solche im Browser analysieren wollen, empfehle ich Ihnen, die entsprechenden Erweiterungen für die jeweiligen Browser zu installieren:

- Für Google Chrome: *https://chrome.google.com/webstore/detail/react-developer-tools/fmkadmapgofadopljbjfkapdkoienihi*

- Für Microsoft Edge: *https://microsoftedge.microsoft.com/addons/detail/react-developer-tools/gpphkfbcpidddadnkolkpfckpihlkkil*
- Für Firefox: *https://addons.mozilla.org/en-US/firefox/addon/react-devtools/*

In Abbildung 8.16 sehen Sie, wie ich die Timer-Komponente in den *React Developer Tools* ausgewählt habe. Darunter werden die jeweiligen Props- und State-Parameter angezeigt. Wenn Sie zusätzliche Hinweise benötigen, versetzen Sie React in den sogenannten *Strict Mode* (siehe Kasten).

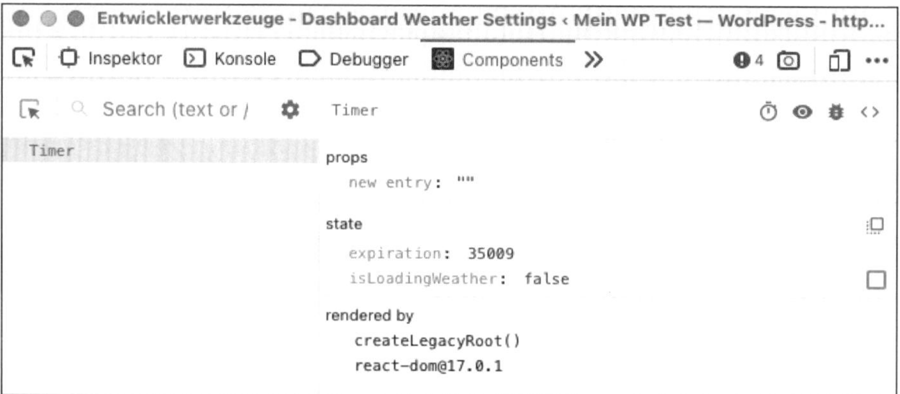

Abbildung 8.16 Screenshot von der Developer-Konsole in Firefox. Dort wurde der Components-Tab ausgewählt.

React Strict Mode

Der Strict-Mode von React kann Ihnen helfen, unerwartete Nebenwirkungen zu erkennen. Umrahmen Sie dazu Ihre Hauptkomponente mit `<React.StrictMode>` wie in Listing 8.46. Das führt dazu, dass die Meldung »*This component is not running in Strict Mode*« in der React-Developer-Console erlischt.

```
ReactDOM.render(
    <React.StrictMode>
        <Timer/>
    </React.StrictMode>,
    document.getElementById( 'fs_dw_timer' )
);
```

Listing 8.46 Auszug aus der »timer.js«-Datei mit ergänzendem Strict-Mode

Sie haben nun die Grundzüge von React kennengelernt. Die ReactJS-Website ist sehr ausführlich und teilweise auch auf Deutsch zu lesen. Meine Empfehlung ist, das Tutorial sowie die Dokumentation unter *https://de.reactjs.org* näher zu studieren, wenn Sie tiefer einsteigen wollen.

8.6 Internationalisierung

Speziell wenn Sie ein WP-Plugin, einen Block oder ein Theme bei wordpress.org hochladen wollen, muss Ihr Projekt auf Englisch programmiert sein. Damit es übersetzt werden kann, sind Sie gezwungen die Internationalisierungsfunktionen von WordPress zu nutzen. Sie lernen in Kapitel 10 mehr darüber. Dieser Abschnitt beschäftigt sich damit, wie Übersetzungen in JavaScript benutzt werden können.

8.6.1 Der alte Weg zur Internationalisierung

Vor WordPress 5.0 gab es keine richtig gute Möglichkeit, Strings in JavaScript-Dateien zu übersetzen. Zu diesem Zweck kam die Funktion `wp_localize_script()` zum Einsatz. Mit ihr wurden alle Strings in ein JavaScript-Objekt geladen (siehe Listing 8.47). Denn das ist, was die Funktion macht. Sie lädt die Daten aus `$array` in eine Variable, die mit `$object_name` angegeben wird. Eingefügt wird sie oberhalb des Skripts, dessen Namen mit `$handle` definiert ist.

```
<?php
function wp_localize_script(
    string $handle,
    string $object_name,
    array $l10n
): bool {
    ...
}
```

Listing 8.47 Funktionsbeschreibung von »wp_localize_script()«

Listing 8.48 zeigt, wie im *Dashboard-Weather*-Plugin aus dem React-Crashkurs (siehe Abschnitt 8.5) die Funktion `wp_localize_script()` ergänzt wird.

In Listing 8.49 sehen Sie, wie die Variablen dann in der *timer.js*-Datei zum Einsatz kommen (das komplette Plugin finden Sie bei den Download-Materialien). Sicherlich ist festzustellen, dass diese Variante deutlich umständlicher und unübersichtlicher ist. Im Quellcode der JavaScript-Dateien stehen dann keine direkten Zeichenketten mehr. Warum zeige ich Ihnen diese Vorgehensweise trotzdem? Weil die Funktionen, die ich in Abschnitt 8.6.2 vorstelle, noch nicht sehr lange existieren. Die Wahrscheinlichkeit, dass Ihnen diese Vorgehensweise also »in freier Wildbahn« begegnet, ist hoch. Die Website *WPDirectory.net* listet bei einer Suche nach `wp_localize_script` ca. 41.000 Suchtreffer in knapp 17.000 Plugins auf.[15] Das ist also nicht ganz ein Drittel aller Plugins bei wordpress.org.

15 Siehe *https://wpdirectory.net/search/01FYESZT4D6CA8VZJSCJRHQOCP* (abgerufen am 18.03.2022)

Im Beispiel-Plugin haben wir nun zwar die entsprechenden Übersetzungsfunktionen genutzt, jedoch ist es noch nicht ganz für die Übersetzung bereit. Sie erfahren in Abschnitt 10.2, »Übersetzungsdateien und Gettext«, wie weiter zu verfahren ist.

```
<?php
public function register_scripts() {
  ...

  wp_localize_script(
      'fs-dw-timer',
      'FS_DW_TIMER_TRANSLATIONS',
      [
          'lading_expiration' =>
              __( 'Loading expiration time ...', 'fs-dw' ),
          'next_update'       =>
              __( 'Time to next update in', 'fs-dw' ),
      ]
  );

  ...
}
```

Listing 8.48 Ausschnitt aus der »register_scripts()«-Methode der »Settings«-Klasse

```
class Timer extends React.Component {

    ...

    render() {
     ...

      return (
         <>
            <div className="expiration">
              { this.state.expiration < 0
                ? FS_DW_TIMER_TRANSLATIONS.lading_expiration
                : FS_DW_TIMER_TRANSLATIONS.next_update
                    + ' ' + this.state.expiration
              }
            </div>
            ...
        </>
        );
```

```
    }
}
```

Listing 8.49 Dieser Code sorgt für die Ausgabe im Frontend

8.6.2 Der neue Weg zur Internationalisierung

Seit WordPress 5.0 existiert die Funktion `wp_set_script_translations()`, die deutlich besser geeignet ist, JavaScript-Inhalte zu übersetzen. Listing 8.50 zeigt diese Funktion. Als erster Parameter wird ebenfalls der Name des zuvor registrierten Skripts benötigt. Der zweite Parameter (`$domain`) ist die Domänenbezeichnung (siehe Abschnitt 10.5, »Übersetzungsfunktionen«). `$path` ist der Pfad zu einem Ordner, der alle Übersetzungen enthält.


```
<?php
function wp_set_script_translations(
    string $handle,
    string $domain = 'default',
    string $path = null
): bool {
    ...
}
```

Listing 8.50 Funktionsbeschreibung von »wp_set_script_translations()«

Nutzen Sie die Funktion `wp_set_script_translations()` für ein bereits registriertes Skript, so wird ihr eine zusätzliche Abhängigkeit hinzugefügt. Der Parameter `$deps` von `wp_enqueue_script()` und `wp_register_script()` wird also automatisch um den Wert `wp-i18n` ergänzt. Das ist nötig, denn nur dann können Sie die Übersetzungsfunktionen nutzen. Listing 8.51 zeigt, wie die Funktion im *Dashboard-Weather*-Plugin aus dem React-Kurs zum Einsatz kommt.

```
<?php
public function register_scripts() {
  ...

  wp_set_script_translations(
      'fs-dw-timer',
      'fs-dw',
      trailingslashit( dirname( FS_DW_FILE ) )
  );

  ...
}
```

Listing 8.51 Ausschnitt aus der »register_scripts()«-Methode der »Settings«-Klasse

Was nun noch fehlt, sind die eigentlichen Übersetzungs- und JSON-Dateien. Lesen Sie dazu bitte bei Abschnitt 10.6, »JavaScript-Inhalte (und Blöcke) übersetzen«, weiter.

8.6.3 Strings in JavaScripte übersetzen

Wenn Sie `wp_localize_script()` benutzt haben, landen alle Übersetzungen in einer Variablen. Wie Sie sehen, ist das deutlich aufwendiger. Weil die Übersetzung in PHP geschieht, benötigen Sie für jeden String auch einen Namen, der dann in der JavaScript-Datei genutzt werden kann.

Viel angenehmer ist es, wenn Sie von den Übersetzungsfunktionen Gebrauch machen können, die auch in PHP zum Einsatz kommen. Das geht, wenn Sie die Funktion `wp_set_script_translations()` nutzen. Dann nämlich können Sie die Übersetzungsfunktionen des i18n-JavaScript-Moduls verwenden. Diese finden Sie in der globalen Variablen `wp.i18n`. Die einzelnen Methoden darin sind in Tabelle 8.5 erklärt.

Funktion	Beschreibung
`.isRTL()`	Gibt an, ob eine Sprache im Einsatz ist, die von rechts nach links (*right to left*) gelesen wird.
`.sprintf()`	JavaScript-Pendant zur PHP-Funktion `sprintf()`
`._n()`	JavaScript-Pendants zu den WordPress-Funktionen (siehe Abschnitt 10.4)
`._nx()`	
`._x()`	
`.__()`	

Tabelle 8.5 Wichtige Übersetzungsfunktionen aus dem »wp.i18n«-Objekt

Die `render()`-Methode der *timer.js*-Datei (siehe Listing 8.52) kann nun entsprechend angepasst werden, womit sofort ersichtlich ist, welche Meldungen angezeigt werden sollen. Das ist deutlich besser lesbar als das Beispiel vorher (mit den Variablen).

```
render() {
  ...

  return (
    <>
      <div className="expiration">
        { this.state.expiration < 0
          ? wp.i18n.__( 'Loading expiration time ...', 'fs-dw' )
          : wp.i18n.sprintf(
```

```
                    wp.i18n.__( 'Time to next update in %s', 'fs-dw' ),
                    this.state.expiration
                )
            }
        </div>
        <p><a href="#" className={ buttonClasses.join( ' ' ) }
            onClick={ this.fetchWeather }>Reload weather now</a></p>
    </>
  );
}
```

Listing 8.52 Auszug aus der »render()«-Methode der »Timer«-React-Komponente

Was bedeutet i18n?

Bei *i18n* handelt es sich um ein sogenanntes *Numeronym*. Dabei wird ein sehr langer Begriff mit mindestens einer Zahl in Kurzform dargestellt. Im englischen Wort *internationalization* befinden sich 18 Zeichen zwischen dem ersten Buchstaben *i* und dem letzten Buchstaben *n*. Abgekürzt ergibt das *i18n*.

8.7 Hintergrundaktivitäten mit der Heartbeat-API

Heartbeat ist das engliche Wort für *Herzschlag*. In gewisser Weise passt das dazu, was die *Heartbeat-API* macht: Sie sendet fortlaufend Signale und löst beim Empfang von Daten eine Aktion aus. Die einzelnen Signale werden *Ticks* genannt. Die API baut auf jQuery auf.

WordPress nutzt diese API an zahlreichen Stellen, zum Beispiel

- zum Zwischenspeichern (*Auto-Save*) eines Beitrags. Sollte Ihr Browser plötzlich abstürzen, so verbleiben die bis zum letzten Tick gesendeten Daten auf dem Server gespeichert.
- zur Überprüfung, ob ein Benutzer noch angemeldet ist. Falls nicht, wird ein Login-Pop-up eingeblendet, der Sie auffordert, Ihre Zugangsdaten erneut einzugeben.
- zum Sperren von Beiträgen (*Post-Lock*). So kann verhindert werden, dass mehrere Benutzer gleichzeitig an einem Beitrag schreiben (siehe Abbildung 8.17).

Sie können die Heartbeat-API aber auch in eigenen Projekten nutzen oder zweckentfremden. Ich habe sie zum Beispiel bei Plugins gesehen, die Aufgaben erledigen, deren Operation lange dauern würde. Durch die Heartbeat-API wird sichergestellt, dass nur ein Teil der Daten verarbeitet wird, was sich positiv auf die CPU-Ressourcen des Servers auswirken kann.

Um die Nonces müssen Sie sich im Übrigen nicht sorgen. Gerade im Backend kümmert sich WordPress darum, sie zu erstellen und zu überprüfen.

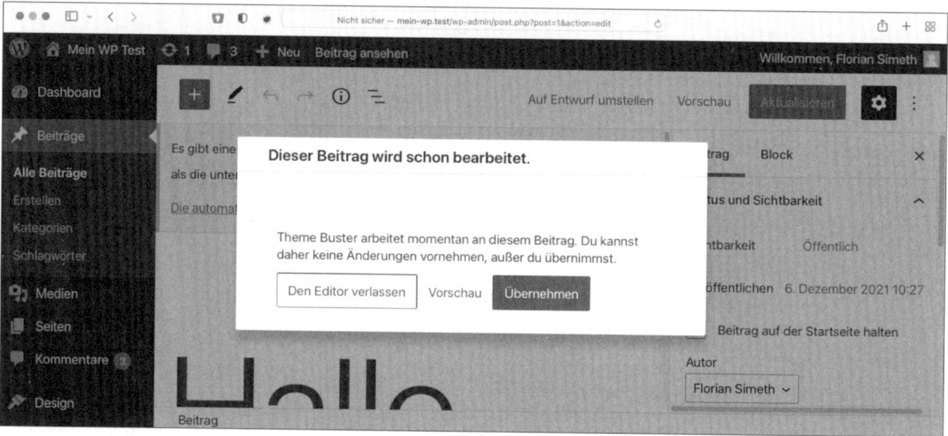

Abbildung 8.17 Der Post-Lock in Aktion

8.7.1 Daten an den Server senden

Die Heartbeat-API baut auf jQuery auf. Wenn Ihr eigenes Skript also von `heartbeat` abhängig ist, so wird jQuery sowie das Hooks-JavaScript-Modul eingebunden. Listing 8.53 zeigt, wie eigene Daten mit einem Tick übermittelt werden. Im Grunde werden sie an die Variable `data` übergeben.

```
jQuery( document ).on( 'heartbeat-send', function ( event, data ) {
   data.my_commerce_plugin = {
      'action': 'get_sales'
   };
} );
```

Listing 8.53 Übermittlung von zusätzlichen Daten mit der Heartbeat-API

8.7.2 Daten auf dem Server verarbeiten

Zum Verarbeiten der Daten kann der Filter `heartbeat_received` genutzt werden. Listing 8.54 zeigt, wie eine mögliche Antwort des Servers aussehen könnte. Der Filter-Hook kann maximal drei Parameter aufnehmen:

- `$response` sind die Daten, die die Heartbeat-API auf dem Server an das JavaScript im Browser zurücksendet.
- `$data` sind die Daten, die empfangen wurden.
- Und mit der `$screen_id` übergibt WordPress den Namen des aktuellen Bildschirms im Backend. Befinden Sie sich zum Beispiel auf der Seite DASHBOARD, so wird der

Wert `dashboard` zurückgegeben. Durch den Parameter lassen sich Aktionen nur dann durchführen, wenn der Benutzer sich auf einer gewissen Seite aufhält.

Im Beispiel aus Listing 8.54 soll die Anzahl an Gesamtverkäufen eines Webshops zurückgegeben werden. Es wird angenommen, dass ein Dashboard-Widget angezeigt wird, dessen Wert permanent aktualisiert wird.

```
<?php
function receive_heartbeat( array $response,
  array $data, string $screen_id ) {
    if ( 'dashboard' !== $screen_id ) {
        return $response;
    }

    if ( ! array_key_exists( 'my_commerce_plugin', $data ) ) {
        return $response;
    }

    switch ( $data['my_commerce_plugin']['action'] ) {
        case 'get_sales':
            $response['my_commerce_plugin']['sales'] =
              get_total_commerce_sales();
            break;
        case 'get_xyz':
            break;
    }

    return $response;
}

add_filter(
    'heartbeat_received',
    'floriansimeth\nonce_example\receive_heartbeat',
    10,
    3
);
```

Listing 8.54 Funktion, die vom Server eine Antwort an den Browser schickt

8.7.3 Zurückgesendete Daten im Browser empfangen

Nachdem die Daten vom Server zurückgeschickt wurden, muss ein JavaScript diese verarbeiten. In Listing 8.54 wurden dazu bestimmte Daten berechnet und zurückgegeben. Im Browser werden sie empfangen, wie in Listing 8.55 dargestellt. Das jQuery-Event `heartbeat-tick` wird immer dann getriggert, sobald neue Daten vorliegen.

```
jQuery( document ).on( 'heartbeat-tick', function ( event, data ) {
   if ( !data.my_commerce_plugin ) {
      return;
   }

   jQuery( '#my_commerce_dashboard_sales_count' )
      .text( data.my_commerce_plugin.sales );
} );
```

Listing 8.55 Ein Rückgabewert wird von jQuery verarbeitet.

Connect now!

Wenn Sie sich mit der Heartbeat-API beschäftigen, ist es unter Umständen notwendig, einen Tick auszulösen, bevor das Intervall abgelaufen ist. Das geht, wenn Sie in der Browser-Konsole Folgendes eingeben: `wp.heartbeat.connectNow()`.

Kürzeres oder längeres Intervall (und weitere Einstellungen)

Durch den Filter `heartbeat_settings` lassen sich einige Optionen der JavaScript-API überschreiben, so zum Beispiel das Zeitintervall. Eine vollständige Liste finden Sie in Tabelle 8.6. Ein Codebeispiel ist in Listing 8.56 dargestellt.

Option	Beschreibung
`interval`	Erlaubt sind Werte von 15 bis 120 Sekunden. Temporär funktioniert auch der Wert 5.
`minimalInterval`	Dient zur Begrenzung der Anzahl von Ajax-Anfragen. Der Wert kann bis auf 600 Sekunden gesetzt werden, falls ein Webhoster eine hohe Anzahl an Verbindungen nicht aufnehmen kann. Wird ein Wert über 120 gesetzt, werden bestimmte Funktionen wie der Post-Lock deaktiviert.
`suspension`	Gibt an, ob der Heartbeat ausgesetzt werden soll. Dies geschieht automatisch nach 10 Minuten Inaktivität. Durch den Wert `disable` lässt sich dieses Verhalten deaktivieren. Jedoch wird der Heartbeat dann nach spätestens 60 Minuten ausgesetzt.
`screenId`	Eine eigene Bildschirm-ID kann hier definiert werden.

Tabelle 8.6 Mögliche Einstellungen für die Heartbeat-API

```
<?php
add_filter( 'heartbeat_settings', function ( $settings ) {
    $settings['interval'] = 15;

    return $settings;
} );
```

Listing 8.56 Anpassung des Heartbeat-Intervalls auf 15 Sekunden

In diesem Kapitel habe ich Ihnen allerlei Wissen vermittelt, das Sie hoffentlich auf Ihrem Weg zu Ihrem eigenen WordPress-Plugin oder -Theme begleiten wird. Aber seit geraumer Zeit ist es auch möglich, Blöcke zu programmieren. Und damit beschäftigen wir uns eingehend im nächsten Kapitel.

Kapitel 9
Einen Block erstellen

»Everything is a Block.« – Dies war die zweite Äußerung, die Matt Mullenweg nach der bereits in Kapitel 8 zitierten Aussage (»Learn JavaScript, deeply!«) mit der Community teilte. In diesem Kapitel ist nun beides wichtig, um den nächsten großen Schritt zu tun: Blöcke entwickeln!

Die Entwicklung des neuen Block-Editors (Codename *Gutenberg*) geht rasant voran. Es war noch nicht einmal entschieden, ob man lieber auf React oder Vue.js setzen sollte, da war schon der erste Prototyp (auf Basis von React) im Einsatz. Dass das eine überschnelle Entscheidung war, fiel dann erst auf, als Matt Mullenweg persönlich bekannt geben musste, dass React nicht länger in WordPress verwendet werden könne.[1] Der Grund war eine Patentklausel, die Facebook vor Patentklagen schützen sollte. React stand also grundsätzlich als Open-Source-Software zur Verfügung. Aber eben mit besagter Klausel.

Diese gefiel der Apache Foundation so gar nicht, weswegen sie die *BSD+Patents*-Lizenz von Facebook in ihre *Kategorie-X-Liste* der nicht zugelassenen Lizenzen aufnahm. Somit konnten viele Projekte, die auf React aufbauten, plötzlich nicht mehr unter eine Apache-Open-Source-Lizenz gestellt werden. Viele Projekte hatten sich schon damit angefreundet, den auf React basierenden Code neu schreiben zu müssen, bis Facebook plötzlich anders entschied. Nachdem das Unternehmen wochenlang nicht von seiner Meinung abzubringen war, kam eines Tages dann die Meldung: React wird unter die MIT-Lizenz gestellt![2] Und von da an begann die Reise von React und WordPress.

Kapitelbeispiele

In diesem Kapitel entwickeln wir gemeinsam einen Wetter-Block und anschließend ein sehr überschaubares Plugin mit einer Blog-Vorlage. Den gesamten Code finden Sie in den Download-Materialien zum Buch.

1 Vgl. Mullenweg, Matt: On React and WordPress, in: Matt Mullenweg – Unlucky in Cards, 2017, *https://ma.tt/2017/09/on-react-and-wordpress* (abgerufen am 02.02.2022)

2 Vgl. Wolff, Adam: Relicensing React, Jest, Flow, and Immutable.js, in: Engineering at Meta, 2017, *https://engineering.fb.com/2017/09/22/web/relicensing-react-jest-flow-and-immutable-js* (abgerufen am 02.02.2022)

9.1 Grundwissen zu Blöcken

Auf der WordPress-Website ist zu lesen, dass der Block-Editor für ein völlig neues Paradigma bei der Anfertigung von Websites stehen soll. Das gesamte Erlebnis der Erstellung einer WordPress-Seite soll so transformiert werden, wie Johannes Gutenberg den Buchdruck revolutionierte. Das Erlebnis, von dem hier die Rede ist, soll die Bearbeitung, Anpassung, Kollaboration und Mehrsprachigkeit abdecken. Mit Veröffentlichung von WordPress 6.0 befinden wir uns am Ende dieser Anpassungsphase:

- Eine WordPress-Seite kann nun mit einem reinen Block-Theme ausgestattet werden, da durch das *Full-Site-Editing*-Feature die gesamte Website mit dem Block-Editor angepasst werden kann.
- Blockvorlagen (sogenannte *Block-Patterns*) erlauben die Integration von vorgefertigten Block-Layouts.
- Es existiert ein eigenes Blockverzeichnis unter *https://wordpress.org/plugins/browse/blocks*.
- Ein Blockvorlagen-Verzeichnis wurde ebenfalls ins Leben gerufen. Sie finden es unter *https://wordpress.org/patterns*.

Die kleinste Einheit innerhalb des Block-Editors ist der Block. Sogar der Gruppen-Block, der mehrere Blöcke in sich versammeln kann, ist nichts anderes als ein einzelner Block mit innen liegenden Blöcken (sogenannte *Inner Blocks*). Im Editor kann deswegen jeder Block einzeln bearbeitet werden. Dies geschieht im rechten Teil des Bildschirms (❸ in Abbildung 9.1): in der *Settings Sidebar*. In der Mitte befindet sich der Inhaltsbereich des Block-Editors ❷. Ganz links finden Sie schließlich den sogenannten *Block-Inserter* ❶, der eine Auswahl an Blöcken bereithält.

Wie so vieles in WordPress ist auch der Block-Editor voll rückwärtskompatibel zum alten Classic-Editor. Es existiert sogar ein Prozess, der versucht, Inhalte aus dem Classic-Editor in gleichwertige Blöcke zu konvertieren und aufzuteilen. Das Copy-and-paste von Microsoft- und *Markdown*[3]-Inhalten funktioniert ebenfalls. Der Classic-Editor ist und war nichts anderes als eine angepasste Version des TinyMCE-Editors. Ohne Zweifel ist *TinyMCE*[4] der weltweit beliebteste quelloffene, webbasierte WYSIWYG[5]-Editor, der versucht, das Schreiben von Online-Inhalten so bequem zu machen wie beispielsweise das Schreiben von Texten in Microsoft Word.

Nicht zuletzt wurde Gutenberg entwickelt, um mit den bis dato weit verbreiteten Page-Buildern wie Elementor oder Divi mithalten zu können. Diese erlauben seit geraumer Zeit bereits das Full-Site-Editing, das zumeist einfach zu handhaben ist,

3 Markdown ist eine vereinfachte Auszeichnungssprache. Siehe: *https://daringfireball.net/projects/markdown*
4 *https://www.tiny.cloud*
5 What-you-see-is-what-you-get

jedoch auch komplexere Layouts ermöglicht. Doch nicht alle Benutzer waren mit der Einführung des Block-Editors seit Version 5.0 von WordPress glücklich. Nicht jeder sah sofort die Möglichkeiten, die er bietet. Dies führte schließlich dazu, dass das Classic-Editor-Plugin zu einem der gefragtesten Plugins wurde. Der Ärger einiger Community-Mitglieder war teilweise so groß, dass WordPress kurzerhand *geforkt* wurde. Ein *Fork* ist eine Abspaltung eines Softwareprojekts in einen eigenen Entwicklungszweig. *ClassicPress*[6] wurde die Kopie von WordPress genannt, die fortan ohne Gutenberg auskommen sollte.

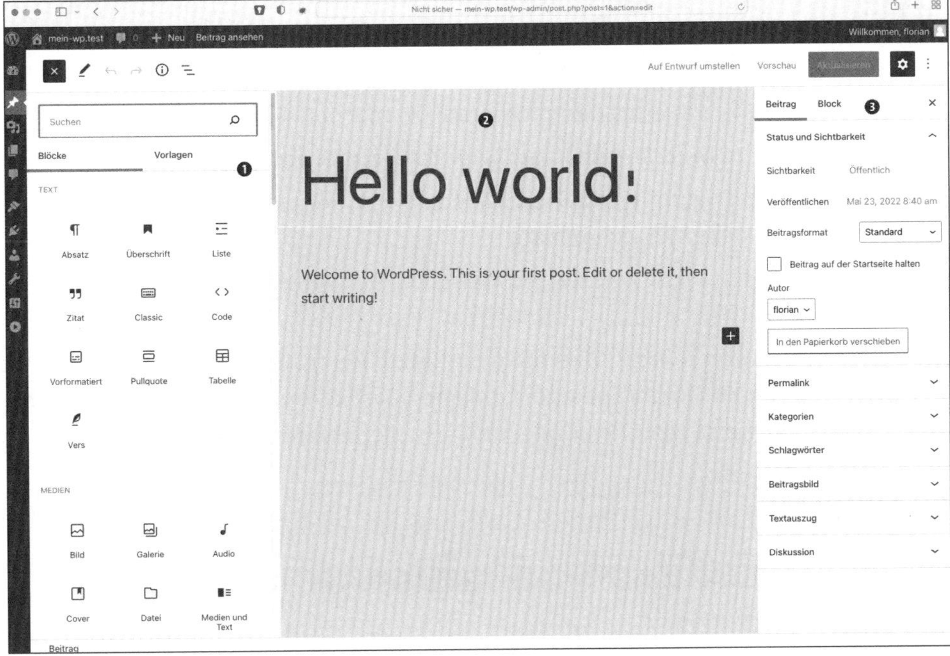

Abbildung 9.1 Der Block-Editor

Gutenberg hat sich seitdem jedoch stark verbessert. Sicherlich nicht zuletzt, weil durch die neu eingesetzten Techniken weitere Entwickler angelockt werden. Wie ich in Kapitel 8 bereits gezeigt habe: JavaScript ist eine der beliebtesten Programmiersprachen weltweit.

9.1.1 Vergleich: Classic- und Block-Editor

Abbildung 9.2 zeigt den Classic-Editor im Einsatz. So sah es in WordPress 4.9 und früher aus. Es existieren zwei Spalten: links der (TinyMCE-)Editor mit einer Eingabemöglichkeit für den Titel, rechts die Seitenleiste und deren Metaboxen. Wenn Sie das Bild

6 *https://www.classicpress.net*

mit Abbildung 9.1 vergleichen, dann werden Sie zwar Gemeinsamkeiten entdecken; bei genauerem Hinsehen werden Sie aber die großen Unterschiede erkennen:

- Die Metaboxen des Classic-Editors sind in die Seitenleiste des Block-Editors gewandert. Darüber hinaus sind die Bereiche (*Components Panel* genannt) alle geschlossen statt geöffnet.
- Eine Werkzeugleiste existiert nicht mehr.
- Der Button DATEIEN HINZUFÜGEN existiert ebenfalls nicht mehr.
- Die Buttons zum Veröffentlichen befinden sich nicht mehr in einer seitlichen Metabox. Stattdessen sind sie nun oben rechts jederzeit erreichbar.
- Die oberste Werkzeugleiste im Block-Editor zeigt eine Reihe neuer Funktionen:
  - Es gibt Buttons, um Eingaben rückgängig zu machen oder zu wiederholen.
  - Der Infobutton (mit dem kleinen I) gibt Zusatzinformationen aus,
  - während das Treppensymbol die Listenansicht öffnet. Sie zeigt die im Editor benutzten Blöcke hierarchisch an.
  - Über das Stiftsymbol können Sie zwischen Auswahl- und Editiermodus umschalten.
  - Über den Button mit den drei kleinen Pünktchen (ganz rechts) wird ein Menü mit weiteren Konfigurationsmöglichkeiten des Editors angezeigt. Hier können Sie beispielsweise zwischen Code- und visuellem Editor wechseln.

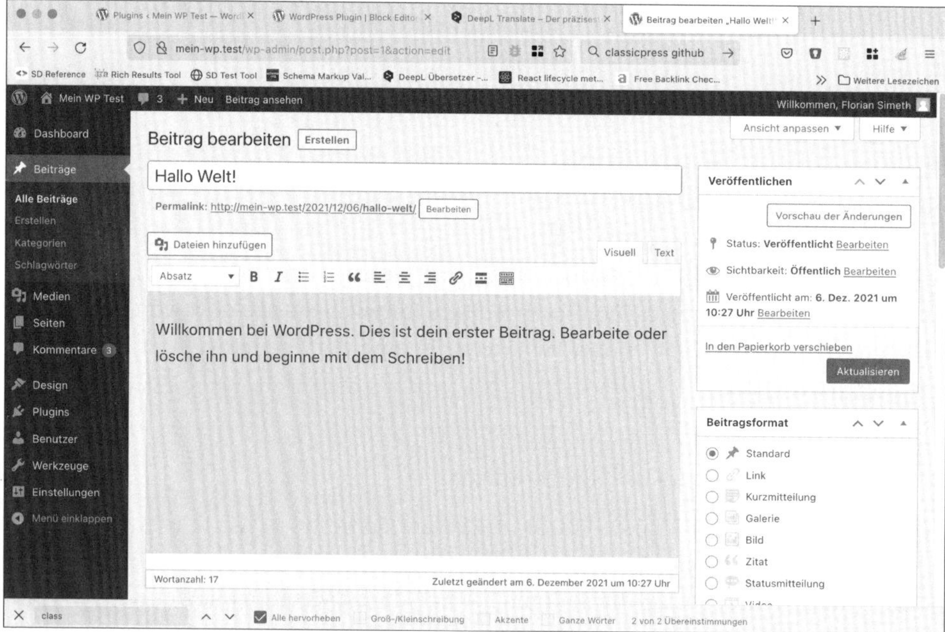

Abbildung 9.2 Der Classic-Editor

Der wichtigste Button im neuen Block-Editor ist derjenige mit dem +-Zeichen. Er taucht an diversen Stellen auf und liefert eine mehr oder weniger große Auswahl an Blöcken. Wird ein Block selektiert, so erhalten Sie in der Seitenleiste weitere Einstellungsmöglichkeiten, die sich nur auf den Block beziehen.

Möglicherweise wird oberhalb des Blocks eine Werkzeugleiste eingeblendet (siehe Abbildung 9.3). Sie wird *Contextual Toolbar* genannt. Darin befinden sich Gruppen von Buttons, die als *Toolbar Groups* bezeichnet werden.

Abbildung 9.3 Ein Block wurde ausgewählt. Eine Werkzeugleiste wird eingeblendet, und die Seitenleiste zeigt die Block-Einstellungen.

Wie Sie gesehen haben, ist der Block-Editor gerade noch ähnlich genug, um vertraut zu wirken, von Zeit zu Zeit aber auch teilweise unübersichtlich. Das mag einer der Gründe sein, warum gerade alteingesessene WordPress-Nutzer anfänglich mit ihm nicht klarkamen und deshalb auf den Classic-Editor setzten.

9.1.2 Blöcke sind WordPress-Plugins

Wie schon öfter angesprochen, werden Blöcke zwar in JavaScript und React entwickelt, die Einbindung in den WordPress-Kern geschieht allerdings über Hooks, und dies wiederum kann nur durch ein Theme oder ein Plugin erfolgen. Aus den Gründen, die ich in Abschnitt 5.1.2, »Abgrenzung zu Plugins«, bereits genannt habe, ist es nicht ratsam, einen Block innerhalb eines Themes einzubinden. Daraus folgt, dass das Transportmedium ein Plugin ist. Ergo ist ein Block auch immer ein ebensolches.

9.1.3 Der Technologie-Stack bei Block-Plugins

Die Block-Entwicklung unterscheidet sich sehr stark von der Entwicklung eines Plugins oder eines Themes. Mit der Entscheidung, einen Block-Editor zu entwickeln, beschloss die Community, moderne Programmiertechniken und -ansätze zu nutzen, die bis dahin weit außerhalb dessen lagen, wofür WordPress bekannt war (siehe dazu auch den Kasten »Modernes PHP in WordPress?« am Anfang von Kapitel 1).

Der größte Teil wird in JavaScript programmiert. PHP kommt nur zur Registrierung des Blocks und der nötigen JavaScripte zum Einsatz. Bei einem dynamischen Block kommt zusätzlich der Code-Teil, der PHP benötigt. Oft laden dynamische Blöcke Inhalte über die REST-API (siehe Kapitel 15) nach. Auch dann werden weiterhin PHP und die Anbindung an die diversen WordPress-APIs benötigt.

Kommen wir zum eigentlichen *Technologie-Stack*. Damit wird eine Reihe von aufeinander aufbauenden Softwarekomponenten und Programmiersprachen bezeichnet, die zur Block-Entwicklung benötigt werden. Im Einzelnen sind das:

JavaScript	React
PHP	JSX
Node.js	Babel
webpack	

Der Großteil dieser Komponenten und Programmiersprachen wurde in diesem Buch bereits behandelt. Neu hinzugekommen ist *webpack*. Dabei handelt es sich um einen sogenannten JavaScript-Modul-Packer. Seine wesentliche Aufgabe besteht darin, mehrere JavaScript-Dateien zusammenzuführen und zu einer Datei zu bündeln. Da webpack ebenfalls andere Dateien statt nur JavaScript packen kann, wird der Vorgang auch *build* genannt (vom Englischen *to build*, dt. *etwas bauen*). Die Tools, die dazu verwendet werden, werden *Build-Tools* genannt. Und das können mehrere verschiedene sein.

In der Regel wird webpack so konfiguriert, dass die Ausgabedateien auch im Verzeichnis namens */build/* ausgegeben werden. Das wird auch im Beispiel zu diesem Kapitel der Fall sein. Bearbeiten Sie die Dateien, die sich in diesem Verzeichnis befinden, niemals manuell. Denn die Änderung wird vom Build-Tool automatisch überschrieben.

9.2 Einen Block erstellen

Wer nicht aus der JavaScript-Welt kommt oder jahrelang ausschließlich mit PHP (oder mit WordPress) gearbeitet hat, wird im Folgenden überrascht sein, wie viel Aufwand betrieben werden muss, selbst um einen kleinen Block zu programmieren. Glücklicherweise hat die WordPress-Community ein Tool namens `create-block` entwickelt, das sehr viel Konfigurationsarbeit übernimmt.

9.2.1 Die Entwicklungsumgebung einrichten

In einem ersten Schritt nutzen wir das besagte Tool aus dem Paket `@wordpress/create-block`. Dabei handelt es sich um ein kleines Programm, das die nötigen Build-Tools einrichtet, ohne dass Sie die einzelnen Pakete selbst konfigurieren müssen. Darüber hinaus generiert es PHP-, JS-, CSS-Code und alles andere, was zum Start eines Projekts benötigt wird.

In einem Terminal Ihrer Wahl öffnen Sie das Plugin-Verzeichnis Ihrer lokalen WordPress-Installation. Wenn Sie *Local* nutzen (siehe Abschnitt 1.2.1, »Die lokale Laufzeitumgebung einrichten«), wäre es das Verzeichnis */app/public/wp-content/plugins* innerhalb der jeweiligen Seite. Danach führen Sie den Befehl aus, der in Listing 9.1 dargestellt ist. Sollte der Befehl auf Ihrem Rechner nicht funktionieren, beachten Sie bitte die Hinweise im Kasten. Das Kommando installiert das Paket `@wordpress/create-block`, falls es sich noch nicht auf dem Rechner befindet, und führt es danach aus. Über den letzten Teil (`mein-wp-block`) des Befehls definieren Sie das Verzeichnis, in dem das neue Plugin installiert werden soll. Es ist individuell und sollte die spätere Slug-Bezeichnung Ihres Plugins widerspiegeln.

```
% cd /Users/floriansimeth/LocalSites/meinwp/app/public/wp-content/plugins
% npx @wordpress/create-block my-weather-block
```

Listing 9.1 Ausführung und ggf. Installation des »create-block«-Pakets

NodeJS, npx und npm

`npx` ist ein Node.js-Kommandozeilen-Tool. Es ermöglicht `npm` die Ausführung eben dieser, ohne dass sie global installiert werden muss. `npm` ist zweierlei: Erstens ist es ein Online-Repository für die Veröffentlichung von Open-Source-Node.js-Projekten; zweitens ist es ein Kommandozeilenprogramm für die Interaktion mit dem benannten Repository. Es hilft bei der Paketinstallation, der Versionsverwaltung und beim Abhängigkeitsmanagement.

`npx` sollten Sie global installieren. Dies gelingt mit folgendem Terminal-Befehl:

```
npm install -g npx
```

`npm` wird automatisch mit Node.js installiert. Wie Sie Node.js installieren, entnehmen Sie bitte der Anleitung in der Dokumentation von `npm`: *https://docs.npmjs.com/downloading-and-installing-node-js-and-npm*.

Hier die Links zu den einzelnen Projekten:

- *https://www.npmjs.com*
- *https://nodejs.org/de/*

Nach der Ausführung befindet sich im */wp-content/plugins/*-Verzeichnis nun ein neuer Ordner mit der von Ihnen gewählten Slug-Bezeichnung. Ebenfalls wurde eine PHP-Datei (bei mir: *my-weather-block.php*) erstellt, die derzeit nur eines tut: nämlich die Funktion `register_block_type()` auszuführen (siehe Listing 9.2). Und genau diese Funktion sehen wir uns im nächsten Abschnitt detaillierter an. Vorher sollten Sie die PHP-Datei, speziell jedoch den Plugin-Header, entsprechend Ihren Wünschen anpassen (Name, Beschreibung etc.).

Ich möchte noch einmal kurz auf die Komplexität eingehen. Werfen Sie einen Blick in den */node_modules/*-Ordner. Sie werden sehen, dass weit mehr als 800 Pakete installiert wurden. Dies sind Abhängigkeiten von Ihrem neuen Block-Plugin. Wohlgemerkt werden nicht alle am Ende im */build/*-Verzeichnis wieder auftauchen, aber sie sind notwendig, um all die Dinge tun zu können, die Sie in diesem Kapitel sehen und lernen werden.

9.2.2 Einen Block registrieren

Ein Block muss über die Funktion `register_block_type()` registriert werden. Im Beispiel können Sie den Aufruf in der Datei */my-weather-block/my-weather-block.php* des Plugin-Verzeichnisses sehen. Die Funktion ist in Listing 9.2 dargestellt. Sie hat sehr viele mögliche Parameter, die allesamt in eine einfache *block.json*-Datei gepackt werden können (siehe Abschnitt 9.2.3). Und genau das passiert in der zuvor genannten Datei: Die *block.json*-Datei wird eingelesen. Der Vollständigkeit halber möchte ich Ihnen aber auch zeigen, wie das Registrieren ohne diese JSON-Datei funktioniert.

```
<?php
function register_block_type(
    string|WP_Block_Type $block_type,
    array $args = [
        string $api_version,
        string $title,
        string|null $category,
        array|null $parent,
        string|null $icon,
        string $description,
```

```
        string[] $keywords,
        string|null $textdomain,
        array $styles,
        array $variations,
        array|null $supports,
        array|null $example,
        callable|null $render_callback,
        array|null $attributes,
        array $uses_context,
        array|null $provides_context,
        string|null $editor_script,
        string|null $script,
        string|null $view_script,
        string|null $editor_style,
        string|null $style,
        array|null $ancestor
    ]
): bool|WP_BlockType {
    ...
}
```

Listing 9.2 Funktionsbeschreibung von »register_block_type()«

Bei der Funktion gilt:

- `$block_type` ist entweder:
  - eine Instanz der Klasse `WP_BlockType`,
  - ein Name eines Blocks inklusive Namespace (siehe den Kasten »Block-Namespaces« in diesem Abschnitt),
  - ein Pfad zur JSON-Datei mit der Definition der Metadaten für den Block
  - oder ein Pfad zu dem Ordner, in dem sich die Datei *block.json* befindet (siehe Abschnitt 9.2.3).
- `$args` ist ein optionales Array mit weiteren Einstellungsmöglichkeiten:
  - `$api_version` ist die Block-API-Version, die genutzt werden soll. Seit WP 5.6 wird `2` verwendet.
  - `$title` ist die vom Menschen lesbare Block-Beschriftung.
  - `$category` klassifiziert den Block-Typ. Das ist wichtig, damit er in eine Kategorie eingeteilt werden kann. Möglich sind: `text`, `media`, `design`, `widgets`, `theme` oder `embed`.
  - Mit der Einstellung `$parent` kann ein Block voraussetzen, dass er nur verfügbar ist, wenn er innerhalb der angegebenen Blöcke verschachtelt ist. Er muss ein direkter Kind-Block sein. Beachten Sie hier auch das Attribut `$anchestor`.

- Durch `$icon` wird das Symbol festgelegt, mit dem der Block im Block-Inserter (und anderen Stellen) dargestellt wird. Möglich sind jederzeit auch Dashicons.
- `$description` enthält eine kurze Beschreibung für den Block.
- Mit `$keywords` werden die Schlüsselwörter angegeben, die bei der Suche berücksichtigt werden.
- `$textdomain` ist eine Textdomain zur Übersetzung der Felder `$title`, `$description` und `$keywords` (siehe auch Abschnitt 8.6, »Internationalisierung«).
- `$styles` definiert Blockstile. Sie können verwendet werden, um verschiedene Stile für Blöcke bereitzustellen. Dazu wird dem äußeren HTML-Element des Blocks ein Klassenname hinzugefügt.
- `$variations` ist ein Array mit möglichen Variationen (siehe Abschnitt 9.2.17, »Noch mehr Design mit Block-Variationen«).
- `$supports` ermöglicht die Unterstützung für bestimmte Funktionen zu deklarieren. Eine vollständige Liste finden Sie hier: *https://developer.wordpress.org/block-editor/reference-guides/block-api/block-supports*
- `$example` ist ein Array mit Werten, die verwendet werden, um eine Vorschau für den Block zu erstellen. Angezeigt wird diese Vorschau, wenn der Benutzer den Mauszeiger kurz über dem Block verweilen lässt.
- `$render_callback` ist eine PHP-Funktion, die zum Rendern eines Blocks benutzt wird. Sie ist nur für dynamische Blöcke wichtig, die Zugriff zu PHP benötigen.
- `$attributes` ist ein Array von Attributen, auf die ein Block angewiesen ist (siehe Abschnitt 9.2.7 »Block-Attribute«).
- `$provides_context` ist Kontext, der für den Zugriff von Nachkommen von Blöcken dieses Typs zur Verfügung gestellt wird (siehe den Kasten »Block-Kontext«).
- `$uses_context` ist das Gegenstück zu `$provides_context` (siehe ebenfalls die Informationen im Kasten »Block-Kontext«).
- `$editor_script` benötigt den `$handle` einer registrierten JavaScript-Datei, die *ausschließlich* im Backend eingebunden wird (wenn der Block-Editor aktiv ist).
- `$script` benötigt den `$handle` einer registrierten JavaScript-Datei, die im Frontend *und* im Backend zugleich eingebunden wird.
- `$view_script` benötigt den `$handle` einer registrierten JavaScript-Datei, die *ausschließlich* im Frontend eingebunden wird.
- `$editor_style` ist der `$handle` einer zuvor registrierten CSS-Datei, die *nur* für den Editor eingebunden wird.
- `$style` istder `$handle` einer zuvor registrierten CSS-Datei, die im Back- *und* im Frontend eingebunden wird.

- `$ancestor` erwartet ein Array mit Blöcken, in die der Block integriert werden darf. Im Vergleich zu `$parent` muss der Block nicht ein direktes Kind-Element sein, sondern darf auch innerhalb dessen Kind-Blöcken platziert werden.

Zurückgegeben wird `false`, falls es zu einem Fehler kam – zum Beispiel, wenn für `$block_type` kein Namespace angegeben wurde. Ansonsten wird eine Instanz der Klasse `WP_Block_Type` zurückgegeben.

Auf ein separates Beispiel verzichte ich, weil die empfohlene Vorgehensweise ist, eine *block.json*-Datei zu erstellen, von der dann fast alle Daten gelesen werden.

Block-Namespaces

Der Name eines Blocks ist eine eindeutige Zeichenfolge, die einen Block identifiziert. Daher muss jedem Namen ein Namespace vorangestellt werden. Gemeint ist nicht etwa ein PHP-Namespace, sondern ein Präfix vor dem Namen. In der Regel wird der Slug des Plugins verwendet. Beispiel: `floriansimeth/my-weather-block`.

Block-Kontext

Der Block-Kontext ähnelt dem React-Kontext. Dort bietet er eine Möglichkeit, Daten durch den Komponentenbaum zu schleusen, ohne dass Props auf jeder Ebene manuell weitergegeben werden müssen.

Bei einem Event-Block könnten Sie beispielsweise die ID des Ortes, an dem das Event stattfindet, an untergeordnete Blöcke weitergeben. Dies geschieht mit der Einstellung `$provides_context`. Die darauf aufbauenden Blöcke können mittels `$uses_context` diese ID wiederaufnehmen und damit weiterarbeiten.

9.2.3 Die block.json-Datei

Es gibt einen ganz einfachen Grund, warum mit der *block.json*-Datei gearbeitet wird, anstatt alle Einstellungen über PHP festzulegen: Eine JSON-Datei kann von allen gängigen Programmiersprachen gleichermaßen eingelesen werden, eine PHP-Datei jedoch nicht. Darüber hinaus ergeben sich weitere Vorteile:

- WordPress kümmert sich darum, dass Frontend-CSS- und JS-Dateien nur dann eingebunden werden, wenn der Block in Benutzung ist.
- Blöcke werden automatisch beim entsprechenden REST-API-Endpunkt registriert, sodass dieser sie auflisten kann.
- Das WordPress-Plugin-Verzeichnis kann *block.json*-Dateien erkennen, in Plugins enthaltene Blöcke markieren und dessen Metadaten extrahieren.
- Entsprechende Programmiertools wie PhpStorm helfen beim Ausfüllen der JSON-Datei, weil die zugrunde liegenden Schemas erkannt werden oder hinterlegt sind.

Das ist ganz genauso wie bei der *theme.json*-Datei (siehe Abschnitt 5.3.3, »Design und Layout festlegen: theme.json«).

JSON-Dateien und deren Nachteil

So viele Vorteile die JSON-Dateien auch haben mögen, im Block-Bereich könnte das Format künftig Probleme bereiten. *Andrey Savchenko* hat herausgefunden, dass WordPress durch das Lesen vieler Block-Dateien zukünftig Performance-Probleme bekommen könnte.[7] Getestet hat er auf einem Windows-System. Unter Linux sieht es möglicherweise anders aus, weil das Dateisystem dort – seiner Meinung nach – aggressiver zwischenspeichert. Sein Screenshot im Tweet zeigt, dass PHP 13 % der Zeit dafür verschwendet, zu prüfen, ob eine Datei existiert (Funktion: `file_exists()`). Wir werden abwarten müssen, wie sich das in den kommenden Monaten und Jahren verhält, wenn mehr und mehr Anwender den Block-Editor mit vielen verschiedenen Blöcken nutzen. Zumindest wird an diesem Problem bereits gearbeitet.[8]

Durch das Ausführen des `npx`-Befehls wurde auch eine *block.json*-Datei erstellt. Zu finden ist diese im Verzeichnis */src/*. Sie wird später in das */build/*-Verzeichnis kopiert. Denn dort befinden sich letztlich die einsatzfähigen Dateien. Listing 9.3 zeigt, wie sie aussieht. Sie können dort fast alle Parameter anführen, die auch in der Funktion `register_block_type()` (siehe Listing 9.2) angegeben werden können. Ausgenommen sind diejenigen, die PHP benötigen – also zum Beispiel der Parameter `$render_callback` oder die Parameter `variations` und `deprecated`, die ausschließlich per JavaScript über die Funktion `registerBlockType()` angegeben werden können (siehe dazu Abschnitt 9.2.6, »Den Block clientseitig registrieren«).

Beachten Sie, dass in der *block.json* nur Schlüssel-Wert-Paare angegeben werden können.

```
{
   "$schema": "https://schemas.wp.org/trunk/block.json",
   "apiVersion": 2,
   "name": "floriansimeth/my-weather-block",
   "version": "0.1.0",
   "title": "My Weather Block",
   "category": "widgets",
   "icon": "cloud",
```

7 Savchenko, Andrey. [Rarst]: block editor tanked WP core load performance by hitting filesystem repeatedly to read json files, 24% of page load..., in: Twitter [Tweet], 11.02.2022, *https://twitter.com/Rarst/status/1492102426513575957* [18.02.2022]

8 Siehe *https://github.com/WordPress/wordpress-develop/pull/2252*

```
    "description": "A weather block.",
    "supports": {
       "html": false
    },
    "textdomain": "my-weather-block",
    "editorScript": "file:./index.js",
    "editorStyle": "file:./index.css",
    "style": "file:./style-index.css"
}
```

Listing 9.3 Eine »block.json«-Datei so, wie sie nach dem »npx«-Befehl erstellt wurde

Zunächst können Sie die Datei Ihren Wünschen entsprechend verändern. Ganz speziell sollten Sie die Parameter `name` (inklusive Namespace), `category`, `icon` und `description` anpassen. In Listing 9.3 habe ich fett dargestellt, welche Zeilen verändert wurden.

Viel mehr wollen wir an dieser Stelle gar nicht tun. Stattdessen starten wir den Build-Vorgang, wie im Folgenden beschrieben.

9.2.4 Der Build-Vorgang

Bevor der Build-Vorgang das erste Mal durchgeführt wird, öffnen Sie bitte noch die Datei */src/index.js*. Das ist die Haupt- oder Einstiegsdatei für den Block in JavaScript. Dort sehen Sie den Code-Block aus Listing 9.4, auf den ich gleich noch genauer eingehen werde. Wichtig ist, dass Sie den ersten Parameter der Funktion `registerBlockType()` entsprechend der Konfiguration in der *block.json*-Datei anpassen. Konkret muss derselbe String gewählt werden, der im Schlüssel `name` der JSON-Datei angegeben wurde. Im Listing sehen Sie fett hervorgehoben den von mir bereits angepassten Namen.

```
registerBlockType('floriansimeth/my-weather-block', {
    edit: Edit,
    save,
});
```

Listing 9.4 index.js: Der Name des Blocks muss angepasst werden.

Zum Build-Vorgang habe ich am Anfang von Abschnitt 9.1.3 schon einiges geschrieben. Welche Befehle es gibt, entnehmen Sie der *package.json*-Datei, und dort dem Schlüssel `scripts`. Listing 9.5 zeigt die Datei. Kursiv sind die von mir angepassten Zeilen. Fett sind die angesprochenen ausführbaren Skripte.

```
{
  "name": "my-weather-block",
  "version": "0.1.0",
  "description": "A weather widget block.",
  "author": "floriansimeth",
  "license": "GPL-2.0-or-later",
  "main": "build/index.js",
  "scripts": {
    "build": "wp-scripts build",
    "format": "wp-scripts format",
    "lint:css": "wp-scripts lint-style",
    "lint:js": "wp-scripts lint-js",
    "packages-update": "wp-scripts packages-update",
    "plugin-zip": "wp-scripts plugin-zip",
    "start": "wp-scripts start"
  },
  "devDependencies": {
    "@wordpress/scripts": "^21.0.2"
  }
}
```

Listing 9.5 »package.json«-Datei

Was ist die package.json-Datei?

Die Datei kommt aus der NodeJS-Welt. Dort muss jedem einzelnen Paket eine *package.json*-Datei beigelegt werden. Sie enthält verschiedene für das Projekt relevante Metadaten, wie zum Beispiel den Namen und eine Versionsnummer. Diese Informationen werden an das Tool `npm` übergeben, damit dieses die Abhängigkeiten des Projekts verwalten kann. Natürlich sind auch eigene Metadaten notwendig. In Listing 9.5 wären dies zum Beispiel die Beschreibung oder die Lizenzangaben. Aber auch Konfigurationsdaten können angegeben werden.

Zunächst wechseln Sie mit dem folgenden Konsolenbefehl in das Verzeichnis des Plugins:

```
cd /Users/floriansimeth/Local Sites/meinwp/app/public/wp-content/plugins/
my-weather-block/
```

Danach führen Sie `npm run build` aus. Am Ende sollten Sie von webpack darüber informiert werden, dass der Kompilierungsvorgang erfolgreich abgeschlossen wurde. Anschließend aktivieren Sie das Plugin im WordPress-Backend.

Im Block-Inserter des Editors können Sie jetzt mit dem Suchwort »Weather« den entsprechenden Block (siehe Abbildung 9.4) finden. Mit einem Klick lässt er sich direkt in den Editor einfügen. Mehr als die Ausgabe *»My Weather Block – hello from the editor!«* sehen Sie noch nicht. Darum kümmern wir uns im nächsten Schritt.

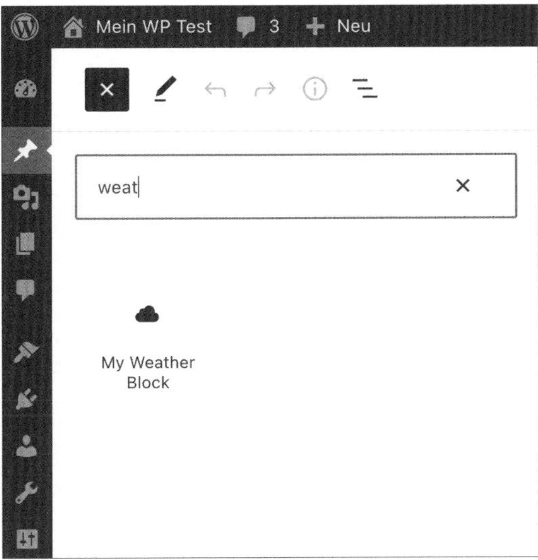

Abbildung 9.4 Die Suche nach dem neuen Block war erfolgreich.

Zuvor aber noch ein wichtiger Hinweis, der Ihnen die Arbeit weiter erleichtert: Der Build-Vorgang muss nicht permanent manuell angestoßen werden. Anstelle des Befehls `npm run build` führen Sie `npm run start` aus. Das führt dazu, dass webpack die Dateien permanent beobachtet und den Vorgang erneut ausführt, sobald sich eine Datei verändert hat. Beendet wird der permanent laufende Befehl mit der Tastenkombination `ctrl`+`C` auf dem Mac bzw. `Strg`+`C` unter Windows. Manche Anwendungen können den Build-Vorgang direkt starten.

npmSkripte schnell ausführen mit PhpStorm

In PhpStorm können Sie einen Rechtsklick auf die *package.json*-Datei ausführen (siehe Abbildung 9.5). In dem Menü, das dann aufklappt, wählen Sie SHOW NPM SCRIPTS aus ❶. Das öffnet ein kleines Fenster ❷ mit allen ausführbaren Skripten aus der Datei (siehe Listing 9.5). Ein Doppelklick auf einen Eintrag reicht aus, um das entsprechende Kommando zu starten. Die Ausgabe zeigt das Fenster mit dem Namen RUN an ❸. Falls die Ausführung nicht klappt, stellen Sie in den Einstellungen unter LANGUAGES & FRAMEWORKS • NODE.JS sicher, dass der Pfad zum Node-Interpreter richtig konfiguriert wurde ❹. Anhalten lässt sich der Befehl durch das Stop-Zeichen im RUN-Fenster.

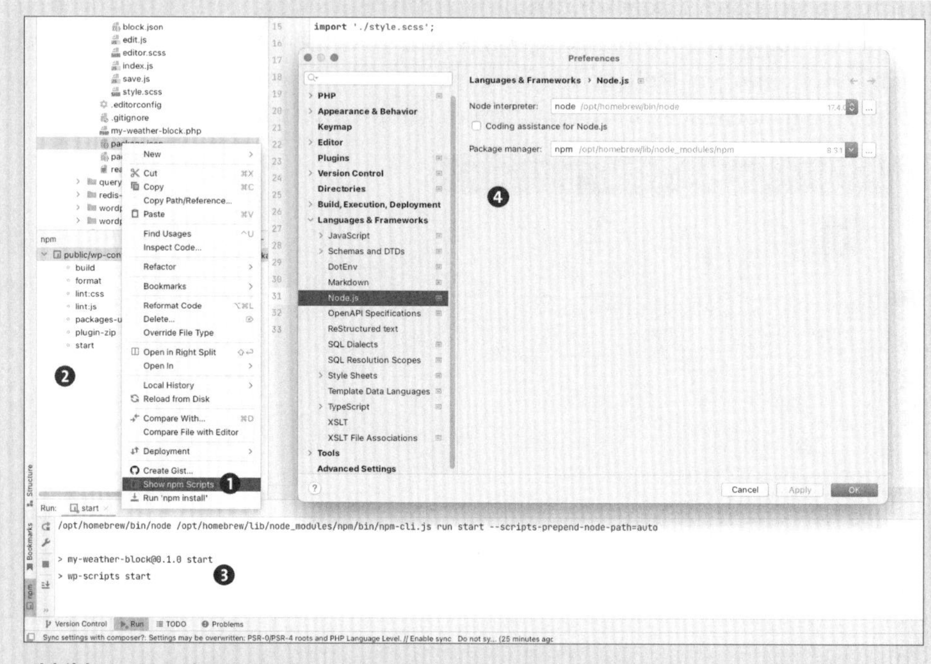

Abbildung 9.5 PhpStorm hat eine Node.js-Integration.

Die Skripte im Überblick

In der *package.json*-Datei wurden noch weitere Skripte definiert. Diese finden Sie in Tabelle 9.1. Weitere Informationen zu den einzelnen Befehlen finden Sie unter *https://github.com/WordPress/gutenberg/tree/HEAD/packages/scripts*.

Befehl	Beschreibung
`npm run start`	Transformiert Ihren Code entsprechend der bereitgestellten Konfiguration, damit er für die Entwicklung bereit ist.
`npm run build`	Der Code wird entsprechend der bereitgestellten Konfiguration umgewandelt, sodass er für die Produktion fertig und für die maximale Leistung optimiert ist.
`npm run format`	Hilft bei der Einhaltung der Style Guides für Ihre Dateien (JavaScript, YAML), indem er den Quellcode auf konsistente Weise formatiert.
`npm run lint:css`	Hilft bei der Einhaltung der Style Guides für Ihre CSS-Dateien.

Tabelle 9.1 npm-Skripte aus der »package.json«-Datei

Befehl	Beschreibung
`npm run lint:js`	Hilft bei der Einhaltung der Style Guides für Ihre JavaScript-Dateien.
`npm run packages update`	Aktualisiert die im Projekt verwendeten WordPress-Pakete auf die jeweils neueste Version.
`npm run plugin-zip`	Erzeugt eine Zip-Datei für ein WordPress-Plugin.

Tabelle 9.1 npm-Skripte aus der »package.json«-Datei (Forts.)

9.2.5 Der Einstieg in JavaScript

Wie bereits erwähnt, ist der Einstiegspunkt die Datei */src/index.js*. Listing 9.6 zeigt sie ohne Kommentare. Darin sehen Sie, Zeile für Zeile, Folgendes:

- Mehrere Import-Vorgänge:
  - Die Funktion `registerBlockType()` wird aus dem Paket `@wordpress/blocks` geladen.
  - Die *style.scss*-Datei wird geladen. Wenn Sie sich fragen, wie das geht, lesen Sie im Kasten »Styles in JavaScripts?« weiter.
  - Die Funktion `Edit()` wird aus der Datei *edit.js* geladen.
  - Die Funktion `save()` wird aus der Datei *save.js* geladen.
- Die Funktion `registerBlockType()` wird ausgeführt, und die beiden zuvor importierten Variablen werden übergeben.

```
import { registerBlockType } from '@wordpress/blocks';
import './style.scss';
import Edit from './edit';
import save from './save';
registerBlockType( 'floriansimeth/my-weather-block', {
   'edit': Edit,
   'save': save
} );
```

Listing 9.6 Die Einstiegsdatei von JavaScript (um die Kommentare gekürzt)

9.2.6 Den Block clientseitig registrieren

Die JavaScript-Funktion `registerBlockType()` (siehe Listing 9.7) ist dem PHP-Pendant `register_block_type()` sehr ähnlich. Letztere registriert den Block via PHP in WordPress. Erstere registriert ihn im Client, also im Browser. Die JS-Funktion hat zwei Parameter:

- `blockNameOrMetadata`: Der Block-Name als String oder ein Objekt mit Metadaten/Einstellungen (siehe den zweiten Parameter `settings`). Wird Letzteres übergeben, so benutzt WordPress die Eigenschaft `name` für den Namen.
- `settings`: Ein Objekt mit weiteren Einstellungen. Im Wesentlichen ist seine Liste identisch mit der PHP-Funktion `register_block_type()` aus Listing 9.2. Und tatsächlich müssen Sie die meisten Felder nicht ausfüllen, wenn diese schon via PHP ausgefüllt wurden. Der Block-Editor holt sich die Daten von der PHP-Funktion. Dementsprechend sind noch vier Parameter wichtig:
  - `transforms`: Definiert, zu und von welchen Blöcken ein Block umgewandelt werden kann.
  - `deprecated` kümmert sich um veraltete Versionen eines aktualisierten Blocks.
  - `save`: Funktion, die definiert, wie die verschiedenen Attribute zum endgültigen Markup kombiniert werden sollen.
  - `edit`: Die Editierfunktion beschreibt, was der Editor bei der Verwendung des Blocks darstellen wird.

In diesem Kapitel werden wir der Reihe nach all diese Parameter benötigen. Im nächsten Abschnitt beschäftigen wir uns zunächst jedoch mit den Block-Attributen. Denn unserem Block fehlen Einstellungsmöglichkeiten – unter anderem für den Ort, von dem das Wetter abgerufen werden soll.

```
function registerBlockType(
   string|Object blockNameOrMetadata,
   Object settings {
      String apiVersion = 2,
      String title,
      String description = '',
      String category,
      String|Object icon = 'block-default',
      Array keywords = [],
      Array styles = [],
      Object attributes = {},
      Object example = {},
      Object[] variations = [],
      Object supports = {},
      Object transforms = {},
      Array parent = [],
      providesContext = {},
      usesContext = {},
      Callable edit,
      Callable save = null,
```

```
    }
): WPBlockType {
    ...
}
```

Listing 9.7 Funktionsbeschreibung von »registerBlockType«

Styles in JavaScripts?

In Listing 9.6 sehen Sie, dass über einen `import`-Befehl eine SCSS-Datei geladen wird. Sie wussten nicht, dass man CSS-Dateien direkt in JavaScript integrieren kann? Tatsächlich funktioniert das normalerweise auch nicht. *webpack* holt sich die Dateien aus dem Quellcode und verarbeitet sie entsprechend. Wenn Sie sich die */build/index.js*-Datei ansehen, werden Sie feststellen, dass dort keine CSS-Datei mehr eingebettet ist. Stattdessen wird eine */build/style.css*-Datei separat erzeugt, die dann von der `register_block_type()`-Funktion aus Listing 9.2 eingebunden wird.

9.2.7 Block-Attribute

Nun gibt es mehrere Möglichkeiten, wie Sie Einstellungen für einen Block anfertigen. Zum einen ist es möglich, dass Sie eine Einstellungsseite erstellen, wie in Kapitel 6 zu lesen war. Das ist dann sinnvoll, wenn ein Block immer gleich aussehen soll. Das hat den Vorteil, dass es nur eine Stelle gibt, an der die Einstellungen für einen Block vorgenommen werden können. Andererseits widerspricht es der Logik eines Blocks. Immerhin haben Sie die Möglichkeit, Einstellungen direkt im Block festzulegen. Dementsprechend sollten sie auch dort vorgenommen werden können. Zusätzlich wird man zumeist unabhängiger von PHP.

Durch den Parameter `attributes` wird definiert, welche Einstellungsmöglichkeiten es geben soll. Zusätzlich wird dort dargelegt, wie Daten gespeichert werden. Da jeder Block ebenfalls HTML-Code erzeugt, muss es umgekehrt auch möglich sein, dass Einstellungen aus dem HTML-Code gelesen werden können. Diesen Vorgang nennt man auch *Parsen*. Die HTML-Repräsentation einer Seite sehen Sie, wenn Sie im Block-Editor auf die EINSTELLUNGEN (die drei Punkte rechts oben) und dann auf CODE-EDITOR klicken (siehe Abbildung 9.6). In der Abbildung sehen Sie in der ersten Zeile, dass für den Paragraf-Block mehrere Einstellungen im JSON-Format hinterlegt wurden. Genau dies sind die Attribute, von denen wir an dieser Stelle sprechen. Zusätzlich kann aber auch der innen liegende HTML-Code (hier also das `<p>`-Element) geparst und zum Beispiel dessen CSS-Klassen ausgelesen werden. Ob und wie dies vonstattengehen soll, legen Sie durch den `attributes`-Parameter fest.

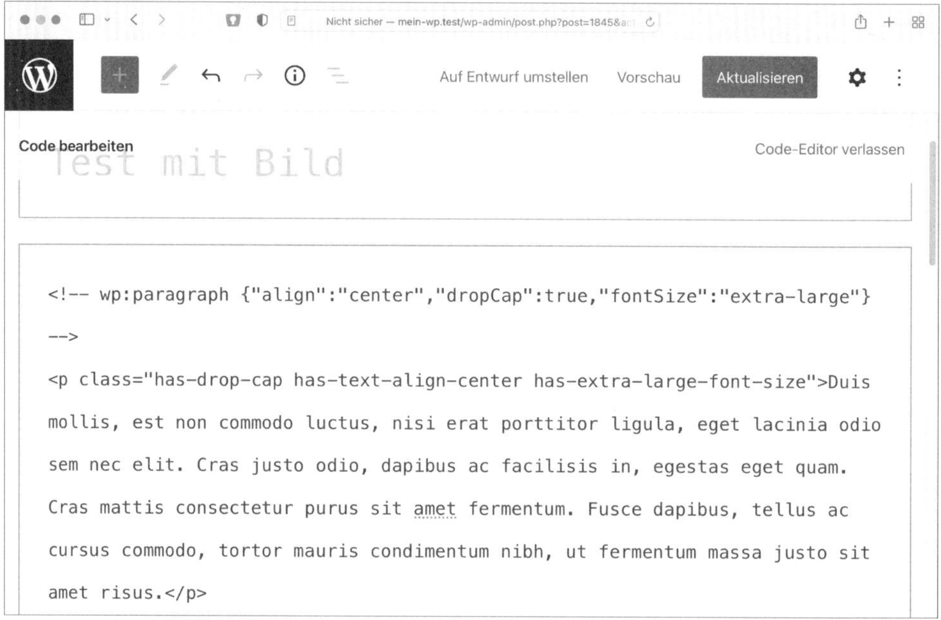

Abbildung 9.6 Der Code-Editor von Gutenberg

Wo Attribute festgelegt werden

Wie Sie nun gesehen haben, können Sie die einzelnen Parameter an drei Stellen angeben:

- im PHP-Code an der Stelle des `register_block_type()`-Funktionsaufrufs.
- in der *block.json*-Datei oder
- im JavaScript-Code beim Aufruf von `registerBlockType()`.

Was ist nun richtig? Das hängt davon ab, welchen Block Sie entwickeln wollen. Handelt es sich rein um einen *dynamischen Block*, also um einen Block, der zwingend PHP-Code benötigt, um zu funktionieren, dann sollten Sie die Einstellungen entweder in der *block.json*-Datei oder beim Funktionsaufruf von `register_block_type()` übergeben. Handelt es sich um einen statischen Block, bei dem kein PHP-Code notwendig ist, reicht die Angabe in JavaScript (`registerBlockType()`-Funktion). Handelt es sich um eine Mischform, dann geben Sie die Parameter in der *block.json*-Datei an. Dann nämlich erhalten beide Funktionsaufrufe dieselben Daten. Allerdings muss diese Datei dann in JavaScript eingelesen werden. Sehen Sie sich dazu Listing 9.8 an. Es ist die angepasste Version aus Listing 9.6.

```
import { registerBlockType } from '@wordpress/blocks';
import './style.scss';
import Edit from './edit';
import save from './save';
```

```
import metadata from './block.json';
registerBlockType( metadata, {
   edit: Edit,
   save
} );
```

Listing 9.8 Die »block.json«-Datei wird eingelesen.

Da es in der Vergangenheit nicht möglich war, mit einer Block-JSON-Datei zu arbeiten, war es nötig, die gleichen Daten in beiden Funktionsaufrufen zu definieren. Diese Arbeit kann man sich sparen, wenn man von vornherein alles in diese Datei schreibt. Und genau dies würde ich als empfohlenen Weg ansehen.

Der Aufbau eines einzelnen Attributs

Der Parameter `attributes` ist ein Objekt, das die einzelnen Attribute definiert. Ein einzelnes Attribut ist ebenfalls ein Objekt, das folgende Werte aufnehmen kann:

- `type`: Beschreibt den Datentyp des Attributs. Möglich ist: `null`, `boolean`, `object`, `array`, `string`, `integer` oder `number`.
- `enum`: Ein Array mit erlaubten Werten.
- `source`: Die Datenquelle für das Attribut. Möglich sind:
  - `attribute`: Die Daten sind im HTML-Attribut eines Elements gespeichert.
  - `text`: Der Text innerhalb eines HTML-Elements sind die Daten.
  - `html`: Der HTML-Code an sich sind die Daten.
  - `query`: Die Daten sind gespeichert als ein Array von Daten.
  - Kein Wert bedeutet, dass die Daten im Kommentarbereich, dem sogenannten *Block-Delimiter* gespeichert sind. (Sie sehen den Kommentarbereich in Abbildung 9.6.)
- `default`: Ein Standardwert für das Attribut.

Im Beispiel können wir also die Attribute aus Listing 9.9 in der */src/block.json*-Datei ergänzen. Das ist die Angabe für einen Längen- sowie für einen Breitengrad, die später Verwendung findet.

```
"attributes": {
  "longitude": {
    "type": "integer",
    "default": 13.39405421371381
  },
  "latitude": {
    "type": "integer",
```

```
    "default": 48.959309779956584
  }
}
```

Listing 9.9 Ausschnitt aus der »block.json«-Datei

Dieses Beispiel ist recht einfach. Wer vielschichtigere Blöcke bauen will, benötigt komplexere Attributangaben. Im Folgenden zeige ich deshalb noch einige zusätzliche Beispiele für jeden einzelnen Quellenwert.

Quelle: Attribut

In Listing 9.10 sehen Sie einen Ausschnitt aus der *block.json*-Datei des Bilder-Blocks von WordPress. Wenn Sie sich dazu den Quellcode aus Listing 9.11 ansehen, dann erkennen Sie sehr schnell, woher das `url`-Attribut gelesen werden soll:

»Lies das `attribute` (*source*) `src` (*attribute*) aus dem HTML-Element `img` (*selector*) als `string` (*type*).«

Im Beispiel wäre das also die URL `http://mein-wp.test/wp-content/uploads/2008/06/canola2.jpg`.

```
"attributes": {
   "url": {
      "selector": "img",
      "attribute": "src"
      "source": "attribute",
      "type": "string",
   }
}
```

Listing 9.10 Ausschnitt aus der »block.json« des Image-Blocks

```
<!-- wp:image {"id":611,"sizeSlug":"full","linkDestination":"none"} -->
<figure class="wp-block-image size-full">
   <img src="http://mein-wp.test/wp-content/uploads/2008/06/canola2.jpg"
      alt="canola" class="wp-image-611"/>
   <figcaption>Lorem ipsum dolor sit amet.</figcaption></figure>
<!-- /wp:image -->
```

Listing 9.11 Erzeugter HTML-Code, so wie er in der Datenbank hinterlegt wird

Quelle: Text und HTML

Bleiben wir beim HTML-Code des Bilderbeispiels (siehe Listing 9.11). Was, wenn wir den Text zwischen `<figcaption>...</figcaption>` auslesen möchten? Dann benötigen wir den Code aus Listing 9.12. Es wurde wie folgt definiert:

»Lies den `text` (*source*) aus dem Element `figcaption` (*selector*) als `string` (*type*).«

Wenn Sie stattdessen den gesamten HTML-Code (nicht nur dessen Textrepräsentation) lesen möchten, geben Sie unter `source` statt `text` schlicht `html` an.

```
"attributes": {
  "caption": {
    "type": "string",
    "source": "text",
    "selector": "figcaption"
  }
}
```

Listing 9.12 Auslesen des Textes aus der Bildunterschrift

Quelle: Query

Nun wird es schon etwas komplexer. Listing 9.13 zeigt einen Ausschnitt aus der *block.json*-Datei des Galerie-Blocks. Man könnte Folgendes lesen:

»Suche mir alle HTML-Elemente mit der CSS-Klasse (*query*) `.blocks-gallery-item` (*selector*), und lies sie in ein `array` (*type*) ein.«

Jedes einzelne Objekt im Array sollte über eine Eigenschaft `url` verfügen. Deren Inhalt ist ein `string` (*type*), der mit dem `attribute` (*source*) `src` (*attribute*) des `img`-Elements (*selector*) befüllt werden muss. Das `img`-Element befindet sich innerhalb des Eltern-Elements mit dem *selector* `.blocks-gallery-item`.

Das klingt sehr kompliziert. Wenn Sie sich den HTML-Code des Galerie-Blocks in Listing 9.14 ansehen, wird es klarer. Denn der Block besteht aus mehreren einzelnen Bild-Blöcken. Angewiesen wird also schlicht, dass der Befehl alle Bilder ausliest, zusammen mit deren Daten, die für die weitere Verarbeitung wichtig sind.

Sicherlich haben Sie bemerkt, dass im Quellcode kein Element mit der CSS-Klasse `.blocks-gallery-item` existiert. Das liegt daran, dass hier ein Block-im-Block-System vorliegt. Daher wird mit der CSS-Klasse nicht das HTML-Element an sich, sondern der Block (genauer gesagt sein übergeordnetes Element) selektiert. Und dieser wurde mit der entsprechenden CSS-Klasse ausgezeichnet.[9]

```
"attributes": {
  "images": {
    "type": "array",
    "default": [],
    "source": "query",
```

9 Direkter Link in den Quellcode: *https://github.com/WordPress/gutenberg/blob/3e645c4693023fb7dd08e3feb36c82d5968c0c98/packages/block-library/src/gallery/v1/gallery.js#L65*

```
      "selector": ".blocks-gallery-item",
      "query": {
        "url": {
          "type": "string",
          "source": "attribute",
          "selector": "img",
          "attribute": "src"
        },
      }
    }
}
```

Listing 9.13 Ausschnitt aus der »block.json«-Datei des Galerie-Blocks

```
<!-- wp:gallery -->
<figure class="wp-block-gallery has-nested-images columns-default is-cropped">
  <!-- wp:image {"id":30,"sizeSlug":"large"} -->
    <figure class="wp-block-image size-large">
      <img src=".../office-ga903787ec_1920.jpg" />
    </figure>
  <!-- /wp:image -->

  <!-- wp:image {"id":1692,"sizeSlug":"large"} -->
    <figure class="wp-block-image size-large">
      <img src=".../spectacles.gif" />
    </figure>
  <!-- /wp:image -->
</figure>
<!-- /wp:gallery -->
```

Listing 9.14 HTML-Code eines Galerie-Blocks (Er wurde für den Druck etwas gekürzt.)

9.2.8 Einstellungsfelder generieren

Nun, da wir festgelegt haben, dass ein Wert für den Längen- und ein Wert für den Breitengrad angegeben werden muss, benötigen wir die dafür nötigen Felder. Einleitend nutzen wir die Placeholder-Komponente, die dem Zweck dient, einen Hinweistext auszugeben, falls der Block noch nicht konfiguriert wurde. Die Datei */src/edit.js* wird dann, wie in Listing 9.15 gezeigt, erweitert. Als Erstes wird die Placeholder-Komponente aus dem Paket `@wordpress/components` und dann innerhalb der `Edit()`-Funktion genutzt. Nach dem Einfügen in den Editor sieht der Block dann so aus wie in Abbildung 9.7.

```
import { useBlockProps } from '@wordpress/block-editor';
import { Placeholder } from '@wordpress/components';
import './editor.scss';
export default function Edit() {
  return (
    <div { ...useBlockProps() }>
      <Placeholder
          label="Weather Widget"
          instructions="Please enter latitude and longitude."
    </div>
  );
}
```

Listing 9.15 »/src/edit.js«-Datei mit der Placeholder-Komponente

Weather Widget
Please enter latitude and longitude in the sidebar.

Abbildung 9.7 Der Placeholder in Aktion

Als Nächstes werden die Felder ergänzt. Da sie in der Seitenleiste dargestellt werden sollen, müssen wir die `InspectorControl`-Komponente nutzen. Listing 9.16 zeigt die entsprechenden Codezeilen in fetter Schrift. Wird die Komponente irgendwo im `return`-Statement angegeben, so erkennt der Block-Editor diese automatisch, was dazu führt, dass die Seitenleiste generiert wird, sobald der Block ausgewählt wurde.

Nach dem InspectorControl-Element fügen wir die `PanelBody`-Komponente ein. Panels erweitern und reduzieren mehrere Abschnitte des Inhalts und führen dazu, dass die Seitenleiste so aussieht wie bei den anderen Blöcken. Die übergeordnete Panel-Komponente wird an dieser Stelle allerdings nicht benötigt, weil sie nur noch einen weiteren Titel anzeigen würde, der aber hier nicht notwendig ist.

Zum Schluss folgt innerhalb der PanelBody-Komponente die `TextControl`-Komponente, die schließlich die eigentlichen Felder anzeigt.

```
import { useBlockProps, InspectorControls } from '@wordpress/block-editor';
import { Placeholder, PanelBody, TextControl } from '@wordpress/components';
import './editor.scss';

export default function Edit() {
  return (
    <div { ...useBlockProps() }>
```

```
      <InspectorControls key="setting">
        <PanelBody title="Weather Settings">
          <TextControl label="Longitude" key="longitude"/>
          <TextControl label="Latitude" key="latitude"/>
        </PanelBody>
      </InspectorControls>
      <Placeholder label="Weather Widget"
                 instructions="Please enter latitude and longitude."/>
    </div>
  );
}
```

Listing 9.16 Ausschnitt aus der »/src/edit.js«-Datei mit Einstellungsfeldern

Sie können nun den Build-Vorgang ausführen, sofern er nicht automatisch ausgeführt wurde. Danach laden Sie den Editor im Browser neu und fügen den Weather-Widget-Block ein. Achten Sie darauf, dass er markiert ist. Anschließend sehen Sie in der Seitenleiste die Einstellfelder wie in Abbildung 9.8.

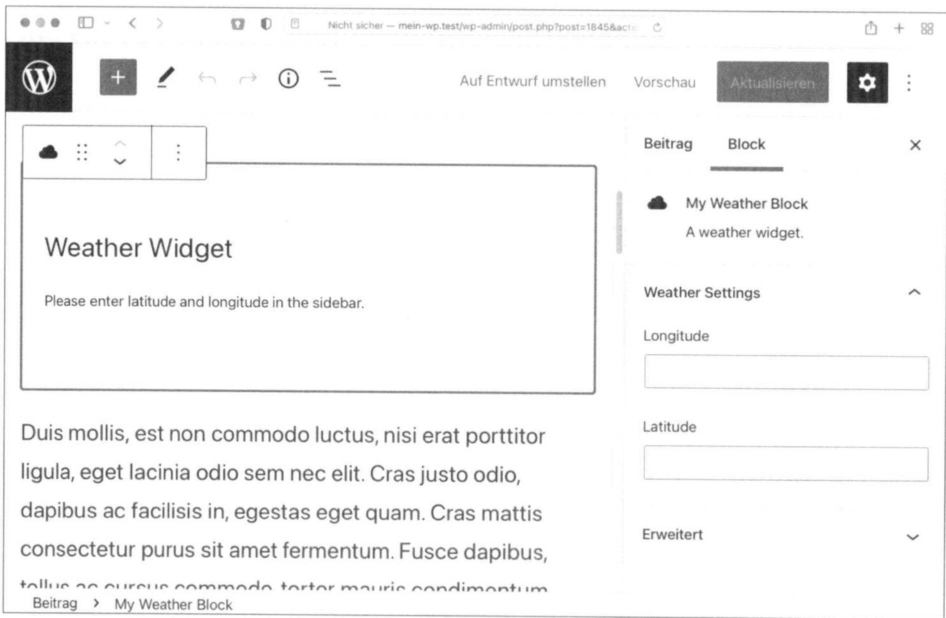

Abbildung 9.8 Rechts erscheinen die Einstellfelder des Blocks.

9.2.9 Einstellungen speichern

Sie werden feststellen, dass sich die Einstellfelder nicht speichern lassen. Die entsprechende Logik fehlt im Code. Um sie nachzurüsten, bekommen die TextControl-Komponenten jeweils ein onChange-Event zugewiesen. Zum Speichern benötigen wir die Funktion setAttributes(), die aus dem Funktionsaufruf extrahiert werden muss. Beides ist in Listing 9.17 hervorgehoben dargestellt. Beachten Sie, dass Sie beim Speichern die Namen verwenden, so wie Sie sie in der *block.json*-Datei definiert haben (siehe Abschnitt 9.2.7, »Block-Attribute«).

```
export default function Edit( { setAttributes } ) {

  const onChangeLongitude = ( longitude ) => {
    setAttributes( { 'longitude': parseFloat( longitude ) } );
  }

  const onChangeLatitude = ( latitude ) => {
    setAttributes( { 'longitude': parseFloat( latitude ) } );
  }

  return (
    <div { ...useBlockProps() }>
      <InspectorControls key="setting">
        <PanelBody title="Weather Settings">
          <TextControl
            label="Longitude"
            key="longitude"
            onChange={ onChangeLongitude }
          />
          <TextControl
            label="Latitude"
            key="latitude"
            onChange={ onChangeLatitude }
          />
        </PanelBody>
      </InspectorControls>
      <Placeholder
        label="Weather Widget"
        instructions="Please enter latitude and longitude."/>
    </div>
  );
}
```

Listing 9.17 Ein Update der Attribute

Nun werden die Daten zwar gespeichert, jedoch nicht abgerufen. Die TextControl-Komponenten werden abermals aktualisiert, wie Listing 9.18 zeigt. Zugriff auf die

Werte erhalten Sie durch den Parameter attributes, der nun ebenfalls über den Funktionsaufruf geladen werden muss (fett dargestellt).

```
export default function Edit( { attributes, setAttributes } ) {

  ...

  return (
    <div { ...useBlockProps() }>
      <InspectorControls key="setting">
        <PanelBody title="Weather Settings">
          <TextControl
            label="Longitude"
            key="longitude"
            onChange={ onChangeLongitude }
            value={ attributes.longitude }
          />
          <TextControl
            label="Latitude"
            key="latitude"
            onChange={ onChangeLatitude }
            value={ attributes.latitude }
          />
        </PanelBody>
      </InspectorControls>
      ...
  );
}
```

Listing 9.18 Ausschnitt aus der Edit()-Funktion mit Darstellung der Attribute

...useBlockProps

In den vorangegangenen Listings haben Sie gesehen, dass das umrahmende <div>-Element der Edit()-Funktion den Parameter useBlockProps() enthielt. Dabei handelt es sich um einen sogenannten *React-Hook*. Hooks wurden in React 16.8 eingeführt. Damit lassen sich State- und andere React-Features nutzen, ohne dass eine Klasse geschrieben werden muss. Im Block-Editor fügt der Hook die Attribute und Event-Handler ein, die zur Aktivierung des Block-Verhaltens benötigt werden. Die Funktion ist also zwingend erforderlich.

Wenn Sie nun unter den Einstellungen des Block-Editors zum Code-Editor wechseln, sehen Sie, welchen Code der Block erzeugt hat. Dieser Code landet dann in der Datenbank. Listing 9.19 zeigt den wichtigen Ausschnitt daraus. Die Daten werden im JSON-Format im Kommentarbereich gespeichert.

```
<!-- wp:floriansimeth/my-weather-
block {"longitude":"13.394054213713810","latitude":"48.9593097799565840"} -->
...
<!-- /wp:floriansimeth/my-weather-block -->
```

Listing 9.19 Ausschnitt des HTML-Codes, den der Block nun produziert

9.2.10 Speichern der HTML-Repräsentation

Würden Sie einen dynamischen Block generieren, wären Sie an dieser Stelle fast fertig. Ich möchte aber noch gerne zeigen, wie statische Inhalte gespeichert werden können, sprich: die HTML-Repräsentation des Wetter-Widgets. Dazu wird angenommen, dass der Titel des Widgets manuell angepasst werden soll.

Zuvor ist ein klein wenig Vorarbeit nötig. Zunächst muss die Placeholder-Komponente ausgeblendet werden, wenn der Nutzer den Längen- und Breitengrad angepasst hat. Sie sehen in Listing 9.20, wie die Funktion `getBlockType()` aus dem Paket `@wordpress/blocks` benutzt wird, um die Daten aus der *block.json*-Datei zu lesen. Das ist wichtig für den Abgleich mit dem Standardwert.

```
import { getBlockType } from '@wordpress/blocks';

export default function Edit( { attributes, setAttributes } ) {

  const blockData = getBlockType( 'floriansimeth/my-weather-block' );

  const isDefault = blockData.attributes.longitude.default
    === parseFloat( attributes.longitude )
    && blockData.attributes.latitude.default
    === parseFloat( attributes.latitude );

  ...

  return (
    <div { ...useBlockProps() }>
      ...
      {
        isDefault
          && <Placeholder
            label="Weather Widget"
            instructions="Please enter latitude and longitude."/>
```

```
      }

    </div>
  );
}
```

Listing 9.20 Ausschnitt aus der »Edit()«-Funktion: Die Placeholder-Komponente wird ausgeblendet.

Anschließend können wir oberhalb des Placeholders den Code aus Listing 9.21 ergänzen. Eingefügt wurde die RichText-Komponente. Dort sehen Sie auch, wie eine gekürzte Deklaration des onChange-Events aussehen kann:

```
// import { __ } from '@wordpress/i18n';
import {
   useBlockProps,
   InspectorControls,
   RichText
} from '@wordpress/block-editor';
...

export default function Edit( { attributes, setAttributes, isSelected } ) {
  ...

  return (
    <div { ...useBlockProps() }>
      ...
      <section>
        <RichText
          multiline={ false }
          tagName="h2"
          placeholder="Enter the name of the area"
          onChange={
              newHeading => setAttributes( { 'heading': newHeading } )
          }
          value={ attributes.heading }
        />
        {
          isDefault
            ? <Placeholder
              label="Weather Widget"
              instructions="Please enter latitude and longitude."/>
            : null
        }
```

```
      </section>
    </div>
  );
}
```

Listing 9.21 Gekürzter Auszug aus der »Edit()«-Funktion

Leider kennt der Block-Editor die Variable `heading` noch nicht. Diese muss zuvor registriert werden. Das erledigen wir, wie in Abschnitt 9.2.7 erläutert, in der *block.json*-Datei. Listing 9.22 zeigt den zusätzlichen Parameter:

```
{
  ...
  "attributes": {
   ...
   "heading": {
     "type": "string",
     "selector": "h2",
     "source": "text",
     "default": ""
   }
  }
}
```

Listing 9.22 Ausschnitt aus der »block.json«-Datei mit dem neuen Attribut

Zum Schluss fehlt noch das Speichern der HTML-Repräsentation des `h1`-Tags. Dies geschieht durch die `save()`-Funktion aus der Datei */src/save.js*. Diese wird in die */src/index.js* importiert und dort an die Funktion `registerBlockType()` übergeben (siehe Listing 9.6). Die Speicherfunktion definiert die Art und Weise, in der die verschiedenen Attribute zum endgültigen Markup kombiniert werden sollen, das dann vom Block-Editor in die Datenbank gespeichert wird. Der vollständige Inhalt der Datei ist in Listing 9.23 dargestellt. Wie Sie sehen, wird nur der Content der RichText-Komponente zurückgegeben. Das war's. Das Wetter bleibt dynamisch und kann nicht als statischer Code hinterlegt werden.

```
import { useBlockProps, RichText } from '@wordpress/block-editor';

export default function save( { attributes } ) {
  const blockProps = useBlockProps.save();
  return (
    <div { ...blockProps }>
      <RichText.Content
```

```
            tagName="h2"
            value={ attributes.heading }
         />
         <table></table>
      </div>
   );
}
```

Listing 9.23 Die »/src/save.js«-Datei

Wenn Sie den Block nun in einen Artikel einbinden und diesen dann im Frontend betrachten, werden Sie sehen, dass nun ebenfalls die Überschrift angezeigt wird.

9.2.11 Dynamischer Block-Inhalt

Nun haben Sie gesehen, wie statischer Inhalt eines Blocks produziert werden kann. Für das Wetter-Widget ist es jedoch nötig, dass dynamische Daten vom Wetterdienst abgerufen und dann angezeigt werden. Nun kommt (wieder) PHP zum Einsatz. In Listing 9.24 sehen Sie die angepasste Stammdatei des Plugins (bei mir: *my-weather-block.php*). Ich habe der Datei einen PHP-Namespace verpasst und der Funktion `register_block_type()` das Argument `render_callback` übergeben. Der Inhalt ist eine PHP-Callback-Funktion, die Sie ebenfalls im Listing finden. An die Callback-Funktion werden drei Parameter übergeben: die Attribute, der HTML-Inhalt des statischen Inhalts sowie die PHP-Instanz des `WP_Block`-Objekts. Zurückgegeben werden muss ein HTML-String, ergänzt um das Wetter.

Der Einfachheit halber sieht der Inhalt genauso wie der des erweiterten Dashboard-Widgets aus Abschnitt 7.2 aus. Den Inhalt der Funktion `render_weather_table()` finden Sie im kompletten Beispiel beim Download-Material. Er ist für das Verständnis dieses Kapitels nicht notwendig. Hier möchte ich auf Kapitel 14, »Externe Daten nachladen mit der HTTP-API«, verweisen. Dort gehe ich noch einmal genauer auf das Abrufen der Wetterdaten mit der HTTP-API ein.

```
<?php
namespace floriansimeth\my_weather_block;

function block_init() {
   register_block_type(
      __DIR__ . '/build',
      [
         'render_callback' =>
            '\floriansimeth\my_weather_block\render_weather_block'
      ]
```

```
    );
}

add_action( 'init', '\floriansimeth\my_weather_block\block_init' );

function render_weather_block(
    array $attributes,
    string $block_content,
    \WP_Block $block
): string {
    $weather_table = render_weather_table(
        (string) $attributes['longitude'],
        (string) $attributes['latitude']
    );

    if ( is_wp_error( $weather_table ) ) {
        return '';
    }

    return str_replace(
        '<table></table>',
        $weather_table,
        $block_content
    );
}
```

Listing 9.24 Angepasste Stammdatei des Plugins

9.2.12 Dynamischen Inhalt in den Block-Editor laden

Nun ist der dynamische Inhalt ausschließlich im Frontend sichtbar. Das ist unschön, weil die Daten auch im Block-Editor eingeblendet werden könnten. Der Sinn des Block-Editors ist, dass man im Editor sieht, wie der Inhalt im Frontend aussieht. In diesem Abschnitt greifen wir etwas vor und benutzen die REST-API. In Kapitel 15 gehe ich noch einmal näher auf die Funktion ein, die die REST-Route initialisiert, die in diesem Beispiel zur Anwendung kommt.

In Listing 9.25 sehen Sie die neu erstellte Datei */src/weather.js*. Das ist eine neue Komponente, die später das Wetter anzeigen soll. Listing 9.26 zeigt, wie sie in die `Edit()`-Funktion integriert wurde.

Die neue Klasse `Weather()` hat eine Methode `fetchWeather()`, die dafür zuständig ist, die HTML-Tabelle abzurufen. Der entsprechende Endpunkt der REST-API macht derzeit nichts anderes, als den Inhalt der PHP-Funktion `render_weather_table()` zurückzugeben. Das führt dazu, dass wir in React die Funktion `dangerouslySetInnerHTML` nutzen müssen (siehe Kasten). Das ist nicht optimal, aber für das Beispiel derzeit ausreichend. Die Methode `componentDidMount()` hilft, das Wetter initial zu laden, wenn der Block das erste Mal im Block-Editor aufgerufen wird. `componentDidUpdate()` dient dazu, es erneut zu laden, falls sich die Props geändert haben. `componentWillUnmount()` bricht den Netzwerkverkehr schließlich ab, falls die Komponente vom DOM entfernt wird. Im Fehlerfall gibt die Funktion `console.error()` eine farbig hervorgehobene Meldung in der Browser-Konsole aus. Freilich sollte im produktiven Einsatz dem Nutzer eine entsprechende Meldung angezeigt werden, anstatt diese in der Konsole zu verstecken.

Abbildung 9.9 zeigt, wie der Block aussieht, wenn das Wetter nachgeladen wurde.

dangerouslySetInnerHTML

`dangerouslySetInnerHTML` ist der Ersatz von React für die Benutzung von `innerHTML` in Vanilla-Script oder jQuery. Im Allgemeinen ist es riskant, HTML aus dem Programmcode heraus zu manipulieren. Deswegen wurde der Name auch entsprechend gewählt (engl. *dangerous*, dt. *gefährlich*). Gefährlich ist es deshalb, weil der Nutzer so eventuell einem XSS-Angriff ausgesetzt ist (siehe dazu auch Abschnitt 7.1.5, »Benutzereingaben neutralisieren«).

```
import apiFetch from '@wordpress/api-fetch';

export class Weather extends React.Component {
    constructor( props ) {
        super( props );
        this.state = { 'weatherTable': '' };
        this.controller = typeof AbortController === 'undefined'
            ? undefined : new AbortController();
    }

    fetchWeather = ( longitude, latitude ) => {
        apiFetch( {
            'path': '/my_weather_block/v1/weather?latitude='
                + latitude + '&longitude=' + longitude,
            'method': 'GET',
            'signal': this.controller?.signal
        } )
            .then( ( weatherTableHtml ) => {
                this.setState( { 'weatherTable': weatherTableHtml } );
            } )
            .catch( ( error ) => {
                console.error( error );
```

```
        } );
    }

    componentDidMount() {
        this.fetchWeather( this.props.longitutde, this.props.latitude );
    }

    componentDidUpdate( prevProps ) {
        if ( this.props.latitude !== prevProps.latitude
            || this.props.longitutde !== prevProps.longitutde
        ) {
            this.setState( { 'weatherTable': '' } );
            this.fetchWeather( this.props.longitutde, this.props.latitude );
        }
    }

    componentWillUnmount() {
        this.controller?.abort();
    }

    render() {
        if ( this.state.weatherTable.length > 0 ) {
            return ( <div dangerouslySetInnerHTML={ {
                __html: this.state.weatherTable } }></div> );
        }
        return ( <div className="weather-table">
            Loading ...
        </div> );
    }
}
```

Listing 9.25 Die »/src/weather.js«-Datei

```
...
import { Weather } from "./weather";

export default function Edit( { attributes, setAttributes, isSelected } ) {

  ...
  return (
    <div { ...useBlockProps() }>
      ...
      {
```

```
        isDefault
          ? <Placeholder
            label="Weather Widget"
            instructions="Please enter latitude and longitude."/>
          : <Weather longitutde={ attributes.longitude }
              latitude={ attributes.latitude }/>
      }
    </div>
  );
}
```

Listing 9.26 Ausschnitt aus der »/src/edit.js«-Datei mit der neuen »Weather«-Komponente

Abbildung 9.9 Wetter-Block mit den nachgeladenen Wetterdaten

9.2.13 Arbeiten mit zusätzlichen Paketen

Wie schon eingangs erwähnt, ist das Entwickeln von Blöcken mit dem Paket `@wordpress/create-block` sehr einfach. Das geht so weit, dass Sie sogar auf alle möglichen zusätzlichen Pakete zugreifen können, ohne diese explizit einbinden oder konfigurieren zu müssen.

In den vorangegangenen Abschnitten haben Sie gesehen, dass wir zahlreiche Pakete genutzt haben, unter anderem:

- `@wordpress/blocks`
- `@wordpress/block-editor`
- `@wordpress/components`
- `@wordpress/api-fetch`

Sie müssen nichts weiter tun, als im jeweiligen JavaScript den `import`-Befehl zu nutzen. webpack generiert aus den Abhängigkeiten eine */build/index.asset.php*-Datei. Sie enthält ein PHP-Array mit den JavaScript-Handles der jeweiligen eingebundenen Skripte. Sie erinnern sich: Normalerweise müssen Sie über `wp_register_script()` die Abhängigkeiten manuell festlegen. Im Block-Plugin existiert jedoch kein solcher Aufruf. WordPress kümmert sich automatisch darum. Zu diesem Zweck existiert die Datei. Sie müssen lediglich angeben, wo die *index.js*-Datei zu finden ist, denn sie dient als Einstiegspunkt. Das geschieht über die *block.json*-Datei (wie in Listing 9.27 dargestellt).

Stellt sich nur noch die Frage: Woher weiß man, welche Pakete es gibt? Dazu hält WordPress eine eigene Seite bereit:

https://developer.wordpress.org/block-editor/reference-guides/packages/

9.2.14 Arbeiten mit CSS-Styles von Blöcken

Nun haben Sie jeweils eine Ausgabe im Frontend sowie im Backend. Was fehlt, ist eine gute Gestaltung, sprich: CSS. Und genau dafür stellt WordPress in der *block.json*-Datei zwei Parameter bereit. Sie sind in Listing 9.27 fett dargestellt:

```
{
  "editorScript": "file:./index.js",
  "editorStyle": "file:./index.css",
  "style": "file:./style-index.css",
}
```

Listing 9.27 Ausschnitt aus der »block.json«-Datei

Die Datei, die durch `editorStyle` angegeben wird, ist die CSS-Datei, die ausschließlich im Block-Editor geladen wird. `style` hingegen wird für das Frontend *und* im Block-Editor genutzt. Im besten Fall benötigen Sie also nur eine CSS-Datei.

Jeder Block erhält ein äußeres `<div>`-Element mit einer CSS-Klasse, die mit dem Namen des Blocks übereinstimmt. Im Beispiel wäre das also die Klasse `wp-block-floriansimeth-my-weather-block`. Und genau damit lässt sich der Block in der CSS-Datei ansprechen.

Da das Paket `@wordpress/create-block` SCSS als Präprozessor nutzt, können Sie dort auch mit Variablen, Schleifen und vielen anderen Funktionen arbeiten. Abbildung 9.10 zeigt schließlich den von mir farblich angepassten Wetter-Block. Den Inhalt der CSS-Datei können Sie sich in den Download-Materialien ansehen. Die */src/index.css* (also die Datei, die nur im Block-Editor eingebunden wird) habe ich nicht benutzt. Die entsprechende Zeile in der JSON-Datei könnte daher gelöscht werden, weil der Browser sonst eine leere Datei laden muss. Zu Referenzzwecken lasse ich sie bestehen.

Bavarian Forest Weather

vor 58 Minuten	25.1 celsius
in 2 Minuten	25.3 celsius
in 1 Stunde	25.2 celsius
in 2 Stunden	25.2 celsius
in 3 Stunden	25.2 celsius
in 4 Stunden	25.1 celsius
in 5 Stunden	25 celsius
in 6 Stunden	24.9 celsius
in 7 Stunden	24.8 celsius
in 8 Stunden	24.7 celsius
in 9 Stunden	24.5 celsius
in 10 Stunden	24.4 celsius

Abbildung 9.10 Der mit Farben aufgepeppte Wetter-Block

9.2.15 Styles vom Block-Editor übernehmen

Zusätzlich zu den Designmöglichkeiten mit den eigenen Stylesheet-Dateien lässt sich auf Einstellungen des Block-Editors zurückgreifen. Der Programmieraufwand wird dadurch vermindert, dass Sie dem Parameter `supports` in der *block.json*-Datei bestimmte Anweisungen geben. Nicht alle Werte sind auch sinnvoll. Listing 9.28 zeigt den Ausschnitt meiner JSON-Datei mit weiteren Einstellmöglichkeiten, die ich für passend gehalten habe. In Tabelle 9.2 sehen Sie, welche Werte möglich sind und wie die Standardeinstellungen lauten.

Durch das Freischalten mancher Funktionen erhält die Variable `attributes` der `Edit()`-Funktion neue Werte, im Beispiel also die Ergänzung um die Textfarbe, die Hintergrundfarbe und die Abstände. Zwar werden die Attribute angefügt, wirklich arbeiten müssen Sie in den meisten Fällen damit nicht. Das liegt daran, dass die entsprechenden Angaben automatisch von `...useBlockProps()` ergänzt werden. Sie sehen das zum Beispiel in Listing 9.26.

Abbildung 9.11 zeigt, wie das Ganze aussieht. In der rechten Seitenleiste sind sehr viele neue Einstellmöglichkeiten hinzugekommen. Im ausgeklappten Farbenbereich zeigt WordPress die hinterlegten Farben des Themes an. Es sind jedoch auch plugin- oder block-spezifische Einstellungen möglich. Wie das geht, erfahren Sie im nächsten Abschnitt.


```
{
  "supports": {
   "color": {
     "background": true,
     "text": true
   },
   "spacing": {
     "padding": true,
     "margin": true
   },
   "html": false
  },
}
```

Listing 9.28 Ausschnitt aus der »block.json«-Datei

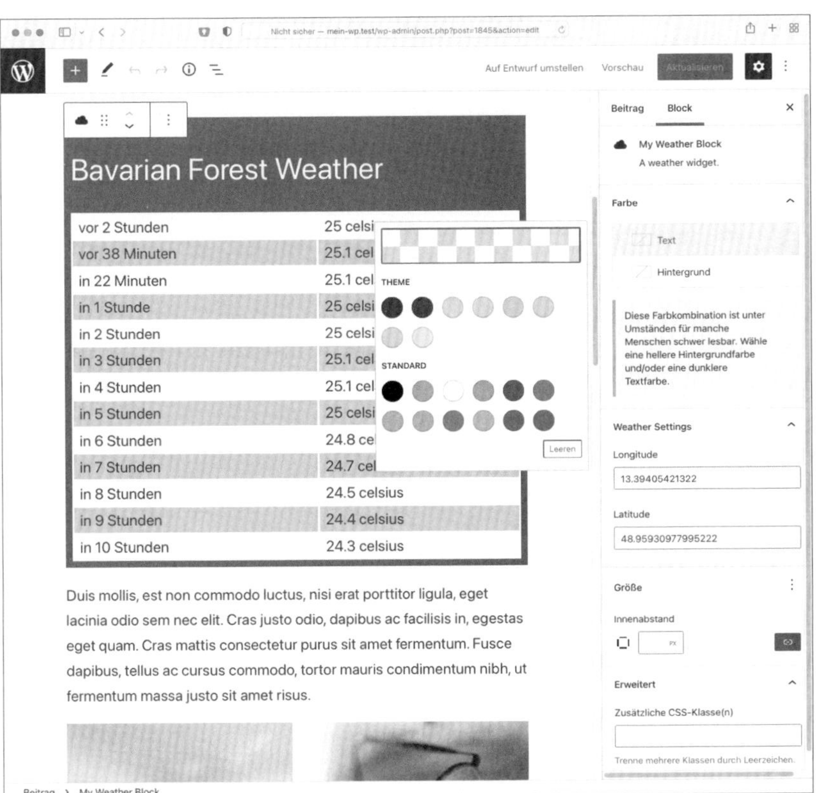

Abbildung 9.11 Die Seitenleiste hat nun viele neue Einstellungen.

Wert	Beschreibung
`bool anchor = false`	Fügt ein Feld zur Definition einer ID für den Block und eine Schaltfläche zum Kopieren des direkten Links hinzu. Funktioniert derzeit nicht mit dynamischen Blöcken.
`bool align false`	Ausrichtung des Blocks verändern
`bool alignWide = true`	Breite Ausrichtung aktivieren
`bool className = true`	Definition eigener CSS-Klassen ermöglichen
`Object color = null`	Unterstützung für einige der mit Farbe verbundenen Eigenschaften
`bool color.background = true`	Einfarbige Hintergrundfarbe auf einen Block erlauben
`bool color.gradients = false`	Ermöglicht es, einem Block einen Hintergrund mit Farbverlauf zuzuweisen.
`bool color.link = false`	Linkfarbe eines Blocks definieren
`bool color.text = true`	Anpassen der Textfarbe erlauben
`bool customClassName = true`	Definition einer CSS-Klasse für das umgebende Wrapper-Element
`bool defaultStylePicker = true`	Anzeige der Stilauswahl
`bool html = true`	Erlaubt es, den Block-HTML-Code zu bearbeiten.
`bool inserter = true`	Zeigt den Block im Inserter an. Setzen Sie den Wert auf `false`, wenn er nicht gefunden werden soll.
`bool multiple = true`	Gibt an, ob der Block mehrfach innerhalb einer Seite eingebunden werden darf.
`bool reusable = true`	Aktiviert die Funktion, dass ein Block in andere Blöcke konvertiert werden kann.
`bool lock = true`	Gibt an, ob Blöcke für die Bearbeitung/Löschung gesperrt/entsperrt werden können.
`Object spacing = null`	Schaltet Einstellungen für Abstände frei.

Tabelle 9.2 Mögliche Werte für den »supports«-Parameter in der »block.json«-Datei

Wert	Beschreibung
`bool spacing.padding = false`	Ein Array mit folgenden Werten schaltet die jeweilige Möglichkeit frei: `top`, `bottom`, `left`, `right`, `vertical`, `horizontal`.
`bool spacing.margin = false`	
`Object typography`	Typografiebezogene Eigenschaften
`bool typography.fontSize = false`	Erlaubt die Anpassung der Schriftgröße.
`bool typography.lineHeight = false`	Erlaubt die Angabe der Zeilenhöhe.

Tabelle 9.2 Mögliche Werte für den »supports«-Parameter in der »block.json«-Datei (Forts.)

9.2.16 Eigene Styles definieren

Block-Stile ermöglichen die Anwendung alternativer Stile auf vorhandene Blöcke. Sie funktionieren durch Hinzufügen einer `className` zum umgebenden HTML-Element (den *Wrapper*) des Blocks. Dieser Klassenname kann anschließend verwendet werden, um ein alternatives Styling für den Block bereitzustellen.

Zum Registrieren können Sie die PHP-Funktion aus Listing 9.29 oder deren JavaScript-Pendant `registerBlockStyle()` nutzen. Der Unterschied ist, dass die JavaScript-Version lediglich dazu benutzt werden kann, den Namen und ein Label zu definieren (siehe Parameterliste unten). Ich empfehle daher, die PHP-Funktion zu verwenden. Das hat zwei entscheidende Vorteile:

- Eine Registrierung per JavaScript ist dann nicht mehr notwendig.
- Die Style-Angaben (Inline-Styles oder eine Datei) werden automatisch für Sie registriert sowie im Frontend eingebunden, wenn der Style ausgewählt wurde.

Listing 9.30 zeigt, wie zwei verschiedene Styles in der Stammdatei registriert werden. Abbildung 9.12 zeigt, wie der grüne Style ausgewählt wurde und wie sich die Farbe des Blocks entsprechend verändert hat.

```
<?php
function register_block_style(
   string $block_name,
   array $style_properties [
      string $name,
      string $label,
      string $inline_style,
      string $style_handle,
      bool $is_default
   ]
```

```
): bool {
    ...
}
```

Listing 9.29 Funktionsbeschreibung von »register_block_style()«

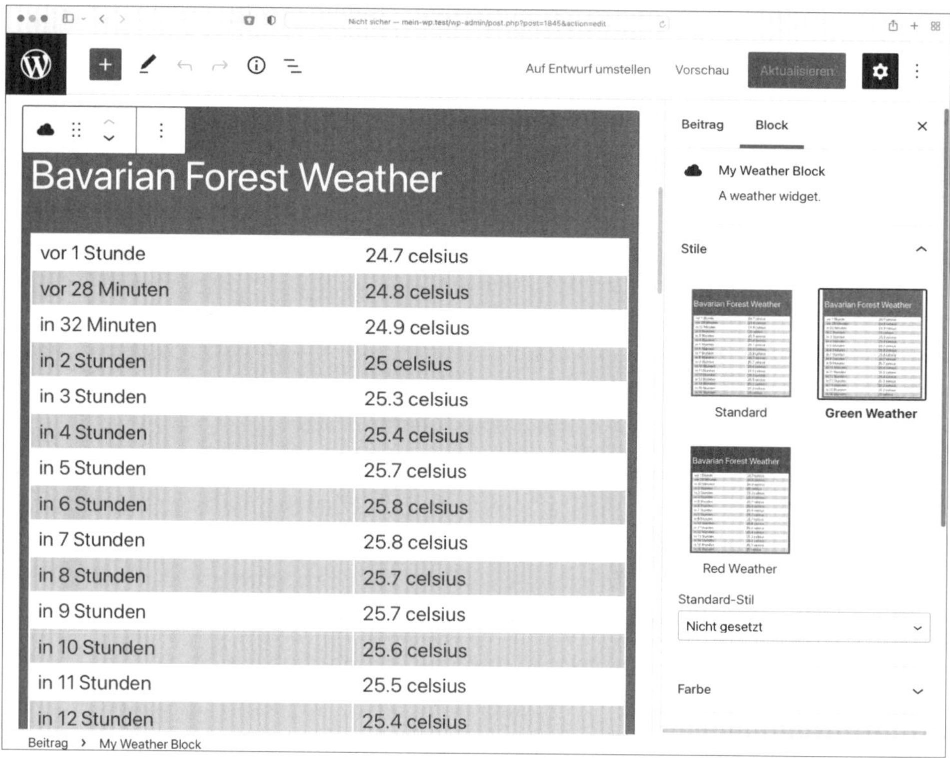

Abbildung 9.12 Block-Styles in Aktion. In der Seitenleiste ist die Auswahl der Stile zu sehen.

Bei den Funktionen gilt:

- `$block_name` ist der Name des Blocks inklusive Namespace.
- `$style_properties` ist ein Array (oder via JavaScript ein Objekt) mit folgenden Werten:
  - `$name` ist die Slug-Bezeichnung des Styles.
  - `$label` ist der angezeigte Name des Styles.
  - `$inline_style`: Inline-CSS-Code für den Style
  - `$style_handle`: Der Handle der CSS-Datei, der bei dessen Registrierung mit `wp_register_style()` angegeben wurde (siehe auch Abschnitt 8.1.1, »Skriptdateien registrieren«).
  - `$is_default`: Legt den Style als Standard fest.

Zurückgegeben wird ein boolescher Wert, der Auskunft darüber gibt, ob der Style registriert wurde.

Deregistrieren lassen sich die Styles wieder mit der PHP-Funktion `unregister_block_style()` oder per JavaScript mit `unregisterBlockStyle()`. Angegeben werden muss jeweils der Name des Blocks inklusive Namespace.

```
<?php
function block_init() {
   ...

   register_block_style(
      'floriansimeth/my-weather-block',
      [
         'name'         => 'green',
         'label'        => 'Green Weather',
         'inline_style' =>
            '.wp-block-floriansimeth-my-weather-block.is-style-green'
            . ' { background-color: #0a9396; }'
      ]
   );

   register_block_style(
      'floriansimeth/my-weather-block',
      [
         'name'         => 'red',
         'label'        => 'Red Weather',
         'inline_style' =>
            '.wp-block-floriansimeth-my-weather-block.is-style-red '
            . ' { background-color: #9b2226; }'
      ]
   );
}

add_action( 'init', '\floriansimeth\my_weather_block\block_init' );
```

Listing 9.30 Ausschnitt aus der Stammdatei des Plugins

Ready, oder was?

In jQuery gibt es eine sehr einfache Funktion, die verwendet werden kann, wenn Sie feststellen möchten, ob Sie Änderungen im DOM-Baum vornehmen können: `.ready()`. Da der Block-Editor komplett auf jQuery verzichtet, können Sie jedoch nicht darauf zurückgreifen. Glücklicherweise gibt es jedoch das Paket `@wordpress/dom-ready`. Es erfüllt genau den gleichen Zweck. Unten sehen Sie den Beispielcode dazu.

Sinnvoll kann die Funktion sein, wenn Sie einen Style, wie gerade gezeigt, deregistrieren wollen. Beim Laden der JavaScript-Dateien kann es zu einer sogenannten *Race Condition* kommen. Das heißt, dass die Deregistrierung vor der Registrierung ausgeführt wird, was natürlich wenig sinnvoll ist. Die Deregistrierung ist daher in der Funktion `domReady()` gut aufgehoben:

```
import domReady from '@wordpress/dom-ready';

domReady( function () {
  // DOM has been loaded. Do something!
} );
```

9.2.17 Noch mehr Design mit Block-Variationen

Block-Variationen ermöglichen es, ähnliche Versionen eines Blocks zu erstellen, die jedoch alle eine gemeinsame Funktionalität haben. Jede Block-Variante unterscheidet sich von den anderen durch die Festlegung der Anfangsattribute. Konfiguriert werden die Variationen entweder im entsprechenden Schlüssel der Funktion `registerBlockType()` in JS, der Funktion `register_block_type()` in PHP oder über die Funktion `registerBlockVariation()`. Sie können *nicht* in der *block.json*-Datei konfiguriert werden. Listing 9.31 zeigt, wie sich eine Variation mit einer zusätzlichen Beschreibung ergänzen lässt. Beachten Sie, dass es mehrere Variationen geben kann. Deswegen ist ein Array mit einzelnen Objekten anzugeben. Im Beispiel gibt es zwei davon: eine Standard-Variation ebenso wie eine Variation mit zusätzlicher Beschreibung. Tabelle 9.3 zeigt die möglichen Schlüssel einer einzelnen Variation.

```
registerBlockType( metadata, {
  'variations': [
    {
      'name': 'default',
      'label': 'Default',
      'description': 'The default variation.',
      'scope': 'transform',
      'attributes': {
        "showDescription": false,
      },
      'isDefault': true,
      'isActive': ( attributes ) => !attributes.showDescription,
    },
```

```
    {
      'name': 'with-description',
      'label': 'Show a description',
      'description': 'With description.',
      'scope': 'transform',
      'attributes': {
        "showDescription": true,
      },
      'isActive': ( attributes ) => attributes.showDescription,
    }
  ],
  'edit': Edit,
  'save': save,
} );
```

Listing 9.31 Ausschnitt aus der »/src/index.js«-Datei mit Angabe von Variationen

Wert	Beschreibung
`String name`	Die Slug-Bezeichnung der Variation
`String title`	Der für Menschen lesbare Titel
`String description = ''`	Die Beschreibung der Variation
`String category = ''`	Eine optionale Alternativkategorie, in der die Variation gelistet werden soll
`String|Object icon = ''`	Ein alternatives Icon der Variation
`Bool isDefault = 'false'`	Definiert die Standard-Variation
`Object attributes`	Alternative Attribute für die Variation
`Array[] innerBlocks`	Anfangskonfiguration möglicher innenliegender Blöcke
`Object example`	Strukturierte Daten für eine Vorschau der Variation. Sie können den Wert auf `undefined` setzen, um die Vorschau für sie zu deaktivieren.
`WPBlockVariationScope[] scope = [ 'block', 'inserter' ]`	Ein Array mit Geltungsbereichen, in denen die Variation anzuwenden ist. Möglich sind `inserter`, `block` oder `transform`.
`String[] keywords`	Suchwörter für die Variation

Tabelle 9.3 Mögliche Werte einer Block-Variation

Wert	Beschreibung
`Function|string[] isActive`	Eine Funktion oder eine Liste von Attributen, die benutzt wird, um herauszufinden, welche Variation aktiv ist.

Tabelle 9.3 Mögliche Werte einer Block-Variation (Forts.)

Drei Dateien müssen zusätzlich angepasst werden:

1. die *block.json*-Datei, die um die zusätzlichen Parameter ergänzt werden sollte (siehe Listing 9.32)
2. die `Edit()`-Funktion der */src/edit.js*-Datei (in Listing 9.33 fett hervorgehoben). Sie erhält ein weiteres `RichText`-Textfeld.
3. die `save()`-Funktion der Datei */src/save.js* (siehe Listing 9.34). Sie muss den Inhalt des Textfeldes zurückgeben, damit er gespeichert werden kann.

Abbildung 9.13 zeigt, wie zwischen den Variationen gewechselt wird.

```
{
  ...
  "attributes": {
   ...
   "showDescription": {
     "type": "boolean",
     "default": false
   },
   "description": {
     "type": "string",
     "selector": ".my-weather-block__description",
     "source": "html",
     "default": ""
   }
  }
}
```

Listing 9.32 Die ergänzten Attribute in der »block.json«-Datei

```
export default function Edit( { attributes, setAttributes, isSelected } ) {
  ...

  return (
    <div { ...useBlockProps() }>
      ...
```

```
    <section>
      <RichText
        multiline={ false }
        tagName="h2"
        placeholder="Enter the name of the area"
        onChange={ newHeading =>
          setAttributes( { 'heading': newHeading } ) }
        value={ attributes.heading }
      />
      { attributes.showDescription ?
        <RichText
          multiline={ true }
          placeholder="Enter a description here"
          onChange={ description =>
            setAttributes( { 'description': description } ) }
          value={ attributes.description }
        />
        : null
      }
      ...
    </section>
  </div>
 );
}
```

Listing 9.33 Ausschnitt aus der »Edit()«-Funktion

```
export default function save( { attributes } ) {
  const blockProps = useBlockProps.save();
  return (
    <div { ...blockProps }>
      <RichText.Content
        tagName="h2"
        value={ attributes.heading }
      />
      <RichText.Content
        tagName="div"
        className="my-weather-block__description"
        value={ attributes.description }
      />
      <table></table>
    </div>
```

```
  );
}
```

Listing 9.34 Ausschnitt aus der »/src/save.js«-Datei. Der statische Code muss gespeichert werden.

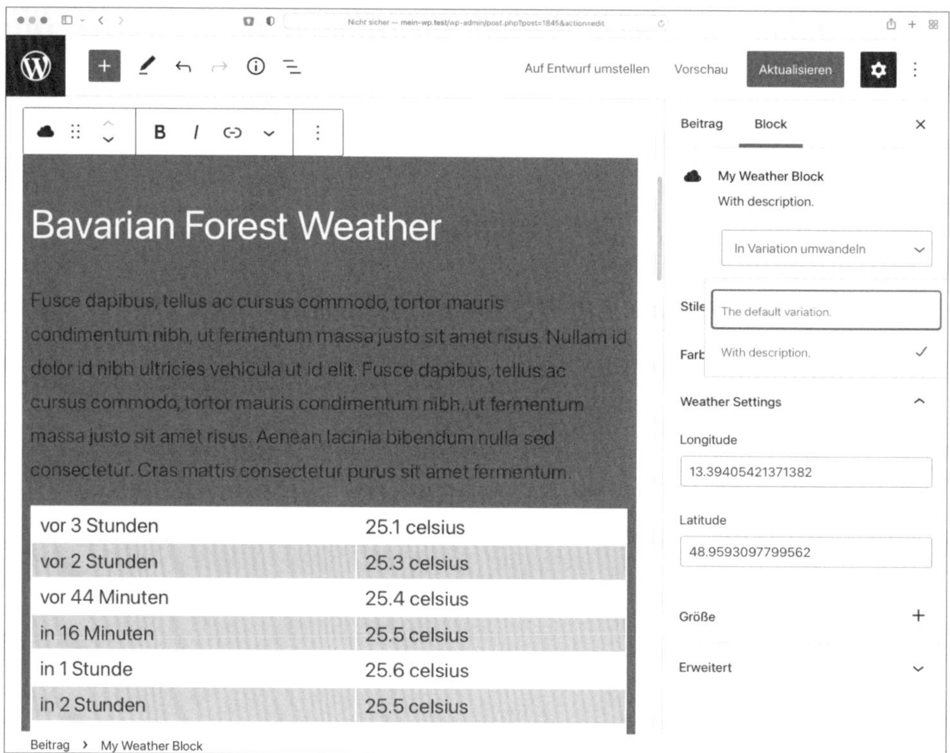

Abbildung 9.13 Rechts gut zu erkennen: Ein Dropdown-Menü zum Wählen der Block-Variation.

9.2.18 Veraltete statische Blöcke

Stellen Sie sich vor, Sie verändern die `save()`-Funktion der Datei */src/save.js* so, wie in Listing 9.35 gezeigt. Ergänzt wird der fett gedruckte Teil. Wenn der Block zuvor auf einer Seite eingebunden war, würde er beim nächsten Laden des Block-Editors nicht mehr erkannt. Sie erhalten eine Fehlermeldung mit dem Hinweis, dass der Block unerwarteten oder ungültigen Inhalt enthält (siehe Abbildung 9.14). Problematisch ist, dass ein Nutzer den Block nicht mehr bearbeiten kann. Es ist, als würde der Block plötzlich nicht mehr existieren. Das kann unglaublich ärgerlich sein für jemanden, der einen Block häufig nutzt.

```
export default function save( { attributes } ) {
  const blockProps = useBlockProps.save();
  return (
    <div { ...blockProps }>
      <RichText.Content
        tagName="h2"
        value={ attributes.heading }
      />
      <RichText.Content
        tagName="div"
        className="my-weather-block__description"
        value={ attributes.description }
      />
      <table></table>
      <p className="my-weather-block__source">
        Weather provided by the Norwegian Meteorological
        Institute and the Norwegian Broadcasting Corporation</p>
    </div>
  );
}
```

Listing 9.35 Die »save()«-Funktion wird ergänzt.

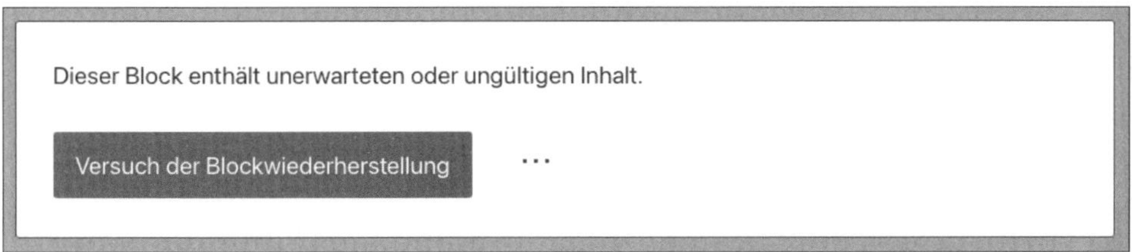

Abbildung 9.14 Ein Block kann nicht wiederhergestellt werden.

Aber auch für diesen Fall hat die Community eine Lösung parat: den Schlüssel `deprecated`, der sich bei Verwendung der Funktion `registerBlockType()` angeben lässt. Dabei handelt es sich um einen offiziellen Weg, ältere Blöcke auf neue Versionen zu upgraden.

Die schlechteste Lösung wäre, einen komplett neuen Block zu entwickeln, der den alten ersetzen soll. Die Problematik dabei ist, dass der Nutzer dann alle Vorkommen dieses Blocks in seinen Beiträgen und Seiten ersetzen muss. Besser ist es, wie gerade erwähnt, den `deprecated`-Schlüssel zu verwenden. Angegeben werden kann ein Array mit Objekten, da es möglich ist, dass mehrere veraltete Versionen eines Blocks existieren. Das ist immer dann der Fall, wenn sich Ihre `save()`-Funktion mehrfach geändert hat.

Die einzelnen Objekte können wiederum folgende Schlüssel besitzen:

- `Object attributes`: Die Attribute des veralteten Blocks
- `Object supports`: Die `supports`-Angabe des veralteten Blocks
- `Function save`: Die veraltete `save()`-Funktion
- `Function migrate`: Eine Funktion, die all die hinfälligen Parameter enthält. Sie muss dafür sorgen, dass die neue Struktur zurückgegeben wird. Es handelt sich also um eine Art Umwandlungs- oder Upgradefunktion. Zurückgegeben werden muss ein Array mit Attributen oder ein Array, in dem das erste Element die Attribute enthält und das zweite die möglicherweise innen liegenden Blöcke.
- `Function isEligible`: Theoretisch ist es möglich, dass ein Block noch als valide angesehen wird, auch wenn seine Struktur veraltet ist. Gibt die hier angegebene Funktion allerdings `true` zurück, so wird versucht, die entsprechende `migrate`-Funktion auszuführen.

Vorsicht ist geboten, wenn es mehrere `deprecated`-Objekte gibt, also wenn mehrere veraltete Versionen Ihres Blocks existieren. Man würde meinen, dass der Block-Editor von der einen zur nächsten `migrate`-Funktion springt, um den Inhalt stufenweise anzupassen, bis schließlich die aktuelle Version erreicht ist. Dem ist leider nicht so. Stattdessen passiert Folgendes:

1. Wenn die aktuelle `save`-Funktion keinen gültigen Block erzeugt, wird die erste `migrate`-Funktion im Array an den ursprünglich gespeicherten Inhalt übergeben.
2. Falls eine `save`-Funktion eines `deprecated`-Objekts einen gültigen Inhalt erzeugt, wird diese zum Parsen der Blockattribute verwendet. Wenn das Objekt eine `migrate`-Funktion hat, wird diese mit den Attributen ausgeführt, die geparst wurden.
3. Sollte die `save`-Funktion des ersten `deprecated`-Objekts keinen validen Block generieren, probiert der Editor den Vorgang erneut mit dem nächsten Objekt im Array, bis schließlich eines gefunden wird, das einen gültigen Block erzeugt.
4. Alle Attribute sowie etwaige innen liegende Blöcke des ersten `deprecated`-Objekts werden `dann` an die derzeit aktuelle `save`-Funktion übergeben, die schließlich einen gültigen Inhalt zurückgeben wird.

Zusammengefasst lässt sich Folgendes sagen: Wenn eine `save`-Funktion aus einem der `deprecated`-Objekte keinen gültigen Inhalt zurückliefert, wird sie komplett übersprungen, inklusive ihrer `migrate`-Funktion. Das gilt auch, wenn `isEligible` zu `true` ausgewertet werden würde. Das bedeutet, dass es möglicherweise mehrere Durchläufe benötigt, bis der Inhalt eines Blocks schließlich bei der aktuellen Version angelangt ist.

Die empfohlene Vorgehensweise ist, jedes deprecated-Objekt in eine eigene Konstante zu schreiben und diese dann in umgekehrter chronologischer Reihenfolge wieder zusammenzusetzen. Dadurch kann der Block-Editor versuchen, die neuesten und wahrscheinlichsten deprecated-Objekte zuerst anzuwenden, um eine unnötige und möglicherweise aufwendige Verarbeitung zu vermeiden. Am besten sehen Sie sich das Beispiel in Listing 9.36 an, damit der Sachverhalt klarer wird:

```
const v1 = {};
const v2 = {};
const v3 = {};
const deprecations = [ v3, v2, v1 ];

registerBlockType( metadata, {
  ...
  'deprecated': deprecations,
  ...
}
```

Listing 9.36 »v1«, »v2« und »v3« sollten »deprecated«-Objekte sein.

In unserem Beispiel müssen wir die Datei */src/index.js* wie in Listing 9.37 ergänzen. Wie Sie sehen können, enthält die Konstante v1 die gleichen Attribute wie die vorherige Version. An den Attributen hat sich nichts verändert, allerdings ist der statische Inhalt, der zurückgegeben wird, nun anders. Die save-Funktion enthält den alten Inhalt.

Beim Neuladen des Editors verschwindet der Fehler und der Block wird sofort zur neuen Version aktualisiert.

```
import { useBlockProps, RichText } from '@wordpress/block-editor';
...
const v1 = {
  'attributes': metadata.attributes,
  'save': ( { attributes } ) => {
    const blockProps = useBlockProps.save();
    return (
      <div { ...blockProps }>
        <RichText.Content
```

```
          tagName="h2"
          value={ attributes.heading }
        />
        <RichText.Content
          tagName="div"
          className="my-weather-block__description"
          value={ attributes.description }
        />
        <table></table>
      </div>
    );
  },
};
const deprecations = [ v1 ];

registerBlockType( metadata, {
  ...
  'deprecated': deprecations,
  'edit': Edit,
  'save': save,
} );
```

Listing 9.37 Ausschnitt aus der »/src/index.js«-Datei mit zusätzlichen »deprecated«-Angaben

9.2.19 Blöcke in Seitenleisten

Da der neue Block-Editor ebenfalls zum Editieren von Seitenleisten eingesetzt wird, können alle Blöcke auch dort verwendet werden. Zusätzlicher Programmieraufwand ist nicht nötig.

9.3 Block-Vorlagen erstellen

Bei sogenannten *Block-Patterns*, zu Deutsch *Block-Muster* oder *Block-Vorlagen*, handelt es sich um vordefinierte Block-Layouts, die über die Registerkarte VORLAGEN im Block-Inserter verfügbar sind. Sie erhalten Zugriff auf sie (siehe Abbildung 9.15), wenn Sie zuvor auf das blaue Pluszeichen geklickt haben. Im Dropdown-Menü ist standardmäßig HERVORGEHOBEN ausgewählt. Das bedeutet, dass Block-Vorlagen aufgelistet werden, die Sie ebenfalls unter *https://wordpress.org/patterns/categories/featured/* finden können. Werden sie ausgewählt, so werden sie dynamisch nachgeladen.

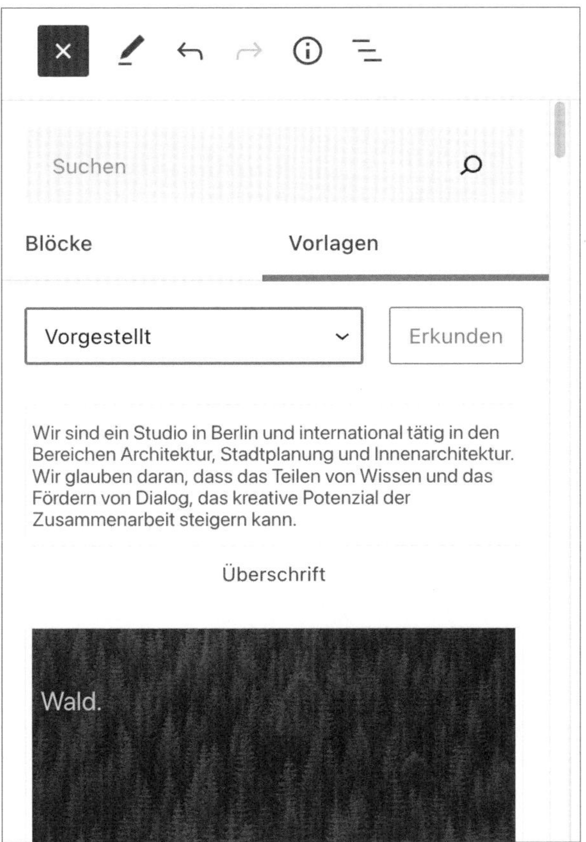

Abbildung 9.15 Im Block-Inserter finden Sie die Vorlagen.

9.3.1 Eine Block-Vorlage registrieren

Das Registrieren von Block-Vorlagen ist im Vergleich zum Erstellen von Blöcken relativ einfach. Es ist kein JavaScript und kein Build-Vorgang nötig. Alles, was Sie brauchen, ist die PHP-Funktion aus Listing 9.38:

```
<?php
function register_block_pattern(
   string $pattern_name,
   array $pattern_properties [
      string $title,
      string $content,
      string $description,
      int $viewportWidth,
      array $categories,
      array $blockTypes,
```

```
        array $keywords
    ]
): bool {
    ...
}
```

Listing 9.38 Funktionsbeschreibung von »register_block_pattern()«

Hier gilt:

- `$pattern_name` ist die Slug-Bezeichnung der Vorlage. Auch hier ist ein Namespace, ähnlich wie beim Registrieren eines Blocks notwendig.
- `$pattern_properties` ist ein Array mit folgenden möglichen Werten:
  - `$title`: Ein vom Menschen lesbarer Titel
  - `$content`: Block-HTML-Code für die Vorlage
  - `$description`: Text, der zur Beschreibung der Vorlage im Inserter verwendet wird. Eine Beschreibung ist optional, wird aber dringend empfohlen, wenn der Titel nicht vollständig beschreibt, was die Vorlage tut.
  - `$viewportWidth`: Die beabsichtigte Breite der Vorlage, um eine skalierte Vorschau im Inserter zu ermöglichen
  - `$categories`: Eine Liste der registrierten Vorlagenkategorien, die zur Gruppierung von Blockmustern verwendet werden. Eine Zuweisung von mehreren Kategorien ist möglich. Zusätzlich müssen sie vorher registriert werden, wenn Sie sie nutzen wollen (siehe Abschnitt 9.3.2, »Kategorien für Blockvorlagen«). Bereits hinterlegte Kategorien sind: `buttons`, `columns`, `featured`, `gallery`, `header`, `text` und `query`.
  - `$blockTypes`: Ein Array von Blöcken, mit denen die Vorlage verwendet werden soll. Funktioniert jedoch nur mit einfachen Blöcken, die keine innen liegende Blöcke haben. Der Vorteil bei der Angabe ist, dass ein solch einfacher Block sofort in eine Vorlage transformiert werden kann. Abbildung 9.16 zeigt das Menü, das aufklappt, wenn in der Contextual-Toolbar auf ¶ (das Absatz-Symbol) und dann auf VORLAGEN geklickt wird. Darüber hinaus kann seit WordPress 6.0 auch ein Template-Block, wie zum Beispiel `core/post-content`, angegeben werden. Das führt dazu, dass beim Erstellen einer neuen Seite das Modalfenster WÄHLE EINE VORLAGE angezeigt wird (siehe Abbildung 9.17).
  - `$keywords`: Eine Liste von Schlüsselwörtern, die den Benutzern helfen, die Vorlage in der Suche zu finden.

Zurückgegeben wird ein boolescher Wert, der signalisiert, ob das Registrieren funktioniert hat. Im nächsten Abschnitt zeigt Listing 9.40 ein »Pattern-Plugin«. Es existiert einzig zu dem Zweck, eine sehr einfache Vorlage zu registrieren.

Abbildung 9.16 Das Layout des Patterns wird auf den Absatz angewendet.

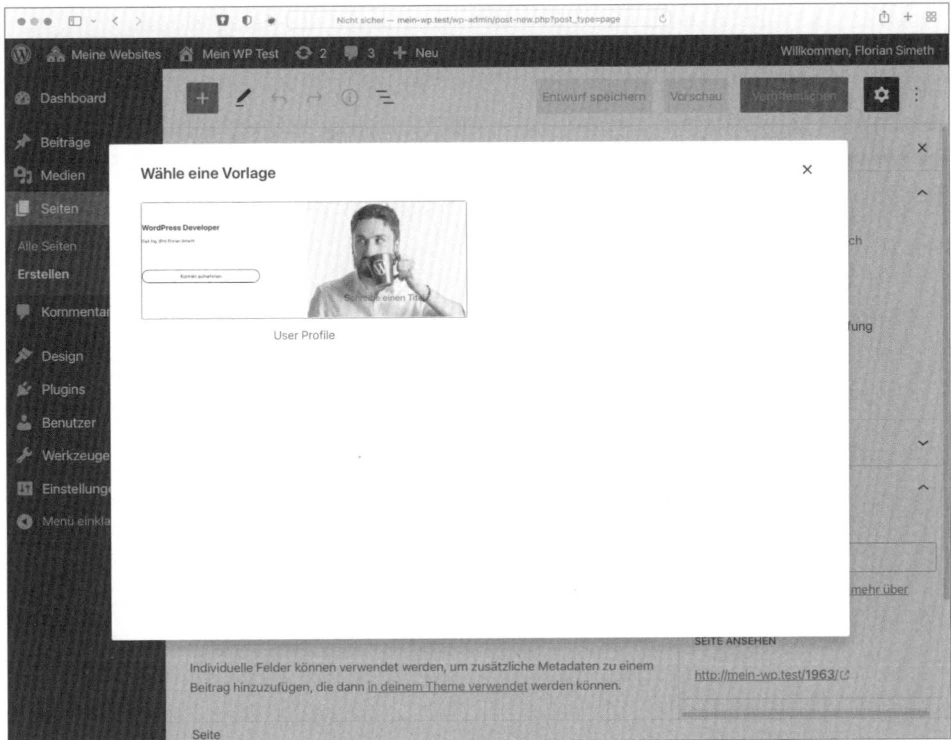

Abbildung 9.17 Eine Block-Vorlage kann gewählt werden.

9.3.2 Kategorien für Blockvorlagen

Bevor ich Ihnen ein Beispiel zeige, möchte ich noch die Funktion aus Listing 9.39 vorstellen. Sie erlaubt die Registrierung einer neuen Kategorie, die dann im Dropdown-Menü aus Abbildung 9.15 ergänzt wird.

```
<?php
function register_block_pattern_category(
   string $category_name,
   array $category_properties = [
      string $label
   ]
) {
   ...
}
```

Listing 9.39 Funktionsbeschreibung von »register_block_pattern_category()«

Hier gilt:

- `$category_name` ist die Slug-Bezeichnung inklusive Namespace.
- `$category_properties` ist ein Array mit derzeit nur einem möglichen Wert, nämlich `label`. Es gibt den für Menschen lesbaren Namen der Kategorie aus.

Zurückgegeben wird auch hier der boolesche Wert `true` oder `false`.

Listing 9.40 zeigt nun das versprochene Beispiel-Plugin. Da der Inhalt der Vorlage recht lang ist, habe ich ihn im Listing gekürzt. Sie finden das vollständige Plugin bei den Download-Materialien. Abbildung 9.18 zeigt die Vorlage.

```
<?php
/**
 * Plugin Name:       My Block Pattern
 * Description:       A single block pattern.
 * Requires at least: 5.5.0
 * Requires PHP:      7.4
 */

namespace floriansimeth\my_block_pattern;

add_action( 'init', 'floriansimeth\my_block_pattern\init_patterns', 200 );

function init_patterns() {
    register_block_pattern_category(
        'floriansimeth/my-block-patterns',
        [
```

```
            'label' => 'My Block Patterns'
        ]
    );

    register_block_pattern(
        'floriansimeth/mbp-user-profile',
        [
            'title'       => 'User Profile',
            'blockTypes'  => [ 'core/columns' ], # Hat bei diesem Block
                # derzeit keinen Effekt.
            'content'     => '<!-- wp:columns ...<!-- /wp:columns -->',
            'description' => 'A simple user profile.',
            'categories'  => [
                'floriansimeth/my-block-patterns'
            ],
        ]
    );
}
```


Listing 9.40 Ausschnitt aus dem Plugin mit Registrierung einer Vorlage und einer Kategorie

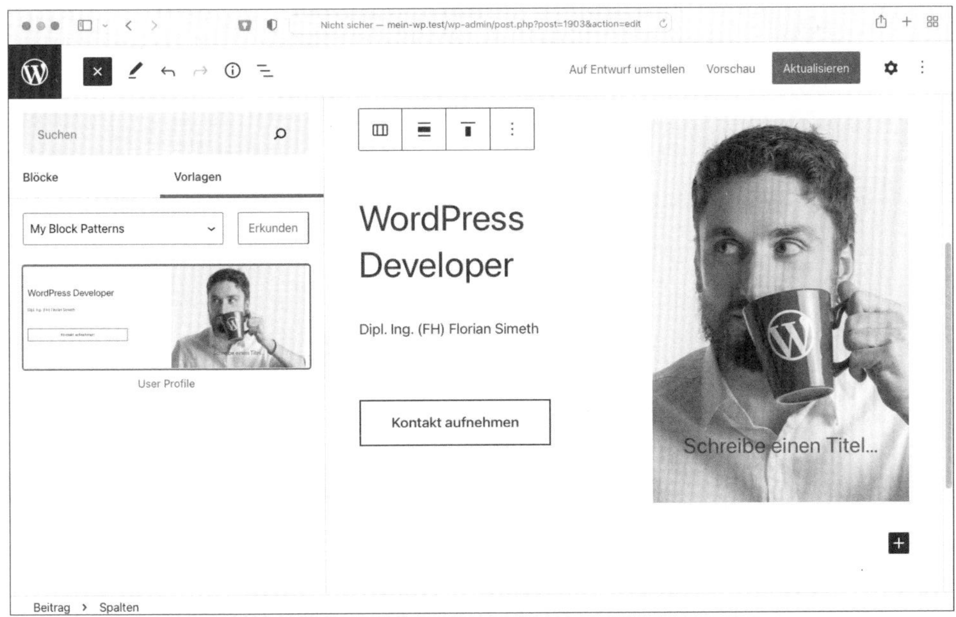

Abbildung 9.18 Im Block-Inserter ist die Vorlage zu sehen. Im Editor wurde sie bereits eingefügt.

9.3.3 Vorlagen im Theme

Wie ich schon einmal in Abschnitt 5.8.7, »Block-Vorlagendateien«, angesprochen habe, lassen sich Block-Vorlagen (fast) ohne Programmieraufwand im Theme hinterlegen. Sie erstellen dazu lediglich das Unterverzeichnis */patterns* im Theme und speichern dort Ihre PHP-Dateien mit den Block-Vorlagen. Die Registrierung übernimmt dann WordPress für Sie.

So lässt sich die Vorlage aus Abschnitt 9.3.1 auch dadurch registrieren, dass der Block-Code in der Datei */patterns/mbp-user-profile.php* abgelegt wird. Im Kopfbereich müssen lediglich einige Metadaten hinterlegt werden, die Sie sonst über die Funktion `register_block_pattern()` angeben würden. Listing 9.41 zeigt einen Auszug des Beispiels. In Tabelle 9.4 sehen Sie, welche Metafelder angegeben werden können. Weitere Hinweise zu den möglichen Werten finden Sie in Abschnitt 9.3.1.

```
<?php
/**
 * Title: User Profile
 * Slug: mein-block-theme/mbp-user-profile
 * Categories: columns
 */
?>
<!-- wp:columns -->
...
```

Listing 9.41 Auszug aus der Pattern-Datei

Metawert	**Beschreibung**
`Title`	Der Titel der Vorlage (erforderlich)
`Slug`	Eine-Slug-Bezeichnung (erforderlich)
`Description`	Beschreibung der Vorlage
`Viewport With`	Die beabsichtigte Breite der Vorlage, um eine skalierte Vorschau im Inserter zu ermöglichen
`Categories`	Eine komma-separierte Liste von Kategorien
`Keywords`	Komma-separierte Liste von Schlüsselwörtern
`Block Types`	Ein Array von Blöcken, mit denen die Vorlage verwendet werden soll
`Inserter`	Entweder `yes` oder `no`

Tabelle 9.4 Mögliche Metawerte einer Vorlagendatei.

9.3.4 Vorlagen und Kategorien entfernen

Natürlich stellt WordPress auch Funktionen zum Entfernen von Block-Vorlagen und -Kategorien bereit. Beide sind in Listing 9.42 dargestellt. Sie haben beide nur einen Parameter, und zwar den Slug, der bei der Registrierung verwendet wurde.

```
<?php
function unregister_block_pattern( string $pattern_name ): bool {
    ...
}
function unregister_block_pattern_category( string $category_name ): bool {
    ...
}
```

Listing 9.42 Funktionsbeschreibungen der Funktionen zum Entfernen von Vorlagen und Kategorien

Kapitel 10
Internationalisierung

Imagine if the book was written in another language. Stellen Sie sich vor, das Buch wäre in einer anderen als Ihrer Muttersprache geschrieben. Es wäre ungleich schwieriger zu lesen, auch wenn Sie mit einer bestimmten Sprache gut zurechtkommen. Aber nicht jeder spricht mehrere Sprachen. Und deswegen ist es so wichtig, das eigene Projekt zu übersetzen.

Hello World. Hola Mundo. Hallo Welt. Von Afrikaans bis Zulu. Es gibt heute etwa 6500 Sprachen. Das ist eine gewaltige Anzahl und kaum vorstellbar, weil wir uns tagtäglich oft nur in einer Sprache aufhalten. Wer ein breites Spektrum an Nutzern ansprechen will, muss sein Projekt heutzutage übersetzbar machen.

Unter dem Begriff *Internationalisierung* versteht man das Vorhaben, sein Projekt so zu gestalten, dass es in jede beliebe Sprache übersetzt werden kann. Das bedeutet nicht, dass man sich selbst um die Übersetzung kümmern muss. Stattdessen heißt das, dass die entsprechenden Übersetzungsfunktionen, die WordPress praktischerweise bereitstellt, bekannt sind und angewendet werden. Und darum geht es in diesem Kapitel.

Nicht nur bei WordPress, sondern generell in der Softwareentwicklung werden Sie oft auf die Abkürzung *i18n* stoßen, die für das Wort Internationalisierung steht (siehe den Kasten »Was bedeutet i18n?« in Abschnitt 8.6.3). Oft wird auch der englische Begriff *localization* (kurz *l10n*) genutzt.

Bis hierher habe ich komplett darauf verzichtet, um den Code der Beispiele nicht zu überfrachten. Von nun an werden wir aber die Übersetzung im Auge behalten. Plugins, Blöcke und Themes sollten im produktiven Einsatz immer die Internationalisierung berücksichtigen – selbst dann, wenn ein Kunde das Plugin vorerst nur in einer Sprache (zum Beispiel Deutsch) benötigt. Aus Erfahrung kann ich sagen, dass viele Kunden ihre zunächst einsprachigen Websites später doch in einer anderen Sprache betreiben wollen. Eine Überarbeitung kann dann vermieden werden. Alles was bei entsprechender Vorbereitung noch fehlt, sind die eigentlichen Übersetzungen.

Aber der Reihe nach. In diesem Kapitel sehen wir uns zuerst an, wie ein Plugin und ein Theme zur Übersetzung vorbereitet werden. Danach kommen wir zu den Java-

Script-Inhalten (zu denen auch Blöcke zählen), und am Ende schließlich beantworte ich die Frage, wie aktiv in eine andere Sprache übersetzt wird.

10.1 Grundwissen

Ein Begriff, der in diesem Kapitel immer wieder fallen wird, ist *Textdomain* oder kurz *Domain*. Das hat nichts mit einer Webadresse zu tun. Vielmehr ist damit eine einzigartige Bezeichnung für eine Übersetzung gemeint. Es ist sozusagen ein Slug für die Übersetzung. Damit ist sie von jedem einzelnen Projekt erkenn- und trennbar. Um einheitlich zu bleiben, wird in der Regel der Slug des Plugins, Themes oder Blocks benutzt. Anhand der Domain können Sie auch die Sprachdateien erkennen. Sie können dazu einen Blick in das Verzeichnis */wp-content/languages/* werfen (siehe Abbildung 10.1). WordPress bewahrt dort alle Sprachdateien auf: zum einen diejenigen für WP selbst (in der Abbildung sind das die zwei Dateien *de_DE.mo* und **.po*) und zum anderen diejenigen von Plugins, Themes und Blöcken, die auf wordpress.org gehostet werden. In der Abbildung sind die Übersetzungsdateien für Blöcke diejenigen mit den langen, kryptischen Zeichenfolgen. (Das sind MD5-Hashwerte.)

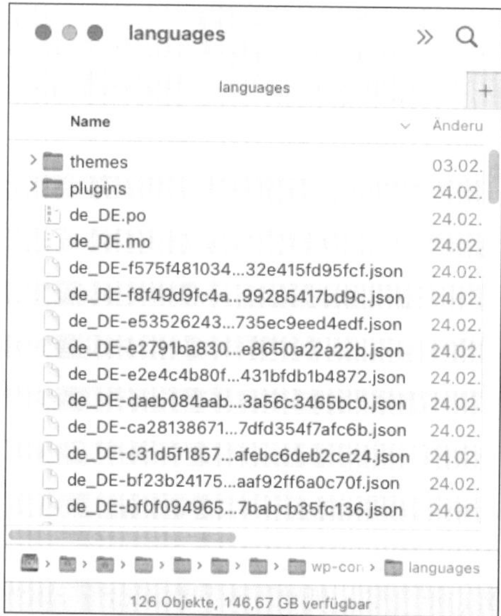

Abbildung 10.1 Übersetzungsdateien in WordPress

Übersetzt werden die einzelnen Projekte sowie WordPress selbst auf der Website *https://translate.wordpress.org*. Die Übersetzungsstrings werden aus der Datenbank geladen und in Sprachdateien gespeichert, die anschließend im oben angegebenen Verzeichnis landen, wenn ein entsprechendes Plugin, Theme oder ein Block installiert wurde. Sollten die Strings eines Projekts aktualisiert werden, so werden diese als Update über den integrierten Update-Mechanismus ausgespielt.

10.2 Übersetzungsdateien und Gettext

Es gibt drei unterschiedliche Dateiformate, die Sie kennen sollten:

- Dateien mit der Endung *.pot* sind Originaldateien, die alle Strings in englischer Sprache enthalten. *POT* steht für *Portable Object Template*.
- Dateien mit der Endung *.po* sind die POT-Dateien mit Übersetzungen in eine jeweilige Sprache.
- *.mo*-Dateien (*Machine Object*) sind schließlich die von Maschinen lesbaren Sprachdateien, also das Format, das PHP am Ende lesen und verarbeiten kann.

Den eigentlichen Übersetzungsvorgang übernimmt die GNU-Programmbibliothek *Gettext*. PHP implementiert dazu eine NLS-API (*Native Language Support*), die darauf zugreifen kann. Mehr dazu finden Sie unter *https://www.php.net/manual/de/book.gettext.php*. WordPress wiederum nutzt die Gettext-Funktionen von PHP. Sie sollten also nicht die PHP-, sondern die WordPress-Funktionen zur Internationalisierung benutzen. Das hat den Vorteil, dass Übersetzungsdateien über Filter-Hooks jederzeit verändert werden können, falls das nötig wird.

Bevor wir die einzelnen Übersetzungsfunktionen kennenlernen, wollen wir uns ansehen, wie die Dateien geladen werden.

10.3 Ein Plugin zur Übersetzung vorbereiten

Damit eine Übersetzung überhaupt funktioniert, muss eine Übersetzungsdatei eingebunden werden. Wie diese erstellt wird, erfahren Sie detailliert in Abschnitt 10.6. An dieser Stelle geht es uns erst einmal darum, wie diese Dateien eingebunden werden. Dafür existiert die Funktion aus Listing 10.1:

```
<?php
function load_plugin_textdomain(
   string $domain,
   string|bool $deprecated = false,
   string|bool $plugin_rel_path = false
): bool {
   ...
}
```

Listing 10.1 Funktionsbeschreibung von »load_plugin_textdomain()«

Es gilt:

- `$domain`: Ein einzigartiger Identifizierer, der zur Übersetzung genutzt wird
- `$deprecated`: Ein veralteter Parameter, der keine Verwendung mehr hat. Er sollte immer auf `false` gesetzt werden.
- `$plugin_rel_path`: Der relative Pfad, falls nötig, der zur Sprachdatei führt

Die Funktion gibt im Erfolgsfall `true`, im Fehlerfall `false` zurück. Sie wird im `init`-Hook ausgeführt. Listing 10.2 zeigt das Laden der Textdomain im Dashboard-Weather-Plugin aus Kapitel 6:

```
<?php
add_action(
    'init',
    'floriansimeth\dashboard_weather\load_translation_file'
);

function load_translation_file() {
    load_plugin_textdomain(
        'fs_dashboard_weather',
        false,
        dirname( plugin_basename( __FILE__ ) ) . '/languages/'
    );
}
```

Listing 10.2 Ausschnitt aus der Stammdatei des Plugins mit einer Erweiterung zum Laden der Übersetzungsdatei

In Abschnitt 2.7.2, »Empfohlene Verzeichnisstruktur«, hatte ich empfohlen, den Namen */languages/* zu nutzen, um die Sprachdateien eines Plugins abzulegen. Genau deswegen erzeugt der letzte Teil des Funktionsaufrufs den String `dashboard-weather/languages/`, wenn wir vom Wetter-Plugin aus Abschnitt 7.2 ausgehen. Als Domain nutze ich `fs_dashboard_weather`.

Der Funktionsaufruf wird `false` zurückgeben. Denn eine Übersetzungsdatei kann noch nicht gefunden werden. Diese müssen wir erst erstellen. Bevor wir das tun, möchte ich noch auf die Werte `Text Domain` und `Domain Path` eingehen, die sich in den Metadaten der Stammdatei angeben lassen (siehe Abschnitt 4.2.1, »Das Grundgerüst eines Plugins«). Diese Angaben sind notwendig, wenn Sie Metadaten wie den Titel und die Beschreibung des Plugins übersetzen wollen, selbst wenn das Plugin deaktiviert ist. Denn wenn es deaktiviert ist, wird der `init`-Hook aus Listing 10.2 nicht aufgerufen, weil die Datei nicht ausgeführt wird. WordPress kann jedoch anhand von `Text Domain` und `Domain Path` die Sprachdateien trotzdem laden.

Listing 10.3 zeigt die Erweiterung der Metadaten im Dashboard-Weather-Plugin um diese zwei Variablen:

```
<?php
/**
 * Plugin Name: Dashboard Weather (translated)
 * Description: A plugin that shows a dashboard weather widget.
 * Version: 0.3.0
 * Author: Florian Simeth
 * Text Domain: fs_dashboard_weather
 * Domain Path: /languages/
 */
```

Listing 10.3 Stammdaten des Dashboard-Weather-Plugins

Konkret werden folgende Werte übersetzt:

- `Plugin Name`
- `Plugin URI` (Es lässt sich also für jede Sprache eine andere Landingpage auswählen.)
- `Description`
- `Author`
- `Author URI`
- `Version`

Rein theoretisch könnten Sie komplett auf den Funktionsaufruf `load_plugin_textdomain()` verzichten, wenn das Plugin über wordpress.org vertrieben und die Übersetzung über die Website *translate.wordpress.org* durchgeführt würde. Denn dann landen die Übersetzungsdateien im Verzeichnis */wp-content/languages/plugins/* der eigenen WordPress-Installation und werden von dort automatisch geladen. Das ist jedoch nicht immer der Fall. Sie kommen also nicht umhin, die Funktion trotzdem aufzurufen. Das gilt insbesondere dann, wenn das Plugin nicht über wordpress.org vertrieben werden soll.

10.3.1 Übersetzung von MU-Plugins

Von MU-Plugins (*Must-Use*) haben Sie in Abschnitt 4.1.6, »Die verschiedenen Plugin-Typen«, schon etwas gelesen. Für sie gibt es keine Unterordner. Die einzelnen Stammdateien befinden sich alle im Verzeichnis */wp-content/mu-plugins/*. Trotzdem lassen sich dafür Übersetzungen laden. Zu verwenden ist die Funktion aus Listing 10.4. Auch hier werden die Angabe einer Domain und ein relativer Pfad erwartet. Die Übersetzungsdateien sind also direkt im *mu-plugins*-Verzeichnis oder einem Unterverzeichnis abzulegen.

```
<?php
function load_muplugin_textdomain(
   string $domain,
   string $mu_plugin_rel_path = ''
): bool {
   ...
}
```

Listing 10.4 Funktionsbeschreibung von »load_muplugin_textdomain()«

Nun geht es darum, die einzelnen Zeichenketten zu übersetzen. Wie das geht, lesen Sie in Abschnitt 10.4. Im folgenden Abschnitt sehen wir uns zuvor noch an, wie Themes übersetzt werden.

10.4 Ein Theme zur Übersetzung vorbereiten

Eine Theme- oder Child-Theme-Übersetzung wird durch die Funktionen aus Listing 10.5 geladen. `$domain` ist dabei der Identifizierer für die Übersetzung. `$path` ist der Pfad zum Verzeichnis, das die Übersetzungsdateien enthält. Zu beachten ist, dass hier wirklich der *vollständige* Pfad erwartet wird. Das ist beim Laden von Übersetzungsdateien von Plugins anders. Dort wird der relative Pfad verwendet.

```
<?php
function load_theme_textdomain(
   string $domain,
   string|bool $path = false
): bool {
   ...
}
function load_child_theme_textdomain(
   string $domain,
   string|bool $path = false
): bool {
   ...
}
```

Listing 10.5 Funktionen zum Laden von Theme-Sprachdateien

Die Funktion wird gemeinhin im Hook `after_setup_theme` ausgeführt. Das sieht dann aus wie Listing 10.6. Es zeigt den aktualisierten Ausschnitt aus der *functions.php*, die in Abschnitt 5.3, »Ein Classic-Theme erstellen«, angelegt wurde:

```
<?php
namespace floriansimeth\mein_wp_theme;

function setup_theme() {
    ...
    load_theme_textdomain(
       'my-wp-theme',
       trailingslashit( get_template_directory() ) . 'languages/'
    );
}

add_action( 'after_setup_theme', 'floriansimeth\mein_wp_theme\setup_theme' );
```

Listing 10.6 Ausschnitt aus der »functions.php« des Classic-Themes

Wie bei Plugins existiert auch bei Themes die Möglichkeit, Sprachdateien über die Metadaten zu laden. In der *style.css* müssen dazu die Angaben aus Listing 10.7 ergänzt werden. Wird `Domain Path` nicht angegeben, wird automatisch der Pfad */languages/* genutzt. Geladen werden zuerst die Sprachdateien aus */wp-content/languages/themes/*. Falls dort nichts gefunden wird, wird der angegebene Ordner durchsucht.

```
/**
Theme Name: My WP Theme
Theme URI: https://wp-typ.de/themes/mein-wp-theme/
Description: A Starter-Theme for WordPress.
Version: 1.0.0
...
Text Domain: my-wp-theme
Domain Path: /languages/
*/
```

Listing 10.7 Ausschnitt aus der »style.css« des Classic-Themes

Nun, da das Theme zur Übersetzung vorbereitet ist, geht es darum, die einzelnen Zeichenketten zu übersetzen.

10.5 Übersetzungsfunktionen

Reiner Text kann im Quellcode nicht übersetzt werden. Dazu werden bestimmte Funktionen benötigt, die WordPress zur Verfügung stellt. Listing 10.8 listet sie auf. Die meisten sind sehr ähnlich aufgebaut und richten sich danach, was übersetzt wird oder wo die Ausgabe erfolgt. Die Funktionen können von Plugins sowie Themes gleichermaßen genutzt werden.

```
<?php
function __( string $text, string $domain = 'default' ): string {}

function _e( string $text, string $domain = 'default' ): void {}

function _ex( string $text, string $context, string $domain = 'default' ):
void {}

function _n( string $single, string $plural, int $number, string $domain =
'default' ): string {}

function _n_noop( string $singular, string $plural, string $domain = null ):
array {}

function _nx( string $single, string $plural, int $number, string $context,
string $domain = 'default' ): string {}

function _nx_noop( string $singular, string $plural, string $context, string
$domain = null ): array {}

function _x( string $text, string $context, string $domain = 'default' ):
string {}
```

Listing 10.8 Liste von Übersetzungsfunktionen

10.5.1 Zeichenketten übersetzen und zurückgeben

Sehen wir uns einmal die Funktion `__()` genauer an. Sie hat zwei Parameter: `$text` ist die zu übersetzende Zeichenkette in Englisch. `$domain` ist die zuvor festgelegte Domain des Plugins oder Themes. Im Beispiel-Plugin wäre dies also `fs_dashboard_weather` und im Falle des Themes `my-wp-theme`. Wird eine Übersetzung gefunden, wird diese aus der *.mo*-Datei geladen und angezeigt. Welche Übersetzung geladen wird, hängt davon ab, welche Sprache Sie in WordPress oder in Ihrem Profil eingestellt haben.

Als Beispiel möchte ich beim Dashboard-Weather-Widget bleiben. Listing 10.9 zeigt die `register_widgets()`-Methode aus der `Dashboard_Widget`-Klasse. Die Zeichenkette für den `$widget_name`-Parameter der Funktion `wp_add_dashboard_widget()` enthält nun die Übersetzungsfunktion. Damit ist der Titel des Widgets zur Übersetzung bereit.

```
<?php
public function register_widgets() {
    wp_add_dashboard_widget(
```

```
        'fs-dw',
        __( 'Current Weather', 'fs_dashboard_weather' ),
        array( $this, 'render_widget_content' ),
        null,
        array(),
        'side'
    );
}
```

Listing 10.9 Ausschnitt aus der Datei »/includes/dashboard-widget.php«

10.5.2 Mehrdeutige Zeichenketten übersetzen

Von Zeit zu Zeit kann es nötig sein, dass ein und dieselben Begriffe unterschiedliche Übersetzungen benötigen. Auch dafür hat WordPress die nötige Funktion an Bord: `_x()`. Listing 10.10 zeigt, dass zwischen dem übersetzenden Text und der Domain noch ein Parameter existiert: der Kontext. Übergeben wird dort eine Zusatzinformation für den Übersetzer. Im Beispiel muss der eine Wert mit »Zeitung« und der andere Wert mit »Papier« übersetzt werden:

```
<?php
_x( 'paper', 'newspaper', 'my-plugin' );
_x( 'paper', 'for writing', 'my-plugin' );
```

Listing 10.10 Ein Begriff kann mehrere Übersetzungen haben.

Sie sollten den Parameter `$context` nicht dazu nutzen, weitere Zusatzinformationen an den Übersetzer zu übergeben. Verwenden Sie ihn nur, falls eine Mehrdeutigkeit vorliegt. In Listing 10.11 werden Sie sehen, dass ein Parameter in der Übersetzung integriert ist und dass über den Kommentar (`translators: [Hinweis]`) davor eine Zusatzinformation übergeben wurde, die von den meisten Übersetzungsprogrammen problemlos angezeigt wird (siehe Abbildung 10.6).

10.5.3 Zeichenketten mit Pluralisierung übersetzen

Darüber hinaus gibt es auch Zeichenketten, die anders übersetzt werden müssen, sobald eine Zahl involviert ist. Listing 10.11 zeigt die Nachricht, die WordPress ausgibt, wenn ein oder mehrere Kommentare gelöscht werden. In der `_n()`-Funktion ist der erste Text derjenige, der angezeigt wird, wenn der Parameter `$number` auf 1 steht. Der zweite Text wird ausgegeben, wenn die Zahl größer als eins ist.

```
<?php
/* translators: Number of comments deleted. */
$message = _n(
```

```
    '%s comments permanently deleted.', # z. B. 1 Kommentar gelöscht
    '%s comments permanently deleted.', # z. B. 5 Kommentare gelöscht
    $deleted
);
```

Listing 10.11 Die Übersetzung hängt von einer Zahl ab.

Dazu gibt es Fälle, in denen Sie Text nicht sofort, aber später übersetzt haben möchten. Für diesen Fall existiert die Funktion `_n_noop()`. Sie hat die gleichen Parameter wie die `_n()`-Funktion, gibt aber ein Array zurück und übersetzt die Werte nicht. Das geschieht erst später, wie Listing 10.12 zeigt:

```
<?php
switch ( $post_type ) {
    case 'post':
        $trans = _n_noop( 'post', 'posts', 'the_domain' );
        break;
    default:
        $trans = _n_noop( 'page', 'pages', 'the_domain' );
}

echo _n( $trans['singular'], $trans['plural'], $count, 'the_domain' );
```

Listing 10.12 Texte werden erst später übersetzt.

Zusätzlich existiert noch die Funktion `_nx_noop()`, die, wie Sie sicherlich vermutet haben, noch einen Kontext-Parameter zur Klärung von Mehrdeutigkeiten erlaubt.

10.5.4 Zeichenketten übersetzen und ausgeben

Anstatt eine Übersetzung in eine Variable zu schreiben, ist es auch möglich, diese direkt auszugeben. Dafür dienen die Funktionen, die im Namen ein `e` enthalten. Sie haben dementsprechend keinen Rückgabewert.

- `_e()`
- `_ex()`
- `esc_attr_e()`
- `esc_html_e()`

Im Dashboard-Widget-Plugin gibt es einige Vorkommen, die ich im Folgenden erläutern will. Zum einen können alle Fehlermeldungen übersetzt werden, wie Listing 10.13 zeigt. Dort sehen Sie auch, wie mit Variablen verfahren wird. Im Beispiel kommt die `printf()`-Funktion von PHP zum Einsatz. `sprintf()` ist jedoch auch möglich, wenn der String in einer Variablen landen soll.

```
<?php
printf(
    /* translators: Error message */
    __( 'Could not fetch weather. Got error: %s', 'fs_dashboard_weather' ),
    $weather_data->get_error_message()
);
```

Listing 10.13 Übersetzung der Fehlermeldungen im Dashboard-Weather-Plugin

Die Übersetzung der für Menschen lesbaren Zeitangabe ist etwas aufwendiger. Im Englischen steht der von `human_time_diff()` zurückgegebene String einmal am Anfang und einmal am Ende. Deswegen werden zwei unterschiedliche Übersetzungen benötigt, wie Listing 10.14 zeigt:


```
<?php
$human_time = sprintf(
    $timestamp < time()
        /* translators: hours */
        ? __( '%s ago', 'fs_dashboard_weather' )
        /* translators: hours */
        : __( 'In %s', 'fs_dashboard_weather' ),
    human_time_diff( $timestamp )
);

printf(
    '<tr><td>%s</td><td>%s %s</td></tr>',
    $human_time,
    $timeseries->data->instant->details->air_temperature,
    $weather_data->properties->meta->units->air_temperature
);
```

Listing 10.14 Manche Übersetzungen sind komplexer.

10.5.5 Zeichenketten übersetzen und escapen

Zusätzlich zu den bereits genannten Übersetzungsfunktionen gesellen sich noch folgende hinzu, die allesamt den enthaltenen String escapen. Zur Wiederholung: *Escapen* ist, wenn unerwünschte Daten entfernt oder so umgewandelt werden, dass sie nicht als Code erkannt werden.

- `esc_attr__()`
- `esc_attr_e()`
- `esc_attr_x()`

- `esc_html__()`
- `esc_html_e()`
- `esc_html_x()`

Sie haben dieselben Parameter wie ihre Pendants ohne vorangehendes `esc_attr*` oder `esc_html*`. Der Unterschied ist, was mit den übersetzten Zeichenketten zusätzlich passiert. Die `esc_attr*`-Funktionen leiten die Übersetzung durch die Funktion `esc_attr()`, was dazu führt, dass alle HTML-Codes escaped werden. Die Übersetzungsfunktionen mit vorangehenden `esc_html*` leiten die Übersetzung durch `esc_html()`, was komplette HTML-Blöcke escaped.

Warum werden diese Funktionen benötigt? Weil es sich bei Übersetzungen auch um »Benutzereingaben« im weitesten Sinne handelt. Letztlich lässt sich nie genau sagen, ob und in welchem Umfang Sonderzeichen oder gar bösartiger Code in den Übersetzungsdateien enthalten sind. Deswegen sollten sie vor der weiteren Nutzung entsprechend gesäubert werden. (In Abschnitt 7.1.5, »Benutzereingaben neutralisieren«, erfahren Sie mehr dazu.)

Im Plugin fügen wir den Code aus Listing 10.15 zusätzlich unter der Wettertabelle (Methode `render_widget_content()`) ein. In ihr sehen Sie, wie `esc_attr__()` und `esc_html__()` zum Einsatz kommen.

```
<?php
if ( 0 !== stripos( get_locale(), 'nb_' ) ) {
    $url = 'https://www.yr.no/nb';
} elseif ( 0 !== stripos( get_locale(), 'nn_' ) ) {
    $url = 'https://www.yr.no/nn';
} elseif ( 0 !== stripos( get_locale(), 'sme_' ) ) {
    $url = 'https://www.yr.no/se';
} else {
    $url = 'https://www.yr.no/en';
}

printf(
    '<a href="%s" title="%s">%s</a>',
    $url,
    esc_attr__( 'Go to their website', 'fs_dashboard_weather' ),
    esc_html__( 'Weather provided by the Norwegian Meteorological ' .
                'Institute and the Norwegian Broadcasting Corporation',
                'fs_dashboard_weather' ),
);
```

Listing 10.15 »esc_attr__()« und »esc_html__()« im Einsatz

Das vollständig zur Übersetzung vorbereitete Plugin finden Sie in den Download-Materialien.

10.6 JavaScript-Inhalte (und Blöcke) übersetzen

Die bis hierher genannten Funktionen dienen lediglich zur Übersetzung von Zeichenketten innerhalb von PHP-Code. In JavaScript haben Sie darauf keinen Zugriff.

In Abschnitt 8.6.1, »Der alte Weg zur Internationalisierung«, habe ich schon einmal erwähnt, dass Zeichenketten früher durch PHP übersetzt und dann in einer JavaScript-Variablen bereitgestellt wurden. Dazu kam die Funktion `wp_localize_script()` zum Einsatz. Die Variablen wurden dann benutzt, um übersetzte Inhalte in JavaScript auszugeben. Das war sicherlich nicht ideal, weil fehleranfällig, aber über Jahre die Lösung Nummer eins.

Mittlerweile haben jedoch React und das Gutenberg-Projekt Einzug in WordPress gehalten. Als die JavaScript-Codebasis wuchs, wurde eine bessere Lösung benötigt, um Inhalte auch in JavaScript zu übersetzen.

Wir wollen das *My-Weather-Block*-Plugin aus Abschnitt 9.2. nutzen, um es zu übersetzen. In der Datei */src/index.js* und der Funktion `registerBlockType()` kommen sogleich einige Zeichenketten vor, die übersetzt werden wollen. Listing 10.16 zeigt fett hervorgehoben die Ergänzungen. Sie fragen sich, wie es geht, dass dort auch `__()` zum Einsatz kommen kann? Das geht, weil WordPress diese Funktion über das Paket `@wordpress/i18n` bereitstellt. Praktischerweise hat die Community es so gelöst, dass dort die gleichen Funktionsnamen zu nutzen sind. Allerdings ist die Auswahl nicht so groß. Es existieren folgende Funktionen:

- `_n()`
- `_nx()`
- `_x()`
- `__()`
- `sprintf()`

Tatsächlich ist `sprintf()` keine Übersetzungsfunktion per se. Da es in JavaScript aber kein Äquivalent zu der PHP-Funktion gibt, hat WordPress sie kurzerhand in JavaScript nachgebaut. Sie kann also genauso wie ihr PHP-Pendant genutzt werden, um mit Platzhaltern arbeiten zu können. Die Parameter sind dieselben wie bei den PHP-Funktionen (siehe Listing 10.8).

```
import { __ } from '@wordpress/i18n';

registerBlockType( metadata, {
```

```
  'variations': [
    {
      'name': 'default',
      'label': __( 'Default', 'my-weather-block' ),
      'description': __( 'The default variation.', 'my-weather-block' ),
      'scope': 'transform',
      'attributes': {
        "showDescription": false,
      },
      'isDefault': true,
      'isActive': ( attributes ) => !attributes.showDescription,
    },
    {
      'name': 'with-description',
      'label': __( 'Show a description', 'my-weather-block' ),
      'description': __( 'With description.', 'my-weather-block' ),
      'scope': 'transform',
      'attributes': {
        "showDescription": true,
      },
      'isActive': ( attributes ) => attributes.showDescription,
    }
  ],
  'deprecated': deprecations,
  'edit': Edit,
  'save': save,
} );
```

Listing 10.16 Ausschnitt aus der »/src/index.js« des Weather-Block-Plugins

In der save()-Funktion des Block-Plugins gibt es ebenfalls noch eine Zeichenkette, die übersetzt werden kann (siehe Listing 10.17):

```
import { __ } from '@wordpress/i18n';
export default function save( { attributes } ) {
  const blockProps = useBlockProps.save();
  return (
    <div { ...blockProps }>
      ...
      <table></table>
      <p className="my-weather-block__source">{ __( 'Weather provided by the
Norwegian Meteorological Institute and the Norwegian Broadcasting
Corporation', 'my-weather-block' ) }</p>
    </div>
```

```
  );
}
```

Listing 10.17 »/src/save.js« mit Übersetzung

Nun haben Sie gelernt, wie Sie ein Plugin, ein Theme und Inhalte in JavaScript zur Übersetzung vorbereiten. Was noch fehlt, ist die eigentliche Übersetzung. Denn wenn Sie die Inhalte nun auf Deutsch ansehen, passiert noch nichts.

10.7 Eine Übersetzungsdatei erstellen

Da jetzt alle Vorkommen von Texten zur Übersetzung vorbereitet wurden, wollen wir uns an die Übersetzung machen. Dafür benötigen wir eine Übersetzungssoftware, die uns dabei unterstützt.

10.7.1 Software zum Übersetzen

Das Tool der Wahl im WordPress-Umfeld ist *Poedit*. Von dem Programm gibt es eine kostenlose und eine kostenpflichtige Version. Letztere kann Sie speziell bei der Übersetzung von WordPress-Plugins und -Themes unterstützen. Benötigt wird sie aber nur, wenn jemand keinerlei Vorkenntnisse über die Übersetzung von WordPress-Inhalten besitzt oder wenn sehr viel übersetzt wird. Dann nämlich greift die Software auf sogenannte *Machine Translation*-(*MT*-)Services zurück. Der bekannteste ist *DeepL*[1].

Poedit kann hier heruntergeladen werden: *https://poedit.net*

Weitere mögliche Tools sind:

- Transifex (Online-Service, *https://www.transifex.com*)
- WebTranslateIt (Online-Service, *https://webtranslateit.com*)
- POEditor (Online-Service, *https://poeditor.com*)
- GlotPress (WordPress-Plugin, *https://glotpress.blog*)

Im Folgenden zeige ich Ihnen, wie Sie mit und ohne PRO-Version mit Poedit arbeiten.

10.7.2 Ein Plugin mit Poedit übersetzen

Wenn Sie die PRO-Version von Poedit nutzen, öffnen Sie das Programm und wählen im Startbildschirm aus, dass Sie ein WORDPRESS-THEME ODER -PLUGIN ÜBERSETZEN wollen (siehe Abbildung 10.2).

1 *https://www.deepl.com*

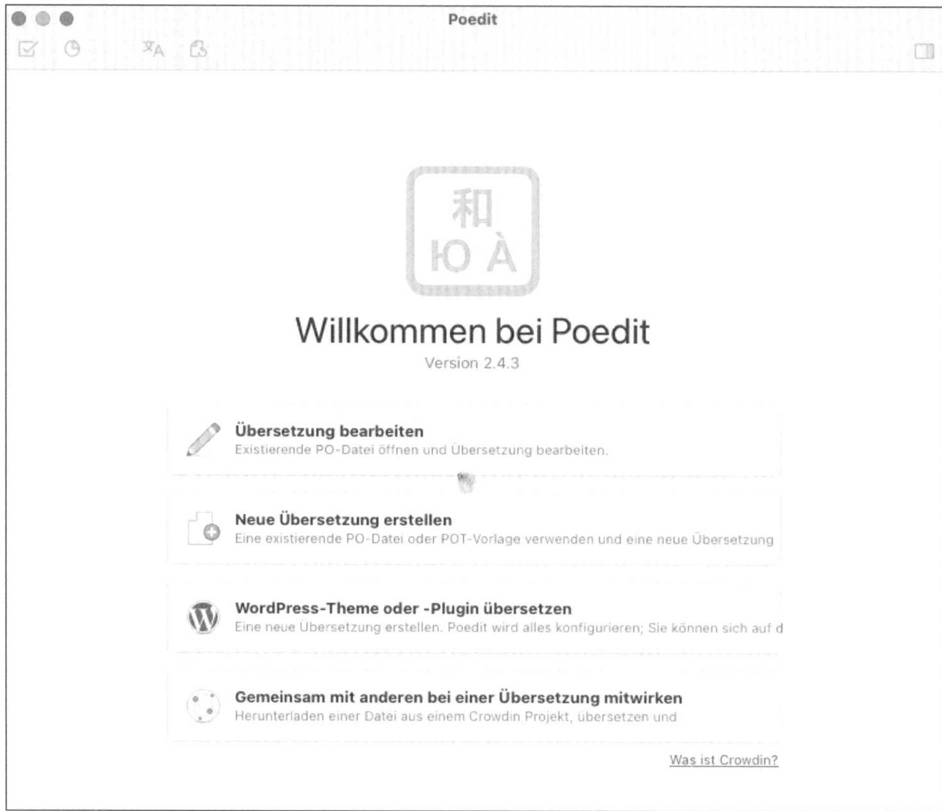

Abbildung 10.2 Der Startbildschirm von Poedit

Eine POT-Datei erstellen

Wählen Sie im nächsten Bildschirm aus, dass Sie eine POT-Datei erstellen wollen (siehe Abbildung 10.3). Zur Erinnerung: POT- und PO-Dateien sind technisch gesehen die gleichen Dateiformate. Der Unterschied ist, dass POT-Dateien keine Übersetzungen enthalten (sollten), sondern zur Weitergabe an die Übersetzer gedacht sind. Dementsprechend wird auch keine Sprache festgelegt. Mit dem Button Ordner wählen wählen Sie anschließend das Verzeichnis aus, in dem das zu übersetzende Plugin liegt. In unserem Beispiel wäre das */wp-content/plugins/dashboard-weather/*. Es folgt der Klick auf Weiter. Das Programm liest die Metadaten aus der Stammdatei des Plugins aus und durchsucht dazu den gesamten Quelltext nach Vorkommen von Übersetzungsfunktionen. Sie können die Datei dann im Plugin-Ordner unter */languages/* ablegen. Als Dateiname schlägt Poedit vor, die Textdomain zu nutzen. Belassen Sie diese Einstellung so, denn ansonsten werden die späteren Übersetzungen von WordPress nicht gefunden. Die Datei dient den Übersetzern fortan als Basis aller weiteren Übersetzungen.

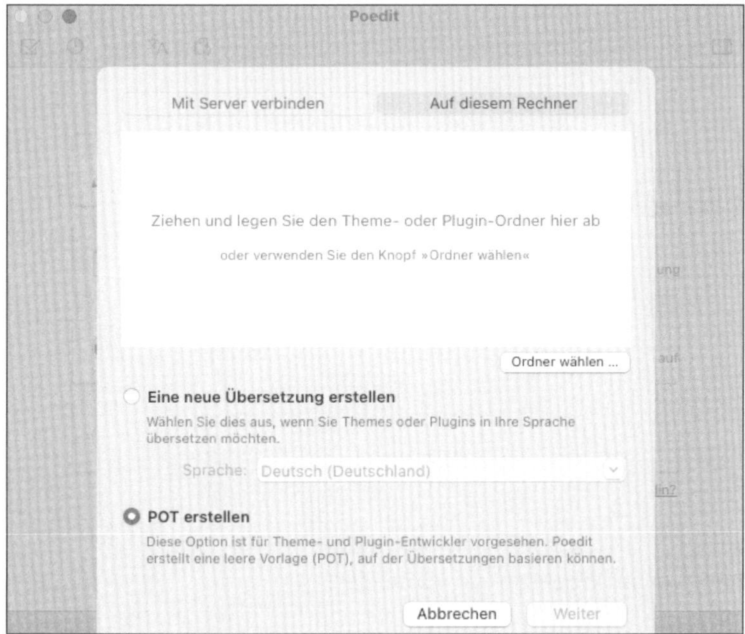

Abbildung 10.3 Wählen Sie »POT erstellen« aus.

Eine POT-Datei ohne PRO-Version erstellen

Wenn Sie nicht in Besitz der PRO-Version sind, können Sie die Datei *vorlage.pot* aus den Download-Materialien öffnen. Dabei handelt es sich um eine vorkonfigurierte POT-Datei, die Sie für jedes Ihrer WordPress-Projekte nutzen können.

Nach dem Öffnen wird Poedit Ihnen mitteilen, dass es keine Übersetzungen gibt (siehe Abbildung 10.4) – sie müssen erst aus dem Quelltext geladen werden. Folgen Sie den folgenden Schritten:

1. Verschieben Sie die Datei *vorlage.pot* in den */languages/*-Ordner Ihres Plugins.
2. Passen Sie den Dateinamen nach der gewählten Textdomain an (hier: *fs_dashboard_weather.pot*).
3. Öffnen Sie die Datei mit Poedit, und wählen Sie im Menü den Punkt KATALOG • EIGENSCHAFTEN (siehe Abbildung 10.5).
4. Geben Sie die PROJEKTBEZEICHNUNG an, und bestätigen Sie mit OK.
5. Klicken Sie dann im Menü auf KATALOG • AKTUALISIEREN AUS QUELLCODE. Nach ein paar Sekunden sollten die Übersetzungen auftauchen.
6. Falls das nicht der Fall ist, öffnen Sie noch einmal die Katalogeigenschaften und passen im Reiter QUELL-PFADE den Pfad zu Ihren Dateien entsprechend an.

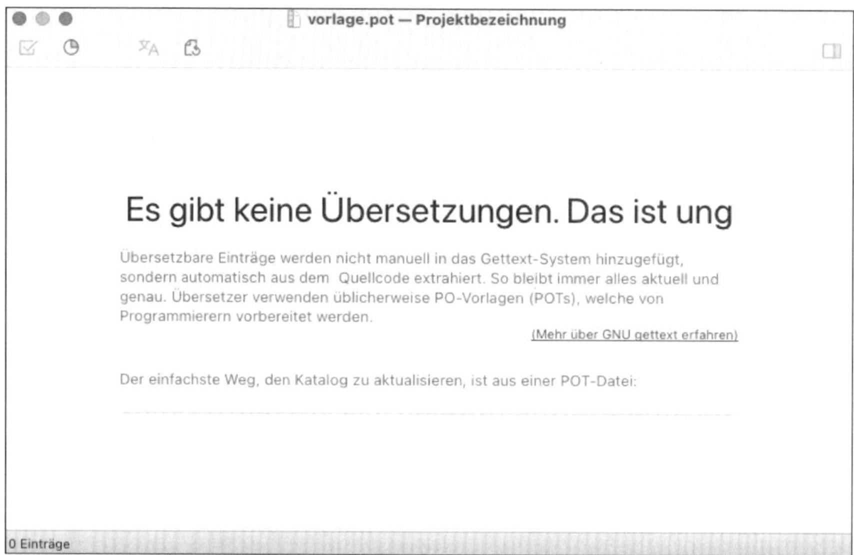

Abbildung 10.4 Noch sind keine Übersetzungen vorhanden.

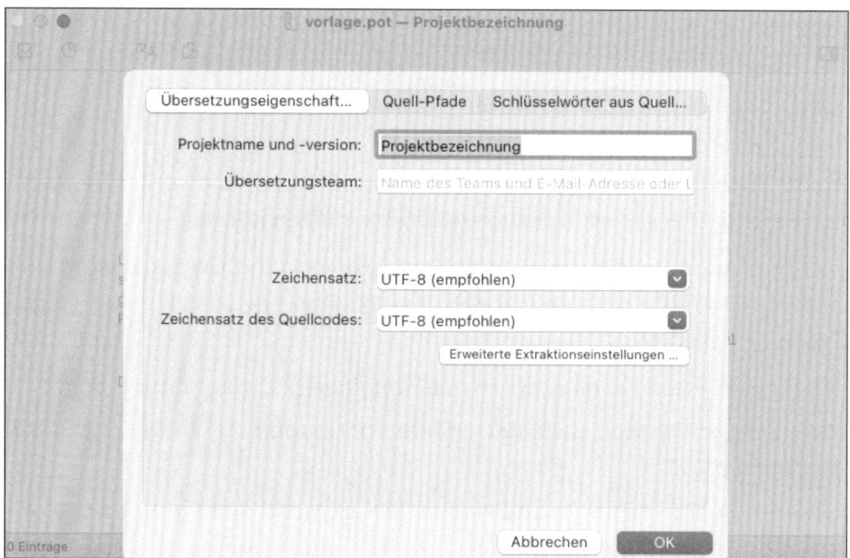

Abbildung 10.5 Katalog-Einstellungen in Poedit

Eine deutsche PO- bzw. MO-Datei erstellen

Nun können wir schließlich aus der POT-Datei eine PO-Datei erstellen. Dazu öffnen Sie Poedit, falls es nicht bereits geöffnet ist. Klicken Sie im Menü auf Datei • Neu aus POT-/PO-Datei, und wählen Sie dann die zuvor erstellte POT-Datei aus. Im vorliegenden Fall ist es die Datei */languages/fs_dashboard_weather.pot*. Kurz danach wird

Poedit Sie fragen, in welche Sprache Sie übersetzen wollen. Wählen Sie DEUTSCH (DEUTSCHLAND) aus, und klicken Sie dann auf OK.

In Abbildung 10.6 sehen Sie, dass sich das Fenster in drei Teile teilt. Oben links sind die Zeichenketten mit ihren Übersetzungen dargestellt. Rechts befindet sich ein Infofenster, das (ganz unten rechts) die zusätzlichen Informationen für den Übersetzer aus dem Quellcode anzeigt. Unten links sehen Sie das eigentliche Übersetzungstool. Es spaltet sich in zwei Teile: in den Quelltext aus dem Code und in die eigentliche Übersetzung. In das untere Feld können Sie Ihre Übersetzungen tippen.

Nach getaner Arbeit speichern Sie die Datei im */languages/*-Ordner ab. Poedit wird den Dateinamen passend vorschlagen. Er folgt für WordPress immer dem Format *[Textdomain]-[Sprachcode].po*. In unserem Beispiel lautet der Dateiname für die deutsche Übersetzung also *fs_dashboard_weather-de_DE.po*.

Auf dem Dateisystem werden Sie bemerken, dass Poedit auch gleich die dazugehörige *.mo*-Datei generiert. Das ist in Ordnung. Sie wird später von WordPress gelesen.

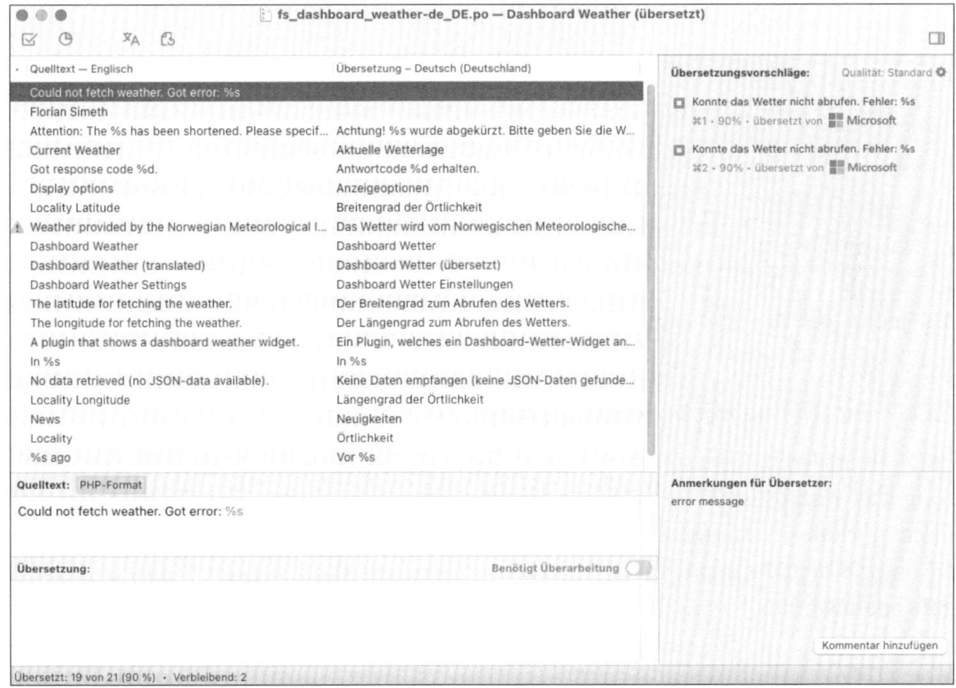

Abbildung 10.6 Poedit-Fenster zum Übersetzen von Inhalten

Übersetzung testen

Stellen Sie nun in WordPress die entsprechende Sprache ein, wird das Plugin in ihr angezeigt. Abbildung 10.7 zeigt das Dashboard-Weather-Widget in deutscher Sprache.

Aktuelle Wetterlage

Vor 14 Minuten	2.1 celsius
In 46 Minuten	3 celsius
In 2 Stunden	4 celsius
In 3 Stunden	5.2 celsius
In 4 Stunden	5.8 celsius
In 5 Stunden	6.2 celsius
In 6 Stunden	6.1 celsius
In 7 Stunden	5.4 celsius
In 8 Stunden	3.6 celsius
In 9 Stunden	3.5 celsius
In 10 Stunden	0.3 celsius
In 11 Stunden	-2.2 celsius
In 12 Stunden	-5.2 celsius
In 13 Stunden	-5.8 celsius
In 14 Stunden	-5.2 celsius
In 15 Stunden	-4.7 celsius
In 16 Stunden	-4.4 celsius

Das Wetter wird vom Norwegischen Meteorologischen Institut und der Norwegischen Rundfunkgesellschaft bereitgestellt.

Abbildung 10.7 Das übersetzte Dashboard-Widget zeigt das Wetter an.

10.7.3 Ein Theme mit Poedit übersetzen

Beim Übersetzen eines Themes ist der Vorgang fast derselbe. Folgen Sie der Anleitung aus Abschnitt 10.7.2. Der einzige Unterschied ist, dass die Dateinamen bei Themes keine Textdomain enthalten. Für eine deutsche Sprachdatei muss also *de_DE.po* und *de_DE.mo* angegeben werden. Ansonsten kann sie von WordPress nicht gefunden werden.

10.7.4 Einen Block übersetzen

Leider ist das Erstellen von Übersetzungen für Blöcke deutlich aufwendiger. Der Grund ist, dass die Übersetzungen ihren Weg in das JavaScript des Blocks finden müssen. Und das geht derzeit nur über das *JED 1.x JSON*-Format.[2] Mit ihm können Gettext-Zeichenketten als JSON-Datei ausgegeben werden.

2 Siehe *http://messageformat.github.io/Jed/*

Eine PO-Datei erstellen

Zuallererst erstellen Sie aus Ihrem Quelltext ebenfalls wieder eine PO-Datei. Dazu folgen Sie der Anleitung aus Abschnitt 10.7.2. Achten Sie darauf, dass Sie nur Inhalte in die PO-Datei aufnehmen, die sich in den JavaScript-Dateien befinden. Das lässt sich bewerkstelligen, indem Sie im Menü unter KATALOG • EIGENSCHAFTEN ... • QUELLPFADE entsprechende Dateien ein- oder ausschließen. Beachten Sie, dass der AUSGANGSPFAD unbedingt auf den Plugin-Ordner zeigen muss, da sonst der MD5-Hashwert nicht richtig berechnet werden kann (siehe nachfolgender Teilabschnitt, dort finden Sie Hinweise zur Umwandlung in das JSON-Format). Abbildung 10.8 zeigt, wie die Konfiguration für das Block-Plugin aus Kapitel 9 aussieht. Folgen Sie dem Schritt nicht, wird Poedit alle PHP-Dateien, aber auch alle Dateien im */node_modules/*-Verzeichnis durchsuchen, was Sie vermeiden sollten. In der späteren JSON-Übersetzungsdatei sollten nur die Zeichenketten vorkommen, die tatsächlich benötigt werden.

Übersetzen Sie dann die Inhalte in eine Sprache. Im Beispiel ist das wieder Deutsch.

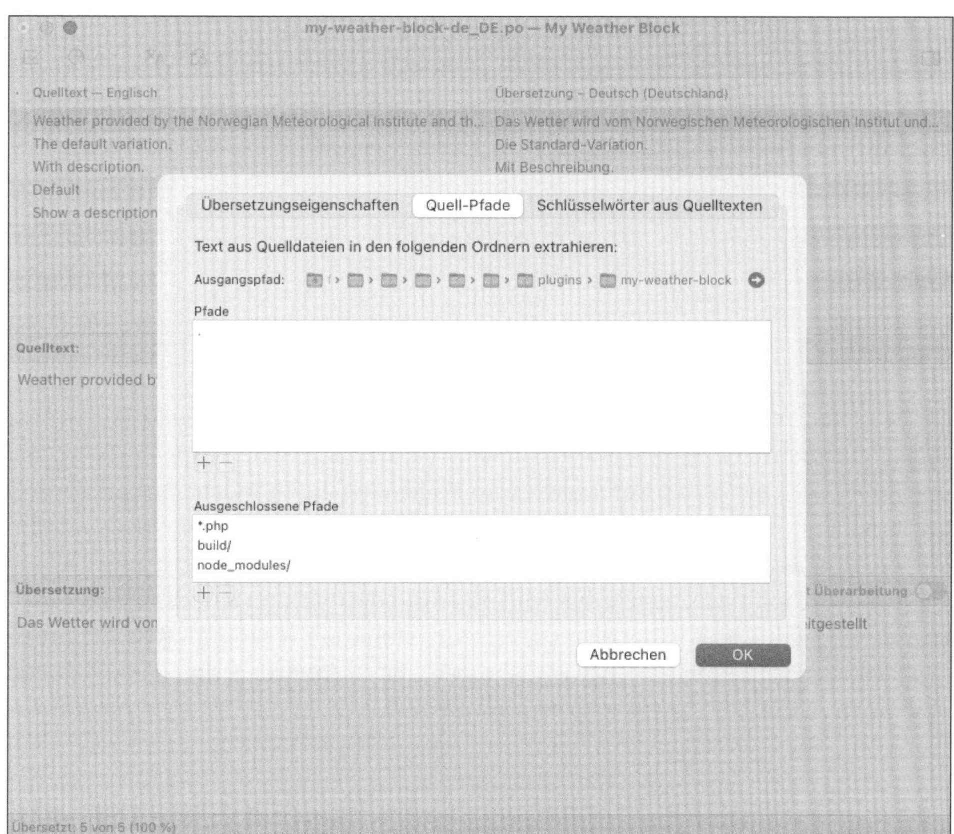

Abbildung 10.8 Wählen Sie als Ausgangspfad den »/src/«-Ordner.

Umwandlung in das JSON-Format

Nun muss die übersetzte PO-Datei in das JSON-Format umgewandelt werden. Dazu lässt sich ein Befehl aus dem Kommandozeilen-Tool von WordPress nutzen. Wie sie die WP-CLI einrichten, erfahren Sie in Kapitel 20. Wenn Sie, die App *Local* zur lokalen WordPress-Entwicklung nutzen, können Sie mit einem Rechtsklick auf die jeweilige Seite (Abbildung 10.9) ein Terminal-Fenster öffnen. In Local nennt sich der Menüpunkt OPEN SITE SHELL. In diesem Terminal steht die WP-CLI automatisch zur Verfügung, ohne dass es zuvor eingerichtet werden muss.

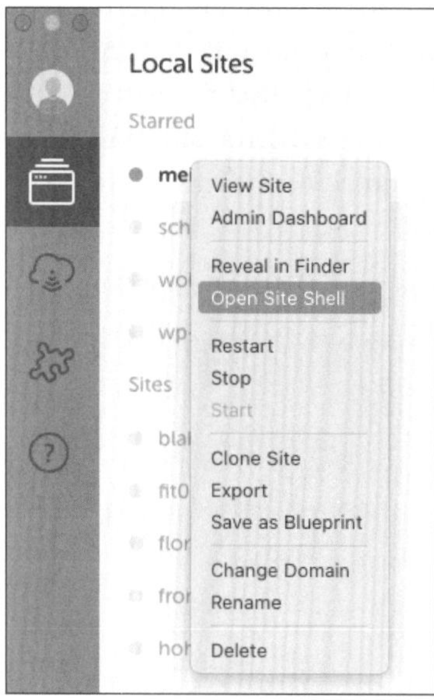

Abbildung 10.9 Über »Local« lässt sich ein Terminal öffnen.

Bevor Sie folgenden Befehl ausführen, legen Sie sich noch eine JSON-Datei mit dem Inhalt aus Listing 10.18 an. Dabei handelt es sich um eine *Mapping-Datei*. Sie beschreibt, welche Source-Datei nach dem Build-Vorgang in welche Produktivdatei geschrieben wird. Sie erkennen unschwer, dass alle Sourcen in einer einzigen Datei landen. Und genau deswegen wird es später auch nur eine einzige Sprachdatei geben. Ohne diese Mapping-Datei würden wir später mindestens drei Sprachdateien erhalten: eine für jede Datei, in der eine Übersetzungsfunktion vorkommt. Das wäre zwar grundsätzlich kein Problem, aber wir ersparen uns so die Arbeit, drei Sprachdateien einbinden zu müssen.

```
{
  "src/index.js": "build/index.js",
  "src/edit.js": "build/index.js",
  "src/save.js": "build/index.js",
```

```
  "src/weather.js": "build/index.js"
}
```

Listing 10.18 Inhalt der »/languages/map.json«-Datei

Im neu geöffneten Terminal wechseln Sie nun mit folgendem Befehl ins Sprachverzeichnis des Block-Plugins:

```
cd wp-content/plugins/my-weather-block/languages
```

Danach geben Sie Folgendes ein, um aus der PO- die JSON-Datei zu generieren. Die Option `--no-purge` sorgt dafür, dass die Strings, die aus JavaScript-Dateien stammen, aus der PO-Datei anschließend nicht gelöscht werden.

```
wp i18n make-json my-weather-block-de_DE.po --no-purge --use-map=map.json
```


Der WP-CLI-Befehl wird anschließend besagte JSON-Datei erstellen. An den Dateinamen wird ein MD5-Hashwert angehängt. Dabei handelt es sich um die MD5-Repräsentation des relativen Quellpfades der Build-Datei, also um den Hash von *build/index.js*.

Einbinden der JSON-Dateien

Eingebunden wird die Datei schließlich mit der Funktion `wp_set_script_translations()`. In Abschnitt 8.6.2, »Der neue Weg zur Internationalisierung«, hatte ich sie bereits vorgestellt. Allerdings muss sie nicht in das Weather-Block-Beispiel integriert werden, weil die Funktion automatisch aufgerufen wird, wenn ein Block-Plugin erkannt *und* wenn in den Metadaten der Stammdatei der Parameter `Text Domain` gesetzt wurde. Leider wird der Parameter `Domain Path` derzeit noch nicht berücksichtigt, weswegen Sie nicht umhinkommen, diesen selbst zu korrigieren. Das geht mit dem Filter-Hook `load_script_translation_file`. Darüber hinaus muss `load_plugin_textdomain()` aufgerufen werden, wie Sie in Listing 10.19 sehen.

Abbildung 10.10 zeigt schließlich den übersetzten Widget-Block. Es gibt nur noch ein Problem: Der Name und die Beschreibung des Blocks wurden nicht übersetzt. Das sehen wir uns im nächsten Abschnitt näher an.

Falls Ihre Strings nicht übersetzt wurden, liegt das möglicherweise daran, dass Sie WordPress 5.9 oder früher verwenden. Beachten Sie hier bitte die Anmerkungen im Kasten »Anderes Verhalten in WP 5.9 und früher«.

Anderes Verhalten in WP 5.9 und früher

In WordPress 5.9 und früher müssen Sie die *block.json*-Datei noch einmal verändern. Der Wert des Schlüssels `editorScript` muss von `file:./index.js` auf `file:index.js` umgestellt werden. WordPress würde sonst einen falschen Pfad (`build/./index.js`) generieren und schließlich einen fehlerhaften MD5-Hash an die Übersetzungsdatei anhängen. Ohne den korrekten Wert kann die Datei und damit die Übersetzung nicht geladen werden. In Version 6.0 wurde dieses Verhalten korrigiert. Eine nachträgliche Anpassung ist dann nicht mehr nötig.

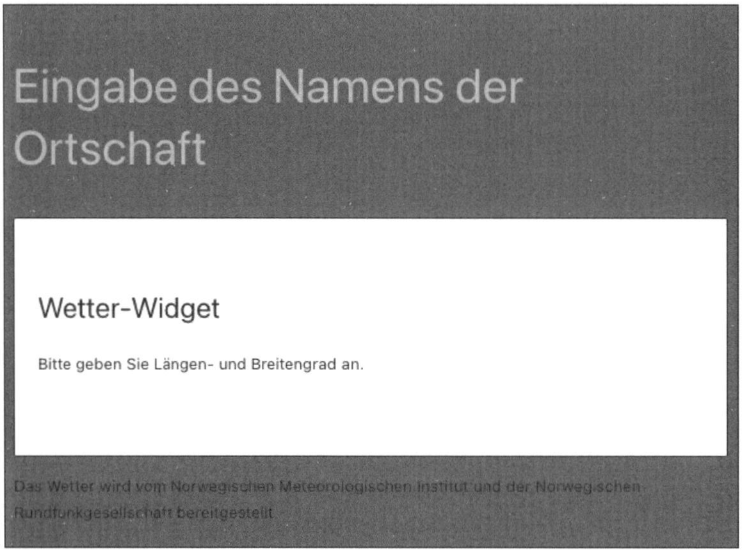

Abbildung 10.10 Das übersetzte Wetter-Widget-Plugin

```
<?php
/**
 * Plugin Name:       My Weather Block
 * ...
 * Text Domain:       my-weather-block
 */

namespace floriansimeth\my_weather_block;

add_action(
    'init',
    'floriansimeth\my_weather_block\load_translation_file'
);

function load_translation_file() {
    load_plugin_textdomain(
        'my-weather-block',
        false,
        dirname( plugin_basename( __FILE__ ) ) . '/languages/'
```

```
    );
}

add_filter(
    'load_script_translation_file',
    'floriansimeth\my_weather_block\path_to_translation_files',
    10,
    3
);

function path_to_translation_files(
    string $file,
    string $handle,
    string $domain
): string {
    if ( 'my-weather-block' !== $domain ) {
        return (string) $file;
    }

    return plugin_dir_path( __FILE__ ) . 'languages/' . basename( $file );
}
```

Listing 10.19 Auszug aus der Stammdatei des Wetter-Plugins

Inhalte aus der block.json übersetzen

Sie haben sicher bemerkt, dass einige Zeichenketten des Blocks nicht übersetzt wurden. Dazu gehören unter anderem der Titel, die Beschreibung und die Schlüsselwörter – kurz gesagt: alles, was sich in der *block.json*-Datei befindet. Die einzige Möglichkeit, diesen Schritt zu umgehen, besteht darin, die POT-Datei nicht mit Poedit, sondern ebenfalls mit der WP-CLI zu erstellen. Öffnen Sie dazu noch einmal ein Terminal-Fenster, in dem Sie Zugriff auf die WP-CLI haben. Wechseln Sie dann zunächst zum Plugin-Ordner des Wetter-Widget-Blocks:

```
cd /wp-content/plugins/my-weather-block
```

Geben Sie anschließend folgenden Befehl ein:

```
wp i18n make-pot . languages/my-weather-block.pot --skip-php --exclude=build,node_
modules
```

Die Option `--skip-php` sorgt dafür, dass keine PHP-Dateien analysiert werden. Ergo betrifft der Befehl nur die JS-Dateien und die *block.json*. Ausgenommen wird aber der Build- sowie der */node_modules/*-Ordner.

Die Übersetzung kann nun mit Poedit erfolgen. Versuchen Sie jedoch nicht, versehentlich eine Aktualisierung aus dem Quellcode auszulösen. Poedit kann die *block.json*-Datei nicht lesen, was dazu führen würde, dass die entsprechenden Zeichenketten kurzerhand wieder verschwinden. Abbildung 10.11 zeigt, dass sich einige Strings aus der JSON-Datei ebenfalls in der POT-Datei befinden.

So geht es weiter:

1. Aus der POT-Datei müssen Sie eine PO-Datei für die jeweilige Sprache erstellen (zum Beispiel *my-weather-block-de_DE.po*).
2. Stellen Sie sicher, dass der Schlüssel `textdomain` in der */src/block.json* den Wert `my-weather-block` hat.
3. Ergänzen Sie die */languages/map.json*-Datei um die *block.json*-Datei.
4. Danach führen Sie wieder den Befehl `wp i18n make-json my-weather-block-de_DE.po ./ --no-purge --use-map=map.json` aus dem */languages/*-Verzeichnis heraus aus.
5. Alles andere funktioniert wie bereits beschrieben.

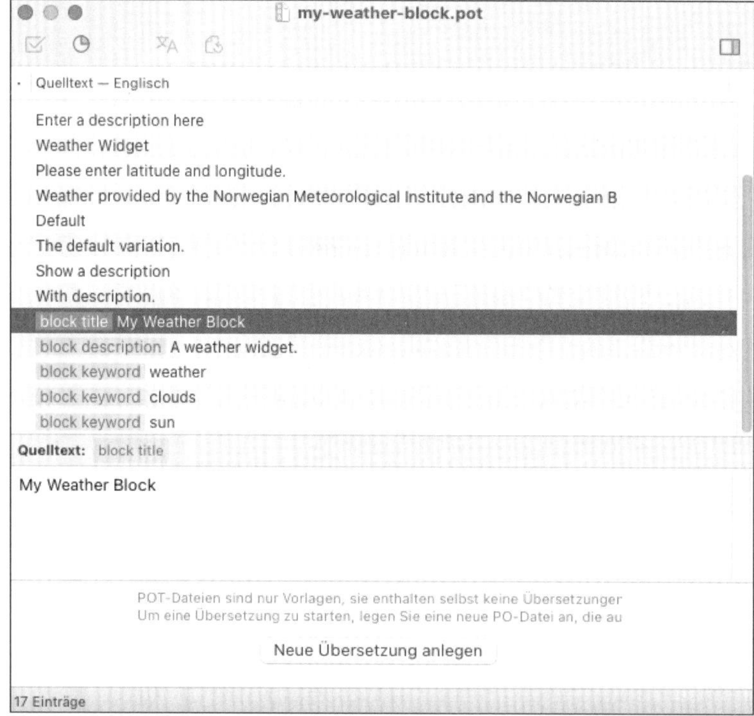

Abbildung 10.11 Einige Felder aus der »block.json«-Datei tauchen nun in der Übersetzungsdatei auf.

Super! In diesem Kapitel haben Sie gelernt, was Internationalisierung bedeutet und wie Plugins, Themes und Blöcke übersetzt werden können. Im nächsten Kapitel beschäftigen wir uns eingehend mit der Thematik des Debuggens.

Kapitel 11

Fehler finden und beheben: Das Debugging

Code generieren, der zu 100 % funktioniert – ein Traum jedes Entwicklers. Fakt ist, dass das nie zu schaffen ist. Selbst bei Raummissionen nicht. Der Code für Maschinen im All gilt gemeinhin als am wenigsten fehleranfällig. Jedoch müssen wir nicht in den Weltraum fliegen. Auch WordPress bietet einige Helfer, die Sie dabei unterstützen können, besseren Code zu schreiben.

Ein Traum bleibt es auch, dass alle Benutzer von WordPress dieses schnellstmöglich zur nächsten Version upgraden. Wie man der offiziellen Statistikseite unter *https://wordpress.org/about/stats* entnehmen kann (siehe Abbildung 11.1), sind zum Abrufzeitpunkt am 28. Mai 2022, also vier Tage nach dem Release von WP 6.0, 30 % der Installationen auf dieser Version. 26 % sind bei Version 5.9, und die restlichen fast 44 % verteilen sich auf alle anderen Versionen, bis hinunter zu WordPress 3.0.

Warum teilweise solch alte Versionen nicht auf eine zumindest einigermaßen neuere Version aktualisiert werden, bleibt mir schleierhaft. Für Sie ist nur wichtig zu wissen, dass ein Benutzer nicht immer gewillt ist, auf eine neue Version zu aktualisieren. Aus den unterschiedlichsten Gründen. Sie kommen also nicht umhin, Ihre Projekte auch mit älteren Fassungen von WordPress zu testen.

In diesem Kapitel möchte ich Ihnen zeigen, wie WP Sie dabei unterstützen kann, Probleme im Code zu entdecken und verschiedene Versionen zu testen. Das gilt natürlich auch, wenn zeitgleich diverse Plugins und Themes aktiv sind. Nichtsdestotrotz handelt es sich bei diesem Kapitel aber nur um die Grundlagen, die Sie verstanden haben müssen, damit Ihr Projekt möglichst problemfrei läuft.

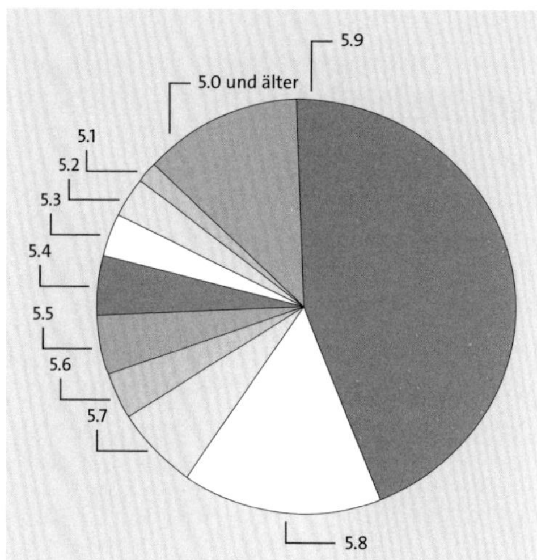

Abbildung 11.1 Verteilung der WordPress-Versionen Ende Mai 2022

11.1 Kompatibilität

Wie bereits beschrieben, können Nutzer nicht immer sofort auf die neueste Version aktualisieren. Dabei ist es egal, ob es sich dabei um eine WordPress-, eine PHP- oder etwa um eine bestimmte Plugin-Version handelt. Webprojekte sind heute so komplex, dass ein Upgrade vorher geplant und getestet werden muss. Viele Nutzer warten lieber ein paar Tage bis Wochen ab, bis klar ist, ob es nicht vielleicht doch noch zu erheblichen Problemen kommt. Da helfen die hier oft zitierten strengen Regeln zur Rückwärtskompatibilität auch nicht. Trotzdem ist WordPress ein entwicklerfreundliches System, gerade wenn es um Updates geht. Die Anstrengungen, die unternommen werden, damit es rückwärtskompatibel bleibt, sind oft sehr groß.

11.1.1 Kompatibilität zu vergangenen WordPress-Versionen

In der Vergangenheit sind drei neue Versionen (sogenannte *Major-Versionen*) pro Jahr erschienen. Major-Versionen beinhalten immer frische Funktionen und Features, aber genauso *Bugfixes* (Fehlerbehebungen).

Es ist und war schon öfter in der Diskussion, ob dieser Release-Zyklus nicht beschleunigt werden könnte. Derzeit sieht es nicht danach aus, aber das kann sich jederzeit ändern. Es stellt sich die Frage, mit wie vielen Versionen Sie rückwärtskompatibel bleiben möchten. Diese Entscheidung obliegt Ihnen, und es kommt darauf an, wer Ihre Kunden sind. Wenn Sie bereits wissen, dass Ihre Auftraggeber nicht gerne upgraden, zum Beispiel weil ihre Webarchitektur sehr komplex ist und sie daher nicht so schnell nachziehen können, dann entscheiden Sie sich für eine Rückwärtskompatibilität von einem Jahr (sprich: drei Hauptversionen von WordPress). Sieht man sich dazu die Statistik vom Anfang des Kapitels noch einmal an, stellt man fest, dass mit dieser Entscheidung rund 65 % der WordPress-Versionen abgedeckt werden. Wollen Sie eine Rückwärtskompatibilität von mehr als 80 %, so müssen Sie die letzten sieben Versionen abdecken können. Das entspricht dem Entwicklungsstand von WordPress von vor zwei Jahren (Version 5.4). Persönlich würde ich nicht noch weiter zurückgehen. Zum Teil ist das auch gar nicht möglich, weil wir uns mitten in der Hauptentwicklungsphase des Block-Editors befinden. Wenn Sie also einen Block entwickeln wollen und auf bestimmte (neue) Funktionen des Block-Editors angewiesen sind, können Sie keine große Rückwärtskompatibilität einplanen.

Auf der anderen Seite ist es auch möglich, dass Ihr Projekt von Haus aus rückwärtskompatibel zu allen erdenklichen Versionen ist. Das kann unterschiedliche Gründe haben. Zum Beispiel ist das der Fall, wenn Ihr Projekt nicht allzu komplex ist und keine Features nutzt, die nur in den neuen WP-Versionen vorliegen.

Komplette Funktionen verschwinden eher weniger aus WordPress. Das Suchfenster in Abbildung 11.2 zeigt, dass sogar noch Funktionen aus Version 2.1.0 im Quellcode existieren. Das sind Versionen, die laut der anfänglich genannten Statistik nicht mehr im Einsatz sind. Wie gesagt: WordPress ist hier sehr genügsam. Sie werden deshalb eher weniger prüfen, ob eine Funktion noch existiert. Stattdessen werden Sie checken müssen, ob eine Funktion schon vorhanden ist. Denn die Wahrscheinlichkeit, dass etwas neu hinzukommt, ist wesentlich höher.

PHP kann Sie dabei unterstützen. Mit `function_exists()`[1] lässt sich schnell testen, ob eine Funktion existiert. Das Schöne dabei ist: Damit lässt sich auch abfragen, ob andere Plugin- oder Theme-Funktionen existieren. Arbeitet ein Projekt eher mit Klassen und Objekten, können Sie stattdessen `class_exists()`[2] oder `method_exists()`[3] nutzen.

Viele der großen Entwicklungsumgebungen unterstützen Sie dabei, alte Funktionen zu erkennen. PhpStorm liest beispielsweise den DocBlock jeder Funktion und Methode und versteht, wann sie nicht mehr genutzt werden soll. Es streicht diese schließlich durch und signalisiert so, dass hier etwas nicht stimmt (siehe Abbildung 11.2 oben). Da die Community alle Funktionen fleißig kommentiert, lassen sich alle Funktionen finden, die nicht mehr genutzt werden sollen. Abbildung 11.2 zeigt ein Suchfenster mit der Suche nach `@deprecated`. Wie Sie sehen, wird immer auch die Versionsnummer von WordPress angegeben, die anzeigt, ab wann die Funktion nicht mehr zu nutzen ist, und meist ebenso, welche Funktion alternativ verwendet werden soll oder kann.

1 function_exists(): *https://www.php.net/manual/de/function.function-exists.php*

2 class_exists(): *https://www.php.net/manual/de/function.class-exists*

3 method_exists(): *https://www.php.net/manual/de/function.method-exists*

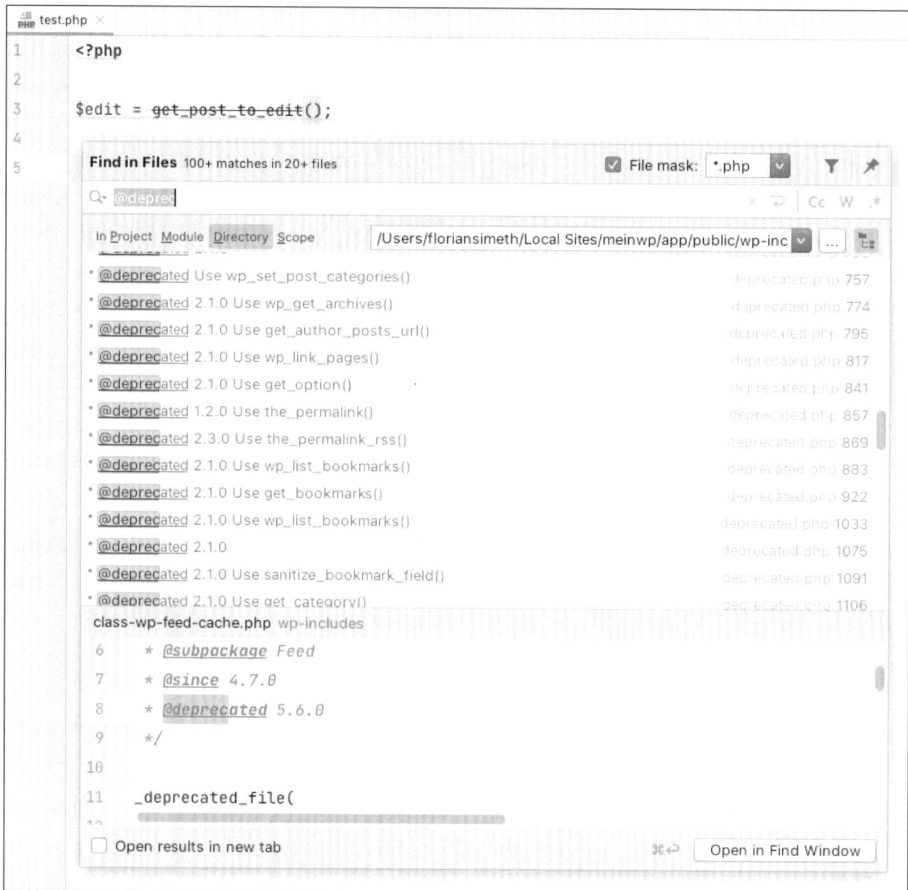

Abbildung 11.2 Ganz oben: Die Funktion wird durchgestrichen. Das Suchfenster zeigt viele nicht länger unterstützte Funktionen.

11.1.2 Kompatibilität zu anderen Projekten

Ihr Plugin, der Block oder ein Theme wird niemals für sich allein stehen. Im Grunde können Sie davon ausgehen, dass parallel immer auch andere Plugins oder Blöcke installiert sind. Diese können sich gegenseitig stören. Schuld daran sind nicht zuletzt die Hooks.

In meiner mehr als zehnjährigen Tätigkeit als Plugin-Entwickler habe ich Tausenden von Menschen geholfen, Fehler zu finden. Meines Erachtens sind dies die häufigsten Probleme:

- **Design-Veränderung im Frontend:** Wenn Ihr Projekt etwas im Frontend einfügt, können Sie davon ausgehen, dass eine CSS-Datei eines anderen Projekts die eigenen CSS-Regeln überschreibt.

- **Fehler in JavaScript:** Erzeugt ein JavaScript eines Drittherstellers einen dramatischen Fehler, so kann es sein, dass Ihr eigenes Skript nicht mehr (richtig) ausgeführt wird.
- **Hooks:** Dutzende Projekte können ein und denselben Filter-Hook nutzen und einen Wert mehrfach verändern. Das führt manchmal zu unvorhergesehenen Fehlern.

Ich kann behaupten, dass die meisten Probleme also nicht durch WordPress, sondern durch Dritthersteller verursacht werden. Damit möchte ich jedoch niemandem die Schuld zuweisen Denn alle sind voneinander abhängig. Es kann sein, dass der Dritthersteller Probleme bekommt, weil beispielsweise Ihr Plugin etwas macht, was die Person nicht vorhersagen kann. Ein ewiges Ping-Pong-Spiel also.

Dazu gesellt sich eine weitere Problematik: Es ist möglich, dass auch eine Kombination mehrerer Plugins oder mit einem Theme Gegenstand einer groß angelegten Fehlersuche sein kann. Je mehr Code involviert ist, desto schneller werden Sie den Vorschlag hören: *»Deaktivieren Sie doch erst einmal alle anderen Plugins, und probieren Sie es dann noch einmal.«* Anders lässt sich ein Fehler oft nicht einschränken. Auf der anderen Seite habe ich auch schon WordPress-Installationen mit deutlich mehr als 50 aktiven Plugins gesehen, die ebenfalls relativ problemlos laufen.

Ob der Einsatz vieler Plugins problematisch ist oder nicht: Sie sind nützlich, und sie schlechtzureden ist nicht sinnvoll. Ganz im Gegenteil: Ohne Plugins wäre WordPress heute nicht da, wo es ist. Für einen Entwickler ist es richtig praktisch und gut für die Karriere, eben weil es so viele unterschiedliche Projekte gibt. Sie müssen sich zwangsläufig mit den Problemen und mit dem Code anderer Programmierer auseinandersetzen. Dass jeglicher Code als Open-Source vorliegt, hilft dabei ungemein. So können Sie den Code lesen »wie ein offenes Buch« und daraus sehr viel lernen. Nicht selten werden Sie dadurch auf neue Ideen kommen oder Probleme lösen, die denen ähneln, mit denen Sie konfrontiert werden. Das wiederum wird Ihnen helfen, Plugins zu erstellen, die mit anderen besser zusammenspielen.

11.1.3 Kompatibilität zu PHP-Versionen

Bei der Planung eines Projekts sollte entschieden werden, welche PHP-Version Sie mindestens unterstützen wollen. Zugegebenermaßen stand die Entwicklung von PHP lange Zeit still. Geändert hat sich dies gefühlt erst, als Facebook Ende 2011 mit *HipHop for PHP* eine Software entwickelte, die PHP-Code in effizienteren C++-Code übersetzte. Viele kehrten PHP den Rücken oder probierten die neuen Compiler zumindest einmal aus. Mittlerweile ist aus dem Projekt eine virtuelle Maschine geworden, die *HHVM* genannt wird und die ausschließlich mit der Programmiersprache *Hack* funktioniert. Hack ist eine Erweiterung von PHP.

Mitte 2014 änderte die Einführung von PHP 7.0 alles. WordPress-basierte Benchmarks zeigten eine Leistungssteigerung von fast 100 % zur vorherigen Version. Mit jeder neuen PHP-Version erhält die Programmiersprache neue Funktionen und teilweise auch sogenannte *Breaking Changes*, also Änderungen, die bestimmte Teile einer Anwendung zum Absturz bringen können. Gleichermaßen ist WordPress 5.9 und 6.0 noch nicht zu 100 % kompatibel mit den derzeit aktuellen Versionen 8.0 und 8.1[4]. Jedoch sind alle verbleibenden bekannten PHP-8.1-Probleme lediglich *Deprecation*-Hinweise. Ein solcher Hinweis ist kein Fehler, sondern eher ein Indikator dafür, wo zusätzliche Arbeit für die Kompatibilität mit PHP 9 erforderlich ist. Dann nämlich können diese Hinweise zu fatalen Fehlern werden. Der Code funktioniert jedoch bis zur nächsten Version weiterhin.

Seit PHP 8.0 sind sogenannte *Named Parameters* möglich.[5] Zugleich ist diese Neuerung eine der größten Baustellen, um WordPress zu PHP 8.x kompatibel zu machen. Durch Named Parameters können Argumente an eine Funktion über den Parameternamen statt über die Parameterposition übergeben werden. Sehen Sie sich dazu das Beispiel aus Listing 11.1 an. In der letzten Zeile folgen die Parameter nicht mehr der ursprünglichen Ordnung, sondern sind wild durcheinander angegeben. Die strengen Vorgaben zur Rückwärtskompatibilität lassen ein solches Vorgehen in WordPress derzeit nicht zu, weshalb die Verwendung von Named Parameters in WordPress-Funktionen vorerst nicht empfohlen wird.[6] Ab Version 6.1 sollte es dann aber möglich sein.[7]

```
<?php
// PHP < 8.0
$my_term = get_term( 1, '', ARRAY_A );

// PHP >= 8.0
$my_term = get_term( output: ARRAY_A, term: 1 );
```

Listing 11.1 Named Parameters im Einsatz

Der Support für die letzte 7.x-Version von PHP läuft allerdings Ende 2022 aus, und damit sind Sie gezwungen, Ihre eigenen Projekte mit neueren Versionen zu entwickeln. Alles andere stellt über kurz oder lang ein Sicherheitsproblem dar. Ich empfehle daher, jederzeit einen Blick auf die Release-History-Tabelle der Wikipedia-Seite

4 Vgl. Mork, Tonya: WordPress 5.9 and PHP 8.0-8.1, in: Make WordPress Core, 2022, *https://make.wordpress.org/core/2022/01/10/wordpress-5-9-and-php-8-0-8-1/* (abgerufen am 07.03.2022)

5 Bitte lesen Sie den vollständigen Request for Comments (RFC) auf der PHP-Website für eine vollständige und detaillierte Beschreibung: *https://wiki.php.net/rfc/named_params*

6 Vgl. Desrosiers, Jonathan: WordPress and PHP 8.0, in: Make WordPress Core, 2020, *https://make.wordpress.org/core/2020/11/23/wordpress-and-php-8-0/* (abgerufen am 07.03.2022)

7 Dieses Trac-Ticket wurde für WordPress 6.1 terminiert: *https://core.trac.wordpress.org/ticket/55650* (abgerufen am 17.05.2022)

von PHP zu werfen (siehe Abbildung 11.3). Dieser exzellente Artikel gibt immer an, bis zu welchem Datum eine PHP-Version Sicherheitsupdates erhält:

https://en.wikipedia.org/wiki/PHP#Release_history

Bei Ihrer Entscheidung sollten Sie auch im Blick haben, dass nicht alle Webhoster zeitnah ihre PHP-Versionen aktualisieren oder die Kunden auf den Missstand hinweisen. Die am Anfang genannte Statistikseite von WordPress[8] zeigt, dass knapp 80 % der Anwender PHP 7.2 bis 7.4 nutzen. 12 % verwenden PHP 5.6 bis 7.1 und nur 6 % die neueren 8.x-Versionen. Der in Abbildung 11.3 gezeigten Tabelle können Sie entnehmen, dass die Version 5.6 von PHP seit 2018 keine Updates mehr erhält.

5.6	28 August 2014[104]	31 December 2018[102]
6.x	Not released	N/A
7.0	3 December 2015[108]	10 January 2019[52]
7.1	1 December 2016	1 December 2019[102]
7.2	30 November 2017	30 November 2020[102]
7.3	6 December 2018[126]	6 December 2021
7.4	28 November 2019[131]	28 November 2022
8.0	26 November 2020[143]	26 November 2023
8.1	25 November 2021	25 November 2024

Abbildung 11.3 Auszug aus der PHP-Release-Tabelle[9]

8 Siehe *https://wordpress.org/about/stats/*

9 Quelle: *https://en.wikipedia.org/wiki/PHP#Release_history*

11.1.4 Auf dem Laufenden bleiben

Die IT-Branche ist ständigen Veränderungen unterworfen. Das gilt auch für WordPress selbst. Sie sollten daher ständig auf dem Laufenden bleiben. Zwar fungiert das beliebte System als Kompatibilitätsschicht zwischen der gesamten auf dem Server laufenden Software und dem Benutzer, was dazu führt, dass Entwickler wie Sie die Gewissheit haben, dass eine neue WordPress-Version keines der von Ihnen geschriebenen Plugins beeinträchtigen wird, aber eine hundertprozentige Sicherheit gibt es nie. In Abschnitt 2.8, »Online-Nachschlagewerke für die WordPress-Entwicklung«, habe ich bereits die besten Quellen zum Nachschlagen erwähnt. Grundsätzlich gilt:

- Informieren Sie sich zumindest bei jedem Major Release, welche neuen Features und Funktionen hinzugekommen sind und welche als veraltet markiert wurden.
- Lesen Sie speziell bei sogenannten *Point Releases* (also Zwischenversionen, die ausschließlich Bugfixes und Sicherheitslücken beheben), welche Bugs behoben oder eingeführt wurden, um ausschließen zu können, dass Ihre eigenen Projekte betroffen sind.
- Profitieren Sie von den neuesten Leistungsverbesserungen, und beziehen Sie beispielsweise neueste Entwicklungen rund um PHP in Ihre tägliche Arbeit mit dem Projekt ein.

11.2 Error-Logging in WordPress

Bevor wir uns an das *Debugging* machen, also an das Finden und Entfernen von Fehlern im Code, müssen wir erst einmal wissen, welche Fehler vorliegen. Ansonsten endet unsere Suche dort, wo sie angefangen hat: nämlich bei einem sogenannten *White Screen of Death* (übersetzt in etwa: »Weiße Seite des Todes«). So wird eine Website genannt, auf der nichts mehr erscheint. Übrig bleibt eine weiße Fläche.

Die Ursache von solchen Seiten, die nicht immer komplett weiß, aber schlicht »kaputt« erscheinen können, sind die Fehler, die in der PHP-Welt als *Fatal Errors* bezeichnet werden. Nach dem Auftreten eines solchen Fehlers wird kein weiterer Code ausgeführt, was dazu führt, dass die Seite entweder weiß bleibt oder sozusagen an der Stelle »stehen bleibt«. Im besten Fall gibt WordPress noch die Fehlermeldung aus Abbildung 11.4 aus.

Es gab einen kritischen Fehler auf deiner Website.

Erfahre mehr über die Problembehandlung in WordPress.

Abbildung 11.4 Oft kann ein kritischer Fehler von WordPress abgefangen werden. Weiterer Code kann trotzdem nicht ausgeführt werden.

Die Tatsache, dass PHP den Code in Echtzeit interpretiert, hat den Vorteil, dass Codeänderungen sofort sichtbar werden, ohne dass die gesamte Anwendung erst kompiliert werden muss. Der Nachteil ist, dass nicht valider Code eine komplette Seite oder Teile davon zum Absturz bringen kann. Warum ein Fatal Error auftritt, gilt es herauszufinden. In der Regel sind solche Probleme das Ergebnis menschlichen Versagens. Ungenaue Logik oder eine Wissenslücke in Bezug auf ein Problem sind die Ursachen.

11.2.1 Das Error-Logging aktivieren

Auf Fehlersuche gehen Sie in der Regel auf lokalen Installationen oder Testseiten. Größere Webhoster bieten dazu die Möglichkeit, sogenannte *Staging-Sites* einzurichten. Das sind Kopien der Produktivseiten, auf denen Sie nach Lust und Laune experimentieren können. Die folgenden Schritte sollten Sie niemals auf Produktivseiten ausführen, da Sie Gefahr laufen, sensible Daten an etwaige Hacker preiszugeben. Wenn Sie, wie ich, *Local* als lokale Entwicklungsumgebung nutzen, empfiehlt es sich, das Logging permanent eingeschaltet zu lassen, damit Ihnen nichts entgeht.

Zum Aktivieren öffnen Sie die Datei */wp-config.php* der WordPress-Installation mit einem Editor Ihrer Wahl. Etwas weiter unten sollten Sie den Code aus Listing 11.2 sehen. Ändern Sie den Wert der Konstante `WP_DEBUG` von `false` auf `true`, um das Logging generell zu aktivieren (WordPress nennt das *Debug-Modus*). Von nun an werden alle Fehler- und Warnmeldungen auf dem Bildschirm im Browser angezeigt.

```
<?php
/**
 * For developers: WordPress debugging mode.
 *
 * Change this to true to enable the display of notices during development.
 * It is strongly recommended that plugin and theme developers use WP_DEBUG
 * in their development environments.
 *
 * For information on other constants that can be used for debugging,
 * visit the documentation.
 *
 * @link https://wordpress.org/support/article/debugging-in-wordpress/
 */
define( 'WP_DEBUG', false );
```

Listing 11.2 Ausschnitt aus der »wp-config.php«

Alternativ zu `WP_DEBUG` lässt sich die Konstante `WP_ENVIRONMENT_TYPE` auf den Wert `development` setzen. Das bewirkt, dass `WP_DEBUG` ebenfalls auf `true` gestellt wird, falls sie nicht bereits definiert wurde. Dies sind die möglichen Werte von `WP_ENVIRONMENT_TYPE`:

- `local`
- `development`
- `staging`
- `production` (Standardwert)

11.2.2 Fehlermeldungen in eine Datei umleiten

Da es allerdings sein kann, dass Fehlermeldungen nicht sichtbar sind, empfehle ich, die Anzeige im Browser zu deaktivieren und die Fehlermeldungen stattdessen in eine Logdatei schreiben zu lassen. Wie das geht, zeigt Listing 11.3. Die Konstante `WP_DEBUG_DISPLAY` wurde auf `false` gesetzt, dafür aber `WP_DEBUG_LOG` aktiviert. Alternativ können Sie statt eines booleschen Werts auch einen Pfad angeben. Tun Sie das nicht, so wird die Logdatei im Verzeichnis */wp-content/debug.log* abgelegt. Nun ist Ihnen sicherlich bewusst, warum Sie den Debug-Modus nie auf einer Live-Seite aktivieren sollten. Fehler könnten jederzeit aus der *debug.log*-Datei gelesen werden, falls keine zusätzlichen Vorkehrungen getroffen werden.

```
<?php
define( 'WP_DEBUG', true );
define( 'WP_DEBUG_DISPLAY', false );
define( 'WP_DEBUG_LOG', true );
# define( 'WP_DEBUG_LOG', '/tmp/wp-errors.log' ); # Alternative Schreibweise
```

Listing 11.3 Ausschnitt aus der »wp-config.php« mit weiteren Debugging-Einstellungen

Tritt ein erster Fehler auf, so wird WordPress die Datei erstellen und ihn dort hineinschreiben (*loggen*). Nachfolgend zeige ich Ihnen, wie Sie diese Datei automatisch von PhpStorm überwachen lassen können.

Überwachen der Logdatei mit PhpStorm

PhpStorm ist von Haus aus sehr mächtig. Die Funktion, dass eine Datei für Sie automatisch überwacht wird, ist bereits eingebaut. Öffnen Sie das Einstellungsfenster über PHPSTORM • PREFERENCES auf dem Mac oder über FILE • SETTINGS unter Windows. Danach klicken Sie auf TOOLS • FILE WATCHERS und danach auf das +-Zeichen am oberen linken Rand (siehe Abbildung 11.5).

Danach wählen Sie im Dropdown-Menü unter CHOOSE TEMPLATE den Wert <CUSTOM> aus. Im sich öffnenden Fenster nehmen Sie die Einstellungen vor, die in Abbildung 11.6 und Tabelle 11.1 gezeigt sind.

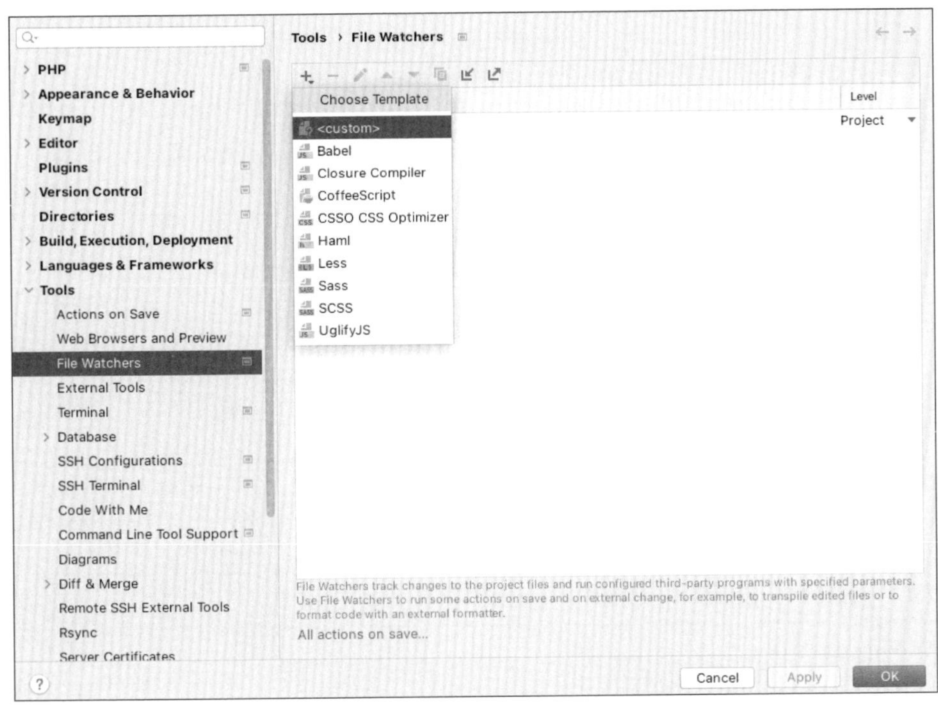

Abbildung 11.5 PhpStorm-Einstellungen für einen neuen File-Watcher

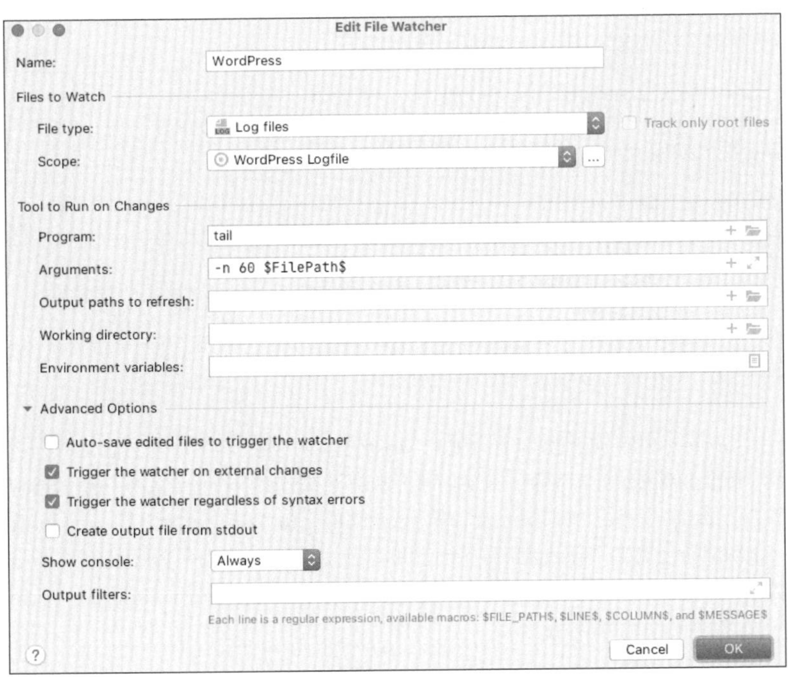

Abbildung 11.6 Fenster zum Erstellen eines neuen File Watchers

Name:	Eine Bezeichnung für den File Watcher, zum Beispiel »WordPress Debug Log«
Files to Watch	
File type:	Log files
Scope:	Erstellen Sie einen neuen Scope, der als einzige Datei die */wp-content/debug.log*-Datei beinhaltet.
Tool to run on changes	
Program	`tail` unter Linux bzw. auf dem Mac
	`cmd.exe` unter Windows
Arguments	`-n 60 $FilePath$` auf dem Mac
	`/S /C "type "$FilePath$""` unter Windows
Output paths to refresh:	(Leer)
Working directory:	(Leer)
Environmental variables:	(Leer)
Advanced Options	
Auto-save edited files to trigger the watcher – AUS	
Trigger the watcher on external changes – AN	
Trigger the watcher regardless of syntax errors – AN	
Create output file from stdout – AUS	
Show console:	Always
Output filters:	(Leer)

Tabelle 11.1 Einstellungen für den PhpStorm File Watcher

Bestätigen Sie den neuen File Watcher mit OK. Bestätigen Sie ebenfalls das Einstellungsfenster, das sich danach schließt. Jedes Mal, wenn WordPress, ein Plugin oder ein Theme einen Fehler generiert, öffnet sich nun ein Output-Fenster mit dem Inhalt der Datei (siehe Abbildung 11.7). Besonders genial ist, dass die meisten Fehler (im Bild blau gekennzeichnet) anklickbar sind. Somit können Sie direkt zu der Zeile im Code springen, in der der Fehler entstanden ist.

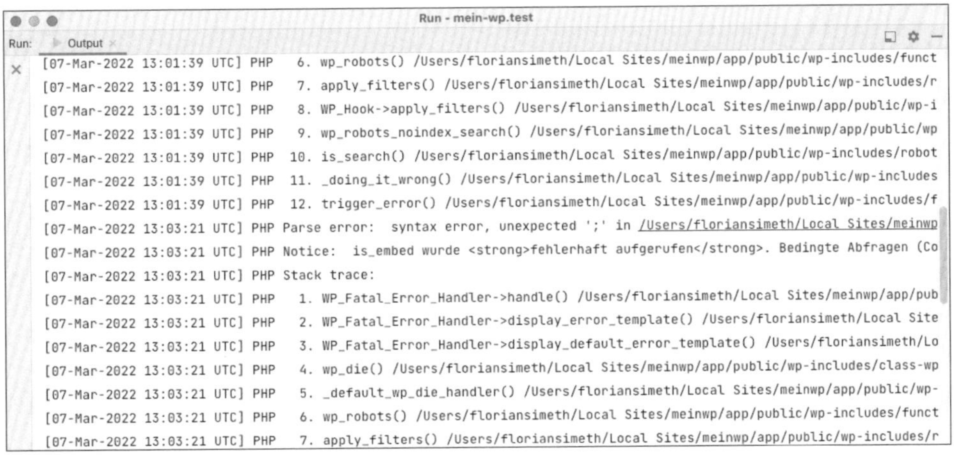

```
Run - mein-wp.test
Run:  Output
[07-Mar-2022 13:01:39 UTC] PHP   6. wp_robots() /Users/floriansimeth/Local Sites/meinwp/app/public/wp-includes/funct
[07-Mar-2022 13:01:39 UTC] PHP   7. apply_filters() /Users/floriansimeth/Local Sites/meinwp/app/public/wp-includes/r
[07-Mar-2022 13:01:39 UTC] PHP   8. WP_Hook->apply_filters() /Users/floriansimeth/Local Sites/meinwp/app/public/wp-i
[07-Mar-2022 13:01:39 UTC] PHP   9. wp_robots_noindex_search() /Users/floriansimeth/Local Sites/meinwp/app/public/wp
[07-Mar-2022 13:01:39 UTC] PHP  10. is_search() /Users/floriansimeth/Local Sites/meinwp/app/public/wp-includes/robot
[07-Mar-2022 13:01:39 UTC] PHP  11. _doing_it_wrong() /Users/floriansimeth/Local Sites/meinwp/app/public/wp-includes
[07-Mar-2022 13:01:39 UTC] PHP  12. trigger_error() /Users/floriansimeth/Local Sites/meinwp/app/public/wp-includes/f
[07-Mar-2022 13:03:21 UTC] PHP Parse error:  syntax error, unexpected ';' in /Users/floriansimeth/Local Sites/meinwp
[07-Mar-2022 13:03:21 UTC] PHP Notice:  is_embed wurde <strong>fehlerhaft aufgerufen</strong>. Bedingte Abfragen (Co
[07-Mar-2022 13:03:21 UTC] PHP Stack trace:
[07-Mar-2022 13:03:21 UTC] PHP   1. WP_Fatal_Error_Handler->handle() /Users/floriansimeth/Local Sites/meinwp/app/pub
[07-Mar-2022 13:03:21 UTC] PHP   2. WP_Fatal_Error_Handler->display_error_template() /Users/floriansimeth/Local Site
[07-Mar-2022 13:03:21 UTC] PHP   3. WP_Fatal_Error_Handler->display_default_error_template() /Users/floriansimeth/Lo
[07-Mar-2022 13:03:21 UTC] PHP   4. wp_die() /Users/floriansimeth/Local Sites/meinwp/app/public/wp-includes/class-wp
[07-Mar-2022 13:03:21 UTC] PHP   5. _default_wp_die_handler() /Users/floriansimeth/Local Sites/meinwp/app/public/wp-
[07-Mar-2022 13:03:21 UTC] PHP   6. wp_robots() /Users/floriansimeth/Local Sites/meinwp/app/public/wp-includes/funct
[07-Mar-2022 13:03:21 UTC] PHP   7. apply_filters() /Users/floriansimeth/Local Sites/meinwp/app/public/wp-includes/r
```

Abbildung 11.7 Ausschnitt aus der »debug.log«-Datei

Überwachen der Logdatei mit Visual Studio Code

Bei Visual Studio Code gibt es zwar File-Watcher-Plugins, jedoch können diese nach meinem derzeitigen Kenntnisstand keine Änderungen von außen erkennen. Die Log-Datei wird aber von PHP erstellt und dann aktualisiert. Insofern sind die Plugins für diesen Zweck derzeit nicht zu gebrauchen.

11.2.3 Bedeutung von Fehlermeldungen

Wie die Fehlermeldungen gemeldet werden, hängt davon ab, wie PHP konfiguriert wurde. In der *php.ini*-Datei existiert die Direktive `error_reporting`[10], in der angegeben wird, welche Fehlermeldungen überhaupt ausgegeben werden sollen. Als Standardwert wurde `E_ALL` festgelegt. Das ist in der Regel auch bei allen Tools für lokale Laufzeitumgebungen der Fall. Falls nicht, können Sie dies jederzeit verändern. Die meisten Tools bieten einen einfachen Weg, die *php.ini*-Datei zu lokalisieren und anschließend anzupassen. Wichtig ist: Diese Einstellung sollte nur auf Test- und Entwicklungsumgebungen auf `E_ALL` eingestellt werden. In Live-Umgebungen ist es oft ratsam, Fehlermeldungen gar nicht erst anzeigen zu lassen.

PHP-Fehlermeldungen

In PHP gibt es sehr viele Typen von Fehlermeldungen, die die folgende Webseite auflistet: *https://www.php.net/manual/de/errorfunc.constants.php*. Mit nur wenigen von ihnen werden Sie permanent zu tun haben. Das sind unter anderem:

10 Siehe auch: *https://www.php.net/manual/en/errorfunc.configuration.php#ini.error-reporting*

- Warnings,
- Notices,
- Deprecations und
- Fatal Errors.

Abbildung 11.8 zeigt verschiedenen Fehlermeldungen. Wie Sie sehen, lassen sie sich in den Programmiertools wie PhpStorm farbig kennzeichnen, was es einfacher macht, die Unterschiede zu erkennen. Der Aufbau einer Fehlermeldung ist jedoch immer gleich:

- Am Anfang steht der Zeitstempel, an dem der Fehler auftrat.
- Daran schließt sich der Typ der Fehlermeldung an.
- Anschließend kommt die eigentliche Fehlermeldung,
- gefolgt von der Datei- und Zeilenangabe.
- Darunter folgt eventuell der Stack-Trace (dazu gleich mehr).

```
[13-Mar-2022 14:40:28 UTC] PHP Warning:  include(external_file.php): failed to open stream:
                                         No such file or directory in test.php on line 5
[13-Mar-2022 14:40:28 UTC] PHP Stack trace:
[13-Mar-2022 14:40:28 UTC] PHP   1. {main}() test.php:0
[13-Mar-2022 14:40:28 UTC] PHP Warning:  include(): Failed opening 'external_file.php' for inclusion
                                         (include_path='.:/usr/share/php:/www/wp-content/pear') in test.php on line 5
[13-Mar-2022 14:40:28 UTC] PHP Stack trace:
[13-Mar-2022 14:40:28 UTC] PHP   1. {main}() test.php:0
[13-Mar-2022 14:41:28 UTC] PHP Notice:  Undefined variable: b in test.php on line 5
[13-Mar-2022 14:41:28 UTC] PHP Stack trace:
[13-Mar-2022 14:41:28 UTC] PHP   1. {main}() test.php:0
[13-Mar-2022 14:42:05 UTC] PHP Fatal error:  Uncaught Error: Call to undefined function div() in test.php:5
Stack trace:
#0 {main}
  thrown in test.php on line 5
```

Abbildung 11.8 Alle vier PHP-Fehlermeldungen (gekürzt)

Die orangen Fehlermeldungen im Bild wirken schon allein wegen der Farbe harmloser. Tatsächlich sind sie das nur auf den ersten Blick, weil das eigentliche PHP-Skript trotzdem funktionsfähig ist. Damit wiegt man sich leider in falscher Sicherheit: Viele Meldungen mögen anfangs zwar harmlos wirken, jedoch sind sie häufig ein Hinweis auf ernsthafte Probleme im umgebenden Code, die zu schwerwiegenden Fehlern führen können. Zum Prozess des Debuggings gehört, dass Sie sich mit dem eigenen Code auseinandersetzen und alle Fehler beheben, die dieser erzeugt. Mit den roten Meldungen im Bild (den Fatal Errors) müssen Sie sich zwangsläufig näher beschäftigen, weil ein Skript an der Stelle des Fehlers einfach anhält und den folgenden Code nicht mehr ausführt. Wie das geht, werden Sie gleich erfahren. Zuvor möchte ich noch auf die WordPress-typischen Fehlermeldungen eingehen.

WordPress-Fehlermeldungen

WordPress selbst erzeugt Fehlermeldungen unter anderem mit und in den `_deprecated_*()`-Funktionen, die Sie allesamt in der */wp-includes/functions.php* finden. Diese Funktionen kommen immer dann zum Einsatz, wenn bestimmte Teile des Codes veraltet sind, aber noch auf altem Wege aufgerufen werden. Listing 11.4 zeigt einen Plugin-Header mit dem veralteten Meta-Wert `Side Wide Only`. Wenn Sie die Zeilen in eine PHP-Datei kopieren und diese dann dann in das */wp-content/plugins/*-Verzeichnis legen und das Plugin danach aktivieren, erhalten Sie die Fehlermeldung aus Listing 11.5.

```
<?php
/**
 * Plugin Name:  Test Plugin
 * Site Wide Only: true
 */
```

Listing 11.4 Eine sehr einfache Plugin-Datei mit veraltetem Meta-Wert

```
[15:27:41] PHP Deprecated:  get_plugin_data wurde mit einem Parameter oder
Argument aufgerufen, der seit Version 3.0.0 <strong>veraltet ist</strong>!
Der Plugin-Header <code>Site Wide Only: true</code> ist veraltet. Verwende
stattdessen <code>Network: true</code>. in wp-includes/functions.php on line
5600
```

Listing 11.5 Die gekürzte Fehlermeldung

Wie Sie sehen, teilt die Fehlermeldung Ihnen gleich mit, was Sie alternativ tun können: nämlich den Meta-Wert `Site Wide Only` durch `Network` ersetzen. So einfach lassen sich Fehler leider nicht immer fixen. Dennoch ist dieser Mechanismus sehr genial, denn er hilft, die eigenen Projekte aktuell zu halten.

Fehler finden

In der Regel werden Sie von mir aufgefordert, Fehler zu finden und sie nicht zu entwickeln. Aber in diesem Abschnitt ist das Programmieren von Fehlern erlaubt. In Listing 11.6 sehen Sie ein »Fehler-Plugin«, das im `init`-Hook einen Notice-Error (siehe Listing 11.7) erzeugt:

```
<?php
/**
 * Plugin Name:  Fehlerplugin
 */
```

```
add_action( 'init', function () {
    echo $b;
} );
```

Listing 11.6 Das Fehler-Plugin, das in »/wp-content/plugins/fehlerplugin.php« abgelegt wird, erzeugt einen Fehler.

```
[07:20:16] PHP Warning:  include(): Failed opening 'external_file.php' for
inclusion (include_path='.:/usr/share/php:/www/wp-content/pear') in public/
wp-content/plugins/fehlerplugin.php on line 7
[07:20:16] PHP Stack trace:
[07:20:16] PHP   1. {main}() public/wp-admin/plugins.php:0
[07:20:16] PHP   2. require_once() public/wp-admin/plugins.php:10
[07:20:16] PHP   3. require_once() public/wp-admin/admin.php:34
[07:20:16] PHP   4. require_once() public/wp-load.php:50
[07:20:16] PHP   5. require_once() public/wp-config.php:101
[07:20:16] PHP   6. do_action() public/wp-settings.php:587
[07:20:16] PHP   7. WP_Hook->do_action() public/wp-includes/plugin.php:474
[07:20:16] PHP   8. WP_Hook->apply_filters() public/wp-includes/class-wp-
hook.php:331
[07:20:16] PHP   9. {closure:public/wp-content/plugins/fehlerplugin.php:6-8}()
public/wp-includes/class-wp-hook.php:307
```

Listing 11.7 Auszug aus der »debug.log«-Datei

In Zeile 1 steht die eigentliche Fehlermeldung, die Ihnen bereits mitteilt, was falsch ist: *Failed* `opening 'external_file.php'` bedeutet auf Deutsch: »Die Datei *external_file.php* wurde nicht gefunden und konnte daher von PHP nicht eingebunden werden.« WordPress funktioniert aber weiterhin, weil der Missstand keinen Fatal Error erzeugt. Die erste fett gedruckte Zeile zeigt Ihnen sofort, *wo* der Fehler auftrat. Im Beispiel ist das die Zeile 7 der *fehlerplugin.php*-Datei.

Leider sind die Meldungen nicht immer so eindeutig. Aus diesem Grund enthält die Logdatei den sogenannten *Stack-Trace*. Er wird nur ausgegeben, wenn Xdebug aktiv ist. (Mehr dazu lesen Sie in Abschnitt 11.3, »Debugging aktivieren und Skripte analysieren«.)

Wenn die erste Zeile der Fehlermeldung keinen eindeutigen Hinweis ergibt, *wo* der Fehler auftrat, lesen Sie den Stack-Trace am besten von unten nach oben. Die letzte Zeile ist meist sehr hilfreich. In Listing 11.7 sehen Sie das in der letzten fett gedruckten Zeile. Dort ist angegeben, dass der Fehler innerhalb einer anonymen Funktion (einer sogenannten *Closure*) auftrat. Sie befindet sich innerhalb der Zeilen 6 bis 8.

Je weiter nach oben Sie wandern, desto mehr Informationen erhalten Sie, wie PHP zu dem Fehler kam – also welche Funktionen in welcher Datei und Zeile nacheinander aufgerufen wurden, bis PHP schließlich auf die Zeile mit dem Fehler stieß.

11.3 Debugging aktivieren und Skripte analysieren

Die Fehlersuche ist oft aufwendig. Wer den Code Zeile für Zeile begreifen will, benötigt gute Debugging-Tools. Mit diesen lässt sich ein Skript an einer bestimmten Stelle im Code anhalten, um genau verstehen zu können, wie es funktioniert. Umgebungsvariablen lassen sich analysieren, und man kann im Code zurück- und vorwärtsspringen. Aber dazu gleich mehr.

An dieser Stelle seien die zwei bekanntesten Debugger genannt:

- Zend Studio Web Debugger (*https://www.zend.com/downloads/zend-studio-web-debugger*)
- Xdebug (*http://xdebug.org*)

In den meisten Fällen kommt Xdebug zum Einsatz, weshalb ich mich in diesem Abschnitt auf diesen Debugger konzentrieren werde.

In *Local*, mein Tool der Wahl, wenn es um lokale Entwicklungsumgebungen geht, ist Xdebug bereits integriert. Mehr noch: Es hat sogar eine direkte Unterstützung für PhpStorm und Visual Studio Code. Wer diese Programme in Kombination nutzt, hat es bei der Einrichtung also besonders einfach.

11.3.1 Xdebug in der lokalen Entwicklungsumgebung aktivieren

Für das Aktivieren müssen Sie meist nur einen Haken in den Einstellungen setzen. Tabelle 11.2 listet die Internetseiten auf, auf denen Sie nachlesen können, wie Xdebug eingerichtet wird.

Umgebung	Anleitungen
Local	Siehe den folgenden Abschnitt.
MAMP	Für Mac: *https://documentation.mamp.info/en/MAMP-PRO-Mac/Languages/PHP* Für Windows: *https://documentation.mamp.info/en/MAMP-PRO-Windows/Languages/PHP*

Tabelle 11.2 Anleitungen zur Installation von Xdebug

Umgebung	Anleitungen
DevKinsta	Bei DevKinsta läuft der Webserver innerhalb eines Docker-Containers. Dort können einzelne Pakete mit `apt-get` installiert werden. Das ist zum Beispiel hier beschrieben: *https://community.devkinsta.com/t/xdebug-support-php-debugging/71/6*
XAMPP	Für PHP 7.x: *https://gist.github.com/odan/1abe76d373a9cbb15bed* Für PHP 8.x: *https://odan.github.io/2020/12/03/xampp-xdebug-setup-php8.html*
WAMP	In der Regel müssen die entsprechenden Zeilen in der *php.ini* auskommentiert werden.
DesktopServer	Siehe *https://docs.serverpress.com/article/214-xdebug*

Tabelle 11.2 Anleitungen zur Installation von Xdebug (Forts.)

11.3.2 Xdebug mit Local und PhpStorm verbinden

In Local ist Xdebug automatisch aktiv. Sie müssen dort nichts weiter konfigurieren. Wichtiger sind die Einstellungen in PhpStorm, die sich noch dazu vollkommen automatisch setzen lassen.

Als Erstes schließen Sie PhpStorm. Danach öffnen Sie die *Local*-App, wählen im Menü links Ihre lokale Website aus und klicken dann nacheinander auf TOOLS • XDEBUG + PHPSTORM • ADD RUN CONFIGURATION TO PHPSTORM (siehe Abbildung 11.9).

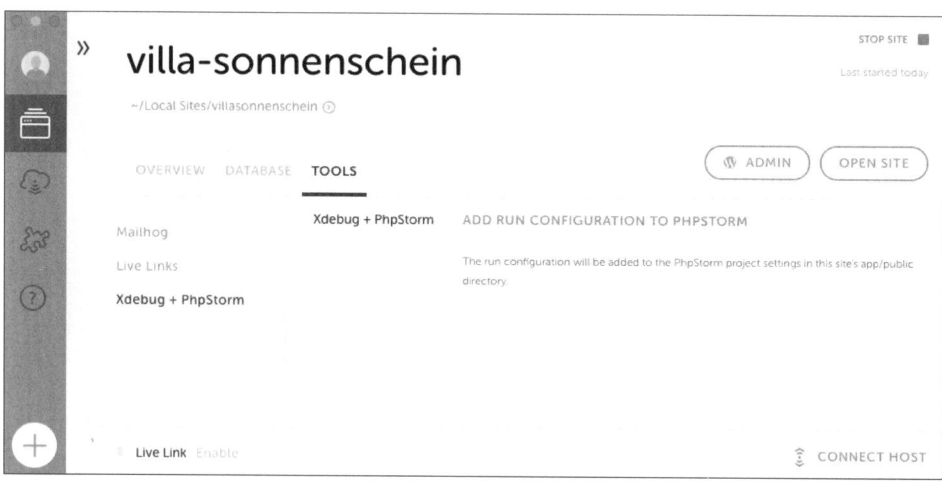

Abbildung 11.9 Local konfiguriert PhpStorm automatisch.

Danach öffnen Sie PhpStorm wieder mit dem aktuellen Projekt und gehen zu den Einstellungen (PHPSTORM • PREFERENCES auf dem Mac oder FILE • SETTINGS unter

Windows). Im Einstellungsfenster wählen Sie links PHP • Debug aus. Danach entfernen Sie den Haken bei Force break at first line when a script is outside the project (siehe Abbildung 11.10). Ansonsten wird beim Debugging das Skript jedes Mal in der Datei *local-boostrap.php* angehalten, was unnötig ist.

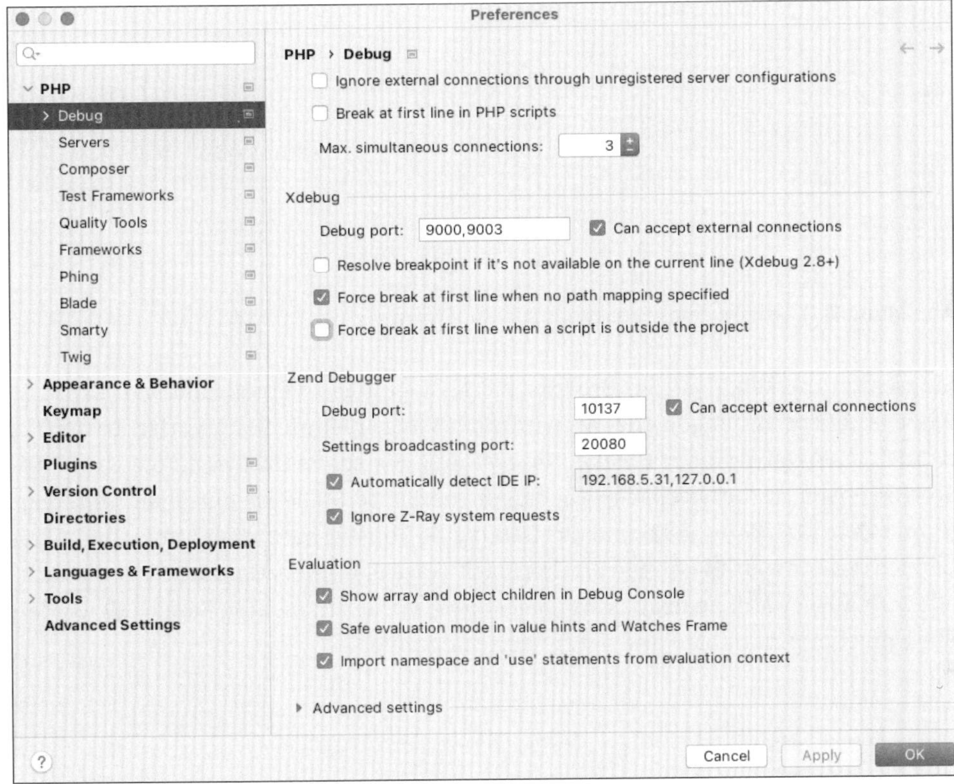

Abbildung 11.10 Debug-Settings in PhpStorm

Danach installieren Sie das Beispiel *Hello Options* aus dem Kapitel 4. Sie finden es bei den Download-Materialien. In PhpStorm öffnen Sie danach die Datei */plugins/hello-options/includes/settings.php* und setzen einen sogenannten *Breakpoint* (also einen Haltepunkt) in Zeile 73. Das geht, indem Sie an die Stelle des roten Punktes in Abbildung 11.11 klicken. Der Punkt signalisiert dann, dass das Skript dort stoppen soll.

Nun wählen Sie im Menü von PhpStorm Run • Debug 'Local' aus. Dies startet die WordPress-Seite im Standard-Browser des Betriebssystems. (Dieses Verhalten kann in den Einstellungen unter Tools • Web Browsers and Preview jederzeit verändert werden.) Sie werden sofort bemerken, dass in der Adresszeile des Browsers der Parameter `?XDEBUG_SESSION_START=14428` angehängt wurde. Damit wird das Xdebug-Cookie gesetzt, das für den Debugging-Vorgang nötig ist. Danach melden Sie sich im Backend an und navigieren zu Einstellungen • Hello Options.

```
public ~/Local Sites/villawunderscl
  wp-admin
  wp-content
    plugins
      hello-options
        includes
          plugin-helpers.php
          settings.php
          wordpress.php
        hello-options.php
        uninstall.php
      fehlerplugin.php
      index.php
    themes
    uploads
    index.php
  wp-includes
  .htaccess
  index.php
  license.txt
  readme.html
  wp-activate.php
  wp-blog-header.php
  wp-comments-post.php
  wp-config.php
  wp-config-sample.php
  wp-cron.php
```

```
 * Outputs the settings page HTML code.
 *
 * @return void
 * @since 0.1.0
 */
function render_hello_options_page() {
    printf(
        format: '<h1>%s</h1>',
        ...values: get_admin_page_title()
    );

    $most_popular_php_version = (float) get_option( 'hello_option_popular_php_version', 0.0 );

    printf(
        format: '<p>Die populärste Version von PHP der Community ist derzeit: <strong>%s</strong>.</p>',
        ...values: $most_popular_php_version > 0
            ? $most_popular_php_version
            : 'unbekannt'
    );
}
```

Abbildung 11.11 Setzen eines Breakpoints in PhpStorm

Sie werden merken, dass der Browser die Anfrage nicht vervollständigen kann. Es wirkt, als bliebe er hängen oder als würde der Webserver nicht antworten. In der Tat wurde das Skript nun am Breakpoint gestoppt. Sie sehen das, wenn Sie zum PhpStorm-Fenster zurückwechseln: Die zuvor markierte Stelle ist nun blau hinterlegt (Punkt ❶ in Abbildung 11.12) und das Debugging-Fenster hat sich geöffnet. Im linken Bereich des Fensters ❷ können Sie den Stack-Trace erkennen. Ganz oben ist die aktuelle Zeile ausgewählt, in der das Skript gestoppt wurde. Im rechten Bereich ❸ werden alle Umgebungsvariablen und deren Werte angezeigt.

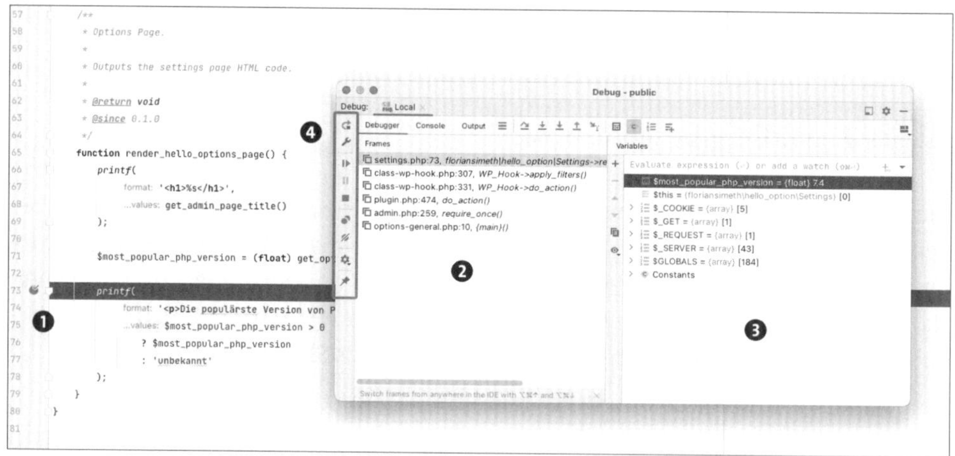

Abbildung 11.12 Die Ausführung wurde am Breakpoint gestoppt, und das Debug-Fenster hat sich geöffnet.

PhpStorm kann aber auch direkt im Editor bei den Variablen deren Inhalt darstellen (nicht im Bild, weil hinter dem Debugging-Fenster versteckt). Wie ich finde, ist es jedoch komfortabler, sie im Debug-Fenster zu analysieren. Dort haben Sie nämlich die Möglichkeit, sie alphabetisch zu sortieren, was eine sehr große Hilfe sein kann, wenn sich viele Variablen in der Umgebung befinden. Im Bereich ❸ sehen Sie in der obersten (blau markierten) Zeile den Wert der Variablen `$most_popular_php_version`.

In der Werkzeugleiste ❹ (im Bild umrahmt) haben Sie weitere Möglichkeiten. Hier lässt sich das Skript stoppen, fortsetzen oder kurzzeitig stummschalten. In der oberen Werkzeugleiste (mit den Pfeilen) können Sie weiter ins Geschehen eintauchen (was *Step-Debugging* genannt wird).

Wie Sie sehen, ist das Debugging mit PhpStorm und Local sehr schnell eingerichtet. Es entsteht fast kein Konfigurationsaufwand. Damit können Sie schnell loslegen und auf Fehlersuche gehen.

11.3.3 Xdebug mit Local und Visual Studio Code verbinden

Das Einrichten von Xdebug mit Visual Studio Code ist fast genauso einfach. Denn mittlerweile hat Local auch direkte Unterstützung für VS Code.

Öffnen Sie die *Local*-App, und klicken Sie im linken Hauptmenü auf das Puzzle-Symbol (ADD-ONS). Aus der Liste der Add-ons suchen Sie den Eintrag XDEBUG + VS CODE. In Abbildung 11.13 ist das die Extension ganz rechts. Klicken Sie auf das Element und anschließend auf den großen grünen Button INSTALL ADD-ON (siehe Abbildung 11.14). Nach der Installation muss Local neu gestartet werden.

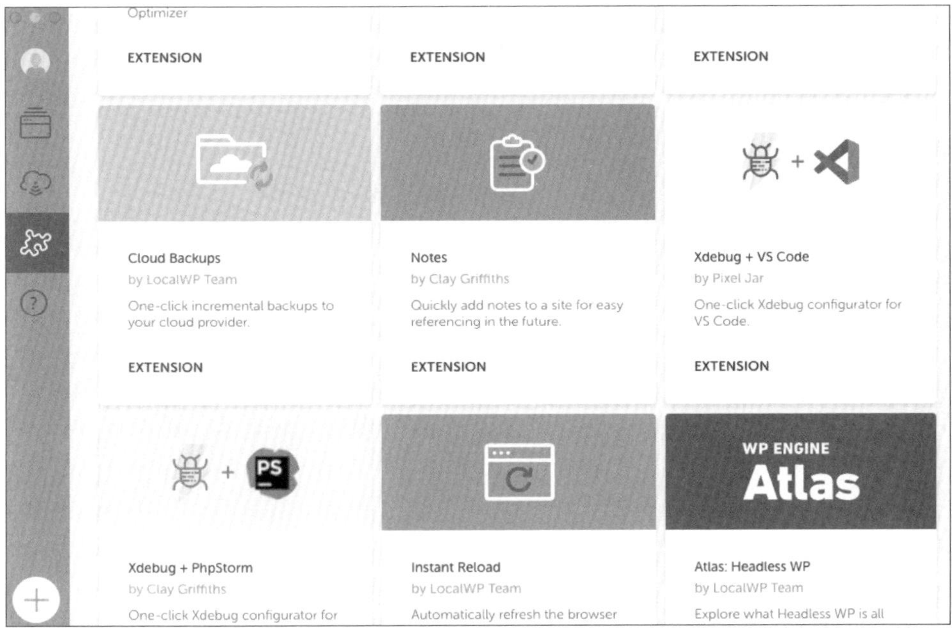

Abbildung 11.13 Add-ons-Bildschirm in Local

Abbildung 11.14 Installation des Add-ons »Xdebug + VS Code«

Nach dem Neustart klicken Sie in der Liste der Websites die Seite an, die Sie debuggen möchten. Im Tab TOOLS finden Sie dann den Menüpunkt XDEBUG + VS CODE. Dort lässt sich mit dem Link ADD RUN CONFIGURATION TO VS CODE das Programm automatisch konfigurieren.

Danach öffnen Sie den Ordner Ihrer Website mit Visual Studio Code und wechseln zum Menüpunkt ERWEITERUNGEN. Dort suchen Sie mit dem Schlüsselwort `xdebug.php-debug` nach dem PHP DEBUG-Plugin und installieren es (siehe Abbildung 11.15).

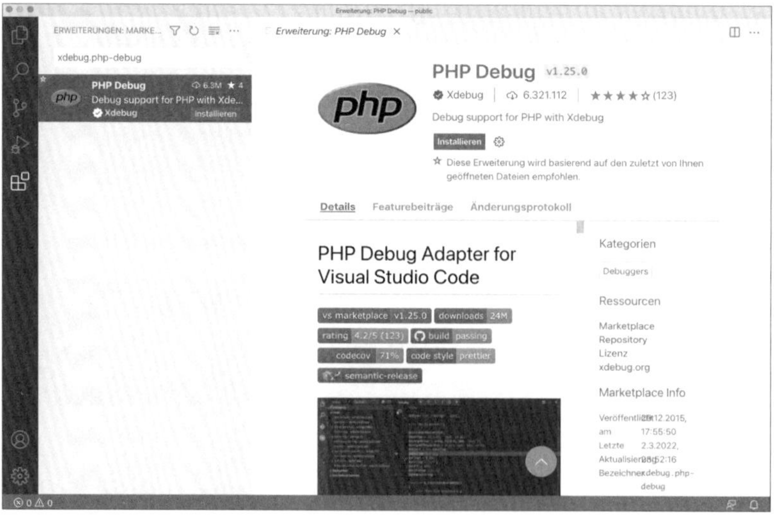

Abbildung 11.15 Installation des »PHP Debug«-Plugins für VS Code

Nun können Sie, wie ich im Abschnitt zuvor bereits erklärt habe, das *Hello Options*-Plugin aus Kapitel 4 installieren und aktivieren. In Visual Studio Code öffnen Sie die Datei */wp-content/plugins/hello-options/includes/settings.php* und setzen den Haltepunkt bei Zeile 73, indem Sie den Bereich vor der Zeilennummer anklicken. Abbildung 11.16 zeigt, dass dort danach ein roter Punkt erscheint.

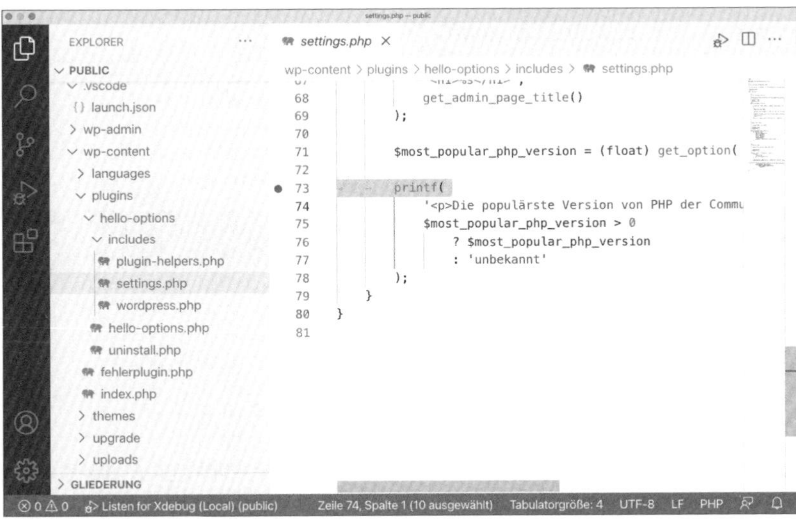

Abbildung 11.16 Der Haltepunkt wurde gesetzt (roter Punkt).

Anschließend wählen Sie im Menü den Punkt AUSFÜHREN • DEBUGGING STARTEN, woraufhin sich das Fenster AUSFÜHREN UND DEBUGGEN (in Abbildung 11.18 der Menüpunkt ganz links mit der blauen Eins) öffnet. Nun starten Sie den Browser Ihrer Wahl und installieren sich eine der Erweiterungen aus Tabelle 11.3. Diese sind notwendig, weil Visual Studio Code kein Browser-Fenster öffnet und deshalb kein Cookie setzt, das jedoch erforderlich ist, um die Debugging-Session zu erkennen. Abbildung 11.17 zeigt die Erweiterung für den Safari-Browser. Dort ist links neben der Adresszeile ein kleiner blauer Käfer zu erkennen. Klicken Sie darauf, um das Debugging zu aktivieren. Die rote Eins zeigt, dass die Session aktiv ist. Danach besuchen Sie die Seite EINSTELLUNGEN • HELLO OPTIONS. Sofort sollte sich das *Visual Studio Code*-Fenster nach vorne schieben und anzeigen, dass das Skript am Breakpoint angehalten wurde.

Browser	Erweiterung
Chrome	*https://chrome.google.com/extensions/detail/eadndfjplgieldjbigjakmdgkmoaaaoc*
Firefox	*https://addons.mozilla.org/en-US/firefox/addon/xdebug-helper-for-firefox/*

Tabelle 11.3 Xdebug-Erweiterungen für die einzelnen Browser

Browser	Erweiterung
Edge	*https://microsoftedge.microsoft.com/addons/detail/xdebug-helper/ggnngifabofaddiejjeagbaebkejomen*
Safari	*https://apps.apple.com/app/safari-xdebug-toggle/id1437227804?mt=12*
Opera	*https://www.jetbrains.com/phpstorm/marklets*

Tabelle 11.3 Xdebug-Erweiterungen für die einzelnen Browser (Forts.)

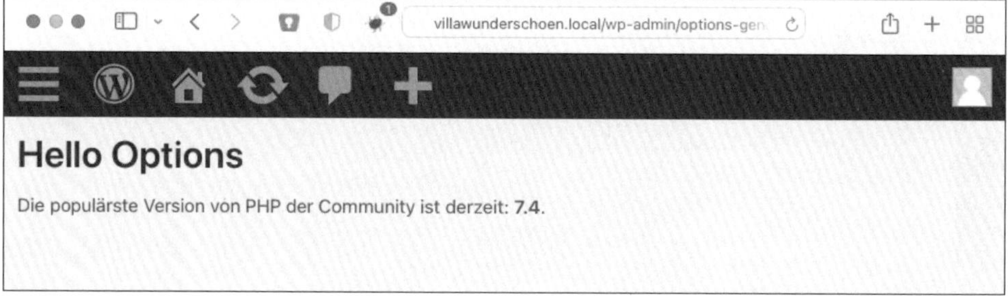

Abbildung 11.17 Der blaue Käfer neben der Adresszeile aktiviert die Debugging-Session.

Abbildung 11.18 zeigt das Debugging-Fenster in Visual Studio Code. Es ist ähnlich aufgebaut wie in PhpStorm.

Abbildung 11.18 Das Debugging-Fenster von Visual Studio Code

In ❶ ist die Zeile 73 gelb hinterlegt. Das signalisiert Ihnen, dass das Skript an dieser Stelle angehalten wurde. In ❷ ist die Aufrufliste (Stack-Trace) zu sehen. In ❸ werden die Umgebungsvariablen aufgeteilt in lokale Variablen, superglobale Variablen und vom Benutzer definierte Konstanten. ❹ ist schließlich die Werkzeugleiste, mit der Sie das Skript fortsetzen oder stoppen können bzw. mit der Sie weiter in es hinein oder aus ihm hinaus steppen können.,

11.4 Ein WordPress-Plugin zum Debuggen

Das Plugin *Query Monitor*[11] kam schon in Abschnitt 3.3.4 zur Sprache. Dort konnte es helfen, die Bezeichnungen der verschiedenen Hooks aufzudecken. Aber das praktische Tool kann deutlich mehr. Sie öffnen den Monitor über die Admin-Bar so, wie in Abbildung 11.19 gezeigt.

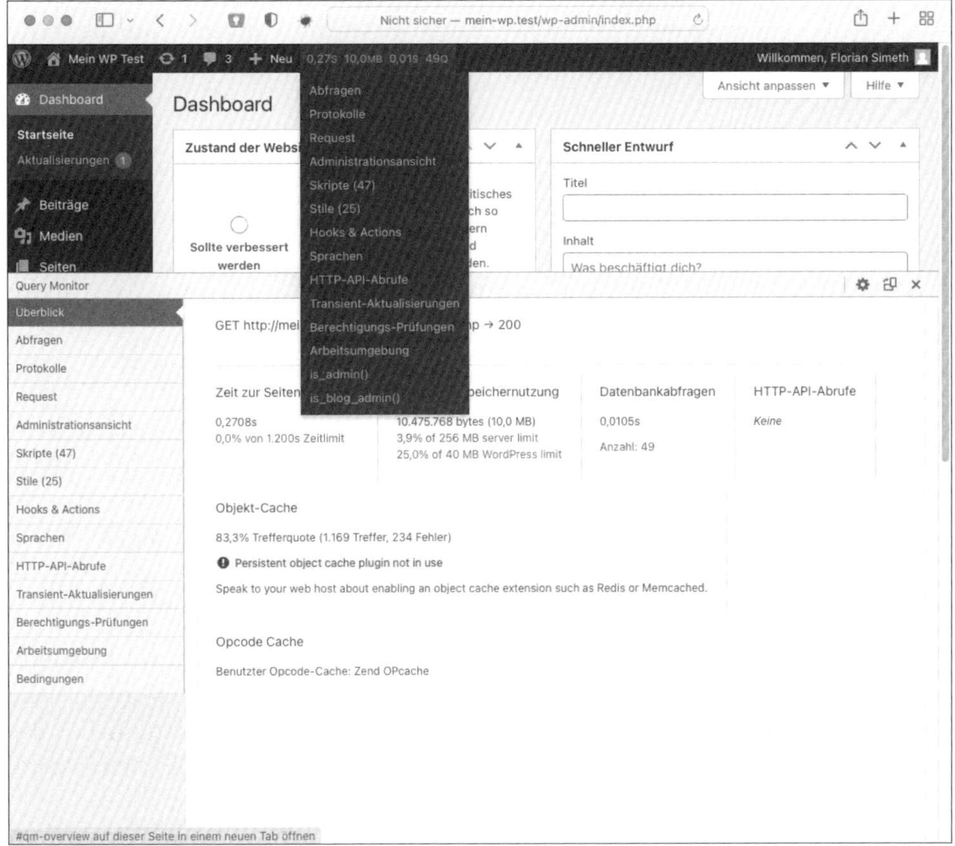

Abbildung 11.19 Über die Admin-Bar (oben) lässt sich der »Query Monitor« (unten) öffnen.

11 Zum kostenlosen Download unter: *https://de.wordpress.org/plugins/query-monitor/*

11.4.1 Datenbank-Abfragen prüfen

Wenn Sie in der *wp-config.php*-Datei die Konstante `define( 'SAVEQUERIES', true );` setzen, werden alle Datenbank-Abfragen, die über die globale Variable `$wpdb` laufen, vorübergehend gespeichert. Der Query Monitor listet sie im Menüpunkt ABFRAGEN auf. Besonders praktisch ist, dass er auch gleich anzeigt, wie lange die Abfrage gedauert hat. So lassen sich langsame Datenbank-Abfragen erkennen.

11.4.2 Variablen loggen

Ganz praktisch ist die Funktion, die Sie im Query Monitor unter dem Menüpunkt PROTOKOLLE finden. Dort listet das Tool die Variablen auf, die im Quellcode mitgeloggt wurden. Das funktioniert, indem Sie die Zeile aus Listing 11.8 an einer Stelle in Ihrem Projekt platzieren. Das ist praktisch, wenn Sie beispielsweise keinen Zugriff auf Xdebug haben, aber dennoch den Wert einer Variablen auslesen möchten.

Neben `qm/debug` können Sie als Hook-Bezeichnung Folgendes angeben, um die Werte verschiedenfarbig hervorzuheben:

- `qm/emergency`
- `qm/alert`
- `qm/critical`
- `qm/error`
- `qm/warning`
- `qm/notice`
- `qm/info`

```
<?php
do_action( 'qm/debug', $my_variable );
```

Listing 11.8 Eine Variable wird mitgeloggt.

11.4.3 Konditionale Abfragen

Unter dem Menüpunkt BEDINGUNGEN des Query Monitors sehen Sie, welche konditionalen Abfragen auf der aktuellen Seite zu `true` ausgewertet werden würden (siehe Abbildung 11.20). Das ist eine große Hilfe, insbesondere wenn Sie erst kürzlich das Entwickeln mit WordPress begonnen haben und noch nicht allzu sehr mit der Materie vertraut sind.

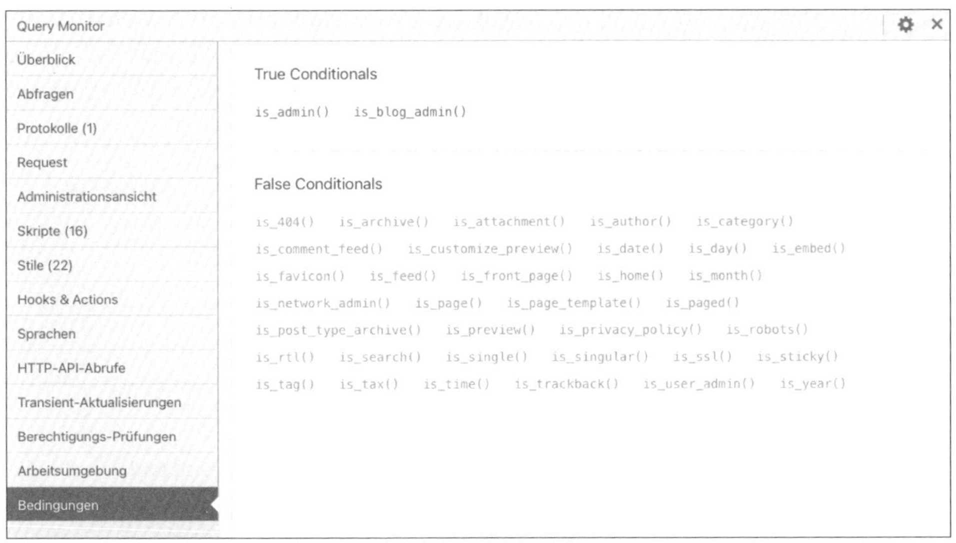

Abbildung 11.20 Konditionale Abfragen im Query Monitor

11.4.4 Weitere nützliche Helfer

Der Query Monitor ist ein herausragendes Tool, das in das Repertoire jedes WordPress-Entwicklers gehört. Neben den oben genannten Funktionen kann es unter anderem noch feststellen, ob es auf der Seite HTTP-Abfragen gab oder welche JavaScript- und CSS-Dateien geladen wurden und wie diese voneinander abhängig sind.

11.5 JavaScript debuggen

Zum Schluss möchte ich Ihnen noch zeigen, wie das Debuggen von JavaScript funktioniert. Auch hierzu bietet WordPress eine nützliche Funktion. In der *wp-config.php* können Sie die Konstante `SCRIPT_DEBUG` auf `true` setzen. Das zwingt das System dazu, die Entwickler-Versionen der CSS- und JavaScript-Dateien zu laden. Normalerweise kommen die minifizierten Versionen zum Einsatz, die sich jedoch schlechter debuggen lassen.

Ab WordPress 6.0 werden zusätzliche JavaScript-Abhängigkeiten geschaffen, falls React zum Einsatz kommt. Welche das im Detail sind, entnehmen Sie der Funktion `wp_register_devlopment_scripts()`. Aktuell wird das *React Refresh Webpack Plugin* eingebunden, das das sogenannte *Hot Reloading* (auch bekannt als *Fast Refresh*) für React-Komponenten aktiviert. Dabei werden während des Entwicklungsprozesses die geänderten Dateien im Browser automatisch aktualisiert, ohne dass die Seite neu geladen werden muss. Der Zustand der Anwendung geht dabei nicht verloren.

Für das eigentliche Debugging benötigen Sie weder PhpStorm noch Visual Studio Code. Es funktioniert tatsächlich mit den Bordmitteln eines jeden Browsers. Tabelle 11.4 zeigt die Tastenkombinationen in den verschiedenen Browsern zum Öffnen der Developer Console.

Browser	Tastenkombination auf dem Mac	Tastenkombination unter Windows
Safari		–
Chrome	cmd + alt + I	Strg + ⇧ + I
Firefox		
Edge	–	F12

Tabelle 11.4 Tastenkombinationen zum Öffnen der »Developer Console« in den verschiedenen Browsern.

In Abbildung 11.21 ist der Tab DEBUGGER ❶ in Firefox zu sehen. Im Browser ist gerade der Block-Editor mit dem *My-Weather-Block*-Plugin aus Kapitel 9 integriert.

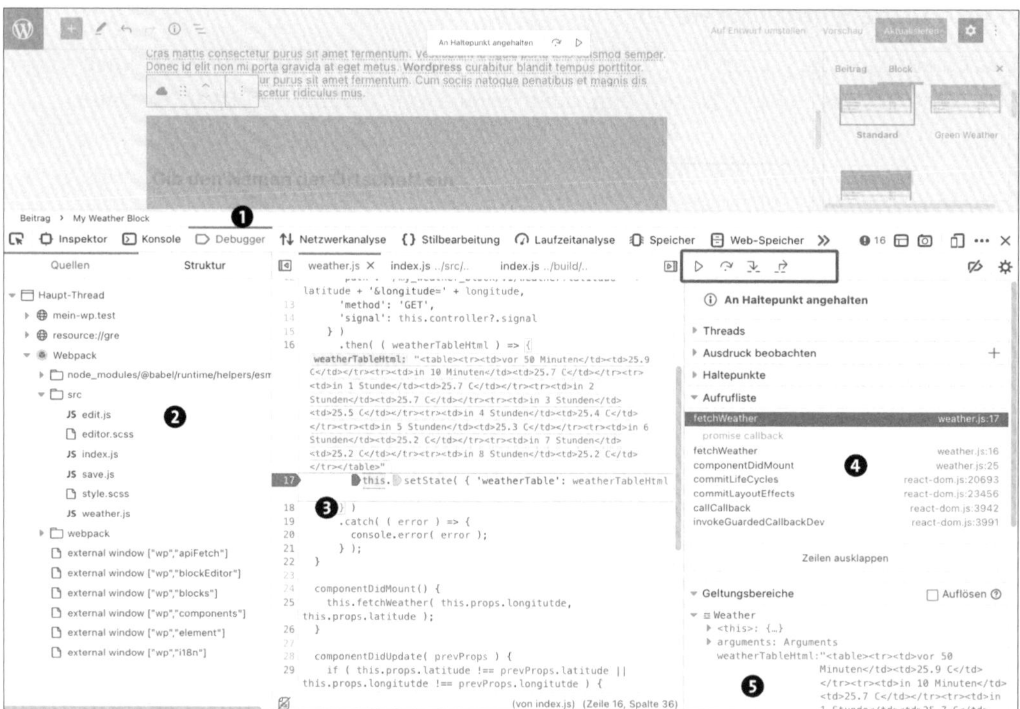

Abbildung 11.21 Debugging von JavaScript im Browser

In ❷ werden alle aktuell geladenen JavaScripte angezeigt. Großartig ist, dass der Debugger sogar den laufenden Build-Vorgang erkennt (siehe Abschnitt 9.2.4, »Der Build-Vorgang«) und auch die Quelldateien darstellt, die *webpack* später zusammenfasst. Somit lassen sich im Browser auch React-Dateien sehr leicht debuggen. An der Stelle ❸ sehen Sie, dass ich in Zeile 17 die Ausführung angehalten habe. Dies lässt sich bewerkstelligen, indem Sie die Zeilennummer anklicken, die dann (wie im Bild zu sehen) blau hinterlegt wird. Im rechten Teil der Developer Console finden Sie, ähnlich wie bei PhpStorm und Visual Studio Code, die Aufrufliste ❹ und die Variablen in den verschiedenen Geltungsbereichen ❺. Rot umrahmt sehen Sie die Stepper-Funktionen, die es Ihnen erlauben, im Skript fortzufahren oder sich weiter in das Geschehen hinein- oder aus ihm hinauszubewegen.

Das Debuggen ist eine feine Sache. Zwar dauert es oft ein bisschen, bis die Debug-Software (in diesem Fall *Xdebug*) eingerichtet und optimal konfiguriert worden ist, aber zur Belohnung lässt sich ein Skript viel einfacher durcharbeiten, was Ihnen dabei hilft, Fehler deutlich schneller zu finden.

Gratulation an dieser Stelle! Mit diesem Kapitel haben Sie Teil 2 dieses Buches durchgearbeitet. Sie kennen nun die Entwicklungsumgebung und können Plugins, Themes und Blöcke entwickeln. Das ist ein großer Meilenstein! Im nächsten Teil beschäftigen wir uns eingehend mit den weiteren APIs von WordPress. Nicht alle werden in Ihrem Projekt Anwendung finden. Fühlen Sie sich also frei, einfach das Kapitel herauszupicken, das Sie interessiert.

TEIL III

Ihr Projekt erweitern und individualisieren

Kapitel 12
Schöne URLs mit der Rewrite-API

Das Wort »schön« ist toll. Vielleicht denken Sie dabei an Blumen, an den Sommer oder an einen wunderbaren Moment. Derart romantisch ist die Rewrite-API in WordPress zwar nicht, aber immerhin bekommt man es mit ihr hin, sich an so manche URLs wieder erinnern zu können.

Tatsächlich ist die Rewrite-API eher schlecht dokumentiert. Wird eine Google-Suche nach »WordPress Rewrite API« angestoßen, so werden gerade mal 900.000 Suchtreffer ausgegeben. Im Vergleich dazu spuckt die Suche nach »WordPress Custom Post Types« die 62-fache Trefferzahl aus. Woran das liegt, ist mir unklar, denn seit Jahrzehnten gehören »schöne URLs« zur Suchmaschinenoptimierung (*SEO*). Schöne URLs sind aber nicht nur für SEO relevant.

12.1 Warum »schöne« URLs?

Lassen Sie uns zuallererst klären, was eine schöne URL ist. In WordPress laufen fast sämtliche Anfragen über die *index.php*-Datei. Im Programmablauf wird entschieden, um welchen Aufruf es sich handelt, welche Plugins und welches Theme geladen werden müssen und welches Template angezeigt wird. Die PHP-Datei benötigt meist nur eine ID oder einen Slug – also etwas, das seitenweit einzigartig ist.

Zum Laden eines Beitrags im Frontend müssen Sie lediglich die URL zur WordPress-Seite, gefolgt von dem Parameter `p`, eingeben. Für den Beitrag mit der ID 9 wäre das also *http://mein-wp.test/?p=9*.

Natürlich existieren nicht nur Beiträge, sondern auch Taxonomien wie beispielsweise Kategorien oder Schlagwörter. Für Erstere benutzt WordPress den Parameter `cat`, für letztere `tag`. Folglich lassen sich Kategorie- und Schlagwortseiten durch die URLs *http://mein-wp.test/?cat=11* oder *http://mein-wp.test/?tag=articles* aufrufen.

Als »schön« lässt sich allenfalls nur die letzte URL bezeichnen. Zumindest sieht man dort, dass das Schlagwort *Articles* aufgerufen werden soll. Voraussetzung ist aber, dass jeder versteht, was ein »Tag« ist. Bei multinationalen Webseiten kann das ein Problem sein. Deutlich besser sind folgende Beispiele:

Beitrag	*http://mein-wp.test/hallo-welt/*
Kategorie	*http://mein-wp.test/kategorie/allgemein/*
Schlagwort	*http://mein-wp.test/schlagwort/articles/*

Sie sehen also: Die »schönen« URLs sind nicht nur leichter zu lesen, sie sind auch besser zu verstehen:

- Es ist oft schnell erkennbar, was sich auf einer Seite befindet.
- Ein Nutzer weiß im Falle der Kategorie, dass es sich um eine Kategorie-Seite handelt.
- Und: Die einzelnen Terme lassen sich übersetzen.

12.2 Was ist ein Permalink in WordPress?

Eine direkte Übersetzung für den Begriff *Permalink* gibt es nicht. Er ist eher eine Zusammensetzung der Wörter *permanent* und *Hyperlink*, was schlicht zu *Permanentlink* zusammengefasst wird. Das ist durchaus logisch, denn jede URL im Web kann es nur ein einziges Mal geben. Dementsprechend kann sie als dauerhafter Indikator angesehen werden. In WordPress werden die schönen URLs als Permalinks bezeichnet.

12.2.1 Konfiguration der Permalinkstruktur

Wie ein Permalink aussieht, ist Konfigurationssache. Melden Sie sich in Ihrer WordPress-Installation an, und besuchen Sie die Seite EINSTELLUNGEN • PERMALINKS. Sie sehen die Einstellungsseite in Abbildung 12.1.

Im ersten Bereich, den die WordPress-Entwickler GEBRÄUCHLICHE EINSTELLUNGEN genannt haben, lässt sich die Struktur der Permalinks für Beiträge festlegen. Bei älteren WP-Installationen ist oft TAG UND NAME selektiert. Das liegt daran, dass das sehr lange die Standardeinstellung war, was wiederum dazu führte, dass an jede URL das Veröffentlichungsdatum angehängt wurde. Seit geraumer Zeit ist BEITRAGSNAME standardmäßig ausgewählt. Durch die vielen Buttons können Sie sich jederzeit eine individuelle Permalinkstruktur zusammenklicken. So ist es möglich, beispielsweise auch den Autor in der URL anzugeben.

Eine Einstellmöglichkeit für Seiten gibt es nicht. Ihnen können keine Taxonomien (wie Kategorien oder Schlagwörter) zugewiesen werden, weshalb weitere Einstellmöglichkeiten sinnlos sind. Es ist jedoch möglich, die Basis der Kategorie- und Schlagwortseiten anzupassen.

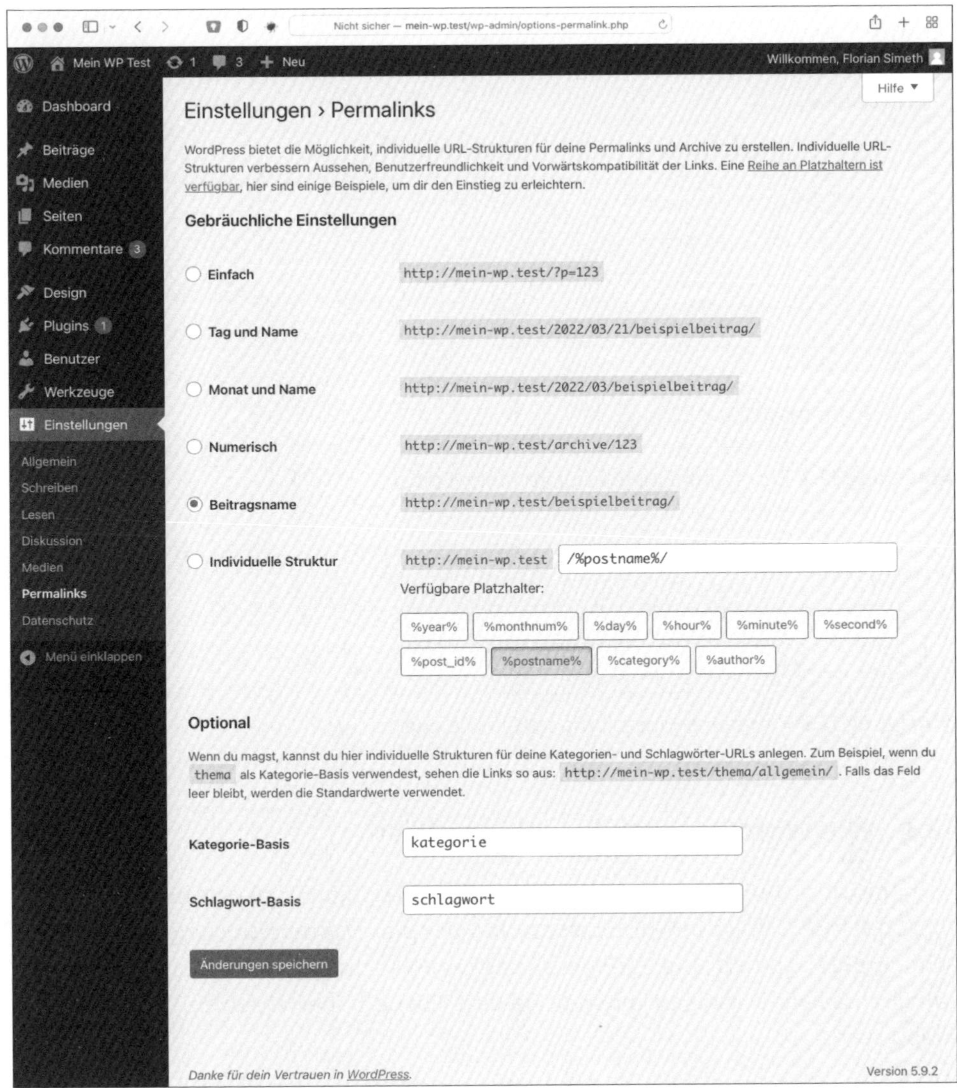

Abbildung 12.1 Die Permalink-Einstellungsseite

12.2.2 Permalink definieren

Beim Editieren eines Beitrags (oder einer Seite) können Sie den bearbeitbaren Teil des Permalinks manuell einstellen. Im Block-Editor geht das in der rechten Seitenleiste (siehe Abbildung 12.2) und dort unter PERMALINK. Im Classic-Editor finden Sie die Einstellung unterhalb des Titels (und neben der URL). Dort muss der BEARBEITEN-Button angeklickt werden (siehe Abbildung 12.3).

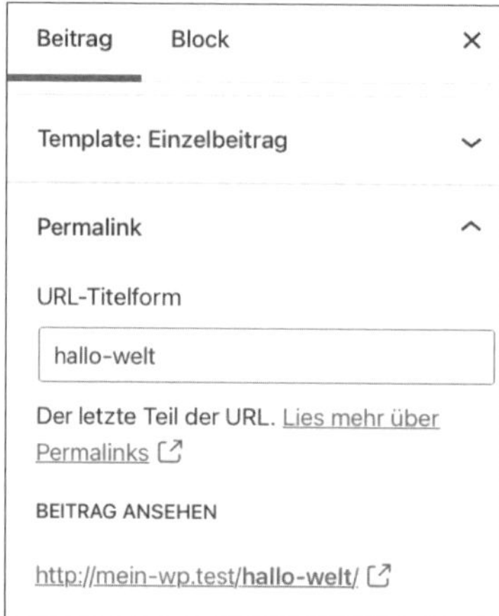

Abbildung 12.2 Permalink-Einstellung im Block-Editor

Abbildung 12.3 Permalink-Einstellung im Classic-Editor

12.3 Wie WordPress schöne URLs auflöst

»Schöne URLs« funktionieren nicht ohne weitere Konfiguration. Wie bereits erwähnt, fließt fast jede Anfrage in WordPress an die *index.php*. Das muss auch so bleiben, wenn schöne URLs aktiviert sind. PHP per se hat keine Möglichkeit, die URLs entsprechend umzuschreiben. Deswegen müssen Sie eine Ebene höher ansetzen: nämlich beim Webserver.

Abbildung 12.4 zeigt, wie die einzelnen Webserver aktuell verteilt sind.[1]

Nginx ist laut W3C derjenige Webserver, der am häufigsten eingesetzt wird. Dicht gefolgt wird er von Apache und LiteSpeed. LiteSpeed verwendet das gleiche Konfigurationsformat wie Apache und ist mit den meisten Apache-Funktionen kompatibel.

Bei dem Cloudflare-Server handelt es sich um einen sogenannten *Reverse Proxy*. Dieser Webserver wird zwischen den Nutzer und den eigentlichen Webserver, auf dem WordPress läuft, geschaltet. Das gleichnamige Unternehmen fungiert dann als *Content Delivery Network* (CDN) und speichert Inhalte zwischen. Es wird versucht, Nut-

1 Vgl. W3Techs: Usage statistics of web servers, in: W3 Techs, o. D., *https://w3techs.com/technologies/overview/web_server* (abgerufen am 22.03.2022)

zeranfragen vom geografisch nächsten Webserver zu laden. WordPress kann auf einem Cloudflare-Server nicht direkt installiert werden. Stattdessen liegt die Installation auf einem anderen, auf dem meist ein Apache- oder Nginx-Webserver sein Werk verrichtet.

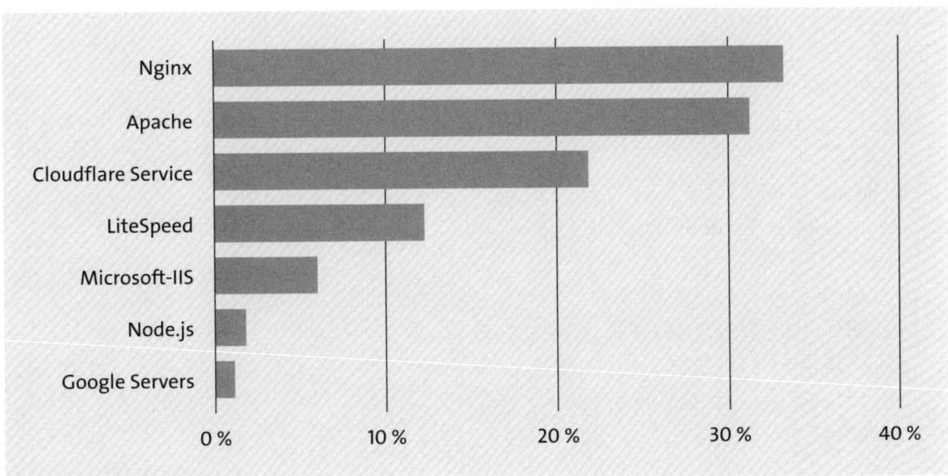

Abbildung 12.4 Verteilung der Webserver laut W3C. Es ist möglich, dass mehrere Webserver zum Einsatz kommen.

Auch Microsoft-IIS ist in Abbildung 12.4 gelistet. Das Tool von Microsoft hat über die letzten zehn Jahre weit mehr ca. 14 % Marktanteil verloren.[2] Ich werde im Folgenden nicht näher auf IIS eingehen. Eine detaillierte Installationsanweisung finden Sie unter *https://codex.wordpress.org/Installing_on_Microsoft_IIS*.

Wie in Kapitel 9 bereits erwähnt, kann Node.js dazu verwendet werden, JavaScript-Code serverseitig auszuführen. Für WordPress ist der Server daher nicht geeignet, weil PHP notwendig ist. Damit kann Node.js nicht umgehen.

12.3.1 Apache-Rewrite-Regeln

WordPress unterstützt seit jeher den Apache-Webserver. Dort muss das Modul `mod_rewrite` installiert sein, damit schöne URLs funktionieren. Das dürfte bei fast allen Webhostern heutzutage der Fall sein. WordPress schreibt bei der Installation aber auch nach dem Speichern der Permalinkstruktur die sogenannten *Rewrite-Rules* (zu Deutsch etwa *Umschreiberegeln*) in die *.htaccess*-Datei und legt diese im Hauptverzeichnis der WP-Installation ab. Die Datei ist eine Konfigurationsdatei, die vom Apache-Webserver gelesen wird. Darin lässt sich so allerhand festlegen, zum Beispiel,

2 Vgl. W3Techs: Historical yearly trends in the usage statistics of web servers, o. D. Nachbau, *https://w3techs.com/technologies/history_overview/web_server/ms/y* (abgerufen am 22.03.2022)

wie mit Fehlerseiten umgegangen werden soll. Für uns sind im Moment aber nur die Rewrite-Regeln wichtig. Listing 12.1 zeigt, was sich in der Datei befindet:

```
# BEGIN WordPress

<IfModule mod_rewrite.c>
    RewriteEngine On
    RewriteRule .* - [E=HTTP_AUTHORIZATION:%{HTTP:Authorization}]
    RewriteBase /

    # Regel 1
    RewriteRule ^index\.php$ - [L]

    # Regel 2
    RewriteCond %{REQUEST_FILENAME} !-f
    RewriteCond %{REQUEST_FILENAME} !-d
    RewriteRule . /index.php [L]
</IfModule>

# END WordPress
```

Listing 12.1 Die ».htaccess«-Datei

Manuelle Änderungen zwischen `BEGIN WordPress` und `END WordPress` sollten Sie nicht durchführen. Wie erwähnt wird der Bereich beim Speichern der Permalinkstruktur überschrieben. Nutzen Sie stattdessen den Filter `mod_rewrite_rules`, wenn Sie Regeln anpassen oder ergänzen wollen.

Beachten Sie, dass ich im Listing einige Kommentare ergänzt habe, die sich dort normalerweise nicht befinden, damit ich den Ablauf besser erklären kann. Im Einzelnen geschieht Folgendes:

1. Durch `RewriteEngine On` wird der Mechanismus aktiviert.
2. Die nächste Zeile setzt die Umgebungsvariable `HTTP_AUTHORIZATION`, die wichtig ist, wenn PHP als CGI installiert wurde. Apache verhindert nämlich, dass der Authorization-HTTP-Request-Header, der bei der HTTP-Authentifizierung verwendet wird, an CGI-Skripte (in diesem Fall also PHP) weitergegeben wird. Dies dient der Sicherheit, jedoch ist WordPress darauf angewiesen.
3. Bei `RewriteBase` wird festgelegt, welche Verzeichnisse von den nachfolgenden Regeln betroffen sein sollen. Wird WP in ein Unterverzeichnis installiert, wird hier der Pfad angegeben. Ansonsten steht dort ein Slash (/), der für das aktuelle Verzeichnis steht.
4. Danach beginnen die eigentlichen Regeln. Die erste bedeutet, dass keine weitere Regel angewandt werden soll, wenn die *index.php*-Datei direkt aufgerufen wird.

5. Anschließend sind zwei `RewriteCond`-Zeilen zu sehen. Dabei handelt es sich um `if`-Anweisungen. Die zwei Zeilen sind mit einem logischen UND verknüpft. Im Beispiel darf der angeforderte Dateiname *nicht* mit einer existierenden Datei (`!-f`) und *nicht* mit einem vorhandenen Verzeichnis im Dateisystem (`!-d`) übereinstimmen. Wenn beide Bedingungen erfüllt sind und keine Datei oder kein Verzeichnis existiert, das der Anfrage entspricht, wendet der Apache-Webserver die Rewrite-Regel an.
6. Die letzte Zeile leitet die gesamte URL an die *index.php*-Datei weiter. `[L]` bedeutet »letzte Regel«. Dies verhindert, dass der Apache weitere Rewrite-Regeln nach dieser Regel anwendet.

Wenn Sie beispielsweise die Datei *wp-login.php* im Browser aufrufen, ist keine Regel betroffen, weil die Datei auf dem Laufwerk existiert. Ist das nicht der Fall, ist WordPress/PHP gefordert (siehe Abschnitt 12.3.3).

12.3.2 Nginx-Rewrite-Regeln

Nginx kann von WordPress erkannt werden, aber es ist nicht möglich, Rewrite-Regeln automatisch zu hinterlegen. Das heißt, dass Sie das auf Betriebssystemebene selbst nachholen müssen. Da die Konfiguration immer unterschiedlich ist, möchte ich Sie an dieser Stelle auf die detailreichere Anleitung auf wordpress.org verweisen (*https://wordpress.org/support/article/nginx/*).

Listing 12.2 zeigt den wichtigsten Teil aus dem `server{}`-Abschnitt. Die `try_files`-Direktive versucht Schritt für Schritt die URL herauszufinden, die funktioniert. Als Erstes wird die vom User angegebene `$uri` getestet. Würde sie einen 404-Fehler zurückgeben, probiert Nginx die `$uri` mit angehängtem Slash. Funktioniert auch das nicht, so wird die *index.php*-Datei mit allen Argumenten aufgerufen. Das ist genau das, was wir in Abschnitt 12.3.1 zuvor mit dem Apache-Webserver konfiguriert haben. Dabei werden alle Anfragen, die nichts zurückliefern, an PHP/WordPress übergeben.

```
server {
    ...

    location / {
            try_files $uri $uri/ /index.php?$args;
    }

    ...
}
```

Listing 12.2 Ausschnitt aus der Nginx-Konfiguration

12.3.3 WordPress-Rewrite-Regeln

Nachdem die Konfiguration der Webserver vorgenommen wurde, folgt eine Abfrage an den Webserver. Nehmen wir als Beispiel die URL *http://mein-wp.test/hallo-welt/*. Da keine Datei und kein Ordner mit *hallo-welt* existiert, wird die Anfrage (wie eben konfiguriert) an die *index.php*-Datei übergeben. Listing 12.3 zeigt den Code innerhalb der Datei. Sie ruft *wp-blog-header.php* (siehe Listing 12.4) auf. In der Funktion `wp()` passiert dann die Magie.

```
<?php
define( 'WP_USE_THEMES', true );

require __DIR__ . '/wp-blog-header.php';
```

Listing 12.3 Die »index.php«-Datei von WordPress (ohne Kommentare)

```
<?php
if ( ! isset( $wp_did_header ) ) {

  $wp_did_header = true;

  require_once __DIR__ . '/wp-load.php';

  wp();

  require_once ABSPATH . WPINC . '/template-loader.php';
}
```

Listing 12.4 Die Datei »wp-blog-header.php« (ohne Kommentare)

WordPress liest den letzten Teil der URL (hier: */hallo-welt/*) über die Variable `$_SERVER['REQUEST_URI']` aus und lässt diese durch die eigenen Rewrite-Regeln laufen, um diejenige Regel zu finden, die auf die Anfrage passt. Eine WP-Installation ohne Plugins hat etwa 90 Regeln. Diese betreffen alle möglichen Konstellationen von Permalinkstrukturen. Alle Rewrite-Regeln sind in der globalen Variable `$wp_rewrite` hinterlegt. Die Variable ist eine Instanz der Klasse `WP_Rewrite`. Listing 12.5 zeigt zwei Regeln, die durch `$wp_rewrite->wp_rewrite_rules()` zurückgegeben werden.

Die jeweiligen Schlüssel des Arrays sind *Regex*-Anweisungen. Das sind reguläre Ausdrücke, die es erlauben, Zeichenketten anhand bestimmter syntaktischer Regeln zu finden. Man kann das mit der *Suchen und Ersetzen*-Funktion in einem Texteditor vergleichen: Der Wert zu einem Schlüssel definiert, welcher Parameter zu welchen Fundstellen gehören soll. Am besten, wir schauen uns das in einem Beispiel näher an:

```
Array
(
    # Schlüssel (Regex)           # Wert (Query)
    [([^/]+)(?:/([0-9]+))?/?$] => index.php?name=$matches[1]&page=$matches[2]
    [kategorie/(.+?)/?$]       => index.php?category_name=$matches[1]
    ...
)
```

Listing 12.5 Auszug aus den Rewrite-Regeln in WordPress

Schwarze Magie?

Im Quellcode der Rewrite-API steht geschrieben, dass der Inhalt der Hauptfunktion zur Generierung der Rewrite-Regeln ein Mix aus *schwarzer Magie* und regulären Ausdrücken sei. Tatsächlich ist der Algorithmus dahinter sehr komplex. Sie müssen ihn an dieser Stelle auch nicht verstehen, um mit Rewrite-Regeln arbeiten zu können.

Abruf eines Beitrags

Nehmen wir wieder die URL *http://mein-wp.test/hallo-welt/*. Wie Sie jetzt wissen, wird nur der letzte Teil analysiert. WordPress sucht aus den Regeln die erste heraus, die funktioniert. Das ist für die URL der Schlüssel mit dem Regex-Wert `([^/]+)(?:/([0-9]+))?/?$`. WP setzt noch ein `^` an den Anfang der Zeichenkette, um sie zu vervollständigen. Danach bemühen wir die Website *https://regex101.com*. Sie soll uns helfen, diesen regulären Ausdruck besser zu verstehen (siehe Abbildung 12.5).

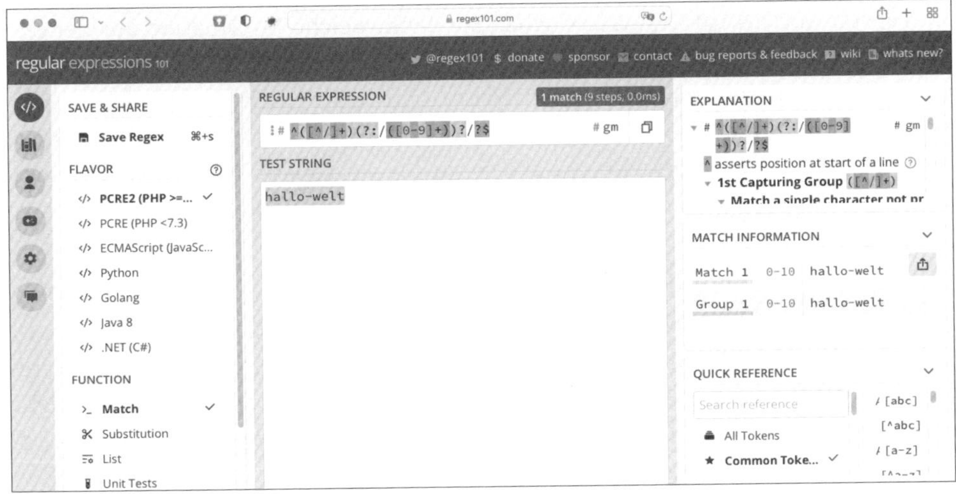

Abbildung 12.5 Die Website »Regex101.com« hilft, reguläre Ausdrücke zu schreiben und zu verstehen.

Im Feld REGULAR EXPRESSION geben wir die gerade erwähnte Zeichenkette ein. Der TEST-STRING ist der letzte Teil der URL ohne die Slashes am Anfang und Ende (diese werden von WordPress entfernt). Beachten Sie:

- Unter FLAVOR muss eine PHP-kompatible PCRE-Version ausgewählt sein.
- Der DELIMITER (das Begrenzungssymbol) kann über den Button mit den drei Punkten links neben der eingegebenen Zeichenkette geändert werden (siehe Abbildung 12.6). Es darf kein Slash (/) gesetzt werden, weil es sonst zu einem Fehler kommen würde. Verwenden Sie stattdessen die Raute (#).

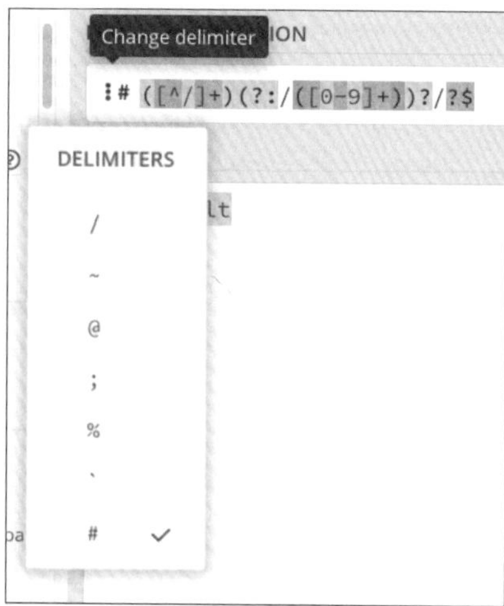

Abbildung 12.6 Einstellung für das Begrenzungssymbol. Wählen Sie die Raute aus.

Im Fenster MATCH INFORMATION sehen Sie dann, welche Information aus der Zeichenkette extrahiert werden konnte. Nun kommt der Wert des Arrays aus Listing 12.5 zum Einsatz, im Beispiel also `index.php?name=$matches[1]&page=$matches[2]`. In diesem Fall erhält nur die erste Variable (`name=$matches[1]`) einen Wert. WordPress kann nun die sogenannte *Query Var* `name` speichern. Sie wird später dazu verwendet werden, die Datenbank-Abfrage zu generieren.

Beitrag mit komplexer URL

Sehen wir uns ein weiteres Beispiel an. Angenommen, die URL *http://mein-wp.test/2021/12/06/hallo-welt/* wird aufgerufen (so sehen die URLs aus, wenn in den WordPress-Einstellungen unter PERMALINKS • TAG UND NAME ausgewählt wurde, siehe Abbildung 12.1 aus Abschnitt 12.2.1). Der reguläre Ausdruck wurde in WordPress so definiert:

```
([0-9]{4})/([0-9]{1,2})/([0-9]{1,2})/([^/]+)(?:/([0-9]+))?/?$
```

Diesen geben wir, zusammen mit dem letzten Teil der URL ohne Slashes in das Regex101-Tool ein. In Abbildung 12.7 sehen Sie dann rechts unter MATCH INFORMATION wieder die einzelnen Übereinstimmungen (dort jeweils als GROUP bezeichnet).

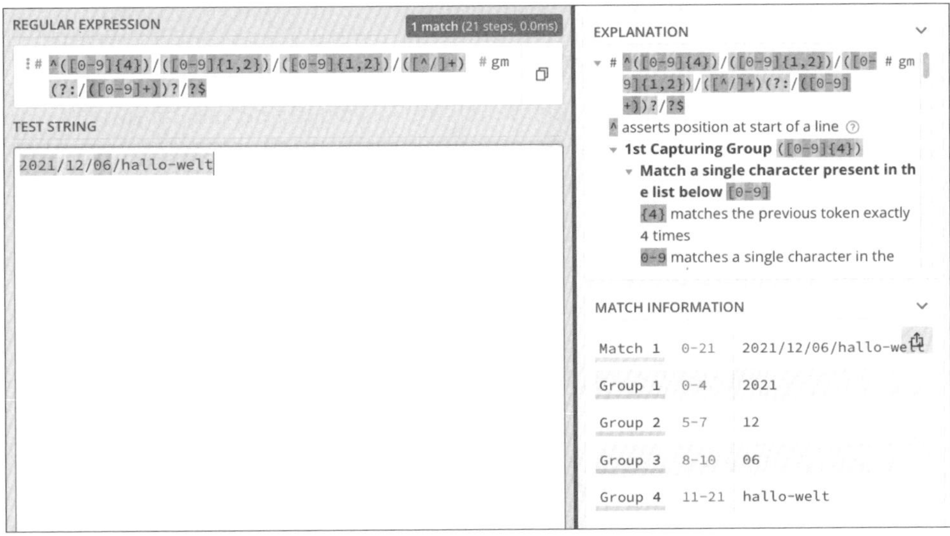

Abbildung 12.7 Das Regex101-Tool zeigt rechts die Fundstellen an.

Die Query, die zum regulären Ausdruck hinterlegt wurde, lautet `index.php?year=$matches[1]&monthnum=$matches[2]&day=$matches[3]&name=$matches[4]&page=$matches[5]`. Nun müssen lediglich die einzelnen Gruppenwerte mit den Variablen zusammengeführt werden. Abbildung 12.8 zeigt einen Ausschnitt aus dem Debug-Fenster von PhpStorm. Dort ist zu sehen, dass die Query-Vars entsprechend hinterlegt wurden.

```
$this = {WP} [9]
  did_permalink = true
  extra_query_vars = {array} [0]
  matched_query = "year=2021&monthnum=12&day=06&name=hallo-welt&
  matched_rule = "([0-9]{4})/([0-9]{1,2})/([0-9]{1,2})/([^/]+)(?:/([0-9]+))?/?$"
> private_query_vars = {array} [26]
> public_query_vars = {array} [51]
  query_string = null
  query_vars = {array} [5]
    day = "06"
    monthnum = "12"
    name = "hallo-welt"
    page = ""
    year = "2021"
  request = "2021/12/06/hallo-welt"
```

Abbildung 12.8 Auszug aus dem Debugging-Fenster von PhpStorm

12.4 Eigene Permalink-Strukturen anlegen

In Kapitel 13, »Mit eigenen Inhaltstypen arbeiten«, werden Sie noch sehen, dass beim Erstellen neuer Inhaltstypen automatisch die korrekten Permalink-Strukturen angelegt werden. WordPress versucht, dies von selbst zu tun, wo es nur geht. Trotzdem gibt es Fälle, in denen eigene Rewrite-Regeln notwendig sind.

Sehen wir uns ein Beispiel aus meiner Praxis an: Ich musste bei einem Kunden eine Art digitale Wanderkarte integrieren, so ähnlich, wie sie auch auf der Website *bayerischer-wald.de* eingebunden ist (siehe Abbildung 12.9). Diese Karte wurde von einem externen Dienstleister bereitgestellt.

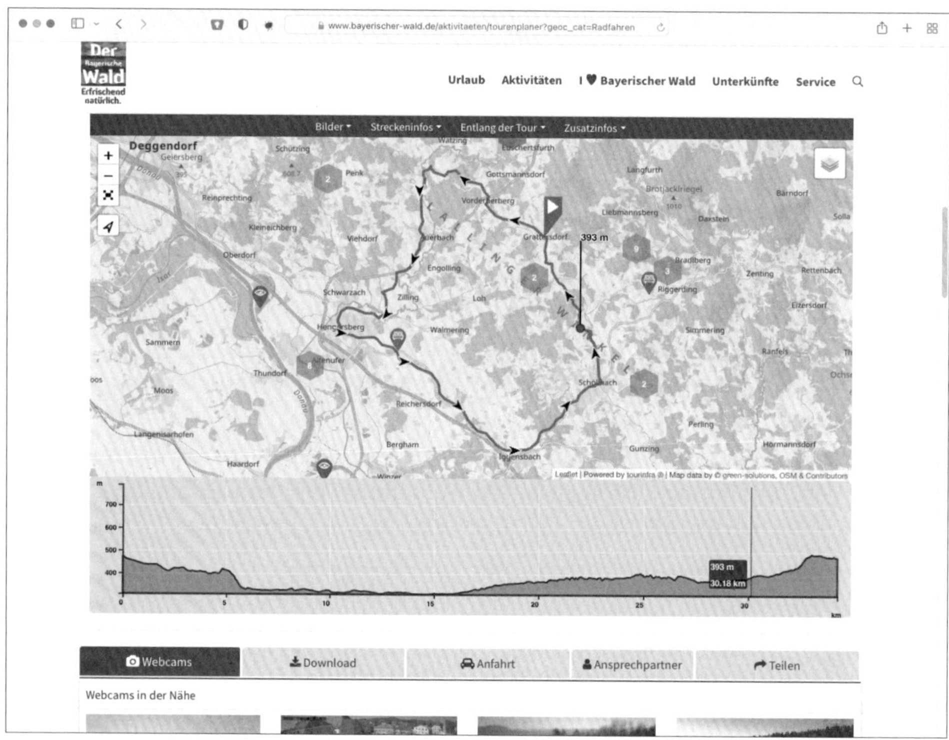

Abbildung 12.9 Screenshot der digitalen Wanderkarte für den Bayerischen Wald

Aus SEO-Gründen sollte jede Tour ihre eigene URL erhalten. Da die gesamten Daten nicht aus der WordPress-Datenbank kamen, sondern über ein JavaScript dynamisch nachgeladen wurden, mussten nur die entsprechenden Rewrite-Regeln angefertigt werden.

Mit der Funktion aus Listing 12.6 können Sie eigene Permalink-Strukturen anlegen:

```
<?php
function add_rewrite_rule(
```

```
    string $regex,
    string|array $query,
    string $after = 'bottom'
): void {
    ...
}
```

Listing 12.6 Funktionsbeschreibung von »add_rwrite_rule()«

Wie Sie zuvor schon gesehen haben, sind zwei Dinge notwendig: der reguläre Ausdruck (`$regex`) und die Query-Angabe (`$query`). Letztere klärt, welche Werte aus der Permalink-URL zu welcher Query-Var gehören. Die Funktion aus dem Listing hat noch einen dritten Parameter: `$after`. Er beschreibt, wo die neue Regel im Rewrite-Rule-Array eingehängt werden soll – entweder oben (`top`) oder unten (`bottom`). Letzteres ist der Standardwert. `$after` kann daher als eine Art Prioritätsangabe betrachtet werden. Denn wenn die neue Regel unten eingehängt wird, werden zuerst alle anderen regulären Ausdrücke auf eine Übereinstimmung geprüft. Da es durchaus sein kann, dass eine andere Regel ebenfalls auf die URL zutrifft, ist es möglich, dass Ihre neue Regel nie getriggert wird. In diesem Fall kann es sinnvoll sein, die Regel oben einzuhängen.

12

Im konkreten Fall wussten wir, wie die URLs aussehen sollen: *http://mein-wp.test/touren/[land]/[bundesland]/[region]/[tourname]-t[tour_id]/*. Eine Beispiel-URL wäre also *http://mein-wp.test/touren/deutschland/bayern/arberland/fuchsenreibe-t283264/*.

12.4.1 Entwickeln des regulären Ausdrucks

Als Erstes muss der reguläre Ausdruck entwickelt werden. Auch hier hilft wieder die Website *https://regex101.com*. Im Feld TEST STRING wird die oben genannte Beispiel-URL eingegeben. Abbildung 12.10 zeigt, wie der reguläre Ausdruck aussehen muss, wenn alle einzelnen Elemente erfasst werden sollen.

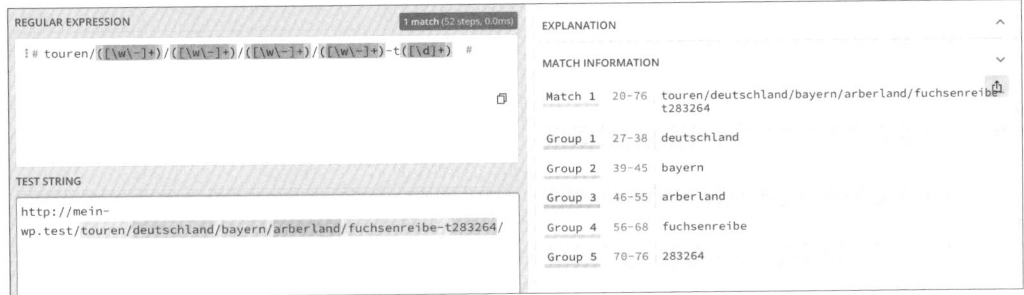

Abbildung 12.10 Die Website »regex101.com« leistet uns auch hier wieder gute Dienste.

Da wir jedoch nur die Tour-ID benötigten, wurde aus dem Ausdruck aus Listing 12.7 der einfachere Ausdruck aus Listing 12.8.

```
touren/([\w\-]+)/([\w\-]+)/([\w\-]+)/([\w\-]+)-t([\d]+)
```

Listing 12.7 Regulärer Ausdruck zum Erfassen aller einzelnen Daten

```
touren/([\w\-]+/){3}[\w\-]+-t([\d]+)
```

Listing 12.8 Vereinfachter Ausdruck

Zugegeben, reguläre Ausdrücke sind nicht ganz einfach zu verstehen. Aus diesem Grund möchte ich den Regex aus Listing 12.8 noch mal aufsplitten. Zur Erklärung aber vorweg Folgendes:

- \w steht für alle Zeichen von A–Z (auch Kleinbuchstaben) und für alle Zahlen von 0–9.
- [\w\-] steht demnach für alle Buchstaben, Kleinbuchstaben, Zahlen *und* das Minuszeichen.
- Das Pluszeichen nach [\w\-]+ bedeutet, dass die Zeichenkette zuvor mindestens einmal, aber auch öfter vorkommen darf. Es kann sich also um einen Buchstaben handeln, um ein Wort oder um mehrere Wörter, die mit dem Minuszeichen verbunden sind.
- Der Term ([\w\-]+/) betrifft also die Begriffe deutschland, bayern und arberland, auf die alle ein Slash folgt.
- {3} bedeutet, dass der Ausdruck in den Klammern mindestens dreimal vorkommen muss. Im Beispiel werden also das Land, das Bundesland und die Region erfasst.
- \d steht für alle Zahlen von 0–9.

Abbildung 12.11 zeigt farbig hervorgehoben, welche Teile nun gefunden wurden. Wichtig für uns ist in diesem Fall GROUP 3 (lila dargestellt), also die Tour-ID.

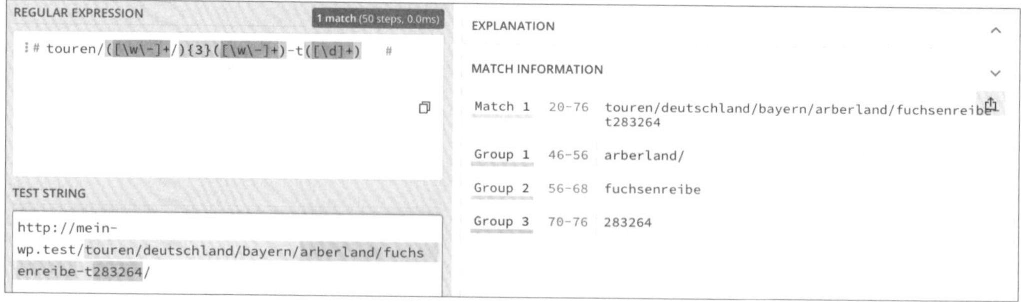

Abbildung 12.11 Die Regex-Elemente werden durch unterschiedliche Farben hervorgehoben.

Es geht aber noch einmal deutlich einfacher. Wird ausschließlich die Tour-ID benötigt, ist es sinnvoll, auch nur nach ihr zu suchen und die anderen Teile komplett außen vor zu lassen. Listing 12.9 zeigt, wie der am Ende vereinfachte Regex-String aussieht. Abbildung 12.12 verdeutlicht schließlich, dass es nur noch eine Gruppe gibt: die Tour-ID.

```
touren/.*t([\d]+)
```

Listing 12.9 Vereinfachter regulärer Ausdruck

Abbildung 12.12 Vereinfachter Regex-Ausdruck: Gefunden wird nur die Tour-ID.

12.4.2 Eine Rewrite-Regel erstellen

Die neue Rewrite-Regel kann nun über den `init`-Hook eingehängt werden. Listing 12.10 zeigt, wie der anfängliche Code des Touren-Plugins aussieht (dafür wurde eine neue Datei unter */wp-content/plugins/tours/tours.php* angelegt):

```
<?php
/**
 * Plugin Name:      Tours
 * Description:      A simple rewrite rule example plugin.
 * Version:          0.1.0
 * Author:           floriansimeth
 */

namespace floriansimeth\tours;

add_action( 'init', 'floriansimeth\tours\add_plugin_rewrite_rules' );

function add_plugin_rewrite_rules() {
    add_rewrite_rule(
        'touren/.*t([\d]+)',
        'index.php?tour_id=$matches[1]',
```

```
            'top'
    );
}
```

Listing 12.10 Das Touren-Plugin mit »add_rewrite_rule()«

Wenn Sie nun die Beispiel-URL aufrufen, wird nichts passieren. Sie bekommen einen 404-Fehler angezeigt. Der Grund ist, dass WordPress die Rewrite-Regeln in der Datenbank zwischenspeichert. Neu aufgebaut werden sie erst, wenn Sie die Seite EINSTELLUNGEN • PERMALINKS besuchen. Der ÄNDERUNGEN SPEICHERN-Button muss nicht geklickt werden. Es reicht, wenn die Einstellungsseite aufgerufen wird. Das bloße Besuchen triggert die Funktion `flush_rewrite_rules()` (siehe Listing 12.11). Sie entfernt die gesamten Regeln aus der Datenbank, was dazu führt, dass sie neu generiert werden. Wird der Parameter `$hard` auf `true` gesetzt, so werden auch die Regeln in der *.htaccess*-Datei gelöscht und daraufhin wieder erstellt.

```
<?php
function flush_rewrite_rules( bool $hard = true ): void { ... }
```

Listing 12.11 Funktionsbeschreibung von »flush_rewrite_rules()«

Dass die Regel tatsächlich hinterlegt wurde, lässt sich mit dem Plugin *Rewrite Rules Inspector*[3] herausfinden. Nach dessen Aktivierung finden Sie einen neuen Menüpunkt unter WERKZEUGE • REWRITE RULES. Die Seite zeigt alle Regeln an. In Abbildung 12.13 ist die neue Regel blau hinterlegt. Über den Button FLUSH RULES können Sie von dort den Rewrite-Cache neu aufbauen lassen.

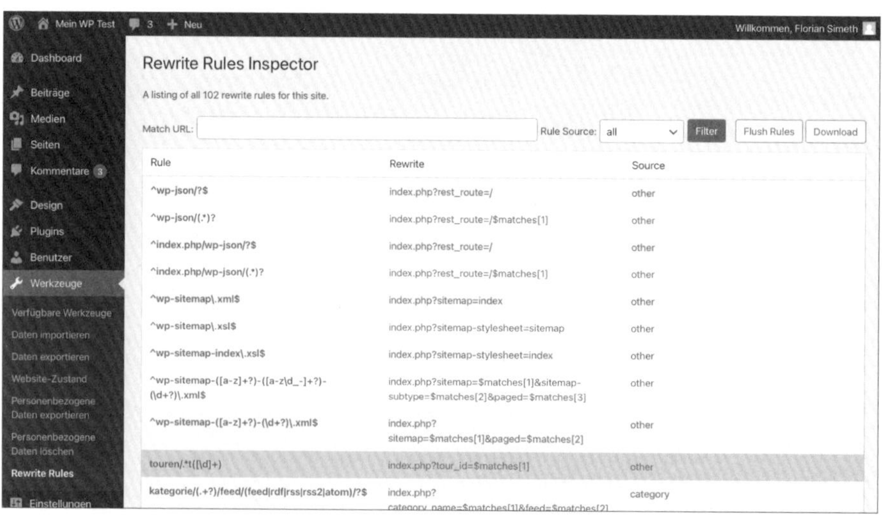

Abbildung 12.13 Der »Rewrite Rules Inspector«

3 Zum kostenlosen Download hier: *https://de.wordpress.org/plugins/rewrite-rules-inspector*

Da ein Benutzer des Plugins diesen Trick nicht kennt, müssen Sie sichergehen, dass die Regeln neu erstellt werden, sobald das Plugin aktiviert wurde. Sie wissen bereits aus Abschnitt 4.2.2, dass es für diesen Zweck Aktivierungs- und Deaktivierungsfunktionen gibt. Wir können den Code aus Listing 12.12 ergänzen. Wie Sie sehen, wird innerhalb von `activate_plugins()` die Funktion `add_plugin_rewrite_rules()` aufgerufen. Das ist wichtig, weil der `init`-Hook bei der Plugin-Aktivierung nicht getriggert wird. Das bedeutet, dass die neue Regel noch nicht zur Verfügung steht, bis `flush_rewrite_rules()` ausgeführt wird.

```
<?php
register_activation_hook(
    __FILE__,
    'floriansimeth\tours\activate_plugin'
);

function activate_plugin() {
    add_plugin_rewrite_rules();
    flush_rewrite_rules();
}

register_deactivation_hook(
    __FILE__,
    '\flush_rewrite_rules'
);
```

Listing 12.12 Ergänzung des Aktivierungs-Hooks in der Stammdatei

Für den Fall der Deaktivierung müssen Sie Folgendes beachten: Die registrierte Funktion zum `init`-Hook führt `add_rewrite_rule()` aus, bevor die Deaktivierungsfunktion aufgerufen wird. Das hat zur Folge, dass die Rewrite-Regel *nicht* aus WordPress entfernt wird. Wir müssen die Zeilen aus Listing 12.13 im Plugin ergänzen, damit es korrekt funktioniert. Eine Funktion zum Löschen einer Rewrite-Rule existiert nicht.

```
<?php

add_action( 'init', 'floriansimeth\tours\add_rewrite_rules' );

function is_deactivation_in_progress(): bool {
    $plugin = plugin_basename( __FILE__ );

    return isset( $GLOBALS['pagenow'] )
           && 'plugins.php' === $GLOBALS['pagenow']
           && isset( $_REQUEST['action'] )
           && 'deactivate' === $_REQUEST['action']
```

```
            && isset( $_REQUEST['plugin'] )
            && $plugin === $_REQUEST['plugin'];
}

function add_rewrite_rules() {
    if ( is_deactivation_in_progress() ) {
        # do not add rule during deactivation process
        return;
    }

    add_rewrite_rule(
        'touren/.*t([\d]+)',
        'index.php?tour_id=$matches[1]',
        'top'
    );
}
```

Listing 12.13 Es wird geprüft, ob die Deaktivierung gerade stattfindet.

12.4.3 Eine Abfrage-Variable ergänzen

Wenn Sie nun die URL *http://mein-wp.test/touren/deutschland/bayern/arberland/fuchsenreibe-t283264/* im Frontend aufrufen, erhalten Sie eine Auflistung von Blogbeiträgen (siehe Abbildung 12.14).

Das liegt daran, dass WordPress den Seitentyp nicht kennt und einen Fallback eingebaut hat: Im vorliegenden Fall wird die Startseite angezeigt (`is_front_page()` wird zu `true` ausgewertet). Und das wiederum liegt daran, dass die neue Variable `tour_id`, die wir über `add_rewrite_rule()` initialisiert haben, nicht erkannt wird. Der Code aus Listing 12.14 schafft es zwar, dass diese Variable dann erfasst und aus der URL korrekt extrahiert wird, trotzdem wird kein Template geladen. Sie haben nun zwei Möglichkeiten:

- Sie laden ein eigenes Template oder
- Sie nutzen eine bereits existierende Seite.

In den nächsten beiden Abschnitten möchte ich beide Möglichkeiten vorstellen und ihre Vor- und Nachteile herausarbeiten.

```
<?php
add_filter( 'query_vars', 'floriansimeth\tours\init_query_vars' );

function init_query_vars( array $query_vars ): array {
    $query_vars[] = 'tour_id';
```

```
    return $query_vars;
}
```

Listing 12.14 Registrierung der Query-Variablen

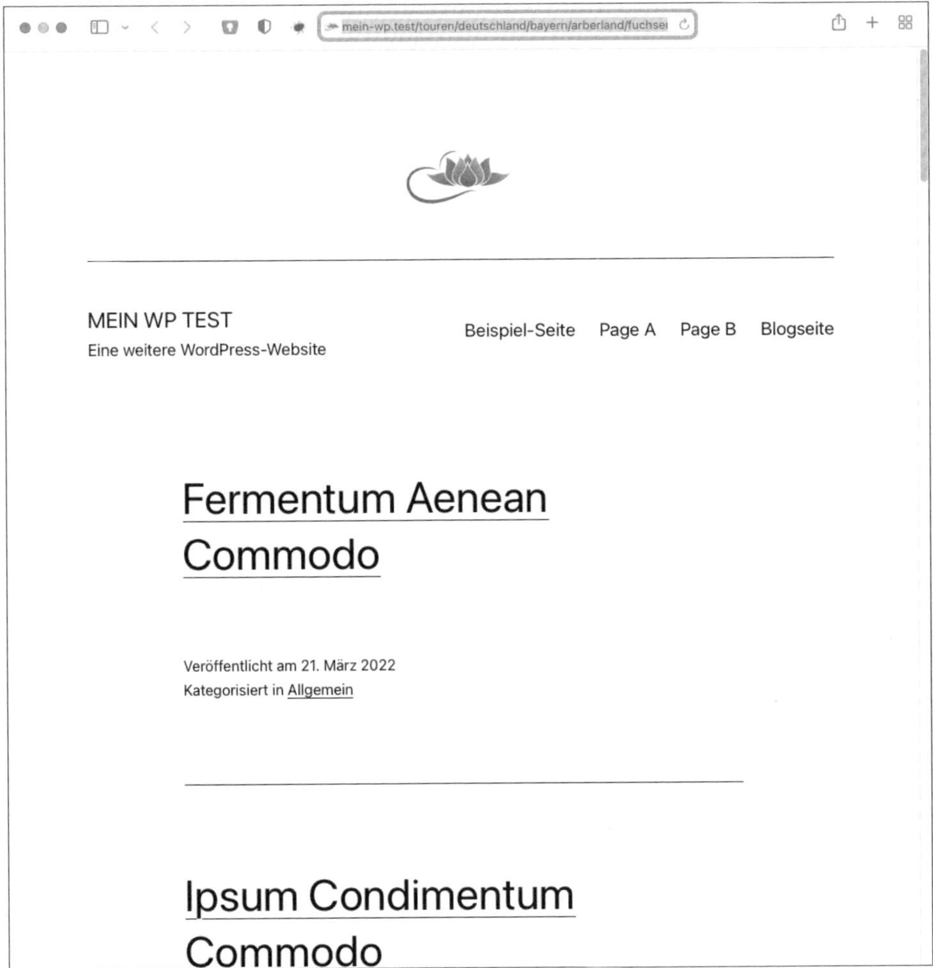

Abbildung 12.14 WordPress zeigt eine Liste von Beiträgen für die Seite.

12.4.4 Arbeiten mit eigenen Templates

In Listing 12.15 wird der Filter `template_include` genutzt, um die Template-Datei aus dem */template/*-Verzeichnis des Plugins zu laden. Hervorgehoben ist die Funktion `get_query_var()`, die verwendet wird, um zu erfahren, ob eine Tour-ID extrahiert werden konnte – also ob es sich bei der aufgerufenen Seite um eine Tour-Seite handelt. Der zweite Parameter ist ein Standardwert, falls keine Query-Variable gefunden werden kann.

```
<?php
add_filter( 'template_include', 'floriansimeth\tours\tour_template' );

function tour_template( string $template ): string {
    $tour_id = (int) get_query_var( 'tour_id', 0 );
    if ( ! $tour_id ) {
        return $template;
    }

    return trailingslashit( plugin_dir_path( __FILE__ ) )
          . 'templates/tour.php';
}
```

Listing 12.15 Einbinden einer eigenen Template-Datei

Listing 12.16 zeigt den Inhalt der */template/tour.php*-Datei. Dort lade ich als Beispiel die Grafik einer Karte (siehe Abbildung 12.15), um zu verdeutlichen, dass an jener Stelle der Code des Drittanbieters eingefügt werden soll. Der Nachteil dieser Methode ist, dass die Template-Datei nicht vom Admin der WP-Seite angepasst werden kann.

Ergänzend ist zu erwähnen, dass Sie darin zwar die Funktionen `get_header()` und `get_footer()` aufrufen können, Sie aber nicht wissen, welche ergänzenden Aufrufe vom Theme noch wichtig wären. Da es Tausende von Themes gibt, ist es ein Ding der Unmöglichkeit, das Plugin mit allen kompatibel zu bekommen. Support-Anfragen sind hier vorprogrammiert. Deswegen ist diese Vorgehensweise nur dann angeraten, wenn das Plugin ausschließlich bei einer Handvoll von Kunden zum Einsatz kommen soll.

Im Listing sehen Sie, dass die Konstante `FS_TOURS_FILE` verwendet wird. Sie muss in der Stammdatei des Plugins noch ergänzt werden. Das vollständige Plugin, das Sie in den Download-Materialien finden, zeigt dies.

```
<?php

get_header();

printf(
    '<img src="%s" />',
    trailingslashit( plugin_dir_url( FS_TOURS_FILE ) )
    . 'public/images/map.png'
);

get_footer();
```

Listing 12.16 Der Code der Template-Datei

Abbildung 12.15 Template mit eingefügter Karte

12.4.5 Bereits vorhandene Templates nutzen

Etwas praktischer ist es, wenn Sie vorhandene Templates nutzen. Im Beispiel wäre das Seiten-Template sinnvoll. Dazu müssen Sie lediglich eine Seite mit dem Permalink `tours` anlegen und diese dann beim Aufruf von `add_rewrite_rule()`ergänzen. In Listing 12.17 ist der Parameter `pagename` hervorgehoben.

> **Cache leeren nicht vergessen!**
>
> Vergessen Sie nicht, nach dieser Code-Änderung den Rewrite-Cache zu leeren. Wie ich bereits beschrieben habe, geht das über das Deaktivieren und das erneute Aktivieren des Plugins oder schlicht über das Besuchen der Seite EINSTELLUNG • PERMALINKS.

```
<?php
add_rewrite_rule(
    'touren/.*t([\d]+)',
```

```
        'index.php?tour_id=$matches[1]&pagename=tours',
        'top'
);
```

Listing 12.17 Der »pagename«-Parameter wird angehängt.

Wird die Beispiel-URL im Frontend aufgerufen, wird die Seite angezeigt, die Sie erstellt haben (siehe Abbildung 12.16). Als Beispiel habe ich lediglich ein Bild einer Karte dort eingebunden. Sie sehen aber, dass das Layout nun vollständiger wirkt. Neben der Überschrift werden vom Theme die restlichen HTML-, aber auch CSS-Anweisungen geladen.

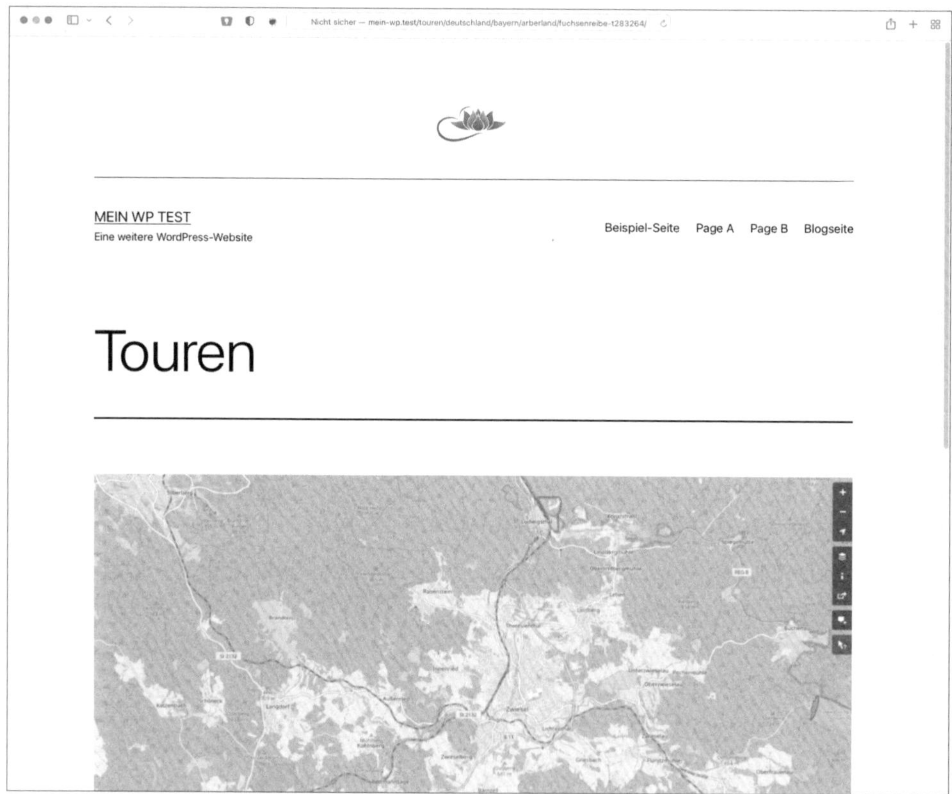

Abbildung 12.16 Das Page-Template wird für die neue URL verwendet.

Die dynamische Karte kann auf verschiedenen Wegen eingebunden werden:

- über einen eigenen Block (siehe Kapitel 9, »Einen Block erstellen«),
- über einen Shortcode (siehe Kapitel 22, »Inhalte dynamisch einfügen mit der Shortcode-API«) oder
- mit eigenem HTML-Code.

Bei meinem Kunden hatten wir uns für Letzteres entschieden. Im Block-Editor existiert ein einfach zu handhabender HTML-Block, in dem lediglich ein div-Element mit einer entsprechenden ID eingefügt wurde (siehe Abbildung 12.17). Den Rest erledigte die JavaScript-Datei des Drittherstellers.

Abbildung 12.17 Der HTML-Block wird genutzt, um ein »div«-Element einzufügen.

Der Vollständigkeit halber sehen Sie in Listing 12.18 den Code, der dafür verwendet wurde. Auch hier kommt wieder `get_query_var()` zum Einsatz. Beachten Sie, dass `wp_add_inline_script()` nicht innerhalb von `register_scripts()` eingefügt werden kann, da die Query-Variable (sprich: die Tour-ID) zu diesem Zeitpunkt noch nicht vorliegt. Den vollständigen Code bis hierhin finden Sie wieder im Download-Material.

Der Nachteil dieser Vorgehensweise ist, dass Sie beim Aufruf von `add_rewrite_rule()` den Permalink einer existierenden Seite angeben müssen. Wenn das Plugin zum öffentlichen Download angeboten werden soll, sollten Sie in der Dokumentation beschreiben, dass der Nutzer eine Seite mit einem entsprechenden Permalink-Namen erstellen muss. Was jedoch, wenn der Permalink bereits für eine andere Seite reserviert ist?

Wesentlich besser wäre es, wenn das Plugin beim Aktivieren eine Seite anlegt, die Sie dann in der Datenbank hinterlegen. Eine weitere Alternative wäre, wenn Sie es dem Nutzer über eine Einstellungsseite überlassen, welche Seite verwendet werden soll.

```
<?php
add_action( 'init', 'floriansimeth\tours\register_scripts' );

function register_scripts() {
    wp_register_script(
        'drittersteller',
        'https://externe.url/des/drittherstellers.js',
        [ 'jquery' ],
        '1.7.3',
        true
    );
```

```
}

add_action( 'wp_enqueue_scripts', 'floriansimeth\tours\enqueue_scripts' );

function enqueue_scripts() {
    $tour_id = (int) get_query_var( 'tour_id', 0 );

    if ( empty( $tour_id ) ) {
        return;
    }

    wp_add_inline_script(
        'drittersteller',
        sprintf(
            "jQuery( '#map' ).tourManager( {"
            . "api_url: 'https://externe.url/des/drittherstellers/ajax.php',"
            . "api_key: '1234567890abcdefghiklmnopqrstuvwxyz',"
            . "tour_id: %d"
            . "} );",
            (int) get_query_var( 'tour_id', 0 )
        )
    );

    wp_enqueue_script( 'drittersteller' );
}
```

Listing 12.18 Eine JavaScript-Datei des Drittherstellers wird geladen und mit zusätzlichen Metadaten gefüttert.

12.5 Ein alternativer Weg zu neuen Permalink-Strukturen

Neben der in Abschnitt 12.4 beschriebenen Möglichkeit zum Anlegen neuer Permalink-Strukturen gibt es noch einen alternativen Weg. Bei ihm wird die Rewrite-Regel automatisch erstellt, indem lediglich ein Parameter gesetzt wird. Listing 12.19 zeigt das neue Touren-Plugin, in dem `add_rewrite_tag()` und `add_permastruct()` angewendet werden:

```
<?php
/**
 * Plugin Name:      Tours
 * Description:      A simple rewrite rule example plugin.
 * Version:          0.1.0
 * Requires PHP:     7.3
```

```
 * Author:             floriansimeth
 */

namespace floriansimeth\tours;

add_action( 'init', 'floriansimeth\tours\add_permalink_structure' );

function add_permalink_structure() {
    add_rewrite_tag( '%tour_id%', '.*t([\d]+)' );
    add_permastruct( 'tour_id', 'tours/%tour_id%' );
}
```

Listing 12.19 Die Stammdatei des Touren-Plugins

Mit `add_rewrite_tag()` (siehe Listing 12.20) wird die Variable (`$tag`) mit dem regulären Ausdruck (`$regex`) registriert. Der optionale Parameter `$query` ist der Variablenname. Der String muss zwingend mit = enden, falls er denn angegeben wird.

Dem *Rewrite Rule Inspector* können Sie entnehmen, dass beim Code aus Listing 12.19 die Regel `index.php?tour_id=$matches[1]` greift (siehe Abbildung 12.18).

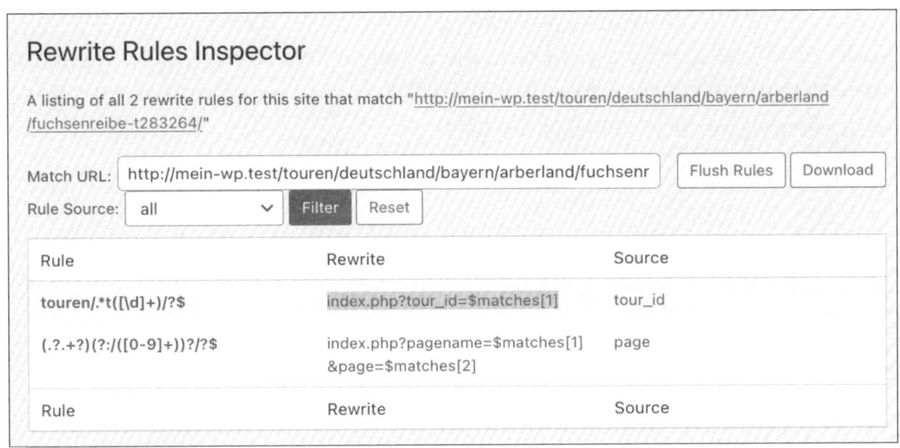

Abbildung 12.18 Welche Regel ist bei welcher URL betroffen?

Würde der Parameter `$query` beispielsweise auf `tid=` gesetzt, so würde anstatt `tour_id` die Variable `tid` übergeben werden (siehe Abbildung 12.19). Die Regel lautet dann anders: *index.php?tid=$matches[1]*.

```
<?php
function add_rewrite_tag(
    string $tag,
    string $regex,
    string $query = ''
```

```
): void {
    ...
}
```

Listing 12.20 Funktionsbeschreibung von »add_rewrite_tag()«

Abbildung 12.19 Hier wird die Variable »tid« anstelle von »tour_id« genutzt.

`add_permastruct()` ist dann die Funktion, die die neue Permalinkstruktur (genannt *permastruct*) registriert, was schließlich dazu führt, dass mehrere Rewrite-Regeln gleichzeitig erstellt werden (siehe Listing 12.21).

```
<?php
function add_permastruct(
    string $name,
    string $struct,
    array $args = [
        bool $with_front = true,
        int $ep_mask = EP_NONE,
        bool $paged = true,
        bool $feed = true,
        bool $forcecomments = false,
        bool $walks_dir = true,
        bool $endpoints = true
    ]
): void {
    ...
}
```

Listing 12.21 Funktionsbeschreibung von »add_permastruct()«

Hier gilt:

- `$name` ist die Bezeichnung der Permalink-Struktur.
- `$struct` beschreibt die generelle Permalink-Struktur. Wie Sie im Beispiel sehen, wird hier der Platzhalter benötigt, der mit `add_rewrite_tag()` registriert wurde.
- `$args` erlaubt weitere optionale Argumente:
  - Mit `$with_front = true` wird der Struktur der Wert in `WP_Rewrite::$front` vorangestellt.
  - `$ep_mask` ist die Endpoint-Maske, die definiert, welche Endpunkte zu der Struktur hinzugefügt werden sollen. Akzeptiert werden folgende Werte: `EP_NONE`, `EP_PERMALINK`, `EP_ATTACHMENT`, `EP_DATE`, `EP_YEAR`, `EP_MONTH`, `EP_DAY`, `EP_ROOT`, `EP_COMMENTS`, `EP_SEARCH`, `EP_CATEGORIES`, `EP_TAGS`, `EP_AUTHORS`, `EP_PAGES`, `EP_ALL_ARCHIVES` oder `EP_ALL`.
  - `$paged` beschreibt, ob eine Paginierung möglich sein soll.
  - Wird `$feed` auf `true` gesetzt, so bekommt die Struktur auch Feed-Regeln.
  - `$forcecomments` ergänzt Regeln für Kommentar-Feeds.
  - `$walk_dir` veranlasst, dass »Verzeichnisse«, aus denen die Struktur besteht, durchlaufen werden und dass für jedes einzelne Verzeichnis Rewrite-Regeln erstellt werden.
  - Mit `$endpoints` wird festgelegt, ob die Endpunkte zu den generierten Regeln hinzugefügt werden sollen.

12

Wie schon einmal beschrieben, kann das Arbeiten mit Rewrite-Regeln sehr komplex werden. Der Code aus Listing 12.19 erzeugt die Regeln aus Abbildung 12.20. Aber viele davon sind für unser Beispiel nicht notwendig, deswegen können wir den Code so abändern, wie er in Listing 12.22 zu sehen ist:

```
<?php
function add_permalink_structure() {
    add_rewrite_tag( '%tour_id%', '.*t([\d]+)' );

    add_permastruct(
        'tours',
        'touren/%tour_id%',
        [
            'paged'    => false,
            'feed'     => false,
            'walk_dir' => false,
        ]
    );
}
```

Listing 12.22 Erweiterung von »add_permastruct()«

Die hervorgehobene Änderung führt dazu, dass WordPress keine separaten URLs für Feeds oder zur Paginierung mehr erstellt. Übrig bleibt die letzte in Abbildung 12.20 dargestellte Regel.

touren/.*t([\d]+)/feed/(feed|rdf|rss|rss2|atom)/?$	index.php?tour_id=$matches[1]&feed=$matches[2]
touren/.*t([\d]+)/(feed|rdf|rss|rss2|atom)/?$	index.php?tour_id=$matches[1]&feed=$matches[2]
touren/.*t([\d]+)/embed/?$	index.php?tour_id=$matches[1]&embed=true
touren/.*t([\d]+)/page/?([0-9]{1,})/?$	index.php?tour_id=$matches[1]&paged=$matches[2]
touren/.*t([\d]+)/?$	index.php?tour_id=$matches[1]

Abbildung 12.20 Generierte Regeln

In diesem Beispiel macht es keinen Unterschied, ob `add_rewrite_rule()` oder `add_rewrite_tag()` zusammen mit `add_permastruct()` zum Einsatz kommt. Am Ende wird die gleiche Rewrite-Regel erzeugt. Sie ersparen sich lediglich das Ergänzen der Query-Variablen (siehe Listing 12.14 aus Abschnitt 12.4.3). Denn sie wird jetzt von WordPress erfasst. Wenn Sie nun den Code aus Abschnitt 12.4.4, »Arbeiten mit eigenen Templates«, ergänzen, haben Sie das gleiche Ziel erreicht wie dort beschrieben. Das vollständige Beispiel finden Sie ebenfalls bei den Download-Materialien.

Stellt sich nur noch die Frage, welcher Weg ist nun der richtige? Die Antwort ist einfach: Wenn Sie Funktionen wie einen Feed oder eine Paginierung brauchen, empfehle ich den alternativen Weg. Denn mit nur zwei Funktionsaufrufen erzeugen Sie so die richtigen Rewrite-Regeln.

Sind Sie nun genauso fasziniert wie ich? Es ist schön, wie einfach in WordPress so komplexe Dinge wie Permalinks umgesetzt werden können. Im vorliegenden Fall konnte ich zeigen, dass sich sogar Drittanbieter-Dienste mühelos in WordPress einbinden lassen. Im nächsten Kapitel beschäftigen wir uns eingehend mit »internen« Inhalten, den *Custom Post Types*.

Kapitel 13
Mit eigenen Inhaltstypen arbeiten

»Der tiefste Grund unsres Daseins ist individuell, sowohl in Empfindungen als in Gedanken.« – Das sagte Johann Gottfried von Herder, deutscher Kulturphilosoph, Theologe, Ästhetiker, Dichter und Übersetzer. Und in der Tat: Nicht nur wir sind individuell, sondern auch unsere Websites.

Ob Unternehmensdarstellung, Online-Shop oder Rezeptseite: Vieles ist möglich und alles ist mittlerweile mit WordPress umsetzbar – unter anderem dank der Unterstützung sogenannter *Custom Post Types*, also benutzerdefinierter Artikeltypen. Der Sammelbegriff für einen einzelnen Beitrag oder eine Seite ist der englische Begriff *Post*, den ich in den vorangegangenen Kapiteln schon öfter verwendet habe. Tatsächlich sind Beiträge und Seiten nichts anderes als benutzerdefinierte Inhaltstypen. Sie entstehen durch die Custom-Post-Type-API. Wie neue Artikeltypen erstellt werden, erfahren Sie in diesem Kapitel.

Wenn Sie die einzelnen Posts klassifizieren oder kategorisieren wollen, benötigen Sie die sogenannten *Taxonomien*. Auch dafür existiert eine API in WordPress. Sie wird im Kern dafür verwendet, die Taxonomien *Schlagwörter* und *Kategorien* zu erstellen. Diese erlauben es Ihnen, einen Beitrag zu verschlagworten oder eben in Kategorien einzuteilen. Bei Taxonomien handelt es sich also um Metadaten, die zu einem Post gespeichert werden. Und damit sind wir bei der nächsten API angekommen, um die es in diesem Kapitel gehen soll: die Metadata-API. Denn nicht nur Taxonomien, sondern ganz individuelle Daten können zu den Posts gespeichert werden.

13.1 Benutzerdefinierte Artikeltypen

Custom Post Types (CPT) sind eine tolle Sache. Wie bereits angesprochen, macht WordPress regen Gebrauch davon. Nicht nur Seiten und Beiträge sind CPTs. Auch Medien (`atttachment`), Navigationsmenüs (`nav_menu_item`) oder Revisionen von Beiträgen (`revision`) sind benutzerdefinierte Artikeltypen.

In diesem Kapitel erstellen wir zusammen ein Rezept-Plugin. Jede Kochanleitung soll einen eigenen Post erhalten. Zwar ist es auch möglich, die Rezepte im Artikeltyp `post` zu speichern, aber viel übersichtlicher wird es, wenn dazu ein individueller Inhaltstyp existiert.

Ich nenne das Plugin schlicht *NomNom* (weil der Slug *recipe* im wordpress.org-Plugin-Verzeichnis bereits existiert). Wie immer erstellen wir den Ordner */nomnom/* innerhalb von */wp-content/plugins/* sowie eine gleichnamige *nomnom.php*-Datei.

13.1.1 Einen Artikeltyp registrieren

Am Anfang muss der Artikeltyp registriert werden. Dies geschieht mit der Funktion aus Listing 13.1. Wahrscheinlich wird die schiere Anzahl an Parametern Sie anfänglich ein wenig erschrecken. Nicht umsonst ist WordPress heute da, wo es ist. Denn durch das Konzept der *Custom Post Types* und dessen vielfältige Möglichkeiten sind in der Vergangenheit eine Fülle von Plugins entstanden, die Dinge tun, die wahrscheinlich niemand für möglich gehalten hätte.

```
<?php
function register_post_type(
    string $post_type,
    array $args = [
        string $label = $labels['name'],
        string $labels[]
        string $description = '',
        bool $public = false,
        bool $hierarchical = false,
        bool $exclude_from_search = !$public,
        bool $publicly_queryable = $public,
        bool $show_ui = $public,
        bool|string $show_in_menu = $show_ui,
        bool $show_in_nav_menus = $public,
        bool $show_in_admin_bar = $show_in_menu,
        bool $show_in_rest = false,
        string $rest_base = $post_type,
        string $rest_namespace = 'wp/v2',
        string $rest_controller_class = 'WP_REST_Posts_Controller',
        int $menu_position = null,
        string $menu_icon = null,
        string|array $capability_type = 'post',
        string[] $capabilities,
        bool $map_meta_cap = false,
        array $supports = [ 'title', 'editor' ],
        callable $register_meta_box_cb = null,
        string[] $taxonomies = [],
        bool|string $has_archive = false,
        bool|array $rewrite [
            string $slug = $post_type,
```

```
            bool $with_front = true,
            bool $feeds = $has_archive,
            bool $pages = true,
            int $ep_mask = EP_PERMALINK
        ],
        string|bool $query_var = $post_type,
        bool $can_export = true,
        bool $delete_with_user = null,
        array $template = [],
        string|false $template_lock = false
    ]
): WP_Post_Type|WP_Error {
    ...
}
```

Listing 13.1 Funktionsbeschreibung von »register_post_type()«

Bei der Funktion gilt:

- `$post_type` ist der Name des benutzerdefinierten Artikeltyps. Der String sollte eine einzigartige Bezeichnung bekommen und 20 Zeichen nicht überschreiten. Bestimmte Zeichen werden aussortiert (die Variable läuft durch die Funktion `sanitize_key()`). Mein Tipp ist, hier den Singular-Ausdruck Ihres Artikeltyps zu benutzen, für Rezepte also beispielshalber `recipe` (und nicht etwa `recipes`).
- Durch `$args` lässt sich der CPT individuell konfigurieren. Ich werde im Folgenden genauer darauf eingehen.

Zurückgegeben wird entweder ein `WP_Error`-Objekt, falls ein Fehler auftrat, ansonsten das `WP_Post_Type`-Objekt des Artikeltyps. Die Dokumentation[1] rät dazu, benutzerdefinierte Artikeltypen vor dem Action-Hook `admin_menu`, aber nach `after_setup_theme` anzulegen. Der `init`-Hook ist also dafür prädestiniert. In Listing 13.2 kommt er sogleich zum Einsatz, zusammen mit einer Minimalkonfiguration.

Das Argument `public = true` sorgt dafür, dass der Artikeltyp öffentlich im Front- sowie im Backend erreichbar ist. Immerhin arbeiten wir im Beispiel mit Rezepten, die der Öffentlichkeit zur Verfügung gestellt werden sollen. Das ist mit dem internen Post Type `revision` beispielsweise anders. Diese Typen sind nicht direkt zugänglich (auch nicht im Backend).

```
<?php
/**
 * Plugin Name:        NomNom - Recipe Plugin
 * Description:        A simple recipe plugin for WordPress.
```

1 Siehe *https://developer.wordpress.org/plugins/post-types/registering-custom-post-types/*.

```
 * Version:           0.1.0
 * Requires PHP:      7.3
 * Author:            floriansimeth
 */

namespace floriansimeth\nomnom;

add_action( 'init', 'floriansimeth\nomnom\register_post_types' );

function register_post_types() {
    register_post_type(
        'recipe',
        [
            'public' => true,
        ]
    );
}
```

Listing 13.2 Die Stammdatei des Plugins mit dem »init«-Hook und der »register_post_type()«-Funktion

Nach der Aktivierung des Plugins sehen Sie im linken Menü einen zweiten Punkt BEITRÄGE (siehe Abbildung 13.1). Der Custom Post Type wurde also erstellt, jedoch hat er noch nicht die richtige Bezeichnung. Im WordPress-Umfeld werden die einzelnen Begriffe *Labels* genannt.

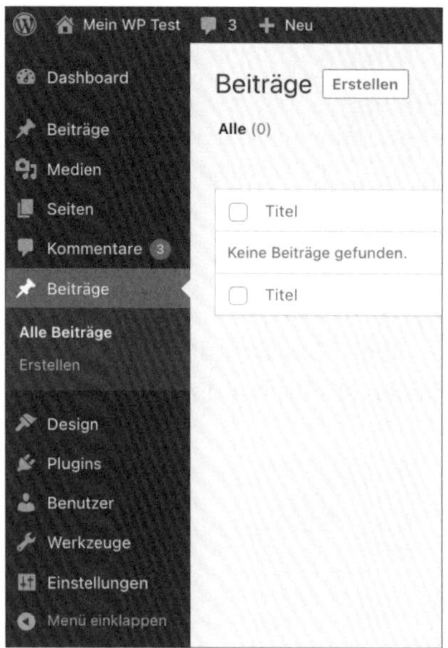

Abbildung 13.1 Plötzlich existieren zwei Menüeinträge mit demselben Label.

Begriffe festlegen

Damit der Nutzer erkennen kann, dass es sich bei dem neuen Inhaltstyp um Rezepte handelt, müssen wir den Begriff anpassen. Das geht mit dem Argument `label`. WordPress erwartet hier den Plural des CPTs. Listing 13.3 zeigt, was angepasst wurde. In Abbildung 13.2 ist nun zu sehen, dass der Name passender ist.

```
<?php
register_post_type(
    'recipe',
    [
        'public' => true,
        'label'  => __( 'Recipes', 'nomnom' )
    ]
);
```

Listing 13.3 Das Label wurde ergänzt.

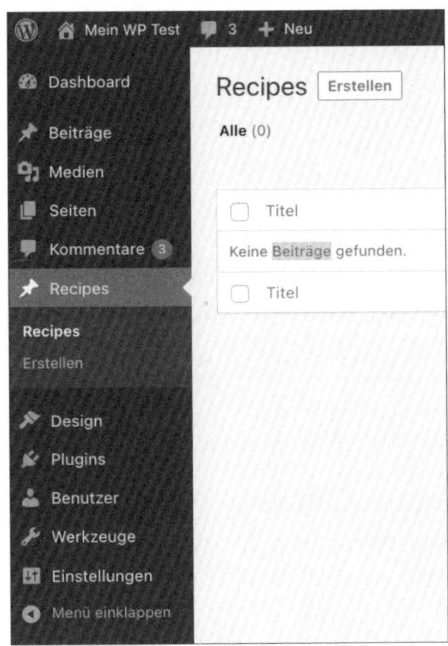

Abbildung 13.2 Der Menüeintrag trägt nun das Label »Recipes«.

Jedoch existieren weitere Vorkommen, die immer noch das Wort »Beiträge« verwenden. Im Bild ist das beispielsweise der Satz »Keine Beiträge gefunden«. Auch das lässt sich ändern. Dafür können Sie das Argument `labels` angeben.

Listing 13.4 zeigt den aktualisierten Code. Sie werden bemerken, dass das Argument `label` nun fehlt. Das ist okay, denn der Wert wird automatisch mit dem Wert `name` aus `labels` befüllt. Nach einem Reload der Seite im Browser werden Sie feststellen, dass aus dem Satz »No recipes found« geworden ist. Darüber hinaus haben sich viele andere Beschriftungen geändert. Wenn ein neues Rezept angelegt wird, steht in der Überschrift nun »Add New Recipe« anstatt »Neuen Beitrag erstellen«. Freilich müssen die einzelnen Labels zu einem späteren Zeitpunkt noch entsprechend übersetzt werden. Wir bereiten das Plugin jedoch schon dafür vor, indem wir die i18n-Funktionen aus Abschnitt 10.4, »Ein Theme zur Übersetzung vorbereiten«, nutzen.

Neben den in Listing 13.4 gezeigten Labels gibt es noch viele mehr. Sehen Sie sich dazu den DocBlock der Funktion `get_post_type_labels()`[2] an. Dort sind alle detailliert beschrieben.

```
<?php
register_post_type(
    'recipe',
    [
        'public' => true,
        'labels' => [
            'name'               => __( 'Recipes', 'nomnom' ),
            'singular_name'      => __( 'Recipe', 'nomnom' ),
            'add_new_item'       => __( 'Add New Recipe', 'nomnom' ),
            'edit_item'          => __( 'Edit Recipe', 'nomnom' ),
            'new_item'           => __( 'New Recipe', 'nomnom' ),
            'view_item'          => __( 'View Recipe', 'nomnom' ),
            'view_items'         => __( 'View Recipes', 'nomnom' ),
            'search_items'       => __( 'Search Recipes', 'nomnom' ),
            'not_found'          => __( 'No recipes found.', 'nomnom' ),
            'not_found_in_trash' => __(
                'No recipes found in Trash.',
                'nomnom'
            ),
            'all_items'          => __( 'All Recipes', 'nomnom' ),
            'item_published'     => __( 'Recipes published.', 'nomnom' ),
        ],
    ]
);
```

Listing 13.4 Mehrere Begriffe wurden ergänzt.

Erreichbarkeit definieren

Viele der Argumente in Listing 13.1 werden automatisch gesetzt, indem der Wert, der durch `public` definiert wurde, abgeleitet wird. Diese Argumente sind:

2 Mit einem Klick zur Funktion: *https://github.com/WordPress/wordpress-develop/blob/6.0/src/wp-includes/post.php#L1976*

- `$exclude_from_search` sollte nur dann auf `true` gesetzt werden, wenn die Artikel des Artikeltyps in der Frontend-Suche nicht erscheinen sollen. Der Standardwert ist der gegenteilige Wert von `$public`.
- Der Standardwert von `$publicly_queryable` entspricht dem von `$public`. Ist er `true`, so sind die Artikel des Artikeltyps im Frontend abrufbar. Wenn dies auf `false` gesetzt ist, können Sie sich nicht mal mehr eine Vorschau einblenden lassen.
- `$show_ui` gibt an, ob das User-Interface (UI) für diesen Artikeltyp eingeblendet werden soll.
- `$show_in_nav_menus` legt fest, ob die Artikel des Artikeltyps beim Editieren der Navigationsmenüs anwählbar sein sollen. Auch dieser Wert entspricht dem von `$public`, wenn nichts anderes angegeben wurde.

Für das Beispiel sind diese Argumente alle perfekt eingestellt. Es muss im Code also vorerst nichts verändert werden.

Zusätzlich existieren einige Standardabhängigkeiten, auf die ich im Folgenden eingehen möchte:

- Durch `$show_in_menu` lässt sich definieren, an welcher Stelle der Artikeltyp im linken Administrationsmenü angezeigt werden soll:
  - `false` bedeutet: nicht anzeigen.
  - `true` bedeutet: als Top-Level-Menü anzeigen.
  - `{page.php}` bedeutet: als *Untermenü* in der jeweiligen Seite anzeigen. Dabei ist `{page.php}` die Datei der Einstellungsseite. Wird beispielsweise *edit.php?post_type=page* angegeben, so wird der Menüpunkt unter dem Menü SEITEN angezeigt. Bei Angabe von *options-general.php* erscheint er unterhalb von EINSTELLUNGEN. (Siehe dazu auch noch einmal Tabelle 6.2 aus dem Abschnitt 6.1.2, »Ein Untermenü erstellen«.)
- `$menu_position` hingegen definiert, in welcher Reihenfolge im *Hauptmenü* der neue Menüpunkt angezeigt wird. Der Wert `null` fügt den Link nach KOMMENTARE ein. Eine Angabe einer Zahl steht für Folgendes (dies korreliert mit Tabelle 6.1 des Abschnitts 6.1.1, »Ein Hauptmenü erstellen«):
  - `5` – nach BEITRÄGE
  - `10` – nach MEDIEN
  - `20` – nach SEITEN
  - `25` – nach KOMMENTARE
  - `60` – nach dem ersten Separator/Trenner
  - `65` – nach PLUGINS
  - `70` – nach BENUTZER
  - `75` – nach WERKZEUGE

  - 80 – nach EINSTELLUNGEN
  - 100 – nach dem zweiten Separator/Trenner
- Wird der Menüpunkt im Hauptmenü (und nicht in einem Untermenü) angezeigt, so kann mit `$menu_icon` eine Grafik festgelegt werden. Hier existieren die gleichen Möglichkeiten, die ich bereits in Abschnitt 6.1.1, »Ein Hauptmenü erstellen«, beschrieben habe.
- `$show_in_admin_bar`: Gibt an, ob der Artikeltyp auch in der Admin-Leiste (oben) angezeigt werden soll.

Die REST-API

Die drei nachfolgend genannten Argumente betreffen die REST-API:

- `$show_in_rest` legt fest, ob die REST-Route für diesen Artikeltyp hinzugefügt werden soll. Sie ist dann im `wp/v2`-Namespace zu finden. (Für weitere Informationen siehe Kapitel 15, »Die Schnittstelle zur Außenwelt: Die REST-API«.)
- Durch die Angabe von `$rest_base` wird die Basis-URL der Route angepasst. Standardwert ist, was in `$post_type` definiert wurde.
- In `$rest_controller_class` kann eine PHP-Klasse angegeben werden, die die Anfragen an den Endpunkt des Artikeltyps übernimmt. Standardwert ist `WP_REST_Post_Controller`, was dazu führt, dass die interne Klasse damit umgeht, was in den meisten Fällen passen dürfte.

Wir ergänzen den Code aus Listing 13.5 unter anderem wegen der im Kasten »Block-Editor oder nicht?« genannten Hinweise.

```
<?php
register_post_type(
    'recipe',
    [
        'public'       => true,
        'labels'       => [
            ...
        ],
        'show_in_rest' => true,
    ]
);
```

Listing 13.5 Aktivierung der REST-Route für den Artikeltyp und somit des Block-Editors

> **Block-Editor oder nicht?**
>
> Der Attributwert von `$show_in_rest` wird standardmäßig auf `false` gesetzt. Das führt dazu, dass der *Custom Post Type* dann nur mit dem Classic-Editor funktioniert

(siehe Abbildung 13.3). Wollen Sie lieber den Block-Editor nutzen – wovon auszugehen ist, da er immerhin nun der Standard-Editor ist –, sollten Sie diesen Wert immer auf `true` setzen (siehe Listing 13.5). Der einfache Grund ist, dass der Block-Editor auf die REST-API angewiesen ist. Ohne Freischaltung funktioniert er nicht.

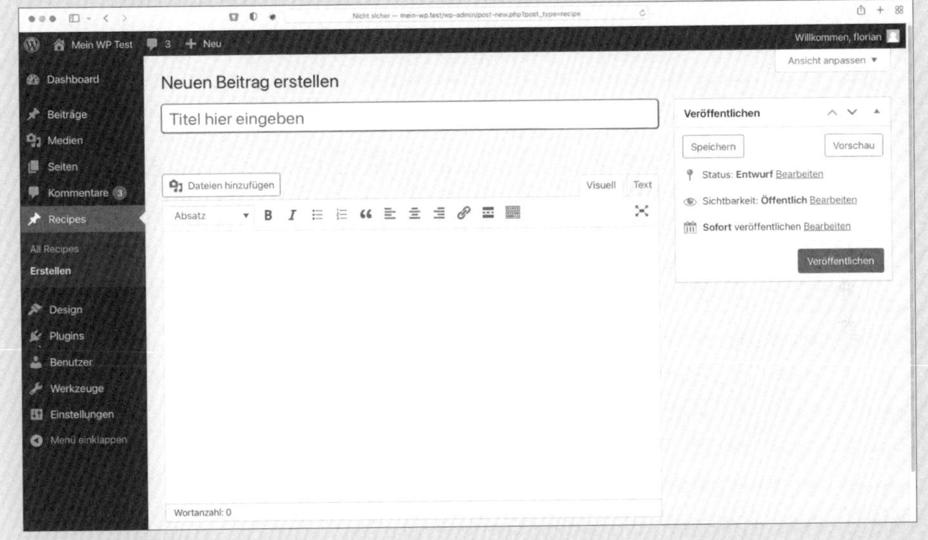

Abbildung 13.3 Der Classic-Editor im Custom Post Type?

Editor-Funktionen festlegen

Als Nächstes können Sie mit dem Attribut `$supports` Editorfunktionen freischalten. Angegeben werden kann ein Array mit Werten aus Tabelle 13.1. In Abbildung 13.4 sehen Sie, welche Teile im Einzelnen freigeschaltet werden.

Beachten Sie, dass einige Bereiche nur dann erscheinen, wenn der Block-Editor dies für sinnvoll erachtet. Die Revisionsanzeige erscheint zum Beispiel erst, wenn mindestens eine zuvor gespeicherte Version existiert. Andere Einstellungen, wie die benutzerdefinierten Felder ❿, müssen im Block-Editor explizit aktiviert werden. Das geht über die Einstellungen (die drei horizontal angeordneten Punkte rechts oben) • VOREINSTELLUNGEN • BEDIENFELDER • INDIVIDUELLE FELDER.

	Attribut	Beschreibung
❶	`title`	Die Angabe eines Titels ist möglich.
❷	`editor`	Der Editor wird eingeblendet.
❸	`author`	Der Autor kann angegeben werden.

Tabelle 13.1 Mögliche Werte für »$supports«

	Attribut	Beschreibung
❹	`thumbnail`	Ein Beitragsbild kann festgelegt werden.
❺	`excerpt`	Ein Auszugtextfeld wird angezeigt.
	`trackbacks`	Trackbacks können gesendet werden (siehe den Kasten »Was ist ein Pingback?« in Abschnitt 4.1.5).
❻	`custom-fields`	Benutzerdefinierte Felder werden eingeblendet.
❼	`comments`	Kommentare werden angezeigt und können bearbeitet werden.
❽	`revisions`	Die Revisions-Funktion wird aktiviert. Das heißt, dass bei jedem Speichern die alte Version gespeichert bleibt.
❾	`page-attributes`	Seitenattribute (wie die Auswahl des Eltern-Elements, das Template und die Reihenfolge) werden freigeschaltet.
❿	`post-formats`	Formatvorlagen werden freigeschaltet. Das funktioniert nur, wenn das Theme dies unterstützt.

Tabelle 13.1 Mögliche Werte für »$supports« (Forts.)

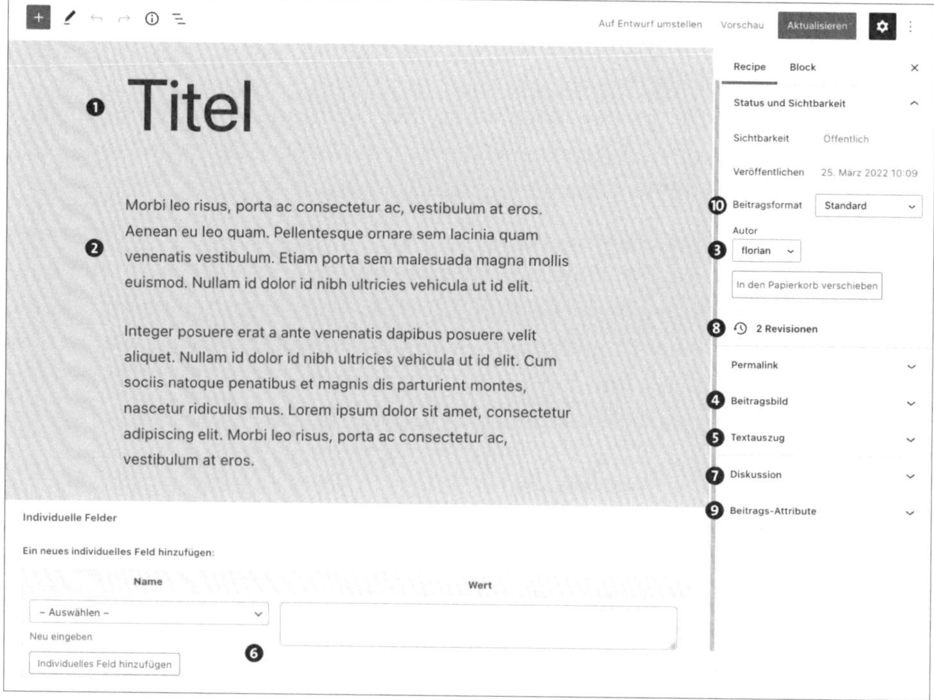

Abbildung 13.4 Die einzelnen Elemente des Editors wurden freigeschaltet.

Block-Editor oder nicht?

Wird `editor` in `$supports` explizit *nicht* angegeben, so wird das klassische Layout ohne Editor geladen (siehe Abbildung 13.3, jedoch ohne Textarea-Feld).

In unserem Rezepte-Plugin benötigen wir nicht alle Einstellungsmöglichkeiten. Den Code erweitern wir so, wie in Listing 13.6 angegeben:

```
<?php
register_post_type(
    'recipe',
    [
        'public'        => true,
        'labels'        => [
            'name'                 => __( 'Recipes', 'nomnom' ),
            ...
        ],
        'show_in_rest' => true,
        'supports'      => [
            'title',
            'editor',
            'comments',
            'revisions',
            'excerpt',
            'thumbnail',
        ]
    ]
);
```

Listing 13.6 Freischaltung bestimmter Editor-Funktionen des Artikeltyps »Rezepte«

Zugangsberechtigungen

Als Nächstes können Sie über folgende Attribute das Rechtemanagement für den Artikeltyp festlegen:

- `$capability_type` ist ein String, der später dazu verwendet wird, die Rechtebezeichnungen zu konstruieren (siehe dazu die folgenden Beispiele).
- `$capabilities` ist ein Array mit folgenden Schlüsseln: `edit_post`, `read_post`, `delete_post`, `edit_posts`, `edit_others_posts`, `publish_posts` und `read_private_posts`. Wird ein leeres Array angegeben, so wird der Wert aus `$capability_type` genutzt, um die Benutzerrechte zu konstruieren.

- Durch `$map_meta_cap` wird angegeben, ob das interne Meta-Capability »mapping« genutzt werden soll. Der Standardwert ist `null`, was zu `false` ausgewertet wird. `false` bedeutet »Mapping abschalten«, `true` bedeutet »Mapping einschalten«.

Wird keines der Attribute gesetzt, so wird WordPress folgende Capabilities hinterlegen (siehe Tabelle 13.2).

edit_post	edit_posts
edit_others_posts	publish_posts
read_post	read_private_posts
delete_post	delete_posts

Tabelle 13.2 Standard-Capabilities

Dies hat zur Folge, dass die Rechtestruktur so aufgebaut wird, wie es außerdem für Beiträge der Fall ist. Das bedeutet, dass Benutzer mit den Rollen Administrator, Redakteur, Autor und Mitarbeiter die gleichen Rechte für Rezepte haben, wie sie auch für Beiträge gelten. Im Großteil der Fälle dürfte diese Einstellung passend sein. Insofern ist es nur dann sinnvoll, die Rechte zu ändern, wenn Sie beispielsweise eine neue Rolle »Rezept-Autor« einführen wollen. In diesem Fall haben Sie zwei Möglichkeiten:

- WordPress generiert die Rechte-Strings.
- Sie generieren eigene Rechte-Strings.

WordPress generiert die Rechte-Strings

Wenn Sie `$capability_type` angeben (im Beispiel mit dem Wert `recipe`), generiert WordPress die acht Rechte-Strings, die Sie in Tabelle 13.3 sehen.

edit_recipe	edit_recipes
edit_others_recipes	publish_recipes
read_recipe	read_private_recipes
delete_recipe	delete_recipes

Tabelle 13.3 So generiert WordPress die Rechte-Strings bei Angabe des Post-Typs.

Achtung: Singular wählen!

Bitte beachten Sie, dass die an das Attribut `$capability_type` übergebene Zeichenfolge der Ausdruck im Singular ist. Würde der Wert `recipes` (also mit angehängtem »s«) verwendet, würden die Rechte-Strings wie in Tabelle 13.4 erstellt:

edit_recipes	edit_recipess
edit_others_recipess	publish_recipess
read_recipes	read_private_recipess
delete_recipes	delete_recipess

Tabelle 13.4 Bei Angabe des Plurals entstehen unschöne Capability-Bezeichnungen.

Die zusätzlichen »s« am Ende sind keine Schreibfehler. Sie entstehen intern durch WordPress, denn WordPress kann nicht erkennen, ob Sie den Singular oder Plural angegeben haben. Im Prinzip ist die Angabe des Plurals kein Fehler, aber ich denke, Sie verstehen, dass dies zu einer gewissen Verwirrung führen kann, wenn bei Rechte-Checks mit seltsamen Begriffen gearbeitet werden muss. Im Übrigen können Sie ein Array an `$capability_type` übergeben, wobei der erste Wert darin den Singular und der zweite den Plural beschreibt. Das ist bei Wörtern interessant, bei denen das Anhängen von »s« nicht zum Plural führt. Beispiel: `array( 'story', 'stories' )`.

Anschließend müssen Sie die gewünschten Rollen um die entsprechenden Rechte erweitern. Wie das geht, steht in Abschnitt 16.2.1, »Befugnisse (Capabilities)«.

Eigene Rechte-Strings generieren

Der alternative Weg ist, dass Sie die Rechte-Strings selbst erstellen. Das geht durch das Attribut `$capabilities`, wie zuvor beschrieben. Ein Array mit Werten wird erfasst. Hier gilt es, wie folgt zu unterscheiden: In WordPress existieren sogenannte *Meta-Capabilities*, die selbst nicht direkt einer Rolle zugewiesen werden müssen, da sie auch von einem Objekt abhängig sein können:

- `edit_post`
- `read_post`
- `delete_post`

Damit ist es möglich, einen Artikeltyp so einzurichten, dass jeder Benutzer seine eigenen Rezepte bearbeiten kann, jedoch nicht die Rezepte der anderen. Später wird also nicht geprüft, ob ein Benutzer mit einer bestimmten Rolle das Recht hat, ein Rezept zu bearbeiten; sondern es wird also geprüft, welche Rechte benötigt werden, um dies zu tun. Und diese Rechte können auch vom Objekt abhängig sein.

Zu diesen drei Meta-Capabilities gesellen sich fünf sogenannte *primitive Capabilities*, die einer Rolle zugewiesen werden müssen, damit sie funktionieren:

- `edit_posts`
- `edit_others_posts`

- `publish_posts`
- `read_private_posts`
- `delete_posts`

Damit wird ein *genereller* Zugriff auf eine bestimmte Aktion geprüft.

Zum Schluss kommen noch sechs *weitere Capabilities* hinzu, die in der Funktion `map_meta_cap()` eine Rolle spielen und nur dann registriert werden, wenn das Attribut `$map_meta_cap` auf `true` gesetzt wird:

- `read`
- `delete_posts`
- `delete_private_posts`
- `delete_published_posts`
- `delete_others_posts`
- `edit_private_posts`
- `edit_published_posts`

Wie Sie sehen, benötigen Sie also *entweder* das Attribut `$capability_type` *oder* `$capabilities` zusammen mit `$map_meta_cap`. Ein etwas ausführlicheres Beispiel finden Sie in Kapitel 16, »Benutzer- und Rechtemanagement«.

Im Rezepte-Beispiel belasse ich vorerst die Standardeinstellungen. So ist es möglich, dass alle Nutzer, die Beiträge und Seiten bearbeiten dürfen, auch Rezepte bearbeiten können.

Permalink-Struktur festlegen

Wie ich bereits in Kapitel 12 angesprochen habe, erstellt WordPress die Rewrite-Regeln für den neuen Inhaltstyp automatisch. Natürlich lassen sich die Standardeinstellungen aber jederzeit verändern. Das gelingt mit den folgenden Attributen:

- Wenn `$rewrite` auf `true` gesetzt ist, wird der Wert des Attributs `$post_type` verwendet, um die Standard-Rewrite-Regeln zu erstellen, wie es bei Beiträgen der Fall ist. Mit `false` werden keine Rewrite-Regeln generiert. Die Übergabe eines Arrays ist ebenfalls möglich. Folgende Schlüssel können angegeben werden:
  - `$slug`: Es hat sich bewährt, hier einen übersetzbaren Wert festzulegen (siehe Listing 13.7). Wird nichts angegeben, wird `$post_type` genutzt.
  - `$with_front = true` bedeutet, dass die Bezeichnung des Artikeltyps der Permalink-Struktur vorangestellt wird. Die Rezepte-URLs starten also mit */recipe/{rezept_titel}*. Wird `false` gesetzt, so fällt die Bezeichnung weg.

  - Wird `$feeds` auf `true` gesetzt, so werden ebenfalls Rewrite-Regeln für Feeds erstellt.
  - `$pages` aktiviert die Paginierung für den Artikeltyp.
  - `$ep_mask` ist schließlich die Endpunkt-Bitmaske.
- Die `$query_var` ist die Bezeichnung des GET-Parameters, der für das Zusammenbauen der URL wichtig ist (siehe dazu auch noch einmal Abschnitt 12.4.3, »Eine Abfrage-Variable ergänzen«).
- Indirekt gehört auch das Attribut `$hierarchical` zu den Permalink-Einstellungen. Wird es auf `true` gesetzt, so können Rezepte unterhalb anderer Rezeptseiten angeordnet werden. Das hat zur Folge, dass der Permalink des Elternrezepts in der URL des Kind-Rezepts erscheint.

```
<?php
register_post_type(
    'recipe',
    [
        'public'       => true,
        'labels'       => [
            'name'                  => __( 'Recipes', 'nomnom' ),
            ...
        ],
        'show_in_rest' => true,
        'supports'     => [
            'title',
            ...
        ],
        'rewrite'      => [
            'slug' => sanitize_key( __( 'recipe', 'nomnom' ) )
        ]
    ]
);
```

Listing 13.7 Das Attribut »rewrite« wird angepasst.

Weitere Attribute

Zu den bereits genannten Attributen gesellen sich noch folgende hinzu:

- `$description` erlaubt die Angabe einer Beschreibung. Wird derzeit nur in der REST-API verwendet.
- Wird `$has_archive` auf `true` gesetzt, so wird WordPress eine Rewrite-Regel für Archivseiten hinzufügen. Besser ist es, einen übersetzbaren String anzugeben. Wie

Sie im Beispiel aus Listing 13.8 sehen, wird der Plural verwendet. Damit erzeugt WordPress die Archivseite unter *http://mein-wp.test/recipes/*. Sie listet nun alle Rezepte auf (siehe Abbildung 13.5).

- Mit `$register_meta_box_cb` lässt sich eine Callback-Funktion angeben, die dafür genutzt werden kann, Metaboxen zu registrieren. Der Funktion wird ein Parameter übergeben: das `WP_Post`-Objekt des aktuellen Artikels. (Mehr dazu lesen Sie in Abschnitt 6.2.2, »Schickes Box-Design mit der Metabox-API«.)
- Mit dem Attribut `$taxonomies` kann ein Array mit Slug-Bezeichnungen von Taxonomien übergeben werden. Wie das geht, erfahren Sie gleich im Anschluss in Abschnitt 13.2.
- Wie der Name bereits vermuten lässt, kann durch `$can_export` bestimmt werden, ob die Posts aus diesem Artikeltyp exportiert werden dürfen. `false` wird entsprechend nur dann angegeben, wenn das Exportieren eingeschränkt werden soll.
- Mit `$delete_with_user` wird bestimmt, ob Beiträge dieses Typs beim Löschen eines Benutzers gelöscht werden sollen:
  - Falls `true`, werden die Posts, die zu dem Benutzer gehören, in den Papierkorb verschoben.
  - Bei `false` werden diejenigen Posts, die zu dem Benutzer gehören, *weder* in den Papierkorb verschoben *noch* gelöscht.
  - Falls weder `true` noch `false` gesetzt wird, werden die Posts in den Papierkorb gelegt, wenn `author` in `$supports` angegeben wurde. Andernfalls werden Beiträge weder gelöscht noch verschoben.

```
<?php
register_post_type(
    'recipe',
    [
        'public'       => true,
        'labels'       => [
            'name'                 => __( 'Recipes', 'nomnom' ),
            ...
        ],
        'show_in_rest' => true,
        'supports'     => [
            'title',
            ...
        ],
        'rewrite'      => [
            'slug' => sanitize_key( __( 'recipe', 'nomnom' ) )
        ],
```

```
        'has_archive'  => sanitize_key( __( 'recipes', 'nomnom' ) )
    ]
);
```

Listing 13.8 »has_archive« bekommt den Wert »'recipes'« (im Plural), während die Rewrite-Regel den Slug im Singular erhält.

Abbildung 13.5 Die Archivseite listet alle Rezepte auf.

13.1.2 Rewrite-Regeln bei Custom Post Types

Wenn Sie mit `register_post_type()` arbeiten, wird obendrein die Rewrite-API getriggert. Denn es ist davon auszugehen, dass der Kunde auch für den neuen Artikeltyp schöne URLs haben möchte. WordPress erfindet das Rad nicht neu und greift auf die Rewrite-API zurück. Das bedeutet aber auch, dass beim Erstellen neuer Artikeltypen der Cache der Rewrite-Rules geleert werden muss. Sie benötigen also hier den gleichen Code, den wir schon in Abschnitt 12.4.2, »Eine Rewrite-Regel erstellen«, entwickelt haben. Listing 13.9 zeigt den Ausschnitt aus der Stammdatei. Hier noch einmal zur Erklärung:

- Die Funktion des `init`-Hooks wird während des Aktivierens nicht getriggert. Das ist jedoch wichtig, damit `flush_rewrite_rules()` Wirkung zeigt. Deswegen muss `register_post_types()` innerhalb der Aktivierungsfunktion ausgeführt werden.
- Umgekehrt darf der Artikeltyp nicht erneut hinzugefügt werden, nachdem der Deaktivierungs-Hook getriggert wurde. Der hervorgehobene Teil im Code zeigt deshalb, wie dies ausgeschlossen wird:

```
<?php
namespace floriansimeth\nomnom;

define( 'FS_NOMNOM_FILE', __FILE__ );

add_action( 'init', 'floriansimeth\nomnom\register_post_types' );

function register_post_types() {
    if ( is_deactivation_in_progress() ) {
        return;
    }

    register_post_type( 'recipe', ... );
}

function is_deactivation_in_progress(): bool {
    $plugin = plugin_basename( FS_NOMNOM_FILE );

    return isset( $GLOBALS['pagenow'] )
           && 'plugins.php' === $GLOBALS['pagenow']
           && isset( $_REQUEST['action'] )
           && 'deactivate' === $_REQUEST['action']
           && isset( $_REQUEST['plugin'] )
           && $plugin === $_REQUEST['plugin'];
}

function activate_plugin() {
    register_post_types();
    flush_rewrite_rules();
}

register_activation_hook(
    FS_NOMNOM_FILE,
    'floriansimeth\nomnom\activate_plugin'
);
```

```
register_deactivation_hook(
    FS_NOMNOM_FILE,
    '\flush_rewrite_rules'
);
```

Listing 13.9 Auszug aus der Stammdatei mit Aktivierungs- und Deaktivierungsfunktion

13.1.3 Helferfunktionen für Custom Post Types

Auch das Entfernen von Artikeltypen kann sinnvoll sein. Hier hilft die Funktion `unregister_post_type( string $post_type ): bool|WP_Error`. Übergeben werden muss nur der Name, der beim Registrieren verwendet wurde. Zurückgegeben wird `true` im Erfolgsfall und ein `WP_Error`-Objekt im Fehlerfall. Weitere Funktionen finden Sie in Tabelle 13.5.

Hilfsfunktion	Beschreibung
`is_post_type_hierarchical()`	Prüft, ob der Artikeltyp hierarchisch aufgebaut ist.
`post_type_exists()`	Prüft, ob ein Artikeltyp existiert.
`get_post_type()`	Checkt, zu welchem Artikeltyp ein Post gehört.
`get_post_type_object()`	Gibt das `WP_Post_Type`-Objekt zurück.
`get_post_type_labels()`	Liefert alle Labels/Übersetzungen für einen Artikeltyp.
`get_post_types()`	Erlaubt, nach einem Artikeltyp zu suchen.
`add_post_type_support()`	Fügt weitere Editorfunktionen zu einem bestehenden Artikeltyp hinzu (siehe Abschnitt 13.1.1 und dort »Editor-Funktionen festlegen«).
`remove_post_type_support()`	Entfernt Editor-Funktionen.
`get_all_post_type_supports()`	Liefert alle Editor-Funktionen.
`post_type_supports()`	Prüft, ob eine Editor-Funktion von einem Artikeltyp unterstützt wird.
`get_post_types_by_supports()`	Sucht nach Artikeltypen, die bestimmte Editorfunktionen unterstützen.
`set_post_type()`	Erlaubt, den Artikeltyp eines einzelnen Posts zu verändern.

Tabelle 13.5 Weitere Hilfsfunktionen beim Arbeiten mit Custom Post Types

Hilfsfunktion	Beschreibung
`is_post_type_viewable()`	Checkt, ob ein Artikeltyp im Frontend aufrufbar ist.
`is_post_type_archive()`	Checkt, ob die aktuelle Abfrage zu einem speziellen Artikeltyp gehört.

Tabelle 13.5 Weitere Hilfsfunktionen beim Arbeiten mit Custom Post Types (Forts.)

13.2 Benutzerdefinierte Taxonomien

Das griechische Wort *Taxonomie* bedeutet so viel wie *Ordnung*. Im WordPress-Umfeld werden damit Objekte (in der Regel Beiträge oder Posts von Custom Post Types) gruppiert. Wenn wir beim Rezept-Beispiel bleiben, ist es sinnvoll, diese in Kategorien einzuteilen. Es ist aber auch möglich, die zwei bereits vorhandenen Taxonomien zu verwenden: *Kategorien* (Slug: `category`) und *Schlagwörter* (Slug: `post_tag`).

Listing 13.10 zeigt, wie einfach es ist, diese zwei Taxonomien mit dem Artikeltyp zu verknüpfen. Im Menü werden sie dann sogleich angezeigt (siehe Abbildung 13.6). Ich gehe davon aus, dass Sie die Kategorien und Schlagwörter für Beiträge nicht mit denen von Rezepten vermischen wollen. Deswegen werden Sie im Folgenden lernen, wie Sie eigene Taxonomien erstellen können.

```
<?php
register_post_type(
    'recipe',
    [
        ...
        'taxonomies'   => [ 'category', 'post_tag' ]
    ]
);
```

Listing 13.10 Die Slug-Bezeichnung wird übergeben.

Abbildung 13.6 Kategorien und Schlagwörter im Rezepte-Menü

13.2.1 Eine Taxonomie registrieren

Taxonomien zu registrieren, funktioniert ebenso, wie CPTs zu WordPress hinzuzufügen. Sie benötigen die Funktion aus Listing 13.11. Auch hier gibt es jede Menge Attribute, mit denen sich das Verhalten der Taxonomien bis ins kleinste Detail einstellen lässt. Den Anfang macht der Parameter `$taxonomy`. Bei ihm handelt es sich um einen Slug für die Taxonomie, der intern verwendet wird. Er darf nicht länger als 32 Zeichen sein.

Gefolgt wird der Parameter von `$object_type`. Hier kann ein String oder ein Array von Strings von Objekten übergeben werden, mit denen die Taxonomie verknüpft werden soll. In unserem Beispiel ist das der Artikeltyp `recipe`.

```
<?php
function register_taxonomy(
    string $taxonomy,
    array|string $object_type,
    array $args = [
        string[] $labels = [],
        string $description = '',
        bool $public,
        bool $publicly_queryable = $public,
        bool $hierarchical = false,
        bool $show_ui = $public,
        bool $show_in_menu = $show_ui,
        bool $show_in_nav_menus = $public,
        bool $show_in_rest,
        string $rest_base = $taxonomy,
        string $rest_namespace = 'wp/v2',
        string $rest_controller_class = 'WP_REST_Terms_Controller',
        bool $show_tagcloud = $show_ui,
        bool $show_in_quick_edit = $show_ui,
        bool $show_admin_column = false,
        bool|callable $meta_box_cb = post_categories_meta_box()
           | post_tags_meta_box(),
        callable $meta_box_sanitize_cb,
        string[] $capabilities [
           string $manage_terms = 'manage_categories',
           string $edit_terms = 'manage_categories',
           string $delete_terms = 'manage_categories',
           string $assign_terms = 'edit_posts'
        ],
        bool|array $rewrite = [
           string $slug = $taxonomy,
```

13

```
            bool $with_front = WP_Rewrite::$front,
            bool $hierarchical = false,
            int $ep_mask = EP_NONE
        ],
        string|bool $query_var = $taxonomy,
        callable $update_count_callback,
        string|array $default_term [
            string $name,
            string $slug = '',
            string $description = ''
        ],
        bool $sort,
        array $args
    ]
) {
    ...
}
```

Listing 13.11 Funktionsbeschreibung von »register_taxonomy()«

Beachten Sie, dass `register_taxonomy()` ausgeführt werden muss, *bevor* ein Artikeltyp erstellt wird. In unserem Beispiel-Plugin führen wir die Funktion deshalb *vor* `register_post_type()` aus (siehe Listing 13.12):

```
<?php
function register_post_types() {
    if ( is_deactivation_in_progress() ) {
        return;
    }

    register_taxonomy(
        'recipe_category',
        'recipe',
        [
            'hierarchical' => true,
        ]
    );

    register_post_type(
        'recipe',
        [
            ...
            'taxonomies'   => [ 'recipe-category' ]
        ]
```

```
    );
}
```

Listing 13.12 Eine benutzerdefinierte Taxonomie wird zum Artikeltyp hinzugefügt.

Begriffe festlegen

Wie Sie sehen, wird nur ein einziges Argument übergeben: `hierachical`. Das führt in WordPress dazu, dass die Labels optimal mit »Kategorie« übersetzt werden (siehe Abbildung 13.7). Würde `hierarchical = false` gesetzt, würden die Labels mit »Schlagwort« übersetzt werden. Natürlich können Sie jederzeit Ihre eigenen Bezeichnungen festlegen oder ändern, aber das ist in diesem Beispiel nicht notwendig. Die Labels ergänzen Sie mit dem Attribut `labels`. Welche Möglichkeiten es gibt, entnehmen Sie am besten dem DocBlock der Funktion `get_taxonomy_labels()`.[3]

In `register_post_type()` muss noch das Attribut `taxonomies` mit dem Slug der gerade erstellten Taxonomie ergänzt werden.

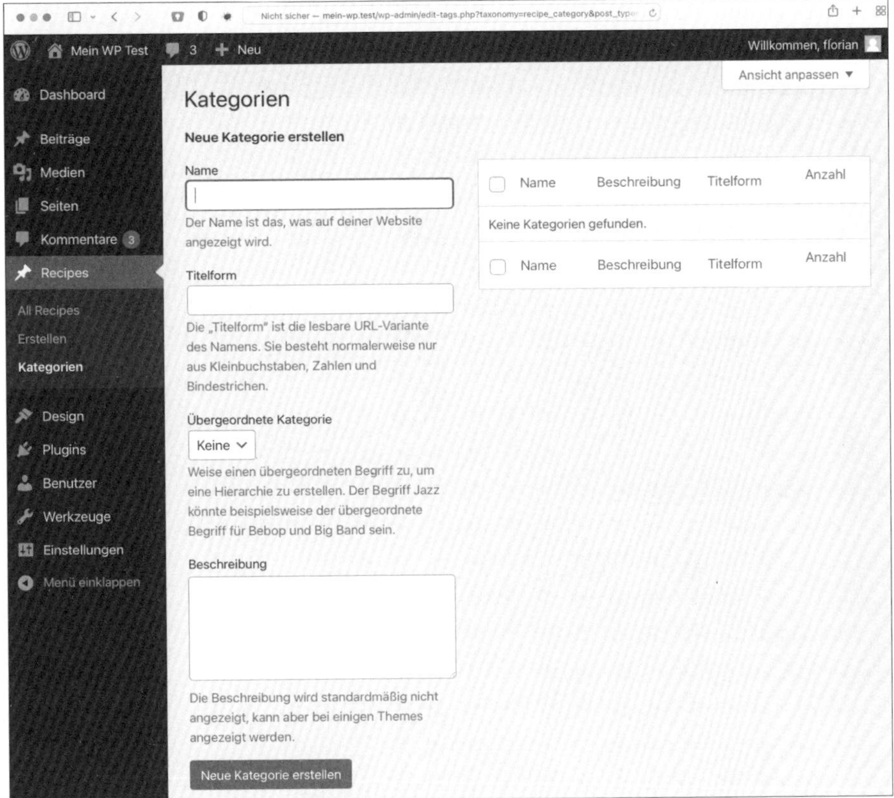

Abbildung 13.7 Die benutzerdefinierte Taxonomie

3 Direkter Link zum Quellcode: *https://github.com/WordPress/wordpress-develop/blob/5.9/src/wp-includes/taxonomy.php#L651*

Erreichbarkeit und REST-API

Die folgenden Attribute entsprechen denen, die bei der Erstellung von Artikeltypen verwendet werden (siehe Abschnitt 13.1.1 und dort »Erreichbarkeit definieren«). Ich gehe deshalb nicht detaillierter auf sie ein:

- `$public`
- `$public_queryable`
- `$show_ui`
- `$show_in_menu`
- `$show_in_nav_menus`
- `$show_in_quick_edit` zeigt die Taxonomie in der QuickEdit-Funktion an (siehe Abbildung 13.8, ❷). Auf sie kann zugegriffen werden, wenn auf den QuickEdit-Link ❶ geklickt wird.
- `$show_admin_column` kann auf `true` gesetzt werden, wenn in der Übersichtsseite im Backend die Taxonomie aufgelistet werden soll (in der Abbildung die ❸).

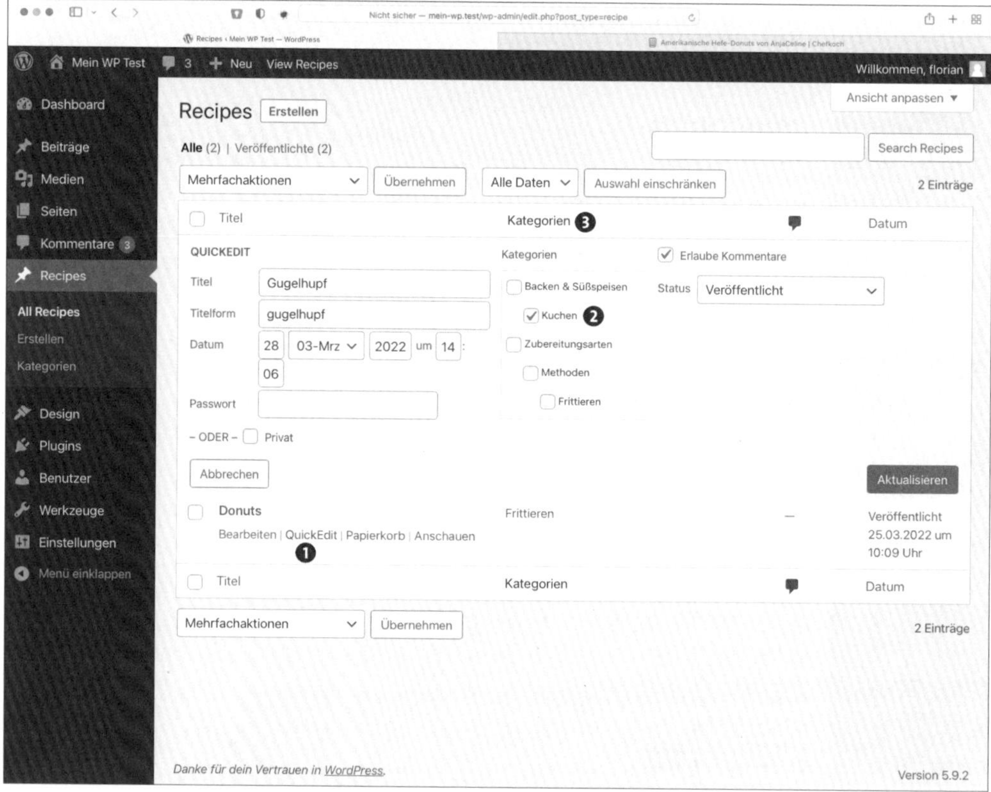

Abbildung 13.8 Sie können bestimmen, ob die neue Taxonomie auch in der Quick-Edit-Funktion enthalten sein soll.

- `$show_tagcloud` erlaubt, dass die neue Taxonomie im Widget *Schlagwörter-Wolke* ausgewählt werden kann. Das funktioniert in WordPress 5.9 und früher jedoch nur im Classic-Widget-Screen und nicht mit dem Block-Editor.
- `$show_in_rest` muss auch hier auf `true` gesetzt werden, wenn der Block-Editor zum Einsatz kommt.
- `$rest_namespace`
- `$rest_controller_class`

Den Beispielcode ergänzen wir so, wie in Listing 13.13 zu sehen ist:

```
<?php
register_taxonomy(
    'recipe_category',
    'recipe',
    [
        'hierarchical'       => true,
        'show_in_rest'       => true,
        'show_admin_column'  => true,
    ]
);
```

Listing 13.13 Anzeige einer zusätzlichen Spalte in der Rezeptübersicht im Backend

Metabox

Wahrscheinlich benötigen Sie die zwei folgenden Attribute eher weniger. Der Vollständigkeit halber habe ich sie dennoch aufgeführt. Beachten Sie, dass sie nur für den Classic-Editor wichtig sind. Im Block-Editor gibt es keine Metaboxen mehr.

- `$meta_box_cb` erlaubt die Angabe einer Funktion, die das Rendern der Metabox im Classic-Editor übernimmt. Als erster Parameter wird das `WP_Post`-Objekt übergeben. Der zweite Parameter enthält zusätzliche Argumente, zum Beispiel den Slug der Taxonomie. Wird keine Funktion angegeben, so übernimmt `post_categories_meta_box()` das Rendern im Falle von hierarchischen Taxonomien. Andernfalls wird `post_tags_meta_box()`genutzt.
- `$meta_box_sanitize_cb` erwartet ebenfalls eine Callback-Funktion. Sie soll die Daten der Metabox säubern, bevor in die Datenbank gespeichert wird. Als erster Parameter wird der Slug der Taxonomie übergeben. Der zweite Parameter ist ein Array mit Termen, die vom Benutzer ausgewählt wurden. Beachten Sie hierzu Abschnitt 7.1.5, »Benutzereingaben neutralisieren«.

Zugangsberechtigungen

Ähnlich wie beim Erstellen von benutzerdefinierten Artikeltypen kann auch bei Taxonomien granular festgelegt werden, wer was machen darf. Das Attribut-Array `$capabilities` erwartet folgende Schlüssel:

- `manage_terms`
- `edit_terms`
- `delete_terms`
- `assign_terms`

Der Wert des Schlüssels erwartet die Angabe eines Benutzerrechts. Die Standardwerte können Sie Listing 13.11 entnehmen. Im Beispiel belasse ich es bei den Standardeinstellungen.

> **Was sind Terme?**
>
> Terme sind in WordPress die Elemente, die einer Taxonomie untergeordnet sind. Im Beispiel ist »Kategorie« die Taxonomie für die Rezepte. Das Wort »Kuchen« wäre ein Term, der sich innerhalb der Taxonomie »Kategorie« befindet. Sie erfahren im Anschluss an diesen Abschnitt mehr über Terme.

Permalink-Struktur festlegen

An dieser Stelle sei auf »Permalink-Struktur festlegen« in Abschnitt 13.1.1 verwiesen. Die Einstellungen sind die gleichen. Der Unterschied ist, dass es keinen `pages`-Schlüssel gibt. Wichtig sind also nur nachfolgende Werte:

- `$slug`
- `$with_front`
- `$hierarchical`
- `$ep_mask`

Listing 13.14 zeigt, wie ich im Beispiel-Plugin den Slug umbenannt habe. Er erscheint im Plural und ist obendrein übersetzbar. Zusätzlich habe ich mit angegeben, dass die URLs hierarchisch sein sollen. Der Term »Kuchen« ist beispielsweise unter der URL *http://mein-wp.test/recipe-categories/backen-suessspeisen/kuchen/* zu erreichen, wenn er sich unterhalb von »Backen & Süßspeisen« befindet.

```
<?php
register_taxonomy(
    'recipe_category',
    'recipe',
    [
```

```
        'hierarchical'       => true,
        'show_in_rest'       => true,
        'show_admin_column'  => true,
        'rewrite'            => [
            'slug' => sanitize_key(
                __( 'recipe-categories', 'nomnom' )
            ),
            'hierarchical' => true,
        ],
    ]
);
```

Listing 13.14 Der Slug der Rewrite-Regel wurde umgeschrieben und kann nun auch übersetzt werden.

Das Attribut `$query_var` kann auch geändert werden. Weitere Informationen dazu finden Sie in Abschnitt 12.4.3, »Eine Abfrage-Variable ergänzen«.

Weitere Attribute

Zu den weiteren Attributen zählen:

- `$description`: Eine Beschreibung der Taxonomie
- `$update_count_callback` funktioniert ähnlich wie ein Hook. Die Funktion wird aufgerufen, wenn die Menge an Termen neu berechnet wird. Standardmäßig übernimmt `_update_post_term_count()` die Zählung für Taxonomien, die an Artikeltypen angehängt sind. Sie stellt sicher, dass die Artikel veröffentlicht sind, bevor sie gezählt werden. `_update_generic_term_count()` übernimmt die Zählung für Taxonomien, die mit anderen Objekttypen, beispielsweise Benutzern, verbunden sind.
- `$sort` legt fest, ob Terme in dieser Taxonomie in der Reihenfolge sortiert werden sollen, in der sie an `wp_set_object_terms()` übergeben werden (siehe nächstes Attribut).
- `$args` ist ein Array mit zusätzlichen Informationen, die an die Funktion `wp_set_object_terms()` geliefert werden. Welche Argumente möglich sind, können Sie dem DocBlock der Konstruktormethode der Klasse `WP_Term_Query` entnehmen.[4]
- Mit `$default_term` kann bestimmt werden, ob ein Term standardmäßig ausgewählt sein soll. Wird ein String übergeben, so ist damit der Slug des bereits existierenden Terms gemeint. Falls ein Array angegeben wird, können folgende Schlüssel verwendet werden:

4 Direkter Link zum Quelltext: *https://github.com/WordPress/wordpress-develop/blob/5.9/src/wp-includes/class-wp-term-query.php#L195*

- `$name`: Der Name des Standard-Terms
- `$slug`: Der Slug des Standard-Terms
- `$description`: Die Beschreibung des Terms

Wie Sie sehen, bleibt der Code in unserem Beispiel sehr überschaubar. Das dürfte in den meisten Fällen so sein. Am Ende können Sie nicht nur über die QuickEdit-Funktion die Kategorien ergänzen, sondern natürlich auch im Block-Editor, wie Abbildung 13.9 beweist.

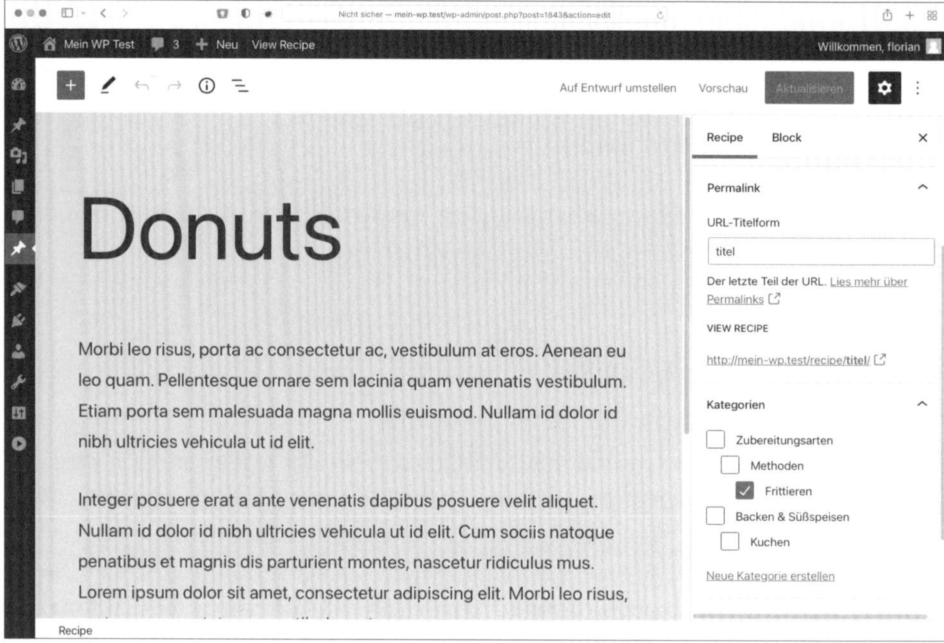

Abbildung 13.9 Rechts unten sind die Kategorien zu finden.

13.2.2 Helferfunktionen für Taxonomien

Das Arbeiten mit Taxonomien geht mit den Funktionen aus Tabelle 13.6 deutlich einfacher von der Hand. Nehmen wir als Beispiel die Funktion `register_taxonomy_for_object_type()` aus Listing 13.15. Sie erlaubt, eine existierende Taxonomie nachträglich mit einem Objekt zu verknüpfen. Das ist immer dann von Vorteil, wenn zum Beispiel ein Artikeltyp bereits besteht, Sie jedoch weitere Taxonomien hinzufügen wollen.

```
<?php
function register_taxonomy_for_object_type(
    string $taxonomy,
    string $object_type
```

```
): bool {
    ...
}
```

Listing 13.15 Funktionsbeschreibung von »register_taxonomy_for_object_type()«

Umgekehrt geht es auch. Hierfür existiert die Funktion `unregister_taxonomy_for_object_type()`. Sie hat exakt dieselben Parameter und hebt die Verknüpfung zwischen einem Objekt und der Taxonomie wieder auf.

Hilfsfunktion	Beschreibung
`unregister_taxonomy()`	Taxonomie entfernen
`get_taxonomy()`	Taxonomie auslesen
`get_taxonomies()`	Gibt eine oder mehrere Taxonomien anhand von Filtern zurück.
`is_taxonomy_hierarchical()`	Prüft, ob Terme einer Taxonomie hierarchisch angeordnet werden dürfen.
`taxonomy_exists()`	Existiert eine Taxonomie bereits? Das wird mit dieser Funktion geprüft.
`get_taxonomy_labels()`	Rückgabe aller möglichen Labels für eine Taxonomie
`get_tax_sql()`	Unterstützt Sie dabei, komplexe SQL-Abfragen in Zusammenhang mit Taxonomien zu erzeugen. (Mehr dazu folgt in Abschnitt 17.3.3, »Tax- und Term-Query«.)
`get_the_taxonomies()`	Gibt ein Array mit allen Taxonomien zurück, die einem Post zugewiesen wurden.
`the_taxonomie()`	Template-Funktion zur direkten Ausgabe der Taxonomien eines Posts. Funktioniert nur im Loop.
`get_post_taxonomies()`	Gibt die Namen aller Taxonomien zu einem Post aus.
`get_object_taxonomies()`	Gibt die Taxonomien in verschiedenen Formaten eines Objekts zurück.

Tabelle 13.6 Hilfsfunktionen für das Arbeiten mit Taxonomien

13.3 Das Kind braucht einen Namen: Terme für Taxonomien erstellen

Terme kamen schon kurz zur Sprache. Sie sind die Begriffe, die zu Taxonomien hinzugefügt werden können. In unserem Beispiel sind das etwa Begriffe wie die in Abbildung 13.10.

Terme werden entweder direkt in der Metabox hinzugefügt (oder im Falle des Block-Editors in der rechten Seitenleiste) oder aber in der Taxonomie-Seite (die sich meist unterhalb eins Hauptmenüpunkts befindet). In unserem Beispiel können Sie unter RECIPES • KATEGORIEN die Taxonomieseite finden. Da es ein User-Interface dafür gibt, werden Sie die nachfolgenden Funktionen eher selten brauchen. Zusammengefasst bilden sie die sogenannte *Terms-API*, die ich Ihnen nicht vorenthalten will.

Name	Beschreibung	Titelform	Anzahl
Backen & Süßspeisen	–	backen-suessspeisen	0
– Kuchen	–	kuchen	1
Zubereitungsarten	–	zubereitungsarten	0
– Methoden	–	methoden	0
– – Frittieren	–	frittieren	1
Name	Beschreibung	Titelform	Anzahl

Abbildung 13.10 Terme, die zur Taxonomie hinzugefügt wurden

13.3.1 Einen Term erstellen und aktualisieren

Mit `wp_insert_term()` (Listing 13.16) erstellt WordPress einen einzelnen Term, der folgende Parameter hat:

- `$term` ist die Bezeichnung des Terms (beispielsweise »Kuchen«).

- `$taxonomy` ist der Slug der Taxonomie, zu der der Term hinzugefügt werden soll. Im Beispiel wäre das `recipe_category`.
- `$args` erlaubt die Angabe weiterer Argumente:
  - `$alias_of` ist ein Slug des Terms, der ein Aliaszum zu erstellenden Term sein soll. Somit kann zwar eine Beziehung angegeben werden, wirklich angewendet wird dies im WordPress-Kern derzeit jedoch nicht.
  - Mit `$description` kann eine Beschreibung angegeben werden.
  - `$parent` erwartet die ID des Eltern-Terms, falls die Taxonomie hierarchisch ist.
  - `$slug` ist schließlich die Titelform, die auch zur Generierung einer URL genutzt wird.

Zurückgegeben wird im Fehlerfall ein `WP_Error`-Objekt, ansonsten ein Array, das zwei Werte enthält: die `$term_id` und die `$term_taxonomy_id`.

Zum Aktualisieren eines Terms nutzen Sie die Funktion `wp_update_term()`, die dieselben Parameter hat.

Keine doppelten Slugs!

Beachten Sie, dass innerhalb des WordPress-Systems kein Slug doppelt vorkommen darf. Wenn Sie beispielsweise den Term »Kuchen« innerhalb der Taxonomie `category` *und* in `recipe_category` anlegen, so wird WP an den zweiten Slug eine Nummer hängen. Aus `kuchen` wird also `kuchen-2`. Dies gilt auch für Slug-Bezeichner für Taxonomien sowie für Beiträge, Seiten etc.

```
<?php
function wp_insert_term(
    string $term,
    string $taxonomy,
    array $args = [
        string $alias_of = '',
        string $description = '',
        int $parent = 0,
        string $slug = ''
    ]
): WP_Error|array [
    int $term_id,
    int|string $term_taxonomy_id
] {
    ...
}
```

Listing 13.16 Funktionsbeschreibung von »wp_insert_term()«

13.3.2 Terme löschen

Das Löschen von Termen braucht besondere Aufmerksamkeit. Die schlichte Angabe einer Term-ID reicht nicht aus, weil die Terme Beziehungen haben. Listing 13.17 zeigt die Funktion, die Sie zum Löschen benötigen. Folgende Parameter sind notwendig:

- `$term` ist die Term-ID.
- `$taxonomy` ist die Slug-Bezeichnung der Taxonomie. In unserem Beispiel wäre das `recipe_category`.
- `$args` ist wieder ein Array mit zusätzlichen Angaben:
- Mit `$default` können Sie eine Term-ID angeben, die als Standardterm deklariert werden soll. Diese Angabe hat bloß dann einen Effekt, wenn am Ende des Löschvorgangs nur noch ein Term in der Taxonomie bestehen bleibt.
- Wird `$force_default` auf `true` gesetzt, wird der Standard-Term in `$default` neu festgelegt, unabhängig davon, ob am Ende des Löschens noch Terme übrig bleiben.

```
<?php
function wp_delete_term(
    int $term,
    string $taxonomy,
    array $args = [
        int $default,
        bool $force_default = false
    ]
): bool|int|WP_Error {
    ...
}
```

Listing 13.17 Funktionsbeschreibung von »wp_delete_term()«

Zurückgegeben wird:

- `true`, wenn der Term gelöscht werden konnte,
- ein Objekt der Klasse `WP_Error`, wenn es zu einem Fehler kam oder
- `0`, wenn versucht wird, den Standard-Term einer Taxonomie zu löschen. Mit diesem Rückgabewert wird ein Abbruch signalisiert, da der Standard-Term nicht gelöscht werden kann.

Beachten Sie bitte Folgendes:

- Wenn der Term ein Elternteil anderer Terme ist, werden die Kinder auf den Elternteil des Terms aktualisiert.
- Das Setzen eines Standardwertes funktioniert so nur mit der von WordPress mitgelieferten Taxonomie (Slug: `category`). Denn für sie kann unter EINSTELLUNGEN • SCHREIBEN • STANDARD-BEITRAGSKATEGORIE ein Defaultwert festgelegt werden.

13.3.3 Term-Verbindungen

Wenn Sie wissen möchten, mit welchen Objekten (beispielsweise einzelnen Rezepten) ein Term verbunden ist, können Sie auf die Funktion `get_objects_in_term()` zurückgreifen (siehe Listing 13.18). Es gilt:

- `$term_ids` ist eine einzelne ID oder ein Array von IDs.
- `$taxonomies` ist ein Slug einer Taxonomie oder ein Array von Slugs.
- `$args` kann nur ein weiteres Argument aufnehmen, nämlich `$order`.

Zurückgegeben wird im Fehlerfall ein `WP_Error`-Objekt oder ein Array mit Objekt-IDs. Beachten Sie, dass ein Wert mehrfach vorkommen kann.

```
<?php
function get_objects_in_term(
    int|int[] $term_ids,
    string|string[] $taxonomies,
    array $args = [
        string $order = 'ASC'
    ]
): string[]|WP_Error {
    ...
}
```

Listing 13.18 Funktionsbeschreibung von »get_objects_in_term()«

Soll eine neue Verbindung hergestellt werden, so nutzen Sie am besten die Funktion aus Listing 13.19. Beachten Sie, dass sie alle Verknüpfungen überschreibt, es sei denn, `$append` wird explizit auf `true` gesetzt. Darüber hinaus gilt:

- `$object_id` ist beispielsweise die Rezept-ID.
- `$terms` sind die IDs der Terme, die an das Rezept angehängt werden sollen.
- `$taxonomy` ist der Slug der Taxonomie. Im Beispiel wäre das `recipe_category`.

Zurückgegeben wird hier ebenfalls ein `WP_Error`-Objekt im Fehlerfall und ansonsten ein Array von IDs, die betroffen waren.

```
<?php
function wp_set_object_terms(
    int $object_id,
    string|int|array $terms,
    string $taxonomy,
    bool $append = false
): array|WP_Error {
```

```
    ...
}
```

Listing 13.19 Funktionsbeschreibung von »wp_set_object_terms()«

Lösen lassen sich alle Verbindungen mit der Funktion aus Listing 13.20:

```
<?php
wp_delete_object_term_relationships(
    int $object_id,
    string|array $taxonomies
): void { ... }
```

Listing 13.20 Funktionsbeschreibung von »wp_delete_object_term_relationships()«

13.3.4 Arbeiten mit Termen im Frontend

Viel wichtiger als das Hinzufügen von Termen zu Objekten und das Löschen von Termen ist meines Erachtens die Arbeit im Frontend. Denn Ersteres übernimmt zum größten Teil WordPress mit den eingebauten Funktionen bereits automatisch für Sie. Wir werden uns in Abschnitt 13.5 genauer mit dem Frontend beschäftigen. Vorher möchte ich jedoch noch auf die Metadaten-API eingehen, da wir sie als Nächstes benötigen, um zusätzliche Daten zu einem Rezept abzuspeichern.

13.4 Zusätzliche Daten zu Inhalten speichern mit der Metadaten-API

Die Metadaten-API ist absolut genial. Sie ermöglicht es Ihnen, zusätzliche Informationen (Metadaten) zu einem Objekt abzuspeichern. Wenn Sie einen Blick auf die Datenbank-Tabellen von WordPress werfen (siehe Abbildung 13.11), werden Sie sehen, dass vier von zwölf Tabellen Meta-Tabellen sind.

Tables_in_local
mywpi_commentmeta
mywpi_comments
mywpi_links
mywpi_options
mywpi_postmeta
mywpi_posts
mywpi_term_relationships
mywpi_term_taxonomy
mywpi_termmeta
mywpi_terms
mywpi_usermeta
mywpi_users

Abbildung 13.11 Es gibt vier Meta-Datenbank-Tabellen.

Somit steht fest: Sie können zu jedem Objekt, egal ob es sich nun um einen Kommentar, einen Beitrag, einen Term oder einen Benutzer handelt, Zusatzinhalte speichern. Tatsächlich macht fast jedes Plugin von dieser Möglichkeit Gebrauch, denn speziell bei Plugins und Themes ist es absolut notwendig, weitere Daten zu speichern – vom komplexen SEO-Plugin bis hin zu unserem Rezept-Beispiel.

Multisite

In Multisite-Umgebungen gesellen sich noch weitere Tabellen zusätzlich zu denen aus Abbildung 13.11 hinzu. Unter anderem gibt es auch eine `wp_sitemeta`, in die Metadaten einer einzelnen Site gespeichert werden.

Datenbank-Zugriff

Wenn Sie *Local* als lokale Laufzeitumgebung verwenden, können Sie unter DATABASE • OPEN ADMINER das PHP-Tool *Adminer* im Browser öffnen. Es erlaubt Ihnen, durch die Datenbank zu navigieren und dort Daten zu manipulieren.

13.4.1 Die Hauptfunktionen der API

Die Metadata-API ist ein standardisierter Weg, um Schlüssel-Wert-Paare zu WordPress-Objekten zu speichern. Es existieren im Grunde drei Hauptfunktionen, die später abstrahiert werden:

- `add_metadata()`
- `update_metadata()`
- `delete_metadata()`

Ich möchte die einzelnen Funktionen kurz beschreiben, weil sie das Wesentliche verdeutlichen. Auf die abstrahierten Funktionen gehe ich im Anschluss ein. Wir benötigen diese dann direkt im Beispiel.

Metadaten hinzufügen

Um Metadaten hinzuzufügen, benötigen Sie die Parameter aus der Funktion in Listing 13.21:

- Zuerst muss klar sein, wohin die Daten gespeichert werden sollen. Dies beschreibt der Parameter `$meta_type`. Möglich sind die folgenden Angaben: `post`, `comment`, `term`, `user` oder `blog` (für Multisites). Abbildung 13.11 zeigte, welche Tabellen jeweils betroffen sind.

- Danach wird mit `$object_id` festgelegt, zu welchem Objekt innerhalb des Meta-Typs Sie Daten speichern wollen. Wir werden später in einem Rezept Informationen ablegen. Also müssten wir eine Post-ID angeben.
- Danach folgt mit `$meta_key` der Name des Wertes und mit `$meta_value` dessen Inhalt.
- `$unique` beschreibt, ob es nur einen einzigen Meta-Schlüssel geben darf.

```
<?php
function add_metadata(
    string $meta_type,
    int $object_id,
    string $meta_key,
    mixed $meta_value,
    bool $unique = false
): int|false {
    ...
}
```

Listing 13.21 Funktionsbeschreibung von »add_metadata()«

Zurückgegeben wird Folgendes:

- im Erfolgsfall die ID des Datenbank-Eintrags
- im Fehlerfall der boolesche Wert `false`
- Falls `$unique` auf `true` gesetzt wurde, wird `false` zurückgegeben, wenn bereits ein Schlüssel mit einem Wert existiert. Ein Update wird dann nicht durchgeführt.

Wie bereits erwähnt, existieren auch abstrahierte Funktionen für `add_metadata()`:

- `add_comment_meta()`
- `add_site_meta()`
- `add_post_meta()`
- `add_term_meta()`
- `add_user_meta()`

Wenn Sie sich den Quellcode dieser Funktionen ansehen, werden Sie bemerken, dass diese ausnahmslos auf `add_metadata()` zurückgreifen. Der Unterschied ist, dass der erster Parameter `$meta_type` wegfällt, weil durch den Funktionsnamen bekannt ist, um welche Art von Metadaten es sich handelt. Wir werden uns in Abschnitt 13.4.2 ansehen, wie eine solche Funktion aufgebaut ist.

Nichtskalare Werte speichern

Wenn Sie Werte speichern wollen, die nicht *skalar* sind (Arrays, Objekte), wird WordPress diese zuerst serialisieren und erst dann in die Datenbank legen. Umgekehrt werden diese Werte nach dem Auslesen durch den Deserialisierungsvorgang wiederhergestellt. Speziell das Speichern von Objekten sollte, wenn möglich, vermieden werden. Näheres dazu lesen Sie in Abschnitt 7.1.6, »Deserialisierung der vom Benutzer bereitgestellten Eingaben«.

Metadaten aktualisieren

Interessant ist außerdem die Funktion aus Listing 13.22, da sie nicht nur zum Aktualisieren von bestehenden Metadaten, sondern ebenfalls zum Anlegen genutzt werden kann. Die Parameter sind bis auf `$prev_value` gleich. Er dient dazu, unterschiedliche Werte zu erkennen.

Sie haben gerade gelernt, dass mit `add_metdata()` festgelegt werden kann, ob ein Schlüssel mehrfach vorkommen darf (Parameter `$unique`). Ist das der Fall, muss bei einem Update sichergestellt werden, dass nicht der falsche Wert aktualisiert wird. Auch dies wird im folgenden Beispiel näher erläutert.

```
<?php
function update_metadata(
    string $meta_type,
    int $object_id,
    string $meta_key,
    mixed $meta_value,
    mixed $prev_value = ''
): int|bool {
    ...
}
```

Listing 13.22 Funktionsbeschreibung von »update_metadata()«

Zurückgegeben wird:

- die ID des Meta-Wertes aus der Datenbank, falls dieser noch nicht existierte
- `true`, wenn ein Update durchgeführt wurde (wenn also ein Eintrag vorher bestand)
- `false` im Fehlerfall

Die folgenden abstrakten Funktionen gibt es auch hier:

- `update_comment_meta()`
- `update_site_meta()`
- `update_post_meta()`

- update_term_meta()
- update_user_meta()

Metadaten auslesen

Außerdem existiert eine Funktion zum Auslesen des Inhalts, wie Listing 13.23 zeigt. Wiederum sind die typischen Spezifikationen erforderlich: $meta_type, $object_id und $meta_key. Entscheidender ist der letzte Parameter: $single. Mit ihm kann gesteuert werden, ob der erste Wert oder alle Werte eines Schlüssels von der Datenbank geladen werden sollen. Wie bereits besprochen, kann es mehrere Einträge mit ein und demselben Schlüssel geben.

```
<?php
function get_metadata(
    string $meta_type,
    int $object_id,
    string $meta_key = '',
    bool $single = false
): mixed {
    ...
}
```

Listing 13.23 Funktionsbeschreibung von »get_metadata()«

Folgende Funktionen existieren darüber hinaus. Es fällt jeweils $meta_type weg.

- get_comment_meta()
- get_site_meta()
- get_post_meta()
- get_term_meta()
- get_user_meta()

Metadaten löschen

Beim Löschen sind neben den Standardwerten vor allem die Parameter $meta_value und $delete_all bedeutsam. Wie schon bei update_metadata() ist es wichtig zu wissen, welcher Schlüssel (sollte es mehrere davon geben) gemeint ist. Wenn alle Werte auf einen Schlag aus der Datenbank entfernt werden sollen, setzen Sie $meta_value entweder auf null, false oder auf einen leeren String und $delete_all auf true. Beachten Sie bitte die Hinweise im Kasten »Vorsicht beim Löschen!«.

```
<?php
function delete_metadata(
    $meta_type,
```

```
    $object_id,
    $meta_key,
    $meta_value = '',
    $delete_all = false
): bool {
    ...
}
```

Listing 13.24 Funktionsbeschreibung von delete_metadata().

> **Vorsicht beim Löschen!**
>
> Wird `$delete_all` auf `true` gesetzt, so ignoriert der Löschvorgang den Parameter `$object_id`. Das heißt, dass alle Metadaten mit dem angegebenen Schlüssel gelöscht werden – unabhängig davon, welche Objekt-ID angegeben wurde.

Hier sind die abstrahierten Funktionen:

- `delete_comment_meta()`
- `delete_site_meta()`
- `delete_post_meta()`
- `delete_term_meta()`
- `delete_user_meta()`

13.4.2 Ungeschützte Metadaten

Tatsächlich gibt es so etwas wie »geschützte Metadaten« in WordPress nicht. Die Funktion `is_protected_meta( $meta_key, $meta_type )` prüft deshalb nicht, ob ein Wert beispielsweise überschrieben werden darf. Sie prüft lediglich, ob dem Schlüssel ein Unterstrich vorangestellt wurde.

Arbeiten mit Custom Fields

Dem Unterstrich wird eine gewisse Rolle zugeschrieben: Schlüssel mit einem vorangestellten Unterstrich besitzen ein eigenes User-Interface und dürfen und können deshalb nicht über die Funktion INDIVIDUELLE FELDER editiert werden. Die Metabox zum Editieren der individuellen Felder aus Abbildung 13.13 erscheint erst, wenn Sie diese im Block-Editor explizit aktivieren. In Abbildung 13.12 finden Sie den Schalter unter BEDIENFELDER • ZUSÄTZLICH • INDIVIDUELLE FELDER. Das Fenster VOREINSTELLUNGEN öffnen Sie über den Button mit den drei Punkten ganz oben rechts. Die Metabox lässt sich im benutzerdefinierten Artikeltyp erst aktivieren, wenn diese unterstützt wird.

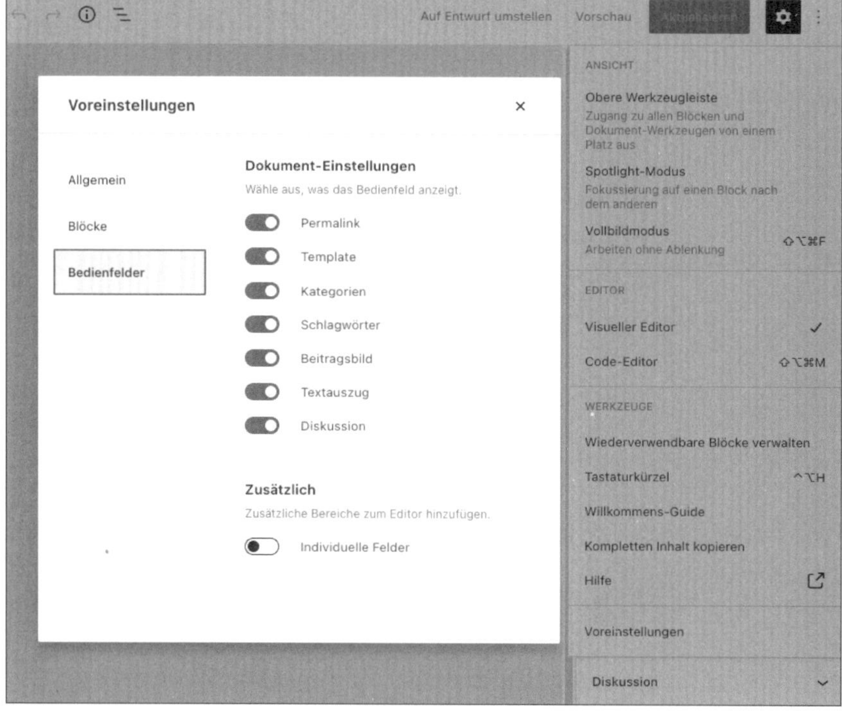

Abbildung 13.12 Das »Voreinstellungen«-Fenster des Block-Editors

Im Rezepte-Plugin muss der hervorgehobene Code aus Listing 13.25 ergänzt werden. Danach können Sie die Metabox wie oben beschrieben einschalten und haben anschließend die Möglichkeit, über die Buttons INDIVIDUELLES FELD HINZUFÜGEN und NEU EINGEBEN eigene Schlüssel-Wert-Paare zu hinterlegen. Abbildung 13.13 zeigt, dass ich bereits ein paar Rezeptangaben eingegeben habe.

```
<?php
register_post_type(
    'recipe',
    [
        ...
        'supports'      => [
            'title',
            'editor',
            'comments',
            'revisions',
            'excerpt',
            'thumbnail',
            'custom-fields'
        ],
```

```
        ...
    ]
);
```

Listing 13.25 Die individuellen Felder werden für diesen Artikeltyp freigeschaltet.

Individuelle Felder

Name	Wert
recipe_prep_time Löschen Aktualisieren	20 min
recipe_cooking_method Löschen Aktualisieren	Frittieren
recipe_ingredients Löschen Aktualisieren	260g Mehl
recipe_ingredients Löschen Aktualisieren	130g Zucker
recipe_ingredients Löschen Aktualisieren	1 Packung Vanillezucker

Ein neues individuelles Feld hinzufügen:

Name	Wert
– Auswählen – Neu eingeben Individuelles Feld hinzufügen	

Abbildung 13.13 Metabox für individuelle Felder

Nach dem Speichern des Rezepts wird WordPress diese Felder in der Tabelle `wp_postmeta` hinterlegen (siehe Abbildung 13.14). Sie sehen, dass allen Meta-Schlüsseln explizit kein Unterstrich vorangestellt wird.

Der Vorteil dieser Vorgehensweise ist, dass Sie weder eine Logik noch ein eigenes User-Interface für das Speichern von Metadaten erstellen müssen. Im Theme oder Plugin müssen die Daten dann lediglich ausgelesen werden.

Der Nachteil ist, dass sich so keine komplexeren Daten wie Arrays und Objekte speichern lassen.

13

☐ Ändern	meta_id	post_id	meta_key	meta_value
☐ bearbeiten	763	1843	recipe_prep_time	20 min
☐ bearbeiten	764	1843	recipe_cooking_method	Frittieren
☐ bearbeiten	765	1843	recipe_ingredients	260g Mehl
☐ bearbeiten	766	1843	recipe_ingredients	130g Zucker
☐ bearbeiten	767	1843	recipe_ingredients	1 Packung Vanillezucker

Abbildung 13.14 Die Metadaten landen ohne vorangestellten Unterstrich in der Postmeta-Tabelle von WordPress.

Auslesen von Custom Fields im Frontend

Im Folgenden wollen wir die Funktion zum Auslesen von Metadaten nutzen, um die gerade gespeicherten Felder anzeigen zu lassen. Dazu verwenden wir die abstrahierte Funktion aus Listing 13.26. Wie Sie sehen, hat sie die gleichen Parameter wie `get_metadata()`. Es fehlt nur `$meta_type`, denn es ist klar, dass es sich um einen Post handelt. Listing 13.27 zeigt die Funktion in Aktion. Der Filter `the_content` erlaubt es uns, zusätzliche Inhalte zu einem Post zu ergänzen.

```
<?php
function get_post_meta(
    int $post_id,
    string $key = '',
    bool $single = false
): mixed {
   ...
}
```

Listing 13.26 Funktionsbeschreibung von »get_post_meta()«

```
<?php
add_filter( 'the_content', 'floriansimeth\nomnom\add_recipe_data' );

function add_recipe_data( $content ) {
    if ( 'recipe' !== get_post_type() ) {
        return $content;
    }

    $cooking_method = (string) get_post_meta(
        get_the_ID(),
        'recipe_cooking_method',
        true
    );
```

```
    $prep_time = (string) get_post_meta(
        get_the_ID(),
        'recipe_prep_time',
        true
    );

    $ingredients = (array) get_post_meta(
        get_the_ID(),
        'recipe_ingredients'
    );

    return $content;
}
```

Listing 13.27 Ergänzung der Stammdatei des Plugins um einen Filter

Nun wird leider noch nichts angezeigt. Es fehlt der Teil des Codes, der die gelesenen Metadaten ausgibt. Dies holen wir mit dem Code aus Listing 13.28 nach. Hier sehen Sie auch, wie die Funktion `metadata_exists()` genutzt wird, damit eine Zeile nicht angezeigt wird, wenn der Nutzer den Wert nicht ausgefüllt hat. Abbildung 13.15 zeigt, wie die Tabelle im Frontend aussieht.


```
<?php
function add_recipe_data( $content ) {
    if ( 'recipe' !== get_post_type() ) {
        return $content;
    }

    $table = '<table class="recipe-table">';

    if ( post_meta_exists( 'recipe_cooking_method' ) ) {
        $cooking_method = (string) get_post_meta(
            get_the_ID(),
            'recipe_cooking_method',
            true
        );

        $table .= sprintf(
            '<tr><th>%s</th><td>%s</td></tr>',
            esc_html__( 'Cooking Method', 'nomnom' ),
            esc_html( $cooking_method ),
        );
    }
```

```
    if ( post_meta_exists( 'recipe_prep_time' ) ) {
        $prep_time = (string) get_post_meta(
            get_the_ID(),
            'recipe_prep_time',
            true
        );

        $table .= sprintf(
            '<tr><th>%s</th><td>%s</td></tr>',
            esc_html__( 'Preparation time', 'nomnom' ),
            esc_html( $prep_time ),
        );
    }

    if ( post_meta_exists( 'recipe_ingredients' ) ) {
        $ingredients = (array) get_post_meta(
            get_the_ID(),
            'recipe_ingredients'
        );

        $table .= sprintf(
            '<tr><th>%s</th><td>',
            esc_html__( 'Ingredients', 'nomnom' )
        );

        foreach ( $ingredients as $ingredient ) {
            $table .= sprintf(
                '%s<br />',
                esc_html( $ingredient )
            );
        }

        $table .= '</td></tr>';
    }

    $table .= '</table>';

    return $table . $content;
}

function post_meta_exists( $meta_key ) {
    if ( ! metadata_exists( 'post', get_the_ID(), $meta_key ) ) {
        return false;
```

```
    }

    $data = get_post_meta(
        get_the_ID(),
        $meta_key,
        true
    );

    return ! empty( $data );
}
```

Listing 13.28 Ausgabe der Metadaten in einer Tabelle im Frontend

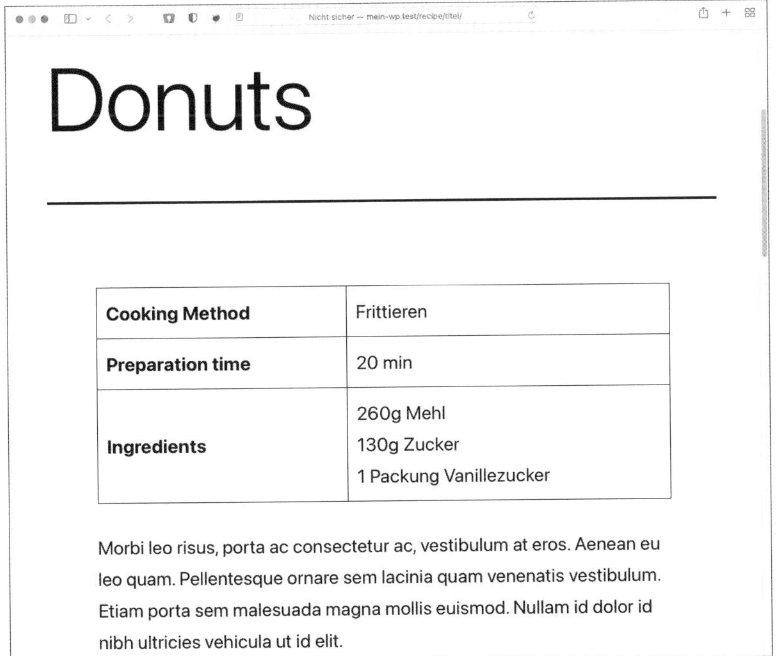

Abbildung 13.15 Die Tabelle im Frontend

13.4.3 Geschützte Metadaten

Wenn Sie sich dafür entscheiden, Ihr eigenes User-Interface zu entwickeln, sollten Sie die Daten »geschützt« speichern. Wie bereits erwähnt wurde, bedeutet das nicht, dass niemand anderes Ihre Daten manipulieren darf. Es besagt lediglich, dass diese Metadaten nicht über die Custom-Fields-Metabox bearbeitet werden können.

Ein ausführliches Beispiel finden Sie in Abschnitt 15.7, »Mit Metadaten und REST-Feldern arbeiten«.

13.5 Mit Inhaltstypen im Frontend arbeiten

Im vorliegenden Fall hatte ich mich entschieden, den Code für den Artikeltyp »Rezepte« in ein Plugin auszulagern. Der Nachteil ist, dass die Ausgabe im Frontend mit jedem Theme unterschiedlich sein kann. Natürlich ist es sinnvoll, eigene CSS-Styles mit dem Plugin auszuliefern. Trotzdem können Sie nie sicher sein, dass die Tabelle immer gleich aussieht. Möglicherweise ist das nicht einmal gewollt, denn immerhin soll sich das Layout am Design des Themes orientieren. Abbildung 13.16 zeigt eine Rezepte-Seite im Classic-Theme, das in Abschnitt 5.3. erstellt wurde. Wirklich schön ist das nicht: Das Theme ist nicht für diese Art von Artikeltyp vorbereitet.

Sie sehen: Hier einen einheitlichen Konsens zu erlangen, ist schwierig. Deswegen stelle ich Ihnen mehrere Möglichkeiten vor.

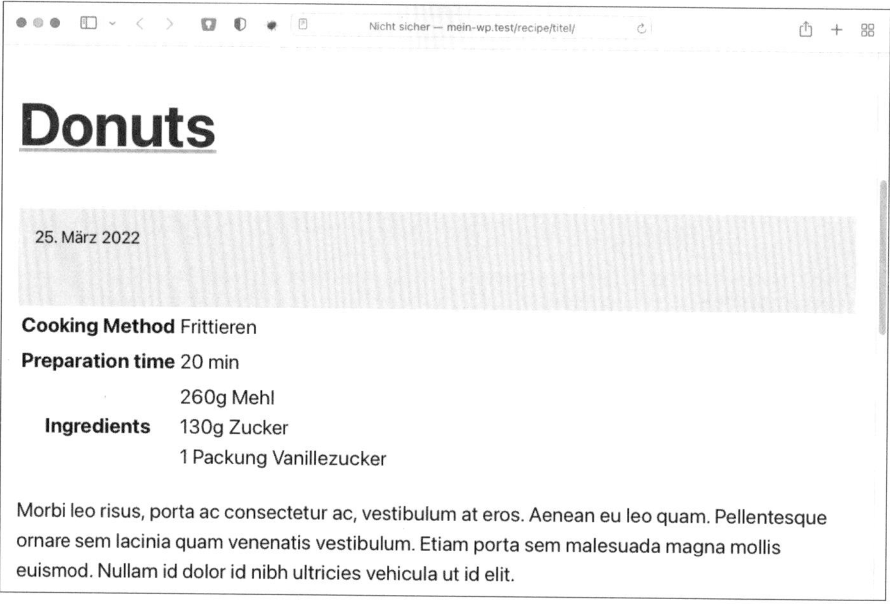

Abbildung 13.16 Unschön: Die Tabelle wird ohne Styling integriert.

13.5.1 Templating im Classic-Theme

Die erste Möglichkeit ist, dem Website-Betreiber die Arbeit des Stylings selbst zu überlassen. Dafür hat er die Option, ein Child-Theme (siehe Abschnitt 5.7, »Wenn Themes Kinder bekommen: Child-Themes«) zu erstellen. In diesem Child-Theme kann er über die *functions.php* eigene Styles ergänzen (siehe Abschnitt 5.4, »CSS für Themes«).

Wenn der auszugebende HTML-Code der Rezepte-Seite angepasst werden soll, kann zusätzlich die Datei *single-{$posttype}.php* im Child-Theme-Verzeichnis angelegt werden. `$posttype` muss durch den Slug des benutzerdefinierten Artikeltyps ersetzt werden. Im Beispiel müssen wir also die Datei *single-recipe.php* anlegen, damit das funktioniert. (Mehr zur Template-Hierarchie finden Sie in Abschnitt 5.3.5, »Das WordPress-Template-System«.) Das bewährte Vorgehen ist, die Datei *single.php* des Eltern-Themes in das Child-Theme-Verzeichnis zu kopieren und sie dann so lange anzupassen, bis sie den eigenen Vorlieben entspricht.

Genau das habe ich in Listing 13.29 getan. Es zeigt einen Ausschnitt der bearbeiteten Template-Datei. Hervorgehoben sind die veränderten oder ergänzten Teile.

```
<?php
namespace floriansimeth\recipe_child_theme;
...
?>
<article id="post-<?php \the_ID(); ?>" <?php \post_class(); ?>>
    ...
    <aside>
        <div class="date">
            <?php \the_date(); ?>
        </div>
        <?php \floriansimeth\mein_wp_theme\the_author(); ?>
        <div class="categories recipe-categories">
            <?php
            the_terms(
                get_the_ID(),
                'recipe_category',
                '',
                ', '
            );
            ?>
        </div>
        <div class="prep-time">
            <?php the_prep_time(); ?>
        </div>
    </aside>
    ...
</article>
```

Listing 13.29 Die Template-Datei eines Rezepts

Die *functions.php* des Child-Themes ist in Listing 13.30 dargestellt. Sie ergänzt die Funktion `the_prep_time()`, die im Template zum Einsatz kommt. Außerdem wird eine CSS-Datei registriert, die nur auf den Rezeptseiten eingebunden wird.

```
<?php
namespace floriansimeth\recipe_child_theme;

function the_prep_time() {
    if ( ! function_exists( '\floriansimeth\nomnom\post_meta_exists' ) ) {
        return;
    }

    if ( ! \floriansimeth\nomnom\post_meta_exists( 'recipe_prep_time' ) ) {
        return;
    }

    $prep_time = (string) get_post_meta(
        get_the_ID(),
        'recipe_prep_time',
        true
    );

    echo esc_html( $prep_time );
}

add_action(
    'wp_enqueue_scripts',
    'floriansimeth\recipe_child_theme\enqueue_styles',
    11
);

function enqueue_styles() {
    wp_register_style(
        'recipe',
        trailingslashit( get_stylesheet_directory_uri() )
            . 'public/css/recipe.css',
        [ 'mwpt-singular-tablet' ],
        '0.1.0'
    );

    if ( is_singular( 'recipe' ) ) {
        wp_enqueue_style( 'recipe' );
    }
}
```

Listing 13.30 Auszug aus der »functions.php«

Die Zubereitungszeit wird im Template im Meta-Bereich angezeigt. Die Kochmethode wird komplett weggelassen, weil über die Kategorie klar ist, um welche Art des Kochens oder Backens es sich handelt. Listing 13.31 zeigt, wie der variable Hook `get_{$meta_type}_metadata` genutzt wird, um diese Informationen aus der Tabelle herauszufiltern, ohne dass das eigentliche Plugin verändert wird:

```
<?php
add_filter(
    'get_post_metadata',
    'floriansimeth\recipe_child_theme\remove_meta_from_table',
    10,
    3
);

function remove_meta_from_table( $check, $object_id, $meta_key ) {
    if ( ! in_the_loop() ) {
        return $check;
    }

    if ( ! doing_filter( 'the_content' ) ) {
        return $check;
    }

    $to_check = [ 'recipe_prep_time', 'recipe_cooking_method' ];

    if ( ! in_array( $meta_key, $to_check ) ) {
        return $check;
    }

    return false;
}
```

Listing 13.31 Ein weiterer Ausschnitt aus der »functions.php«

Zunächst wird geprüft, ob wir uns im Loop befinden und ob aktuell der Filter `the_content` ausgeführt wird. Denn nur dann wird die Tabelle angezeigt. In Abbildung 13.17 ist dargestellt, wie die Rezeptseite nun aussieht. Den Inhalt der CSS-Datei entnehmen Sie bitte dem nun entstandenen Child-Theme, das Sie in den Download-Materialien finden.

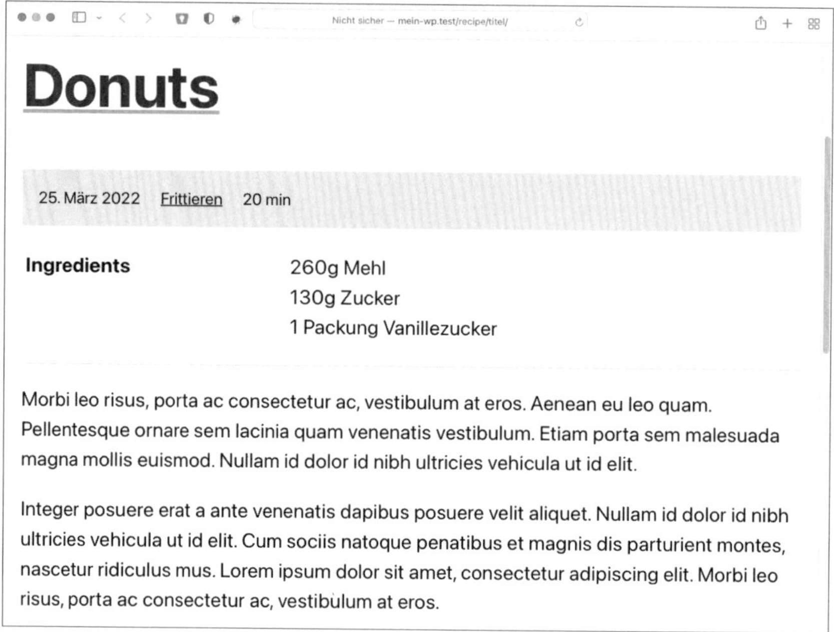

Abbildung 13.17 Gestylte Rezeptseite

13.5.2 Templating im Block-Theme

Child-Themes von Block-Themes sind ebenso möglich. Wir erstellen das Verzeichnis */wp-content/themes/recipe-block-theme/* und darin die Datei *style.css*. Sie hat den Inhalt aus Listing 13.32. Die Angabe `Template` legt fest, von welchem Eltern-Theme wir ein Child-Theme erstellen wollen. Ich nehme Bezug auf das Beispiel-Theme aus Abschnitt 5.8, »Ein Block-Theme entwickeln«. Laden Sie das Eltern-Theme aus den Download-Materialien herunter, und legen Sie es in den */wp-content/themes/*-Ordner. Danach aktivieren Sie das Child-Theme.

```
/**
Theme Name: Recipe Block Theme
Template: mein-block-theme
*/
```

Listing 13.32 Inhalt der »style.css«-Datei

Anschließend erstellen Sie im Child-Theme-Verzeichnis den Ordner */templates/* sowie die Datei *single-recipe.html*. Den Inhalt übernehmen Sie kurzerhand von der */templates/single.html* des Eltern-Themes.

Im WordPress-Backend besuchen Sie nun die Seite DESIGN • EDITOR, gehen dann über das Dropdown-Menü oben auf ALLE TEMPLATES DURCHSUCHEN und wählen im linken Menü TEMPLATES aus. Der Vorgang ist detaillierter in Abschnitt 5.8.3 beschrieben (siehe auch Abbildung 5.51). Sie sehen anschließend den Bildschirm wie in Abbildung 13.18. Ganz oben ist das Template SINGLE-RECIPE zu sehen. Ein Klick darauf bringt Sie zum Template-Editor.

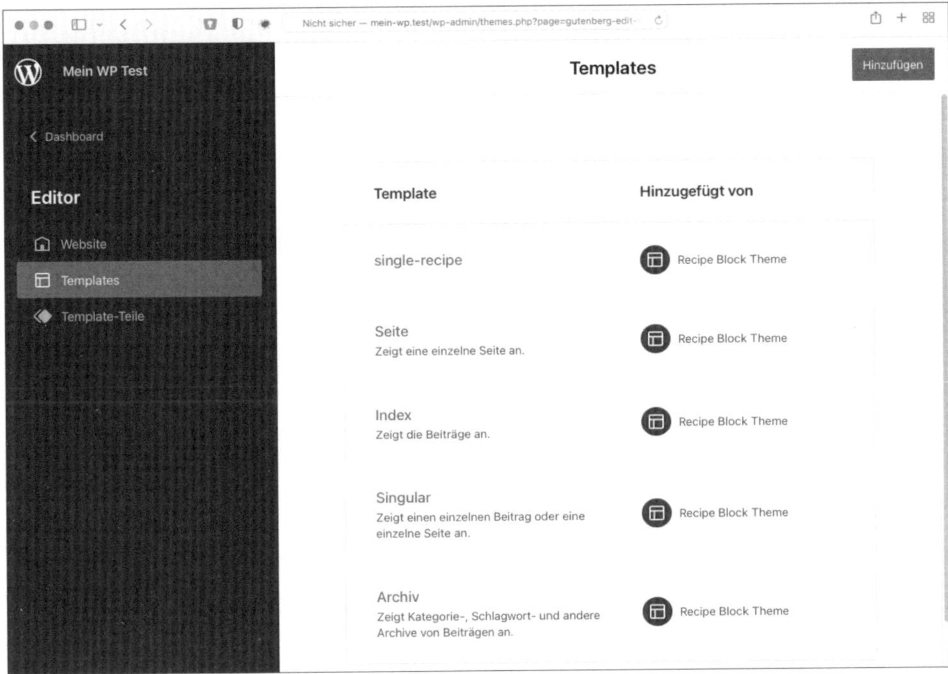

Abbildung 13.18 Template-Übersicht mit dem »single-recipe«-Template ganz oben in der Liste

Eigene Taxonomien anzeigen

Leider ist der Template-Editor insofern beschränkt, als dass er es nicht erlaubt, benutzerdefinierte Taxonomien darzustellen (es existiert nur ein Template für *alle* Taxonomien). Es gibt jedoch einen Trick: Die Funktion kann über Block-Variationen (siehe Abschnitt 9.2.17) nachgerüstet werden. Dafür ergänzen wir in der *functions.php* des Child-Themes den Code aus Listing 13.33:

```
<?php
namespace floriansimeth\recipe_block_child_theme;

add_action(
    'enqueue_block_editor_assets',
    'floriansimeth\recipe_block_child_theme\enqueue_block_variations'
);
```

```
function enqueue_block_variations() {
    wp_enqueue_script(
        'recipe-theme-block-variations',
        trailingslashit( get_stylesheet_directory_uri() )
        . 'public/js/block-variations.js',
        [
            'wp-blocks',
            'wp-dom',
            'wp-i18n',
        ],
        wp_get_theme()->get( 'Version' ),
        true
    );
}
```

Listing 13.33 Inhalt der »functions.php«.

In die *block-variations.js*-Datei, die soeben registriert wurde, schreiben wir den Code aus Listing 13.34. Nun offeriert uns der Editor einen neuen Rezept-Kategorie-Block, wenn im Block-Inserter danach gesucht wird (siehe Abbildung 13.19).

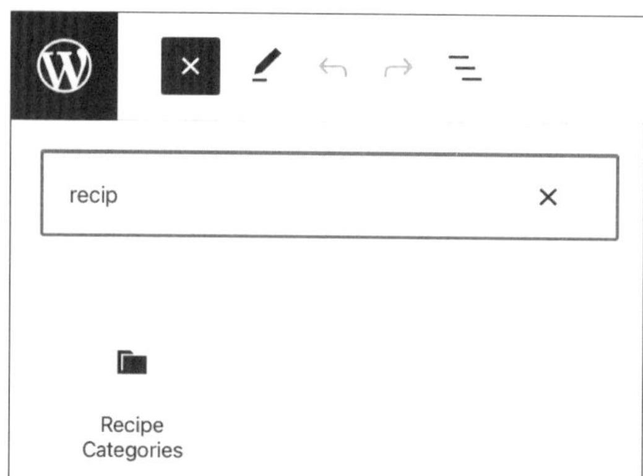

Abbildung 13.19 Die Rezeptkategorien werden angezeigt.

Damit lässt sich das Template so abändern, dass nicht mehr die Standardkategorien und -schlagwörter angezeigt werden, sondern die Taxonomie `recipe_category`.

```
wp.domReady( () => {
    wp.blocks.registerBlockVariation(
        'core/post-terms',
        {
            'name': 'recipe_category',
            'title': wp.i18n.__( 'Recipe Categories', 'nomnom' ),
            'icon': 'category',
```

```
            'isDefault': false,
            'attributes': { 'term': 'recipe_category' },
        },
    );
} );
```

Listing 13.34 »block-variations.js«

Meta-Angaben anzeigen

Zum Anzeigen der Kochzeit in den Meta-Angaben hat der Editor ebenfalls keine Option. Wir kommen also nicht umhin, uns einen eigenen Block dafür zu programmieren. Das Vorgehen ist dasselbe wie in Abschnitt 9.2, »Einen Block erstellen«, beschrieben. Ich gehe deshalb nicht noch einmal auf die einzelnen Schritte ein. Listing 13.35 zeigt den Inhalt der Datei */src/edit.js*. Wichtig hier sind die hervorgehobenen Zeilen. Die Funktion `select()` des `@wordpress/data`-Moduls wird genutzt, um die Metadaten abzurufen.


```
import { __ } from '@wordpress/i18n';

import { useBlockProps, InspectorControls } from '@wordpress/block-editor';
import { PanelBody, TextControl } from '@wordpress/components';
import { select } from '@wordpress/data';

import './editor.scss';

export default function Edit( { attributes, setAttributes } ) {

    const metadata = select( 'core/editor' )
        .getEditedPostAttribute( 'meta' ) ?? {};

    return (
        <div { ...useBlockProps() }>
            <InspectorControls key="setting">
                <PanelBody
                    title={ __( 'Postmeta Options', 'postmeta-block' ) }>
                    <TextControl
                        label={ __( 'Postmeta field', 'postmeta-block' ) }
                        onChange={ ( field_name ) =>
                            setAttributes( { 'field_name': field_name } ) }
                        value={ attributes.field_name }
                    />
                </PanelBody>
            </InspectorControls>
```

```
            <div>{
                metadata.hasOwnProperty( attributes.field_name )
                    ? metadata[ attributes.field_name ]
                    : __( 'No data found.', 'postmeta-block' )
            }</div>
        </div>
    );
}
```

Listing 13.35 Die »edit.js«-Datei

Leider kann das Data-Modul nur Metadaten laden, die zuvor registriert wurden. Wir ergänzen deshalb in der Stammdatei des Rezept-Plugins den Code aus Listing 13.36. Näheres zur Funktion `register_meta()` finden Sie in Abschnitt 15.7.2, »Meta-Felder registrieren«. Da wir nur die Zubereitungszeit benötigen, registrieren wir ausschließlich `recipe_prep_time`:

```
<?php
add_action( 'rest_api_init', 'floriansimeth\nomnom\register_meta_fields' );

function register_meta_fields() {
    register_meta(
        'post',
        'recipe_prep_time',
        [
            'object_subtype'    => 'recipe',
            'type'              => 'string',
            'single'            => true,
            'default'           => '',
            'show_in_rest'      => true,
            'sanitize_callback' => function ( $field ) {
                return sanitize_text_field( $field );
            }
        ]
    );
}
```

Listing 13.36 Das Meta-Feld für die Zubereitungszeit wird registriert.

Zum Schluss kopieren wir die Filter-Funktion `remove_meta_from_table()` aus Abschnitt 13.5.1 in unsere *functions.php* (siehe Listing 13.31). Gleiches gilt für den Code, der die Stylesheet-Datei registriert (siehe Listing 13.30). Angepasst wird nur der PHP-Namespace, der nun anders lautet.

Abbildung 13.20 zeigt schließlich die gleiche Rezept-Seite wie beim Classic-Theme. Den vollständigen Code des Child-Block-Themes sowie das angepasste Rezepte-Plugin finden Sie bei den Download-Materialien.

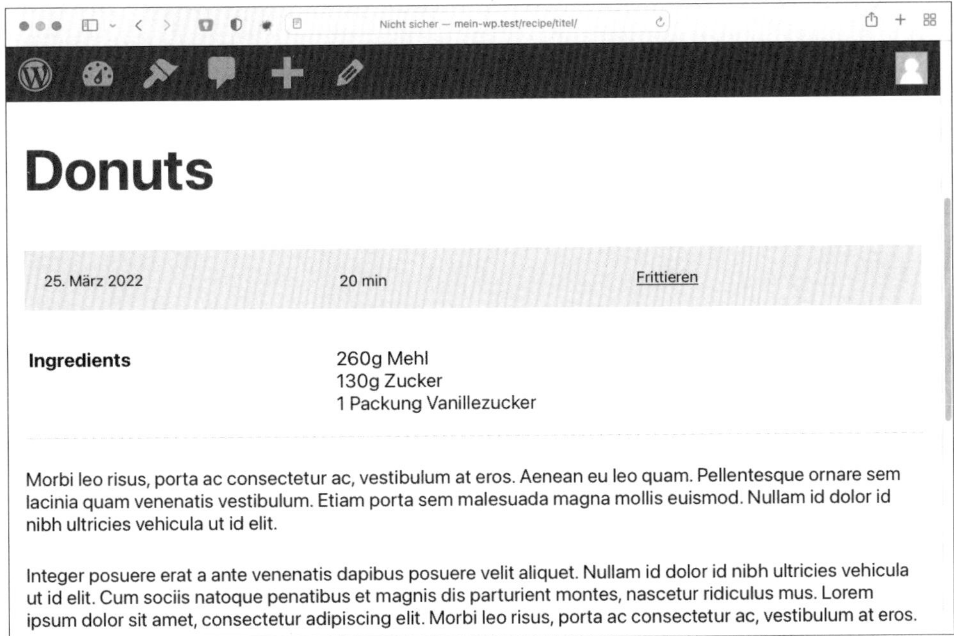

Abbildung 13.20 Gestylte Rezeptseite des Child-Block-Themes.

13.5.3 Templating im Plugin

Grundsätzlich ist es möglich, die Templates im Plugin zu hinterlegen. Der große Nachteil ist, dass Sie nicht wissen, wie das Theme des Benutzers aufgebaut ist. Daher wird das Template im Großteil der Fälle unpassend sein. Ich würde deswegen von diesem Vorgehen abraten.

Viel praktischer ist es, einzelne Template-Teile im Plugin zu hinterlegen, die dann in einem (Child-)Theme überschrieben werden können. *WooCommerce*[5], ein populäres Shop-Plugin für WordPress, macht genau dies. Im Plugin existiert eine Funktion `wc_get_template_part()`, die der WordPress-Funktion `get_template_part()` nachempfunden ist. Sie sucht zuerst nach der Template-Datei im gerade aktuellen Theme-Verzeichnis. Wird dort nichts gefunden, so werden die Standard-Templates aus dem Plugin geladen.

Mit der Custom-Post-Type-API haben Sie nun ein weiteres, großes Werkzeug in Ihrer Werkzeugkiste, auf das Sie bei dem ein oder anderen Kundenprojekt zurückgreifen

5 Zum Download hier: *https://de.wordpress.org/plugins/woocommerce/*

können. Sie haben gelernt, wie sowohl benutzerdefinierte Artikel als auch Taxonomien erstellt werden können. Sie wissen, wie mit Termen umgegangen wird, und können durch die Metadata-API zusätzliche Daten zu einem Objekt speichern. Zum Schluss habe ich einige Möglichkeiten gezeigt, wie die neu erstellten Inhalte im Frontend eingebunden werden können. Im nächsten Kapitel widmen wir uns dann den Inhalten, die extern nachgeladen werden. Und zwar mit der HTTP-API.

Kapitel 14
Externe Daten nachladen mit der HTTP-API

Kaum eine WordPress-Website kommt heutzutage ohne eine externe Verbindung aus – weil beispielsweise Updates eingespielt oder andere Daten nachgeladen werden müssen.

Wenn Maschinen mit Maschinen sprechen: Ein automatisches Update ist ein sehr gutes Beispiel dafür. Ihre WordPress-Instanz kommuniziert selbstständig mit den Servern von WordPress.org, prüft, ob eine Aktualisierung vorliegt, lädt diese gegebenenfalls herunter und installiert sie. Speziell für die Kommunikation mit anderen Rechnern hat WordPress die HTTP-API entwickelt. Dabei handelt es sich um eine Sammlung von Funktionen, die es Ihnen erleichtern, Kontakt zur Außenwelt aufzunehmen.

Arbeitserleichterung ist dabei ein gutes Stichwort, denn es gibt in PHP mehrere verschiedene Wege, wie Daten aus dem Internet empfangen oder dorthin gesendet werden können. Diese sind:

- Curl[1]
- Streams[2]
- fsockopen[3]
- fopen (falls in der *php.ini* `allow_url_fopen` gesetzt wurde)[4]

Zwar ist Curl mittlerweile der De-facto-Standard, das war es jedoch nicht immer. Denn die HTTP-API existiert schon seit Version 2.7.0 von WordPress. Und auch heute kann nicht sichergestellt sein, dass Curl auf jedem Server installiert ist. Dementsprechend müssen Sie beim Schreiben von PHP-Code zuerst testen, welche Erweiterung überhaupt funktionsfähig ist. Wenn das klar ist, müssen Sie die für jede Methode nötigen Funktionen aufrufen. Mit Schaffung der HTTP-API wollte WordPress (WP)

1 PHP-Dokumentation zu Curl: *https://www.php.net/manual/de/ref.curl.php*
2 PHP-Dokumentation zu Stream: *https://www.php.net/manual/de/ref.stream.php*
3 PHP-Dokumentation zu den Netzwerk-Funktionen: *https://www.php.net/manual/de/ref.network.php*
4 PHP-Dokumentation zu fopen: *https://www.php.net/manual/de/function.fopen*

diesen Vorgang vereinfachen. Heute hat WP noch drei integrierte PHP-Klassen, die sich um die Verbindung nach außen kümmern:

- `WP_Http_Curl`
- `WP_Http_Streams`
- `WP_HTTP_Fsockopen`

Letztere existiert jedoch ausschließlich aus Gründen der Rückwärtskompatibilität. Intern wird stattdessen `WP_Http_Streams` verwendet, was dazu führt, dass es nur noch zwei Transport-Methoden gibt, die allesamt in der Klasse `WP_Http` vereint werden. Diese Klasse wiederum dient als Wrapper um die Klasse `Requests`, die die eigentliche Operation durchführt. Sie entscheidet, falls nichts anderes angegeben wurde, welche Transport-Methode zum Einsatz kommen soll.

Dies geschieht durch einen Test, der abhängig ist von den vielen Parametern, die übergeben werden können, aber auch von der URL. So kann zum Beispiel die Klasse `WP_Http_Streams` nicht verwendet werden, wenn die PHP-Erweiterung `openssl` nicht geladen wurde, die Adresse jedoch mit *https* beginnt.

Sie sehen: Die Auswahl der geeigneten Transport-Methode ist nicht einfach. Schön, dass WordPress uns diese Arbeit mit den Funktionen abnimmt, die ich im Folgenden vorstelle.

14.1 Was ist eine HTTP-Abfrage?

HTTP steht für *Hyper Text Transfer Protocol*. Dabei handelt es sich um ein Netzwerkprotokoll, das Daten auf der Anwendungsschicht über ein Rechnernetz überträgt. Die meisten Menschen verstehen nicht, wie das im Detail funktioniert, dennoch senden unserer Geräte und die darauf laufende Software (wie etwa ein Webbrowser) täglich mehrere Zigtausend solcher Abfragen, wie etwa in Listing 14.1 zu sehen ist.

Abbildung 14.1 zeigt das Fenster Entwickler-Werkzeuge des Browsers Firefox. Der Tab Netzwerkanalyse zeichnet den Netzwerkverkehr auf. Jede einzelne Zeile kann angeklickt und im rechten Teil des Fensters analysiert werden. Tabelle 14.1 zeigt, wie Sie die Entwickler-Werkzeuge in den einzelnen Browsern öffnen.

<table>
<tr><th>Browser</th><th>Tastenkombination auf dem Mac</th><th>Tastenkombination unter Windows</th></tr>
<tr><td>Safari</td><td rowspan="2">cmd + alt + I</td><td>–</td></tr>
<tr><td>Chrome</td><td>Strg + ⇧ + I</td></tr>
</table>

Tabelle 14.1 Tastenkombinationen zum Öffnen der »Developer Console« in den verschiedenen Browsern.

Browser	Tastenkombination auf dem Mac	Tastenkombination unter Windows
Firefox	cmd+alt+I	Strg+⇧+I
Edge	–	F12

Tabelle 14.1 Tastenkombinationen zum Öffnen der »Developer Console« in den verschiedenen Browsern. (Forts.)

14.1.1 Anfrage senden

Listing 14.1 können Sie entnehmen, dass der Browser eine GET-Anfrage an den Host *wp-plugin-erstellen.de* sendet. Mit dieser Anfrage möchte der Browser gerne den nötigen HTML-Quellcode der Unterseite *gedrucktes-buch* erhalten. Das sind jedoch nicht die einzigen Daten, die der Browser sendet. In Abbildung 14.1 sehen Sie rechts unten, dass noch viele weitere ANFRAGEKOPFZEILEN übermittelt werden, beispielsweise `Accept-Encoding`. Dieser HTTP-Header gibt die Inhaltscodierung an, die der Browser verstehen kann (in der Regel einen Komprimierungsalgorithmus). Mit diesem Know-how kann der Server die entsprechende Antwort so zurücksenden, dass der Browser sie versteht.


```
GET /gedrucktes-buch/ HTTP/2
Host: wp-plugin-erstellen.de
```

Listing 14.1 HTTP-GET-Anfrage. HTTP/2 ist die Protokollversion.

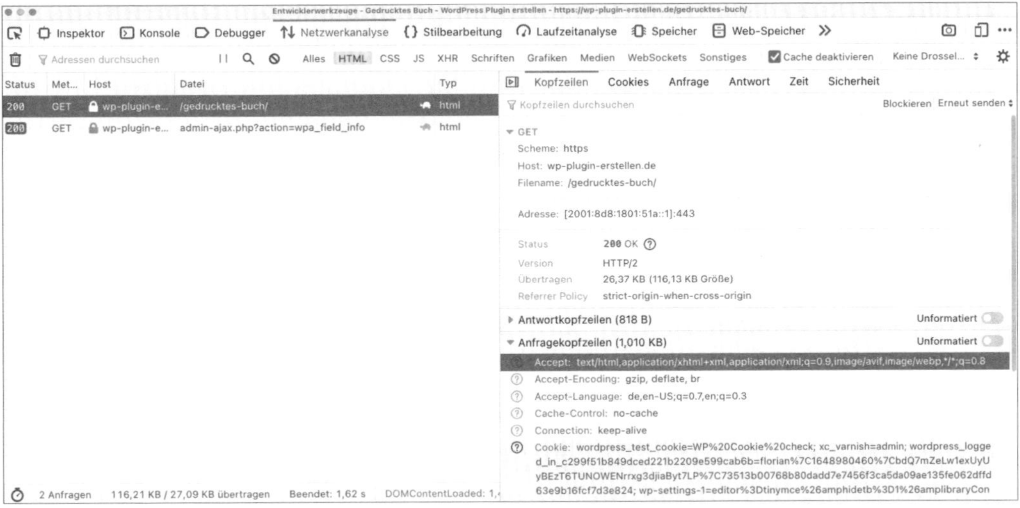

Abbildung 14.1 Das Fenster »Entwicklerwerkzeuge« zeigt im Tab »Netzwerkanalyse« den Netzwerkverkehr an.

Unzuverlässige Daten!

Beachten Sie, dass die Anfragekopfzeilen jederzeit und sehr einfach mithilfe entsprechender Browsererweiterungen manipuliert werden können. Diesen Daten sollten Sie serverseitig niemals blind vertrauen.

Neben der GET-Anfrage existieren noch weitere Anfragemethoden, die in Tabelle 14.2 dargestellt sind. Leider sind viele von ihnen nicht von allen Webservern implementiert oder freigeschaltet. Ich selbst habe beispielsweise schon HEAD und PUT in einem Plugin genutzt und musste diese durch GET respektive POST ersetzen, weil durch Support-Anfragen klar wurde, dass sie von einigen Webhostern nicht unterstützt wurden. Das bedeutet: GET, POST und eventuell noch HEAD sind die Transportmethoden, mit denen Sie arbeiten werden.

Anfrage	Beschreibung
GET	Eine Anfrage zum Abholen einer Datei
POST	Übermittelt Daten an den Webserver. In der Regel sind das Formulardaten.
HEAD	HEAD löst die gleiche Anfrage wie GET aus. Vom Webserver werden jedoch keine Inhalte zurückgeliefert.
PUT	Wird genutzt, um Dateien auf den Webserver hochzuladen. Existiert die Datei, so wird diese ersetzt.
PATCH	Wie PUT, mit dem Unterschied, dass nur die Änderungen ersetzt werden (nicht die gesamte Datei).
DELETE	Anweisung zum Löschen einer Datei
TRACE	Eine TRACE-Anfrage weist den Server an, die gesendeten Daten zurückzusenden. So lässt sich überprüfen, ob Daten vom Server manipuliert wurden.
OPTIONS	Die OPTIONS-Anfrage liefert die Features zurück, die der Server unterstützt.
CONNECT	Bei diesem Mechanismus bittet der Browser einen HTTP-Proxy-Server, die TCP-Verbindung an das gewünschte Ziel weiterzuleiten.

Tabelle 14.2 Liste von HTTP-Anfrage- oder Transportmethoden

14.1.2 Antwort erhalten

Nachdem eine Anfrage an den Browser gesendet wurde, antwortet dieser mit dem Inhalt aus Listing 14.2. In Abbildung 14.1 brauchen Sie lediglich auf ANTWORTKOPFZEILEN zu klicken, um den gesamten Content zu sehen. Nicht alle Informationen sind für den Browser wichtig. Im Listing ist beispielsweise die Serverbezeichnung mit dessen Versionsnummer angegeben:

```
HTTP/2 200 OK
Server: openresty/1.19.9.1
Date: Fri, 01 Apr 2022 12:40:05 GMT
Content-Type: text/html; charset=UTF-8
Connection: keep-alive
Content-Encoding: gzip
...

<!DOCTYPE html>
<html lang="de-DE">
... [Hier folgt der komplette HTML-Quellcode]
```

Listing 14.2 Gekürzte Fassung der HTTP-GET-Antwort

Das ist keine Information, die der Browser auswertet. Viel wichtiger ist die Zeile 1. Sie enthält den sogenannten *HTTP-Statuscode* (Tabelle 14.3 listet alle Codes und deren Bedeutung auf). 200 heißt *OK*, was ebenfalls in der ersten Zeile des Listings zu sehen ist. Nach dem Statuscode folgen die Metadaten wie die gerade beschriebene Serverbezeichnung. Im Anschluss daran folgt eine Leerzeile. Sie ist wichtig, denn sie markiert das Ende der Metadaten und den Beginn des eigentlichen HTML-Codes, den der Browser dann darstellen kann.

Statuscode	Beschreibung
1xx	Ein Statuscode, der mit 1 beginnt, steht für eine allgemeine Information. Der Webserver teilt mit, dass die Bearbeitung im Gange ist und die Anfrage noch andauert.
2xx	Statuscodes, die mit 2 beginnen, lassen auf eine erfolgreiche Operation schließen. In unserem Beispiel wird das HTML-Dokument gleich mitgeliefert.
3xx	Mit einer 300er-Meldung haben wir fast tagtäglich zu tun, nur bekommt es der Laie gar nicht mit. Hier handelt es sich um eine Umleitung. Der Webserver sendet in den Metadaten eine Weiterleitungs-URL, der der Browser dann folgt.

Tabelle 14.3 HTTP-Statuscodes

Statuscode	Beschreibung
4xx	400er-Fehler stehen für clientseitige Fehler. Das heißt, dass während der Bearbeitung der Anfrage ein Fehler auftrat, an der der Client »Schuld hat«, beispielsweise, wenn Sie eine Seite besuchen, die nicht existiert.
5xx	Fehler, die mit 5 beginnen, deuten einen serverseitigen Fehler an.

Tabelle 14.3 HTTP-Statuscodes (Forts.)

Wie Sie sehen, können Sie mit den Entwickler-Tools des Browsers schon relativ viel über HTTP-Verbindungen herausfinden. Aber nicht nur der Webbrowser kann Anfragen zu anderen Geräten stellen, das geht auch mit WordPress. Und zwar mit den Funktionen, die Sie im Folgenden kennenlernen werden.

14.2 HTTP-Abfragen mit WordPress

Die HTTP-API kann auf zwei verschiedene Weisen genutzt werden: objektorientiert und prozedural. Ich werde beide Vorgehensweisen zeigen. Welche Sie nutzen, hängt von Ihren Vorlieben ab.

14.2.1 HTTP-Abfragen mit prozeduralem Code

In Kapitel 4 hatten wir ein simples *Hello Options*-Plugin entwickelt. Die Optionen-Seite zeigt die aktuell beliebteste PHP-Version in der WordPress-Welt an (siehe Abbildung 14.2). In Listing 4.12 von Abschnitt 4.2.3, »Einen Cronjob durchführen«, ist der gesamte Code zu sehen, der für den Abruf dieser Information zuständig ist. Wir werden ihn nachfolgend Schritt für Schritt durchgehen.

HTTP-Abfrage starten

Die wichtigste Funktion zum Abrufen ist `wp_remote_request()` aus Listing 14.3. Im Wesentlichen sind hier zwei Parameter wichtig: `$url` gibt an, auf welche URL zugegriffen werden soll, und mit `$args` können Sie weitere Einstellungen vornehmen:

- `$method` ist die Transportmethode, die verwendet werden soll. WordPress unterstützt alle Methoden aus Tabelle 14.2 außer `CONNECT`.
- `$timeout` beschreibt, nach welcher Zeit die Anfrage abgebrochen werden soll. Wenn Sie vorab wissen, dass manche Server nur langsam antworten, können Sie die Frist in Sekunden höher einstellen.
- Wenn Sie Weiterleitungen durch die Ziel-URL vermeiden wollen, stellen Sie `$redirection` auf `0`. Ansonsten wählen Sie die Anzahl an erlaubten Umleitungen.

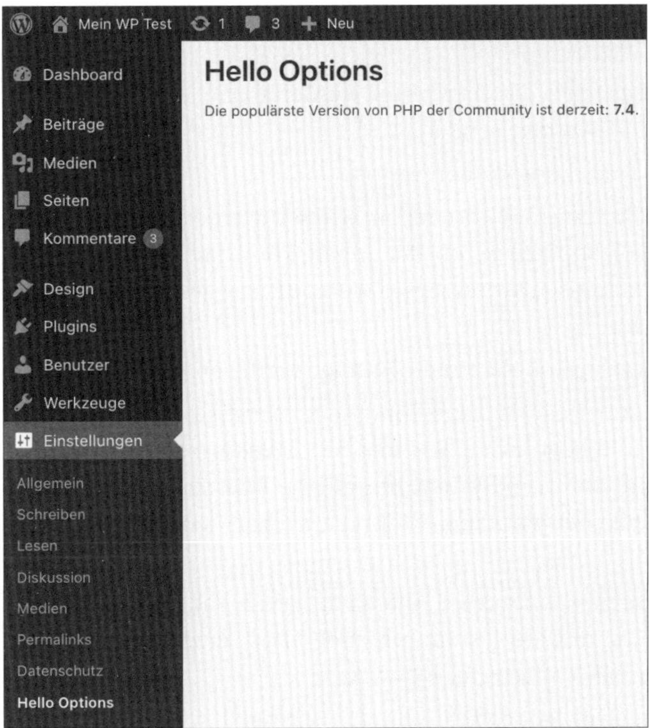

Abbildung 14.2 Anzeige der derzeit populärsten PHP-Version in der PHP-Community

- Durch `$httpversion` wird die Version des HTTP-Protokolls eingestellt.
- `$user-agent` gehört zu den Metadaten, die WordPress sendet (siehe das Attribut `$headers`). Es setzt hier automatisch den Wert `WordPress/{$version}; {$url}`. Dabei ist `$version` die aktuell genutzt WP-Version und `$url` die URL der eigenen Website. In meiner lokalen Laufzeitumgebung wäre dies in etwa `WordPress/6.0; http://mein-wp.test`.
- `$reject_unsafe_urls` legt fest, ob URLs durch `wp_http_validate_url()` geleitet werden sollen. Die Funktion bereinigt unter anderem URLs, indem sie unzulässige URL-Protokolle entfernt, sperrt den Zugriff auf *localhost* und leistet vieles mehr. Beachten Sie auch die Hinweise im Kasten »URLs blockieren«, wenn Sie bestimmte Hosts aussperren wollen.
- Mit `$blocking` wird festgelegt, ob WordPress auf eine Antwort warten soll. Wird `false` gewählt, so wird nicht gewartet. Die Anfrage ist dann *Non-Blocking*. Das bedeutet, dass PHP mit der weiteren Codeausführung fortfahren darf. Sie wissen dann jedoch nicht, ob eine Anfrage erfolgreich war oder nicht, da es keinen Rückgabewert gibt.
- `$headers` ist ein Array mit zusätzlichen Metadaten, die im Kopfbereich gesendet werden (siehe Abschnitt 14.1.1).

- `$cookies` sollte ein Array mit `WP_Http_Cokie`-Objekten sein, die mit der Anfrage gesendet werden sollen.
- `$body` sind die eigentlichen Daten, die übermittelt werden sollen. Dies ist nur dann der Fall, wenn Sie eine POST-Anfrage senden.
- `$compress` beschreibt, ob `$body` komprimiert werden soll.
- `$decompress` legt fest, ob die Serverantwort dekomprimiert werden soll. WordPress ermittelt über die Antwortkopfzeilen, ob der Inhalt komprimiert wurde, und dekomprimiert dann automatisch, wenn dieser Wert auf `true` gesetzt wurde (was standardmäßig der Fall ist).
- Über `$sslverify` wird festgelegt, ob SSL für die Anfrage verifiziert werden soll.
- Zum SSL-Check wird das in `$sslcertificates` hinterlegte Zertifikat genutzt. Es wird mit WordPress geliefert und liegt im Verzeichnis */wp-includes/certificates/*. Wird keines angegeben, so wird das vom System hinterlegte Root-Zertifikat genutzt, was jedoch zu unterschiedlichen Verhaltensweisen zwischen den Transportarten führen kann.
- Wird `$stream` auf `true` gesetzt, kann mit `$filename` ein Dateiname ergänzt werden. Denn dann wird eine Datei im Dateisystem hinterlegt. Das Setzen auf `true` führt dazu, dass `$blocking` ebenfalls auf `true` gesetzt wird.
- Wird `$filename` nicht festgelegt, jedoch `$stream` auf `true` gesetzt, so wird WordPress den Dateinamen aus der URL nutzen. Es kann auch ein kompletter Dateipfad angegeben werden. Trifft dies zu, wird überprüft, ob das Verzeichnis beschreibbar ist. Ist das nicht der Fall, so wird die Datei in einem temporären Ordner abgelegt. Dieser Ordner kann über die Konstante `WP_TEMP_DIR` angegeben werden. Sollte sie nicht existieren, wird die Funktion `get_temp_dir()` versuchen, ein passendes Verzeichnis zu finden.
- Mit `$limit_response_size` kann die maximale Größe einer Antwort festgelegt werden.

URLs blockieren

Durch die PHP-Konstante `WP_ACCESSIBLE_HOSTS` lassen sich (durch Komma getrennt) Hostnamen angeben, zu denen Anfragen geschickt werden dürfen. Sie können diese Hostnamen in der *wp-config.php* hinterlegen. Beachten Sie, dass dann keine Updates mehr empfangen werden können. Um Wildecard-Domains freizugeben, können Sie das Sternchen nutzen. Hinterlegen Sie `*.wordpress.org`, um weiterhin Verbindungen zu wordpress.org (und Updates) zu erlauben.

```
<?php
function wp_remote_request(
    $url,
```

```
    $args = [
        string $method = 'GET',
        float $timeout = 5,
        int $redirection = 5,
        string $httpversion = '1.0',
        string $user-agent = 'WordPress/{$version}; {$url}',+
        bool $reject_unsafe_urls = false,
        bool $blocking = true,
        array $headers = [],
        array $cookies = [],
        string|array $body = null,
        bool $compress = false,
        bool $decompress = true,
        bool $sslverify = true,
        string $sslcertificates = ABSPATH . WPINC
            . '/certificates/ca-bundle.crt',
        bool $stream = false,
        string $filename = null,
        int $limit_response_size = null
    ]
): array|WP_Error {
    ...
}
```

Listing 14.3 Funktionsbeschreibung von »wp_remote_request()«

Zurückgegeben wird Folgendes:

- im Fehlerfall ein `WP_Error`-Objekt
- im Erfolgsfall ein Array mit folgenden Schlüsseln:
  - `$headers`: Ein Array mit Antwortkopfzeilen
  - `$body`: Der eigentliche Inhalt der Antwort, die der Server geschickt hat.
  - `$cookies`: Ein Array von `WP_HTTP_Cookie`-Objekten, die vom Server zurückgegeben wurden
  - `$http_response`: Das `WP_HTTP_Requests_Response`-Objekt
  - `$response`: Ein Array mit weiteren Antwortdaten: `$code` bezieht sich auf den HTTP-Antwortcode, `$message` auf die HTTP-Antwortnachricht.

Achtung!

Beachten Sie, dass all die Schlüssel des Antwort-Arrays leer sind, wenn `$blocking` auf `true` gesetzt wird. Denn auf eine Serverantwort wird nicht gewartet.

Alternative Abfragefunktionen

Wer es etwas komfortabler haben möchte, für den hat WordPress noch viele weitere Funktionen hinterlegt:

- wp_remote_get()
- wp_remote_post()
- wp_remote_head()

Sie funktionieren genauso wie wp_remote_request() – mit dem Unterschied, dass die Transportmethode vorab festgelegt wird. Für wp_remote_post() wird also das Argument $method auf POST gesetzt. Viel Arbeit erspart man sich durch diese Funktionen nicht. Im Quellcode ist aber schneller ersichtlich, welche Art von Anfrage ausgeführt wird.

Obendrein existieren folgende Funktionen:

- wp_safe_remote_request()
- wp_safe_remote_get()
- wp_safe_remote_post()
- wp_safe_remote_head()

Der Unterschied hier ist, dass das Attribut $reject_unsafe_urls auf true gesetzt wird.

Antwort prüfen

Im *Hello Options*-Plugin wird nach der Abfrage zuallererst geprüft, ob ein Fehler auftrat. is_wp_error() hilft dabei, wie Listing 14.4 zeigt:

```
<?php
$data = wp_remote_get( 'https://api.wordpress.org/stats/php/1.0/' );

if ( is_wp_error( $data ) ) {
    return;
}
```

Listing 14.4 »is_wp_error()« wird benutzt, um herauszufinden, ob bei der Anfrage etwas schiefgegangen ist.

Im Anschluss können Sie die Funktionen aus Tabelle 14.4 nutzen, um die Daten der Serverantwort abzurufen. Als erster Parameter werden immer die Antwortdaten erwartet ($data in unserem Beispiel), wie Listing 14.5 zeigt:

```
<?php
$data = wp_remote_get( 'https://api.wordpress.org/stats/php/1.0/' );
```

```
if ( is_wp_error( $data ) ) {
    return;
}

$response_code = (int) wp_remote_retrieve_response_code( $data );

if ( $response_code < 200 || $response_code >= 300 ) {
    return;
}
```

Listing 14.5 Wenn der Status-Code nicht bei 2xx liegt, wird abgebrochen.

Funktion	Beschreibung
wp_remote_retrieve_body()	Liefert den Antwortinhalt (also $body).
wp_remote_retrieve_cookies()	Liefert ein Array von WP_HTTP_Cookie-Objekten.
wp_remote_retrieve_cookie()	Liefert ein bestimmtes WP_HTTP_Cookie-Objekt. Der zweite Parameter ist dabei der Name des Cookies.
wp_remote_retrieve_cookie_value()	Liefert den Wert des Cookies als String zurück. Der zweite Parameter ist auch hier der Name.
wp_remote_retrieve_headers()	Gibt alle Antwortkopfzeilen zurück.
wp_remote_retrieve_header()	Liefert nur die Kopfzeile, die als zweiter Parameter angegeben wurde.
wp_remote_retrieve_response_code()	Gibt den HTTP-Antwortcode zurück (siehe Tabelle 14.3).
wp_remote_retrieve_response_message()	Gibt die Antwort-Nachricht zurück.

Tabelle 14.4 WordPress liefert weitere Shortcut-Funktionen für den leichteren Zugriff auf die Antwortdaten.

Ich empfehle Ihnen, mit `wp_remote_retriever_response_code()` zu prüfen, ob eine Abfrage erfolgreich war. Denn ein etwaiger HTTP-Statuscode von 500 führt beispielsweise nicht dazu, dass WordPress ein `WP_Error`-Objekt zurückgibt. Das passiert nur, wenn es technische Probleme im Abfragecode gab.

Danach werden die eigentlichen Daten abgerufen. Da wir wissen, dass die WordPress-API JSON-Daten zurückliefert, kann der restliche Code vervollständigt werden (siehe

Listing 14.6). Zuerst werden die Daten über `wp_remote_retrieve_body()` gelesen und dann durch `json_decode()` geschickt:

```
<?php
public static function fetch_popular_php_version(): void {
    $data = wp_remote_get( 'https://api.wordpress.org/stats/php/1.0/' );

    if ( is_wp_error( $data ) ) {
        return;
    }

    $response_code = (int) wp_remote_retrieve_response_code( $data );

    if ( $response_code < 200 || $response_code >= 300 ) {
        return;
    }

    $body = wp_remote_retrieve_body( $data );

    $versions = (array) json_decode( $body, true );

    arsort( $versions );

    $most_popular_version = (float) array_key_first( $versions );

    ...
}
```

Listing 14.6 Die Daten werden zurückgeliefert.

14.2.2 HTTP-Abfragen mit objektorientiertem Code

Im Abschnitt 9.2 hatten wir zusammen ein Wetter-Block-Plugin entwickelt. In der Datei */includes/weather-api.php* finden Sie die Funktion `fetch_weather()`, die für das Abrufen des Wetters zuständig ist. Sie nutzt ebenfalls die HTTP-API von WordPress, allerdings noch im prozeduralen Stil (siehe Listing 14.7). Wir wollen sie an dieser Stelle so umbauen, dass sie objektorientierten Code verwendet.

```
<?php
function fetch_weather( string $longitude, string $latitude ) {
   $url = add_query_arg(
      array(
         'lat' => $longitude,
```

```
            'lon' => $latitude,
        ),
        'https://api.met.no/weatherapi/locationforecast/2.0/compact.json'
    );

    $response = wp_remote_get( $url );

    if ( is_wp_error( $response ) ) {
        return $response;
    }

    $response_code = (int) wp_remote_retrieve_response_code( $response );
    if ( (int) floor( $response_code / 100 ) !== 2 ) {
        return new \WP_Error(
            'fs_mwb_fetch_weather_response_code',
            sprintf( 'Got response code %d.', $response )
        );
    }

    $data = json_decode(
        wp_remote_retrieve_body( $response )
    );

    if ( null === $data ) {
        return new \WP_Error(
            'fs_mwb_fetch_weather_no_json',
            'No data retrieved (no JSON-data available).'
        );
    }

    return $data;
}
```

Listing 14.7 Prozeduraler Code zum Abruf der Wetterdaten

Abfrage starten

Zuallererst benötigen wir eine Instanz der Klasse `WP_Http` (siehe Listing 14.8). Danach können Sie sich entscheiden, welche Transportmethode gewählt werden soll. Die Methoden aus Tabelle 14.5 können genutzt werden. Ich wähle `get()`, weil sie `wp_remote_get()` ersetzen soll. Der Parameter `$args` erlaubt genau die gleichen Attribute wie die Funktion `wp_remote_request()` (siehe Abschnitt 14.2.1).

Funktion	Beschreibung
request(string $url, array $args)	Sendet eine Anfrage.
get(string $url, array $args)	Sendet eine GET-Anfrage.
head(string $url, array $args)	Sendet eine HEAD-Anfrage.
post(string $url, array $args)	Sendet eine POST-Anfrage.

Tabelle 14.5 Methoden der Klasse »WP_Http«

```
<?php
function fetch_weather( string $longitude, string $latitude ) {
   $url = add_query_arg(
      array(
         'lat' => $longitude,
         'lon' => $latitude,
      ),
      'https://api.met.no/weatherapi/locationforecast/2.0/compact.json'
   );

   $http = new \WP_Http();
   $response = $http->get( $url );
   ...
}
```

Listing 14.8 Ein »WP_Http«-Objekt wird erzeugt.

Antwort prüfen

Anschließend lässt sich (wie auch beim prozeduralen Code) mit `is_wp_error()` ein Fehler erkennen. Danach können Sie das `WP_HTTP_Requests_Response`-Objekt in eine Variable laden (siehe die erste hervorgehobene Zeile in Listing 14.9) und mit dieser weiterarbeiten. Das vollständig umgebaute Beispiel finden Sie bei den Download-Materialien.

```
<?php
function fetch_weather( string $longitude, string $latitude ) {
   ...

   $response = $http->get( $url );

   if ( is_wp_error( $response ) ) {
      return $response;
```

```
    }

    /**
     * @var \WP_HTTP_Requests_Response $response
     */
    $response = $response['http_response'];

    $response_code = (int) $response->get_status();

    if ( (int) floor( $response_code / 100 ) !== 2 ) {
        return new \WP_Error(
            'fs_mwb_fetch_weather_response_code',
            sprintf( 'Got response code %d.', $response )
        );
    }

    $data = json_decode( $response->get_data() );

    if ( null === $data ) {
        return new \WP_Error(
            'fs_mwb_fetch_weather_no_json',
            'No data retrieved (no JSON-data available).'
        );
    }

    return $data;
}
```

Listing 14.9 Ausschnitt aus der »fetch_weather()«-Funktion des Weather-Block-Plugins

14.2.3 Performance und Sicherheit

Denken Sie beim Nachladen unbedingt an das Caching. Im Weather-Block-Plugin aus Abschnitt 7.2 habe ich dafür die Transient-API genutzt. Listing 14.10 zeigt noch einmal den entsprechenden Code-Ausschnitt:

```
<?php
function get_weather_data( $longitude, $latitude ) {
    $cached_weather = get_transient( 'fs_mwb_' . $longitude . $latitude );

    if ( is_object( $cached_weather ) ) {
        return $cached_weather;
    }
```

```
    ...
}
```

Listing 14.10 Vergessen Sie nicht, die Anfragen zwischenzuspeichern!

Im *Hello Options*-Plugin gibt es keinen Cache-Mechanismus, denn der Abruf der beliebtesten PHP-Version geschieht über einen Cronjob nur einmal pro Woche.

Was aber noch wichtiger ist, als die abgerufenen Daten zwischenzuspeichern, ist, diese zu säubern, bevor sie in die Datenbank gelangen. Wenn Sie aufgepasst haben, haben Sie sicher entdeckt, dass dies im Weather-Block-Plugin noch nicht geschehen ist.

Die Funktion `get_weather_data()` übernimmt die Daten ungeprüft in die Datenbank. Listing 14.11 zeigt noch einmal die Funktion. Die wichtigen Stellen sind hervorgehoben.

```
<?php
function get_weather_data( $longitude, $latitude ) {
    $cached_weather = get_transient( 'fs_mwb_' . $longitude . $latitude );

    if ( is_object( $cached_weather ) ) {
        return $cached_weather;
    }

    $weather_data = fetch_weather( $longitude, $latitude );

    if ( is_wp_error( $weather_data ) ) {
        return $weather_data;
    }

    $midnight = new \DateTime( 'tomorrow' );

    set_transient(
        'fs_mwb_' . $longitude . $latitude,
        $weather_data,
        $midnight->format( 'U' ) - time()
    );

    return $weather_data;
}
```

Listing 14.11 Die Daten landen ungefiltert in der Datenbank.

Wie in Abschnitt 7.1 erläutert, kann dies zu einer Reihe von Sicherheitslücken führen. Ist kein Cache-Plugin installiert, führt `set_transient()` die Funktion `add_option()` aus. Diese wiederum nutzt die `wpdb`-Datenbank-Klasse, um die Daten schließlich in die Datenbank zu schreiben. Es kommt zwar die Methode `prepare()` zum Einsatz, die eine SQL-Abfrage zur sicheren Ausführung vorbereitet, wirklich sicher ist aber auch das nicht. Beispielsweise behandelte WordPress vor Version 4.8.2 das Prozentzeichen (%) und andere Platzhalterwerte in dieser Methode falsch, was zu unsicheren Abfragen und schließlich zu einer SQL-Injection-Schwachstelle führen konnte.[5] Der Spruch »Doppelt hält besser« ist hier tatsächlich ein guter Rat.

Listing 14.12 zeigt, wie die Funktion `get_weather_data()` um `sanitize_weather_data()` erweitert wurde. Den eigentlichen Code, der das Säubern (und in dem Fall auch das Filtern) der Daten übernimmt, sehen Sie in Listing 14.13. Die wichtigen Codeteile sind fett dargestellt.

```
<?php
function get_weather_data( $longitude, $latitude ) {
    ...

    $weather_data = sanitize_weather_data( $weather_data  );

    set_transient(
        'fs_mwb_' . $longitude . $latitude,
        $weather_data,
        $midnight->format( 'U' ) - time()
    );

    return $weather_data;
}
```

Listing 14.12 Bevor der Wert in die Datenbank gespeichert wird, werden die abgerufenen Daten gesäubert.

```
<?php
function sanitize_weather_data( $data ) {
    if ( ! is_object( $data ) ) {
        return new \WP_Error(
            'my-weather-block-sanitize-weather-object',
            __( 'Weather data is not an object.', 'my-weather-block' )
        );
    }
```

5 Vgl. WPScan: WordPress <= 4.8.2 - $wpdb->prepare() Weakness, in: WPScan, 2017, *https://wpscan.com/vulnerability/8941* (abgerufen am 04.04.2022)

```
if ( ! isset( $data->properties ) ) {
    return new \WP_Error(
        'my-weather-block-sanitize-weather-props',
        __( 'Could not find weather properties in response.',
            'my-weather-block' )
    );
}

if ( ! isset( $data->properties->timeseries ) ) {
    return new \WP_Error(
        'my-weather-block-sanitize-weather-timeseries',
        __( 'Could not find weather time series in response.',
            'my-weather-block' )
    );
}

if ( ! isset( $data->properties->meta->units->air_temperature ) ) {
    return new \WP_Error(
        'my-weather-block-sanitize-weather-unit',
        __( 'Could not find a temperature unit in  response.',
            'my-weather-block' )
    );
}

$unit = sanitize_text_field(
    $data->properties->meta->units->air_temperature
);

$data_sanitized = [
    'unit'       => $unit,
    'timeseries' => []
];

foreach ( $data->properties->timeseries as $timeseries ) {
    if ( ! isset(
        $timeseries->data->instant->details->air_temperature )
    ) {
        continue;
    }

    if ( ! isset( $timeseries->time ) ) {
        continue;
    }
```

```
        $timestamp = strtotime( $timeseries->time );

        if ( ! $timestamp ) {
            continue;
        }

        $data_sanitized['timeseries'][] = [
            'timestamp'   => $timestamp,
            'temperature' => (float) $timeseries->data
                ->instant->details->air_temperature,
        ];
    }

    return $data_sanitized;
}
```

Listing 14.13 Funktion zum Filtern und Säubern der Daten.

Wie Sie sehen, ist das Filtern und Säubern nicht ganz unerheblich. Tatsächlich erfordert es einiges an Zeit, denn Sie müssen genau verstehen, welche Daten zurückgegeben und welche von Ihrem Projekt überhaupt benötigt werden. Aber es lohnt sich. So ist Ihr Code deutlich robuster gegen Änderungen von außen und außerdem deutlich besser geschützt.

Am Ende muss nur noch der Code angepasst werden, der die Daten anzeigt, denn das Format hat sich geändert. Listing 14.14 zeigt einen Ausschnitt aus der Stammdatei des Plugins. Hervorgehoben sind die Teile, die sich geändert haben. Das vollständige Plugin finden Sie bei den Download-Materialien. Abbildung 14.3 zeigt, dass alles weiterhin so dargestellt wird, wie es sein soll.

```
<?php
function render_weather_table( string $longitude, string $latitude ): string {

    $weather_data = get_weather_data( $longitude, $latitude );

    ...

    $content = '<table>';
    foreach ( $weather_data['timeseries'] as $timeseries ) {

        if ( $timeseries['timestamp'] > $midnight->format( 'U' ) ) {
            break;
        }
```

```
        $content .= sprintf(
            '<tr><td>%s %s</td><td>%s %s</td></tr>',
            $timeseries['timestamp'] < time() ? 'vor' : 'in',
            human_time_diff( $timeseries['timestamp'] ),
            $timeseries['temperature'],
            $weather_data['unit']
        );
    }
    $content .= '</table>';

    return $content;
}
```

Listing 14.14 Die Funktion »render_weather_table()« muss verändert werden, damit das neue Format gelesen werden kann.

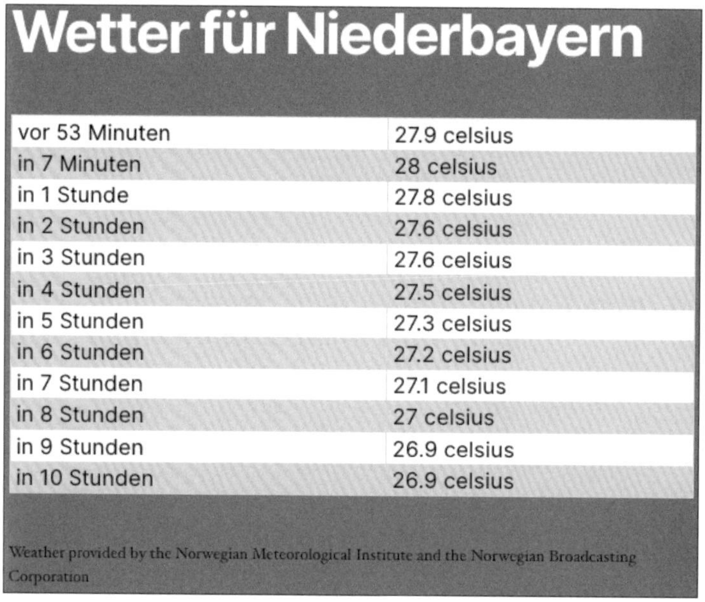

Wetter für Niederbayern

vor 53 Minuten	27.9 celsius
in 7 Minuten	28 celsius
in 1 Stunde	27.8 celsius
in 2 Stunden	27.6 celsius
in 3 Stunden	27.6 celsius
in 4 Stunden	27.5 celsius
in 5 Stunden	27.3 celsius
in 6 Stunden	27.2 celsius
in 7 Stunden	27.1 celsius
in 8 Stunden	27 celsius
in 9 Stunden	26.9 celsius
in 10 Stunden	26.9 celsius

Weather provided by the Norwegian Meteorological Institute and the Norwegian Broadcasting Corporation

Abbildung 14.3 Die Wetterdaten werden ordnungsgemäß angezeigt.

14.2.4 Dateidownloads

Auch Dateidownloads sind möglich. Sehr einfach geht das mit der Funktion `download_url()`, die eigentlich zur Filesystem-API (siehe Kapitel 18) gehört, jedoch intern auch die HTTP-API nutzt. Diese Funktion ist nicht standardmäßig eingebunden, insofern muss ein `include` oder `require` ausgeführt werden (siehe Listing 14.15), bevor sie benutzt werden kann. Listing 14.16 zeigt die Funktionsbeschreibung, bei der gilt:

- $url ist die Datei, die aus dem Internet geladen werden soll.
- $timeout ist die Zahl in Sekunden, nachdem der Download abgebrochen wird.
- $signature_verification überprüft die Signatur einer Datei, falls im Header der Abfrage ein X-Content-Signature-Wert mitgeliefert wurde.

Zurückgegeben wird entweder der Pfad zur heruntergeladenen Datei oder ein WP_Error-Objekt. Beachten Sie, dass die heruntergeladene Datei später von Ihnen manuell gelöscht werden muss, falls sie nicht mehr benötigt wird.

```
<?php
if ( ! function_exists( 'download_url' ) ) {
    require_once ABSPATH . '/wp-admin/includes/file.php';
}

$filename = download_url( 'http://url.zu/einer-datei.mp4' );
```

Listing 14.15 Einfacher Dateidownload


```
<?php
function download_url(
    string $url,
    int $timeout = 300,
    bool $signature_verification = false
): string|WP_Error {
    ...
}
```

Listing 14.16 Funktionsbeschreibung von download_url()

Die HTTP-API ist schon eine Art Gamechanger, da sie vieles erlaubt, was WordPress heutzutage stark macht. Dazu zählen zum Beispiel automatische (Sicherheits-)Updates und nicht zuletzt die Fähigkeit, WordPress nicht mehr nur allein als CMS-System, sondern als Webplattform einzusetzen. Dazu gehört auch die REST-API, die wir uns im nächsten Kapitel anschauen.

Kapitel 15
Die Schnittstelle zur Außenwelt: Die REST-API

An eine Pause ist nicht zu denken. Auch wenn »to rest« mit »sich erholen« übersetzt wird, hat das absolut nichts mit der REST-API zu tun. Tatsächlich kommt sie seit der Einführung des Block-Editors gar nicht mehr zur Ruhe und muss ohne Ende schuften.

Es war Mitte 2013, als die WordPress-eigene REST-API geboren wurde. Ich würde behaupten, dass sie neben dem Block-Editor eines der größten Projekte für WordPress war. Im Jahr 2015 wurde sie in den WordPress-Kern aufgenommen und ist seitdem fester Bestandteil. Zwar war sie zu diesem Zeitpunkt wegen des großen programmiertechnischen Aufwands und fehlender Manpower noch nicht komplett, aber das änderte sich in den folgenden Jahren. In den WordPress-Versionen 4.4 bis 4.6 wurde die grundlegende Infrastruktur integriert. Damit konnten Entwickler bereits eigene Routen anlegen. Im zweiten Schritt (WP-Version 4.7+) wurden dann auch WordPress-interne Routen und Endpunkte nachgeliefert. Weitere Routen und Funktionen speziell für den Block-Editor folgten. Aber nicht nur Gutenberg macht regen Gebrauch von der REST-API. Auch eine Vielzahl von Plugins und Themes nutzen sie seit Jahren erfolgreich.

Viele der Plugins und Themes nehmen heutzutage Kontakt mit der Außenwelt auf. Dies geschieht zum einen mit der HTTP-API (siehe Kapitel 14), aber auch mit der REST-API. Während die HTTP-API das Nachladen von Inhalten erlaubt, ist die REST-API für das Bereitstellen von Informationen der WordPress-Seite *nach* außen und für das Entgegennehmen von Daten *von* außen zuständig. Damit können externe Tools und Webservices Daten der eigenen WordPress-Seite abgreifen oder dorthin senden.

15.1 Was bedeutet »REST«?

REST bedeutet *Representational State Transfer*. Der Schwerpunkt des Paradigmas liegt auf der Maschine-zu-Maschine-Kommunikation. Daten werden in der Regel im JSON-Format ausgetauscht und müssen folgenden Eigenschaften aufweisen:

- Client und Server sind voneinander unabhängig.
- Der Server speichert keine Informationen über die letzte Anfrage eines Clients. Somit wird jede Anfrage als neue Anfrage behandelt (Zustandslosigkeit).
- Sowohl Clients als auch Server dürfen Daten zwischenspeichern, was impliziert, dass die REST-API so aufgebaut sein muss, dass Caching unterstützt wird.
- Die Schnittstelle ...
  - muss eine eindeutige URL haben,
  - kann Daten im unterschiedlichen Format zurückgeben (beispielsweise HTML, JSON, XML),
  - muss selbstbeschreibende Nachrichten senden und sie
  - muss das *HATEOS*-Prinzip implementieren. Das Kürzel steht für *Hypermedia as the Engine of Application State*, was ein Entwurfsprinzip ist. Es besagt, dass eine Webanwendung so entworfen sein muss, dass sich der Client nur sie bewegen kann, indem er URIs folgt. Mehrschichtigkeit: Ein Client weiß nicht (und muss auch nicht wissen), ob er mit einem vermittelnden Server oder dem originalen Server verbunden ist.
- Es ist optional erlaubt, auch sogenannten *Code on Demand* zu senden, also beispielsweise JavaScript-Code.

Zwar gab es vorher schon Drittanbieter-Apps, die WordPress aus der Ferne bedienen konnten, aber die REST-API stellte nun einen standardisierten Weg bereit, der auf den oben genannten Eigenschaften und Prinzipien aufbaut.

Ein zusätzlicher Vorteil ist, dass weiterhin Daten per JSON, HTML oder sogar JavaScript-Code geladen werden können. Das sind Dinge, die die Entwickler bereits vorher kannten. Mit den geläufigen Transportmethoden (GET, POST, PUT etc.) können Programmierer nun Daten von WordPress laden oder dorthin senden. Neu ist also nur, dass die Daten nicht mehr nur über das Backend, sondern anstandslos auch über die REST-API und deren Endpunkte (siehe Abschnitt 15.3) abgerufen werden können.

15.2 Abgrenzung zu HTTP

Eine HTTP-API kommuniziert zwischen zwei Systemen über das *Hypertext Transfer Protocol*. In WordPress dient das HTTP-API-Framework dazu, Daten von *entfernten* Systemen abzurufen oder dorthin zu senden. Sie benötigen also Informationen darüber, wie ein entferntes System anzusteuern ist. Dies kann durchaus eine REST-Schnittstelle sein.

Die in WordPress integrierte REST-API hingegen erlaubt die Bereitstellung von Informationen für die Außenwelt. Das heißt, dass andere Dienste und Services die Daten

Ihrer eigenen WordPress-Seite abgreifen oder aber auch Daten an sie senden können. Eine REST-API im Allgemeinen fügt einer HTTP-API keinerlei neue Funktionen hinzu. Vielmehr handelt es sich bei ihr um einen Architekturstil, der in Verbindung mit HTTP entstanden ist und in der Regel dessen Protokoll in der Anwendungsschicht verwendet. Tatsächlich könnten aber auch andere Übertragungsprotokolle wie zum Beispiel FTP verwendet werden, und die API kann dennoch *RESTful* sein.

Im Grunde kann eine REST-API auch als HTTP-API bezeichnet werden, wenn HTTP für den Transport verwendet wird. Aber nicht alle HTTP-APIs sind REST-APIs. Um als REST-API bezeichnet zu werden, muss eine API die architektonischen Anforderungen aus Abschnitt 15.1 erfüllen.

REST-APIs bieten eine große Flexibilität. Da die Daten nicht mit Ressourcen oder Methoden verknüpft sind, können sie eine Vielzahl von Anfragen entgegennehmen, unterschiedliche Datenformate zurückgeben und sich mit der richtigen Implementierung sogar strukturell verändern.

Bei der REST-API geht es also um:[1]

- Auffindbarkeit von Ressourcen
- Ressourcen, die adressierbar sind
- eine lose Kopplung zwischen Client und Server
- die Nutzung bestehender Standards wie HTML, HTTP, URI und standardisierter Medientypen
- langlebige Systeme, die sich im Laufe der Zeit unabhängig weiterentwickeln können.

Im Folgenden nutze ich den Begriff *REST-API* als Synonym für die Sammlung an PHP-Funktionen, die WordPress zur Verfügung stellt, um die REST-API zu erweitern.

15.3 Schlüsselkonzepte der REST-API

Die REST-API (als PHP-Framework innerhalb von WordPress) führt neue Begriffe ein, die Sie kennen sollten:

1. Routen und Endpunkte
2. Schema
3. Request (Anfrage)
4. Response (Antwort)
5. Controller-Klassen

1 Vgl. Pölt, Christoph: What is the difference between a REST API and a plain HTTP API?, in: REST vs HTTP, 2020, *https://rest-vs-http.info* (abgerufen am 11.05.2022)

Viele der Ausdrücke (insbesondere *Request* und *Response*) kennen Sie bereits aus der Arbeit mit der HTTP-API (siehe Kapitel 14). Die restlichen Begriffe dürften für die meisten Programmierer, die noch nie mit einer REST-Schnittstelle gearbeitet haben, neu sein.

15.3.1 Routen und Endpunkte

Eine Route ist in WordPress eine URL, die mehrere Endpunkte haben kann. Wenn Sie Ihre Website-URL, gefolgt von */wp-json/*, eingeben, erhalten Sie eine Übersicht aller registrierten Routen und ihrer Endpunkte (siehe Abbildung 15.1). In meiner lokalen Entwicklungsumgebung wäre dies die URL *http://mein-wp.test/wp-json*. Dieser Vorgang wird auch *Extension-Discovery* genannt (siehe Abschnitt 15.4.3).

Nicht sicher — mein-wp.test/wp-json

\- + Show source


```
{
    "name":"Mein WP Test",
    "description":"Eine weitere WordPress-Website",
    "url":"http://mein-wp.test",
    "home":"http://mein-wp.test",
    "gmt_offset":2,
    "timezone_string":"Europe/Berlin",
  + "namespaces" : [...] (4 hidden elements),
  + "authentication" : {...} (1 hidden elements),
  - "routes" : {
      + "/" : {...} (4 hidden elements),
      + "/batch/v1" : {...} (4 hidden elements),
      + "/oembed/1.0" : {...} (4 hidden elements),
      + "/oembed/1.0/embed" : {...} (4 hidden elements),
      + "/oembed/1.0/proxy" : {...} (4 hidden elements),
      + "/wp/v2" : {...} (4 hidden elements),
      + "/wp/v2/posts" : {...} (4 hidden elements),
      - "/wp/v2/posts/(?P<id>[\d]+)" : {
            "namespace" : "wp/v2",
          + "methods" : [...] (5 hidden elements),
          - "endpoints" : [
              - {
                  - "methods" : [
                        "GET",
                    ],
                  + "allow_batch" : {...} (1 hidden elements),
                  + "args" : {...} (3 hidden elements)
                },
              - {
                  - "methods" : [
                        "POST",
                        "PUT",
                        "PATCH",
                    ],
                  + "allow_batch" : {...} (1 hidden elements),
                  + "args" : {...} (19 hidden elements)
                },
              - {
                  - "methods" : [
                        "DELETE",
                    ],
                  + "allow_batch" : {...} (1 hidden elements),
                  + "args" : {...} (2 hidden elements)
                }
            ]
        },
      + "/wp/v2/posts/(?P<parent>[\d]+)/revisions" : {...} (3 hidden elements),
      + "/wp/v2/posts/(?P<parent>[\d]+)/revisions/(?P<id>[\d]+)" : {...} (3 hidden elements),
      + "/wp/v2/posts/(?P<id>[\d]+)/autosaves" : {...} (3 hidden elements),
      + "/wp/v2/posts/(?P<parent>[\d]+)/autosaves/(?P<id>[\d]+)" : {...} (3 hidden elements),
      + "/wp/v2/pages" : {...} (4 hidden elements),
      + "/wp/v2/pages/(?P<id>[\d]+)" : {...} (3 hidden elements),
      + "/wp/v2/pages/(?P<parent>[\d]+)/revisions" : {...} (3 hidden elements),
      + "/wp/v2/pages/(?P<parent>[\d]+)/revisions/(?P<id>[\d]+)" : {...} (3 hidden elements),
      + "/wp/v2/pages/(?P<id>[\d]+)/autosaves" : {...} (3 hidden elements),
```


Abbildung 15.1 Standard-Endpunkte der WordPress-REST-API

Arbeiten mit JSON im Browser

Für die einzelnen Browser gibt es gute Erweiterungen, die Ihnen die Arbeit mit JSON-Daten vereinfachen. In Abbildung 15.1 sehen Sie beispielsweise die Extension *Simply-JSON for Safari* für den Mac-eigenen Internetbrowser. Tabelle 15.1 listet einige Erweiterungen für die unterschiedlichen Browser auf.

Browser	Erweiterung
Safari	*https://apps.apple.com/de/app/simplyjson-for-safari/id1495193038?mt=12*
Firefox	Integriert, wenn der Server die Ressource als `application/json`-Dokument übermittelt.
Chrome	*https://chrome.google.com/webstore/detail/jsonview/gmegofmjomhknnokphhckolhcffdaihd*
Edge	*https://microsoftedge.microsoft.com/addons/detail/json-beautifier-editor/kpfjmbnldfjpgbglcdcmlkekajbcjlem*

Tabelle 15.1 JSON-Erweiterungen für die einzelnen Browser

Nehmen wir als Beispiel die Route *http://mein-wp.test/wp-json/wp/v2/posts/(?P<id>[\d]+)*. Sie hat fünf Endpunkte, wie in Abbildung 15.1 ebenfalls dargestellt ist:

GET	http://mein-wp.test/wp-json/wp/v2/posts/(?P<id>[\d]+)
POST	http://mein-wp.test/wp-json/wp/v2/posts/(?P<id>[\d]+)
PUT	http://mein-wp.test/wp-json/wp/v2/posts/(?P<id>[\d]+)
PATCH	http://mein-wp.test/wp-json/wp/v2/posts/(?P<id>[\d]+)
DELETE	http://mein-wp.test/wp-json/wp/v2/posts/(?P<id>[\d]+)

Von diesen fünf Endpunkten werden drei zu einem zusammengefasst, nämlich POST, PUT und PATCH. PUT steht für Erstellen, PATCH für Updaten. Im Grunde läuft es jedoch darauf hinaus, dass immer dasselbe passiert: Es werden Daten in die Datenbank geschrieben. Darüber hinaus stehen auf einigen Servern möglicherweise nicht alle Transportmethoden zur Verfügung, weshalb POST immer die Fallback-Alternative ist (siehe Abschnitt 14.1.1, »Anfrage senden«). Es gibt aber auch noch einen anderen Weg, wie nicht vorhandene Transportmethoden trotzdem aufgerufen werden können. Mehr dazu lesen Sie in Abschnitt 15.4.6, »Anfrage-Methode überschreiben«.

Sie haben bestimmt vermutet, was sich mit diesen drei Endpunkten anstellen lässt:

- `GET`: Lesen eines einzelnen Posts
- `POST`, `PUT`, `PATCH`: Editieren eines einzelnen Posts (Erstellen/Aktualisieren)
- `DELETE`: Löschen eines Posts

15.3.2 Schema

Der Begriff *Schema* bezeichnet ein Vokabular, mit dem sich Dokumente annotieren und validieren lassen. Die WordPress-REST-API greift hier auf die Spezifikationen von *json-schema.org* zurück, speziell, um mit Parametern die einzelnen Endpunkte auszuzeichnen. Abbildung 15.2 zeigt die Argumenten-Liste (`args`) des `GET`-Endpunktes. Dort wird genauestens angegeben, welche Werte angenommen und wie diese definiert werden.

mein-wp.test/wp-json/wp/v2/posts/

- + Show source


```
- "/wp/v2/posts/(?P<id>[\d]+)" : {
      "namespace" : "wp/v2",
    + "methods" : [...] (5 hidden elements),
    - "endpoints" : [
        - {
            - "methods" : [
                  "GET",
              ],
            + "allow_batch" : {...} (1 hidden elements),
            - "args" : {
                - "id" : {
                      "description" : "Eindeutige Kennung für den
                      Beitrag.",
                      "type" : "integer",
                      "required" : false,
                  },
                - "context" : {
                      "description" : "Geltungsbereich der Anfrage;
                      ermittelt in der Antwort vorhandene Felder.",
                      "type" : "string",
                    + "enum" : [...] (3 hidden elements),
                      "default" : "view",
                      "required" : false,
                  },
                - "password" : {
                      "description" : "Das Passwort für den Beitrag,
                      falls dieser passwortgeschützt ist.",
                      "type" : "string",
                      "required" : false,
                  }
              }
          },
        + {...} (3 hidden elements),
        + {...} (3 hidden elements)
      ]
  },
```


Abbildung 15.2 Es ist genau beschrieben, welche Parameter es gibt und wie diese zu befüllen sind.

15.3.3 Request und Response

Wie schon bei der HTTP-API ist ein *Request* nichts anderes als eine Anfrage. Eine zurückgelieferte Antwort wird im Englischen *Response* genannt.

15.3.4 Controller-Klassen

Controller-Klassen sind PHP-Klassen, die alle Teile der REST-API zusammenbringen. Wird ein bestimmter Endpunkt getriggert, so wird die Klasse die Anfrage (Request) annehmen, sie verarbeiten und eine Antwort (Response) zurückgeben. Darüber hinaus übernimmt sie das Anlegen von Endpunkten genauso wie die Beschreibung durch die Schema-Syntax.

15.4 Mit Endpunkten arbeiten

Wie bereits erwähnt, bringt WordPress schon eine Vielzahl an Endpunkten mit. Das Anhängen von */wp-json/* an eine Domain reicht, damit die REST-API alle Routen auflistet. Die WordPress-eigenen Routen beginnen in der Regel mit `wp`, gefolgt von der Versionsnummer, die derzeit bei `v2` liegt. Zusammengenommen wird `wp/v2` als *Namespace* bezeichnet. Auf ihn folgt die eigentliche Routenbezeichnung. Im Beispiel von vorhin wäre die Aufteilung so, wie in Abbildung 15.3 zu sehen.

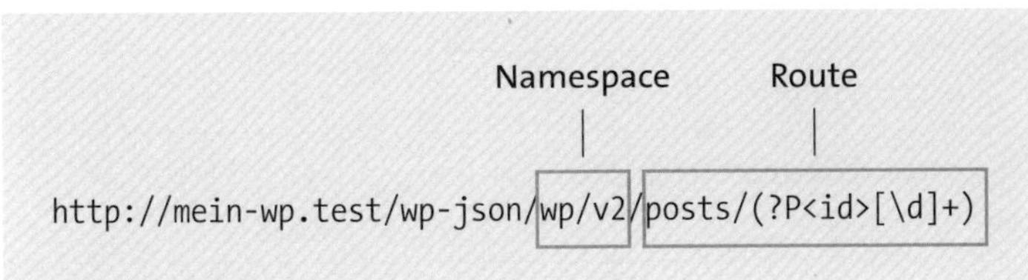

Abbildung 15.3 Aufbau einer REST-URL

Die zumeist jüngeren Routen (die also erst später in WordPress hinzugefügt wurden) haben kein `wp`-Präfix. Sie hätten nicht in `wp/v2` gepasst, denn von ihnen liegt aktuell nur Version 1 vor. Hier sind einige Ausnahmen:

- `/wp-json/batch/v1/`
- `/wp-json/oembed/1.0/`
- `/wp-json/wp-block-editor/v1/`
- `/wp-json/wp-site-health/v1/`

Die meisten Routen sollten selbsterklärend sein. So ist `/wp-json/wp/v2/themes` für Themes zuständig, während mit `/wp-json/wp/v2/search` eine Suche ausgeführt werden kann. Eine Ausnahme bildet nur die `/wp-json/batch/v1/`-Route. Sie kann dazu verwendet werden, mehrere Abfragen in einem Ablauf durchzuführen.

15.4.1 REST-API-Tools

Für den folgenden Test laden Sie sich am besten eines dieser Tools auf Ihren Rechner:

- Postman: *https://www.postman.com*
- Insomnia: *https://insomnia.rest*

Die Tools erleichtern das Arbeiten mit REST-APIs, wie Sie gleich sehen werden. Alternativ können Sie auch ein Online-Tool aus Tabelle 15.2 auswählen. Der Nachteil dabei ist, dass Ihre WordPress-Installation dazu online erreichbar sein muss. Für lokale Entwicklungsumgebungen funktionieren sie nicht. Außerdem müssen Sie den Tools Ihr Vertrauen schenken, wenn Sie Daten übertragen, die möglicherweise dem Datenschutz unterliegen.

Tool	Link
ReqBin	*https://reqbin.com*
Rest test test	*https://resttesttest.com*
REST API Client von WebTools Services	*https://webtools.services/online-rest-api-client*
Go REST	*https://gorest.co.in*
Hoppscotch (ehemals Postwoman)	*https://hoppscotch.io/de*

Tabelle 15.2 Online-REST-Clients

Abbildung 15.4 zeigt die App *Postman* in Aktion. Sie funktioniert ähnlich wie ein Browser. Eine neue Abfrage starten Sie, indem Sie einen neuen Tab ❶ erstellen. In ❷ legen Sie die Transport-Methode fest. In unserem Fall ist dies `POST`. Danach wird die URL eingegeben ❸. Die einzelnen Links unter ❹ können genutzt werden, um weitere Informationen zu liefern, die für die Anfrage wichtig sind. So zum Beispiel die Parameter, Angaben zur Autorisierung oder zusätzliche Header-Metadaten. Sie erinnern sich bestimmt an meine Warnung, niemals den Anfragekopfzeilen, die vom Server kommen, zu vertrauen, weil sie leicht gefälscht werden können. Mit Postman ist genau dies möglich – und noch dazu sehr einfach.

Durch den blauen Button SEND schicken Sie die Abfrage an die REST-API, woraufhin sich diese mit den Daten aus ❺ zurückmeldet. Über die Links in ❻ können Sie sich Cookies, die Antwortkopfzeilen und weitere Metadaten ansehen.

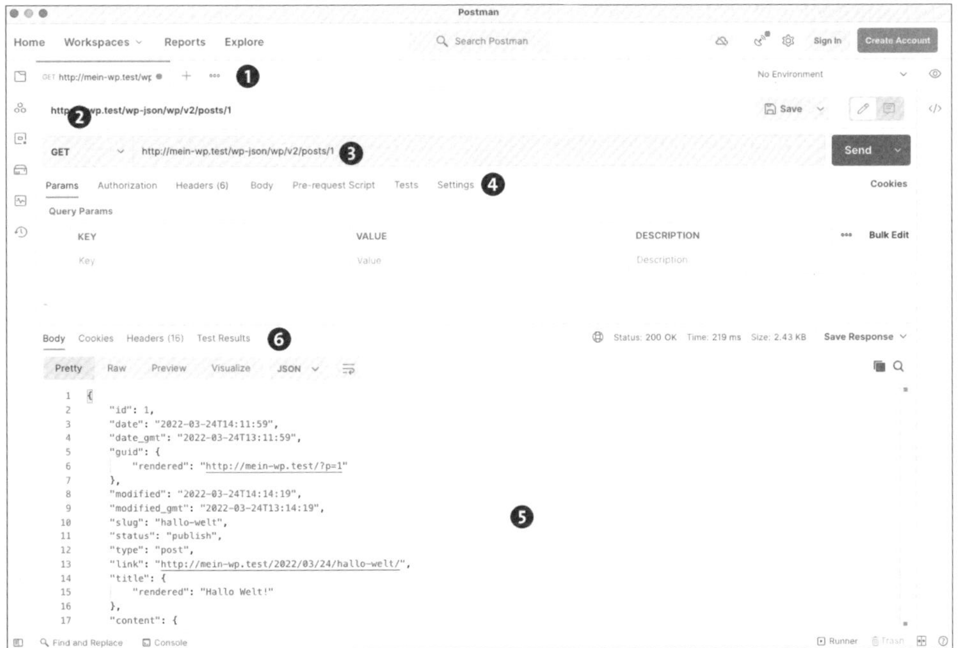

Abbildung 15.4 Postman in Aktion

15.4.2 API-Discovery

Die REST-API kann mühelos über ein Plugin[2] deaktiviert werden. Falls Sie in Erfahrung bringen müssen, ob die API für eine WordPress-Seite aktiv ist, können Sie eine HEAD-Anfrage an die Domain stellen. Dieser Vorgang wird *API-Discovery* genannt.

HEAD `http://mein-wp.test`

In den Antwortkopfzeilen ist bei aktivierter REST-API der Eintrag aus Listing 15.1 zu finden. Die Antwort liefert dann außerdem die URL zurück, die natürlich auch über etwaige Filter geändert werden kann.

```
Link: <http://mein-wp.test/wp-json/>; rel="https://api.w.org/"
```

Listing 15.1 HTTP-Header bei aktivierter REST-API

Ist im Header nichts zu finden, können Sie eine GET-Anfrage stellen und den zurückgegebenen HTML-Quellcode analysieren. Dort befindet sich ein ähnlicher Code, wie Listing 15.2 zeigt:

```
<link rel="https://api.w.org/" href="http://mein-wp.test/wp-json/" />
```

Listing 15.2 HTML-Code, der preisgibt, unter welcher URL die REST-API zu finden ist

2 Zum Beispiel: *https://wordpress.org/plugins/disable-wp-rest-api/*

Auch die XML-RPC-Schnittstelle liefert die REST-URL von WordPress zurück:

GET `http://mein-wp.test/xmlrpc.php?rsd`

Sie ist zwar aus Sicherheitsgründen oft deaktiviert, dennoch sei darauf hingewiesen, dass sich die URL innerhalb von `<apis></apis>` befindet, wie Listing 15.3 zeigt:

```
<?xml version="1.0" encoding="UTF-8"?>
<rsd version="1.0" xmlns="http://archipelago.phrasewise.com/rsd">
    <service>
        <engineName>WordPress</engineName>
        <engineLink>https://wordpress.org/</engineLink>
        <homePageLink>http://mein-wp.test</homePageLink>
        <apis>
            ...
            <api name="WP-API" blogID="1" preferred="false"
                apiLink="http://mein-wp.test/wp-json/" />
        </apis>
    </service>
</rsd>
```

Listing 15.3 Rückgabe der XMLRCP-Schnittstelle

15.4.3 Extension-Discovery

Haben Sie die URL zur REST-API herausgefunden, lässt sich der `namespaces`-Parameter mit einer simplen GET-Anfrage auslesen (siehe Listing 15.4):

```
{
    "name": "Mein WP Test",
    "description": "Eine weitere WordPress-Website",
    "url": "http://mein-wp.test",
    "home": "http://mein-wp.test",
    "gmt_offset": 2,
    "timezone_string": "Europe/Berlin",
    "namespaces": [
        "oembed/1.0",
        "wp/v2",
        "wp-site-health/v1",
        "wp-block-editor/v1"
    ],
    ...
}
```

Listing 15.4 Rückgabe der REST-API

Das Array enthält die Werte, die Sie an die URL anhängen können. Im Beispiel sind das also folgende URLs, die sich aus den Werten ergeben:

- *http://mein-wp.test/wp-json/oembed/1.0*
- *http://mein-wp.test/wp-json/wp/v2*
- *http://mein-wp.test/wp-json/wp-site-health/v1*
- *http://mein-wp.test/wp-json/wp-block-editor/v1*

Durch weitere GET-Abfragen zu den oben genannten URLs erhalten Sie alle Endpunkte, die im gewählten Namespace existieren (siehe Abbildung 15.5). Dieses Navigieren durch die REST-API wird *Extension-Discovery* genannt.

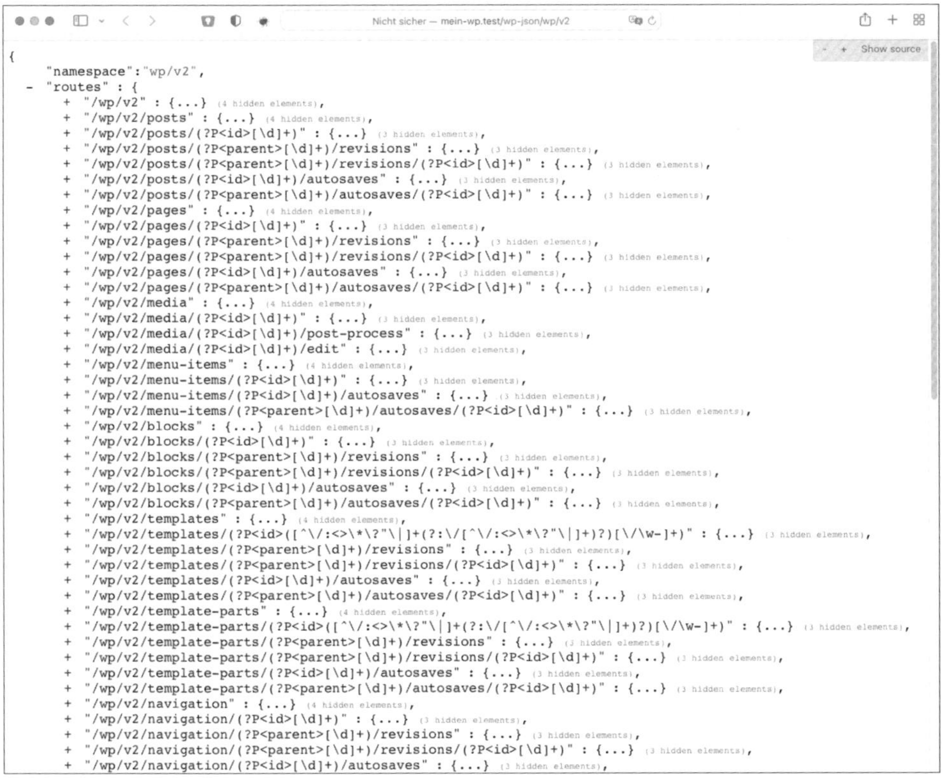

Nicht sicher – mein-wp.test/wp-json/wp/v2

- + Show source


```
{
    "namespace":"wp/v2",
  - "routes" : {
      + "/wp/v2" : {...} (4 hidden elements),
      + "/wp/v2/posts" : {...} (4 hidden elements),
      + "/wp/v2/posts/(?P<id>[\d]+)" : {...} (3 hidden elements),
      + "/wp/v2/posts/(?P<parent>[\d]+)/revisions" : {...} (3 hidden elements),
      + "/wp/v2/posts/(?P<parent>[\d]+)/revisions/(?P<id>[\d]+)" : {...} (3 hidden elements),
      + "/wp/v2/posts/(?P<id>[\d]+)/autosaves" : {...} (3 hidden elements),
      + "/wp/v2/posts/(?P<parent>[\d]+)/autosaves/(?P<id>[\d]+)" : {...} (3 hidden elements),
      + "/wp/v2/pages" : {...} (4 hidden elements),
      + "/wp/v2/pages/(?P<id>[\d]+)" : {...} (3 hidden elements),
      + "/wp/v2/pages/(?P<parent>[\d]+)/revisions" : {...} (3 hidden elements),
      + "/wp/v2/pages/(?P<parent>[\d]+)/revisions/(?P<id>[\d]+)" : {...} (3 hidden elements),
      + "/wp/v2/pages/(?P<id>[\d]+)/autosaves" : {...} (3 hidden elements),
      + "/wp/v2/pages/(?P<parent>[\d]+)/autosaves/(?P<id>[\d]+)" : {...} (3 hidden elements),
      + "/wp/v2/media" : {...} (4 hidden elements),
      + "/wp/v2/media/(?P<id>[\d]+)" : {...} (3 hidden elements),
      + "/wp/v2/media/(?P<id>[\d]+)/post-process" : {...} (3 hidden elements),
      + "/wp/v2/media/(?P<id>[\d]+)/edit" : {...} (3 hidden elements),
      + "/wp/v2/menu-items" : {...} (4 hidden elements),
      + "/wp/v2/menu-items/(?P<id>[\d]+)" : {...} (3 hidden elements),
      + "/wp/v2/menu-items/(?P<id>[\d]+)/autosaves" : {...} (3 hidden elements),
      + "/wp/v2/menu-items/(?P<parent>[\d]+)/autosaves/(?P<id>[\d]+)" : {...} (3 hidden elements),
      + "/wp/v2/blocks" : {...} (4 hidden elements),
      + "/wp/v2/blocks/(?P<id>[\d]+)" : {...} (3 hidden elements),
      + "/wp/v2/blocks/(?P<parent>[\d]+)/revisions" : {...} (3 hidden elements),
      + "/wp/v2/blocks/(?P<parent>[\d]+)/revisions/(?P<id>[\d]+)" : {...} (3 hidden elements),
      + "/wp/v2/blocks/(?P<id>[\d]+)/autosaves" : {...} (3 hidden elements),
      + "/wp/v2/blocks/(?P<parent>[\d]+)/autosaves/(?P<id>[\d]+)" : {...} (3 hidden elements),
      + "/wp/v2/templates" : {...} (4 hidden elements),
      + "/wp/v2/templates/(?P<id>([^\/:<>\*\?"\|]+(?:\/[^\/:<>\*\?"\|]+)?)[\/\w-]+)" : {...} (3 hidden elements),
      + "/wp/v2/templates/(?P<parent>[\d]+)/revisions" : {...} (3 hidden elements),
      + "/wp/v2/templates/(?P<parent>[\d]+)/revisions/(?P<id>[\d]+)" : {...} (3 hidden elements),
      + "/wp/v2/templates/(?P<id>[\d]+)/autosaves" : {...} (3 hidden elements),
      + "/wp/v2/templates/(?P<parent>[\d]+)/autosaves/(?P<id>[\d]+)" : {...} (3 hidden elements),
      + "/wp/v2/template-parts" : {...} (4 hidden elements),
      + "/wp/v2/template-parts/(?P<id>([^\/:<>\*\?"\|]+(?:\/[^\/:<>\*\?"\|]+)?)[\/\w-]+)" : {...} (3 hidden elements),
      + "/wp/v2/template-parts/(?P<parent>[\d]+)/revisions" : {...} (3 hidden elements),
      + "/wp/v2/template-parts/(?P<parent>[\d]+)/revisions/(?P<id>[\d]+)" : {...} (3 hidden elements),
      + "/wp/v2/template-parts/(?P<id>[\d]+)/autosaves" : {...} (3 hidden elements),
      + "/wp/v2/template-parts/(?P<parent>[\d]+)/autosaves/(?P<id>[\d]+)" : {...} (3 hidden elements),
      + "/wp/v2/navigation" : {...} (4 hidden elements),
      + "/wp/v2/navigation/(?P<id>[\d]+)" : {...} (3 hidden elements),
      + "/wp/v2/navigation/(?P<parent>[\d]+)/revisions" : {...} (3 hidden elements),
      + "/wp/v2/navigation/(?P<parent>[\d]+)/revisions/(?P<id>[\d]+)" : {...} (3 hidden elements),
      + "/wp/v2/navigation/(?P<id>[\d]+)/autosaves" : {...} (3 hidden elements),
```


Abbildung 15.5 Auflistung aller REST-Routen in einem Namespace

15.4.4 Authentifizierung

Alle Daten, die öffentlich zugänglich sind, werden in der REST-API dargestellt. Ein Dritter benötigt dafür keine Zugangsdaten. Das ist der Fall bei veröffentlichten Beiträgen oder Seiten. Nichtöffentliche Informationen sind gesperrt. Der Aufruf `GET http://mein-wp.test/wp-json/wp/v2/plugins` stellt die Daten aus Listing 15.5 bereit. Nun gibt es mehrere Möglichkeiten, trotzdem Zugriff zu erlangen.

```
{
    "code": "rest_cannot_view_plugins",
    "message": "Du bist leider nicht berechtigt, Plugins zu verwalten.",
    "data": {
        "status": 401
    }
}
```

Listing 15.5 Gekürzter Auszug aus der REST-Antwort

Cookie-Authentifizierung

Der einfachste Weg ist die Cookie-Authentifizierung. Diese funktioniert jedoch nur, wenn ein Nutzer bei WordPress (über das Backend) angemeldet ist. Das heißt, dass die Authentifizierung schon viel früher stattfand und nicht erst beim Aufruf einer etwaigen REST-Route. Es gibt außerdem keine Login-Route, über die Sie sich anmelden können. Insofern ist diese Option nur dann interessant, wenn Sie vorab wissen, dass ein Benutzer angemeldet sein muss, um Zugriff auf die Route zu bekommen. Das ist zum Beispiel im *Dashboard-Weather*-Plugin aus Abschnitt 8.5.8, »Ajax in React«, der Fall. Dort wurde ein Endpunkt generiert, der die Ablaufzeit des Timers zurückgibt. Ein Abruf des Timers von außen ist sinnlos, weshalb die Route nur »intern« genutzt werden kann, also dann, wenn ein Benutzer angemeldet ist.

Die Authentifizierung übernimmt im Beispiel die Komponente `@wordpress/api-fetch`. Sie erstellt eine Nonce, die in jedem Request übermittelt wird. Sie dient dann (zusammen mit den gesetzten Cookies) zur Authentifizierung des Benutzers. Die Nonce, die von WordPress erstellt wird, ist in Listing 15.6 zu sehen. Sie ist für alle REST-Abfragen immer die gleiche.

```
<?php
$rest_nonce = wp_create_nonce( 'wp_rest' );
```

Listing 15.6 Als Action-Name wird immer »wp_rest« benutzt.

Übermittlung der Nonce

Die Nonce kann auf mehreren Wegen gesendet werden. Die angesprochene `wp-api-fetch`-Komponente übermittelt sie über den Header der Abfrage. Listing 15.7 zeigt den Code-Teil aus der *api-fetch.js*, der dies übernimmt. Wichtig ist hier der Name: `X-WP-Nonce` ist die Bezeichnung, die die REST-API später benötigt, um die Nonce aus der Anfrage extrahieren zu können.

```
function createNonceMiddleware(nonce) {
  ...

    return next({ ...options,
```

```
        headers: { ...headers,
          'X-WP-Nonce': middleware.nonce
        }
      });
    };

    middleware.nonce = nonce;
    return middleware;
}
```

Listing 15.7 Ausschnitt aus der »api-fetch.js«

Wer keine Daten im Header senden will oder kann, übermittelt sie über den GET-Parameter:

GET `http://mein-wp.test/wp-json/wp/v2/plugins?_nonce=c6db4fb1fc`

Anwendungspasswörter

Seit WordPress 5.6 gibt es auch die Möglichkeit, eine Authentifizierung über sogenannte Anwendungspasswörter durchzuführen. Dazu besuchen Sie nach dem Login im Backend Ihre Profilseite (unter BENUTZER • PROFIL) und scrollen ganz nach unten (siehe Abbildung 15.6). 15

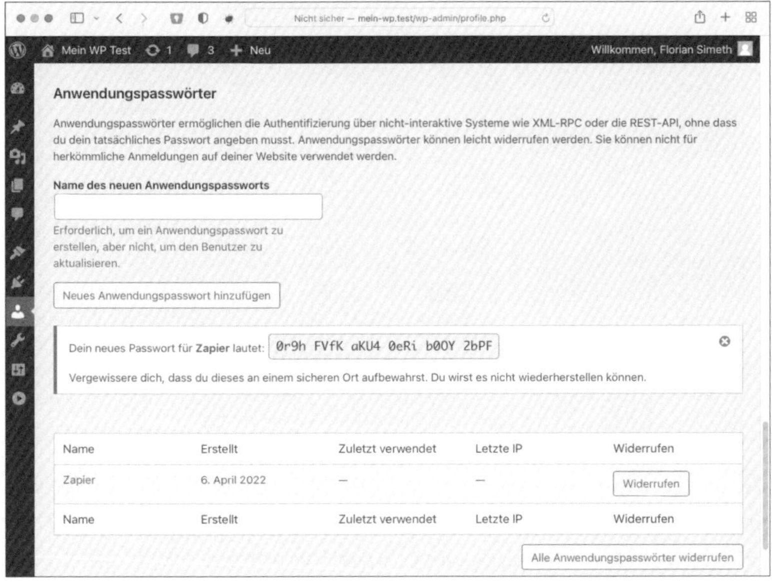

Abbildung 15.6 Ein Anwendungspasswort erstellen

Sie müssen nun lediglich den Namen eines Dienstes eingeben, von dem der Zugriff erfolgen soll. In meinem Beispiel ist dies ZAPIER. Ein Klick auf den Button erstellt dann ein Passwort, das Sie sich notieren sollten, denn es ist danach nirgends mehr sichtbar. In der darunterliegenden Tabelle können Sie das Passwort wieder löschen, indem Sie auf WIDERRUFEN klicken.

Je nachdem, wo Sie den Zugriff gewähren wollen, müssen Sie danach die Zugangsdaten hinterlegen. In unserem Beispiel ist dies die App Postman. Abbildung 15.7 zeigt, wie ich im Reiter AUTHORIZATION unter TYPE die Auswahl BASIC AUTH getroffen habe. In den daraufhin erschienenen Feldern USERNAME und PASSWORD habe ich die erforderlichen Informationen eingegeben. Ein Klick auf SEND zeigt nun die entsprechenden Daten der Route an. Beachten Sie, dass ich im Beispiel einen Benutzer mit der Rolle *Administrator* gewählt habe. Sie können (oder sollten) jederzeit neue Nutzer mit eingeschränkteren Rechten erstellen und ihnen ein Anwendungspasswort zuteilen.

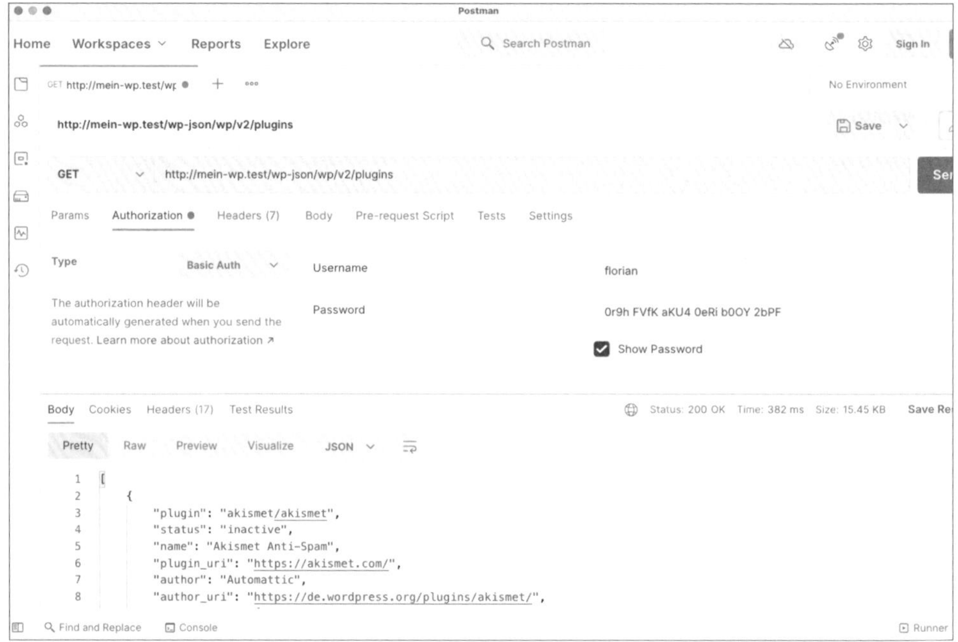

Abbildung 15.7 Senden einer Anfrage mit Autorisierung

Weitere Möglichkeiten der Autorisierung

Neben den genannten Optionen gibt es noch weitere Möglichkeiten. Wenn Sie mit *OAuth 1.0a* arbeiten wollen, sei Ihnen das in die Jahre gekommene Plugin des ursprünglichen REST-API-Teams ans Herz gelegt: *https://wordpress.org/plugins/rest-api-oauth1/*.

Wer es moderner braucht, sollte das Plugin von *miniOrange* installieren, das unter anderem mit *OAuth 2.0* umgehen kann: *https://wordpress.org/plugins/wp-rest-api-authentication/*.

Bei der sogenannten *JWT-Authentifizierung* wird ein nach RFC 7519 genormter *JSON Web Token* für den Zugriff auf die REST-API verwendet. Hier sei das Plugin von Enrique Chavez genannt: *https://wordpress.org/plugins/jwt-authentication-for-wp-rest-api/*.

15.4.5 Arbeiten mit JSONP

JSONP steht für *JSON mit Padding*. Damit lassen sich Inhalte externer Domains nachladen, was normalerweise aufgrund der *Same-Origin-Policy* (siehe Kasten) blockiert werden würde. Durch den angehängten `_jsonp`-Parameter lässt sich diese Blockade umgehen. Als Wert wird eine JavaScript-Funktion übergeben, wie Listing 15.8 zeigt. Als Beispiel nehmen wir folgende Anfrage:

```
GET http://mein-wp.test/wp-json/wp/v2/plugins?_jsonp=do_something
```

Beachten Sie den `_jsonp`-Parameter, der den String `do_something` enthält. Darin eingekapselt liegen die eigentlichen Daten, die an die Funktion übergeben werden. Listing 15.9 zeigt, wie Sie das in einem JavaScript nutzen könnten.

```
/**/do_something([{"plugin":"akismet\/akismet","status":"inactive",...}])
```

Listing 15.8 Rückgabe einer JSONP-Anfrage (stark gekürzt)


```
<script>
function do_something( data ) {
  console.log( data );
}
</script>
<script src="http://mein-wp.test/wp-json/wp/v2/plugins?_jsonp=do_
something "></script>
```

Listing 15.9 Beispielcode zum Verarbeiten der Daten

JSONP deaktivieren

Durch den Filter `rest_jsonp_enabled` lässt sich JSONP deaktivieren.

Die Same-Origin Policy

Die »Richtlinie gleichen Ursprungs«, wie man *Same-Origin Policy* übersetzen könnte, ist ein zentraler Sicherheitsmechanismus, der einschränkt, wie ein von einem Ursprung geladenes Dokument oder Skript mit einer Ressource eines anderen Ursprungs interagieren kann.

Sie hilft dabei, potenziell bösartige Dokumente zu isolieren und mögliche Angriffsvektoren zu reduzieren, indem sie beispielsweise verhindert, dass eine gefährliche

Website im Internet JavaScript in einem Browser ausführt, um Daten von einem Drittanbieter-Dienst (bei dem der Benutzer angemeldet ist) zu lesen und diese Informationen an den Angreifer weiterzuleiten. Dies kann etwa auch ein Firmenintranet sein, das eigentlich vor dem direkten Zugriff des Angreifers geschützt ist, da es von außen nicht erreichbar ist.

15.4.6 Anfrage-Methode überschreiben

Wie ich schon öfter erwähnt habe, können einige Server oder auch Clients bestimmte HTTP-Transportmethoden nicht verarbeiten, zum Beispiel weil sie vom Webhoster blockiert werden oder schlicht nicht integriert wurden. Sie könnten dann, wie eingangs bereits erwähnt, beispielsweise einen Beitrag durch den nachfolgenden Aufruf nicht löschen:

```
DELETE http://mein-wp.test/wp-json/wp/v2/posts/(?P<id>[\d]+)
```

Um trotzdem die `DELETE`-Operation ausführen zu können, senden Sie stattdessen einen POST-Request und hängen den Parameter `_method=delete` an die URL an:

```
POST http://mein-wp.test/wp-json/wp/v2/posts/1?_method=delete
```

Alternativ lässt sich der Header `X-HTTP-Method-Override` nutzen, wie Abbildung 15.8 zeigt. Die Anfrage funktioniert trotzdem.

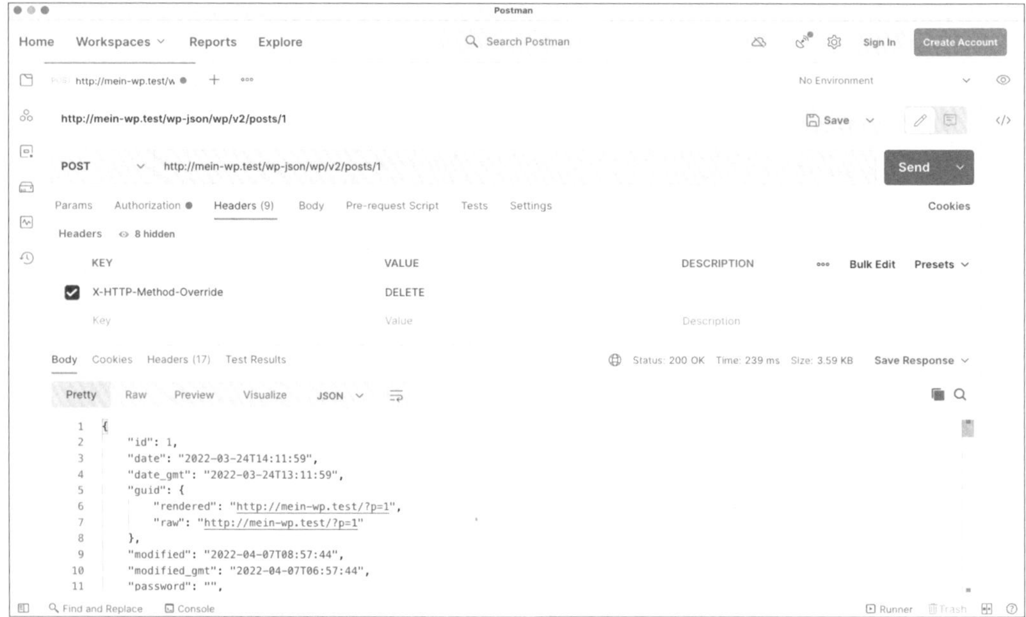

Abbildung 15.8 In der Postman-App wird der »X-HTTP-Method-Override«-Header auf DELETE gesetzt.

15.4.7 Richtige Daten zurückliefern

So wie manche Webserver nicht alle HTTP-Transportmethoden unterstützen, so ist es auch möglich, dass nicht alle Statuscodes oder Kopfzeilen zurückgeliefert werden können. Ist das der Fall, so lässt sich die komplette Antwort einhüllen. Der englische Ausdruck für eine Briefhülle ist *envelope*. Und genau dieser Parameter lässt sich anhängen. Sehen wir uns eine Gegenüberstellung von Standard-Antwort und eingehüllter Antwort an.

Standard-Antwort

Die folgende Abfrage gibt den Code aus Listing 15.10 zurück. Wie Sie sehen, ist das eine »normale« Abfrage, so wie wir sie schon vielfach in diesem Kapitel abgesetzt haben:

```
GET http://mein-wp.test/wp-json/wp/v2/posts/1
```

Und hier ist die Antwort:

```
{
    "id": 1,
    "date": "2022-03-24T14:11:59",
    "date_gmt": "2022-03-24T13:11:59",
    "guid": {
        "rendered": "http://mein-wp.test/?p=1"
    },
    "modified": "2022-04-07T09:06:44",
    "modified_gmt": "2022-04-07T07:06:44",
    "slug": "hallo-welt",
    ...
}
```

Listing 15.10 Gekürzte Rückgabe der REST-Abfrage

Eingehüllte Antwort

Rufen wir nun die gleiche Route mit dem `_envelope`-Parameter auf, so erhalten wir die Rückgabe aus Listing 15.11.

```
GET http://mein-wp.test/wp-json/wp/v2/posts/1?_envelope
```

Die eigentlichen Daten befinden sich nun innerhalb von `body`. Der Statuscode sowie die Kopfzeilen der Antwort werden ebenfalls separat zurückgegeben.

```
{
    "body": {
        "id": 1,
        "date": "2022-03-24T14:11:59",
```

```
        "date_gmt": "2022-03-24T13:11:59",
        "guid": {
            "rendered": "http://mein-wp.test/?p=1"
        },
        "modified": "2022-04-07T09:06:44",
        "modified_gmt": "2022-04-07T07:06:44",
        "slug": "hallo-welt",
        ...
    },
    "status": 200,
    "headers": {
        "Link": "<http://mein-wp.test/?p=1>;
                    rel=\"alternate\"; type=text/html",
        "Allow": "GET, POST, PUT, PATCH, DELETE"
    }
}
```

Listing 15.11 Gekürzte Rückgabe der REST-Abfrage mit dem »_envelope«-Parameter

15.4.8 Anfragen einsparen

Viele Abfragen enthalten nur IDs auf bestimmte Ressourcen. Wenn Sie beispielsweise die Daten eines Beitrags abrufen, finden Sie darin die ID des Beitragsautors, nicht jedoch weitere Informationen über ihn. In vielen Fällen wollen Sie auf dem Bildschirm jedoch nicht nur die ID des Autors, sondern dessen Namen ausgeben. Hier kann es helfen, den `_embed`-Parameter anzuhängen, zum Beispiel so:

GET `http://mein-wp.test/wp-json/wp/v2/posts/1?_embed`

Die Rückgabe ist in Listing 15.12 zu sehen. Nun gibt es einen zusätzlichen Parameter `_embedded`, der die vollständigen Inhalte enthält. Dadurch wird der nachfolgende Request eingespart und aus zwei Aufrufen wird bloß einer.

GET `http://mein-wp.test/wp-json/wp/v2/users/1`

Aber nicht alles kann innerhalb einer Antwort zurückgegeben werden. Welche Inhalte einbettbar sind, erfahren Sie in Abschnitt 15.4.12.

```
{
    "id": 1,
    "date": "2022-03-24T14:11:59",
    "date_gmt": "2022-03-24T13:11:59",
    "guid": {
        "rendered": "http://mein-wp.test/?p=1"
    },
    "modified": "2022-04-07T09:06:44",
```

```
    "modified_gmt": "2022-04-07T07:06:44",
    "slug": "hallo-welt",
    "author": 1,
    ...
    },
    "_embedded": {
        "author": [
            {
                "id": 1,
                "name": "Florian Simeth",
                "url": "http://wp-plugin-erstellen.de",
                "description": "",
                "link": "http://mein-wp.test/author/florian/",
                "slug": "florian",
                "avatar_urls": {
                    "24": "http://0.gravatar.com/avatar/...s=24&d=mm&r=g",
                    "48": "http://0.gravatar.com/avatar/...s=48&d=mm&r=g",
                    "96": "http://0.gravatar.com/avatar/...s=96&d=mm&r=g"
                },
                ...
            }
        ],
        ...
    }
}
```

Listing 15.12 Zusätzliche Inhalte wurden eingebettet.

15.4.9 Rückgabe einschränken

Eine REST-Anfrage zum Abrufen eines Beitrags enthält eine große Menge an Daten: den Inhalt, den Titel und die Autoren-ID, aber auch registrierte Metadaten und -felder, Medieninformationen sowie Links zu anderen Ressourcen. Ihre Anwendung benötigt möglicherweise nicht alle diese Informationen. Aus diesem Grund ermöglicht WordPress es Ihnen, die Rückgabe einzuschränken. Sie können dazu den GET-Parameter `_fields` nutzen und durch Kommas getrennt diejenigen Werte eingeben, die Sie zurückerhalten wollen:

```
GET http://mein-wp.test/wp-json/wp/v2/posts?_fields=id,date,title
```

Die Anfrage von oben ergibt den Code aus Listing 15.13. Wie Sie sehen, werden wirklich nur die Felder `id`, `date` und `title` zurückgeliefert:

```
[
    {
        "id": 1788,
        "date": "2018-11-03T15:20:00",
        "title": {
            "rendered": "Block: Image"
        }
    },
    {
        "id": 1785,
        "date": "2018-11-03T13:20:00",
        "title": {
            "rendered": "Block: Button"
        }
    },
    {
        "id": 1784,
        "date": "2018-11-03T12:25:00",
        "title": {
            "rendered": "Block: Cover"
        }
    },
    ...
]
```

Listing 15.13 Eingeschränkte JSON-Rückgabe

15.4.10 Paginierung

Bei großen WordPress-Seiten kann es vorkommen, dass einige REST-Endpunkte so viele Einträge zurückliefern, dass der Server oder der Client sie nicht mehr verarbeiten kann. Aus diesem Grund wurde eine Paginierungsfunktion integriert. Dafür sind die drei Parameter aus Tabelle 15.3 notwendig.

Parameter	Beschreibung
(int) per_page	Anzahl der Treffer pro Seite. Aus Performancegründen kann hier der Maximalwert 100 festgelegt werden.
(int) offset	Startpunkt (oder Versatz)
(int) page	Die Seite

Tabelle 15.3 Paginierungsparameter

Wenn Sie beispielsweise nur zwei Treffer pro Seite erhalten wollen, stellen Sie die Anfrage wie folgt:

`GET http://mein-wp.test/wp-json/wp/v2/posts?per_page=2`

Möchten Sie dann von Seite zu Seite springen, ergänzen Sie den Parameter `page` und erhöhen den Wert beginnend ab `1`. Folgendes Beispiel zeigt alle Ergebnisse von Seite drei:

`GET http://mein-wp.test/wp-json/wp/v2/posts?per_page=2&page=3`

Mit `offset` lässt sich die Ergebnisliste verschieben, indem die ersten Fundstellen weggelassen werden. Die folgende Abfrage kann verwendet werden, um das gleiche Ergebnis zu erzielen:

`GET http://mein-wp.test/wp-json/wp/v2/posts?per_page=2&offset=4`

Wenn mit Paginierungsparametern gearbeitet wird, muss meist auch in Erfahrung gebracht werden, wie viele Seiten und Ergebnisse es noch gibt. Auch hier hilft uns WordPress, indem es in den Antwortkopfzeilen wichtige Parameter ergänzt. Abbildung 15.9 listet diese auf. Sie sehen etwa in der Mitte des Bildes die zwei Zeilen:

- `X-WP-Total`: Gesamtzahl der Treffer
- `X-WP-TotalPages`: Anzahl der Seiten (abhängig vom `per_page`-Parameter)

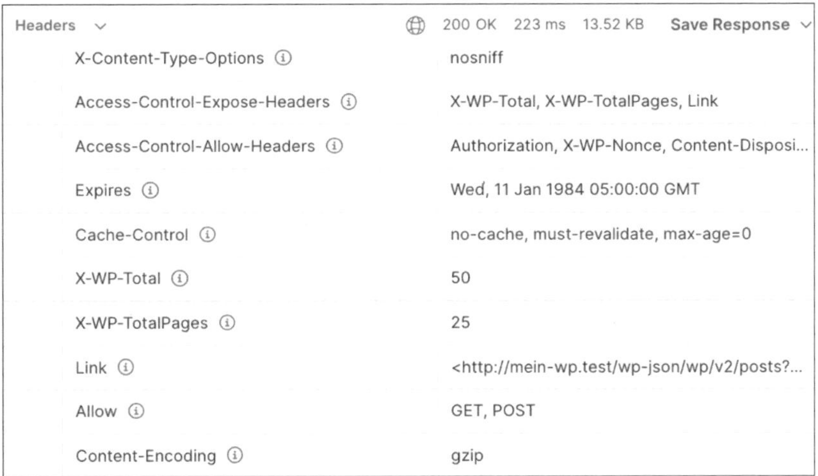

Abbildung 15.9 Postman zeigt, welche Kopfzeilen vom Server (und von WordPress) zurückgegeben wurden.

15.4.11 Sortierung

Ergebnislisten können außerdem sortiert werden. Das klappt mit den zwei Parametern aus Tabelle 15.4.

(string) sort	asc steht dabei für eine aufsteigende Sortierung. desc steht für absteigend. Standard ist desc.
(string) orderby	Der Parameter, nach dem geordnet werden soll. Schauen Sie sich dazu die Parameterliste (siehe Abschnitt 15.3.2, »Schema«) genauer an.

Tabelle 15.4 Parameter zur Sortierung von REST-Abfragen

Beiträge lassen sich beispielsweise mit folgender Abfrage nach ihrem Titel sortieren:

GET `http://mein-wp.test/wp-json/wp/v2/posts?orderby=title&order=asc`

15.4.12 Links folgen

Bei manchen Antworten wird ein `_links`-Parameter mitgeliefert. Listing 15.14 zeigt nochmals den Ausschnitt von der Rückgabe eines einzelnen Beitrags:

```
{
    "id": 1,
    "date": "2022-03-24T14:11:59",
    "date_gmt": "2022-03-24T13:11:59",
    "guid": {
        "rendered": "http://mein-wp.test/?p=1"
    },
    "modified": "2022-04-07T09:06:44",
    "modified_gmt": "2022-04-07T07:06:44",
    "slug": "hallo-welt",
    "author": 1,
    ...
    "_links": {
        "self": [
            {
                "href": "http://mein-wp.test/wp-json/wp/v2/posts/1"
            }
        ],
        "author": [
            {
                "embeddable": true,
                "href": "http://mein-wp.test/wp-json/wp/v2/users/1"
            }
        ],
        ...
```

```
    }
}
```

Listing 15.14 Der »_links«-Parameter liefert weiterführende Links.

Sie können sehen, dass es innerhalb des `_links`-Parameters einen Eintrag für den Autor gibt (fett markiert). Das liegt daran, dass Sie durch die ursprüngliche Anfrage keinerlei Informationen über den Autor selbst bekommen. Lediglich die ID des Autors (ebenfalls fett markiert) wird zurückgegeben. Die REST-API ist so schlau und erkennt, dass wir möglicherweise weitere Daten zum Autor benötigen könnten, und generiert in der Antwort deshalb einen Link, der im `href`-Parameter die entsprechende Route enthält. Sie kann direkt aufgerufen werden, wenn die Informationen zum Autor notwendig sind. Zusätzlich informiert uns die API mit `embeddable=true` darüber, dass die Autor-Informationen einbettbar sind. Wie das geht, habe ich in Abschnitt 15.4.8, »Anfragen einsparen«, beschrieben.

Der Beitrag, der im Beispiel abgerufen wird, steht also in Relation zum Autor. Der `_links`-Parameter listet diese auf. Es wird dabei zwischen drei Arten von Relationen unterschieden, die nachfolgend aufgelistet werden. Sie beschreiben, wie der Schlüssel innerhalb des `_links`-Parameters anzugeben ist:

15

- **Standardisierte Relation:** Der Autor gehört in dieses Segment. Der Schlüssel lautet `author` (siehe Listing 15.14). Eine vollständige Liste aller standardisierten Bezeichnungen finden Sie unter *http://www.iana.org/assignments/link-relations/link-relations.xhtml#link-relations-1.*
- **URI-Relation:** Hier müsste die gesamte URL als Schlüssel angegeben werden. Listing 15.15 zeigt ein Beispiel, das so in WordPress jedoch nicht vorkommt. Im weiterführenden Code müssten also immer URLs angegeben werden, was schwieriger zu lesen ist. Deswegen hat sich die Community entschieden, die CURIE-Relation zu nutzen.

```
{
    "id": 1,
    ...
    "_links": {
        "https://api.w.org/attachment": [
            {
                "href": "http://mein-wp.test/wp-json/wp/v2/media?parent=1"
            }
        ],          ...
    }
}
```

Listing 15.15 Wird der Schlüssel als URL angegeben, spricht man von einer URI-Relation.

- **CURIE- (oder Compact-URI) Relation:** Im Schlüssel kann wieder ein Kürzel verwendet werden, dafür wird ein neuer Parameter namens `curies` übergeben, der beschreibt, wo die Dokumentation dazu zu finden ist. Listing 15.16 zeigt ein Beispiel. Die URL für `wp:attachment` wäre also *https://api.w.org/attachment.*[3]

```
{
    "id": 1,
    ...
    "_links": {
        "wp:attachment": [
            {
                "href": "http://mein-wp.test/wp-json/wp/v2/media?parent=1"
            }
        ],
        ...
        "curies": [
            {
                "name": "wp",
                "href": "https://api.w.org/{rel}",
                "templated": true
            }
        ]
    }
}
```

Listing 15.16 Die Schlüssel sind hier kürzer, dafür muss der Parameter »curies« angegeben werden.

15.4.13 Datenübermittlung

Wenn Daten an die REST-API gesendet werden, wird davon ausgegangen, dass alle GET- und POST-Parameter im Content-Format `x-www-form-urlencoded` vorliegen. Das ist immer dann der Fall, wenn Informationen über ein Formular übermittelt werden.

Alternativ können Daten auch im JSON-Format übergeben werden. Dabei spielt es keine Rolle, um welche Transportmethode es sich handelt. Also können auch Endpunkte, die mit GET angesprochen werden, die GET-Parameter via JSON übermitteln. In der Postman-App wechseln Sie dafür zum Reiter BODY, wählen RAW und im dann erscheinenden Auswahlmenü JSON aus. Im Textfeld geben Sie dann Ihre JSON-Daten ein. Abbildung 15.10 zeigt, wie das Ansteuern des REST-Endpunkts aus dem *My-Weather-Block*-Plugin funktioniert.

3 In dieser URL ist leider nichts hinterlegt. Warum das so ist, konnte ich nicht herausfinden.

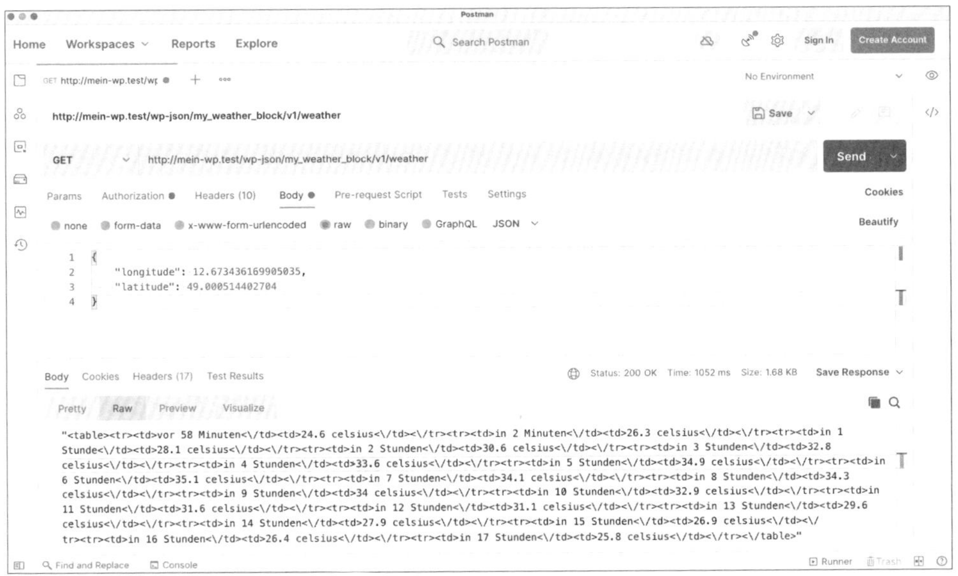

Abbildung 15.10 Übergabe von GET-Parametern via JSON

15.4.14 Interne Abfragen

Endpunkte lassen sich genauso intern aufrufen. Die Funktion, die dazu benötigt wird, nennt sich `rest_do_request()`. Übergeben wird nur ein Parameter, der entweder ein `WP_REST_Request`-Objekt oder aber ein String ist. Listing 15.17 zeigt, wie ein Dritt-Plugin den Endpunkt des Weather-Block-Plugins aufrufen kann, ohne dass `WP_REST_Server` eingebunden wird. Beachten Sie, dass die Antwortdaten nie in JSON codiert werden, sondern dass die Antwort als PHP-Objekt zurückgegeben wird.

```
<?php
$request = new \WP_REST_Request(
    'GET',
    '/my_weather_block/v1/weather',
    [
        'longitude' => 48.99964259102079,
        'latitude'  => 12.669745553331515
    ]
);

$request->set_param( 'longitude', 48.99964259102079 );
$request->set_param( 'latitude', 12.669745553331515 );

$response = rest_do_request( $request );
```

Listing 15.17 Ein Endpunkt wird intern getriggert.

15.5 Die REST-API mit eigenen Routen erweitern

Sie haben nun ein fundiertes Grundwissen zur REST-API. Sie kennen die Fachausdrücke, die Schlüsselkonzepte und können die bereits vorhandenen Endpunkte ansteuern. Damit decken Sie einen großen Teil der Einsatzzwecke ab. Aber natürlich wurde die API so konzipiert, dass sie sich jederzeit erweitern lässt. Und um genau das geht es in diesem Abschnitt.

15.5.1 Eine Route registrieren

Beginnen wir damit, eigene Endpunkte zu generieren. Denn dies haben wir in den vergangenen Beispielen des Buches bereits mehrfach getan. Ein Grund mehr, uns dies genauer anzusehen. Die dafür nötige Funktion ist in Listing 15.18 zu sehen:

```
<?php
function register_rest_route(
    string $namespace,
    string $route,
    array $args = [
        string|array $methods,
        callable $callback,
        callable $permission_callback,
        callable|array $schema = [
            array $name_of_the_variable = []
        ],
        array $args = [
            string|array $context,
            array $name_of_the_variable = [
                string $description,
                bool $required,
                string $type,
                mixed $default,
                string $format,
                array $enum,
                array $items = [
                    string $type,
                    ...
                ],
                array $properties = [
                    string $type,
                    ...
                ],
                bool|array $additionalProperties = [
```

```
                string $type,
                ...
            ],
            array $patternProperties = [
                string $type,
                ...
            ],
            callable $sanitize_callback,
            callable $validate_callback,
            int $minimum,
            int $maximum,
            bool $exclusiveMinimum,
            bool $exclusiveMaximum,
            int $minLenght,
            int $maxLength,
            int $multipleOf,
            int $minItems,
            int $maxItems,
            bool $uniqueItems,
            int $minProperties,
            int $maxProperties,
            array $oneOf,
            array $anyOf,

        ]
    ]
  ],
  bool $override = false
) {
  ...
}
```

Listing 15.18 Funktionsbeschreibung von »register_rest_route()«

Hier gilt:

- `$namespace` ist das erste URL-Segment nach dem Core-Präfix (`wp-json`). Es sollte für Ihr Projekt eindeutig sein.
- `$route` ist die Basis-URL der hinzuzufügenden Route.
- In `$args` lässt sich entweder *ein* Array mit (optionalen) Einstellungen für *einen* Endpunkt oder ein Array von Arrays definieren, damit *mehrere* Endpunkte gleichzeitig registriert werden können (siehe Abschnitt 15.5.2 zu den einzelnen Optionen).

- Wird `$override` auf `true` gesetzt, so wird die Route überschrieben, falls sie bereits existieren sollte.

In der Datei */includes/rest.php* des Weather-Block-Plugins wurde die oben genannte Funktion, wie in Listing 15.19 dargestellt, integriert. Sie wird am besten innerhalb des Callbacks aufgerufen, der durch den Action-Hook `rest_api_init` initiiert wird.

```
<?php

namespace floriansimeth\my_weather_block;

add_action(
    'rest_api_init',
    'floriansimeth\my_weather_block\register_rest_routes'
);

function register_rest_routes() {
   register_rest_route(
      'my_weather_block/v1',
      '/weather',
      [
         'methods'             => \WP_REST_Server::READABLE,
         'callback'            =>
            '\floriansimeth\my_weather_block\rest_get_weather_data',
         'permission_callback' => function () {
            return current_user_can( 'edit_posts' );
         },
         'args'                => [
            'longitude' => [
               'required'          => true,
               'type'              => 'string',
               'validate_callback' => function ( $param ) {
                  return 1 === preg_match( "#[0-9]+\.[0-9]+#", $param );
               },
               'sanitize_callback' => function ( $param ) {
                  return sanitize_text_field( $param );
               }
            ],
            'latitude'  => [
                'required'          => true,
                'type'              => 'string',
                'validate_callback' => function ( $param ) {
```

```
                    return 1 === preg_match( "#[0-9]+\.[0-9]+#", $param );
                },
                'sanitize_callback' => function ( $param ) {
                    return sanitize_text_field( $param );
                }
            ],
        ]
    ]
    );
}
```

Listing 15.19 Die »rest.php«-Datei des »Wetter-Block«-Plugins

Wie Sie sehen, wurde der Namespace mit `my_weather_block/v1` angegeben. Es ist angeraten, hier den Slug des Projekts getrennt von einer Versionsnummer zu verwenden.

Die eigentliche Route habe ich mit `/weather` festgelegt. Ob sie den Slash am Anfang oder am Ende angeben, macht keinen Unterschied. Denn WordPress wird beides entfernen, bevor die Route endgültig registriert wird. Die vollständige Routen-URL lautet dann *http://mein-wp.test/wp-json/my_weather_block/v1/weather*.

15.5.2 Endpunkte registrieren

In Listing 15.19 ist als Nächstes eine Reihe von Argumenten zu sehen, auf die ich im Folgenden eingehen will. Ein einzelner Endpunkt wird durch den `$args`-Parameter von `register_rest_route()` registriert. Im Beispiel ist das nur einer. Der `$args`-Parameter kann insgesamt folgende Argumente annehmen:

- `$methods` ist die Request-Methode, mit der der Endpunkt aufgerufen wird. Dies kann `POST`, `GET`, `PUT`, `PATCH` oder `DELETE` sein. Auch die Angabe mehrerer Methoden (durch ein Array) ist möglich. Beachten Sie zusätzlich die Informationen im Kasten »Methodenkonstanten«.
- Mit `$callback` wird eine Funktion definiert, die für die Rückgabe (Response) zuständig ist. An sie wird das `WP_REST_Request`-Objekt übergeben.
- `$permission_callback` ist die Funktion, die feststellt, ob ein Benutzer die erforderlichen Rechte hat, den Endpunkt aufzurufen. Sie muss `true` oder `false` zurückliefern. Auch an sie wird als erster und einziger Parameter das `WP_REST_Request`-Objekt übergeben.
- `$args` bestimmt, welche Argumente an die Route übergeben werden können und wie diese definiert sind (siehe dazu Abschnitt 15.5.3).

Methodenkonstanten

Die Klasse `WP_REST_Server` hat folgende Konstanten, auf die Sie zurückgreifen können:

Konstante	Steht für ...
`WP_REST_Server:READABLE`	`GET`
`WP_REST_Server:CREATABLE`	`POST`
`WP_REST_Server:EDITABLE`	`POST, PUT, PATCH`
`WP_REST_Server:DELETEABLE`	`DELETE`
`WP_REST_Server:ALLMETHODS`	`GET, POST, PUT, PATCH`

In Listing 15.19 sehen Sie, dass `READABLE` zum Einsatz kam.

Im vorliegenden Fall kann der Endpunkt nur über die GET-Methode abgerufen werden. Ein Rechte-Check findet statt, indem per `current_user_can()` auf das Recht `edit_posts` geprüft wird.

Auf die Callback-Funktion, die schließlich für die Rückgabe der eigentlichen Information zuständig ist, gehe ich in Abschnitt 15.5.5 näher ein.

15.5.3 Endpunkt-Parameter

Nachdem der Endpunkt definiert wurde, müssen die Argumente festgelegt werden, die beim Aufruf des Endpunkts übergeben werden können. Dazu dient der `$args`-Parameter, der folgende Argumente hat (siehe dazu Listing 15.18, in dem alle aufgelistet sind):

- Mit `$context` wird der Kontext festgelegt, der die aktuelle Operation beschreibt. Gebräuchliche Werte sind `edit`, `view`, `help` und `embed`. Man könnte behaupten, dass ein `POST`-Request stets mit dem Kontext `edit` zusammenhängt, denn es wird etwas bearbeitet (tatsächlich wird bei einem `POST`- oder `PUT`-Request der Kontext immer auf `edit` gesetzt[4]). Aber das ist nicht immer der Fall. Zum Beispiel kann der Kontext auch auf `edit` gesetzt werden, wenn es sich um einen GET-Abruf handelt und die Daten dann zum Editieren benutzt werden.
- `$name_of_the_variable` ist ein benutzerdefinierter Wert, der den Namen der Variablen beschreibt. Im Beispiel aus Listing 15.19 sind das `longitude` und `latitude`.

4 Westen Ruter schrieb 2017 einen kompletten Blogartikel zum Thema »Kontext«, denn der Parameter ist nicht ganz einfach zu verstehen.
Vgl. Ruter, Weston: Defining »context« in the WP REST API, in: Make XWP, 2017, *https://make.xwp.co/2017/07/25/defining-context-in-the-wp-rest-api/* (abgerufen am 08.04.2022)

Somit ist dem Endpunkt klar, dass es diese zwei Argumente geben soll. Jede dieser Variablen hat anschließend wieder eigene Einstellmöglichkeiten. Im Beispiel sind das:

- `$title` legt den Titel einer Variablen fest. Hilft unter anderem, um später bessere Fehlermeldungen zu generieren (siehe den Abschnitt »Typ-agnostische Schlüssel« weiter unten).
- `$required`: Legt fest, ob das Attribut erforderlich ist.
- Über `$type` wird angegeben, um welchen Variablentyp es sich handelt. Möglich ist `string`, `number`, `integer`, `boolean`, `object`, `array` und `null`. Auch ein Array von mehreren Typen kann angegeben werden.
- `$validate_callback` ist die Funktion, die die Validierung des Werts übernimmt.
- Die Funktion, die mit `$sanitize_callback` definiert wird, kümmert sich um die Bereinigung.

Validierung vor Säuberung?

Beachten Sie, dass die Funktion in `$validate_callback` *vor* der Funktion in `$sanitize_callback` aufgerufen wird. Ich hatte bei Twitter[5] gefragt, warum diese Reihenfolge gewählt wurde, da die Bereinigung typischerweise vor der Validierung stattfinden sollte. Die Antwort war schlicht, dass dies so entschieden wurde. Rückgängig gemacht werden kann dies nun leider nicht mehr (aus den gewohnten Kompatibilitätsgründen).

15

Jedoch sind die im Beispiel angegebenen Argumente nicht die einzigen. Weitere Möglichkeiten sind:

- Mit `$description` kann eine Beschreibung angegeben werden.
- `$default` legt einen Standardwert fest.

Arbeiten mit Arrays

Wenn Sie ein Array von Argumenten übergeben wollen, unterstützt die REST-API Sie durch folgende Parameter:

- `$items` wird dann gebraucht, wenn `$type` auf `array` gesetzt wird. Es enthält wiederum die Beschreibungen für die einzelnen Schlüssel.
- Erhält `$uniqueItems` den Wert `true`, so dürfen alle Werte im Array nur ein einziges Mal vorkommen.
- Die Schlüssel `$minItems` und `$maxItems` können verwendet werden, um die zulässige Anzahl der Elemente im Array einzuschränken.

5 Siehe *https://twitter.com/floriansimeth/status/1024281650375651329*

Wollen Sie beispielsweise für das Rezept-Plugin *NomNom* aus Kapitel 13 einen eigenen Endpunkt zum Erstellen von Rezepten entwickeln, wäre es sinnvoll, die Array-Argumente zu nutzen, wie Listing 15.20 zeigt. Beachten Sie bitte auch die Hinweise im Kasten zu diesem Beispiel.

```
<?php
register_rest_route(
    'nomnom/v1',
    '/recipe',
    [
        ...
        'args'                => [
            'ingredients' => [
                'required'          => true,
                'type'              => 'array',
                'validate_callback' => function ( $value, $request ) {
                    $attributes = $request->get_attributes();
                    $args       = $attributes['args'];
                    $value      = $args['ingredients']
                        ['sanitize_callback']( $value );

                    return count( $param ) > 0;
                },
                'sanitize_callback' => function ( $value ) {
                    $value = array_map( 'sanitize_text_field', $value );

                    return array_filter( $value );
                }
            ]
        ]
    ]
);
```

Listing 15.20 Beispiel für die Übergabe eines Arrays an einen Endpunkt

Säuberung doch vor Validierung?

In Listing 15.20 sehen Sie, dass es zusätzlichen Code erfordert, weil sich das REST-API-Team damals dafür entschieden hat, die Validierungsfunktion *vor* dem Sanitize-Callback auszuführen. Nun ist man gezwungen, innerhalb der Validierungsfunktion die Säuberung durchzuführen. Denn nur so kann festgestellt werden, ob es leere Array-Elemente gibt. Im Grunde muss die Funktion in `sanitize_callback` doppelt aufgerufen werden.

Die Funktion in `validate_callback` können Sie sich sparen, wenn Sie stattdessen mit dem Argument `$minItems` arbeiten, wie Listing 15.21 darstellt. Allerdings muss dann auch `sanitize_callback` wegfallen, weil WordPress sonst den internen Algorithmus, bei dem `$minItems` zum Einsatz kommt, nicht anwenden kann. Somit wird nicht verhindert, dass beispielsweise ein leerer String angenommen wird.

```
<?php
register_rest_route(
    'nomnom/v1',
    '/recipe',
    [
        ...
        'args'                => [
            'ingredients' => [
                'required' => true,
                'type'     => 'array',
                'minItems' => 1,
            ]
        ]
    ]
);
```

Listing 15.21 Die Validierungs- und Säuberungsfunktion fällt nun weg.

Falls Sie eine ergänzende Validierung durchführen wollen, sollten Sie das Argument `$items` nutzen. In Listing 15.22 enthält es noch zusätzliche Angaben zum Typ und zur String-Länge (siehe den Abschnitt »Arbeiten mit Strings« weiter unten). Leider können hier keine Säuberungs- und Validierungsfunktionen angegeben werden, was schade ist. Wir haben also keine andere Wahl, als die Funktion in `$sanitize_callback` wieder einzubauen und einen kleinen Trick anzuwenden. Wir führen die Funktion `rest_parse_request_arg()` aus, die die internen WordPress-Funktionen nutzt, um die eingegebenen Daten nach dem angegeben Schema zu validieren und zu säubern. Danach kann, wie gewohnt `sanitize_text_field()` zusätzlich auf alle Array-Werte angewendet werden.

```
<?php
register_rest_route(
    'nomnom/v1',
    '/recipe',
    [
        ...
        'args'                => [
            'ingredients' => [
```

```
                'required'          => true,
                'type'              => 'array',
                'minItems'          => 1,
                'items'             => [
                    'type'      => 'string',
                    'minLength' => 2
                ],
                'sanitize_callback' =>
                    function ( $value, $request, $param ) {
                        $value = rest_parse_request_arg(
                            $value,
                            $request,
                            $param
                        );

                         if ( is_wp_error( $value ) ) {
                           return $value;
                        }

                        return array_map( 'sanitize_text_field', $value );
                    }
            ]
        ]
    ]
);
```

Listing 15.22 Die anonyme Funktion in »sanitize_callback« übernimmt die Validierung und Säuberung.

Arbeiten mit Objekten

Natürlich geht es auch noch komplexer – zum Beispiel, wenn die Zutaten in Wert und Beschreibung aufgeteilt werden sollen. Jedoch muss dann mit Objekten gearbeitet werden. Die Argumente aus dem folgenden Listing sind dabei gut zu gebrauchen. Listing 15.23 zeigt, wie mit einem Array von Objekten umgegangen wird:

```
<?php
register_rest_route(
    'nomnom/v1',
    '/recipe',
    [
        ...
        'args'                  => [
```

```
            'ingredients' => [
                'required'          => true,
                'type'              => 'array',
                'minItems'          => 1,
                'items'             => [
                    'type'       => 'object',
                    'properties' => [
                        'quantity' => [
                            'type'     => 'string',
                            'required' => true,
                        ],
                        'name'     => [
                            'type'     => 'string',
                            'required' => true,
                        ],
                    ],
                ],
                'sanitize_callback' => function ( $value, $request, $param )
                {
                    $value = rest_parse_request_arg(
                        $value,
                        $request,
                        $param
                    );

                    if ( is_wp_error( $value ) ) {
                        return $value;
                    }

                    return map_deep( $value, 'sanitize_text_field' );
                }
            ]
        ]
    ]
);
```

Listing 15.23 Zum Verarbeiten der Rezepte wird ein Array von Objekten übergeben.

In der Postman-App werden die Zutaten im JSON-Format übermittelt, wie Abbildung 15.11 zeigt.

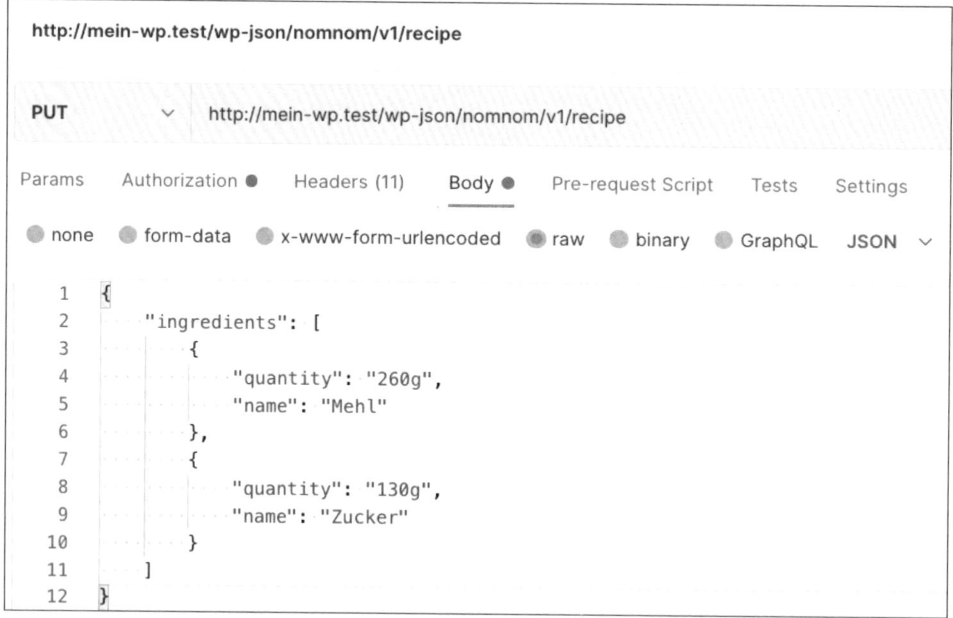

Abbildung 15.11 In der Postman-App werden die Zutaten übermittelt.

- `$properties` ist wie `$items`, jedoch kommt es zum Einsatz, wenn `$type` auf `object` steht.
- Wenn Sie `$additionalProperties` auf `false` setzen, werden Daten mit unbekannten Attributen zurückgewiesen. Alternativ kann es wie `$properties` genutzt werden, um zu bestimmen, wie mit fremden Werten umgegangen werden soll.
- `$minProperties` und `$maxProperties` arbeiten genauso wie `$minItems` und `$maxItems` bei Arrays.
- `patternProperties` funktioniert wie `$additionalProperties` mit dem Unterschied, dass der Variablenname aus einem regulären Ausdruck bestehen darf.

In die Tiefe

In Listing 15.23 kommt die Funktion `map_deep()` zum Einsatz. Sie ist *keine* native PHP-Funktion, sondern wird von WordPress zur Verfügung gestellt und ist eher unbekannt. Sie ist der PHP-Funktion `array_deep()` sehr ähnlich und kann eine Callback-Funktion auf ein Array oder ein Objekt rekursiv anwenden. In unserem Beispiel sparen wir uns damit ein paar Zeilen Code, um `sanitize_text_field()` auf alle Elemente der Zutatenliste anzuwenden.

Etwas kürzer kann das gesamte Schema werden, wenn `$patternProperties` benutzt wird. Dann nämlich fallen alle zuvor separat erfassten Properties weg, weil stattdessen über einen regulären Ausdruck der Name bestimmt wird. Dies ist in Listing 15.24 hervorgehoben dargestellt. Gleichzeitig wird `$additionalProperties` auf `false` gesetzt, um der REST-API zu signalisieren, dass es keine weiteren Properties geben darf. Mit `$minProperties` und `$maxProperties` gehen wir sicher, dass es immer zwei davon geben muss. Wer komplett auf Nummer sicher gehen will, kann den regulären Ausdruck auch auf den Wert `^name|quantity$` setzen.

```
<?php
register_rest_route(
    'nomnom/v1',
    '/recipe',
    [
        ...
        'args'                  => [
            'ingredients' => [
                'required'          => true,
                'type'              => 'array',
                'minItems'          => 1,
                'items'             => [
                    'type'                  => 'object',
                    'patternProperties'     => [
                        '^\\w+$' => [
                            'type'     => 'string',
                            'required' => true,
                        ]
                    ],
                    'additionalProperties' => false,
                    'maxProperties'        => 2,
                    'minProperties'        => 2,
                ],
                'sanitize_callback' => function ( $value, $request, $param )
                {
                    ...
                    return map_deep( $value, 'sanitize_text_field' );
                }
            ]
        ]
    ]
);
```

Listing 15.24 Anstelle von zwei wird nur eine Property-Angabe benötigt.

Arbeiten mit Strings

Mit dem `string`-Typ haben wir in den vergangenen Beispielen schon gearbeitet. Es gibt jedoch noch eine Reihe weiterer Argumente, die helfen können:

- Durch das Argument `$format` lässt sich festlegen, um welche Art von Wert es sich handelt. Möglich sind: `date-time`, `email`, `ip`, `uri`, `uuid` und `hex-color`.
- Die Werte im `$enum`-Array geben Auswahlmöglichkeiten vor.
- `$minLength` und `$maxLength` legen die minimale und maximale Länge eines Strings fest.
- `$pattern` kann benutzt werden, um zu prüfen, ob ein String mit einem regulären Ausdruck übereinstimmt.

Bleiben wir beim Rezept-Beispiel und legen wir fest, dass die Zutatenliste noch um einen dritten Wert ergänzt werden soll, nämlich um die Einheit (engl. *unit*). Listing 15.25 nutzt `$enum`, um eine Liste von gängigen Maßeinheiten vorzugeben:

```
<?php
register_rest_route(
    'nomnom/v1',
    '/recipe',
    [
        ...
        'args'                  => [
            'ingredients' => [
                'required'          => true,
                'type'              => 'array',
                'minItems'          => 1,
                'items'             => [
                    'type'          => 'object',
                    'properties'    => [
                        'name'      => [
                            'type'     => 'string',
                            'required' => true,
                        ],
                        'quantity' => [
                            'type'     => 'number',
                            'required' => true,
                        ],
                        'unit'      => [
                            'type'     => 'string',
                            'required' => true,
                            'enum'     => [
                                'litres',
```

```
                                    'millilitres',
                                    'kg',
                                    'pound',
                                    'gramms',
                                    'teespoon',
                                    'tablespoon'
                                ]
                            ]
                        ]
                    ],
                    'sanitize_callback' => function ( $value, $request, $param )
                    {
                        ...
                    }
                ]
            ]
        ]
);
```

Listing 15.25 Maßeinheiten werden mit dem enum-Feld vorgegeben.

Arbeiten mit Zahlen

Wenn nun alle Werte aufgeteilt sind, kann im Rezept-Beispiel die Mengenangabe als Zahl übergeben werden (siehe Listing 15.26). Sprich: `$type` muss auf `number` oder `integer` festgelegt werden. Ersteres ist äquivalent zu einem `float` in PHP. Dezimalstellen sind also gestattet. Bei Letzterem sind weder Dezimalstellen noch Exponenten erlaubt.

Folgende Argumente stehen bereit, wenn Sie mit Zahlen oder Zahlenreihen arbeiten müssen:

- Durch `$minimum` und `$maximum` lässt sich eine Zahl auf einen Zahlenraum einschränken.
- `$exclusiveMinimum` und `$esclusiveMaximum` legen fest, ob ein Kleiner-gleich-Vergleich oder ein Größer-gleich-Vergleich durchgeführt werden soll.
- Mit `$multipleOf` kann festgestellt werden, dass ein Integer- oder Zahlentyp ein Vielfaches der angegebenen Zahl ist.

```
<?php
    'nomnom/v1',
    '/recipe',
    [
        ...
        'args'                  => [
```

```
            'ingredients' => [
                'required'          => true,
                'type'              => 'array',
                'minItems'          => 1,
                'items'             => [
                    'type'       => 'object',
                    'properties' => [
                        'name'      => [
                            ...
                        ],
                        'quantity' => [
                            'type'     => 'number',
                            'required' => true,
                            'minimum'  => 0.01,
                        ],
                        'unit'      => [
                            ...
                        ]
                    ],
                ],
                'sanitize_callback' => function ( $value, $request, $param )
                {
                    ...
                }
            ]
        ]
    ]
);
```

Listing 15.26 Die Mengenangabe erlaubt jetzt die Angabe von Fließkommawerten.

Rein theoretisch könnten wir beim Weather-Block-Plugin auch mit Integerwerten arbeiten (siehe Listing 15.27). Das Problem ist nur, dass die Fließkommagenauigkeit in PHP manchmal unpräzise sein kann.[6] Das mag für das Beispiel hier okay sein, weil das Wetter fünf Meter neben den festgelegten Koordinaten gleich ist, bei anderen Anwendungen ist möglicherweise mehr Genauigkeit gefragt.

```
<?php
register_rest_route(
    'my_weather_block/v1',
    '/weather',
```

6 Siehe *https://www.php.net/manual/en/language.types.float.php*

```
    [
        ...
        'args'              => [
            'longitude' => [
                'required'          => true,
                'type'              => 'float',
                ...
            ],
            ...
        ]
    ]
);
```

Listing 15.27 Die REST-Route des Weather-Block-Plugins bekommt als Typ »float« zugewiesen.

Typ-agnostische Schlüssel

`$oneOf` und `$anyOf` sind erweiterte Argumente, die es der REST-API ermöglichen, einen von vielen Parametern auszuwählen. Die Argumenten-Liste wird dann jedoch schon sehr lang und dadurch schwer zu lesen, wie Listing 15.28 zeigt:

```
<?php
register_rest_route(
    'my_weather_block/v1',
    '/weather',
    [
        ...
        'args'              => [
            'oneOf' => [
                [
                    'longitude' => [
                        'required'          => true,
                        'type'              => 'float',
                        ...
                    ],
                    'latitude'  => [
                        'required'          => true,
                        'type'              => 'float',
                        ...
                    ],
                ],
                [
```

```
                    'place' => [
                        'required'          => true,
                        'type'              => 'string',
                        'sanitize_callback' => function ( $param ) {
                            return sanitize_text_field( $param );
                        }
                    ],
                ]
            ],
        ]
    ]
);
```

Listing 15.28 Umbau der REST-Route des Weather-Block-Plugins, sodass diese nun auch den Ort entgegennehmen kann

- Bei `$oneOf` durchläuft die API eine Schleife über jedes im `$oneOf`-Array angegebene Schema und sucht nach einer Übereinstimmung. Wenn genau ein Schema übereinstimmt, ist die Validierung erfolgreich.
- Bei `$anyOf` kann eines von vielen Argumenten validieren.

Im Beispiel wird die Route zum Abrufen des Wetters so angepasst, dass entweder die Geo-Koordinaten oder aber die Ortschaft angegeben werden kann. Freilich muss dann die Callback-Funktion, die für die Antwort zuständig ist, entsprechend umprogrammiert werden, sodass sie auch mit dem neuen String (der Ortschaft) umgehen kann.

15.5.4 Pfadvariablen

In Abschnitt 15.3.1 habe ich als Beispiel die folgende URL gezeigt:

`GET http://mein-wp.test/wp-json/wp/v2/posts/(?P<id>[\d]+)`

An der URL hängt eine etwas seltsam wirkende Zeichenkette: `(?P<id>[\d]+)`. Tatsächlich handelt es sich dabei um eine *Pfadvariable*, also um eine Variable, die weder als GET-Parameter, noch als Wert im JSON- oder POST-Format übergeben wird. Die Zeichenkette lässt sich einfach zerlegen. Sie ist von runden Klammern umgeben, was ausdrückt, dass der innen liegende Ausdruck zusammengehört. `?P<id>` bedeutet, dass es sich um den Parameter `id` handelt. Der letzte Teil (`[\d]+`) ist ein regulärer Ausdruck. Listing 15.29 zeigt, wie die Route in WordPress registriert wird. Die Pfadvariable ist dabei hervorgehoben, ebenso wie der `id`-Parameter, der genauso wie alle anderen Parameter innerhalb von `$args` definiert wird.

```
<?php
register_rest_route(
    $this->namespace,
    '/' . $this->rest_base . '/(?P<id>[\d]+)',
    [
        'args'          => [
            'id' => [
                'description' => __( 'Unique identifier for the post.' ),
                'type'        => 'integer',
            ],
        ],
        ...
    ]
);
```

Listing 15.29 Registrierung eines Pfadparameters

In unserem Beispiel könnten wir den Breiten- und den Längengrad direkt in der URL angeben. Das sähe aus wie in Listing 15.30:


```
<?php
register_rest_route(
    'my_weather_block/v1',
    '/weather/(?P<longitude>[0-9]+\.[0-9]+)/(?P<latitude>[0-9]+\.[0-9]+)',
    [
        ...
        'args'                => [
            'longitude' => [
                'required' => true,
                'type'     => 'string',
                ...
            ],
            'latitude'  => [
                'required' => true,
                'type'     => 'string',
                ...
            ]
        ]
    ]
);
```

Listing 15.30 Parameterübergabe per URL

15.5.5 Die Antwort-Callback-Funktion

Kommen wir schließlich zur Response, also der Callback-Funktion, die die Serverantwort liefert. Im Weather-Block-Plugin finden Sie in der Datei */includes/rest.php* den Code aus Listing 15.31. Mit dem Attribut `$callback` von `register_rest_route()` wird eine Funktion angegeben (hier `rest_get_weather_data()`), die die Antwort zurückliefert.

```
<?php
namespace floriansimeth\my_weather_block;

add_action(
    'rest_api_init',
    'floriansimeth\my_weather_block\register_rest_routes'
);

function register_rest_routes() {
    register_rest_route(
        'my_weather_block/v1',
        '/weather',
        [
            'methods'  => \WP_REST_Server::READABLE,
            'callback'
                => '\floriansimeth\my_weather_block\rest_get_weather_data',
            ...
        ]
    );
}

function rest_get_weather_data( $request ) {
    return rest_ensure_response( render_weather_table(
        (string) $request->get_param( 'longitude' ),
        (string) $request->get_param( 'latitude' )
    ) );
}
```

Listing 15.31 Gekürzter Auszug aus der »/includes/rest.php«-Datei

An sie übergeben wird die Variable `$request`, die das aktuelle `WP_REST_Request`-Objekt enthält. Tabelle 15.5 listet die wichtigsten Methoden des Objekts auf. Sehen Sie sich die Klasse */wp-includes/rest-api/class-wp-rest-request.php* an, wenn Sie tieferes Wissen über sie benötigen oder Spezialfälle behandeln wollen.

Parameter	Beschreibung
get_param($key)	Liest einen Parameter aus dem Request.
get_params()	Liefert alle Parameter aus der Anfrage.
get_attributes()	Liefert alle Attribute, die in register_rest_route() angegeben wurden.
get_body()	Liest die Rohdaten aus, die übermittelt wurden.
get_body_params()	Liefert die POST-Daten aus der Anfrage.
get_header ($key)	Liest einen bestimmten Header aus.
get_headers()	Liefert alle Header.
get_json_params()	Liefert die Daten, die im JSON-Format übergeben wurden.
get_method()	Liefert die Transportmethode.
get_route()	Liefert die Route, die aufgerufen wurde.

Tabelle 15.5 Die wichtigsten Methoden aus der »WP_REST_Request«-Klasse

Nun ist die Callback-Funktion dafür zuständig, einen Algorithmus auszuführen und Daten zurückzuliefern. Im vorliegenden Fall wird die Wetter-Tabelle anhand des Längen- und Breitengrades geladen und geliefert. render_weather_table() kann aber auch ein WP_Error-Objekt zurückgeben, und das ist okay. Denn die Funktion rest_ensure_response() kümmert sich darum, dass alles, was dort hineinfließt, in ein WP_Rest_Response-Objekt umgewandelt wird.

Andererseits können Sie auch selbst ein Response-Objekt erzeugen, wie Listing 15.32 zeigt. Das ist jedoch nur dann interessant, wenn Sie den Response-Code ändern oder zusätzliche Header übergeben wollen. Im Listing werden beispielhaft die Geo-Koordinaten im Header zurückgegeben. Abbildung 15.12 zeigt, wie der Header X-Geo-Coordinates in der Postman-App hinterlegt ist.

```
<?php
function rest_get_weather_data( $request ) {

    $weather_table = render_weather_table(
        (string) $request->get_param( 'longitude' ),
        (string) $request->get_param( 'latitude' )
    );

    if ( is_wp_error( $weather_table ) ) {
```

```
        return $weather_table;
    }

    return new \WP_REST_Response(
        $weather_table,
        200,
        [
            'X-Geo-Coordinates' => sprintf(
                '%s:%s',
                $request->get_param( 'longitude' ),
                $request->get_param( 'latitude' )
            )
        ]
    );
}
```

Listing 15.32 Ein neues »WP_REST-Response«-Objekt wird erstellt.

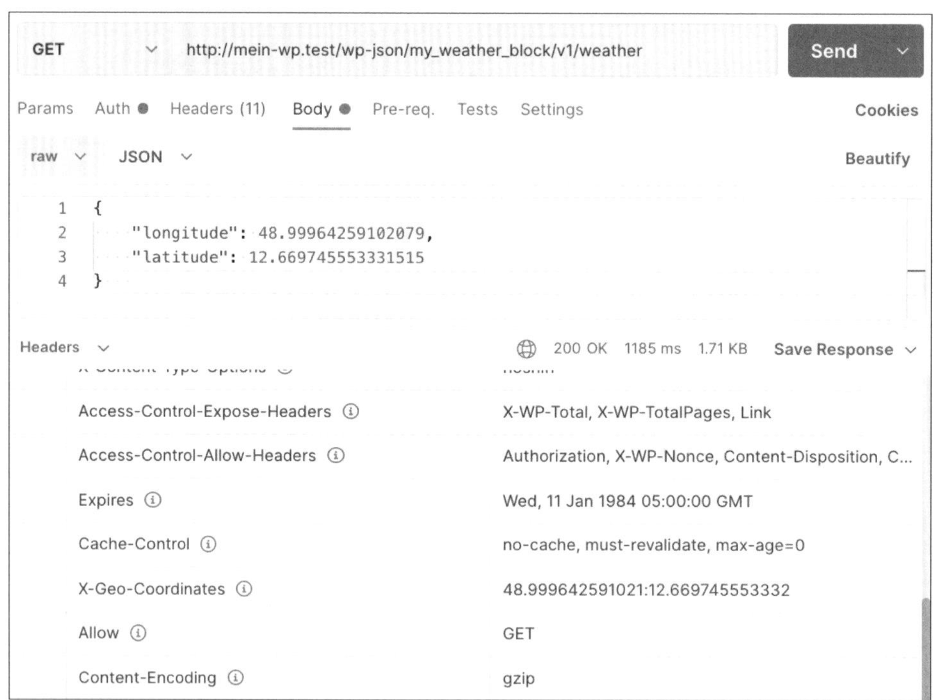

Abbildung 15.12 Die Geo-Koordinaten wurden im Header wieder zurückgegeben.

Im Falle eines Fehlers geben Sie, wie oben erwähnt, ein `WP_Error`-Objekt zurück. Standardmäßig wird die REST-API dann einen Fehler 500 an den Client ausgeben. Aber der Status kann verändert werden, wie Listing 15.33 darlegt. Dort wird der Statuscode auf 503 (*Service Unavailable*) gesetzt. Der Code wird repräsentiert durch die Konstante `SERVICE_UNAVAILABLE` der Klasse `WP_Http`.

```
<?php
function rest_get_weather_data( $request ) {

    $weather_table = render_weather_table(
        (string) $request->get_param( 'longitude' ),
        (string) $request->get_param( 'latitude' )
    );

    if ( is_wp_error( $weather_table ) ) {
        $weather_table->add_data( [
           'status' => \WP_Http::SERVICE_UNAVAILABLE
        ] );

        return $weather_table;
    }
    ...
}
```

Listing 15.33 Der Response-Code wird verändert, wenn ein Fehler auftritt.

15.5.6 Das Antwort-Schema

Auch die Daten, die zurückgegeben werden, lassen sich mit dem JSON-Schema-Format auszeichnen. Zwingend notwendig ist das allerdings nicht, solange das Dokument valide ist. Falls ein Schema angegeben wird, startet es, wie in Listing 15.34 gezeigt, mit dem Argument `$schema`, das das gültige JSON-Schema für diese Auszeichnung angibt. Darüber hinaus können Sie alle Argumente angeben, die ich schon in Abschnitt 15.5.3 vorgestellt habe. Mehr sind möglich. Welche genau, erfahren Sie im Step-by-Step-Guide des Projekts unter *https://json-schema.org/learn/getting-started-step-by-step.html*.

```
<?php
register_rest_route(
    'my_weather_block/v1',
    '/weather',
    [
        'methods'               => \WP_REST_Server::READABLE,
        'callback'              =>
           '\floriansimeth\my_weather_block\rest_get_weather_data',
        'permission_callback' => function () {
            return current_user_can( 'edit_posts' );
```

```
        },
        'schema'             => [
            '$schema' => 'http://json-schema.org/draft-04/schema#',
            'title'   => __( 'Weather data', 'my-weather-block' ),
            'type'    => 'string',
        ],
        'args' => [
            ...
        ]
    ]
);
```

Listing 15.34 Auszeichnung des Rückgabewerts

15.6 Controller-Klassen nutzen

Wie ich in Abschnitt 15.3.4 schon angedeutet habe, nehmen Controller-Klassen Anfragen eines Endpunkts entgegen, verarbeiten diese und geben danach etwas zurück. Bei den von WordPress bereitgestellten Klassen lassen sich zwei Typen unterscheiden:

- `WP_REST_Server` ist der Infrastruktur-Controller und übernimmt die folgenden Aufgaben:
  - Registrierung von Routen
  - Authentifizierung
  - Request-Validierung und Erstellung eines `WP_REST-Request`-Objekts
  - Rechte-Checks
  - Durchreichen von Anfragen an Sub-Controller
- Der Sub-Controller reicht die Anfrage an eine Methode weiter, die die Verarbeitung übernimmt. Welche Methode dies ist, wird anhand der im `WP_REST_Request`-Objekt enthaltenen Daten entschieden.

Bleiben wir beim integrierten Artikeltyp `post`. Hier wäre die Klasse `WP_REST_Posts_Controller` der Endpunkt-Controller, der durch `WP_REST_Server` aufgerufen wird, wenn ein Request an diesen Artikeltyp gesendet wird. `WP_REST_Posts_Controller` erweitert die Klasse `WP_REST_Controller` um die spezifischen Endpunkte (Methoden) zur Verarbeitung der Anfrage. Wird eine Anfrage an `wp/v2/posts` übermittelt, wird die dortige Methode `get_items()` aufgerufen. Diese kümmert sich um die eigentliche Datenbank-Abfrage und sendet dann ein Objekt der Klasse `WP_REST_Response` zurück. Mit dieser Klasse schließt sich der Kreis: Sie erweitert `WP_HTTP_Response`, die letztlich alle Daten enthält, die an den Client übermittelt werden sollen.

Sie haben in Abschnitt 13.1.1 gelernt, wie sich benutzerdefinierte Artikeltypen registrieren lassen. Die Funktion `register_post_type()` hat ein Attribut, mit dem sich die Controller-Klasse überschreiben lässt. Standardmäßig nutzt WordPress `WP_REST_Posts_Controller` für alle neuen Artikeltypen. In der überwiegenden Anzahl der Fälle wird dies passend sein, weshalb ich nicht näher darauf eingehen will. Nutzen Sie die folgende Vorgehensweise nur, wenn Sie die Rückgabe grundlegend verändern wollen. Als Hilfestellung sei auf Listing 15.35 verwiesen, das zeigt, wie im Rezept-Plugin aus Kapitel 13 eine eigene Controller-Klasse definiert werden kann:

```
<?php
namespace floriansimeth\nomnom;

add_action( 'init', 'floriansimeth\nomnom\register_post_types' );

function register_post_types() {
    ...
    register_post_type(
        'recipe',
        [
            'public'        => true,
            ...
            'show_in_rest' => true,
            'rest_controller_class'
                => '\floriansimeth\nomnom\REST_Recipe_Controller'
        ]
    );
}

class REST_Recipe_Controller extends \WP_REST_Posts_Controller {
    ...
    public function get_items( $request ) {
        ...
        return $response;
    }
}
```

Listing 15.35 Registrierung eines eigenen Rezept-Controllers

Wenn Sie stattdessen zusätzlich Daten zu einem Rezept ergänzen wollen, empfehle ich Ihnen, auf die Vorgehensweise im folgenden Abschnitt 15.7 zurückzugreifen.

15.7 Mit Metadaten und REST-Feldern arbeiten

In diesem Abschnitt erweitern wir das Rezept-Plugin aus Kapitel 13 um ein eigenes User-Interface. Sie erinnern sich: Wir hatten lediglich die Metabox INDIVIDUELLE FELDER genutzt, um die Daten des Rezepts einzugeben (siehe Abbildung 15.13). Das ist nicht gerade sehr benutzerfreundlich. Daher ist es an der Zeit, den Block-Editor entsprechend zu erweitern. Den vollständigen Code aus diesem Abschnitt finden Sie natürlich wieder beim Download-Material.

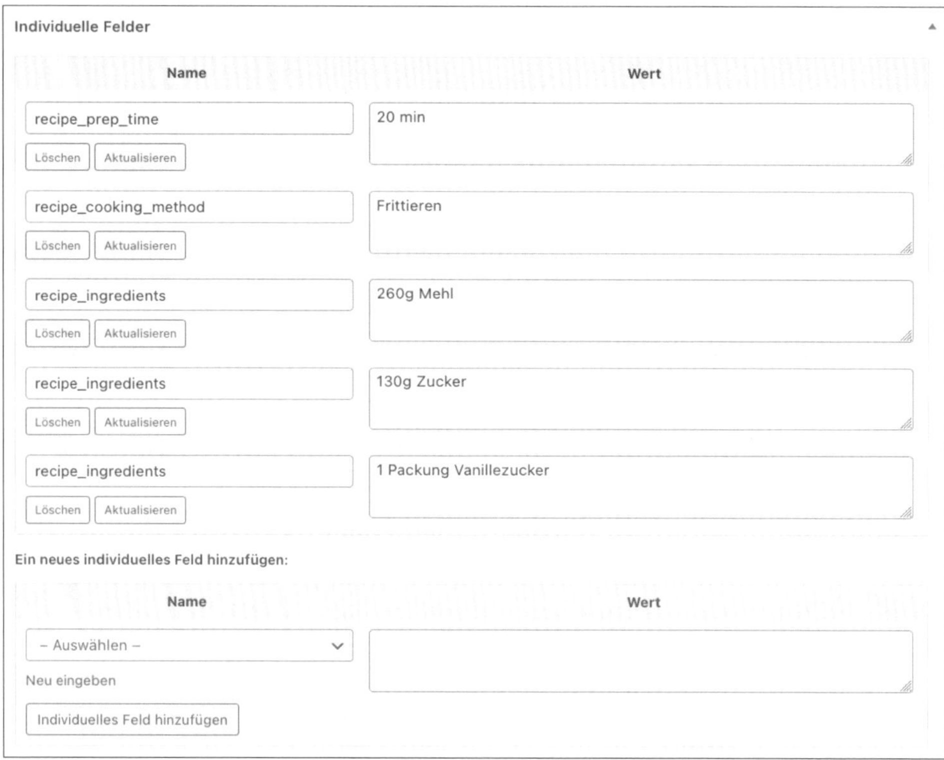

Abbildung 15.13 Die Metabox »Individuelle Felder« wurde zur Eingabe der Rezeptdaten genutzt.

15.7.1 Optionen für die Seitenleiste

Praktisch ist, dass es für den Block-Editor ein `@wordpress/plugins`-Paket gibt, das es uns erlaubt, die Seitenleiste zu erweitern.

package.json erstellen

Im Grunde funktioniert das Setup ähnlich wie in Abschnitt 9.2, »Einen Block erstellen«. Die Installation über `create-block` entfällt allerdings, weil wir keinen Block entwickeln wollen. Stattdessen legen Sie die Datei *package.json* im Plugin-Verzeichnis */wp-content/plugins/nomnom/* ab. Listing 15.36 zeigt ihren Inhalt. Sie ist letztlich genauso aufgebaut wie die *package.json*-Datei, die durch `create-block` erstellt wird. Mit dem Befehl `npm install` installieren Sie die Abhängigkeiten.

```
{
   "name": "nomnom-sidebar",
   "version": "0.1.0",
   "description": "A new sidebar with recipe data.",
   "author": "floriansimeth",
   "license": "GPL-2.0-or-later",
   "main": "build/index.js",
   "scripts": {
      "build": "wp-scripts build",
      "format": "wp-scripts format",
      "lint:css": "wp-scripts lint-style",
      "lint:js": "wp-scripts lint-js",
      "packages-update": "wp-scripts packages-update",
      "plugin-zip": "wp-scripts plugin-zip",
      "start": "wp-scripts start"
   },
   "devDependencies": {
      "@wordpress/scripts": "^22.4.0"
   }
}
```

Listing 15.36 Die »package.json«-Datei für das »nomnom«-Plugin

Ein Sidebar-Plugin registrieren

Anschließend erstellen Sie die Dateien */src/sidebar.js*, */src/icons.js* und */src/index.js*. Den Inhalt von */src/index.js* finden Sie in Listing 15.37:

```
import { registerPlugin } from '@wordpress/plugins';
import NomNomSidebar from "./sidebar";

registerPlugin( 'nomnom-sidebar', {
    'render': NomNomSidebar
} );
```

Listing 15.37 Der Inhalt der »index.js«-Datei

Wie Sie sehen, kommt die JavaScript-Funktion `registerPlugin()` zum Einsatz (siehe Listing 15.38). Dort gilt:

- name ist der Plugin-Name, in diesem Fall nomnom-sidebar.
- settings ist ein Objekt mit folgenden Schlüsseln:
  - icon ist entweder ein Dashicon-String oder eine Icon-Komponente. Sie werden gleich noch sehen, wie ein solches Element generiert werden kann.
  - render ist die React-Komponente, die die Seitenleiste darstellt. Wir importieren hier NomNomSidebar aus der */src/sidebar.js*-Datei, die ich gleich noch zeigen werde.
  - scope darf nur aus Kleinbuchstaben, Zahlen und einem Minuszeichen (-) bestehen. Damit lässt sich ein Geltungsbereich definieren, wenn Sie innerhalb Ihrer App mit der Komponente <PluginArea scope="core/edit-post" /> arbeiten (was hier jedoch nicht der Fall ist).

```
function register_plugin(
    string name,
    object settings {
        icon: <String>|<Icon>,
        render: <Component>,
        scope: <String>
    }
): WPPlugin
```

Listing 15.38 Funktionsbeschreibung von »registerPlugin()«

Ein Skript registrieren

Nachdem Sie das Sidebar-Plugin registriert haben, muss das entsprechende Skript eingebunden werden. Dazu ergänzen wir in der Stammdatei des Plugins den Code aus Listing 15.39:

```
<?php
add_action( 'init', 'floriansimeth\nomnom\block_sidebar_init' );

function block_sidebar_init() {
    $settings = include __DIR__ . '/build/index.asset.php';
    wp_register_script(
        'nomnom-sidebar',
        plugins_url( 'build/index.js', __FILE__ ),
        $settings['dependencies'],
        $settings['version'],
        true
    );
}
```

Listing 15.39 Registrierung der gerade erstellten »index.js«-Datei

Wie Sie sehen, wird nicht die */src/index.js*-Datei direkt, sondern deren Build-Version eingebunden. Sie wird im nächsten Schritt angefertigt. Außerdem wird die Datei */build/index.asset.php* eingebunden, die webpack während des Build-Vorgangs für uns erstellt. Darin befinden sich die Abhängigkeiten sowie eine eindeutige Versionsnummer für den Build.

Eine Seitenleiste entwickeln

Die React-Komponente für die Seitenleiste ist in Listing 15.40 dargestellt. Die Fragment-Komponente (`<></>`) kennen Sie bereits aus dem React-Crashkurs des Kapitel 8. Sie wird benötigt, weil zwei Komponenten gleichzeitig zurückgegeben werden müssen: `<PluginSidebarMoreMenuItem>` sowie `<PluginSidebar>`. Ersteres rendert den Menüpunkt Recipe Settings im Menü, der über den Ansicht anpassen-Button (mit den drei Punkten rechts oben) aufgerufen wird.

```
import { __ } from '@wordpress/i18n'
import {
    PluginSidebar,
    PluginSidebarMoreMenuItem
} from '@wordpress/edit-post';
import { cutlery } from "./icons";

const NomNomSidebar = () => {

    return ( <>
            <PluginSidebarMoreMenuItem
                target="nomnom-sidebar" icon={ cutlery() }>
                { __( 'Recipe settings', 'nomnom' ) }
            </PluginSidebarMoreMenuItem>
            <PluginSidebar
                name="nomnom-sidebar"
                title={ __( 'Recipe settings', 'nomnom' ) }
                icon={ cutlery() }>
                [Hier stehen die Einstellungsfelder]
            </PluginSidebar>
        </>
    )
}

export default NomNomSidebar;
```

Listing 15.40 Der Inhalt der »/src/sidebar.js«-Datei

In Abbildung 15.14 ist der Menüpunkt umrahmt. `<PluginSidebar>` rendert die eigentliche Seitenleiste, nachdem der Build-Vorgang gestartet wurde. Momentan ist sie allerdings noch ohne Inhalt.

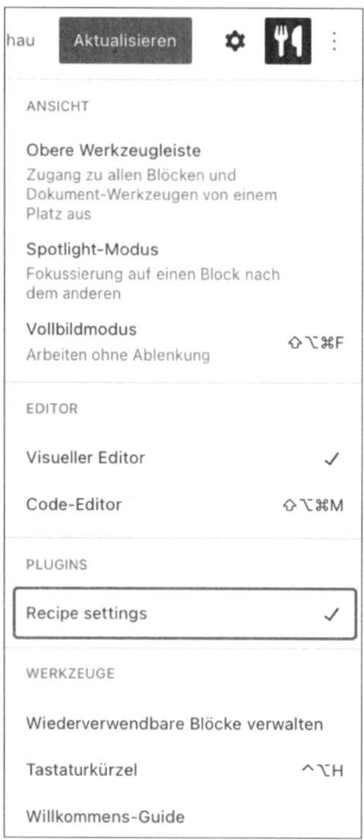

Abbildung 15.14 <PluginSidebarMoreMenuItem> erzeugt den umrahmten Menüpunkt.

Die Icondatei

In der */src/icons.js*-Datei wird das Icon namens `cutlery` definiert:

```
import { Icon } from '@wordpress/components';

export const cutlery = () => (
    <Icon
        icon={ () => (
            // <!--! Font Awesome Pro 6.1.1 by @fontawesome - ... -->
            <svg viewBox="0 0 448 512" width="24" height="24">
                <path
                    d="M221.6 148.7C224.7 161.3 224.8 174.5 222.1 ..."/>
            </svg>
        ) }
    />
);
```

Listing 15.41 Gekürzte Fassung der Icon-Datei

Den Build starten

Nach der Registrierung der Icondatei öffnen Sie ein Terminal und starten den Build-Vorgang mit `npm run start`. Webpack wird Änderungen nachverfolgen und die Dateien neu bündeln, falls dies nötig ist. (Mehr dazu lesen Sie in Abschnitt 9.2.4, »Der Build-Vorgang«).

Das erstmalige Starten bewirkt, dass auch die zuvor genannten Dateien unter */build* erstellt werden. Diese sind notwendig, weil Sie sonst nicht testen können.

Nun rufen Sie WordPress im Backend auf und klicken im Menü auf RECIPES • ERSTELLEN. Der Block-Editor, der sich nun öffnet, hat rechts oben ein neues Besteck-Icon bekommen (siehe Abbildung 15.15). Ein Klick darauf öffnet die Seitenleiste, die immer noch leer ist.

Abbildung 15.15 Das Besteck-Icon wird angezeigt. Die Seitenleiste ist allerdings noch leer.

Felder für die Seitenleiste

Schlussendlich ergänzen wir die eigentlichen Felder. Listing 15.42 zeigt hervorgehoben, welche Codeteile angefügt wurden. In Abbildung 15.16 können Sie nun die Felder erkennen. Jedoch kann darin noch nichts eingegeben werden.

```
import { __ } from '@wordpress/i18n'
import {
    PluginSidebar,
    PluginSidebarMoreMenuItem
} from '@wordpress/edit-post';
import {
    PanelBody,
    TextControl,
    FormTokenField
    } from '@wordpress/components';
import { cutlery } from "./icons";

const NomNomSidebar = () => {
    return ( <>
            <PluginSidebarMoreMenuItem
                target="nomnom-sidebar" icon={ cutlery() }>
                { __( 'Recipe settings', 'nomnom' ) }
```

```
            </PluginSidebarMoreMenuItem>
            <PluginSidebar
                name="nomnom-sidebar"
                title={ __( 'Recipe settings', 'nomnom' ) }
                icon={ cutlery() }>
                <PanelBody>
                    <TextControl
                        label={ __( 'Preparation time', 'nomnom' ) }
                        key="preptime"
                    />
                    <TextControl
                        label={ __( 'Cooking method', 'nomnom' ) }
                        key="cookingmethod"
                    />
                    <FormTokenField
                        placeholder={ __( '360g flour', 'nomnom' ) }
                        label={ __( 'Add ingredient', 'nomnom' ) }
                    />
                </PanelBody>
            </PluginSidebar>
        </>
    )
}

export default NomNomSidebar;
```

Listing 15.42 Die »Sidebar«-Komponente wurde um einige Felder erweitert.

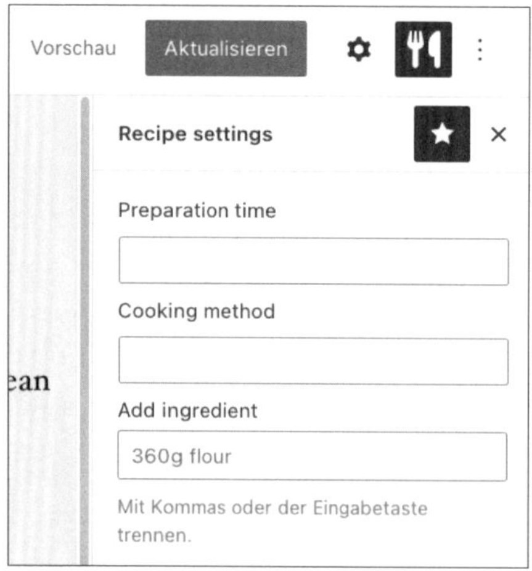

Abbildung 15.16 Die Seitenleiste rendert nun auch die Felder. Daten können jedoch noch nicht eingegeben werden.

Daten abrufen und speichern

Was nun noch fehlt, ist der Code, der für das Abrufen und Speichern zuständig ist. Genau dafür stellt WordPress über das Paket `@wordpress/data` die zwei Funktionen `useSelect()` und `useDispatch()` bereit. Dabei handelt es sich um benutzerdefinierte *React-Hooks*, die zum Abrufen und Senden von Props aus registrierten Selektoren verwendet werden können. Zum besseren Verständnis sehen wir uns den zusätzlichen Code aus Listing 15.43 an:

```
import { __ } from '@wordpress/i18n'
...
import { useSelect, useDispatch } from '@wordpress/data'

const NomNomSidebar = () => {

    const { metadata } = useSelect( ( select ) => {
        return {
            'metadata': select( 'core/editor' )
                .getEditedPostAttribute( 'meta' ),
        };
    } );

    const { editPost } = useDispatch( 'core/editor', metadata );

    return ( <>
            <PluginSidebarMoreMenuItem
                target="nomnom-sidebar" icon={ cutlery() }>
                { __( 'Recipe settings', 'nomnom' ) }
            </PluginSidebarMoreMenuItem>
            <PluginSidebar
                name="nomnom-sidebar"
                title={ __( 'Recipe settings', 'nomnom' ) }
                icon={ cutlery() }>
                <PanelBody>
                    <TextControl
                        label={ __( 'Preparation time', 'nomnom' ) }
                        key="preptime"
                        value={ metadata._recipe_prep_time }
                        onChange={ ( value ) => editPost( {
                            'meta': { '_recipe_prep_time': value }
                        } ) }
                    />
                    <TextControl
                        label={ __( 'Cooking method', 'nomnom' ) }
```

```
                    key="cookingmethod"
                    value={ metadata._recipe_cooking_method }
                    onChange={ ( value ) => editPost( {
                        'meta': {
                            '_recipe_cooking_method': value
                        }
                    } ) }
                />
                <FormTokenField
                    value={ metadata._recipe_ingredients }
                    onChange={ ( value ) => editPost( {
                        'meta': {
                            '_recipe_ingredients': value
                        }
                    } ) }
                    placeholder={ __( '360g flour', 'nomnom' ) }
                    label={ __( 'Add ingredient', 'nomnom' ) }
                />
            </PanelBody>
        </PluginSidebar>
    </>
  )
}

export default NomNomSidebar;
```

Listing 15.43 Auszug aus der »/src/sidebar.js«-Datei mit Datenzugriffsfunktionen

Zuerst benutzen wir useSelect(), um die gesamten Metadaten des aktuellen Posts auszulesen. Zurückgegeben wird die Variable metadata. Im nächsten Schritt wird useDispatch() genutzt, um genau diese Metadaten wieder im Post zurückzuspeichern. Dies geschieht, wenn die Funktion in onChange von einem der Felder getriggert wird, denn durch useDispatch() wird auch die Verbindung zu useSelect() hergestellt. Dies erfolgt durch den zweiten Parameter (die Variable metadata). Somit ist sichergestellt, dass die Funktion in useSelect() erneut aufgerufen wird, wenn sich die Daten in den Feldern ändern. Das ist wichtig, weil sich die Eingabe ansonsten weder verändern noch speichern lässt.

15.7.2 Meta-Felder registrieren

Nachdem der Build-Vorgang erneut angestoßen wurde, können Sie den Block-Editor im Browser aktualisieren. Es ist zwar jetzt möglich, Informationen in die Felder einzugeben; wenn das Rezept gespeichert oder aktualisiert wird, werden die Daten jedoch nicht in der Datenbank abgelegt. Dies liegt daran, dass die Metadaten der REST-API noch nicht bekannt sind. Dies holen wir jetzt mit dem Code aus Listing 15.44 nach. Er wird in der Stammdatei des Plugins ergänzt. Wie Sie sehen, kommt hier wieder die Funktion `register_meta()` zum Einsatz, die uns schon in Abschnitt 13.5.2, »Templating im Block-Theme«, begegnet ist:

```
<?php
add_action( 'rest_api_init', 'floriansimeth\nomnom\register_meta_fields' );

function register_meta_fields() {

    $args = [
        'object_subtype'    => 'recipe',
        'type'              => 'string',
        'single'            => true,
        'default'           => '',
        'show_in_rest'      => true,
        'sanitize_callback' => function ( $value ) {
            return sanitize_text_field( $value );
        },
        'auth_callback'     => function (
            $allowed,
            $meta_key,
            $object_id,
            $user_id
            ) {
                return user_can( $user_id, 'edit_posts' );
        }
    ];

    register_meta(
        'post',
        '_recipe_prep_time',
        $args
    );

    register_meta(
        'post',
        '_recipe_cooking_method',
        $args
    );
```

```
    register_meta(
        'post',
        '_recipe_ingredients',
        [
            'object_subtype'    => 'recipe',
            'single'            => true,
            'type'              => 'array',
            'default'           => [],
            'show_in_rest'      => [
                'schema' => [
                    'type'  => 'array',
                    'items' => [
                        'type' => 'string',
                    ],
                ],
            ],
            'sanitize_callback' => function ( $ingredients ) {
                return map_deep( $ingredients, 'sanitize_text_field' );
            },
            'auth_callback'     => function (
                $allowed,
                $meta_key,
                $object_id,
                $user_id
                ) {
                    return user_can( $user_id, 'edit_posts' );
            },
        ]
    );
}
```

Listing 15.44 Auszug aus der Stammdatei des Plugins mit der Erweiterung zum Registrieren der Metadaten

Die Funktion `register_meta()` (siehe Listing 15.45) ist, wie auch `register_rest_route()`, sehr umfangreich:

```
<?php
function register_meta(
    string $object_type,
    string $meta_key,
    array $args [
        string $object_type = '',
        string $type,
```

```
        string $description,
        bool $single,
        mixed $default,
        callable $sanitize_callback,
        callable $auth_callback,
        bool|array $show_in_rest = [
            callable $prepare_callback,
            array $schema = []
        ]
    ]
): bool {
    ...
}
```

Listing 15.45 Funktionsbeschreibung von »register_meta()«

Hier gilt:

- `$object_type` kann folgende Werte annehmen: `post`, `comment`, `term` oder `user`.
- `$meta_key` ist der Name des Meta-Schlüssels, der registriert wird, in unserem Fall also `_recipe_prep_time`, `_recipe_ingredients` und `_recipe_cooking_method`.
- `$args` ist ein Array mit weiteren Argumenten:
  - `$object_subtype` ist der Subtyp, zu dem der Meta-Schlüssel registriert werden soll. Wenn als `$object_type` der Wert `post` gesetzt wurde (was im Beispiel der Fall ist), kann hier der Artikeltyp festgelegt werden.
  - `$type` kann die Werte `boolean`, `string`, `integer`, `number`, `array` oder `object` annehmen.
  - `$description` ist eine Beschreibung des Meta-Schlüssels.
  - `$single` gibt an, ob es nur einen einzigen oder mehrere gleiche Schlüssel geben darf.
  - `$default` ist ein Standardwert, falls noch nichts in der Datenbank hinterlegt wurde.
  - `$sanitize_callback` wird zum Säubern der Benutzereingaben getriggert. An die Funktion werden folgende Parameter übergeben: `$meta_value`, `$meta_key`, `$object_type` und `$object_subtype`.
  - An `$auth_callback` werden die folgenden Parameter übergeben, mit denen Sie herausfinden können, ob ein Benutzer das Recht hat, auf den Meta-Schlüssel zuzugreifen: `$allowed`, `$meta_key`, `$object_id`, `$user_id`, `$cap` und `$caps`.
  - Der wichtigste Parameter von allen ist für unser Beispiel `$show_in_rest`. Er kann einen booleschen Wert annehmen, was bei den zwei Meta-Schlüsseln `_recipe_prep_time` und `_recipe_cooking_method` geschehen ist.

Dem Parameter `$show_in_rest` kann alternativ ein Array mit weiteren Parametern übergeben werden:

- `$prepare_callback` ist eine Funktion, die den Wert auf die Rückgabe vorbereitet. Sie ist nur anzugeben, wenn kein `$schema` angegeben wird (siehe nachfolgendes Attribut). An die Funktion werden folgende Parameter übergeben: `$value`, `$request` und `$args`.
- `$schema` erlaubt alle Angaben, die auch bei `register_rest_route()` im Parameter `$args` möglich sind (siehe Listing 15.18 und Abschnitt 15.5.3).

Abbildung 15.17 zeigt, wie der Endpunkt zum Abrufen eines einzelnen Rezepts um die Meta-Felder erweitert wurde.

Abbildung 15.17 Die Postman-App zeigt die neuen Meta-Felder an.

Geschützte Meta-Schlüssel

Wie bereits in Abschnitt 13.4.3, »Geschützte Metadaten«, erwähnt, sollten die Metadaten, die über ein eigenes User-Interface verfügen, »geschützt« abgespeichert werden. Das bedeutet, dass ihnen ein Unterstrich vorangestellt werden soll, wie in den vorigen Beispielen gezeigt. Dadurch werden die Werte in der Metabox INDIVIDUELLE FELDER nicht mehr zur Auswahl angezeigt (siehe Abbildung 15.18), obwohl sie sich in der

Datenbank befinden (siehe Abbildung 15.19). Dadurch können sie vom Nutzer nicht manuell verändert werden. Das geht nun nur noch über das erstellte User-Interface.

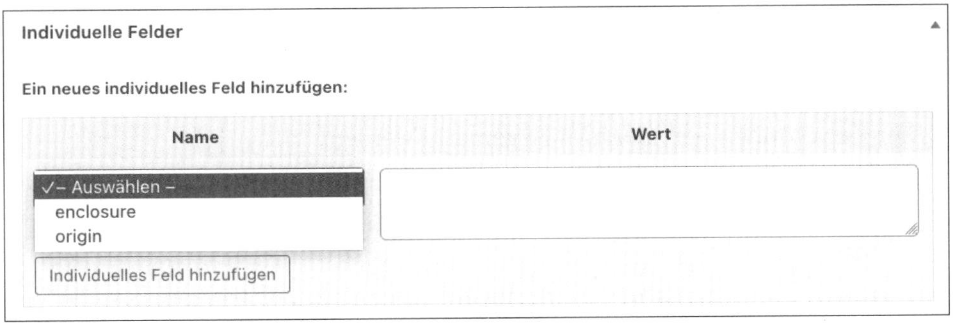

Abbildung 15.18 Geschützte Meta-Felder sind nicht auswählbar.

`SELECT * FROM `mywpi_postmeta` WHERE `meta_key` LIKE '%_recipe%' LIMIT 50` (0.002 s) Bearbeiten

☐ Ändern	meta_id	post_id	meta_key	meta_value
☐ bearbeiten	764	1843	_recipe_cooking_method	Frittieren
☐ bearbeiten	801	1843	_recipe_prep_time	20min
☐ bearbeiten	802	1843	_recipe_ingredients	a:2:{i:0;s:9:"260g Mehl";i:1;s:11:"100g Zucker";}

Abbildung 15.19 Geschützte Meta-Felder in der Datenbank

15.7.3 REST-Felder registrieren

Wenn Sie Meta-Felder nur in der REST-API, nicht aber für den Rest in WordPress bekannt machen wollen, sind Sie mit der Funktion aus Listing 15.46 bestens gerüstet. Da es sich hier nicht explizit um eine Meta-Funktion handelt, müssen über die Callback-Funktionen (siehe Listing 15.47) die Metadaten gelesen und gespeichert werden.

```
<?php
function register_rest_field(
    string|string[] $object_type,
    string $attribute,
    array $args = [
        callable|null $get_callback = 'null',
        callable|null $update_callback = 'null',
        array|null $schema = 'null'
    ]
): void {
    ...
}
```

Listing 15.46 Funktionsbeschreibung von »register_rest_field()«

Hier gilt:

- `$object_type` ist ein einzelner String oder ein Array von Strings, die folgende Werte annehmen können: `post`, `comment`, `term`, `user`, aber auch benutzerdefinierte Artikeltypen sind möglich (also `recipe` in unserem Fall).
- `$attribute` ist der Name des Meta-Schlüssels.
- Mit `$args` können weitere Angaben gemacht werden:
  - `$get_callback` ist die Funktion, die den Wert zurückgibt. An sie werden die folgenden Parameter übergeben: `$response`, `$field_name`, `$request` und `$object_type`.
  - `$update_callback` ist für das Speichern zuständig. Der Funktion werden folgende Parameter übergeben: `$value`, `$object`, `$field_name`, `$request` und `$object_type`.
  - `$schema` erlaubt alle Angaben, die auch bei `register_rest_route()` im Parameter `$args` möglich sind (siehe Listing 15.18 und Abschnitt 15.5.3).

Listing 15.47 zeigt, wie im Rezept-Plugin ein neues REST-Feld namens `ingredients` integriert wird. In `get_callback` wird der Meta-Wert gelesen, und in `update_callback` wird er geschrieben. Beachten Sie in Abbildung 15.20, dass das Feld *nicht* unter `meta` aufgeführt ist, sondern ein eigenständiges Attribut darstellt.

```
<?php
add_action( 'rest_api_init', 'floriansimeth\nomnom\register_rest_fields' );

function register_rest_fields() {
    register_rest_field(
        'recipe',
        'ingredients',
        [
            'get_callback'    => function ( $post, $field_name ) {
                return get_post_meta(
                    $post['id'],
                    '_recipe_' . $field_name,
                    true
                );
            },
            'update_callback' => function (
                $ingredients,
                $post,
                $field_name
                ) {
                $ingredients = map_deep(
                    $ingredients,
```

```
                    'sanitize_text_field'
                );
                $updated     = update_post_meta(
                    $post->ID,
                    '_recipe_' . $field_name,
                    $ingredients
                );
                if ( ! $updated ) {
                    return new \WP_Error(
                        'ingredients-udpate-error',
                        __( 'Could not update ingredients', 'nomnom' )
                    );
                }

                return true;
            },
            'schema'          => [
                'type'  => 'array',
                'items' => [
                    'type' => 'string',
                ],
            ],
        ]
    );
}
```

Listing 15.47 Auszug aus der Stammdatei des Rezept-Plugins

Abbildung 15.20 Die Zutaten werden im Feld »ingredients« ausgegeben.

Wenn Sie mit `register_rest_field()` arbeiten, funktioniert der Code aus »Daten abrufen und speichern« in Abschnitt 15.7.1 nicht mehr, denn es handelt sich nicht mehr um Metadaten im Sinne des Block-Editors. Stattdessen ist es ein eigenes Feld, das nun ausgelesen werden muss.

Wie das funktioniert, ist in der Dokumentation des `@wordpress/data`-Pakets genau beschrieben:

https://developer.wordpress.org/block-editor/reference-guides/packages/packages-data/#registering-a-store

Sie haben in diesem Kapitel nun sehr viel über die REST-API gelernt. Nicht nur die Grundlagen sind Ihnen nun bekannt, sondern Sie wissen ebenso, wie sich eigene REST-Routen und -Felder ergänzen lassen. Das macht den Weg frei für eigene React-Programme, die auf die REST-API angewiesen sind, um Daten mit WordPress auszutauschen. Sie haben aber auch erfahren, dass eine Zugriffseinschränkung ebenso wichtig ist. Im nächsten Kapitel sehen wir uns deshalb das Benutzer- und Rechtemanagement von WordPress im Detail an.

Kapitel 16
Benutzer- und Rechtemanagement

Nicht jeder Benutzer sollte automatisch alles dürfen. Deswegen legen Betriebssystemnutzer ein Passwort fest. So kann kein Dritter sehen, was sich in ihrem Account befindet. Darüber hinaus ist es niemandem möglich, Daten des anderen zu verändern.

WordPress bildet hier keine Ausnahme. Nicht jeder Nutzer oder jede Nutzergruppe sollte die gleichen Rechte haben. Und zwar genau aus dem Grund, dass Dritte sonst Zugriff auf Funktionen erhalten, mit denen sie nichts anfangen oder deren Tragweite sie nicht sofort erkennen können.

Ein gutes Beispiel sind die Einstellungsfelder WORDPRESS-ADRESSE und WEBSITE-ADRESSE unter EINSTELLUNGEN • ALLGEMEIN (siehe Abbildung 16.1).

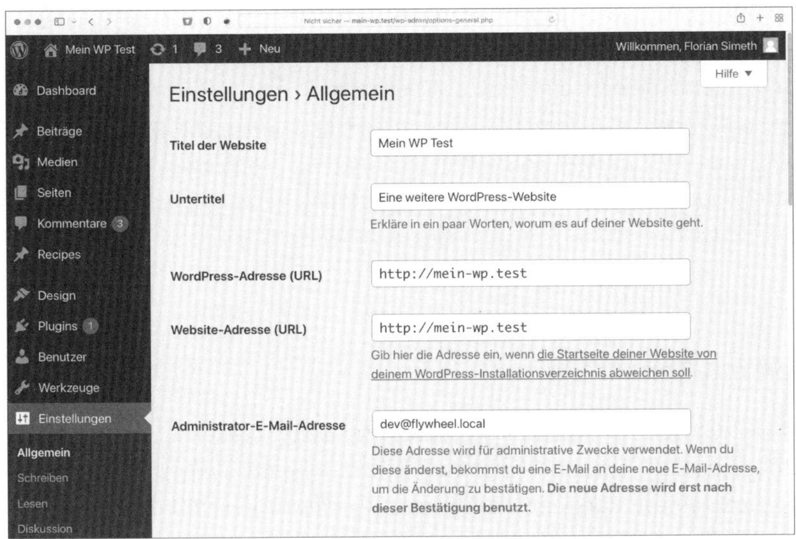

Abbildung 16.1 Kleine Einstellung, große Veränderung: Wird die URL ausgetauscht, ist die WordPress-Seite möglicherweise nicht mehr erreichbar.

Verändert ein Nutzer diese Felder, ist die Website möglicherweise nicht mehr zu erreichen. Und bevor Sie nachfragen: Das passiert häufiger, als Sie denken! Ich hatte schon mehrere Fälle, in denen Kunden die URL ihrer Website hier ändern wollten, obwohl sie nicht deren Eigentümer waren.

Es ist also sinnvoll, Nutzer in bestimmte Gruppen einzuteilen und diesen dann Rechte zuzuordnen. Das Rechtesystem von WordPress kann nicht nur im Backend zum »Verstecken« von Einstellungen, sondern auch im Frontend von Plugins genutzt werden. So verwenden Foren-Plugins dieses Rechtesystem, um Moderatoren höhere Befugnisse zuzuteilen, oder E-Learning-Plugins, um Kursinhalte einzuschränken.

Dieses Kapitel gibt Ihnen einen Überblick über Benutzer, Rollen und deren Befugnissen, damit Sie in Ihrem Projekt davon Gebrauch machen können.

Benutzer oder Besucher?

- In diesem Kapitel wird oft der Ausdruck »Benutzer« gewählt. Ein Benutzer im Sinne von WordPress ist jemand, der ein Konto auf der aktuellen WP-Instanz hat, also Zugangsdaten besitzt. Die Unterscheidung ist deshalb wichtig, weil ein Benutzer auch ein Webseitenbesucher (ohne Konto) sein kann.
- WordPress hat vor Version 3 immer automatisch einen Benutzer mit dem Benutzernamen *admin* angelegt. Erst sehr viel später war es möglich, einen eigenen Benutzernamen während der Installationsroutine festzulegen. Noch heute werden Brute-Force-Attacken ausschließlich mit dem Benutzernamen *admin* durchgeführt, weil er sehr weit verbreitet ist. Aber nicht nur zum Angreifen ist der Nutzername wichtig. Auch einige ältere Plugins verlassen sich darauf, dass dieser Nutzer vorhanden ist, was falsch ist. Mein Rat ist, nie davon auszugehen, dass ein spezifischer Nutzername oder eine Nutzer-ID existiert.
- Ein Benutzer wird in WordPress kurz vor dem `init`-Action-Hook authentifiziert. Die meisten in diesem Kapitel vorgestellten Funktionen erzeugen möglicherweise Fehlermeldungen, weil diese Benutzerfunktionen dementsprechend auch erst mit dem `init`-Hook und nicht früher eingebunden werden.

16.1 Arbeiten mit Benutzern

Jede WordPress-Installation hat mindestens einen Benutzer. Dieser wird bei der Installationsroutine festgelegt. Dieser User bekommt die Rolle *Administrator* zugeteilt, was die höchste Rechtestufe darstellt. Somit kann er *alles* innerhalb des Backends verändern und einstellen. Im folgenden Beispiel geht es jedoch nicht um Administratoren, sondern um Kunden. Sie werden erfahren, wie Sie die API von *Envato*[1] nutzen können, damit sich deren Nutzer auf Ihrer Website anmelden können.

1 Envato ist ein Marktplatz für Code (unter anderem auch für WordPress-Plugins und -Themes). Wenn Sie dort verkaufen, jedoch auch Support über ein eigenes Forum anbieten, ist es sinnvoll, eine solche Login-Funktion für Ihre Kunden einzurichten.

16.1.1 Ein Hook in den Login-Screen

Als Erstes legen wir uns wieder eine Plugin-Datei an: */wp-content/plugins/login-with-envato/login-with-envato.php*. Der Code dafür ist sehr schlank, wie Listing 16.1 zeigt. Die Datei */includes/login.php* wird nur eingebunden, wenn ein Benutzer sich auf der Login-Seite befindet.

```
<?php
/**
 * Plugin Name:        Login with Envato
 * Description:        Lets a user log-in with their Envato account.
 * Version:            0.1.0
 * Requires PHP:       7.4
 * Author:             floriansimeth
 */

define( 'LWE_FILE', __FILE__ );

add_action( 'plugins_loaded', 'login_with_envato' );

function login_with_envato() {
    if ( array_key_exists( 'pagenow', $GLOBALS )
         && 'wp-login.php' === $GLOBALS['pagenow'] ) {
        require_once __DIR__ . '/includes/login.php';
    }
}
```

Listing 16.1 Die Stammdatei des Plugins

Der eigentliche Code beginnt dann in besagter */includes/login.php* (siehe Listing 16.2). Der `login_footer`-Hook wird benutzt, um einen neuen Button LOGIN WITH ENVATO zu integrieren.

```
<?php

namespace floriansimeth\login_with_envato\frontend;

use floriansimeth\login_with_envato\Envato_API;

add_action(
    'login_footer',
    'floriansimeth\login_with_envato\frontend\login_form_envato'
);
```

16

```
function login_form_envato() {
    printf(
        '<div id="login-with-envato"><p>'
        . '<a class="button button-primary button-large button-envato" '
        . 'href="%s">%s</a>'
        . '</p></div>',
        esc_url( Envato_API::get_login_url() ),
        __( 'Login with Envato', 'lwe' )
    );
}
```

Listing 16.2 Der Hook wird genutzt, um einen neuen Button einzublenden.

Für den Button nutze ich die CSS-Klassen des WordPress-Backends (siehe Abschnitt 6.2.4, »Das Layout von Überschriften, Buttons, Formularfeldern, Tabs und Tabellen«). So ganz passt mir die Darstellung allerdings noch nicht, weswegen eine CSS-Datei registriert werden muss (siehe Listing 16.3), die wir dann gleich einbinden werden. Ihren Inhalt finden Sie im Download-Material beim Beispiel-Plugin.

```
<?php
add_action(
    'init',
    'floriansimeth\login_with_envato\frontend\register_scripts'
);

function register_scripts() {
    wp_register_style(
        'lwe-login',
        plugins_url( 'public/css/login.css', LWE_FILE ),
        [ 'login' ],
        '0.1.0'
    );
}
```

Listing 16.3 Eine CSS-Datei wird nachgeladen.

Darüber hinaus gibt es leider keinen Action-Hook, der es mir erlauben würde, den Button zwischen dem WordPress-Logo und dem normalen Login-Formular einzublenden. Er wird deshalb unten rechts angezeigt (siehe Abbildung 16.2).

Abbildung 16.2 Der Login-Button wird rechts unten angezeigt.

Das ist unschön, und deshalb habe ich mich entschlossen, ein kleines JavaScript zu schreiben, das den Button verschiebt (siehe Listing 16.4):

```
( function () {
    var envato_login = document.querySelector( '#login-with-envato' );
    var login_form = document.querySelector( '#loginform' );
    login_form.parentNode.insertBefore( envato_login, login_form );
}() );
```

Listing 16.4 Das Vanillla-JS verschiebt den Button nach oben.

Natürlich muss auch die JavaScript-Datei registriert werden (siehe Listing 16.5). Im Anschluss daran folgt das Einbinden auf der Login-Seite (siehe Listing 16.6).

```
<?php
function register_scripts() {
    ...

    wp_register_script(
        'lwe-login',
        plugins_url( 'public/js/login.js', LWE_FILE ),
        [],
```

```
        '0.1.0',
        true
    );
}
```

Listing 16.5 Das Skript wird ebenfalls innerhalb von »register_scripts()« registriert.

```
<?php
add_action(
    'login_enqueue_scripts',
    'floriansimeth\login_with_envato\frontend\enqueue_scripts'
);

function enqueue_scripts() {
    wp_enqueue_style( 'lwe-login' );
    wp_enqueue_script( 'lwe-login' );
}.
```

Listing 16.6 Einbinden der JS- und der CSS-Datei

Abbildung 16.3 zeigt, dass der Screen nun deutlich besser aussieht.

Abbildung 16.3 Der Button ist nun grün und sitzt weiter oben.

16.1.2 Die API vorbereiten

Alle nötigen Informationen zur API von Envato finden Sie unter *https://build.envato.com/api*. Sie werden feststellen, dass für die Authentifizierung ein persönliches Token notwendig ist. Dieses erhalten wir erst nach dem Login mit OAuth. Und dazu sind wiederum eine Client-ID sowie ein Secret-Key notwendig. Um diese zu erhalten, registrieren wir unsere App bei Envato mit den entsprechenden Rechten (siehe Abbildung 16.4).

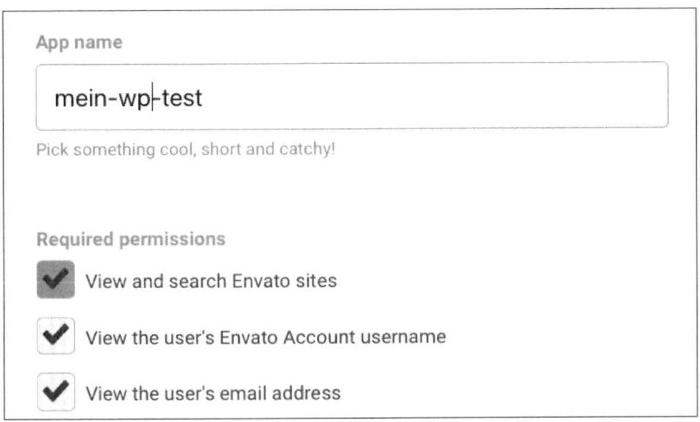

Abbildung 16.4 Anlegen einer App bei Envato

Beachten Sie, dass eine CONFIRMATION URL angegeben werden muss. Ist diese nicht korrekt, funktioniert der gesamte Login-Prozess nicht. Die URL ist die Webadresse, an die ein Nutzer zurückgeleitet wird, sobald er sich angemeldet hat. Wir geben die URL zu *wp-login.php* ein, gefolgt von dem Parameter aus Abbildung 16.5.

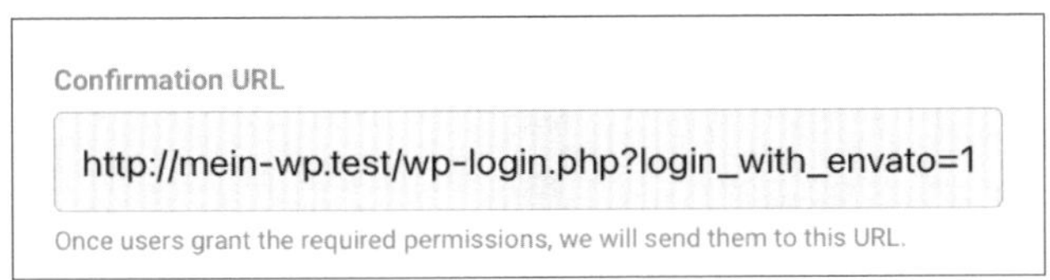

Abbildung 16.5 Angabe der »Confirmation URL«

Die Client-ID und den Secret-Key ergänzen wir in der *wp-config.php*, wie in Listing 16.7 gezeigt:

```
<?php
define( 'LWE_CLIENT_ID', 'mein-wp-test-abcdefg' );
define( 'LWE_SECRET_KEY', 'cmNl5Sv1234567890' );
```

Listing 16.7 Ergänzung der Login-Daten für die Envato-API in der »wp-config.php«

16.1.3 Der Nutzer-Login

Nachdem ein Benutzer den neuen Button angeklickt hat, wird er direkt auf einer Seite von Envato landen, auf der er sich anmelden und dann die Weitergabe der Daten bestätigen muss (siehe Abbildung 16.6). Klickt er schließlich auf APPROVE, so wird er zur vorher festgelegten Confirmation URL geleitet. An diese URL wird der Parameter `code` angehängt, der dann benutzt werden kann, um ein persönliches Token abzurufen. Nur funktioniert das bislang nicht. Wir müssen erst noch ein wenig Code ergänzen.

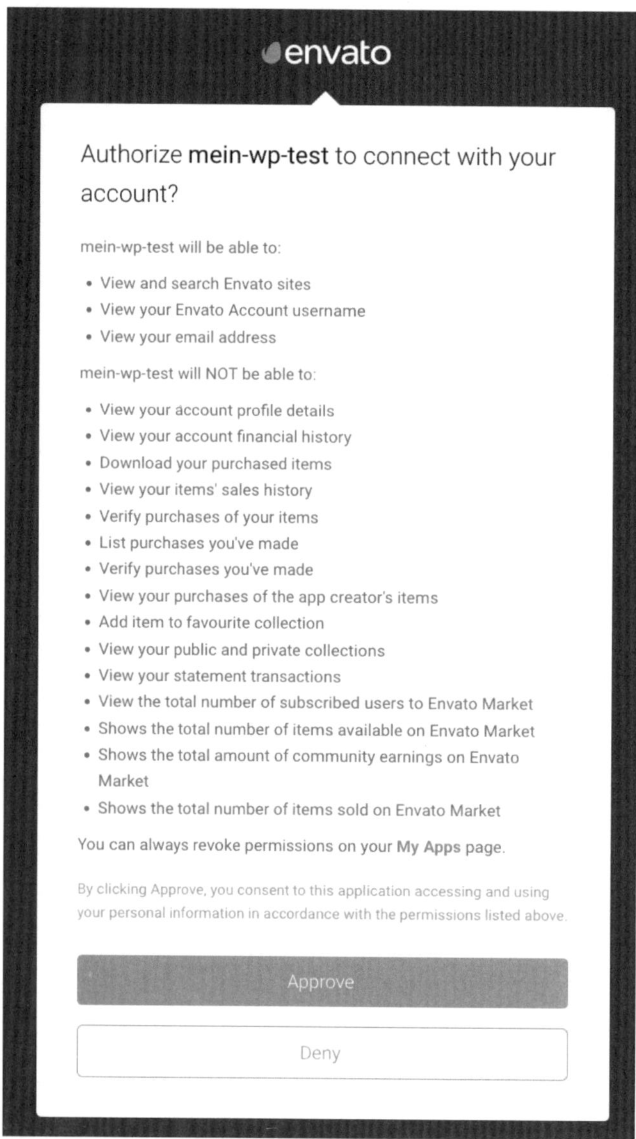

Abbildung 16.6 Ein Envato-Benutzer muss der Weitergabe der Daten zustimmen.

Listing 16.8 zeigt, wie der Hook `login_init` genutzt wird, um die Funktion `login_with_envato()` zu triggern. In ihr wird zuerst überprüft, ob die GET-Parameter `login_with_envato` sowie `code` vorliegen. Ist beides nicht der Fall, wird abgebrochen. Vor dem Abbrechen nutzen wir noch den `login_message`-Filter, um eine Fehlermeldung auszugeben. Zusammen mit der Funktion `get_error_html()` erzeugen wir so eine schön gestaltete Meldung, die zum Login-Layout passt (siehe Abbildung 16.7).

```
<?php
add_action(
    'login_init',
    'floriansimeth\login_with_envato\frontend\login_with_envato'
);

function login_with_envato() {

    $login_with_envato = $_REQUEST['login_with_envato'] ?? 0;

    if ( ! $login_with_envato ) {
        return;
    }

    $code = filter_input( INPUT_GET, 'code', FILTER_SANITIZE_STRING );
    $code = sanitize_text_field( $code );

    if ( empty( $code ) ) {
        add_filter( 'login_message', function ( $messages ) {
            return $messages . get_error_html( __( 'No code!', 'lwe' ) );
        } );

        return;
    }
}

function get_error_html( $message ): string {
    return sprintf(
        '<div id="login_error">%s</div>',
        $message
    );
}
```

Listing 16.8 Abrufen des »code«-Parameters

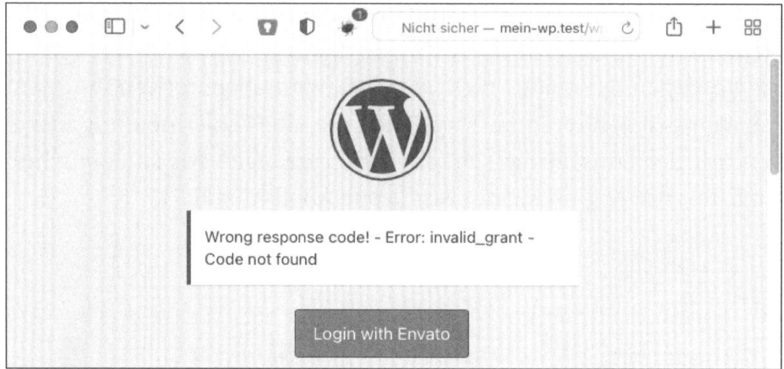

Abbildung 16.7 Eine »schöne« Fehlermeldung

Dann folgt der wichtigste Teil: das Erstellen des Benutzers.

1. Der Code aus Listing 16.9 ruft über die Klasse `Envato_API`, die ich hier aus Platzgründen nicht zeige,[2] die E-Mail-Adresse des Benutzers ab (Schritt 1).
2. Gleich danach wird der Benutzer mit der Funktion `get_user_by()` ausgelesen (siehe den folgenden Abschnitt 16.1.4).
3. Im dritten Schritt wird ein neues Passwort generiert und dem Benutzer zugewiesen.
4. Dieses Passwort wird dann im vierten Schritt zum Login benutzt.
5. Zum Schluss folgt die Weiterleitung ins Backend.

```
<?php

function login_with_envato() {
    ...

    # Schritt 1
    try {
        $envato_api = new Envato_API( $code );
        $email      = $envato_api->get_email();
    } catch ( Envato_API_Exception $e ) {
        add_filter( 'login_message', function ( $messages ) use ( $e ) {
            return $messages . get_error_html( $e->getMessage() );
        } );

        return;
    }
```

2 Sie finden die Klasse sowie das fertige Plugin beim Download-Material.

```
    # Schritt 2
    $user = get_user_by( 'email', $email );

    # Schritt 3
    if ( ! isset( $password ) ) {
        $password = wp_generate_password();
        wp_set_password( $password, $user->ID );
    }

    # Schritt 4
    $user = wp_signon( [
        'user_login'    => $user->user_email,
        'user_password' => $password,
        'remember'      => false
    ] );

    if ( is_wp_error( $user ) ) {
        add_filter( 'login_message', function ( $messages ) use ( $user ) {
            return $messages . $user->get_error_message();
        } );

        return;
    }

    # Schritt 5
    $redirect_to = apply_filters(
        'login_redirect',
        admin_url(),
        admin_url(),
        $user
    );

    wp_safe_redirect( $redirect_to );
}
```

Listing 16.9 Der Login-Prozess

16.1.4 Einen Benutzer aus der Datenbank lesen

Im Beispiel war zu sehen, dass mit `get_user_by()` der Benutzer abgerufen wurde. WordPress stellt jedoch noch weitere Funktionen bereit, die genutzt werden können, wie Listing 16.10 zeigt:

```
<?php
function get_user_by(
    string $field,
    string|int $value
): WP_User|bool {
    ...
}

function get_users( array $args = [] ): WP_User[] {...}

function get_current_user_id(): int {...}

function wp_get_current_user(): WP_User {...}
```

Listing 16.10 Funktionsbeschreibung einiger WP-Funktionen zum Auslesen von Benutzern

Die meisten Parameter sollten selbsterklärend sein. Nur zwei Hinweise:

- `$field` bei `get_user_by()` kann jedes Feld aus Tabelle 16.1 (aus Abschnitt 16.1.5) annehmen.
- Die Attribute für den Parameter `$args` der Funktion `get_users()` entnehmen Sie bitte Abschnitt 17.3.5, »User-Query«.

Achtung, Verwechslungsgefahr!

Beachten Sie, dass `get_current_user()` keine WordPress-Funktion ist. Sie wird von PHP geliefert und gibt den Benutzer des aktuellen Skripts zurück.

Pluggable-Funktionen

Beachten Sie, dass die Funktionen `get_user_by()` und `wp_get_current_user()` aus Listing 16.10 Pluggable-Funktionen sind. Das bedeutet, dass sie von Plugins überschrieben werden und deshalb anders funktionieren können.

16.1.5 Benutzer erstellen, aktualisieren, löschen

Das *Login-with-Envato*-Plugin funktioniert bisher nur, wenn ein Nutzer in der Datenbank schon existiert. Dieser Missstand wird in Listing 16.11 behoben. Nachdem der Benutzer mit `get_user_by()` gelesen wurde, wird geprüft, ob er existiert. Falls nicht, wird der Benutzername von der Envato-API nachgeladen und der Benutzer mit `wp_create_user()` angelegt. Am Ende wird wieder das Benutzerobjekt geladen, denn uns liegt nur die Benutzer-ID vor. Somit ist sichergestellt, dass der Code aus Listing 16.9 weiter funktioniert.

```
<?php
function login_with_envato() {
    ...

    $user = get_user_by( 'email', $email );

    if ( false === $user ) {

        # Benutzername abrufen
        try {
            $username = $envato_api->get_username();
        } catch ( Envato_API_Exception $e ) {
            add_filter( 'login_message', function ( $messages ) use ( $e ) {
                return $messages . get_error_html( $e->getMessage() );
            } );

            return;
        }

        $password = wp_generate_password();

        # Benutzer anlegen
        $user_id  = wp_create_user( $username, $password, $email );

        if ( is_wp_error( $user ) ) {
            add_filter( 'login_message', function ( $messages )
                use ( $user ) {
                    return $messages
                        . get_error_html( $user->get_error_message() );
            } );

            return;
        }

        # Benutzerobjekt laden
        $user = get_user_by( 'ID', $user_id );
    }

    ...

    wp_safe_redirect( $redirect_to );
}
```

Listing 16.11 Was ist, wenn der Benutzer existiert?

WordPress stellt zum Erstellen und Bearbeiten von Benutzern ein schönes User-Interface bereit (siehe Abbildung 16.8).

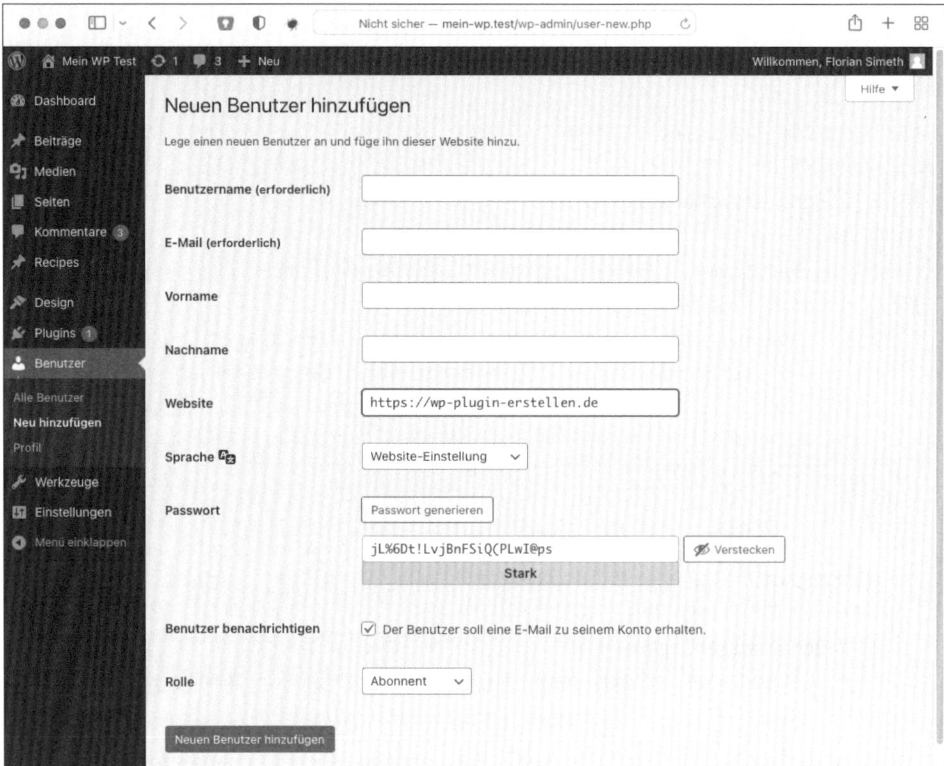

Abbildung 16.8 Formular zum Erzeugen eines neuen Benutzers in WordPress.

Trotzdem möchte ich die Funktionen, die dort zur Anwendung kommen, vorstellen (siehe Listing 16.12):

```
<?php
function wp_create_user(
    string $username,
    string $password,
    string $email = ''
): int|WP_Error {
    ...
}

function wp_insert_user(
    array|object|WP_User $userdata
): int|WP_Error {
    ...
```

```
}

function wp_update_user(
    array|object|WP_User $userdata
): int|WP_Error {
    ...
}

function wp_delete_user(
    int $id,
    int|null $reassign = null
): bool {
    ...
}
```

Listing 16.12 Funktionsbeschreibungen von »wp_create_user()«, »wp_insert_user()«, »wp_update_user()« und »wp_delete_user()«.

Die Parameter dürften selbsterklärend sein – bis auf `$reassign` von `wp_delete_user()`. »Reassign« bedeutet auf Deutsch »neu zuordnen«. Da es möglich ist, dass ein Benutzer auch Inhalte verfasst hat, würden diese keinem (oder einem nicht länger existenten) Autor zugeordnet sein. Um dies zu vermeiden, kann mit dem Parameter eine Benutzer-ID angegeben werden. Diese ID wird dann benutzt, um alle Beiträge, Seiten oder Posts aus benutzerdefinierten Artikeltypen dem neuen Autor zuzuordnen.

Tabelle 16.1 zeigt, welche Benutzerdaten zum Anlegen oder Aktualisieren von Benutzern angegeben werden können. Sie sehen dort auch, welche Daten von einem `WP_User`-Objekt zurückgegeben werden.

Parameter	Beschreibung
`ID`	Die eindeutige ID des Benutzers in der Datenbank
`user_pass`	Das Passwort
`user_login`	Der Benutzername
`user_nicename`	Der Nutzername, der in URLs verwendet werden kann
`user_url`	Die URL, die der User in seinen Einstellungen angegeben hat
`user_email`	Die E-Mail-Adresse des Nutzers

Tabelle 16.1 Mögliche Daten, die beim Anlegen und/oder Aktualisieren eines Benutzers angegeben werden können

Parameter	Beschreibung
display_name	Der Name, der angezeigt werden soll. Der Standardwert ist user_login.
nickname	Der Spitzname des Benutzers. Auch hier ist der Standardwert user_login.
last_name	Nachname
first_name	Vorname
description	Selbstbeschreibung des Benutzers
rich_editing	Gibt an, ob der Rich-Text-Editor geladen werden soll. Der Standard ist true. Wird false gesetzt, so wird im Block-Editor nur der Code, nicht jedoch die visuelle Ansicht geladen.
syntax_highlighting	Gibt an, ob der Rich-Code-Editor für den Benutzer aktiviert werden soll (siehe Abbildung 16.9). Der Standardwert ist true.
comment_shortcuts	Gibt an, ob Tastaturkürzel für die Kommentarmoderation für den Benutzer aktiviert werden sollen. Der Standardwert ist false.
admin_color	Das Color-Theme für den Admin-Bereich. Dies kann sich jeder Nutzer im Profil selbst einstellen. Der Standardwert ist fresh.
use_ssl	Gibt an, ob der Nutzer nur verschlüsselt (über https://) auf das Backend zugreifen darf. Der Standardwert ist false.
user_registered	Datum der Registrierung. Das Format ist Y-m-d H:i:s.
user_activation_key	Ein String, der zum Zurücksetzen des Passworts gesetzt wird.
spam	Markiert den Nutzer als Spam. Hat nur Wirkung innerhalb von Multisite-Umgebungen (siehe Kapitel 21). Der Standardwert ist false.
show_admin_bar_front	Gibt an, ob die Admin-Bar auch im Frontend angezeigt werden soll, wenn der Nutzer angemeldet ist. Der Standardwert ist true.

Tabelle 16.1 Mögliche Daten, die beim Anlegen und/oder Aktualisieren eines Benutzers angegeben werden können (Forts.)

Parameter	Beschreibung
`role`	Die Rolle, die dem Nutzer zugewiesen wurde
`locale`	Das Sprachschema des Benutzers. Standardmäßig leer, was bedeutet, dass die Standardsprache der Website genutzt wird.
`meta_input`	Ein Array mit Metawerten (siehe Abschnitt 16.3)

Tabelle 16.1 Mögliche Daten, die beim Anlegen und/oder Aktualisieren eines Benutzers angegeben werden können (Forts.)

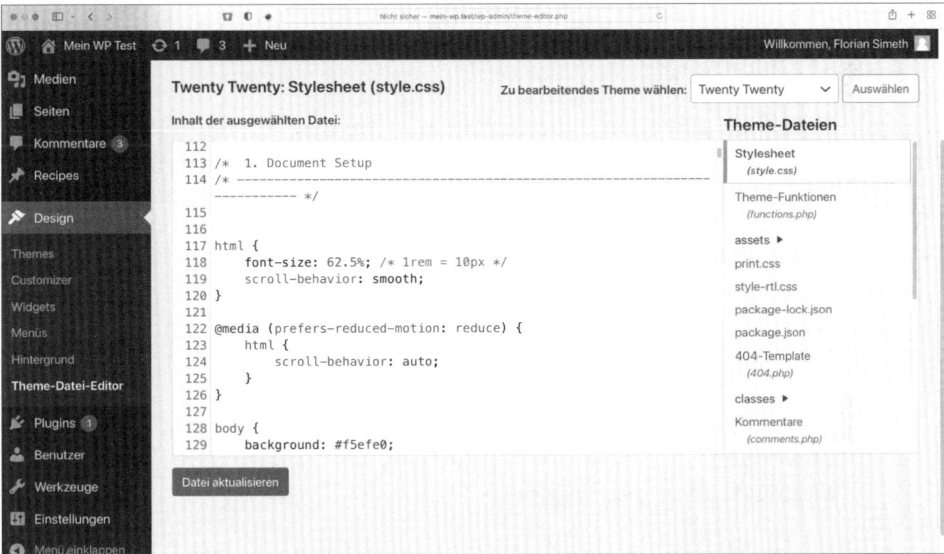

Abbildung 16.9 Ist die Syntaxhervorhebung aktiviert, wird Code beim Bearbeiten farbig dargestellt.

16.2 Rollenverteilung: Rollen und Benutzer-Befugnisse (Capabilities)

Da Sie nun gelernt haben, wie mit reinem PHP-Code Benutzer erstellt und gelesen werden können, widmen wir uns einem weiteren praktischen Beispiel, nämlich dem Rezept-Plugin aus Kapitel 13, »Mit eigenen Inhaltstypen arbeiten«.

Das Plugin in diesem Abschnitt

In diesem Abschnitt entwickeln wir das Rezepte-Plugin weiter. Sie finden es wie gewohnt beim Download-Material.

16.2.1 Befugnisse (Capabilities)

Sie haben in Abschnitt 13.1.1 gelernt, dass das Argument `$capability_type` in `register_post_type()` dazu genutzt werden kann, die Rechte-Strings (die sogenannten *Capabilities*) zu generieren. Standardmäßig stehen sie auf `post`, was dazu führt, dass folgende Rechte erzeugt werden (siehe Tabelle 16.2).

edit_post	edit_posts
edit_others_posts	publish_posts
read_post	read_private_posts
delete_post	delete_posts

Tabelle 16.2 Erzeugte Rechte-Strings mit »post«

Wir wollen dies nun ändern und die Rezepte nur von bestimmten Nutzern bearbeiten lassen. Dazu ergänzen wir das Argument so, wie in Listing 16.13 zu sehen ist:

```
<?php
register_post_type(
    'recipe',
    [
        'public'          => true,
        ...
        'has_archive'     => sanitize_key( __( 'recipes', 'nomnom' ) ),
        'taxonomies'      => [ 'recipe-category' ],
        'capability_type' => 'recipe',
    ]
);
```

Listing 16.13 »capability_type« wird ergänzt.

Nachdem dies geschehen ist, werden die Rechte-Strings anders erzeugt (siehe Tabelle 16.3).

edit_recipe	edit_recipes
edit_others_recipes	publish_recipes
read_recipe	read_private_recipes
delete_recipe	delete_recipes

Tabelle 16.3 Die Rechte-Strings, nachdem »capability_type« ergänzt wurde

Rechte zuteilen

Wenn Sie sich nun ins Backend von WordPress einloggen, sehen Sie den Menüpunkt RECIPES nicht mehr. Das liegt daran, dass keine Rolle existiert, der diese Rechte zugewiesen wurden. Dementsprechend gibt es keinen Benutzer (auch nicht den Administrator), der den Menüpunkt sehen kann.

Um dies zu beheben, installieren wir das Plugin *User Role Editor*[3]. Nach der Aktivierung finden Sie unter BENUTZER den neuen Menüpunkt USER ROLE EDITOR.

Bevor Sie jedoch anfangen, die Rollen zu editieren, besuchen Sie am besten die Seite EINSTELLUNGEN • USER ROLE EDITOR und setzen den Haken bei ADMINISTRATOREN-ROLLE IN USER ROLE EDITOR ANZEIGEN. Nur so können Sie auch die Rolle des Administrators entsprechend bearbeiten. Was Rollen im Detail sind, erkläre ich im folgenden Abschnitt 16.2.2.

Nun besuchen Sie die besagte Einstellungsseite (siehe Abbildung 16.10), wählen im Auswahlfeld ADMINISTRATOR aus und klicken dann in der linken Auflistung auf RECIPES. Anschließend listet das Plugin im rechten Teil des Fensters die gerade erwähnten Benutzerrechte auf. Markieren Sie diese, und klicken Sie auf AKTUALISIEREN. Nach einem Reload der Seite sehen Sie im Menü links wieder den Menüpunkt RECIPES.

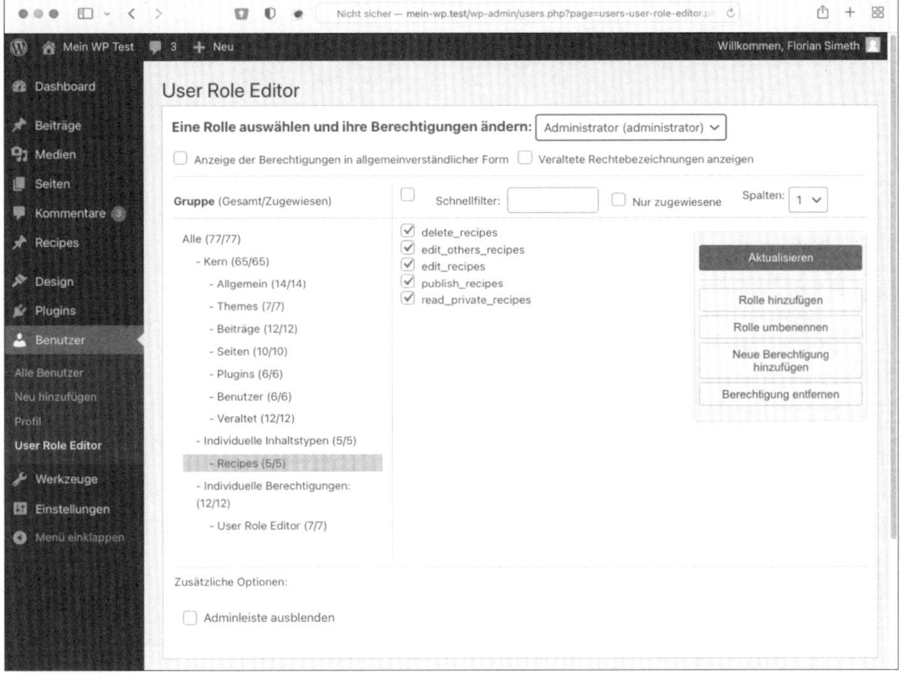

Abbildung 16.10 Der »User Role Editor«

3 Zum kostenlosen Download hier: *https://wordpress.org/plugins/user-role-editor*

Diesen Schritt können Sie nun mit allen Rollen wiederholen, die Rezepte erstellen sollen. Beachten Sie jedoch, dass der User Role Editor möglicherweise nicht alle Befugnisse auflistet. Doch dazu gleich mehr.

Die Befugnisliste

Wenn Sie sich den User Role Editor etwas näher angesehen haben, werden Sie noch viele weitere Privilegien entdeckt haben. In Tabelle 16.4 sind alle Standardrechte von WordPress mit ihren Rollen dargestellt. Ein Pluszeichen bedeutet, dass die jeweilige Rolle dieses Rechte innehat. Ganz unten befinden sich die Fähigkeitsbezeichnungen mit den schwächsten Befugnissen, während sich ganz oben diejenigen befinden, die nur Super-Admins besitzen.

Sie müssen aber nicht Rolle für Rolle durchgehen, um zu sehen, ob die Befugnisse richtig gesetzt wurden. Mit dem erwähnten Plugin lassen sich unter EINSTELLUNGEN • USER ROLE EDITOR • WERKZEUGE alle Rollen auf ihre Default-Werte zurücksetzen.

Ein Super-Admin ist übrigens jemand, der alle Seiten einer Netzwerk-Installation verwalten darf. (Mehr dazu folgt in Kapitel 21.)

Fähigkeitsbezeichnung	Super-Admin	Administrator	Redakteur	Autor	Mitarbeiter	Abonnent
create_sites	+					
delete_sites	+					
manage_network	+					
manage_sites	+					
manage_network_users	+					
manage_network_plugins	+					
manage_network_themes	+					
manage_network_options	+					
upload_plugins	+					
upload_themes	+					

Tabelle 16.4 Rollen und ihre Fähigkeiten (* = Nur »true« bei Einzelseiten. ** = Nur »true« bei Einzelseiten oder bei expliziter Freigabe in einer Multisite-Umgebung.)

Fähigkeitsbezeichnung	Super-Admin	Administrator	Redakteur	Autor	Mitarbeiter	Abonnent
upgrade_network	+					
setup_network	+					
activate_plugins	+	+ **				
create_users	+	+ *				
delete_plugins	+	+ *				
delete_themes	+	+ *				
delete_users	+	+ *				
edit_files	+	+ *				
edit_plugins	+	+ *				
edit_theme_options	+	+				
edit_themes	+	+ *				
edit_users	+	+ *				
export	+	+				
import	+	+				
install_plugins	+	+ *				
install_themes	+	+ *				
list_users	+	+				
manage_options	+	+				
promote_users	+	+				
remove_users	+	+				
switch_themes	+	+				
update_core	+	+ *				

Tabelle 16.4 Rollen und ihre Fähigkeiten (* = Nur »true« bei Einzelseiten. ** = Nur »true« bei Einzelseiten oder bei expliziter Freigabe in einer Multisite-Umgebung.) (Forts.)

Fähigkeitsbezeichnung	Super-Admin	Administrator	Redakteur	Autor	Mitarbeiter	Abonnent
update_plugins	+	+*				
update_themes	+	+*				
edit_dashboard	+	+				
customize	+	+				
delete_site	+	+				
moderate_comments	+	+	+			
manage_categories	+	+	+			
manage_links	+	+	+			
edit_others_posts	+	+	+			
edit_pages	+	+	+			
edit_others_pages	+	+	+			
edit_published_pages	+	+	+			
publish_pages	+	+	+			
delete_pages	+	+	+			
delete_others_pages	+	+	+			
delete_published_pages	+	+	+			
delete_others_posts	+	+	+			
delete_private_posts	+	+	+			
edit_private_posts	+	+	+			
read_private_posts	+	+	+			
delete_private_pages	+	+	+			
edit_private_pages	+	+	+			

Tabelle 16.4 Rollen und ihre Fähigkeiten (* = Nur »true« bei Einzelseiten. ** = Nur »true« bei Einzelseiten oder bei expliziter Freigabe in einer Multisite-Umgebung.) (Forts.)

Fähigkeitsbezeichnung	Super-Admin	Administrator	Redakteur	Autor	Mitarbeiter	Abonnent
read_private_pages	+	+	+			
unfiltered_html	+	+ *	+ *			
unfiltered_html	+	+	+			
edit_published_posts	+	+	+	+		
upload_files	+	+	+	+		
publish_posts	+	+	+	+		
delete_published_posts	+	+	+	+		
edit_posts	+	+	+	+	+	
delete_posts	+	+	+	+	+	
read	+	+	+	+	+	+

Tabelle 16.4 Rollen und ihre Fähigkeiten (* = Nur »true« bei Einzelseiten. ** = Nur »true« bei Einzelseiten oder bei expliziter Freigabe in einer Multisite-Umgebung.) (Forts.)

16.2.2 Rollen

Wenn während `register_post_type()` das Argument `$capability_type` gesetzt wurde, ist es keinem Benutzer mehr möglich, auf die Rezepte zuzugreifen. Wir benötigen also eine Rolle, die das darf. Natürlich wäre das Erstellen ebenjener Rolle auch über das *User Role Editor*-Plugin möglich. Wir wollen die Benutzer des Rezept-Plugins aber nicht dazu zwingen, noch ein separates Plugin zu installieren. Dazu kommt, dass Laien sich mit Benutzerrechten möglicherweise nicht auskennen bzw. sich nicht damit beschäftigen wollen. Die bessere Lösung ist, über das Plugin eine neue Rolle für den Umgang mit Rezepten anzulegen.

Eine Rolle anlegen

Genau zu diesem Zweck existiert in WordPress die Funktion `add_role()` (siehe Listing 16.14):

```
<?php
function add_role(
    string $role,
```

```
    string $display_name,
    bool[] $capabilities = []
): WP_Role|null {
    ...
}
```

Listing 16.14 Funktionsbeschreibung von »add_role()«

Hier gilt:

- `$role` ist der Name der Rolle.
- `$display_name` ist der für Menschen lesbare Titel der Rolle.
- `$capabilities` ist in Array von Befugnissen (aus Tabelle 16.4), die auf `true` gesetzt werden, wenn sie der Rolle zugeordnet werden sollen.

Zurückgegeben wird ein Objekt der Klasse `WP_Role` oder `null`, falls die Rolle bereits existiert.

Wichtig zu wissen ist, dass eine einmal erstellte Rolle dauerhaft gespeichert bleibt. Dies ist auch der Grund, warum sie in Listing 16.15 nur dann erstellt wird, wenn das Plugin aktiviert wird. Da die Funktion `activate_plugin()` bereits existiert, wird der entsprechende Code dort ergänzt.

Beachten Sie, dass das Recht `read` noch hinzugefügt wurde, weil ein Zugriff auf das Backend von WordPress sonst nicht gewährt wird.

```
<?php
function activate_plugin() {
    ...

    $capabilities = [
        'edit_recipe'            => true,
        'read_recipe'            => true,
        'delete_recipe'          => true,
        'edit_recipes'           => true,
        'edit_others_recipes'    => true,
        'delete_recipes'         => true,
        'publish_recipes'        => true,
        'read_private_recipes'   => true,
        'read'                   => true,
    ];

    add_role(
      'recipe_editor',
      __( 'Recipe Editor', 'nomnom' ),
```

```
        $capabilities
    );
}

register_activation_hook(
    FS_NOMNOM_FILE,
    'floriansimeth\nomnom\activate_plugin'
);
```

Listing 16.15 Eine neue Rolle wird während der Aktivierung ergänzt.

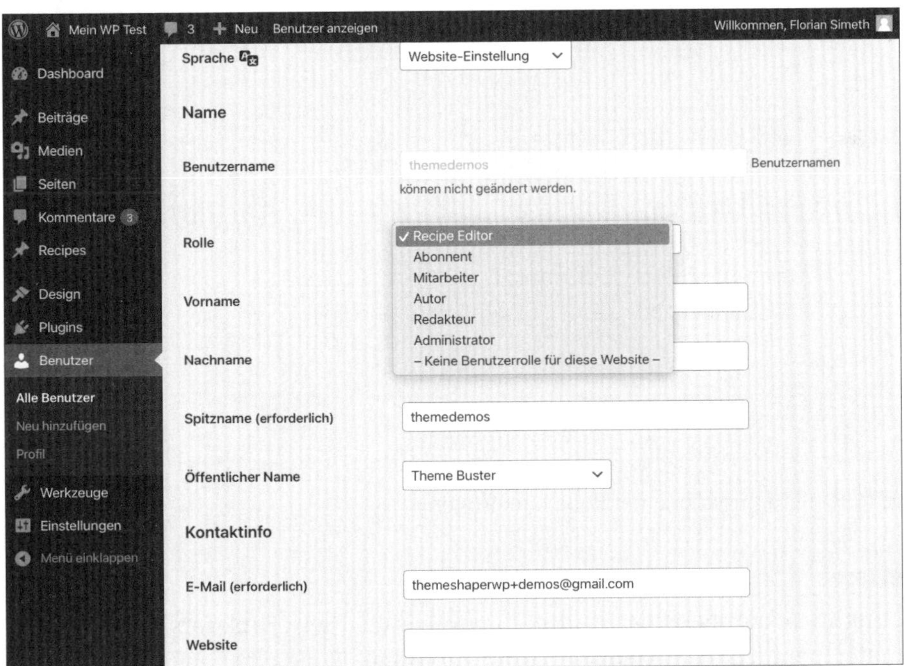

Abbildung 16.11 Die neue Rolle »Recipe Editor« kann ausgewählt werden.

Befugnisse zu bestehenden Rollen hinzufügen

Das Problem, dass der Administrator die Rezepte aber immer noch nicht sehen kann, bleibt jedoch bestehen. Wir müssen diese Rolle also ebenfalls erweitern, wie Listing 16.16 zeigt. Hier kommt die Methode `add_cap()` der Klasse `WP_Role` zum Einsatz. Als erster Parameter wird der Name des Rechts und als zweiter ein boolescher Wert übergeben. `true` bedeutet dabei, dass die Rolle die Befugnis zugewiesen bekommen soll.

```
<?php
function activate_plugin() {
    ...
```

```
    $capabilities = [
        'edit_recipe'           => true,
        'read_recipe'           => true,
        'delete_recipe'         => true,
        'edit_recipes'          => true,
        'edit_others_recipes'   => true,
        'delete_recipes'        => true,
        'publish_recipes'       => true,
        'read_private_recipes'  => true,
        'read'                  => true,
    ];

    ...

    $admin = get_role( 'administrator' );
    if ( $admin ) {
        array_walk(
            $capabilities,
            function ( $bool, $capability ) use ( $admin ) {
                $admin->add_cap( $capability, $bool );
            }
        );
    }
}
```

Listing 16.16 Befugnisse zu einer Rolle hinzufügen

Rollen lesen

In Listing 16.16 kam bereits `get_role()` zum Einsatz. Diese Funktion hat nur einen Parameter, nämlich die Rollenbezeichnung. Wird die Rolle nicht gefunden, gibt sie `null` zurück, ansonsten ein `WP_Role`-Objekt. Die Funktion nutzen wir im Aktivierungs-Hook, um keinen PHP-Fehler zu erzeugen, falls die Rolle noch nicht existiert (siehe Listing 16.17):

```
<?php
function activate_plugin() {
    ...

    if ( null === get_role( 'recipe_editor' ) ) {
        add_role(
            'recipe_editor',
            __( 'Recipe Editor', 'nomnom' ),
            $capabilities
```

```
        );
    }

    ...
}
```

Listing 16.17 Die Rolle wird nur dann ergänzt, falls sie noch nicht existiert.

Rollen löschen

Natürlich muss die Rolle nach Deaktivierung des Plugins wieder entfernt werden. Da noch keine entsprechende Funktion existiert, wird sie im Plugin ergänzt, wie Listing 16.18 zeigt:

```
<?php
register_deactivation_hook(
    FS_NOMNOM_FILE,
    'floriansimeth\nomnom\deactivate_plugin'
);

function deactivate_plugin() {
    flush_rewrite_rules();

    remove_role( 'recipe_editor' );

    $capabilities = [
        'edit_recipe',
        'read_recipe',
        'delete_recipe',
        'edit_recipes',
        'edit_others_recipes',
        'delete_recipes',
        'publish_recipes',
        'read_private_recipes',
    ];

    $admin = get_role( 'administrator' );

    if ( $admin ) {
        array_walk(
            $capabilities,
            function ( $capability ) use ( $admin ) {
                $admin->remove_cap( $capability );
            }
```

```
        );
    }
}
```

Listing 16.18 Beim Deaktivieren des Plugins werden die Rechte wieder entzogen.

`remove_role()` erwartet dabei nur den Namen der registrierten Rolle. Einen Rückgabewert gibt es nicht. Zusätzlich werden die Befugnisse des Administrators entfernt. Hier kommt `remove_cap()` zum Einsatz. Beachten Sie, dass die Befugnis `read` nicht entfernt wird. Sonst könnte der Admin nicht mehr auf das Dashboard zugreifen.

Wird das Plugin aktiviert, sehen Sie als Administrator sofort den Menüpunkt RECIPES.

16.2.3 Komplexere Befugnisse

Wenn Sie Benutzerrechte noch granularer, das heißt auf Objektebene, einstellen möchten, stellen Sie das Argument `$map_meta_cap` auf `true`, während Sie den benutzerdefinierten Artikeltyps, wie Listing 16.19 zeigt, erstellen.

```
<?php
register_post_type(
    'recipe',
    [
        'public'        => true,
        'labels'        => [
            'name'      => __( 'Recipes', 'nomnom' ),
            ...
        ],
        ...
        'capability_type' => 'recipe',
        'map_meta_cap' => true,
    ]
);
```

Listing 16.19 Die Befugnisse werden manuell erstellt.

Dies führt dazu, dass WordPress die nachfolgenden Befugnisse erstellt oder aktiv nutzt:

- `read`
- `delete_private_recipes`
- `delete_published_recipes`
- `delete_others_recipes`

- `edit_private_recipes`
- `edit_published_recipes`

Nachdem `$map_meta_cap` eingeschaltet wurde, können Sie im Jetzt-Zustand des Plugins keine Rezepte mehr bearbeiten, wie Abbildung 16.12 zeigt. Es ist lediglich möglich, sie anzuschauen.

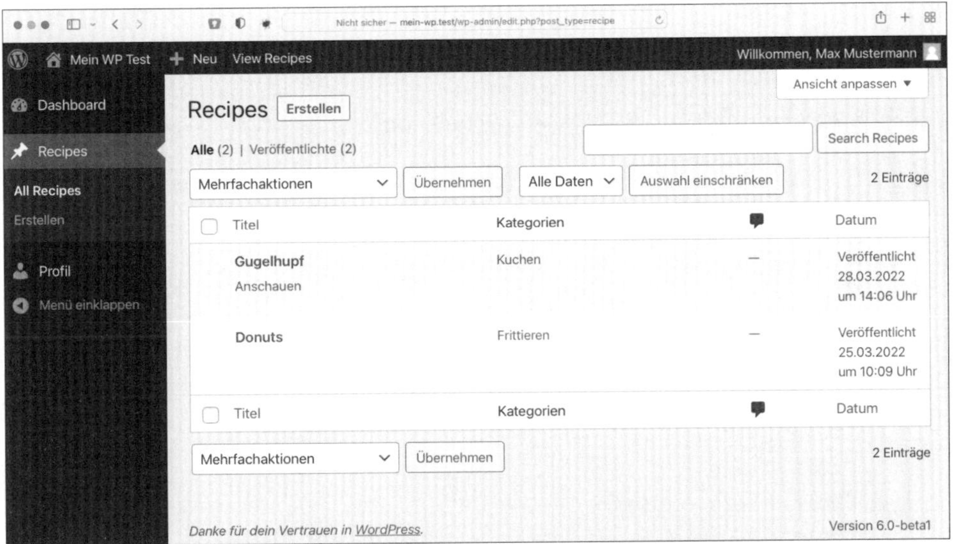

Abbildung 16.12 Das Bearbeiten von Rezepten ist nicht mehr möglich.

Sie müssen während des Aktivierungsvorgangs des Plugins die neuen Rechte ergänzen (siehe Listing 16.20) und bei einer Deaktivierung entfernen (siehe Listing 16.21). Nach erfolgter Deaktivierung und Aktivierung des Plugins haben Administratoren und Benutzer mit der Rolle *Recipe Editor* nun wieder *alle* Rechte.

```
<?php
function activate_plugin() {
    ...

    $capabilities = [
        'edit_recipe'            => true,
        'read_recipe'            => true,
        'delete_recipe'          => true,
        'edit_recipes'           => true,
        'edit_others_recipes'    => true,
        'delete_recipes'         => true,
        'publish_recipes'        => true,
        'read_private_recipes'   => true,
        'read'                   => true,
```

```
        'delete_private_recipes'   => true,
        'delete_published_recipes' => true,
        'delete_others_recipes'    => true,
        'edit_private_recipes'     => true,
        'edit_published_recipes'   => true,
    ];

    ...
}
```

Listing 16.20 Ausschnitt aus der Aktivierungsfunktion

```
<?php
function deactivate_plugin() {
    ...

    $capabilities = [
        'edit_recipe',
        'read_recipe',
        'delete_recipe',
        'edit_recipes',
        'edit_others_recipes',
        'delete_recipes',
        'publish_recipes',
        'read_private_recipes',
        'delete_private_recipes',
        'delete_published_recipes',
        'delete_others_recipes',
        'edit_private_recipes',
        'edit_published_recipes',
    ];

    ...
}
```

Listing 16.21 Ausschnitt aus der Deaktivierungsfunktion

Das Argument `$map_meta_cap` führt dazu, dass Rechte-Checks auf Objektebene stattfinden. Das bedeutet, dass nun viel genauer eingestellt werden kann, wer was darf. Sehen Sie sich dazu den Code aus Listing 16.22 an. Dort wird eine weitere Rolle, *Recipe Creator*, angelegt:

```
<?php
if ( null === get_role( 'recipe_creator' ) ) {
```

```
    add_role(
        'recipe_creator',
        __( 'Recipe Creator', 'nomnom' ),
        [
            'edit_recipe'               => true,
            'read_recipe'               => true,
            'delete_recipe'             => true,
            'edit_recipes'              => true,
            'edit_others_recipes'       => false,
            'delete_recipes'            => true,
            'publish_recipes'           => false,
            'read_private_recipes'      => false,
            'read'                      => true,
            'delete_private_recipes'    => false,
            'delete_published_recipes'  => false,
            'delete_others_recipes'     => false,
            'edit_private_recipes'      => false,
            'edit_published_recipes'    => false,
        ]
    );
}
```


Listing 16.22 Eine neue Rolle wird erstellt.

Wie Sie sehen, darf ein Benutzer mit dieser Rolle Rezepte lesen, erstellen und auch löschen – jedoch nur seine eigenen und nicht die Rezepte der anderen. Auch das Veröffentlichen ist nicht mehr möglich. Auf dem Bildschirm erscheint stattdessen ZUR VERÖFFENTLICHUNG EINREICHEN, wie Abbildung 16.13 im rechten Teil des Fensters zeigt.

Abbildung 16.13 Benutzer mit der Rolle »Recipe Creator« können Rezepte zur Überprüfung einreichen.

Das Veröffentlichen kann beispielsweise ein Benutzer mit der Rolle *Recipe Editor* übernehmen.

16.2.4 Eigene Befugnisse erstellen und prüfen

Möglicherweise möchten Sie nicht nur das Bearbeiten von Beiträgen einschränken, sondern auch andere Bereiche von WordPress oder eigene Inhalte, die Sie erstellt haben, zum Beispiel Einstellungsseiten. Sie können jederzeit im Code eigene Befugnis-Bezeichnungen »erfinden«, wie Listing 16.23 zeigt. Dort sehen Sie einen Ausschnitt aus der `Settings`-Klasse des *Hello Options*-Plugins aus Kapitel 4. Sie dürfen nur nicht vergessen, bestimmten Rollen diese Rechte mitzugeben. Wie das geht, habe ich in diesem Abschnitt (beginnend mit Abschnitt 16.2.1) im Detail beschrieben.

```
<?php
namespace floriansimeth\hello_option;

class Settings {

    public function init() {
        add_action( 'admin_menu', [ $this, 'admin_menu' ] );
    }

    public function admin_menu() {
        add_submenu_page(
            'options-general.php',
            'Hello Options',
            'Hello Options',
            'manage_hello_options_settings',
            'hello-options',
            [ $this, 'render_hello_options_page' ]
        );
    }

    function render_hello_options_page() {
        ...
    }
}
```

Listing 16.23 Ausschnitt aus der »Settings«-Klasse des »Hello Options«-Plugins

16.2.5 Rechte-Checks

Was Ihnen jedoch nun noch fehlt, ist das Handwerkzeug, mit dem sich diese Rechte-Checks vornehmen lassen. Denn bisher hat WordPress innerhalb des Kerns die Rechte für Sie geprüft.

Listing 16.24 zeigt die Funktionen, die Sie dafür nutzen können. Sie sind fast immer gleich aufgebaut und erwarten die Angabe eines Benutzers und einer Rechtebezeichnung. Dazu können weitere Daten mit dem `$args`-Parameter übergeben werden, falls dies nötig ist.

```
<?php
function current_user_can(
    string $capability,
    mixed ...$args
): bool { ... }

function user_can(
    int|WP_User $user,
    string $capability,
    mixed ...$args
): bool { ... }

function author_can(
    int|WP_Post $post,
    string $capability,
    mixed ...$args
): bool { ... }

function map_meta_cap(
    string $cap,
    int $user_id,
    mixed ...$args
): string[] { ... }
```

Listing 16.24 Funktionen für Rechte-Checks

Zurückgegeben wird `true`, wenn der Benutzer das Recht hat, eine Aktion durchzuführen. Lediglich `map_meta_cap()` funktioniert etwas anders. Sie gibt nicht etwa einen booleschen Wert, sondern ein Array mit Rechtebezeichnungen zurück. Diese können dann zum Beispiel von `current_user_can()` genutzt werden. Der Grund ist, dass der Rechte-Check sozusagen von hinten durchgeführt wird. Das heißt, dass nicht geprüft wird, ob ein Benutzer eine bestimmte Befugnis hat, sondern ob ihm das Objekt den Zugriff gewährt.

Es gibt zum Beispiel den Fall, dass mehrere Autoren das Recht haben, Artikel zu bearbeiten. Aber Autor A darf den Artikel von Autor B nicht bearbeiten und umgekehrt. Wenn also ein Autor den Artikel des anderen bearbeiten möchte, wird `map_meta_cap()` verwendet. Diese Funktion »mappt« die zurückgegebenen Rechte des Objekts auf die tatsächlichen Fähigkeiten, die dann zum Beispiel mit `current_user_can()` überprüft werden können.

Wenn Sie durch den Action-Hook `save_post` eine Funktion einhängen (siehe Listing 16.25) und die Rückgabe von `map_meta_cap()` auffangen, erhalten Sie als Benutzer A die Ausgabe aus Listing 16.26, wenn Sie einen selbst erstellten Beitrag aktualisieren.

```
<?php
add_action( 'save_post', function () {

    var_dump( map_meta_cap( 'edit_post', get_current_user_id() ) );
    die();

} );
```

Listing 16.25 »map_meta_cap()« wird während des Speicherns aufgerufen.

```
array(1) {
    [0]=> string(20) "edit_published_posts"
}
```

Listing 16.26 Rechte-String für Benutzer A

Soll der gleiche Beitrag als Benutzer B bearbeitet werden, werden die Rechte-Strings aus Listing 16.27 zurückgegeben. Sie sehen, dass im zweiten Fall der Benutzer die Privilegien `edit_others_posts` *und* `edit_published_posts` haben *muss*:

```
array(2) {
    [0]=> string(17) "edit_others_posts"
    [1]=> string(20) "edit_published_posts"
}
```

Listing 16.27 Rechte-Strings für Benutzer B

Zahlreiche Beispiele, speziell bei der Verwendung von `current_user_can()`, finden Sie in Abschnitt 7.1, »WordPress-Projekte absichern«.

16.3 Daten zu Benutzern speichern: Die Metadata-API

Wie Sie gesehen haben, hat ein Rechte-Check immer auch etwas mit dem Benutzer zu tun. WordPress speichert aber noch viele weitere Daten als nur die Rolle zu einem User ab.

Abbildung 16.14 zeigt das Formular zum Editieren des eigenen Profils.

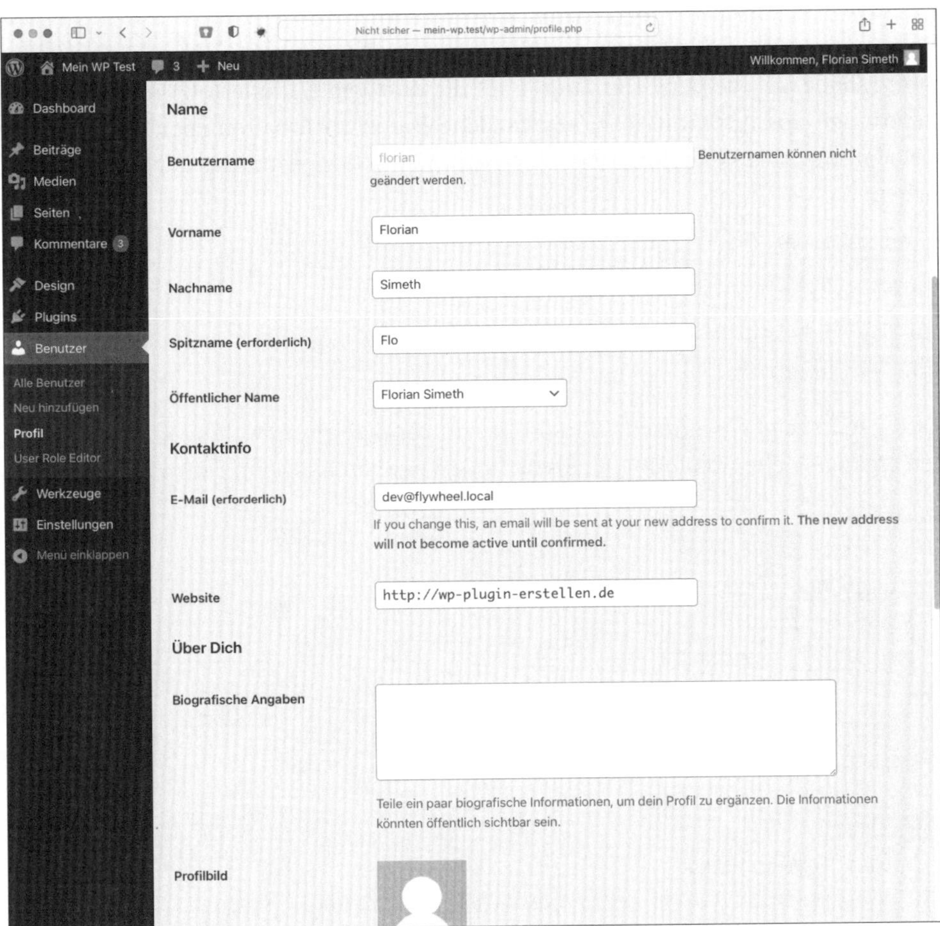

Abbildung 16.14 Benutzer-Metadaten im Profil

Dabei werden jedoch nur folgende Daten in die Datenbank-Tabelle `wp_users` gespeichert (siehe Tabelle 16.5).

ID	user_login
user_pass	user_nicename

Tabelle 16.5 Daten, die WordPress für User abspeichert

user_email	user_url
user_registered	user_activation_key
user_status	display_name

Tabelle 16.5 Daten, die WordPress für User abspeichert (Forts.)

Weitere Daten kann die Tabelle nicht aufnehmen. Dafür existiert eine weitere Datenbank-Tabelle: wp_usermeta. Der Zugriff auf die dortigen Daten erfolgt mit den Meta-Funktionen aus Abschnitt 13.4, »Zusätzliche Daten zu Inhalten speichern mit der Metadaten-API«. Es existieren jedoch Wrapper-Funktionen, die das Zugreifen vereinfachen:

- get_user_meta()
- update_user_meta()
- add_user_meta()
- delete_user_meta()

Listing 16.28 zeigt ein einfaches Plugin, das im Benutzerprofil weitere Kontaktmethoden ergänzt (siehe Abbildung 16.15). Sie finden es ebenfalls beim Download-Material.

```
<?php
/**
 * Plugin Name:  Social Media Fields
 * Version: 0.1.0
 * Author: floriansimeth
 */

namespace floriansimeth\social_media_fields;

add_filter(
    'user_contactmethods',
    'floriansimeth\social_media_fields\add_social_media_fields',
    10
);

function add_social_media_fields( array $methods ) {
    return array_merge(
        $methods,
        get_social_media_fields()
    );
}
```

```
function get_social_media_fields(): array {
    return [
        'twitter'  => __( 'Twitter', 'smf' ),
        'facebook' => __( 'Facebook', 'smf' ),
        'youtube'  => __( 'YouTube', 'smf' )
    ];
}
```

Listing 16.28 Beispiel-Plugin, das zusätzliche Felder für soziale Netzwerke ergänzt

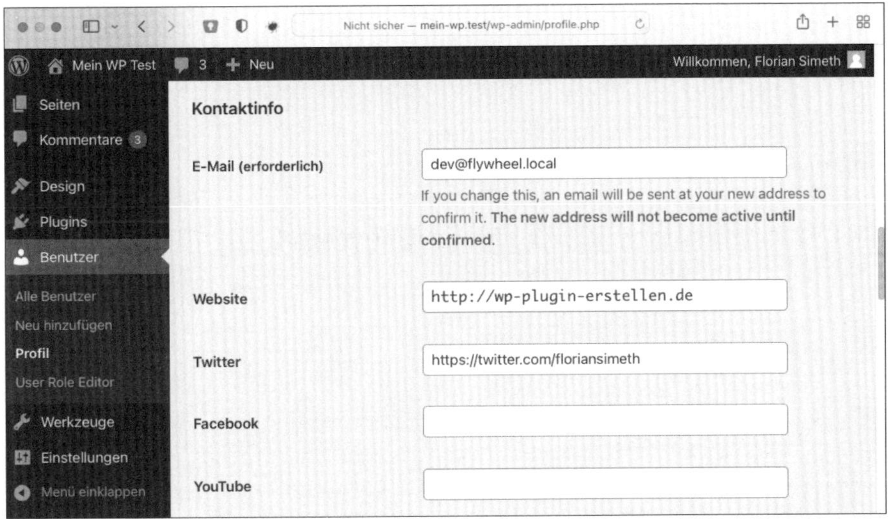

Abbildung 16.15 Die Felder für Links zu Twitter, Facebook und YouTube wurden ergänzt.

Die dafür nötigen Daten werden von WordPress in der Meta-Datenbank-Tabelle für Benutzer abgespeichert (siehe Abbildung 16.16).

☐ Ändern	umeta_id	user_id	meta_key	meta_value
☐ bearbeiten	74	1	youtube	
☐ bearbeiten	73	1	facebook	
☐ bearbeiten	72	1	twitter	https://twitter.com/floriansimeth

Abbildung 16.16 Neue Meta-Felder in der »wp_usermeta«-Tabelle

Zum Anzeigen der Daten im Frontend kommt der Filter `get_the_author_description` zum Einsatz, wie Listing 16.29 veranschaulicht. Abbildung 16.17 zeigt die Autor-Seite (*http://mein-wp.test/author/florian/*) mit der Autorenbeschreibung und den ergänzten Links.

```
<?php

add_filter(
    'get_the_author_description',
    'floriansimeth\social_media_fields\print_social_media_fields',
    10,
    2
);

function print_social_media_fields( string $desc, int $user_id ): string {
    if ( ! is_author() ) {
        return $desc;
    }

    $platforms = array_map(
        function ( $label, $platform ) use ( $user_id ) {
            $url = sanitize_url( (string) get_user_meta(
                $user_id,
                $platform,
                true
            ) );

            if ( empty( $url ) ) {
                return '';
            }

            return sprintf(
                '<a href="%s" target="_blank">%s</a>',
                esc_url( $url ),
                esc_html( $label )
            );
        },
        get_social_media_fields(),
        array_keys( get_social_media_fields() )
    );

    # Filter empty array elements
    $platforms = array_filter( $platforms );

    if ( count( $platforms ) <= 0 ) {
        return $desc;
    }
```

```
    $p = sprintf(
        __( 'I am also on: %s', 'smf' ),
        implode( ' &middot; ', $platforms )
    );

    return $desc . '<p>' . $p . '</p>';
}
```

Listing 16.29 Die Funktion zur Anzeige der Social-Media-Links

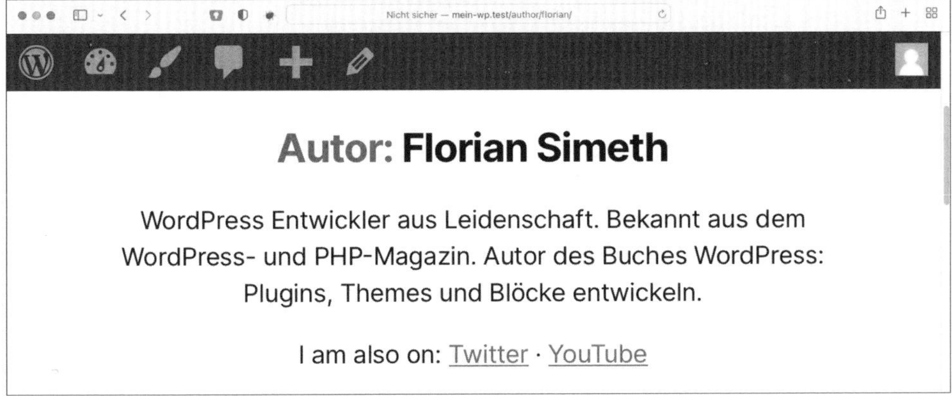

Abbildung 16.17 Die Social-Media-Links wurden angehängt.

Es gibt jedoch noch weitere alternative Methoden, wie Metadaten von Benutzern abgerufen werden können. Die Funktion `get_the_author_meta()` ist eine davon. Sie kann im Loop benutzt werden. Sie lädt das `WP_User`-Objekt des Autors und greift dann auf die Metadaten zu. Listing 16.30 zeigt anhand des Social-Media-Plugins, wie das geht. Das Benutzer-Objekt wird mit `get_userdata()` geladen. Über die Methode `get()` kann dann das Meta-Feld abgerufen werden.

```
<?php
function print_social_media_fields( string $desc, int $user_id ): string {
    if ( ! is_author() ) {
        return $desc;
    }

    $user = get_userdata( $user_id );

    if ( ! $user ) {
        return $desc;
    }
```

```
    $platforms = array_map(
        function ( $label, $platform ) use ( $user ) {
            $url = sanitize_url( $user->get( $platform ) );

            if ( empty( $url ) ) {
                return '';
            }

            ...
        },
        get_social_media_fields(),
        array_keys( get_social_media_fields() )
    );

    ...

    return $desc . '<p>' . $p . '</p>';
}
```

Listing 16.30 Alternatives Abrufen der Benutzer-Metadaten

Speziell das Rechte-Management ist in WordPress das Sicherheitsthema Nummer eins. Denn ohne die entsprechenden Rechte-Checks werden einem Hacker möglicherweise Tür und Tor geöffnet. Aber die Sicherheit war nur ein Teilthema in diesem Kapitel. Sie haben auch gelernt, wie neue Rollen und Befugnisse erstellt werden und wie mit ihnen gearbeitet wird. Am Ende bin ich darauf eingegangen, wie Benutzerdaten in der Datenbank landen. Und mit dem Schlüsselwort »Datenbank« sind wir schon beim nächsten großen Thema angekommen. Denn genau darum geht es im folgenden Kapitel.

Kapitel 17
Zugriff auf die Datenbank

Alle Inhalte (mit Ausnahme der hochgeladenen Dateien) liegen bei WordPress in einer Datenbank. Daher ist eine Verbindung zu ihr unglaublich wichtig. Ohne bestehende Verbindung können Inhalte weder gespeichert noch gelesen werden.

Obgleich die Datenbank sehr wichtig ist, existiert in WordPress keine direkte »Database-API«, denn alle Abfragen laufen über die globale Variable `$wpdb`. Dabei handelt es sich um eine Instanz der Klasse `wpdb`.

Es gibt noch weitere Klassen, die alle auf `$wpdb` aufbauen, `WP_Query` zum Beispiel. Aber auf diese werde ich noch in Abschnitt 17.3 genauer eingehen. Es hat einen sehr großen Vorteil, dass alles aufeinander aufbaut: Die Datenbank kann äußerst einfach ausgetauscht werden. Standardmäßig unterstützt WordPress MySQL ab Version 5.7 *oder* MariaDB ab Version 10.2. Durch den leicht austauschbaren Unterbau können jedoch auch andere Datenbanken zum Einsatz kommen, zum Beispiel PostgreSQL[1]. Dafür muss nur eine Datei namens *db.php* in das */wp-content/*-Verzeichnis gelegt werden, die dann die globale Variable `$wpdb` überschreibt. Fertig! Na ja, fast. Denn natürlich muss die neue Datenbank-Klasse die gleichen Methoden wie die `wpdb`-Klasse implementieren. Welche das sind, werden Sie ebenfalls in diesem Kapitel lernen. Fangen wir aber erst einmal von vorne an: beim Verbindungsaufbau.

17

17.1 Eigene Datenbank-Verbindungen

Da Datenbank-Verbindungen allgegenwärtig sind, möchte ich Ihnen nicht vorenthalten, wie weitere Instanzen der `wpdb`-Klasse angelegt werden können.

17.1.1 Eine Datenbank-Verbindung aufbauen

Eine neue Verbindung zu einer Datenbank wird mit der Konstruktor-Methode der Klasse `wpdb` aufgebaut. Listing 17.1 zeigt den wesentlichen Ausschnitt und danach, wie WordPress das `$wpdb`-Objekt instanziiert. Die Variablen `$dbuser`, `$dbpassword`, `$dbname` und `$dbhost` werden aus der *wp-config.php*-Datei geladen. Dort sind die gleichnami-

1 Ein WordPress-Plugin gibt es hier zum Download: ***https://wordpress.org/plugins/wppg/***

gen Konstanten hinterlegt. Mehr dazu lesen Sie in Abschnitt 1.1.3, »Den Datenbank-Zugang einrichten«, und Abschnitt 1.1.4, »Die 5-Minuten-Installation«. Dort erfahren Sie auch, wie Sie mit speziellen Konfigurationen umgehen müssen, zum Beispiel wenn die Verbindung über eine Socket-Datei aufgebaut werden soll.

```
<?php
class wpdb {
    ...
    public function __construct(
        string $dbuser,
        string $dbpassword,
        string $dbname,
        string $dbhost
    ): void {
        ...
        $this->db_connect();
    }
    ...
}

$wpdb = new wpdb( $dbuser, $dbpassword, $dbname, $dbhost );
```

Listing 17.1 Ausschnitt aus der »wpdb«-Klasse und (ganz unten) deren Aufruf

Tatsächlich müssen Sie keine Verbindung zur Datenbank manuell aufbauen. Denn WordPress macht das in einem sehr frühen Stadium selbst, und zwar noch bevor Plugins geladen werden. Die Datenbank-Verbindung liegt also bereits vor, wenn Sie in Ihrem Theme, Plugin oder Block mit ihr arbeiten möchten.

17.1.2 Eine Datenbank auswählen

Dazu wird dann auch gleich die Datenbank ausgewählt (siehe Listing 17.2). Dies geschieht in der `db_connect()`-Methode, die bereits im Konstruktor aufgerufen wird (siehe Listing 17.1). Natürlich wird auch der entsprechende Datenbank-Name in *wp-config.php* hinterlegt.

```
<?php
class wpdb {
    ...
    public function select(
        string $db,
        ressource $dbh = null
```

```
    ): void {
    }    ...
}
```

Listing 17.2 Methode zum Auswählen einer Datenbank

17.1.3 Verbindung schließen oder neu aufbauen

Keine Frage: Datenbank-Verbindungen müssen wieder geschlossen werden. Folglich existiert auch eine `close()`-Methode, die WordPress tatsächlich nie aufruft. Der Grund ist, dass die Datenbank-Verbindung am Ende eines Skripts automatisch beendet wird. Die Methode ist also nur dann wichtig, wenn die Verbindung explizit getrennt oder anschließend erneut aufgebaut werden soll.

Die Methode `check_connection()` kann benutzt werden, um zu prüfen, ob die Verbindung noch besteht. Dies ist etwa dann wichtig, wenn ein CLI-Skript sehr lange läuft und die Datenbank-Verbindung sich in der Zwischenzeit automatisch schließt. Die Verbindung wird selbstverständlich neu aufgebaut, falls WordPress merkt, dass sie nicht mehr besteht.

17.2 Benutzerdefinierte Tabellen

Sie haben in den vorangegangenen Kapiteln gelernt, dass sehr einfach Daten überall abgespeichert werden können, zum Beispiel in der `wp_options`-Datenbank-Tabelle oder in Form von Metadaten bei Benutzern, bei Termen oder Posts. Es gibt jedoch Fälle, in denen es besser wäre, eigene Datenbank-Tabellen zu integrieren. Im Folgenden werden wir zusammen ein einfaches Bewertungs-Plugin entwickeln, das Ihnen die einzelnen Klassen, Methoden und Funktionen, die WordPress bereitstellt, näherbringen wird. Das vollständige Plugin finden Sie wie immer beim Download-Material.

17.2.1 Lieber nachfragen: Eine Datenbank-Tabelle installieren

In Abschnitt 4.2.2, »Die Aktivierungs- und Deaktivierungsfunktionen nutzen«, habe ich in einem Kasten schon einmal darauf aufmerksam gemacht, dass es eine ungünstige Idee ist, während der Aktivierung eines Plugins eine Datenbank-Tabelle zu installieren. Aus diesem Grund wollen wir im Folgenden eine Meldung anzeigen, die den Benutzer darauf hinweist, dass eine neue Tabelle eingerichtet wird.

Natürlich wird wieder eine Stammdatei benötigt. Ich nenne das Plugin *Easy Rating*. Folglich erstelle ich die Datei */wp-content/plugins/easy-rating/easy-rating.php*. Den Inhalt sehen Sie in Listing 17.3:

```
<?php
/**
 * Plugin Name:       Easy Rating
 * Description:       An easy rating plugin.*
 * ...
 * @package           floriansimeth
 */

define( 'FS_ES_RATING_FILE', __FILE__ );

if ( is_admin() ) {
    require_once __DIR__ . '/includes/admin.php';
}
```

Listing 17.3 Stammdatei des »Easy Rating«-Plugins

Viel interessanter ist jedoch die Datei */includes/admin.php*, die nur dann eingebunden wird, wenn wir uns im Backend von WordPress befinden. Listing 17.4 zeigt den ersten Teil, der mithilfe des `admin_notices`-Hooks die Frage einblendet, ob die Installation der Tabelle durchgeführt werden soll (siehe Abbildung 17.1):

```
<?php

namespace floriansimeth\easy_rating;

add_action(
    'admin_notices',
    'floriansimeth\easy_rating\check_db_availability'
);

function check_db_availability(): void {
    $db_installed = bool_from_yn( get_option( 'fs_er_db_installed', 'n' ) );

    if ( $db_installed ) {
        return;
    }

    printf(
        '<div class="notice notice-info notice-alt"><p>%s '
            .'<a href="%s" class="button">%s</a></p></div>',
        __( 'The Easy Rating Plugin .... Should this be done now?', 'fs-er' ),
        esc_url( wp_nonce_url(
            admin_url( '?action=fs_er_install_db' ),
            'fs_er_install_db'
```

```
        ) ),
        __( 'Yes', 'fs-er' )
    );
}
```

Listing 17.4 Die Funktion fragt nach.

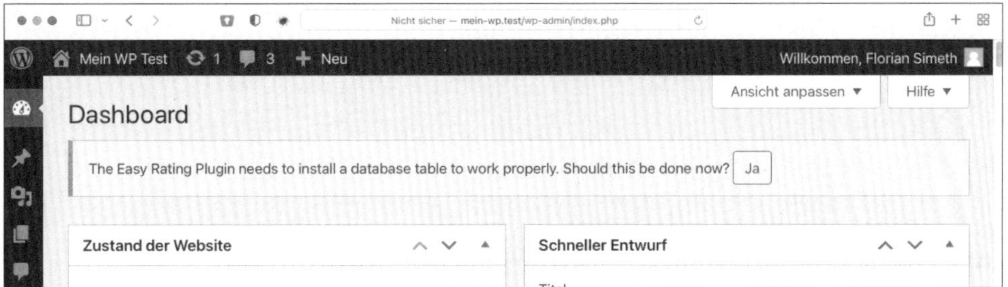

Abbildung 17.1 Es wird nachgefragt: Soll die Tabelle installiert werden?

Zuvor wird jedoch geprüft, ob die Datenbank-Tabelle nicht schon installiert wurde. Dies geschieht durch Laden der Option `fs_er_db_installed` durch `get_option()`. Natürlich könnten Sie hier auch eine Datenbank-Abfrage veranlassen, die auf das tatsächliche Vorhandensein prüft. Dies würde aber mit jedem Page-Request im Backend eine Datenbank-Abfrage starten. Dies lässt sich umgehen, wenn mit `get_option()` gearbeitet wird. Denn `add_option()` und `update_option()` haben einen Parameter, der den Wert automatisch lädt. Doch dazu folgt mehr in Abschnitt 17.2.2.

Ein simpler JA-Button wird mit einer URL belegt, die einen Action-Hook enthält (im Listing hervorgehoben). Diesen benötigen wir, um im nächsten Schritt (Listing 17.5) eine Funktion zum Action-Hook mit ebendiesem String zu registrieren. Die hinterlegte Funktion wird nur dann aufgerufen, wenn der Button angeklickt wurde.

```
<?php

add_action(
    'admin_action_fs_er_install_db',
    'floriansimeth\easy_rating\install_db'
);

function install_db() {
    if ( ! check_admin_referer( 'fs_er_install_db' ) ) {
        wp_die( __( 'Sorry, you\'re not allowed to do this.', 'fs-er' ) );
    }
}
```

Listing 17.5 Action-Hook, der nur bei einem Klick auf den Button ausgeführt wird

Danach erfolgt der Nonce-Check durch `check_admin_referer()`. Ist der Rückgabewert positiv, geht es weiter im Code. Wir benutzen eine geniale Funktion, die WordPress immer dann nutzt, wenn ein Datenbank-Update erforderlich ist – wenn sich also an der Struktur einer Datenbank-Tabelle etwas geändert hat. Diese Funktion heißt `dbDelta()` (siehe Listing 17.6):

```
<?php
function dbDelta(
    string|string[]$queries = '',
    bool $execute = true
): array {
    ...
}
```

Listing 17.6 Funktionsbeschreibung von »dbDelta()«

Hier gilt:

- `$queries` ist eine SQL-Anweisung oder eine Reihe von SQL-Anweisungen.
- `$execute` weist die Funktion an, die SQL-Anweisungen direkt durchzuführen.

Zurückgegeben wird ein Array mit Beschreibungen, die darlegen, was geändert wurde. Wird `$execute` auf `false` gesetzt, werden die Befehle nicht ausgeführt; wir erhalten jedoch die entsprechenden Schilderungen zurück.

Um zu sehen, wie die Funktion arbeitet, geht es weiter im Code. Listing 17.7 zeigt Folgendes:

1. Da `dbDelta()` nur während eines Core-Updates zur Verfügung steht, muss die entsprechende Datei in PHP eingebunden werden.
2. Mit dem `global`-Schlüsselwort wird `$wpdb` in den Namensraum der Funktion geladen.
3. Danach wird der neue Tabellenname zusammengesetzt. Dazu können Sie auf das vom Benutzer in der *wp-config.php* festgelegte Präfix zurückgreifen.
4. Am Ende wird die SQL-Abfrage erstellt und an `dbDelta()` übergeben.

```
<?php
function install_db() {
    ...

    # Schritt 1
    if ( ! function_exists( '\dbDelta' ) ) {
        require ABSPATH . 'wp-admin/includes/upgrade.php';
    }
```

```
    # Schritt 2
    global $wpdb;

    # Schritt 3
    $table_name = $wpdb->prefix . 'es_ratings';

    # Schritt 4
    $sql = sprintf(
        "

        CREATE TABLE `%s` (
            `id` serial,
            `post_id` bigint unsigned NOT NULL,
            `rating` decimal(1,0) NOT NULL,
            `rated` datetime NOT NULL
        ) %s;

        ",
        $table_name,
        $wpdb->get_charset_collate()
    );

    dbDelta( $sql );
}
```

Listing 17.7 Eine Datenbank-Abfrage wird an »dbDelta()« übergeben.

Beachten Sie, dass die Abfrage beispielsweise kein `IF NOT EXISTS` enthält (siehe das Beispiel in Listing 17.8). Es ist eine gängige Vorgehensweise, die SQL-Anweisung so zu schreiben, sollte der Code ein zweites Mal getriggert werden. Wer `dbDelta()` nutzt, muss sich jedoch nicht explizit um solche Dinge kümmern. Denn sie überprüft unter anderem, ob die Tabelle schon besteht, und erstellt diese dann nicht neu, sondern führt nur die Änderungen aus, weil zuvor ein Vergleich stattfindet.

```
CREATE TABLE `%s` IF NOT EXISTS (
    `id` serial,
    `post_id` bigint unsigned NOT NULL,
    `rating` decimal(1,0) NOT NULL,
    `rated` datetime NOT NULL
) %s;
```

Listing 17.8 Alternative SQL-Syntax

17.2.2 Eine einzelne Variable lesen

Die Funktion install_db() ist noch nicht fertig. Zum Schluss sollte geprüft werden, ob die Datenbank-Tabelle tatsächlich erstellt wurde. Hier kommt die Methode get_var() der Klasse wpdb zum Einsatz (siehe Listing 17.9). Sie gibt *eine* Variable aus der SQL-Abfrage zurück (oder null, falls nichts gefunden wurde). $query ist die eigentliche Datenbank-Abfrage. Durch die Parameter $x und $y kann, wie in einem Koordinatensystem, explizit ein Wert aus einer komplexeren Abfrage herausgezogen werden. Beachten Sie, dass die Zahlen in $x und $y bei 0 beginnen. Sehen wir uns dazu ein kleines Beispiel an:

```
<?php
public function get_var(
    $query = null,
    $x = 0,
    $y = 0
): string|null {
    ...
}
```

Listing 17.9 Methodenbeschreibung von »get_var()«

Sehen Sie sich den Code aus Listing 17.10 an. Die Variable $mail wird themereviewteam@gmail.com erhalten, wenn der Inhalt aus Tabelle 17.1 zugrunde gelegt wird.

```
<?php
global $wpdb;

$mail = $wpdb->get_var(
    "SELECT ID, user_login, user_email FROM {$wpdb->users} LIMIT 3",
    2,
    2
);
```

Listing 17.10 Beispiel-Code für die Methode »get_var()«

ID	user_login	user_email
1	florian	dev@flywheel.local
2	themedemos	themeshaperwp+demos@gmail.com
3	themereviewteam	themereviewteam@gmail.com

Tabelle 17.1 Beispieldaten aus der Datenbank

Die Abfrage aus Listing 17.11 wird jedoch nur einen Wert zurückgeben. Deswegen ist die Angabe von `$x` und `$y` nicht notwendig. Zurückgegeben wird der Tabellenname, falls die Tabelle existiert (`Schritt 1`). Im Erfolgsfall wird die Option `fs_er_db_installed` auf `y` gesetzt (`Schritt 2`). Im Fehlerfall wird eine Fehlermeldung über den `admin_notices`-Hook ausgegeben (`Schritt 3`).

Beachten Sie, dass, wie zuvor beschrieben, der letzte Parameter (`$autoload`) von `update_option()` auf `true` gesetzt werden muss. Nur dann wird eine Überprüfung auf Existenz bei jedem Seitenaufruf vermieden.

```
<?php
function install_db() {
    ...

    dbDelta( $sql );

    # Schritt 1
    $table_exists = $table_name === $wpdb->get_var( sprintf(
            'SHOW TABLES LIKE "%s"',
            $table_name
        ) );

    # Schritt 2
    if ( $table_exists ) {
        update_option(
            'fs_er_db_installed',
            'y',
            true
        );

        return;
    }

    # Schritt 3
    add_action( 'admin_notices', function () use ( $table_name ) {
        printf(
            '<div class="notice notice-error notice-alt"><p>%s</p></div>',
            sprintf(
                __( 'Was not able to create database table %s.', 'fs-er' ),
                $table_name
            )
```

17

```
        );
    } );
}
```

Listing 17.11 Die Funktion ist nun vollständig.

17.2.3 Daten schreiben

Nachdem nun die Datenbank-Tabelle angelegt wurde, machen wir uns daran, das Rating zu erlauben. Dazu fügen wir in der Stammdatei des Plugins die hervorgehobenen Zeilen aus Listing 17.12 ein:

```
<?php
if ( is_admin() ) {
    require_once __DIR__ . '/includes/admin.php';
} else {
    require_once __DIR__ . '/includes/frontend-rating.php';
}
```

Listing 17.12 Alle Frontend-Funktionen befinden sich in »frontend-rating.php«.

Rating-Buttons einfügen

Danach wird die Datei */includes/frontend-rating.php* erstellt. Sie bekommt den Inhalt aus Listing 17.13:

```
<?php
namespace floriansimeth\easy_rating;

add_action( 'init', 'floriansimeth\easy_rating\register_scripts' );

function register_scripts() {
    $js_url  = plugin_dir_url( FS_ES_RATING_FILE ) . 'public/js/';
    $js_path = plugin_dir_path( FS_ES_RATING_FILE ) . 'public/js/';

    wp_register_script(
        'fs_er_rating',
        $js_url . 'rating.js',
        [ 'wp-api-fetch' ],
        filemtime( $js_path . 'rating.js' ),
        true
    ); }

add_action(
   'wp_enqueue_scripts',
```

```
    'floriansimeth\easy_rating\enqueue_scripts'
);

function enqueue_scripts() {
    if ( ! is_single() ) {
        return;
    }

    $db_installed = bool_from_yn( get_option( 'fs_er_db_installed', 'n' ) );

    if ( ! $db_installed ) {
        return;
    }

    $data = [
        'post_id' => get_the_ID(),
        'ok'      => __( 'Rated!', 'easy-rating' )
    ];

    wp_add_inline_script(
        'fs_er_rating',
        sprintf(
            "var FS_ER_DATA = '%s';",
            wp_json_encode( $data, JSON_FORCE_OBJECT )
        ),
        'before'
    );

    wp_enqueue_script( 'fs_er_rating' );
}

add_filter(
    'the_content',
    'floriansimeth\easy_rating\print_rating_links',
    50
);

function print_rating_links( string $content ): string {

    $db_installed = bool_from_yn( get_option( 'fs_er_db_installed', 'n' ) );

    if ( ! $db_installed ) {
        return $content;
```

```
    }

    $content .= sprintf(
        '<p>%s <span class="fs-er-message"></span></p>',
        sprintf(
            __( 'Please rate this content: %s', 'easy-rating' ),
            '<a href="#" class="fs-er-rating rate-up">&#128077;</a> - '
            . '<a href="#" class="fs-er-rating rate-down">&#128078;</a>'
        )
    );

    return $content;
}
```

Listing 17.13 Die »frontend-rating.php«-Datei

Hier wird eine JavaScript-Datei registriert und auf allen Beitragsseiten eingebunden. Der `the_content`-Hook wird schließlich benutzt, um die Emojis »Daumen hoch« und »Daumen runter« einzublenden (siehe Abbildung 17.2).

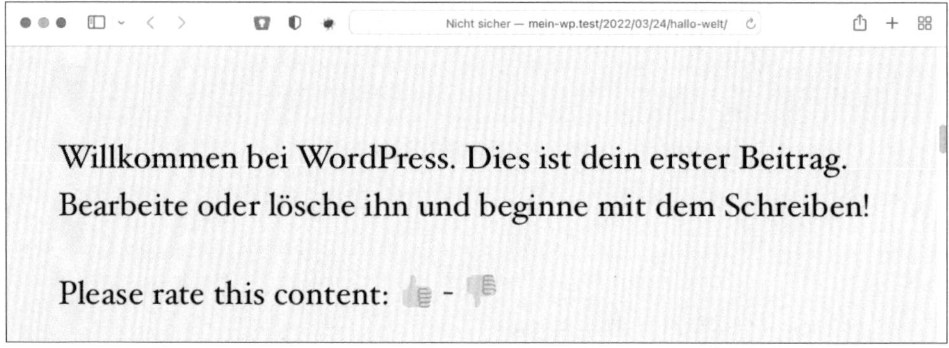

Abbildung 17.2 Die zwei Emojis werden als Rating-Symbole genutzt.

Ein Rating-Skript erstellen

Nun fehlt das JavaScript, das das Rating übernimmt (siehe Listing 17.14). Dazu nutzen wir das `@wordpress/apiFetch`-Paket von WordPress. Sie erinnern sich sicher an Abschnitt 8.5.8, »Ajax in React«. Dort kam das Paket ebenfalls zum Einsatz. In unserem Skript wird jeweils ein Event-Listener (via `addEventListener()`) registriert, der auf einen Klick reagiert. Die Richtung `rate_direction` wird über die CSS-Klasse ermittelt und schließlich mithilfe von `apiFetch` an die entsprechende REST-Route übergeben, die noch ergänzt werden muss. Wie Sie sehen, wird die aktuelle Post-ID an die Route gehängt. Für die REST-Route wird also ein Pfadparameter benötigt.

```
( function ( apiFetch, data ) {
    var rating_buttons = document.querySelectorAll( '.fs-er-rating' );

    if ( rating_buttons.length <= 0 ) return;

    rating_buttons.forEach( function ( rating_button ) {
        rating_button.addEventListener( 'click', function ( e ) {
            e.preventDefault();

            var rate_direction = rating_button
                .classList.contains( 'rate-up' ) ? 'up' : 'down';

            apiFetch( {
                'path': 'fs/rating/v1/rate/' + data.post_id,
                'method': 'POST',
                'data': {
                    'direction': rate_direction,
                }
            } )
                .then( ( response ) => {
                    document.querySelector( '.fs-er-message' )
                        .innerText = data.ok;
                } )
                .catch( ( error ) => {
                    alert( error.message );
                    console.error( error );
                } );
        } );
    } );
}( window.wp.apiFetch, JSON.parse( FS_ER_DATA ) ) );
```

Listing 17.14 Die zwei Buttons erhalten einen Event-Listener zugewiesen, der auf einen Klick reagiert.

Die REST-Route ergänzen

In der Stammdatei des Plugins ergänzen wir mit einem `rest_api_init`-Hook die Zeilen aus Listing 17.15. Damit lässt sich dann innerhalb der Datei */includes/rest.php* die Route zusammen mit der Callback-Funktion erstellen (siehe Listing 17.16). Beachten Sie, dass in `permission_callback` die Nonce verifiziert werden muss. Die REST-API macht das nur dann korrekt, wenn ein Benutzer angemeldet ist. In unserem Beispiel können aber auch nichtregistrierte Benutzer eine Bewertung abgeben. Einzelheiten zum Registrieren von REST-Routen erfahren Sie in Abschnitt 15.5, »Die REST-API mit eigenen Routen erweitern«.

```
<?php
add_action( 'rest_api_init', function () {
    require_once __DIR__ . '/includes/rest.php';
} );
```

Listing 17.15 Einbinden der Datei bei Hook-Ausführung

```
<?php

namespace floriansimeth\easy_rating;

register_rest_route( 'fs/rating/v1', 'rate/(?P<post_id>[\d]+)', [
    'methods'             => \WP_REST_Server::EDITABLE,
    'callback'            => '\floriansimeth\easy_rating\rest_rate',
    'permission_callback' => function ( \WP_REST_Request $request ) {
        return wp_verify_nonce(
            $request->get_header( 'x-wp-nonce' ),
            'wp_rest'
        );
    },
    'args'                => [
        'direction' => [
            'required' => true,
            'type'     => 'string',
            'enum'     => [ 'up', 'down' ],
        ],
        'post_id'   => [
            'required'          => true,
            'type'              => 'integer',
            'minimum'           => 1,
            'exclusiveMinimum'  => false,
            'validate_callback' => function ( $post_id ) {
                return get_post( (int) $post_id ) instanceof \WP_Post;
            }
        ]
    ]
] );

function rest_rate( \WP_REST_Request $request ) {
    $post_id        = $request->get_param( 'post_id' );
    $rate_direction = $request->get_param( 'direction' );
```

```
    try {
        rate( $post_id, $rate_direction );
    } catch ( \Exception $e ) {
        return new \WP_Error(
            'fs_er_rest_rating',
            $e->getMessage()
        );
    }

    return rest_ensure_response( true );
}
```

Listing 17.16 Die REST-Route wird erstellt.

Eine Bewertung in die Datenbank schreiben

Das eigentliche Rating übernimmt schließlich die Funktion `rate()`, die es noch zu ergänzen gilt. In der Stammdatei importieren wir die Datei */includes/general.php* und erstellen darin die genannte Funktion. In Listing 17.17 können Sie sehen, dass die Methode `insert()` der Klasse `wpdb` zum Einsatz kommt. Sie hilft dabei, `INSERT`-Statements zu erstellen, ohne dass eine eigene SQL-Abfrage geschrieben werden muss. Dies trägt dazu bei, die zugrunde liegende Datenbank-Software austauschbar zu halten.


```
<?php

namespace floriansimeth\easy_rating;

function rate( int $post_id, string $direction ): bool {
    $direction = strtolower( $direction );

    global $wpdb;

    $inserted = $wpdb->insert(
        $wpdb->prefix . 'es_ratings',
        [
            'post_id'  => $post_id,
            'rating'   => 'up' === $direction ? 1 : - 1,
            'rated' => current_time( 'mysql' )
        ],
        [
            '%d',
            '%d',
            '%s'
        ]
```

```
    );

    if ( false === $inserted || $inserted <= 0 ) {
        throw new \Exception(
            sprintf(
                __(
                    'Could not insert into database. Got error %s',
                    'easy-rating'
                ),
                $wpdb->last_error
            )
        );
    }
    return true;
}
```

Listing 17.17 So werden Daten in die Datenbank-Tabelle geschrieben.

Die Methode `insert()` ist wie in Listing 17.18 aufgebaut. Dort gilt:

- `$table` ist der Name der Tabelle, in die etwas gespeichert werden soll.
- `$data` ist ein Array von Schlüssel-Wert-Paaren, wobei der Schlüssel des Arrays dem Spaltennamen entspricht.
- `$format` gibt für jeden einzelnen Wert in `$data` an, wie dieser zu behandeln ist. Möglich sind `%d`, `%f` und `%s`, was für `integer`, `float` und `string` steht.

```
<?php
class wpdb {
    public function insert(
        string $table,
        array $data,
        array|string $format = null
    ): int|bool {
        ...
    }
}
```

Listing 17.18 Methodenbeschreibung von »insert()«

Zurückgegeben wird die Anzahl an Zeilen, die geschrieben wurden, oder `false` im Fehlerfall. Den genauen Fehlertext finden Sie dann im Parameter `last_error` des `$wpdb`-Objekts (in Listing 17.17 fett markiert).

17.2.4 Daten lesen

Natürlich kann auch lesend auf die Datenbank zugegriffen werden. Zu diesem Zweck gibt es verschiedene Methoden, die ich im Folgenden vorstellen möchte.

Eine einzelne Zeile lesen

Als Erstes wäre `get_row()` genannt. Sie gibt eine Zeile (engl. *row*) einer Abfrage zurück. Sie benötigt als Eingabe eine SQL-Abfrage (`$query`) und möchte mit `$output` gerne wissen, wie die Daten zurückgegeben werden sollen. Es können folgende Konstanten angegeben werden: `OBJECT`, `ARRAY_A` oder `ARRAY_N`. Falls die Abfrage mehrere Zeilen zurückliefern sollte, können Sie den Parameter `$y` dazu nutzen, die entsprechende Zeile auszuwählen. Genauso wie bei `get_var()` (siehe Abschnitt 17.2.2) wird mit dem Zählen bei `0` begonnen.

```
<?php
class wpdb {
    public function get_row(
        string $query = null,
        string $output = OBJECT,
        int $y = 0
    ): array|object|null|void {
        ...
    }
}
```

Listing 17.19 Methodenbeschreibung von »get_row()«

In Listing 17.20 sehen Sie, wie die Methode dazu genutzt wird, den Gesamtwert und die Zahl der +1- und -1-Wertungen zurückzugeben. Beachten Sie, dass `prepare()`, wie in Abschnitt 7.1.7, »Sichere SQL-Abfragen erzeugen«, beschrieben, zum Einsatz kommt, um die Abfrage gegen Angriffe abzusichern.

```
<?php
function get_ratings( int $post_id ): object {
    global $wpdb;

    $selects = [
        $wpdb->prepare(
            "(SELECT COUNT(*) FROM {$wpdb->prefix}es_ratings
                WHERE post_id = %d) as total",
            $post_id
        ),
        $wpdb->prepare(
            "(SELECT COUNT(*) FROM {$wpdb->prefix}es_ratings
```

```
                WHERE post_id = %d AND rating > 0) as ups",
            $post_id
        ),
        $wpdb->prepare(
            "(SELECT COUNT(*) FROM {$wpdb->prefix}es_ratings
                WHERE post_id = %d AND rating < 0) as downs",
            $post_id
        ),
    ];

    $row = $wpdb->get_row( "SELECT " . implode( ',', $selects ) );

    if ( null === $row ) {
        return (object) [
            'total' => 0,
            'ups'   => 0,
            'downs' => 0
        ];
    }

    return $row;
}
```

Listing 17.20 Zählung der Werte

Mehrere Zeilen lesen

Zum Lesen mehrerer Zeilen nutzen Sie am besten die Methode `get_results()`. Sie hat die gleichen Parameter wie `get_row()`, es fehlt jedoch der `$y`-Parameter. Zurückgegeben werden alle Ergebnisse, die die Abfrage zurückliefert. Listing 17.21 enthält einen Ausschnitt aus der Klasse `Rating_List_Table`, die von `WP_List_Table` abgeleitet und für die Anzeige der Einträge zuständig ist. Ich verzichte darauf, die komplette Klasse abzudrucken, denn Sie können sie jederzeit in vollem Umfang im Download-Material einsehen.

```
<?php
namespace floriansimeth\easy_rating;

class Rating_List_Table extends \WP_List_Table {
    public function get_ratings(
        $per_page = 5,
        $page_number = 1
    ): array {
```

```
        global $wpdb;

        $sql = sprintf(
            'SELECT * FROM %ses_ratings %s %s LIMIT %d OFFSET %d',
            $wpdb->prefix,
            $this->get_order_by(),
            $this->get_sort(),
            $per_page,
            ( $page_number - 1 ) * $per_page
        );

        $result = $wpdb->get_results( $sql, 'ARRAY_A' );

        if ( ! is_array( $result ) ) {
            return [];
        }

        return $result;
    }
}
```

Listing 17.21 Beispiel für einen Aufruf von »get_results()«

Die Methode wird in der neu erstellten Datei */includes/admin-ratings.php* aufgerufen (siehe Listing 17.22). Dort wird in einem ersten Schritt ein neues Menü im WordPress-Backend unter BEITRÄGE • RATINGS eingebunden (siehe Abbildung 17.3). Mehr zum Einbinden von Menüs finden Sie in Abschnitt 6.1.2, »Ein Untermenü erstellen«. Danach wird die Klasse instanziiert und die Datenbank-Abfrage durchgeführt. Im dritten Schritt folgt die Ausgabe im Browser. Sie sehen in der Abbildung, dass die einzelnen Bewertungen dort aufgelistet werden.

```
<?php
namespace floriansimeth\easy_rating;

add_action(
    'admin_menu',
    'floriansimeth\easy_rating\create_ratings_menu'
);

# Schritt 1
function create_ratings_menu() {
    $hook = add_submenu_page(
        'edit.php',
        __( 'Ratings', 'easy-ratings' ),
```

```
        __( 'Ratings', 'easy-ratings' ),
        'moderate_comments',
        'easy-ratings-list',
        'floriansimeth\easy_rating\ratings_list_page'
    );

    add_action(
        'load-' . $hook,
        'floriansimeth\easy_rating\before_list_page'
    );
}

function get_rating_list_table(): Rating_List_Table {
    static $list_table;
    require_once __DIR__ . '/rating-list-table.php';

    if ( ! isset( $list_table ) ) {
        $list_table = new Rating_List_Table();
    }

    return $list_table;
}

# Schritt 3
function ratings_list_page() {
    require_once __DIR__ . '/rating-list-table.php';
    ?>
    <div class="wrap">
        <h1>
            <?php echo get_admin_page_title(); ?>
        </h1>
        <form action="
        <?php
            echo esc_url( admin_url( 'admin.php?page=easy-ratings-list' ) );
        ?>
        " method="POST">
            <?php get_rating_list_table()->display(); ?>
        </form>
    </div>
    <?php
}
```

```
# Schritt 2
function before_list_page() {
    $list_table = get_rating_list_table();
    $list_table->prepare_items();

    ...
}
```

Listing 17.22 Ausschnitt aus der »admin-ratings.php«-Datei

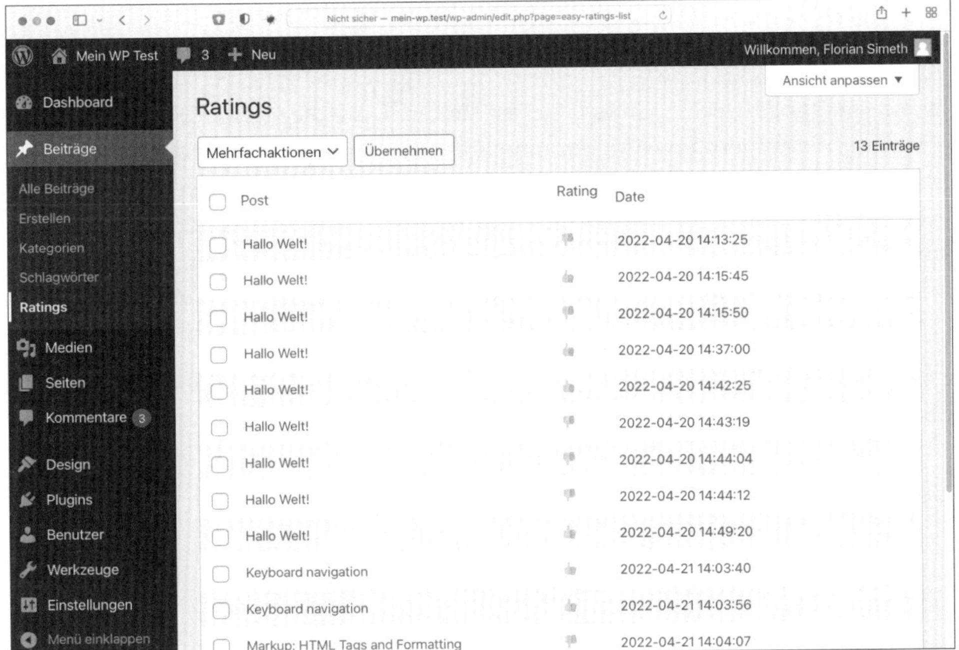

Abbildung 17.3 Der neue Menüpunkt »Ratings«

17.2.5 Daten löschen

Zum Löschen existiert die Methode `delete()`, wie Listing 17.23 zeigt. Hier gilt:

- `$table` ist die Tabelle, aus der Daten gelöscht werden sollen.
- `$where` ist ein Array mit weiteren Angaben, die beschreiben, welche Daten gelöscht werden sollen.
- `$where_format` beschreibt, welches Format die einzelnen Argumente in `$where` aufweisen.

Zurückgegeben wird `false` im Fehlerfall. Im Erfolgsfall wird die Anzahl der Zeilen zurückgegeben, die gelöscht wurden.

```
<?php
class wpdb {
    public function delete(
        string $table,
        array $where,
        array $where_format = null
    ): int|bool {
        ...
    }
}
```

Listing 17.23 Methodenbeschreibung von »delete()« der Klasse »wpdb«

Zu Anschauungszwecken sehen Sie in Listing 17.24 die Methode `process_bulk_actions()`, die aufgerufen wird, wenn mehrere Bewertungen gelöscht werden sollen. Das Durchlaufen einer Schleife ist hier jedoch eine sehr performance-intensive Aufgabe. Besser ist, alle betroffenen Bewertungen auf einen Schlag zu löschen. Dafür kann jedoch die `delete()`-Methode nicht mehr angewendet werden, weil sie den `IN`-Befehl in SQL nicht unterstützt. Wie die Methode schließlich optimiert wurde, erfahren Sie in Abschnitt 17.2.6.

```
<?php
class Rating_List_Table extends \WP_List_Table {
    ...
    public function process_bulk_action() {

        // If the delete bulk action is triggered
        if ( 'bulk-delete' === $this->current_action()
             && check_admin_referer( 'bulk-ratings' ) ) {

            $ids = array_map( 'intval', $_POST['bulk-delete'] );

            global $wpdb;

            foreach ( $ids as $id ) {
                $wpdb->delete(
                    $wpdb->prefix . 'es_ratings',
                    [
                        'id' => $id,
                    ],
                    [
                        '%d'
                    ]
```

```
                );
            }

            wp_redirect( esc_url( add_query_arg( [] ) ) );
            exit;
        }
    }
}
```

Listing 17.24 Die »delete()«-Methode im Einsatz

17.2.6 Individuelle Abfragen

Fast alle Methoden rufen intern `query()` auf. Auch diese Funktion kann genutzt werden, um alle möglichen SQL-Anfragen zu senden. Sie hat nur einen einzigen Parameter: die SQL-Abfrage selbst. Zurückgegeben werden jedoch keine Daten, sondern ein boolescher Wert, wenn es sich um eine `CREATE`-, `ALTER`-, `TRUNCATE`- oder `DROP`-Anfrage gehandelt hat. Für alle anderen Abfragen wird nur ein Integer-Wert mit der Anzahl an Zeilen zurückgegeben, die betroffen waren.

Im Beispiel aus Abschnitt 17.2.5 hatten wir eine Methode entwickelt, die viele Einträge auf einmal löschen kann. Die optimierte Version ist in Listing 17.25 zu sehen. Sie nutzt nun `query()` anstelle einer Schleife und benötigt damit nur eine einzige Datenbank-Abfrage.

```
<?php
class Rating_List_Table extends \WP_List_Table {
    ...
    public function process_bulk_action() {
        if ( 'bulk-delete' === $this->current_action()
             && check_admin_referer( 'bulk-ratings' ) ) {

            $ids = esc_sql( $_POST['bulk-delete'] );

            global $wpdb;

            $sql = sprintf(
                "DELETE FROM {$wpdb->prefix}es_ratings WHERE `id` IN (%s)",
                implode( ',', $ids )
            );

            $wpdb->query( $sql );
```

```
            wp_redirect( esc_url( add_query_arg( [] ) ) );
            exit;
        }
    }
}
```

Listing 17.25 Optimierte Funktion zum Löschen mehrerer Bewertungen

> **WordPress-eigene Tabellen schneller erfassen**
>
> Wenn Sie Operationen in WordPress-eigenen Datenbank-Tabellen ausführen, können Sie bei den bisher genannten Funktionen auch die vordefinierten Eigenschaften nutzen, die die Namen der Datenbank-Tabellen bereithalten. `$wpdb->posts` steht dabei für `wp_posts`, `$wpdb->terms` für `wp_terms` und so fort. So ersparen Sie sich die Angabe des Präfixes (`$wpdb->prefix`). Natürlich ist das Präfix individuell, es wird jedoch immer korrekt eingestellt.

Abfragen escapen

Von der Methode `prepare()` war schon öfter die Rede, unter anderem in Abschnitt 7.1.7, »Sichere SQL-Abfragen erzeugen«. Mit ihr lassen sich SQL-Abfragen zur sicheren Ausführung vorbereiten. Es existieren jedoch noch weitere Funktionen, die demselben Zweck dienen. Ein Beispiel ist die Funktion `esc_sql()`. Sie wird immer dann benötigt, wenn beispielsweise ein Array zur Verwendung in einer `IN`-Klausel vorbereitet werden muss (sogenanntes *Spot-Escaping*). Das ist in Listing 17.25 geschehen.

`LIKE`-Abfragen zu bereinigen ist nicht so einfach, denn sie enthalten ein `%`-Zeichen als Platzhalter, das jedoch von `esc_sql()` gefiltert wird oder letztlich zu einem Fehler in `wpdb::prepare()` führt. Daher wurde in WordPress die Methode `esc_like()` geschaffen. Ein gutes Beispiel finden Sie im DocBlock der Methode (siehe Listing 17.26). Der Suchstring in `$find` wird innerhalb von `$like` escaped und dann in `prepare()` genutzt:

```
<?php
$wild = '%';
$find = 'only 43% of planets';
$like = $wild . $wpdb->esc_like( $find ) . $wild;
$sql  = $wpdb->prepare(
    "SELECT * FROM $wpdb->posts WHERE post_content LIKE %s",
    $like
);
```

Listing 17.26 Benutzung von »esc_like()«

17.3 Die wichtigsten Datenbank-Klassen in WordPress

Natürlich lässt sich mit der Klasse `wpdb` schon sehr viel bewerkstelligen. Es gibt jedoch noch weitere Klassen, auf die ich aufmerksam machen will.

17.3.1 Mit WP_Query arbeiten

`WP_Query` ist eine der wichtigsten PHP-Klassen überhaupt. Sie wird für zwei Aufgaben verwendet: Zum einen versucht die Klasse herauszufinden, mit welcher Art von Anfrage WordPress gerade beschäftigt ist, und zum anderen stellt sie die Loop-Funktionen bereit. Damit lässt sich eine Serie von Beiträgen durchlaufen und darstellen. (Mehr dazu finden Sie in Abschnitt 5.3.7, »Funktionen für Templates und der Loop«).

WordPress wird bei einem Seitenaufruf, der Beiträge, Seiten oder benutzerdefinierte Artikeltypen umfasst, diese automatisch aus der Datenbank anfordern und dafür `WP_Query` nutzen. Die Instanz dieser Klasse finden Sie in der globalen Variable `$wp_query`. Die Klasse hat einige Methoden, mit denen Sie nähere Informationen über die Art der Anfrage bekommen, die sogenannten *konditionalen Abfragen* (siehe Abschnitt 5.3.8):

- `$wp_query->is_archive()`
- `$wp_query->is_front_page()`
- `$wp_query->is_search()`
- und so weiter

Für all diese Methoden stellt WordPress leicht zu bedienende Funktionen bereit, sodass Sie sich nicht mit der globalen Variablen befassen müssen:

- `is_archive()`
- `is_front_page()`
- `is_search()`

Eigene Loops durchlaufen

Sie können mit der Klasse `WP_Query` jederzeit eigene Loops durchlaufen. Dazu erstellen Sie sich eine neue Instanz und legen die Attribute fest. Im Folgenden nutzen wir dazu das in Abschnitt 15.6 überarbeitete Rezept-Plugin aus Kapitel 13.

In Listing 17.27 wird über den `init`-Hook ein Shortcode registriert. Über Shortcodes erfahren Sie in Kapitel 22 mehr. Aktuell ist nur wichtig zu wissen, dass der Shortcode über den Shortcode-Block eingefügt werden kann (siehe Abbildung 17.4). Dieser gibt dann das aus, was die Callback-Funktion (hier: `shortcode_latest_recipes()`) zurückgibt. Im Listing ist zu sehen, dass eine neue Instanz von `WP_Query` erstellt und danach ein Loop durchlaufen wird.

Innerhalb der `while`-Schleife können Sie nun alle Loop-Funktionen nutzen, um Inhalte auszugeben. Eine Auswahl finden Sie in Tabelle 5.10 des Abschnitt 5.3.7. Damit diese Loop-Funktionen generell nutzbar sind, muss WordPress die globalen Variablen entsprechend befüllen. Dies geschieht innerhalb von `$query->the_post()`. Diese Methode ruft `setup_postdata()` auf. Am Ende der Schleife muss deshalb `wp_reset_postdata()` stehen – unter anderem deswegen, weil der Shortcode sich selbst innerhalb eines Loops befindet. Wenn Sie das Zurücksetzen vergessen, würde ein späterer Aufruf von `get_the_title()` beispielsweise nicht den Titel des Beitrags zurückgeben, in den der Shortcode eingefügt wurde, sondern den Titel des Rezepts, das am Ende der Schleife durchlaufen wurde.

```
<?php
add_action( 'init', 'floriansimeth\nomnom\setup_shortcodes' );

function setup_shortcodes() {
    add_shortcode(
        'nomnom_latest_recipes',
        'floriansimeth\nomnom\shortcode_latest_recipes'
    );
}

function shortcode_latest_recipes(
    $atts,
    string $content,
    string $name
): string {
    $query = new \WP_Query( [
        'post_type' => 'recipe'
    ] );

    if ( ! $query->have_posts() ) {
        return '';
    }

    $content = '<ul>';
    while ( $query->have_posts() ) {
        $query->the_post(); # Ruft setup_postdata() auf.
        $content .= sprintf(
            '<li><a href="%s">%s</a></li>',
            esc_url( get_the_ID() ),
            get_the_title()
        );
```

```
    }

    wp_reset_postdata();

    return $content . '</ul>';
}
```

Listing 17.27 Ein Shortcode listet die aktuellen Rezepte auf.

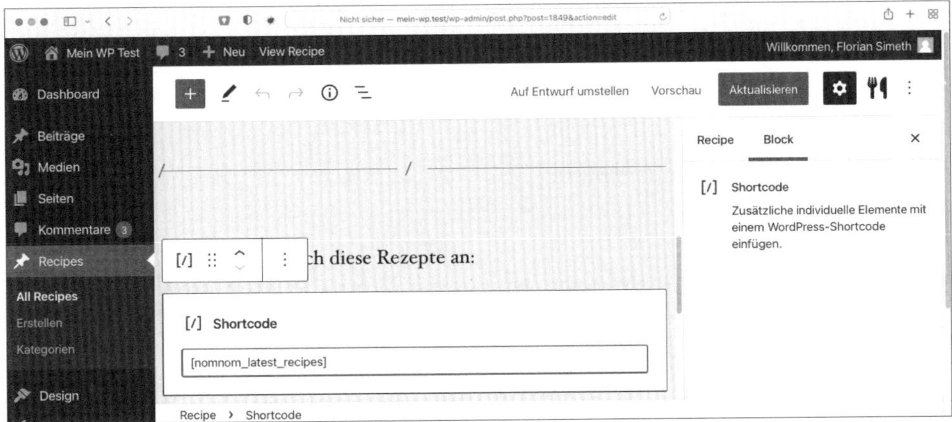

Abbildung 17.4 Ein Shortcode wird eingefügt.

Argumentenliste

Der Konstruktor der Klasse `WP_Query` erlaubt die Angabe einer Vielzahl von Argumenten. Es sind so viele, dass ich sie hier nicht alle vorstellen kann. Deshalb folgt im Anschluss eine Auswahl der wichtigsten. Eine umfangreiche Liste finden Sie auf wordpress.org unter *https://developer.wordpress.org/reference/classes/wp_query/*.

Posttyp-Parameter

In Listing 17.27 hatte ich lediglich ein Argument angegeben, das war die Zeile `post_type => recipe`. Dies sorgt dafür, dass nur Inhalte vom Artikeltyp `recipe` ausgegeben werden. In Abbildung 17.5 sehen Sie, wie die Ausgabe im Frontend aussieht.

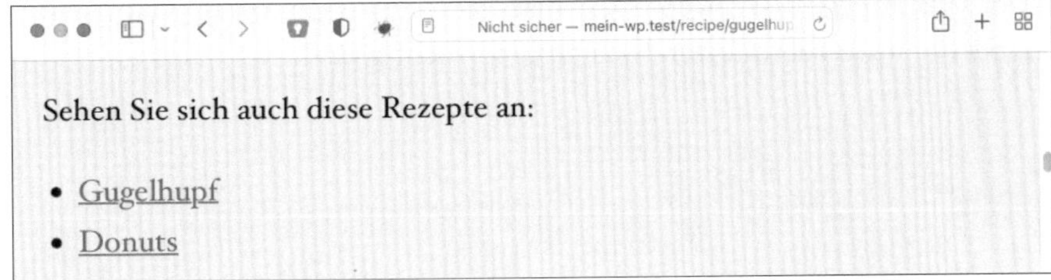

Abbildung 17.5 Eine <ul>-Liste mit den zuletzt veröffentlichten Rezepten

Das ist nur deswegen so einfach möglich, weil einigen Argumenten Standardwerte zugewiesen werden. Listing 17.28 zeigt einige Standardwerte, die normalerweise nicht nötig sind. So kann es Ihnen beispielsweise nicht versehentlich passieren, dass Sie unveröffentlichte Inhalte ausgeben.

```
<?php
$args = [
    'post_type'   => 'recipe',
    'post_status' => 'publish',
    'order'       => 'DESC',
    'orderby'     => 'date'
    ...
];
```

Listing 17.28 Unnötige Standardwerte

Post-Parameter

Wenn Sie die einzelnen Inhalte noch detaillierter filtern möchten, greifen Sie am besten auf die Page- und Post-Parameter zurück. Hier ein Beispiel: Seiten lassen sich in WordPress hierarchisch anordnen, wie Abbildung 17.6 zeigt.

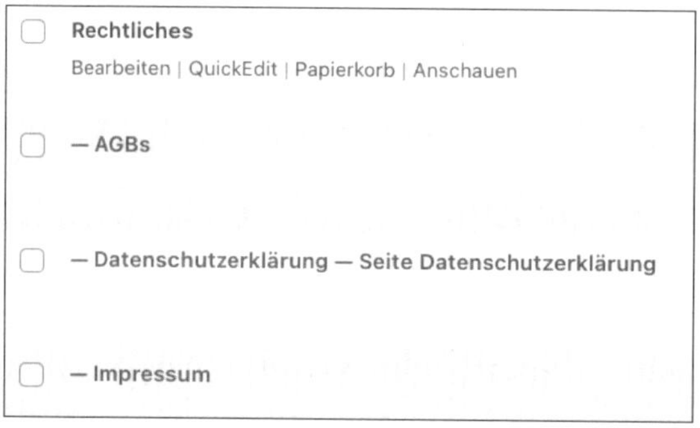

Abbildung 17.6 Seiten lassen sich hierarchisch verschachteln.

Wenn Sie nun alle untergeordneten Seiten von RECHTLICHES zurückgeben wollen, benötigen Sie die Parameter aus Listing 17.29. Freilich muss dabei die ID der Elternseite bekannt sein. Tabelle 17.2 zeigt weitere Parameter, die beim Abrufen von Beiträgen, Seiten oder benutzerdefinierten Inhaltstypen wichtig sind.

```
<?php
$query = new \WP_Query( [
    'post_type'   => 'page',
    'post_parent' => 1234,
] );
```

Listing 17.29 Untergeordnete Seiten werden abgerufen.

Parameter	Beschreibung
int $p	Die Post-ID
string $name	Der Post-Slug
int $page_id	Die Posts-ID einer Seite
string $pagename	Der Post-Slug einer Seite
array $post_parent__in	Beiträge, deren Elternteil sich in einem Array befindet
array $post_parent__not_in	Die Umkehrung von $post_parent__in
array $post__in	Ein Array von Post-IDs, die abgerufen werden sollen
array $post__not_in	IDs, die ausgenommen werden sollen
array $post_name__in	Ein Array mit Post-Slugs, die abgerufen werden sollen

Tabelle 17.2 Parameter zum Abrufen von Beiträgen, Seiten oder benutzerdefinierten Artikeltypen

Parameter für Daten

Wenn Sie Inhalte anhand von Daten zurückgeben wollen, bietet Ihnen WP_Query eine Fülle von Möglichkeiten. Die Parameter aus Tabelle 17.3 dienen zur weiteren Einschränkung.

Parameter	Beschreibung
int $year	Jahreszahl, vierstellig
int $monthnum	Monatsnummer, zweistellig
int $w	Woche des Jahres (von 0 bis 53)
int $day	Tag des Monats, 1 bis 31
int $hour	Stundenzahl von 0 bis 23
int $minute	Minuten von 0 bis 60
int $second	Sekunden von 0 bis 60
int $m	Jahr und Monat, zusammenhängend als eine Zahl, zum Beispiel 202201 für »Januar 2022«

Tabelle 17.3 Mögliche Datumsangaben

Ein zweiter Shortcode, der die Rezepte anzeigt, die in derselben Woche des vergangenen Jahres entstanden sind, könnte so wie in Listing 17.30 aussehen. Der Code ist der gleiche wie beim Shortcode zuvor, nur die Liste der Argumente ist anders.

```
<?php
function shortcode_recipes_last_year(
    $atts,
    string $content,
    string $name
): string {

    $query = new \WP_Query( [
        'post_type' => 'recipe',
        'year'      => (int) date_i18n( 'Y' ) - 1,
        'week'      => (int) date_i18n( 'W' ) - 1
    ] );

    ...

    wp_reset_postdata();

    return $content . '</ul>';
}
```

Listing 17.30 Der Shortcode ruft die Rezepte ab, die im selben Zeitraum ein Jahr zuvor veröffentlicht wurden.

Es geht aber auch noch viel detaillierter, und zwar mit der Klasse `WP_Date_Query` – doch dazu mehr in Abschnitt 17.3.2.

Paginierung

Werden mehr als die (unter EINSTELLUNG • LESEN) voreingestellten 10 Beiträge zurückgegeben, benötigen Sie Paginierungsparameter aus Tabelle 17.4.

Parameter	Beschreibung
`bool $nopaging`	`true` deaktiviert die Paginierung.
`int $posts_per_page`	Anzahl an Posts, die pro Seite geladen werden sollen. Die Angabe von `-1` lädt alle Inhalte. `$offset` wird dann ignoriert.
`int $posts_per_archive_page`	Wie `$posts_per_page`, jedoch auf Archivseiten beschränkt

Tabelle 17.4 Parameter zur Paginierung

Parameter	Beschreibung
int $offset	Anzahl zu überspringender Posts. Wenn dieser Wert gesetzt ist, wird $paged ignoriert.
int $paged	Aktuelle Seitenzahl
int $page	Seitenzahl für eine statische Frontpage
bool $ignore_sticky_posts	false bedeutet, dass Sticky-Posts (also Beiträge, die auf der Startseite ganz oben gehalten werden) nicht zusätzlich angehängt werden.

Tabelle 17.4 Parameter zur Paginierung (Forts.)

17.3.2 Date-Query

Für komplexere Abfragen hält WordPress weitere Datenbank-Klassen bereit, so zum Beispiel WP_Date_Query. Tatsächlich müssen diese Klassen nicht einzeln aufgerufen werden, denn in der Regel tut das WP_Query für Sie.

Nehmen wir an, Sie möchten alle Rezepte ausgeben lassen, die im Januar veröffentlicht wurden. Sie können den Parameter w der Klasse WP_Query nutzen, wie Listing 17.31 zeigt. Das wäre die einfachste Lösung und zu bevorzugen. Komplexer wird es, wenn Sie alle Rezepte von Januar und März haben möchten. Dann reichen die Standard-Parameter nicht mehr aus, und deswegen existiert WP_Date_Query.

17

```
<?php
$query = new \WP_Query( [
    'post_type' => 'recipe',
    'm'         => date_i18n( 'Y' ) . '01',
] );
```

Listing 17.31 Alle Rezepte, die im Januar dieses Jahres veröffentlicht wurden

Tabelle 17.5 zeigt die einzelnen Parameter, die WP_Date_Query annehmen kann. Da Sie sie jedoch nicht, wie oben erwähnt, direkt in dieser Klasse nutzen, sondern den Umweg über WP_Query gehen, nutzen Sie dort den Parameter date_query, wie Listing 17.32 zeigt.

Parameter	Beschreibung
int $year	Jahreszahl, vierstellig
int $month	Monatsnummer, zweistellig

Tabelle 17.5 Mögliche Parameter der Klasse Date-Query, die ebenfalls innerhalb des Arguments »date_query« der Klasse WP_Query genutzt werden können.

Parameter	Beschreibung
`int $week`	Woche des Jahres (von 0 bis 53)
`int $day`	Tag des Monats von 1 bis 31
`int $hour`	Stundenzahl von 0 bis 23
`int $minute`	Minute von 0 bis 60
`int $second`	Sekunden von 0 bis 60
`string|array $after`	Ein String, der von `strtotime()` akzeptiert wird, oder ein Array mit den Werten `$year`, `$month` und `$day`.
`string|array $before`	Ein String, der von `strtotime()` akzeptiert wird, oder ein Array mit den Werten `$year`, `$month` und `$day`.
`bool $inclusive`	Gibt an, ob die Werte in `$after` und `$before` einbezogen werden sollen.
`string $compare`	Der Vergleichsoperator. Kann folgende Werte annehmen: `=`, `!=`, `>`, `>=`, `<`, `<=`, `IN`, `NOT IN`, `BETWEEN`, `NOT BETWEEN`.
`string $column`	Eine Spalte, die zur Abfrage herangezogen wird.
`string $relation`	Entweder `AND` oder `OR`. Bestimmt, wie die darunterliegenden Arrays miteinander in der SQL-Abfrage verknüpft werden.

Tabelle 17.5 Mögliche Parameter der Klasse Date-Query, die ebenfalls innerhalb des Arguments »date_query« der Klasse WP_Query genutzt werden können. (Forts.)

```
<?php
$query = new \WP_Query( [
    'post_type'  => 'recipe',
    'date_query' => [
        [
            'year'  => date_i18n( 'Y' ),
            'month' => 1,
        ],
        [
            'year'  => date_i18n( 'Y' ),
            'month' => 3,
        ],
        'relation' => 'OR'
```

```
    ]
] );
```

Listing 17.32 Alle Rezepte vom Januar und vom März dieses Jahres

Wenn Sie wissen möchten, wie viele Rezepte Sie jeweils vormittags veröffentlicht haben, wären die Argumente aus Listing 17.33 einzufügen. Beachten Sie, dass `fields = ids` veranlasst, dass ausschließlich die IDs zurückgegeben werden. Es wird auch nur ein einziges Ergebnis benötigt (`$posts_per_page = 1`), weil `WP_Query` die gesamten Treffer zählt und in `found_posts` speichert.

```
<?php
$query = new \WP_Query( [
    'post_type'      => 'recipe',
    'fields'         => 'ids',
    'posts_per_page' => 1,
    'nopaging'       => true,
    'date_query'     => [
        [
            'hour'    => 9,
            'compare' => '>=',
        ],
        [
            'hour'    => 12,
            'compare' => '<=',
        ],
        [
            'dayofweek' => [ 2, 6 ],
            'compare'   => 'BETWEEN',
        ],
    ]
] );

$count = $query->found_posts;
```

Listing 17.33 Nur die Rezepte, die vormittags zwischen 9 und 12 Uhr veröffentlicht wurden

17.3.3 Tax- und Term-Query

Mit Taxonomien auf SQL-Basis zu arbeiten kann haarsträubend sein, denn die Abfragen erstrecken sich über mindestens vier Tabellen:

- `wp_posts`,
- `wp_term_taxonomy`,

- wp_term_taxonomy_relationships und
- wp_terms.

Aus diesem Grund gibt es, ähnlich wie beim Arbeiten mit Datumsangaben, auch eine Klasse, die beim Erstellen von SQL-Abfragen von Taxonomien hilft: WP_Tax_Query(). Auch diese Klasse werden Sie in den meisten Fällen nicht explizit aufrufen. Sie gehen entweder den Weg über die Funktion get_tax_query() oder aber – was wahrscheinlicher ist – wieder über WP_Query. Dort existiert der Parameter $tax_query, der an den Konstruktor der Klasse WP_Tax_Query übergeben wird.

Die Klasse WP_Term_Query kommt dann innerhalb von WP_Tax_Query zum Einsatz. Denn sie kann unter anderem auch noch die Datenbank-Tabelle wp_termmeta einbeziehen, falls dies nötig ist.

Ähnlich wie bei Datumsangaben kann in $tax_query ein Array von Arrays angegeben werden, die die Taxonomien enthalten. Diese werden dann mit dem $relation-Attribut verknüpft.

Im Rezept-Plugin wurde die Taxonomie recipe_category zum Artikeltyp registriert (siehe Abschnitt 13.2.1, »Eine Taxonomie registrieren«). In Listing 17.34 sehen Sie, wie eine Suche nach Rezepten durchgeführt wird, die sich innerhalb der Kategorien Kuchen und Torten befinden:

```
<?php
$query = new \WP_Query( [
    'post_type' => 'recipe',
    'tax_query' => [
        'relation' => 'OR',
        [
            'taxonomy' => 'recipe_category',
            'field'    => 'name',
            'terms'    => 'Kuchen',
        ],
        [
            'taxonomy' => 'recipe_category',
            'field'    => 'name',
            'terms'    => 'Torten',
        ],
    ]
] );
```

Listing 17.34 Rezepte aus dem Bereich »Kuchen« oder »Torten« werden zurückgegeben.

Folgende Parameter könnten Sie innerhalb von `$tax_query` benötigen:

- `(string) $relation` gibt die logische Beziehung zwischen jeder Taxonomie-Abfrage an. Kann `AND` oder `OR` sein.
- Innerhalb eines Arrays ist dann Folgendes möglich:
  - `(string) $taxonomy`: Die Taxonomie, mit der gefiltert wird
  - `(string) $field`: Das Feld, in dem gesucht wird. Kann `term_id`, `name`, `slug` oder `term_taxonomy_id` sein.
  - `(int|string|array) $terms`: Ein Term oder mehrere Terme, entweder als ID oder String. Das richtet sich danach, was Sie in `$field` angegeben haben.
  - `(bool) $include_children`: Falls eine Taxonomie hierarchisch ist (was in unserem Beispiel der Fall ist), kann hier angegeben werden, ob Rezepte unterhalb der angegebenen Terme ebenfalls zurückgegeben werden sollen. (Siehe dazu das Beispiel unten.)
  - `(string) $operator`: Gibt an, wie die einzelnen Terme miteinander verknüpft sein sollen. Möglich ist: `IN`, `NOT IN`, `AND`, `EXISTS` oder `NOT EXISTS`.

Sehen Sie sich Abbildung 17.7 an. Backwerk und Kuchen sind beides Kind-Terme von Backen & Süssspeisen. Mit dem Code aus Listing 17.35 würden die zwei darunter liegenden Rezepte zurückgegeben werden. Wenn `$include_children` auf `false` gesetzt wäre, würden Sie kein Ergebnis zurückbekommen.

Name	Beschreibung	Titelform	Anzahl
Backen & Süßspeisen	—	backen-suessspeisen	0
— Backwerk	—	backwerk	1
— Kuchen	—	kuchen	1

Abbildung 17.7 Auszug aus der Seite »Recipes • Kategorien«

```
<?php
$query = new \WP_Query( [
    'post_type' => 'recipe',
    'tax_query' => [
```

```
        [
            'taxonomy'         => 'recipe_category',
            'field'            => 'slug',
            'terms'            => 'backen-suessspeisen',
            'include_children' => true,
        ]
    ]
] );
```

Listing 17.35 Rückgabe aller Rezepte innerhalb der Hauptkategorie

17.3.4 Meta-Query

Freilich hätten wir uns im Rezept-Plugin auch dafür entscheiden können, alle Zutaten in einer separaten Taxonomie zu speichern. Zusätzliche Daten (wie die Mengenangabe und die Einheit) hätten dann innerhalb der Datenbank-Tabelle `wp_termmeta` abgespeichert werden können. WordPress bietet mit `add_term_meta()`, `update_term_meta()` etc. die passenden Funktionen gleich mit an.

In unserem Beispiel jedoch wurden diese Angaben in der Postmeta-Tabelle abgespeichert, was im Übrigen kein Problem ist. Denn auch hierfür hat WordPress eine Lösung. Und die heißt `WP_Meta_Query`. Innerhalb von `WP_Query` können Sie die entsprechenden Argumente über den Parameter `meta_query` an den Konstruktor der Klasse weiterreichen. Für einfache Abfragen reichen möglicherweise diejenigen aus Tabelle 17.7 (siehe Abschnitt 17.3.5). Jedoch kann damit nach nur einem einzigen Meta-Wert gefiltert werden, was oft nicht ausreicht. Sie sollten daher auf `meta_query` zurückgreifen.

Durchsuchen von serialisierten Daten

Beachten Sie, dass das folgende Beispiel so nur in der Version aus Kapitel 13 funktioniert. Denn dort wurden alle Zutaten einzeln in das Meta-Feld `recipe_ingredients` gespeichert, von denen es pro Rezept mehrere geben darf. In der Version aus Abschnitt 15.7 funktioniert das nicht mehr, denn da werden die Zutaten in einem Array serialisiert in der Datenbank abgelegt. Zwar können serialisierte Daten auch durchsucht werden. Mit einfachen Bordmitteln, wie hier beschrieben, kommt man jedoch nicht mehr weiter. Meistens sind dann eigene und vor allem komplexere Abfragen (vielleicht sogar mit regulären Ausdrücken) notwendig.

Nehmen wir an, Sie betreiben eine reine Rezeptseite. Rezepte sind somit das wichtigste Element auf Ihrer Website. Sie aktivieren das Plugin aus Kapitel 13 und fangen an, Koch- und Backanleitungen zu hinterlegen. Ein großer Nachteil ist, dass die von WordPress integrierte Suche keine Meta-Felder durchsucht. Eine Suche nach »Mehl«

ergibt dann keine Treffer, obwohl Sie bereits mehrere Rezepte mit dieser Zutat hinterlegt haben. Bleibt nur eines: Sie müssen die Suche selbst anpassen.

In Tabelle 17.6 ist zu sehen, welche Parameter für ein einzelnes Array innerhalb von `$meta_query` möglich sind.

Parameter	Beschreibung
string $key	Der Meta-Schlüssel
string|array $value	Der Meta-Wert
string $type	Der Feldtyp. Möglich sind NUMERIC, BINARY, CHAR, DATE, DATETIME, DECIMAL, SIGNED, TIME oder UNSIGNED.
string $compare	Der Vergleichsoperator. Möglich sind =, !=, >, >=, <, <=, LIKE, NOT LIKE, IN, NOT IN, BETWEEN, NOT BETWEEN, NOT EXISTS, REGEXP, NOT REGEXP oder RLIKE.

Tabelle 17.6 Mögliche Meta-Angaben

In der Stammdatei des Plugins wird der Code aus Listing 17.36 eingefügt. Wie Sie dort sehen können, wird `query_vars` um eine Meta-Query ergänzt – allerdings nur, wenn wir uns auf der Suchseite befinden und es sich bei der aktuellen Abfrage um die Hauptabfrage (*Main Query*) handelt.

```
<?php

add_action( 'parse_query', 'floriansimeth\nomnom\search_ingredients' );

function search_ingredients( \WP_Query $query ) {
    if ( ! $query->is_search() ) {
        return;
    }

    if ( ! $query->is_main_query() ) {
        return;
    }

    $query->query_vars['meta_query'] = [
        [
            'key'     => 'recipe_ingredients',
            'value'   => get_search_query(),
            'compare' => 'LIKE'
        ]
```

```
    ];
}
```

Listing 17.36 Einfügen einer Meta-Query in die Hauptabfrage

Eine erneute Suche nach »Mehl« verändert die Resultatliste allerdings nicht. Die Rezepte mit dieser Zutat werden immer noch nicht gefunden. Das liegt daran, dass WordPress alle Meta-Abfragen mit dem `AND`-Operator an die Hauptabfrage hängt. Dies muss geändert werden. Und das klappt mit dem `get_meta_sql`-Filter, wie in Listing 17.37 zu sehen ist. Dort wird das erste `AND` durch ein `OR` ersetzt, was schließlich dazu führt, dass die Suche nun auch die entsprechenden Rezepte findet (siehe Abbildung 17.8).

```
<?php
add_filter(
    'get_meta_sql',
    'floriansimeth\nomnom\compare_meta_query_with_or',
    10,
    6
);

function compare_meta_query_with_or(
    array $sql,
    array $queries,
    string $type,
    string $primary_table,
    string $primary_id_column,
    ?object $context
): array {
    if ( $context instanceof \WP_Query
         && $context->is_search()
         && $context->is_main_query()
    ) {
        $sql['where'] = preg_replace(
            '#^ AND#',
            ' OR',
            $sql['where']
        );
    }

    return $sql;
}
```

Listing 17.37 AND wird durch OR ersetzt.

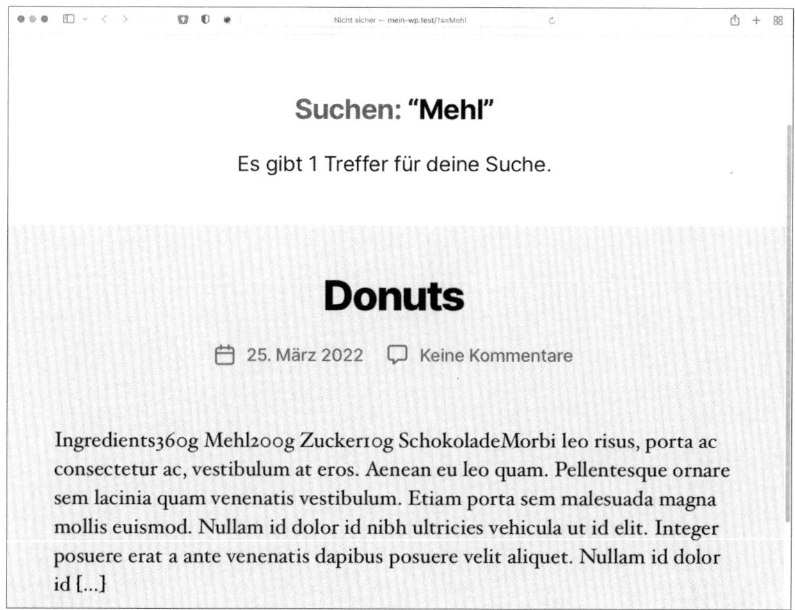

Abbildung 17.8 Ein Rezept wird gefunden!

Auch komplexere Meta-Abfragen sind möglich, wie Listing 17.38 veranschaulicht. Dort wird versucht, alle Rezepte mit den Zutaten Mehl *und* Zucker zu laden. Beachten Sie, dass `relation` hier angegeben wurde, um eine logische UND-Verknüpfung zwischen den einzelnen Array-Elementen zu erzeugen.

```
<?php
$query = new \WP_Query( [
    'post_type' => 'recipe',
    'meta_query' => [
        'relation' => 'AND',
        [
            'key'     => 'recipe_ingredients',
            'value'   => 'Mehl',
            'compare' => 'LIKE'
        ],
        [
            'key'     => 'recipe_ingredients',
            'value'   => 'Zucker',
            'compare' => 'LIKE'
        ],
    ]
] );
```

Listing 17.38 Eine Suche nach mehreren Zutaten

Natürlich geht es *noch* komplexer. Denn `meta_query` kann Arrays von Arrays enthalten, wie Listing 17.39 zeigt. Dort wird nach allen Rezepten gesucht, die entweder Mehl *oder* Zucker als Zutat haben *und* deren Zubereitungszeit zwischen 30 und 45 Minuten liegt. (Wir setzen hier voraus, dass die Zeiteinheit immer die gleiche ist.) Beachten Sie jedoch, dass viele Arrays nicht nur den Code unübersichtlich, sondern auch die SQL-Abfrage langsamer machen.

```
<?php
$query = new \WP_Query( [
    'post_type'  => 'recipe',
    'meta_query' => [
        'relation' => 'AND',
        [
            'relation' => 'OR',
            [
                'key'     => 'recipe_ingredients',
                'value'   => 'Mehl',
                'compare' => 'LIKE'
            ],
            [
                'key'     => 'recipe_ingredients',
                'value'   => 'Zucker',
                'compare' => 'LIKE'
            ],
        ],
        [
            'key'     => 'recipe_prep_time',
            'value'   => [ 30, 45 ],
            'compare' => 'BETWEEN',
            'type'    => 'NUMERIC',
        ],
    ]
] );
```

Listing 17.39 Komplexere Meta-Abfrage

17.3.5 User-Query

Die Funktion `get_users()` kam bereits in Abschnitt 16.1.4, »Einen Benutzer aus der Datenbank lesen«, zur Sprache. Mit ihr ist es möglich, nach Benutzern zu suchen. Die Funktion verwendet intern die Datenbank-Klasse `WP_User_Query`, die wie alle anderen Datenbank-Klassen auch sehr umfangreiche Anpassungen ermöglicht. Eine Liste aller möglichen Argumente finden Sie wieder auf wordpress.org unter *https://de-*

veloper.wordpress.org/reference/classes/wp_user_query/. Im Folgenden beschreibe ich lediglich die interessantesten Argumente.

Benutzer nach Rollen filtern

Wenn Sie wissen möchten, welchen Benutzern eine gewisse Rolle zugewiesen wurde, können Sie eine Liste durch `get_users()` abrufen (siehe Listing 17.40). In Abschnitt 16.2.2, »Rollen«, haben wir im Rezept-Plugin neue Rollen angelegt: *Recipe Editor* und *Recipe Creator*. Diese können wir nun verwenden, um alle Benutzer aufzulisten:

```
<?php
$users = get_users( [
    'role__in' => [ 'recipe_editor', 'recipe_creator' ]
] );
```

Listing 17.40 Lädt alle Benutzer mit mindestens einer dieser Rollen.

Im WordPress-Backend ist es nicht möglich, einem Benutzer mehrere Rollen gleichzeitig zuzuweisen, aber es ist dennoch möglich, nach ihnen zu filtern, wie Listing 17.41 zeigt. Es werden nur Benutzer zurückgegeben, denen die Rolle Recipe Editor *und* Editor (Redakteur) zugewiesen wurde. Das Zuweisen mehreren Rollen klappt zum Beispiel mit dem zuvor erwähnten Plugin *User Role Editor*[2] (siehe Abbildung 17.9).


```
<?php
$users = get_users( [
    'role' => [ 'recipe_editor', 'editor' ]
] );
```

Listing 17.41 Benutzer mit den Rollen »Recipe Editor« und »Editor« werden gesucht.

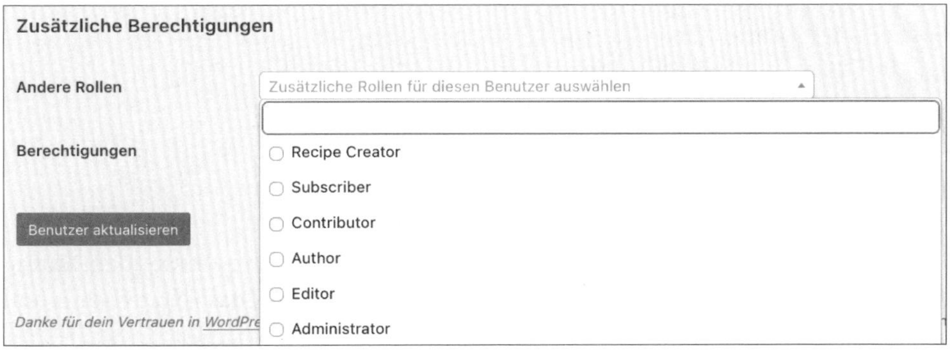

Abbildung 17.9 Zusätzliche Rollen beim Bearbeiten eines Benutzers werden durch das »User Role Editor«-Plugin ermöglicht.

2 Zum Download hier: *https://de.wordpress.org/plugins/user-role-editor/*

Metadaten von Benutzern einbeziehen

In Abschnitt 16.3 haben Sie gelernt, dass zu Benutzern außerdem Metadaten abgespeichert werden können. Im angesprochenen Abschnitt wurde das Benutzerformular um einige Felder zum Erfassen von sozialen Netzwerken ergänzt. Wie auch bei `WP_Query` gibt es in der `WP_User_Query`-Klasse zwei Möglichkeiten, wie eine Meta-Unterabfrage eingebunden werden kann: entweder über die Argumente aus Tabelle 17.7 (die so auch in `WP_Query` nutzbar sind) oder über das `meta_query`-Argument (für komplexere Abfragen; siehe dazu Abschnitt 17.3.4).

Argument	Beschreibung
`string $meta_key`	Der Meta-Schlüssel
`string $meta_value`	Der Meta-Wert
`string $meta_compare`	Der Vergleichsoperator. Möglich ist `=`, `!=`, `>`, `>=`, `<`, `<=`, `LIKE`, `NOT LIKE`, `IN`, `NOT IN`, `BETWEEN`, `NOT BETWEEN`, `NOT EXISTS`, `REGEXP`, `NOT REGEXP` oder `RLIKE`.

Tabelle 17.7 Mit diesen drei Argumenten kann eine einfache Meta-Abfrage ergänzt werden.

Listing 17.42 zeigt, wie alle Nutzer, deren Twitter-Meta-Feld existiert, zurückgegeben werden. Das heißt jedoch nicht, dass die Nutzer dort auch eine URL eingegeben haben. Es kann obendrein bedeuten, dass sie einmal etwas hinterlegt *hatten* und das Feld nur deshalb existiert. WordPress löscht nämlich das Feld nicht, sondern leert es lediglich. Wenn Sie wissen möchten, ob ein Feld tatsächlich belegt ist, kommen Sie mit den einfachen Argumenten aus Tabelle 17.7 an Ihre Grenzen.

```
<?php
$users = get_users( [
    'meta_key'     => 'twitter',
    'meta_compare' => 'EXISTS'
] );
```

Listing 17.42 Einfache Meta-Abfrage

Es lässt sich also nicht vermeiden, dass Sie stattdessen `meta_query` verwenden. Listing 17.43 zeigt genau dies: eine Meta-Abfrage, die sicherstellt, dass das Feld existiert und tatsächlich eine URL mit *twitter.com* enthält.

```
<?php
$users = get_users( [
    'meta_query' => [
```

```
        'relation' => 'AND',
        [
            'key'     => 'twitter',
            'compare' => 'EXISTS'
        ],
        [
            'key'     => 'twitter',
            'compare' => 'LIKE',
            'value'   => 'twitter.com',
        ]
    ]
] );
```

Listing 17.43 Komplexere Prüfung der Twitter-URL

17.3.6 Comment-Query

Wie `WP_User_Query` werden Sie auch die Klasse `WP_Comment_Query` nur selten benötigen. Denn auch für sie gibt es eine viel benutzerfreundlichere Alternative: `get_comments()`. Die Funktion übergibt alle Argumente an die Klasse, die sich dann um die Erstellung der SQL-Abfrage kümmert. Die Liste der Argumente finden Sie unter *https://developer.wordpress.org/reference/classes/WP_Comment_Query/__construct/*.

Jedes Theme nutzt normalerweise die Funktion `wp_list_comments()`, um Kommentare zu Beiträgen anzuzeigen. Sie verwendet `get_comments()`, und diese wiederum macht Gebrauch von `WP_Comment_Query`. Im Folgenden entwickeln wir ein Bewertungs-Plugin für Kommentare und »hooken« uns dann in die Klasse, um deren Argumente so zu verändern, dass die Kommentare nach Bewertung neu sortiert werden.

Kommentar-Bewertungen

In Listing 17.44 sehen Sie das Plugin */wp-content/plugins/easy-comment-rating/easy-comment-rating.php*. Es nutzt den Filter-Hook `comment_text`, um am Ende eines Kommentars die »Daumen hoch«- und »Daumen runter«-Emojis anzuzeigen, ähnlich, wie wir es schon im *Easy Rating*-Plugin aus Abschnitt 17.2 gelöst haben. Tatsächlich wird der dortige Code zum Registrieren und Einbinden eines JavaScripts genutzt. Deshalb stelle ich den angepassten Quellcode hier nicht zusätzlich zur Verfügung. Schauen Sie sich diesen gerne noch einmal im Download-Material an, oder blättern Sie in den zuvor genannten Abschnitt zurück.

Beachten Sie im Listing die Verwendung des Datenbank-Wertes `comment_karma`. Dieser Wert kommt in WordPress nicht zum Einsatz. Deswegen werden Sie ihn im Plugin nutzen, um dort eine Bewertung zu hinterlegen.

```
<?php
/**
 * Plugin Name: Easy Comment Rating
 * Description: A plugin that allows to rate a single comment.
 * ...
 */

namespace floriansimeth\easy_comment_rating;

add_filter(
    'comment_text',
    'floriansimeth\easy_comment_rating\add_rating_to_comment',
    10,
    3
);

function add_rating_to_comment(
    string $comment_text,
    ?\WP_Comment $comment,
    ?array $args
) {
    if ( ! $comment instanceof \WP_Comment ) {
        return $comment_text;
    }

    $comment_text .= sprintf(
        '<p data-comment_ID="%d">'
        . '<a href="#" class="fs-ecr-rating rate-up">&#128077;</a> '
        . '<a href="#" class="fs-ecr-rating rate-down">&#128078;</a>'
        . '<span class="fs-ecr-message"></span> (%d)</p>',
        $comment->comment_ID,
        $comment->comment_karma
    );

    return $comment_text;
}
```

Listing 17.44 Ausschnitt aus der Stammdatei des Plugins

Die wichtigste Funktion im Beispiel-Plugin ist `rate_comment()`. Listing 17.45 zeigt die verkürzte Fassung. Sie können erkennen, dass der Karma-Wert schlicht herauf- oder heruntergesetzt wird, je nachdem, was der Benutzer angeklickt hat. Abbildung 17.10 zeigt schließlich, wie das Ganze im Kommentarbereich des Frontends aussieht.

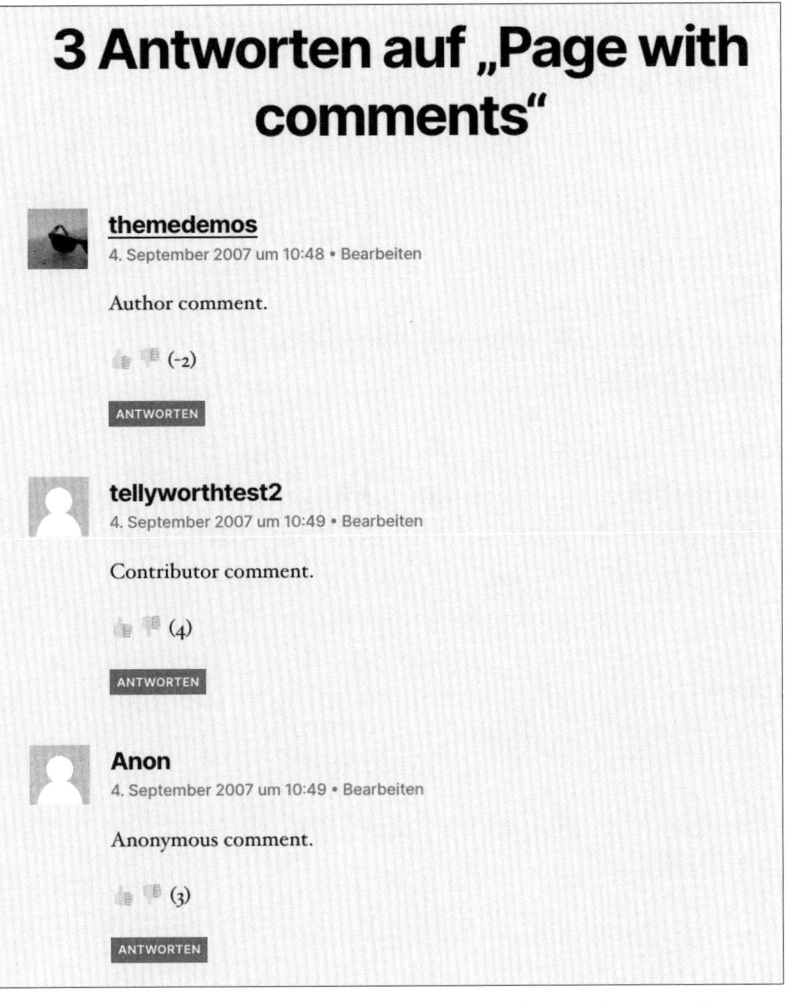

Abbildung 17.10 Jeder Kommentar wurde um zwei Bewertungs-Buttons erweitert.

```
<?php
function rate_comment( int $comment_id, $direction = 'up' ): bool {
    $comment = get_comment( $comment_id );

    ...

    if ( 'up' === $direction ) {
        (int) $comment->comment_karma ++;
    } else {
        (int) $comment->comment_karma --;
    }
```

17

```
    $updated = wp_update_comment( [
        'comment_ID'      => $comment_id,
        'comment_karma' => $comment->comment_karma
    ], true );

    ...

    return 1 === $updated;
}
```

Listing 17.45 Ausschnitt aus der »rate_comment()«-Funktion des »Easy Comment Rating«-Plugins

Sortierung ändern

In Listing 17.46 wird der `pre_get_comments`-Action-Hook genutzt, um die Argumente nun so zu verändern, dass die Kommentare nach den Bewertungen neu sortiert werden:

```
<?php
add_action(
    'pre_get_comments',
    'floriansimeth\easy_comment_rating\resort_comments'
);

function resort_comments( \WP_Comment_Query $query ) {
    if ( ! in_the_loop() ) {
        return;
    }

    $date_order = get_option( 'comment_order', 'ASC' );

    $query->query_vars['orderby'] = [
        'comment_karma' => 'DESC',
        'comment_date'  => $date_order,
    ];
}
```

Listing 17.46 Das Argument »orderby« wird benutzt, um die Sortierung zu verändern.

Beachten Sie, dass sich unter EINSTELLUNGEN • DISKUSSION die Sortierung der Kommentare einstellen lässt (DIE ÄLTESTEN/NEUESTEN KOMMENTARE SOLLEN OBEN STEHEN). Um keine Verwirrung zu stiften, sollte die dort eingestellte Reihenfolge gewährleistet bleiben. Deshalb lädt der Code aus dem zuvor genannten Listing die

Option `comment_order`. Leider existiert kein Hook, mit dem das `<select>`-HTML-Element im Backend bei den Einstellungen erweitert werden könnte. Sonst wäre es sinnvoll, dort eine dritte Auswahl zu ergänzen.

In Abbildung 17.11 ist zu sehen, dass die Bewertungen nun passend sortiert werden.

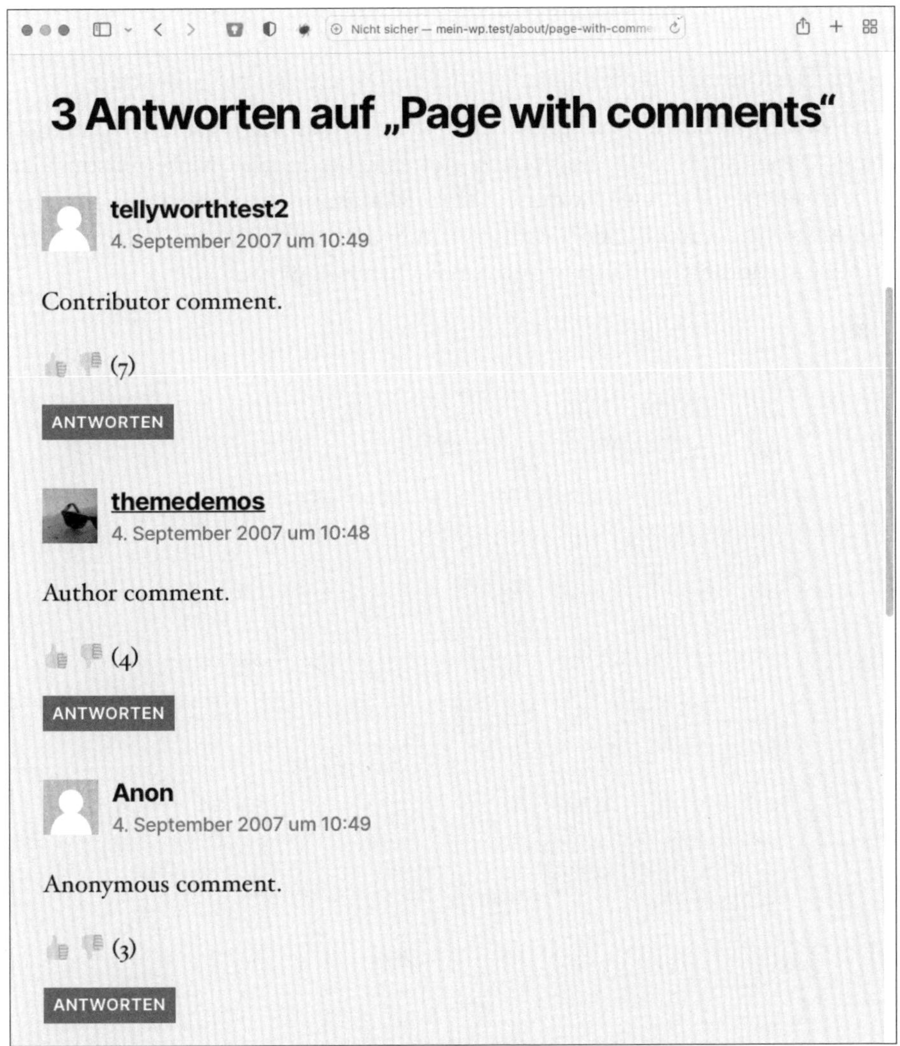

Abbildung 17.11 Die Bewertungen wurden sortiert.

17.3.7 Site-(und Network-)Query

Wenn Sie öfter mit WordPress-Multisite-Installationen zu tun haben, müssen Sie möglicherweise auch einmal die Liste der Sites durchsuchen oder filtern. Das geht mit den Klassen `WP_Network_Query` und `WP_Site_Query`. Die Klasse `WP_Network_Query` setzt gegenwärtig keine direkten Datenbank-Abfragen ab, denn das Network-Feature hat in WordPress derzeit kein User-Interface. Das Site-Feature allerdings schon. Wie Sie in Kapitel 21 noch erfahren werden, lassen sich innerhalb eines Netzwerks mehrere Sites erstellen und dann durch die Funktion `get_sites()` abrufen. Sie nutzt intern die besagte `WP_Site_Query`-Klasse. Die gesamten Parameter wurden hier zusammengefasst:

https://developer.wordpress.org/reference/classes/wp_site_query/__construct/

Die Datenbank ist, neben dem eigentlichen Quellcode, das wichtigste Instrument in WordPress. Ohne Daten in der Datenbank gibt es keine Inhalte. Nicht umsonst ist, wie ich in diesem Kapitel zeigen konnte, der Funktionsumfang so riesig. Es gibt aber noch weitere »Daten«, mit denen WordPress umgehen kann: Dateien. Wie die Dateisystem-API funktioniert, schauen wir uns im nächsten Kapitel an.

Kapitel 18
Dateien auf dem Laufwerk manipulieren

Wissen Sie, was ich absolut genial finde? Daten haben kein physisches Gewicht. Wenn Sie mit einem Terabyte an Daten in ein Flugzeug einsteigen, zählt nur das Gewicht des Mediums selbst. Nicht aber der Inhalt: Es ist egal, ob der Speicher nun leer ist oder voll.

Was »voll« bedeutet, ist jedoch eine eher rhetorische Frage. Denn eine leere Festplatte enthält auch Daten. Vielleicht sind es ausschließlich Nullen statt einer Mischung aus Nullen und Einsen. Wie dem auch sei: Seit es Computer gibt, werden Daten erstellt, geschrieben, verschoben und gelöscht. Auch WordPress benötigt Funktionen, damit dies alles möglich ist. Immerhin erlaubt es den Benutzern, Fotos, Grafiken und Dokumente hochzuladen. Zeit, uns die Filesystem-API näher anzusehen.

18.1 Was ist die Filesystem-API?

Die Filesystem-API ist eine Sammlung von Funktionen zum Lesen, Schreiben, Ändern und Löschen von Dateien im Dateisystem. Darüber hinaus enthält sie Funktionen zum Hochladen, Archivieren und Rendern von Ausgaben, falls dies erforderlich ist.

18.2 Mögliche Einsatzzwecke

Ähnlich wie die HTTP-API ist ein großer Teil der Filesystem-API objektorientiert programmiert. Es existiert eine Basisklasse namens `WP_Filesystem_Base`. Davon abgeleitet wurden die vier Klassen, die Sie in Tabelle 18.1 sehen.

Klasse	Beschreibung
WP_Filesytem_Direct	Erlaubt die direkte Dateimanipulation auf der Festplatte.
WP_Filesystem_FTPext	Klasse zur Implementierung von FTP-Funktionen
WP_Filesystem_ftpsockets	Klasse zur Implementierung von FTP-Sockets-Verbindungen
WP_Filesystem_SSH2	Erlaubt SSH-Verbindungen.

Tabelle 18.1 Die vier abgeleiteten Klassen von »WP_Filesystem_Base«

Dies hat den Grund, dass nicht auf jedem System eine direkte Datenmanipulation möglich ist. Oft ist es so, dass der Webserver (der den entstandenen HTML-Code an den Browser ausliefert) mit anderen Benutzerrechten läuft als beispielsweise der PHP-Interpreter. Wenn dann die Rechte der WordPress-Dateien nicht entsprechend angepasst werden, kann PHP weder Dateien schreiben noch verändern oder löschen.

Ursprünglich waren die Klassen für den internen Gebrauch gedacht, also dass zum Beispiel Core-, Plugin- und Theme-Updates erledigt werden können. Sie können aber auch zweckentfremdet werden. So ist es möglich, mithilfe von `WP_Filesystem_FTPext` Verbindungen zu anderen FTP-Servern herzustellen, um damit Daten auszutauschen. Mit der `WP_Filesystem_SSH2`-Klasse lassen sich Befehle an entfernte Server senden, die dann bestimmte Aufgaben ausführen. Diese Funktionen machen sich einige Plugins zunutze. Allen voran Backup-Plugins, die Sicherheitskopien der Dateien und der Datenbank anlegen und auf anderen Servern ablegen.

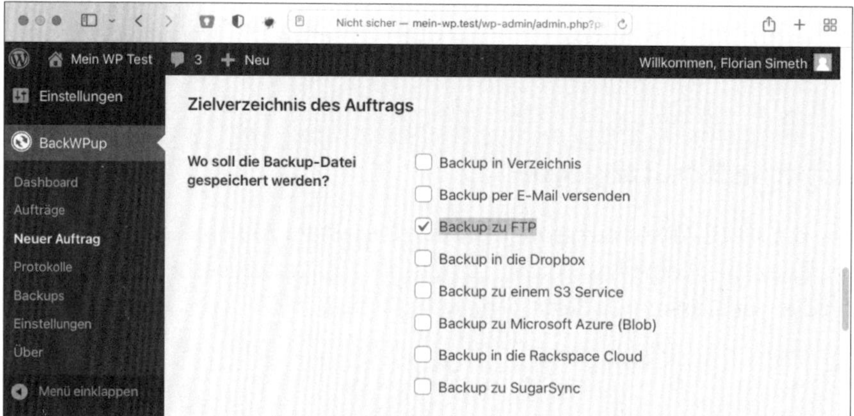

Abbildung 18.1 Tools wie »BackWPup« erlauben das Sichern des Backups via FTP.

Aber nicht nur Plugins, sondern auch WordPress selbst macht, wie bereits erwähnt, regen Gebrauch von der API. Mit ihr werden Daten in die Mediathek hochgeladen, Verzeichnisse angelegt und Updates durchgeführt. Wie Sie möglicherweise bereits wissen, werden Updates immer in Form von ZIP-Dateien geliefert. Diese Archive müssen entpackt werden. Auch das ist mit der Filesystem-API möglich.

Sie kommt auch dann zum Einsatz, wenn Sie Dateien mit dem integrierten Browser-Editor manipulieren wollen. Das geht unter PLUGINS • PLUGIN-DATEI-EDITOR oder DESIGN • THEME-DATEI-EDITOR, falls die Funktion nicht deaktiviert wurde.

18.3 Lokale Daten manipulieren

Nehmen wir an, Sie möchten es jedem Benutzer erlauben, ein Profilbild hochzuladen. Tatsächlich ist das mit Bordmitteln in WordPress derzeit nicht möglich. Unter EINSTELLUNGEN • DISKUSSION • AVATARE gibt es verschiedene Wahlmöglichkeiten. Eigene Bilder können jedoch nicht hochgeladen werden (siehe Abbildung 18.2).

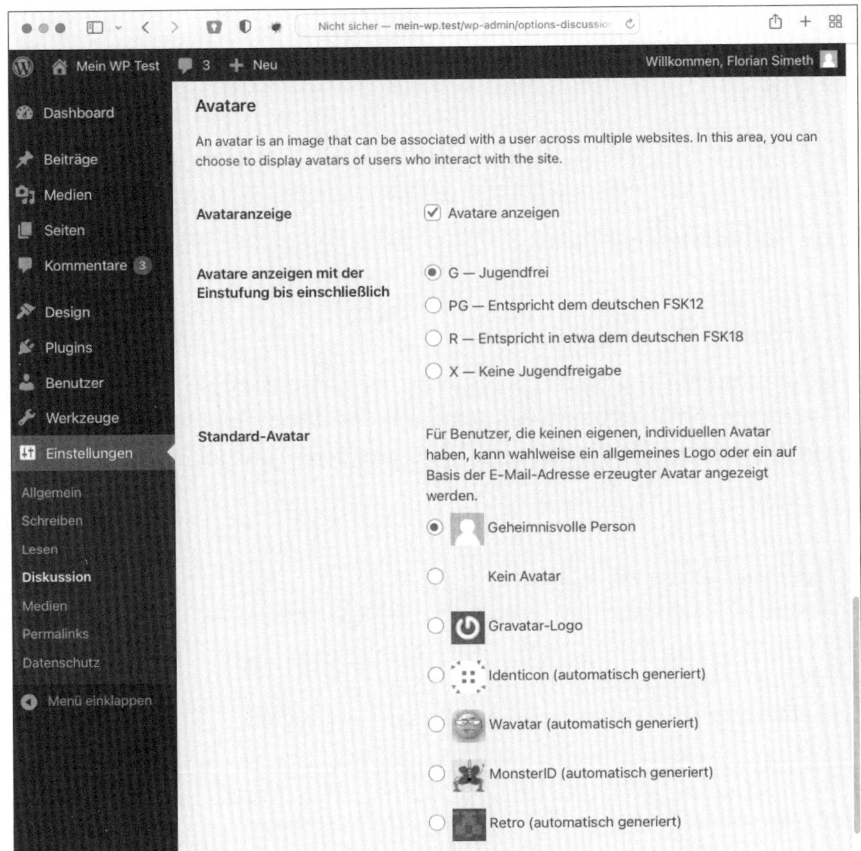

Abbildung 18.2 Eine Möglichkeit, eigene Profilbilder hochzuladen, gibt es nicht.

18

Es ist an der Zeit, uns dieses Problems anzunehmen. Also entwickeln wir ein eigenes Plugin dafür. Beachten Sie, dass ich im Folgenden einige Quelltexte gekürzt habe, weil das bisherige Vorgehen zum Erstellen eines Plugins nun bekannt sein sollte. Sie finden das vollständige Plugin im Download-Material.

Listing 18.1 zeigt die Stammdatei des Plugins (*/wp-content/plugins/profile-avatar/profile-avatar.php*):

```
<?php
/**
 * Plugin Name: Profile Avatar
 * Description: Allows a user to upload their own profile images.
 * ...
 */

namespace floriansimeth\profile_avatar;

define( 'FS_PA_FILE', __FILE__ );

if ( is_admin() ) {
    require_once __DIR__ . '/includes/admin.php';
}

require_once __DIR__ . '/includes/general.php';
```

Listing 18.1 Die Stammdatei des Plugins

18.3.1 Avatar-Auswahl erweitern

Die Datei */includes/admin.php* (siehe Listing 18.2) macht zweierlei: Sie »hookt« sich in die Einstellungsseite für DISKUSSIONEN (*load-options-discussion.php*) und auf die PROFIL- sowie BENUTZER BEARBEITEN-Seite (*load-profile.php* und *load-user-edit.php*).

```
<?php

namespace floriansimeth\profile_avatar;

add_action(
    'load-options-discussion.php',
    'floriansimeth\profile_avatar\options_discussion_page'
);

function options_discussion_page() {
    require_once __DIR__ . '/admin-options-discussion.php';
}
```

```
add_action(
    'load-profile.php',
    'floriansimeth\profile_avatar\user_edit_page'
);

add_action(
    'load-user-edit.php',
    'floriansimeth\profile_avatar\user_edit_page'
);

function user_edit_page() {
    require_once __DIR__ . '/admin-edit.php';
}
```

Listing 18.2 Die »/includes/admin.php«-Datei

Danach wird es interessant. In der Datei */includes/admin-options-discussions.php* wird der Filter `avatar_defaults` genutzt, um die Liste auf der Einstellungsseite zu ergänzen (siehe Listing 18.3). Mit `pre_get_avatar` wird ein Standard-Avatar für die neue Auswahlmöglichkeit ausgegeben (siehe Abbildung 18.3).

```
<?php

namespace floriansimeth\profile_avatar;

add_filter(
    'avatar_defaults',
    'floriansimeth\profile_avatar\avatar_list'
);

function avatar_list( array $avatars ): array {

    $avatars['profile_avatar_upload'] = __(
        'Allow picture upload',
        'profile-avatar'
    );

    return $avatars;
}

add_filter(
    'pre_get_avatar',
    'floriansimeth\profile_avatar\avatar_default_image',
    10,
```

```
    3
);

function avatar_default_image( ... ): ?string {
    ...
    return $avatar;

}
```

Listing 18.3 Ausschnitt aus der »admin-options-discussions.php«-Datei

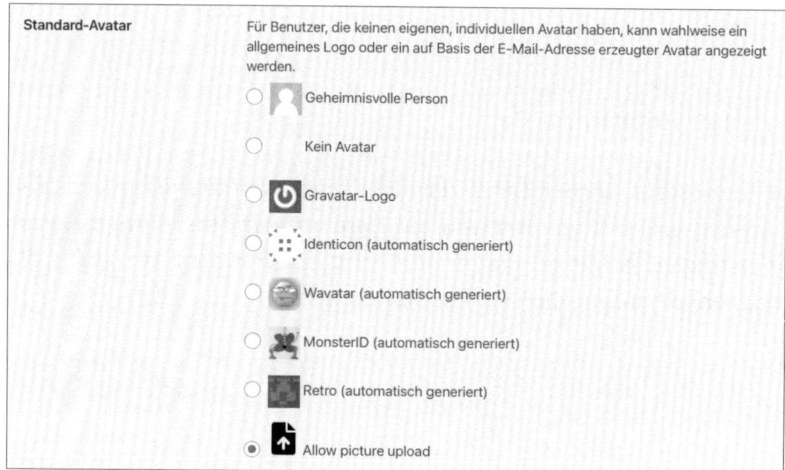

Abbildung 18.3 Die Auswahl wurde um »Allow picture upload« erweitert. Das Standardbild ist die SVG-Grafik mit dem Pfeil nach oben.

18.3.2 Upload-Formular

Die Datei */includes/admin-edit.php* (siehe Listing 18.4) registriert eine CSS- und eine JavaScript-Datei und gibt lediglich ein `div`-Element aus, das später vom React-Skript genutzt wird:

```
<?php
namespace floriansimeth\profile_avatar;

...

add_filter(
    'user_profile_picture_description',
    'floriansimeth\profile_avatar\upload_image_form'
);
```

```
function upload_image_form( string $description ): string {
    return '<div id="profile_avatar_uploader"></div>';
}
```

Listing 18.4 Auszug aus der »admin-edit.php«-Datei

React wird verwendet, weil WordPress mit einer praktischen Komponente namens *DropZone* ausgestattet ist, die hier verwendet werden soll. Damit lässt sich im Browserfenster eine Zone einrichten, in die Daten vom heimischen Rechner hineingezogen werden können. Die *package.json*-Datei ist dieselbe, die in Kapitel 9 zum Einsatz kam (siehe Abschnitt 9.2.4, »Der Build-Vorgang«). Durch den Terminal-Befehl `npm install` aus dem Stammverzeichnis des Plugins werden die entsprechenden Pakete installiert. Schließlich wird die Datei */src/index.js* erstellt. Listing 18.5 zeigt, wie das `<DropZone>`-Element eingebunden wird und wie nach dem Einfügen die Datei via `apiFetch` an die Rest-Route `/profile-avatar/v1/upload` übermittelt wird:

```
import { useState } from '@wordpress/element';
import { DropZone } from '@wordpress/components';
import { __ } from '@wordpress/i18n'
import apiFetch from '@wordpress/api-fetch';
import * as ReactDOM from 'react-dom';

function ProfileAvatarUploader() {
    const [ hasDropped, setHasDropped ] = useState( false );

    const uploadFile = ( file ) => {
        const data = new window.FormData();
        data.append(
            'file',
            file,
            file.name || file.type.replace( '/', '.' )
        );
        apiFetch( {
            'path': '/profile-avatar/v1/upload',
            'body': data,
            'method': 'POST',
        } ).then( ( avatar_urls ) => {
            setHasDropped( false );
            let avatar = document.querySelector(
                'tr.user-profile-picture img.avatar'
            );
            avatar.src = avatar_urls[ 96 ];
            avatar.srcset = avatar_urls[ 96 ] + ' 2x';
```

```
        } )
            .catch( ( error ) => {
                setHasDropped( false );
                console.error( error );
            } );
    }

    return (
        <div className="fs-av-uploader">
            <p>{ hasDropped
                ? __( 'Uploading image ...', 'profile-avatar' )
                : __( 'Drop a JPEG profile image into the field below.',
                    'profile-avatar' )
            }</p>
            <DropZone
                className="fs-av-uploader-dropzone"
                onFilesDrop={ ( files ) => {
                    setHasDropped( true );
                    uploadFile( files[ 0 ] );
                } }
                onHTMLDrop={ () => setHasDropped( true ) }
                onDrop={ () => setHasDropped( true ) }
                label={ __( 'Drop image here', 'profile-avatar' ) }
            />
        </div>
    );
}

ReactDOM.render(
    <ProfileAvatarUploader/>,
    document.getElementById( 'profile_avatar_uploader' )
);
```

Listing 18.5 JavaScript mit der Upload-Funktion

Durch den Terminal-Befehl `npm build` wird das JavaScript von webpack entsprechend gepackt und werden die Build-Dateien erstellt. Danach kann das Plugin aktiviert werden. Im Profil sowie auf den Seiten, auf denen Benutzer editiert werden, erscheint jetzt ein Fallback-Icon, falls noch kein Bild hochgeladen wurde (siehe Abbildung 18.4). Durch Drag & Drop kann nun eines direkt in den Bereich mit der grau gestrichelten Umrandung gezogen werden. Der Upload findet zwar scheinbar statt, funktioniert aber noch nicht, denn es fehlt die REST-Route, die wir nun erstellen werden.

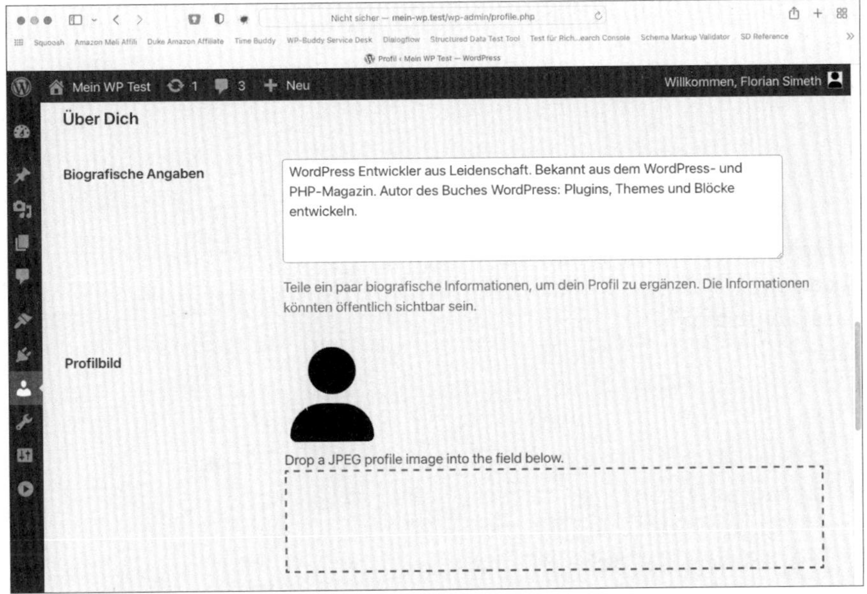

Abbildung 18.4 Ein Fallback-Bild mit einem Benutzer-Icon erscheint, wenn noch kein Profilbild hinterlegt wurde.

18.3.3 Datei hochladen und verarbeiten

18

In der Stammdatei ergänzen wir den Code aus Listing 18.6, um die Datei `/includes/rest.php` einzubinden. Dort wird die Route registriert, die letztlich die Callback-Funktion `upload_image()` aufruft (siehe Listing 18.7).

```
<?php
add_action( 'rest_api_init', 'floriansimeth\profile_avatar\rest_api_init' );

function rest_api_init() {
    require_once __DIR__ . '/includes/rest.php';
}
```

Listing 18.6 Der »rest_api_init«-Hook wird verwendet, um eine weitere Datei einzubinden.

```
<?php
function upload_image( \WP_REST_Request $request ) {
    $files = $request->get_file_params();

    try {
        $filename = handle_upload( $files['file'] );
    } catch ( \Exception $e ) {
        return new \WP_Error(
```

```
            'profile-avatar-rest-image-upload',
            $e->getMessage()
        );
    }

    $user_id = $request->get_param( 'user_id' );

    $old_filename = (string) get_user_meta(
        $user_id,
        'profile_avatar',
        true
    );

    if ( ! empty( $old_filename ) && $old_filename !== $filename ) {
        $old_file_path = get_avatar_dir() . $old_filename;
        if ( file_exists( $old_file_path ) ) {
            wp_delete_file( $old_file_path );
        }
    }

    update_user_meta(
        $user_id,
        'profile_avatar',
        $filename
    );

    return rest_ensure_response(
        (object) rest_get_avatar_urls( $user_id )
    );
}
```

Listing 18.7 Diese Funktion nimmt die Daten entgegen, die später zum Hochladen benötigt werden.

Die wichtigsten Zeilen sind hervorgehoben:

1. Die Funktion `handle_upload()` übernimmt die Verarbeitung der hochgeladenen Datei. `$files` enthält den Multipart-Content aus dem Body der Anfrage.
2. Die Meta-Variable `profile_avatar` wird geladen. Dort ist ein Dateiname hinterlegt, falls zuvor ein Profilbild hochgeladen wurde. Dieses wird gelöscht, falls die Dateinamen sich unterscheiden.
3. `wp_delete_file()` ist die erste Funktion aus der Filesystem-API, die uns jetzt begegnet. Sie hat nur einen Parameter: den Pfad zu der Datei, die gelöscht werden soll.

Dateien löschen

Die Funktion `handle_upload()` ist in Listing 18.8 zu sehen. Leider kann sie im Code `wp_handle_upload()` nicht verwendet werden, weil sie alle Dateien in die Mediathek lädt, auf die ein Benutzer mit der Rolle *Abonnent* zum Beispiel keinen Zugriff hat. Die von WordPress mitgelieferte Funktion würde uns viel Arbeit ersparen – unter anderem die Sicherheitschecks, die den ersten Teil aus Listing 18.8 ausmachen. Wie Sie sehen, kommt die Funktion `wp_check_filetype_and_ext()` zum Einsatz, die uns schon in Abschnitt 7.1.4, »Datei-Uploads validieren«, begegnet ist:

```
<?php
function handle_upload( array $file ): string {
    #Schritt 1:
    if ( ! is_uploaded_file( $file['tmp_name'] ) ) {
        throw new \Exception(
            __( 'File was not uploaded correctly.', 'profile-avatar' )
        );
    }

    if ( wp_filesize( $file['tmp_name'] ) !== $file['size'] ) {
        throw new \Exception(
            __( 'File size matching error.', 'profile-avatar' )
        );
    }

    $checks = wp_check_filetype_and_ext(
        $file['tmp_name'],
        $file['name'],
        [ 'jpg|jpeg|jpe' => 'image/jpeg' ] # OR get_allowed_mime_types()
    );

    # proper_filename will always be false except the mime types do not match
    if ( is_string( $checks['proper_filename'] ) ) {
        $file['name'] = $checks['proper_filename'];
    }
    unset( $checks['proper_filename'] );

    foreach ( $checks as $check => $result ) {
        if ( ! $result ) {
            throw new \Exception(
                sprintf(
                    __( 'File check failed on %s', 'profile-avatar' ),
                    $check
                )
```

```
            );
        }
    }

    # Schritt 2:
    $filename = sanitize_file_name( $file['name'] );

    $filename = wp_unique_filename(
        get_avatar_dir(),
        $filename
    );

    # Schritt 3:
    if ( ! move_uploaded_file(
        $file['tmp_name'],
        get_avatar_dir() . $filename )
    ) {
        throw new \Exception(
            __( 'Could not move uploaded file.', 'profile-avatar' ),
        );
    }

    # Schritt 4:
    $filename = resize_image( $filename );

    return $filename;
}
```

Listing 18.8 Verarbeitung des Datei-Uploads

Arbeiten mit Dateinamen

Danach erfolgt mit `sanitize_file_name()` die Säuberung des Dateinamens. `wp_unique_filename()` (siehe Listing 18.9) prüft dann, ob nicht schon ein Dateiname (`$filename`) innerhalb des Verzeichnisses `$dir` existiert. Falls doch, wird die Callback-Funktion aus `$unique_filename_callback` angewandt. An sie werden drei Parameter übergeben: `$dir`, `$filename` und `$extension`. Bleibt der Callback-Parameter auf `null`, so hängt WordPress an den Dateinamen eine Nummer an, falls eine Datei mit demselben Namen schon existiert.

```
<?php
function wp_unique_filename(
    string $dir,
    string $filename,
```

```
    callable $unique_filename_callback = null
):string {
    ...
}
```

Listing 18.9 Funktionsbeschreibung von »wp_unique_filename()«

Datei verschieben

Im dritten Schritt wird die Datei aus dem temporären Speicher des Servers in das eigentliche WordPress-Verzeichnis verschoben. `get_avatar_dir()` ist dabei eine Funktion, die in der Datei */includes/general.php* definiert wurde. In Listing 18.10 wird mit `wp_upload_dir()` (siehe Abschnitt 4.3.4, »Weitere nützliche Pfadangaben«) der Pfad zum */wp-content/*-Verzeichnis in Erfahrung gebracht und ein neuer Verzeichnisname (*profile-avatars*) angehängt:

```
<?php
function get_avatar_dir(): string {
    $content = wp_upload_dir();

    $dir_path = trailingslashit( $content['basedir'] ) . 'profile-avatars';

    if ( ! wp_mkdir_p( $dir_path ) ) {
        throw new \Exception(
            __( 'Could not create avatar path', 'profile-avatar' )
        );
    }

    return trailingslashit( $dir_path );
}
```

Listing 18.10 Abrufen und Erstellen des Pfads für die Bilddateien

Die Funktion `wp_mkdir_p()` hilft dabei, den entsprechenden Ordner anzulegen. Sie kann sogar Verzeichnisse rekursiv erstellen, falls sie nicht existieren. Gleichzeitig sorgt sie dafür, dass diese die richtigen Berechtigungen erhalten.

Nachträgliche Bildbearbeitung

Im vierten und letzten Schritt erfolgt die Bildbearbeitung in der Funktion `resize_image()` (siehe Listing 18.11). `wp_get_image_editor()` (siehe Listing 18.12) ruft dabei die Klasse ab, die zur Anwendung kommen soll. Aktuell gibt es zwei Implementierungen von `WP_Image_Editor`: `WP_Image_Editor_Imagick` und `WP_Image_Editor_GD` (siehe dazu den Kasten »Imagick versus GD«). Ein vorher festgelegter Test legt fest, ob die erforderlichen PHP-Erweiterungen installiert sind, sodass die entsprechenden Klassen und Methoden genutzt werden können. Sie müssen sich nicht darum kümmern, welche Klasse zurückgegeben wird. Stattdessen können die Methoden aus Tabelle 18.2 direkt auf die Datei angewendet werden. Im Beispiel wird das Bild auf 500 × 500 Pixel beschränkt und zugeschnitten, falls das Verhältnis nicht passt. Die Methode `save()` überschreibt die gerade zuvor hochgeladene Datei.

Methode	Beschreibung
`crop()`	Schneidet ein Bild zu.
`flip()`	Spiegelt ein Bild.
`make_subsize()`	Erstellt eine Bilduntergröße.
`multi_resize()`	Erstellt mehrere kleinere Bilder aus einer Datei.
`resize()`	Verändert die Bildgröße.
`rotate()`	Rotiert ein Bild.
`save()`	Speichert das bearbeitete Bild.
`set_quality()`*	Legt die Qualität der Bildkomprimierung auf einer Skala von 1–100 % fest.
`thumbnail_image()`*	Effiziente Größenänderung des aktuellen Bildes

Tabelle 18.2 Einige Methoden der »WP_Image_Editor«-Implementierungen (* = so nur in der Klasse »WP_Image_Editor_Imagick« vorhanden)

Imagick versus GD

In PHP stehen Ihnen im Wesentlichen drei Bildbearbeitungsbibliotheken zur Verfügung:

- GD (steht für »Graphics Draw«)
- ImageMagick
- Gmagick (steht für »Graphics Magick« und ist ein *Fork* von ImageMagick)

Wie im Text bereits angemerkt wurde, muss WordPress zuerst feststellen, welche von den beiden oben genannten Implementierungen installiert ist. In der Regel ist nämlich nur eine von beiden installiert. Eine Unterstützung für Gmagick hat WordPress derzeit nicht. Die drei Bibliotheken liefern umfangreiche Funktionen zum Erstellen, Bearbeiten und Editieren von Bildern in diversen Formaten. Es gibt einige Unterschiede. So unterstützt ImageMagick deutlich mehr Formate als GD und hat viel mehr Bearbeitungsfunktionen. Mehr zu den Einzelheiten erfahren Sie unter *https://www.php.net/manual/de/refs.utilspec.image.php*.

```
<?php
function resize_image( string $filename ): string {

    $image_editor = wp_get_image_editor(
        get_avatar_dir() . $filename,
    );

    if ( ! $image_editor instanceof \WP_Image_Editor ) {
        throw new \Exception(
            __( 'Could not load image editor.', 'profile-avatar' ),
        );
    }

    $was_resized = $image_editor->resize(
        500,
        500,
        true
    );

    if ( is_wp_error( $was_resized ) ) {
        throw new \Exception(
            $was_resized->get_error_message(),
        );
    }

    $file_array = $image_editor->save( $filename );

    if ( is_wp_error( $file_array ) ) {
        throw new \Exception(
            $file_array->get_error_message(),
        );
    }

    return $file_array['file'];
}
```

Listing 18.11 Ein Bild wird verkleinert.

```
<?php
function wp_get_image_editor(
    string $path,
```

```
    array $args = [
        string mime_type,
        array $methods,
    ]
): WP_Error|WP_Image_Editor {
    ...
}
```

Listing 18.12 Funktionsbeschreibung von »wp_get_image_editor()«

Bei `wp_get_image_editor()` gilt:

- `$path` ist der Pfad zu der Datei, die bearbeitet werden soll.
- `$args` ist ein Array mit weiteren Argumenten:
  - `$mime_type`: Ist er angegeben, erfolgt zuvor ein Typencheck mit `wp_check_filetype()`. Darüber hinaus wird nur die Implementierung zurückgegeben, die den MIME-Typ unterstützt.
  - `$methods` ist ein Array mit Methoden, die benötigt werden. Sind sie angegeben, wird geprüft, welche Implementierung sie zulässt.

Zurückgegeben wird die Implementierung oder aber ein `WP_Error`-Objekt.

18.3.4 Avatar hochladen und anzeigen

Abbildung 18.5 zeigt nun, wie eine Bilddatei in die DropZone geschoben wird. React reagiert mit einer Farbänderung und mit dem zuvor angegebenen Schriftzug DROP IMAGE HERE. Dies signalisiert, dass nach dem Loslassen etwas passiert. Abbildung 18.6 zeigt, wie schließlich das Benutzerbild erscheint.

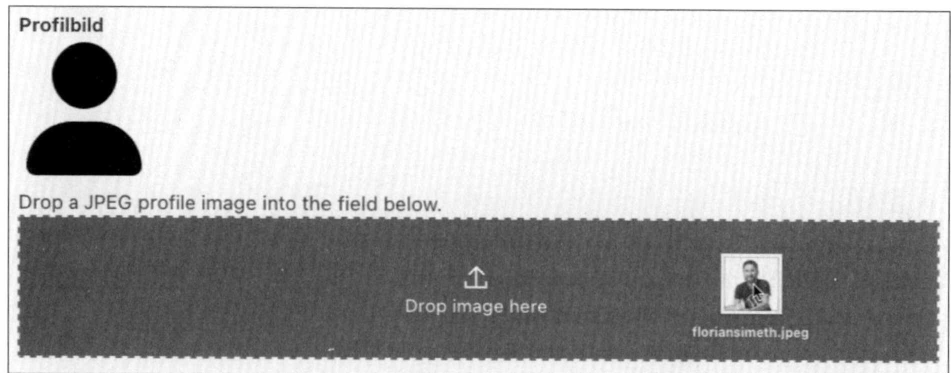

Abbildung 18.5 Packen und loslassen: Danach wird das Bild automatisch hochgeladen.

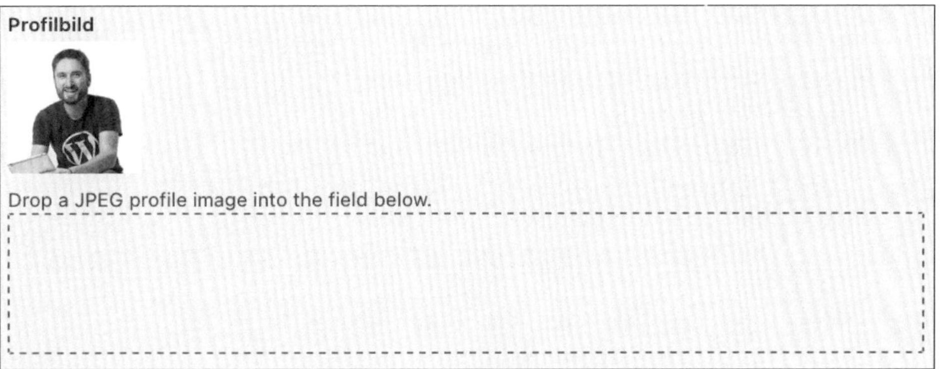

Abbildung 18.6 Nach dem Hochladen erscheint das Benutzerbild.

Jetzt fehlt nur noch, dass die Avatare überall dort angezeigt werden, wo sie eingesetzt werden. Dies geschieht in der Datei */includes/general.php*, wie Listing 18.13 zeigt. Dort wird der Filter `get_avatar_url` genutzt. Der zweite Parameter, der an die Callback-Funktion `get_avatar_url()` übergeben wird, kann – anders als der Variablenname vermuten lässt – auch ein Objekt der Klassen `WP_User`, `WP_Comment` oder `WP_Post` sein. Dementsprechend braucht es viele `if/else`-Abfragen, um die richtige Benutzer-ID herauszufinden, bis dann schließlich die eigentliche URL zurückgegeben werden kann. Abbildung 18.7 zeigt, wie mein Profilbild bei den Kommentaren im Frontend angezeigt wird.


```
<?php
add_filter(
    'get_avatar_url',
    'floriansimeth\profile_avatar\get_avatar_url',
    10,
    3
);

function get_avatar_url(
    string $avatar_url,
    $id_or_email,
    array $args
): string {
    if ( 'profile_avatar_upload' !== $args['default'] ) {
        return $avatar_url;
    }

    $fallback_image = plugin_dir_url( FS_PA_FILE )
        . 'public/images/user-solid.svg';
```

```
    if ( is_numeric( $id_or_email ) ) {
        $user = get_user_by( 'id', absint( $id_or_email ) );
    } elseif ( $id_or_email instanceof \WP_User ) {
        $user = $id_or_email;
    } elseif ( $id_or_email instanceof \WP_Post ) {
        $user = get_user_by( 'id', (int) $id_or_email->post_author );
    } elseif ( $id_or_email instanceof \WP_Comment
               && is_avatar_comment_type( get_comment_type( $id_or_email ) )
    ) {
        $user = get_user_by( 'id', $id_or_email->user_id );
    } elseif ( is_string( $id_or_email ) ) {
        $user = get_user_by_email( $id_or_email );
    } else {
        return $fallback_image;
    }

    if ( ! $user instanceof \WP_User ) {
        return $fallback_image;
    }

    try {
        $url = get_user_avatar_url( $user->ID );
    } catch ( \Exception $e ) {
        return $fallback_image;
    }

    if ( empty( $url ) ) {
        return $fallback_image;
    }

    return $url;
}

function get_user_avatar_url( int $user_id ): string {
    if ( ! user_has_avatar_image( $user_id ) ) {
        return '';
    }

    $filename = (string) get_user_meta( $user_id, 'profile_avatar', true );

    if ( empty( $filename ) ) {
        return '';
```

```
    }

    $content = wp_upload_dir();

    return trailingslashit( $content['baseurl'] )
        . 'profile-avatars/' . $filename;
}
```

Listing 18.13 Viel Code für eine einfache Aufgabe: die Rückgabe des Benutzerbildes

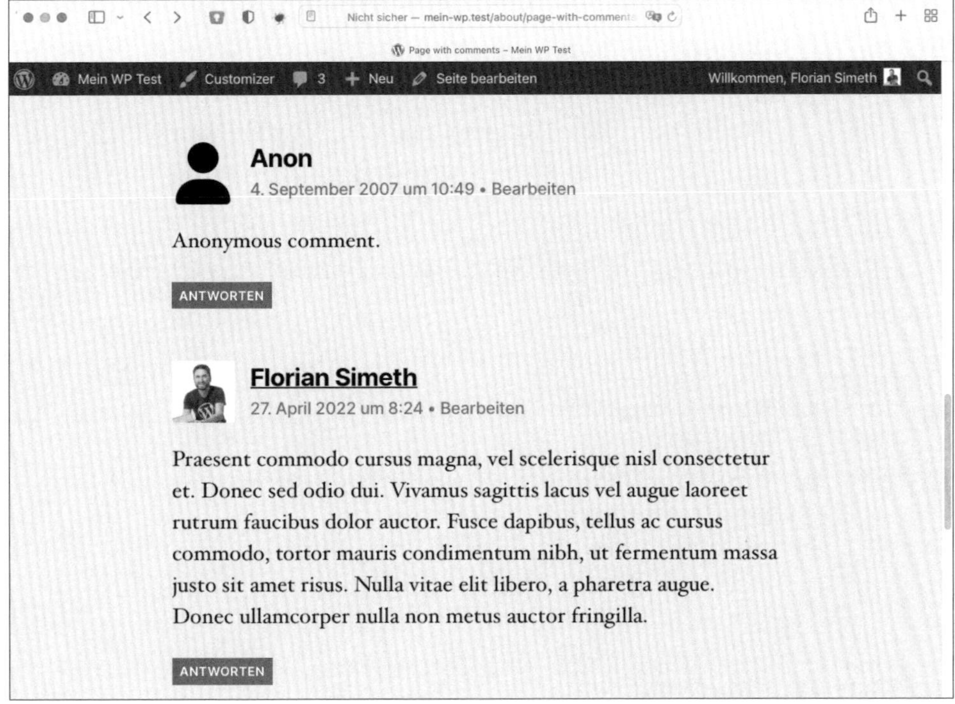

Abbildung 18.7 Mein Profilbild wird in den Kommentarbereichen angezeigt.

Tipps zum Weitermachen

Sie können das jetzt noch unvollständige Plugin gerne weiterentwickeln. Zum Beispiel fehlt die Möglichkeit, ein Profilbild zu entfernen. Zusätzlich sollten die Dateien vom Laufwerk gelöscht werden, wenn ein Benutzer entfernt wird. Mit Ihrem jetzigen Wissen sollten Sie herausfinden können, welche Hooks dafür nötig sind. Darüber hinaus sollte dem User eine Warnmeldung angezeigt werden, wenn vor oder während des Uploads ein Fehler auftrat.

18.3.5 Weitere Dateisystem-Funktionen

Viele der nachfolgend genannten Funktionen kamen im Profilbild-Beispiel von eben nicht vor – unter anderem, weil bei Datei-Uploads andere Funktionen wichtiger sind. Beispielsweise wäre es möglich gewesen, die hochgeladene Datei anstatt mit `move_uploaded_file()` mit dem Code aus Listing 18.14 zu verschieben:

```
<?php
function handle_upload( array $file ): string {
    ...
    $filesystem = get_filesystem_object();

    if ( is_null( $filesystem ) ) {
        throw new \Exception(
            __( 'Could not load filesystem class.', 'profile-avatar' ),
        );
    }

    $filesystem->move( $file['tmp_name'], get_avatar_dir() . $filename );
    ...
}

function get_filesystem_object(): ?\WP_Filesystem_Base {
    global $wp_filesystem;
    if ( ! $wp_filesystem instanceof \WP_Filesystem_Base ) {
        if ( ! WP_Filesystem() ) {
            return null;
        }
    }

    return $wp_filesystem;
}
```

Listing 18.14 Verschieben von Dateien mit der Filesystem-API

Damit wird jedoch der zusätzliche Sicherheits-Check der Funktion umgangen. Sie prüft, ob die zu verschiebende Datei eine Upload-Datei ist, also ob sie mit der HTTP-POST-Methode hochgeladen wurde.

Tabelle 18.3 listet einige Funktionen auf, die Sie während Ihrer Arbeit auf dem Dateisystem benötigen könnten.

Funktion	Beschreibung
copy_dir()	Kopiert ein Verzeichnis von einem Ort zu einem anderen über die WordPress-Dateisystemabstraktion.
get_home_path()	Gibt den absoluten Pfad zur WordPress-Installation zurück.
list_files()	Liefert eine Liste aller Dateien im angegebenen Ordner und aller Unterverzeichnisse bis zu 100 Ebenen tief.
unzip_file()	Entpackt eine ZIP-Datei in einen Ordner. Nutzt ebenfalls die WordPress-Dateisystemabstraktion
validate_file_to_edit()	Stellt sicher, ob eine Datei bearbeitet werden darf.
verify_file_md5()	Berechnet und vergleicht den MD5-Wert einer Datei mit dem erwarteten Wert.
verify_file_signature()	Überprüft den Inhalt einer Datei anhand ihrer ED25519-Signatur*.
* ED25519 ist ein Public-Key-Signatursystem. Dabei wird unter anderem eine mathematische Formel einer elliptischen Kurve zur Berechnung eines Schlüssels benutzt. Der Mechanismus kommt beim Herunterladen eines WordPress-Updates zum Einsatz. So kann sichergestellt werden, dass die Update-Datei auch wirklich von wordpress.org stammt. Selbst dann, wenn die Server gehackt wurden.	

Tabelle 18.3 Funktionen zum Arbeiten mit Dateien auf dem Dateisystem

18.4 Entfernte Daten manipulieren

In Listing 18.14 haben Sie gesehen, wie eine Instanz der Klasse `WP_Filesystem_Base` abgerufen werden kann. Die Funktion `WP_Filesystem()` aus Listing 18.15 ruft `get_filesystem_method()` auf, die anhand der übergebenen Parameter entscheidet, welche der Klassen zurückgegeben werden soll. Zusätzlich erfolgt ein Lese- und Schreibtest in den in `$context` angegebenen Ordner. Durch `$allow_relaxed_file_ownershop` kann eingestellt werden, ob die Rechte der Dateien nicht so streng betrachtet werden sollen. In diesem Modus können jedoch keine neuen Dateien erstellt, sondern nur bestehende geändert werden. Die Argumente des `$args`-Parameters dürften selbsterklärend sein. Sie dienen zum Verbindungsaufbau.

```
<?php
function WP_Filesystem(
    array|bool $args = false | [
```

```
        string $connection_type,
        int $port,
        string $hostname,
        string $username,
        string $password
        // Nur bei SSH2:
        string $public_key,
        string $private_key,
    ],
    string|bool $context = false,
    bool $allow_relaxed_file_ownership = false
): bool|null {
    ...
}
```

Listing 18.15 Funktionsbeschreibung von »WP_Filesystem«

Immer mit der gleichen Klasse arbeiten

Wenn Sie die Konstante `FS_METHOD` in der *wp-config.php* mit einem der folgenden Werte gesetzt haben, wird ausnahmslos immer mit der entsprechenden Methode gearbeitet:

- `direct`
- `ftpext`
- `ssh2`
- `ftpsockets`

Eigene Rechte

Wenn Sie besondere Rechte an Dateien und Verzeichnisse vergeben möchten, können Sie diese mit den Konstanten `FS_CHMOD_DIR` (für Verzeichnisse) und `FS_CHMOD_FILE` (für Dateien) in der *wp-config.php* hinterlegen. Hier sehen Sie ein Beispiel:

```
<?php
define( 'FS_CHMOD_DIR', ( 0750 & ~ umask() ) );
define( 'FS_CHMOD_FILE', ( 0640 & ~ umask() ) );
```

Beachten Sie, dass diese Einstellungen bei manchen WordPress-Funktionen keine Auswirkungen haben. Zum Beispiel greift `wp_mkdir_p()` nicht darauf zurück. Darüber hinaus ist es möglich, zum Beispiel per FTP mit einem anderen Benutzer auf die Dateien und Ordner zuzugreifen. Sollten die Rechte nicht entsprechend angepasst worden sein, könnten Sie sich auf diese Weise selbst »aussperren«.

Durch den direkten Aufruf der Klassen können Sie zum Beispiel gezielt Daten per FTP hochladen. In Tabelle 18.4 sind einige wichtige Funktionen der von `WP_Filesystem_Base` abgeleiteten Klassen zu sehen. Ein ausführliches Beispiel finden Sie in Kapitel 20, »WordPress auf der Kommandozeile: Die WP-CLI«. Dort nutzen wir die Kommandozeile, um ein Backup der Mediathek zu erstellen.

Methode	Beschreibung
`chmod()`	Ändert die Rechte einer Datei oder eines Verzeichnisses.
`chown()`	Ändert den Besitzer einer Datei oder eines Verzeichnisses.
`copy()`	Kopiert eine Datei.
`delete()`	Löscht eine Datei.
`cwd()`	Ermittelt das aktuelle Arbeitsverzeichnis.
`mkdir()`	Erstellt ein Verzeichnis.
`move()`	Verschiebt eine Datei.
`rmdir()`	Löscht ein Verzeichnis.

Tabelle 18.4 Auszug aus der Methodenliste der »WP_Filesystem_*«-Klassen

Mit der Filesystem-API haben Sie nun ein weiteres Werkzeug an der Hand, mit dem sich so allerhand anstellen lässt – von Backup-Lösungen bis hin zur Bildbearbeitung. Im nächsten Kapitel geht es dann wieder um mehr Automatisierung: Wir nutzen Cronjobs.

Kapitel 19
Zeitgesteuerte Aufgaben (Cronjobs)

Wer aus der Windows-Welt kommt und noch nie einen Ausflug zu Unix-artigen Betriebssystemen gemacht hat, kennt sie nicht: die Cronjobs. Dabei sind sie unglaublich einfach und nützlich zugleich.

Der *Cron-Daemon* ist ein Linux-Programm, das permanent im Hintergrund des Betriebssystems läuft. Es führt andere Programme zeitgesteuert und vollautomatisch aus. Welche das sind, lässt sich individuell festlegen. Außerdem können Sie festlegen, wann und in welchem Intervall dies geschehen soll.

19.1 Was ist ein Cronjob?

Ein *Cronjob* ist also eine (sich wiederholende) Aufgabe, die zeitgesteuert ausgeführt wird. Im Zusammenhang mit WordPress wird zwischen zwei Arten unterschieden: echten und unechten Cronjobs. Als *echte Cronjobs* werden die Aufgaben bezeichnet, die direkt vom Betriebssystem (über den Cron-Daemon) getriggert werden. *Unechte (oder Pseudo-)Cronjobs* hingegen sind diejenigen, die in WordPress zum Einsatz kommen.

19.1.1 Pseudo-Cronjobs

Als »unecht« werden die WordPress-Cronjobs deshalb bezeichnet, weil nicht sichergestellt werden kann, ob eine Aufgabe zum richtigen Zeitpunkt oder im passenden Intervall ausgelöst werden kann. Der Grund dafür ist, dass PHP nicht vom Betriebssystem, sondern vom Benutzer über den Browser getriggert wird. Und das passiert nicht immer dann, wenn der terminierte Cronjob ausgeführt werden soll, sondern dann, wenn ein Besucher die Website besucht. Erst dann wird geprüft, ob *überfällige* Cronjobs vorhanden sind. Falls ja, wird die Datei *wp-cron.php* aus dem Stammverzeichnis von WordPress über die HTTP-API aufgerufen. Das geschieht durch einen `wp_remote_post()`-Request und das Argument `blocking=false`, sodass das Rendering der aktuellen Seite nicht blockiert wird (siehe Abschnitt 14.2.1, »HTTP-Abfragen mit prozeduralem Code«).

WordPress triggert sich also selbst. Das ist notwendig, denn die Ausführung eines Cronjobs kann unter Umständen länger als gewöhnlich dauern. Das würde bei einer Page-Impression dazu führen, dass ein Besucher sekunden- oder minutenlang auf den Inhalt warten müsste.

Falls Sie ein Cache-Plugin einsetzen und dieses besonders aggressiv eingestellt haben, werden Ihre Cronjobs möglicherweise nie oder bloß sehr selten getriggert. Das liegt daran, dass PHP nicht mehr benötigt wird, weil die Seiten (nachdem sie aufgebaut wurden) im Cache liegen und dann meist nur noch vom Webserver, nicht jedoch von PHP ausgeliefert werden.

Sehen wir uns ein Beispiel an: Abbildung 19.1 zeigt eine Liste von Cronjobs, die über den WP-CLI-Befehl (siehe Kapitel 20) `wp cron event list` abgerufen werden kann. Der nächste Cronjob mit dem Hook `wp_privacy_delete_old_export_files` würde in circa 15 Minuten aufgerufen. Was passiert aber, wenn das Caching so extrem eingestellt ist, dass PHP erst am nächsten Tag wieder zur Ausführung kommt? Dann würde der Cronjob nicht in 15 Minuten, sondern erst dann ausgeführt werden.

Verlassen Sie sich daher nie darauf, dass eine festgelegte Aufgabe zu einer bestimmten Zeit ausgeführt wird.

```
public — mein-wp Shell — -zsh — 104×17
floriansimeth@FlowMini public % wp cron event list
+-----------------------------------+---------------------+-----------------------+---------------+
| hook                              | next_run_gmt        | next_run_relative     | recurrence    |
+-----------------------------------+---------------------+-----------------------+---------------+
| wp_privacy_delete_old_export_files | 2022-05-02 07:12:00 | 15 minutes 37 seconds | 1 hour        |
| recovery_mode_clean_expired_keys  | 2022-05-02 13:11:59 | 6 hours 15 minutes    | 1 day         |
| wp_https_detection                | 2022-05-02 13:12:00 | 6 hours 15 minutes    | 12 hours      |
| wp_version_check                  | 2022-05-02 13:12:00 | 6 hours 15 minutes    | 12 hours      |
| wp_update_plugins                 | 2022-05-02 13:12:00 | 6 hours 15 minutes    | 12 hours      |
| wp_update_themes                  | 2022-05-02 13:12:00 | 6 hours 15 minutes    | 12 hours      |
| wp_scheduled_delete               | 2022-05-02 13:12:09 | 6 hours 15 minutes    | 1 day         |
| delete_expired_transients         | 2022-05-02 13:12:09 | 6 hours 15 minutes    | 1 day         |
| wp_scheduled_auto_draft_delete    | 2022-05-02 13:12:14 | 6 hours 15 minutes    | 1 day         |
| wp_update_user_counts             | 2022-05-02 16:00:19 | 9 hours 3 minutes     | 12 hours      |
| wp_site_health_scheduled_check    | 2022-05-06 13:12:00 | 4 days 6 hours        | 1 week        |
| publish_future_post               | 2030-01-01 11:00:18 | 7 years 8 months      | Non-repeating |
+-----------------------------------+---------------------+-----------------------+---------------+
```

Abbildung 19.1 Liste von Cronjobs in WordPress

19.1.2 Echte Cronjobs

Das zuvor beschriebene Problem mit den unechten Cronjobs lässt sich relativ leicht umgehen. Denn die meisten Webhoster bieten mittlerweile an, echte Cronjobs über eine Weboberfläche einzustellen. In der *wp-config.php* definieren Sie die Konstante aus Listing 19.1, um Pseudo-Cronjobs zu deaktivieren. Danach stellen Sie einen echten Cronjob ein. Zum Beispiel so, dass alle 15 Minuten ein Aufruf auf die Datei *http://*

mein-wp.test/wp-cron.php erfolgen soll. Wie das geht, entnehmen Sie am besten der Dokumentation des Webhosters.

```
<?php
define( 'DISABLE_WP_CRON', true );
```

Listing 19.1 Pseudo-Cronjobs deaktivieren

Alternativ kann ein Cronjob auch über das Betriebssystem direkt eingestellt werden. Voraussetzung ist, dass Sie über SSH Zugriff darauf bekommen haben. Der Terminal-Befehl `crontab -e` öffnet die Liste der Aufgaben. Abbildung 19.2 zeigt, wie das Programm `curl` verwendet wird, um die entsprechende URL aufzurufen. Die Rückgabe ist nicht wichtig und wird deshalb (durch die Angabe von */dev/null*) verworfen.

Ausgeführt wird der Cronjob alle fünf Minuten. Dies wird durch die ersten fünf Werte angegeben, die mit `m`, `h`, `dom`, `mon` und `dow` beschrieben sind. Gemeint sind damit: Minute, Stunde, Tag des Monats (Day of Month), Monat und Wochentag (Day of Week). Mit dieser einfachen Methodik lässt sich jedes Intervall zu jeder Zeit realisieren.[1]

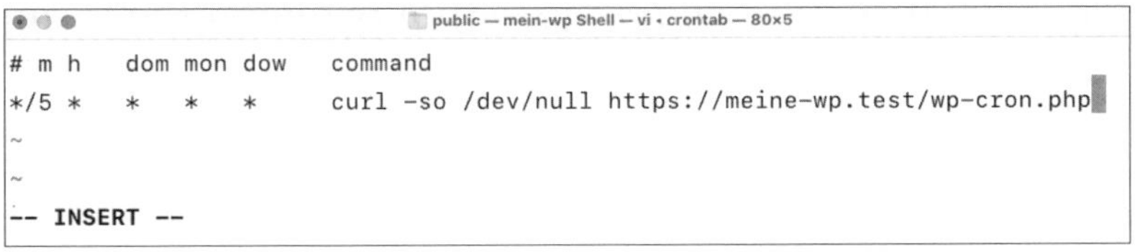

```
public — mein-wp Shell — vi ◂ crontab — 80×5
# m h   dom mon dow   command
*/5 *   *   *   *     curl -so /dev/null https://meine-wp.test/wp-cron.php
~
~
-- INSERT --
```

Abbildung 19.2 Einen echten Cronjob im Betriebssystem definieren

Wahlweise lässt sich auch die WP-CLI (siehe Kapitel 20) nutzen, um diejenigen Cronjobs auszuführen, die gerade anstehen (siehe Abbildung 19.3). Unter Umständen ist dies die bessere Lösung, weil die Skripte auf Konsolenebene nicht den Beschränkungen des Webservers unterliegen.

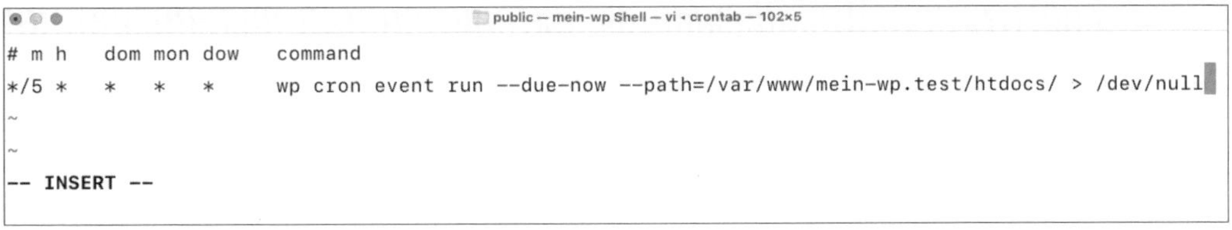

```
public — mein-wp Shell — vi ◂ crontab — 102×5
# m h   dom mon dow   command
*/5 *   *   *   *     wp cron event run --due-now --path=/var/www/mein-wp.test/htdocs/ > /dev/null
~
~
-- INSERT --
```

Abbildung 19.3 Die WP-CLI führt die Cronjobs auf.

Mit diesen echten Cronjobs müssen Sie sich nicht im Detail befassen, denn wenn sie einmal eingestellt sind, brauchen Sie sie nicht mehr. Wichtig ist nur, dass Sie das

1 Unter anderem finden Sie bei Wikipedia weitere Beispiele dazu: *https://de.wikipedia.org/wiki/Cron#Beispiele*

Intervall auf nicht zu häufig, aber auch nicht auf zu selten einstellen. Dies hängt von Ihrer Website und auch von den Aufgaben ab. Wenn Sie beispielsweise ein Backup über den Cronjob triggern wollen, müssen Sie davon ausgehen, dass – je nach Größe der Seite – ein Task auch mal etwas länger dauern kann und dass dadurch andere Cronjobs möglicherweise in ihrer Ausführung (zumindest für eine gewisse Zeit) behindert werden.

19.2 Planung von Cron-Ereignissen

Ist sichergestellt, dass die Liste der Cronjobs regelmäßig abgearbeitet wird, können wir uns an die Arbeit machen, innerhalb von WordPress Ereignisse zu registrieren. Wohlgemerkt müssen Sie dann nicht mehr den Umweg über das Betriebssystem gehen. Stattdessen arbeiten Sie im Folgenden nur noch mit WordPress und PHP.

In Abschnitt 4.2, »Das erste eigene Plugin«, haben Sie in einem sehr einfachen Beispiel gesehen, wie Cronjobs funktionieren. Wir wollen aber noch einen Schritt weitergehen und das Dashboard-Weather-Plugin aus Abschnitt 7.2 erweitern.

Ursprünglich ist es so, dass das Wetter immer dann abgerufen wird, wenn der Zeitstempel des Transienten abgelaufen ist. Das ist ein typisches Cache-Verhalten. Der Abruf des Wetters erfolgt während der Page-Impression. Nun schreiben wir das Plugin so um, dass die Daten einmal täglich zu einem bestimmten Zeitpunkt abgerufen werden. Somit wird auch das Rendering nicht mehr blockiert, weil während des Seitenaufbaus kein HTTP-Request mehr durchgeführt werden muss.

19.2.1 Einen Cronjob registrieren

Als Erstes muss ein Ereignis registriert werden. Dies geht allein über die Funktion `register_activation_hook()`, wie in Listing 19.2 zu sehen ist. Denn ein Intervall wird immer nur einmalig, also während der Aktivierung eines Plugins (oder Themes), erstellt und bleibt dann dauerhaft gespeichert.

```
<?php
register_activation_hook( __FILE__, function () {
    wp_schedule_event(
        time() - DAY_IN_SECONDS,
        'daily',
        'dashboard_weather/daily_cron'
    );
} );
```

Listing 19.2 Die Stammdatei des Plugins

Die Funktion, die Sie dazu benötigen, ist `wp_schedule_event()` (siehe Listing 19.3). Dort gilt:

- `$timestamp` ist der Unix-Zeitstempel der ersten Ausführung.
- `$recurrence` beschreibt das Intervall, also wie oft das Event getriggert werden soll. Möglich sind folgende Angaben: `hourly`, `twicedaily`, `daily` oder `weekly`. Sie können aber auch eigene Intervalle registrieren, wie Sie gleich noch in Abschnitt 19.3 sehen werden.
- In `$hook` wird ein Hook-Name festgelegt, der später dazu genutzt wird, eine Callback-Funktion zu registrieren.
- `$args` ist ein Array mit weiteren Inhalten, die an die Callback-Funktion übergeben werden. Dabei entspricht jedes Array-Element einem Parameter. Die Schlüssel des Arrays werden ignoriert.
- Wird `$wp_error` auf `true` gesetzt, so gibt die Funktion ein `WP_Error`-Objekt aus, falls ein Fehler auftritt. Ansonsten wird lediglich ein boolescher Wert zurückgegeben.

```
<?php
function wp_schedule_event(
    int $timestamp,
    string $recurrence,
    string $hook,
    array $args = [],
    bool $wp_error = false
): bool|WP_Error {
    ...
}
```

Listing 19.3 Funktionsbeschreibung von »wp_schedule_event()«

Anschließend können Sie das Plugin aktivieren und zum Beispiel mit *WP Crontrol*[2] überprüfen, ob der Cronjob ordnungsgemäß registriert wurde. Abbildung 19.4 zeigt die Seite WERKZEUGE • CRON-EREIGNISSE des Plugins mit der Liste der registrierten Cronjobs. Hervorgehoben wurde vom Plugin, dass kein Callback dazu registriert wurde. Das müssen wir nachholen.

2 Zum Download hier: *https://de.wordpress.org/plugins/wp-crontrol/*

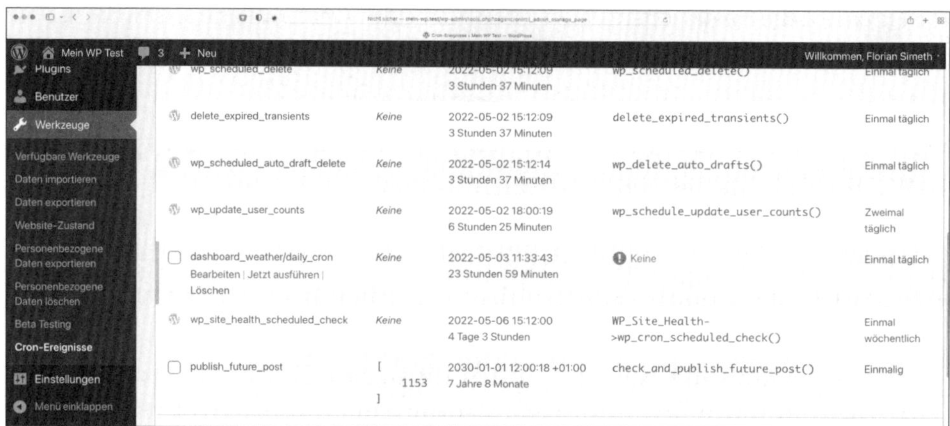

Abbildung 19.4 Das Plugin »WP Crontrol« zeigt den Cronjob an – jedoch noch keine Callback-Funktion.

19.2.2 Eine Callback-Funktion registrieren

Zur Registrierung einer Callback-Funktion reicht es, wenn `do_action()` mit dem gerade gewählten Namen aufgerufen wird (siehe Listing 19.4). Die Methode `fetch_weather()` aus der Klasse `Dashboard_Widget` lagern wir in eine separate Datei */includes/weather-data.php* aus. Denn sie wird nun innerhalb der Cron-Callback-Funktion aufgerufen.

```
<?php
require_once __DIR__ . '/includes/weather-data.php';

add_action(
    'dashboard_weather/daily_cron',
    'floriansimeth\dashboard_weather\cron_fetch_weather'
);

function cron_fetch_weather() {
    fetch_weather();
}
```

Listing 19.4 Auszug aus der Stammdatei des Plugins

Die Methode `get_weather()` aus `Dashboard_Widget` wird nicht mehr benötigt und kann entfernt werden. Stattdessen wird in `render_widget_content()` der Wert über die Funktion `get_option()` abgerufen (siehe Listing 19.5):

```
<?php
namespace floriansimeth\dashboard_weather;

class Dashboard_Widget {

    ...

    public function render_widget_content( $object, $box_data ) {

        $weather_data = get_option( 'fs_dw_weather_data', null );

        if ( ! is_array( $weather_data ) ) {
            echo 'Weather has not been fetched yet.';

            return;
        }
        ...
    }

}
```

Listing 19.5 Auszug aus der Klasse »Dashboard_Widget«

19.2.3 Einen Cronjob löschen

Natürlich sollte ein Cronjob beim Deaktivieren eines Plugins wieder gelöscht werden. Dies gelingt mit der Funktion `wp_clear_scheduled_hook()` (siehe Listing 19.6). Dort gilt:

- `$hook` ist der Name, mit dem das Event registriert wurde.
- `$args` sind Argumente, die auch beim Registrieren verwendet wurden.
- `$wp_error` beschreibt, ob ein `WP_Error`-Objekt im Fehlerfall zurückgegeben werden soll. Wird `false` gesetzt, so gibt die Funktion die Anzahl an Events zurück, die entfernt wurden. `0` bedeutet, dass keine Ereignisse mit der Kombination aus Hook und Argumenten registriert wurden.

```
<?php
function wp_clear_scheduled_hook(
    string $hook,
    array $args = [],
    bool $wp_error = false
```

```
): int|bool|WP_Error {
    ...
}
```

Listing 19.6 Funktionsbeschreibung von »wp_clear_scheduled_hook()«

Listing 19.7 zeigt, wie `register_deactivation_hook()` benutzt wird, um den Cronjob zu entfernen. Alternativ könnten Sie zum Entfernen eines Cronjobs auch `wp_unschedule_event()` nutzen. Die Funktion hat aber einen entscheidenden Nachteil: Sie müssen den exakten Timestamp kennen. Das iut aber viel zu aufwendig für diese einfache Aufgabe, weswegen ich nicht näher darauf eingehen werde. Sinnvoller ist die Funktion `wp_unschedule_hook()`. Als einziger Parameter wird der Hook-Name benötigt. Einmal ausgeführt, werden alle Cronjobs ganz unabhängig vom Zeitstempel und den Argumenten gelöscht.

```
<?php
register_deactivation_hook( __FILE__, function () {
    wp_clear_scheduled_hook( 'dashboard_weather/daily_cron' );
} );
```

Listing 19.7 Auszug aus der Stammdatei des Plugins

19.2.4 Prüfen, ob ein Event bereits besteht

Während der Entwicklungsphase werden Sie die korrekte Ausführung Ihres Cronjobs öfter testen und das Plugin dazu deaktivieren und wieder aktivieren. Das führt möglicherweise dazu, dass Sie mehrere Events in der Datenbank haben, die so eigentlich nicht mehr existieren. Um dies zu verhindern, hat WordPress die Funktion `wp_next_scheduled()` (siehe Listing 19.8) geschaffen. Sie hat lediglich zwei Parameter: den Hook-Namen sowie die Argumente, die schon bei der Registrierung angegeben wurden. Zurückgegeben wird der Zeitstempel, falls ein Event gefunden wurde, oder `false`, wenn nicht.

```
<?php
function wp_next_scheduled( $hook, $args = [] ): int|bool {
}
```

Listing 19.8 Funktionsbeschreibung von »wp_next_scheduled()«

Im Dashboard-Weather-Plugin können wir nun die `if`-Abfrage aus Listing 19.9 ergänzen, um den Cronjob nicht noch einmal neu zu registrieren, falls dieser schon existieren sollte:

```
<?php
register_activation_hook( __FILE__, function () {
    if ( ! wp_next_scheduled( 'dashboard_weather/daily_cron' ) ) {
        wp_schedule_event(
            time() - DAY_IN_SECONDS,
            'daily',
            'dashboard_weather/daily_cron'
        );
    }
} );
```

Listing 19.9 Der Cronjob wird nur dann registriert, wenn er noch nicht existiert.

19.3 Eigene Intervalle erstellen

Es ist möglich, dass Ihnen die Intervalle, die WordPress zur Verfügung stellt, nicht ausreichen. Nehmen wir an, Sie möchten das Wetter im Wetter-Plugin alle vier Stunden aktualisieren. Zu diesem Zweck bietet WordPress einen Filter: `cron_schedules`. Listing 19.10 zeigt, wie das Array erweitert wird:

```
<?php
add_filter(
    'cron_schedules',
    'floriansimeth\dashboard_weather\add_cron_schedules'
);

function add_cron_schedules( array $schedules ): array {

    if ( isset( $schedules['every4hours'] ) ) {
        return $schedules;
    }

    $schedules['every4hours'] = array(
        'interval' => 4 * HOUR_IN_SECONDS,
        'display'  => __( 'Every 2 hours', 'dashboard_weather' ),
    );

    return $schedules;
}
```

Listing 19.10 Code zum Ergänzen eines Intervalls

WordPress-Konstanten für Zeitintervalle

In WordPress existieren folgende Konstanten, die Sie in Ihrem Code jederzeit verwenden können:

```
<?php
define( 'MINUTE_IN_SECONDS', 60 );
define( 'HOUR_IN_SECONDS', 60 * MINUTE_IN_SECONDS );
define( 'DAY_IN_SECONDS', 24 * HOUR_IN_SECONDS );
define( 'WEEK_IN_SECONDS', 7 * DAY_IN_SECONDS );
define( 'MONTH_IN_SECONDS', 30 * DAY_IN_SECONDS );
define( 'YEAR_IN_SECONDS', 365 * DAY_IN_SECONDS );
```

In Listing 19.11 ist zu sehen, wie das neue Intervall zum Einsatz kommt. Beachten Sie, dass der Cronjob nicht automatisch aktualisiert wird. Das muss entweder manuell (siehe Abschnitt 19.4) oder über ein erneutes Deaktivieren und Aktivieren des Plugins geschehen.

```
<?php
register_activation_hook( __FILE__, function () {
    if ( ! wp_next_scheduled( 'dashboard_weather/daily_cron' ) ) {
        wp_schedule_event(
            time() - DAY_IN_SECONDS,
            'every4hours',
            'dashboard_weather/daily_cron'
        );
    }
} );
```

Listing 19.11 Der Cronjob wird nun alle vier Stunden ausgeführt.

19.4 Einen Cronjob neu planen

Wird, wie gerade beschrieben, beispielsweise das Zeitintervall im Nachhinein angepasst, aktualisiert sich der Cronjob nicht automatisch. Dies muss manuell geschehen. Jedoch existiert auch dafür eine eigene WordPress-Funktion: `wp_reschedule_event()`. Sie hat dieselben Parameter wie `wp_schedule_event()` (siehe Listing 19.3 in Abschnitt 19.2.1). Beachten Sie, dass die Funktion den vorhergehenden Cronjob nicht löscht. Er bleibt bestehen und muss deswegen mit `wp_clear_scheduled_hook()` entfernt werden.

19.5 Ein einzelnes Event planen

Sollten bestimmte Events nicht auf einem Intervall beruhen, so kann es Sinn machen, es individuell zu planen. Dies kann mit der Funktion aus Listing 19.12 geschehen. Auch sie hat die gleichen Parameter wie `wp_schedule_event()` (siehe Listing 19.3 in Abschnitt 19.2.1). Der einzige Unterschied ist, dass das Intervall (`$recurrence`) wegfällt.

```
<?php
function wp_schedule_single_event(
    $timestamp,
    $hook,
    $args = array(),
    $wp_error = false
) {
    ...
}
```

Listing 19.12 Funktionsbeschreibung von »wp_schedule_single_event()«

Wir können es uns zunutze machen, dass in der ursprünglichen HTTP-Abfrage ein Wert namens `updated_at` mitgeliefert wird. Das ist der Zeitpunkt, zu dem das Wetter zuletzt aktualisiert wurde. Außerdem wird festgelegt, dass spätestens nach sechs Stunden eine Aktualisierung erfolgen soll. Die einfache mathematische Funktion aus Abbildung 19.5 hilft uns dabei, einen neuen Timestamp zu finden.

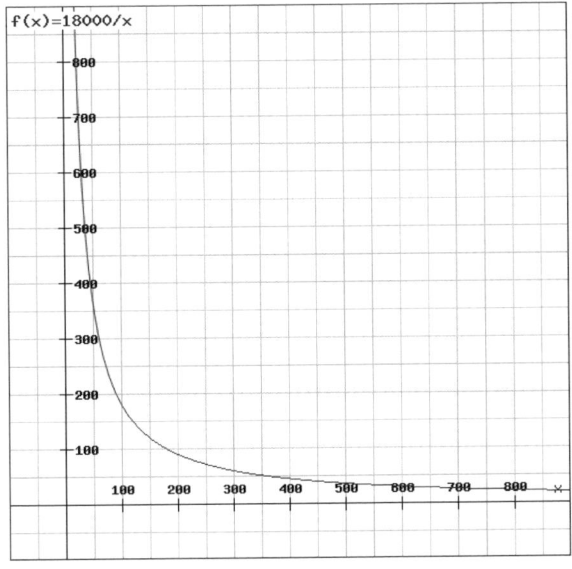

Abbildung 19.5 Der Graph zeigt, wie das neue Intervall vom letzten Update abhängt. »18000« ist der Wert von 5 Stunden, angegeben in Sekunden.

Je größer der Wert x ist (in unserem Fall also die zurückliegende Zeit), desto geringer fällt y (das neue Intervall) aus. Da wir mit der Formel am Ende eine Stundenanzahl bekommen, muss sie noch einmal mit `HOUR_IN_SECONDS` multipliziert werden:

$$5 \times \frac{3600^2}{x}$$

Und genau das sehen Sie im Code aus Listing 19.13. Umhüllt wird das Ganze von `abs()`, sodass wir nur positive Werte erhalten. Danach beschränken wir den Minimalwert mit `max()` auf 0,5 (also eine halbe Stunde). Immerhin ist nicht gewollt, dass wir einen unendlich kleinen Wert für den nächsten Cronjob erhalten.

```
<?php
function fetch_weather() {
    ...

    $data = json_decode(
        wp_remote_retrieve_body( $response )
    );

    ...

    $interval_seconds = 6 * HOUR_IN_SECONDS;

    if ( isset( $data->properties->meta->updated_at ) ) {
        $updated_at = (int) strtotime(
            $data->properties->meta->updated_at
        );

        $x = current_time( 'timestamp' ) - $updated_at;

        if ( 0 !== $x ) {
            $interval_seconds = abs(
                5 * pow( HOUR_IN_SECONDS, 2 ) / $x
            );

            $interval_seconds = (int) max( .5, $interval_seconds );
        }
    }

    wp_schedule_single_event(
        current_time( 'timestamp' ) + $interval_seconds,
        'dashboard_weather/fetch'
    );
```

```
    ...

    return $data;
}
```

Listing 19.13 Ausschnitt aus der Funktion »fetch_weather()«

Im Anschluss daran wandeln wir den ursprünglichen Code so ab, wie in Listing 19.14 dargestellt. Beachten Sie, dass sich der Name des Hooks ebenfalls geändert hat. Am Anfang wird der Cronjob sofort durchgeführt, weil der Zeitstempel weit in der Vergangenheit liegt. Bei der ersten Aktualisierung orientieren wir uns dann schon an dem errechneten Wert. Liegt das letzte Update drei Stunden zurück, wird das Wetter laut obiger Formel in 6000 Sekunden (~1,6 Stunden) neu abgerufen.

```
<?php

register_activation_hook( __FILE__, function () {
    if ( ! wp_next_scheduled( 'dashboard_weather/fetch' ) ) {
        wp_schedule_single_event(
            time() - DAY_IN_SECONDS,
            'dashboard_weather/fetch'
        );
    }
} );

add_action(
    'dashboard_weather/fetch',
    'floriansimeth\dashboard_weather\fetch_weather'
);

register_deactivation_hook( __FILE__, function () {
    wp_unschedule_hook( 'dashboard_weather/fetch' );
} );
```

Listing 19.14 Auszug aus der Stammdatei des Plugins

Cronjobs sind eine feine Sache. Sie ermöglichen es zum Beispiel, dass Wartungsarbeiten automatisch und regelmäßig durchgeführt werden. In diesem Kapitel haben Sie auch gesehen, dass die WP-CLI zum Einsatz kam, um die Cronjobs zu triggern. Die WP-CLI kann aber noch deutlich mehr, wie ich Ihnen in Kapitel 20 zeigen werde.

Kapitel 20

WordPress auf der Kommandozeile: Die WP-CLI

Zu einem Freund sagte ich vor Kurzem noch, dass ich WordPress mittlerweile für fast alles einsetze, sogar auf der Kommandozeile. Warum? Weil es so viele Funktionen schon mitbringt und weil diese auch noch leicht zu handhaben sind.

Die WP-CLI ist da keine Ausnahme. Das Tool ist nicht Teil des WordPress-Kerns und muss separat installiert werden. Die Tatsache, dass es inzwischen aber von vielen Webhostern standardmäßig verwendet wird, zeigt, wie beliebt es geworden ist. Aus diesem Grund habe ich mich entschlossen, auch ein Kapitel über die WP-CLI in das Buch aufzunehmen.

20.1 Was ist die WP-CLI und wofür braucht man sie?

WP-CLI steht für *WordPress Command Line Interface*, die Befehlszeilenschnittstelle für WordPress. Damit können über ein Terminal-Fenster Plugins aktualisiert, Multisite-Installationen konfiguriert und vieles mehr erledigt werden. Ein Webbrowser wird dann nicht benötigt. Das selbst gesetzte Ziel der WP-CLI-Entwickler ist es, eine vollständige Alternative zum WordPress-Admin zu bieten. Dementsprechend sollte es für jede Aktion, die Sie im WordPress-Admin durchführen möchten, einen entsprechenden WP-CLI-Befehl geben.

Das Tool kann verwendet werden, um Aktionen durchzuführen, die so auch über die Admin-Oberfläche von WordPress möglich sind – Aktualisierungen zum Beispiel. Abbildung 20.1 zeigt, wie mit dem Befehl `wp plugin update --all` alle Plugins aktualisiert werden können.

Die WP-CLI enthält auch Befehle für viele Dinge, die Sie im WordPress-Admin *nicht* tun können. Das Löschen von Transienten ist ein gutes Beispiel: `wp transient delete -all` (siehe Abbildung 20.2).

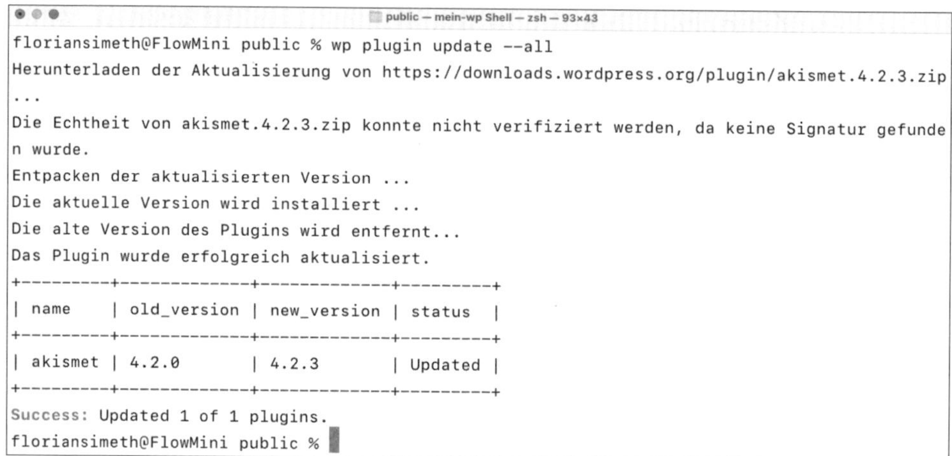

```
public — mein-wp Shell — zsh — 93×43
floriansimeth@FlowMini public % wp plugin update --all
Herunterladen der Aktualisierung von https://downloads.wordpress.org/plugin/akismet.4.2.3.zip
...
Die Echtheit von akismet.4.2.3.zip konnte nicht verifiziert werden, da keine Signatur gefunde
n wurde.
Entpacken der aktualisierten Version ...
Die aktuelle Version wird installiert ...
Die alte Version des Plugins wird entfernt...
Das Plugin wurde erfolgreich aktualisiert.
+---------+-------------+-------------+---------+
| name    | old_version | new_version | status  |
+---------+-------------+-------------+---------+
| akismet | 4.2.0       | 4.2.3       | Updated |
+---------+-------------+-------------+---------+
Success: Updated 1 of 1 plugins.
floriansimeth@FlowMini public %
```

Abbildung 20.1 Plugins über die Kommandozeile aktualisieren

```
public — mein-wp Shell — zsh — 80×5
floriansimeth@FlowMini public % wp transient delete --all
Success: 8 transients deleted from the database.
floriansimeth@FlowMini public %
```

Abbildung 20.2 So löschen Sie Transienten.

Mehr zu Transienten erfahren Sie in Abschnitt 7.2.2, »Temporären Speicher von WordPress nutzen: die Transient-API«.

Außerdem können ganz ungewöhnliche Aufgaben erledigt werden, an die Sie vielleicht nicht so schnell gedacht hätten. Der Befehl `wp server` startet beispielsweise den internen PHP-Server für eine spezifische WordPress-Seite.

Darüber hinaus können eigene Befehle programmiert und über das Terminal gesteuert werden. Für einen Fotografen habe ich beispielsweise ein Skript entwickelt, das seine Fotos mit Wasserzeichen versieht und dann in die Mediathek hochlädt.

Wie Sie später sehen werden, kann die WP-CLI aber noch etwas: Es lassen sich Grundgerüste für alle möglichen Dinge erstellen: Plugins, Themes, Blöcke und vieles mehr. Dies wird *Scaffolding* genannt.

Auch der Befehl `wp i18n make-json` kam in Abschnitt 10.7.4, »Einen Block übersetzen«, schon einmal zum Einsatz, um JSON-Übersetzungsdateien zu erstellen.

Wie Sie sehen, ist die WP-CLI aus dem Entwickleralltag fast nicht mehr wegzudenken.

20.2 WP-CLI installieren und konfigurieren

Wenn Sie eine lokale Laufzeitumgebung nutzen, ist das Tool möglicherweise bereits installiert. *Local* (siehe Abschnitt 1.2.1, »Die lokale Laufzeitumgebung einrichten«) bringt es bereits mit. Dort klicken Sie in der Liste der Seiten mit der rechten Maustaste auf einen Eintrag und wählen dann OPEN SITE SHELL aus (siehe Abbildung 20.3). Danach öffnet sich ein Terminal-Fenster im Seitenverzeichnis. Dort können Sie sogleich mit der WP-CLI arbeiten.

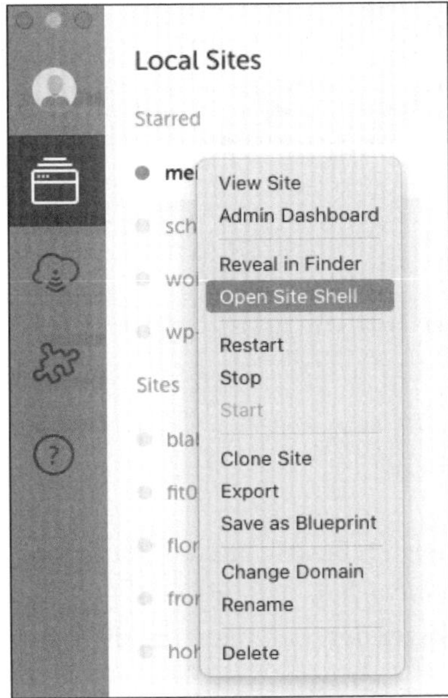

Abbildung 20.3 Öffnen eines Terminalfensters über »Local«

Alternativ können Sie die WP-CLI jederzeit auch auf Ihrem heimischen Rechner oder entfernten Server installieren. Die Phar-Erweiterung[1] von PHP ist dazu recht praktisch. Sie bietet die Möglichkeit, ganze PHP-Anwendungen in einer einzigen Datei zusammenzufassen. So lassen sie sich leichter verteilen und installieren. Die WP-CLI wird genauso ausgeliefert. *Phar* bedeutet im übrigen »PHP-Archiv«.

20.2.1 Die Bevorzugte installationsweise

Zuerst wird die Datei mit `wget` oder `curl` heruntergeladen:

```
curl -O https://raw.githubusercontent.com/wp-cli/builds/gh-pages/phar/wp-cli.phar
```

1 Mehr zur Phar-Erweiterung finden Sie unter: *https://www.php.net/manual/de/intro.phar.php*

Danach lässt sich die WP-CLI mit folgendem Befehl direkt ausführen:

```
php wp-cli.phar --info
```

Die Ausgabe, die Informationen über die Installationsumgebung auflistet, ist in Abbildung 20.4 zu sehen.

```
public — mein-wp Shell — zsh — 105×18
floriansimeth@FlowMini public % php wp-cli.phar --info
OS:     Darwin 21.4.0 Darwin Kernel Version 21.4.0: Fri Mar 18 00:47:26 PDT 2022; root:xnu-8020.101.4~15/
RELEASE_ARM64_T8101 arm64
Shell:  /bin/zsh
PHP binary:     /opt/homebrew/Cellar/php@7.4/7.4.28.reinstall/bin/php
PHP version:    7.4.28
php.ini used:   /Users/floriansimeth/Library/Application Support/Local/run/zxIk2MbsZ/conf/php/php.ini
MySQL binary:
MySQL version:
SQL modes:
WP-CLI root dir:        phar://wp-cli.phar/vendor/wp-cli/wp-cli
WP-CLI vendor dir:      phar://wp-cli.phar/vendor
WP_CLI phar path:       /Users/floriansimeth/Local Sites/meinwp/app/public
WP-CLI packages dir:
WP-CLI global config:   /Applications/Local.app/Contents/Resources/extraResources/bin/wp-cli/config.yaml
WP-CLI project config:
WP-CLI version: 2.6.0
floriansimeth@FlowMini public %
```

Abbildung 20.4 Ausgabe des »info«-Befehls der WP-CLI

Da die WP-CLI öfter benötigt wird, installieren die meisten Entwickler das Tool direkt in ihrem PATH-Verzeichnis. In der Regel ist das */usr/local/bin/*. Zuvor muss die Datei aber ausführbar gemacht werden. Das klappt mit folgenden Befehlen, die die Datei sogleich verschiebt:

```
chmod +x wp-cli.phar
sudo mv wp-cli.phar /usr/local/bin/wp
```

Von nun an reicht die Angabe von `wp [befehl]` im Terminal, um ein WP-CLI-Kommando zu starten.

20.2.2 Alternative Installationsmöglichkeiten

Auf einem Mac können Sie den Paketmanager *Homebrew*[2] nutzen, um die WP-CLI zu installieren. Hier reicht der Befehl `brew install wp-cli` aus.

Auch die Docker-Community bietet WordPress- und WP-CLI-Images an, die Sie in Ihre Projekte integrieren können. Der Befehl hier lautet: `image: wordpress:cli`.

2 Herunterzuladen unter: *https://brew.sh/index_de*

Unter Windows können Sie das Tool entweder über *Composer* oder über einen kleinen Trick installieren. Auf Composer gehe ich in Abschnitt 20.4.1 genauer ein, und der kleine Trick funktioniert wie folgt:

1. Laden Sie sich die Phar-Datei von *https://raw.github.com/wp-cli/builds/gh-pages/phar/wp-cli.phar* herunter.
2. Legen Sie die Datei in einem Verzeichnis Ihrer Wahl ab, zum Beispiel unter *c:\wp-cli*.
3. Erstellen Sie eine Datei namens *wp.bat* im selben Verzeichnis. Ihren Inhalt finden Sie in Listing 20.1:

   ```
   @ECHO OFF
   php "c:/wp-cli/wp-cli.phar" %*
   ```

   Listing 20.1 Der Inhalt der Datei »wp.bat«

4. Danach muss das Verzeichnis zum PATH hinzugefügt werden. Das geht mit dem Befehl `setx path "%path%;c:\wp-cli"`.

Es gibt noch weitere Installationsweisen, auf die ich hier aus Platzgründen nicht näher eingehen werde. Sie finden eine Übersicht unter folgender Adresse:

https://make.wordpress.org/cli/handbook/guides/installing/#alternative-installation-methods

20.3 WP-CLI-Befehle auf der Kommandozeile nutzen

Es gibt über 40 WP-CLI-Hauptbefehle, die sofort funktionieren, ohne dass Sie selbst programmieren müssen. Dazu gesellen sich Dutzende sogenannte *Subcommands* (oder *Unterkommandos*). Das ist ein großer Vorteil, denn so lassen sich gewisse Prozeduren schnell erledigen oder gar automatisieren. Im Folgenden stelle ich einige Kommandos vor, damit Sie ein Gefühl für die grundlegende Verwendung bekommen.

20.3.1 Ein Kommando finden und ausführen

Eine vollständige Liste aller WP-CLI-Befehle finden Sie unter *https://developer.wordpress.org/cli/commands*. Von dort klicken Sie sich eine Ebene tiefer zu den Unterkommandos durch.

Tabelle 20.1 listet als Beispiel die Unterkommandos des `plugin`-Befehls auf. `update` haben Sie bereits kennengelernt. Abbildung 20.5 zeigt die Ausgabe des `list`-Befehls. Wie Sie sehen, erhalten Sie auch gleich die Information darüber, ob ein Update vorliegt. So können Sie sofort reagieren und Ihr Plugin über das Terminal-Fenster aktualisieren.

Befehl	Funktion
`wp plugin activate`	Aktiviert ein oder mehrere Plugins.
`wp plugin auto-updates`	Verwaltet die automatischen Plugin-Updates.
`wp plugin deactivate`	Deaktiviert ein oder mehrere Plugins.
`wp plugin delete`	Löscht Plugin-Dateien ohne Deaktivierung oder Deinstallation.
`wp plugin get`	Ruft Details über ein installiertes Plugin ab.
`wp plugin install`	Installiert ein oder mehrere Plugins.
`wp plugin is-active`	Prüft, ob ein bestimmtes Plugin aktiv ist.
`wp plugin is-installed`	Prüft, ob ein bestimmtes Plugin installiert ist.
`wp plugin list`	Ruft eine Liste von Plugins ab.
`wp plugin path`	Ermittelt den Pfad zu einem Plugin oder zum Plugin-Verzeichnis.
`wp plugin search`	Durchsucht das WordPress.org-Plugin-Verzeichnis.
`wp plugin status`	Zeigt den Status eines oder aller Plugins an.
`wp plugin toggle`	Schaltet den Aktivierungsstatus eines Plugins um.
`wp plugin uninstall`	Deinstalliert ein oder mehrere Plugins.
`wp plugin update`	Aktualisiert ein oder mehrere Plugins.
`wp plugin verify-checksums`	Überprüft Plugin-Dateien anhand der Prüfsummen von WordPress.org.

Tabelle 20.1 Unterkommandos von »wp plugin«

```
public — mein-wp Shell — zsh — 67×37
floriansimeth@FlowMini public % wp plugin list
+----------------------------+----------+--------+---------+
| name                       | status   | update | version |
+----------------------------+----------+--------+---------+
| akismet                    | inactive | none   | 4.2.3   |
| backup-media               | inactive | none   | 0.1.0   |
| backwpup                   | inactive | none   | 3.10.0  |
| birthday-calculator-widget | inactive | none   | 0.1.0   |
| classic-editor             | inactive | none   | 1.6.2   |
| classic-widgets            | inactive | none   | 0.3     |
| disable-wp-rest-api        | inactive | none   | 2.3     |
| easy-comment-rating        | inactive | none   | 0.1.0   |
| easyrating                 | inactive | none   | 0.1.0   |
| gutenberg                  | inactive | none   | 13.0.0  |
| hello-options              | inactive | none   | 0.1.0   |
| jquery-timer               | inactive | none   |         |
| login-with-envato          | inactive | none   | 0.1.0   |
| my-weather-block           | inactive | none   | 0.2.0   |
| nomnom                     | inactive | none   | 0.4.0   |
| postmeta-block             | inactive | none   | 0.1.0   |
| profile-avatar             | active   | none   | 0.1.0   |
| query-monitor              | inactive | none   | 3.9.0   |
| social-media-fields        | inactive | none   | 0.1.0   |
| tours                      | inactive | none   | 0.1.0   |
| user-role-editor           | inactive | none   | 4.61.2  |
| woocommerce                | inactive | none   | 6.4.1   |
| wordpress-beta-tester      | active   | none   | 3.2.1   |
+----------------------------+----------+--------+---------+
floriansimeth@FlowMini public %
```

Abbildung 20.5 Ausgabe der Plugin-Liste über die WP-CLI

20.3.2 Kommandos kombinieren

In manchen Fällen kann es äußerst nützlich sein, die Ergebnisse eines Befehls an einen anderen weiterzugeben. Die *Kompositionsfähigkeit* ist eine Schlüsselphilosophie der WP-CLI. Es existieren zwei Ansätze für die sogenannte *Befehlssubstitution*: die Verkettung innerhalb von CLI-Befehlen und die Verkettung mit xargs.

Verkettung innerhalb von CLI-Befehlen

Bei diesem Ansatz wird die Ausgabe eines Befehls an einen anderen Befehl übergeben, ohne dass die Ausgabe verändert wird. Das Kommando `wp post list` listet lediglich Beiträge auf und führt keine Änderungen durch. Es ist prädestiniert für die Weitergabe an einen zweiten Befehl. Nehmen wir als Beispiel `wp post list --post_type='page' --format=ids`. Dadurch erhalten wir die IDs aller Beiträge, die derzeit lediglich als Entwurf gespeichert sind. Wenn wir diese Beiträge nun auf einen Schwung veröffentlichen wollen, verbinden wir die Ausgabe des oben genannten Befehls wie folgt mit dem `update`-Kommando:

```
wp post update --post_status=publish $(wp post list --post_type='page'
--format=ids).
```

Verkettung mit xargs

Wenn Sie etwas mehr Flexibilität benötigen, können Sie mit `xargs` die Ausgabe eines Befehls an einen anderen weitergeben und dabei einfache Transformationen des Rückgabewerts vornehmen. Das ist immer dann hilfreich, wenn die Ausgabe eines WP-CLI-Befehls mit der Eingabe des nachfolgenden nicht übereinstimmt. Ein Beispiel ist `wp user generate`. Der Befehl legt einen Benutzer an. Mit `wp user generate --count=5 --format=ids` werden fünf neue Benutzer erstellt und deren IDs zurückgegeben. Die Ausgabe ist in Listing 20.2 zu sehen:

```
fs@local public % wp user generate --count=5 --format=ids
5 6 7 8 9%
```

Listing 20.2 Ausgabe der Benutzer-IDs, die erstellt wurden

Um die IDs weiter benutzen zu können, muss der String anhand des Leerzeichens aufgespaltet werden. Das folgende Beispiel aus der Dokumentation zeigt, wie das mit `xargs` funktioniert:

```
wp user generate --count=5 --format=ids | xargs -d ' ' -I % wp user meta add % foo bar
```

Der senkrechte Strich (|) wird im Unix-Jargon *Pipe*-Zeichen genannt und dient zur Verkettung. Die oben stehende Terminal-Eingabe zerlegt den String anhand des Leerzeichens und führt `wp user meta add` fünfmal mit der jeweiligen ID aus. Dadurch wird ein neues Meta-Feld `foo` beim Benutzer angelegt und der Wert `bar` hinterlegt.

20.3.3 Globale Parameter

Es gibt einige Parameter, die global anwendbar sind. Normalerweise kann ein WP-CLI-Befehl nur innerhalb eines WordPress-Verzeichnisses ausgeführt werden. Das gilt jedoch nicht für den `--path`-Parameter. Durch `wp plugin list --path=meinwp/app/`

`public` wird die Local-Seite des entsprechenden Ordners anvisiert und deren Plugin-Liste geladen – und zwar auch, wenn Sie sich außerhalb der Installation befinden.

Sollte die Seite auf einem entfernten Server liegen, kann auch diese angesteuert werden. Hier genügt die Angabe in der Form `wp plugin list --path=meinwp/app/public --ssh=[<user>@]<host>[:<port>][<path>]`.

Wenn Sie möchten, dass ein Befehl als ein bestimmter Benutzer ausgeführt wird, hängen Sie schlicht `--user` an den Befehl an. Erwartet wird die ID, der Benutzername oder die E-Mail-Adresse des Nutzers.

Wie Sie sehen, lässt die WP-CLI fast keine Wünsche offen. Sehen Sie sich am besten die Liste von Parametern an, um zu lernen, was noch möglich ist:

https://make.wordpress.org/cli/handbook/references/config/#global-parameters

20.3.4 Konfigurationsdateien

Falls bestimmte Parameter bei jedem WP-CLI-Befehl notwendig sind, ist es sinnvoll, diese in einer Konfigurationsdatei zu hinterlegen. Das Tool findet folgende Dateien:

- *wp-cli.local.yml*: im aktuellen Arbeitsverzeichnis (oder höher)
- *wp-cli.yml*: innerhalb des aktuellen Arbeitsverzeichnisses (oder aufwärts)
- *~/.wp-cli/config.yml* ist ein verstecktes Verzeichnis im Benutzerordner des Betriebssystems. Der Pfad kann durch Setzen der Umgebungsvariablen `WP_CLI_CONFIG_PATH` jederzeit geändert werden.

Neben den globalen Parametern (aus Abschnitt 20.3.3) können die Konfigurationsdateien auch Standardwerte für jeden Unterbefehl sowie Aliasse für eine oder mehrere WordPress-Installationen enthalten. Listing 20.3 zeigt eine Beispielkonfiguration, in der der Benutzer auf `admin` gesetzt wird. Außerdem wurden Farben der CLI-Ausgaben deaktiviert (`color: false`). Für die Unterkommandos, die `create` enthalten, wird ein Datenbank-Benutzername festgelegt. Außerdem werden über `extra-php` einige PHP-Konstanten gesetzt.

Aliasse werden mit vorangesetztem @-Zeichen angegeben. Der Terminal-Befehl `wp @staging core update` führt beispielsweise ein Update von WordPress *nur* auf der Staging-Seite durch. Mehr zu den einzelnen Themen finden Sie unter den in Tabelle 20.2 genannten Adressen.

```
# Globale Parameter
user: admin
color: false
```

```
# Unterkommando (hier z. B. `wp config create`)
config create:
  dbuser: local
  dbpass:
  extra-php: |
    define( 'WP_DEBUG', true );
    define( 'WP_POST_REVISIONS', 50 );

# Alias
  @staging:
     ssh: admin@staging.mein-wp.test
     user: admin
     path: /srv/www/staging.mein-wp.test
  @production:
     ssh: admin@mein-wp.test
     user: admin
     path: /srv/www/mein-wp.test
  @both:
     - @staging
     - @production
```

Listing 20.3 Die Beispieldatei »wp-cli.yml«

Konfigurationsdateien	*https://make.wordpress.org/cli/handbook/references/config/#config-files*
Aliasse	*https://make.wordpress.org/cli/handbook/guides/running-commands-remotely/#aliases*
Umgebungsvariablen	*https://make.wordpress.org/cli/handbook/references/config/#environment-variables*

Tabelle 20.2 Lesenswerte Artikel zum jeweiligen Thema

20.4 Eigene CLI-Befehle programmieren

Viel interessanter, als bestehende Kommandos zu nutzen, ist es, eigene zu entwickeln. Denn nur dann macht WordPress auch auf der Kommandozeile genau das, was Sie sich vorstellen. Im Folgenden möchte ich an Abschnitt 18.4, »Entfernte Daten manipulieren«, anschließen und gemeinsam mit Ihnen ein Plugin entwickeln, das die Filesystem-API nutzt, um ein Backup aller Mediendateien auf einen FTP-Server zu laden.

20.4.1 WP-CLI via Composer installieren

In einem bestehenden Projekt können Sie mithilfe von Composer[3] eine Abhängigkeit von der WP-CLI erstellen. Der folgende Terminal-Befehl schafft eine Entwicklungsabhängigkeit und gibt Ihnen gleichzeitig die Möglichkeit, das `wp`-Programm zu nutzen, das im Ordner */vendor/bin/* abgelegt wurde:

```
composer require --dev wp-cli/wp-cli-bundle --skip-tests
```

20.4.2 Plugin-Scaffolding

In Abschnitt 20.1 habe ich bereits kurz erwähnt, dass sich durch das sogenannte *Scaffolding* Grundgerüste erschaffen lassen. Mit dem folgenden Befehl wird ein Plugin innerhalb des Ordners */wp-content/plugins/backup-media* erstellt.

```
wp scaffold plugin backup-media
```

Er legt mindestens die folgenden Dateien an:

- *plugin-slug.php*: Die Hauptdatei des PHP-Plugins. Im Beispiel heißt sie *backup-media.php*.
- *readme.txt*: Eine Datei mit Metadaten und nützlichen Hinweisen (zum Beispiel zur Installation). Sie wird ausgezeichnet im Markdown-Format[4].
- *package.json* wird von npm benötigt und enthält verschiedene für das Projekt relevante Metadaten und folgende Pakete: `grunt`, `grunt-wp-i18n` und `grunt-wp-readme-to-markdown`.
- *Gruntfile.js* ist die JS-Datei mit Grunt-Aufgaben.[5]
- *.editorconfig* ist die Konfigurationsdatei für den Editor.
- *.gitignore* gibt an, welche Dateien (oder Muster) Git[6] ignorieren soll.
- *.distignore* enthält eine Reihe von Dateien, die Sie wahrscheinlich nicht in Ihre WordPress.org-Distribution integrieren wollen.

Außerdem werden eine Reihe von Testdateien installiert, die wichtig sind, wenn Sie mit PHPUnit[7] arbeiten möchten. Die Angabe von `--skip-tests` kann das Erstellen der Dateien blockieren, wenn Sie die Tests nicht benötigen oder ein alternatives Testframework verwenden.

3 Mehr Informationen über Composer finden Sie hier: *https://getcomposer.org*

4 Markdown ist eine vereinfachte Auszeichnungssprache, die von wordpress.org gelesen und dann auf der Website dargestellt werden kann. Mehr dazu unter: *https://developer.wordpress.org/plugins/wordpress-org/how-your-readme-txt-works/*

5 Grunt ist ein sogenannter JavaScript-Taskrunner, der sich wiederholende Aufgaben ausführen kann. Sie finden ihn unter: *https://gruntjs.com*

6 Git ist eine Versionierungssoftware, siehe: *https://git-scm.com*

7 PHPUnit ist ein in PHP geschriebenes Framework zum Testen von PHP-Skripten: *https://phpunit.de*

20.4.3 Code bei der WP-CLI-Initialisierung ausführen

In der entstandenen Datei *backup-media.php* fügen wir den Code aus Listing 20.4 ein. Der `cli_init`-Hook wird ausschließlich auf der Kommandozeile ausgeführt. Entsprechend wird der Quellcode unter */includes/cli.php* erst dann abgearbeitet.

```
<?php
...
namespace floriansimeth\backup_media;

add_action( 'cli_init', 'floriansimeth\backup_media\cli_init' );

function cli_init() {
   require_once __DIR__ . '/includes/cli.php';
}
```

Listing 20.4 Auszug aus der Stammdatei des Plugins

20.4.4 CLI-Kommandos erstellen

In der Datei ergänzen wir über die statische Methode `add_command()` (siehe Listing 20.5) der Klasse `WP_CLI` ein neues Kommando namens `media backup`. Die Methode hat die drei unten genannten Parameter. Zurückgegeben wird ein boolescher Wert, der angibt, ob der Befehl erstellt wurde.

- `$name` ist der Name des Kommandos.
- `$callable` ist die Funktion, die bei einem Kommandoaufruf ausgeführt werden soll.
- `$args` ist ein Array mit weiteren Parametern:
  - `$before_invoke` ist eine Funktion, die aufgerufen wird, bevor die `$callback`-Funktion ausgeführt wird.
  - Im Gegensatz dazu ist `$after_invoke` die Funktion, die jedes Mal nach `$callback` ausgeführt wird.
  - `$shortdesc` ist eine Kurzbeschreibung, die nicht länger als 80 Zeichen sein sollte.
  - In `$longdesc` haben Sie unendlich viel mehr Platz für eine Beschreibung des Befehls, unter anderem um Beispiele zu zeigen.
  - In `$synopsis` wird beschrieben, wie ein Kommando aufgebaut wird (siehe das folgende Beispiel).

- In `$when` kann ein WP-CLI-Hook angegeben werden, in dem `$callback` ausgeführt werden soll.[8]
- `$is_deferred` gibt an, ob der Befehlszusatz zurückgestellt wurde.

```
<?php
public static function add_command(
    string $name,
    callable $callable,
    array $args = [
        callable $before_invoke,
        callable $after_invoke,
        string $shortdesc,
        string $longdesc,
        string|array $synopsis = [
            [
                string $name,
                string $type
                array $value = [
                    $name
                ]
                bool $repeating = false,
                bool $optional = false,
                string $description = '',
                mixed $default
            ]
        ],
        string $when,
        bool $is_deferred
    ]
): bool {
    ...
}
```

Listing 20.5 Methodenbeschreibung von »add_command()« der Klasse »WP_CLI«

Synopse

Eine Synopse beschreibt, wie ein WP-CLI-Befehl zu benutzen ist. `$synopsis` kann entweder ein String oder ein Array sein. Tabelle 20.3 zeigt, was möglich ist, wenn Sie sich für einen String entscheiden. In Listing 20.6 sehen Sie, wie das im Code aussieht.

8 Eine Liste der möglichen Hooks finden Sie hier: *https://make.wordpress.org/cli/handbook/references/internal-api/wp-cli-add-hook/*

Argument	Beschreibung
`<hostname>`	Ein Positionsargument namens `hostname`
`<files>...`	Ein Positionsargument mit dem Namen `files`, das *mehrfach* vorkommen darf
`[<username>]`	Ein *optionales* Positionsargument
`[--ssl]`	Ein optionales Flag-Argument. Es gibt `true` zurück, wenn es angegeben wird.
`--hostname=<hostname>`	Ein Assoziativargument namens `hostname`
`[--port=<port>]`	Ein *optionales* Assoziativargument
`[--skip-plugins[=<plugins>]]`	Ein Assoziativargument namens `skip-plugins` mit optionalem Wert
`--field=<value>`	Ein generisches Argument

Tabelle 20.3 Mögliche Bausteine beim Erstellen einer Synopse

```
<?php
\WP_CLI::add_command(
   'media backup',
   'floriansimeth\backup_media\cli_backup',
   [
      'shortdesc' => __(
          'Backs up all media files to a FTP server.',
          'backup-media'
      ),
      'synopsis' => '<hostname> --username=<username>'
          . ' --password=<password> [--port=<port>] [--ssl]',
   ]
);
```

Listing 20.6 Die Synopse wird als String angegeben.

Wenn Sie lieber ein Array angeben möchten, ist auch das möglich (siehe Listing 20.7), jedoch wird der Quellcode dadurch deutlich länger und, wie ich finde, unübersichtlicher. Es ist viel schöner, den Parameter `$args` ganz wegzulassen und stattdessen alles in den DocBlock zu übertragen. Auch das ist möglich, wie Listing 20.8 zeigt. Beachten Sie, dass Letzteres oberhalb der auszuführenden Funktion (und nicht oberhalb von `WP_CLI::add-command()`) deklariert werden muss. Durch den Terminal-Befehl `wp help media backup` erhalten Sie schließlich die Beschreibung aus Abbildung 20.6.

```
<?php
\WP_CLI::add_command(
    'media backup',
    'floriansimeth\backup_media\cli_backup',
    [
        'shortdesc' => __(
            'Backs up all media files to a FTP server.',
            'backup-media'
        ),
        'synopsis'  => [
            [
                'type' => 'positional',
                'name' => 'hostname',
            ],
            [
                'type'  => 'assoc',
                'name'  => 'username',
                'value' => [
                    'name' => 'username'
                ],
            ],
            [
                'type'  => 'assoc',
                'name'  => 'password',
                'value' => [
                    'name' => 'password'
                ]
            ],
            [
                'type'     => 'assoc',
                'name'     => 'port',
                'value'    => [
                    'name' => 'port'
                ],
                'optional' => true,
            ],
            [
                'type'     => 'flag',
                'name'     => 'ssl',
                'optional' => true,
            ]
```

```
        ],
    ]
);
```

Listing 20.7 Die Synopse als Array

```
<?php
/**
 * Backs up all media files to a FTP server.
 *
 * ## OPTIONS
 *
 * <hostname>
 * : The server URL or IP to connect to.
 *
 * [--username=<username>]
 * : The username.
 *
 * [--password=<password>]
 * : The password.
 *
 * [--port=<port>]
 * : The port number.
 * ---
 * default: 80
 * ---
 *
 * [--ssh]
 * : If to connect via FTPs.
 *
 * ## EXAMPLES
 *
 *     wp media backup my.ftp.server
*/
function cli_backup( array $args, array $assoc_args ) {
    ...
}
```

Listing 20.8 Auszeichnung der Argumente via DocBlock

```
NAME

  wp media backup

DESCRIPTION

  Backs up all media files to a FTP server.

SYNOPSIS

  wp media backup <hostname> [--username=<username>] [--password=<password>] [--port=<port>] [--ssh]

OPTIONS

  <hostname>
    The server URL or IP to connect to.

  [--username=<username>]
    The username.

  [--password=<password>]
    The password.

  [--port=<port>]
    The port number.
    ---
    default: 80
    ---

  [--ssh]
    If to connect via FTPs.

EXAMPLES

    wp media backup my.ftp.server
:
```

Abbildung 20.6 Ausgabe des Help-Befehls

Parameter über DocBlock

Über den DocBlock können noch mehr Parameter an die WP-CLI übergeben werden. Sie finden diese in Tabelle 20.4. Wird beispielsweise im Kommentarblock `@alias mb` ergänzt, so ist unser Befehl auch durch die Eingabe `wp media mb` erreichbar.

Parameter	Beschreibung
`@when {$hook}`	Entspricht dem `$when`-Parameter.
`@subcommand {$bezeichnung}`	Wenn der Funktionsname nicht mit der Kommandobezeichnung übereinstimmt, kann der tatsächliche Name hier angegeben werden.
`@alias {$bezeichnung}`	Eine zusätzliche Bezeichnung für den Befehl

Tabelle 20.4 Mögliche zusätzliche Angaben im DocBlock

Callback-Funktion

Die Callback-Funktion des CLI-Befehls erhält zwei Parameter: `$args` und `$args_assoc`. Der erste Parameter enthält alle Positionsargumente, der zweite die restlichen.

20.4.5 Initiale FTP-Prüfungen

Wir ergänzen unser Kommando um die Callback-Funktion `$before_invoke` (siehe Listing 20.9). Sie übernimmt einige Checks:

1. Es wird geprüft, ob eine FTP-Verbindung überhaupt aufgebaut werden kann, also ob die entsprechende PHP-Erweiterung vorhanden ist, damit dann die Klasse `WP_Filesystem_FTPext` genutzt werden kann.
2. Wie Sie erkennen können, werden die entsprechenden PHP-Dateien gleich mit `require_once` inkludiert. Somit ist alles so weit vorbereitet, dass wir die eigentliche Upload-Funktion entwickeln können.
3. Der Filter `filesystem_method` sorgt dafür, dass immer der String `ftpext` zurückgegeben wird. Denn nur so ist sichergestellt, dass später eine FTP-Verbindungen hergestellt werden kann.
4. Die Funktion `WP_Filesystem()` generiert schließlich eine Objektinstanz von `WP_Filesystem_FTPext` und legt diese in der globalen Variablen `$wp_filesystem` ab.
5. Im Fehlerfall bricht die statische Methode `WP_CLI::error()` die Ausführung des aktuellen Skripts mit einer Fehlermeldung ab.

```
<?php
\WP_CLI::add_command(
    'media backup',
    'floriansimeth\backup_media\cli_backup',
    [
        'before_invoke' => 'floriansimeth\backup_media\before_invoke'
    ]
);

function before_invoke() {
    if ( ! function_exists( '\WP_Filesystem' ) ) {
        require_once ABSPATH . 'wp-admin/includes/file.php';
    }

    add_filter( 'filesystem_method', function ( $method ) {
        return 'ftpext';
    }, 100 );
```

```
    global $wp_filesystem;

    \WP_Filesystem();

    if ( ! isset( $wp_filesystem ) ) {
        \WP_CLI::error(
            __( 'Could not setup filesystem class', 'backup-media' )
        );
    }

    if ( ! $wp_filesystem instanceof \WP_Filesystem_FTPext ) {
        \WP_CLI::error(
            __( 'Wrong filesystem class loaded.', 'backup-media' )
        );
    }

    /**
     * @var $wp_filesystem \WP_Filesystem_FTPext
     */
    if ( is_wp_error( $wp_filesystem->errors )
         && $wp_filesystem->errors->has_errors()
         && in_array( 'no_ftp_ext', $wp_filesystem->errors->get_error_
codes() )
    ) {
        \WP_CLI::error(
            $wp_filesystem->errors->get_error_message( 'no_ftp_ext' )
        );
    }
}
```

Listing 20.9 Abbruch, wenn die entsprechende PHP-Erweiterung nicht installiert ist.

20.4.6 Verbindung herstellen

Jetzt können wir, so wie in Listing 20.10 dargestellt, in der Callback-Funktion eine Verbindung herstellen, weil nun alle Argumente übergeben werden können. Im Fehlerfall wird auch hier wieder `WP_CLI::error()` genutzt, um den Fehler auf dem Bildschirm auszugeben und die weitere Ausführung abzubrechen.

```
<?php
function cli_backup( array $args, array $assoc_args ) {
    /**
     * @var $wp_filesystem \WP_Filesystem_FTPext
     */
```

```
    global $wp_filesystem;

    $args = [
        'hostname'        => $args[0],
        'port'            => $assoc_args['port'] ?? 21,
        'username'        => $assoc_args['username'],
        'password'        => $assoc_args['password'],
        'connection_type' => isset( $assoc_args['ssl'] ) ? 'ftps' : ''
    ];

    if ( 'ftps' === $args['connection_type']
         && ! isset( $assoc_args['port'] ) ) {
        $args['port'] = 22;
    }

    WP_Filesystem( $args );

    if ( is_wp_error( $wp_filesystem->errors )
         && $wp_filesystem->errors->has_errors() ) {
        \WP_CLI::error(
            $wp_filesystem->errors->get_error_message( 'no_ftp_ext' )
        );
    }
}
```

Listing 20.10 Eine FTP-Verbindung wird hergestellt.

20.4.7 Medien abrufen

Als Nächstes benötigen wir eine Liste der Medien, die hochgeladen werden sollen. Dazu können wir eine weitere Methode der Klasse `WP_CLI` nutzen: `launch_self()`. Sie erlaubt es, Kommandos via PHP auszuführen, wie Listing 20.11 zeigt. Wir umhüllen den Code gleich noch mit einer `do-while`-Schleife, damit der Befehl später auch alle Dateien hochladen kann. Mit `WP_CLI::warning()` wird ein Benutzer darüber informiert, dass die Datei womöglich nicht existiert. Ein Abbruch findet deswegen allerdings nicht statt.

```
<?php
function cli_backup( array $args, array $assoc_args ) {
    ...

    do {
        $offset    = $offset ?? 0;
```

```
    $response = \WP_CLI::launch_self(
        'post list',
        [],
        [
            'post_type'      => 'attachment',
            'post_status'    => 'inherit',
            'posts_per_page' => 50,
            'offset'         => $offset,
            'fields'         => 'ID',
            'format'         => 'json',
        ],
        false,
        true
    );

    $media_ids = wp_list_pluck(
        json_decode( $response->stdout ),
        'ID'
    );

     foreach ( $media_ids as $media_id ) {

        $local_file = get_attached_file( $media_id, true );

        if ( ! is_file( $local_file ) ) {
            \WP_CLI::warning( sprintf(
                __( 'File of media with ID %d does not exist: %s.',
                    'blackup-media' ),
                $media_id,
                $local_file
            ) );
            continue;
        }
        # upload file here
     }

    $offset += 50;
} while ( count( $media_ids ) );
```

Listing 20.11 Abrufen der Medien

20.4.8 Dateien hochladen

In der `while`-Schleife kann nun der Code aus Listing 20.12 ergänzt werden, um die entsprechende Datei hochzuladen. Die Funktion `upload_file()` ist dort ebenfalls abgedruckt. Sie übernimmt mit der `put_contents()`-Methode den eigentlichen Upload.

Die Funktion `maybe_create_dir()` kümmert sich um die rekursive Erstellung der Ordner auf dem entfernten Server. Aus Platzgründen ist sie nicht im Buch enthalten. Sie finden sie aber wie gewohnt im fertigen Plugin beim Download-Material.

```
<?php
function cli_backup( array $args, array $assoc_args ) {
    ...

    do {
        ...

        foreach ( $media_ids as $media_id ) {

            ...

            $upload_file_path = get_post_meta(
                $media_id,
                '_wp_attached_file', true
            );

            try {
                upload_file( $upload_file_path, $local_file );
            } catch ( \Exception $e ) {
                \WP_CLI::warning( sprintf(
                    __( 'Could not upload %s. Got error: %s',
                        'blackup-media' ),
                    $upload_file_path,
                    $e->getMessage()
                ) );
            }
        }

        $offset += 50;
    } while ( count( $media_ids ) );

    \WP_CLI::success( __( 'All done!', 'backup-media' ) );
}
```

```
function upload_file( string $upload_file_path, string $local_file ): bool {
    global $wp_filesystem;

    $upload_file_path = 'backup/' . $upload_file_path;

    maybe_create_dir( $upload_file_path );

    if ( ! $wp_filesystem->put_contents(
        $upload_file_path,
        file_get_contents( $local_file )
    ) ) {
        throw new \Exception( sprintf(
                __( 'Could not upload %s', 'backup-media' ),
                $local_file
            )
        );
    }

    return true;
}
```

Listing 20.12 Datei-Upload via FTP

20.4.9 Den Befehl ausführen

Zum Schluss können Sie den Befehl mit `wp media backup ftp.mein-wp.test --username=admin --password=1234` ausführen. Tauschen Sie die Zugangsdaten entsprechend aus.

Allerdings ist der Befehl noch nicht sehr »gesprächig«, wie in Abbildung 20.7 zu sehen ist. Aber auch das kann noch verändert werden.

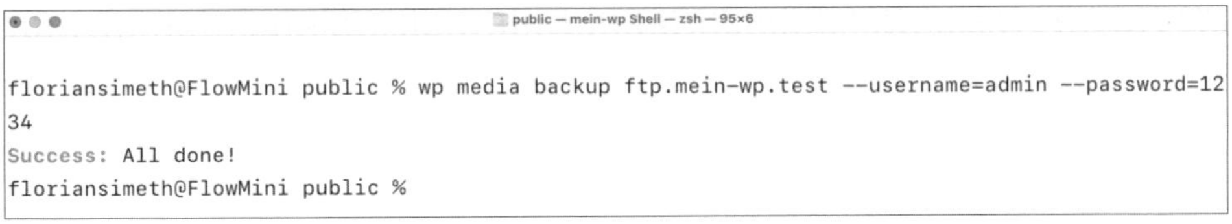

```
public — mein-wp Shell — zsh — 95×6

floriansimeth@FlowMini public % wp media backup ftp.mein-wp.test --username=admin --password=12
34
Success: All done!
floriansimeth@FlowMini public %
```

Abbildung 20.7 Mehr als »All done!« gibt der Befehl nicht aus.

20.4.10 Weitere Informationen ausgeben

In Listing 20.13 ist zu sehen, wie kurz vor der `WP_Filesystem()`-Funktion eine Meldung angezeigt wird, die darauf hinweist, dass nun eine Verbindung aufgebaut wird. Dazu wird die Methode `log()` aus der Klasse `WP_CLI` genutzt:

```
<?php
function cli_backup( array $args, array $assoc_args ) {
   ...

   \WP_CLI::log(
      __( 'Connecting to FTP server ...', 'backup-media' )
   );

   WP_Filesystem( $args );

   ...
}
```

Listing 20.13 Eine Debug-Meldung wird ausgegeben.

Zusätzlich können wir eine sogenannte *Progress Bar* ausgeben, die anzeigt, wie weit der Upload vorangeschritten ist. In Listing 20.14 wird deshalb mit `make_progress_bar()` ein neues Objekt dieser Klasse instanziiert. Mit jedem Test wird ein *Tick* ausgeführt, der den internen Zähler erhöht, und zwar so lange, bis er mit der Anzahl aus `wp_count_attachments()` übereinstimmt. Der Aufruf von `finish()` beendet den Vorgang schließlich. Abbildung 20.8 zeigt, wie das aussieht.

```
<?php
function cli_backup( array $args, array $assoc_args ) {
    ...

    $progress_bar = make_progress_bar(
        __( 'Begin uploading media ...', 'backup-media' ),
        wp_count_attachments()
    );

    do {
        ...

        foreach ( $media_ids as $media_id ) {
            $progress_bar->tick();

            ...
        }

        $offset += 50;
    } while ( count( $media_ids ) );
```

```
    $progress_bar->finish();

    \WP_CLI::success( __( 'All done!', 'backup-media' ) );
}
```

Listing 20.14 Entwicklung einer Fortschrittsanzeige

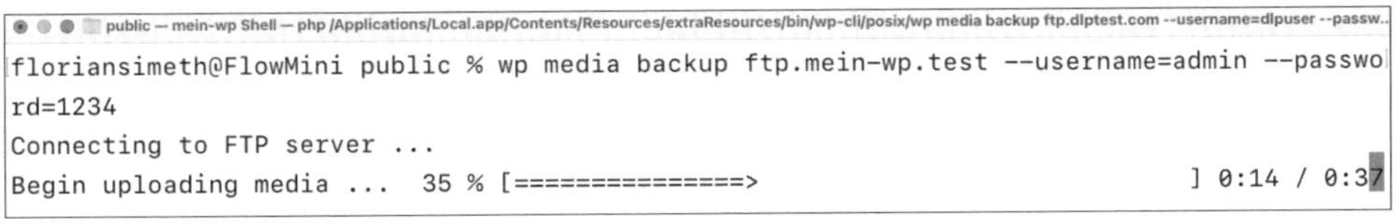

```
public — mein-wp Shell — php /Applications/Local.app/Contents/Resources/extraResources/bin/wp-cli/posix/wp media backup ftp.dlptest.com --username=dlpuser --passw..
floriansimeth@FlowMini public % wp media backup ftp.mein-wp.test --username=admin --passwo
rd=1234
Connecting to FTP server ...
Begin uploading media ...   35 % [===============>                    ] 0:14 / 0:37
```

Abbildung 20.8 Eine Fortschrittsanzeige wird dargestellt.

20.4.11 Weiterführende WP-CLI-Anwendungsmöglichkeiten

Es gibt Dutzende Funktionen, über die die WP-CLI verfügt. Über sie könnte man ein eigenes Buch schreiben. So kann beispielsweise eine Progress Bar nicht nur ausgegeben, sondern sogar eingefärbt werden. Darüber hinaus müssen Sie nicht immer selbst ein Kommando entwickeln. Vielleicht wollen Sie ein existierendes Kommando erweitern? Am besten ist, Sie stöbern selbst in der Dokumentation der WP-CLI unter *https://wp-cli.org* und entdecken weitere Möglichkeiten.

Im nächsten Kapitel bewegen wir uns weg von der Kommandozeile hin zur sogenannten *Multisite-Funktion* von WordPress. Damit lassen sich mehrere Sites in nur einer Installation betreiben.

Kapitel 21

Mehrere Websites in einer Installation: Die Multisite-Umgebung

Die Multisite-Funktionalität von WordPress wird oft als »Hidden Feature« bezeichnet. Vielleicht hören Sie auch zum ersten Mal davon, dass es möglich ist, mit einer Installation mehrere Sites zu betreiben.

Möglicherweise ist es gut, dass die Multisite-Funktion standardmäßig deaktiviert ist. Denn nicht jeder möchte ein Netzwerk von WP-Sites bedienen. Im Grunde ist es aber keine schlechte Idee. In der Vergangenheit habe ich die Funktion oft genutzt, wenn *ein* Kunde *mehrere* Websites betrieb. (Mittlerweile ist das gar nicht mehr so abwegig, denn die meisten Unternehmen haben mehrere Websites.) So konnte ich den Installations- und den späteren Betreuungsaufwand minimal halten. Denn WP-, Plugin- und Theme-Updates werden nur *einmal* durchgeführt und gelten dann für alle Untersites. Aber eine Multisite-Umgebung kann auch Nachteile haben, wie Tabelle 21.1 zeigt.

Vorteile	Nachteile
Alle Sites werden von einem einzigen Dashboard aus verwaltet.	Nicht alle Plugins funktionieren in Multisite-Umgebungen.
Plugins- und Themes werden vom Super-Admin installiert oder geändert. Dies gibt ihm mehr Kontrolle und vermeidet Konflikte.	Einzelne Site-Administratoren sind in ihrer Macht eingeschränkt, weil sie selbst keine neuen Plugins und Themes installieren können.
Themes und Plugins müssen nur einmal installiert werden. Auch der Upgrade-Prozess wird nur einmal durchgeführt.	Themes und Plugins können nicht getrennt pro Site aktualisiert werden. Das heißt, verschiedene Versionen können nicht installiert werden.
Die Daten aller Sites können in einem einzigen Backup gespeichert werden.	Ein möglicher Hackerangriff oder eine Datenpanne wirkt sich auf alle Sites aus.

Tabelle 21.1 Einige Vor- und Nachteile einer Multisite-Installation

Vorteile	Nachteile
Durch eine einzige WordPress-Installation werden Server-Ressourcen gespart.	Ein Wechsel von einer Multisite-Umgebung zurück zu einzelnen Sites gestaltet sich schwierig.

Tabelle 21.1 Einige Vor- und Nachteile einer Multisite-Installation (Forts.)

Plugins und Themes werden zwar site-übergreifend installiert und freigegeben, trotzdem ist es möglich, jede Untersite an individuelle Wünschen anzupassen. Ein Limit bezüglich der Anzahl an Sites innerhalb eines Netzwerks gibt es nicht. Ein gutes Beispiel ist *wordpress.com*. Sie ist die weltweit größte Multisite-Installation mit Millionen von Sites.

Etwas verwirrend ist ausschließlich die Nomenklatur (siehe Kasten). Wird die Multisite-Funktion zum ersten Mal freigeschaltet (siehe Abschnitt 21.1), existiert nur *ein* Netzwerk (engl. *network*) mit *einer* Seite (engl. *site*). So ist es möglich, dass auch spätere Installationen von WordPress zur Multisite-Umgebung umgebaut werden können. In den meisten Fällen reicht *ein* Netzwerk aus. Es ist aber auch möglich, mehrere Netzwerke aufzubauen, die alle ihre eigenen Unterseiten enthalten. Dies kann allerdings nur durch ein Plugin[1] erfolgen. Denn im Kern von WordPress befinden sich alle nötigen Netzwerk-Funktionen, ein User-Interface gibt es dafür derzeit aber nicht.

Ein spezielles Vorgehen zur Theme- und Block-Entwicklung gibt es nicht. Sie können also wie gewohnt den Anleitungen in diesem Buch folgen. Einen Unterschied gibt es bloß für Plugins. So muss vorher festgelegt werden, ob sie innerhalb eines Netzwerks oder nur in einer einzelnen Site funktionieren sollen. Ein bekanntes Beispiel ist das Plugin *MultilingualPress*[2], das sich das Multisite-Feature in WordPress zunutze macht, um mit Übersetzungen zu arbeiten. So wird für jede Sprache eine einzelne Site eines Netzwerks verwendet. Die einzelnen Posts werden untereinander verlinkt, sodass leicht zwischen den URLs gesprungen werden kann. Das bedeutet aber auch, dass eine Site im Netzwerk Zugriff auf die andere braucht.

Zwar geht das mittlerweile auch mit der REST-API, aber ein weiterer Vorteil einer Multisite-Installation ist, dass die aktuellen Posts der einzelnen Sites sehr einfach geladen und beispielsweise auf der Hauptssite dargestellt werden können. Denn jedem Netzwerk muss standardmäßig eine Hauptsite zugewiesen sein.

Darüber hinaus kann der Super-Administrator, also derjenige, der das gesamte Netzwerk administrieren kann, sehr leicht die Speicherzuteilung verwalten oder sogar festlegen, welche Dateitypen in welcher Größe hochgeladen werden dürfen.

1 Zum Beispiel durch *WP Multi Network*: *https://wordpress.org/plugins/wp-multi-network/*
2 Zum Download unter: *https://wordpress.org/plugins/multilingual-press/*

Network oder Site oder Blog?

Sie werden im Laufe des Kapitels feststellen, dass es doch eine ziemliche Herausforderung ist, die richtigen Tabellen- und Funktionsbezeichnungen herauszufinden. Aktueller Stand ist, dass eine Sammlung von Websites als *Netzwerk* (engl. *network*) bezeichnet wird. Jedoch nutzt WordPress speziell bei den Funktions- und Datenbank-Bezeichnungen leider die gegenteiligen Bezeichnungen. So werden die Netzwerke in der Tabelle `wp_site` gespeichert, und die Websites sind in `wp_blogs` hinterlegt. Wie Sie später noch sehen werden, wird eine einzelne Website mit `get_blog_details()` abgerufen. Zurückgegeben wird (richtigerweise) ein Objekt der Klasse `WP_Site`.

Der Grund dieser Misere ist, dass *WordPress MU* früher ein separates Projekt war. »MU« stand für *Multi-User* und nutzte damals die Bezeichnungen »Site« anstelle von »Network« und »Blog« anstelle von »Site«. Das Feature wurde in den WordPress-Kern übernommen. Bei der folgenden Entwicklung wurden so manche Funktionsbezeichnungen (wohl aus den bekannten Kompatibilitätsgründen) nicht angepasst. Jedoch entstanden neue Funktionen und Klassen, die fortan die neuen Bezeichnungen nutzten. Damit ist die Verwirrung leider perfekt.

Ich nutze im Folgenden die »richtigen« Bezeichnungen *Netzwerk* und *Site*, um nicht in Konflikt mit Beiträgen (*posts*) und Seiten (*pages*) zu geraten. Abbildung 21.1 soll noch einmal die verschiedenen Begriffe verdeutlichen.

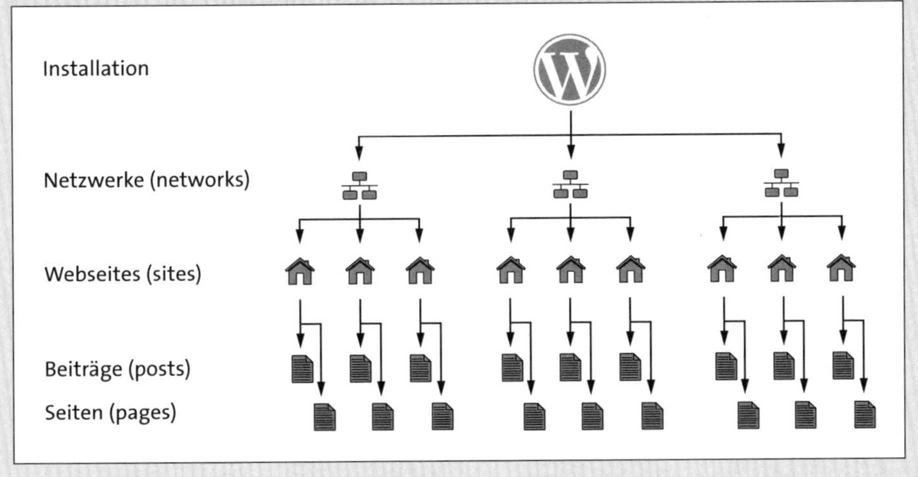

Abbildung 21.1 Eine WordPress-Multisite

21.1 Eine Multisite-Installation durchführen

Zuerst müssen Sie entscheiden, wie die Sites eines Netzwerks zugänglich gemacht werden sollen. Mögliche Varianten sind:

1. **Domainbasiert:** Die einzelnen Sites sind über (Sub-)Domains erreichbar (also beispielsweise *seite1.mein-wp.test* oder *seite1.test*).
2. **Pfadbasiert:** Die Sites sind über Unterverzeichnisse erreichbar (*mein-wp.test/seite1*).

Bei Variante 1 wird der Besucher dann nicht merken, dass mehrere Webseiten tatsächlich nur von einer einzigen WordPress-Installation betrieben werden. Bei Variante 2 besteht grundsätzlich ein Verwechslungsrisiko: Wenn eine neue Site einen Namen hat, der auch als Beitrags- oder Seitentitel auf der Hauptsite erscheint, entsteht hier ein Konflikt (siehe Kasten).

Zwischen Installationstypen wechseln

Grundsätzlich ist es möglich, dass Sie zwischen den einzelnen Typen wechseln. WordPress wird Sie aber spätestens einen Monat nach der Erstinstallation auffordern, die domainbasierte Variante zu nutzen. Damit soll sichergestellt werden, dass es nicht zu Konflikten zwischen Seiten (des Artikeltyps) (beispielsweise *mein-wp.test/seite1*) und den Netzwerk-Sitenamen (*mein-wp.test/seite1*) kommt.

21.1.1 Multisite von Anfang an

Wenn Sie mit lokalen Entwicklungsumgebungen wie etwa *Local* arbeiten, können Sie vorab entscheiden, ob die neue Seite eine Multisite-Installation werden soll. In Abbildung 21.2 ist zu sehen, wie Sie in der App vor der Installation die Variante auswählen können.

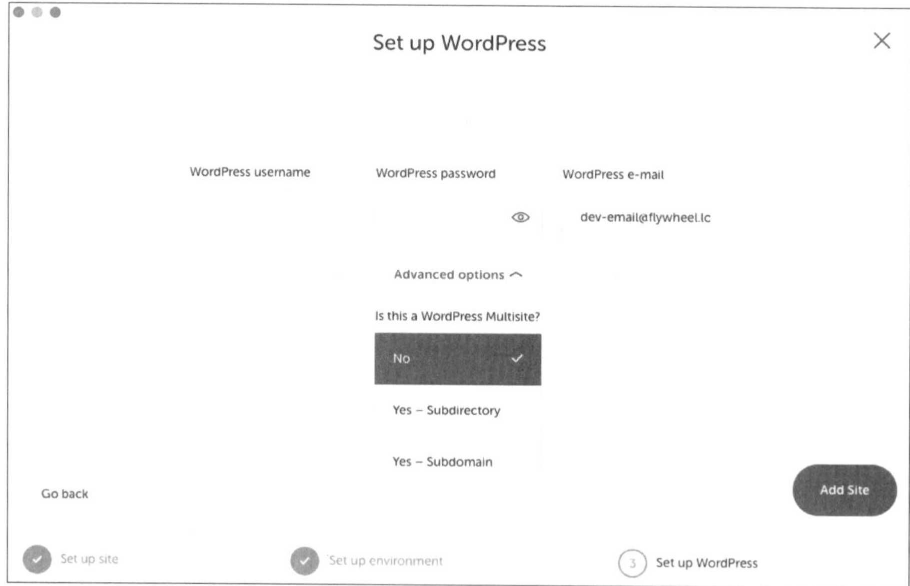

Abbildung 21.2 Local bietet an, eine Multisite-Installation von Grund auf anzulegen.

21.1.2 Auf Multisite umsteigen

In allen anderen Fällen führen Sie eine normale WordPress-Installation durch (siehe Abschnitt 1.1, »WordPress installieren«). Ist das erledigt, öffnen Sie die *wp-config.php* und ergänzen die Konstante aus Listing 21.1. Danach melden Sie sich im Backend der WordPress-Installation an und besuchen die Seite WERKZEUGE • NETZWERK-EINRICHTUNG (siehe Abbildung 21.3). Zuvor müssen Sie alle Plugins deaktivieren, sonst wird eine Fehlermeldung ausgegeben.

```
<?php
...
define( 'WP_ALLOW_MULTISITE', true );
```

Listing 21.1 Eine neue Konstante in der »wp-config.php«

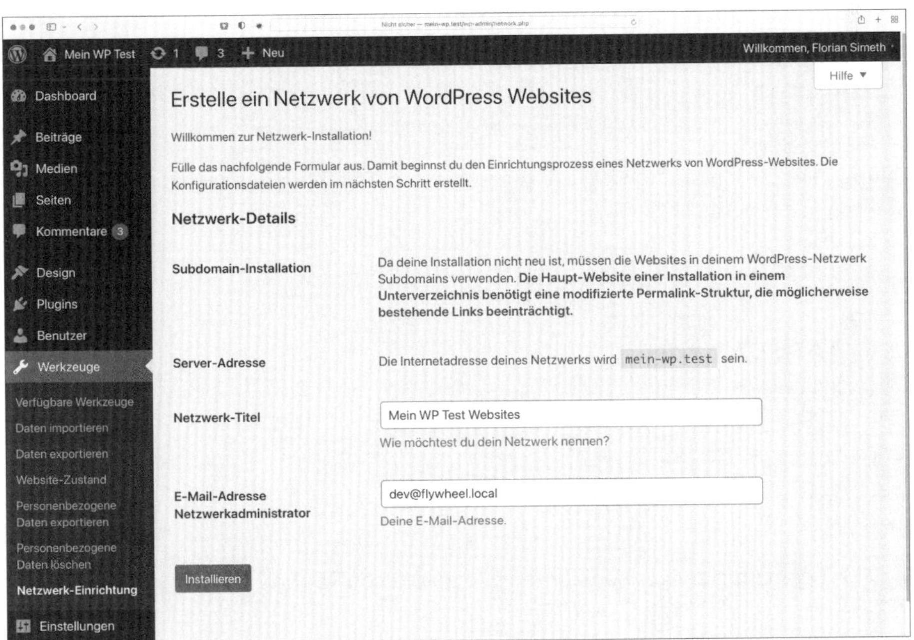

Abbildung 21.3 Vorbereitung der Netzwerk-Installation

In Abbildung 21.3 sehen Sie den schon zuvor erwähnten Hinweis, dass die Installation älter als einen Monat sei. Deswegen ist lediglich eine Subdomain-Installation möglich. Natürlich kann dies über den Filter `allow_subdirectory_install` jederzeit verändert werden. Sie sollten sich aber im Klaren sein, dass dies möglicherweise zu URL-Konflikten führen könnte.

Durch einen Klick auf INSTALLIEREN werden zusätzliche Datenbank-Tabellen installiert und auch die Rewrite-Rules geändert (in dem Fall, dass Apache als Webserver zum Einsatz kommt).

Nach der Installation erhalten Sie weitere Anweisungen, wie Abbildung 21.4 zeigt. Die dort hervorgehobenen Konstanten (siehe Listing 21.2) müssen Sie manuell in der *wp-config.php* ergänzen, möglicherweise auch die Rewrite-Regeln in der *.htaccess*-Datei.

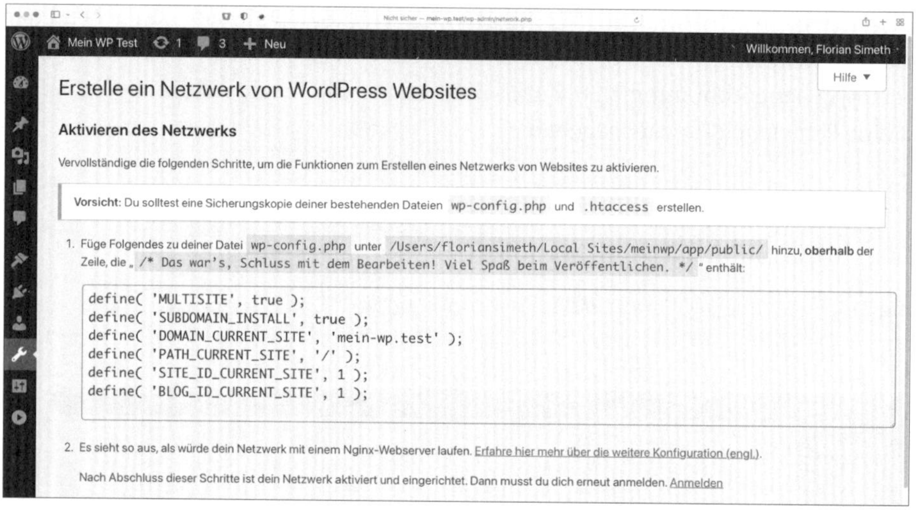

Abbildung 21.4 Die Installation ist fast abgeschlossen. Es fehlen nur noch die PHP-Konstanten in der »wp-config.php«.

```
<?php
...
define( 'MULTISITE', true );
define( 'SUBDOMAIN_INSTALL', true );
define( 'DOMAIN_CURRENT_SITE', 'mein-wp.test' );
define( 'PATH_CURRENT_SITE', '/' );
define( 'SITE_ID_CURRENT_SITE', 1 );
define( 'BLOG_ID_CURRENT_SITE', 1 );
```

Listing 21.2 Ergänzung einiger Konstanten in der »wp-config.php«

Wenn Sie *nginx* oder einen anderen Webserver nutzen, müssen Sie auch dessen Konfiguration manuell anpassen. Denn WordPress hat keinen Zugriff auf die entsprechenden Konfigurationsdateien. Wie das im Detail funktioniert, ist beispielsweise für nginx hier beschrieben:

https://wordpress.org/support/article/nginx/

Nachträgliche Aktivierung einer Multisite in Local

Die nachträgliche Umstellung von Nicht-Multisite zu Multisite funktioniert in der Local-App etwas umständlich. Dazu müssen Sie die *site.json*-Datei bearbeiten. Diese befindet sich auf dem Mac im Verzeichnis *~/Library/Application Support/Local/*

sites.json und unter Windows unter *C:\Users\{ihr_benutzername}\AppData\Roaming\Local*. In der JSON-Datei suchen Sie sich dann die jeweilige Seite heraus und stellen den Wert `multisite` auf `ms-subdomain`, wenn Sie Subdomains nutzen möchten, oder auf `ms-subdir`, wenn Sie Unterverzeichnisse verwenden wollen. Nach einem Neustart wird angezeigt, dass die Website nun eine Multisite-Instanz ist.

Falls die Installation Subdomains nutzt, müssen Sie, sobald Sie neue Untersites in der Netzwerkverwaltung (siehe den folgenden Abschnitt) erstellt haben, auf den Link SYNC MULTISITE DOMAINS TO HOSTS FILE innerhalb der App klicken, damit die Subdomains lokal im Browser erreichbar werden.

21.1.3 Die Netzwerkverwaltung

Wurden die Konstanten ergänzt, werden Sie automatisch von Ihrer WordPress-Site abgemeldet. Sie müssen sich also neu anmelden und landen dann wie gewohnt im Dashboard Ihrer Website, die nun die Hauptsite innerhalb des Netzwerks ist. Über den Menüpunkt MEINE WEBSITES • NETZWERKVERWALTUNG • WEBSITES (siehe Abbildung 21.5) gelangen Sie zur Übersicht aller Sites im Netzwerk (siehe Abbildung 21.6).

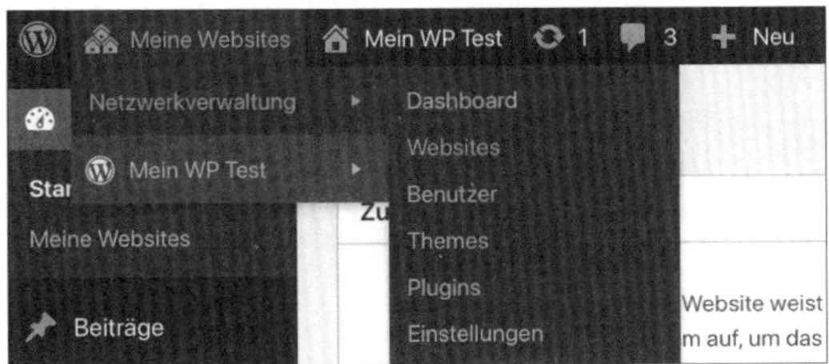

Abbildung 21.5 Netzwerk-Menü in der Admin-Bar

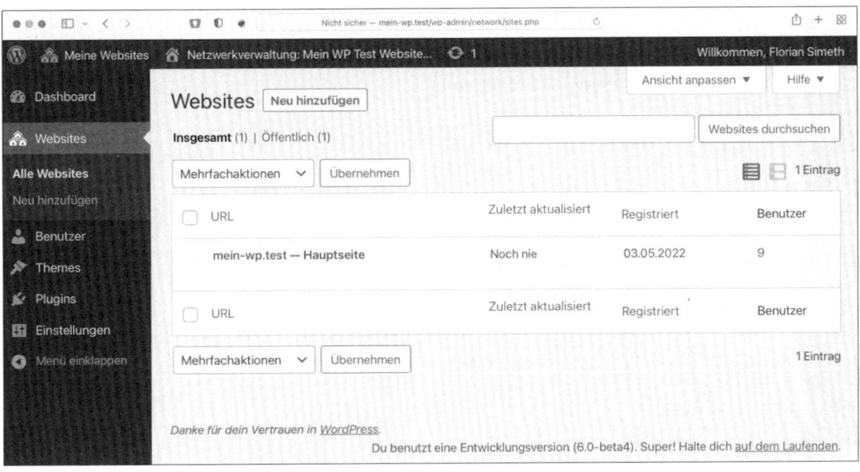

Abbildung 21.6 Auflistung der Sites im Netzwerk

21.1.4 Die Theme-Verwaltung

In der Netzwerkverwaltung existiert auch ein Menüpunkt für THEMES. Dort können, wie üblich, Themes hinzugefügt und editiert werden (siehe Abbildung 21.7). Neu ist, dass diese netzwerkweit freigeschaltet werden können. Damit kann jede Website im Netzwerk ein Theme nutzen. Wenn Sie im Menüpunkt WEBSITES (siehe Abbildung 21.6) eine Site anklicken, können außerdem explizit einzelne Themes für eine bestimmte Site freigeschaltet oder deaktiviert werden (siehe Abbildung 21.8).

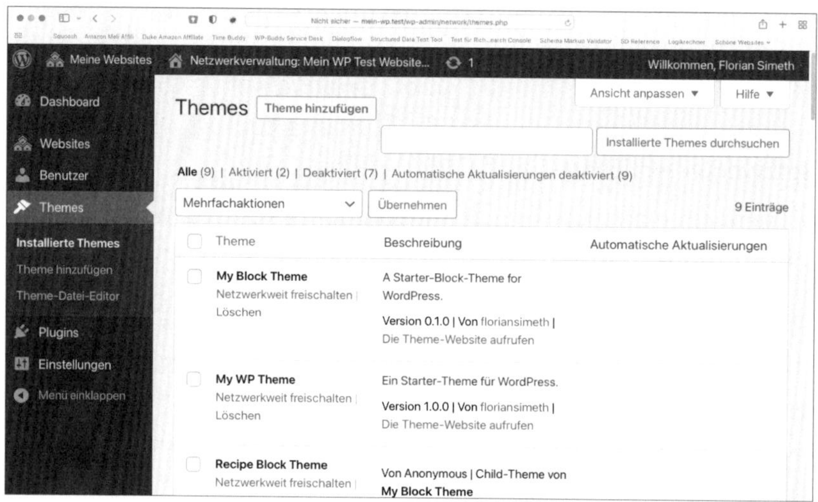

Abbildung 21.7 Theme-Verwaltung im Netzwerk

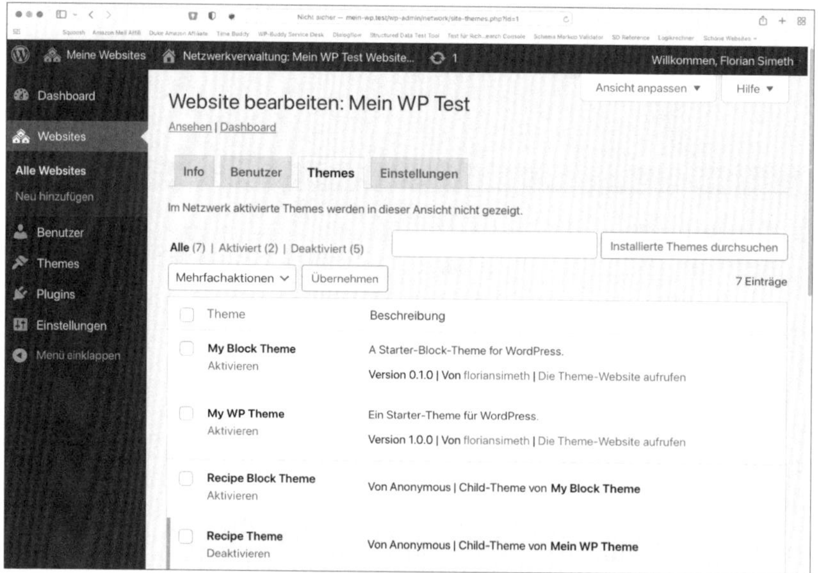

Abbildung 21.8 Theme-Verwaltung einer einzelnen Website

21.1.5 Die Plugin-Verwaltung

Für Plugins funktioniert die Verwaltung genauso wie für Themes. Plugins können jedoch nicht einzeln für eine Site freigeschaltet werden. Es sind immer alle Plugins im Backend einer Website sichtbar. Der Administrator kann entscheiden, ob er ein Plugin aktiviert oder nicht. Eigene Plugins kann er jedoch nicht installieren. Beachten Sie, dass Plugins, deren Plugin-Header (siehe Abschnitt 4.2.1, »Das Grundgerüst eines Plugins«) das Feld `Network: true` enthält, nicht in der Liste der Plugins bei den einzelnen Websites auftauchen. Denn sie können nur netzwerkweit und daher nur vom Super-Administrator aktiviert werden.

21.1.6 Die Benutzerverwaltung

Unter BENUTZER werden alle Benutzer aufgelistet, die innerhalb des Netzwerks existieren. In der rechten Spalte sehen Sie, welchen Websites sie zugeordnet sind. Es ist unter Umständen möglich, dass ein Nutzer bei mehreren Websites eingetragen ist.

Registriert sich ein Nutzer innerhalb einer einzelnen Website, wird er ihr direkt zugeordnet. Erstellen Sie in den Netzwerkeinstellungen einen neuen Benutzer, so kann dieser einer Website zugeordnet werden. Dies geschieht unter WEBSITES • [SITE] • BENUTZER. Den einzelnen Benutzern im Netzwerk kann jeweils eine eigene Rolle bei den Websites zugeteilt werden. So ist es möglich, dass ein Benutzer ein Abonnent einer Website ist, während er jedoch auch Administrator seiner eigenen Website ist.

Beachten Sie, dass es nun eine zusätzliche Rolle namens Super-Administrator gibt. Dieser hat Zugriff auf die Netzwerkverwaltung. Mehr dazu in Abschnitt 21.4.

21.2 Datenbanken

Jede Website im Netzwerk bekommt eine sogenannte *Site ID*. Die zusätzlichen Datenbank-Tabellen, die spezifisch für die Site sind, enthalten diese ID als Präfix. Wird angenommen, dass das Standard-Präfix aus der *wp-config.php* nicht verändert wurde, so entstehen pro Site die in Tabelle 21.2 aufgeführten Datenbank-Tabellen. Die Zahl 2 steht hier als Symbol für die zweite Site. Die Nummer wird mit jeder weiteren Site erhöht.

`wp_2_terms`	`wp_2_termmeta`
`wp_2_term_taxonomy`	`wp_2_term_relationships`
`wp_2_posts`	`wp_2_postmeta`

Tabelle 21.2 Diese Tabellen werden für jede einzelne Site zusätzlich erstellt.

wp_2_options	wp_2_links
wp_2_comments	wp_2_commentmeta

Tabelle 21.2 Diese Tabellen werden für jede einzelne Site zusätzlich erstellt. (Forts.)

Während der Multisite-Installation erstellt WordPress folgende Tabellen, die zur Netzwerkverwaltung dienen (siehe Tabelle 21.3).

wp_blogs	wp_blogmeta
wp_registration_log	wp_signups
wp_site	wp_sitemeta

Tabelle 21.3 Diese Datenbank-Tabellen dienen zur Site- und Netzwerkverwaltung.

Wie Sie sehen, gibt es für die einzelnen Sites keine Benutzertabelle. Die bestehende `wp_users` und `wp_usermeta` werden netzwerkweit für alle Sites genutzt.

Etwas verwirrend ist die Namensgebung der Tabellen. `wp_blogs` enthält alle Sites (die im Menü unter WEBSITES verwaltet werden). In `wp_site` hingegen sind alle Netzwerke hinterlegt. Dafür gibt es, wie bereits beschrieben, derzeit kein User-Interface. Dementsprechend ist dort nur ein einziges Netzwerk gespeichert.

Die Datenbank-Abfragen für die Tabelle `wp_blogs` erstellen Sie mit der Funktion `get_sites()`. Für Abfragen in `wp_site` existiert die Funktion `get_networks()`.

21.3 Multisite-Funktionen

Wir erweitern nun das Backup-Media-Beispiel aus Kapitel 20, sodass es netzwerkweit alle Medien sichern kann.

21.3.1 Auf Multisite prüfen

In der Datei */includes/cli.php* ergänzen wir ein neues WP-CLI-Kommando, wie in Listing 21.3 dargestellt. Hier begegnet uns die erste neue Funktion. `is_multisite()` prüft, ob es sich bei der aktuellen WP-Installation um eine Multisite-Konfiguration handelt.

```
<?php
if ( is_multisite() ) {
    \WP_CLI::add_command(
        'network media backup',
```

```
        'floriansimeth\backup_media\cli_network_backup'
    );
}
```

Listing 21.3 Ein neues WP-CLI-Kommando wird in Abhängigkeit von der Multisite-Konfiguration erstellt.

> **Ist ein Plugin netzwerkweit aktiv?**
>
> Mit der Funktion `is_plugin_active_for_network()` kann überprüft werden, ob ein Plugin netzwerkweit aktiv ist, falls das notwendig ist.

21.3.2 Websites abrufen

Wie gerade beschrieben, ruft die Funktion `get_sites()`, entgegen der Tabellenbezeichnung (`wp_blogs`), nicht etwa die Netzwerke auf, sondern alle Websites. Listing 21.4 zeigt den ersten Teil der Callback-Funktion des neuen WP-CLI-Kommandos. Abbildung 21.9 zeigt das Resultat des Befehls.

```
<?php
function cli_network_backup( array $args, array $assoc_args ) {
    $sites = get_sites( [
        'network_id' => get_main_network_id()
    ] );

    foreach ( $sites as $site ) {
        $current_site_message = sprintf(
            __( 'Backing up media from site %d: %s', 'backup-media' ),
            $site->id,
            $site->blogname
        );

        $current_site_message = \WP_CLI::colorize(
            '%Y' . $current_site_message
        );

        \WP_CLI::log( $current_site_message );
    }

    \WP_CLI::success( __( 'Finished', 'backup-media' ) );
}
```

Listing 21.4 Die Websites des aktuellen Netzwerks werden abgerufen.

```
floriansimeth@FlowMini public % wp network media backup
Backing up media from site 1: Mein WP Test
Backing up media from site 2: Zweiter Blog im Netzwerk
Success: Finished
floriansimeth@FlowMini public %
```

Abbildung 21.9 Ausführung des WP-CLI-Befehls

Die Funktion `get_sites()` hat einen Parameter: ein Array, das direkt an den Konstruktor der Klasse `WP_Site_Query` weitergegeben wird. Die Seite *https://developer.wordpress.org/reference/classes/WP_Site_Query/__construct/* listet alle Parameter auf, die hier möglich sind. Wir benötigen in unserem Beispiel ausschließlich das Argument `network_id`, weil es derzeit nur ein Netzwerk gibt.

21.3.3 Aktuelle Site-ID

Als Nächstes ergänzen wir den Funktionsaufruf von `cli_backup()` (siehe Listing 21.5). In Listing 21.6 wird gezeigt, wie die Funktion `get_current_blog_id()` genutzt wird, um die aktuelle Website-ID abzurufen. Beachten Sie auch hier wieder, dass der Funktionsname zwar den Term »blog« enthält, jedoch »site« gemeint ist.

```
<?php
function cli_network_backup( array $args, array $assoc_args ) {
    ...

    foreach ( $sites as $site ) {
        ...
        cli_backup( $args, $assoc_args );
    }

    \WP_CLI::success( __( 'Finished', 'backup-media' ) );
}
```

Listing 21.5 Die Funktion »cli_backup()« wird mit der Site-ID übergeben.

```
<?php
function cli_backup( array $args, array $assoc_args ) {
    ...

    $site_id = get_current_blog_id();

    ...
```

```
    do {
        ...

        foreach ( $media_ids as $media_id ) {
            ...

            try {
                upload_file( $upload_file_path, $local_file, $site_id );
            } catch ( \Exception $e ) {
                \WP_CLI::warning( sprintf(
                    __(
                        'Could not upload %s. Got error: %s',
                        'blackup-media'
                    ),
                    $upload_file_path,
                    $e->getMessage()
                ) );
            }
        }

        $offset += 50;
    } while ( count( $media_ids ) );

    ...
}
```

Listing 21.6 Die »$site_id« wird an »upload_file()« übergeben.

Am Ende wird die Website-ID an `upload_file()` durchgereicht, was schließlich dazu führt, dass (in Listing 21.7) im Backup-Ordner des entfernten Ziels ein Unterordner mit dem Namen `site_{$id}` erstellt wird:

```
<?php
function upload_file(
    string $upload_file_path,
    string $local_file,
    int $site_id
): bool {
    global $wp_filesystem;

    $upload_file_path = sprintf(
        'backup/site_%d/%s',
        $site_id,
```

```
        $upload_file_path
    );

    ...
}
```

Listing 21.7 Auch die Funktion »upload_file()« erhält ein Update.

21.3.4 Site Switching

Wenn Sie den WP-CLI-Befehl jetzt ausführen, werden Sie feststellen, dass beim Durchlaufen der zweiten Website die Medien der ersten Site hochgeladen werden. Das wird mit der Funktion `switch_to_blog()` umgangen. Als einziger Parameter wird die Website-ID erwartet. Natürlich muss nach der Schleife dieser Vorgang rückgängig gemacht werden. Dies wird durch den Aufruf `restore_current_blog()` erledigt, wie Listing 21.8 zeigt:

```
<?php
function cli_network_backup( array $args, array $assoc_args ) {
    ...

    foreach ( $sites as $site ) {
        if ( ! switch_to_blog( $site->id ) ) {
            \WP_CLI::error(
                sprintf(
                    __( 'Could not switch to site %s', 'backup-media' ),
                    $site->id
                ),
                false
            );
            continue;
        }

        ...

        cli_backup( $args, $assoc_args );
    }

    restore_current_blog();

}
```

Listing 21.8 Blog- oder besser gesagt Site Switching

Beachten Sie, dass die Methode `launch_self()` der Klasse `WP_CLI`, die innerhalb der Funktion `cli_backup()` zum Einsatz kommt, einen neuen Prozess startet. Das bedeutet, dass die Argumente nicht übernommen werden und `switch_to_blog()` daher keinen Effekt hat. Wir müssen dem Befehl also noch mitteilen, von welcher Multisite die Medien abgerufen werden sollen. Dies geschieht durch den globalen Parameter `--url`. Es wird also nicht etwa die Website-ID benötigt, sondern deren URL. Listing 21.9 zeigt den aktualisierten Codeausschnitt. Wie zu sehen ist, kommt die Funktion `get_blog_details()` zum Einsatz. Sie hat nur einen Parameter: Erwartet wird die Website-ID, ein Website-Slug oder ein Array, das folgende Schlüssel beinhalten kann:

- `path`: Der Pfad zur Website
- `domain`: Die Domain der Website

Zurückgegeben wird `false` im Fehlerfall oder ein Objekt der Klasse `WP_Site`.

```
<?php
$response = \WP_CLI::launch_self(
    'post list',
    [],
    [
        'post_type'      => 'attachment',
        'post_status'    => 'inherit',
        'posts_per_page' => 50,
        'offset'         => $offset,
        'fields'         => 'ID',
        'format'         => 'json',
        'url'            => get_blog_details( $site_id )->siteurl
    ],
    false,
    true
);
```

Listing 21.9 Die Website-URL wird an den CLI-Befehl übergeben.

21.3.5 Netzwerke miteinbeziehen

Sollten Sie das Plugin nutzen, das am Anfang des Kapitels zur Sprache kam, ist es möglich, dass mehrere Netzwerke mit unterschiedlichen Websites existieren. Wenn Sie alle Sites einbeziehen wollen, benötigen Sie eine weitere Schleife, wie Listing 21.10 zeigt. Wie Sie sehen können, existieren auch hier die Pendants zu den Website-Funktionen: `get_networks()`, `switch_to_network()` und `restore_current_network()`. Abbildung 21.10 zeigt schließlich, wie – hervorgehoben durch die verschiedenen Farben – die einzelnen Netzwerke sowie die Websites durchlaufen werden, um alle Medien zu sichern.

```
<?php
function cli_network_backup( array $args, array $assoc_args ) {
    if ( ! function_exists( 'switch_to_network' ) ) {
        \WP_CLI::error( __(
            'Please install the "WP Multi Network" plugin first.',
            'backup-media'
        ) );
    }

    $networks = get_networks();

    foreach ( $networks as $network ) {
        switch_to_network( $network->id );

        $current_network_message = sprintf(
            __( 'Backing up media from network %d', 'backup-media' ),
            $network->id
        );

        $current_network_message = \WP_CLI::colorize(
            '%B' . $current_network_message
        );

        \WP_CLI::log( $current_network_message );

        $sites = get_sites( [
            'network_id' => $network->id
        ] );

        foreach ( $sites as $site ) {
            ...

            cli_backup( $args, $assoc_args );
        }

        restore_current_blog();

    }

    restore_current_network();
}
```

Listing 21.10 Schleife zum Durchlaufen der Netzwerke

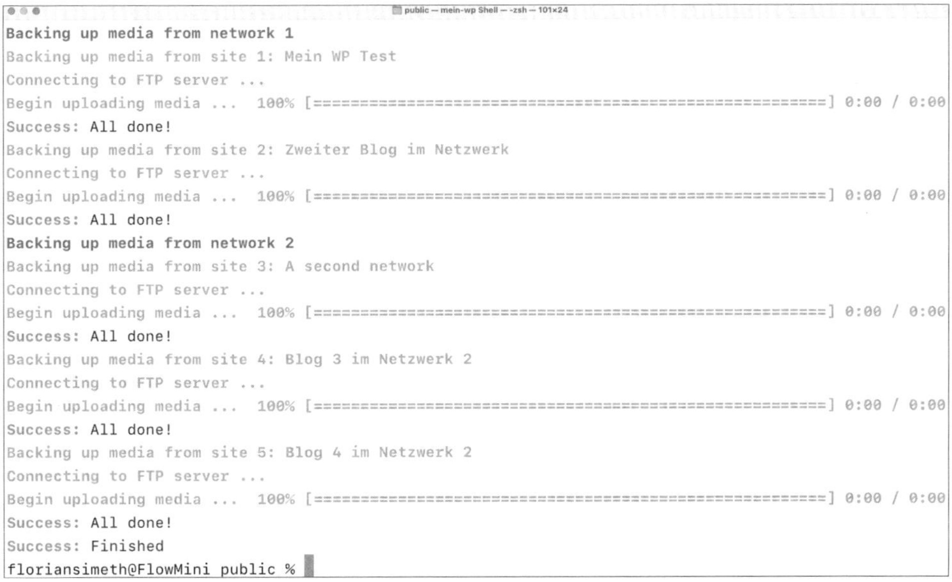

```
public — mein-wp Shell — -zsh — 101×24
Backing up media from network 1
Backing up media from site 1: Mein WP Test
Connecting to FTP server ...
Begin uploading media ...  100% [=======================================================] 0:00 / 0:00
Success: All done!
Backing up media from site 2: Zweiter Blog im Netzwerk
Connecting to FTP server ...
Begin uploading media ...  100% [=======================================================] 0:00 / 0:00
Success: All done!
Backing up media from network 2
Backing up media from site 3: A second network
Connecting to FTP server ...
Begin uploading media ...  100% [=======================================================] 0:00 / 0:00
Success: All done!
Backing up media from site 4: Blog 3 im Netzwerk 2
Connecting to FTP server ...
Begin uploading media ...  100% [=======================================================] 0:00 / 0:00
Success: All done!
Backing up media from site 5: Blog 4 im Netzwerk 2
Connecting to FTP server ...
Begin uploading media ...  100% [=======================================================] 0:00 / 0:00
Success: All done!
Success: Finished
floriansimeth@FlowMini public %
```

Abbildung 21.10 Das WP-CLI-Kommando durchläuft nun auch alle Netzwerke.

Mit diesem Schritt ist unser Plugin fertig. Tatsache ist jedoch, dass es noch viele weitere Funktionen gibt, die ich in diesem Beispiel nicht alle anführen konnte. Deswegen folgt im Nachgang eine kurze Beschreibung der wichtigsten Netzwerk- und Site-Funktionen.

21.3.6 Funktionen zur Verwaltung von Netzwerken und Websites

Natürlich liefert WordPress auch die richtigen Funktionen, um Netzwerke und Websites zu verwalten.

Generelle Netzwerk- und Website-Funktionen

Ich habe schon öfter darauf hingewiesen: Die Netzwerk-Funktionen existieren so nur mit einem Plugin. Tabelle 21.4 zeigt die Funktionen, mit denen es möglich ist, Netzwerke und Sites abzurufen, hinzuzufügen oder zu verändern.

Netzwerk	Site
get_network()	get_site() get_blog_details()
get_networks()	get_sites()

Tabelle 21.4 Netzwerk- und Website-Funktionen (* = So nur über ein Plugin)

Netzwerk	Site
add_network()*	–
delete_network()*	wp_delete_site()
update_network()*	wp_update_site() update_blog_details()
get_network_name()*	get_current_site()
insert_network()*	wp_insert_site()
is_main_site_for_network()*	–
get_main_site_for_network()*	–
network_exists()*	–
user_has_networks()*	–
move_site()*	–
wp_count_sites()	–
–	get_blog_status()
–	update_blog_status()
–	get_blogaddress_by_id()
–	get_blogaddress_by_name()
–	get_id_from_blogname()

Tabelle 21.4 Netzwerk- und Website-Funktionen (* = So nur über ein Plugin) (Forts.)

Metadaten

Da auch Metadaten zu Sites und Netzwerken gespeichert werden können, finden Sie in Tabelle 21.5 die entsprechenden Funktionen. Spezielle Netzwerkfunktionen existieren nicht. Sie müssen also den Umweg über die generellen Meta-Funktionen (siehe Abschnitt 13.4.1, »Die Hauptfunktionen der API«) gehen und als `$meta_type` den Wert `site` hinterlegen. Alternativ bauen Sie sich selbst eine Funktion wie in Listing 21.11. Auch an dieser Stelle wieder der Hinweis: Metadaten des Netzwerks werden in `wp_sitemeta` gespeichert. Eine Tabelle `wp_networkmeta` existiert nicht.

```
<?php
if ( ! function_exists( 'add_network_meta' ) ) {
    function add_network_meta(
```

```
        $network_id,
        $meta_key,
        $meta_value,
        $unique = false
    ) {
        return add_metadata(
            'site',
            $network_id,
            $meta_key,
            $meta_value,
            $unique
        );
    }
}
```

Listing 21.11 Eine mögliche »add_network_meta()«-Funktion

Site
add_site_meta()
get_site_meta()
delete_site_meta()
update_site_meta()
delete_site_meta_by_key()

Tabelle 21.5 Funktionen zur Arbeit mit Metadaten

Optionen

Auch Optionen lassen sich für Websites und Netzwerke speichern, wie Tabelle 21.6 zeigt.

Netzwerk	Site
add_network_option()	add_blog_option()
get_network_option()	get_blog_option()
delete_network_option()	delete_blog_option()
update_network_option()	update_blog_option()

Tabelle 21.6 Funktionen zur Arbeit mit Optionen in Netzwerken und Sites

Speicherplatz

Wie ich bereits beschrieben habe, kann in den Einstellungen jeder einzelnen Site definiert werden, wie viel Speicherplatz ihr zugewiesen werden soll. Tabelle 21.7 nennt einige Funktionen, die Sie verwenden können, um den belegten Speicherplatz festzustellen.

Site
`get_space_allowed()`
`get_space_used()`
`get_upload_space_available()`
`is_upload_space_available()`
`upload_is_file_too_big()`

Tabelle 21.7 Funktionen im Zusammenhang mit Speicherplatz

URLs und Pfadangaben

In Multisite-Umgebungen gibt es neue URLs, wie Tabelle 21.8 zeigt.

URL	Beschreibung
`get_admin_url()`	URL zum Backend der aktuellen Website
`get_home_url()`	URL zur Startseite einer Website (wie unter WEBSITE-ADRESSE (URL) in den allgemeinen Einstellungen hinterlegt).
`get_site_url()`	URL zur Startseite einer Website (wie unter WORDPRESS-ADRESSE (URL) in den allgemeinen Einstellungen hinterlegt).
`network_admin_url()`	URL zur Netzwerkverwaltung
`network_site_url()`	URL zur Website des Netzwerks. In der Regel ist das die erste Website im Netzwerk.
`network_home_url()`	URL zur Startseite des Netzwerks

Tabelle 21.8 URLs zu den unterschiedlichen Einstiegspunkten

Die Datei-Uploads der einzelnen Sites liegen unter */wp-content/uploads/sites/[site-id]/*. Funktionen wie `wp_upload_dir()` geben selbstständig immer die richtigen Pfade und URLs zurück.

21.3.7 Netzwerkweite Abfragen

Wenn Sie nun netzwerkweit Abfragen starten möchten, können Sie, wie in Abschnitt 21.3.4 gezeigt, die Site switchen und dann alle WordPress-Funktionen wie bisher nutzen. Alternativ existiert die Funktion `get_blog_post()`, die als ersten Parameter die Website-ID benötigt und als zweiten die Post-ID. Wenn Sie sich die Funktion im Quelltext näher anschauen, werden Sie sehen, dass auch sie nichts anderes tut, als `switch_to_blog()` und `restore_current_blog()` zu nutzen.

Außerdem ist die Funktion `get_most_recent_post_of_user()` sehr nützlich, wenn Sie wissen möchten, welcher Beitrag innerhalb eines Netzwerks der aktuellste ist. Sie durchläuft alle Sites eines Benutzers.

21.4 Benutzer in Multisite-Umgebungen verwalten

Wenn die Registrierung von neuen Nutzern unter EINSTELLUNGEN • NETZWERK-EINSTELLUNGEN aktiviert wurde, können diese sich selbstständig registrieren oder sogar eine persönliche Website anlegen (siehe Abbildung 21.11). Jede einzelne Site innerhalb eines Netzwerks hat ihre eigene Benutzerbasis (siehe Abschnitt 21.1.6, »Die Benutzerverwaltung«).

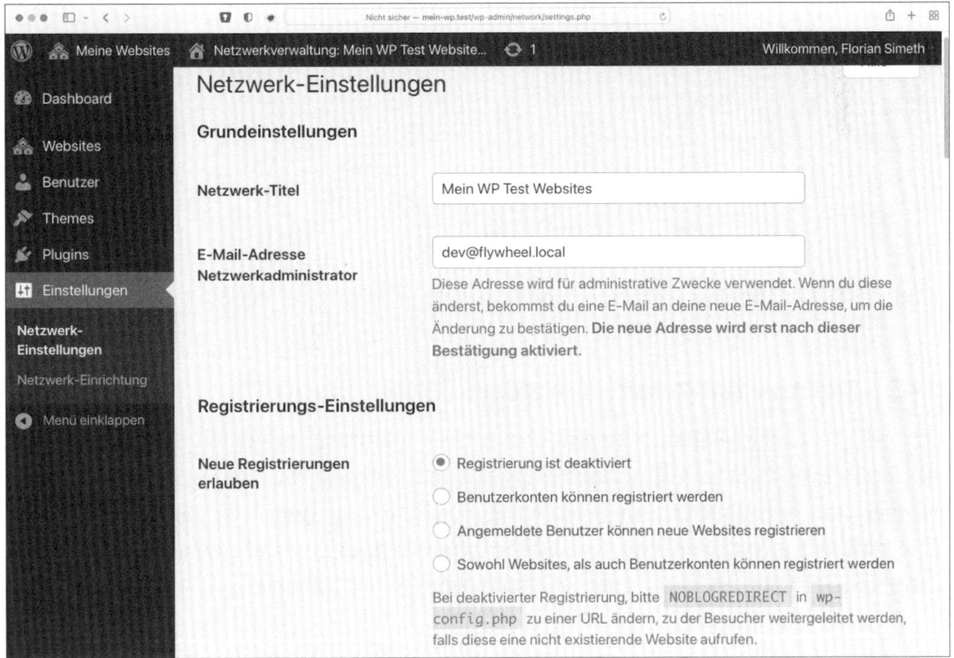

Abbildung 21.11 Die Netzwerkeinstellungen

21.4.1 Benutzerprüfungen

Nutzer, die sich registrieren, werden nicht automatisch Teil jeder Website eines Netzwerks. Bevor Sie also spezifische Aufgaben durchführen, sollten Sie prüfen, ob ein Benutzer ein Mitglied ist. Dies geschieht mit der Funktion aus Listing 21.12. Anzugeben ist hier die Benutzer- und Site-ID:

```
<?php
function is_user_member_of_blog(
    int $user_id = 0,
    int $blog_id = 0
): bool {
    ...
}
```

Listing 21.12 Funktionsbeschreibung von »is_user_member_of_blog()«

Sicherlich können Sie jederzeit auf `current_user_can()` zurückgreifen, wenn Sie sich innerhalb einer Site befinden. Falls das nicht der Fall ist, gibt die Funktion aus Listing 21.13 zurück, ob der aktuelle Benutzer die angegebene Fähigkeit für eine bestimmte Website besitzt.

```
<?php
function current_user_can_for_blog(
    int $blog_id,
    string $capability,
    mixed ...$args
): bool {
    ...
}
```

Listing 21.13 Funktionsbeschreibung von »current_user_can_for_blog()«

21.4.2 Benutzer zur Website hinzufügen

`add_user_to_blog()` legt nicht etwa einen neuen Nutzer innerhalb des Systems an, sondern weist einen existierenden Nutzer einer Website zu. Wie Listing 21.14 zu entnehmen ist, wird außerdem eine Rollenbezeichnung benötigt, die der Benutzer innerhalb der Site annehmen soll. Das impliziert, dass ein und derselbe Benutzer in unterschiedlichen Websites auch verschiedene Rollen haben kann.

```
<?php
function add_user_to_blog(
    int $blog_id,
    int $user_id,
```

```
    string $role
): bool|WP_Error {
    ...
}
```

Listing 21.14 Funktionsbeschreibung von »add_user_to_blog()«

Mit `remove_user_from_blog()` (siehe Listing 21.15) wird ein Nutzer aus der Benutzerliste einer Website gestrichen. Beachten Sie, dass er dadurch nicht gelöscht wird. Ähnlich wie beim tatsächlichen Löschen kann über den `$reassign`-Parameter gesteuert werden, zu welchem Benutzer dessen Beiträge übertragen werden sollen. Mehr dazu lesen Sie in Abschnitt 16.1.5, »Benutzer erstellen, aktualisieren, löschen«.

```
<?php
function remove_user_from_blog(
    int $user_id,
    int $blog_id = 0,
    int $reassign = 0
): bool|WP_Error {
    ...
}
```

Listing 21.15 Funktionsbeschreibung von »remove_user_from_blog()«

Die *Pseudo-Benutzerrolle* Super-Administrator gibt Ihnen Zugriff auf die Verwaltungsbereiche der gesamten WordPress-Installation. Darüber hinaus haben Sie die volle Kontrolle über jede Website im Netzwerk, während ein normaler Admin nur seine spezifischen Websites verwalten kann. Beachten Sie, dass die »Super-Admin-Rolle« keine echte Rolle ist. Denn wenn ein Super-Admin vom System festgestellt wurde, wird eine Rechteprüfung umgangen. Es findet also keine echte Prüfung statt wie bei Standard-Rollen, denn Super-Admins dürfen immer alles tun.

Einem Benutzer können Sie in dessen Profil über die entsprechende Checkbox Super-Administratoren-Rechte gewähren. Allerdings müssen Sie selbst Super-Admin dafür sein. Im Code gelingt das mit der Funktion `grant_super_admin()`. Entzogen wird das Privileg mit `revoke_super_admin()`. Benötigt wird dafür nur die Benutzer-ID. Die Funktion `get_super_admins()` liefert eine Liste von Benutzernamen mit diesen allumfänglichen Rechten.

Das Multisite-Feature in WordPress ist eine interessante Funktion, die sicher in Zukunft immer öfter Anwendung finden wird. Denn viele Kunden betreiben mittlerweile mehr als nur eine einzige Seite.

Im nächsten Kapitel bewegen wir uns wieder etwas weg von Netzwerken und Sites hin zu sogenannten Shortcodes.

Kapitel 22

Inhalte dynamisch einfügen mit der Shortcode-API

Alles ist veränderlich. Das erkannte schon Charles Kettering, der nicht nur Inhaber von mehr als 300 Patenten war, sondern auch den elektrischen Anlasser von Verbrennungsmotoren serientauglich machte. Von ihm stammt folgendes Zitat: »Wenn du etwas so machst, wie du es seit zehn Jahren gemacht hast, dann sind die Chancen groß, dass du es falsch machst.«

Nun könnte ich behaupten, dass Shortcodes, eben weil sie schon mehr als ein Jahrzehnt alt sind, nicht mehr benutzt werden sollen. Tatsächlich werden sie in den folgenden Jahren durch Blöcke ersetzt werden. Der Grund ist, dass Shortcodes im Editor keinerlei visuelle Information liefern. Das steht im Gegensatz zum selbst gesetzten Ziel von WordPress, wonach das Veröffentlichen so leicht wie möglich sein soll. Schlimmer noch: Wird ein Shortcode-Plugin (oder -Theme) deaktiviert, liegt der Shortcode, sofern nicht alle Vorkommen vollständig entfernt wurden, weiterhin in der Datenbank und kann nicht mehr gerendert werden. Die Folge ist, dass der Shortcode als solcher im Frontend angezeigt wird, und das möglicherweise mit Code, der dort jedoch nicht sichtbar sein soll.

Auf der anderen Seite sind Shortcodes deutlich leichter zu implementieren. Es ist kein JavaScript-Code oder gar ein Modul-Packer wie webpack notwendig. Reiner PHP-Code genügt in den meisten Fällen.

22.1 Was sind Shortcodes?

Die Benutzung eines Shortcodes ist einfach. Es handelt sich dabei um einen Befehl in eckigen Klammern, der im Editor eingegeben wird:

```
[gallery]
```

Shortcodes stehen jedoch selten für sich allein. Meist gibt es zusätzliche Parameter, die wie folgt angeführt werden können:

```
[gallery ids="827,771,770"]
```

Im Block-Editor benötigen Sie zum Einfügen eines Shortcodes den Shortcode-Block (siehe Abbildung 22.1). Im Classic-Editor fügen Sie den Code direkt im Textfeld ein. Wie bereits erwähnt, sehen Sie nicht, was Sie einbinden. Erst die Vorschau im Frontend macht sichtbar, was ein Shortcode genau tut oder wie der ausgegebene Code aussieht. Dieser hier fügt eine Galerie mit drei Bildern ein.

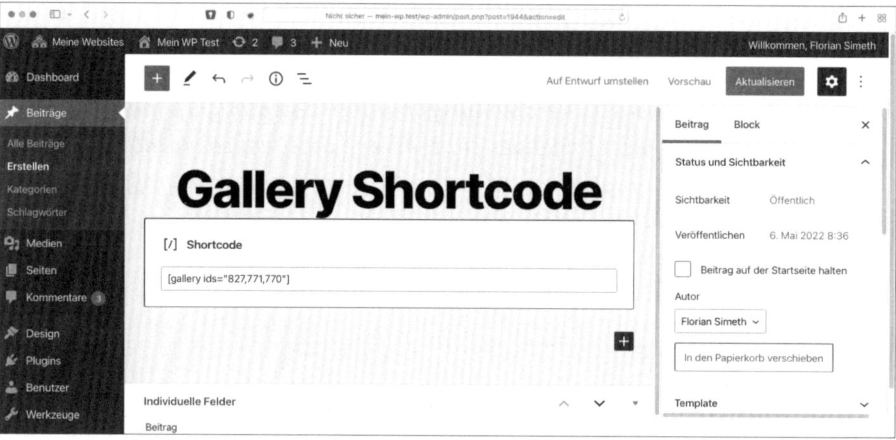

Abbildung 22.1 Der Shortcode-Block wird benötigt.

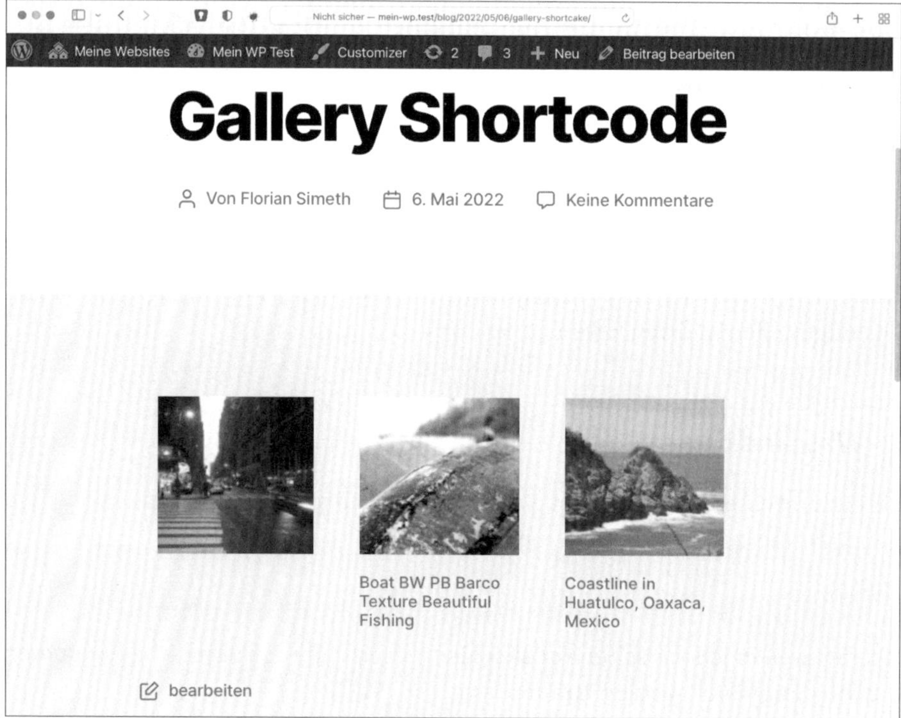

Abbildung 22.2 Der Shortcode erzeugt eine Galerie.

Mit dem `caption`-Shortcode ist noch ein wenig mehr möglich. Wie Sie im Beispiel aus Listing 22.1 sehen können, gibt es ein Start- und ein End-Tag des Shortcodes. Im Inneren kann sich zusätzlicher Inhalt oder sogar ein weiterer Shortcode befinden. Im Classic-Editor sieht es dann so aus wie in Abbildung 22.3.

```
[caption caption="Sunrise over the coast in Huatulco, Oaxaca, Mexico"]

<img class="size-medium wp-image-768" src="http://mein-wp.test/wp-content/
uploads/2008/06/img_0513-1-1-300x200.jpg" alt="Huatulco Coastline" width=
"300" height="200" />

[/caption]
```

Listing 22.1 Der »caption«-Shortcode fügt eine Bildunterschrift ein.

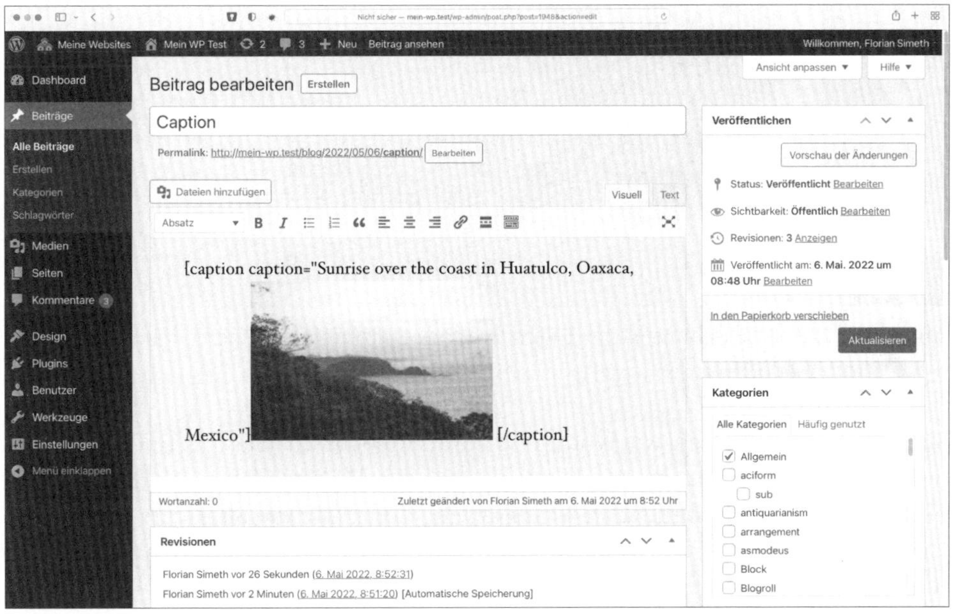

Abbildung 22.3 Shortcode-Basteleien im Classic-Editor

Das ist alles andere als ansehnlich. Sie geben mir sicherlich recht, dass das Hinzufügen einer Bildunterschrift im Block-Editor deutlich einfacher geht und noch dazu schöner aussieht (siehe Abbildung 22.4).

In WordPress sind folgende Shortcodes integriert:

- `[gallery]`: Erzeugt Fotogalerien.
- `[playlist]`: Zeigt Audio- und Videoinhalte als Playlist an.
- `[audio]`: Blendet einen Audioplayer ein.

- [video]: Zeigt ein Video an.
- [caption] oder [wp_caption]: Versieht ein Bild mit einer Unterschrift.
- [embed]: Bettet Inhalte einer anderen Website ein, falls diese das unterstützt. Wird auch *oEmbed*[1] genannt.

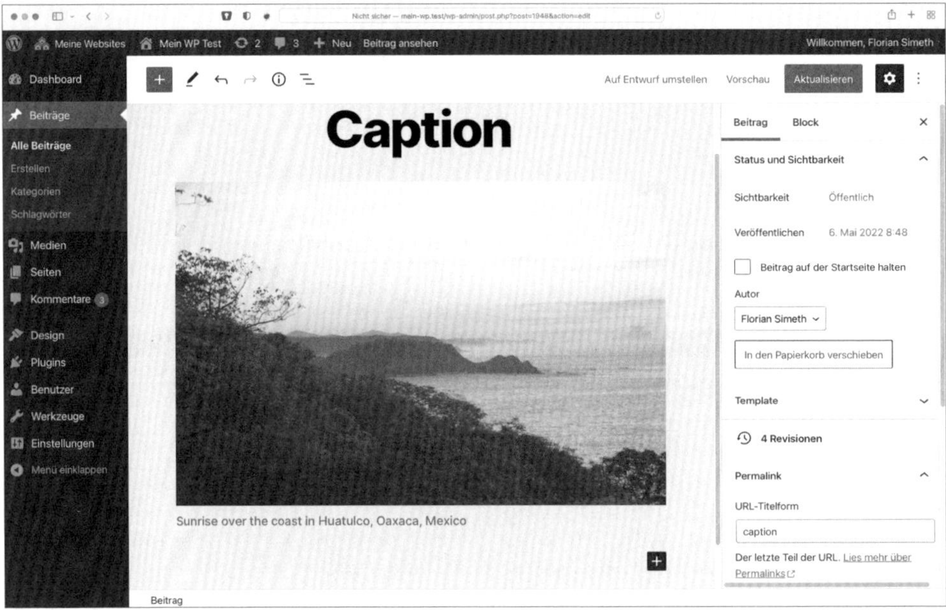

Abbildung 22.4 Eine Bildunterschrift wird im Block-Editor recht einfach ergänzt, und zwar ohne (Short-)Code.

Sie fragen sich sicherlich, wie WordPress die Shortcodes im Fließtext finden kann. In der Tat ist das gar nicht so einfach. Mit jedem neuen Shortcode generiert WordPress einen immer länger werdenden regulären Ausdruck, der die Shortcuts filtert. Dies kann durchaus zum Problem werden, wie Sie in Abschnitt 22.2.1 noch erfahren werden.

22.2 Eigene Shortcodes registrieren

Wie Sie sehen, sind Shortcodes zwar nicht besonders anschaulich und für den Website-Besitzer nicht ganz einfach zu bedienen, aber es lässt sich nicht leugnen, dass sie leicht entwickelt werden können. So benötigen Sie lediglich die Funktion aus Listing 22.2, um einen neuen Shortcode anzulegen. Erwartet wird der Shortcode-Name (ohne eckige Klammern) sowie eine Callback-Funktion. Das Rezept-Beispiel wurde in

1 oEmbed ist ein offenes Format, das die Einbettung von Inhalten aus einer Website in eine andere Seite ermöglicht.

Abschnitt 17.3, »Die wichtigsten Datenbank-Klassen in WordPress«, um einen Shortcode erweitert. Listing 22.3 zeigt noch einmal den entsprechenden Code-Ausschnitt daraus. Wie Sie sehen können, wird die Funktion innerhalb der Callback-Funktion ausgeführt, die durch den `init`-Hook getriggert wird.

```
<?php
function add_shortcode( string $tag, callable $callback ): void {
    ...
}
```

Listing 22.2 Funktionsbeschreibung von »add_shortcode()«

```
<?php
add_action( 'init', 'floriansimeth\nomnom\setup_shortcodes' );

function setup_shortcodes() {
    add_shortcode(
        'nomnom_latest_recipes',
        'floriansimeth\nomnom\shortcode_latest_recipes'
    );
}
```

Listing 22.3 Der Shortcode aus dem Rezept-Plugin

Die Callback-Funktion des Shortcodes hat drei Parameter:

- `$atts` sind die einzelnen Parameter, die Sie dem Shortcode übergeben haben.
- `$content` ist der Inhalt, der zwischen dem anfänglichen und dem schließenden Shortcode-Tag eingetragen wurde.
- Und `$name` ist schließlich der Name des Shortcodes selbst, in unserem Beispiel also `nomnom_latest_recipes`.

Zurückgegeben wird ein String mit dem HTML-Quellcode, der dann vom Browser dargestellt wird.

```
<?php
function shortcode_latest_recipes(
    $atts,
    string $content,
    string $name
): string {
    $query = new \WP_Query( [
        'post_type' => 'recipe'
    ] );
```

```
    if ( ! $query->have_posts() ) {
        return '';
    }

    $content = '<ul>';
    while ( $query->have_posts() ) {
        $query->the_post();
        $content .= sprintf(
            '<li><a href="%s">%s</a></li>',
            esc_url( get_the_ID() ),
            get_the_title()
        );
    }

    wp_reset_postdata();

    return $content . '</ul>';
}
```

Listing 22.4 Der Shortcode zeigt die aktuellen Rezepte in einer <ul>-Liste an.

22.2.1 Zusätzlicher Inhalt

Nehmen wir an, wir möchten eine Überschrift ergänzen. So könnten wir die Variable `$content` nutzen und den Shortcode wie folgt auszeichnen:

```
[nomnom_latest_recipes]Aktuelle Rezepte[/nomnom_latest_recipes]
```

Im Code müssten wir dann den hervorgehobenen Teil aus Listing 22.5 ergänzen, um eine Überschrift zu generieren. Im Frontend sieht das Ganze so aus wie in Abbildung 22.5.

```
<?php
function shortcode_latest_
recipes( $atts, string $content, string $name ): string {
    $query = new \WP_Query( [
        'post_type' => 'recipe'
    ] );

    if ( ! $query->have_posts() ) {
        return '';
    }

    if ( ! empty( $content ) ) {
```

```
        $content = sprintf(
            '<h2>%s</h2>',
            $content
        );    }

    ...

    return $content;
}
```

Listing 22.5 Eine Überschrift wird ergänzt.

Aktuelle Rezepte

- Baguette
- Gugelhupf
- Donuts
- Spargelsalat
- Sellerieschnitzel

Abbildung 22.5 Eine zusätzliche Überschrift wird oberhalb der Liste ergänzt.

Möchten Sie im Inhaltsbereich weitere Shortcodes angeben (siehe Listing 22.6), so müssen Sie den Inhalt durch die Funktion `do_shortcode()` laufen lassen, wie Listing 22.7 zeigt. Je nachdem, was die einzelnen Shortcodes tun, kann die Leistung jedoch stark beeinträchtigt werden, und Sie erhalten alle möglichen Fehlermeldungen. Ist beispielsweise Xdebug (siehe Abschnitt 11.3, »Debugging aktivieren und Skripte analysieren«) installiert, bricht PHP dann ab, wenn dieselbe Funktion mehrfach ineinander verschachtelt ausgeführt wird.[2] Oder die PCRE-Erweiterung von PHP[3] gibt auf, weil der von WordPress generierte reguläre Ausdruck zu lang wird.


```
[nomnom_latest_recipes]Die aktuellsten von derzeit [nomnom_recipe_
count] Rezepten [/nomnom_latest_recipes]
```

Listing 22.6 Verschachtelter Shortcode

2 Dies wird auch »maximale Verschachtelungstiefe« genannt. Sie liegt oft bei 256. Siehe dazu: *https://xdebug.org/docs/develop#max_nesting_level*

3 Die PCRE-Bibliothek ist ein Satz von Funktionen, der die Suche nach regulären Ausdrücken mit der gleichen Syntax und Semantik wie Perl realisiert. Siehe dazu: *https://www.php.net/manual/en/ref.pcre.php*

```
<?php
function shortcode_latest_
recipes( $atts, string $content, string $name ): string {
    ...

    return do_shortcode( $content . '</ul>' );
}
```

Listing 22.7 Shortcodes innerhalb von Shortcodes

Abbildung 22.6 zeigt die Ausgabe im Frontend. Die Gesamtzahl der Rezepte wurde ergänzt. Natürlich müssen Sie einen weiteren Shortcode mit dem Namen `nomnom_recipe_count` erstellen, den ich nicht separat aufliste, da das Vorgehen dasselbe ist wie bisher. Sie finden das vollständige Beispiel im Download-Material.

Abbildung 22.6 Die Überschrift enthält die Gesamtzahl der Rezepte.

22.2.2 Arbeiten mit Parametern

Nehmen wir an, Sie möchten den Shortcode um einen Parameter ergänzen, der Ihnen erlaubt, die Anzahl der ausgegebenen Rezepte zu verändern:

```
[nomnom_latest_recipes count=3]
```

Sie wissen nun, dass der Parameter sich in der Variablen `$atts` der Callback-Funktion befindet. Es ist aber möglich, dass ein Benutzer den Wert nicht angibt. In so einem Fall arbeiten Sie am besten mit `shortcode_atts()`. Die Funktion hat drei Parameter:

- `$pairs`: Die vollständige Liste der unterstützten Attribute und ihrer Standardwerte
- `$atts`: Vom Benutzer definierte Attribute
- `$shortcode`: Der Name des Shortcodes im Kontext. Er ist zwar optional, sollte aber immer angegeben werden, da dies Drittanbietern ermöglicht, die Attribute zu filtern.

In Listing 22.8 ist zu sehen, dass der Parameter `count` nun einen Standardwert von 10 hat, falls keine andere Zahl angegeben wurde. So können Sie den Wert innerhalb von `WP_Query()` verwenden. Natürlich sollten Sie alle Parameter vor der Benutzung säubern, denn es handelt sich hier um Benutzereingaben. Folgen Sie am besten den Methoden in Abschnitt 7.1, »WordPress-Projekte absichern«.

```
<?php
function shortcode_latest_
recipes( $atts, string $content, string $name ): string {

    $atts = shortcode_atts(
        [
            'count' => 10,
        ],
        $atts,
        $name
    );

    $query = new \WP_Query( [
        'post_type'      => 'recipe',
        'posts_per_page' => (int) $atts['count']
    ] );

    ...
}
```

Listing 22.8 Arbeiten mit Shortcode-Parametern

22.3 Shortcode-Funktionen

Natürlich können Sie nicht nur Shortcodes hinzufügen; sie lassen sich auch entfernen. Dies gelingt mit `remove_shortcode()`. Hier reicht die Angabe des Namens. Durch `remove_all_shortcodes()` werden alle Shortcodes entfernt, die bis zum Aufruf der Funktion registriert wurden.

Wenn es nötig ist, Shortcodes von einem bestimmten Inhalt zu entfernen, nutzen Sie am besten `strip_shortcodes()`.

Obwohl sie veraltet ist, kann die Shortcode-API Ihnen einige gute Dienste erweisen, zum Beispiel wenn spezielle Features schnell getestet werden müssen. In allen anderen Fällen sollten Sie jedoch – allein weil es für den Benutzer einfacher ist – lieber Blöcke entwickeln.

Im nächsten und letzten Kapitel gehe ich dann wieder auf ein etwas neueres Feature von WordPress ein. Die Site-Health-API existiert im Gegensatz zur Shortcode-API erst seit Version 5.1 (2019) und dient dazu, den »Gesundheitszustand« von WP im Auge zu behalten.

Kapitel 23
Alles gesund? Die Site-Health-API

Viele gehen oft erst dann zum Arzt, wenn eine Krankheit schon weit fortgeschritten ist. Vorsorge ist die bessere Lösung. Und so ist es auch bei WordPress.

Wer frühzeitig erkennt, dass etwas nicht stimmt, kann früh eingreifen. Dieses Vorgehen hat sich nicht nur bei der eigenen Gesundheit bewährt, sondern kommt langsam auch beim Software-Projekt WordPress an.

Den *Website-Zustand*, wie *Site-Health* auf Deutsch genannt wird, finden Sie unter WERKZEUGE • WEBSITE-ZUSTAND. Auf der Seite existieren zwei Tabs: STATUS und BERICHT.

23.1 Der Website-Status

Unter STATUS (siehe Abbildung 23.1) zeigt WordPress wichtige Informationen zu Ihrer Konfiguration an.

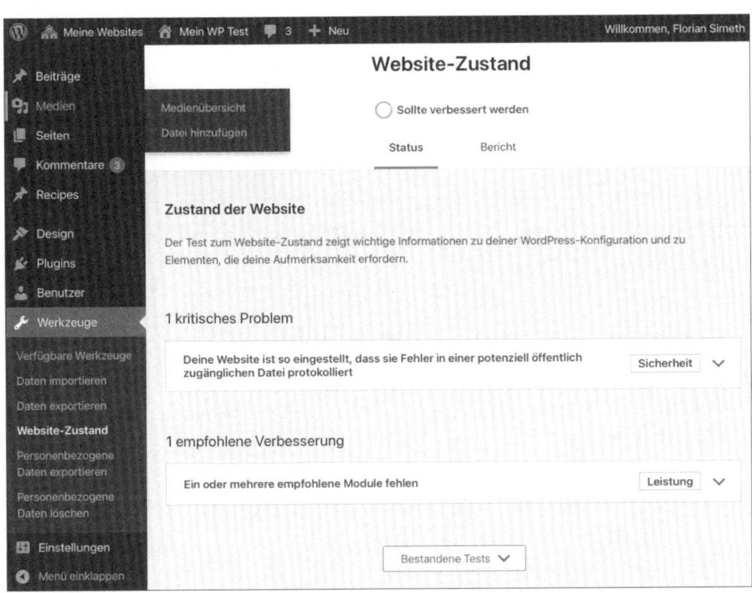

Abbildung 23.1 Der Tab »Status« im »Website-Zustand«

23

Außerdem werden Hinweise angezeigt, die nur durch Sie (oder einen anderen Administrator) behoben werden können. Im Bild ist zu erkennen, dass sich WordPress darüber beschwert, dass der Debug-Modus aktiviert ist. Dieses Problem wird als kritisch eingestuft, während weiter unten eine empfohlene Verbesserung ausgegeben wird. Mit dem Button BESTANDENE TESTS können Sie jederzeit prüfen, welche Tests WordPress generell durchführt.

23.1.1 Eigene Status-Tests

Der Tab STATUS lässt sich mit eigenen Tests recht bequem erweitern. Listing 23.1 zeigt einen einfachen Kompatibilitätstest für eine kommende und notwendige PHP-Version. Sollte Ihr Plugin also zukünftig nur noch mit Version 8.x von PHP lauffähig sein, können Sie einen entsprechenden Hinweis ausgeben. In Abbildung 23.2 sehen Sie, wie WordPress den kritischen Fehler anzeigt.

```
<?php

add_filter(
    'site_status_tests',
    'floriansimeth\snip_site_health_test\site_status_tests'
);

function site_status_tests( array $tests ): array {

    $tests['direct']['snip_php'] = [
        'label' => __( 'SNIP: PHP Version', 'snip' ),
        'test'  => function () {

            $future_php_version = '8.0.0';

            $results = [
                'actions'     => '<p><a ...>Read more about updating your ...',
                'badge'       => [
                    'color' => 'blue',
                    'label' => __( 'Plugin issue', 'snip' ),
                ],
                'description' => sprintf(
                    '<p>%s</p>',
                    sprintf(
                        __( 'Future versions of SNIP will ...', 'snip' ),
                        $future_php_version,
                        PHP_VERSION
                    )
```

```
                ),
                'label'       => __(
                    'Your site is not ready to run future versions of SNIP.',
                    'snip'
                ),
                'status'      => 'good',
                'test'        => '',
            ];

            if ( version_compare(
                PHP_VERSION,
                $future_php_version,
                '<' )
            ) {
                $results['status'] = 'critical';
            }

            return $results;
        }
    ];

    return $tests;
}
```

Listing 23.1 Gekürzte Fassung des Codes zur Ausgabe eines kritischen Problems

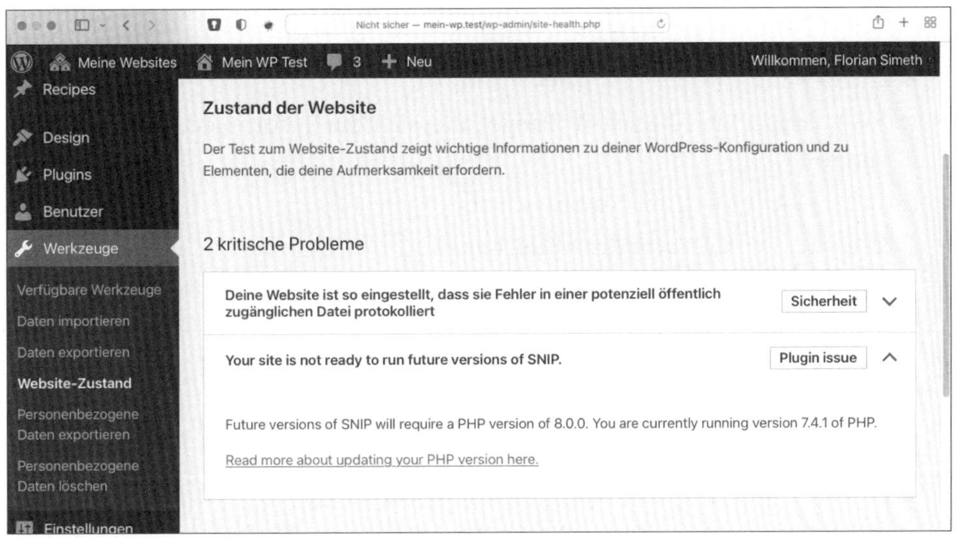

Abbildung 23.2 Ein kritisches Problem wird angezeigt.

Wie im Code zu sehen ist, wird der Filter-Hook `site_status_tests` verwendet, um weitere Tests anzuhängen. Der Callback-Funktion wird schlicht ein Array übergeben, das sich sehr einfach erweitern lässt. Das übergebende Array unterteilt sich in zwei Bereiche: `direct` und `async` (nicht im Listing). Innerhalb von `direct` sollten Sie nur Tests angeben, die von PHP sehr schnell ausgeführt werden können. Unter `async` werden diejenigen Tests festgelegt, die länger dauern, also zum Beispiel, wenn Sie eine Größenberechnung eines Verzeichnisses vornehmen oder eine externe API ansteuern müssen.

In beiden Fällen können Sie weitere Angaben machen:

- `$[slug_des_tests]`: Als Erstes vergeben Sie einen Namen für den Test. In meinem Fall ist das `snip_php` (im Code hervorgehoben).
  - `(string) $label`: Die vom Menschen lesbare Zeichenkette
  - `(callable) $test`: Eine Callback-Funktion, die den Test ausführt
  - `(bool) $skip_cron`: Gibt an, ob dieser Test übersprungen werden soll, wenn er als Cron ausgeführt wird.

Definieren Sie Ihren Test innerhalb von `async`, stehen weitere Parameter zur Verfügung:

- `(bool) $has_rest`: Gibt an, ob der Wert in `$test` zu einem REST-API-Endpunkt führt.
- `(callable) $async_direct_test`: Eine Funktion, die den Test direkt aufrufen kann, zum Beispiel über einen Cronjob, weil dieser keinen Zugriff auf die REST-API hat und ohne Authentifizierung ohnehin nicht Zugang bekäme

Die Callback-Funktion muss ein Array mit folgenden Werten zurückgeben:

- `(string) $actions`: Ein Absatz mit möglichen Links auf Webseiten, auf denen ein Benutzer weitere Hilfestellung bekommt
- `(array) $badge`: Ein Abzeichen (Badge), das sich durch folgende Array-Schlüssel definiert:
- `(string) $label`: Der Titel des Abzeichens
- `(string) $color`: Die Farbe des Abzeichens
- `(string) $description`: Eine genaue Beschreibung des Tests und der Resultate
- `(string) $label`: (Fehler-)Meldung
- `(string) $status`: Einer der folgenden Werte: `critical`, `recommended` oder `good`
- `(string) $test`: Ein Name, der für den Aktionswert beim Senden einer asynchronen Anfrage angegeben wird

23.2 Website-Bericht

Im Tab BERICHT wird jede einzelne Detail Ihrer WordPress-Konfiguration aufgelistet. Sei sehen also zum Beispiel, welche Versionen installiert sind, wie die Server-Architektur aussieht und so fort. Der gesamte Bericht lässt sich mit einem Klick auf den entsprechenden Button (siehe Abbildung 23.3) in die Zwischenablage kopieren. Sie können diese Informationen so sehr leicht an etwaige Support-Mitarbeiter weiterleiten, falls diese Hinweise dort zu einer Problemlösung beitragen können.

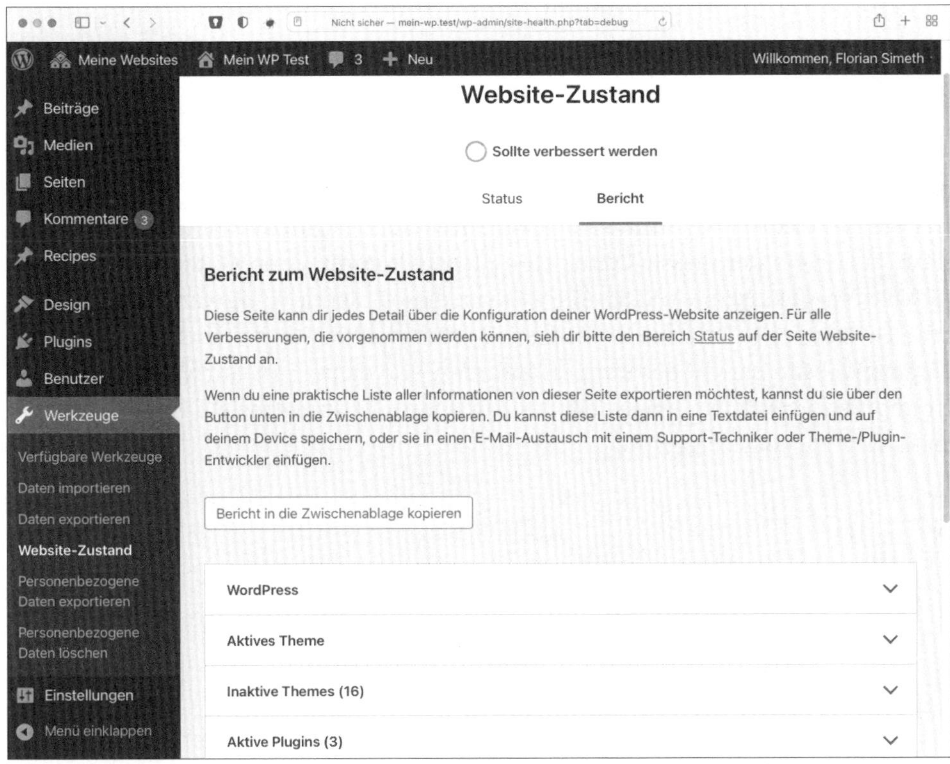

Abbildung 23.3 Der Tab »Bericht« unter »WordPress-Zustand«

23.2.1 Eigene Felder im Website-Bericht

Ich habe ein Plugin, das ich schon seit mehr als 10 Jahren betreue. Es erlaubt die Erstellung von strukturierten Daten. Unter anderem kann es so konfiguriert werden, dass bestimmte Felder dieser Daten pro Post überschrieben werden können. Dafür stellt es Formulare bereit. Diese können je nach Konfiguration recht lang sein und besonders viele Felder enthalten. Sind weitere Plugins installiert, die ebenfalls sehr viele Formularfelder ausgeben, kommt PHP möglicherweise an seine Grenzen. Denn in der Konfigurationsdatei (*php.ini*) gibt es die Variable max_input_vars, die die Aufnahme von Formulardaten verhindert. Der Wert ist oft nur auf 1000 oder 1500 gestellt, was dazu führt, dass alle danach folgenden Benutzereingaben praktisch abgeschnitten werden. Das Ergebnis ist unvorhersehbar, da nicht klar ist, welche Felder betroffen sind. So kann es sein, dass WordPress plötzlich den Inhalt nicht mehr speichert, weil das HTML-Feld von PHP abgeschnitten wird.

Wie zuvor erwähnt, kann der Bericht dazu verwendet werden, ihn bei Bedarf an Support-Mitarbeiter weiterzugeben, die dann einschätzen können, ob der niedrige Wert der Konfigurationsvariablen nicht etwa das Problem ist.

Listing 23.2 zeigt den interessanten Code-Teil des Plugins, der den Tab BERICHTE um ein Feld erweitert (Sie finden ein funktionsfähiges Plugin beim Download-Material). Der Filter-Hook debug_information wird genutzt, um den Wert der PHP-Konfigurationsvariablen max_input_vars zu prüfen.

Zugegeben, solche Grenzfälle sind sehr selten. Aber es gibt sie. Vermehrt treten sie dann auf, wenn der Classic-Editor zum Einsatz kommt, denn Gutenberg speichert viele Daten oft einzeln via REST-API, weshalb diese Beschränkung weniger häufig auftritt. Dem Support-Mitarbeiter wird jedoch die Arbeit deutlich erleichtert, wenn dieser den Website-Bericht des Kunden anfordert und dann sieht, auf welchen Wert die Konfigurationsvariable eingestellt ist. Abbildung 23.4 zeigt, wie das neue Feld im BERICHTE-Tab angezeigt wird.

```
<?php
add_filter(
    'debug_information',
    'floriansimeth\snip_site_health_test\site_health_info'
);

function site_health_info( array $info ): array {

    $info['snip'] = [
        'label'  => 'SNIP',
        'fields' => [
            [
                'label' => __( 'PHP Max Input Vars', 'snip' ),
                'value' => function_exists( 'ini_get' )
                    ? ini_get( 'max_input_vars' )
                    : __( 'Cannot read this information.', 'snip' )
            ]
        ],
    ];
```

```
    return $info;
}
```

Listing 23.2 Zwei Zeilen an den Bericht anfügen

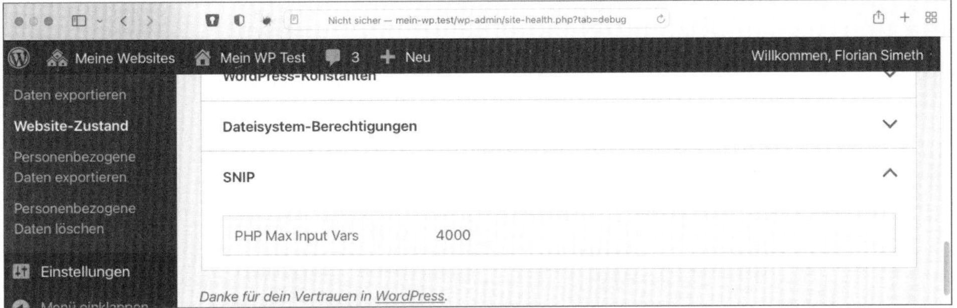

Abbildung 23.4 Ein neues Feld erscheint unter einem neuen Bereich.

Die Site-Health-API ist ein weiterer Schritt von WordPress hin zu mehr Benutzerfreundlichkeit. Zwar sind die meisten (Fehler-)Meldungen sehr technisch, nichtsdestotrotz wird dem Laien zumindest gezeigt, dass es ein Problem mit einem Plugin, einen Theme, einem Block oder sogar mit der WordPress-Installation selbst gibt. Zuvor tappte er im Dunkeln und stand mitunter plötzlich vor dem bereits erwähnten White Screen of Death, der keinerlei weitere Informationen anzeigte.

Schlusswort

Nach gut eintausend Seiten sind Sie nun am Ende des Buches angelangt. Als ich es schrieb, hätte ich nie gedacht, dass es so umfangreich werden würde. Der große Umfang zeigt einmal mehr, dass WordPress längst nicht mehr nur eine Blogging-Plattform ist. Es ist den Weg eines erfolgreichen Content-Management-Systems gegangen und hat sich bereits zu einer Webplattform entwickelt. Eben ein Wunderkind mit einem unglaublich großen Marktanteil.

Das Ende einer Sache ist immer auch der Anfang von etwas Neuem. Deshalb übergebe ich jetzt das Zepter an Sie. Es ist schön, wenn Sie viel theoretisches Wissen haben. Aber erst durch die praktische Anwendung werden Sie die nötige Erfahrung sammeln. Denn gerade bei einem solch großen »Framework« wie WordPress ist Praxis wichtig.

Ich hoffe, dass das Buch Ihnen bei Ihrer täglichen Arbeit als Entwickler helfen wird. Greifen Sie ein Thema auf und bilden Sie sich gezielt dazu fort. Denn genau dafür ist Teil 3 des Buches gedacht. Ich bin neugierig, welches Projekt Sie zuerst umsetzen werden: ein Theme, einen Block oder ein Plugin?

Lassen Sie es mich einfach wissen. Ich würde mich sehr freuen, mehr über Ihre Projekte zu erfahren. Folgen Sie mir dazu auf Twitter (*@floriansimeth*) oder auf Linkedin (*www.linkedin.com/in/floriansimeth*). Dort nehme ich auch gerne Feedback zum Buch entgegen. Vor allem auf Twitter bin ich ständig unterwegs und teile fast täglich mit, was in der WP-Welt so los ist. Den WordPress-Monat mit allen Neuigkeiten fasse ich im Newsletter zusammen, den es seit 2016 gibt. Sie finden ihn unter *https://revue.florian-simeth.de*.

An dieser Stelle noch ein bayerisches "Dangschee" (Dankeschön) für den Kauf dieses Buches. Ich wünsche Ihnen viel Erfolg auf dem weiteren Weg und beim Ausbau Ihrer WordPress-Kenntnisse!

Index

_envelope-Parameter ... 735
_fields-Parameter ... 737
_jsonp-Parameter ... 733
.htaccess ... 617
@-Einträge für DockBlocks ... 81
@import in JS/CSS ... 434
/etc/hosts-Datei ... 44
<></> → React-Fragment
$content_width ... 216
100-Code ... 701
1-Klick-Installation ... 42, 143, 178
200-Code ... 701
300-Fehlercode ... 701
400-Fehlercode ... 702
404-Template ... 237, 256
500-Fehlercode ... 702
5-Minuten-Installation ... 21, 34, 39, 42, 178

A

Abfrage in der HTTP-API ... 709
Abfragefunktionen (HTTP-API) ... 706
Abfrage-Loop ... 319
Abfrage-Variable ... 630
Abgeleitetes Werk ... 60
Abgrenzung im Design ... 192
Abhängigkeit von CSS-Dateien ... 433
Abhängigkeiten von CSS ... 436, 443
Absoluter Dateisystempfad ... 163, 164, 168
ABSPATH ... 173
Abstände in Blöcken ... 534
Abwärtskompatibler Code in JavaScript ... 464
Accessibility ... 64, 330
  Coding Standards ... 63
  Leitlinien ... 64
Accordion ... 357
ACE → Arbitrary-Code-Execution
Action-Hook ... 151
  Ähnlichkeit zu Filter-Hooks ... 100
  entfernen ... 114, 118
  finden ... 107
  Referenz ... 109
add_action()
  Funktionsbeschreibung ... 97
  Funktionsübergabe ... 111
add_filter()
  Funktionsbeschreibung ... 101
  Funktionsübergabe ... 111
Add-ons in Local ... 601
admin (Nutzername) ... 786
Admin Bar ... 110
  anzeigen ... 800
Admin-E-Mail ... 172
Adminer ... 45
Admin-Farbschema ... 444
Administrator ... 786
Admin-URL ... 166
Adobe Photoshop ... 206
Adresse der Website ... 172
Advanced Cache → Alternativer Cache
Affinity Photo ... 206
Ähnliche Versionen eines Blocks ... 538
Ähnlichkeit (Wahrnehmungsprinzip) ... 191
Ähnlichkeit → Prägnanz
Ajax ... 111, 446, 453
  Funktionen in WordPress ... 457
  in React ... 471
  Konzept ... 453
Ajax-Ladeanimation → Spinner
Aktivierungsfunktion ... 151, 629
Aktivierungs-Hook ... 810
Aktualisieren von Komponenten, React ... 469
Alias von Termen ... 671
Aliasse (WP-CLI) ... 920
Allgegenwärtige Definitionen ... 193
Alternative zum WordPress-Admin ... 911
Alternativer Cache ... 142
Ändern von Dateien ... 873
Änderungen nachverfolgen (webpack) ... 773
Anforderungen eines Plugins ... 147
Anfragebearbeitung in WP ... 616
Anfragekopfzeilen ... 699, 726
Anfrage-Methode überschreiben ... 734
Anfragemethoden ... 700
Anführungsstriche ... 70
Anführungszeichen ... 68
Angriffsszenario ... 381
AngularJS ... 430
Animationen ... 192, 207
  mit jQuery ... 447
Annotation ... 724
Anonyme JavaScript-Funktion in React ... 467

Antwort-Callback-Funktion ... 762
Antwortkopfzeilen ... 701, 707
Antwort-Link (Kommentar) ... 267
Antwort-Schema (REST-API) ... 765
Anwendungspasswörter ... 731
Anwendungsschicht ... 698, 721
Anzahl der Kommentare ... 267
Anzeigename (Benutzer) ... 800
Apache ... 42, 616
Apache Foundation ... 495
Apache-Rewrite-Regeln ... 617
API ... 61, 136
  Begriffsklärung ... 136
  Envato ... 791
  in WordPress ... 135
Application Programming Interface (API) 136
apply_filters() ... 99
Arbeitsspeicher des Servers (Cache) ... 413
Arbeitsverzeichnis ... 895
Arbitrary-Code-Execution ... 389
Archive (ZIP) ... 875
Archive Page Template ... 237
Archivseiten ... 239
Archiv-Template ... 260
Argumente eines Endpunkts ... 748
ARIA-Label ... 65, 260
  Menü ... 303
Arrays bei REST-Endpunkten ... 749
Arrow Function ... 467, 479
Art der Anfrage ... 849
Artikeltyp ... 58
  registrieren ... 642
Artikeltypen ... 641
Asset ... 61
Assoziativargument ... 924
Assoziatives Array ... 391
Ästhetisches Bild ... 205
Asynchrone Datenübertragung → Ajax
Asynchronous JavaScript and XML → Ajax
Atom-Feed ... 173
Attraktive Gestaltung ... 189
Audioinhalte ... 963
Aufbau eines Block-Attributs ... 515
Aufmerksamkeit erzeugen ... 189, 196, 198
Aufnahmequalität von Bildern ... 205
Aufrufliste beim JS-Debugging ... 609
Ausführgeschwindigkeit von PHP ... 412
Auslesen von REST-Feldern ... 782
Ausrichtung eines Blocks ... 534
Auszeichnung von Strings ... 70
Auszugtext eines Kommentars ... 266
Auszugtext kürzen ... 281
Authentifizierung ... 729, 791
Authentifizierungsschlüssel ... 41
Authorization-HTTP-Request-Header ... 618
Autoloading für Optionen ... 359
Automattic ... 32, 60
Autor (Kommentar) ... 266
Autor eines Plugins ... 147
Autor in URL ... 614
Autorenangaben im Template ... 250
Autorenseite ... 260
Autoren-URL ... 147
Autorisierung (Postman-App) ... 726
Autorisierungsmöglichkeiten (REST-API) 732
Avada ... 185
Avatar hochladen ... 888

B

b2/cafelog ... 21
Babel ... 86, 464, 465, 500
Backbone.JS ... 445
Backend ... 140, 145
Backslash ... 97
Backup-Media ... 946
Backup-Plugins ... 874
Banner-Blindness ... 194
Barrierefreie Bezeichnung ... 65
Barrierefreiheit → Accessibility
Basic-Auth ... 732
Batch-Abfragen ... 726
Beantwortungsfunktion (Kommentar) ... 266
Bearbeiten von Beiträgen einschränken ... 816
Bedeutung von Fehlermeldungen ... 593
Bedienbarkeit (Accessibility) ... 64
Bedienelemente ... 194
Befugnisbezeichnung → Capability
Befugnisse ... 786, 802, 804
Begrenzungssymbol (Regex) ... 622
Begriffe von Taxonomien festlegen ... 663
Beitrag verschlagworten ... 641
Beitragsbild im Template ... 253
Benutzer ... 786
  abrufen ... 795
  aktuelles Skript ... 796
  erstellen ... 794, 796
  in Multisite-Umgebungen ... 957
  löschen ... 798
Benutzerabfragen ... 864
Benutzeraktionen ... 192
Benutzerdaten ... 819

Benutzerdaten auslesen (Sicherheit) 380
Benutzerdefinierte Artikeltypen 641
Benutzerdefinierte Endpunkte 744
Benutzerdefinierte Rechte 653
Benutzerdefinierte Tabellen 827
Benutzerdefinierte Taxonomien 660
Benutzerdefinierter Artikeltyp 799
Benutzereingaben absichern 379
Benutzer-ID 796
Benutzerobjekt laden 796
Benutzerprüfungen (Multisite) 958
Benutzerrechte
bei Taxonomien 666
des Webservers 874
überprüfen 381
Benutzer-Rechtecheck (REST-Meta) 779
Benutzerverwaltung (Multisite) 945
Berechtigungsprüfung 382
Bereitschaftszustand des DOM 450
Beschreibung eines Plugins 147
Beschreibung für einen Block 504
Besitzer einer Datei ändern 895
Best Practices 57
Betriebssystem-Zugriff (Sicherheit) 390
Bewegungsrichtung 191
Bewertung (Kommentare) 867
Bewertungsfunktion 179, 180
Bewertungs-Plugin 827
Bibliothek (jQuery) 430
Bildbearbeitung 885
Bilder im Inhaltsbereich 205
Bildergalerie 141
Bildformat 206
Bildgröße registrieren 254
Bildgrößenformat 206
Bildkomposition 205
Bildkomprimierung 206
Bildunterschrift 963
Bindung von React-Event-Funktionen 479
Blackhat-SEO 132
Block
alternative Stile 535
Beschriftung 503
Bibliothek (JavaScript-Datei) 443
dynamischer 182, 183
Editor Handbook 89
Einstellungsfelder 518
erstellen 495, 501
Fehlermeldung 542
identifizieren 505
Inserter 546
Kontext 504, 505
Layout 546
Migration 544
Muster 546
Namespaces 505
Pakete 530
Patterns 329
registrieren im Client 511
registrieren per PHP 502
statischer 182, 514
Stile 504, 535
Styles 216, 445
Technologie-Stack 500
übersetzen 574
upgraden 543
block.json 505
block.json-Inhalte übersetzen 579
Block-API → Block-Editor-API
Block-API-Version 503
Block-Attribut (Aufbau) 515
Block-Attribute 513
Block-CSS 531
Blöcke in Seitenleisten 546
Blöcke übersetzen 567
Block-Editor 69, 89, 176, 186, 209, 216, 224, 232, 289, 308, 342, 430, 461, 495, 649
bei Seitenleisten 294
Block-Bibliothek 443
Funktionen schalten 311
Inhaltsbereich 496
Konfiguration 315, 498
Paradigma 496
Rückwärtskompatibilität 583
Block-Editor vs Classic-Editor 497
Block-Editor-API 139
Block-HTML speichern 523
Block-Theme 217
404 310
Autor 310
Begriffsklärung 308
Beitrag 310
Beitragskategorie 309
Datum 310
entwickeln 308
Fußzeilenbereich 310
Kategorie 310
Kopfbereich 310
Medien 310
Schlagwort 310
Seite 310
Startseite 309

Block-Theme (Forts.)
- *Suchtreffer-Seite* 310
- *Taxonomie* 310
- *testen* 329

Block-Typ klassifizieren 503
Blockvarianten 316
Block-Variationen 538
Block-Verzeichnis 217
Block-Vorlage 546
- *entfernen* 553
- *im Theme* 552
- *Kategorie erstellen* 550
- *registrieren* 547

Block-Vorlagendateien im Theme 329
Block-Widgets erstellen 294
Blog 939
Blog Posts Index Page Template 237
Blog Switching 950
Blogging-System 21
Blog-Index-Seite 262
Bodenständigkeit 197
Body von Anfragen 882
Breakpoint 600
Brown, Adam R. 109
Browser-Cache bei JS/CSS-Änderung 434
Browser-Editor 875
Browsererweiterungen für JSON 723
Browser-Konsole 450
Browserstandards (jQuery) 446
Brute-Force-Attacke 786
BSD+Patents-Lizenz 495
Bugfixes 582, 588
Bugtracker 90
Build-Dateien 880
Build-Tools 86
Build-Verzeichnis des Themes 213
Build-Vorgang 771, 773
- *Debugging* 609
- *starten* 507

Bunte Website 198
Buttons (Backend-UI) 355
Buttons (CSS-Datei) 444

C

Cache 900
Cache (integriert) 413
Cache-API 413
Cache-API vs. Transient-API (Vergleich) 421
Cache-Daten
- *ersetzen* 415
- *lesen* 419
- *löschen* 420
- *schreiben* 414

Cache-Plugin 898
Caching (HTTP-API) 711
Callback-Funktion
- *auf ein Array* 754
- *auf ein Objekt* 754
- *bei Hooks* 111
- *bei Plugin-Aktivierung* 151
- *für Cron* 901

camelCase 73, 84
- *Events (React)* 478
- *in JSX* 465

Capability 383, 802
Capability-Callback-Funktion (REST-API) 384
capital_P_dangit() 116
Caputo, Jake 60
CDN → Content Delivery Network
Characters per Line 201
Child-Theme 210, 271, 306, 686
- *erstellen* 306
- *Pfadangaben* 307
- *Übersetzung* 560

Chrome 723
Classic Widget 298
Classic Widgets Plugin 289
Classic-Editor 141, 216, 289, 648, 962
Classic-Editor vs Block-Editor 497
Classic-Theme 186, 216, 319
- *testen* 329

Classic-Widget-Editor aktivieren 294
Classic-Widgets erstellen 294
Click-Through-Rate 180
Client-ID 791
Clientseitiges JavaScript 453
Closure 80, 596
Cloudflare-Server 616
Code anderer Programmierer 585
Code anhalten 597
Code Reference 89
Code-Ausrichtung 75
CodeCanyon 60, 134, 163
Code-Konsistenz 69
Code-Vervollständigung 51
Codierungsstil 51
Coding-Standards 51, 62, 86, 89, 116
Colorpicker 441
Color-Theme (Adminbereich) 800
Comments 176
Common APIs 89

Common Weakness Enumeration → CWE
Compact-URI-Relation ... 742
Composer ... 75, 915
Confirmation URL ... 792
Content ... 176
Content Delivery Network ... 616
Content-Management-System ... 29
Content-URL ... 169
Contextual-Toolbar ... 548
Contrast Checker ... 204
Controller-Klassen ... 725, 766
Cookie-Authentifizierung ... 730
Core Contributor Handbook ... 90
Corporate Design ... 195
CPL → Characters per Line
CPT → Custom Post Types
create-block ... 768
create-block-Tool ... 501
Cron-Callback-Funktion registrieren ... 902
Cron-Intervalle, eigene ... 905
Cronjob ... 427, 897
    löschen ... 903
    neu planen ... 906
    registrieren ... 900
    über Betriebssystem ... 899
Cronjob-Event planen, einzelnes ... 907
Cronjobs über WP-CLI ... 898
Cross-Site Request Forgery Protection ... 384
Cross-Site-Scripting ... 393
CSRF ... 381, 386
CSS ... 139
    Abhängigkeiten ... 435
    Animationen ... 207
    aushängen ... 438
    Coding Standards ... 63, 65, 66
    Datei registrieren ... 431, 687
    Eigenschaften ... 67
    einbinden ... 435
    entfernen ... 438
    Farbwähler ... 444
    für Archivseiten ... 281
    für die Suchtreffer-Seite ... 281
    für Kommentare ... 266
    für Themes ... 269
    in Blöcken ... 531
    in Block-Themes ... 324
    in WordPress integrieren ... 443
    Klasse bei Widgets ... 297
    Klasse für Navigationsmenüs ... 302
    Klassen in Blöcken ... 534
    Media-Query ... 203
    Metadaten ... 440
    Pfadangaben ... 162
    registrieren ... 432
    validieren ... 330
    Variablen der theme.json ... 314
    Variablen durch theme.json ... 273
    Zusatzdaten ... 440
CTR → Click-Through-Rate
CURIE-Relation ... 741, 742
current_action() ... 123
current_filter() ... 123
Custom Fields auslesen ... 682
Custom Post Types ... 641
    Auszugtextfeld ... 650
    Autor ... 649
    Beitragsbild ... 650
    benutzerdefinierte Felder ... 650
    Beschriftungen ... 646
    Capabilities ... 652
    Erreichbarkeit von Inhalten ... 646
    Exportieren von Inhalten ... 656
    Formatvorlagen ... 650
    im Frontend ... 686
    Kommentare ... 650
    Labels ... 646
    Menüposition ... 647
    Rechtemanagement ... 651
    Revisions-Funktion ... 650
    Seitenattribute ... 650
    Titel ... 649
    Trackbacks ... 650
    übersetzen ... 645
    Zugangsberechtigungen ... 651
Customizer ... 232, 335, 445
    Control ... 225
    öffnen ... 224
    Panel ... 225
    Section ... 225
    Settings ... 225
Customizer → Theme-Customize-API
Custom-Post-Type-API ... 641
CWE 381, 385, 391, 393, 400, 401, 404, 405, 407

D

Dashboard-Weather-Plugin
    erweitert mit jQuery ... 447
    Internationalisierung ... 485
    React ... 462
Dashboard-Widget ... 422
    API ... 136

Dashboard-Widget (Forts.)
konfigurieren ... 376
registrieren ... 373
Dashicons ... 337, 342, 770
Dashicons (CSS-Datei) ... 444
Database-API ... 140, 825
Datei
bündeln (webpack) ... 773
Download mit der HTTP-API ... 704, 716
in die Mediathek laden ... 883
löschen ... 882
nachladen (Angriff) ... 407
organisieren ... 85
per FTP hochladen ... 932
verschieben ... 885
Dateiformate, Internationalisierung ... 557
Dateikopfzeilen ... 78, 80, 82
Dateimanipulation ... 874
Dateisystem ... 873
Dateisystem lesen (Angriff) ... 406
Dateisystem löschen (Angriff) ... 406
Dateisystem-Funktionen ... 892
Dateisystem-Rechte ... 38
Dateiupload, ungewollt ... 381
Datei-Uploads validieren ... 389
Daten an den Server senden (Heartbeat-API) ... 490
Daten aus Datenbank lesen ... 841
Daten austauschen ... 874
Daten eines Benutzers ... 799
Daten in die Datenbank schreiben ... 834
Daten löschen (Datenbank) ... 845
Daten säubern ... 379, 712
Daten validieren ... 379
Daten zu Benutzern speichern ... 819
Datenbank ... 33, 140, 398, 825
Abfrage gegen Angriffe absichern ... 841
Abfragen escapen ... 848
Abfragen prüfen ... 606
Abfragen, langsame ... 606
Angriff ... 37
auswählen ... 826
Benutzername und Passwort ... 33
Daten löschen ... 845
erstellen ... 150
Fehlgeschlagene Verbindung ... 38
installieren ... 39
Klasse ... 142, 143
Loop ... 244
manipulieren (Angriff) ... 400
mehrere Zeilen lesen ... 842
Name ... 33
Navigation ... 675
Portnummer ... 33, 37
Präfix ... 830
Server/Hostname ... 33
Sicherheit ... 400
Socket ... 36
Standardpräfix ... 37
Tabellen ... 674, 827
Transienten ... 427
Verbindungen schließen ... 827
Zeile lesen ... 841
Zugangsdaten ... 36, 41, 825
Datenbanken (Multisite) ... 945
Datenbankfehlermeldungen (individuell) 142
Datenschutz-Grundverordnung → DSGVO
Datenschutzrichtlinien (Template) ... 310
Datentyp eines Block-Attributs ... 515
Datenübermittlung (REST-API) ... 742
Datum der Registrierung (Nutzer) ... 800
Datum eines Kommentars ... 266
Datum-Parameter (WP_Query) ... 853
Datumsangaben im Template ... 251
Datumsarchiv ... 261
Dauerhafter Indikator (Permalink) ... 614
dbDelta ... 830
Deaktivieren des Plugin-Editors ... 135
Deaktivierungsfunktion ... 153, 629
Debugger ... 597
Debugging ... 48, 581
aktivieren ... 597
Prozess ... 594
Tools ... 597
Debugging-Fenster
in PhpStorm ... 600
in Visual Studio Code ... 604
Default-Theme ... 186
Default-Werte bei Rollen ... 804
Definitionen von Sicherheitsproblemen ... 381
Deinstallationsroutine ... 150, 157
DELETE (REST) ... 747
Delimiter → Begrenzungssymbol (Regex)
Democratize Publishing ... 31, 178
Dependency in JS/CSS ... 433
Dependency Manager ... 75
Dependency-API ... 125, 139, 435, 449
Deprecated ... 359, 583
Deprecation (Fehlermeldung) ... 594
Deserialisierung von Benutzereingaben ... 398
Deserialisierung von Optionen ... 360

Development Environment 589, 590
did_action() 123
Directory-Traversal-Angriff
→ Path-Traversal-Angriff
Direktive (PHP) 593
Display-Auflösung 202
Distanz 191
do_action() 94
Beispiel 95
in eigenen Projekten 97
DocBlock 82, 84, 116, 927
DocBlock von veraltetem Code 359
DocBlocks in Seitentemplates 238
Docker 42, 914
Document Object Model 446
doing_action() 123
doing_filter() 123
Dokumentation für jQuery 447
Dokumentationsstandards 77
Dokumente annotieren 724
Dokumente hochladen 873
DOM → Document Object Model
Domain 34
Domain Mapping 143
Domainbasierte Multisite 940
DOM-Baum 450
DOM-Baum (Tree-Traversing) 460
Drag & Drop 880
Drop-In-Plugin 142
DropZone 879, 888
Drupal 21, 61
DSGVO 405
Dynamische Inhalte in Blöcken 527
Dynamischer Block 500
Dynamischer Block-Inhalt 526
Dynamischer HTML-Code 141

E

Echte Cronjobs 897, 898
ECMAScript 2015+ 464
ECMAScript 6 464
Edge 723
Editorfunktionen (CMP) 649
Eigene Befugnisse 816
Eigene Endpunkte generieren 744
Eigene Permalink-Strukturen 624
Eigene REST-Routen 744
Eigene Rewrite-Regeln 624
Eindeutiger Dateiname 884
Eingehüllte Serverantwort 735
Einhundertprozentige Sicherheit 381
Einsatzbereitschaft des DOM 450
Einschübe 72
Einstellfelder von Blöcken speichern 520
Einstellungen registrieren 366
Einstellungsbereich registrieren 364
Einstellungsbereich rendern 363
Einstellungsfelder für Blöcke 518
Einstellungsfelder generieren 358, 362
Einstellungsfelder löschen 371
Einstellungsfelder mit Einstellungs-
bereichen verbinden 367
Einstellungsmöglichkeiten 335
Einstellungsmöglichkeiten
für Blöcke 503, 513
Einstellungsseite (Hook) 876
Einstellungsseiten generieren 335
Einstiegsdatei für den Block 507
Einstiegs-Skript für Blöcke 511
ElegantThemes 185
Elternseite 852
Eltern-Theme 306
E-Mail bei PHP-Fatal-Error 131
E-Mail-Adresse (Kommentar) 266
E-Mail-Adresse des Nutzers 799
EmberJS 430
Emojis 836, 867
Emotionen und Farbe 195
Endpunkt-Argumente 748
Endpunkt-Callback 747
Endpunkte 722, 725
Endpunkte registrieren 747
Endpunkt-Parameter 748
Endpunkt-Transportmethode 747
Entfernen von Block-Vorlagen 553
Entfernen von Fehlern 588
Entfernen von Komponenten, React 469
Entfernte Daten manipulieren 893
Entscheidungsfindung 195
Entwicklertool 45, 145, 698, 702
Entwicklungsumgebung 208, 593
Envato 60, 786
Environment Type 589
Ereignisse 80
Error 404 Page Template 237
Error-Logging aktivieren 589
Error-Logging in WordPress 588
Erstellen eines Plugins 876
Erstellen von Nonces 387
Erstellen von Übersetzungen für Blöcke 574
Erstinstallation 39

ES6 ... 464, 467
ES6+ ... 464
Escapen
Begriffsklärung ... 394
von Ausgaben ... 397, 398
von Datenbank-Abfragen ... 848
von Datenbank-Eingaben ... 398
Events in React ... 477
Events und Hooks ... 94
Export-Funktion des Template-Editors ... 323
Exportieren von CMP-Inhalten ... 656
Extensible Markup Language
→ XML
Extensible Markup Language Remote Procedure Call → XML-RPC
Externe Daten nachladen (Sicherheit) ... 381
Externe Inhalte einbetten ... 964
Eyecatcher ... 194
Eyetracking ... 194

F

Facebook-Graph-API → Graph-API
Fähigkeitsbezeichnung → Capability
Fallback-Sprachpaket ... 35
Fallback-Template ... 630
Falsche Sicherheit ... 594
Faltfunktion → Accordion
Farbänderung ... 193
Farben ... 195
CLI-Ausgaben ... 919
definieren (theme.json) ... 313
Farbhierarchie ... 196
Farbkombinationen ... 196
Farbkontrast bei Text ... 199
Farbkonzept ... 195
Farbpalette ... 216
Farbpalette aus der theme.json ... 273
Farbverlauf im Block ... 534
Farbwähler CSS-Datei ... 444
Farbwähler in JavaScript ... 441
Farbwechsel ... 207
Farbwirkung ... 195, 196
in Blöcken ... 534
Fast Refresh → Hot Reloading
Fatal Error ... 83, 594
Fatale Fehler ... 586
Features in jQuery ... 447
Fehler 300 ... 701
Fehler 400 ... 702
Fehler 404 Template Datei ... 237
Fehler 500 ... 702, 707
Fehler finden ... 581, 595
Fehler zurückgeben (REST-API) ... 764
Fehleranzeige im Browser deaktivieren ... 590
Fehlerbehebungen ... 582
Fehlermeldung ... 594
ausgeben ... 371, 372
erzeugen ... 371
in Datei umleiten ... 590
nicht sichtbar ... 590
Fehlersuche ... 585, 589
Fehlertext einer Datenbank-Abfrage ... 840
Felder für die Seitenleiste ... 773
File Watcher in PhpStorm ... 592
File Watcher Plugins für VS Code ... 593
File-Header-API ... 137, 145
Filesystem-API ... 140, 716, 873, 920
Filter-Hook ... 151
Ähnlichkeit zu Action-Hooks ... 100
entfernen ... 114, 118
finden ... 107
Referenz ... 109
Filtern mit WP_Query ... 852
Filtern nach Metadaten ... 860
Filtern und Säubern ... 715
Filterung von Benutzereingaben ... 394
Finden von Fehlern ... 588
Firefox ... 723
Firefox React Developer Tools ... 484
Firewall ... 43, 411
Five for the Future-Programm ... 22, 32
Fix → Fehler finden
Flag-Argument ... 924
Fließkommagenauigkeit ... 758
Fließtext ... 201
Fließtextausrichtung ... 204
Flüchtiger Speicher ... 415, 420
Flywheel ... 43
F-Muster Textausrichtung ... 204
Footer des Themes ... 176, 178
Footer-Seitenleiste ... 286
Footer-Template einbinden ... 242, 243
For the nonce → Nonce
Formen-Erkennung ... 193
Formular ... 65
Formularfelder ... 975
im Backend ... 356
verarbeiten (Settings-API) ... 363
Forum ... 91
Fotogalerie ... 963
Fotoqualität ... 205

Fotos hochladen ... 873
Fragment (React) ... 479
Fragment-Komponente ... 771
Framework für die Live-Vorschau
→ Theme-Customize-API
Framework Interoperability Group ... 77
Free Software Foundation ... 59
Freischaltung von Themes ... 944
Front-Page-Template ... 261
FTP ... 135, 144, 150, 188, 721, 874
Client ... 47
Server ... 874
Sockets ... 874
Verbindung ... 928
Full-Site-Editing ... 232, 301, 317, 430
Begriffsklärung ... 319
functions.php ... 214, 309
functions.php eines Child-Themes ... 307
Funktion in Kurzform → Arrow Function
Funktionale Website ... 189
Funktionen zur Verwaltung von Netzwerken ... 953
Funktionskomponente ... 467
Fußbereich des Themes ... 176

G

Galerie ... 962
Gefahr (Farbwirkung) ... 196
Geltungsbereiche (JavaScript) ... 609
Geltungsdauer eines Cache-Werts ... 415
Gemeinsames Schicksal (Wahrnehmungsprinzip) ... 192
Generatorfunktionen ... 81
Generisches Argument ... 924
Geografisch näherer Webserver ... 617
Gesamtbild einer Website ... 194
Geschlossenheit (Wahrnehmungsprinzip) 192
Geschützte Metadaten ... 679, 685, 780
Geschweifte Klammern ... 73
Geschwindigkeit → Performance
Gesetz der Nähe ... 189
Gestaltprinzipien ... 189
Gestaltungskonventionen ... 207
GET (REST) ... 747
GET-Anfrage ... 699
GIMP ... 206
Git ... 921
GitHub ... 90
Globale Variablen ... 394
Globale WP-CLI-Parameter ... 918
Glyph-Code ... 343
Goldener Schnitt ... 205
Google Chrome React Developer Tools ... 483
Google Fonts ... 203
GPL ... 60, 61, 132, 183
GPLv2 ... 59
GPLv3 ... 149
Grafiken hochladen ... 873
Grafiken im Inhaltsbereich ... 205
Graph-API ... 421
Grenzfälle → Visuelle Tests
Grid-Layout (Masonry) ... 442
Groß- und Kleinschreibung (Coding-Standards) ... 62
Größenangabe bei Beitragsbildern ... 253
Größer-gleich-Vergleich ... 757
Großschreibung bei Slugs ... 59
Grundgerüste → Scaffolding
Grundlagen des Debuggings ... 581
Grunt ... 86, 921
Gruppenbezeichnung (Cache) ... 419, 420
Gruppenbezeichnung von Einstellungsfeldern ... 366
Gültigkeit eines Cache-Werts ... 415
Gutenberg ... 69, 89, 139, 176, 181, 216, 308, 461, 719

H

Hack ... 410
Hacker ... 37
Hackerangriffe ausprobieren ... 411
Haltepunkt ... 599
Harmonie bei Farben ... 196
has_action() ... 121
has_filter() ... 121
Hash-Wert (Nonce) ... 386
HATEOS → Hypermedia as the Engine of Application State
Hauptdatei für den Block ... 507
Hauptfarbe → Primärfarbe
Hauptmenü ... 336, 341
Haupt-Theme ... 270
Header des Themes ... 176, 178
Header-Metadaten ... 726
Header-Seitenleiste ... 286
Header-Template einbinden ... 240, 243
Heartbeat-API ... 489, 490
Helligkeit von Farbe ... 195
Herzschlag → Heartbeat-API
Hick-Hyman-Gesetz ... 195

Hidden Feature ... 937
Hierarchische Taxonomien ... 669
Hilfsfunktionen von JavaScript ... 443
Hilfsfunktionen zum Bereinigen von Zeichenketten, JS ... 441
Hintergrundaktivitäten mit JavaScript ... 489
Hintergründe definieren (theme.json) ... 313
Hintergrundfarbe ... 199
Hintergrundfarbe im Block ... 534
Hinweisnachrichten ... 350
Hinzufügen von Komponenten, React ... 469
Höflichkeitsform bei Übersetzungen ... 35
Höhere Platzierungen in Suchmaschinen 411
Homebrew ... 914
Home-Page-Template ... 261
Home-Pfad ... 168
Home-URL ... 167
Hook ... 51, 214, 241, 336, 793
Hook für den Titel ... 105
Hook-Name für Cronjob ... 901
Hooks ... 78, 151
anonyme Funktionen ... 117
APIs ... 135
besondere ... 103
Deinstallation ... 158
falsche Anwendung ... 124
finden ... 605
für Ajax-Abfragen ... 456
für CSS-Dateien ... 124
für Custom Post Type ... 643
für Footer ... 96
für JavaScript-Dateien ... 124
für Skripte ... 435
für Weiterleitungen ... 106
gängige ... 104
Grundkonzept ... 93
in Plugins ... 130
init ... 106
mehrfache Ausführung ... 99
Plugin-Uninstall ... 157
save_post ... 95
Sicherheit ... 382, 405
the_content ... 104
the_title ... 105
Typen ... 94
variabel ... 119
veraltet ... 359
Vorteile ... 93
wp_body_open ... 96
wp_head ... 96
zum Einbinden von JS/CSS ... 436
zum Registrieren von Dashboard-Widgets ... 373
Hooks-JavaScript-Modul ... 490
Hook-Suffix ... 340, 344
bei Section-Registrierung ... 365
der Hauptmenüs ... 340
für Metabox ... 344
in Metaboxen ... 347
Hook-Typ
Action ... 94
Filter ... 94, 99
Hot Reloading ... 581
HTML Coding Standards ... 63, 67
HTML in React ... 465
HTML und PHP mixen ... 68
HTML validieren ... 330
HTML-Code
bei HTTP-Anfragen ... 701
ungefilterter ... 398
HTML-Quellcode ... 215
HTML-Tags (Coding Standards) ... 68
HTTP → Hyper Text Transfer Protocol
HTTP-Anfragemethoden ... 700
HTTP-Anfragen
dekomprimieren ... 704
komprimieren ... 704
manipulieren ... 700
Metadaten angeben ... 703
SSL ... 704
Timeout ... 702
vertrauen ... 700
Weiterleitung ... 702
HTTP-Antwort ... 706, 707, 710
HTTP-API ... 136, 138, 139, 697
HTTP-API Abfrage ... 709
HTTP-API-Framework ... 720
HTTP-Authentifizierung ... 618
HTTP-Header ... 106, 699
HTTP-Protokoll ... 703
HTTP-Statuscodes ... 702, 707
HTTP-Verbindung ... 702
Hyper Text Transfer Protocol ... 698
Hypermedia as the Engine of Application State ... 720
Hypertext Transfer Protocol ... 720

I

i18n-JavaScript-Modul ... 488
Icon im Menü ... 337
Icon-Komponente (React) ... 770

Icon-Paket → Dashicons
Icons ... 207, 342
ID (Kommentar) ... 266
ID des Benutzers ... 799
IDE ... 48, 52
PhpStorm ... 47
Subversion ... 47
Identifizierer für Übersetzung → Textdomain
ID-Feld (Block-Einstellung) ... 534
IEEE-Rankings ... 429
ImageOptim ... 206
Importer Plugin ... 332
Importieren von Inhalten ... 332
Inaktive Site ... 143
Includes ... 78
Includes-Pfad ... 171
Indexseite ... 260
Index-Template ... 243
Individuelle Datenbank-Abfragen ... 847
Individuelle Gestaltung mit der theme.json ... 313
Individuelle Permalinkstruktur ... 614
Individuelle Schalter in der theme.json ... 311
Informationsbildung mit Bildern ... 205
Informative Dokumente ... 64
Infrastruktur-Controller ... 766
Inhaltsbereich ... 176
Inhaltsbereich des Block-Editors ... 496
Inhaltsbereich-Seitenleiste ... 286
Inhaltscodierung ... 699
Inhaltshook ... 104
Inhaltstypen ... 119, 156, 641
im Frontend ... 686
Initialisierung eines Plugins ... 145
Inline Documentation Standards ... 63
Inline-CSS ... 434, 438
Inline-Hinweise ... 350
Inline-JS ... 438
Inline-Kommentare ... 78, 79
INSERT (SQL) ... 840
Insomnia ... 726
InspectorControl-Komponente ... 519
Installationsroutine ... 142, 786
Installationstyp wechseln ... 940
Install-Skript ... 142
Integrierte Entwicklungsumgebung → IDE
Integrierte Rechte-Checks ... 384
Integrierte Shortcodes von WordPress ... 963
Internationalisierung in JavaScript ... 485
Interne REST-Abfragen ... 743
Interner PHP-Server ... 912
Internet Media Type ... 391
Internet-Explorer, modernes JavaScript ... 464
Intervall (Cron) ... 901
Intuitive Gestaltung ... 189
IP-Adresse (Kommentar) ... 266
IRC ... 91

J

Jahreszahlen-Themes ... 186
Jährliches Archiv ... 261
Java ... 429
JavaScript ... 69, 94, 139, 429
Abhängigkeiten ... 435
aushängen ... 438
Coding Standards ... 63, 70
Datei registrieren ... 431, 789
debuggen ... 607
Dokumentationsstandards ... 77
einbinden ... 435
entfernen ... 438
im Footer einfügen ... 433
in WordPress integrierte ... 441
Inhalte übersetzen ... 567
Laufzeitumgebung ... 429
Metadaten ... 440
minifizieren ... 607
Modul-Packer → webpack
Pfadangaben ... 162
Probleme ... 585
registrieren ... 432
serverseitig ... 429
Syntax Extension ... 465, 500
Zusatzdaten ... 440
Joint Photographic Experts Group → JPEG
Joomla ... 21
JPEG ... 206
jQuery ... 71, 430
Crashkurs ... 446
einbinden ... 447
JavaScript Style Guide ... 70
lernen ... 446
Objekt ... 450
UI-Kern ... 442
vs. React ... 462
JSDoc 3 Standard ... 80
JSON ... 89, 400, 413, 707
Ajax ... 453
bei jQuery Ajax Request ... 446
Format ... 209, 719
im Browser ... 723

JSON (Forts.)
LD ... 180
Schema ... 765
Schema-Datei ... 217
Übersetzungsdatei ... 912
Übersetzungsdatei einbinden ... 577
Web Token ... 733
with Padding ... 733
JSONP → JSON with Padding
JSX in Babel ... 466
JSX → JavaScript Syntax Extension
JSX Transcompiler ... 466

K

Kachel-Layout ... 192
Karma (Kommentare) ... 867
Kaskade von Sicherheitslücken ... 381
Kategorien ... 236, 613, 641
im Template ... 252
Kategorieseiten (Permalinks-Basis) ... 614
Kategorie-X-Liste ... 495
kebap-case ... 84
Keep it small and simple ... 189
KISS-Prinzip ... 85
Klassen (Dokumentationsstandards) ... 78
Klassenkomponente ... 467
Klassenmethoden ... 78, 80
Kleiner-gleich-Vergleich ... 757
Kleinschreibung bei Slugs ... 59
Kognitiver Aufwand ... 193
Kombination mehrerer Plugins ... 585
Kommandoname ... 922
Kommandozeile ... 131, 140, 911, 915
Kommandozeilen-Handbuch ... 89
Kommandozeilen-Tool für Übersetzungen ... 576
Kommentarabfragen (Datenbank) ... 867
Kommentarbereich anzeigen ... 268
Kommentarbereiche ... 176
Kommentarbewertung ... 867
Kommentar-Block ... 80
Kommentare (JavaScript) ... 442
Kommentare-Template ... 263
Kommentar-Feed ... 173
Kommentar-Funktionen ... 266
Kommentarmoderation ... 800
Kommentartyp ... 267
Kommunikation mit Bildern ... 204
Kompatibilität ... 582, 584, 585, 939
Kompatibilitätsschicht ... 588
Kompatibilitätstest ... 972
Komplexe Meta-Abfragen ... 863
Komplexe Webarchitektur ... 582
Komplexere Befugnisse ... 812
Komplexität von Blöcken ... 502
Komponenten in React ... 462
Kompositionsfähigkeit ... 917
Kompression von Bildern ... 206
Konditionale Abfragen ... 267, 849
finden ... 606
Konfiguration ... 971
Konfiguration (Datenbank) ... 826
Konfiguration des Block-Editors ... 498
Konfiguration von Template-Dateien (theme.json) ... 217
Konfigurationsdatei für den Editor ... 921
Konfigurationsdatei für Themes ... 216
Konfigurationsdateien (WP-CLI) ... 919, 920
Konsistenz in der Gestaltung ... 193
Konstanten ... 78
Konstanten für Dateirechte ... 894
Konstanten für die Datenbank ... 826
Konstruktor in React ... 468
Kontakt zur Außenwelt (HTTP-API) ... 697
Kontaktmethoden ... 820
Kontext
bei einer Metabox ... 344
Dashboard-Widget ... 374
Endpunkt ... 748
Metabox anzeigen ... 346
Übersetzungen ... 563
Kontinuität (Wahrnehmungsprinzip) ... 192
Kontrast bei Text ... 204
Kontrollverlust ... 389
Kopfbereich des Themes ... 176
Kopien von Produktivseiten → Staging-Sites
Kopieren von Dateien ... 895
Kritische Sicherheitslücken ... 381
Kryptografie ... 41
Kurzform → Slug

L

Labels bei Taxonomien ... 663, 669
Ladeanimation → Spinner
Ladezeit ... 125
Laravel ... 85
Laufzeitprobleme ... 125
Layout-Möglichkeiten im Backend ... 353
Learn JavaScript, deeply ... 429
Leerzeichen ... 68, 71, 72

Leerzeile bei HTTP-Anfragen 701
Leidenschaft (Farbwirkung) 196
Lernen aus Open-Source-Code 585
Lesbare Schriftgröße 200
Lesen von Dateien 873
Lesen von Daten aus der Datenbank 841
Lifecycle in React 469
LIKE (Datenbank) 848
Link zu Beitragskommentaren 267
Linkfarbe im Block 534
LiteSpeed 616
Live-Änderung des DOM (jQuery) 452
Lizenz 59, 148
Lizenzfreie Schriften 203
Lizenz-Grauzone 61
Loading-Animation 481
Local 43, 45, 47, 76, 163, 601
Local Development Environment 590
Local und Xdebug 598
Localization 555
Lodash 443, 446
Logdatei für Fehlermeldungen 596
Login-Formular 788
Login-Maske 39
Lokale Daten manipulieren 875
Lokale Laufzeitumgebung 42, 913
Lokale Variablen 605
Loop 106, 244, 689, 823
Loop für Kommentare 265
Loop-Funktionen 849
Loops, eigene 849
Löschen einer Site 143
Löschen von Dateien 873, 895
Löschen von Metadaten 678
Löschen von Transient 426
Löschvorgang, ungewollter (Sicherheit) 385
Lösen von Term-Verbindungen 674

M

Machine Object 557
Machine Translation 569
Magische Konstante 164, 166
Magische Methoden (Sicherheit) 399
MailHog 45
Maintenance-Modus 142
Major Release 588
Major-Version 582
MAMP 42
Manipulation des DOM mit jQuery 452
Manipulierter Link (Sicherheit) 384
margin in Blöcken 535
MariaDB 42, 825
Maschine-zu-Maschine-Kommunikation 719
Masonry JavaScript 442
MD5-Hashwert bei Block-Übersetzungen . 575
Media-Queries 433
Mediathek 875
Medienbibliothek 39
Mehrdeutige Zeichenketten übersetzen 563
Mehrere Abfragen (REST-API)
→ Batch-Abfragen
Mehrere theme.json-Dateien 328
Mehrfache Einbindung von Blöcken 534
Mehrschichtigkeit 720
Mehrsprachigkeit 31, 555
Menschliches Versagen 589
Menü im Frontend 302
Menüposition registrieren 301
Menü-Tiefe 303
Meta-Angaben eines Templates 248
Meta-Angaben im Block-Editor 693
Meta-Angaben in Seiten-Templates 238
Metabox 447, 452, 665
anzeigen 346
bei Custom Post Type registrieren 656
Dashboard-Widget 374
im TinyMCE-Editor 497
öffnen, schließen, verschieben 348
Pfeile 348
Priorität 344
registrieren 343
Reihenfolge 344
Überschrift 344
zum Editieren individueller Felder 679
Metadata-API 137, 138, 140, 641, 674, 675
Metadaten 819
aktualisieren 677
auslesen 678
Benutzer 823, 866
Block-Vorlagen 552
eines Plugins 145
eines Themes 209
hinzufügen 675
HTTP-Anfragen 701
in der REST-API 768
in HTTP-Abfrage senden 703
in Metaboxen 343
löschen 678
Multisites 954
Netzwerke 954

Metadaten (Forts.)
- *Themes übersetzen* ... 561

Meta-Felder registrieren ... 776
Meta-Funktionen ... 820
Meta-Query ... 860, 861
Meta-Schlüssel ... 779
Meta-Schlüssel, einzigartig ... 676
Meta-Unterabfrage ... 866
Microsoft-IIS ... 617
Migrieren von Blöcken ... 544
MIME-Typ ... 391, 888
Minimal nötige Dateien ... 86
Minimal PHP-Version bei Plugins ... 148
Minimalwert ... 908
Missing Authorization ... 381
MITRE ... 381
MO → Machine Object
Mobile Endgeräte ... 272
Mobile First ... 208, 272
Modalboxen ... 444
MO-Datei erstellen ... 572
Model-View-Controller ... 445
Moderne Programmiertechniken ... 500
Modernes JavaScript ... 464
Modernes PHP ... 29
Monatliches Archiv ... 261
Monitoring ... 411
MT → Machine Translation
MU → Multi-User
Mullenweg, Matt ... 21, 32, 60, 116, 178, 179, 429
Multipart-Content ... 882
Multisite ... 675, 937
- *Funktionen* ... 946
- *Installation* ... 871, 939
- *Installationstyp wechseln* ... 940
- *Installationsumgebung* ... 167
- *nachträglich installieren* ... 942
- *Netzwerk* ... 144
- *prüfen* ... 946
- *Umgebungen* ... 143
- *Umstellung* ... 942

Multi-User ... 939
MU-Plugin → Must-Use-Plugin
MU-Plugins übersetzen ... 559
Mustererkennung ... 189
Must-Use-Plugin ... 142
Must-Use-Plugin Installation ... 144
Muttersprache ... 555
MU-Verzeichnis ... 144
MVC ... 130, 132, 445
MySQL ... 42, 825

N

Nachname ... 800
Nacin, Andrew ... 72
Nähe (Wahrnehmungsprinzip) ... 189
Namensgebung der Tabellen (Multisite) ... 946
Namespace ... 111
Native Language Support ... 557
Navigation vs Paginierung ... 263
Navigationsbalken → Admin Bar
Navigationsmenü-Position ... 302
Navigationsmenü-Position registrieren ... 301
Negierungsoperator ... 71
Netzwerk ... 939
Netzwerk von Seiten ... 938
Netzwerkanalyse ... 698
Netzwerkprotokoll ... 698
Netzwerkverkehr ... 698
Netzwerkverwaltung ... 943
Netzwerkweite Abfragen ... 957
Netzwerkweite Aktivierung von Plugins ... 945
Neutralisierung von Benutzereingaben ... 394
nginx ... 42, 616, 942
Nginx Rewrite-Regeln ... 619
Nicht integrierte Anfragemethoden ... 734
Nicht valider Code ... 589
Nichtöffentliche Informationen ... 729
NLS → Native Language Support
node_modules-Ordner ... 502
Node.js ... 500
Node.js (Webserver) ... 617
Node.js Installation ... 501
Node.js-Kommandozeilen-Tool → npx
Nonce ... 386, 454
- *Begriffsklärung* ... 386
- *bei Metaboxen* ... 348
- *erstellen* ... 387

Nonce-Übermittlung (REST-API) ... 730
Normative Dokumente ... 64
NotePad ... 45
Notice (Fehlermeldung) ... 594
Noto Serif ... 445
NPM ... 921
npm Installation ... 502
npm-Skripte in PhpStorm ... 509
npx ... 501
Nu Html Checker ... 330
Number used once → Nonce

Nutzer in Gruppen einteilen 786
Nutzerrechte (Tabelle) 804

O

OAuth 791
OAuth 1.0a 732
OAuth 2.0 732
Object-Cache 143, 413, 457
Objekte 80
Objekte bei REST-Endpunkten 752
Objektextraktion → Gestaltprinzipien
Objektorientierte Programmierung 85, 873
Objektorientierter Code 30, 708
Objektorientierung in der HTTP-API .. 702, 708
oEmbed 216, 964
Öffentlich zugängliche Daten 729
Online-Shop 239
Open-Source-Code 585
Option
  aktualisieren 360
  auslesen 361
  löschen 360
  speichern 358
Options-API 137, 138, 140, 223, 358
Optionsname 361
Optisches Gleichgewicht 194
Ordner anlegen 885
Ordnungsprinzipien 189
OS Command Injection 404
Output-Fenster in PhpStorm 592
OWASP 399, 410

P

package.json 508, 768, 879
padding in Blöcken 535
Page Impression 421
Page-Builder 216
Page-Hook 364
Page-Template 255
Paginierung (WP_Query) 854
Paginierung bei REST-API-Abfragen 738
Paginierung in Archivseiten 262
Paginierung vs Navigation 263
Paketinstallation via npm 501
PanelBody-Komponente 519
Parameter auswählen (REST) 759
Parameter bei Custom Post Types 642
Parameter über DocBlock (WP-CLI) 927
Passwort generieren 794
Passwortgeschützte Seite 267
Passwortschutz im Template 267
Patch 72
PATCH (REST) 747
Patentklausel 495
Path-Traversal-Angriff 399
PATH-Verzeichnis 914
PCRE-Version 622
Pear 72
Pear Coding Standards 72
Performance 379, 411, 412
Performance (HTTP-API) 711
Performance Team 412
Performance-intensive Datenbank-Abfragen 846
Permalink definieren 615
Permalinks 138, 613
Permalinkstruktur 614, 636, 638
Permalink-Struktur bei Custom Post Types 654
Permalink-Struktur bei Taxonomien 666
Permanentlink 614
Persönliches Token 791, 792
Pfad zur Sprachdatei
  bei Plugins 558
  bei Themes 560
Pfad zur Stammdatei 158
  Aktivierungsfunktion 151
  Deaktivierungsfunktion 153
Pfadangabe zum Includes-Verzeichnis → Includes-Pfad
Pfadangaben 166
  bei Sprachdateien 162
  für Plugins 162
Pfadbasierte Multisite 940
Pfadvariablen (REST-API) 760
Phänomene in der Gestaltung 194
Phar → PHP-Archiv
PHP
  als CGI 618
  Coding Standards 63, 72, 83
  DocBlocker 82
  Error Protection 31
  Fatal Error 31
  Fehler 84
  Fehlermeldungen 593
  Konstante 704
  minimale Version 31, 83
  Namensraum 83
  Object Injection 399
  Performance 30

PHP (Forts.)
- *Remote File Inclusion* ... 407
- *Sniffer & Beautifier* ... 76
- *Standard Recommendation* ... 78
- *Version* ... 140
- *Warnung* ... 359, 384

PHP und HTML mixen ... 68
php.ini lokalisieren ... 593
PHP-Archiv ... 913
PHP-Code für Ajax-Abfragen ... 456
PHPCodeSniffer ... 76
PHPCS ... 76
phpDocumentor ... 77
PHP-Dokumentationsstandards ... 77
PHP-Fatal-Error
- *bei Plugin-Aktivierung* ... 131
- *im Plugin-Editor* ... 135

PHP-FIG ... 83
PHP-Interpreter, Benutzerrechte ... 874
PHPMagazin ... 29
PHP-Server in WP-CLI ... 912
PhpStorm ... 43, 45, 49, 64, 74, 75, 82, 108, 598
- *DocBlock* ... 82
- *Einrichtung* ... 47
- *JSON-Datei* ... 505
- *npm-Skripte ausführen* ... 509
- *Tastenkombinationen* ... 75
- *WordPress-Integration* ... 50

PHPUnit ... 921
Pinga ... 206
Pingback ... 141, 267
Pingback-URL ... 173
Pixeldichte ... 202
Placeholder-Komponente ... 518
Planung eines Projekts ... 585
Planung von Cron-Ereignissen ... 900
Platzhalter (Permalinks) ... 639
Platzhalter bei LIKE-Abfragen ... 848
Playlist ... 963
Pluggable-Funktionen ... 796
Plugin
- *Deaktivierungsfunktion* ... 153
- *Stammverzeichnis* ... 164

Plugin Handbook ... 89
Plugin Name ... 147
Plugin URI ... 147
Plugin-API ... 111, 136
Plugin-Datei-Editor ... 875
Plugin-Editor ... 135
Plugin-Header ... 595
Plugin-Header Metadaten ... 147
Plugin-Metadaten übersetzen ... 559
Plugins
- *aktivieren* ... 135
- *Aktivierungsfunktion* ... 151
- *Basisbezeichnung* ... 165
- *Contributor* ... 147
- *Dateiheader* ... 144
- *Deaktivierungsfunktion* ... 150
- *Definition* ... 129
- *Deinitialisierung* ... 150
- *Deinstallation* ... 156
- *Deinstallationsroutine* ... 135, 156
- *ehrenamtlich* ... 133
- *entwickeln* ... 144
- *erstellen* ... 129
- *FTP* ... 135
- *Grundgerüst* ... 145
- *hochladen* ... 135
- *Initialisierung* ... 150
- *Inline-Lizenzangaben* ... 149
- *installieren* ... 134
- *kaufen* ... 134
- *kostenpflichtige* ... 132
- *Kurzbeschreibung* ... 147
- *Lizenzhinweis* ... 149
- *Metafelder* ... 149
- *minimale PHP-Version* ... 148
- *Pfadangaben* ... 166
- *Quellen* ... 132
- *Sandbox-Umgebung* ... 131
- *SSH* ... 135
- *Stammdatei* ... 150
- *suchen* ... 134
- *teilen* ... 131
- *Uninstall-Hook* ... 158
- *Update-Prozess* ... 149
- *Urheber* ... 147
- *URL zum Lizenztext* ... 148
- *Ursprungszustand* ... 156
- *Versionsnummer* ... 147
- *Vorteile* ... 130
- *ZIP-Datei* ... 135

Plugins (Multisite) ... 938
Plugins für jQuery ... 446
Plugin-Scaffolding ... 921
Plugin-Slug → Slug
Plugin-Verwaltung (Multisite) ... 945
Plugin-Verzeichnis ... 132, 148, 149, 157
- *Pfad* ... 163
- *URL* ... 164

Pluralisierung, Übersetzung ... 563

PO-Datei erstellen ... 572
PO-Datei für Blöcke ... 575
PO-Datei zu JSON umwandeln ... 576
Pointer JavaScript ... 442
Polyfill-Dateien ... 443
Polyfills für den Internet Explorer ... 464
Polyfills für React ... 463
Port des Webservers ... 43
Portable Object Template ... 557
Positionsargument ... 924
Positionsnummerierung im Menü ... 337
POST (REST) ... 747
Post Status ... 92
PostgreSQL ... 825
Postman ... 726
Post-Meta-Wert erstellen ... 98
Post-Permalink Slug ... 58
Posttyp-Parameter (WP_Query) ... 851
POT → Portable Object Template
POT-Datei für Plugin erstellen ... 570
Präfix (Datenbank) ... 830, 848
Präfix bei Datenbank-Tabellen in Multisite-Umgebungen ... 945
Präfix bei Optionen ... 361
Präfix bei URLs ... 166
Präfix von Transient ... 427
Prägnanz (Wahrnehmungsprinzip) ... 189
Preact ... 430
Pressmatic ... 43
Primärfarbe ... 198, 207
Prinzip der Kontinuität ... 192
Prinzip der verbundenen Elemente → Verbundene Elemente
Priorität (Dashboard Widget) ... 374
Priorität einer Rewrite-Regel ... 625
Private Daten ... 405
Privilegien ... 801
Probleme durch CSS ... 584
Probleme im Code ... 585, 594
  finden ... 581
Production Environment ... 590
Profilbild bei den Kommentaren ... 889
Profilbild hochladen ... 875
Programmierparadigmen ... 85
Programmierstil → Coding-Standards
Proprietäre Lizenz ... 60
Props im Block-Kontext ... 505
Props in React ... 467
Prozedurale Entwicklung mit der HTTP-API ... 702
Prozeduraler Code ... 30, 85
Prozeduraler Stil ... 708
Prüfung auf ein Benutzerrecht ... 385
Pseudo-Cronjobs ... 897, 898
PSR ... 83
PSR-5 ... 77
PUT (REST) ... 747
Python ... 429

Q

Quellcode verändern durch Hooks ... 93
Quelltext von Themes bearbeiten ... 188
Query Monitor ... 110, 605
Query-String ... 255
QuickEdit-Funktion ... 664
Quick-Return-Funktion ... 120

R

RCE → Remote-Code-Execution
RDF-Feed ... 173
React ... 429, 500, 879, 888
  App ... 465
  Begriffsklärung ... 461
  bei Facebook ... 460
  bei Instagram ... 460
  Block entwickeln ... 495
  Crashkurs ... 460
  Dateien debuggen ... 609
  Developer Tools ... 483
  DOM ... 443
  einbinden ... 463
  Fragment ... 479
  JavaScript-Dateien ... 443
  Komponente ... 770
  Kontext ... 505
  Modell ... 430
  Regenerator Runtime ... 443
  Strict-Mode ... 484
  Übersetzungen ... 567
ReactJS ... 29, 69, 139
Read more-Link ... 281
Reale Interaktionen ... 195
Rechte ... 785
Rechte an Dateien ... 894
Rechte an Verzeichnissen ... 894
Rechte der WordPress-Dateien ... 874
Rechte des Webservers ... 135
Rechte einer Datei ändern ... 895
Rechte zuweisen ... 803
Rechte, eigene ... 816

Rechtebezeichnung 817
Rechte-Check 817
Rechte-Checks auf Objektebene 814
Rechteprüfung (REST-API) 747
Rechtestufen 786
Redis 143, 420
Reeller DOM in React 462
Regex → Regulärer Ausdruck
register_activation_hook()
→ Aktivierungsfunktion
register_deactivation_hook()
→ Deaktivierungsfunktion
register_uninstall_hook() → Uninstall-Hook
Registrieren von Block-Vorlagen 547
Registrierung von Metadaten 694
Registrierungsprozess von
JS/CSS-Dateien 431
Reguläre Ausdrücke entwickeln 625
Regulärer Ausdruck 620, 621, 964
Reihenfolge beim Einbinden von JS/CSS ... 438
Relation im Webdesign 194
Relationen (REST-API) 741
Relative Größenangabe bei Schriften 201
Release-History-Tabelle von PHP 586
Release-Zyklus 582
Remote-Code-Execution 389
remove_action() 114
remove_all_actions() 118
remove_all_filters() 118
remove_filter() 114
Rendern eines Blocks 504
Representational State Transfer 719
Request (REST-API) 722
Requires 78, 80
Response (REST-API) 722, 762
Response-Objekt erzeugen 763
REST → Representational State Transfer
REST-Abfrage, intern 743
REST-API 89, 111, 140, 141, 719, 938
Anfragen einsparen 736
Classic-Widget 297
Custom Post Type 648
Discovery 727
Endpunkt 140
erweitern 744
Handbook 89
JavaScript 441
React 473
Rechteprüfung 384
Seitenleiste 288
Settings-API 367
Taxonomie 664
Tools 726
URL 171
REST-Felder 768
lesen 782
registrieren 781
speichern 782
REST-Meta-Felder registrieren 776
REST-Route registrieren 881
REST-Rückgabe einschränken 737
REST-URL 728
Rewrite Engine 618
Rewrite Rule Inspector 628, 637
Rewrite-API 138, 613, 657
Rewrite-Cache 628
RewriteCond 619
Rewrite-Regel erstellen 627
Rewrite-Regeln bei Custom Post Types 657
Rewrite-Rules 617
Rezept-Plugin 641
RFC 7519 733
Rich Snippet 180
Rich-Code-Editor 800
Rich-Text-Editor 800
RichText-Komponente 524
Richtlinie gleichen Ursprungs
→ Same-Origin Policy
Risiken 379
Risikofreiheit 379
Robustheit (Accessibility) 64
Rollen 383, 786, 801, 807
anlegen 807
editieren 803
lesen 810
löschen 811
zuweisen, mehrere 865
Rollenverteilung 801
Root-HTML-Element 201
Root-Zertifikat 704
Roter Punkt in PhpStorm 599
Roter Punkt in Visual Studio Code 603
Route (REST-API) 722
Route registrieren 744
RSS-Feed 173
RSS-Feed-Validator 331
Rückgabewert von Optionen 362
Rückwärtskompatibilität 88, 133, 359, 582

S

Safari ... 723
Salt ... 41
Same-Origin Policy ... 733
Sandbox-Umgebung ... 131
Sanitization-Prozess ... 394
Säubern
Begriffsklärung ... 394
in der REST-API ... 750
von Benuztereingaben ... 779
von booleschen Werten ... 396
von Dateinamen ... 884
von HTML-Zeichenketten ... 396
von Texten ... 395, 396
von Zahlen ... 395
Scaffolding ... 921
Scalable Vector Graphics → SVG
Schadcode durch hochgeladene Dateien ... 391
Schaltflächen → Buttons
Schema (REST-API) ... 724
Schema-Datei → JSON-Schema-Datei
Schlagwörter ... 613, 641
im Template ... 252
Schlagwortseiten (Permalink-Basis) ... 614
Schlüsselbilder ... 204
Schlüsselkonzepte der REST-API ... 721
Schlüssel-Wert-Paare (Redis Object Cache) 413
Schlüssel-Wert-Paare speichern → Metadata-API
Schlüsselwörter für die Blocksuche ... 504
Schneller Cache-Speicher ... 413
Schnelligkeit → Performance
Schöne URLs → Permalinks
Schreiben von Dateien ... 873
Schriftart ... 202, 207
auswählen ... 199
Schriftgröße ... 199
bei Sehbehinderung ... 201
in Blöcken ... 535
Schrifttypen ... 202
Schwachstelle ... 380, 391
bei Dateizugriff ... 406
Schwarze Magie ... 621
Schwarzer, Corvin ... 133
Schwerwiegende Fehler ... 594
SCSS-Dateien in JavaScript ... 513
Search Result Page Template ... 237
Secret-Key ... 791
Sections (Settings-API) ... 363
Seitenaufruf → Page Impression
Seitenlayout im Backend ... 352
Seitenleiste ... 176, 286, 770
entwickeln ... 771
für Metaboxen ... 344
im Customizer ... 286
im Theme ... 290
registrieren ... 287
Seitenleisten-Design ... 291
Seitennummerierungen in Templates ... 262
Seiten-Templates ... 237
Seitentitel ... 172
Sekundärfarbe ... 198, 207
Selbstbeschreibung (Benutzer) ... 800
Selektionen in jQuery ... 452
Selektor-Bezeichnung ... 66
Sensibilisierung von Entwicklern (Sicherheit) ... 410
Serialisierte Daten durchsuchen ... 860
Serialisierung von Optionen ... 360
Serifenschriften ... 202
Serverantwort ... 705, 706, 762
Server-Architektur ... 975
Serverseitiges JavaScript ... 429, 453
Server-Zugriff (Sicherheit) ... 390
settings.json ... 76
Settings-API ... 138, 358, 362
Shortcode ... 849
Block ... 962
einfügen ... 962
End-Tag ... 963
entfernen ... 969
in Shortcode ... 967
neuen anlegen ... 964
Parameter ... 965, 968
Parameter Standardwert ... 969
registrieren ... 964
Start-Tag ... 963
von Inhalt entfernen ... 969
Shortcode-API ... 141, 961
Shortcut-Funktion → Quick-Return-Funktion
Shortcut-Funktionen der HTTP-API ... 707
Shortcut-Funktionen für Untermenüpunkte ... 341
Sichere Datenbank-Abfragen ... 848
Sicherheit ... 93
Sicherheit (Bedeutung) ... 379
Sicherheit (HTTP-API) ... 711
Sicherheit von Webanwendungen ... 410
Sicherheitsbericht ... 380
Sicherheits-Check beim Datei-Upload ... 892
Sicherheitskopien ... 874

Sicherheitslücke 380, 390, 393, 588, 713
Sicherheitspraktiken 381
Sicherheitsprüfung im Dateiupload 392
Sicherheitsrisiken 381
Sicherheitsupdates 93, 131, 587
Sidebar 176, 286
Sidebar im Theme anzeigen 290
Sidebar-Plugin registrieren 769
Signalfarbe 196
Simple Component → Funktionskomponente
SimplyJSON for Safari 723
Single-Template 255
Singular Page Template 237
Site 939
  löschen 143
  unerreichbar 143
Site Front Page Template 237
Site Switching 950, 957
Site-Editor 317
Site-Health-API 140, 971
Skript
  Abhängigkeiten 435
  analysieren 597
  aushängen 438
  einbinden 435
  entfernen 438
  in HTML einbetten 438
  in WordPress integrierte 441
  Metadaten 440
  registrieren 432, 770
  stoppen 599
  Zusatzdaten 440
Slack 91
Slash 97
Slug 57, 83, 145, 148, 270, 336
  bei Optionen 361
  beim Registrieren von CSS/JS-Dateien ... 433
  Block-Installation 502
  Cache 415
  des Themes 271
  doppelte 671
  Eltern-Theme 210
  Fehlermeldung 371
  Menü registrieren 302
  Rewrite-API 613
  Settings-API 364
  Taxonomie 661
  Template-Datei 246
  Term 671
  Textdomain 556
Smartphone Schriftgröße 199
snake_case 84
Snowden, Edward 405
Socket-Datei (Datenbank-Verbindungsaufbau) 826
Software zum Übersetzen 569
Softwarebibliothek 429
Softwarequalität 62
Sonderzeichen bei Slugs 59
Sortierung (Datenbank) 870
Sortierung (REST-API) 739
Sortierung von Kommentaren 870
Source-Transformation in React 443
Spam (Nutzer) 800
Spam-E-Mail 380, 410
Speichern von Daten mit Verfallszeit 422
Speichern von REST-Feldern 782
Speichern von Rollen 808
Speicherzuteilung verwalten 938
Spezifikationen (REST-API) 724
Spinner 357
Spitzname des Benutzers 800
Split-Lizenz 60
Sprachcode 172
Sprachdateien 162
Sprache 34, 555
Sprachformen 35
Sprachpaket 34
Sprachschema des Benutzers 801
SQL 400
SQL-Abfragen 361
SQL-Abfragen für Taxonomien 669
SQL-Abfrage-Schwachstellen 402
SQL-Anweisung 830
SQL-Injection-Schwachstelle 713
SSH 135, 144, 150, 188, 874, 899
SSL-Zertifikat 44
Stack Overflow 29, 52
StackExchange 131
Stack-Trace 594, 600
Stack-Trace in Visual Studio Code 605
Staging Development Environment 590
Staging-Sites 589
Stammdatei 211
Standard-Avatar 877
Standardisierte Relation 741
Standard-Präfix (Datenbank) 945
Standardschrift in theme.json 273
Standardschriftgröße 200
Standard-Term einer Taxonomie 667
Standard-Theme 63
Standardwert einer Option 367

Standardwerte von WP_Query 852
Startseiten-Template 237, 261
State in React 468
State of the Word 179, 429
Stathopoulos, Ari 412
Statischer Block 514
Status → Website-Status
Statuscode (REST-API) 764
Status-Tests 972
Stilauswahl im Block 534
String-Konstante 57
Strings bei REST-Endpunkten 756
Strings übersetzen 485
in JavaScript 488
Structured Query Language → SQL
Strukturierte Daten 180
StudlyCaps 84
Stufe AA (Accessbility) 64
Style Guides automatisch einhalten 511
style.css 209
Styles des Block-Editors 532
Stylesheet-Datei eines Themes 209
Stylesheet-Dateien des Backends 444
Style-Variationen 328
Sub-Controller 766
Subdomains in Multisites 940
Submit-Button-Funktion 356
Subversion 90
Suche anpassen 861
Suchfunktion des Entwicklungstools 108
Suchmaschinenoptimierung 138, 613
Suchseite 237
Suchstring im Such-Template 259
Suchtreffer-Template 258
Sunrise Script → Domain Mapping
super() im React-Konstruktor 469
Super-Administrator 804, 938, 959
Super-GAU (Sicherheit) 390
Superglobale Variable $_FILES 391
Superglobale Variablen 605
SVG 304
SVN 90
Switch-Blöcke 70
Symmetrie (Wahrnehmungsprinzip) 191
Symmetrische Gesichter 191
Synopse (WP-CLI) 923
Syntaxhervorhebung 801

T

Ta'eed, Collis 60
Tab-Einschübe (Coding-Standards) 62
Tabelle von Nutzerrechten 804
Tabellen mit CSS layouten 357
Tabellenpräfix 37, 830
Tabs-UI im Backend 354
Tabulatoren 68, 72
Tägliches Archiv 261
Tags (Theme-Metadaten) 210
Task-Runner 86
Tastaturkürzel (Kommentare) 800
Tastenkombinationen 75
Taxonomie 613, 641, 857
auslesen 669
entfernen 669
Funktionen 668
im Block-Editor 691
registrieren 661
Slug 58
Standard-Term 667
Taxonomie-Abfragen (Datenbank) 857
Taxonomieseite 670
Technologie-Stack bei Blöcken 500
Template
aus Blöcken 308
Bereiche 321
Dateien exportieren 323
Dateien speichern 323
Editor 317, 319, 328
erfassen 239
Funktionen 242
Funktionen für Taxonomien 669
für die Seitenleiste 322
Meta-Angaben 248
Parts 246
Rewrite-Regeln 630
System 237
Tags 235
Teil erstellen 319
Teile in der theme.json 315
Theme-Metadaten 210
Titel 256
Übersicht 317
Templating im Block-Theme 690
Term 670
aktualisieren 670
Begriffsklärung 666
erstellen 670
löschen 672

Terme (Datenbank-Abfragen) 859
Terminal-Befehl 879
Terminal-Fenster 911
Terms-API 670
Term-Template 261
Term-Verbindungen 673
Testdateien 921
Tested up to 210, 211
Testframework 921
Testroutine (Rechteprüfung) 384
Testumgebung 593
Text des Kommentars 267
TextControl-Komponente 519
Textdomain 558
TextEdit 45
Textfarbe 199
Textfarbe im Block 534
Textrichtung 172
Textur 191
The State of the Word → State of the Word
Theme
Abgrenzung zu Blöcken 181
Abgrenzung zu Plugins 179
Abhängigkeit 184
Dateieditor 188
deutschsprachiges 184
erstellen 175
Funktionsumfang 214
Grundkonfiguration 214
häufig heruntergeladen 185
Hersteller 184, 185
individuelle Styles 213
kaufen 183
Liste 184
Lizenzangaben 212
Marktplatz 183
maximale Breite 216
Menüs 241
mit Poedit übersetzen 574
Setup-Funktion 214
Sprachattribute 241
Übersetzungsdatei 214
Zeichencodierung 241
Theme Handbook 89
theme.json 216, 309
Theme-API 139
Theme-Customize-API 138, 222, 224
Theme-Datei-Editor 875
Theme-Dateien 208
Theme-Features 232
ThemeForest.net 60
Theme-Meta-Angaben 248
Theme-Metadaten 209
Theme-Modification-API 139, 222, 223
Themes (Multisite) 938
Themes-API 222
Theme-Screenshot 210
Theme-Styles 216
Theme-Suche 186
Theme-Unit-Tests importieren 332
Theme-Verwaltung (Multisite) 944
Theme-Vorschaubild 210
Timeout-Wert (Transient) 427
Timer-App (React) 469
Timer-Funktion 452
TinyMCE 497
Titel einer Rolle 808
Token, persönliches 791
Tools für die REST-API 726
Top 10 Web Application Security Risks 410
Trac 90, 103
Trackback 267
Trailing Slash 165
Transcompiler 464, 466
Transformation eines Rückgabewerts (WP-CLI) 918
Transient 420, 427, 453, 900
erstellen 422
lesen 423
löschen 426
Transient-API 139, 140, 421, 711
Transportmethode 700, 702, 709, 726
Traversieren 460
Tree-Traversing 460
try_files-Direktive 619
Tutorials 90
TwentyTwenty 440
Typ-agnostische Schlüssel 759
Typografie 195, 199

U

Übermittlung der Nonce (REST-API) 730
Überschriften (Farbe) 198
Überschriften im Backend 352
Übersetzen eines Themes 574
Übersetzung von JavaScript-Inhalten 485
Übersetzungen (Multisite) 938
Übersetzungen escapen 565
Übersetzungsdatei 148
erstellen 569
für ein Plugin 557

Übersetzungsdatei (Forts.)
für ein Theme ... 560
für einen Block ... 567
Übersetzungsdateiformate ... 557
Übersetzungsfunktionen ... 555
Liste ... 561
Übersetzungssoftware ... 569
Übertragungsprotokoll ... 721
Überwachen der Logdatei
mit PhpStorm ... 590
mit Visual Studio Code ... 593
Uhrzeit eines Kommentars ... 267
UI-Element ... 352
Umbau zur Multisite ... 938
Umgebungsvariablen ... 597, 600, 605, 919, 920
Umlaute bei Slugs ... 59
Umleitungsschwachstelle ... 410
Umschreiberegeln → Rewrite-Rules
Umstieg zu Multisite ... 941
Unangemeldeter Benutzer (Sicherheit) ... 382
Unbekannte Funktionen
human_time_diff ... 425
map_deep ... 754
wp_list_pluck ... 417
wp_parse_args ... 370
Unbekannter Seitentyp ... 630
Underscore.Js ... 446
Unechte Cronjobs ... 897
Unerreichbare Site ... 143
Ungefilterter HTML-Code ... 398
Ungenaue Logik ... 589
Ungeschützte Metadaten ... 679
Unicorn ... 331
uninstall.php ... 86, 157
uninstall.php → Deinstallationsroutine
Uninstall-Hook ... 157, 158
Unix-Zeitstempel ... 425, 452, 901
Unrechtmäßig Zugang ... 380
Untermenü ... 336, 341
Untermenü erstellen ... 340
Untermenüpunkte ... 303
Unterstrich bei Metadaten ... 681, 780
Unterstützte WP-Version von Plugins ... 147
Untertitel ... 319
Unterverzeichnisse in Multisites ... 940
Unvorhergesehene Fehler bei Hooks ... 585
Update eines Benutzers ... 798
Update von Metadaten ... 677
Upload-Dateipfad ... 169
Upload-Verzeichnis ... 170
URI-Relation ... 741
URL der aktuellen Multisite → Home-URL
URL des Autors ... 266
URL zum Admin-Bereich → Admin-URL
URL zum Frontend → Website-URL
URL zum Stylesheet ... 172
URL zum Theme ... 173
URL zum Upload-Verzeichnis
→ Upload-Dateipfad
URL-Pfad ... 163
URLs auf Feeds ... 172
URLs blockieren ... 704
URL-Schema ... 166
useBlockProps ... 522
useDispatch ... 775
User Role Editor ... 803
user_meta-Update-Schwachstelle ... 409
useSelect ... 775

V

Vagrant ... 42
Validator ... 67
Validatoren für Themes ... 330
Validieren
Begriffsklärung ... 394
in der REST-API ... 750
von booleschen Werten ... 397
von Daten ... 397
von Texten ... 397
von Zahlen ... 397
Vanilla-JS (Definition) ... 450
Vanilla-Script ... 453
Variable aus SQL-Abfrage ... 832
Variable Hooks ... 119
Variablen ... 73
loggen ... 606
Variationen bei Blöcken ... 504
Veraltete Blöcke ... 542
Veraltete Funktionen finden ... 583
Veralteter Code → Deprecated
Veralteter Meta-Wert ... 595
Verarbeitung von hochgeladenen Dateien ... 882
Verbindung nach außen ... 698
Verbindungsaufbau (Datenbank) ... 825
Verbundene Elemente (Wahrnehmungsprinzip) ... 193
Verfallszeit (Transient API) ... 422, 427
Vergänglicher Speicher → Transient
Verkettung ... 918
mit xargs ... 918

Verkettung (Forts.)
von jQuery-Methoden ... 459
Veröffentlichungsdatum in der URL ... 614
Verschieben von Dateien ... 895
Verschlüsselter Zugriff ... 800
Version des Plugins ... 147
Version-Control-System ... 49
Versionierungssystem ... 49, 90
Versionsnummer ... 771
Versionsnummer (REST-API Route) ... 725
Versionsnummer beim Registrieren von JS/CSS ... 433
Versionsnummer in der theme.json ... 217
Versionsnummern-Abgleich ... 58
Verständlichkeit (Accessibility) ... 64
Verteilung der Versionen ... 581
Verteilung PHP-Versionen in WordPress ... 587
Verzeichnis
anpassen ... 173
erstellen ... 895
löschen ... 895
umbenennen ... 173
Verzeichnispfad für Theme ... 173
Verzeichnisse rekursiv erstellen ... 885
Verzeichnisstruktur
Plugin ... 87
Theme ... 87
Video-Codec ... 206
Videoinhalte ... 963
Violett ... 197
Virtueller DOM in React ... 462
Visual Studio ... 52
Visual Studio Code ... 47, 64, 74, 82, 108
Einrichtung ... 52
Telemetrie ... 54
Workspaces ... 52
Visuelle Ansicht ... 800
Visuelle Tests ... 332
Visuelle Wahrnehmung ... 189
Vollautomatischer Programmablauf ... 897
Vorlage → Wiederverwendbares Template
Vorname ... 800
Vorübergehender Speicher → Transient
VS Code ... 76, 82
Vue.js ... 430
Vulnerability → Sicherheitslücke

W

W3C ... 64, 67, 330
W3C Markup Validation Service ... 330
W3C Statistik zu Webservern ... 616
W3Techs ... 21
WAF → Web Application Firewall
Wahlmöglichkeiten → Hick-Hyman-Gesetz
Wahrnehmbarkeit ... 64
Wahrnehmung ... 189, 193
Wahrnehmungspsychologie ... 188
Waldron, Rick ... 62
WAMP ... 43
Warenkorbsymbol ... 192
Warning (Fehlermeldung) ... 594
Wartungsmodus → Maintenance-Modus
WCAG ... 64
Web Application Firewall ... 386
WebAIM ... 204
Webdesign Crashkurs ... 188
Webfont ... 203, 273
Web-Framework ... 430
Webhoster ... 33, 38, 141, 143, 617
webpack ... 86, 500, 609, 771, 773, 880
Webseiten eines Netzwerks abrufen ... 947
Webserver ... 42, 616
Webservices ... 719
Website ... 939
Bericht ... 975
Logo ... 319
Status ... 971
Tagline ... 172
Tests ... 972
Titel ... 319
URL ... 167
Zustand ... 971
Webstandards ... 330
Wechselwirkungen zwischen Komponenten (React) ... 462
Weiße Seite des Todes → White Screen of Death
Weiße Website ... 588
Weiterleitung (Schwachstelle) ... 410
Weiterverarbeitung hochgeladener Dateien ... 391
Werbung im Internet ... 194
Werte
aktualisieren ... 360
anlegen ... 358
auslesen ... 361
löschen ... 360
while-Schleife ... 71
White Screen of Death ... 588
Wichtigkeit (im Design) ... 189
Widget ... 286
Bereiche → Seitenleiste

Widget (Forts.)
Einstellungen 295
erstellen 294
zu Seitenleiste hinzufügen 289
Widgetblock erstellen 294
Widgets einfügen via Block-Editor 289
Widgets-API 139
Wiederholende Aufgabe 897
Wiederverwendbares Template 319
Windows Defender 44
WordPress Command Line Interface → WP-CLI
WordPress Missionsziel 961
WordPress News 91
wordpress.com 60
wordpress.org 147, 485
wordpress.org-API 211
wordpress.org-Theme-Verzeichnis 186
WordPress-Adresse 172
WordPress-basierte Benchmarks 586
WordPress-Cronjobs 897
WordPress-eigene Tabellen 848
WordPress-Fehlermeldungen 595
WordPress-Hosting 32
WordPress-Konstanten für Zeitintervalle 906
WordPress-Logo (Login-Screen) 788
WordPress-Plugin-Verzeichnis 86
WordPress-Rewrite-Regeln 620
WordPress-Sprachdateien 556
WordPress-Version 172
World Wide Web Consortium 330
Wow-Effekt 204
WP Crontrol 901
WP Letter 91
WP Revue 91, 979
WP_Comment_Query 867
WP_Date_Query 855
WP_Network_Query 871
WP_Query 849
WP_Query Argumente 851
WP_Site_Query 871
WP_Tax_Query 857
WP_Term_Query 857
WP_User_Query 864
WP_User-Objekt 799
WP-CLI 89, 140, 911
Befehle auf Kommandozeile 915
Befehle programmieren 920
Befehle verketten 918
Farben 919
Globale Parameter 918
Handbook 89
Initialisierung 922
Installation 913
Installation, Alternative 914
Installation, bevorzugte 913
Installation, via Composer 921
Kommando 946
Kommando erstellen 922
Kommando finden 915
Kommandos kombinieren 917
Konfigurationsdateien 919
PHP-Server, interner 912
Schlüsselphilosophie 917
zur Übersetzung nutzen 576
wp-config.php 37, 38, 40, 75, 173
Authentifizierungsschlüssel 41
PHP-Konstanten 41
Tabellenpräfix 41
wp-content-Verzeichnis → Content-URL
wpdb 825
WPEngine 43
WPTavern 91
Wrapper-Funktionen 820

X

XAMPP 43
xargs 918
Xdebug 597, 606
einrichten 597
mit Local und Visual Studio Code verbinden 601
mit PhpStorm verbinden 598
XHR → XMLHttpRequest
XHTML 68
in JSX 465
prüfen 330
XML 304
mit jQuery (Ajax) 446
XMLHttpRequest 430
XML-RPC 141, 728
XSA 381
XSS 381, 393
XSS-Angriff 394

Z

Zahlen bei REST-Endpunkten 757
Zählung für Taxonomien 667
Zeichen pro Zeile → Characters per Line
Zeichenkodierung 172
Zeilenabstand 202

Zeilenhöhe in Blöcken 535
Zeilenlänge 202
Zeitdifferenz berechnen 425
Zeitgesteuerte Aufgaben 897
Zeitstempel einer Fehlermeldung 594
Zeitstempel eines Transienten 427
Zend Studio Web Debugger 597
Zertifikat (SSL) 704
Zielgruppe 188, 195
ZIP-Archiv des Themes 186
ZIP-Dateien 875
Zufriedenheit eines Besuchers 194
Zugang zum Administrationsbereich (Sicherheit) 388
Zugangsberechtigungen bei Taxonomien 666
Zugriff auf die Datenbank 825
Zugriff auf Funktionen 785
Zurücksetzen des Passworts 800
Zusammengehörigkeitsprinzip → Ähnlichkeit
Zusammengehörigkeitsprinzip → Nähe
Zusatzinformationen für den Übersetzter 563
Zusatzinhalte speichern (Metadata-API) 675
Zuschneiden von Bildern 886
Zuschneiden von Bildern mit JavaScript ... 442
Zuweisung eines Benutzers zur Multisite 958
Zwischen Stilen wechseln 328
Zwischenablage kopieren 441
Zwischenspeichern von Daten → Cache-API
Zwischenspeichern von Optionen 359
Zwischenversionen 588